U0784797

Bertrand Russell

A
HISTORY OF
WESTERN PHILOSOPHY

and its Connection with
Political and Social Circumstances from the
Earliest Times to the Present Day

First Published 1946
Second edition first published in 1961
by George Allen & Unwin Ltd
Reprinted in 1991,1993,1994,1995 (twice)
by Routledge
© 1961 George Allen & Unwin Ltd
本书中文版根据 George Allen & Unwin 出版公司 1961 年版本译出

目　录

卷一　古代哲学

第一篇　前苏格拉底哲学家

第二篇 苏格拉底、柏拉图、亚里士多德

第三篇 亚里士多德以后的古代哲学

卷二 天主教哲学

第一篇 教父

第二篇 经院哲学家

美国版序言

目前已经有不少部哲学史了，我的目的并不是要仅仅在它们之中再加上一部。我的目的是要揭示，哲学乃是社会生活与政治生活的一个组成部分：它并不是卓越的个人所做出的孤立的思考，而是曾经有各种体系盛行过的各种社会性格的产物与成因。这一目的就要求我们对于一般历史的叙述，比通常哲学史家所做的为多。我还发觉这一点对于一般读者未必是很熟悉的那几段时期，尤其必要。经院哲学的大时代乃是十一世纪改革的产物，而这些改革又是对于前一个时期的颓废腐化的反作用。如果对于罗马灭亡与中古教权兴起之间的那几个世纪没有一些知识的话，就会难于理解十二、三世纪知识界的气氛。在处理这段时期时，正如处理其他时期一样，我的目的仅仅在于提供——就造成哲学家们的时代而言，以及哲学家们对于其形成也与有力焉的那些时代而言，——我认为是若想对哲学家有同情的理解时，有必要加以叙述的一般历史。

这种观点的后果之一就是：它给予一个哲学家的地位，往往并不就是他的哲学的优异性所应得的地位。例如，就我来说，我认为斯宾诺莎是比洛克更伟大的哲学家，但是他的影响却小得多；因此我处理他就要比处理洛克简略得多。有些人——例如卢梭和拜伦——虽然在学术的意义上完全不是什么哲学家，但是他们却是如此深远地影响了哲学思潮的气质，以至于如果忽略了他们，便不可能理解哲学的发展。就这一方面而论，甚至于纯粹的行动家们有时也具有很大的重要性；很少哲学家对于哲学的影响之大是能比得上亚力山大大帝、查理曼或者拿破仑的。莱库格斯如果确有其人的话，就更是一个显著的例子了。

企图包罗的时期既然是如此之广，就必须要有大刀阔斧的选择原则。我读过一些标准的哲学史之后，得到了这样一个结论：过分简短的叙述是不会给读者以什么有价值的东西的；因此我就把那些我以为似乎不值得详尽处理的人物（除了极少数的例外）完全略过不提。在我所讨论的人物中，我只提到看来是与他们的生平以及他们的社会背景有关的东西；有时候，我甚至于把某些本身无关重要的细节也记录下来，只要我认为它们足以说明一个人或者他的时代。

最后，对研究我的庞大题材中的任何一部分的专家们，我还该说几句辩解的话。关于任何一个哲学家，我的知识显然不可能和一个研究范围不太广泛的人所能知道的相比。我毫不怀疑，很多人对于我所述及的任何一个哲学家，——除了莱布尼兹之外——都比我知道得多。然而，如果这就成为应该谨守缄默的充分理由，那么结果就会没有人可以论述某一狭隘的历史片断范围以外的东西了。斯巴达对于卢梭的影响、柏拉图对于十三世纪以前基督教哲学的影响、奈斯脱流斯教派[①]对于阿拉伯人以及从而对于阿奎那的影响、自从伦巴底诸城的兴起直到今天为止圣安布洛斯对于

① 即景教。——译者

自由主义的政治哲学的影响，这都是一些只有在一部综合性的历史著作里才能处理的题材。根据这些理由，我要求发现我对于自己题目中某些部分的知识显得不足的读者们鉴谅，如果不需要记住“时间如飞车”的话，我在这些方面的知识本来是会比较充分的。

本书得以问世要归功于巴恩斯（Albert C. Barnes）博士，原稿是为宾夕法尼亚大学的巴恩斯基金讲座而写的，其中有一部分曾讲授过。

正如在最近十三年以来我的大部分工作一样，我的妻子巴特雷西亚·罗素在研究方面以及在许多其他方面都曾大大地帮助过我。

伯特兰·罗素

英国版序言

如果要使本书免于受到多于其所应得的严厉的批评(毫无疑问,严厉的批评是它所应得的)的话,作一些辩解和说明就是必要的。

向研究不同学派和个别哲学家们的专家们,应当说几句辩解的话。对于我所论述的每一个哲学家,莱布尼兹可能例外,都有人比我知道得更多。然而,如果要写一部涉及广泛范围的著作,这种情况就是难以避免的:既然我们并不是不死的神仙,则凡写这样书的人,其对于书中任何一部分所花费的时间,势必比一个集中精力于一个作者或一个短时代的人所能花费的时间要少。有些对学术要求严格而毫不宽贷的人们会断言:涉及广泛范围的书根本就不应当写,或者,如果写的话,也应当由许多作者的专题论文所组成。但是许多作者的合作是有其缺点的。如果在历史的运动中有任何统一性,如果在前后所发生的事件之间有任何密切联系;那么,为了把它表述出来,对前后不同时代所发生的事情就应在一个人的思想中加以综合。一个研究卢梭的学者在正确叙述其和柏拉图与普鲁塔克书中的斯巴达的关系方面可能有困难,一个研究斯巴达的历史学家未必就能先知般地意识到霍布斯、费希特和列宁。本书的目的正是要显示这样的关系,而这一目的只有通过进行广泛范围的考察才能完成。

哲学史已经很多了,但据我所知,还没有一部其目的与我为自己所定的完全相同。哲学家们既是果,也是因。他们是他们时代的社会环境和政治制度的结果,他们(如果幸运的话)也可能是塑造后来时代的政治制度信仰的原因。在大多数哲学史中,每一个哲学家都是仿佛出现于真空中一样;除了顶多和早先的哲学家思想有些联系外,他们的见解总是被描述得好像和其他方面没有关系似的。与此相反,在真相所能容许的范围内,我总是试图把每一个哲学家显示为他的环境的产物,显示为一个以笼统而广泛的形式,具体地并集中地表现了以他作为其中一个成员的社会所共有的思想与感情的人。

这就需要插入一些纯粹社会史性质的篇章。如果没有关于希腊化时代的一些知识,就没有人能够理解斯多葛派和伊壁鸠鲁派,如果不具备一些从第五世纪到第十五世纪基督教发展的知识,就不可能理解经院哲学。因此,我简单扼要地叙述了在我看来对哲学思想最有影响的主要历史梗概;对于某些读者可能不很熟习的历史,我还作了极为详尽的叙述——例如,在初期中世史方面。但在这些历史性的篇章里,我已严格地摒除了任何看来对当时和后代哲学没有,或很少有关系的情节。

在像本书这样一部著作里,材料的选择是一个很难的问题。如果没有细节,则作品就会空洞而乏味;如果有细节,又有过分冗长令人难以忍受的危险。我寻求了一个折中办法,这就是只叙述那些在我看来具有相当重要性的哲学家;关于他们所提到的则是这样一些细节,即使其本身不具有基本重要性,却有着阐明或使描绘显得生动的性质,因而是有价值的。

哲学,从远古以来,就不仅是某些学派的问题,或少数学者之间的论争问题。它乃是社会生活的一个重要部分，我就是试图这样来考虑它的。如果本书有任何贡献的话，它就是从这样一种观点得来的。

本书的问世，应归功于巴恩斯博士；它原是为宾夕法尼亚大学巴恩斯基金讲座撰写的，并曾部分地在该处讲授过。

正如在最近13年以来我的大多数著作一样，在研究工作和其他许多方面，我曾受到我的妻子巴特雷西亚·罗素的大力协助。

绪　　论 10

我们所说的“哲学的”人生观与世界观乃是两种因素的产物：一种是传统的宗教与伦理观念，另一种是可以称之为“科学的”那种研究，这是就科学这个词的最广泛的意义而言的。至于这两种因素在哲学家的体系中所占的比例如何，则各个哲学家大不相同；但是唯有这两者在某种程度上同时存在，才能构成哲学的特征。

哲学这个词曾经被人以各种方式使用过，有的比较广泛，有的则比较狭隘。我是在一种很广泛的意义上使用这个词的，现在就把这一点解释一下。

哲学，就我对这个词的理解来说，乃是某种介乎神学与科学之间的东西。它和神学一样，包含着人类对于那些迄今仍为确切的知识所不能肯定的事物的思考；但是它又像科学一样是诉之于人类的理性而不是诉之于权威的，不管是传统的权威还是启示的权威。一切**确切的**知识——我是这样主张的——都属于科学；一切涉及超乎确切知识之外的**教条**都属于神学。但是介乎神学与科学之间还有一片受到双方攻击的无人之域；这片无人之域就是哲学。思辨的心灵所最感兴趣的一切问题，几乎都是科学所不能回答的问题；而神学家们的信心百倍的答案，也已不再像它们在过去的世纪里那么令人信服了。世界是分为心和物吗？如果是这样，那么心是什么？物又是什么？心是从属于物的吗？还是它具有独立的能力呢？宇宙有没有任何的统一性或者目的呢？它是不是朝着某一个目标演进的呢？究竟有没有自然律呢？还是我们信仰自然律仅仅是出于我们爱好秩序的天性呢？人是不是天文学家所看到的那种样子，是由不纯粹的碳和水化合成的一块微小的东西，无能地在一个渺小而又不重要的行星上爬行着呢？还是他是哈姆雷特所看到的那种样子呢？也许他同时是两者吗？有没有一种生活方式是高贵的，而另一种是卑贱的呢？还是一切的生活方式全属虚幻无谓呢？假如有一种生活方式是高贵的，它所包含的内容又是什么？我们又如何能够实现它呢？善，为了能够值得受人尊重，就必须是永恒的吗？或者说，哪怕宇宙是坚定不移地趋向于死亡，它也
11 还是值得加以追求的吗？究竟有没有智慧这样一种东西，还是看来仿佛是智慧的东西，仅仅是极精炼的愚蠢呢？对于这些问题，在实验室里是找不到答案的。各派神学都曾宣称能够做出极其确切的答案，但正是他们的这种确切性才使近代人满腹狐疑地去观察他们。对于这些问题的研究——如果不是对于它们的解答的话，——就是哲学的业务了。

你也许会问，那么为什么要在这些不能解决的问题上面浪费时间呢？对于这个问题，我们可以以一个历史学家的身份来回答，也可以以一个面临着宇宙孤寂的恐怖感的个人的身份来回答。

历史学家所作的答案，在我力所能及的范围内，将在本书内提出来。自从人类能够自由思考以来，他们的行动在许多重要方面都有赖于他们对于世界与人生的各种理论，关于什么是善什么是恶的理论。这一点在今天正像在已往任何时候是同样地真确。要

了解一个时代或一个民族，我们必须了解它的哲学；要了解它的哲学，我们必须在某种程度上自己就是哲学家。这里就有一种互为因果的关系，人们生活的环境在决定他们的哲学上起着很大的作用，然而反过来他们的哲学又在决定他们的环境上起着很大的作用。这种贯穿着许多世纪的交互作用就是本书的主题。

然而，也还有一种比较个人的答案。科学告诉我们的是我们所能够知道的事物，但我们所能够知道的是很少的；而我们如果竟忘记了我们所不能知道的是何等之多，那么我们就会对许多极重要的事物变得麻木不仁了。另一方面，神学带来了一种武断的信念，说我们对于事实上我们是无知的事物具有知识，这样一来就对于宇宙产生了一种狂妄的傲慢。在鲜明的希望与恐惧之前而不能确定，是会使人痛苦的；可是如果在没有令人慰藉的神话故事的支持下，我们仍希望活下去的话，那么我们就必须忍受这种不确定。无论是想把哲学所提出的这些问题忘却，还是自称我们已经找到了这些问题的确凿无疑的答案，都是无益的事。教导人们在不能确定时怎样生活下去而又不致为犹疑所困扰，也许这就是哲学在我们的时代仍然能为学哲学的人所做出的主要事情了。

与神学相区别的哲学，开始于纪元前六世纪的希腊。在它经过了古代的历程之后，随着基督教的兴起与罗马的灭亡，它就又浸没于神学之中。哲学的第二个伟大的时期自十一世纪起至十四世 12
纪为止，除了像皇帝弗里德里希二世（1195—1250）那样极少数的伟大的叛逆者而外，是完全受天主教会支配着的。这一时期以种种混乱而告结束，宗教改革就是这些混乱的最后结果。第三个时期，自十七世纪至今天，比起前两个时期的任何一个来，更受着科学的支配；传统的宗教信仰仍占重要地位，但却感到有给自己作辩护的必要了；而每当科学似乎是使改造成为必要的时候，宗教信仰总是会被改造的。这一时期很少有哲学家在天主教立场上是正统派，而且在他们的思想里世俗的国家也要比教会重要得多。

社会团结与个人自由，也像科学与宗教一样，在一切的时期里始终是处于一种冲突状态或不安的妥协状态。在希腊，社会团结是靠着对城邦的忠诚而得到保证的；即使是亚里士多德（虽则在他那时候亚历山大正在使得城邦成为过时的陈迹），也看不出任何其他体制能有更多的优点。个人自由因个人对城邦的责任而被缩减的程度，是大有不同的。在斯巴达，个人所享有的自由要和在现在的德国或俄国一样地少；在雅典，则除了有时候有迫害而外，公民在最好的时代里曾享有过不受国家所限制的极大的自由。希腊思想直到亚里士多德的时代为止，一直为希腊人对城邦的宗教热诚与爱国热诚所支配；它的伦理体系是适应于公民们的生活的，并且有着很大的政治成分在内。当希腊人最初臣服于马其顿人，而后又臣服于罗马人的时候，与他们独立的岁月相适应的那些概念就不能再适用了。这就一方面，由于与传统断绝而丧失了蓬勃的生气，而另一方面又产生了一种更为个人化的、更缺少社会性的伦理。斯多葛派认为有德的生活乃是一种灵魂对上帝的关系，而不是公民对国家的关系。这样他们便为基督教准备了道路，因为基督教和斯多葛主义一样，起初也是非政治性的，在它最初的三个世纪里，它的信徒们都是对政府毫无影响的。从亚历山大到君士坦丁的六个半世纪里，社会团结既不是靠哲学，也不是靠古代的忠诚，而是靠强力，最初是靠军队的强力，尔后则是靠行政机构的强力，才获得保障的。罗马军队、罗马道路、罗马法与罗马官吏首先创立了，随后又维系了一个强大的中央集权的国家。没有什么是可以归功于罗马哲学的，因为根本就没有什么罗马哲学。 13

在这个漫长的时期里，从自由的时代所继承下来的希腊观念经历了一番逐渐转化的过程。某些古老的观念，尤其是那些我们认为最富于宗教色彩的观念，获得了相对的重要性；而另外那些更富理性主义色彩的观念则因为它们不再符合时代的精神，就被人们抛弃了。后来的异教徒们就是以这种方式整理了希腊的传统，使它终于能够被吸收到基督教的教义里来。

基督教把一个早已为斯多葛派学说所包含了的、然而对古代的一般精神却是陌生的重要见解给普及化了。我指的就是认为一个人对上帝的责任要比他对国家的责任更为必要的那种见解。像苏格拉底和使徒们所说的“我们应该服从神更甚于服从人”的这种见解，在君士坦丁皈依基督教以后一直维持了下来，因为早期基督徒的皇帝们都是阿利乌斯教派倾向于阿利乌斯主义。当皇帝变成了正统的教徒以后，这种见解就中断了。在拜占庭帝国它却仍然潜存着，正如后来它在俄罗斯帝国一样，俄罗斯帝国的基督教本是从君士坦丁堡传来的①。但是在西方，天主教的皇帝们几乎是立即（除了高卢的某几部分而外）就被异教徒的蛮人征服者所取而代之，于是宗教忠贞应优越于政治忠贞的思想就保存了下来，而且在某种程度上迄今依然保存着。

---

① 这就是为什么现代的俄国人认为我们不应该服从辩证唯物主义有甚于我们应该服从斯大林。

野蛮人的入侵中断了西欧文明达六个世纪之久。但它在爱尔兰却不绝如缕，直到九世纪时丹麦人才摧毁了它；在它灭亡之前它还在那里产生过一位出色的人物，即司各脱·厄里根纳。在东罗马帝国，希腊文明以一种枯朽的形式继续保存下去，好像在一所博物馆里面一样，一直到1453年君士坦丁堡的陷落为止。然而除了一种艺术上的传统以及查士丁尼的罗马法典而外，世界上并没有什么重要的东西是出自君士坦丁堡的。

在黑暗时代，自五世纪末叶至十一世纪中叶，西罗马世界经历了一些非常有趣的变化。基督教所带来的对上帝的责任与对国家
14 的责任两者之间的冲突，采取了教会与国王之间的冲突的形式。教皇的教权伸展到意大利、法国与西班牙、大不列颠与爱尔兰、德国、斯堪的那维亚与波兰。起初，除了在意大利和法国南部以外，教皇对于主教们和修道院长们的控制力量本是很薄弱的；但自从格雷高里第七的时代（十一世纪末）以来，教皇对他们就有了实际而有效的控制力量。从那时候起，教士在整个西欧就形成一个受罗马指挥的单一组织，巧妙地而又无情地追逐着权势；一直到公元1300年以后，他们在与世俗统治者的斗争之中通常总是胜利的。教会与国家之间的冲突不仅是一场教士与俗人的冲突。同时也是一场地中海世界与北方蛮族之间的冲突的重演。教会的统一就是罗马帝国统一的反响；它的祷文是拉丁文，它的首脑人物主要是意大利人、西班牙人和南部法国人。他们的教育（当教育恢复起来之后）也是古典的；他们的法律观念和政府观念在马尔库斯·奥勒留皇帝看来要比近代的君主们看来恐怕更容易理解。教会同时既代表着对过去的继续，又代表着当时最文明的东西。

反之，世俗权力则掌握在条顿血统的王侯们的手中，他们企图尽力保持他们从日耳曼森林里所带出来的种种制度。绝对的权力与这些制度是格格不入的；对于这些生气勃勃的征服者们说来显得是既沉闷而又毫无生气的那些法律制度，情形也是如此。国王必须和封建贵族分享自己的权力，但是大家都希望不时地可以采取战争、谋杀、掠夺或者奸淫的形式以发泄激情。君主们也可以忏悔，因为他们衷心里是虔敬的，而且忏悔本身毕竟也是激情的一种形式。可是教会却永远也不能使他们有近代雇主所要求于，而且通常可以获得于他的雇工们的那种循规蹈矩的良好品行。当精神激动的时候，如果他们不能喝酒、杀人、恋爱，那么征服全世界又有什么用呢？而且他们有勇敢的骑士队伍，为什么要听命于发誓独身而又没有兵权的书呆子呢？尽管教会不同意，他们仍然保存着决斗和比武的审判方法，而且他们还发展了马上比武和献殷勤的 15
恋爱。有时候，他们甚至一阵狂暴发作还会杀死显赫的教士。

所有的武装力量都在国王这方面，然而教会还是胜利的。教会获得胜利，部分地是因为它几乎享有教育的独占权，部分地是因为国王们彼此经常互相作战；但是除了极少数的例外，主要地却是因为统治者和人民都深深地相信教会掌握着升天堂的钥匙的权力。教会可以决定一个国王是否应该永恒地升天堂还是下地狱；教会可以解除臣民们效忠的责任，从而就可以鼓动反叛。此外，教会还代表着足以代替无政府状态的秩序，因而就获得了新兴的商人阶级的支持。尤其在意大利，这最后的一点是有决定意义的。

条顿人至少要保持教会一部分的独立性的企图，不仅表现在政治上，也表现在艺术、传奇、骑士道和战争上。但这一点却很少表现在知识界，因为教育差不多是完全限于教士阶级的。中古时代所公开表现出来的哲学并不就是一面精确的时代镜子，而仅是一党一派的思想镜子。然而，就在教士里面——尤其是弗兰西斯教团的修道士们——却有相当数目的人，为了各种原因，是和教皇有分歧的。此外，在意大利，文化传播到俗人方面来要比在阿尔卑斯以北早上好几个世纪。弗里德里希第二曾试图建立一种新宗教，这代表着反教廷文化的极端；而托马斯·阿奎那诞生于弗莱德利克第二具有无上权威的那不勒斯王国，却直到今天始终是教廷哲学的典型阐扬者。大约五十年之后，但丁成就了一套综合，并且给整个的中古观念世界做出了唯一的一套均衡的发挥。

但丁以后，由于政治上的以及理智上的种种原因，中古哲学的综合便破灭了。当中古哲学存在的时候，它具有一种整齐而又玲珑完整的性质，这个体系所论述到的任何一点都是和它那极其有限的宇宙中的其他内容摆在一个非常精确的关系之上的。但是宗教大分裂、宗教大会运动以及文艺复兴的教廷终于导向宗教改革，宗教改革便摧毁了基督教世界的统一性以及经院学者以教皇为中心的政府理论。在文艺复兴时代，新的知识，无论是关于古代的或
16 是关于地球表面的，都使人厌倦于理论体系；人们感到理论体系是座心灵的监狱。哥白尼天文学赋给地球的地位与人类的地位，远比他们在托勒密的理论中所享有的地位要卑微得多。在知识分子中间，对新事物的乐趣代替了对于推理、分析、体系化的乐趣；虽然在艺术方面文艺复兴仍然崇尚整齐有序，但是在思想方面它却喜欢大量而繁复的混乱无章。在这方面，蒙台涅是这一时代最典型的代表人物。

在政治理论方面，正像除了艺术而外的任何其他事物一样，也发生了秩序的崩溃。中世纪，虽然事实上是动荡不宁的，但在思想上却被一种要求合法性的热情、被一种非常严谨的政权理论所支配着。一切权力总归是出自上帝；上帝把神圣事物的权力交给了教皇，把俗世事情的权力交给了皇帝。但在十五世纪，教皇和皇帝同样地都丧失了自己的重要性。教皇变成了仅仅是意大利诸侯的一员，他在意大利的强权政治里面从事于种种令人难以置信的复杂而又无耻的勾当。在法国、西班牙和英国，新的君主专制的民族国家在他们自己的领土上享有的权力，是无论教皇或者皇帝都无力加以干涉的。民族国家，主要是由于有了火药的缘故，对人们的思想和感情获得了一种前所未有的影响，并且渐次地摧毁了罗马所遗留下来的对于文明统一性的信念。

这种政治上的混乱情形在马基雅弗利的《君王论》一书中得到了表现。政治已没有任何指导的原则，而变成为赤裸裸的争夺权力了；至于怎样才能把这种赌博玩得很成功，《君王论》一书也提出了很精明的意见。在希腊的伟大时代里出现过的事，再一次出现于文艺复兴的意大利：传统的道德束缚消失了，因为它们被人认为是与迷信结合在一起的；从羁绊中获得的解放，使得个人精力旺盛而富于创造力，从而便产生了极其罕见的天才的奔放；但是由于道德败坏而不可避免地造成的无政府状态与阴谋诡诈，却使得意大利人在集体方面成为无能的了，于是他们也像希腊人一样，倒在了别的远不如他们文明、但不像他们那样缺乏社会团结力的民族的统治之下了。

然而结局并不像在希腊那么惨重，因为许多新的强而有力的民族表现出来他们自己也像意大利人已往那样地能够有伟大的成就，只有西班牙是例外。

17 从十六世纪以后，欧洲思想史便以宗教改革占主导地位。宗教改革是一场复杂的多方面的运动，它的成功也要归功于多种多样的原因。大体上，它是北方民族对于罗马东山再起的统治的一种反抗。宗教曾经是征服了欧洲北部的力量，但是宗教在意大利已经衰颓了：教廷作为一种体制还存在着，并且从德国和英国吸取大量的贡赋，但是这些仍然虔诚的民族却对于波尔嘉家族和梅狄奇家族不能怀有什么敬意，这些家族借口要从炼狱里拯救人类的灵魂，而收敛钱财大肆挥霍在奢侈和不道德上。民族的动机、经济的动机和道德的动机都结合在一起，就格外加强了对罗马的反叛。此外，君王们不久就看出来，如果他们自己领土上的教会完全变成为本民族的，他们便可以控制教会；这样，他们在本土上就要比以往和教皇分享统治权的时候更加强而有力。由于这一切的原因，所以路德的神学改革在北欧的大部分地区，既受统治者欢迎，也受人民欢迎。

天主教教会有三个来源：它的圣教历史①是犹太的，它的神学是希腊的，它的政府和教会法，至少间接地是罗马的。宗教改革摒除了罗马的成分，冲淡了希腊的成分，但是大大地加强了犹太的成分。它就这样和民族主义的力量展开了合作。这些民族主义的力量正在摧毁着最初由罗马帝国而后又被罗马教会所造成的那种社会团结的成果。在天主教的学说里，神圣的启示并不因为有圣书

---

① 指圣经中所记述的历史。——译者

而结束，而是一代一代地通过教会的媒介继续传下来的；因此，个人的意见之服从于教会，就成为每个人的责任。反之，新教徒则否认教会是传达启示的媒介；真理只能求之于圣经，每一个人都可以自己解释圣经。如果人们的解释有了分歧，那么也并没有任何一个由神明所指定的权威可以解决这种分歧。实际上国家已经要求着曾经是属于教会的权利了，但这乃是一种篡夺。在新教的理论里，灵魂与上帝之间是不该有任何尘世的居间人的。

这一变化所起的作用是极其重大的。真理不再需要请权威来
肯定了，真理只需要内心的思想来肯定。于是很快地就发展起来 18
了一种趋势，在政治方面趋向于无政府主义，而在宗教方面则趋向于神秘主义。这和天主教的正统体系始终是难于适应的。这时出现的并不只是一种新教而是许多的教派；不是一种与经院派相对立的哲学而是有多少位哲学家就有多少种哲学；不是像在十三世纪那样，有一个皇帝与教皇相对立，而是有许许多多的异端的国王。结果无论在思想上还是在文学上，就都有着一种不断加深的主观主义；起初这是作为一种从精神奴役下要求全盘解放的活动，但它却朝着一种不利于社会健康的个人孤立倾向而稳步前进了。

近代哲学始于笛卡尔，他基本上所肯定为可靠的就是他自己和他的思想的存在，外在世界是由此而推出来的。这只是那个通过贝克莱、康德直到费希特的总的发展过程的第一个阶段。到了费希特遂认为万物都只是自我的流溢。这是不健康的；从此之后，哲学一直在企图从这种极端逃到日常生活的常识世界里去。

政治上的无政府主义和哲学上的主观主义携手并进。早在路德在世的时候，就有些不受欢迎又不被承认的弟子们已经发展了

再洗礼的学说了，这种学说有一个时期统治了闵斯特城。再洗礼派摒弃一切的法律，因为他们认为好人是无时无刻不被圣灵所引导的，而圣灵又是不可能受任何公式的束缚的。从这个前提出发，他们就达到了共产主义与两性杂交的结论；因此，他们在经过一段英勇抵抗之后终于被人消灭了。但是他们的学说却采取了更柔和的形式而流传到荷兰、英国和美国；这就是历史上贵格会的起源。在十九世纪又产生了另一种形式更激烈的、已经和宗教不再有联系的无政府主义。在俄国、在西班牙，以及较小的程度上也在意大利，它都有过相当的成功；并且直到今天，它在美国移民当局的眼里还是个可怕的怪物。这种近代的形式虽然是反宗教的，但是仍然具有很多的早期新教的精神；它的不同点主要就在于把路德针对着教皇的那种仇恨转过来针对着世俗的政府。

主观主义一旦脱缰之后，就只能一泻到底而不能再被束缚于任何的界限之内。新教徒在道德上之强调个人的良心，本质上乃是无政府主义的。但习惯与风俗却是如此之有力，以至于除了像
19 闵斯特那样暂时的爆发而外，个人主义的信徒们在伦理方面仍然是按照传统所认为的道德方式来行动，但这是一种不稳定的平衡。十八世纪的“感性”崇拜开始破坏了这种平衡：一种行为之受到赞美并不是因为它有好结果或者因为它与一种道德教条相符合，而是因为它有那种把它激发起来的情操。从这种态度就发展了像卡莱尔和尼采所表现的那种英雄崇拜，以及拜伦式的对于任何激情的崇拜。

浪漫主义运动在艺术上、在文学上以及在政治上，都是和这种对人采取主观主义的判断方式相联系着的，亦即不把人作为集体

的一个成员而是作为一种美感上的愉悦的观照对象。猛虎比绵羊更美丽，但是我们宁愿把它关在笼子里。典型的浪漫派却要把笼子打开来，欣赏猛虎消灭绵羊时那幕壮丽的纵身一跃。他鼓励着人们想象他们自己是猛虎，可是如果他成功的话，结果并不会是完全愉快的。

针对着近代主观主义的比较不健康的形式，曾经出现过各种不同的反应。首先是一种折中妥协的哲学，即自由主义的学说，它企图给政府和个人指定其各自的领域。这种学说的近代形式是从洛克开始的，洛克对于“热情主义”——即再洗礼派的个人主义——和对于绝对的权威以及对传统的盲目服从，是同样地反对的。另一种更彻底的反抗则导致了国家崇拜的理论，这种理论把天主教所给予教会，甚至于有时候是给予上帝的那种地位给了国家。霍布斯、卢梭和黑格尔代表了这种理论的各个不同方面，而他们的学说在实践上就体现为克伦威尔、拿破仑和近代的德国。共产主义在理论上是和这些哲学距离得非常遥远的，但是在实践上也趋向于一种与国家崇拜的结果极其相似的社会形态。

自从公元前600年直到今天这一全部漫长的发展史上，哲学
家们可以分成为希望加强社会约束的人与希望放松社会约束的
人。与这种区别相联系着的还有其他的区别。纪律主义分子宣扬
着某种或新或旧的教条体系，并且因此在或多或少的程度上就不
得不仇视科学，因为他们的教条并不能从经验上加以证明。他们
几乎总是教训人说，幸福并不就是善，而惟有“崇高”或者“英雄主 20
义”才是值得愿望的。他们对于人性中的非理性的部分有着一种
同情，因为他们感到理性是不利于社会团结的。另外一方面，则自

由主义分子，除了极端的无政府主义者而外，都倾向于科学、功利与理性而反对激情，并且是一切较深刻形式的宗教的敌人。这种冲突早在我们所认为的哲学兴起之前就在希腊存在着了，并且在早期的希腊思想中已经十分显著。它变成为各种形式，一直持续到今天，并且无疑地将会持续到未来的时代。

很显然，在这一争论中——就像所有经历了漫长时期而存留下来的争论一样——每一方都是部分正确的而又部分错误的。社会团结是必要的，但人类迄今还不曾有过单凭说理的论辩就能加强团结的事。每一个社会都受着两种相对立的危险的威胁：一方面是由于过分讲纪律与尊敬传统而产生的僵化，另一方面是由于个人主义与个人独立性的增长而使得合作成为不可能，因而造成解体或者是对外来征服者的屈服。一般说来，重要的文明都是从一种严格和迷信的体系出发，逐渐地松弛下来，在一定的阶段就达到了一个天才辉煌的时期；这时，旧传统中的好东西继续保存着，而在其解体之中所包含着的那些坏东西则还没有来得及发展。但是随着坏东西的发展，它就走向无政府主义，从而不可避免地走向一种新的暴政，同时产生出来一种受到新的教条体系所保证的新的综合。自由主义的学说就是想要避免这种无休止的反复的一种企图。自由主义的本质就是企图不根据非理性的教条而获得一种社会秩序，并且除了为保存社会所必需的束缚而外，不再以更多的束缚来保证社会的安定。这种企图是否可以成功，只有未来才能够断定了。

卷一　古代哲学 21

第一篇　前苏格拉底哲学家

第一章　希腊文明的兴起

在全部的历史里，最使人感到惊异或难于解说的莫过于希腊文明的突然兴起了。构成文明的大部分东西已经在埃及和美索不达米亚存在了好几千年，又从那里传播到了四邻的国家。但是其中却始终缺少着某些因素，直等到希腊人才把它们提供出来。希腊人在文学艺术上的成就是大家熟知的，但是他们在纯粹知识的领域上所做出的贡献还要更加不平凡。他们首创了数学、①科学和哲学；他们最先写出了有别于纯粹编年表的历史书；他们自由地思考着世界的性质和生活的目的，而不为任何因袭的正统观念的枷锁所束缚。所发生的一切都是如此之令人惊异，以至于直到最近的时代，人们还满足于惊叹并神秘地谈论着希腊的天才。然而

---

① 埃及和巴比伦人已经有了算术和几何学了，但主要地是凭经验。从一般的前提来进行演绎的推理，这是希腊人的贡献。

现在已经有可能用科学的观念来了解希腊的发展了，而且的确也值得我们这样去做。

哲学是从泰勒斯开始的，他预言过一次日食，所以我们就很幸运地能够根据这件事实来断定他的年代；据天文学家说，这次日食出现于公元前585年。哲学和科学原是不分的，因此它们是一起诞生于公元前第六世纪的初期。在这以前，希腊及其邻国曾发生过什么事情呢？任何一种回答都必然有一部分是揣测性的，但考古学在本世纪里
22 所给我们的知识已经比我们祖先们所掌握的要多得多了。

文字的发明在埃及大约是在公元前4000年左右，在巴比伦也晚不了太多。两国的文字都是从象形的图画开始的。这些图画很快地就约定俗成，因而语词是用会意文字来表示的，就像中国目前所仍然通行的那样。在几千年的过程里，这种繁复的体系发展成了拼音的文字。

埃及和美索不达米亚早期文明的发展是由于有尼罗河、底格里斯河和幼发拉底河，它们使得农业易于进行而又产量丰富。这些文明在许多方面都有些像西班牙人在墨西哥和秘鲁所发现的文明。这里有一个具有专制权力的神圣国王；在埃及，他还领有全部的土地。这里有一种多神教，国王和这种多神教的至高无上的神有着特殊亲密的关系。有军事贵族，也有祭司贵族。如果君主懦弱或者战争不利，祭司贵族往往能够侵凌王权。土地的耕种者是农奴，隶属于国王、贵族或祭司。

埃及的神学和巴比伦的神学颇为不同。埃及人主要的关怀是死亡，他们相信死者的灵魂要进入阴间，在那里，奥西里斯要根据他们在地上的生活方式来审判他们。他们以为灵魂终会回到身体

里面来的;这就产生了木乃伊以及豪华的陵墓建筑。金字塔群就是公元前 4000 年末叶和 3000 年初叶的历代国王们所建造的。这一时期以后,埃及文明就变得越来越僵化了,并且宗教上的保守主义使得进步成为不可能。约当公元前 1800 年,埃及被称为喜克索斯人的闪族人所征服,他们统治埃及约有两个世纪。他们在埃及并没有留下持久的痕迹,但是他们在这里的出现一定曾经有助于埃及文明在叙利亚和巴勒斯坦的传播。

巴比伦的发展史比埃及更带有黩武好战的性质。最初的统治种族并不是闪族,而是“苏玛连”人,这种人的起源我们还不清楚。他们发明了楔形文字,征服者的闪族就是从他们这里接受了楔形文字的。曾经有一个时期,有许多独立的城邦彼此互相作战;但是最后巴比伦称霸,并且建立了一个帝国。其他城邦的神就变成了附属的神,而巴 23
比伦的神马尔督克便获得了有如后来宙斯在希腊众神之中所占的那种地位。在埃及也出现过同样的情形,只是时间更早得多。

埃及与巴比伦的宗教正像其他古代的宗教一样,本来都是一种生殖性能崇拜。大地是阴性的,而太阳是阳性的。公牛通常被认为是阳性生殖性能的化身,牛神是非常普遍的。在巴比伦,大地女神伊什塔尔在众女神之中是至高无上的。这位“伟大的母亲”在整个的西亚洲以各种不同的名称而受人崇拜。当希腊殖民者在小亚细亚为她建筑神殿的时候,他们就称她为阿尔蒂米斯,并且把原有的礼拜仪式接受过来。这就是“以弗所人的狄阿娜”[①]的起源。

---

① 狄阿娜是阿尔蒂米斯的拉丁文的对称。在希腊文的圣经里提到的是阿尔蒂米斯,而英译本则称为狄阿娜。

基督教又把她转化成为童贞女玛利亚，但是到了以弗所宗教大会上才规定把“圣母”这个头衔加给我们的教母。

只要一种宗教和一个帝国政府结合在一起，政治的动机就会大大改变宗教的原始面貌。一个男神或一个女神便会和国家联系起来，他不仅要保证丰收，而且还要保证战争胜利。富有的祭司阶级规定出一套教礼和神学，并且把帝国各个组成部分的一些神都安排在一个万神殿里。

通过与政府的联系，神也就和道德有了联系。立法者从神那里接受了他们的法典，因此犯法就是亵渎神明。现在所知的最古老的法典，就是公元前2100年左右巴比伦王罕姆拉比的法典；国王宣告这一法典是由马尔督克交付给他的。在整个的古代，道德与宗教之间的这种联系变得越来越密切。

巴比伦的宗教与埃及的宗教不同，它更关心的是现世的繁荣而不是来世的幸福。巫术、卜筮和占星术虽然并不是巴比伦所特有的，然而在这里却比在其他地方更为发达，并且主要地是通过巴比伦它们才在古代的后期获得了它们的地位。从巴比伦也流传下
24 来了某些属于科学的东西：一日分为24小时，圆周分为360度；以及日月食周期的发现。这就使他们能够准确地预言月食，并能以某种盖然性来预言日食。巴比伦的这种知识，我们下面将会看到，泰勒斯是得到了的。

埃及与美索不达米亚的文明是农业的文明，而周围民族的文明最初则是畜牧的文明。商业的发展起初几乎完全是海上的，随着商业的发展就出现了一种新的因素。直到公元前1000年左右，武器还是用青铜制造的，有些国家自己本土上并不具备这种必要

的金属，便不得不从事贸易或者海盗掠夺以求获得它们。海盗掠夺只是一时的权宜，而在社会与政治条件相当稳定的地方，商业就被人认为更加有利可图。在商业方面，克里特岛似乎是先驱者。大约有十一个世纪之久，可以说从公元前2500至公元前1400年，在克里特曾存在过一种艺术上极为先进的文化，被称为米诺文化。克里特艺术的遗物给人以一种欢愉的、几乎是颓废奢靡的印象，与埃及神殿那种令人可怖的阴郁是迥然不同的。

关于这一重要的文明，在阿瑟·伊万斯爵士以及其他诸人的发掘以前，人们几乎是一无所知。那是一种航海民族的文明，与埃及保持着密切的接触（除了喜克索斯人统治的时代是例外）。从埃及的图画里显然可以看出，克里特的水手们在埃及和克里特之间进行过相当可观的商业，这种商业约当公元前1500年左右达到了它的顶峰。克里特的宗教似乎与叙利亚和小亚细亚的宗教有着许多的相同之点，但是在艺术方面则与埃及的相同之点更多些，虽然克里特的艺术是非常有独创性的，并且是充满了可惊讶的生命力的。克里特文明的中心是所谓诺索斯的“米诺宫”，古典希腊的传说里一直流传着对它的追忆。克里特的宫殿是极其壮丽的，但是大约在公元前十四世纪的末期被毁掉了，或许是被希腊的侵略者所毁掉的。克里特历史的纪年，是从在克里特所发现的埃及器物以及在埃及所发现的克里特器物而推断出来的；我们的知识全都是靠着考古学上的证据。

克里特人崇拜一个女神，也许是几个女神。最为明确无疑的女神就是“动物的女主人”，她是一个女猎人，或许就是古典的阿尔

25 蒂米斯的起源①。她或者另一女神，也是一位母亲；除了“动物的男主人”而外，唯一的男神就是她的少子。有证据可以说明克里特人是信仰死后的生命的，正如埃及的信仰一样，认为人死之后，生前的作为就要受到赏罚。但是总的说来，从克里特的艺术上看，似乎他们是欢愉的民族，并没有受到阴沉的迷信的很大压迫。他们喜欢斗牛，斗牛时女斗士和男斗士一样地表演出惊人的绝技。斗牛是宗教仪式，阿瑟·伊万斯爵士以为斗牛者属于最高的贵族。传下来的图画都是非常生动而逼真的。

克里特人有一种直线形的文字，但是还没有人能够辨识。他们在国内是和平的，他们的城市没有城墙；他们无疑地是受海权的保护的。

在米诺文明毁灭之前，约当公元前1600年左右，它传到了希腊大陆，在大陆上经历了逐渐蜕化的阶段直至公元前900年为止。这种大陆文明就叫迈锡尼文明；它是由于发掘帝王的陵墓以及发掘山顶上的堡垒而被人发现的，这说明了他们比克里特岛上的人更害怕战争。陵墓及堡垒始终都给古典希腊的想象力以强烈的印象。宫殿里的较古老的艺术品若不是确乎出于克里特工匠之手，也是与克里特工艺密切接近的。隔着一层朦胧的传说所见到的迈锡尼文明，正是荷马诗歌所描写的文明。

关于迈锡尼人还有许多不清楚的地方。他们的文明是他们被克里特人所征服的结果吗？他们说希腊语呢，抑或他们是一种较

① 她有一个孪生弟兄或配偶，就是“动物的男主人”。但是他比较不重要。把阿尔蒂米斯与小亚细亚的伟大的母亲当成一个人，乃是后来的事。

早的土著种族呢？对于这些问题还不可能有确切的答案，但是总的说来，他们很可能是说希腊语的征服者，并且至少贵族是来自北方的头发漂亮的侵入者，这些人带来了希腊的语言①。希腊人前后以三次连续的浪潮进入希腊，最初是伊奥尼亚人，然后是亚该亚人，最后是多利亚人。伊奥尼亚人虽然是征服者，但似乎相当完整地采纳了克里特的文明，正像后来罗马人采纳了希腊的文明一样。26
但是伊奥尼亚人被他们的后继者亚该亚人所侵扰，并且大部分被赶走了。从波伽兹-科易所发掘出来的喜特人的书版里，我们可以知道亚该亚人在公元前十四世纪曾有过一个庞大的有组织的帝国。迈锡尼文明已经被伊奥尼亚和亚该亚人的战争所削弱，实际上就被最后的希腊侵略者多利亚人所毁灭了。以前的侵入者大部分采纳了米诺的宗教，但是多利亚人却保存了他们祖先的原始的印度-欧罗巴宗教。然而迈锡尼时代的宗教却仍然不绝如缕，尤其是在下层阶级之中；而古典时代希腊的宗教就是这两种宗教的混合物。

虽然上述的情况可能是事实，但是我们必须记得我们并不知道迈锡尼人究竟是不是希腊人。我们所知道的只是他们的文明毁灭了，在它告终的时候，铁就代替了青铜；并且有一个时期海上霸权转到腓尼基人的手里。

在迈锡尼时代的后期及其结束之后，有些入侵者定居下来变成了农耕者；而另有些入侵者则继续推进，首先是进入希腊群岛和

① 见尼尔逊(Martin P. Nilsson)：《米诺-迈锡尼宗教及其在希腊宗教中的残余》，第11页以下。

小亚细亚，然后进入西西里和意大利南部，他们在这些地方建立了城市，靠海上贸易为生。希腊人最初便是在这些海上城市里作出了对于文明的崭新的贡献；雅典的霸权是后来才出现的，而当它出现的时候也同样地是和海权结合在一起的。

希腊大陆是多山地区，而且大部分是荒瘠不毛的。但是它有许多肥沃的山谷，通海便利，而彼此间方便的陆地交通则为群山所阻隔。在这些山谷里，小小的各自分立的区域社会就成长起来，它们都以农业为生，通常环绕着一个靠近海的城市。在这种情况之下很自然的，任何区域社会的人口只要是增长太大而国内资源不敷时，在陆地上无法谋生的人就会去从事航海。大陆上的城邦就建立了殖民地，而且往往是在比本国更容易谋生得多的地方。因此在最早的历史时期，小亚细亚、西西里和意大利的希腊人都要比大陆上的希腊人富有得多。

27 希腊不同地区的社会制度也是大有不同的。在斯巴达，少数贵族就靠着压迫另一种族的农奴的劳动而过活；在较贫穷的农业区，人口主要的是那些靠着自己的家庭来耕种自己土地的农民们。但是在工商业繁荣的地区，自由的公民则由于使用奴隶而发财致富——采矿使用男奴隶，纺织则使用女奴隶。在伊奥尼亚，这些奴隶都是四邻的野蛮人，照例最初都是战争中的俘获。财富越增加，则有地位的妇女也就越孤立，后来她们在希腊的文明生活里几乎没有地位了，只有斯巴达是例外。

一般的发展情况是最初由君主制过渡到贵族制，然后又过渡到僭主制与民主制的交替出现。国王们并不像埃及的和巴比伦的国王那样具有绝对的权力，他们须听从元老会议的劝告，他们违背了习俗便不会不受惩罚。“僭主制”并不必然地意味着坏政府，而仅仅指一个不是由世袭而掌权的人的统治。“民主制”即指全体公民的政府，但其中不包括奴隶与女人。早期的僭主正像梅狄奇家族那样，乃是由于他们是财阀政治中最富有的成员而获得权力的。他们的财富来源往往是占有金银矿，并且由于伊奥尼亚附近吕底亚王国传来了新的铸币制度而大发其财①。铸币似乎是公元前700年以前不久被人发明的。

商业或海盗掠夺——起初这两者是很难分别的——对于希腊人最重要的结果之一，就是使他们学会了书写的艺术。虽然书写在埃及和巴比伦已经存在过几千年了，而且米诺的克里特人也曾有过一种文字（这种文字还没有人能识别），然而并没有任何决定性的证据可以证明希腊人在公元前十世纪左右以前是会写字的。他们从腓尼基人那里学到书写的技术；腓尼基人正像其他叙利亚的居民一样，受着埃及和巴比伦两方面的影响，而且在伊奥尼亚、意大利和西西里的希腊城市兴起之前，他们一直握有海上商业的霸权。公元前十四世纪时，叙利亚人给伊克纳顿（埃及的异端国王）写信仍然使用巴比伦的楔形文字；但是推罗的西拉姆（公元前 28
969—前936年）已经用腓尼基字母了，腓尼基字母或许就是从埃及文字中发展出来的。最初埃及人使用一种纯粹的图画文字；这些图画日益通行以后就逐渐地代表音节（即图形所代表的事物的名字的第一个音节），终于根据“A是一个射青蛙的射手”②的原则

① 见乌雷(P. N. Ure)：《僭主制的起源》。

② 例如希伯来字母的第三个字“gimel”指“骆驼”，而这个字的符号就是一幅约定俗成的骆驼图形。

而代表单独的字母了。最后的这一步埃及人自己并没有完成，而是由腓尼基人完成的，而这就给了字母以一切的便利。希腊人又从腓尼基人那里借来这种字母加以改变以适合他们自己的语言，并且加入了母音而不是像以往那样仅有子音，从而就作出了重要的创造。毫无疑问，获得了这种便利的书写方法就大大促进了希腊文明的兴起。

希腊文明第一个有名的产儿就是荷马。关于荷马的一切全都是推测，但是最好的意见似乎是认为，他是一系列的诗人而并不是一个诗人。或许伊利亚特和奥德赛两书完成的期间约占 200 年的光景，有人说是从公元前 750—前 550 年，[1]而另有人认为“荷马”在公元前八世纪末就差不多已经写成了[2]。荷马诗现存的形式是被比西斯垂塔斯带给雅典的，他在公元前 560 至前 527 年(包括间断期)执政。从他那时以后，雅典的青年就背诵着荷马，而这就成为他们教育中最重要的部分。但在希腊的某些地区，特别是在斯巴达，荷马直到较晚的时期，才享有同样的声望。

荷马的诗歌好像后期中世纪的宫廷传奇一样，代表着一种已经开化了的贵族阶级的观点，它把当时在人民群众中依然流行的各种迷信看成是下等人的东西而忽略过去。但是到了更后来的时期，许多这些迷信又都重见天日了。近代作家根据人类学而得到的结论是：荷马绝不是原著者，而是一个删定者，他是一个十八世
29 纪式的古代神话的诠释家，怀抱着一种上层阶级文质彬彬的启蒙

① 贝洛赫：《希腊史》第 12 章。
② 罗斯多夫采夫：《古代世界史》卷一，第 399 页。

理想。在荷马诗歌中,代表宗教的奥林匹克的神祇,无论是在当时或是在后世,都不是希腊人唯一崇拜的对象。在人民群众的宗教中,还有着更黑暗更野蛮的成分,它们虽然在希腊智慧的盛期被压抑下去了,但是一等到衰弱或恐怖的时刻就会迸发出来。所以每逢衰世便证明了,被荷马所摈弃的那些宗教迷信在整个古典时代里依然继续保存着,只不过是半隐半显罢了。这一事实说明了许多事情,否则的话,这些事情便似乎是矛盾而且令人感到惊异的了。

任何地方的原始宗教都是部族的,而非个人的。人们举行一定的仪式,通过交感的魔力以增进部族的利益,尤其是促进植物、动物与人口的繁殖。冬至的时候,一定要祈求太阳不要再减少威力;春天与收获季节也都要举行适当的祭礼。这些祭礼往往能鼓动伟大的集体的热情,个人在其中消失了自己的孤立感而觉得自己与全部族合为一体。在全世界,当宗教演进到一定阶段时,做牺牲的动物和人都要按照祭礼被宰杀吃掉的。在不同的地区,这一阶段出现的时期也颇为不同。以人作牺牲的习俗通常都比把作为牺牲的人吃掉的习俗要持续得更长久些;就在希腊历史期开始时也还不曾消灭。不带有这种残酷的景象的祈求丰收的仪式,在全希腊也很普遍;特别是伊留希斯神秘教的象征主义,根本上是农业的。

必须承认,荷马诗歌中的宗教并不很具有宗教气味。神祇们完全是人性的,与人不同的只在于他们不死,并具有超人的威力。在道德上,他们没有什么值得称述的,而且也很难看出他们怎么能够激起人们很多的敬畏。在被人认为是晚出的几节诗里,是用一种伏尔泰式的不敬在处理神祇们的。在荷马诗歌中所能发现与真正宗教感情有关的，并不是奥林匹克的神祇们，而是连宙斯也要服从的“运命”、“必然”与“定数”这些冥冥的存在。运命对于整个希腊的思想起了极大的影响，而且这也许就是科学之所以能得出对于自然律的信仰的渊源之一。

30 荷马的神祇们乃是征服者的贵族阶级的神祇，而不是那些实际在耕种土地的人们的有用的丰产之神。正如吉尔伯特·穆莱所说的①：

“大多数民族的神都自命曾经创造过世界，奥林匹克的神并不自命如此。他们所做的，主要是征服世界。……当他们已经征服了王国之后，它们又干什么呢？他们关心政治吗？他们促进农业吗？他们从事商业和工业吗？一点都不。他们为什么要从事任何老实的工作呢？依靠租税并对不纳税的人大发雷霆，在他们看来倒是更为舒适的生活。他们都是些嗜好征服的首领，是些海盗之王。他们既打仗，又宴饮，又游玩，又作乐；他们开怀痛饮，并大声嘲笑那伺候着他们的瘸铁匠。他们只知怕自己的王，从来不知惧怕别的。除了在恋爱和战争中而外，他们从来不说谎。”

荷马笔下的人间英雄们，在行为上也一样地不很好。为首的家庭是庇勒普斯家族，但是它并没有能够成功地建立起一个幸福的家庭生活的榜样。

“这个王朝的建立者，亚洲人坦达鲁斯，是以直接对于神祇的进攻而开始其事业的；有人说，他是以企图诱骗神祇们吃人肉，吃

---

① 《希腊宗教的五个阶段》，第 67 页。

他自己的儿子庇勒普斯的肉而开始的。庇勒普斯在奇迹般地复活了之后，也向神祇们进攻。他那场对比萨王奥诺谟斯的有名的车赛，是靠了后者的御夫米尔特勒斯的帮助而获得胜利的。然后他又把他原来允许给以报酬的同盟者干掉，把他扔到海里去。于是诅咒便以希腊人所称为‘阿特’(ate)[①]的形式——如果实际上那不是完全不可抗拒的、至少也是一种强烈的犯罪冲动——传给了他的儿子阿特鲁斯和泰斯提司。泰斯提司奸污了他的嫂子，并且因而便把家族的幸运，即有名的金毛羊，偷到了手中。阿特鲁斯反过来设法放逐了他的兄弟，而又在和解的借口之下召他回来，宴请他吃自己孩子的肉。这种诅咒又由阿特鲁斯遗传给他的儿子阿加米侬。阿加米侬由于杀了一只作牺牲的鹿而冒犯了阿尔蒂米斯；于是他牺牲自己的女儿伊妃格尼亚来平息这位女神的盛怒，并得以使他的舰队安全到达特罗伊。阿加梅侬又被他的不贞的妻子和她的情夫，即泰斯提司所留下来的一个儿子厄极斯特斯，谋杀了。阿加米侬的儿子奥瑞斯提斯又杀死了他的母亲和厄极斯特斯，为他的父亲报了仇”。[②]

荷马的诗作为一部完成的定稿，乃是伊奥尼亚的产物，伊奥尼 31
亚是希腊小亚细亚及其邻近岛屿的一部分。至迟当公元前六世纪的时候，荷马的诗歌已经固定下来成为目前的形式。也正是在这个世纪里，希腊的科学、哲学与数学开始了。在同一个时期，世界

① 按此字希腊文为“ἄτη”，指由天遣而招致的一种愚昧和对于是非善恶的模糊而言。——中译本编者

② 鲁斯(H. G. Rose)：《希腊的原始文化》1925 年版，第 193 页。

上的其他部分也在发生着具有根本重要意义的事件。孔子、佛陀和琐罗亚斯特，如果他们确有其人的话，大概也是属于这个世纪的。[①] 在这个世纪的中叶，波斯帝国被居鲁士建立起来了；到了这个世纪的末叶，曾被波斯人允许过有限度的自主权的伊奥尼亚的希腊城市举行过一次未成功的叛变，这次叛变被大流士镇压下去，其中最优秀的人物都成了逃亡者。有几位这个时期的哲学家就是流亡者，他们在希腊世界未遭奴役各部分，从一个城流浪到另一个城，传播了直迄当时为止主要地是局限于伊奥尼亚的文明。他们在周游的时候受到殷勤的款待。色诺芬尼也是一个流亡者，鼎盛期约当公元前六世纪后期，他说过："在冬天的火旁，我们吃过一顿很好的饭，喝过美酒，嚼着豆子，躺在柔软的床上的时候，我们就要谈下面的这些话了：'您是哪一国人？您有多大年纪，老先生？米底人出现的时候，您是多大年纪？'"希腊的其他部分，在沙拉米战役和普拉提亚战役中，继续保持了自己的独立。此后，伊奥尼亚也获得了一个时期的自由。[②]

希腊分为许多独立的小国家，每个国家都包括一个城市及其附近的农业区。在希腊世界的各个不同地区，文明的水平是大有不同的，仅有少数的城市对于希腊成就的整体有过贡献。关于斯巴达，我在后面还要详细谈到，它仅在军事意义上是重要的，而并

① 但是琐罗亚斯特的年代揣测的成分很大。有人把他推早到公元前1000年左右。见《剑桥古代史》卷4，第207页。

② 雅典被斯巴达人击败的结果，是波斯人又获得了小亚细亚的全部海岸，波斯人对该地的权利在安达希达斯和约（公元前387—前386年）中得到了承认。大约五十年以后，它们被并入亚历山大帝国。

不是在文化上。哥林多是富庶而又繁荣的，是一个巨大的商业中心，但是并没有出现过多少伟大的人物。

其次，也有纯粹农乡的地区，例如脍炙人口的阿加底亚，城市人都把它想象为牧歌式的，但它实际上却充满了古代的野蛮恐怖。居民们崇拜牧神潘，他们有许多种丰收的祭仪，并且往往是以 32
一根方柱代替神像来进行仪式的。山羊是丰收的象征，因为农民们太穷，不可能有牛。当粮食不够的时候，人们就殴打潘的神像（在偏僻的中国乡村里，至今还仍然有类似的事情）。有一种想象中的狼人族，或许是与以人作牺牲以及吃人肉的风气有关。那时以为谁若是吃了作牺牲的人的祭肉，就会变成一个狼人。有一个供奉宙斯·里凯欧斯（即狼宙斯）的洞；在这个洞里，人是没有影子的，走进去的人在一年之内便要死掉。这一切迷信在古典时代还都仍然盛行着。①

潘原来的名字是“帕昂”，意思是饲养人或牧人；在公元前五世纪波斯战争之后，雅典人也采用了对潘的崇拜，于是他便获得了这个更为人所熟悉的名字，而这个名字的意义翻译出来就是“全神”②。

然而在古代的希腊也有许多东西，我们可以感觉到就是我们所理解的宗教。那不是和奥林匹克诸神联系在一起的，而是与狄奥尼索斯或者说巴库斯相联系的，我们极其自然地把这个神想象成多少是一个不名誉的酗酒与酩酊大醉之神。由于对他崇拜便产

---

① 罗斯：《原始希腊》第 65 页以下。

② 哈里逊(J. E. Harrison)：《希腊宗教研究导言》第 651 页。

生了一种深刻的神秘主义，它大大地影响了许多哲学家，甚至对于基督教神学的形成也起过一部分的作用；这种崇拜发展的途径是极其值得注目的，任何一个想要研究希腊思想发展的人都必须好好加以理解。

狄奥尼索斯或者说巴库斯，原来是色雷斯的神。色雷斯人远比不上希腊人文明，希腊人把色雷斯人看成是野蛮人。正像所有的原始农耕者一样，他们也有各种丰收的祭仪和一个保护丰收之神。他的名字便是巴库斯。巴库斯究竟是人形还是牛形，这一点始终不太清楚。当他们发现了制造麦酒的方法时，他们就认为酣醉是神圣的，并赞美着巴库斯。后来他们知道了葡萄而又学会了饮葡萄酒的时候，他们就把巴库斯想象得更好了。于是他保护丰
33 收的作用，一般地就多少变成从属于他对于葡萄以及因酒而产生的那种神圣的癫狂状态所起的作用了。

对于巴库斯的崇拜究竟是什么时候从色雷斯传到希腊来的，我们并不清楚，但它似乎是刚刚在历史时期开始之前。对巴库斯的崇拜遇到了正统派的敌视，然而这种崇拜毕竟确立起来了。它包含着许多野蛮的成分，例如，把野兽撕成一片片的，全部生吃下去。它有一种奇异的女权主义的成分。有身份的主妇们和少女们成群结队地在荒山上整夜欢舞欲狂，那种酣醉部分地是由于酒力，但大部分却是神秘性的。丈夫们觉得这种做法令人烦恼，但是却不敢去反对宗教。这种又美丽而又野蛮的宗教仪式，是写在幼利披底的剧本《酒神》之中的。

巴库斯在希腊的胜利并不令人惊异。正像所有开化得很快的社会一样，希腊人，至少是某一部分希腊人，发展了一种对于原始

事物的爱慕，以及一种对于比当时道德所认可的生活方式更为本能的、更加热烈的生活方式的热望。对于那些由于强迫因而在行为上比在感情上来得更文明的男人或女人，理性是可厌的，道德是一种负担与奴役。这就在思想方面、感情方面与行为方面引向一种反动。这里与我们特别有关的是思想方面的反动，但是关于感情与行为方面的反动要先谈几句话。

文明人之所以与野蛮人不同，主要的是在于**审慎**，或者用一个稍微更广义的名词，即深谋远虑。他为了将来的快乐，哪怕这种将来的快乐是相当遥远的，而愿意忍受目前的痛苦。这种习惯是随着农业的兴起而开始变得重要起来的；没有一种动物，也没有一种野蛮人会为了冬天吃粮食而在春天工作，除非是极少数纯属本能的行动方式，例如蜜蜂酿蜜，或者松鼠埋栗子。在这种情况下，并没有深谋远虑；它只有一种直接行动的冲动，这对一个人类观察者来说，显然在后来证明了是有用的。唯有当一个人去做某一件事并不是因为受冲动的驱使，而是因为他的理性告诉他说，到了某个未来时期他会因此而受益的时候，这时候才出现了真正的深谋远虑。打猎不需要深谋远虑，因为那是愉快的；但耕种土地是一种劳动，而并不是出于自发的冲动就可以做得到的事。

文明之抑制冲动不仅是通过深谋远虑（那是一种加于自我的抑 34
制），而且还通过法律、习惯与宗教。这种抑制力是它从野蛮时代继承来的，但是它使这种抑制力具有更少的本能性与更多的组织性。某些行动被认为是犯罪的，要受到惩罚，另外又有些行动虽然不受法律惩罚，但被视为是邪恶的，并且使犯有这种罪行的人遭受社会的指责。私有财产制度带来了女性的从属状态，同时通常还创造出来一个奴隶阶级。一方面是把社会的目的强加给个人，而另一方面，个人已经获得了一种习惯把自己的一生视为是一个整体，于是越来越多地为着自己的未来而牺牲自己的目前。

很显然的，这种过程可以推行得很过分，例如守财奴便是如此。但是纵使不推行到这样的极端，审慎也很容易造成丧失生命中某些最美好的事物。巴库斯的崇拜者就是对于审慎的反动。在沉醉状态中，无论是肉体上或者是精神上，他都又恢复了那种被审慎所摧毁了的强烈感情；他觉得世界充满了欢愉和美；他的想象从日常顾虑的监狱里面解放了出来。举行巴库斯礼便造成了所谓的"激情状态"，这个名词在字源上是指神进入了崇拜者的体内，崇拜者相信自己已经与神合而为一。人类成就中最伟大的东西大部分都包含有某种沉醉的成分[①]，某种程度上的以热情来扫除审慎。没有这种巴库斯的成分，生活便会没有趣味；有了巴库斯的成分，生活便是危险的。审慎对热情的冲突是一场贯穿着全部历史的冲突。在这场冲突中，我们不应完全偏袒任何一方。

在思想的领域内，清醒的文明大体上与科学是同义语。但是毫不掺杂其他事物的科学，是不能使人满足的；人也需要有热情、艺术与宗教。科学可以给知识确定一个界限，但是不能给想象确定一个界限。在希腊哲学家之中，正像在后世哲学家中一样，有些哲学家基本上是科学的，也有些哲学家基本上是宗教的；后者大部分都直接地或间接地受到巴库斯宗教的影响。这特别适用于柏拉图，并且通过他而适用于后来终于体现为基督教神学的那些发展。

---

① 我是指精神的沉醉而不是指酗酒的沉醉。

狄奥尼索斯的原始崇拜形式是野蛮的，在许多方面是令人反 35
感的。它之影响了哲学家们并不是以这种形式，而是以奥尔弗斯为名的精神化了的形式，那是禁欲主义的，而且以精神的沉醉代替肉体的沉醉。

奥尔弗斯是一个朦胧但有趣的人物，有人认为他实有其人，另外也有人认为他是一个神，或者是一个想象中的英雄。传说上认为他像巴库斯一样也来自色雷斯，但是他（或者说与他的名字相联系着的运动）似乎更可能是来自克里特。可以断定，奥尔弗斯教义包括了许多最初似乎是渊源于埃及的东西，而且埃及主要地是通过克里特而影响了希腊的。据说奥尔弗斯是一位改革者，他被巴库斯正统教义所鼓动起来的狂热的酒神侍女们（maenads）撕成碎片。在这一传说的古老形式中，他对音乐的嗜好并没有像后来那么重要。他基本上是一个祭司和哲学家。

无论奥尔弗斯本人（如果确有其人的话）的教义是什么，但奥尔弗斯教徒的教义是人所熟知的。他们相信灵魂的轮回；他们教导说，按照人在世上的生活方式，灵魂可以获得永恒的福祉或者遭受永恒的或暂时的痛苦。他们的目的是要达到"纯洁"，部分地依靠净化的教礼，部分地依靠避免某些种染污。他们中间最正统的教徒忌吃肉食，除非是在举行仪式的时候作为圣餐来吃。他们认为人部分地属于地，也部分地属于天；由于生活的纯洁，属于天的部分就增多，而属于地的部分便减少。最后，一个人可以与巴库斯合一，于是便称为"一个巴库斯"。曾有过一种很精致的神学，按照那种神学的说法，巴库斯曾经诞生过两次，一次是从他的母亲西弥丽诞生的，另一次是从他父亲宙斯的大腿里诞生的。

狄奥尼索斯①的神话有许多种形式。有一种说，狄奥尼索斯是宙斯和波息丰的儿子；他还是小孩子的时候就被巨人族撕碎，他们吃光了他的肉，只剩下来他的心。有人说，宙斯把这颗心给了西弥丽，另外有人说，宙斯吞掉了这颗心；无论哪一种说法，都形成了狄奥尼索斯第二次诞生的起源。巴库斯教徒把一只野兽撕开并生吃它的肉，这被认为是重演巨人族撕碎并吃掉狄奥尼索斯的故事，而这只野兽在某种意义上便是神的化身。巨人族是地所生的，但
36 是吃了神之后，他们就获有一点神性。所以人是部分地属于地的，部分地属于神的，而巴库斯教礼就是要使人更完全地接近神性。

幼利披底让一个奥尔弗斯祭司的口中唱出的一段自白是有教育意义的：②

主啊，你是欧罗巴泰尔的苗裔，
　　宙斯之子啊，在你的脚下
　　是克里特千百座的城池，
我从这个黯淡的神龛之前向你祈祷，

雕栏玉砌装成的神龛，
　　饰着查立布的剑和野牛的血。
　　天衣无缝的柏木栋梁矻然不动。
我的岁月在清流里消逝。

① 美国版作“巴库斯”，下同。——译者

② 本章中的诗歌系采用英国穆莱教授的英译。

我是伊地安宙夫①神的仆人，
　　我得到了秘法心传；
　　我随着查格鲁斯②中夜游荡，
我已听惯了他的呼声如雷；

成就了他的红与血的宴会，
　　守护这伟大母亲山头上的火焰；
　　我获得了自由，而被赐名为
披甲祭司中的一名巴库斯。

我全身已装束洁白，我已
　　洗净了人间的罪恶与粪土
　　我的嘴头从此禁绝了
再去触及一切杀生害命的肉食。

奥尔弗斯教徒的书版已经在坟墓中被发现，那都是一些教诫，告诉死掉的灵魂如何在另一个世界里寻找出路，以及为了要证明自己配得上得救应该说些什么话。这些书版都是残缺不全的；其中最为完整的一份（即裴特利亚书版）如下：

你将在九泉之下地府的左边看到一泓泉水，
泉水旁矗立着一株白色的柏树，
这条泉水你可不要走近。

① 被人很神秘地认为即巴库斯。
② 巴库斯的许多名字之一。

37 但你在记忆湖边将看到另一条泉水
寒水流涌，旁边站着卫士。
你要说："我是大地与星天的孩子；
但我的氏族却仅属于天，这你也知道。
看哪，我焦渴得要死了。请快给我
记忆湖中流涌出来的寒泉冷冽"。
他们自会给你饮那神圣的泉水
从此你就将君临其他的英雄。……

另一个书版说道，"欢迎你，忍受了苦难的人。……你将由人变为神"。另外又有一个说道："欢乐而有福的人，你将成为神，再也不会死亡"。

灵魂所不能喝的泉水就是列特，它会使人遗忘一切的；另一股泉水是聂摩沁，它会使人记忆一切。另一个世界的灵魂，如果想要得救，就不可遗忘，而相反地必须能有一种超乎自然的记忆力。

奥尔弗斯教徒是一个苦行的教派；酒对他们说来只是一种象征，正像后来基督教的圣餐一样。他们所追求的沉醉是"激情状态"的那种沉醉，是与神合而为一的那种沉醉。他们相信以这种方式可以获得以普通方法所不能得到的神秘知识。这种神秘的成分随着毕达哥拉斯一起进入到希腊哲学里面来，毕达哥拉斯就是奥尔弗斯教的一个改革者，正如奥尔弗斯是巴库斯教的一个改革者一样。奥尔弗斯的成分从毕达哥拉斯进入到柏拉图的哲学里面来，又从柏拉图进入了后来大部分多少带有宗教性的哲学里面来。

只要是奥尔弗斯教有影响的地方，就一定有着某种巴库斯的成分。其中之一便是女权主义的成分，毕达哥拉斯便有许多这种成分，而在柏拉图，这种成分竟达到了要求女子在政治上完全与男子平等的地步。毕达哥拉斯说“女性天然地更近于虔诚”。另一种巴库斯的成分是尊重激烈的感情。希腊悲剧是从狄奥尼索斯的祭祀之中产生的。幼利披底尤其尊重奥尔弗斯教的两个主要的神，即巴库斯与伊洛思。但他对于那种冷静地自以为是而且行为端正的人，却是毫无敬意的；在他的悲剧里，那种人往往不是被逼疯了，便是由于神愤怒他们的亵渎神明而沦于忧患。

关于希腊人，传统的看法是他们表现了一种可钦可敬的静穆，
这种静穆使得他们能置身局外地来观赏热情，来观察热情所表现 38
的一切美妙，而他们自己却不动感情，有如奥林匹克的神明一般。这是一种非常片面的看法。也许荷马、索福克里斯与亚里士多德是这样，但是对那些直接间接地接触了巴库斯和奥尔弗斯的影响的希腊人，情形就确乎不是这样的了。爱留希斯的神话构成了雅典国教的最神圣部分，在爱留希斯，有一首颂歌唱道：

你的酒杯高高举起，
你欢乐欲狂
　　万岁啊！你，巴库斯，潘恩。你来在
爱留希斯万紫千红的山谷。

在幼利披底的《酒神》里，酒神侍女的合唱显示了诗与野蛮的结合，那与静穆是截然相反的。她们庆贺肢解野兽的欢乐，当场把它生吃了下去，并且欢唱着：

啊，欢乐啊，欢乐在高山顶上，
　竞舞得精疲力竭使人神醉魂销，
　　只剩下来了神圣的鹿皮

而其余一切都一扫精光，

这种红水奔流的快乐，
撕裂了的山羊鲜血淋漓，
拿过野兽来狼吞虎噬的光荣，
这时候山顶上已天光破晓，
向着弗里吉亚、吕底亚的高山走去，
那是布罗米欧在引着我们上路。

（布罗米欧是巴库斯的许多名字之一）。酒神侍女们在山坡上的舞蹈不仅是狂野的；它还是一种逃避，是从文明的负担和烦忧里逃向非人间的美丽世界和清风与星月的自由里面去。他们以另一种不很狂热的情调又唱道：

它们会再来，再度的来临吗？
那些漫长、漫长的歌舞，
彻夜歌舞直到微弱的星光消逝。
我的歌喉将受清露的滋润，
我的头发将受清风的沐浴？我们的白足
将在迷蒙的太空中闪着光辉？
啊，绿原上奔驰着的麋鹿的脚
在青草中是那样的孤独而可爱；
被猎的动物逃出了陷阱和罗网，
欢欣跳跃再也不感到恐怖。
39 然而远方仍然有一个声音在呼唤
有声音，有恐怖，更有一群猎狗

搜寻得多凶猛，啊，奔驰得多狂猙
　　沿着河流和峡谷不断向前——
是欢乐呢还是恐惧？你疾如狂飙的足踵啊，
　　你奔向着可爱的邃古无人的寂静的土地，
那儿万籁俱寂，在那绿荫深处，
林中的小生命生活得无忧无虑。

在拾人牙慧地说什么希腊人是“静穆的”之前，你不妨想想假如费拉德尔斐亚的妇女们也是这样的行径吧，哪怕就是在欧根·奥尼尔的剧本里。

奥尔弗斯的信徒并不比未经改造过的巴库斯崇拜者更为“静穆”。对于奥尔弗斯的信徒来说，现世的生活就是痛苦与无聊。我们被束缚在一个轮子上，它在永无休止的生死循环里转动着；我们的真正生活是属于天上的，但我们却又被束缚在地上。唯有靠生命的净化与否定以及一种苦行的生活，我们才能逃避这个轮子，而最后达到与神合一的天人感通。这绝不是那些能感到生命是轻松愉快的人的观点。它更有似于黑人的灵歌：

当我回到了老家，
　　我要向神诉说我的一切的烦恼。

虽非所有的希腊人，但有一大部分希腊人是热情的、不幸的、处于与自我交战的状态，一方面被理智所驱遣，另一方面又被热情所驱遣，既有想象天堂的能力，又有创造地狱的那种顽强的自我肯定力。他们有“什么都不过分”的格言；但是事实上，他们什么都是过分的，——在纯粹思想上，在诗歌上，在宗教上，以及在犯罪上。当他们伟大的时候，正是热情与理智的这种结合使得他们伟大的。

单只是热情或单只是理智，在任何未来的时代都不会使世界改变面貌，有如希腊人所做过的那样。他们在神话上的原始典型并不是奥林匹克的宙斯而是普罗米修斯，普罗米修斯从天上带来了火，却因此而遭受着永恒的苦难。

然而，如果把它当做全体希腊人的特征时，那么上文所说的就会和以“静穆”作为希腊人的特征的那种观点是同样的片面性了。事实上，在希腊有着两种倾向，一种是热情的、宗教的、神秘的、出世的，另一种是欢愉的、经验的、理性的，并且是对获得多种多样事
40 实的知识感到兴趣的。希罗多德就代表后一种倾向；最早的伊奥尼亚的哲学家们也是如此；亚里士多德在一定的限度内也是如此。贝洛赫(前引书，第1卷，第1章，第434页)描写奥尔弗斯教说道：

“但是希腊民族是非常充满青春活力的，它不能普遍接受任何一种否定现世并把现实的生命转到来世上面去的信仰。因此奥尔弗斯的教义始终局限于入教者的相当狭小的圈子之内，对于国教并没有任何一点影响，甚至于在像雅典那样已经在国家祭祀之中采用了神秘教的祭礼并且使之获得法律的保障的地区，也是没有一点影响的。整整过了一千年之后，这些观念——当然在一种截然不同的神学外衣之下——才在希腊世界获得了胜利”。

看起来，这似乎是过分的夸大，特别以对于饱和着奥尔弗斯教义的爱留希斯神秘教为然。大致可以说，具有宗教气质的人都倾向于奥尔弗斯教，而理性主义者则都鄙视它。我们可以把它的地位和十八世纪末十九世纪初英国的卫理教派相比。

我们多少知道点一个有教养的希腊人从他的父亲那里学到什么，但是在他的早年从他的母亲那里学到什么，我们就知道得很少

了；在很大的程度上希腊女人是与男人们所享受的文明隔绝开来的。即使在其全盛时代，无论有教养的雅典人的明确的自觉的心理过程是怎样地理性主义，然而他们似乎从传统中、从幼年时代起就保存着一种更为原始的思想感情的方式，这种方式常常在严重的关头很容易占优势。因此，简单地分析希腊的面貌就会是不恰当的了。

宗教，尤其是非奥林匹克的宗教，对于希腊思想的影响，直到最近才被人们所充分地认识到。有一本革命性的书，哈里逊的《希腊宗教研究导言》，着重指出了普通希腊人宗教中的原始的成分与狄奥尼索斯的成分；康福德（F. M. Cornford）的《从宗教到哲学》一书，力图使研究希腊哲学的学者们注意到宗教对于哲学家的影响，但是这本书中的解释，或者这本书中的人类学，却有很多地方是不能完全作为信史接受的。我所知道的最公允的叙述要算是约翰· 41
伯奈特的《早期希腊哲学》，尤其是第二章：《科学与宗教》。伯奈特说，科学与宗教的冲突产生于“公元前六世纪席卷了全希腊的宗教复兴”，同时，历史舞台也从伊奥尼亚转到了西方。他说，“大陆希腊宗教的发展与伊奥尼亚的方式是很不相同的。特别是对狄奥尼索斯的崇拜——那是从色雷斯传来的，荷马诗歌中只不过是提到而已——包含着一种萌芽中的对于人与世界关系的全新的观察方式。把任何崇高的观点都归之于色雷斯人本身当然是错误的；但是毫无疑问，对希腊人来说，天人感通的现象提示他们说灵魂绝不止于是自我的微弱的复本而已，而且唯有在灵魂‘脱离肉体’的时候才能显示出来它的真正的性质。……

“看起来，希腊宗教似乎是正将进入东方宗教所已达到的同样阶段；而且若不是由于科学的兴起，我们很难看出有什么东西能够阻止这种趋势。通常都说由于希腊人没有祭司阶级，所以使他们得免于东方式的宗教；然而这是倒果为因的说法。祭司阶级并不制造教条，虽然一旦有了教条之后，他们是要保存教条的；东方民族在他们发展的早期阶段，也没有上述意义的祭司阶级。挽救了希腊的并不是由于没有一个祭司阶级，而是由于有科学的学派存在。

“新的宗教——在某种意义上，它是新的，虽然在另一种意义上，它和人类是同样地古老——随着各个奥尔弗斯教团的建立而达到它发展的最高峰。就我们所能知道的而论，它们的发源地是亚底加；但是它们传播得异常迅速，尤其是在意大利南部和西西里。首先它们都是属于崇拜狄奥尼索斯的组织；但是它们具有两种特征，这两种特征是希腊人中的新东西。他们渴望着有一种启示作为宗教权威的根源，他们还组成了人为的社团。那些包含着他们的神学的诗篇据说是色雷斯的奥尔弗斯所作的，这位奥尔弗斯本人曾进入过地狱，因此他是一个稳妥的引导者，能够使脱离了躯壳的灵魂在另一个世界里渡过种种危险。”

伯奈特继续说，奥尔弗斯教派的信仰和大约同时在印度所流
42 行的信仰，两者之间有着惊人的相似之点，虽然他认为它们不会有过任何的接触。然后他就说到“orgy”（狂欢）这个字的原义，奥尔弗斯教派用这个字来指“圣礼”，并且以此来净化信徒的灵魂使之得以避免生之巨轮。奥尔弗斯教徒与奥林匹克宗教的祭司不同，他们建立了我们所谓的教会，即宗教团体，不分种族或性别，人人可以参加；而且由于他们的影响，便出现了作为一种生活方式的哲

学观念。

第二章　米利都学派 43

每本哲学史教科书所提到的第一件事都是哲学始于泰勒斯，泰勒斯说万物是由水做成的。这会使初学者感到泄气的，因为初学者总是力图——虽说也许并不是很艰苦地——对哲学怀抱一种似乎为这门课程所应有的那种尊敬。然而我们却有足够的理由要推崇泰勒斯，尽管也许是把他当成一位科学家而不是当成一位近代意义上的哲学家来推崇。

泰勒斯是小亚细亚的米利都人，米利都是一个繁荣的商业都市，其中有大量的奴隶人口，而在自由民中富人和穷人之间又有着尖锐的阶级斗争。“在米利都，人民最初获得了胜利，杀死了贵族们的妻子儿女；后来贵族又占了上风，把他们的对方活活烧死，拿活人作火把将城内的广场照得通亮。”①在泰勒斯的时代，小亚细亚绝大多数的希腊城市里都流行着类似的情况。

米利都正像伊奥尼亚其他的商业城市一样，在公元前七世纪和六世纪，在经济上与政治上有过重要的发展。最初政权属于占有土地的贵族，但是逐渐地被商人财阀政治所代替。后来又被僭主所代替，僭主（照例）是由民主党派的支持而获得权力的。吕底亚王国位于希腊海岸城市的东部，但是直到尼尼微的陷落（公元前612年）为止，一直与这些城市维持着友好的关系。这使得吕底亚

---

① 罗斯多夫采夫：《古代世界史》第1卷，第204页。

可以自由自在地专心对付西方，但是米利都通常总能够与之保持友好关系，尤其是和最后一个吕底亚王克利索斯，克利索斯是公元前 546 年被居鲁士所征服的。米利都也和埃及有着重要的关系，埃及王是依靠着希腊的雇佣兵的，并且开放了一些城市对希腊贸易。希腊在埃及最早的殖民地，是米利都卫队所占据的一个要塞；但是公元前 610—前 560 年这段时期，希腊在埃及最重要的殖民地是达弗尼。耶利米和其他许多犹太逃亡者就在这里躲避过尼布
44 甲尼撒大王（耶利米书，第 43 章第 5 节以下）；虽然埃及毫无疑问地影响了希腊人，犹太人却并没有，我们也不能设想耶利米对于怀疑的伊奥尼亚人除了恐怖之外，还会感到什么别的。

我们知道关于泰勒斯的年代最好的证据，就是他以预言一次日食而著名，根据天文学家的推算，这次日食一定是发生在公元前 585 年。其他现存的证据也都一致把他的活动大约放在这个时期。预言一次日食并不能证明他有什么特殊的天才。米利都与吕底亚是联盟，而吕底亚又与巴比伦有文化上的关系；巴比伦的天文学家已经发现了日食大约是每经十九年的周期就会出现一次。他们能够大致完全成功地预言月食，但是在一个地方看得见的某次日食在别个地方却可以看不见的这一事实却妨碍了他们对于日食的预言。因此，他们只能知道到在某一定的日期便值得人们去期待日食的出现，这或许便是泰勒斯所知道的全部。无论是泰勒斯还是巴比伦人，都不知道为什么会有这种周期循环。

据说泰勒斯曾经旅行过埃及，并且从这里给希腊人带来了几何学。希腊人所知道的几何学大体上是凭经验的，并没有理由可以相信泰勒斯达到了像后来希腊人所发现的那种演绎式的证明。他似

乎发现了怎样根据在陆地上的两点所做的观察去推算船在海上的距离，以及如何从一个金字塔影子的长度去计算它的高度。有许多其他的几何定理也都归之于他的名下，但恐怕是归错了的。

他是希腊的七哲之一，七哲中每个人都特别以一句格言而闻名；传说他的格言是："水是最好的"。

根据亚里士多德的记载，泰勒斯以为水是原质，其他一切都是由水造成的；泰勒斯又提出大地是浮在水上的。亚里士多德又提到，泰勒斯说过磁石体内具有灵魂，因为它可以使铁移动；又说万物都充满了神。①

万物都是由水构成的，这种说法可以认为是科学的假说，而且绝不是愚蠢的假说。二十年以前，人们所接受的观点是：万物是由氢所构成的，水有三分之二是氢。希腊人是勇于大胆假设的，但至 45
少米利都学派却是准备从经验上来考查这些假设的。关于泰勒斯我们知道得太少了，因而不可能完全满意地恢复他的学说，但是关于他的米利都学派的后继者们，我们知道的要多得多；因此设想他的后继者们的看法有些得自于泰勒斯，这是十分合理的。他的科学和哲学都很粗糙，但却能激发思想与观察。

关于他虽有许多传说，但是我并不以为人们**所知道的**多于我上面所提到这几件事实。有几个故事是很有趣的，例如亚里士多德在他的《政治学》(1259a)所说的那个故事："人们指责他的贫困，认为这就说明了哲学是无用的。据这个故事说，他由于精通天象，所以还在冬天的时候就知道来年的橄榄要有一场大丰收；于是他

① 伯奈特(《早期希腊哲学》第 51 页)对于最后这种说法提出过疑问。

以他所有的一点钱作为租用丘斯和米利都的全部橄榄榨油器的押金，由于当时没有人跟他争价，他的租价是很低的。到了收获的时节，突然间需要许多榨油器，他就恣意地抬高价钱，于是赚了一大笔钱；这样他就向世界证明了只要哲学家们愿意，就很容易发财致富，但是他们的雄心却是属于另外的一种。”

米利都派的第二个哲学家阿那克西曼德比泰勒斯更有趣得多，他的年代不能确定，但是据说在公元前546年他已经六十四岁了，并且我们有理由设想这种说法是多少近于真相的。他认为万物都出于一种简单的元质，但是那并不是泰勒斯所提出的水，或者是我们所知道的任何其他的实质。它是无限的、永恒的而且无尽的，而且“它包围着一切世界”——因为他认为我们的世界只是许多世界中的一个。元质可以转化为我们所熟悉的各式各样的实质，它们又都可以互相转化。关于这一点，他作出了一种重要的、极可注意的论述：

“万物所由之而生的东西，万物消灭后复归于它，这是命运规定了的，因为万物按照时间的秩序，为它们彼此间的不正义而互相偿补”。

正义的观念——无论是宇宙的，还是人间的——在希腊的宗教和哲学里所占的地位，对于一个近代人来说并不是一下子很容
46 易理解的；的确我们的“正义”这个字很难表现出它的意义来，但是也很难找出别的更好的字来。阿那克西曼德所表现的思想似乎是这样的：世界上的火、土和水应该有一定的比例，但是每种原素（被理解为是一种神）都永远在企图扩大自己的领土。然而有一种必然性或者自然律永远地在校正着这种平衡；例如只要有了火，就会

有灰烬，灰烬就是土。这种正义的观念——即不能逾越永恒固定的界限的观念——是一种最深刻的希腊信仰。神祇正像人一样，也要服从正义。但是这种至高无上的力量其本身是非人格的，而不是至高无上的神。

阿那克西曼德有一种论据证明元质不是水，或任何别的已知原素。因为如果其中的一种是始基，那么它就会征服其他的原素。亚里士多德又记载他曾经说过，这些已知的原素是彼此对立的。气是冷的，水是潮的，而火是热的。"因此，如果它们任何一种是无限的，那么这时候其余的便不能存在了。"因此，元质在这场宇宙斗争中必须是中立的。

有一种永恒的运动，在这一运动的过程中就出现了一切世界的起源。一切世界并不像在犹太教和基督教的神学里所说的那样是被创造出来的，而是演化出来的。在动物界也有演化。当湿原素被太阳蒸发的时候，其中便出现了活的生物。人像任何其他动物一样也是从鱼衍生出来的。人一定是从另一种不同的生物演变出来的，因为由于人的婴儿期很长，他若原来就像现在这样，便一定不能够生存下来了。

阿那克西曼德充满了科学的好奇心。据说他是第一个绘制地图的人。他认为大地的形状像一个圆柱。有各种不同的记载说是他曾说过：太阳像大地一样大，或大于大地二十七倍，或大于大地二十八倍。

凡是在他有创见的地方，他总是科学的和理性主义的。

米利都学派三杰中的最后一个，阿那克西美尼，并不像阿那克西曼德那样有趣，但是他作出了一些重要的进步。他的年代不能十分确定。他一定在阿那克西曼德之后，而且一定是鼎盛于公元前 494 年以前，因为在那一年波斯人镇压伊奥尼亚叛乱的时候，米利都城便被波斯人毁灭了。

47 他说基质是气。灵魂是气；火是稀薄化了的气；当凝聚的时候，气就先变为水，如果再凝聚的时候就变为土，最后就变为石头。这种理论所具有的优点是可以使不同的实质之间的一切区别都转化为量的区别，完全取决于凝聚的程度如何。

他认为大地的形状像一个圆桌，而且气包围着万物。“正如我们的灵魂是气，并且把我们结合在一起一样，气息和空气也包围着整个世界。”仿佛世界也是在呼吸着似的。

阿那克西美尼在古代要比阿那克西曼德更受人称赞，虽然任何近代人都会做出相反的评价来。他对于毕达哥拉斯以及对于后来许多的思想都有着重要的影响。毕达哥拉斯学派发现大地是球状的，但是原子论派则拥护阿那克西美尼的见解，认为大地的形状像一个圆盘。

米利都学派是重要的，并不是因为它的成就，而是因为它所尝试的东西。它的产生是由于希腊的心灵与巴比伦和埃及相接触的结果。米利都是一个富庶的商业城市，在那里原始的偏见和迷信已经由于许多国家的相互交通而被冲淡了。伊奥尼亚直迄公元前五世纪初期被大流士所征服为止，始终是希腊世界在文化上最重要的一部分。它几乎完全没有接触到过与巴库斯和奥尔弗斯相关联的宗教运动；它的宗教是奥林匹克的，并且似乎从来不曾被人们认真地对待过。泰勒斯、阿那克西曼德和阿那克西美尼的思考可以认为是科学的假说，而且很少表现出来夹杂有任何不恰当的神人同体的愿望和道德的观念。他们所提出的问题是很好的问题，而且他们的努力也鼓舞了后来的研究者。

希腊哲学的下一阶段是和意大利南部的希腊城市相联系着的，它有着更多的宗教性，特别是有着更多的奥尔弗斯教义——在某些方面是更有趣的，它的成就是可赞美的，但是它的精神却比不上米利都学派那样科学了。

第三章　毕达哥拉斯 48

毕达哥拉斯对古代和近代的影响是我这一章的主题；无论就他的聪明而论或是就他的不聪明而论，毕达哥拉斯都是自有生民以来在思想方面最重要的人物之一。数学，在证明式的演绎推论的意义上的数学，是从他开始的；而且数学在他的思想中乃是与一种特殊形式的神秘主义密切地结合在一起的。自从他那时以来，而且一部分是由于他的缘故，数学对于哲学的影响一直都是既深刻而又不幸的。

让我们先从关于他生平已知的一些很少的事实谈起。他是萨摩岛的人，大约鼎盛于公元前 523 年。有人说他是一个殷实的公民叫做姆奈萨尔克的儿子，另有人说他是亚波罗神的儿子；我请读者们在这两说中自行选择一种。在他的时代，萨摩被僭主波吕克拉底所统治着，这是一个发了大财的老流氓，有着一支庞大的海军。

萨摩是米利都的商业竞争者；它的商人足迹远达以矿产著名的西班牙塔尔特苏斯地方。波吕克拉底大约于公元前 535 年成为萨摩的僭主,一直统治到公元前 515 年为止。他是不大顾虑道德的责难的;他赶掉了他的两个兄弟,他们原是和他一起搞僭主政治的,他的海军大多用于进行海上掠夺。不久之前米利都臣服于波斯的这件事情对他非常有利。为了阻止波斯人继续向西扩张,他便和埃及国王阿马西斯联盟。但是当波斯王堪比西斯集中全力征服埃及时,波吕克拉底认识到他会要胜利,于是就改变了立场。他派遣一支由他的政敌所组成的舰队去进攻埃及;但是水兵们叛变了,回到萨摩岛向他进攻。虽然他战胜了他们,但是最后还是中了一桩利用他的贪财心的阴谋而垮台了。在萨尔底斯的波斯总督假装着要背叛波斯大王,并愿拿出一大笔钱来酬答波吕克拉底对他的援助;波吕克拉底到大陆上去会晤波斯总督时,便被捕获并被钉死在十字架上。

49 波吕克拉底是一位艺术的保护主,并曾以许多了不起的建筑美化了萨摩。安那克里昂就是他的宫廷诗人。然而毕达哥拉斯却不喜欢他的政府,所以便离开了萨摩岛。据说——而且不是不可能的——毕达哥拉斯到过埃及,他的大部分智慧都是在那里学得的;无论情形如何,可以确定的是他最后定居于意大利南部的克罗顿。

意大利南部的各希腊城市也像萨摩岛和米利都一样,都是富庶繁荣的;此外,它们又遭受不到波斯人的威胁①。最大的两个城市是西巴瑞斯和克罗顿。西巴瑞斯的奢华至今还脍炙人口;据狄

① 西西里的希腊城市是受着迦太基人的威胁的,但是在意大利,人们并不感到这种威胁的切迫。

奥多罗斯说，它的人口当全盛时期曾达三十万人之多，虽然无疑地这是一种夸大。克罗顿与西巴瑞斯的大小大致相等。两个城市都靠输入伊奥尼亚的货物至意大利为生，一部分货物是作为意大利的消费品，一部分则从西部海岸转口至高卢和西班牙。意大利的许多希腊城市彼此激烈地进行征战；当毕达哥拉斯到达克罗顿的时候，克罗顿刚刚被劳克瑞所战败。然而在毕达哥拉斯到达之后不久，克罗顿对西巴瑞斯的战争便取得了完全的胜利，西巴瑞斯彻底地被毁灭了（公元前 510 年）。西巴瑞斯与米利都在商业上一直有密切的联系。克罗顿以医学著名；克罗顿有一个人德谟西底斯曾经做过波吕克拉底的御医，后来又作过大流士的御医。

毕达哥拉斯和他的弟子在克罗顿建立了一个团体，这个团体有一个时期在该城中是很有影响的。但是最后，公民们反对他，于是他就搬到梅达彭提翁（也在意大利南部），并死于此处。不久他就成为一个神话式的人物，被赋予了种种奇迹和神力，但是他也是一个数学家学派的创立者①。这样，就有两种相反的传说争论着他的事迹，而真相便很难弄清楚。

毕达哥拉斯是历史上最有趣而又最难理解的人物之一。不仅关于他的传说几乎是一堆难分难解的真理与荒诞的混合，而且即使是在这些传说的最单纯最少争论的形式里，它们也向我们提供了一种最奇特的心理学。简单地说来，可以把他描写成是一种
爱因斯坦与艾地夫人的结合。他建立了一种宗教，主要的教义是 50

① 亚里士多德说，毕达哥拉斯"最初从事数学和算学，后来一度不惜从事非里赛底斯所奉行的魔术"。

灵魂的轮回①和吃豆子的罪恶性。他的宗教体现为一种宗教团体,这一教团到处取得了对于国家的控制权并建立起一套圣人的统治。但是未经改过自新的人渴望着吃豆子,于是就迟早都反叛起来了。

毕达哥拉斯教派有一些规矩是:

1.禁食豆子。

2.东西落下了,不要拣起来。

3.不要去碰白公鸡。

4.不要掰开面包。

5.不要迈过门闩。

6.不要用铁拨火。

7.不要吃整个的面包。

8.不要掐花环。

9.不要坐在斗上。

10.不要吃心。

11.不要在大路上行走。

12.房里不许有燕子。

13.锅从火上拿下来的时候,不要把锅的印迹留在灰上,而要

① "丑:毕达哥拉斯对于野鸟有什么意见?

马伏里奥:他说我们祖母的灵魂也许会在鸟儿的身体里寄住过。

丑:你对他的意见觉得怎样?

马:我认为灵魂是高贵的,绝对不赞成他的说法。

丑:再见,你在黑暗里住下去吧,等到你赞成了毕达哥拉斯的说法之后,我才可以承认你的头脑健全"。(第十二夜)

(朱生豪译:《莎士比亚戏剧集》卷二,第218页,作家出版社,1954)

把它抹掉。

14. 不要在光亮的旁边照镜子。

15. 当你脱下睡衣的时候，要把它卷起，把身上的印迹摩平[①]。

所有这些诫命都属于原始的禁忌观念。

康福德(《从宗教到哲学》)说，在他看来，“毕达哥拉斯代表着我们所认为与科学倾向相对立的那种神秘传统的主潮。”他认为巴门尼德——他称之为“逻辑的发现者”——“是毕达哥拉斯的一个支派，而柏拉图本人则从意大利哲学获得了他的灵感的主要来源”。他说毕达哥拉斯主义是奥尔弗斯教内部的一种改良运动，而奥尔弗斯教又是狄奥尼索斯崇拜中的改良运动。理性的东西与神秘的东西之互相对立贯穿着全部的历史，它在希腊人中间最初表 51
现为奥林匹克的神与其他较为不开化的神之间的对立，后者更接近于人类学者们所研究的原始信仰。在这个分野上，毕达哥拉斯是站在神秘主义方面的，虽然他的神秘主义具有一种特殊的理智性质。他认为他自己具有一种半神明的性质，而且似乎还曾说过，“既有人，又有神，也还有像毕达哥拉斯这样的生物。”康福德说，受他所鼓舞的各种体系“都是倾向于出世的，把一切价值都置于上帝的不可见的统一性之中，并且把可见的世界斥为虚幻的，说它是一种混浊的介质，其中上天的光线在雾色和黑暗之中遭到了破坏，受到了蒙蔽”。

狄凯阿克斯说，毕达哥拉斯教导说，“首先，灵魂是个不朽的东西，它可以转变成别种生物；其次，凡是存在的事物，都要在某种循

① 引自伯奈特《早期希腊哲学》。

环里再生，没有什么东西是绝对新的；一切生来具有生命的东西都应该认为是亲属。”①据说，毕达哥拉斯好像圣法兰西斯一样地曾向动物说法。

在他建立的团体里，不分男女都可以参加；财产是公有的，而且有一种共同的生活方式，甚至于科学和数学的发现也认为是集体的，而且，在一种神秘的意义上，都得归功于毕达哥拉斯；甚至于在他死后也还是如此。梅达彭提翁的希巴索斯曾违反了这条规矩，便因船只失事而死，这是神对于他的不虔诚而震怒的结果。

但是这一切与数学又有什么关系呢？它们是通过一种赞美沉思生活的道德观而被联系在一起的。伯奈特把这种道德观总结如下：

> “我们在这个世界上都是异乡人，身体就是灵魂的坟墓，然而我们绝不可以自杀以求逃避；因为我们是上帝的所有物，上帝是我们的牧人，没有他的命令我们就没权利逃避。在现世生活里有三种人，正像到奥林匹克运动会上来的也有三种人一样。那些来做买卖的人都属于最低的一等，比他们高一等的是那些来竞赛的人。然而，最高的一种乃是那些只是来观看的人们。因此，一切中最伟大的净化便是无所为而为的科学，唯有献身于这种事业的人，亦即真正的哲学家，才真能使自己摆脱‘生之巨轮’。”②

52 文字含义的变化往往是非常有启发意义的。我在上文已经提

① 康福德：前引书，第201页。

② 《早期希腊哲学》，第108页。

到“狂欢”(orgy)那个字；现在我就要谈谈“理论”(theory)这个字。这个字原来是奥尔弗斯教派的一个字，康福德解释为“热情的动人的沉思”。他说，在这种状态之中“观察者与受苦难的上帝合而为一，在他的死亡中死去，又在他的新生中复活”；对于毕达哥拉斯，这种“热情的动人的沉思”乃是理智上的，而结果是得出数学的知识。这样，通过了毕达哥拉斯主义，“理论”就逐渐地获得了它的近代意义；然而对一切为毕达哥拉斯所鼓舞的人们来说，它一直保存着一种狂醉式的启示的成分。这一点，对于那些在学校里无可奈何地学过一些数学的人们来说，好像是很奇怪的；然而对于那些时时经验着由于数学上的豁然贯通而感到沉醉欢欣的人们来说，对于那些喜爱数学的人们来说，毕达哥拉斯的观点则似乎是十分自然的，纵令它是不真实的。仿佛经验的哲学家只是材料的奴隶，而纯粹的数学家，正像音乐家一样，才是他那秩序井然的美丽世界的自由创造者。

最有趣的是，我们从伯奈特叙述的毕达哥拉斯的伦理学里，可以看出与近代价值相反的观念。譬如在一场足球赛里，有近代头脑的人总认为足球运动员要比观众伟大得多。至于国家，情形也类似：他们对于政治家(政治家是比赛中的竞争者)的崇拜有甚于对于那些仅仅是旁观者的人们。这一价值的变化与社会制度的改变有关——战士、君子、财阀、独裁者，各有其自己的善与真的标准。君子在哲学理论方面曾经有过长期的当权时代，因为他是和希腊天才结合在一起的，因为沉思的德行获得了神学的保证，也因为无所为而为的真理这一理想庄严化了学院的生活。君子可以定义为平等人的社会中的一分子，他们靠奴隶劳动而过活，或者至少也是依靠那些毫无疑问地位卑贱的劳动人民而过活。应该注意到在这个定义里也包括着圣人与贤人，因为就这些圣贤的生活而论，他们也是耽于沉思的而不是积极活动的。

近代关于真理的定义，例如实用主义的和工具主义的关于真理的定义，就是实用的而不是沉思的，它是由于与贵族政权相反对的工业文明所激起的。

53 无论人们对于容许奴隶制存在的社会制度怀着怎样的想法，但正是从上面那种意义的君子那里，我们才有了纯粹的数学。沉思的理想既能引人创造出纯粹的数学，所以就是一种有益的活动的根源；这一点就增加了它的威望，并使它在神学方面、伦理学方面和哲学方面获得了一种在其他情况下所不能享有的成功。

关于毕达哥拉斯之作为一个宗教的先知与作为一个纯粹的数学家这两方面，我们已经解释得很多了。在这两方面，他都有着无可估计的影响，而且这两方面在当时也不像近代人所想象的那样是分离开来的。

大多数的科学从它们的一开始就是和某些错误的信仰形式联系在一起的，这就使它们具有一种虚幻的价值。天文学和占星学联系在一起，化学和炼丹术联系在一起。数学则结合了一种更精致的错误类型。数学的知识看来是可靠的、准确的，而且可以应用于真实的世界。此外，它还是由于纯粹的思维而获得的，并不需要观察。因此之故，人们就以为它提供了日常经验的知识所无能为力的理想。人们根据数学便设想思想是高于感官的，直觉是高于观察的。如果感官世界与数学不符，那么感官世界就更糟糕了。人们便以各种不同的方式寻求更能接近于数学家的理想的方法，而结果所得的种种启示就成了形而上学与知识论中许多错误的根源。这种哲学形式也是从毕达哥拉斯开始的。

正如大家所知道的，毕达哥拉斯说“万物都是数”。这一论断如以近代的方式加以解释的话，在逻辑上是全无意义的，然而毕达哥拉斯所指的却并不是完全没有意义的。他发现了数在音乐中的重要性，数学名词里的“调和中项”与“调和级数”就仍然保存着毕达哥拉斯为音乐和数学之间所建立的那种联系。他把数想象为像是表现在骰子上或者纸牌上的那类形状。我们至今仍然说数的平方与立方，这些名词就是从他那里来的。他还提到长方形数目、三角形数目、金字塔形数目等等。这些都是构成上述各种形状所必需的数目小块块（或者我们更自然一些应该说是些数目的小球球）。他把世界假想为原子的，把物体假想为是原子按各种不同形
式排列起来而构成的分子所形成的。他希望以这种方式使算学成 54
为物理学的以及美学的根本研究对象。

毕达哥拉斯的最伟大的发现，或者是他的及门弟子的最伟大的发现，就是关于直角三角形的命题；即直角两夹边的平方的和等于另一边的平方，即弦的平方。埃及人已经知道三角形的边长若为 3，4，5 的话，则必有一个直角。但是显然希腊人是最早观察到 $3^2+4^2=5^2$ 的，并且根据这一提示发现了这个一般命题的证明。

然而不幸，毕达哥拉斯的定理立刻引到了不可公约数的发现，这似乎否定了他的全部哲学。在一个等边直角三角形里，弦的平方等于每一边平方的二倍。让我们假设每边长一吋，那么弦应该有多么长呢？让我们假设它的长度是 m/n 吋。那么 $m^2/n^2=2$。如果 m 和 n 有一个公约数，我们可以把它消去，于是 m 和 n 必有

一个是奇数。现在 $m^2=2n^2$，所以 m^2 是偶数，所以 m 也是偶数；因此 n 就是奇数。假设 $m=2p$。那么 $4p^2=2n^2$，因此 $n^2=2p^2$，而因此 n 便是偶数，与假设相反。所以就没有 m/n 的分数可以约尽弦。以上的证明，实质上就是欧几里得第十编中的证明①。

这种论证就证明了无论我们采取什么样的长度单位，总会有些长度对于那个单位不能具有确切的数目关系；也就是说，不能有两个整数 m、n，从而使问题中的 m 倍的长度等于 n 倍的单位。这就使得希腊的数学家们坚信，几何学的成立必定是独立的而与算学无关。柏拉图对话录中有几节可以证明，在他那时候已经有人独立地处理几何学了；几何学完成于欧几里得。欧几里得在第二编中从几何上证明了许多我们会自然而然用代数来证明的东西，例如 $(a+b)^2=a^2+2ab+b^2$。正是因为有不可公约数的困难，他才认为这种办法是必要的。他在第五编、第六编中论比例时，情形也是如此。整个体系在逻辑上是醒目的，并且已经预示着十九世纪数学家们的严谨了。只要关于不可公约数还没有恰当的
55 算学理论存在时，则欧几里得的方法便是几何学中最好的可能方法。当笛卡尔介绍了坐标几何学从而再度确定了算学至高无上的地位时，他曾设想不可公约数的问题有解决的可能性，虽然在他那时候还不曾发现这种解法。

几何学对于哲学与科学方法的影响一直是深远的。希腊人所

---

① 但是这并非欧几里得所发现的，见希斯：《希腊的数学》。以上的证明或许柏拉图是知道的。

建立的几何学是从自明的，或者被认为是自明的公理出发，根据演绎的推理前进，而达到那些远不是自明的定理。公理和定理被认为对于实际空间是真确的，而实际空间又是经验中所有的东西。这样，首先注意到自明的东西然后再运用演绎法，就好像是可能发现实际世界中一切事物了。这种观点影响了柏拉图和康德以及他们两人之间的大部分的哲学家。“独立宣言”[①]说：“我们认为这些真理是自明的”，其本身便脱胎于欧几里得。十八世纪天赋人权的学说，就是一种在政治方面追求欧几里得式的公理[②]。牛顿的《原理》一书，尽管它的材料公认是经验的，但是它的形式却完全是被欧几里得所支配着的。严格的经院形式的神学，其体裁也出于同一个来源。个人的宗教得自天人感通，神学则得自数学；而这两者都可以在毕达哥拉斯的身上找到。

我相信，数学是我们信仰永恒的与严格的真理的主要根源，也是信仰有一个超感的可知的世界的主要根源。几何学讨论严格的圆，但是没有一个可感觉的对象是严格地圆形的；无论我们多么小心谨慎地使用我们的圆规，总会有某些不完备和不规则的。这就提示了一种观点，即一切严格的推理只能应用于与可感觉的对象相对立的理想对象；很自然地可以再进一步论证说，思想要比感官更高贵而思想的对象要比感官知觉的对象更真实。神秘主义关于时间与永恒的关系的学说，也是被纯粹数学所巩固起来的；因为数学的对象，例如数，如其是真实的话，必然是永恒的而不在时间之

① 这里指的是美国的“独立宣言”。——中译本编者

② 富兰克林用“自明的”代替了杰弗逊的“神圣的与不可否认的”。

内。这种永恒的对象就可以被想象成为上帝的思想。因此，柏拉图的学说是：上帝是一位几何学家；而詹姆士·琴斯爵士也相信上
56 帝嗜好算学。与启示的宗教相对立的理性主义的宗教，自从毕达哥拉斯之后，尤其是从柏拉图之后，一直是完全被数学和数学方法所支配着的。

数学与神学的结合开始于毕达哥拉斯，它代表了希腊的、中世纪的以及直迄康德为止的近代的宗教哲学的特征。毕达哥拉斯以前的奥尔弗斯教义类似于亚洲的神秘教。但是在柏拉图、圣奥古斯丁、托马斯·阿奎那、笛卡尔、斯宾诺莎和康德的身上都有着一种宗教与推理的密切交织，一种道德的追求与对于不具时间性的事物之逻辑的崇拜的密切交织；这是从毕达哥拉斯而来的，并使得欧洲的理智化了的神学与亚洲的更为直截了当的神秘主义区别开来。只是到了最近的时期，人们才可能明确地说出毕达哥拉斯错在哪里。我不知道还有什么别人对于思想界有过像他那么大的影响。我所以这样说，是因为所谓柏拉图主义的东西倘若加以分析，就可以发现在本质上不过是毕达哥拉斯主义罢了。有一个只能显示于理智而不能显示于感官的永恒世界，全部的这一观念都是从毕达哥拉斯那里得来的。如果不是他，基督徒便不会认为基督就是道；如果不是他，神学家就不会追求上帝存在与灵魂不朽的逻辑**证明**。但是在他的身上，这一切还都不显著。下面就要谈到这一切是怎样变得显著的。

第四章　赫拉克利特 57

目前对待希腊人通常有两种相反的态度。一种是自文艺复兴以来直到最近时期事实上是普遍的态度，即带着几乎是迷信的崇拜来观察希腊人，把他们看成是一切最美好的事物的创造者，具有超人的天才，不是近代人所能期望与之匹敌的。另一种态度是被科学的胜利与对于进步的一种乐观主义的信仰所激发的，即把古人的权威认为是一种重担，并且认为现在最好是把希腊人对于思想的贡献大部分都忘掉。我自己不能采纳任何一种这样极端的看法；我应该说，这两种都是部分正确的而又部分错误的。在谈到任何细节以前，我先要试图说明我们从研究希腊的思想中仍然可以得到什么样的智慧。

关于世界的性质与构造，可能有各种各样的假说。形而上学的进展（就曾经存在过的而言）就在于所有这些假说的逐步精炼化，它们含义的发展以及对于每种假说的重新改造，以期能对付那些相信敌对假说的人们所发动的反驳。学习着按照每一种体系来理解宇宙乃是想象力的一种愉悦，并且是教条主义的一付解毒剂。此外，纵使没有一种假说可以完全证实，但是如果发现在使每种假说都能自圆其说并且能符合已知事实时所能包含的东西，这里面也就有着一种真正的知识了。一切支配着近代哲学的各种假说，差不多最初都是希腊人想到的；我们对于希腊人在抽象事物方面的想象创造力，几乎是无法称赞过分的。关于希腊人我所要谈的主要地就是从这种观点出发；我认为他们创造了种种具有独立生命与发展的理论，这些理论虽然最初多少是幼稚的，然而两千多年以来终于证明是能够存在的而且能够发展的。

的确，希腊人贡献了另外一些东西，这些东西对于抽象思维证明了更具有永久的价值；他们发现了数学和演绎推理法。尤其是
58 几何学乃是希腊人发明的，没有它，近代科学就会是不可能的。但是希腊天才的片面性，也结合着数学一起表现了出来：它是根据自明的东西而进行演绎的推理，而不是根据已观察到的事物而进行归纳的推理。它运用这种方法所得到的惊人的成就不仅仅把古代世界，而且也把大部分近代世界引入了歧途。根据对于特殊事实的观察以求归纳地达到某些原则的科学方法，代替了希腊人根据哲学家头脑得出的显明公理而进行演绎推理的信念，这原是经历了漫长的过程的。单就这一理由而论，怀着迷信的崇拜去看待希腊人，便是一种错误。虽然希腊人中也有少数是最早触及科学方法的人，但是，总的说来，科学方法乃是与希腊人的气质格格不入的；而通过贬低最近四个世纪的知识进步以求美化希腊人的企图，则对于近代思想也起了一种束缚作用。

可是，也还有一种更为普遍的论据是反对尊崇前人的，无论是对于希腊人也好，或者对于其他人也好。研究一个哲学家的时候，正确的态度既不是尊崇也不是蔑视，而是应该首先要有一种假设的同情，直到可能知道在他的理论里有些什么东西大概是可以相信的为止；唯有到了这个时候才可以重新采取批判的态度，这种批判的态度应该尽可能地类似于一个人放弃了他所一直坚持的意见之后的那种精神状态。蔑视便妨害了这一过程的前一部分，而尊崇便妨害了这一过程的后一部分。有两件事必须牢记：即，一个人

的见解与理论只要是值得研究的，那么就可以假定这个人具有某些智慧；但是同时，大概也并没有人在任何一个题目上达到过完全的最后的真理。当一个有智慧的人表现出来一种在我们看来显然是荒谬的观点的时候，我们不应该努力去证明这种观点多少总是真的，而是应该努力去理解它何以竟会看起来似乎是真的。这种运用历史的与心理的想象力的方法，可以立刻开阔我们的思想领域；而同时又能帮助我们认识到，我们自己所为之而欢欣鼓舞的许多偏见，对于心灵气质不同的另一个时代，将会显得是何等之愚蠢。

在毕达哥拉斯和赫拉克利特之间——赫拉克利特这个人是我们本章就要谈到的——还有另一位比较不重要的哲学家，即色诺芬尼。他的年代不能确定，大致上只能由他提到过毕达哥拉斯而赫拉克利特又曾提到过他的这一事实，来断定他的年代。他出生 59
在伊奥尼亚，但是他一生中的大部分都生活在意大利南部。他相信万物是由土和水构成的。关于神的问题，他可是一个非常激烈的自由思想者了。“荷马和赫西阿德把人间一切的无耻与丑行都加在神灵身上，偷盗、奸淫、彼此欺诈。……世人都认为神祇和他们自己一样是被诞生出来的，穿着与他们一样的衣服，并且有着同样的声音和形貌。……其实，假如牛马和狮子有手，并且能够像人一样用手作画和创造艺术品的话；马就会画出马形的神像，牛就会画出牛形的神像，并各自按着自己的模样来塑造神的身体了。……埃塞俄比亚人就说他们的神皮肤是黑的，鼻子是扁的；色雷斯人就说他们的神是蓝眼睛、红头发的。”色诺芬尼相信一神，这个神在形象上和思想上都与人不同，他“以他的心灵力量左右一切而毫不费力”。色诺芬尼嘲笑毕达哥拉斯的轮回学说：“据说他（毕达哥拉斯）有一次在路上走过，看见一只狗受人虐待。他就说：‘住手，不要再打它。它是一个朋友的灵魂，我一听见它的声音就知道。’”他相信人们不可能确定神学方面的真理。“关于我所谈的神灵和一切事物的确凿真理，现在没有人知道，将来也没有人知道。即使有人偶然说出了一些极正确的真理，但他自己也是不会知道它的；——普天之下除了猜测之外就没有什么别的东西。”[①]

色诺芬尼在那些反对毕达哥拉斯以及其他诸人的神秘倾向的一系列理性主义者中有着他的地位；但是作为一个独立的思想家，他可并不是第一流的。

我们已经看到，很难把毕达哥拉斯的学说和他的弟子们的学说分开来，虽说毕达哥拉斯本人为时很早，但是他的学派所产生的影响大体上要后于其他各派哲学家。其中第一个创造了一种至今仍然具有影响的学说的人，就是赫拉克利特，他的鼎盛期约当公元前500年。关于他的生平我们知道得很少，只知道他是以弗所的一个贵族公民。他所以扬名于古代主要的是由于他的学说，即万物都处于流变的状态；但是这一点，我们将会看到，只不过是他的形而上学的一个方面而已。

赫拉克利特虽然是伊奥尼亚人，但并不属于米利都学派的科
60 学传统[②]。他是一个神秘主义者，然而却属于一种特殊的神秘主义。他认为火是根本的实质；万物都像火焰一样，是由别种东西的

---

① 引自伊底温·比万：《斯多葛派和怀疑论者》（牛津，1913，第21页）。

② 康福德前引书（第184页）强调指出过这一点，我认为这是正确的。赫拉克利特常常由于被人与其他伊奥尼亚学者混淆在一起而受到误解。

死亡而诞生的。“一切死的就是不死的,一切不死的是有死的:后者死则前者生,前者死则后者生”。世界是统一的,但它是一种由对立面的结合而形成的统一。“一切产生于一,而一产生于一切”;然而多所具有的实在性远不如一,一就是神。

从他的著作所存留下来的那部分看起来,他的性格并不像是很和蔼可亲的。他非常喜欢鄙薄别人,而且也不是一个民主主义者。关于他的同胞们,他说过“以弗所的成年人应该把他们自己都吊死,把他们的城邦让给未成年的少年去管理,因为他们放逐了赫尔谟多罗,放逐了他们中间那个最优秀的人,并且说:‘我们中间不要有最优秀的人;要是有的话,让他到别处去和别人在一起吧’”。他对所有的显赫的前人们,除掉一个人是例外,都曾加以抨击。“该当把荷马从竞技场上逐出去,并且加以鞭笞”。“我听过许多人谈话,在这些人中间没有一个能认识到,所有的人都离智慧很远。”“博学并不能使人理解什么;否则它就已经使赫西阿德、毕达哥拉斯以及色诺芬尼和赫卡泰理解了”。“毕达哥拉斯……认为自己有智慧,但那只是博闻强记和恶作剧的艺术罢了。”唯一免于受他谴责的例外便是条达穆斯,他被赫拉克利特挑选出来认为是一个“比别人更值得重视的人。”如果我们追问这种称赞的原因,我们便可以发现条达穆斯说过:“绝大多数的人都是坏人。”

他对人类的鄙视使得他认为,唯有强力才能迫使人类为自己的利益而行动。他说,“每种畜牲都是被鞭子赶到牧场上去的”;并且又说,“驴子宁愿要草料而不要黄金。”

我们可以料想得到,赫拉克利特是信仰战争的。他说:“战争是万物之父,也是万物之王。它使一些人成为神,使一些人成为人，使一些人成为奴隶，使一些人成为自由人。”又说：“荷马说‘但愿诸神和人把斗争消灭掉’，这种说法是错误的。他不知道这样就是在祈祷宇宙的毁灭了；因为若是听从了他的祈祷，那么万物便都
61 会消灭了。”又说：“应当知道战争对一切都是共同的，斗争就是正义，一切都是通过斗争而产生和消灭的。”

他的伦理乃是一种高傲的苦行主义，非常类似于尼采的伦理。他认为灵魂是火和水的混合物，火是高贵的而水是卑贱的。灵魂中具有的火最多，他称灵魂是“干燥的”。“干燥的灵魂是最智慧的最优秀的。”“对于灵魂来说，变湿乃是快乐。”“一个人喝醉了酒，被一个未成年的儿童所领导，步履蹒跚地不知道自己往哪里去；他的灵魂便是潮湿的。”“对于灵魂来说，变成水就是死亡。”“与自己心里的愿望作斗争是艰难的。无论他所希望获得的是什么，都是以灵魂为代价换来的。”“如果一个人所有的愿望都得到了满足，这并不是好事。”我们可以说赫拉克利特重视通过主宰自身所获得的权力，但是鄙视那些足以使人离开中心抱负的情欲。

赫拉克利特对于他当时各种宗教的态度大体上是敌视的，至少对于巴库斯教是如此；但他所怀抱的并不是一个科学的理性主义者的敌视态度。他有他自己的宗教，而且他部分地解释了当时流行的神学以适合他的学说，又部分地以相当轻蔑的态度拒绝当时流行的神学。有人(康福德)称他为巴库斯派，并且有人(普福莱德雷)认为他是一个神秘派的解说者。我并不以为有关的断简残篇能支持这种看法。例如他说，“人们所行的神秘教乃是不神圣的神秘教。”这就暗示在他的心目之中有一种并不是“不神圣的”神秘教，而且这应该和当时所存在的各种神秘教大有不同。如果他不

是过分地藐视流俗而能从事于宣传的话，那么他或许会是一位宗教改革家。

以下便是现有的、可以代表赫拉克利特对于他当时神学的态度的全部的话。

那位在德尔斐发神谕的大神既不说出，也不掩饰自己的意思，而只是用征兆来暗示。

女巫用诳言谵语的嘴说出一些严肃的、朴质无华的话语，用她的声音响彻千年，因为她被神附了体。

在地狱里才嗅得到灵魂。

更伟大的死获得更伟大的奖赏(那些死去的人就变为神)。

夜游者、魔术师、巴库斯的祭司和酒神的女祭、传秘密教的人。

人们所奉行的神秘教乃是不神圣的神秘教。 62

而且他们向神像祈祷，就正像是向房子说话一样，他们不知道什么是神灵和英雄。

因为如果不是为了酒神，那么他们举行赛会和歌唱猥亵的阳具颂歌，就是最无耻的行为了。可是地狱之神和酒神是一样的；为了酒神，人们如醉如狂，并举行酒神祭典。

人们用牺牲的血涂在身上来使自己纯洁是徒然的，这正像一个人掉进泥坑却想用污泥来洗脚一样。任何人见到别人这样做，都会把他当作疯子看待。

赫拉克利特相信火是原质，其他万物都是由火而生成的。读者们还会记得泰勒斯认为万物是由水构成的；阿那克西美尼认为气是原质；赫拉克利特则提出火来。最后恩培多克勒却提出一种政治家式的妥协，他承认有土、气、火和水四种原质。古代人的化学走到这一步便停滞死亡了。这门科学始终没再进一步，直到后来回教的炼丹术家们从事探求哲人石、长生药以及把贱金属变为黄金的方法的那个时代为止。

赫拉克利特的形而上学的激动有力，足以使得最激动的近代人也会感到满足的：

“这个世界对于一切存在物都是同一的，它不是任何神或任何人所创造的；它过去、现在和未来永远是一团永恒的活火，在一定的分寸上燃烧，在一定的分寸上熄灭。

“火的转化是：首先成为海，海的一半成为土，另一半成为旋风。”

在这样一个世界里只能期待永恒的变化，而永恒的变化正是赫拉克利特所信仰的。

然而他还有另一种学说，他重视这种学说更有甚于永恒的流变；那就是对立面的混一的学说。他说，“他们不了解相反者如何相成。对立的力量可以造成和谐，正如弓之与琴一样”。他对于斗争的信仰是和这种理论联系在一起的，因为在斗争中对立面结合起来就产生运动，运动就是和谐。世界中有一种统一，但那是一种由分歧而得到的统一：

“结合物既是整个的，又不是整个的；既是聚合的，又是分开
63 的；既是和谐的，又不是和谐的；从一切产生一，从一产生一切。”

有时候他说起来，好像是统一要比歧异更具有根本性：

“善与恶是一回事。”

“对于神，一切都是美的、善的和公正的；但人们却认为一些

东西公正，另一些东西不公正。”

“上升的路和下降的路是同一条路。”

“神是日又是夜，是冬又是夏，是战又是和，是饱又是饥。他变换着形相，和火一样，当火混合着香料时，便按照各种口味而得到各种名称。”

然而，如果没有对立面的结合就不会有统一：“对立对于我们是好的。”

这种学说包含着黑格尔哲学的萌芽，黑格尔哲学正是通过对立面的综合而进行的。

赫拉克利特的形而上学正像阿那克西曼德的形而上学一样，是被一种宇宙正义的观念所支配着，这种观念防止了对立面斗争中的任何一面获得完全的胜利。

“一切事物都换成火，火也换成一切事物，正像货物换成黄金，黄金换成货物一样。”

“火生于气之死，气生于火之死；水生于土之死，土生于水之死。”

“太阳不能越出它的限度；否则那些爱林尼神——正义之神的女使——就会把它找出来。”

“应当知道战争对一切都是共同的，斗争就是正义。”

赫拉克利特反复地提到与“众神”不同的那个“上帝”。“人的行为没有智慧，上帝的行为则有智慧。……在上帝看来，人是幼稚的，就像在成年人看来儿童是幼稚的一样。……最智慧的人和上帝比起来，就像一只猴子，正如最美丽的猴子与人类比起来也会是丑陋的一样”。

上帝无疑地是宇宙正义的体现。

万物都处于流变状态的这种学说是赫拉克利特最有名的见解，而且按照柏拉图在《泰阿泰德》篇中所描写的，也是他的弟子们所最强调的见解：

> “你不能两次踏进同一条河流；因为新的水不断地流过你的身旁。”①
>
> “太阳每天都是新的。”

64 他对于普遍变化的信仰，通常都认为是表现在这句话里：“万物都在流变着”，但是这或许也像华盛顿所说的“父亲，我不能说谎”，以及惠灵吞所说的“战士们起来瞄准敌人”这些话一样，是不足为凭的。他的著作正如柏拉图以前一切哲学家的著作，仅仅是通过引文才被人知道的，而且大部分都是柏拉图和亚里士多德为了要反驳他才加以引证的。只要我们想一想任何一个现代哲学家如果仅仅是通过他的敌人的论战才被我们知道，那么他会变成什么样子的时候；我们就可以想见苏格拉底以前的人物应该是多么地值得赞叹，因为即使是通过他们的敌人所散布的恶意的烟幕，他们仍然显得十分伟大。无论如何，柏拉图和亚里士多德都同意赫拉克利特曾经教导过：“没有什么东西是存在着的，一切东西都在变化着”（柏拉图）以及“没有什么东西可以固定地存在”（亚里士多德）。

后面谈到柏拉图的时候，我还要回过来研究这种学说，柏拉图非常热心于反驳这种学说。目前我不想探讨哲学关于这种学说要

---

① 可以比较：“我们既踏进又不踏进同一条河流；我们既存在又不存在。”

说些什么，我只谈谈诗人所感到的是什么，科学家所教导的是什么。

追求一种永恒的东西乃是引人研究哲学的最根深蒂固的本能之一。它无疑地是出自热爱家乡与躲避危险的愿望；因而我们便发现生命面临着灾难的人，这种追求也就来得最强烈。宗教是从上帝与不朽这两种形式里面去追求永恒。上帝是没有变化的，也没有任何转变的阴影；死后的生命是永恒不变的。十九世纪生活的欢乐使得人们反对这种静态的观念，而近代的自由神学又信仰着在天上也有进步，神性也有演化。但是即使在这种观念里也有着某种永恒的东西，即进步的本身及其内在的目标。于是有了一点点的灾难，就很容易把人们的希望又带回到他们的古老的超世间的形式里面去：如果地上的生活是绝望了的话，那么就唯有在天上才能够找到和平了。

诗人们曾经悲叹着，时间有力量消灭他们所爱的一切对象。

> 时间枯萎了青春的娇妍，
> 时间摧残了美人的眉黛，
> 它饱餐自然真理的珍馐，
> 万物都在等待着它那镰刀来割刈。

他们通常又补充说，他们自己的诗却是不可毁灭的。 65

> 时间的手掌尽管残酷，然而我期待
> 我的诗篇将传之永久，万人争诵。

但是这只是一种因袭的文人自负而已。

有哲学倾向的神秘主义者不能够否认凡是在时间之内的都是暂时的，于是就发明一种永恒观念；这种永恒并不是在无穷的时间之中持续着，而是存在于整个的时间过程之外。按照某些神学家的说法，例如印泽教长的说法，永生并不意味着在未来时间中的每一时刻里都存在着，而是意味着一种完全独立于时间之外的存在方式，其中既没有前，也没有后，因此变化也就没有逻辑的可能性。伏汉曾非常诗意地表达过这种见解。

那天夜里我看见了“永恒”，
像是一个纯洁无端的大光环，
它是那样地光辉又寂静；
在它的下面“时间”就分为时辰和岁月，
并被一些天体追赶着，
像是庞大的幽灵在移动；全世界和世上的一切，
就都在其中被抛掉。

有些最有名的哲学体系曾想以庄严的散文来述说这种观念，把它说成是经过我们耐心追求之后，理性终将会使我们相信的东西。

赫拉克利特本人尽管相信变化，但仍然承认有某种东西是永久的。我们在赫拉克利特里面找不到从巴门尼德以来的那种（与无穷的时间延续相对立的）永恒观念，在他的哲学里只有中心的火永不熄灭：世界的“过去、现在和未来永远是一团永恒的活火”。但火是一种不断变化着的东西，而它的永恒更其是过程方面的永恒，而不是实体方面的永恒——虽说这种见解不应归之于赫拉克利特。

科学正像哲学一样，也要在变化的现象之中寻找某种永恒的基础，以求逃避永恒流变的学说。化学似乎可以满足这种愿望。

人们发现了那似乎在毁灭着万物的火，只不过是使万物变形而已；
原素可以重新结合起来，燃烧之前就已存在的每一个原子经过燃
烧过程之后，仍然继续存在着。因而人们就设想原子是不可毁灭
的，而物质世界中的一切变化便仅仅是持久不变的原素的重新排 66
列而已。这种见解一直流行到放射现象被发现为止，到了这时人
们才发现了原子是可以分裂的。

物理学家也不示弱，他们发现了新的更小的单位，叫做电子和质子，原子是由电子和质子构成的；若干年以来，这些小单位曾被认为具有着以前所归诸原子的那种不可毁灭性。不幸得很，看起来质子和电子可以遇合爆炸，所形成的并不是新的物质，而是一种以光速在宇宙之中播散的波能。于是能就必须代替物质成为永恒的东西了。但是能并不像物质，它并不是常识观念中的“事物”的一种精炼化；它仅仅是物理过程中的一种特征。我们可以幻想地把它等同于赫拉克利特的火，但它却是燃烧的过程，而不是燃烧着的东西。“燃烧着的东西”已经从近代物理学中消逝了。

从小的转而论到大的，天文学也不再允许我们把天体看成是永恒的了。行星是从太阳诞生的，太阳是从星云诞生的。它已经持续存在了若干时期，并且还将持续存在若干时期；然而迟早——或者大约是在一万亿年左右——它将会爆炸，会毁灭一切行星而返于一种广泛弥漫着的气体状态。至少天文学家是这样说；也许当这一末日临近的时候，他们将会发现他们的计算里有着某种错误。

像赫拉克利特所教导的那种永恒流变的学说是会令人痛苦的，而正如我们所已经看到的，科学对于否定这种学说却无能为力。哲学家们的主要雄心之一，就是想把那些似乎已被科学扼杀了的希望

重新复活起来。因而哲学家便以极大的毅力不断在追求着某种不属于时间领域的东西。这种追求是从巴门尼德开始的。

67 第五章　巴门尼德

希腊人并不沉溺于中庸之道，无论是在他们的理论上或是在他们的实践上。赫拉克利特认为**万物**都在变化着；巴门尼德则反驳说：**没有事物**是变化的。

巴门尼德是意大利南部爱利亚地方的人，鼎盛期约当公元前五世纪上半叶。根据柏拉图的记载，苏格拉底在年轻的时候（约当公元前 450 年左右）曾和巴门尼德会过一次面，——当时巴门尼德已经是一个老人了——并且从他那里学到好些东西。无论这次会见是否历史事实，我们至少可以推断柏拉图自己受过巴门尼德学说的影响，这是从其他方面显然可以看出来的。意大利南部和西西里的哲学家们，要比伊奥尼亚的哲学家们更倾向于神秘主义和宗教。大体说来，伊奥尼亚的哲学家们的倾向是科学的、怀疑的。但是数学，在毕达哥拉斯的影响之下，则在大希腊[①]要比在伊奥尼亚兴盛得多；然而那个时代的数学是和神秘主义混淆在一起的。巴门尼德受过毕达哥拉斯的影响，但是这种影响达到什么程度便全属揣测了。巴门尼德在历史上之所以重要，是因为他创造了一种形而上学的论证形式，这种论证曾经以不同的形式存在于后来大多数的形而上学者的身上直迄黑格尔为止，并且包括黑格尔本

① 指意大利南部的希腊殖民地。——中译本编者

人在内。人们常常说他曾创造了逻辑，但他真正创造的却是基于逻辑的形而上学。

巴门尼德的学说表现在一首《论自然》的诗里。他以为感官是骗人的，并把大量的可感觉的事物都斥之为单纯的幻觉。唯一真实的存在就是“一”。一是无限的、不可分的。它并不是像赫拉克利特所说的那种对立面的统一，因为根本就没有对立面。举例来说，他显然认为“冷”仅仅意味着“不热”，“黑暗”仅仅意味着“不光明”。巴门尼德所想象的“一”并不是我们所想象的上帝；他似乎把它认为是物质的，而且占有空间的，因为他说它是球形。但它是不可分割的，因为它的全体是无所不在的。

巴门尼德把他的教训分成两部分：分别地叫作“真理之道”和“意见之道”。后者我们不必去管它。关于真理之道他所说过的 68
话，就其保存了下来的而论，主要之点如下：

“你不能知道什么是不存在的，——那是不可能的，——你也不能说出它来；因为能够被思维的和能够存在的乃是同一回事。”

“那么**现在存在的**又怎么能够在将来存在呢？或者说，它怎么能够得以存在的呢？如果它是过去存在的，现在就不存在；如果它将来是存在的，那么现在也不存在。因此就消灭了**变**，也就听不到什么**过渡**了。

“能够被思维的事物与思想存在的目标是同一的；因为你绝不能发现一个思想是没有它所要表达的存在物的。”①

① 伯奈特注：“我以为这个意思是……不可能有什么思想符合于一个不是某种真实事物的名字的名字。”

这种论证的本质便是：当你思想的时候，你必定是思想到某种事物；当你使用一个名字的时候，它必是某种事物的名字。因此思想和语言都需要在它们本身以外有某种客体。而且你既然可以在一个时刻而又在另一个时刻同样地思想着一件事物或者是说到它，所以凡是可以被思维的或者可以被说到的，就必然在所有的时间之内都存在。因此就不可能有变化，因为变化就包含着事物的产生与消灭。

在哲学上，这是从思想与语言来推论整个世界的最早的例子。当然我们不能认为它是有效的，但是很值得我们看一看其中包含有哪些真理的要素。

我们可以把这种论证表达为如下的方式：如果语言并不是毫无意义的，那么字句就必然意味着某种事物，而且它们一般地并不能仅仅是意味着别的字句，还更意味着某种存在的事物，无论我们提不提到它。例如，假设你谈到了乔治·华盛顿。除非有一个历史人物叫这个名字，否则这个名字（看起来似乎）就是毫无意义的，而且含有这个名字的语句也会是毫无意义的。巴门尼德认为不仅乔治·华盛顿在过去必然存在过，而且在某种意义上他现在也必然还存在着，因为我们仍然能够有所指地在使用他的名字。这显然似乎是不对的，但是我们怎样去对付这种论证呢？

让我们举一个想象中的人物吧，比如说哈姆雷特。让我们考
69 虑这种说法："哈姆雷特是丹麦王子。"在某种意义上这是真的，但并不是在朴素的历史意义上。真确的说法是："莎士比亚说哈姆雷特是丹麦王子"，或者更明白地说："莎士比亚说有一个丹麦王子叫作'哈姆雷特'"。这里面就不再有任何想象中的事物了。莎士比

亚和丹麦和“哈姆雷特”这个声音三者都是真实的，但是“哈姆雷特”这个声音实际上并不是一个名字，因为实际上并没有人叫“哈姆雷特”。如果你说“‘哈姆雷特’是一个想象中的人物的名字”，这还不是严格正确的；你应当说，“人们想象‘哈姆雷特’是一个真实人物的名字”。

哈姆雷特是一个想象中的个体，麒麟则是一种想象中的动物。凡有麒麟这个词所出现的语句，其中有些语句是真的，有些则是假的，但是在两种情况中都并非是直接的。让我们看一下“一个麒麟有一只角”以及“一头牛有两只角”。为了证明后一句话，你就必须去看一看牛；单单说某本书里说过牛有两只角是不够的。但是麒麟有一只角的证据却只能在书本里才找得到了，并且事实上正确的说法是：“某些书里说有一种独角的动物叫做‘麒麟’”。一切有关麒麟的说法，其实都是有关“麒麟”这个字的说法；正好像一切有关哈姆雷特的说法，其实都是有关“哈姆雷特”这个字的说法。

但是在大多数场合之下，非常显然地我们所说的并不是字，而是字所意味着的东西。于是这就又把我们带回到巴门尼德的论证上去了，即如果一个字可以有所指地加以应用的话，它就必然意味着某种事物而不是意味着无物，因此这个字所意味的事物便必然在某种意义上是存在着的。

然而关于乔治·华盛顿我们应该说什么呢？似乎我们只能有两种选择：一种是说他仍然还存在着；另一种是说当我们用“乔治·华盛顿”这几个字的时候，我们实际上并不是在说着叫这个名字的那个人。两者似乎都是一种悖论，但是后者的困难似乎要少些，我将要试着指出它在有一种意义上可以是真的。

巴门尼德认为字汇有着经常不变的意义;这一点实际上就是他论证的基础,他假定这一点是毫无问题的。然而,尽管字典或者百科全书给一个字写下了可以说是官定的,并且为社会所公认的意义,但是并没有两个人用同一字的时候,在他们的心目中恰好有着同一的思想。

乔治·华盛顿本人可以用他的名字和“我”这个字作为同义
70 语。他可以察觉他自己的思想以及自己身体的动作,因此他要比任何别人使用这个名字的可能意义都更为充分。他的朋友们在他面前也能够察觉他的身体的动作,并能猜测他的思想;对他们来说,乔治·华盛顿这个名字仍然是指他们自己经验中的某种具体的事物。但在华盛顿死后,他们就必须以记忆来代替知觉了,当他们使用他的名字的时候,那就包含有一种心理过程所发生的变化。对于我们这些从来不知道他的人来说,则心理过程又有所不同了。我们可以想到他的画像并对我们自己说:“就是这个人。”我们可以想着“美国的第一任总统”。如果我们是非常之孤陋寡闻的话,那么他对于我们可能仅仅是“那个叫作华盛顿的人”罢了。无论这个名字提示我们的是什么,既然我们从来不知道他,所以它就绝不能是华盛顿本人,而只能是目前出现于感官或者记忆或者思想之前的某种东西。这就说明了巴门尼德论证的错误。

这种字的意义方面的永恒不断的变化,却被另一种事实给遮蔽住了,那就是一般说来,这种变化对于有这个字出现的命题之真假是毫无关系的。如果你提出任何一个有“乔治·华盛顿”这个名字在其中出现的真语句,那么,你以“美国第一任大总统”这个词去代替它的时候,这个语句照例仍然会是真的。这条规则也有例外。

在华盛顿当选以前，一个人可以说“我希望乔治·华盛顿是美国第一任总统”，但是他不会说“我希望美国第一任总统是美国第一任总统”，除非是他对于同一律有着一种特殊的感情。但是我们很容易提出一条把这些例外情况排除在外的规则，而在其余那些情况中，你就可以使用任何只能应用于华盛顿的描述语句来代替“乔治·华盛顿”。而且也只有凭借这些词句，我们才知道我们是知道他的。

巴门尼德又论辩说，既然我们现在能够知道通常被认为是过去的事物，那么它实际上就不能是过去的，而一定在某种意义上是现在存在着的。因此他就推论说，并没有所谓变化这种东西。我们所说的关于乔治·华盛顿的话，就可以解决这种论证。在某种意义上，可以说我们并没有对于过去的知识。当你回想的时候，回想就出现于现在，但是回想并不等于被回想的事物。然而回想却
提供一种对于过去事件的*描述*，并且就最实际的目的来说，并没有 71
必要去区别描述与被描述的事物。

这整个的论证就说明了从语言里抽出形而上学的结论来是何等之容易，以及何以避免这种谬误推论的唯一方法就在于要把对于语言的逻辑和心理方面的研究推进得比绝大多数形而上学者所做的更远一步。

然而我想巴门尼德如果死而复生，读到了我所说的话，他会认为是非常肤浅的。他会问：“你怎么知道你关于华盛顿的叙述指的是过去的时候呢？根据你自己的说法，直接的推论必须是对于现存的事物；例如，你的回想是现在发生的，而不是发生在你以为你是在回想的时候。如果记忆可以被当作一种知识的来源，那么过

去就必须是现在就在我们的心目之前，而且在某种意义上便必然应当是现在还存在着”。

我不想现在来解答这种论证；它需要讨论记忆，而那是一个很困难的题目。我在这里把论证提出来，是要提醒读者：哲学理论，如果它们是重要的，通常总可以在其原来的叙述形式被驳斥之后又以新的形式复活。反驳很少能是最后不易的；在大多数情况下，它们只是更进一步精炼化的一幕序曲而已。

后来的哲学，一直到晚近时期为止，从巴门尼德那里所接受过来的并不是一切变化的不可能性，——那是一种太激烈的悖论了——而是实体的不可毁灭性。“实体”这个字在他直接的后继者之中并不曾出现，但是这种概念已经在他们的思想之中出现了。实体被人设想为是变化不同的谓语之永恒不变的主词。它就这样变成为哲学、心理学、物理学和神学中的根本概念之一，而且两千多年以来一直如此。在后面，我还要详尽地谈到这一点。目前我只是想要指出，为了要对巴门尼德的论证做到公平而又不抹杀明显的事实起见，我就必须提到这一点。

72

第六章　恩培多克勒

哲学家、预言者、科学家和江湖术士的混合体，在恩培多克勒的身上得到了异常完备的表现，虽说这在毕达哥拉斯的身上我们已经发现过了。恩培多克勒的鼎盛期约当公元前440年，因此他是巴门尼德的同时代人而年纪较轻，尽管他的学说在许多方面倒是更近于赫拉克利特的。他是西西里南岸的阿克拉加斯的公民，是一个民主派的政治家，同时他又自命为神。在大多数的希腊城市里，尤其是在西西里的城市里，民主和僭主之间有着不断的冲突；双方无论哪一方的领袖一被击败，就会遭到杀戮或者流放。那些被流放的人很少有不肯去勾结希腊的敌人的——东方的波斯和西方的迦太基。恩培多克勒在某一时期也遭到了放逐，但是被放逐之后，他似乎宁愿选择一种圣贤的事业而不愿意选择一种流亡的阴谋家的事业。很可能他在青年时代就多少是一个奥尔弗斯派；并且在流放以前他就把政治与科学结合在一起；而且可能仅仅是到了晚年作为流放者的时候，他才成为一个预言者的。

关于恩培多克勒的传说非常之多。人们认为他曾经行过神迹或是类似的事情，有时候是用魔术，有时候是用他的科学知识。据说他能够控制风；他曾使一个似乎已经死了三十日之久的女人复活；据说最后他是跳进爱特拿的火山口而死的，为的是要证明自己是神。用诗人的话来说：

伟大的恩培多克勒，那位热情的灵魂，
跳进了爱特拿火山口，活活地烤焦了。

马修·阿诺德用这个题材写过一首诗，虽然那可以说是他的最坏的诗篇之一，但其中并不包括上面这两行偶句。

恩培多克勒像巴门尼德一样，也是用诗来写作的。受了他的影响的卢克莱修，对于作为诗人的他曾给予极高的称赞。但是在这个问题上，意见是分歧的。因为他的著作保存下来的只是些片断，所以他的诗才如何也就只好存疑了。

我们必须分别处理他的科学和他的宗教，因为它们是彼此不相调谐的。我先谈他的科学，再谈他的哲学，最后再谈他的宗教。 73

他对科学最重要的贡献就是，他发现空气是一种独立的实体。他证明这一点是由于观察到一个瓶子或者任何类似的器皿倒着放进水里的时候，水就不会进入瓶子里面去。他说：

“当一个女孩子玩弄发亮的铜制计时器，用她美丽的手压住管颈的开口，把这个计时器浸入水的银白色易变形的物质中时，水并不会进入这个器皿，因为内部空气的重量压着底下的小孔，把银水往回堵住了；一直要等到她把手拿开放出压缩的气流时，空气才会逸出，同量的水才会流进去。”

这段话是他解释呼吸作用时说的。

他至少也发现过一个离心力的例子：如果把一杯水系在一根绳子的一端而旋转，水就不会流出来。

他知道植物界里也有性别，而且他也有一种演化论与适者生存的理论（当然必须承认多少是幻想的）。最初“四方散布着无数种族的生物，具有各种各样的形式，蔚为奇观”。有的有头而无颈，有的有背而无肩，有的有眼而无额，又有孤零零的肢体在追求着结合。这些东西以各种机缘结合起来；有长着无数只手的蹒跚生物，有生着许多面孔和胸部朝向各个方向观看的生物，有牛身人面的生物，又有牛面人身的生物。有结合着男性与女性但不能生育的阴阳人。但最后，只有几种是保存下来了。

至于天文学方面：他知道月亮是由反射而发光的，他认为太阳也是如此。他说光线进行也需要时间，但是时间非常之短促以至我们不能察觉到；他知道日食是由于月亮的位置居间所引起的，这件事实似乎是他从阿那克萨哥拉那里学来的。

他是意大利医学学派的创始者，这一起源于他的医学学派曾影响了柏拉图和亚里士多德。据伯奈特(第234页)说,它影响了科学思潮和哲学思潮的整个倾向。

所有这些都表明了他那时代科学上的生气蓬勃,这是希腊晚 74
期所不能比拟的。

我现在就来谈他的宇宙论。上面已经提到过,是他确立了土、气、火与水四种原素的(虽然他不曾使用"原素"这个名字)。其中每一种都是永恒的,但是它们可以以不同的比例混合起来,这样,便产生了我们在世界上所发现的种种变化着的复杂物质。它们被爱结合起来,又被斗争分离开来。爱与斗争对于恩培多克勒来说,乃是与土、气、火、水同属一级的原始原质。有些时期爱占着上风,有些时期则斗争来得更强大。曾经有过一个黄金时代,那时爱是完全胜利的。在那个黄金时代,人们只崇拜塞浦路斯的爱神。世界上的一切变化并不受任何的目的所支配,而是受"机遇"与"必然"的支配。有一种循环存在着:当各种元素被爱彻底地混合之后,斗争便逐渐又把它们分开;当斗争把它们分开之后,爱又逐渐地把它们结合在一起。因此每种合成的实体都是暂时的;只有元素以及爱和斗争才是永恒的。

这里和赫拉克利特有着相似之点,但却比较缓和,因为造成变化的不仅仅是斗争而是斗争与爱两者。柏拉图在《智者篇》(242节)中以赫拉克利特和恩培多克勒两人相提并论:

有些伊奥尼亚的诗人们,晚近更有些西西里的诗人们,他们所达到的结论是:把(一和多)两个原则结合在一起就要更可靠一些,并且说存在就是一与多;有些严峻的诗人们说它们是由敌对与友情结合起来,在不断地分合着的,而另外有一些较温和的诗人们则并不坚持永恒的斗争与和平，而是承认它们之间有一种缓和与交替；有时在爱神的支配之下和平与一占着上风，而后又由于斗争原则的作用，多与战争又占了上风。

恩培多克勒认为物质的世界是一个球；在黄金时代，斗争在外而爱在内；然后斗争便逐渐入内而爱便被逐于外，直到最坏的情形是斗争完全居于球内而爱完全处于球外为止。以后——虽然为了什么原因我们并不清楚——就开始一种相反的运动，直到黄金时代又恢复为止，但黄金时代并不是永远常在的。这时整个的循环就又重演。我们固然可以假设这两个极端中可能有一个是稳定
75 的，但是这却不是恩培多克勒的见解。他虽然想要采用巴门尼德的论证以解释运动，然而他在任何阶段都不想要达到一个不变的宇宙。

恩培多克勒关于宗教的见解，大体上是毕达哥拉斯式的。在一段极有可能是谈到毕达哥拉斯的残篇里，他说“他们之中有一个人有了不起的知识，精于各式各样的巧思，他获得了智慧的最大的财富；只要他肯用心思考，他就很容易看出一切事物在十代，甚至二十代期间的各种情况”。我们已经提到过，在黄金时代人们只崇拜爱神，“而且神坛上也并不冒着纯粹公牛牺牲的血腥气，把牛牺牲之后又吃掉它那肥大的肢体，这被人视为是最可憎恶的事。”

有一次，他很铺张扬厉地把自己说成是个神：

> 朋友们，你们住在这座俯瞰着阿克拉加斯黄色的岩石、背临城堡的大城里，为各种善事忙碌着；你们是外邦人的光荣的避难所，从来也不会干卑鄙的事情，我向你们致敬。我在你们中间漫游，我是一位不朽的神明而非凡人，我在你们大家中间受到了恰

> 当的尊敬，人们给我戴上了丝带和花环。只要当我戴着这些参加男女的行列进入繁盛的城市，人们便立刻向我致敬；无数的人群追随着我，问我什么是求福之道；有些人想求神谕，又有些人在许多漫长而愁苦的日子里遭受各种疾病的痛苦的摧折，祈求能从我这里听到医病的话。……但是我为什么要把超过必死的、必朽的凡人当作好像是一件了不起的事情而喋喋不休呢？

另外有时候，他感觉自己是一个大罪人，正为着自己的不虔敬而在赎罪：

> 有一个必然之神的神谕，那是一条古老的神诫，是得到明确的誓言保证的而又永恒的神诫；它说，只要有一个魔鬼——漫长的岁月就是他的命运——曾经罪恶地用血玷污了自己的手，或追随过斗争而背弃了自己的誓言，他就必定要远离幸福者之家而在外游荡三万年，在这段时期中他将托生为种种不同的有生形式，从一条劳苦的生活道路上转到另一条上。因为强而有力的气把他赶到海里，海又把他冲到干燥的地上来；地又把他抛到烈日的照灼之下，而烈日又把它投回到气的旋涡里。每一种都 76
> 从另一种那里把他接受过来，但是每种全都把它抛开。我现在就是这样的一个人，是一个见拒于神的亡命者和流浪儿，因此我就把我的指望寄托于无情的斗争中。

他的罪恶是什么，我们并不知道；也许并不是什么我们会认为很严重的事。因为他说：

> “啊！我是有祸的了，在我张嘴大嚼而犯下罪行之前，无情的死亡的日子竟不曾毁灭掉我！……
>
> “要完全禁绝桂叶……

> “不幸的人，最不幸的人，你的手可千万不要去碰豆子！”

所以也许他所做的坏事不过是大嚼桂叶或者大吃豆子罢了。

柏拉图有一段最有名的文章，他把这个世界比做是一个洞穴，我们在洞穴里面只能看到外面明朗世界的各种现实的暗影，而这是恩培多克勒所预示过的；它起源于奥尔弗斯派的教义。

也有些人——大抵是那些通过许多次的投生而得免于罪恶的人——最后终于达到了与诸神同在的永恒幸福：

> 但是最后他们①在人间出现，作为先知、歌者、医生和君主；从此他们荣耀无比地上升为神，与其他诸神同享香火、同享供奉，免于人间的灾难，不受命运的摆布，也再不可能受到伤害。

这一切里面，似乎很少有什么是奥尔弗斯教义和毕达哥拉斯主义所不曾包括的东西。

恩培多克勒的创造性，除了科学以外，就在于四原素的学说以及用爱和斗争两个原则来解释变化。

他抛弃了一元论，并把自然过程看做是被偶然与必然所规定的，而不是被目的所规定的。在这些方面，他的哲学要比巴门尼德、柏拉图和亚里士多德诸人的哲学更富于科学性。的确，在另外一些方面他曾接受了当时流行的迷信；但是就在这一方面，他也不见得比起许多近代的科学家来更为不如。

---

① 这里并没有说明“他们”是谁，但是我们可以假设他们就是那些保存了自己的纯洁性的人们。

第七章　雅典与文化的关系

77

雅典的伟大开始于两次波斯战争(公元前490年与公元前480—前479年)的时候。在那时以前，伊奥尼亚和大希腊(意大利南部和西西里的希腊城市)产生过许多伟大的人物。马拉松之役(公元前490年)雅典对波斯王大流士的胜利，以及在雅典领导之下的希腊联合舰队对于大流士之子兼继承人薛克修斯(公元前480年)的胜利，为雅典树立了伟大的威信。各岛上的，以及一部分小亚细亚大陆上的伊奥尼亚人曾经反叛过波斯，波斯人既被逐出希腊大陆，雅典就促成了他们的解放。在这次作战中，只关怀自己的领土的斯巴达人没有参加。因此雅典就变成反波斯同盟中主要的一员。根据盟约规定，任何成员国都有义务提供一定数量的船只或者代役金。大多数城邦都选择了后一种办法，这样雅典便取得了凌驾其他盟国的海上霸权，从而逐渐地把同盟转化成为一个雅典帝国。雅典变得富庶了，而且在白里克里斯的睿智领导之下繁荣起来了；白里克里斯是由公民自由选举出来的，执政约三十年之久，直到公元前430年他才失势。

白里克里斯时代是雅典历史上最幸福最光荣的时代。曾参加过波斯战争的伊斯奇鲁斯开始写希腊悲剧；他所写的悲剧之一《波斯人》就一反采用荷马题材的习惯，转而写大流士的溃败。紧接着他的就是索福克里斯，继索福克里斯之后的就是幼利披底。然而幼利披底一直活到了白里克里斯失势和死后的伯罗奔尼苏战争时期的那些黑暗日子里，他的剧本就反映了后一时期的怀疑主义。

他同时代的喜剧诗人亚里斯多芬尼从一种健康而有限的常识立场出发，嘲笑了一切的主义；他特别咒骂苏格拉底，认为他是一个否认宙斯的存在并且玩弄着亵渎神明的伪科学的神秘教的人。

雅典曾被薛克修斯所占领，卫城上的神殿被毁于火。白里克
78 里斯便致力于这些神殿的重建工作。帕特农神殿和其他神殿的残迹使我们今天还感受深刻的印象，这些神殿就是由白里克里斯所修建的。雕刻家斐狄阿斯应国家的聘请，塑造了巨大的男女神像。在这个时期的末了，雅典成为希腊世界最美丽最繁华的城邦。

历史学之父希罗多德是小亚细亚的哈里卡那苏斯人，但是他住在雅典并且受到雅典国家的鼓励，他站在雅典的观点上写下了波斯战争的记录。

白里克里斯时代雅典的成就，或许是一切历史上最令人惊奇的事件。在那时以前，雅典一直都落后于许多希腊城邦；无论在艺术方面或在文学方面，它都不曾产生过任何一个伟大的人物（除了梭伦而外，梭伦主要地是个立法者）。突然之间，在胜利和财富和需要重建的刺激之下，出现了大批的建筑家、雕刻家和戏剧家，他们直到今天还是不可企及的，他们所产生的作品左右着后人直迄近代。当我们想到它的人口数量之少的时候，这一点就格外令人感到惊异了。雅典人口最多的时候约当公元前 430 年左右，估计为数大约二十三万人（包括奴隶在内），而它四周的亚底加农村领土上的人口可能还要更少些。无论在此以前或者是自此而后，从来没有任何有同样比例的居民的地区曾经表现出来过任何事物足以和雅典这种高度完美的作品媲美。

在哲学方面，雅典仅仅贡献了两个伟大的名字，苏格拉底和柏

拉图。柏拉图属于一个较晚的时期，但是苏格拉底则在白里克里斯统治下度过了他的青春时代和早期的成年时代。雅典人对于哲学有着充分的兴趣，非常渴望谛听从别的城市而来的教师们。希望学习辩论术的青年人就去追求智者；在《普罗泰戈拉篇》中，柏拉图笔下的苏格拉底对于那些倾听外来名家言论的热心的学徒们，曾做过一番非常有趣的讽刺性的描写。我们下面可以看到，白里克里斯曾把阿那克萨哥拉引入雅典；苏格拉底就自认是从阿那克萨哥拉那里学到了心灵在创造过程中的首要地位的。

柏拉图假设他的对话大部分是发生在白里克里斯时代的，对话录表现了富人生活的优裕景象。柏拉图出身于一个雅典的贵族家庭，他是在战争与民主还不曾摧毁上层阶级的财富与安逸之前
的那个时代传统里面成长起来的。他的那些青年们无需工作，他 79
们把大部分的闲暇都用于追求科学、数学和哲学；他们几乎都能背诵荷马，并且是评判职业诵诗者优劣的鉴赏家。演绎推理的方法刚被发现不久，并在整个知识领域对于各种或真或假的新理论起了刺激作用。在那个时代正像在为数很少的其他时代里一样，人们可能既有才智而又有幸福，而且还是通过才智而得到幸福的。

但是产生这一黄金时代的各种力量的平衡是不稳定的。它在内部和外部都受着威胁，——内部受着民主政治的威胁，外部受着斯巴达的威胁。为了理解在白里克里斯以后所发生的事情，我们必须简单地考查一下亚底加早期的历史。

亚底加在历史时期开始时，只是一个自给自足的小小农业区；它的都城雅典并不大，但是它包括的人口是日益增多的工匠和技术工人，他们想要把他们的产品销售到国外去。人们逐渐地就发

现种植葡萄和橄榄要比种植谷物更为有利可图，于是就输入谷物，主要是从黑海沿岸输入。这种种植形式比谷物种植需要更多的资金，于是小农便负了债。亚底加正像希腊其他国家一样，在荷马时代原是一个君主国，但是国王却变成了一个不具政治权力的纯宗教官吏。政府落到贵族的手里，贵族们既压迫乡村的农民也压迫城市里的工匠。早在六世纪时，梭伦就按照民主的方向实行了一种妥协，他的许多成就一直保存到后来比西斯垂塔斯及其后嗣们的僭主政治时期。在这个时期结束的时候，作为僭主政治对头的贵族们已经能够支持民主政治了。民主的过程就使得贵族掌握了权力，正如十九世纪的英国那样，直到白里克里斯倒台时为止。但是到白里克里斯的晚期，雅典民主政治的领袖们就开始要求享有更多的政治权力。同时白里克里斯的帝国主义政策——这和雅典的繁荣是紧紧联系着的——又造成了与斯巴达的摩擦不断增长，并终于导致了伯罗奔尼苏战争（公元前 431—前 404 年）；在这次战争里，雅典完全战败了。

尽管雅典在政治上瓦解了，但是它的威信还继续存在着，并且哲学始终以这里为中心几乎长达一千年之久。亚力山大城在数学
80 和科学方面掩盖过了雅典，但是亚里士多德和柏拉图却使雅典在哲学上的地位依然至高无上。柏拉图曾讲过学的学园，其寿命比所有其他的学院都延续得更长久，它在罗马帝国皈依了基督教之后还又持续了两个世纪，成为一座异教主义的孤岛。最后在公元 529 年它才被持有顽固的宗教信仰的查士丁尼所封闭，于是黑暗时代便在欧洲降临了。

第八章　阿那克萨哥拉 81

哲学家阿那克萨哥拉虽然不能和毕达哥拉斯、赫拉克利特和巴门尼德相提并论，然而也有相当的历史重要性。他是伊奥尼亚人，并且继续了伊奥尼亚的科学与理性主义的传统。他是第一个把哲学介绍给雅典人的，并且是第一个提示过心可能是物理变化的首要原因的人。

他约当公元前500年生于伊奥尼亚的克拉佐美尼，但是他的一生大约有三十年是在雅典度过的，约当公元前462—前432年。他或许是被白里克里斯招引来的，白里克里斯这时正在从事于开化他的国人。也许是来自米利都的那位阿斯巴西亚把他介绍给白里克里斯的。柏拉图在《费德罗篇》中说过：

> 白里克里斯“似乎和阿那克萨哥拉很相投，阿那克萨哥拉是一位科学家；白里克里斯饱究了有关天上事物的理论，并在获得了关于智与愚的真正性质的知识之后，——那正是阿那克萨哥拉所谈论的主要事物，——就从这个源泉里汲取了一切足以提高他自己演说艺术的东西。”

据说阿那克萨哥拉还影响了幼利披底，但这件事就更值得怀疑了。

雅典公民们也像其他时代和其他地方的其他城市公民一样，对于企图介绍进来一种比他们所习惯的文化更高一级的文化的那些人表现了一种敌意。当白里克里斯年纪老了的时候，他的对方便从攻击他的朋友着手而开始了一场反白里克里斯的斗争。他们控告斐狄阿斯侵吞了供他雕像之用的黄金。他们通过一条法律，允许人揭发那些不奉行宗教并宣扬有关各种“天上事物”的理论的人。在这条法律之下他们就检举了阿那克萨哥拉，他被控为宣扬太阳是一块红热的石头，而且月亮是土。（苏格拉底的检查官也重复过同样的起诉状，苏格拉底则嘲笑他们已经过时了。）究竟发生了什么事情我们还不能确定，只知道阿那克萨哥拉必须离开雅典。似乎很可能是白里克里斯把他救出监狱，设法使他离去的。他回
82 到伊奥尼亚创设了一个学校。按照他的遗嘱，他的忌辰就定为学生们的假日。

阿那克萨哥拉认为万物都可以无限地分割，哪怕是最小的一点物质也都包含着各种原素。事物所表现的，就是它们所包含得最多的东西。这样，例如万物都包含一些火，但是惟有当火的原素占优势时候，我们才能称它为火。像恩培多克勒一样，他也提出反对虚空的论证，他说滴漏或者吹得鼓起来的皮就说明了似乎是一无所有的地方也还是有空气的。

他和他的前人不同，他认为心（nous）也是参与生活体组成的实质，他把它们和死的物质区别开来。他说：每一事物里都包含有各种事物的一部分，只有心除外；但是有些事物也包含有心。心有支配一切有生命的事物的力量，它是无限的，并且是自己支配自己的；它不与任何事物混合。除了心而外，每一件事物不管是多么小，都包含有一切对立面的一部分，诸如热与冷，白与黑。他主张雪（有些部分）是黑的。

心是一切运动的根源。它造成一种旋转，这种旋转逐渐地扩及于整个的世界，使最轻的事物飘到表面上去，而最重的则落向中

心。心是一样的，动物的心也和人的心是一样的善良。人类显而易见的优越性就在于他有一双手的这一事实；一切表面上智力的不同，实际上都是由于身体的不同。

无论是亚里士多德还是柏拉图笔下的苏格拉底，都埋怨阿那克萨哥拉在介绍了心之后，却没有把它加以运用。亚里士多德指出他仅仅是介绍了心作为一种因，因为他并不知道有别的因。凡是他能够的地方，他处处都做出机械的解释。他反对以必然与偶然作为事物的起源；然而他的宇宙论里也没有“天意”。关于伦理或宗教他似乎想得并不多；或许他是一个无神论者，像他的检举者所说的那样。除了毕达哥拉斯以外，所有他的前人都曾影响过他。巴门尼德对他的影响正像是对恩培多克勒的一样。

在科学方面他有很大的功绩。第一个解释月亮是由于反射而发光的人就是他，虽说巴门尼德也有过一段很晦涩的话暗示着巴门尼德也知道这一点。阿那克萨哥拉提出了月食的正确理论，并且知道月亮是位于太阳之下的。他说太阳和星都是火炽的石头，83
但是我们并不感觉到星的热力，因为它们距离我们太遥远了。太阳比伯罗奔尼苏还要大。月亮上有山，并且（他以为）有居民。

据说阿那克萨哥拉出于阿那克西美尼学派；他显然无疑地保存着伊奥尼亚人的理性主义和科学的传统。在他的思想里人们找不到那种对伦理与宗教的偏好——那种偏好从毕达哥拉斯学派传到苏格拉底，从苏格拉底又传到柏拉图，便把一种蒙昧主义者的偏见带进了希腊哲学里面来。他确乎不完全是第一流的，但是作为第一个把哲学带给雅典的人，并且作为塑造了苏格拉底的影响之一，他还是重要的。

84

第九章 原子论者

原子论的创始者是留基波和德谟克里特两个人。这两个人是很难区别开来的，因为他们通常总是被人相提并论，而且显然地留基波的某些作品后来还被认为是德谟克里特的作品。

留基波的鼎盛期似乎约当公元前440年①，他来自米利都，继承了与米利都相联系着的科学的理性主义的哲学。他受了巴门尼德和芝诺很大的影响。关于他，人们知道得非常少，以至于有人认为伊壁鸠鲁（德谟克里特后期的一个追随者）曾经断然否认过他的存在，而且有些近代的学者还重新提出这种理论来。然而亚里士多德的著作中有很多提到他的地方，因而如果他仅仅是一个神话而竟然会出现这么多的引征（包括对原文的引文），那就似乎是令人难以置信的了。

德谟克里特则是一个更加确定得多的人物了。他是色雷斯的阿布德拉地方的人；至于他的年代，他曾说过阿那克萨哥拉年老的时候（可以说约当公元前432年左右）他还很年轻，所以人们认为他的鼎盛期是公元前420年左右。他广泛地游历过南方与东方的许多国度，追求着知识；他也许在埃及度过相当的时间，他还一定到过波斯。然后他就回到阿布德拉，终老于此。策勒尔称他“在知识的渊博方面要超过所有的古代的和当代的哲学家，在思维的尖

① 西雷尔·贝莱在《希腊原子论者与伊壁鸠鲁》一书中认为他的鼎盛期约当公元前430年或稍早。

锐性和逻辑正确性方面要超过绝大多数的哲学家”。

德谟克里特是苏格拉底和智者们同时代的人，因此根据纯粹编年的理由，就应该在我们的这部历史里放在稍后一点，但是困难在于他是很难和留基波分开的。根据这种理由我就要在苏格拉底和智者以前先来考虑他，虽说他的哲学有一部分就是为了答复他的同乡而且是最杰出的智者普罗泰戈拉的。普罗泰戈拉访问雅典的时候，曾受到热烈的欢迎；而另一方面德谟克里特却说，“我到了雅典，可是没有一个人知道我”。他的哲学在雅典有很长的时期是为人忽视的；伯奈特说“我们不清楚柏拉图是否知道有关德谟克里特的任何事情……另一方面，亚里士多德是很知道德谟克里特的， 85
因为他也是一个来自北方的伊奥尼亚人”①。柏拉图的对话录里从来没有提到过他，但据第欧根尼·拉尔修说，柏拉图非常之讨厌他，以致想把他的全部著作都烧光。希斯把他作为一位数学家而推崇得很高②。

留基波和德谟克里特两人的共同哲学的基本观念是出于留基波的，但是就理论的形成而言，就不大可能把他们两个人分开了；而且对我们来说，也无需这样做。留基波——如果不是德谟克里特的话——企图调和以巴门尼德与恩培多克勒分别为其代表的一元论与多元论而走到了原子论。他们的观点极其有似于近代科学的观点，并且避免了大部分希腊的冥想所常犯的错误。他们相信万物都是由原子构成的，原子在物理上——而不是在几何上——

① 《从泰勒斯到柏拉图》第193页。

② 《希腊的数学》卷一，1，第176页。

是不可分的；原子之间存在着虚空；原子是不可毁灭的；原子曾经永远是，而且将继续永远是，在运动着的。原子的数目是无限的，甚至于原子的种类也是无限的，不同只在于形状和大小。亚里士多德①说过，按照原子论者的说法，原子在热度方面也是不同的，构成了火的球状原子是最热的；至于在重量方面，他引过德谟克里特的话："任何不可分割的越占优势，则重量越大。"然而原子究竟有没有重量这个问题，在原子论派的理论里一直是一个有争论的问题。

原子是永远运动着的；但是关于原始运动的特性，则注疏者们有不同的意见。有的人，尤其是策勒尔，认为原子是被想象为永远在降落着的，而愈重的原子就降落得愈快；于是它们就赶上了较轻的原子，就发生了冲撞，并且原子就像台球一样地折射回来。这一定就是伊壁鸠鲁的观点；伊壁鸠鲁的理论在很多方面都是基于德谟克里特的理论的，同时又颇不高明地努力要顾及亚里士多德的批评。但是有相当的理由可以设想，重量并不是留基波和德谟克里特的原子的本来的性质。在他们的观点里，倒更有可能似乎是
86 原子起初是在杂乱无章地运动着，正像现代气体分子的运动理论那样。德谟克里特说在无限的虚空里既没有上也没有下，他把原子在灵魂中的运动比做没有风的时候的尘埃在一条太阳光线之下运动。这是比伊壁鸠鲁更为明智得多的看法，并且我认为我们可以假定这就是留基波和德谟克里特的看法。②

---

① 《论生成与腐朽》326 节 A。

② 这是伯奈特所采用的解释，而且贝莱，至少对于留基波，也是采用这种解释的（前引书，第 83 页）。

由于冲撞的结果，原子群就形成了旋涡。其余的过程则大致有如阿那克萨哥拉所说的一样，然而他对于旋涡加以机械的解释而不以心的作用来解释，则是一个进步。

在古代，通常总是谴责原子论者们把万物都归之于机缘。正好相反，原子论者乃是严格的决定论者，他们相信万物都是依照自然律而发生的。德谟克里特明白地否认过任何事物可以由于机缘而发生。[①] 人们都知道留基波——虽说这个人是否存在还有问题——曾经说过一件事："没有什么是可以无端发生的，万物都是有理由的，而且都是必然的。"的确他并没有说明何以世界自始就应该是它所原有的那种样子，这一点或许可以归之于机缘。但是只要世界一旦存在，它的继续发展就是无可更改地被机械的原则所确定的了。亚里士多德和别人都指摘他和德谟克里特并没有说明原子的原始运动，但是在这一点上原子论者要比批评他们的人更科学得多。因果作用必须是从某件事物上开始的，而且无论它从什么地方开始，对于起始的与料是不能指出原因的。世界可以归之于一位创世主，但是纵令那样，创世主的自身也是不能加以说明的。事实上，原子论者的理论要比古代所曾提出过的任何其他理论，都更近于近代科学的理论。

与苏格拉底、柏拉图和亚里士多德不同，原子论者力图不引用目的或最终因的观念来解释世界。一桩事情的"最终因"乃是另一件未来的事，这桩事情就是以那件未来的事为目的而发生的。这种概念是适用于人事方面的。面包师为什么要做面包？

① 见贝莱前引书，第121页，论德谟克里特的决定论。

因为人们会饥饿。为什么要建造铁路？因为人们要旅行。在这种情况中，事物就可以用它们所服务的目的来加以解释。当我们问到一件事“为什么”的时候，我们指的可以是下列两种事情
87 中的一种，我们可以指：“这一事件是为着什么目的而服务的？”或者我们也可以指：“是怎样的事前情况造成了这一事件的？”对前一个问题的答案就是目的论的解释，或者说是用最终因来解释的；对于后一问题的答案就是一种机械论的解释。我看不出预先怎么能够知道科学应该问的是这两个问题中的哪一个？或者，是不是两个都应该问？但是经验表明机械论的问题引到了科学的知识，而目的论的问题却没有。原子论者问的是机械论的问题而且做出了机械论的答案。可是他们的后人，直到文艺复兴时代为止，都是对于目的论的问题更感兴趣，于是就把科学引进了死胡同。

关于这两个问题，却都有一条界限往往被人忽略了，无论是在一般人的思想里也好，还是在哲学里也好。两个问题没有一个是可以用来确切明白地问到实在的全体（包括上帝）的，它们都只能问到它的某些部分。至于目的论的解释，它通常总是很快地就达到一个创世主，或者至少是一个设计者，而这位创世主的目的就体现在自然的过程之中。但是假如一个人的目的论竟是如此之顽强，而一定要继续追问创世主又是为着什么目的而服务的，那么，十分显然他的问题就是不虔敬的了。而且，这也是毫无意义的，因为要使它有意义，我们就一定得设想创世主是被一位太上创世主所创造出来的，而创世主就是为这位太上创世主的目的而服务的。因此，目的的概念就只能适用于实在的范围以内，而不能适用于实

在的全体。

一种颇为类似的论证也可以用于机械论的解释。一件事以另一件事为其原因，这另一件事又以第三件事为其原因，如此类推。但是假如我们要求全体也有一个原因的话，我们就又不得不回到创世主上面来，而这一创世主的本身必须是没有原因的。因此，一切因果式的解释就必定要有一个任意设想的开端。这就是为什么在原子论者的理论里留下来原子的原始运动而不加以说明，并不能算是缺欠了。

不应当设想原子论者提出来的理论的理由完全是经验的。原子理论在近代又复活了，用以解释化学上的事实，但是这些事实希腊人并不知道。在古代，经验的观察与逻辑的论证二者之间并没有什么很显著的区别。的确，巴门尼德是轻视观察到的事实的，但是恩培多克勒和阿那克萨哥拉却把他们大部分的形而上学和对于滴漏与转水车的观察结合在一起。直到智者时代为止，似乎还没 88
有一个哲学家曾经怀疑过一套完整的形而上学和宇宙论是由大量的推理与某些观察相结合就可以建立起来的。原子论者非常幸运地想出了一种假说，两千多年以后人们为这种假说发见了一些证据，然而他们的信念在当时却是缺乏任何稳固的基础的。[1]

正像他那时别的哲学家们一样，留基波也一心想发见一种方式可以调和巴门尼德的论证与明显的运动和变化的事实。正如亚里士多德说的[2]：

---

① 关于原子论派理论的逻辑与数学的基础，见加斯敦·米楼德：《希腊的几何哲学家》，第4章。

② 《论生成与腐朽》325a。

"虽然这些见解(巴门尼德的见解)在辩证的讨论里似乎进行得很有逻辑,然而只要考虑一下事实就会看出,如果相信它们那就显得和疯狂相去无几了。因为确乎没有一个狂人能够丧失心智到这种地步,竟至会设想火和冰是'一':惟有对于介乎是正确与习惯上似乎是正确这二者之间的东西,才会有人疯狂到看不出差别来。

"可是,留基波以为他有一种与感官-知觉相调和的理论,既可以不取消生成与毁灭,也可以不取消运动与事物的多重性。他向知觉中的事实作出了这些让步:另一方面他又向一元论者让步,承认不能有没有虚空的运动,结果就有了一种被他表述如下的理论:'虚空是一种不存在,而存在的任何部分都不是不存在;因为存在就这个名词的严格意义来说,乃是一种绝对的充满,可是这种充满却不是一;反之它是一种多,这种多为数无穷而且由于体积极小所以是看不见的。这些多就在虚空中运动(因为虚空是存在的):于是它们由于联合就产生了生成,由于分离而就产生了毁灭。此外只要当它们偶然相接触时(因为这里它们不是一)它们就起作用并且被作用,由于聚合在一起互相纠缠,它们就可以繁殖。另一方面从真正的一绝不能出现多,从真正的多也绝不能出现一:这是不可能的事'。"

我们可以看出有一点是大家一直都同意的,那就是:在充满之中不能有运动。而在这一点上大家却都错了。在充满里可以有循
89 环的运动,只要它是一直不断地存在着。这种观念是说一件事物只能运动到一个空虚的位置上去,而在充满里则没有空虚的位置。也许可以很有效地论证说,运动绝不能在充满之内开始;但是绝不能很有效地说,运动是完全不能出现的。然而对希腊人来说,似乎

一个人必须要么就接受巴门尼德的不变的世界，要么就得承认虚空。

巴门尼德反对“不存在”的论证，在逻辑上似乎用之于反对虚空也同样是无可反驳的；并且在仿佛是没有东西的地方却还有空气的存在，这一发现就更加强了巴门尼德的论证（这是常见的逻辑与观察相混淆的一例）。我们可以把巴门尼德式的立场表示如下：“你说有虚空；因此虚空就不是无物；因此它就不是虚空。”我们不能说原子论者已经答复了这一论证；他们仅仅宣称他们认为应该略掉这一点，理由是运动乃是一件经验中的事实，因此就必定有虚空，无论它是多么地难于想象①。

让我们来考查一下这个问题后来的演变历史。避免这一逻辑困难的最初的最显著的办法就是把物质和空间区分开来。按照这种看法，空间并不是无物，而是具有容器的性质；它的某一部分可以是，也可以不是，充满了物质的。亚里士多德说（《物理学》，208b）：“虚空存在的理论就包含着位置的存在，因为一个人可以把虚空定义为抽掉物体之后的位置”。这种观点被牛顿以极其明确的方式提了出来，牛顿肯定绝对空间的存在，因而就区别开了绝对运动与相对运动。在哥白尼学说的论战里，双方（不管他们是怎么样地没有认识到这一点）都是接受了这种见解的，因为他们认为：说“天体从东向西旋转”和说“地球从西向东转动”这两种说法

① 贝莱（前引书第75页）则正好相反，他认为留基波有过一个“极端微妙”的答案。答案实质上就在于承认某种非物体的东西（虚空）的存在。伯奈特也同样说过：“这些通常被人认为是古代伟大的唯物主义者的原子论者们，事实上却最早明白地说出了一个事物可以是实在的而又并不是一个物体；——这真是一件奇怪的事实”。

是不同的。但如果一切运动都是相对的，那么这两种叙述就仅仅
90 是同一件事物的不同说法罢了，就像是说“约翰是詹姆士的父亲”和“詹姆士是约翰的儿子”一样。但是如果一切运动都是相对的，并且空间是非实质的，那么我们手里就留下来巴门尼德式的反对虚空的论证了。

笛卡尔的论证和早期希腊哲学家的论证正好是同样的，他说广袤是物质的本质，因此处处都有物质。广袤对于笛卡尔，乃是一个形容词，而不是一个实体字；它的实体字便是物质，而没有它的实体字它就不能存在。空虚的空间对于他说来，正像是说幸福而可以没有一个幸福的感受者是同样地荒谬。莱布尼兹的立场多少有些不同，他也相信有充满，可是他以为空间只是种种关系的一个体系。在这个题目上他和牛顿（由克拉克出面来代表）之间有过一场著名的争论。这个争论在爱因斯坦的时代以前始终悬而未决，但是爱因斯坦的理论把胜利决定性地给予了莱布尼兹。

近代的物理学家虽然仍然相信物质在某种意义是原子的，但是并不相信有空虚的空间。就在没有物质的地方，也仍然有着**某种东西**，特别是光波。物质已经不复具有它在哲学中通过巴门尼德的论证所获得的那种崇高的地位了。它并非是不变的实体，而仅仅是事件集合的一种方式。有些事件属于可以被我们认为是物质事物的集群；另有些事件，例如光波，则不是。唯有事件才是世界的**材料**，而每一事件都是为时极其短促的。在这一点上，近代的物理学是站在赫拉克利特的那一边而反对巴门尼德的。但是在爱因斯坦和量子论以前，它却始终是站在巴门尼德那一边的。

至于空间，近代的观点是：空间既不是一种实体，像牛顿所说

的那样并且像留基波和德谟克里特所应该说的那样，也不是伸展着的物体的一个形容词，像笛卡尔所想的那样，而是种种关系的一个体系，像莱布尼兹所说的那样。现在还一点都不清楚，这种观点是不是能与虚空的存在相符合。或许就抽象的逻辑来说，它是可以与虚空相调和的。我们可以说在任何两件事物之间总有一定的或大或小的*距离*，而这一距离并不蕴含着有中间事物的存在。可是这样的一种观点在近代物理学里是无法应用的。自从爱因斯坦以后，距离只是存在于*事件*之间，而不是存在于*事物*之间了，并且它还既包括着时间也包括着空间。它在本质上是一种因果的概念，并且在近代物理学里作用是不会隔着距离的。然而这一切毋 91
宁都是根据经验的理由，而非根据逻辑的理由。此外，近代的看法除非是以微分方程式便无法表述，因此它是古代哲学家们所不会理解的。

因而原子论派的观点之逻辑发展的结果便似乎是牛顿的绝对空间的理论，这种理论遇到的困难乃是必须把实在归之于“不存在”。对于这种理论并没有任何*逻辑上*的反对理由。主要的反对理由就是绝对空间乃是绝对不可知的，因此在经验科学中就不可能是一种必要的假设。更实际的反对理由就是，物理学没有它也能前进。但是原子论派的世界在逻辑上仍然是可能的，并且要比任何其他古代哲学家的世界都更接近于实际的世界。

德谟克里特相当详尽地完成了他的理论工作，并且其中有些工作是非常有趣的。他说每个原子都是不可渗透的、不可分割的，因为它里面没有虚空。当你用刀切苹果的时候，刀必须找到有一个可以插进去的空虚的地方；如果苹果里没有虚空，它就会是无限地坚硬，于是在物理上就会是不可分割的。每个原子内部是不变的，事实上原子就是一个巴门尼德式的“一”。原子所作的唯一事情就是运动和互相冲撞，以及有时候，当它们恰好具有能够互相钳合的形状时，结合在一起。原子有着各种各样的形状；火是由小球状的原子构成的，灵魂也是如此。原子由于冲撞就形成了旋涡，旋涡就产生了物体，并且终于产生了世界①。有着许多的世界，有些世界在生长，有些则在衰亡；有些可能没有日和月，有些可能有着几个日和月。每个世界都有开始和终了。一个世界可以由于与另一个更大的世界相冲撞而毁灭。这种宇宙论可以总括在雪莱的诗里：

> 世界永远不断地在滚动
> 自它们的开辟以至毁灭，
> 像是河流里面的水泡
> 闪烁着、爆破着、终于消逝。

生命就从原始的泥土里发展出来。一个生活体全身处处都有一些
92 火，但是在脑子里或者在胸中火最多。（在这一点上，权威们的意见是分歧的。）思想也是一种运动，从而也可以造成别的地方的运动。知觉和思想都是生理过程。知觉有两种，一种是感性的，一种是悟性的。后一种知觉仅仅有赖于被知觉的事物，而前一种知觉则同时还要有赖于我们的感官，所以很容易欺骗我们。德谟克里特和洛克一样，也认为有些性质如温暖、美味与颜色实际上并不是在客体之内而只是由于我们感觉器官的作用，但是有些性质如重

① 关于他们所想象的这一过程发生的方式，见贝莱，前引书第138页以下。

量、密度与硬度则实际上是在客体之内的。

德谟克里特是一个彻底的唯物主义者；我们已经知道，在他看来灵魂是由原子组成的，思想也是物理的过程。宇宙之中并没有目的；只有被机械的法则所统驭着的原子。他不相信流俗的宗教，他反驳过阿那克萨哥拉的 nous（心，理智）。在伦理学方面，他认为快乐就是生活的鹄的，并且认为节制与修养就是获得快乐最好的手段。他不喜欢任何激烈时热情的事物；他不赞许恋爱，因为他说那就包含着意识可能被欢乐所颠倒。他重视友谊，但是把女人想得很坏，并且也不愿意有小孩子，因为对孩子们的教育会搅乱哲学的。在所有这些方面，他都非常像杰罗姆·边沁；他对于希腊人所称之为民主的东西也有着同样的爱好。①

德谟克里特——至少我的意见如此——是避免了后来曾经损害过所有古代和中世纪思想的那种错误的最后一个哲学家。我们迄今为止所探讨过的所有的哲学家们，都曾致力于一种无所为而为的努力想要了解世界。他们想象中的了解世界要比实际的情形轻而易举得多，但是没有这种乐观主义他们就不会有勇气做出开端来的。他们的态度只要并不是仅仅体现他们时代的偏见的时候，大体上可以说是真正科学的。但它不仅仅是科学的；它还是富于想象的、生气蓬勃的，并且充满了冒险的乐趣。他们对一切事物都感到兴趣，——流星和日月食、鱼和旋风、宗教和道德；他们结合了深沉的智慧和赤子的热诚。

---

① 他说："民主之下的贫困比起专制之下所称为的繁荣来，正像自由要比奴役那样地更值得愿望。"

自此而后，尽管有着空前无比的成就，然而却呈现了某些衰落
93 的最初萌芽，然后就是逐渐地衰颓。德谟克里特以后的哲学——哪怕是最好的哲学——的错误之点就在于和宇宙对比之下不恰当地强调了人。首先和智者们一起出现的怀疑主义，就是引导人去研究我们是**如何**知道的，而不是去努力获得新知识的。然后随着苏格拉底而出现了对于伦理的强调；随着柏拉图又出现了否定感性世界而偏重那个自我创造出来的纯粹思维的世界；随着亚里士多德又出现了对于目的的信仰，把目的当作是科学中的基本观念。尽管有柏拉图与亚里士多德的天才，但他们的思想却有着结果证明了是为害无穷的缺点。从他们那时候以后，生气就萎缩了，而流俗的迷信便逐渐地兴起。作为天主教正统教义胜利的结果，就出现了部分的新面貌；但是要一直等到文艺复兴，哲学才又获得了苏格拉底的前人所特有的那种生气和独立性。

94

第十章 普罗泰戈拉

我们所曾考察过的前苏格拉底时期的那些伟大的体系，在公元前五世纪后半叶就遭到了怀疑运动的反对，怀疑运动中最重要的人物就是智者的领袖普罗泰戈拉。“智者”这个字原来并没有坏意思；它指的差不多就是我们所说的“教授”。一个智者是一个以教给青年某些事物为生的人，这些事物被人认为在实际生活中是对青年有用的。既然当时还没有这类教育的公共设施，所以智者们就只教那些自备束脩的人或者是由家长出束脩的人。这就倾向于给他们以某种阶级的偏见，而当时的政治局面又更加强了这种

偏见。在雅典和许多别的城市,在政治上民主制获得了胜利,但是对于削减那些属于旧贵族世家的人们的财富方面却毫无成绩。体现出来我们心目中所谓希腊文化的,大体上都是富人:他们有教育、有闲暇,游历把他们的传统偏见的棱角给磨掉了,他们消耗于论辩的时间又磨炼了他们的机智。所谓民主制,并没有触动使富人无需压迫自由公民便能享有他们的财富的那个奴隶制度。

然而在许多城市里,尤其是在雅典,较穷的公民们对于富人有着双重的仇视,一是嫉妒,二是传统心理。富人——常常很正当地——被人认为是不虔敬的和不道德的;他们在颠覆着古代的信仰并且也许还试图摧毁民主制。于是就形成了政治上的民主制与文化上的保守主义的互相结合,而文化上的革新者们则倾向于政治上的反动派。近代的美国也存在着多少相同的情况,在美国作为主要的天主教组织的塔曼尼派①努力保卫传统的神学与伦理的教条而反对启蒙运动的进攻。但是美国的启蒙者在政治上要比雅典的启蒙者软弱得多,因为他们没有能够与财阀政治一起建立共同的目标。然而那里有一个重要的高等知识阶级是从事于保卫财 95
阀政治的,那就是公司法律顾问阶级。在有几方面,他们的作用非常有似于智者们在雅典所起的那种作用。

雅典的民主政治虽然由于不包括奴隶和女人而有着严重的局限性,然而在有些方面,要比任何近代的体制都更为民主。法官和大部分行政官都是由抽签选出来的,并且任职的时期很短;因而他

① 塔曼尼是美国纽约城的一个强有力的政治团体,主张所谓的民主和地方分权制。——中译本编者

们都是普通的公民,就像我们的陪审员那样,他们有着普通公民们所特有的偏见,并且缺乏职业性的气味。一般说来,总是有许多的法官在听案。原告人与辩护人,或者起诉者与被告,都是亲自出席的,而不是由职业的律师出席。十分自然地,胜败大部分要取决于演说时能打动群众偏见的那种技巧。虽然一个人必须亲自发言,但是他可以雇一个专家替他写发言稿,或者是像许多人所喜欢的那样,可以花钱去学习那种在法庭上获胜所必需的技术。智者们就被公认是教给人以这种技术的。

雅典历史上的白里克里斯时代,非常有似于英国史上的维多利亚时代。雅典是富强的,不大受战争的干扰,并且具有一部由贵族所执行的民主宪法。在谈到阿那克萨哥拉时,我们已经看到有一个反对白里克里斯的民主反对派逐渐地积蓄了力量,并且逐一地攻击他的朋友们。伯罗奔尼苏战争爆发于公元前 431 年①;雅典(和许多其他地方一道)遭到大疫的袭击;为数曾经约达230,000的人口便大大地减少了,并且永远再也没有恢复到它原来的水平(柏里:《希腊史》卷 I,444 页)。白里克里斯本人于公元前 430 年被免除将军的职务,并且被一个由 150 名法官所组成的法庭以侵吞公款的罪名而判处罚款。他的两个儿子都死于大疫,他本人也于次年(429)死去。斐狄阿斯和阿那克萨哥拉都被判罪;阿斯巴西亚被控为不虔敬而且治家无方,但是被赦免了。

在这样一种社会里,很自然的那些容易遭民主派政治家仇视的人们就会希望掌握辩论的技术。尽管雅典人惯好迫害,但是在

① 战争结束于公元前 404 年,雅典一败涂地。

有一点上却远不像近代美国人那样狭隘，因为那些被指控为不虔 96
敬与败坏青年人的人们还可以出席为自己申辩。

这就说明了智者们何以受到一个阶级的欢迎而不受另一个阶级的欢迎；但是在他们自己的心目里总以为他们并非是为个人的目的而服务，而且他们之中确乎有很多人是真正从事于哲学的。柏拉图对他们极尽诋毁谩骂的能事，但是我们不能用柏拉图的论战来判断他们。在他较轻松的语调里，让我们从《攸狄底姆斯篇》中引下列一段文章，文中说有两个智者狄奥尼索多拉斯和攸狄底姆斯故意去捉弄一个名叫克里西普斯的头脑简单的人。狄奥尼索多拉斯说：

> 你说你有一条狗吗？
>
> 是呀，克里西普斯说，有一条恶狗。
>
> 他有小狗吗？
>
> 是呀，小狗们和他一个样。
>
> 狗就是他们的父亲吗？
>
> 是呀，他说，我看见了他和小狗的母亲在一起。
>
> 他不是你的吗？
>
> 他确乎是我的呀。
>
> 他是一个父亲，而且他又是你的；所以他就是你的父亲，而小狗就是你的兄弟了。

从较为严肃的语调里，我们可以引题名为《智者》的一篇对话。这是一篇以智者作为一个例子而对定义进行逻辑的讨论的对话。

我们目前暂不讨论这一篇的逻辑，关于这一篇对话我想要提到的唯一的东西就是他最后的结论。

“制造矛盾的伎俩出自于一种不真诚的、夸大的模仿，是属于由影像制造而产生的那类假象制造的，其特点是属于人为的而非神明的创造的一部分，它表现为一种暧昧的玩弄词句；——老实说，可以指出为真正智者的血脉渊源的，就是如此。”（康福特的译文）

有一个关于普罗泰戈拉的故事，这个故事无疑是杜撰的，但却可以说明人民心目之中智者与法庭的关系。据说普罗泰戈拉教过一个年轻人，规定这个年轻人如果在第一次诉讼里就获得胜利，才交学费，否则就不交。而这个青年人的第一次诉讼就是普罗泰戈拉控告他，要他交学费。

97 然而现在让我们撇开这些序幕，来看一看我们关于普罗泰戈拉真正知道哪些事情。

普罗泰戈拉约当公元前500年生于阿布德拉，德谟克里特就是来自这个城的。他两次访问过雅典，第二次的访问不会迟于公元前432年。公元前444—前443年他为徒利城编订过一部法典。有一种传说说他被控为不虔敬，但这似乎是靠不住的，尽管他写过一本《论神》的书，这本书一开头就说：“至于神，我没有把握说他们存在或者他们不存在，也不敢说他们是什么样子；因为有许多事物妨碍了我们确切的知识，例如问题的晦涩与人生的短促。”

他的第二次访问雅典，柏拉图曾在《普罗泰戈拉》一篇中有过多少带点讽刺的描述，在《泰阿泰德篇》中并且很认真地讨论了他的学说。他的出名主要的是由于他的学说，即“人是万物的尺度，是存在的事物存在的尺度，也是不存在的事物不存在的尺度”。这个学说被人理解为指的是**每个人**都是万物的尺度，于是当人们意见分歧时，就没有可依据的客观真理可以说哪个对、哪个错。这一学说本质上是怀疑主义的，并且其根据的基础是感觉的“欺骗性”。

实用主义的三位创始人之一，费·坎·斯·席勒就习惯于自称是普罗泰戈拉的弟子。这一点我想是因为柏拉图在《泰阿泰德篇》里提示过(作为对普罗泰戈拉的一种解释)，一种意见可能比另一种意见**更好一些**，但不一定是**更真一些**。例如一个人有黄疸病的时候，看起一切东西来都是黄的。说这些东西实际上并不是黄的而是一个健康人眼里所看到的那种颜色，这种说法是没有意义的；然而我们可以说，既然健康要比疾病好一些，所以健康人的意见就比黄疸病人的意见好一些。这种观点显然是非常有似于实用主义的。

不相信有客观的真理，就使得大多数人在实际的目的方面成为了自己究竟应该相信什么的裁判者。因此普罗泰戈拉就走上了保卫法律、风尚和传统道德的路上去。虽说我们已经提到过，他并不知道神是否存在，他还是确信应当崇拜神。对于一个其理论上的怀疑主义既很彻底而又逻辑的人来说，这种观点显然是正确的观点。

普罗泰戈拉的壮年就过着一种周游于希腊各个城邦不断讲学 98
的生活，他收费教“想要获得实际的效率与更高的精神教养的任何人”(策勒尔书，第 1299 页)。柏拉图反对——并且按近代的观念来说多少是有点摆架子——智者们教书要收钱的办法。柏拉图自己有着相当的私人财产，显然他不能体会那些没有他那种好运气的人们的需要。奇怪的是近代的教授们,他们虽找不出拒绝薪给的理由,然而也一再地重复着柏拉图的这种挑剔。

然而另外有一点是智者与当时大多数的哲学家们所不同的。除了智者们之外,通常一位老师总是创建一座学校,学校多少具有一种兄弟会的性质,多少有着一定的共同生活,往往有些类似于一种僧院的规矩,并且常常有一种不公开宣布的秘密学说。凡在哲学是起于奥尔弗斯主义的地方,这一切都是非常自然的。但是在智者们中间,一点也没有这些东西。他们所教的东西,在他们心目中是与宗教或德行不相干的。他们教辩论术,以及有助于这种技术的其他一切知识。大致说来,他们好像近代的律师一样,只准备教给人如何进行辩护或是反对一种意见,他们并不从事宣传他们自己的结论。那些把哲学认为是与宗教密切结合在一起的一种生活方式的人们,自然感到了震动;在他们看来智者们是轻佻的、不道德的。

在某种程度上——虽然不可能说究竟是到什么程度——智者们之引人厌恶,不仅是引起一般人的厌恶而且也引起柏拉图和以后的哲学家们的厌恶,实在是由于他们智力的优异。追求真理如其是全心全意的,就必须撇开道德方面考虑。我们事先不能知道真理在某个社会里会不会被认为是有建设性的。智者们总是准备追随着论证,走到论证所引出的结论上去。而这往往就把他们带到了怀疑主义。他们之中有一个高尔吉亚曾提出过,任何事物都不存在;而且纵令有任何事物存在的话,那也是不可知的;而且纵令它存在并且被任何一个人所认知,这个人也永远不能把它传达给别人。我们不知道他的论证是什么,但是我很能想象他们具有一种逻辑的力量，迫使得他们的对方要躲避到理论体系里面去。柏拉图总是热心宣传足以使人们能变成为他所认为是有德的样子的那些见解；但是他在思想上几乎从来都是不诚实的，因为柏拉图 99
让自己以社会的后果来判断各种学说。甚至于就在这点上，他也是不诚实的；他假装是在跟随着论证并且是用纯粹理论的标准来下判断的，但事实上他却在歪曲讨论，使之达到一种道德的结论。他把这种恶习引到了哲学里面来，从此之后哲学里就一直有着这种恶习。或许大部分正是由于对智者们的敌视，才使得他的对话录具有了这种特征。柏拉图以后，一切哲学家们的共同缺点之一，就是他们对于伦理学的研究都是从他们已经知道要达到什么结论的那种假设上面出发的。

在公元前五世纪晚期的雅典，似乎有人教授着在当时人看来似乎是不道德的，而且就在今天的民主国家里也似乎是不道德的那些政治学说。在柏拉图《国家篇》的第一卷里，特拉西马库斯就论证过除了强者的利益而外并没有正义；又论证法律是政府为了自身的利益而制定的；又论证在争夺权力的斗争里，并没有任何可以援用的客观标准。根据柏拉图的记载（见《高尔吉亚篇》），喀里克里斯曾主张过一种相似的学说。他说自然的法则乃是强者的法则；但是人们为了方便的缘故，就确立了种种制度和道德戒条以便束缚强者。这些学说在我们今天，已经比它们在古代获得了更广泛得多的同意。无论人们对它们怎样想，它们并不是智者们的特征。

在公元前五世纪——无论智者们在这一变化中所处的地位如何——雅典有了一种转变，在与正在崩溃着的笨拙的但是颇为残酷的保卫正统教义相冲突之中，就有了一种从僵硬的清教徒式的单纯性过渡到机智的并且是同样残酷的犬儒主义里去的转变。在这个世纪之初，是雅典人领导伊奥尼亚的城邦进行反波斯的战斗，以及公元前 490 年马拉松的胜利。在这个世纪的末了，则是雅典于公元前 404 年败于斯巴达，以及公元前 399 年苏格拉底的被判死刑。从此以后雅典在政治上就不再重要了，但是它却获得了毫无疑义地文化上的至高无上的地位，这种地位雅典一直保持到基督教的胜利为止。

公元前五世纪雅典史上有某些事物对于理解柏拉图及其以后的全部希腊思想来说，乃是极其重要的。在第一次波斯战争的时候，由于有马拉松之战的决定性的胜利，主要的光荣就归于雅典。十年以后在第二次战争时，雅典人在海上仍然是希腊方面的最强
100 者；但是在陆地上，胜利主要地要归功于斯巴达人，斯巴达人是希腊世界公认的领袖。然而斯巴达人的观点是狭隘的地方性的，当波斯人被逐出希腊的欧洲部分之后，他们就不再抵抗波斯人了。保卫亚洲部分的希腊人以及解放那些已经被波斯人所征服的岛屿的责任就被雅典承当起来，并且获得很大的成功。雅典变成了海上的领袖强国，并对于伊奥尼亚各岛获得了相当大的帝国主义式的控制权。白里克里斯是一个温和的民主派，也是一个温和的帝国主义者；在他的领导之下，雅典繁荣起来了。伟大的神殿——其遗迹迄今仍然是雅典的光荣——就是他倡议修建的，用以代替被薛克修斯所毁掉的神殿。雅典城的财富以及文化都迅速地增加；而且正如这种时代所必然会发生的一样，尤其是当财富由于对外贸易而增加的时候，传统的道德与传统的信仰就衰退了。

这时候，在雅典出现了特别众多的天才人物。三大戏剧家，伊斯奇鲁斯、索福克里斯与幼利披底，都属于公元前五世纪。伊士奇鲁斯在马拉松作过战，并且曾目睹沙拉米之役。索福克里斯在宗教上仍然是个正统派。但是幼利披底却受了普罗泰戈拉以及当时自由思想的精神的影响，而且他对神话的处理是怀疑主义的并带有颠覆性的。喜剧诗人亚里斯多芬尼嘲笑了苏格拉底、智者们和哲学家们，然而他本人却是属于他们那个圈子的；柏拉图在《筵话篇》中把他和苏格拉底的关系写得非常之友好，我们也已看到雕刻家斐狄阿斯也是属于白里克里斯的圈子里的。

这一时期雅典的优越毋宁是在艺术方面，而非在知识方面。公元前五世纪的伟大数学家和哲学家除了苏格拉底之外，没有一个是雅典人；苏格拉底不是一个作家，而是一个把自己限于口头论辩的人。

公元前431年伯罗奔尼苏战争的爆发与公元前429年白里克里斯的逝世，就开始了雅典历史上的阴暗时期。雅典人在海上占有优势，但是斯巴达人握有陆地上的霸权，并且在夏季一再侵占亚底加(雅典城除外)。结果是雅典城拥挤不堪，并且由于疠疫而损失惨重。公元前414年雅典人派出一次对西西里的大远征，希望能占领与斯巴达联盟的叙拉古；但是这个企图失败了。战争使雅典人变得凶顽而暴虐。公元前416年他们征服了梅洛斯岛，把所 101
有服兵役年龄的男子都屠杀光了，把其他的居民掠为奴隶。幼利披底的《特罗伊妇人》这个剧本就是对这种野蛮行为的抗议。斗争还有其思想意识的一方面，因为斯巴达是寡头政治的代表，而雅典则是民主政治的代表。雅典人有理由怀疑他们自己的一些贵族有叛国行为，人们都认为他们的叛国行为与公元前405年伊格斯波达米之战中海军的最后溃败有关。

战争的结局是斯巴达人在雅典建立了一个寡头政府，史称三十僭主。三十僭主中有些人，包括他们的首领克利提亚在内，曾经是苏格拉底的学生。他们当然是不得人心的，不到一年就被推翻了。在斯巴达的同意之下，民主制又恢复起来；但那是一个江河日下的民主制，它由于有大赦而无法对自己内部的敌人直接报复，但是它在大赦的范围之外却喜欢找任何的借口来控诉这些敌人。苏格拉底的审判与死刑（公元前399年）就是在这种气氛之下出现的。

第二篇　苏格拉底、柏拉图、亚里士多德 102

第十一章　苏格拉底

苏格拉底，对于历史学家来说，是一个非常困难的题目。对许多人，可以肯定说我们知道得很少；对另外许多人，可以肯定说我们知道得很多；但是对于苏格拉底，就无从肯定我们知道得究竟是很少还是很多了。毫无疑问，他是一个出身于雅典中产之家的公民，在辩论之中度过了一生，并向青年们教授哲学，但不是像智者那样为了钱。他确实是受过审判，被判死刑，并于公元前 399 年就刑，年约七十岁。他无疑地是雅典的一个著名人物，因为亚里斯多芬尼在《云》的剧本里描写过他。但是除此而外，我们便完全纠缠于众说纷纭之中了。他的两位弟子色诺芬和柏拉图，都给他写过卷帙浩繁的记述；但两人所叙述的却大为不同。而且即令两人的说法一致时，伯奈特已经提示过，那也是色诺芬抄袭柏拉图的。对两人的说法不一致处，有人是相信色诺芬，也有人相信柏拉图；还有人是两种说法都不相信。在这样一场危险的争论里，我并不冒险来拥护某一方，但我将简明地提出各种不同的观点。

我们先谈色诺芬；色诺芬是个军人，头脑不大开明，他的观点大体上是因袭保守的。色诺芬感到痛苦的是，苏格拉底竟然被控为不虔敬和败坏青年；和这些人相反，他竭力主张苏格拉底是非常虔敬的，而且对于受过他影响的人起了十分有益的作用。他的思想看来绝不是颠覆性的，反而是颇为沉闷而平凡。这种辩护未免太过火了，因为它并没有说明人们为什么仇视苏格拉底。伯奈特说：(《从泰勒斯到柏拉图》第149页)“色诺芬给苏格拉底做的辩护真是太成功了。假如苏格拉底真是那样，他是绝不会被处死刑的。”

曾有一种倾向，认为色诺芬所说的一切都一定是真实可信的，
103 因为他缺少可以想象任何不真实的事物的那种聪明。这是很靠不住的一种论证方法。一个蠢人复述一个聪明人所说的话时，总是不会精确的，因为他会无意中把他听到的话翻译成他所能理解的语言。我就宁愿让一个是我自己的死敌的哲学家来复述我的话，而不愿意让一个不懂哲学的好朋友来复述我的话。因此，色诺芬说的话若是在哲学上包含有任何困难之点，或者若是其目的只在于证明苏格拉底的受刑是不公正的这一论点，我们便不能接受色诺芬的话了。

然而，色诺芬的某些回忆却是非常令人信服的。他叙说过(柏拉图也叙说过)苏格拉底是怎样不断地在研究使有才能的人能够当权的问题。苏格拉底会问这样的问题：“如果我想修鞋，我要去找谁呢？”对这个问题，一些坦率的青年就回答说：“去找鞋匠啊，苏格拉底。”苏格拉底又会提到木匠、铜匠等等，于是最后便问到这样的问题：“谁应该来修理国家这只船呢？”当他与三十僭主发生冲突的时候，三十僭主的领袖，那个曾向他求过学并熟知他的方法的克利提斯，便禁止他继续教导青年们，而且还对他说：“不用再讲你那套鞋匠、木匠和铜匠了。由于你反复不休地提他们，现在他们已经

被你讲烂了"(色诺芬《回忆录》,卷1,第2章)。这件事发生于伯罗奔尼苏战争结束之后,斯巴达人建立了短期的寡头政府的时候。但是雅典在大部分的时期都是民主制,民主到连将军也要经过选举或抽签的地步。苏格拉底就遇到过一个青年想做将军,苏格拉底劝他最好学一些战争的技术。这个青年于是就出去学了些简单的战术学课程。他回来以后,苏格拉底带讽刺地夸赞了他几句,就又打发他去继续学习(同书,卷3,第1章)。苏格拉底又送另一个青年去学习理财之道。他对许多人,包括国防部长在内,都采取这种办法;但是人们终于认定用鸩死他的办法来使他沉默,要比弥补他所指责的种种罪恶还要更容易些。

至于柏拉图有关苏格拉底的叙述,则其困难就与色诺芬的情形全然不同了;那就是,我们很难判断柏拉图究竟有意想描绘历史上的苏格拉底到什么程度,而他想把他的对话录中的那个叫苏格
拉底的人仅仅当作他自己意见的传声筒又到什么程度。柏拉图除 104
了是哲学家而外,还是一个具有伟大天才与魅力而又富于想象的作家。没有一个人会设想,就连柏拉图本人也并不认真地认为,他的《对话录》里的那些谈话是真像他所记录的那样子进行的。但无论如何,在早期的对话里,谈话是十分自然的,而且人物也是十分令人信服的。正是由于作为小说家的柏拉图的优异性,才使人要怀疑作为历史学家的柏拉图。他笔下的苏格拉底是一个始终一贯而又极其有趣的人物,是一个远非大多数人所能创作出来的人物;但是我以为柏拉图却是**能够**创作出他来的。至于他究竟是否创作了苏格拉底,那当然是另外一个问题。

通常认为具有历史真实性的一篇对话便是《申辩篇》。这一篇

据说是苏格拉底受审时为自己所做的辩护词——当然，并不是一篇速记记录，而是若干年后柏拉图在记忆里所保存下来的东西，被他汇集起来并经过了文艺的加工。审判时柏拉图是在场的，并且似乎很显然，他所记录下来的东西就是他记得苏格拉底所说的那种东西，而且大体上他的意图也是要力求符合历史的。这篇对话，尽管有着各种局限性，却足以给苏格拉底的性格刻画出一幅相当确切的形象。

苏格拉底受审的主要事实是毋庸置疑的。判决所根据的罪状是："苏格拉底是一个作恶者，是一个怪异的人，他窥探天上地下的事物；把坏的说成是好的，并且以这一切去教导别人。"对他仇视的真正理由——差不多可以肯定地说——乃是人们认为他和贵族派有勾结；他的学生大部分都是属于贵族派的，而且其中当权的几个已经证明是极有危害性的。然而，由于大赦的缘故，这种理由便不能公开提出来了。法庭大多数都判决他有罪，这时按照雅典的法律，他可以要求某种较死刑为轻的处罚。法官们如果认为被告有罪的话，他们就必须在判决的定谳和被告方面所要求的惩罚两者之间作出选择。因此，若能提出一种法庭认为适宜而可以加以接受的相当重的处罚的话，那是会对苏格拉底有利的。然而他提出来的却是处以三十个米尼的罚金，这笔罚金，他的几个朋友（包括
105 柏拉图在内）都愿意为他担保。这种处分是太轻了，以至于法庭大为恼怒，于是便以比判决他有罪时更大的多数判决他死刑。他无疑地是预见到了这种结局的。显然他也并不想以看来是承认自己有罪的让步，来避免死刑。

检查官有安尼图斯，一个民主派的政治家；有美立都，一个悲

剧诗人“年轻而不著名，有着细长的头发，稀疏的胡须，和一个鹰钩鼻”；还有李康，一个默默无闻的修辞家（见伯奈特《从泰勒斯到柏拉图》，第180页）。他们坚持说，苏格拉底所犯的罪是不敬国家所奉的神并宣传其他的新神，而且还以此教导青年、败坏青年。

我们无须再在柏拉图笔下的苏格拉底对于真实的苏格拉底其人的关系这个不可解决的问题上自寻烦恼，让我们来看柏拉图是怎样使苏格拉底答复这次控诉的吧。

苏格拉底一开始就控诉他的检查官是诡辩，并且反驳别人指责他自己的诡辩。他说他所具有的唯一辩才，就是真理的辩才。而且如果他是以他所习惯的态度讲话，而不是以“一套雕词琢句的演说词”①来讲话，他们也不必对他发怒。他已经是七十开外的人了，而且从来不曾到法庭上来过；因此，他们必须原谅他的不合法庭方式的讲话。

他继续说，除了正式的起诉者而外，他还有一大堆非正式的起诉者，那些人从这些法官们还是小孩子的时候起，就到处“宣扬着有一个苏格拉底，他是个有智慧的人，他思考着天上并探究到地下的事，而且把坏的东西说成是好的。”他说，人们以为这样的人是不相信神的存在的。公共舆论提出的这种老一套的指责要比正式的判决更危险得多，尤其危险的是除了亚里斯多芬尼以外，他并不知道这些话是从什么人那里来的。② 在答复这种老一套仇视他的种种根据时，他指出他自己并不是一个科学家——“我与物理学的探

① 我引柏拉图一般用的是周维特（Jowett）的译本。

② 在《云》一剧中，苏格拉底被写成是否认宙斯存在的。

讨毫无缘分”，——而且他不是一个教师，他并不以教学挣钱。他接着嘲笑了智者们，不承认智者们具有他们所自诩的知识。然则，
106 “我之所以被人称为有智慧并且背着这种恶名的理由是什么呢？”

事情是有一次有人向德尔斐神坛求问，有没有人比苏格拉底更有智慧；德尔斐神坛答称再没有别人了。苏格拉底承认他自己是完全困惑住了，因为他自己一无所知，而神又不能撒谎。因此，他就到处访问以智慧出名的人，看看他是否能指证神是犯了错误。首先他去请教一位政治家，这位政治家“被许多人认为是有智慧的，可是他却自认为还更有智慧。”苏格拉底很快就发见这个人是没有智慧的，并且和蔼地而坚定地向他说明了这一点；“然而结果是他恨上了我”。随后苏格拉底又去请教诗人，请他们讲解他们作品中的各个篇章，但是他们却没有能力这样做。“于是我便知道诗人写诗并不是凭智慧，而是凭一种天才与灵感”。于是他就去请教工匠，但是发见他们也一样地使人失望。他说，他在这段过程中结下了许多死敌。最后他结论说：“只有神才是有智慧的；他的答复是要指明人的智慧是没有什么价值的或者全无价值的；神并不是在说苏格拉底，他仅仅是用我的名字作为说明，像是在说：人们啊！惟有像苏格拉底那样知道自己的智慧实际上是毫无价值的人，才是最有智慧的人”。这种对于自命为有智慧的人所进行的揭发工作耗尽了他的全部时间，使他沦于极端的贫困，但是他觉得为神谕而作见证乃是一桩责任。

他说，富有阶级的青年无事可做，都高兴听他揭露别人，并且进而也照这样做；这就增加了他的敌人的数目。“因为他们不喜欢承认他们所自诩的知识被人揭穿。”

这些就是第一类起诉者的情形。

苏格拉底于是就进而诘问他"那位自称是好人和真正爱国者"的检查官美立都。苏格拉底问道，谁是改善青年的人。美立都最初提出是法官；然后，在逐步紧逼之下，就不得不说除了苏格拉底而外，每一个雅典人都是改善青年的人；于是苏格拉底便祝贺雅典城的好运道。其次，他又指出跟好人要比跟坏人更好相处；因此，他绝不会如此之愚蠢，以至于有意要败坏他的同胞；但如果他是无意地，那么美立都就应该教导他，而不应该控诉他。

起诉书说苏格拉底不仅否认国家的神，而且还宣扬他自己的 107
那些神；然而美立都却说苏格拉底是一个彻底的无神论者，并且说："他说太阳是石而月亮是土。"苏格拉底答道，美立都大概以为自己是在控诉阿那克萨哥拉了吧，阿那克萨哥拉的见解是花上一个德拉克玛就可以在剧场里听得到的(指幼利披底的戏剧)。苏格拉底当然指出了彻底无神论这种新的控诉是与起诉书相矛盾的，然后他就谈到比较一般的论点上来。

《申辩篇》其余部分的调子主要地是宗教的。他当过兵，并曾遵照命令坚持他的职守。现在"神命令我履行一个哲学家探讨自己和探讨别人的使命"，而现在要放弃他的职守，那就会像在战斗中放弃职守是一样地可耻了。怕死并不就是智慧，因为没有一个人知道死会不会是更好的事。如果以不再继续他已往所做的那种思考为条件而允许他活命的话，他就要回答说："雅典人啊！我尊敬你们、爱你们，但是我将服从神而不服从你们；[①]而且只要我还

① 可比较《使徒行传》第5章，第29节。

有生命和力量，我就绝不停止实践哲学与教导哲学，并劝勉我所遇到的每一个人。……因为我知道这是神的命令；而且我相信，在这个国家里从没有出现过比我对神的服役更好的事了。”他继续说道：

> 我还有些话要说，对这些话你们会要喊叫起来的；但是我相信，听我说话是会对你们有好处的，因此我请求你们不要喊叫起来。我愿你们知道，如果你们杀了像我这样一个人，你们就损害了你们自己更有甚于你们损害我。没有什么能损害我，不管是美立都还是安尼图斯——他们都不能够，因为一个坏人是不许损害一个比自己更好的人的。我不否认安尼图斯也许可以杀死我，或者流放我，或者剥夺我的公民权利；而且他可以想象，并且别人也可以想象，他加给了我很大的损害；但是我却不同意这种想法。因为像他这种行为的罪过——不正义地剥夺别人生命的这种罪过——乃是要更大得多的罪过。

他说，他之所以申辩乃是为了他的审判官而不是为了他自己。
他是被神派遣到这个国家里来的一个牛虻，而且再找一个像他这
样的人是不大容易的。“我敢说你们会感到恼怒的（就像一个突然
108 从睡梦中被惊醒的人那样），并且你们以为你们可以像安尼图斯所
建议的那样轻而易举地把我打死，然后你们便可以安稳地度过你
们的余生，除非是神照顾你们，又给你们再派来另一个牛虻”。

他为什么只在私下谈论，而不对公共事务提出忠告呢？“你们在许多时候，在不同的地方，曾听我说过有一个神谕或者灵异降临于我，也就是美立都起诉书中所嘲笑的那个神。这个灵异是一种声音，最初它降临于我的时候，我还是个小孩子；它总是禁止我，但

从来不曾命令我，去做任何我要做的事。阻止我去做一个政治家的也是它"。他继续说，在政治上没有一个诚实的人是能够长命的。他举出他自己无可避免地卷入公共事务中的两次例子：第一次是他反抗了民主制；第二次是反抗了三十僭主，这两次当权者的行动都是非法的。

他指出，出席的人里面有很多是他从前的学生和学生的父兄们，而起诉书提不出这些人中有哪一个人能见证他败坏过青年（这一点差不多是一个辩护律师在《申辩篇》里所能认可的唯一论据）。他拒绝遵循惯例，把他哭哭啼啼的儿女带到法庭上来以期软化法官们的心；他说这种景象会使得被告者和整个城邦都同样地显得可笑。他的工作乃是要说服法官，而不是请求他们开恩。

在宣判以及否决了那处以三十个米尼的另一种可能的惩罚而后（关于这另一种惩罚，苏格拉底曾提名柏拉图作为他的保人之一，并且柏拉图也出席了法庭），苏格拉底就做了最后的一次讲话。

> 而现在，你们这些给我定罪的人啊，我愿意向你们预言；因为我就要死去，而人临死的时候是赋有预言的能力的。因而我要向你们这些杀害我的凶手们预言；我死去之后，立刻就有比你们加之于我的更重得多的惩罚在等待你们。……如果你们以为你们用杀人的办法就能防止别人谴责你们的罪恶生活，那你们就错了；那是一种既不可能而又不荣誉的逃避办法，最容易最高贵的办法并不是不让别人说话，而是要改正你们自己。

然后他就转向那些投票赞成开释他的法官们，对他们说，在他那天所做的一切中，他的神谕始终没有反对他，虽然在别的场合他 109
的神谕是常常中途打断他说话的。他说，这就是"一种预示，预示着我遭遇的事情是件好事，而我们之中认为死是一件坏事的人乃是错误的"。因为死要么就是一场没有梦的睡眠，——那显然很好，——要么就是灵魂移居到另一个世界里去。而且"如果一个人能和奥尔弗斯、和缪索斯、和赫西阿德、和荷马谈话，那他还有什么东西不愿意放弃的呢？如果真是这样的话，那就让我一死再死吧！"在另一个世界里，他可以和其他遭受不正义而死去的人们谈话，而尤其是他可以继续他对于知识的追求。"在另一个世界里，人们不会因为一个人提出了问题，就把他处死的，绝对不会的。而且除了比我们更加幸福而外，他们还是永远不死的，如果关于那里的说法都是真的话。……

"死别的时辰已经到了，我们各走各的路吧——我去死，而你们去活。哪一个更好，唯有神才知道了。"

《申辩篇》给某一种类型的人描绘出了一幅明晰的图画：一个非常自信的人，头脑高超而不介意于世俗的成败，相信自己是为一个神圣的声音所引导，并且深信清明的思想乃是正确生活的最重要的条件。除了最后这一点而外，他是很像一个基督教的殉道者或者一个清教徒的。从他最后那一段谈论死后事情的话里，使人不可能不感到他是坚决相信灵魂不朽的；而他口头上所表示的不确定，只不过是假定而已。他并不像基督徒那样，因为害怕永恒的受苦而烦恼：他并不怀疑，他在另一个世界的生活将是一种幸福的生活。在《斐多篇》里，柏拉图笔下的苏格拉底还提出过信仰灵魂不朽的理由；究竟这些是否就是曾经影响了历史上的苏格拉底的理由，那就无从肯定了。

似乎没有任何疑问，历史上的苏格拉底的确是宣称自己被神谕或者命运之神(daimon)所引导的。那究竟是不是像基督徒所称之为良心的声音的那种东西，还是那对苏格拉底来说乃是一个真正的声音，我们就无从知道了。圣女贞德是受到声音的鼓舞的，那原是精神不健全的一种普通形态。苏格拉底可能患有癫痫性的昏迷病，至低限度这似乎是对于有一次在他服兵役时所发生过的那类事情的自然解释：

> 有一天早晨苏格拉底在想着一件他不能解决的事；他又不愿意放下这件事，所以他不断地从清早想到中午，——他站在那里一动也不动地在想着；到了中午人们就注意起他来了，来来往 110
> 往的人传说着苏格拉底从天一亮就站在这里想事情。最后，晚饭以后天黑下来，有几个伊奥尼亚人出于好奇(我应该说明这件事的发生不是在冬天而是在夏天)，就搬来他们铺盖，睡在露天里，为的是要守着苏格拉底，看他究竟会不会站一整夜。他就站在这里一直站到第二天早晨；天亮起来，他向太阳做了祈祷，才走开了。(《筵话篇》,220)

这种情形，在较轻的程度上，是苏格拉底常有的事。《筵话篇》一开头就说到，苏格拉底和亚里士托德姆一起去赴宴会，但是苏格拉底一阵出神就落在后头了。当亚里士托德姆到达的时候，主人阿迦敦就问道："你把苏格拉底怎么了?"亚里士托德姆大吃一惊，发见苏格拉底原来并没有和他在一起；他们便派一个奴隶去找苏格拉底，才发见他站在邻家的廊柱下。这个奴隶回来说："他呆呆地站在那里，我叫他的时候，他一动也不动。"那些知道苏格拉底的人就解释说："他有这种习惯，随时随地会站下来，并且无缘无故地出神。"于是他们就不再问苏格拉底了，等到宴席已经过了一半苏格拉底才走进来。

任何人都同意苏格拉底是很丑的；他有一个扁鼻子和一个大肚子；他比“萨提尔滑稽戏里的一切丑汉*(Silenus)都还丑”(色诺芬《筵话篇》)。他总是穿着褴褛的旧衣服，光着脚到处走。他的不顾寒暑、不顾饥渴使得人人都惊讶。阿尔西拜阿底斯在《筵话篇》里曾描述苏格拉底服兵役的情形说：

> 我们的供应被切断了，所以就不得不枵腹行军，这时候苏格拉底的坚持力真是了不起，——在战争期中常常会发生的这类情势之下，他不仅比我，而且比一切人都更卓绝：没有一个人可以和他相比。……他忍耐寒冷的毅力也是惊人的。曾有一次严霜，——因为那一带的冬天着实冷得可怕，——所有别的人不是躲在屋里，就是穿着多得可怕的衣服，紧紧把自己裹起来，把脚包上毛毡；这时只有苏格拉底赤着脚站在冰上，穿着平时的衣服，但他比别的穿了鞋的兵士走得更好；他们都对苏格拉底侧目而视，因为他仿佛是在鄙夷他们呢。

111 他对于肉体情欲的驾驭，是常常为人所强调的。他很少饮酒，但当他饮酒时，他能喝得过所有的人；从没有人看见他喝醉过。在爱情上，哪怕是在最强烈的诱惑之下，他也始终是“柏拉图式”的；假如柏拉图所说的话是真的。他是一个完美的奥尔弗斯式的圣者；在天上的灵魂与地上的肉体二者的对立之中，他做到了灵魂对于肉体的完全的驾驭。他在最终时刻对于死的淡漠，便是这种驾驭力的最后证明。但同时，他并不是一个正统的奥尔弗斯派；他所

* 原指希腊神话中的森林之神。——中译本编者

接受的只是基本的教义，而不是迷信与净化的仪式。

柏拉图笔下的苏格拉底预示了斯多葛派和犬儒学派。斯多葛派主张最高的善乃是德行，一个人不能够被外部的原因剥夺掉德行；这种学说已经隐含在苏格拉底声称他的法官们不能损害他的那篇论辩之中了。犬儒学派鄙视世上的财货，这种鄙夷表现在他们逃避文明的舒适生活上；苏格拉底能够赤着脚衣衫褴褛地生活，也是出于同样的观点。

似乎可以肯定，苏格拉底的主要关怀是在伦理方面而不是在科学方面。我们已经看到他在《申辩篇》中说过，"我和物理学的探索是毫无缘分的"。柏拉图最早的一些对话是被公认为最近于苏格拉底的，这些对话主要地是从事于探讨伦理学名词的定义。《沙米底斯篇》是谈论节制和中庸的定义的；《李西斯篇》是谈论友谊的，《拉什斯篇》是谈论勇敢的。所有的这些篇对话里，都没有得出结论，但是苏格拉底明确表示了他认为探讨这些问题是重要的。柏拉图笔下的苏格拉底始终一贯地坚持说他自己一无所知，而且他之比别人聪明就只在于他知道自己是一无所知；但是他并不以为知识是不可得到的。正相反，他认为追求知识有着极大的重要意义。他坚持说，没有一个人是明知而又故意犯罪的，因此使一切人德行完美所必需的就只是知识。

德行与知识之间这种密切的联系，乃是苏格拉底和柏拉图两人的特色。在某种程度上，它也存在于一切的希腊思想之中，而与基督教的思想相对立。在基督教的伦理里，内心的纯洁才是本质的东西，并且至少是在无知的人和有学问的人之间同样地可以找得到的东西。希腊伦理学与基督教伦理学之间的这一区别，一直贯穿到今天。

辩证法,也就是说以问答求知识的方法,并不是苏格拉底发明
112 的。辩证法似乎是由巴门尼德的弟子芝诺首先系统地加以使用的;在柏拉图对话录的《巴门尼德篇》里,芝诺以这种方法对付了苏格拉底,正如柏拉图在别处说苏格拉底以这种方法对付别人一样。但是我们有种种理由可以设想,苏格拉底使用了并且发展了这种方法。我们已经看到,在苏格拉底被判死刑时,他就快乐地怀想到,在另一个世界里他可以继续永远地提问题,而且不可能再被人处死,因为他将会是不死的。当然,如果他使用辩证法的方式真是像《申辩篇》中所描写的那样,那么别人对他的仇视就很容易解释了:全雅典的骗子们都会结合在一起来反对他的。

辩证的方法只适用于某些问题,而不适用于另一些问题。也许这可以帮助我们决定柏拉图的研究的特点,因为他的研究大部分都是可以用这种方式来加以处理的东西。而且通过柏拉图的影响,后来大多数的哲学家们都曾为他的这种方法造成的局限所束缚。

某些东西显然是不宜于用这种方式来处理的——例如,经验科学。的确伽利略曾用对话录宣扬过他的理论,但那仅仅是为了要克服人们的偏见,——他那些发现的正面理由不用极大的矫揉造作是不能插进到对话录里面来的。在柏拉图的著作里,苏格拉底总好像是只不过在引出被诘问者所已经具有的知识罢了;由于这种缘故,他就把他自己比做是一个助产士。但是当他在《斐多篇》和《美诺篇》中把这种方法运用于几何学问题的时候,他就必须问到一些为任何法官所不能允许的引导性的问题了。这种方法是

与回忆说相谐合的，因为按照回忆说，我们的学习只是由于记忆起来了我们在前生所已经知道的东西。但与这种观点相反的，让我们考虑一下用显微镜所做出的任何一种发见吧；比如说细菌传播疾病，我们很难认为，这种知识是可以用问答的方法就能够从一个本来对此一无所知的人那儿推引出来的。

苏格拉底的处理方法所适用的，乃是那些我们对之已有足够的知识而可以达到正确结论的事物，但由于我们思想混乱或者缺乏分析的缘故而未能对于我们所知的东西加以最好的逻辑的使用。像"什么是正义"这样一个问题，显然是适于以柏拉图式的对话来加以讨论的。我们大家都在随便地使用"正义的"或"非正义 113
的"这些字，只要考查一下我们使用这些字的方式，我们就可以归纳出来最能与习惯相符合的那种定义。这里所需要的，只是关于问题中的这些字应如何使用的知识。但是当我们的探讨得出了结论时，我们所做出的只不过是一桩语言学上的发见，而并不是一桩伦理学上的发见。

然而，我们也很可以把这种方法很有益地应用于稍为广泛的一类情况中。只要所争论的是逻辑的事情而不是事实的事情，那么讨论就是发现真理的一种好方法。例如，假使有人说，民主制是好的，但凡是具有某种意见的人却应该不许投票；那么我们就可以断定这个人是不一贯的，并且可以向他证明，他的两种说法之中至少有一种必定或多或少是错误的。逻辑的错误，我以为，要比许多人所想象的具有更大的实际重要性；它能使犯这种错误的人轮流地在每一个题目上都采取为自己所惬意的见解。任何一套逻辑上一贯的学说都必定有着某些部分是令人痛苦的，并且与流行的成见是相反的。辩证的方法——或者，更广义地说，无拘无束地辩论的习惯——是有助于增进逻辑的一贯性的，因而在这方面便是有用的。但是当其目的是要发见新事实的时候，这种方法便完全行不通了。也许我们可以把"哲学"就定义为是用柏拉图的方法所可能追求到的全部探讨的总和。但是如果这一定义是妥当的话，那乃是由于柏拉图对于后世哲学家们有影响的缘故。

114

第十二章 斯巴达的影响

要了解柏拉图，其实，要了解后来许多的哲学家，就有必要先知道一些斯巴达的事情。斯巴达对希腊思想起过双重的作用：一方面是通过现实，一方面是通过神话；而两者都是重要的。现实曾使斯巴达人在战争中打败了雅典，神话则影响了柏拉图的政治学说以及后来无数作家的政治学说。神话的充分发展，见于普鲁塔克的《莱库格斯传》；书中所赞颂的理想一大部分就形成了卢梭、尼采和国家社会主义[①]的学说。在历史上，这种神话甚至于比现实还更加重要；然而我们将从现实开始。因为现实是神话的根源。

拉哥尼亚，以斯巴达或拉西第蒙[②]为其首都，领有伯罗奔尼苏的东南部。斯巴达人是统治的种族，他们在多利亚人从北方入侵时，便征服了这片地区，并使这里原有的居民沦为农奴。这些农奴叫作希洛特(Helot)。在历史时期里，全部土地都属于斯巴达人，

---

① 还不必提托马斯·阿诺德博士和英国的公学。

② 美国版作"拉哥尼亚一名拉西第蒙，以斯巴达为其首都"。——中译本编者

然而斯巴达人的法律和习惯却禁止他们自己耕种土地;既因为劳动是可耻的事,也为了要使他们能永远自由地服兵役。农奴是不能买卖的,而是附着于土地上;土地分成份地,每个成年的斯巴达男子都有一块份地或者几块份地。这些份地,也像希洛特一样,是不能买卖的,法律规定由父子相承(然而可以用遗嘱赠与)。地主本人每年从耕种份地的希洛特那里收取七十个梅德尼(约相当于105蒲式耳)的粮食,并为他的妻子收取十二个梅德尼,还有一定数量的酒和果品①。在这个数量以外的一切东西都是希洛特的财产。希洛特也是希腊人,像斯巴达人一样,而且他们深深痛恨自己被奴役的状况。只要有可能,他们就反叛。斯巴达人设有一个秘 115
密警察团体,用以对付这种危险,但是作为这种戒备的补充他们还有另一种办法:他们对希洛特每年宣战一次,这样他们的青年人就可以杀死任何看来仿佛是不肯驯服的人而不会犯杀人罪。国家可以释放希洛特,但是希洛特的主人却不能;希洛特之获得释放——这当然是颇为罕见的——是由于作战时特别勇敢。

公元前八世纪有一个时期,斯巴达人征服了邻近梅新尼亚的地区,使这里大部分的居民沦于希洛特的处境。斯巴达缺少"生存空间",但是新的领土就暂时消除了这种不满情绪的根源。

份地是供普通斯巴达人享用的;贵族有其自己的领地,而份地则是由国家所分配的一块一块的公共土地。

拉哥尼亚其他部分的自由居民,叫做"裴里欧齐"(Perioe-

① 柏里《希腊史》卷一,第138页。看起来仿佛斯巴达男人的食量差不多要等于他们妻子的六倍。

ci)①，他们并不享有政治权力。

斯巴达公民的唯一职业就是战争，他从一出生起就受战争的训练。经过部族首领的检查之后，病弱的孩子是要抛弃掉的；唯有被评为茁壮的孩子才能得到抚养。所有的男孩子都放在一所大学校里面受训，一直到20岁为止；训练的目的是要使他们坚强，不怕痛苦，服从纪律。文化教育或科学教育都被认为是无意义的事；惟一的目的就是要造就全心全意为了国家的好战士。

到了20岁，真正的军役就开始了。任何人到了20岁之后都可以结婚，但是一个男子必须在“男子之家”里生活，直到30岁为止；并且必须把婚姻当作仿佛是一桩违法的秘密事那样来处理。到了30岁以后，他就是一个羽毛丰满的公民了。每一个公民都属于一个食堂，和其他的成员在一起吃饭；他必须从他的份地的生产品中缴纳一部分实物。斯巴达国家的理论是不让一个公民匮乏，也不让一个公民富有。每个人只能靠自己份地的出产而过活，份地除了自由馈赠而外是不能转让的。没有人可以私有金银，货币用铁制成。斯巴达的简朴是脍炙人口的。

斯巴达妇女的地位很特殊。她们并不与世隔绝，像希腊其他各地的有地位的妇女那样。女孩子也受着男孩子一样的体育锻炼；更可注目的是男孩子和女孩子在一起赤身裸体地进行锻炼。
116 他们要求（我下面引用的是诺尔斯译的普鲁塔克的《莱库格斯传》）：

少女们也应该练习赛跑、角力、掷铁饼、投标枪，其目的是使

① “裴里欧齐”（perioeci）按希腊文原是“郊区居民”的意思。——中译本编者

她们后来所怀的孩子能从她们健壮的身体里吸取滋养，从而可以茁壮起来并发育得更好：而且她们也由于这种锻炼增强了体质，可以免除分娩时的苦痛。……尽管少女们确乎是这样公开地赤身裸体，然而其间却绝看不到，也绝感不到有什么不正当的地方，这一切的运动都充满着嬉戏之情，而并没有任何的春情或淫荡。

不肯结婚的人是被规定为“犯法”的，并且哪怕是在最寒冷的气候里也必须赤身裸体地在年轻人从事锻炼和跳舞的地方外边徘徊着。

妇女们不许流露出任何对国家不利的感情，她们可以对一个懦夫表示鄙视，而且如果她们所鄙视的懦夫就是她们自己的儿子的话，那么她们还会受到表扬；但是如果她们新生的婴儿因为孱弱而被处死，或者她们的儿子战死在疆场的话，她们却不可以表示悲伤。她们被其他的希腊人公认为是最有贞操的；但如果一个结了婚的妇女而没有生育，这时国家命令她去试一试别的男人是不是要比她自己的丈夫更能够生育公民的话，她是不会有任何反抗的。生育子女受到立法的鼓励。据亚里士多德说，一个父亲有了三个儿子就可以豁免兵役，有四个儿子就可以豁免对国家的一切负担。

斯巴达的宪法非常复杂。有两个王，属于两个不同的家族，并且是世袭的。两个王之中有一个在战时指挥军队，但是在平时他们的权力是有限制的。在公共的宴会上，他们所得的食品比其他的人多一倍；当王去世的时候，大家都哀悼他。他们是长老会议的成员，长老会议由三十人组成（包括两个王在内），其余的二十八人必须年龄在六十岁以上，并由全体公民选举出来终生任职，但是只

能从贵族家庭中选出。长老会议审判罪案，并为公民大会准备议
117 程。公民大会包括全体公民；它不能主动提出任何动议，但有权对向它提出的任何建议表决通过或否决。任何法律不经它同意，都是无效的。然而它的同意虽说必要，但是还不够；在其生效以前，必须先由长老和行政官宣布决定。

除了两个王、长老会议、公民大会而外，政府还包括第四个组成部分，这一部分是斯巴达所特有的。那就是五个监察官。他们是从全体公民中选举出来的；选举的方法，据亚里士多德说，是“太幼稚了”；据柏里说，实际上就是抽签。监察官在宪法里是一个“民主的”成分①，显然是为了要平衡王权。王每个月都须宣誓拥护宪法；然后监察官就宣誓，只要王信守誓言，他们就拥护王。任何一个王出征的时候，都有两个监察官跟随着他，监视他的行动。监察官是最高的民事法庭，但对于王他们却可以进行刑事审判。

在古代的末期，斯巴达的宪法被认为是应该归功于一位名叫莱库格斯的立法者，据说莱库格斯在公元前 885 年颁布了他的法律。事实上，斯巴达的制度是逐渐成长起来的，而莱库格斯则只是一个神话式的人物，最初本来是一个神。他的名字的意思是“驱狼者”，这个神源出于阿加底亚。

斯巴达在其他的希腊人中间引起了一种多少会使我们感到惊异的敬仰。起初，它并不像后来那样地和其他的希腊城邦大有不同；在早先，它也产生过和其他各地一样优秀的诗人和艺术家。但

① 在谈到斯巴达宪法的“民主”成分时，当然应该记得全体公民就是一个统治阶级，严厉地在对希洛特实行专政，并且不允许裴里欧齐有任何权力。

是到了公元前七世纪左右，或许甚至于是更晚一些的时候，它的宪法（曾错误地被人归功于莱库格斯）就固定为我们目前所谈到的形式；他们为了获得战争的胜利而牺牲了其余的一切，于是斯巴达在整个希腊对于世界文明的贡献里面，就不再有任何的地位了。在我们看来，斯巴达国家就是纳粹如果得到胜利时所会要建立的那种国家的一个雏形。但对希腊人来说，它似乎并不如此。正如柏里所说的：

> 公元前五世纪一个来自雅典或米利都的异邦人在访问那些构成了没有城垣的朴素无华的斯巴达城邦的稀疏散落的村庄 118
> 时，他一定会有一种置身于远古时代的感觉，那时候的人们要更勇敢、更善良也更纯朴，他们不曾为财富所腐化，也不曾被各种观念所困扰。对于一个像柏拉图那样地思索着政治学问题的哲学家来说，斯巴达国家似乎是最接近于理想的了。普通的希腊人都把斯巴达视为是一座严肃与纯朴之美的殿堂，一座有如多利亚神殿那样庄严的多利亚城邦，那比他自己的居处要高贵得多，只不过住进去却并不那么太舒服罢了。①

其他的希腊人对斯巴达感到敬仰的原因之一，是斯巴达的稳固。所有其他的希腊城邦都有过革命，但是斯巴达的宪法几百年来却屹然不曾变动过；只有监察官的权力是逐渐加大了，但那是经过合法手续的，而并不曾使用过暴力。

我们不能否认，在一个很长的时期里，斯巴达人在他们的主要目标方面，即在创造一个无敌战士的种族这方面，是成功的。温泉

---

① 《希腊史》卷一，第141页。

峡之战(公元前480年)虽然技术上是失败了,却或许是最能表明他们的勇敢的例子。温泉峡是崇山之间一条通道,希腊人希望能在这里阻挡住波斯大军。三百个斯巴达人和他们的随从,抵挡住了全部正面的进攻。但是最后,波斯人发见山里有一条后路,于是立刻从两面夹攻希腊人。每一个斯巴达人都战死在他自己的岗位上。只有两个人因病假而不曾在场,他们害着眼病,差不多等于是暂时失明。其中一个人坚持叫他的希洛特引他到战场上去,就在战场上被敌人消灭了;另一个人叫做亚里士托德姆的,认为自己病重得不能作战了,就没有上阵。当他回到斯巴达的时候,没有一个人理睬他;人们管他叫作"懦夫亚里士托德姆"。一年之后,他洗刷掉了自己的耻辱,英勇地战死于斯巴达人大获全胜的普拉提亚之战。

战争过后,斯巴达人在温泉峡的战场上树立了一块纪念碑,上面只写着:"过客们,请寄语拉西第蒙人,我们躺在这里,遵照他们的命令。"

在很长的一个时期里,斯巴达人证明了他们自己在陆上是无敌的。他们一直保持着他们的霸权,直到公元前371年琉克特拉之战中被底比斯人战败为止。这一战结束了斯巴达人军事上的伟大地位。

除了在战争方面而外,斯巴达的实际一向是与理论不大一致
119 的。生活在斯巴达盛期的希罗多德令人惊异地提到过,没有一个斯巴达人是能拒绝贿赂的,尽管事实上鄙弃财富和爱好纯朴的生活正是斯巴达教育中所谆谆教诲的主要内容。据说斯巴达的妇女是非常贞洁的,然而却有好几次有名的王位继承人之所以遭到废

黜，都是因为他们并非是自己母亲的丈夫的儿子。据说斯巴达人是爱国不屈的，然而普拉提亚之战的胜利者，斯巴达王鲍萨尼亚斯，却终于被波斯大王薛克修斯所收买而成了叛国贼。除了这些罪恶昭彰的事情而外，斯巴达的政策往往也是狭隘的和地域性的。当雅典从波斯人手中解放了小亚细亚及其邻近岛屿上的希腊人的时候，斯巴达却袖手旁观；只要是伯罗奔尼苏半岛能确保安全，其他希腊人的命运斯巴达就漠不关心了。想把希腊世界结成联邦的每一种尝试，都见挫于斯巴达的狭隘观念。

亚里士多德生当斯巴达衰落之后，他对斯巴达的宪法做了一番非常有敌意的叙述①。他所说的和别人所说的是如此之不同，简直使人难于相信他所说的也是这同一个地方；例如："立法者想要使全国都能艰苦克制，他对于男人实行了他的意图，但他却忽略了女人，女人们度着各式各样奢侈恣纵的生活。结果在这样的一个国家里，财富便受到过分地重视，而尤以公民们在受自己妻子的支配时为然，正像大多数好战的种族一样。……即使就勇敢这方面来说（勇敢在日常生活里是用不着的，只有在战争时才需要勇敢），拉西第蒙的妇女们的影响也是极为恶劣的。……拉西第蒙的妇女们的放荡是自古已然的，也是在人们意料之中的。因此（按照传统的说法）当莱库格斯想使妇女们就范于他的法律的时候，妇女们就反抗；于是莱库格斯便放弃了这一企图。"

亚里士多德又谴责斯巴达人的贪吝，他把贪吝归咎于财产分配的不平等。他说，份地虽然不许买卖，但是可以赠与或传给后

① 《政治学》卷二，9（1269^b—70^a）。

代。他又说，全部土地有五分之二是属于妇女的。结果造成了公民的人数大为减少：据说斯巴达曾有过一万公民，但是到被底比斯所击败时，已经不满一千人了。

亚里士多德批评了斯巴达宪法的每一点。他说监察官往往是
120 非常之穷，所以很容易受贿赂；而且他们的权柄又是如此之大，甚至于连国王也不得不讨好他们，所以斯巴达的政体已经转化成为民主制了。他告诉我们说，监察官们恣纵过度，他们的生活方式与宪法的精神背道而驰，而对于普通公民的严厉又是那样地不堪忍受，所以公民们便沉溺于秘密的、非法的肉欲快乐以求逃避。

亚里士多德写这些话的时候，斯巴达已经衰颓了；然而在有些地方他明白地说，他所提到的这些罪恶是从古就有的。他的语气是那么干脆而又确凿，以致我们很难于不相信他，而且它也符合近代由于法律过分严厉而得到的一切经验。然而在人们的想象里所存留下来的，却并不是亚里士多德笔下的斯巴达，而是普鲁塔克笔下的神话般的斯巴达和柏拉图《国家篇》中的被哲学理想化了的斯巴达。许多世纪以来，青年人都阅读着这些作品，并且燃烧着一种想要作一个莱库格斯或者是作一个哲人王的雄心。而理想主义和爱好权势相结合的结果，就一再地把人引入了歧途，并且就在今天也还是如此。

就中世纪和近代的读者们而论，斯巴达的神话主要地是由普鲁塔克给确定下来的。当他写作的时候，斯巴达已经是属于浪漫的往事了；斯巴达的盛世距离普鲁塔克的时代，正像哥伦布距离我们的时代是一样遥远。普鲁塔克所说的一切，研究制度的历史学家虽然必须极其审慎地加以处理，但是对于研究神话的历史学家

来说，它却具有头等的重要性。希腊曾经影响了全世界，但那往往是通过她对于人们的想象、理想和希望而起作用的，而不是直接地通过政治的威力。罗马建造了许多大路，大部分至今仍然保存着，罗马的法律是近代许多法典的根源，但是使得这些东西成为重要的却是罗马的军队。希腊人虽然也是可钦敬的战士，但他们并没有征服过，因为他们的军力主要地都消耗在彼此互相敌对上面。一直要等到半野蛮的亚历山大，才把希腊文化传播到了整个的近东，并使得希腊语成为埃及、叙利亚和小亚细亚内陆部分的文学语言。希腊人永远也不会完成这种事业的，并不是由于他们缺乏武力，而是由于他们不能在政治上团结。希腊文化的政治传播者从来都不是希腊人；但正是希腊的天才激动了别的民族，才使得别的民族传播开了他们的被征服者的文化。

对于全世界的历史学家来说，重要之点并不在于希腊城邦之 121
间的烦琐的战争，也不在于党派权势的卑鄙争夺，而在于当这些简短的插曲结束之后，人类所保存下来的记忆，——这正像是我们对于阿尔卑斯山一幅辉煌日出景象的回忆，而山居者们却是搏斗过了一场风雪交加的日子那样。这些回忆逐渐消逝的时候，便在人们的心里留下来了某些晨光熹微里照耀得分外明媚的峰峦景色，并且始终保持着一种知识，那就是乌云的背后仍然保存着光辉，而且随时可以显现出来。在这里面最为重要的，在早期基督教时代是柏拉图，在中世纪教会时期是亚里士多德；但是到了文艺复兴以后，当人们开始重视自由的时候，他们却首先转向普鲁塔克。普鲁塔克深刻地影响了十八世纪的英国和法国的自由主义者以及美国的缔造者们；他影响了德国浪漫主义运动，并且主要的是以间接的路线继续影响着德国的思想一直到今天。他的影响在某些方面是好的,在某些方面是坏的;至于有关莱库格斯和斯巴达的叙述,则他的影响是坏的。他所讲的莱库格斯有很大的重要性,我将对它做一个简短的叙述,甚至于不免有一些重复。

莱库格斯——普鲁塔克这样说——决心为斯巴达立法,于是就周游各地以便研究各种不同的制度。他喜欢克里特的"非常明确而严厉的"[①]法律,但是他不喜欢伊奥尼亚的法律,那些法律是"虚浮的、浅薄的"。在埃及,他学到了把兵士和其他人民划分开来的好处,后来他旅行归来,"就把它拿到斯巴达来实行:规定了商人、匠人和劳作者各守其分,于是他就建立起一个高贵的国家"。他把土地平均分配给斯巴达全体公民,为的是"把一切破产、嫉妒、贪婪和享受以及一切的富有和贫困都驱逐出境"。他禁止用金银货币,只准以铁铸钱,其价值是如此之低以至于"要积存价值十个米那[②]的款项,就会装满了整整一窖"。他就用这种办法,扫除了"一切虚浮无益的学问",因为没有那么多的钱可以酬付给从事这些学问的人;而且他还用这一套法律使得一切的对外贸易都成为
122 不可能的事。修辞学家、妓院老板和珠宝商人都不喜欢铁钱,于是就都躲开了斯巴达。然后他又规定全体公民都须在一起吃饭,大家都吃一样的饭。

莱库格斯,也像别的改革者一样,认为儿童教育是"一个变法者所应该加以确定的最主要、最重大的事";而且他也像一切以追

① 在引普鲁塔克原文的时候,我用的是诺尔斯的译本。

② 米那(mina)古希腊的货币单位。——中译本编者

求军事力量为主要目的的人们一样地急于增加出生率。“少女们赤身袒裸着在青年男子的面前进行游戏、运动和跳舞，都是要引诱青年男子们去结婚：他们并非像柏拉图所说的那样，是被几何学的推理所说服的，而是由于男欢女悦地互相爱恋才结婚的”。习惯上，在最初几年里总是把结婚当成一桩秘密的事情，“双方仍然在继续着炽热的恋爱，彼此的渴慕与日俱增”——这至少是普鲁塔克的见解。他又解说道，一个人如果年老但有着年轻的妻子，而他容许自己的妻子和别的青年男人生孩子的话，这个人是不会被人想得很坏的。“一个正直的人爱上了别人的妻子，这种事也是合法的。……他可以请求她的丈夫让他和她同床，使他得以开垦这块丰富的土地，并且播下宁馨佳儿的种子”。这里是绝不会有愚蠢不堪的嫉妒的，因为“莱库格斯不愿意让孩子属于任何私人所有，孩子应该是属于公共的：由于这种原因，莱库格斯也愿意那些将来要成为公民的人们并不是人人都可以生育的，而只有最正直的人才能生育他们。”他继续解说道，这正是农夫对自己的家畜所采用的原则。

一个孩子生下来之后，父亲就把他抱到家族长老的面前去加以检查：如果孩子健康，就交还给父亲养育；如果孩子不健康，就把他抛弃到深水潭里去。孩子们从一开始就受严格的锻炼，这在有些方面是好的——例如不把孩子们裹在绷布里。到了七岁，男孩子就要离开家庭安置到寄宿学校里，他们分成若干组，每组都选出一个懂事而勇敢的孩子来发号施令。“至于学习，他们学的只是对他们有用的东西：其余的时间他们便来学习怎样服从，怎样忍受痛苦，怎样担负劳动，怎样在战斗中克敌制胜”。他们大部分时间都

赤身裸体地在一起游戏；到了十二岁以后，他们就不穿外衣；他们经常是“肮脏又龌龊”的，除了一年之中的某几天而外，他们从来都
123 不洗澡。他们睡在草床上，到了冬天他们就用绒花和草掺在一起。人们教导他们去偷东西，但如果被捉到了是要受惩罚的，——不是因为偷窃，而是因为偷得太笨拙。

同性爱，无论男性的或女性的，在斯巴达都是一种公认的习惯，并且是对青春期男孩子的教育中的正式一部分。一个男孩子的情人可以因这个男孩子的行为而有功或受过；普鲁塔克叙述过有一次一个男孩子因为在战斗中受了伤而喊叫起来，于是他的情人便因为这个男孩子的怯懦而受到监禁。

一个斯巴达人，在他一生的任何阶段都是没有什么自由可言的。

> 他们的纪律和生活秩序就在他们完全成人以后，也还继续保持着。任何人想要随心所欲地生活都是不合法的，他们在自己的城邦之内就仿佛是在一座军营里，每个人都知道自己在这里所能被允许的生活是什么，在自己的岗位上所必须做的事情又是什么。总之，他们都有着这样一种心情，即他们生来不是为他们自己而服务的，而是为他们的国家而服务的。……莱库格斯给他的城邦所带来的最美好、最幸福的东西之一，就是他使他的公民们享有大量的休憩和闲暇，仅只禁止他们不得从事任何卑鄙邪恶的勾当：而且他们也无须操心想要发财致富，在那儿财货是既无用也不被人重视的。因为有希洛特（这些都是战争中的俘虏）为他们耕田，并且每年要向他们缴纳一定的租赋。

普鲁塔克继续说到一个故事，有一个雅典人因为游手好闲而

受到惩罚，有一个斯巴达人听见这件事情就叫起来说："带我去看看这个人吧，他因为生活得高贵，像一个君子，所以受了处罚。"

莱库格斯(普鲁塔克继续说)："是在这样地训练他的公民，从而使他们既不会想要单独生活，也不可能单独生活，而是处于彼此结合的生活状态；他们永远是大家集体地在一起，正好像是蜜蜂环绕着它们的蜂王一样。"

斯巴达人不许出外旅行，外国人除因事而外，也不许进入斯巴达，因为他们害怕外国的风尚会败坏拉西第蒙人的德行。

普鲁塔克提到，斯巴达人的法律允许他们随时可以任意屠杀他们的希洛特；但是普鲁塔克却不相信可以把这样可恶的事情归咎于莱库格斯。"因为我不能相信莱库格斯会创立或制订这样万恶的法律：因为根据他在其他的一切行为里所经常表现的仁慈和正义，我想象他的性格是温存的、仁爱的"。除了这一件事情而外，普鲁塔克对于斯巴达的宪法只有赞扬而毫无异词。 124

从下章中有关柏拉图对于自己的乌托邦的叙述里，斯巴达对于柏拉图的影响是显而易见的；我们现在就要特别谈到柏拉图。

第十三章　柏拉图见解的来源 125

柏拉图和亚里士多德是古代、中古和近代的一切哲学家中最有影响的人；在他们两个人中间，柏拉图对于后代所起的影响尤其来得大。我这样说有两个原因：第一，亚里士多德本人就是柏拉图的产儿；第二，基督教的神学和哲学，至少直迄十三世纪为止，始终更其是柏拉图式的而非亚里士多德式的。因此在一部哲学思想史里就有必要对于柏拉图，以及在较少的程度上对于亚里士多德，处理得要比他们的任何一个先行者或后继者都更为详尽。

柏拉图哲学中最重要的东西：第一，是他的乌托邦，它是一长串的乌托邦中最早的一个；第二，是他的理念论，它是要解决迄今仍未解决的共相问题的开山的尝试；第三，是他主张灵魂不朽的论证；第四，是他的宇宙起源论；第五，是他把知识看成是回忆而不是知觉的那种知识观。然而在讨论这些题目以前，我要就他的生活环境以及决定了他政治的和哲学的见解的那些影响说几句话。

柏拉图生于公元前428—前487年，即伯罗奔尼苏战争的最初年代。他是一个很优裕的贵族，与三十僭主统治时期所牵涉的许多人物都有关系。当雅典战败时，他还是一个青年；他把失败归咎于民主制，他的社会地位和他的家庭联系是很容易使他鄙视民主制的。他是苏格拉底的学生，对苏格拉底怀有深厚的敬爱；而苏格拉底是被民主制判处了死刑的。因此，他之转向斯巴达去寻求他的理想国的影子，是不足为奇的事。柏拉图有本领善于粉饰那些褊狭的议论，使之足以欺骗后世；后世都在赞美着他的《国家篇》，却从未察觉到他的议论里面究竟包含的都是什么。颂扬柏拉图——但不是理解柏拉图——总归是正确的。这正是伟大人物们的共同命运。我的目标则恰好相反。我想要理解他，但对他却很少敬意，就好像他是一个现代的英国人或美国人而在宣传着极权主义那样。

126 柏拉图所受的那些纯哲学的影响，也注定使他会偏爱斯巴达的。这些影响，大致说来，就是：毕达哥拉斯、巴门尼德、赫拉克利特以及苏格拉底。

从毕达哥拉斯那里（无论是不是通过苏格拉底），柏拉图得来了他哲学中的奥尔弗斯主义的成分，即宗教的倾向、灵魂不朽的信仰、出世的精神、僧侣的情调以及他那洞穴的比喻中所包含的一切思想，还有他对数学的尊重以及他那理智与神秘主义的密切交织。

从巴门尼德那里，他得来了下列的信仰：实在是永恒的、没有时间性的；并且根据逻辑的理由来讲，一切变化都必然是虚妄的。

从赫拉克利特那里，他得来了那种消极的学说，即感觉世界中没有任何东西是永久的。这和巴门尼德的学说结合起来，就达到了知识并不是由感官得到的而只是由理智获得的这一结论。这一点又反过来和毕达哥拉斯主义密切吻合。

从苏格拉底那里，他或许学到了对于伦理问题的首要关怀，以及他要为世界寻找出目的论的解释而不是机械论的解释的那种企图。“善”之主导着他的思想，远甚于“善”之主导着苏格拉底前人的思想，而这一事实是很难不归之于苏格拉底的影响的。

所有这一切又是怎样和政治上的权威主义相联系着的呢？

首先：“善”与“实在”都是没有时间性的，最好的国家就是那种由于具有最低限度的变动与最大限度的静止的完美、从而也就最能模仿天上的样本的那种国家，而它的统治者则应该是最能理解永恒的“善”的人。

其次：柏拉图像一切神秘主义者一样，在他的信仰里也有一种确实性的核心，而这种确实性在本质上除了依靠一种生活方式而外，是无法与人相通的。毕达哥拉斯派曾经力图为入门者订立一条规矩，而这归根结底正是柏拉图所想望的。如果一个人要做一个好政治家，他就必须知道“善”；而这一点又惟有当他结合了知识的训练与道德的训练,才能做得到。如果允许不曾受过这种训练的人参与政府的话,他们将会不可避免地败坏政治。

第三:按照柏拉图的原则来造就一个好的统治者,就需要有很多的教育。在我们看来,坚持要以几何学教给叙拉古的僭主小狄奥尼修斯以便把他造就成一个好国王的这种事情,似乎是不智之
127 举;但是从柏拉图的观点说来,这却是最本质的东西。在认为没有数学就不可能有真正的智慧的这一点上,他是一个十足的毕达哥拉斯主义者。这种观点就蕴涵着寡头政体。

第四:柏拉图,和绝大多数的希腊哲学家相同,认为闲暇乃是智慧的主要条件;因此智慧就不能求之于那些为了生活而不得不从事劳动的人们,而只能求之于那些享有独立的生活资料的人们,或者是那些由国家来负担因而不必为生活担忧的人们。这种观点本质上是贵族的。

以柏拉图和近代思想作对比时,就会出现两个一般性的问题,第一个是:有没有"智慧"这样一种东西?第二个是:假定有这样一种东西,那么能不能设计出一种宪法可以使它具有政治权力?

上述这种意义的"智慧"就不会是任何一种特殊的技能了,比如说一个鞋匠,或医生,或军事家所掌握的技能。它必须是比这些技能更为一般化的东西,因为这种智慧的掌握是被认为能够使人有智慧地治理国家的。我以为柏拉图会说,智慧就在于对于"善"的知识;并且他还会以苏格拉底的学说来补充这个定义,那就是,没有人会有意地要犯罪,因而凡是知道什么是善的人就会做出正当的事情来。在我们看来,这样一种观点似乎是远离现实的。我们会更加自然地说,各种分歧的利益是存在着的,因而政治家应该

力求达到最为可行的妥协。一个阶级或一个民族的成员可以有共同的利益，但它却时常和别的阶级或别的民族的利益相冲突。毫无疑问，也存在着某些人类全体一致的利益，但这些利益却不足以决定政治的行动。也许它们将来有一天会如此，但是只要还存在着各个主权国家，就绝不可能如此。并且即使是到了那时候，追求普遍利益最感困难的地方也会在于，怎样才能从各种互相敌对的特殊利益之中求得妥协。

但是，纵使我们假设有"智慧"这样一种东西，那么是不是就有任何一种宪法形式可以把政府交到有智慧的人的手里去呢？很明显的，多数人(例如全体会议之类)是可以犯错误的，而且事实上也确乎犯过错误。贵族政体并不常常是有智慧的，而君主则总是愚蠢的；教皇尽管有着不可错误性，却曾铸成过许多严重的错误。有没有任何人主张把政府交给大学毕业生，或者甚至于交给神学博士呢？或者是交给那些出生穷困、但发了大财的人们呢？十分明 128
显，实际上是并不会有任何一种法定选择的公民能够比全体人民更有智慧的。

有人可能提出，人是可以受适当的训练而获得政治智慧的。但是问题跟着就来了：什么是适当的训练？而这归根到底，还是一个有党派性的问题。

因此，找出一群"有智慧"的人来而把政府交托给他们，这个问题乃是一个不能解决的问题。这便是要拥护民主制的最终理由。

129 第十四章 柏拉图的乌托邦

柏拉图最重要的那篇对话,《国家篇》,大体上包括三部分。第一部分(到约近第五卷的末尾)包括一个理想国的组织;这是历史上最早的乌托邦。

他所达到的结论之一乃是,统治者必须是哲学家。《国家篇》的卷六和卷七都是在给"哲学家"下定义。这一讨论构成了第二部分。

第三部分包括对各种实际存在的体制及其优缺点的讨论。

《国家篇》名义上是要给"正义"下定义。但是开场不久他就决定,既然是万物从大的方面来看总比从小的方面来看要容易得多,所以最好还是先着手探讨什么是正义的国家,而非什么是正义的个人。而且既然正义必定是可能想象得到的最好的国家的属性之一,所以他就首先描叙这样的一个国家,然后再来断定它有哪种完美性是可以称之为"正义"的。

让我们先来描叙柏拉图乌托邦的大致轮廓,然后再考虑所遇到的各个问题。

柏拉图一开始就认定公民应该分为三个阶级:普通人,兵士,和卫国者。只有最后的一种公民才能有政治权力。他们的人数比起另外的两个阶级来要少得多。一开头似乎他们是被立法者所选定的,此后则他们通常便是世袭的了;但是在例外的情况下也可以从低等阶级中提拔上来有希望的孩子,而在卫国者的孩子中遇有不能令人满意的孩子或青年时,也可以把他们降级。

在柏拉图看来，主要的问题就是如何保证卫国者能够实现立法者的意图。他对于这一目的提出了各种建议，有教育方面的，有经济方面的，有生物方面的，也有宗教方面的。但是这些建议对于除了卫国者之外的其他各阶级能适用到什么程度，就往往是不很明确的了；其中有些很明显地是适用于兵士的；但是大体上柏拉图所探讨的仅限于卫国者，而卫国者是自成一个阶级的，就像已往的巴拉圭的耶稣会士，1870 年以前罗马教廷国的教士，以及今天苏 130
联的共产党那样。

第一桩事要考虑的，就是教育。教育分作两部分，即音乐与体育。它们每一种都具有比今天更广泛得多的意义："音乐"是指属于文艺女神的领域之内的一切事物，而"体育"则指有关身体的训练与适应的一切事物。"音乐"差不多与我们所称的"文化"同样广泛，而"体育"则比我们所称的"运动"更要广泛。

从事文化是要使人成为绅士，成为正是为英国所熟悉的（大部分是由于柏拉图的缘故）那种意义上的绅士。柏拉图当时的雅典，在某一方面很有似于十九世纪的英国：两者都有着一个享有财富和社会声势但并未垄断政治权力的贵族阶级，两者的贵族都必须以他们庄严动人的举止而获得尽可能多的权力。不过，在柏拉图的乌托邦里，贵族的统治是毫无掣肘的。

威严、礼仪和勇敢似乎就是教育所要培养的主要品质。从最早的年岁起，对于青年所接触到的文学和允许他们能听到的音乐，就有着一种严格的检查制度。母亲和保姆只能向孩子们讲说官定的故事。荷马和赫西阿德都因为某些原因而不许讲述。首先是荷马和赫西阿德所说的神有时候行为很不好，这是不能起教育作用的;必须教给青年人知道,邪恶绝不会来自神,因为"神"并不是一切事物的创造者而只是美好的事物的创造者。其次,荷马和赫西阿德的作品中有些东西被认为可以使得读者怕死,然而教育里的一切东西都应该使青年人愿意效死疆场。必须教给我们的孩子们认识到奴役比死还要坏,因此他们绝不应该听到好人居然也哭泣流泪的故事,哪怕那是为了朋友的死亡而哭泣流泪。第三,礼仪要求人们绝不可放声大笑,然而荷马提到过"那些幸福的神大笑不止"。要是孩子们能够引征这段话,那么老师还怎么能够有效地谴责孩子们的嬉戏呢?第四,荷马诗中有些段是赞颂盛大的宴会的,又有些段是描写诸神的欲望的;这些都是有碍于节制的。(印泽教长是一个真正的柏拉图主义者,他反对过一首有名的赞美歌中的这样一句话:"那些凯旋者们的欢呼,那些饮宴者们的歌唱",这是
131 一段描写天上的欢乐景象的。)最后,也绝对不许有坏人幸福而好人不幸的故事;这对于柔弱的心灵可能有着最不幸的道德影响。根据所有这些理由,诗人就应该是加以贬斥的了。

柏拉图于是就提出一种奇怪的关于戏剧的论证。他说,好人不应该愿意模仿坏人;然而大部分的戏剧里都有坏蛋,所以戏剧家以及扮演坏蛋的演员就必须要模仿犯有各种罪行的坏人。不仅仅是罪犯,而且一般说来,女人、奴隶和下等人也都不应该为高等人所模仿。(在希腊,正如在伊丽莎白时代的英国一样,女角色是由男人扮演的。)因此,若是可以允许演戏的话,戏里也只能包括着无疵无瑕的、良家出生的男性角色。这种不可能性是太明显了,所以柏拉图就决定把所有的戏剧家都从他的城邦里驱逐出去:

当有这样聪明得可以模仿任何事情的表演先生到我们这里

来，并且提出要表演他的艺术和他的诗歌的时候，我们将要五体投地把他当作是一位可爱的、神圣的而又了不起的人物来崇拜；但是我们也必须告诉他说，在我们的国家里是不容许有他这样的人的；法律是不能容许他们的。于是，我们就给他涂上香料，给他的头上戴上绒花冠之后，把他送到别的城邦去。

其次，我们就来看他们对于音乐（近代意义的音乐）的检查制度。吕底亚的和伊奥尼亚的乐曲是被禁止的，前者是因为它表现了愁苦，后者则因为它是靡靡之音。只有多利亚（因为它勇敢）和弗莱吉亚（因为它有节制）的音乐才可以允许。所能允许的节奏必须是简单的，并且必须是能够表现勇敢而又和谐的生活的。

对于身体的训练是非常严厉的。除了烤鱼烤肉而外，谁都不许吃其他方法烹制的鱼和肉，而且既不许加任何作料，也不许吃任何点心。他说，按照他的食谱养生的人绝不会需要医生。

青年人到达一定的年龄以前，是不许看到丑恶与罪恶的。但是到了适当的时候，就必须让他们去见识种种"诱惑"了；让他们看看恐怖的形象使他们不至于恐怖，也看看坏的享乐使之不至于诱惑他们的意志。唯有当他们经得住这些考验之后，才能认为他们适宜于作卫国者。

男孩子们在长成以前应该看看战争，虽说他们不必亲自作战。

至于经济方面：柏拉图提出卫国者应该实行一种彻底的共产主义，并且（我想）兵士也应该实行，虽说这一点并不很明确。卫国 132
者要有小房子和简单的食物；他们要像在军营里一样地生活，大家在一起吃饭；除了绝对必需的东西而外，他们不得有任何的私有财产。金和银都是被禁止的。他们虽然并不富有，但并没有任何应该不快乐的理由;城邦的目的是为了全体人民的好处,而不是为了一个阶级的幸福。财富和贫穷都是有害的,在柏拉图的城邦里两者都不存在。关于战争,他有一种非常奇怪的论点,他说既然这个城邦绝不想分享任何的战利品,所以它一定能很容易收买盟邦的。

柏拉图笔下的苏格拉底带着一种装佯作态的不情愿,把他的共产主义也应用到家庭上来。他说,朋友们的一切东西都应该是大家共同的,包括妻子和孩子在内。他承认这有困难,但并不认为是不可克服的。首先,女孩子们也严格地受着和男孩子们一样的教育,学习音乐和体育,并且和男孩子们一道学习作战的技术。女人在一切方面都和男人有着完全的平等。"造就一个男子成为一个优良的卫国者的教育,也同样会造就一个女子成为一个优良的卫国者;因为他们的本性都是一样的"。毫无疑问,男女之间是有区别的;但是那与政治无关。有的女子有哲学的头脑,适于作卫国者;有的女子则好战而可以成为良好的兵士。

立法者选定了一些男女作卫国者之后,就命令他们都住在共同的房屋,吃共同的伙食。像是我们所理解的婚姻,必须彻底地改造过。① 在一定的节日,新郎们和新娘们(其数目应该足以使人口数目维持经常不变)就结合在一起,使他们相信他们自己是由抽签而结合的;但事实上这个城邦的统治者是根据优生原则来加以分配的。他们的安排会使得最好的父亲将有最多的儿女。所有的孩

① "这些女子没有例外地将是这些男子的共同妻子,没有一个人再有他自己的妻子"。

子一出生，就从父母那里带走，并且要做得极其小心谨慎，使父母们绝不知道谁是他们自己的孩子，孩子们也绝不知道谁是他们自己的父母。畸形的孩子和低劣的父母所生的孩子，“都要放到一个人所不知的神秘地方去，像是他们所应该的那样”。未经国家批准的结合而出生的孩子，都算是不合法的。母亲的年龄应该在二十 133
岁至四十岁之间，父亲的年龄应该在二十五岁至五十五岁之间。不在这些年龄的限度之内，则性交是自由的；但却要强迫他们流产或杀婴。在国家所安排的“婚姻”中，有关的个人是没有发言的余地的；他们是受着他们对于国家的义务这一思想所驱使，而不是受着任何那些被放逐的诗人们所常常歌咏的那种平庸的感情所驱使的。

既然每个人都不知道自己的父母是谁，所以他就管每一个年龄可以做父亲的人都叫“父亲”，对于“母亲”、“兄弟”、“姊妹”也是一样。（这种情形也出现在某些野蛮人中间，而常常使得传教士们感到惶惑不解。）“父亲”和“女儿”之间，或“母亲”和“儿子”之间是不得有“婚姻”的；一般说来（但不是绝对的），“兄弟”和“姊妹”也是禁止结婚的。（我以为柏拉图如果把这一点仔细想通了的话，他就会发见除了他所视为极端例外的“兄妹”结婚之外，他已经禁绝了**一切**的婚姻了。）

可以设想：现在和“父亲”、“母亲”、“儿子”与“女儿”这些字样相联系的情操，就在柏拉图的新安排之下也还是和这些字样相联系着的；例如一个青年不能打一个老人，因为他可能是在打他的父亲。

柏拉图所追求的好处当然就是要减少私有的感情，从而消除掉妨碍公共精神占统治地位以及反对取消私有财产的各种障碍。僧侣们之所以要独身，大体上也是出于类似的动机①。

我最后要谈到这一体系的神学方面。我不想谈它所接受的希腊神祇，我只想谈政府所谆谆教诲的某些神话。柏拉图明确地说过，撒谎是政府的特权，犹如开药方是医生的特权。我们已经谈过，政府之假装用抽签来安排婚姻就是欺骗人民的。但这还不是宗教的事情。

有“一种高贵的谎话”，柏拉图希望这种谎话可能欺骗统治者，而且无论如何是一定会欺骗整个城邦的人民的。这个“谎话”编造得相当详细。其中最重要的部分就是神创造了三种人的这一教条：最好的一种是用金子做成的，次好的是用银子做成的，而普通
134 群众则是用铜和铁做成的。用金子做成的人适于作卫国者；用银子做成的人应该是兵士，而其余的人则从事体力劳动。孩子们通常（但不是永远）都属于他们父母的那一等级；如果他们不属于那一等级的话，那么他们就必须相应地升级或者降级了。他认为使目前这一代人相信这种神话是不大可能的，但是下一代的人以及以后的一切世代，却都可以教育得使他们并不怀疑这种神话。

柏拉图认为对这种神话的信仰可以在两个世代之内培养起来，这一点是很正确的。日本人被教导说，天皇是由日神诞生的，并且日本的建国要比全世界的一切国家都更早。任何一个大学教授，哪怕是在一部学术著作里，如果怀疑了这些教条，就会因反日活动的罪名而被开除的。但柏拉图所似乎未能认识到的则是，强

① 见亨利·李(Henry C. Lea)，《僧侣独身制史》。

迫别人接受这种神话却是与哲学不相容的，并且它包含着一种足以损害人类理智的教育。

“正义”的定义乃是全部讨论在名义上的目标，在第四卷中便达到了这个定义。他告诉我们说，正义就在于人人都做自己的工作而不要做一个多管闲事的人：当商人、辅助者和卫国者各做自己的工作而不干涉别的阶级的工作时，整个城邦就是正义的。

人人都关心自己的业务，这无疑是一条值得称道的教诫，但是它却很难与近代人很自然地所称之为“正义”的那种东西相符合。我们所这样翻译出来的那个希腊字是与希腊思想中一种非常重要的观念相符合的，但是我们却缺乏一个能与之恰好相当的对应字。我们很值得回想一下阿那克西曼德说的话：

> 万物所由之而产生的东西，万物消灭后复归于它，这是运命规定了的。因为万物按照规定的时间为它们彼此间的不正义而互相偿补。

在哲学开始以前，希腊人早就对于宇宙有了一种理论，或者说感情，这种理论或感情可以称之为宗教的或伦理的。按照这种理论，每个人或每件事物都有着他的或它的规定地位与规定职务。但这并不取决于宙斯的谕令，因为宙斯本人也要服从这种统御着万物的法令。这种理论是和命运或必然的观念联系在一起的。它特别被人强调地应用于天体。但是凡有生气的地方，便有一种趋
势要突破正义的界限；因此就产生了斗争。有一种非人世的、超奥 135
林匹克的法则在惩罚着放肆，并且不断在恢复着侵犯者所想要破坏的那种永恒秩序。整个这种观点，（最初或许几乎是不知不觉地）便过渡到哲学里面来；这一点也表现在斗争的宇宙论中，例如

在赫拉克利特与恩培多克勒的宇宙论中，以及表现在一元论的学说之中，例如在巴门尼德的学说中。这便是希腊人对于自然规律与人世规律信仰的根源，这显然也就是柏拉图正义观念的基础。

"正义"这个名词在法律上所仍然被人使用着的那种意义，比起它在政治思想上所被人使用的那种意义来，是更有似于柏拉图的观念的。我们受了民主理论的影响，已经习惯于把正义和平等结合在一起了；然而在柏拉图却并没有这种含义。"正义"——在它差不多是"法律"的同义语的那种意义上（例如我们说的"法院"①），——主要地是指财产权，而那与平等是毫无关系的。《国家篇》一开头第一次提到的"正义"定义就是：正义就在于偿还债务。这个定义立刻就被认为是不恰当的而加以放弃了，但是其中的某些成分却一直贯穿到这篇对话的结尾。

柏拉图的定义中有几点是值得注意的。首先，它使得权力和特权的不平等但不是不正义，成为可能。卫国者须有一切的权力，因为他们是全社会中最有智慧的成员；在柏拉图的定义里，惟有当别的阶级里面有人比某些卫国者更有智慧的时候，才会出现不正义。这就是柏拉图何以要提出公民的升级和降级的原因，尽管他认为出生和教育的双重便利在大多数的情况之下已经能使卫国者的子孙优越于其他人的子孙了。假如能有一种更为精确的政治学而且人们又能更确切地遵循它的教诫的话，那么关于柏拉图的体系就有很多值得称道的地方了。没有人会认为把最优秀的足球运动员放到足球队里去是不公道的，尽管他们可以因此获得很大的

① "正义"(justice)，"法院"(court of justice)。——译者

优越地位。如果足球队管理得也像雅典的政府那么样地民主，那么代表学校去踢球的学生也就要以抽签的方式而当选了。可是，关于政治事务是很难知道谁是最有技术的；并且也很难有把握说，一个政治家一定能把他的技术用之于公共的利益，而不用之于他个人的利益，或他的阶级的或党派的或宗派的利益。

其次是柏拉图关于“正义”的定义预先假设要有一个“国家”， 136
无论它是按照传统的路线而组织起来的，还是按照柏拉图自己的方式组织起来的，从而使其全体得以实现某种伦理的理想。他告诉我们说，正义就在于每个人都做他自己的工作。但一个人的工作又是什么呢？在一个像是古代埃及或印加人的王国那样世世代代毫无改变的国家里，一个人的工作就是他父亲的工作，这样便不会发生什么问题。但是在柏拉图的国家里，没有人有法律上的父亲。因此，他的工作要么是由他自己的兴趣所决定的，要么就是由国家来判断他的才能而加以决定的。后者显然就是柏拉图所愿望的。然而，有些工作，尽管有高度的技术性，却可以认为是有害的；柏拉图认为诗歌就是有害的，而我则认为拿破仑的工作是有害的。因此，在决定一个人的工作是什么的时候，政府的意图就成为最主要的了。虽说所有的统治者都得是哲学家，可是并不会有任何的革新：一个哲学家永远都得是一个理解并同意柏拉图的人。

若是我们问：柏拉图的“国家”能够成就什么呢？答案就颇为无趣了。它在对人口大致相等的国家作战时能取得胜利，它能保证某些少数人的生活。由于它的僵硬，它差不多绝不会产生艺术或科学；在这方面正如在许多别的方面，它是像斯巴达一样的。尽管有着一切动听的说法，但其所成就的全部不过是作战的技巧和足够的粮食而已。柏拉图曾经经受过雅典的饥馑和败绩；也许他下意识地认为，避免这些灾难就是一个政治家所能达到的最高成就。

如果认真的话，一个乌托邦显然必须能体现它的创造者的理想。让我们先来考虑一下，我们所谓的“理想”意味着什么。首先，它是信仰它的人所愿望的，但是它之被愿望却与一个人之愿望个人的享受（例如，吃和住）并不完全相同。构成一种“理想”与一件日常愿望的对象两者之不同的就在于，前者乃是非个人的；它是某种（至少在表面上）与感到这种愿望的人的个人自身没有任何特殊关系的东西，因此在理论上就可能被人人所愿望。因而我们就可以把“理想”定义为某种并非以自我为中心而被愿望着的东西，从而愿望着它的人也希望所有别的人都能愿望它。我可以希望人人
137 都有足够的食物，人人都能对别人友善，等等；并且如果我希望任何这类的事物，我还希望别人也希望它。用这种方式我就可以建立起一套看来好像是非个人的伦理，尽管事实上它所根据的仍是我自己的以个人为基础的愿望；——因为愿望始终是我的，纵使被愿望的东西和我个人没有关系。例如，一个人可以愿望人人都能理解科学；另一个人愿望人人都能欣赏艺术；但是造成这两个人愿望之间的这种不同的，则是他们个人之间的差异。

只要一牵涉到争论，个人的因素就立刻显而易见了。例如有人说：“你希望人人都幸福是错了，你应该希望德国人幸福而其他一切人都不幸。”这里的“应该”可以认为是指说话的人所希望我能愿望的东西而言的。我可以反驳道，我不是一个德国人，我在心理上不可能愿望一切的非德国人不幸；但是这一答案看来是并不合

适的。

此外，也可能有一种纯粹非个人的理想的冲突。尼采的英雄不同于基督教的圣人，然而两者都是以非个人而受人崇拜的，前一种是被尼采的信徒，后一种则是被基督教徒。除非是以我们自己的愿望，否则我们又怎能在这两者之间做出取舍呢？然而，如果再没有别的东西的话，那么一种伦理上的意见分歧就只好由感情上的好恶或者是由强力——最后是诉之于战争——来加以决定了。对于事实的问题，我们可以诉之于科学和科学方法；但是对于伦理学上的根本问题却似乎并没有这样的东西。然而，如果情形确乎是如此，那么伦理争论的本身也就还原为力量之争了，包括宣传力量在内。

这种观点在《国家篇》的第一卷中，已经由特拉西马库斯粗略地提了出来；特拉西马库斯，正如差不多柏拉图对话录中所有的人物一样，也是一个真实的人物。他是一个来自查尔西顿的智者，是一个有名的修辞学教师；他曾在公元前 427 年亚里斯多芬尼的喜剧里出现过。当苏格拉底很和蔼地和一个叫作西法鲁斯的老人，以及和柏拉图的哥哥格劳孔和阿戴芒土斯讨论过一阵正义之后，特拉西马库斯已经听得越来越不耐烦，就插进了一番热烈的抗议，反对这种幼稚的胡扯。他强调说“正义不是什么别的，只不过是强者的利益罢了”。

苏格拉底用诡辩反驳了这种观点；它始终没有很好地得到正 138
视。但它却提出了伦理学与政治学上的根本问题，那就是，除了人们使用“好”“坏”的字样时所愿望的东西而外，究竟还有没有任何“好”“坏”的标准呢？假如没有的话，那么特拉西马库斯所得出的许多结论就似乎是不可避免的了。然而我们又怎么可能说有这种标准呢?

在这一点上,乍看起来宗教是有着一种简捷的答案的。上帝决定了什么是好,什么是坏;一个人的意志若与上帝的意志相和谐,那么他就是一个好人。然而这种答案并不是很正统的。神学家们说上帝是好的,但这蕴涵着要有一种独立于上帝的意志之外而存在的好坏标准。于是我们就不得不面临着下列的问题:即,像在"快乐是好的"这样一种陈述里,有没有像在"雪是白的"这样一种陈述里那种意义上的客观的真或假呢?

要回答这个问题,就必须要进行很长的探讨。有人可以想象,我们在实践方面尽可以躲开这个根本论点,并且说:"我不知道'客观的真理'意味着什么。但是假如所有的(或者实际上等于所有的)考察过这个问题的人都一致拥护某一陈述,那么我就要认为这一陈述是'真的'。"在这种意义上,雪是白的,凯撒是被刺死的,水是由氢和氧构成的,等等,就都是"真的"。这样我们就面临着一个事实问题:即,在伦理学里面有没有任何与此类似的意见一致的陈述呢?如果有,它们就既可以作为个人行为准则的基础,又可以作为一种政治理论的基础。但是如果没有的话,那么无论哲学的真理可能是怎样,但只要有势力的集团之间存在着不可调和的伦理分歧时,我们在实践上就不得不诉之于武力的较量,或者宣传的较量,或者是两者同时较量了。

对于柏拉图来说,这个问题实际上并不存在。尽管他的戏剧感引得他强有力地叙述了特拉西马库斯的立场,但他却全然没有察觉到它的力量,并且他自己还对它进行了异常粗暴而又不公允的反驳。柏拉图确信“善”的存在，而且它的性质是可以确定的；当人们有不同意见的时候，那么至少有一个是犯了知识上的错误，就正像这些意见不同是涉及某种事实的科学问题一样。

柏拉图和特拉西马库斯之间的分歧是非常重要的；但对哲学史家来说，它却是一个只需要加以注意而不需要加以解决的分歧。柏拉图以为他能够*证明*他的国家是好的；而一个承认伦理学有其
客观性的民主主义者可以认为自己能够*证明*这个国家是坏的；但 139
是任何一个同意特拉西马库斯的人却要说：“这里并不存在证明或反证的问题；唯一的问题是，你是否*喜欢*柏拉图所愿望的这种国家。如果你喜欢，它对你就是好的；如果你不喜欢，它对你就是坏的。如果有许多人喜欢，又有许多人不喜欢；那就不可能由理性，而只好由真实的或者隐蔽的暴力来加以决定了。”这是一个迄今一直争论不休的哲学问题；每一方面都拥有许多可敬的人物。但是在很长的一段时期里，柏拉图所宣扬的见解却始终几乎是无人非议的。

此外，我们还应该注意到，以意见的一致来代替客观标准的那种观点里包含着一些后果，而这些后果却是很少有人愿意接受的。像伽利略那样的科学革新者宣扬着一种当时很少有人同意的见解，但终于差不多获得了举世的拥护——对于这种事我们应该怎么说呢？这些人用的是说理的方法，而不是用鼓动情绪、国家宣传或采取强力的方法。这就蕴涵着，在一般的意见而外还另有一种标准。在伦理方面，伟大的宗教导师也有某些相类似的情形。耶稣基督教导说，在安息日掐起麦穗来吃并不是错误的，但是恨你的敌人则是错误的。这样的伦理见解显然蕴涵着与大多数人的意见

不相同的某种标准，但无论这种标准是什么，它却绝不像科学问题里的客观事实。这个问题是一个困难的问题，我并不宣称我能解决它。目前让我们满足于仅只注意到这个问题。

柏拉图的国家和近代的许多乌托邦不同，它或许是想要付诸实行的。这并不像我们自然而然地会以为的那么幻想而又不可能。它的许多规定，包括一些我们会认为是完全不可能实行的规定，实际上是在斯巴达已经实现过了的。毕达哥拉斯曾经试行过哲学家的统治；在柏拉图的时代，当柏拉图访问西西里和南意大利的时候，毕达哥拉斯派的阿尔奇塔斯在塔拉斯（即现代的塔兰多）的政治上是非常有势力的。请一位贤人来拟订法律，这在当时的城邦乃是一种通行的办法；梭伦就曾为雅典这样做过，而毕达哥拉斯也曾为图里这样做过。在当时，殖民地是完全不受它们的母邦控制的；某一帮柏拉图主义者要在西班牙或者高卢的沿岸建立起一个理想国来，那是完全可能的事。不幸的是机缘把柏拉图带到
140 了叙拉古，而这个伟大的商业城邦又正在和迦太基进行着决死的战争；在这样一种气氛之下，任何哲学家都不能有什么成就的。到了下一个时代，马其顿的兴起遂使得一切的小国都成了过时的陈迹，并使一切雏形的政治试验都成了徒劳无功的事情。

141

第十五章 理念论

《国家篇》的中间一部分，即自第五卷的后半部至第七卷的末尾，主要地是论述与政治学相对的纯粹哲学问题。这些问题以一种相当突然的论述被提了出来：

除非哲学家就是王，或者这个世界上的王和君主都具有哲学的精神和力量，使政治的伟大和智慧合而为一，并把那些只追求两者之一而不顾另一的平庸的人们驱逐到一旁去；否则城邦就绝不会免于灾难而得到安宁——而且，我相信就连全人类也不会得到安宁，——唯有到了那时候，我们的这个国家才有获得生命并见到天日的可能。

如果真是这样，那么我们就必须决定，构成一个哲学家的是什么以及什么是我们所谓的“哲学”。继之而来的讨论便是《国家篇》中最有名的那部分，并且也许是最有影响的那部分。其中有些部分有着非凡的词章之美；读者们可以像我这样不同意他所说的话，但却不能不被它感动。

柏拉图的哲学奠基于实在与现象的区别之上，这最初是由巴门尼德提出来的；在我们现在所要谈到的通篇讨论里，也不断地出现着巴门尼德式的词句和论证。然而，他谈到的实在却带有一种宗教的情调，那与其说是巴门尼德式的，倒不如说是毕达哥拉斯式的；并且其中有很多的数学和音乐，还可以直接追溯到毕达哥拉斯的弟子。巴门尼德的逻辑与毕达哥拉斯和奥尔弗斯教派的出世思想相结合，就产生了一种被认为既可以满足理智又可以满足宗教情操的学说；结果便是一种非常有力的综合，它以各种不同的形态影响了直迄黑格尔为止的大多数的大哲学家，包括黑格尔本人也在内。但是受柏拉图影响的不仅仅是哲学家。清教徒为什么要反对音乐、绘画和天主教会的繁文缛礼呢？你可以在《国家篇》第十卷中找到答案。为什么学校要强迫儿童学习算术呢？理由就写在《国家篇》的第七卷里面。

142 下面的几段就概括了柏拉图的理念论。

我们的问题是：什么是哲学家？第一个答案是与字源学相符合的：即，哲学家是个爱智慧的人。但这与一个好奇的人也可以说是个爱知识的人的那种意义上的爱知识的人，并不是同一回事；庸俗的好奇心并不能使人成为哲学家。因此，这个定义就应该改正为：哲学家是一个爱"洞见真理"的人，但是这种洞见又是什么呢？

假设有一个人爱好美的事物，他决心去看一切的新悲剧，去看一切的新图画，去听一切的新音乐。这样的一个人并不就是一个哲学家，因为他只不过爱好美的事物，而哲学家则是爱着美的自身。仅仅爱美的事物的那个人是在做梦，而认识绝对的美的那个人则是清醒的；前者只不过有意见，而后者则有知识。

"知识"和"意见"之间的区别是什么呢？一个人有知识，就是他有着关于*某种事物*的知识，也就是说，关于某种存在着的事物的知识；因为不存在的事物并不是某种事物（这使我们回想到巴门尼德）。因此知识是不会错误的，因为知识之犯错误，这在逻辑上乃是不可能的。但是意见则可能错误。而这又是怎么可能的呢？意见不可能是关于不存在的东西的意见，因为那是不可能的；意见也不可能是关于存在的东西的意见，因为若是那样，它就是知识了。所以意见就必须是关于既存在而又不存在的东西的意见。

但这是怎么可能的呢？答案就是：特殊的事物永远具有着相反的特性：美的事物在某些方面也是丑的；正义的事物在某些方面也是不正义的，等等。一切个别的可感觉的对象，柏拉图这样说，都具有这种矛盾的性质；所以它们都介乎存在与不存在之间，所以就适于作为意见的对象，而非知识的对象。"但是那些看到了绝对永恒与不变的人们则可以说是有知识的，而不仅仅是有意见的。”

这样，我们就达到了一个结论，即意见是属于感官所接触的世界的，而知识则是属于超感觉的永恒的世界的；例如，意见是涉及各别的美的事物的，但知识则是涉及美的自身的。

这里所提出的唯一论据就是：设想有一种事物可以是既美而又不美，或者既正义而又不正义，这种设想乃是自相矛盾的；然而个体的事物又似乎是结合了这些矛盾的特性。所以个体的事物是 143
不真实的。赫拉克利特曾说过：“我们既踏进又不踏进同一的河流；我们既存在又不存在”；把这和巴门尼德结合起来，我们就达到了柏拉图的结果。

可是柏拉图的学说里也有某些有着重大意义的东西是不能推源于他的前人的，那就是“理念”论或者说“形式”论。这一理论一部分是逻辑的，一部分则是形而上学的。逻辑的部分涉及一般的字的意义。有许多个体的动物，我们对它们都能够真确地说“这是一只猫”。我们所说的“猫”这个字是什么意义呢？显然那是与每一个个体的猫不同的东西。一个动物是一只猫，看来是因为它分享了一切的猫所共有的一般性质。没有像“猫”这样的一般的字，则语言就无法通行，所以这些字显然并不是没有意义的。但是如果“猫”这个字有任何意义的话，那么它的意义就不是这只猫或那只猫，而是某种普遍的猫性。这种猫性既不随个体的猫出生而出生，而当个体的猫死去的时候，它也并不随之而死去。事实上，它在空间和时间中是没有定位的，它是“永恒的”。这就是这一学说的逻辑部分。支持它的论据（无论其最后有效与否）是很有力量的，并且与这一学说的形而上学的部分完全无关。

按照这一学说的形而上学部分来说，"猫"这个字就意味着某个理想的猫，即被神所创造出来的唯一的"猫"。个别的猫都分享着"*猫*"的性质，但却多少是不完全的；正是由于这种不完全，所以才能有许多的猫。"猫"是真实的；而个别的猫则仅仅是现象。

在《国家篇》的最后一卷中作为对画家进行谴责的一篇序言里，关于理念或者形式的学说有着非常明确的阐述。

在这里柏拉图解释道，凡是若干个体有着一个共同的名字的，它们就有着一个共同的"理念"或"形式"。例如，虽然有着许多张床，但只有一个床的"理念"或"形式"。正如镜子里所反映的床仅仅是现象而非实在，所以各个不同的床也不是实在的，而只是"理念"的摹本；"理念"才是一张实在的床，而且是由神所创造的。对于这一个由神所创造出来的床，我们可以有*知识*，但是对于木匠们所制造出来的许多张床，我们就只能有*意见*了。这样，哲学家便只
144 对一个理想的床感兴趣，而不是对感觉世界中所发现的许多张床感兴趣。他对于日常的世上事物有着某种程度的漠不关心："有着高明的心灵而且又是一切时代和一切存在的观察者的人，怎么能对人世生活想得很多呢?"能够作哲学家的青年，在他的同伴之中会格外地显得正直而文雅，潜心学习，具有良好的记忆力和天生的和谐心灵。这样的一个人就将被教育成为一个哲学家和卫国者。

谈到这里，阿戴芒土斯就插进来一番抗议。他说，当他想要与苏格拉底争论的时候，他觉得自己总是被苏格拉底一步一步地引向歧途，直到他原来的观念全都被颠倒过来为止。但是不管苏格拉底说什么，人人都可看得到情形总归是：凡是死钻哲学的人都要

变成怪物的，更不消说要变成十足的无赖了；即使是其中最好的人也要被哲学弄得百无一用。

苏格拉底承认这种情形在现存的世界之中是真的，但是他坚持说这只能归咎于别人，而不能归咎于哲学家；在一个有智慧的社会里，哲学家就不会显得愚蠢了；只有在愚蠢的人中间，有智慧的人才被认为是缺少智慧的。

我们在这种两难推论里应该怎么办呢？我们的理想国可以有两种开国的方式：一种是哲学家成为统治者，另一种是统治者成为哲学家。作为一个开端，前一种方式似乎是不可能的。因为在一个还不曾哲学化的城邦里，哲学家是不受欢迎的。但是一个天生的君主却可以是一个哲学家，而且“有一个就够了；只要有一个人能使一个城邦服从他的意志，那么他就可以实现为这个世界所如此之难于置信的理想政体”。柏拉图希望能在叙拉古的僭主小狄奥尼修斯的身上发见这样一位君主，但是这位年轻的君主结果却是非常令人失望的。

在《国家篇》的第六卷和第七卷里，柏拉图谈的是两个问题：第一，什么是哲学，第二，一个气质相宜的青年男子或女子，怎样才能够被教育成为一个哲学家？

在柏拉图，哲学乃是一种洞见，乃是“对真理的洞见”。它不纯粹是理智的；它不仅仅是智慧而且是爱智慧。斯宾诺莎的“对上帝的理智的爱”大体也同样是思想与感情的这种密切结合。凡是做过任何一种创造性的工作的人，在或多或少的程度上，都经验过一 145
种心灵状态；这时经过了长期的劳动之后，真理或者美就显现在，或者仿佛是显现在一阵突如其来的光荣里，——它可以仅是关乎某种细小的事情，也可能是关乎全宇宙。在这一刹那间，经验是非常有说服力的；事后可能又有怀疑，但在当时却是完全确凿可信的。我以为在艺术上、在科学上、在文学上以及在哲学上，大多数最美好的创造性的工作都是这样子的一刹那的结果。它对别人是不是来得也像对我个人那样，我不能肯定。就我而论，我发现当我想对某个题目写一本书的时候，我必须先使自己浸沉于细节之中，直到题材的各部分完全都熟悉了为止；然后有一天，如果我有幸的话，我便会看到各个部分都恰当地相互联系成一个整体。这时以后，我只须写下来我看见的东西就行了。最近似的类比就是先在雾里走遍了一座山，直到每一条道路、山岭和山谷一一地都已经非常熟悉了，然后再在光天化日之下，从远处来清晰地整个地观看这座山。

这种经验我相信对于优秀的创造性的工作乃是必要的，但仅仅有它却是不够的；它所带来的那种主观上的确实可靠性，确乎也可以致命地把人引入歧途。威廉·詹姆士描写过一个人从笑气里面所得的经验；这个人只要一受笑气的作用，就知道了全宇宙的秘密，但是当他醒过来的时候，就又把它忘记了。最后他以极大的努力，乘着这种景象还未消失，就把秘密写了下来。等到完全清醒过来以后，他赶忙去看他写的是什么。他写下的是："整个都是一股石油的气味。"看来好像是一种突如其来的洞见的东西，很可能是把人引入歧途的，所以当这场神圣的沉醉过去之后，就必须加以严格的检查。

在柏拉图写他的《国家篇》的时候，他是完全信赖他所见到的景象的，但为了把它的性质传达给读者，他的这种景象最后就需要有一个比喻来帮忙，那就是洞穴的比喻。为了引到这一步，他利用了各式各样的预备性的讨论，以便使读者看出理念世界必要性。

首先，他把理智世界和感觉世界划分开来；然后又把理智和感官-知觉各分为两种。两种感官-知觉，我们可以不必去管它；两种理智便分别地叫做“理性”和“悟性”。这两种之中，理性是更高级的；它只涉及纯粹的理念，而它的方法是辩证的。悟性便是数学里所运用的那种理智，它之所以低于理性就在于它使用的假设是它 146
自身所不能加以验证的。例如在几何学里我们说：“假设 *ABC* 是一个直线三角形。”如果要问 *ABC* 实际上**是不是**一个直线三角形，那就不合规矩了；尽管如果它是我们所作的一个图形的话，我们有把握说它绝不是一个直线三角形，因为我们不能画出绝对的直线来。因而数学永远不能告诉我们实际**有**什么，而只能告诉我们，如果……，则**会**有什么。在感觉世界里并没有直线，所以如果数学要具有比假设的真理更多的东西的话，我们就必须在一个超感的世界里找出超感的直线之存在的证据来。悟性是不能够做到这一点的，但是按照柏拉图说，理性则可以做到这一点。理性证明了在天上有一个直线三角形，有关它的几何命题我们可以绝对地，而不是假设地加以肯定。

在这一点上，有一个困难似乎没有逃过柏拉图的注意，而且这个困难对于近代唯心主义的哲学家来说也是显而易见的。① 我们已看到“神”只创造了一张床，因而我们可以很自然地设想他只创

① 美国版作“有一个困难似乎逃过了柏拉图的注意，虽说这个困难对于近代唯心主义的哲学家来说乃是显而易见的”。又本段最后一句“因为柏拉图对这一方面的答案是含糊的”美国版也没有。——中译本编者

造了一条直线。但是如果天上有一个三角形，那么他必须至少创造了三条直线。几何学的对象虽然只是理想的，却必须存在于许多的事例之中；我们必须有两个圆相交的可能性，等等。这就提示了在柏拉图的理论里，几何学应该是不能达到最后的真理的，并应该是被贬斥为只属于现象研究的一部分的。然而我们可以略过去这一点，因为柏拉图对这一方面的答案是含糊的。

柏拉图力图用视觉上的类比来解说清晰的理智洞见和混乱的感官-知觉的洞见两者之间的不同。他说视觉和别的感官不同，因为它不仅需要有眼睛和对象，而且还需要有光。太阳照耀着的物体我们就看得很清楚；在熹微朦胧之中我们就看得很模糊，在漆黑里我们就什么都看不见。理念世界就是当太阳照亮着物体时，我们所看到的东西；而万物流转的世界则是一个模糊朦胧的世界。眼睛可以比作是灵魂，而作为光源的太阳则可以比作是真理或者善。

灵魂就像眼睛一样：当它注视着被真理和存在所照耀的东西时，便能看见它们，了解它们，并且闪烁着理智的光芒；但是当它转过去看那变灭无常的朦胧时，这时候它就只能有意见并且还闪烁不定，先有这样一个意见，然后又有那样一个意见，仿佛是没有理
147 智的样子。……赋予被认识的东西以真理性并赋予认识的人以认识能力的东西，就是我要你们称之为善的理念的东西，而你们也将会把它认为是知识的原因。

这就引到了那个有名的洞穴的比喻，那个比喻是说，那些缺乏哲学的人可以比作是关在洞穴里的囚犯，他们只能朝一个方向看，因为他们是被锁着的；他们的背后燃烧着一堆火，他们的面前是一

座墙。在他们与墙之间什么东西都没有;他们所看见的只有他们自己和他们背后的东西的影子,这些都是由火光投射到墙上来的。他们不可避免地把这些影子看成是实在的,而对于造成这些影子的东西却毫无观念。最后有一个人逃出了洞穴来到光天化日之下,他第一次看到了实在的事物,才察觉到他此前一直是被影像所欺骗的。如果他是适于做卫国者的哲学家,他就会感觉到他的责任是再回到洞穴里去,回到他从前的囚犯同伴那里去,把真理教给他们,指示给他们出来的道路。但是,他想说服他们是有困难的,因为离开了阳光,他看到的影子还不如别人那么清楚,而在别人看起来,他仿佛比逃出去以前还要愚蠢。

“我就说,现在让我用一个比喻来说明我们的天性能够明白或糊涂到什么程度:——看哪! 有许多人住在一个地下的洞穴里,这个洞有一个通光线的小口一直通到洞穴里面去;他们从小就在这里面,他们的腿和脖子都被锁着,所以他们不能动;他们只能看着前面,锁链使他们的头不能转过去。他们的上面和背后有一堆火在远处熊熊地燃烧着,在火和这些囚犯之间有一条高高的通道;如果你看过去的话,你就会看见沿着这条通道筑有一座低墙,好像是演木偶戏的人在他们面前所摆设的一块幕,要在这块幕上表演傀儡。

“我看见了。

“我又说,你看见有许多人在墙上来往,背着各种器皿,又有由木头、石头和各种材料做成的各种动物形状和影像出现在这座墙上吗? 其中有些人在说话,有些人则沉默着。

“你指给我看到了一幅奇异的影像,他们都是些奇形怪状的囚犯。

“我回答说，这就像我们自己一样，他们只看见了自己的影子
148 或别人的影子，那些都是火投射在洞穴对面的墙上的”。

善在柏拉图哲学里的地位是很特别的。他说科学和真理都有似于善，但是善有着更高的地位。“善不是本质，而且在尊严和威力上要远远高出于本质之上。”辩证法导向理智世界的鹄的，即对于绝对善的知觉。正是靠了善，辩证法才不必凭借于数学家的假设。这里的根本假设是：与现象相对立的实在乃是十足的完全的善；所以认识善也就是认识实在。在整个柏拉图的哲学里也像在毕达哥拉斯主义里是同样地有着理智与神秘主义的糅合，但是到了最后的峰顶上却是神秘主义明显地占了上风。

柏拉图关于理念的学说包含着许多显然的错误。但是尽管有着这些错误，它却标志着哲学上一个非常重要的进步，因为它是强调共相这一问题的最早的理论，从此之后共相问题便以各种不同的形式一直流传到今天。一切的开端总归是粗糙的，但是我们不应该因此便忽视它们的创造性。柏拉图所说的话哪怕是加以一切必要的改正之后，其中仍然有某些东西是要保存下来的。所要保存下来的绝对最低限度的东西（纵令是从最敌视柏拉图的观点出发）就是：我们不能够用一种完全是由专名词所构成的语言来表达我们自己的思想，而是必须要用一些像“人”“狗”“猫”这样的一般性的字；或者如果不用这些字的话，便要用一些关系字，如“相似于”、“先于”等等。这些字并不是毫无意义的声音；但是假如世界全都是由那些专名词所指的个别事物所构成的话，那么我们便很难看出这些字怎么能够有意义了。尽管可以有回避这个论证的方

法，但无论如何它总提供了一种表面上看起来是有利于共相的情况。我将暂时承认它在某种程度上是有效的。但纵使是这样承认了，也还是得不出来柏拉图所说的其余的话。

首先是柏拉图完全不理解哲学的语法。我可以说"苏格拉底是有人性的"，"柏拉图是有人性的"，等等。可以认为"有人性的"这个词在这些陈述里有着严格相同的意义。但是无论它的意义是什么，它的意义总是指某种与苏格拉底、柏拉图或者任何其他构成 149
人类的个人并不相同的东西。"有人性的"是一个形容词；要说"有人性的是有人性的"便毫无意义了。柏拉图所犯的错误就类似于说"有人性的是有人性的"。他认为美是美的；他认为"人"的共相是神所创造的人的类型的名字，而实际的人则是这个人的类型之不完全的并且多少是不真实的摹本。他全然没有能认识到共相与个体之间有着多么大的鸿沟；他的"理念"其实恰好不外是在伦理上和审美上较凡品为高的另外一些个体罢了。到后来他自己也开始看出了这个困难，如像他在《巴门尼德篇》中所表现的那样；《巴门尼德篇》中包含有历史上一位哲学家进行自我批判的最值得注意的先例。

《巴门尼德篇》据说是由安提丰（柏拉图的同母兄弟）所叙述的，只有安提丰还记得这次谈话，可是他这时却只喜欢弄马。他们发见他正拿着一套马具，于是就费了很大的气力劝说他来叙述巴门尼德、芝诺和苏格拉底的那次有名的讨论。据说这件事发生的时候，巴门尼德已经年老（大约六十五岁），芝诺是中年（大约四十岁），而苏格拉底还十分年轻。苏格拉底阐发了理念的理论，他肯定有相似性、正义、美以及善这些理念；他不能肯定有没有人这一理念；他愤怒地反对像头发、泥土、尘垢这些东西也能有理念的那种说法，——不过他又说，有时候他认为没有东西是没有理念的。他避开了这种见解，因为他怕陷入一场无止境的无聊争辩的深渊里面去。

“巴门尼德说道，是的，苏格拉底；那是因为你还年轻。如果我不错的话，那么总有一天哲学会更牢固地把握住你的，那时候你就不会蔑视哪怕是最卑微的事物了。”

苏格拉底同意，依他的看法，“有某些理念是为其他一切事物所分享的，并且事物由此而得到它们的名字；例如相似者之成为相似，是因为它们分享了相似性；伟大的事物之成为伟大，是因为它们分享了伟大性；正义的和美的事物之成为正义的和美的，是因为它们分享了正义和美”。

巴门尼德继续列举了许多难点。(1)个体是分享全部的理念呢，还仅仅是分享其一部分呢？无论是哪一种观点，都可以有反驳的理由。如果是前者，那么一个事物就必须同时存在于许多地方；
150 如果是后者，则理念既然是不可分割的，那么一个具有“小”的一部分的事物就要比“绝对的小”更加小，而这是荒谬的。(2)当一个个体分享一个理念的时候，个体和理念就是同样的；所以就必须另有一个既包含这个个体又包含原来的理念的理念。于是就必须再有一个理念包括这个个体和这两个理念，如此类推以至无穷。这样，每一个理念就不止是一个，而会变成为理念的一个无穷系列。(这和亚里士多德关于“第三个人”的论证是同样的。)(3)苏格拉底提示说，理念也许仅仅是思想；但是巴门尼德指出，思想必须是**关于**某种事物的。(4)由于以上第(2)条所举的理由，所以理念便不能与分享它们的个体相似。(5)如果有任何理念存在的话,它也一定不能被我们所认识,因为我们的知识不是绝对的。(6)如果神的知识是绝对的,他就不能认识我们,因此也就不能统治我们。

然而理念论并没有完全被放弃。苏格拉底说,没有理念,心灵便没有可以依据的东西,因此便摧毁了推理过程。巴门尼德告诉他说,他的难点来自于缺乏预先的训练;但是始终并没有达到任何确切的结论。

我并不以为柏拉图对于可感觉的个体的实在性所做的逻辑反驳是经得起检查的;例如他说,凡是美的在某些方面也是丑的,凡是成倍的也是一半,等等。然而当我们谈到一件艺术品在某些方面是美的,而在另些方面是丑的的时候,分析总可以使我们能够说(至少在理论上):“这一部分或这一方面是美的,而那一部分或那一方面是丑的。”至于“一倍”和“一半”,则这些只是相对的名词;2是1的一倍,是4的一半,这一事实并没有任何矛盾。柏拉图由于不了解相对性的名词,所以经常遇到麻烦。他以为如果 A 大于 B 而小于 C,那么 A 就同时是又大又小的,在他看来这就是一种矛盾。这种麻烦是属于哲学上的幼稚病。

实在与现象之间的区别,是不会有巴门尼德和柏拉图和黑格尔所分派给它的那些结论的。如果现象实在有表现的话,那么它便不是无物,并且因此之故它便是实在的一部分;这是一种正确的巴门尼德式的论证。如果现象实在没有表现的话,那么我们为什么要对它伤脑筋呢?但是也许有人要说:“现象实在并没有表现,
但是它却表现得有表现。”这种说法也没有用,因为我们还可以问: 151
“它是实在表现得有表现呢?还是仅仅表现为表现得有表现呢?”

即使现象是表现得有表现的话，我们迟早也总会达到某种实在有表现的东西的，因此它便是实在的一部分。柏拉图绝不会梦想到要否认我们面前是表现着有许多张床的，尽管说只能有一张唯一实在的床，亦即神所创造的那张床。但是他似乎并没有正视我们面前有许多表现的这一事实的含义，而这种"多"正是实在的一部分。任何一种想把世界分成为若干部分而使其中的一部分要比别的部分更为"实在"的企图，都是注定了要失败的。

与此相联系着的便是柏拉图的另一种奇怪的见解，即知识和意见必定是涉及不同的题材的。我们应该说：如果我以为天要下雪了，这就是意见；如果后来我看到天是在下雪了，这就是知识；然而在这两种情形下，题材都只是同一个。可是柏拉图却以为在任何时候只要是能成为意见的东西，就永远不能成为知识的材料。知识是确实可靠的而且不会错误的；意见则不仅仅会错误而且必然是错误的，因为它假定了仅仅是现象的东西的实在性。这一切都是在重复着巴门尼德所已经说过的东西。

有一个方面，柏拉图的形而上学显然与巴门尼德的形而上学不同。对巴门尼德来说，只有"一"存在；但对于柏拉图来说，则有着许多的理念存在。不仅仅有美、真和善；而且，正如我们已经看到的，还有神所创造的天上的床、天上的人、天上的狗、天上的猫，等等，凡是挪亚方舟里的东西无不具备。然而这一切在《国家篇》里似乎并不曾好好地想通过。柏拉图的理念或形式并不是思想，虽说它可以是思想的对象。然而既然理念的存在是没有时间性的，而当神决定创造的时候，除非是他思想里已经先有了那张据说是由他所制造出来的柏拉图式的床的本身作为对象，否则他就不能够决定创造出一张床来；所以我们实在很难明白神是怎么能够创造出理念来的。凡是没有时间的，必然不是被创造出来的。这里，我们就遇到那个曾使得许多有哲学头脑的神学家感到烦恼的困难了。唯有这个偶然的世界，这个在时间和空间之内的世界，才能是被创造出来的；但这又正是那个被贬斥为是虚幻的而且是坏的日常世界。因此创造主就似乎是仅只创造了虚幻和罪恶。某些彻底的诺斯替派就干脆采取了这种观点；但是在柏拉图则这种困难还没有浮到面上来，在《国家篇》里他似乎从来没有察觉到过有这个问题。

哲学家要成为一个卫国者，按照柏拉图说，就必须回到洞穴里面去，并且和那些从来不曾见过真理的阳光的人们生活在一起。看来神自己如果想要改造他自己的创造物的话，似乎也必须这样做；一个基督教的柏拉图主义者是可以这样解说基督的肉身降世的。但是这仍然完全不可能解释，何以神竟然要不满足于理念世界。哲学家发见洞穴存在，他就被仁慈心所驱使而回到洞穴里去；
但是人们会想，如果创造主真的创造了万物的话，他是完全可以避 152
免洞穴的。

也许这种困难只是从基督教的创造主的观念里面产生出来的，而不能苛责于柏拉图；柏拉图说神并没有创造万物，而只是创造了美好的事物。按这种观点，则感觉世界的多重性便应该在神以外另有别的根源了。也许理念并不是被神所创造出来的，而只是神的本质之组成部分。这样，显然为理念的多重性所含有的那种多元主义也就不是最根本的了。最根本的只有神，或者说善，而理念则是形容神的。无论如何，这是对柏拉图一种可能的解释。

柏拉图接着便对一个将成为卫国者的青年所必需的专门教育作了一番有趣的描述。我们已经看到,青年人之获得这种荣誉是根据理智品质和道德品质的结合而被挑选出来的:他必须正直、儒雅而好学,有着很好的记忆力与和谐的心灵。因具有这些优点而被挑选出来的青年人,从二十岁到三十岁要从事研究四种毕达哥拉斯派的学问:数学(平面的与立体的)、几何学、天文学与和声学。这些学问绝不能以任何功利主义的精神去追求,而只是为了准备使他的心灵能够洞见永恒的事物。例如在天文学上,他不能过多地关心实际的天体,而应关心于理想天体的运动的数学。这在近代人听来,可能是非常之荒谬的;然而说来奇怪,这在实验天文学方面却证明了是一种非常有用的观点。这种情形的出现方式是非常古怪的,值得我们深思。

行星所表现的运动,在它们还不曾被人做过深刻的分析以前,一直是显得不规则的、复杂的,而绝不会是像一个毕达哥拉斯式的
153 创造主所选择的那种样子。显然,每个希腊人都觉得,天体是应该体现数学之美的,而行星唯有在做圆的运动时才能如此。由于柏拉图之强调善,所以这一点对柏拉图是会特别明显的。这样就产生了一个问题:有没有任何一种假说能把行星运动在外表上的无秩序转化为秩序、美和单纯呢?如果有的话,那么善的理念就会证明我们之主张这种假说是正当的。撒摩的亚里士达克找到了这样一种假说:所有的行星,包括地球在内,都以圆形在围绕着太阳运转。这种观点两千年来是被人否定的,一部分理由是根据亚里士多德的权威,亚里士多德曾把一种颇为相似的假说归之于“毕达哥拉斯学派”(《论天》293a)。这种学说又被哥白尼所复活了,而它的

成功似乎证明了柏拉图在天文学上的审美偏见是正当的。然而不幸开普勒发见了行星是以椭圆形而不是以圆形在运动着的，太阳位于一个焦点而不是位于圆心；后来牛顿又发现了它们甚至于不是以严格的椭圆形在运动着的。于是柏拉图所追求的，而且显然是被撒摩的亚里士达克所发现的，那种几何学的单纯性就终于证明是虚妄的了。

这一段科学史就说明了一条普遍的准则：任何假说不论是多么荒谬，都可以是有用的，假如它能使发现家以一种新的方式去思想事物的话；但是当它幸运地已经尽了这种责任之后，它就很容易成为继续前进的一种障碍了。把对于善的信仰当作科学地理解世界的一把钥匙，这在一定的阶段上对天文学曾经是有用的，但是在以后的每一个时期它都成为有害的了。柏拉图的——尤其是亚里士多德的——伦理的与审美的偏见曾大大地扼杀了希腊的科学。

值得注意的是，尽管柏拉图对于算学和几何学赋予了极大的重要性，而且算学和几何学对于他的哲学也有着极大的影响；但是近代的柏拉图主义者却几乎毫无例外地全都不懂数学。这就是专业化的罪过的一个例子：一个人要写柏拉图，就一定得把自己的青春都消磨在希腊文上面，以至于竟完全没有时间去弄柏拉图所认为是非常重要的东西了。

第十六章　柏拉图的不朽论 154

以“斐多”命名的那篇对话，在好几个方面都是非常有趣的。它写的大致是苏格拉底一生中的最后时刻：他临饮鸩之前的谈话，以及他在饮鸩之后的谈话，直到他失掉了知觉为止。这一篇表现了柏拉图心目中具有最高度的智慧与善良而又全然不畏惧死亡的理想人物。柏拉图所描写的面临死亡的苏格拉底，无论在古代的还是近代的伦理上都是重要的。《斐多篇》之对于异教徒或自由思想的哲学家①，就相当于福音书所叙述的基督受难和上十字架之对于基督教徒。但是苏格拉底在最后时刻的泰然自若，乃是和他对灵魂不朽的信仰结合在一起的；而《斐多篇》之重要就在于它不仅写出了一个殉道者的死难而且还提出了许多学说，这些学说后来都成了基督教的学说。圣保罗和教父们的神学，大部分都是直接或间接从这里面得来的；如果忽略了柏拉图，他们的神学就差不多是不能理解的了。

较早的一篇对话《克利陀篇》述说了苏格拉底的一些友人和弟子们曾怎样安排好一个计划，使他能够逃到特萨里去。若是他真的逃掉了，或许雅典当局倒会很高兴；并且拟议中的这个计划可以认为是很有可能成功的。然而苏格拉底却一点也不肯接受这个计划。他坚持说他已经被合法的程序判决过了，做任何非法事情来躲避惩罚都是错误的。他是第一个宣扬我们所称为基督登山训众的原则的："我们不应该对任何人以怨报怨，无论我们从他那里受了什么怨。"然后他就设想他自己和雅典的法律进行一场对话，在这场对话里雅典的法律指出他应该对于雅典法律怀有比儿子对于父亲或者奴隶对于主人更大的尊敬，而每一个雅典公民如果不喜

① 甚至于许多基督教徒也以为这件事仅次于基督之死。"无论是在古代还是近代的任何悲剧里，无论是在诗歌还是史乘里，（除了一个例外）没有一件事是可以与柏拉图书中苏格拉底的临死时刻相媲美的"。这是卞哲明·周维德牧师的说法。

欢雅典国家，是可以自由迁移出境的。雅典的法律以下列的话结 155
束其长篇的讲演：

那么，苏格拉底，你听听我们这些把你养大成人的人们的话吧。不要先想到自己的生命和孩子，然后才想到正义；应该先想到正义，这样你在九泉之下的君主面前才能证明你自己正直。因为你若是做出了克利陀所劝你的话，那么无论是你，还是你的亲人，在这一生都不会再幸福、再圣洁或者再正直，也不会在来生幸福。现在你要是能清白无辜地离去，那么你就是一个受难者而不是一个作恶者；你就不是一个法律之下的牺牲者而是众人之下的牺牲者。但是如果你要以怨报怨、以仇报仇，破坏了你和我们所订的契约和协定，并且伤害了你本来最不应该伤害的人，那就是说，伤害了你自己、你的朋友和你的国家；那么只要你在世一天，我们就要怀恨你一天；而且我们的兄弟们，即阴世的法律也要把你当作敌人来对待；因为他们将会知道你已经尽了你的力量来毁灭我们了。

苏格拉底说，这个声音“我仿佛听见是在我的耳中嗡嗡作响，好像是神秘者耳中的笛声那样”。因而他就决定，他的责任是留下来甘心接受死刑。

在《斐多篇》里，最后的时辰到来了，他的枷锁除去了；他获得允许可以和他的朋友们自由谈话。他把他哭哭啼啼的妻子送了出去，为的是使她的忧伤不至于打搅他们的讨论。

苏格拉底一开头就说，虽然任何一个有哲学精神的人都不怕死，而是相反地会欢迎死；然而他却不想了结自己的生命，因为那被认为是非法的。他的朋友就问他，为什么自杀被认为是非法的；他的答复与奥尔弗斯派的学说相符合，而那也几乎恰好是一个基督徒所要说的话。“有一种秘密流传的学说，说人就是囚犯，人是没有权利打开门逃跑的；这是一个我不大了解的大秘密”。他把人和神的关系比作是牛羊对于主人的关系，他说如果你的牛自由行动了结了它自己的性命，你会生气的；因此“就可以有理由说一个人应该等待，而不可了结自己的生命，要等候神来召唤他，就像现在神在召唤着我那样”。他对死并不感到忧戚，因为他相信“首先我是到别的智慧而善良的神那儿去，（我对这一点正像我对任何这类事情那样，是深信不疑的，）而且其次（虽说对这一点我并不那么有把握）我是到已经故去了的人们那儿去，他们比起我在身后留下
156 来的那些人要好得多。我怀着美好的希望，希望还有别的事物在等待着死者，那些事物对于善人要比对于恶人更加美好得多”。

苏格拉底说，死就是灵魂与身体的分离。在这上面我们就遇到了柏拉图的二元论：即，实在与现象，理念与感觉对象，理智与感官知觉，灵魂与身体。这些对立都是相联系着的：在每一组对立中，前者都优越于后者，无论是在实在性方面还是在美好性方面。苦行式的道德便是这种二元论的自然结果。基督教一部分采用了这种学说，但却从未全部加以采用。因为有两个障碍：第一个是，如果柏拉图是正确的话，创造有形世界就必定是一桩罪恶的事，因此创造主就不能是善良的。第二个是，正统的基督教从来不会让自己谴责婚姻，虽说它认为独身要来得更高贵。而摩尼教徒则在这两点上都要更加一贯得多。

心与物之间的区别——这在哲学上、科学上和一般人的思想里已经成为常识了——有着一种宗教上的根源，并且是从灵魂与身体的区别而开始的。我们已经说过，奥尔弗斯教徒就宣称自己

是大地与星天的儿女，从地得到了身体从天得到了灵魂。柏拉图力图以哲学的语言来表示的，也正是这种理论。

苏格拉底在《斐多篇》里一开始便发挥了他的学说中的苦行主义的含义，但是他的苦行主义是一种有节制的并带绅士气味的苦行主义。他并不说哲学家应该完全禁绝日常的快乐，而只是说哲学家不应该成为它的奴隶。哲学家不应该为饮食操心，但是当然他应该吃必要数量的食品；苏格拉底并不提倡禁食。并且《斐多篇》也告诉我们，虽然苏格拉底并不嗜酒，但是他在某些场合里比任何别人都喝得多，并且从来不醉。他所谴责的并不是饮酒而是嗜酒。同样地，哲学家也不该萦心于恋爱的快乐，或华贵的衣鞋，或其他的个人装饰。他必须全心全意关怀着灵魂，而不关怀身体："他愿意尽量地离弃身体而转向灵魂。"

显然，这种学说通俗化了之后，就会变成为禁欲主义的；但是它的意图，正确地说来，却并不是禁欲主义的。哲学家并不要努力摒绝感官的快乐，而是要想念着别的事物。我就知道有许多哲学 157
家忘记了吃饭，而最后就是在吃饭的时候，他们也还是手不释卷。这些人就是在做着柏拉图所说的哲学家应该做的事了：他们并不以一种道德的努力来摒绝大吃大喝，而只是对于别的事物更感兴趣而已。显然，哲学家们也应该以同样无所萦心的方式去结婚并且生儿育女，但是自从妇女解放以来这一点就变得格外困难起来了。臧蒂普[①]是一个悍妇，是一点不足为奇的。

苏格拉底继续说，哲学家想要断绝灵魂与身体的联系，而其他

① 臧蒂普是苏格拉底的妻子。——译者

的人则以为一个人如果"没有快乐的感觉,不能享受身体的快乐",生活就不值得活了。柏拉图的这句话似乎是——或许是无心地——在支持某一类道德学家的见解,那就是,身体的快乐才是唯一能作数的快乐。这类道德学家认为凡是不追求感官快乐的人,就必定要完全避免快乐而过着有德行的生活。这是一个错误,它造成了说不尽的害处。只要心灵和身体的这种划分能加以接受的话,那么最坏的快乐正如最好的快乐一样,就都是心灵方面的,——例如嫉妒,以及各种形式的残酷和爱好权力。弥尔顿的撒旦是远超乎身体苦痛之上的,他献身于一种毁灭性的工作,并从这里面得到一种完全是属于心灵的快乐。有许多著名的教士是已经摒弃了一切感官快乐的,但是由于没有能很好地提防别的快乐,从而被权势爱好心所支配了;以致使他们从事骇人听闻的暴行和迫害,而名义上却是在为着宗教。在我们今天,希特勒就属于这种类型;无论从哪方面来说,各种感官快乐对于他都并没有什么重要。从肉体的专制之下解放出来可以使人伟大,但也可以使人在罪恶方面伟大,正如在德行方面伟大一样。

然而,这些都是题外的话,我们还是回到苏格拉底的身上来吧。

我们现在就来谈一谈柏拉图所归之于(无论是正确地还是错误地)苏格拉底名下的那种宗教的知识方面。据说身体是获得知识的一种障碍,而且闻和见都是不正确的见证人:真正的存在若是能向灵魂显示出来的话,也只能是显示给思想而不能显示给感官。让我们先来考虑一下这一学说的含义。它包含着完全摒弃经验的
158 知识,包括一切历史和地理在内。我们并不能知道有像雅典这样

的一个地方或者有像苏格拉底这样的一个人，他的死和他的慷慨赴死都是属于现象世界的。关于这一切，我们唯有通过闻和见才能有任何的知识，而真正的哲学家却是不注重闻和见的。那么，他还剩下了什么呢？首先，是逻辑和数学；但逻辑和数学都只是假设的，它们并不能证实有关现实世界的任何有绝对意义的论断。下一步——而这一步是决定性的一步——就要有赖于善的理念了。一旦达到了这个理念，据说哲学家就知道了善就是实在，因而就能够推论出来理念世界就是实在的世界。后世的哲学家们提出过种种的论证来证明真与善的同一性，然而柏拉图似乎假定这是自明的。如果我们想要理解柏拉图，我们就必须假定这一假说已经不需要再加以证实。

苏格拉底说，当心灵沉潜于其自身之中而不为声色苦乐所挠扰的时候，当它摒绝肉体而向往着真有的时候；这时的思想才是最好的；"这样哲学家就鄙弃了肉体"。从这一点出发，苏格拉底就论到理念，或形式，或本质。绝对的正义、绝对的美与绝对的善都是有的，但它们是眼睛看不见的。"而且我说的不仅是这些，还有绝对的伟大、健康、力量以及万物的本质或万物真实的性质"。所有这一切都只能由理智的眼力才看得见。因此，当我们局限于肉体之内时，当灵魂被肉体的罪恶所感染时，我们求真理的愿望就不会得到满足。

这种观点就排斥了以科学的观察与实验作为获得知识的方法。实验家的心灵并不是"沉潜于其自身之中"的，并且也不想以避免声色为目的。柏拉图所提出的方法只可能追求两种精神的活动，即数学和神秘主义的洞见。这就说明了，何以这两者在柏拉图以及在毕达哥拉斯学派中是那么紧密地结合在一起。

159 对于经验主义者来说，肉体乃是使我们能与外在的实在世界相接触的东西；但是对于柏拉图来说，它却具有双重的罪恶：它既是一种歪曲的媒介，使我们好像是通过一层镜子那样地看得模糊不清；同时它又是人欲的根源，扰得我们不能追求知识并看不到真理。以下的引文可以说明这一点：

> 单凭肉体需要食物这一点，它就成为我们无穷无尽的烦恼的根源了；并且它还容易生病，从而妨碍我们追求真有。它使我们充满了爱恋、肉欲、畏惧、各式各样的幻想，以及无穷无尽的愚蠢；事实上，正像人们所说的，它剥夺了我们的一切思想能力。战争、厮杀和党争都是从哪里来的呢？还不是从肉体和肉体的欲念那里来的么？战争是由于爱钱引起的，而所以必须要有钱就是为了肉体的缘故与供肉体的享用；由于有这些障碍，我们便不能有时间去从事哲学；而最后并且最坏的就是，纵使我们有暇让自己去从事某种思索，肉体却总是打断我们，给我们的探讨造成纷扰和混乱，并且使我们惊惶无措以致不能够看到真理。经验已经向我们证明了，如果我们要对任何事物有真正的知识，我们就必须摆脱肉体——必须使灵魂的自身看到事物的自身：然后我们才能得到我们所愿望的智慧，并且说我们就是爱智慧的人；但这并不是在我们生前而是在我们死后：因为灵魂若是和肉体在一起的时候，就不能有纯粹的知识；知识如果真能获得的话，也必须是在死后才能获得。
>
> 这样在解脱了肉体的愚蠢之后，我们就会是纯洁的，并且和一切纯洁的相交通，我们自身就会知道到处都是光明，这种光明不是别的，乃是真理的光。因为不纯洁的是不容许接近纯洁的。……

而纯洁化不就正是灵魂与肉体的分离吗？……这种灵魂之与肉体的分离与解脱，就叫做死。……而真正的哲学家，并且唯有真正的哲学家，才永远都在寻求灵魂的解脱。

但有一种真正的钱是应该不惜拿一切去交换的，那就是智慧。

神秘教的创始者从前曾提到过一种形象，说凡是未曾神圣化的、未曾入道的人进入下界以后，是要躺在泥坑里的，而凡是入道而又经过纯洁化了的人进入下界以后，就和神明住在一起；这种说法看来是有实际意义的，而并不只是空谈。因为，正像他们神秘教里所说的那样，很多人都是酒神的执杖者，但很少有人是神秘主义者，这些话按我的解释就指的是真正的哲学家。

所有这些言语都是神秘的，并且是得自于神秘教的。"纯洁"是一个奥尔弗斯派的观念，原来有着一种仪式上的意义；但对柏拉图来说，它却是指免于肉体与肉体需要的奴役的自由。使人感兴趣的是，他说到战争是由于爱钱而造成的，而钱之所以需要则仅仅 160
是为着肉体而服务。这一意见的前半截和马克思所主张的意见相同，而后半截则属于另外一种迥然不同的看法了。柏拉图认为，如果一个人的需求减到最低限度，那么他就可以不要什么钱而生活下去；这一点无疑是真确的。但是他还认为，一个哲学家应该免除一切体力劳动；因此哲学家就必须依靠别人所创造的财富而过活。在一个很穷的国家里是不大能有哲学家的。使得雅典人有可能研究哲学的，乃是白里克里斯时代雅典的帝国主义。大致说起来，精神产品也正有如大多数的物质商品是一样地费钱，而且也一样地不能脱离经济条件。科学需要有图书馆、实验室、望远镜、显微镜等等，而且科学家必须由别人的劳动来维持生活。但是对于神秘主义来说，这一切都是愚蠢。一个印度的圣人或西藏的圣人不需要仪器设备，只缠一块腰布，只吃白饭，只靠着非常微薄的布施维持生活，因为他被人认为是有智慧的。这就是柏拉图观点之逻辑的发展。

再回到《斐多篇》上来：西比斯对于死后灵魂的永存表示怀疑，并且要苏格拉底提出证据来。于是苏格拉底就进行了论证，但是我们必须说他的论证是非常拙劣的。

第一个论证是万物都具有对立面，万物都是由它们的对立面产生出来的，——这种表述使我们想到了阿那克西曼德关于宇宙正义的观点。既然生与死是对立面，所以生和死之中的每一个就必定会产生另一个。由此可知，死者的灵魂是在某个地方存在着的，并且会按适当的顺序再回到地上来。圣保罗的话："种子若不死去就不能新生"，似乎就是属于这样的一种理论。

第二个论证是，知识就是回忆，所以灵魂必定是在生前就已经存在的。支持知识就是回忆这一理论的主要事实是，我们具有像"完全相等"这样一些不能从经验中得出来的观念。我们有大致相等的经验，但是绝对相等却是永远不能在可感觉的对象之中找到的；然而我们又知道我们所说的"绝对相等"的意义是什么。既然这不是我们从经验里学到的，所以就必定是我们从生前的存在里带来了这种知识。他说，类似的论据可以应用于其他一切的观念。
161 这样，本质①的存在以及我们对它的理解能力就证明了预先存在着有知识的灵魂。

---

① 本质(essence)。——译者

一切知识都是回忆的说法，在《美诺篇》里(82以下)得到了详尽的发挥。在那篇里，苏格拉底说："并没有什么教学，有的只不过是回忆罢了。"他声称能够证明他的论点，于是便要美诺叫进来一个小奴隶，由苏格拉底来问他几何学的问题。这个小奴隶的回答被他们认为表明了他的确是知道几何学的，尽管他一直没有察觉到自己具有这种知识。《美诺篇》和《斐多篇》都得出同样的结论：知识是灵魂从生前的存在里带来的。

关于这一点，我们可以指出，首先是这一论据完全不能够应用于经验的知识。这个小奴隶是不能被引导到"回忆"起来金字塔是什么时候建造的，或者特罗依战争是不是确实发生过，除非他恰好当时是亲身在场。唯有那种被称为"先天"的知识——尤其是逻辑和数学——才可能设想是与经验无关而且是人人都有的。而事实上(撇开神秘的直观不谈)，这就是唯一被柏拉图所承认真正是知识的那种知识。让我们来看，在数学上我们可以怎样对待这种论证。

例如相等这个概念。我们必须承认，在可感觉的对象里，我们并没有恰恰相等的经验；我们只是看到大致相等。那么，我们是怎么达到绝对相等的观念的呢？还是，也许我们并不具有这样的观念呢？

让我们举一个具体的例子。一公尺的定义就是现存于巴黎的某根棍子在一定温度之下的长度。如果我们提到别的一根棍子，说它的长度恰恰是一公尺；这又应该是什么意思呢？我并不以为我们这句话有任何意义。我们可以说：目前科学所已知的最精确的计量过程也无法指明，我们的棍子比起巴黎的标准尺来究竟是长些还是短些。如果我们足够大胆的话,我们还可以加上一个预言,即未来的任何计量技术上的改进都不能够改变这一结果。就经验的证据可以随时对它加以反证的这种意义而论,则它仍然只是一种经验的表述。我并不以为我们真正具有柏拉图设想我们所具有的那种绝对相等的观念。

纵使我们具有这种观念,很明显的小孩子在到达一定的年龄之前也是并不具有它的,这种观念显然是由经验所引导出来的,虽说它不是直接从经验里得出来的。此外,除非我们生前的存在并
162 不是感官-知觉的存在,否则的话它便会像我们的现世生命一样地不能够产生观念;如果可以假设我们现世以前的生存有一部分是超感觉的,那么对于我们现世的生存为什么又不做同样的假设呢?所以根据这一切理由,这种论证乃是不能成立的。

回忆说既被认为是已经成立,于是西比斯就说:“关于所需的证明有一半是已经证明了;那就是,在我们生前我们的灵魂便已存在着;但是另有一半,即灵魂在死后也像在生前一样地存在着,则还没有得到证明”。于是苏格拉底就自己着手来解决这个问题。他说,如上所述,万物都是由它自己的对立面而产生的,因此可见死必定产生生,正如生产生死一样。但是他又补充了另一个在哲学上有着更悠久的历史的论据:唯有复杂的才可以被分解,而灵魂也如理念一样,乃是单一的而并不是由许多部分所合成的。应该认为凡是单一的都不能有开始,或终结,或变化。本质是不变的:例如绝对的美永远是同一个,而美的事物则在不断地变化。所以凡被我们所看见的事物都是暂时的,但没有被我们所看见的事物则是永恒的。身体是看得见的,但灵魂是看不见的;因此灵魂应该

划归为是永恒的那一类的东西。

灵魂既是永恒的，所以它就善于观照永恒的事物，也就是本质；但是当它在感官-知觉之中观照万物流变的世界时，它就要迷乱了。

> 当灵魂使用身体作为一种知觉的工具时，也就是说，当使用视觉或听觉或其他感官的时候（因为所谓通过身体来知觉，其意义也就是通过感官来知觉），……灵魂便被身体拖进了可变的领域，灵魂就会迷惘而混乱；当它一接触到变化，世界就会缠绕住它，它就要像一个醉汉一样。……但是当它返回于其自身之中而进行思索的时候，那么它就进入了另一个世界，那就是纯洁、永恒、不朽与不变的领域，这些都是灵魂的同类，而且只要是当它独自一人而又无拘无束的时候，它就总是和它们生存在一起的；这时候它就不再陷于错误的道路，它就与不变相感通而本身也成为不变的了。灵魂的这种状态就叫作智慧。

真正哲学家的灵魂在生时已经从肉欲的束缚之下解放了出
来，在死后就要到那个看不见的世界里去，与众神在一起享福。但 163
是不纯洁的灵魂爱恋着肉体，便会变成荒冢里的游魂，或者各按其特性而进到动物的身体里面去，或是驴，或是狼，或是鹰。一个虽曾有德但并不是哲学家的人，则死后就将变为蜜蜂，或黄蜂，或蚂蚁，或者是其他某种群居的有社会性的动物。

唯有真正的哲学家死后才升天。“凡是不曾研究过哲学的人以及在逝世时并不是全然纯洁无瑕的人，没有一个是可以与众神同在的；只有爱知识的人才能够”。这就是何以真正笃奉哲学的人要摒绝肉欲了：并不是他们怕贫穷或者耻辱，而是因为他们“意识到灵魂只不过是附着在身体上,——在哲学来接引它以前,它只能够通过牢狱中的铁窗,而不能够以它自己并通过它自己来观看真实的存在,……并且由于欲念的缘故,它在自己的被俘期间已经变成了一个主要的同谋犯了"。哲学家是有节制的,因为"每种快乐和痛苦都是一个把灵魂钉住在身体上的钉子,直到最后灵魂也变得和身体一样,并且凡是身体所肯定为真实的,它也都信以为真"。

说到这里,西米阿斯就提出了毕达哥拉斯的见解说,灵魂乃是一曲音乐,并质问道:如果琴碎了,音乐还能继续存在吗?苏格拉底回答说,灵魂并不是一曲音乐,因为一曲音乐是复杂的,但灵魂则是单一的。此外,他还说,以灵魂为一曲音乐的这种观点是与回忆说所已证明了的灵魂预先存在不相符合的;因为在琴以前音乐并不存在。

苏格拉底继续叙述了他自己哲学的发展史,那虽然非常之有趣,却与主要的论证没有什么关系。他进一步发挥理念论而达到了这一结论:"理念是存在的,其他事物都分享理念并从理念得到它们的名字。"最后他还描述了人死以后灵魂的命运:善者升天,恶者入地狱,中间的则入炼狱。

这篇对话还描写了他的临终以及他的诀别。他最后的话是:"克利陀啊,我欠阿斯克里皮乌斯一只公鸡;你能记得偿还这个债吗?"人们得病好了之后,就向阿斯克里皮乌斯献上一只公鸡;而苏格拉底是害过一生间发性的寒热病而痊愈了的。

164 斐多结论说,"在他那时代所有的人之中,他是最有智慧的、最正直的、最善良的人。"

柏拉图笔下的苏格拉底成了后来世世代代哲学家的典型。在伦理上我们对他应当怎样看法呢？（我只谈柏拉图所描绘的苏格拉底那个人。）他的优点是显著的。他对世俗的成败不介于怀，他是那样地大勇不惧，以至于直到最后的时刻他始终保持着安详、儒雅与幽默，并且对自己所信仰的真理比对任何其他的事物都更为关怀。然而，他也有一些非常严重的缺点。他的论证是不诚恳的，是诡辩的；在他暗地的思想里，他是在运用理智来证明他所喜欢的那些结论，而不是把理智运用于对于知识的无私追求。他也有一些沾沾自喜和油腔滑调的东西，使人联想到一个属于坏的类型的那种传教士。如果临死时他不曾相信他是要与众神在一起享受永恒的福祉，那么他的勇敢就会更加是了不起的了。苏格拉底不像他的某些前人那样，他在思维上是不科学的，而是一心一意要证明宇宙是投合他的伦理标准的。这是对于真理的背叛，而且是最恶劣的哲学罪恶。作为一个人来说，我们可以相信他有资格上通于圣者；但是作为一个哲学家来说，他可就需要长时期住在科学的炼狱里面了。

第十七章　柏拉图的宇宙生成论 165

柏拉图的宇宙生成论是在《蒂迈欧篇》①里提出来的，这篇对话被西塞罗译成了拉丁文，后来就成为西方中世纪唯一的一篇为人所知的对话。无论是在中世纪，还是在更早一些的新柏拉图主

① 这篇对话里有许多模糊不清之处，曾引起注释家间的许多争论。总的说来，我发觉我自己的意见和康福德在其佳作《柏拉图的宇宙论》一书中所表示的意见，大多是一致的。

义里，这一篇都比柏拉图的任何其他作品具有更大的影响；这是很可怪的，因为比起他的其他的著作来，这一篇里面显然包含着有更多的简直是愚蠢的东西。作为哲学来说，这一篇并不重要，但是在历史上它却是如此之有影响，以至我们必须要相当详细地加以考察。

在早期各篇对话中苏格拉底所占的那个地位，在《蒂迈欧篇》里已被一个毕达哥拉斯主义者所代替了；毕达哥拉斯学派的学说包括以数解释世界的观点在内，大体上也被柏拉图所采用了。这篇对话一开头是《国家篇》前五卷的提要，然后是关于大西岛的神话，据说这是在赫丘利士之柱①以外的一个岛，比利比亚和亚细亚加在一起还要大。随后这位毕达哥拉斯派的天文学家蒂迈欧就进行讲述世界的历史，直迄创造人类为止。他所说的大致如下。

凡是不变的都被理智和理性所认知，凡是变的都被意见所认知。世界既然是可感的，所以就不能是永恒的，而一定是被神所创造出来的。而且神既是善的，所以他就按照永恒的模型来造成世界；他既然不嫉妒，所以他就愿意使万物尽可能地像他自己。"神愿望一切事物都应该是尽可能地好，而没有坏"。"看到了整个的可见界并不是静止的，而是处于一种不规则和无秩序的运动之中，于是神就从无秩序之中造出秩序来"。（这样看起来柏拉图的神并不像犹太教与基督教的上帝；柏拉图的神不是从无物之中创造出世界来，而只是把预先存在着的质料重新加以安排。）神把理智放在灵魂里，又把灵魂放在身体里。他把整个的世界造成为一个既

① 赫丘利士之柱即直布罗陀海峡。——中译本编者

有灵魂又有理智的活物。仅只有一个世界，而不是像苏格拉底以 166
前各家所说的那样有着许多的世界；不可能有两个以上的世界，因为世界是被创造出来的一个摹本而且是被设计得尽可能地符合于为神所理解的那个永恒的原本的。世界的全体是一个看得见的动物，它里面包罗着一切其他的动物。它是一个球，因为像要比不像更好，而只有球才是处处都相像的。它是旋转的，因为圆的运动是最完美的；既然旋转是它的唯一的运动，所以它不需要有手或者脚。

火、气、水、土四种原素每一种都显然各为一个数目所代表而构成连比例，也就是说，火比气等于气比水，等于水比土。神用所有的原素创造了世界，因此它是完美的，而不会有衰老或疾病。它是由于比例而成为和谐的，这就使它具有友谊的精神，并且因此是不可解体的，除非是神使它解体。

神先创造了灵魂，然后创造了身体。灵魂是由不可分-不可变的东西与可分-可变的东西所合成的；它是第三类的与中间性的一种本质。

随后就是一段毕达哥拉斯派关于行星的解说，并引到了一种关于时间起源的解释：

当创造主和父看到被他所创造的生物，亦即被创造出来的永恒的神的影像，在运动着、在生活着的时候，他感到喜悦；他满怀喜悦地决心使摹本格外要像原本；既然原本是永恒的，他就力图使宇宙也尽可能地永恒。然而理想的生命的性质是永远不朽的，但要把这种属性完美无缺地赋予一个生物却又是不可能的。于是他就决心使永恒具有一种运动着的影像；当他给天上安排了秩序以后，他便使这种影像既然是永恒的但又依数目而运动，而永恒本身则始终为一。这种影像我们就称为“时间”。①

在此以前，既没有日也没有夜。关于永恒的本质，我们绝不能说它过去存在或者将来存在；惟有说它现在存在才是正确的。但这就蕴涵着：说“运动着的永恒的影像”过去存在而且将来存在的这种说法乃是正确的。

时间和天体是在同一瞬间出现的。神造出了太阳，从而动物才能学习算学，——若是没有日与夜的相续，可以设想我们是不会想到数目的。日与夜、月与年的景象就创造出来了关于数目的知
167 识并赋给我们以时间的概念，从而就有了哲学。这是我们所得之于视觉景象的最大的恩赐。

除了世界作为一个整体而外，还有四种动物：即神、鸟、鱼和陆上的动物。神主要是火，恒星则是神圣的永恒的动物。创造主告诉众神说，他可以毁灭他们，但是他不会这样做。在他创造出来了不朽的与神圣的部分之后，他就让众神去创造其他一切动物的可朽的部分。（这或许也像柏拉图其他各段有关神的说法一样，是不能看得太认真的。蒂迈欧一开头就说他只是在寻求概然性而并不能有把握。有许多的细节显然都只是想象的，而并不意味着真是那样。）

蒂迈欧说创造主为每一个星体都创造了一个灵魂。灵魂有感觉、爱情、恐惧和愤怒；如果他们克服了这些，他们就能正直地生

① 伏汉（Vaughan）写他那首以“那天夜里我看见了永恒”为起句的诗歌时，他一定是读过上引的这段话的。

活，否则就不能。一个人如果一生良好，死后他就到他的那座星里面永远幸福地生活下去。但是如果他一生恶劣，他就会在来生变成女人；如果他（或者说她）继续作恶，他（或者说她）就会变成畜牲，并将继续不断地经历轮回直到理性最后占了上风为止。神把某些灵魂放在地上，某些放在月亮上，某些放在其他的行星上和星座上，而让众神去塑造他们的身体。

因有两种：一种因是理智的，一种因是被别的因所推动而不得不再去推动别的。前一种赋有心灵，并且是美好的事物的制造者，而后一种则产生无秩序、无计划的偶然作用。这两种都应该加以研究，因为创造是两者兼而有之的，是由必然与心灵所构成的。（我们应该注意，必然性是并不服从创造主的权力的。）蒂迈欧于是就进而探讨必然性所起的作用。

土、气、火和水都不是最初的原理或字母或元素；它们甚至于也不是音节或者最初的合成物。例如火不应该叫作这而应该叫作这样，——那就是说，它并不是一种实质，而毋宁只是实质的一种状态。在这里就出现了一个问题：可理解的本质是否仅仅是名字呢？他告诉我们说，答案就要看心灵和真正的意见是不是同一个东西。如果它不是，那么知识就必定是关于本质的知识，因此本质 168
就绝不能仅仅是名字而已。然而心灵与意见当然是不同的，因为前者是由教导所培植起来的，而后者则是由说服所培植起来的；前者伴随着真正的理性，而后者则否；人人都享有真正的意见，但心灵却只是神的与很少数人的属性。

这就引到了一种颇为奇怪的空间理论，——即把空间看成是介乎本质世界与流变的、可感的事物的世界两者中间的某种东西。

有一种存在是永远同样的，它既不是被创造的，也不可毁灭，它永远不从外部接受任何东西到它自己的里面来，它自己也永远不到任何其他东西那里去，它是为任何感官所看不见的、所察觉不到的，唯有理智才有资格思索它。和它名字相同并与它相似的还有另外一种性质，那是被感官所知觉的、被创造出来的，永远在运动着，在一定的位置变化又从一定的位置消失；而它只能被意见和感官所领悟。还有第三种性质，那就是空间，它是永恒的、不容毁灭的并且为一切被创造的事物提供了一个住所，它无需靠感官而只要凭一种虚假的理性就可以认知，并且它很难说是实在的；我们就像在梦里那样地看到它，我们可以说一切存在都必然地据有某个位置并占有空间，而凡是既不在天上又不在地上的便没有存在。

这是一段非常难解的话，我一点也不冒充能完全理解它。我想上述的理论必定是由于对几何学的思考而产生的；几何学也像算学一样，看来仿佛是一桩纯粹理性的事，但又必须牵涉到空间，而空间又是感觉世界的一个方面。一般说来，以后世的哲学家来作类比总归是想象的事，但我想康德一定会很喜欢这种关于空间的观点的，这种观点非常近似于康德自己的观点。

蒂迈欧说，物质世界的真正原素并不是土、气、火和水，而是两种直角三角形；一种是正方形之半，一种是等边三角形之半。最初一切都是混乱的，而且“各种原素有着不同的地位，后来它们才被安排好，从而形成了宇宙”。但是当时神是以形和数来塑造它们的，并且“从不美不善的事物中把它们创造得尽善尽美”。上述的
169 两种三角形，据他说乃是最美的形式，因此神就用它们来构成物

质。用这两种三角形就可能构造出五种正多面体之中的四种，而四种原素中每一种的每一个原子都是正多面体。土的原子是立方体；火的原子是四面体；气的原子是八面体；水的原子是二十面体（我下面就将谈到十二面体）。

关于正多面体的理论是在欧几里得的第十三卷中提出来的，在柏拉图的时候这还是一种新发现；这一理论是由泰阿泰德完成的，泰阿泰德在以他的名字命名的那篇对话里，看来还是个非常年轻的人。按照传说，他是第一个证明了只有五种正多面体的人，并且他发现了八面体和二十面体。① 正四面体、八面体和二十面体的表面都是等边三角形；但十二面体的表面则是正五边形，因此就不能够用柏拉图的两种三角形构造出来。因为这个缘故，所以他就没有用它来和四种原素联系在一起。

关于十二面体，柏拉图只是说："神用以勾画宇宙的还有第五种的结合方式。"这句话很含混，并且暗示着宇宙是一个十二面体；但是在别的地方他又说宇宙是一个球。五角形在巫术中一直是非常重要的，这种重要地位显然是来自毕达哥拉斯学派，他们称五角形为"健康"，并以它作为辨识他们团体的成员的一种符号。② 它的性质似乎是得之于十二面体的表面是五边形的这一事实，而且它在某种意义上乃是宇宙的符号。这个题目很吸引人，但是很难肯定其中到底有多少是靠得住的。

讨论过了感觉以后，蒂迈欧就进而解释人的两种灵魂，一种是

---

① 见希斯：《希腊的数学》，卷一，第159、162、294－296页。

② 同上书，第161页。

不朽的，一种是有朽的。前者是创造主的神所创造的，后者则是众神所创造的。有朽的灵魂要“服从可怕的不可抗拒的情感，——首先是快乐，那对罪恶是最大的刺激，其次是痛苦，那会妨碍善良；还有粗暴与恐惧这两个愚蠢的参谋，还有难以平息的盛怒以及容易引入歧途的希望；他们（众神）按照必然的法则把这些和非理性的感觉
170 与肆无忌惮的情爱混合在一起，这样就造成了人”。

不朽的灵魂在脑袋里，有朽的灵魂则在胸中。

还有几段奇怪的生理学，例如，大肠的目的是为了储藏食物以免贪吃；然后就又是另一段关于灵魂轮回的叙述。怯懦的或者不义的人，在来生就要变成女人。认为无需数学的知识而只需观察星象就可以学习到天文学的那些头脑简单而又轻率的人就变为鸟；那些不懂哲学的人就变成陆上的野兽；极其愚蠢的则变为鱼。

这篇对话的最后一段总结说：

> 现在我们可以说，我们关于宇宙性质的探讨已经结束了。世界容纳了有朽的和不朽的动物，并且以这些动物而告完成；世界本身就变成了一个看得见的动物，包括着可以看得见的——可感觉的创造主神，他是理智的影像，是最伟大的、最善良的、最美好的、最完全的，——那唯一被创造出来的天。

我们很难知道在《蒂迈欧篇》中，哪些是应该认真对待的，哪些应该看做是幻想的游戏。我认为，把创造当作是从混沌之中造出秩序来的那种说法，是应该十分认真地加以对待的；四原素之间的比例以及它们对于正多面体和它们的组成部分的三角形的关系，也应该如此。关于时间和空间的说法显然是柏拉图所相信的东西，同时把被创造的世界视为是永恒原型的一个摹本的那种见解

也是这样。世界里混合着必然与目的，这早在哲学的兴起以前已经是一切希腊人实际上所共有的一种信仰了。柏拉图接受了它，从而就避免了那个曾使得基督教神学感到困恼的罪恶问题。我认为他的世界-动物的说法也是认真的。但是关于轮回的细节和论及众神的那些部分以及其他的不重要之点，则我认为只是插了进来以便说明一种可能的具体内容而已。

由于它对于古代和中世纪思想的巨大影响，所以全篇的对话，正如我已经说过的，都值得加以研究；而且这种影响也绝不限于它那幻想性最少的部分。

第十八章　柏拉图哲学中的知识与知觉 171

绝大多数的近代人都认为经验的知识之必须依靠于，或者得自于知觉，乃是理所当然的。然而在柏拉图以及其他某些学派的哲学家那里，却有着一种迥然不同的学说，大意是说没有任何一种配称为“知识”的东西是从感官得来的，唯一真实的知识必须是有关于概念的。按照这种观点，“2+2=4”是真正的知识；但是像“雪是白的”这样一种陈述则充满了含混与不确切，以至于不能在哲学家的真理体系中占有一席地位。

这种观点也许可以上溯到巴门尼德，但是哲学界之获得它的明确形式则须归功于柏拉图。我在本章中只准备讨论柏拉图对于知识与知觉乃是同一回事的这一观点所做的批评，这种批评占据了他的《泰阿泰德篇》的前半部。

这篇对话本来是要寻求“知识”的定义，但是结果除了消极的结论而外并没有达到任何别的结论；有几个定义提出来之后又被否定了，始终没有提出来过一个令人认为满意的定义。

所提出的第一个定义，也是我要考虑的唯一的一个定义，就是泰阿泰德所说的如下的话：

> “我觉得一个知道了某一事物的人，也就是知觉到了他所知道的那一事物，而且我目前所能看出的就是：知识并不是什么别的东西，只不过是知觉罢了”。

苏格拉底把这种学说等同于普罗泰戈拉的“人是万物的尺度”的学说，亦即任何一件事物“对于我来说就是我所看到的那种样子，对于你来说就是你所看到的那种样子”。苏格拉底又补充：“所以知觉总是某种**实有**的东西，并且它作为知识是不会有错误的。”

随后有很大一部分论证是讨论知觉的特性的；这一点讨论完了之后，很快地就证明了像知觉所形成的那样一种东西绝不能够是知识。

苏格拉底把赫拉克利特的学说加到普罗泰戈拉学说的上面来；赫拉克利特说万物永远都在变化着，也就是说，一切“我们高兴
172 称之为实‘有’的东西，实质上都是处于变的过程”。柏拉图相信这对感官的对象说来是真的，但对真正知识的对象说来却并不如此。然而在通篇的对话里，他的正面的学说始终都保留在幕后。

把赫拉克利特的学说（哪怕它只能适用于感官的对象）和知识即知觉的那个定义加在一起，就会得出：知识乃是属于**变化**着的东西，而不是属于**实有**的东西的。

在这一点上，便有着某些带有根本性的难题了。他告诉我们

说,既然 6 大于 4,但小于 12,所以 6 同时是既大又小的,这是一个矛盾。又如苏格拉底比泰阿泰德高,而泰阿泰德是一个还没有长成人的青年;但是过几年以后,苏格拉底就要比泰阿泰德矮。因此苏格拉底是又高又矮的。这种关系性命题的观念似乎难住了柏拉图,正像它难住了直迄黑格尔为止的大多数的伟大哲学家一样(包括黑格尔在内)。然而这些难题对于这一论证来说并没有很密切的关系,所以不妨忽略过去。

再回到知觉上来,知觉被认为是由于对象与感觉器官之间的互相作用而引起的。按照赫拉克利特的学说,后两者都是永远在变化着的,而两者在变化时同时也就在改变着知觉。苏格拉底说,当他健康的时候他觉得酒很甜,但是当他有病的时候就觉得酒很酸。这里就是知觉者的变化造成了知觉上的变化。

某些反对普罗泰戈拉学说的意见也被提了出来,后来其中有一些又被撤回了。有的质问说,普罗泰戈拉应该同等地承认猪和狒狒也是万物的尺度,因为它们也是知觉者。关于做梦时和疯狂时知觉的有效性问题,也被提了出来。有人提到,如果普罗泰戈拉是对的,那么就没有一个人比别人知道得更多:不仅仅普罗泰戈拉是像众神一样地有智慧,而且更严重的是他不会比一个傻子更有智慧。此外,如果每一个人的判断都像别人的判断一样正确,那么判断普罗泰戈拉是错了的人,也就同样有理由被认为是像普罗泰戈拉一样地对正当了。

于是苏格拉底就出来暂时使自己站到普罗泰戈拉的地位上,而对于这些反对的意见找到了一个答案。就做梦而论,则知觉之作为知觉仍然是真确的。至于那个猪和狒狒的论证,却被当作是

一种庸俗的取闹而被勾销了。至于另一个论证说，如果每一个人
173 都是万物的尺度，那么人人就都是像别人一样地有智慧；苏格拉底就代表普罗泰戈拉提出了一种非常有趣的答案，那就是，一个判断虽然不见得比另一个判断*更真*，但是就其能有更好的后果这一意义来说，它却可以比另一个判断*更好*。这就暗示了实用主义。①

然而，苏格拉底虽然发明了这种答案，这种答案却不能使他满足。例如，他极力说当一个医生预言我患病的过程时，他对于我的未来确乎是*知道*得比我要多。又如当人们对于国家要颁布什么样的法令才是明智的这一问题意见分歧时，这一争端就表明了某些人对于未来具有着比别人更多的知识。这样，我们就不能逃避这个结论：即，一个有智慧的人比起一个傻瓜来，乃是万物的更好的尺度。

所有这些都是反对人是万物的尺度这一学说的，而只是间接地才反对“知识”即“知觉”的学说，因为后一种学说可以导致前一种学说。然而，也有一种直接的论证，即我们必须对记忆和对知觉一样地加以承认。同意了这一点之后，于是原来提出的定义也就在这个限度上被修正了。

其次，我们就要谈对赫拉克利特学说的批评。据说根据他的弟子在以弗所的俊秀少年们中间的那种做法，这一点最初是被推到了极端的。每一事物都可以有两种变化方式，一种是运动，一种是性质的变化；而流变的学说则主张一切事物永远是在这两方面

---

① 最初提示了费·坎·斯·席勒使他赞赏普罗泰戈拉的，大概就是这段话了。

都变化的。[①] 而且不仅仅一切事物都永远在经历着某种质变，并且一切事物还都永远在变化着自己的全部性质，——据说以弗所的聪明人就是这样想法的。这就造成了非常尴尬的后果。我们不能说“这是白的”，因为如果在我们开始说这话的时候，它是白的，但在我们说完了这句话以前，它已经就会不再是白的了。说我们正在看见一个物体的这种说法是不对的，因为看见正在不断地变为看不见。[②] 如果一切事物都以所有的方式在变化着，那么看见 174
就没有权利叫做看见而不叫做看不见，或者是知觉叫做知觉而不叫做不知觉。而且当我们说“知觉就是知识”时，我们也正同样可以说“知觉就是非知识”。

上述的论证等于是说，无论在不断的流变里可能有其他的什么，但是字的意义，至少在一定的时间之内，必须是固定不变的；否则就没有任何论断是确定的，也没有任何论断是真的而非假的了。如果讨论和知识是可能的话，就必须有某种东西或多或少是恒常不变的。这一点我以为是应该加以承认的。但是流变说的大部分是与这种承认相符合的。

谈到这里，柏拉图就拒而不肯讨论巴门尼德，理由是巴门尼德太伟大了、太崇高了。他是一个“可敬可畏的人物”。“他有一种非

---

① 无论是柏拉图还是在以弗所蓬勃活跃着的青年们似乎都不曾注意到，在极端的赫拉克利特的学说里运动乃是不可能的。运动要求一个东西 A，时而在此处时而在彼处；但当它运动时，它又必须始终都是这同一个东西。在柏拉图所考查的那个学说里既有性质的变化也有位置的变化，却没有实质的变化。在这一方面，近代的量子物理学跑得比柏拉图时代最极端的赫拉克利特的弟子们还要远得多。柏拉图一定会认为这是科学的致命伤，但它已经证明了并非如此。

② 可与下列的广告对照：“美孚壳牌，始终不变”。

常高贵的深度”。他是“一个我最为尊敬的人”。柏拉图的这些话就表明了他是热爱一个静态的宇宙的，而且他并不喜欢自己为了论证的缘故曾经加以承认过的那种赫拉克利特式的流变。但是在表现了这种敬意之后，他却努力避免发挥巴门尼德的理论以代替赫拉克利特。

现在我们就来谈柏拉图反对知识等于知觉的最后论据。他一开始就指出我们是**通过**眼和耳来知觉，而不是**用**眼和耳在知觉；于是他继续指出我们有些知识是并不与任何感觉器官相联系的。例如我们可以知道声音和颜色是不一样的，尽管并没有任何一种感觉器官可以知觉这两者。并没有任何特殊的器官可以知觉“一般的存在与不存在、相似与不相似、同一与不同以及一与多”。同理也适用于荣誉与不荣誉、好与坏。“心灵通过它自身的功能而思考某些事物，但是其余的事物则需通过身体的官能”。我们通过触觉而知觉到硬与软，但是判断它们的存在以及它们之间的对立的则是心灵。唯有心灵才能够达到存在；但如果我们不能够达到存在，我们就不能达到真理。因此我们就不能单单通过感官而认知事物，因为单单通过感官我们并不能知道事物是否存在。所以知识就在于思索而不在于印象，并且知觉也就不是知识；因为知觉“既然完全不能认识存在，所以它对于认识真理就是没有份的。”

要在这一反对知识等于知觉的论证里分辨清楚有哪些可以接
175 受而哪些必须加以拒绝，并不是很容易的事。柏拉图所讨论的有三个相互联系着的论题，即：

(1)知识就是知觉；

(2)人是万物的尺度；

(3)一切事物都处于流变状态。

(1)第一个论题(柏拉图的论据主要地只涉及这个论题)除了我们刚才所谈过的那最后一段话而外,几乎并没有怎么就其本身加以讨论过。这里所论证的是:比较法、关于存在的知识以及对于数的了解,——这些对于知识来说都是最本质的东西,但是这些却不能包括在知觉之内,因为它们并不是通过任何感觉器官而产生的。关于这些,我们下面所要谈的东西各有不同。让我们先从相似与不相似来开始。

假设有两片颜色,两者都是我正看到的,无论实际上它们相似与否,但它们都是我,就我而论,所应该加以接受的,并且确乎不是作为一种"知觉"而是作为一种"知觉判断"来接受的。我应该说,知觉并不是知识,而仅仅是所发生的某种事件;它同等地既属于物理世界又属于心理世界。我们很自然地像柏拉图那样,要把知觉想象为是知觉者与对象之间的一种关系:我们说"我看见一张桌子"。但是这里的"我"和"桌子"乃是逻辑的构造。这里未经加工的事情的核心只不过是某些片段的颜色而已。这些颜色是和触觉的影像结合在一起的,它们可以引起字句,并且可以成为记忆的来源。被触觉影像所填充起来的知觉就变成了一个"客体",于是它就被我们认为是物理的;而被字句和记忆所填充起来的知觉就变成了一种"知觉作用",它就成为"主体"的一部分,并被我们认为是心理的。知觉只是一次事件,既不真也不假;但以字句所充实起来的知觉则是一个判断,可以有真或者假。这种判断我就称之为"知觉判断"。"知识就是知觉"这个命题的意义必须解释为"知识就是知觉判断"。它唯有以这种形式才可能在文法上是正确的。

再回到相似与不相似的问题上来；当我同时知觉到两种颜色的时候，非常有可能它们的相似与不相似都是感觉与料的一部分，
176 并且可以用知觉判断来加以肯定。柏拉图的论证是说我们并不具有可以知觉相似与不相似的感觉器官，这是忽视了大脑皮质而认为一切感觉器官都必须是在身体的表面上。

把相似性与不相似性认为是包括在可能的知觉与料之内的论证如下。假设我们看见了两片颜色 A 与 B，假设我们判断“A 与 B 相似”。让我们再进一步像柏拉图那样地假设这样的判断一般说来是正确的，而特殊说来在我们所考察的情况中也是正确的。于是 A 与 B 之间就有一种相似的关系，而并不仅仅是从我们方面来断定相似与否时的一种判断。因为如果只有我们的判断，那它就会是一个任意的判断，而不可能有真或假了。既然它显然地可能有真或者假，所以相似性就存在于 A 与 B 之间，而不能仅是某种“心理”的东西。“A 与 B 相似”这一判断之所以为真(假如它是真的话)，乃是由于有一个“事实”，正像“A 是红的”或者“A 是圆的”这种判断是一样的。心灵对相似与否的知觉并不比心灵对颜色的知觉有着**更多**的关系。

我现在就来谈**存在**，这是柏拉图所极为强调的。他说，关于声音和颜色我们有一种思想可以同时包含这两者，那便是它们存在。存在属于一切的事物，并且是心灵本身所能认知的那些事物之一；不达到存在就不可能达到真理。

这里我们所反驳柏拉图的论证，与上面所反驳相似与不相似的论证是全然不同的。这里的论证是：柏拉图关于存在所说的一切话都是坏文法，或者不如说是坏语法。这一点不仅与柏拉图的

关系是重要的，而且对于其他的题目（例如对上帝存在的本体论的证明）也是重要的。

假设你对一个小孩子说"狮子是存在的，但麒麟并不存在"，你可以把他带到动物园里去，跟他说"瞧，这就是狮子"；从而证明你那与狮子有关的论点。可是除非你是一个哲学家，否则你一定不会补充说："现在你可以看到，那是存在的了。"但如果你是一个哲学家并且真的补充说了这一点，那你就是在说着毫无意义的话了。说"狮子存在"就是说"有狮子"，也就是说"对于一个合适的 x 来说，'x 是狮子'是真的"。但是我们却不能谈论一个合适的 x，说它"存在"；我们只能把这个动词应用于一种完全的或不完全的描述。"狮子"是一个不完全的描述，因为它可以应用于许多的客体："这个动物园里的最大的狮子"则是完全的描述，因为它只能应用于一个客体。

现在假设我正在注视着一片鲜红。我可以说"这是我现在的 177
知觉"，我也可以说"我现在的知觉存在"；但是我一定不能说："这存在"，因为"存在"这个字只有在用之于与一个名字相对立的一种描述时，才是有意义的。[1] 这就把*存在*处理成是心灵在客体里所察觉到的事物之一。

现在我就来谈对于数的理解。这里要加以考虑的是两种非常不同的东西：一方面是算学的命题，另一方面是计数上的经验命题。"2＋2＝4"属于前一种；"我有十个指头"则属于后一种。

我应该同意柏拉图的说法，即算学以及一般的纯粹数学并不

① 关于这个题目，请参看本书最后一章。

是从知觉得来的。纯粹数学包含着类似于“人是人”那样的同义反复，但通常只不过是更为复杂罢了。要知道一个数学命题是否正确，我们并不需要研究世界，而只需研究符号的意义；而符号，当我们省略掉定义之后(其目的只是为了简化)，就只不过是“或者”与“不是”以及“一切”与“某些”等等之类的字，而这些字并不像“苏格拉底”，它们并不指示现实世界中的任何事物。一个数学方程式肯定两组符号有着同一的意义；只要我们使自己限于纯粹数学的范围之内，这种意义就必定是一种无需我们知道任何能被知觉的事物便可以加以理解的意义。因此，数学的真理，正像柏拉图所说，乃是与知觉无关的；它是非常奇特的一种真理，并且只涉及符号。

计数的命题，例如“我有十个指头”，就完全是属于另一种范畴了，并且显然是(至少一部分是)要依靠知觉的。“指头”的概念很明显地是从知觉中抽象出来的；但是“十”这个概念又是怎样的呢？这里我们似乎达到了真正的共相，或者柏拉图的理念。我们不能说“十”是从知觉之中抽象出来的，因为凡是可以看成是十个的有关某种事物的任何知觉，也都可以同样地看成是别的数目。假使我是用“指”这个名字来称整个一只手的全部手指头；那么我就可以说“我有两个指”，而这也就描述了我此前用十这个数字所描述的同一个知觉事实。这样，在“我有十个指头”这一陈述里比起在
178 “这是红的”这样的一种陈述里来，知觉就占有更少的地位，而概念则占有更多的地位。然而这个问题只是程度的不同。

关于有“十”这个字出现的命题，我们完全的答案是：当我们把这些命题加以正确分析的时候，我们就可以发见它们并没有包含

任何成分是与“十”这个字相当的。要以十这样大的数目的例子来解说这一点是比较复杂的；因此，不妨让我们代之以“我有两只手”。这就意味着：

“有一个 a 于是便有一个 b，而 a 与 b 并不是同一个。当，并且唯有当，x 是 a 或者 x 是 b 的时候，‘x 是我的一只手’才是真的，无论 x 可能是什么”。

在这里“两”这个字并没有出现。的确 a 和 b，这两个字出现过，但是我们并不需要知道它们是两个，就正像我们并不需要知道它们是黑的还是白的，或者可能具有任何别的颜色一样。

因而，数在某种严格的意义上来说，便是形式的。足以证明那些断言有各种各样的组合各有两个成分的各种不同命题的种种事实，其共同之点并不是一种组成部分而仅仅是一种形式。在这一点上，它们和那些有关自由神像，或者月亮，或者乔治·华盛顿的命题是不同的。那些命题都涉及时-空的一个特殊部分，在所有的关于自由神像所能作的各种陈述之中这一点都是共同的。但是在“有两个某某”的这类命题之间，则除了一个共同的形式之外，便再没有任何共同的东西了。“两”这个符号对于一个有这个符号出现的命题的意义的关系，就要比“红”这个符号对于一个有红字出现的命题的意义的关系远为复杂得多。在某种意义上，我们可以说“两”这个符号并不意味任何事物；因为当它在一个真语句里出现的时候，这个语句的意义里面并没有一个与之相当的组成部分。如果我们愿意的话，我们还可以说数是永恒的、不变的等等，但是我们必须补充说，它们都是逻辑的虚构。

另外还有一点。关于声音与颜色，柏拉图说“二者一起就是两，其中每个就是一"。我们已经考察过了两；现在我们就来考察一。这里面也有着一种谬误，非常有似于关于存在的那种谬误。"一"这个谓语并不能应用于事物，而只能应用于单一的类。我们可以说"地球有一个卫星"；但是如果说"月亮是一"，那便是一种语法上的错误了。因为这样一种论断能意味着什么呢？你也可以同
179 样地说"月亮是多"，因为月亮有许多的部分。"地球有一个卫星"的这种说法乃是赋给"地球的卫星"这一概念以一种性质，即下列的这种性质：

"有这样的一个 c；当，并且唯有当，x 是 c 的时候，'x 是地球的卫星'便是真的"。

这是一个天文学上的真理；但是如果你用"月亮"或任何其他的专名词来代替"地球的卫星"的话，那么其结果若不是毫无意义，便仅仅是同义反复了。因此"一"就是某些概念的一种性质，正如"十"是"我的指头"这一概念的一种性质一样。但如果要是论证"地球有一个卫星，即月亮，因此月亮是一"，那就要和论证"使徒是十二，彼得是使徒；所以彼得是十二"是一样地糟糕了；但若是我们以"白"来代替"十二"的话，这种论证就会是有效的。

以上的考察就表明了，尽管有一种形式的知识，亦即逻辑与数学，并不是得自于知觉的；但柏拉图关于其他一切知识的论证却都是谬误的。当然，这并不证明他的结论都是假的；它仅仅证明柏拉图并没有提出有效的理由来假定他的结论是真的。

(2)我现在就来谈普罗泰戈拉的论点，即人是万物的尺度，或者——按照人们所解释的那样——每个人都是万物的尺度。这里最根本之点就是，我们必须决定讨论是在哪个层次上进行的。很

显然的，首先我们必须区别开知觉与推论。在知觉方面，一个人不可避免地只是限于他自身的知觉；凡是他所知道的别人的知觉，他都是由他自身的视与听的知觉里面推论而知道的。做梦的人和疯人的知觉，作为知觉来说，也正像别人的知觉是一样的；对于它们的唯一反驳就是，因为它们的前后联系异乎寻常，所以它们很容易造成谬误的推论。

但是推论又是怎样的呢？它们也同样地是个人的与私有的吗？在某种意义上，我们必须承认它们也是的。凡是我所相信的东西，必定是由于有某种能够使我相信的原因。的确，我的原因可以是另一个人的论断，并且它还可以是完全正当的原因，——例如我是一个法官在听取证辞。可是无论我可能是怎样的普罗泰戈拉的信徒，但对于某一套形象我宁愿接受某个叙述者的意见而不用我自己的意见，这总归是合理的事；因为我将会一再重复地发见，如果我起初不同意他的话，只要肯细心一点就可以证明他是对的。180
在这种意义上，我可以承认另一个人比我更有智慧。普罗泰戈拉的论点，如果加以正当的解释，并不包含着一种见解说我永远不犯错误，而只是说我错误的证据必须向我呈现出来。对我过去的自己也可以加以判断，正如对别人可以加以判断一样。但是这一切都要预先假定，作为与知觉相对立的推论是有着某种非个人的正确与否的标准的。假如我所作的任何一个推论都正像任何另一个推论是一样地好，那么柏拉图从普罗泰戈拉那里所推演出来的知识的无政府状态，事实上就确乎要出现了。因此在这个重要之点上，柏拉图似乎是对的。但是经验主义者却要说，知觉才是检验推论中经验材料正确与否的试金石。

(3)普遍流变的学说是经柏拉图所歪曲过的,我们很难想象曾有任何别人主张过柏拉图所赋给它的那种极端的形式。例如,让我们假设,我们所看到的颜色是在不断地变化着。“红”这样一个字可以应用于许多片颜色;但是如果我们说“我看见了红”,我们并没有理由认为在我们说这话的整个那段时间内,这话就应该不是真的。柏拉图是把见与不见、知与不知这样的一些逻辑的对立应用于不断变化的过程,而得到他的结果的。可是这些对立却并不适用于描述这一类的过程。假设在一个大雾弥漫的日子里,你注视着一个人从你的身边沿着大路走下去:他变得越来越模糊,终于到了一个时候你可以确定你是看不见他了,但是其间却还有一段疑惑不定的中间时期。逻辑的对立乃是为了我们的方便而被创造出来的,但是不断的变化却需要有一种计量的工具,而柏拉图却忽略了这种可能性。因此他关于这个题目所说的话,大部分就都是文不对题。

与此同时,我们必须承认除非文字在某种限度内具有确定的意义,否则讨论就会是不可能的。然而在这里,我们也很容易过分地绝对化。文字的意义的确是变化着的,我们不妨以“理念”这个字为例。只有受了相当的教育之后,我们才学会赋给这个字以某种有如柏拉图所赋给它的意义。文字意义的变化应该落后于文字所描述的变化,这是必要的;但是要求文字的意义应该没有变化,
181 这却不是必要的了。或许这一点并不适用于逻辑和数学的抽象文字,这些字(我们已经看到)只能应用于命题的形式而非命题的内容。于是在这里,我们又发现了逻辑和数学是特殊的。柏拉图受了毕达哥拉斯派的影响,过分地把别的知识都同化于数学了。他

和许多最伟大的哲学家一起都犯了这个错误，但它毕竟是个错误。

第十九章　亚里士多德的形而上学 182

阅读任何一个重要的哲学家，而尤其是阅读亚里士多德，我们有必要从两个方面来研究他：即参考他的前人和参考他的后人。就前一方面说，亚里士多德的优点是极其巨大的；就后一方面说，则他的缺点也同样是极其巨大的。然而对于他的缺点，他的后人却要比他负有更多的责任。他生当希腊思想创造时期的末叶；而他死之后一直过了两千年，世界才又产生出来任何可以认为是大致能和他相匹敌的哲学家。直迄这个漫长时期的末尾，他的权威性差不多始终是和基督教教会的权威性一样地不容置疑，而且它在科学方面也正如在哲学方面一样，始终是对于进步的一个严重障碍。自起十七世纪的初叶以来，几乎每种认真的知识进步都必定是从攻击某种亚里士多德的学说而开始的；在逻辑方面，则今天的情形还仍然是这样。但是假如是任何一个他的前人（也许除了德谟克里特而外）获得了和他同样的权威的话，那情形至少也会是同样的灾难。为了对他公平起见，我们首先就必须忘记他那过分的身后的声望，以及由此而引起的同样过分的身后的非难。

亚里士多德大约是公元前384年生于色雷斯的斯塔吉拉。他的父亲承袭了马其顿王的御医的职位。亚里士多德大约是十八岁的时候来到雅典做柏拉图的学生；他在学园里一直居留了将近二十年，直到公元前348—前347年柏拉图逝世为止。此后，他游历了一个时期，并娶了一个名叫赫米阿斯的僭主的妹妹或侄女为妻。

(谣传她是赫米阿斯的女儿或者是宠姬,但赫米阿斯本人是个宦官的这一事实就否定了这两种说法)。公元前343年,他做了亚历山大的老师,亚历山大那时十三岁;并且他一直担任这个职位直到亚历山大十六岁,在那一年亚历山大被他的父亲腓力浦宣布已经成年,并指定他在腓力浦缺位时摄政。人们对于亚里士多德和亚历
183 山大两人的关系所希望知道的每一件事情都是无法确定的,特别是因为关于这个题目不久就有种种传说编造出来。他们两人之间还有过一些通信,这些信已经被公认是伪造的了。那些对这两个人都崇拜的人们,就想象着老师影响了学生。黑格尔认为亚历山大的事业就表现了哲学的实际用途,关于这一点,阿·维·贝恩说:"如果哲学除了亚历山大的性格而外就没有别的更好的证件来表明它自己的话,那就真是不幸了。……狂妄、酗酒、残酷、报复成性而又迷信得粗鄙不堪,他把深山里的酋长的邪恶和东方专制君主的狂暴都结合在一道了。"①

至于我,虽然我同意贝恩对于亚历山大的性格的意见,然而我却以为亚历山大的功业是极其重要的,而且是极其有益的;因为要不是他,整个希腊文明的传统很可能会早已经消灭了。至于亚里士多德对于他的影响,则我们尽可以任意地猜想成我们觉得是最合情理的东西。至于我,则我愿意想象它等于零。亚历山大是一个野心勃勃而又热情冲动的孩子,和他父亲的关系处得很坏,并且大概是不肯受教育的。亚里士多德教导说,每个国家的公民都不

---

① 《希腊哲学家》,卷一,第285页。

应该达到十万人，①并且还宣扬中庸之道的学说。我不能想象他的学生除了把他看成是他父亲为了使他不致胡闹而安置来看管他的一位没趣味的老迂腐而外，还能把他看成是什么别的。亚历山大对于雅典的文明确实怀有一种势利眼的敬意，但这一点是他整个的王朝所共有的，他们都希望能证明自己并不是野蛮人。这非常类似于十九世纪俄国贵族们对于巴黎的那种感情。所以这一点也不能归功于亚里士多德的影响。而且在亚历山大的身上，我也看不出有任何别的东西可能来源于亚里士多德的影响。

更使人惊异的倒是，亚历山大对于亚里士多德的影响竟是如此之小，亚里士多德对政治的思考竟至于轻易地遗漏掉了一个事实，即城邦的时代已经让位给帝国的时代了。我疑心亚里士多德一直把亚历山大认为只不过是“一个放荡而执拗的孩子，是永远不能理解一点哲学的”。大体上说，这两个伟大人物的接触似乎是毫无结果的，竟仿佛两人是生活在不同的世界里一般。

自公元前 335 年至公元前 323 年（亚历山大就死于这最后一年），亚里士多德住在雅典。在这十二年之中他建立了他的学园，并写出了他的绝大部分著作。亚历山大一死，雅典人就反叛起来并攻击亚历山大的朋友，包括亚里士多德在内；亚里士多德被判以 184
不敬神的罪，但是他不像苏格拉底，他逃亡在外以避免受刑。第二年（公元前 322 年）他就死去了。

亚里士多德作为一个哲学家，在许多方面和所有他的前人都非常之不同。他是第一个像教授一样地著书立说的人：他的论著是有

① 《伦理学》1170b。

系统的，他的讨论也分门别类，他是一个职业的教师而不是一个凭灵感所鼓舞的先知。他的作品是批判的、细致的、平凡的，而没有任何巴库斯激情主义的痕迹。柏拉图思想中的奥尔弗斯成分在亚里士多德里面被冲淡了，而且被掺进了一剂强烈的常识感；就在他富有柏拉图气味的地方，我们也觉得是他的天生气质被他所受的训练给压倒了。他不是热情的，并且在任何深刻的意义上都不是宗教的。他的前人的错误是青年人企求不可能的事物而犯的那种光荣的错误；但他的错误则是老年人不能使自己摆脱于习俗的偏见的那种错误。他最擅长于细节与批评；但由于缺乏基本的明晰性与巨人式的火力，所以他并没有能成就很大的建设工作。

我们很难决定应该从什么地方来开始叙述亚里士多德的形而上学，或许最好的地方就是从他对理念说的批评以及他自己那另一套的共相学说来开始。他提出了一大堆很好的论据来反对理念，其中大部分已经在柏拉图的《巴门尼德篇》里谈过了。最强的论据就是“第三个人”的论据：即，如果一个人之所以为一个人乃是因为他像那个理想的人，那么就必须有另一个更理想的人，而普通的人和理想的人就都应该像这个更理想的人。其次，苏格拉底既是一个人又是一个动物，于是就产生了一个问题，即理想的人是不是一个理想的动物；如果是的话，那么动物的种类有多少，理想的动物也就必须有多少。我们无须追究这种说法；因为亚里士多德已经说得很明白，当有若干个体分享着同一个谓语时，那就不可能是由于它们对于某种与它们同类的事物有关系的缘故，而必须是由于它们对于某种更理想的事物有关系的缘故。这一点大致可以认为已经是定论，不过亚里士多德自己的学说却很不清楚。正是这种缺乏明确性，便使得中世纪唯名论者与唯识论者的争论成为可能。

亚里士多德的形而上学，大致说来，可以描述为是被常识感所冲淡了的柏拉图。亚里士多德之难于理解，就正因为柏拉图和常识感是很不容易掺合在一起的。当我们努力想去理解他的时候，有时候我们就以为他表现的是一个不懂哲学的人的通常见解，又有时候我们就以为他是用一种新的词汇在阐明着柏拉图主义。过分强调 185
单独的某一段话是不行的，因为在另外的某段话里又会有着对它的改正或修订。总的说来，要理解他的共相论和他的形式与质料的理论，最简易的方法就是首先摆出来他的观点中的常识感学说的那一半，然后再来考虑他对此所进行的柏拉图式的修正。

在一定的限度之内，共相论是十分简单的。在语言上，这里面有专名词也有形容词。专名词适用于"事物"或"人"，而其中的每一个都只是这个名词所适用的唯一的事物或人。太阳、月亮、法国、拿破仑等等，都是独一无二的；这些名字所能适用的并没有许多的事例。另一方面像"猫""狗""人"这样的字，则适用于许多不同的事物。共相的问题就是要探讨这些字的意义，以及像"白""硬""圆"等等这些形容词的意义。他说道①："'共相'一词在我的意思是指具有可以用于述说许多个主体的这样一种性质的东西，'个体'一词在我的意思是指不能这样加以述说的东西。"

一个专名词所指的东西就是"实体"，而一个形容词或类名（例如"人的"或"人"）所指的东西就叫作"共相"。实体是"这个"，而共

① 《解释篇》，17*a*。

相则是“这类”——它指事物的种类而不指实际的特殊事物。共相不是实体，因为它不是“这个”。（柏拉图的天上的床，对于那些能够看得见它的人来说，也是一个“这个”；但这正是亚里士多德所不同意于柏拉图的地方。）亚里士多德说，“任何一个共相的名词要成为一个实体的名词，似乎都是件不可能的事。因为……每个事物的实体都是它所特有的东西，而并不属于任何别的事物；但是共相则是共同的，因为叫做共相的正是那种能属于一个以上的事物的东西”。就此而论，这种说法的要旨就是共相不能自存，而只能存在于特殊的事物。

亚里士多德的学说表面上是极其平易的。假设我说“有足球赛这样一种东西”，大多数人会认为这种说法是明明白白的真理。但假如我是指足球赛可以没有足球运动员而存在，我就会很正当
186 地被人认为是说着毫无意义的话了。同样地，人们也会认为有父母之道这样一种东西，但那只是因为有许多的父母；有甜美性这样一种东西，但那只是因为有许多甜美的事物；有红，但那只是因为有许多红的东西。并且这种依存关系被人认为并不是相互的：纵令踢足球的人永远没有踢过足球，但他们还是依然存在的；通常是甜的东西可以变成为酸的；而我的脸通常虽是红的，却也可以变成苍白而仍不失其为我的脸。我们就以这种方式被引到一种结论说，一个形容词其存在乃是有赖于一个专名词所意味的东西的，然而却不能反之亦然。我以为这就是亚里士多德的意思。在这一点上，正像在许多其他之点上一样，他的学说乃是一种常识上的偏见而加以学究式的表现。

但是要把这种理论弄得很精确，却不是件容易的事。假定说

足球赛没有足球运动员就不能存在，但是它却很可以没有这个或那个足球运动员而照样存在。并且假定说一个人可以不踢足球而存在，然而他却不能不做任何事而存在。红的性质没有某个主体就不能存在，但是它却可以没有这个或那个主体而存在；同样地一个主体没有某种性质就不能存在，但是没有这样或那样性质它却能够存在。于是，用以区别事物与性质的那种假设的理由就似乎是虚幻的了。

事实上，作出这种区别的真正根据乃是语言学上的；它是从语法里面得出来的。我们有专名词、形容词和关系字；所以我们可以说："约翰是聪明的，詹姆士是愚蠢的，约翰比詹姆士更高。"这里，"约翰"和"詹姆士"是专名词，"聪明的"和"愚蠢的"是形容词，而"更高"则是一个关系字。自从亚里士多德以来，形而上学家们都是形而上地在解释这些语法上的不同：约翰和詹姆士是实质，聪明和愚蠢则是共相。（关系字则被忽略过去了，或者是加以错误的解释。）或许我们若加以充分的注意就可以发现，有些形而上方面的不同是与这些语法上的不同有着某种关系的；但如果真是这样的话，那也只能是经过一个很长的过程，并须附带创造出一套人造的哲学语言。而这种语言将不包含像"约翰"和"詹姆士"这样的名字，以及像"聪明的"和"愚蠢的"这样的形容词；所有日常语言中的用字都必须经过分析，并且须被意义较不复杂的字所代替。一直要到完成了这件工作之后，对个体与共相的问题才可能做出恰如 187
其分的讨论。当我们终于到达了能讨论它的时候，我们就会发见我们所讨论的问题与我们起初所设想的已经是大大不同了。

因此，若是我没有能够讲清楚亚里士多德的共相论，那乃是

(我坚持认为)因为它本身就不清楚。但它的确是理念论上的一个进步,而且的确是涉及了一个真正的而又非常重要的问题。

另有一个名词在亚里士多德和他的经院派的后继者们中间是非常重要的,那就是"本质"这个名词。这个名词和"共相"绝不是同义语。你的"本质"就是"你的本性所规定的你之为你"。可以说,它是你的那样一些属性,你若丧失了那些属性就不成其为你自己了。不仅是一个个体事物有本质,而且每种品类也都有本质。一种品类的定义就应该包括它的本质在内。后面我还要谈到"本质"这一概念与亚里士多德逻辑的关系。目前我只需说,我觉得它是头脑混乱的一种举动,是根本不可能精确的。

亚里士多德形而上学的另一点,就是"形式"与"质料"的区别。(必须了解:与"形式"相对立的那种意义上的"质料",是不同于与"心灵"相对立的"物质"的。)①

这里亚里士多德的理论也有一种常识的基础,但是这里柏拉图式的改造却比在共相问题上更为重要。我们可以从一个大理石像着手;在这儿大理石是质料,而雕刻家所塑造的形状便是形式。或者,用亚里士多德的例子,如果一个人制造了一个铜球,那么铜便是质料,球状便是形式;以平静的海为例,水便是质料,平静便是形式。至此为止,一切全都是简单的。

他继续说,正是凭借着形式,质料才成为某种确定的东西,而这便是事物的实质。亚里士多德的意思似乎就是平易的常识:一件"东西"必定是有界限的,而界限便构成了它的形式。例如说,有

① "质料"、"物质"原文均为 matter。——译者

一定体积的水：用一个瓶子装起来的任何一部分水就能够和其余的水划分开来，于是这一部分就变成为一件“东西”；但是只要这一部分无法和其余的浑然一体的物质划分开来，它就不是一件“东西”。一个雕像是一件“东西”，而它所由以构成的大理石则在某种意义上仍然照旧是一块石头的一部分，或者是一片山石的内容的一部分，而并没有变化。我们不会自然而然地说，是形式才造成了 188
实质性；但这是因为原子假说已经在我们的想象中根深蒂固的缘故。然而，每一个原子，假如它是一件“东西”的话，则也还是靠了它得以与其他的原子划清界限才成为一件“东西”的，因此在某种意义上也就有一个“形式”。

现在我们就来看一种新的表述，这种新的表述乍看起来似乎是很困难的。他告诉我们说，灵魂是身体的形式。这里的“形式”并不意味着“形状”，那是很明白的事。后面我还会再谈到灵魂是身体的形式其意义是什么；目前我只要说，在亚里士多德的体系里灵魂就是使身体成为一件东西的东西，它具有着目的的统一性以及我们认为与“有机体”这个名词相联系的种种特点。眼睛的目的是看，但是脱离开它的身体它就不能够看。事实上，那是灵魂在看。

因而看起来，似乎“形式”就是把统一性赋予某一部分物质的那种东西，而这种统一性通常（如果不是常常）总是目的论的。但“形式”却要比这多得多，而所多的部分又是非常之难于理解的。

他告诉我们说，一件事物的形式就是它的本质和它的原始实质。形式是有实质的，虽然共相是没有实质的。当一个人制作一个铜球的时候，质料和形式二者都已经存在了；他所做的全部工作只是把二者结合在一起而已;这个人并不制造形式,正像他并不制造铜一样。并非每件事物都是有质料的;有许多永恒的事物,其中除了那些能在空间中移动的而外,就都没有质料。事物由于获得了形式便增加了现实性,没有形式的质料只不过是潜能而已。

形式是实质,它独立存在于它所由以体现的质料之外,——这种观点似乎把亚里士多德暴露在他自己所用以反对柏拉图理念说的论证之下了。他的形式原意是指某种与共相迥然不同的东西,可是它却又具有许多同样的特点。他告诉我们说形式比质料更加实在;这就使人联想到理念具有唯一的实在性。看起来似乎亚里士多德对于柏拉图形而上学实际上所做的改变,比起他自己所以为的要少得多。策勒尔就采取的是这种见解,他在论到质料与形式的问题时说:[①]

> “然而,关于亚里士多德在这个题目上之所以缺乏明晰性,其最后的解释可以从下列的事实里找到,即——我们将会看
> 189 到——他从柏拉图想把理念加以实体化的倾向之下,只曾把自己解放出来了一半。‘形式’之于他,正如‘理念’之于柏拉图一样,其本身就具有一种形而上的存在,它在规定着一切个别的事物。尽管他是那么样尖锐地在追踪着理念从经验之中生长出来的过程,然而同样真确的是这些理念,尤其是当它们离开经验与直接的知觉最远的时候,终于还是由一种人类思想的逻辑产物转变成了一种超感世界的直接表象,并且在这种意义上还转变成了一种理智直觉的对象”。

① 《亚里士多德》,卷一,第204页。

我看不出来亚里士多德对于这一批评怎么能够找到一个答复。

我所能想象的唯一答案就是，他应该主张没有两件事物可以有同一的形式。假如一个人制造了两个铜球，(我们必须说)每一个就都有它自己特殊的圆性，这一特殊的圆性既是实质的又是个别的，既是一般"圆性"的例子，但又并不等同于一般的"圆性"。我并不以为上面我所引的各段话很能支持这种解说。而且它还可能受到一种反驳，即特殊的圆性在亚里士多德的观点里应该是不可知的；然而他的形而上学在本质上却又是说，随着形式的愈来愈多和质料的愈来愈少，事物也就逐渐地越来越可知。这若要和他的其他观点能相符合，那就必须让形式能体现在许多的个体事物之中。如果他要说有多少个球形的事物就有多少种形式(这些形式是球性的事例)，那么他就必须对他的哲学做出根本的修改。例如，他的那种每一形式即等同于它的本质的观点，就和上面所提示的这条出路无法相容。

亚里士多德哲学中质料与形式的学说，是和潜能与现实的区别相联系着的。单单质料就被想成是形式的一种潜能；某一事物在变化以后要比在变化以前具有更多的形式，在这种意义上一切变化就都是我们会称之为"演化"的那种东西。凡是具有更多的形式的，则被认为是更"现实的"。神是纯形式与纯现实；因此神就不能有变化。我们可以看出这种学说乃是乐观主义的与目的论的：在这种学说里，整个宇宙以及宇宙中的万物都在朝向某种不断地变得比过去更为美好的事物而发展着。

潜能这一概念在某些方面是非常便当的，只需我们在使用它

190 时能够把我们的表述翻译成为不包括这一概念在内的一种形式。“一块大理石是一座潜在的雕像”，这就是说，“从一块大理石里经过适当的加工就可以产生出来一座雕像”。但是当潜能用来作为一种根本的不可简化的概念时，它就往往隐蔽着思想的混乱了。亚里士多德对它的应用是他体系中的缺点之一。

亚里士多德的神学是很有趣的，并且和他的形而上学的其余部分有着密切的联系，——的确“神学”乃是他用以称呼我们叫做“形而上学”的那种东西的名字之一。（我们所知道以形而上学命名的那本书，亚里士多德本人并不是那样称呼它的。）

他说有三种实质：即，一种是可感觉的又可毁灭的，一种是可感觉的但不可毁灭的，再一种是既不可感觉的又不可毁灭的。第一类包括植物和动物，第二类包括天体（亚里士多德相信它们除了运动而外是没有变化的），第三类包括人的理性的灵魂以及神。

证明神的主要论据就是最初因：必须有某种事物产生运动，而这种事物的本身必须是不动的，是永恒的，是实质和现实。亚里士多德说，欲望的对象与思想的对象就以这种方式造成了运动，而它们本身则是不动的。从而神就由于被爱而产生了运动，然而其他一切运动的原因则都是由于其本身在运动着而起作用的（好像一个台球那样）。神是纯粹的思想；因为思想是最好的东西。“生命也属于神，因为思想的现实就是生命，而神就是那种现实；而神的自我依存的现实就是最好的永恒的生命。因此我们说神是一个永恒的最好的生物，从而永恒不断的生命与延续就都属于神；因为这就是神”。（1072 b）

“由以上所说的就可以明白，有一种既永恒又不动并且独立于可感觉的事物之外的实质。也已经证明了这种实质不能有任何大小,而是既不包含许多部分,又是不可分割的。……并且也已经证明了它是无感觉的、不可移动的;因为其他一切的变化都必须先有位置的变化”。(1073 a)

神并不具备基督教的神明的那些属性,因为除了完美(亦即神自身)而外若再想到任何别的东西,就会有损于神的完美性了。“它自身必定就是神圣的思想在思想着(因为它是万物中最优异的),而它的思想就是对思想的思想”(1074 b)。我们必须推论说, 191
神并不知道我们这个地上世界的存在。亚里士多德也像斯宾诺莎一样坚持说,尽管人必须爱神,但是神要爱人却是不可能的事。

神不能**定义**为“唯一不动的推动者”。反之,天文学的研究得到的结论是有四十七个或五十五个不动的推动者(1074 a)。这些不动的推动者与神的关系并没有说明白;的确,最自然的解释应该是有四十七个或五十五个神。因为在上述论神的一段话之后,亚里士多德又继续说:“我们绝不能忽略这个问题,不管我们是设想只有一个这样的实质还是不止一个”,紧接着他就谈到那个得出了四十七个或五十五个不动的推动者的论证。

不动的推动者这一概念,是一个难于理解的概念。对于一个近代人的头脑来说,一种变化的原因似乎必须是在此以前的另一个变化;并且宇宙若曾完全静止的话,那么宇宙就会永远都是静止的。要了解亚里士多德的意思,我们就必须谈到亚里士多德关于原因的说法。按照他的说法,有四种原因:它们分别地叫做质料因、形式因、动力因和目的因。让我们再举那个塑像的人为例。雕像的质料因就是大理石,形式因就是要塑造的这座像的本质,动力因就是凿子与大理石相接触，而目的因就是雕刻家心目中的目的。在近代的术语里，“因”这个字是只限于动力因的。不动的推动者可以看作是一种目的因：它为变化提供了一个目的，而那本质上就是朝着与神相似的一种演化。

我说过亚里士多德并不是宗教气质很深厚的，不过这话只有部分的真确。我们也许可以多少是很随便地把他的宗教这一面解说如下：

神作为纯粹思想、幸福、完全的自我实现，是永恒存在的，并没有任何未曾实现的目的。反之，感觉世界则是不完美的，但它有生命、欲念、属于不完美那类的思想以及热望。一切生物都在多少不同的程度上察觉到神，并且是被对神的敬爱所推动而行动着的。这样，神就是一切活动的目的因。变化就在于赋予质料以形式，但当其涉及可感觉的事物时，则始终有一种质料作为下层基础。惟
192 有神才只包涵着形式而没有质料。世界就在不断地朝着更大程度的形式而演进，并且这样就日愈变得更近似于神。但是这一过程是不可能完成的，因为质料并不能全然被消灭。这是一种进步与演化的宗教，因为神的静态的完美仅只是通过有限的存在对于神所怀的爱而在推动着世界的。柏拉图是数学的，而亚里士多德则是生物学的；这就说明了他们两人宗教的不同。

然而这样便会是对亚里士多德的宗教的一种片面的见解了；其实，亚里士多德还具有着希腊人那种对静态的完美的爱好，以及希腊人的那种偏爱静观而不爱行动。他的灵魂学说就表明了他的哲学的这一面。

亚里士多德究竟有没有以任何形式教导过灵魂不朽说，这在

注释者们之间是一个伤脑筋的问题。阿威罗伊认为亚里士多德不曾教导过;而阿威罗伊在基督教国家里是有许多追随者的,其中最极端的就被人叫作伊壁鸠鲁派,但丁发见这些人都在地狱里。事实上,亚里士多德的学说是复杂的,很容易被误解。在他的《论灵魂》一书里,他把灵魂看成是与身体结合在一起的,并且嘲笑了毕达哥拉斯派的轮回学说(407 b)。似乎灵魂是随身体而消灭的:“因此无可怀疑,灵魂与它的身体是不可分的”(413 a);但是他随即又补充说道:“或者,无论如何,灵魂的某些部分是如此的”。身体与灵魂的关系即质料与形式的关系:“灵魂必定是在一个物体的形式的内部就潜存着生命的那种意义上的一种实质。但是实质是现实,因而灵魂就是具有上述特征的身体的现实”(412 a)。灵魂“是与事物本质的规定公式相符合的那种意义上的实质。这意思就是说,它是一个具有上述规定的特性(按指具有生命)的身体的‘本质的东西’”(412 b)。“灵魂是一个潜存着生命的自然体的第一级的现实。上述的这种自然体便是一个有机组织的身体”(412 a)。如果问灵魂和身体究竟是不是一个,那就像问蜡和以模型铸出来的蜡的形象是不是一个,是同样地没有意义了(412 b)。自我滋养是植物所具有的唯一的精神能力(412 a)。灵魂是身体的目的因(414 a)。

在这部书里,亚里士多德区别了“灵魂”与“心灵”,把心灵提得比灵魂更高,更不受身体的束缚。谈过了灵魂与身体的关系之后,他说道:“心灵的情况是不同的;它似乎是植于灵魂之内的一种独立的实质,并且是不可能被毁灭的”(408 b)。又说:“我们还没有关于 193
心灵或者思维能力的证据;它似乎是一种大不相同的灵魂,有如永恒的东西之不同于可消逝的东西那样;唯有它才能孤立存在于其他一切的精神能力之外。由于以上所述显然可见(尽管有些相反的说法),灵魂的其他一切部分都是不能单独存在的”(413 b)。心灵是我们的一部分,它能理解数学与哲学;它的对象是没有时间性的,所以它本身也就被看成是没有时间性的。灵魂是推动身体并知觉可感觉的对象的东西;它以自我滋养、感觉、思维与动力为其特征(413 b);但是心灵则具有更高的思维功能,它与身体或感觉无关。因此心灵就可以是不朽的,虽说灵魂的其他部分都是不能不朽的。

要了解亚里士多德的灵魂学说,就必须记得灵魂是身体的“形式”,而空间的形状则只是“形式”的一种。那么灵魂与形状之间的共同之点又是什么呢?我以为共同之点就是两者都把统一性赋给了某一定量的质料。一块大理石里面后来将要变为一座雕像的那一部分,现在还不曾与大理石的其他部分区分开来;它现在还不是一件“东西”,并且也没有任何的统一性。但是在雕刻家塑造了这座雕像之后,它就有了由它的形状而得到的统一性。灵魂最本质的特征——灵魂就是以此而成为身体的“形式”的——就是它使身体成了一个有机的整体,并且作为一个统一体而有其目的。一个单独的器官所具有的目的是在它的自身之外的;例如眼睛在孤立时就不能看。所以有许多事情,尽管当以一个作为整体的动物或植物为其主体时,是可以那么说的;但是对于它的任何一部分可就不能也那么说了。正是在这种意义上,有机组织或者说形式才能赋予实质性。凡是赋予植物或动物以实质性的,亚里士多德便称之为“灵魂”。但是“心灵”却是另一种不同的东西,与身体的联系也不那么密切;也许它是灵魂的一部分,但是它却只为很少数的一小部分生物所具有(415 c)。作为思辨过程的心灵并不能成为运动的原因,因为它永远不会想到一切实际的东西，也永远不会说应该避免什么或者应该追求什么(432 b)。

《尼各马可伦理学》一书中提出了类似的学说，虽然在术语上略有改变。灵魂里面有一种成分是理性的，有一种成分是非理性的。非理性的部分有两重：即，在各种生物(包括植物)之中都可以发见 194
的生长部分与只存在于一切动物的嗜欲部分(1102 b)。理性灵魂的生活就在于沉思，这是人的完满的幸福，尽管并不能完全达到。"这样的一种生活对于人恐怕是太高了：因为人并不是就其作为一个人便可以这样生活的，而是就他身中有着某种神圣的东西存在，他才能如此的；并且它的活动之优越于其他各种(实际的)德行的作用，正与它之优越于我们复合的本性的程度是一样的。所以，如果与人比较起来理性乃是神圣的，那么与人的生活比较起来符合于理性的生活也就是神圣的。但是我们绝不能听从有些人的话，那些人劝告我们说我们既是人就该去想人的事情，既然有死就该去想有朽的事物。我们应当是尽我们的力量使自己不朽，尽最大的努力依照我们生命中最美好的东西而生活；因为即使它在数量上很小，但是它在力量上和价值上却远远超过了一切事物"(1177 b)。

从这些段话看来，则似乎个性——这是区别开一个人与另一个人的东西——是与身体和非理性的灵魂相联系着的，而理性的灵魂或者心灵则是神圣的、非个人的。一个人喜欢吃蠔肉而另一个人喜欢吃菠萝；这就区别开了人与人。但是当他们都想到乘法表的时候，只要他们想得正确，他们之间就没有任何的分别了。非理性的灵魂把我们区分开来；而有理性的灵魂则把我们结合起来。因此心灵的不朽或理性的不朽并不是个别的人的个人不朽，而是分享着神的不朽。我们看不出亚里士多德是相信柏拉图以及后来基督教所教导的那种意义上的个人的灵魂不朽的。他只是相信就人有理性而论,他们便分享着神圣的东西,而神圣的东西才是不朽的。人是可以增加自己天性中的神圣的成分的,并且这样做就是最高的德行了。可是假如他真的完全成了功的话,他也就会不再成其为一个个别的人而存在了。这也许并不是对于亚里士多德的话的唯一可能的解释,但是我以为这却是最为自然的解释。

195

第二十章 亚里士多德的伦理学

在亚里士多德的全部著作中,关于伦理学的论文有三篇,但是其中有两篇现在都公认是出于弟子们的手笔。第三篇,即《尼各马可伦理学》,绝大部分的可靠性始终是没有问题的,但是就在这部书里面也有一部分(即卷五至卷七)被许多人认为是从他弟子的某篇著作里收进来的。然而,我将略掉这些争论纷纭的问题,而把这部书当作是一整部书,并且当作是亚里士多德的著作来处理。

亚里士多德的伦理观点大体上代表着他那时有教育的、有阅历的人们的流行见解。它既不像柏拉图的伦理学那样地充满着神秘的宗教;它也不赞许像在《国家篇》里可以看到的那种关于财产与家庭的非正统的理论。凡是既不低于也不高于正派的循规蹈矩的水平的公民们,对于他们认为应该用以规范自己行为的那些原则,都可以在这部伦理学里面找到一套有系统的阐述。但是要求任何更多的东西的人,就不免要失望了。这部书投合了可尊敬的中年人的胃口,并且被他们用来,尤其是自从十七世纪以来,压抑青年们的热情与热诚。但是对于一个具有任何程度深厚感情的人，它却只能令人感到可憎。

他告诉我们说，善就是幸福，那是灵魂的一种活动。亚里士多德说，柏拉图把灵魂分为理性的与非理性的两个部分是对的。他又把非理性的部分分为生长的（这是连植物也有的）与嗜欲的（这是一切动物都有的）。当其所追求的是那些为理性所能赞许的善的时候，则嗜欲的部分在某种程度上也可以是理性的。这一点对于论述德行有着极其重要的意义；因为在亚里士多德，理性本身是纯粹静观的，并且若不借助于嗜欲，理性是绝不会引向任何实践的活动的。

相应于灵魂的两个部分，就有两种德行，即理智的与道德的。理智的德行得自于教学，道德的德行则得自于习惯。立法者的职务就是通过塑造善良的习惯而使公民们为善。我们是由于做出了正 196
直的行为而成为正直的，其他的德行也是一样。亚里士多德以为我们由于被迫而获得善良的习惯，但是到时候我们也就会在做出善良的行为里面发见快乐。这就令人联想到哈姆雷特对他母亲说的话：

即使您已经失节，也得勉力学做一个贞节妇人的样子。
习惯虽然是一个可以使人失去羞耻的魔鬼，
但是它也可以做一个天使，
对于勉力为善的人，
它会用潜移默化的手段，
使他徙恶从善。①

---

① 译文采自朱生豪译《莎士比亚戏剧集》，第4卷（作家出版社，1954年版，第238页）。——译者

现在我们就来看他那个有名的中庸之道的学说。每种德行都是两个极端之间的中道，而每个极端都是一种罪恶。这一点可以由考察各种不同的德行而得到证明。勇敢是怯懦与鲁莽之间的中道；磊落是放浪与猥琐之间的中道；不亢不卑是虚荣与卑贱之间的中道；机智是滑稽与粗鄙之间的中道；谦逊是羞涩与无耻之间的中道。有些德行却似乎并不能适合这种格式，例如真理性。亚里士多德说真理性是自夸与虚伪之间的中道(1108 a)，但是这只能适用于有关自己个人的真理性。我看不出任何广义的真理性可以适合于这个格式。从前有一位市长曾采用过亚里士多德的学说；他在任期结束时讲话说，他曾经力图在一方面是偏私而另一方面是无私这两者之间的那条狭窄的路线上前进。把真理性视为是一种中道的见解，似乎也差不多是同样地荒谬。

亚里士多德关于道德问题的意见，往往总是当时已经因袭成俗的那些意见。在某些点上，它们不同于我们时代的见解，而主要地是在与贵族制的某种形式有关的地方。我们认为凡是人，至少在伦理理论上，就都有平等的权利，而正义就包含着平等；亚里士多德则认为正义包含着的并不是平等而是正当的比例，它只在**某些时候**才是平等(1131 b)。

一个主人或父亲的正义与一个公民的正义并不是一回事；因为奴隶或儿子乃是财产，而对于自己的财产并不可能有非正义(1134 b)。然而谈到奴隶，则关于一个人是否可能与自己的奴隶做朋友的这个问题上，亚里士多德的学说却略有修正："这两方之间是没有共同之处的；奴隶是活的工具。……所以**作为**奴隶，一个
197 人就不能和他做朋友。但是**作为**人，则可以和他做朋友；因为在任

何人与任何别人之间——只要他们能共有一个法律的体系或者能作为同一个协定中的一方，——都似乎是有某种正义的；因此就他是一个人而言，则还是可以和他有友谊的”(1161b)。

如果儿子很坏，一个父亲可以不要儿子；但是一个儿子却不能不要父亲，因为他有负于他父亲的远不是他自己所能报答的，特别是他的生命(1163 b)。在不平等的关系上面，这是对的；因为每个人所受的爱都应该与自己的价值成比例，因此在下者之爱在上者就应该远甚于在上者之爱在下者：妻子、孩子和臣民之爱丈夫、父母与君主，应该更有甚于后者对于前者的爱。在一个良好的婚姻里，“男人依照他的价值、并就一个男人所应该治理的事情来治家，而把那些与女人相称的事情交给女人去做”(1160a)。男人不应该管理女人分内的事；而女人尤其不应该管理男人分内的事，就像有时候当女人是一个继承人的时候所发生的情形那样。

亚里士多德所设想的最好的个人，是一个与基督教的圣人大不相同的人。他应该有适当的骄傲，并且不应该把自己的优点估价过低。他应该鄙视任何该当受鄙视的人(1124b)。亚里士多德关于骄傲或者说恢弘大度①的人的描述是非常有趣的；它表明了异教伦理与基督教伦理之间的差异，以及尼采把基督教视为是一种奴隶道德之所以有道理的意义何在。

“恢弘大度的人既然所值最多，所以就必定是最高度的善，因

① 希腊文的这个字实际上的意义是“灵魂伟大的”，通常都译作“恢弘大度”，但是牛津版则译作“骄傲”。在近代的用法里，没有一个字能够完全表示亚里士多德的意义，但是我愿意用“恢弘大度”，所以我在以上录自牛津版译文的引文里，就把“骄傲”换成了“恢弘大度”这几个字。

为较好的人总是所值较高，而最好的人则所值最高。因此，真正恢弘大度的人必定是善良的。各种德行上的伟大似乎就是恢弘大度的人的特征。逃避危难、袖手旁观，或者伤害别人，这都是与一个恢弘大度的人最不相称的事，因为他——比起他来，没有什么是更伟大的了——为什么要去做不光彩的行为呢？……所以恢弘大度似乎是一切德行的一种冠冕；因为是它才使得一切德行更加伟大的，而没有一切德行也就不会有它。所以真正做到恢弘
198 大度是很困难的；因为没有性格的高贵与善良，恢弘大度就是不可能的。因而恢弘大度的人所关怀的，主要地就是荣誉与不荣誉；并且对于那些伟大的、并由善良的人所赋给他的荣誉，他会适当地感到高兴，认为他是在得到自己的所值，或者甚至于是低于自己的所值；因为没有一种荣誉是能够配得上完美的德行的，但既然再没有别的更伟大的东西可以加之于他，于是他也就终将接受这种荣誉；然而从随便一个人那里以及根据猥琐的理由而得的荣誉他是要完全加以鄙视的，因为这种荣誉是配他不上的，并且对不荣誉也同样是如此，因为那对他是不公正的。……为了荣誉的缘故，则权势和财富是可以愿望的；并且对于他来说，甚至于连荣誉也是一件小事，其他的一切就更是小事了。因而恢弘大度的人被人认为是蔑视一切的。……恢弘大度的人并不去冒无谓的危险，……但是他敢于面迎重大的危险，他处于危险的时候，可以不惜自己的生命，他知道在有些情形之下，是值得以生命为代价的。他是那种施惠于人的人，但是他却耻于受人之惠；因为前者是优异的人的标志，而后者则是低劣的人的标志。他常常以更大的恩惠报答别人；这样原来的施惠者除了得到报偿而外，还会有

负于他。……恢弘大度的人的标志是不要求或者几乎不要求任何东西，而且是随时准备着帮助别人，并且对于享有高位的人应该不失其庄严，对于那些中等阶级的人也不倨傲；因为要高出于前一种人乃是一桩难能可贵的事，但是对于后一种人便很容易如此了，意态高昂地凌慢前一种人并不是教养很坏的标志，但是若对于卑微的人们也如此，那就正像是向弱者炫耀力量一样地庸俗了。……他又必须是爱憎鲜明的，因为隐蔽起来自己的感情——也就是关怀真理远不如关怀别人的想法如何——乃是懦夫的一部分。……他尽情地议论，因为他鄙夷一切，并且他总是说真话的，除非是当他在对庸俗的人说讽刺话的时候。……而且他也不能随便赞美，因为比起他来，没有什么是显得重大的。……他也不是一个说长道短的人，因为既然他不想受人赞扬也不想指责别人，所以他就既不谈论他自己也不谈论别人。……他是一个宁愿要美好但无利可图的东西，而不愿要有利可图又能实用的东西的人。……此外，应该认为徐行缓步对于一个恢弘大度的人是相称的，还有语调深沉以及谈吐平稳。……恢弘大度的人便是这样；不及于此的人就不免卑躬过度，而有过于此的人则不免浮华不实”(1123b—1125a)。

这样一个虚伪的人会像个什么样子，想起来真是让人发抖。

无论你对恢弘大度的人作何想法，但有一件事是明白的：这种人在一个社会里不可能有很多。我的意思并不仅仅是在一般的意 199
义上说，因为德行很困难，所以就不大容易有很多有德的人；我的意思是说，恢弘大度的人的德行大部分要靠他之享有特殊的社会地位。亚里士多德把伦理学看成是政治学的一个分支，所以他在赞美了骄傲之后，我们就发见他认为君主制是最好的政府形式，而贵族制次之；这是没有什么可奇怪的。君主们和贵族们是可以“恢弘大度”的，但是平凡的公民们若也要试图照着这种样子生活起来，那就不免滑稽可笑了。

这就引起了一个半伦理、半政治的问题。一个社会由于它的根本结构而把最好的东西只限之于少数人，并且要求大多数人只满足于次等的东西，我们能不能认为这个社会在道德上是令人满意的呢？柏拉图和亚里士多德的回答是肯定的，尼采也同意他们的看法。斯多葛派、基督教徒和民主主义者的回答都是否定的。但是他们答复否定时的方式却有很大的不同。斯多葛派和早期基督徒认为最大的美好就是德行，而外界的境遇是不能够妨碍一个人有德的；所以也就不需要去寻求一种正义的制度，因为社会的不正义仅只能影响到不重要的事情。反之，民主主义者则通常都主张，至少就有关政治的范围而论，最重要的东西乃是权力和财产；所以一个社会体系如果在这些方面是不正义的，那便是他所不能接受的了。

斯多葛－基督教的观点要求一种与亚里士多德大不相同的道德观念，因为他们必须主张德行对于奴隶和奴隶主乃是同样可能的。基督教伦理学不赞成骄傲，亚里士多德则认为骄傲是一种德行；基督教赞美谦卑，亚里士多德则认为谦卑是一种罪恶。柏拉图和亚里士多德都把理智的德行估价得高于一切，但是基督教却把它完全勾销了，为的是使穷人和卑贱的人也能像任何别的人一样地有德。教皇格雷高里第一严厉地谴责过一位主教，因为这位主教教人念文法。

最高的德只能是少数人的，亚里士多德的这种观点在逻辑上是和他把伦理学附属于政治学的观点相联系着的。如果目的是在于好的社会而非好的个人，那么好的社会可以是一个有着隶属关系的社会。在管弦乐里第一小提琴要比双簧管更重要得多，虽说两者对于全体的优美都是必需的。给予每一个人以对于作为一个孤立的个人来说是最好的东西，——根据这条原则是不可能组织成一支管弦乐队的。同样情形也适用于近代的大国政府，不管它是多么的民 200
主。近代民主国家与古代民主国家不同，它把大权交给了某些特选的个人，例如总统或者首相，并且必然要期待着他们具有种种不能期待于平凡的公民的优点。当人们不是以宗教的或政治争论的词句来思想的时候，人们大都会认为一个好总统要比一个好瓦匠更受人尊敬。在民主国家里，一个总统并不被人期待成为完全像亚里士多德的恢弘大度的人的那种样子，然而人们却仍然期待他能与一般的公民有所不同，并且能具有某些与他的职位相关的优点。这些特殊的优点也许并不被人认为是"伦理的"，但那乃是因为我们使用这个字的意义要比亚里士多德使用这个字的意义来得更狭隘得多。

基督教教条的结果，使得道德与别的优点之间的区别变得要比希腊的时代更为尖锐得多。一个人能成为大诗人或大作曲家或大画家，这是一个优点，但却不是道德的优点；我们并不认为他具有了这种才干就是更有德的，或者是更容易进入天堂的。道德的优点仅仅涉及于意志的行为，也就是说在各种可能的行为途径中能做出正当的选择来。① 人们不会因为我不知道怎样写歌剧，而

① 的确亚里士多德也说到过这一点（1105*a*），但是就亚里士多德的原意来说，其后果却不如基督教的解释那样地影响深远。

责备我不曾写出歌剧来。正统的观点是:只要有两种可能的行为途径时,良心就会告诉我说哪一条是正当的,而选择另一条便是罪恶。德行主要的是在于避免罪恶,而不在于任何积极的东西。我们没有理由要期待一个受过教育的人比一个没有受过教育的人,或者一个聪明人比一个愚蠢的人,**在道德上**更为优越。于是许多具有重大社会意义的优点,就以这种方式而被排斥在伦理学的领域之外了。在近代的用法上,"不道德的"这个形容词要比"不可愿望的"这个形容词的范围更狭隘得多。意志薄弱是不可愿望的,但并非是不道德的。

然而,也有许多近代哲学家不曾接受这种伦理观点。他们认为应该首先给善下定义,然后再说我们的行为应该怎样才能实现善。这种观点更有似于亚里士多德的观点,因为亚里士多德认为
201 幸福就是善。的确,最高的善是只为哲学家才敞开大门的,但是对亚里士多德来说,这一点却并不能成为对于这种理论的反驳。

伦理学的学说,按照它们之把德行视为是一种目的抑或是一种手段,可以分为两类。亚里士多德大体上采取的观点是,德行乃是达到一种目的(即幸福)的手段。"目的既是我们所愿望的,手段既是我们所考虑并选择的,所以凡与手段有关的行为就必须是既与选择相符的而又是志愿的。德行的实践是与手段相联系着的"(1113b)。但是德行还有另一种意义,在那种意义上它是包括在行为的目的之内的:"人类的善,是灵魂在一个完美的生活里依照德行而活动"(1098a)。我以为亚里士多德会说,理智的德行是目的而实践的德行则仅仅是手段。基督教的道德学家认为,虽然道德行为的后果一般都是好的,但却比不上道德行为的本身那样地

好；道德行为之为人重视乃是因为它们本身的缘故，而不是因为它们的效果。另一方面，凡是把快乐认为是善的人，则都把德行仅仅看做是手段。除非把善就定义为德行，此外任何别的定义都会有同样的结果，即，德行只是达到德行本身之外的善的手段。在这个问题上我们已经说过，亚里士多德大体上，虽然并不完全，同意有些人所认为的伦理学的第一要义就是要给善下定义，而德行则被定义为是趋向于产生出善来的行为。

伦理学对政治学的关系还提出了另一个相当重要的伦理问题。假定正当的行为所应该追求的善就是整个集体的，或者最后是全人类的好处；那么这种社会的好处是否就是个人所享受的好处的总合呢，还是它根本上乃是某种属于全体而并不属于部分的东西呢？我们可以用人体做类比来说明这个问题。快乐大部分是和身体的各个部分相结合在一起的，但是我们把它们认为是属于作为一个整体的人的；我们可以享受一种愉快的气味，但是我们知道单单有鼻子是不能享受到它的。有些人主张在一个组织严密的集体里，也有许多优越性与此类似乃是属于全体的而不是属于任何部分的。如果他们是形而上学家，他们就可以像黑格尔一样地主张凡是好的性质都是宇宙整体的属性；但是他们一般地总会补充说，把善归之于一个国家要比归之于一个个人更少错误些。这种观点可以逻辑地叙述如下。我们可以用各种各样的谓语来形容 202
一个国家，而这些谓语却是不能用来形容它的个别成员的，——例如它是人口众多的、疆域广阔的、强大有力的等等。我们这里所考查的这种观点就把伦理的谓语也放在这一类里面，这种观点是说伦理的谓语仅只是加以引申之后才能属于个人。一个人可以属于一个人口众多的国家或者属于一个美好的国家；但是据他们说这个人却不就是美好的，正犹如他不是人口众多的一样。这种观点曾广泛地为德国的哲学家们所持有，但这并不是亚里士多德的观点，除了他的正义的概念可能在某种程度上是例外。

《伦理学》一书有相当一部分是专门讨论友谊的，包括了有关感情的一切关系在内。完美的友谊只可能存在于善人之间，而且我们不可能和很多的人做朋友。我们不应该和一个比自己地位高的人做朋友，除非他有更高的德行可以配得上我们对他所表示的尊敬。我们已经看到在不平等的关系之中，例如夫妻或父子的关系之中，在上者应当受到更多的爱。所以不可能与神做朋友，因为他不能爱我们。亚里士多德又讨论一个人究竟能不能和自己做朋友，并且断言唯有自己是一个善人时，这才有可能；他肯定说罪恶的人时时都在恨着自己。善良的人应该爱自己，但是应该高贵地爱自己(1169a)。在不幸的时候，朋友们是一种安慰；但是我们不应该由于寻求他们的同情而使得他们烦恼，就像女人或者女人气的男人所做的那样(1171b)。并不仅仅是在不幸之中才需要朋友，因为幸福的人也需要朋友来共享自己的幸福。“没有人愿意在只有他独自一人的条件之下而选择全世界的，因为人是政治的动物，是天性就要和别人生活在一起的一种动物”(1169b)。他说的所有关于友谊的话都是合情合理的，但没有一个字是超出常识之上的。

亚里士多德在讨论快乐的时候也表现了他的通情达理，而柏拉图却多少是以苦行的眼光来看待快乐的。快乐，按亚里士多德的用法，与幸福不同，虽说没有快乐就不能有幸福。他说关于快乐的观点有三种:(1)快乐从来都是不好的;(2)有些快乐是好的,但大多数的快乐则是不好的;(3)快乐是好的但并不是最好的。他反驳第一种观点所根据的理由是:痛苦当然是不好的,因此快乐就必定是好的。他很正确地谈到,说一个人挨打时也可以幸福的这种说法乃是无稽之谈:某种程度上的外界的幸运对于幸福乃是必要的。他也抛弃了认为一切快乐都是身体上的快乐的那种观点;万 203
物都有某种神圣的成分,因此都有可能享受更高等的快乐。善人若不是遭遇不幸,总会是快乐的;而神则永远享受着一种单一而单纯的快乐(1152—1154)。

这部书的后一部分还有另一段讨论快乐的地方,它与以上所说的并不完全一致。在这里他论证说也有不好的快乐,然而那对于善良的人却并不是快乐(1173b),也许各种快乐在性质上是不同的(同上);快乐是好是坏要视其是与好的还是与坏的活动联系在一起而定(1175b)。有些东西应该看得比快乐更重,没有一个人是会满足于以一个小孩子的理智而度过一生的,哪怕这种做法是快乐的。每种动物都有其自己的快乐,而人自己的快乐则是与理性联系在一起的。

这就引到了这部书中唯一不仅是常识感而已的学说。幸福在于有德的活动,完美的幸福在于最好的活动,而最好的活动则是静观的。静观要比战争,或政治,或任何其他的实际功业都更可贵,因为它使人可以悠闲,而悠闲对于幸福乃是最本质的东西。实践的德行仅能带来次等的幸福;而最高的幸福则存在于理性的运用里,因为理性(有甚于任何别的东西)就是人。人不能够完全是静观的,但就其是静观的而言,他是分享着神圣的生活的。“超乎一切其他福祉之上的神的活动必然是静观的”。在一切人之中，哲学家的活动是最相似于神的，所以是最幸福的、最美好的：

> 运用自己的理性并培养自己的理性的人，似乎是心灵既处于最美好的状态，而且也最与神相亲近。因为如果神是像人们所想的那样，对于人事有着任何关怀的话；那么他们之应该喜欢最美好的东西、最与他们相似的东西（即理性），以及他们之应该酬劳那些爱这种东西并尊敬这种东西的人，（因为那些人关怀着他们所亲爱的事物，而且做得既正当而又高贵，）——这些就都是理所当然的了。而这一切属性首先就属于哲学家，这一点也是明显不过的。因此哲学家就是最与神亲近的人。而凡是哲学家的人，大抵也就是最幸福的人了；从而哲学家就这样地要比任何别人都更为幸福（1179a）。

这段话实际上是《伦理学》一书的结论；随后的几段所谈到的则是向政治学的过渡。

现在就让我们试着来决定，我们对于《伦理学》这部书的优缺
204 点应该做何想法。与希腊哲学家们所探讨过的其他题目不同，伦理学至今还不曾做出过任何确切的、在确实有所发现的意义上的进步；在伦理学里面并没有任何东西在科学的意义上是已知的。因此，我们就没有理由说何以一篇古代的伦理学论文在任何一方面要低于一篇近代的论文。当亚里士多德谈到天文学的时候，我们可以确切地说他是错了。但是当他谈到伦理学的时候，我们就不能以同样的意义来说他是错了或者对了。大致说来，我们可以用三个问题来追问亚里士多德的伦理学，或者任何其他哲学家的伦理学：(1)它是不是有着内在的自相一致？(2)它与作者其他的

观点是不是相一致？(3)它对于伦理问题所作的答案是不是与我们自身的伦理情操相符合？对于第一个问题或第二个问题中的任何一个问题的答案如果是否定的，那么我们所追问的这位哲学家便是犯了某种理智方面的错误。但是如果对于第三个问题的答案是否定的，我们却没有权利说他是错了；我们只能有权利说我们不喜欢他。

让我们就根据《尼各马可伦理学》一书中所提出的伦理理论，来依次地考察这三个问题。

(1)除了某些不大重要的方面而外，这本书大体上是自相一致的。善就是幸福而幸福就在于成功的活动，这一学说是讲得很好的。但每种德行都是两个极端之间的中道的学说，尽管也发挥得很巧妙，却并不那么成功了，因为它不能应用于理智的静观；而据亚里士多德告诉我们说，理智的静观乃是一切活动中之最美好的。然而也可以辩解说，中庸之道的学说本来是只准备用之于实践的德行，而不是用之于理智的德行的。或许还有一点，那就是立法者的地位是多少有些暧昧的。立法者是要使儿童们和青年们能获得履行善良行为的习惯，这最后将引导他们在德行里面发见快乐，而无需法律的强制就可以使他们的行为有德。但显然地，立法者也同样可以使青年人获得坏习惯；如果要避免这一点的话，他就必须具有一个柏拉图式的卫国者的全部智慧；如果不能避免这一点，那么有德的生活是快乐的这一论证就不能成立。然而也许这个问题更多是属于政治学的，而不是属于伦理学的。

(2)亚里士多德的伦理学在每一点上都是和他的形而上学相一致的。的确，他的形而上学理论本身就是一种伦理上的乐观主 205

义的表现。他相信目的因在科学上的重要性，这就蕴涵着一种信仰，即目的是在统御着宇宙发展的过程的。他认为变化，总的来说，乃是在体现着有机组织或者“形式”的不断增加的，而有德的行为归根结底则是有助于这种倾向的行为。他的实践伦理学大部分的确是并没有什么特别的哲学性，只不过是观察人事的结果罢了；然而他的学说中的这一部分尽管可以独立于他的形而上学之外，却并不是与他的形而上学不一致的。

(3)当我们拿亚里士多德的伦理口味来和我们自己相比较的时候，我们首先就发现——正如我们已经指出过的——必须要接受一种不平等，而那是非常引起近代人的反感的。他不仅仅对于奴隶制度，或者对于丈夫与父亲对妻子与孩子的优越地位，没有加以任何的反驳，反而认为最好的东西本质上就仅只是为着少数人的——亦即为着骄傲的人与哲学家的。因而大多数人主要地只是产生少数统治者与圣贤的手段，便似乎是当然的结论了。康德以为每个人自身都是一个目的，这可以认为是基督教所介绍进来的观点的一种表现。然而在康德的观点里却有一个逻辑的困难。当两个人的利益相冲突时，它就没办法可以得出一个决定来了。如果每个人的自身都是一种目的，我们又怎么能够达到一种原则可以决定究竟是哪一个应该让步呢？这样一种原则与其说要牵涉到个人，不如说必须牵涉到集体。就这个字的最广泛的意义而言，它必然是一种“正义”的原则。边沁和功利主义者都把“正义”解释为“平等”：当两个人的利益相冲突时，正当的办法就是那种能产生最大量的幸福的办法；不管两个人是由谁来享受幸福，或者幸福在他们之间是怎样分配的。如果给予好人的要比给予坏人的更多，那乃是因为从长远看来赏善罚罪可以增加总的幸福，而不是由于有一种最后的伦理学说说好人应该比坏人值得更多。按这种观点，“正义”就在于仅只考虑到所涉及的幸福数量，而不是偏爱某一个个人或阶级而反对另一个人或阶级。希腊的哲学家们，包括柏拉图和亚里士多德在内，却具有着另一种迥然不同的正义观，而那是一种至今仍然在广泛流传着的正义观。他们认为——原来的根据源出于宗教——每个事物或人都有着它的或他的适当的范围，逾 206
越了这个范围就是“非正义”的。有些人由于他们的性格或能力的缘故而有着比别人更广阔的范围，所以他们如果分享更大的幸福，那是并没有什么不正义的。亚里士多德把这种观点看做是理所当然的；但是这种观点之原始宗教的基础虽然在早期哲学家里面是显著的，可是在亚里士多德的著作里面却已经不再是很明显的了。

亚里士多德的思想里差不多完全没有可以称之为仁爱或慈爱的东西。人类的苦难——就他所察觉到的而论——并没有能在感情上打动他；他在理智上把这些认为是罪恶，但是并没有证据说这些曾使得他不幸福，除非受难者恰好是他的朋友。

更一般地来说，《伦理学》一书中有着一种感情的贫乏，那在希腊早期的哲学家之中是看不到的。在亚里士多德对人事的思辨里有着某种过分的自高自大与自满，凡是能使人彼此互相感到热情关切的一切东西似乎都被亚里士多德遗忘了。甚至于他对友谊的叙述也是淡淡的。没有迹象可以表明他曾经有过任何使得他很难以保持健全那类的经验；道德生活里的一切更深沉的方面显然都是为他所不知道的。我们可以说，他把人类经验里涉及宗教的整个领域都给忽略了。他所说的都是对于一个生活安适但却缺乏感情的人可能有用的东西;但是对于那些被神或者被魔鬼迷住了的人,或者是外界的不幸把他们驱使到了绝望的人,亚里士多德对于这些人却没有说什么话。因为这些原因,尽管他的《伦理学》一书很有名,但按我的判断却是缺乏内在的重要性的。

207

第二十一章 亚里士多德的政治学

亚里士多德的政治学是既有趣而又重要的;——所以有趣,是因为它表现了当时有教养的希腊人的共同偏见,所以重要,是因为它成了直迄中世纪末期一直有着重要影响的许多原则的根源。我并不以为其中有很多东西对于今天的政治家是有任何实际用处的,但是有许多东西可以有助于弄明白希腊化世界各个地方的党派冲突。亚里士多德对于非希腊化国家里的政府方法是不大留心的。他的确提到过埃及、巴比伦、波斯和迦太基,但是除了迦太基而外,其余都只是泛泛提到而已。他没有提到过亚历山大,对于亚历山大给全世界所造成的彻底变革他甚至于丝毫也没有察觉到。全部讨论都谈的是城邦,他完全没有预见到城邦就要成为陈迹了。希腊由于分裂为许多独立的城邦,所以就成了一个政治试验室。但是这些实验能以适用的东西却自亚里士多德的时代以后就已不存在了,下迄中世纪意大利的城市兴起为止。亚里士多德所引据的经验在许多方面都更适用于较为近代的世界,而不是适用自从他这本书写成以后的一千五百年之中所曾存在过的任何世界。

他附带说了许多非常有趣的话,其中有些我们在谈到政治理论之前可以先说一说。他告诉我们说,幼利披底在马其顿王阿其老斯的宫廷里曾被一个名叫迪卡尼库斯的人骂他有口臭。国王为了让他息怒，就允许他鞭打迪卡尼库斯。他就这样做了。迪卡尼库斯等待过许多年以后才参与一次成了功的阴谋，把国王杀死了；但是这时幼利披底已经死了。他又告诉我们说应当在冬天吹着北风的时候受孕；又说必须小心翼翼地避免说下流的话，因为“可耻的话引人去做可耻的事”。又说除了在神殿里而外任何地方都不能容许猥亵，在神殿里则法律甚至于是允许秽言的。人们不应该结婚太早，因为如果结婚太早生下来的就会是脆弱的女孩子，妻子 208
就会变得淫荡，而丈夫则会发育不全。结婚正当的年纪男人是三十七岁，女人是十八岁。

我们从这里面知道了泰勒斯曾被人嘲笑过他的贫穷，他就用分期付款的办法买下来所有的榨油器，于是就能够掌握榨油器的垄断价格。他做出这件事是要表明哲学家是**能够**搞钱的。如果哲学家终身贫穷的话，那是因为他们有着比财富更重要得多的事要去思想。然而这一切都是顺便提到的；现在我们就来谈更严肃的问题。

这部书开宗明义就指出国家的重要性；国家是最高的集体，以至善为目的。按照时间的次序，最先有家庭；家庭建筑在夫妻与主奴这两大关系上，这两者都是自然的。若干家庭结合成一乡；若干乡结合成一国，只需这种结合大得差不多足以自给。国家虽然在时间上后于家庭，但在性质上却优先于家庭，并且也优先于个人；因为“每一事物当其充分发展时，我们就把这称为是它的性质”，人类社会充分发展时就是国家，而全体是优先于部分的。这里所包含的概念是**有机体**的概念：他告诉我们说，当身体毁灭的时候，一只手就不再是一只手了。这个含义就是，一只手是被它的目的——即拿取——所规定的，唯有当手与一个活着的身体结合在一起的时候才能够完成它的目的。同样，一个人也不能够完成他的目的，除非他是国家的一部分。亚里士多德说创立国家的人乃是最伟大的恩主；因为人若没有**法律**就是最坏的动物，而法律之得以存在则依靠国家。国家并不仅仅是一个为了进行交换与防止罪恶的社会：“国家的目的是善良的生活。……国家就是家庭与乡结合成为一种完美自足的生活，所谓完美自足的生活就是说幸福与荣誉的生活。”(1280b)“政治社会的存在是为了高贵的行为，而不是仅仅为了单纯的共同相处。”(1281a)

一个国是由若干家组成的，每一家都包括一个家庭，所以讨论政治就应该从家庭开始。这一讨论的主要部分是有关于奴隶制的——因为在古代，奴隶总是算做家庭的一部分的。奴隶制是有利的、是正当的，奴隶**天然**应该低于主人。有些人生来就注定应该
209 服从，另有些人生来就注定应该统治。一个天生就不属于自己而属于别人的人，生来就是一个奴隶；奴隶不应该是希腊人，而应该是其他精神低劣的下等种族(1255a 与 1330a)。驯服的动物当被人统治时就更好得多，那些天生下等的人被优胜者所统治的时候情形也是一样。或许有人要问，以战俘做奴隶的办法究竟是不是有道理的呢；威力，例如在战争中使人获得胜利的那种威力，好像是蕴涵着更为优越的德行的样子，但是情形却往往并不如此。可是无论如何，对于那些虽然天生应该受统治却不肯屈服的人而发动战争，那样的战争总是正义的(1256b)；而这就蕴涵着在这种情况之下把被征服者转化为奴隶就是正当的。这仿佛是足以为古往

今来任何的征服者作辩护了；因为没有一个国家会承认自己天生来就应当是被统治的，所以对于自然意图的唯一证据就必须从战争的结果来推断。因此每一场战争里的胜利者就都是对的，被征服者就都是错的。这倒很能自圆其说。

其次就是关于贸易的讨论，这一讨论深刻地影响了经院学者们的善恶论。每件事物都有两种用途，一种是正当的，另一种是不正当的；例如一双鞋可以用来穿，这就是它的正当的用途，或者可以用来交换，这就是它的不正当的用途。因此一个必须靠卖鞋为生的鞋匠的身份就有些下贱了。亚里士多德告诉我们说，零售并不是发财致富的艺术中的一个自然部分(1257a)。发财致富的自然方式是巧妙的经营房产与地产。以这种方式所能得到的财富是有限度的，但是由贸易而得到的东西则是没有限度的。贸易必须和钱打交道，但是财富并不在于获得货币。由贸易而获得的财富很正当地是要被人憎恨的，因为它是不自然的。“最可憎恨的一种，而且是最有理由被憎恨的，就是高利贷；高利贷是从钱的本身里而不是从钱的自然对象里获利的。因为钱本是为了用于交换的，而不是要靠利息来增殖的。……在一切发财致富的方式之中，高利贷是最不自然的”(1258)。

这种教诫产生了什么结果，你不妨去看陶奈的《宗教与资本主义的兴起》一书。但是虽说他讲的历史是可信的，然而他的叙述却有一种袒护前资本主义的偏见。

“高利贷”是指一切有利息的贷款，而不像现在那样仅仅是指以过高的利率贷款。从古希腊时代直到今天，人类——或者说至少是经济上更为发展的那一部分人类——一直是分裂为债权人与债务

210 人的；债务人始终不赞成利息，而债权人则始终赞成它。在大多的时候地主都是债务人，而从事商业的人则都是债权人。哲学家们的见解除了少数例外，都是吻合于自己阶级的金钱利益的。希腊哲学家都是属于占有土地的阶级或者是被这个阶级所雇用的，所以他们不赞成利息。中世纪的哲学家都是教士，而教会的财产主要的是土地，所以他们看不出有理由要修改亚里士多德的意见。他们之反对高利贷更因反犹太主义而得到加强，因为大部分流动资金都是犹太人的。僧侣们与贵族们是有争执的，并且有时候还非常之尖锐，但是他们可以联合起来反对万恶的犹太人，——犹太人曾以贷款的办法帮他们度过了坏年成，并认为自己应该得到自己节俭的某种报酬。

随着宗教改革，情形便起了变化。许多热诚的新教徒都是经营企业的。对于他们来说，贷款谋利乃是最重要的事。因此首先是加尔文，后来是其他新教的神职人员，都承认利息。最后天主教会也就不得不步其后尘，因为古老的禁例已经不适于近代的世界了。哲学家们的收入现在都得自大学的资金，所以自从他们不再是教士，因而不再与土地占有相联系之后，也都一直是赞成利息的。每一个阶段都曾有过丰富的理论论据在支持着经济上对自己有利的意见。

柏拉图的乌托邦被亚里士多德根据种种理由而加以批判。首先是非常有趣的阐述，说它把太多的统一性赋予国家，把国家弄成了一个个体。其次就是那种反对柏拉图所提议的废除家庭的论证，这是每个读者自然而然会想得到的。柏拉图认为只消把“儿子”这个头衔加给所有可能构成亲子关系的同样年纪的人，一个人对于全体人民也就获得了目前人们对他们自己真正的儿子所具有的那种感情。至于“父亲”这个头衔，也同样如此。反之，亚里士多德却说，凡是对最大多数的人所共同的东西便最不为人所关心，如果“儿子们”对于许多“父亲们”都是共同的，那么他们就会共同地受人忽视；做一个实际上的表兄弟要比做一个柏拉图意义上的“儿子”还要好得多；柏拉图的计划会使得爱情化成水的。然后就是一
种奇异的论证说，既然禁绝情欲是一种德行，那么要求有一种消灭 211
这种德行以及与此相关的罪恶的社会制度就是很可惋惜的事情了(1263b)。于是他就问道，如果妇女是公共的，那么由谁来管家呢？我从前写过一篇文章题名为“建筑与社会制度”，在这篇文章里我曾指出一切想把共产主义和废除家庭这两者结合在一起的人，也必定要提倡人数众多的、有着公共厨房、餐厅和托儿所的公社家庭。这种制度可以描叙为是一种僧院，只是不需要独身罢了。对于实现柏拉图的计划来说，这一点是具有根本意义的，并且这一点比起柏拉图所推荐的其他许多事情来，绝不是更不可能的事情。

柏拉图的共产主义困恼了亚里士多德。他说，那会使人愤恨懒惰的人，并且会造成在同路人之间所常有的那类争端。如果每个人都关心自己的事情，那就要好得多。财产应该是私有的；但是应该以仁爱来这样教导人民，从而使得财产的使用大部分能成为公共的。仁爱与慷慨都是德行，但是没有私有制，它们便是不可能的。最后他又告诉我们说，如果柏拉图的计划是好计划，那么早就会有别人想到过这些了。① 我并不同意柏拉图，但是如果有任何

① 请参看雪梨·史密斯作品中的傻子的演说：“如果这个提议是健全的，撒克逊人会把它放过去吗？丹麦人会对于它熟视无睹吗？它会逃得过诺曼人的智慧吗？”(引文只根据我的记忆)

东西能使我同意柏拉图的话，那就是亚里士多德反对柏拉图的论据了。

在谈到奴隶制的时候，我们已经看到，亚里士多德不是一个信仰平等的人。纵使承认了奴隶与妇女的服从地位，但所有的公民在政治上究竟应该不应该平等，还仍然是个问题。他说有些人认为这是可以愿望的，根据的理由是一切革命的关键都在于财产的规定。他反对这种论证说，最大的罪行乃是由于过多而不是由于缺匮；没有一个人是因为要躲避冻馁才变成为一个暴君的。

当一个政府的目的在于整个集体的好处时，它就是一个好政府；当它只顾及自身时，它就是一个坏政府。有三种政府是好的：即，君主制、贵族制和立宪政府（或者共和制）；有三种政府是坏的：即，僭主制、寡头制和民主制。还有许多种混合的中间形式。并且还须指出，好政府和坏政府是被当权者的道德品质所规定的，而不
212 是被宪法的形式所规定的。可是，这只有部分的真确性。贵族制就是有德的人的统治，寡头制就是富人的统治，而亚里士多德并不认为德行与财富是严格的同义语。亚里士多德按照中庸之道的学说所主张的乃是，适度的资产才最能够与德行结合在一起："人类并不借助于外在的财货才能获得或者保持德行，反而是外在的财富要借助于德行；幸福无论是存在于快乐，还是存在于德行，还是兼存于这两者，往往总是在那些在自己的心灵上与性格上有着最高度的教养却只有适度的身外财富的人们的身上才能够找得到，而不是在那些具有多得无用的身外财货却缺少高尚品质的人们的身上找到的"（1323a 与 b）。因此最好的人的统治（贵族制）与最富的人的统治（寡头制）二者之间是有区别的，因为最好的人往往只

有适度的财富。民主制与共和制之间——除了政府的伦理差异而外——也是有区别的，因为亚里士多德所称之为“共和制”的，保留着有某种寡头制的成分在内(1293b)。但是君主制与僭主制之间的唯一区别则只是伦理的。

他强调要以统治政党的经济地位来区别寡头制与民主制：当富人完全不考虑到穷人而统治的时候便是寡头制，当权力操在贫困者的手里而他们不顾及富人的利益时便是民主制。

君主制比贵族制更好，贵族制比共和制更好。但是最好的一腐化就成为最坏的；因此僭主制就比寡头制更坏，寡头制就比民主制更坏。亚里士多德就以这种方式达到了一种有限度的为民主制进行辩护；因为绝大多数的实际政府都是坏的，所以在实际的政府中，民主制倒也许是最好的。

希腊人的民主概念在许多方面要比我们的更极端得多；例如亚里士多德说，选举行政官的办法是寡头制的，而用抽签来任命行政官才是民主的。在极端的民主制里公民大会是高于法律之上的，并且独立地决定每一个问题。雅典的法庭是由抽签选出来的大量公民所组成的，而不需任何法学家来帮忙；这些人当然易于被雄辩或者党派的感情所左右。所以当他批评民主制的时候，我们必须理解他所指的乃是这种东西。

亚里士多德对于革命的原因曾有长篇的讨论。在希腊，革命 213
的频繁就像已往在拉丁美洲一样，所以亚里士多德有着丰富的经验可以引征。革命主要的原因，则是寡头派与民主派的冲突。亚里士多德说民主制产生于一种信念，即同等自由的人们应当在一切方面都是平等的；而寡头制则产生于一种事实，即在某些方面优异的人要求得过多。两者都有一种正义，但都不是最好的一种。“因此只要两党在政府中的地位与他们所预想的观念不相符，他们就会掀起革命”(1301a)。民主的政府比寡头制更不容易有革命，因为寡头们彼此之间可以起纠纷。寡头们似乎都是些精力旺盛的家伙们。他告诉我们说，在有些城邦里寡头们宣誓说：“我要做一个人民之敌，我要竭尽全力设法来对他们加以一切的伤害”。今天的反动派可就没有这么坦白了。

防止革命所必需的三件事情就是：政府的宣传教育，尊重法律(哪怕是在最小的事情上)，以及法律上与行政上的正义，也就是说“按比例的平等并且使每一个人都享受自己的所有”(1307a，1307b，1310a)。亚里士多德似乎从未体会到过“按比例的平等”的困难。如果这就是真的正义，那么比例就必须是德行的比例。可是德行是难于衡量的，而且是一件具有党性争论的事情。所以在政治的实践上，德行总是倾向于以收入来衡量的；亚里士多德企图在贵族制与寡头制之间所做的那种区别，唯有在有着根深蒂固的世袭贵族的地方才是可能的。纵使是那样，但一旦有了一个巨大的富人阶级而又非贵族阶级的时候，也就必须让他们享有政权，以免他们酿成一场革命。但除非是在土地几乎是唯一的财富来源的地方，否则的话世袭的贵族制是绝不可能长期保持他们的权力的。一切社会的不平等，从长远来看，都是收入上的不平等。拥护民主制的一部分论据就是：想要根据财富以外的任何其他优点而奠定的“按比例的正义”的任何企图都必然是要破灭的。为寡头制而辩护的人们声称收入是与德行成比例的；先知说他从来没有看见过一个正直的人讨饭；而亚里士多德则认为善人获得的恰好是他自己的收入，既不太多也不太少。但是这些观点都是荒谬的。除非是绝对的平等，此外任何一种“正义”在实践上都得酬报某种 214
与德行迥然不同的品质，因此都是应该加以谴责的。

关于僭主制有一节是非常有趣的。一个僭主渴望财富，而一个君主则渴望荣誉。僭主的卫兵是雇佣兵，而君主的卫兵则是公民。僭主们绝大部分都是煽惑者，他们是由于允诺保护人民反对贵族而获得权力的。亚里士多德以一种讥讽的、马基雅弗利式的语调阐述了一个僭主要想保持权力时，必须做些什么事情。一个僭主必须防止任何一个有特殊才干的人脱颖而出，必要时得采用死刑与暗杀。他必须禁止公共会餐、聚会以及任何可以产生敌对感情的教育。绝不许有文艺集会或讨论。他必须防止人民彼此很好地互相了解，必须强迫人民在他的城门前过着公共的生活。他应该雇用像叙拉古女侦探那类的暗探。他必须散播纠纷并使他的臣民穷困。他应该使人民不断从事巨大的工程，如像埃及国王建造金字塔的那种做法。他也应该授权给女人和奴隶，使他们也都成为告密者。他应该制造战争，为的是使他的臣民永远有事要做，并且永远需要有一个领袖(1313a 与 b)。

全书里唯有这段话是对于今天最适用的一段话，思想起来不禁令人黯然。亚里士多德结论说，对一个僭主来说，没有什么罪恶是太大的。然而，他说还有另一种方法可以保存僭主制，那就是要有节制以及伪装信仰宗教。但是他并没有决定哪一种方法可以证明更为有效。

有一段很长的论证用以证明对外征服并不是国家的目的，从而揭示了许多人都采取的是帝国主义者的观点。确实也有一种例外：征服"天生的奴隶"是正确的而且是正当的。在亚里士多德的观点里，这就可以证明对野蛮人的战争是正当的，但对希腊人的战争则是不正当的；因为没有一个希腊人是天生的奴隶。一般说来，战争仅仅是手段而不是目的；因此一个城邦处于孤立的不可能进行征服的局势之下，也可以是幸福的。生存于孤立之中的国家也并不必须消极无为。神和全宇宙就都是积极活动着的，尽管他们也不可能进行对外的征服。所以一个国家所应该追求的幸福就不应该是战争，而应该是和平的活动，尽管战争有时也可以是达到幸福的必要手段。

这就引到了一个问题：一个国家应该有多么大？他告诉我们
215 说，大城邦永远是治理不好的，因为人数过多就不能有秩序。一个国家应该是大得足够多少可以自给，但是又不应该过大而不能实行宪政。一个国家应该小得足以使公民们能认识彼此的性格，否则选举与诉讼就不能做得公正。领土应该小得从一个山顶上就足以把它的全貌一览无余。他既然告诉我们说国家应该自给自足(1326b)，但又说国家应该有进出口贸易(1327a)，这就似乎不能自圆其说了。

靠工作为生的人不应该允许有公民权。"一个公民不应该过一个匠人的或者商人的生活，因为这样一种生活是不光彩的，是与德行相违反的"。公民也不应该是农人，因为他们必须要有闲暇。公民们应该有财产，但是庄稼汉则应该是来自其他种族的奴隶(1330a)。他告诉我们说，北方的种族是精力充沛的，而南方的种族则是聪明智慧的。所以奴隶应该是南方的种族，因为如果他们要是精力充沛的话，那就不大便当了。唯有希腊人才既是精力充沛的而又是聪明智慧的；他们治理得比野蛮人好得多，如果他们团结起来，就能够统治全世界(1327b)。人们也许可以期待，在这一点上总该提到亚历山大了吧，但是一个字也没有提到。

关于国家的大小，亚里士多德在不同的程度上也犯了许多近代自由主义者所犯的同样错误。一个国家必须能够在战争中保卫住它自己，而且甚至于还须没有很大的困难就能保卫住它自己，如果任何一种自由的文化想要能生存下去的话，而这要求一个国家究竟有多么大，那就得取决于战争的技术与工业了。在亚里士多德那时，城邦已经过时了，因为它已不能抵抗马其顿而保卫住它自己了。在我们今天，则整个的希腊包括马其顿在内，在这种意义上都是过时了的，正像最近所已经证明的那样。① 今天要主张希腊或者任何其他小国完全独立，那就正像是主张一个其领域站在高处就可以一览无余的城市要完全独立，是一样地枉然无益。除非一个国家或同盟由于其自身的努力，就能强大得足以击退一切外来的征服企图，否则的话就不可能有真正的独立。而要满足这一要求，就绝不能比美国和大英帝国加在一起更小；而且甚至于就连这，也许还会是一个太小的单元呢。

《政治学》这部书就其传到我们今天的形式来看是没有完成的，它最后以讨论教育而告终结。教育当然仅仅是为着那些将要 216
成为公民的孩子们；奴隶们也可以教以有用的技术，例如烹调之类，但这并不是教育的一部分。公民应该造就得适合于他自己所生存于其下的那种政府形式，因此就应该视该城邦是寡头制还是

① 本文写于一九四一年五月。(按当时希腊被纳粹德国所占领。——译者)

民主制而有所不同。然而在这一讨论里，亚里士多德假定公民们全都享有政权。孩子们应当学习对他们有用的东西，但不能庸俗化；例如不应该教给他们以任何歪曲身体形象的技术，或者是能使他们挣钱的技术。他们应该适度地从事体育锻炼，但是不能达到获得职业性的技术的地步；受训参加奥林匹克运动会的孩子们的健康是受到了损害的，那些在幼时曾经是胜利者的人到了成人以后几乎很少再能成为胜利者的这一事实，就可以说明这一点。孩子们应该学习画图，为的是能欣赏人身的美；也应该教导他们能欣赏那些表现道德观念的绘画与雕刻。他们可以学习唱歌和演奏乐器，使自己能够有品评地享受音乐，但又不足以成为技术熟练的演奏者；因为自由人除非喝醉了酒的时候，是不会奏乐或唱歌的。当然他们必须学习读书和写字，尽管这些也是有用的技术。但是教育的目的乃是"德行"，而不是有用。亚里士多德所指的"德行"，他已经在《伦理学》一书里告诉过我们了，而他在这部书里又反复地加以引征。

亚里士多德在他"政治学"一书里的基本假设，与任何近代作家的基本假设都大大不同。依他看来，国家的目的乃是造就有文化的君子——即，把贵族精神与爱好学艺结合在一起的人。这种结合以其最高度的完美形式存在于白里克里斯时代的雅典，但不是存在于全民中而只是存在于那些生活优裕的人们中间。到白里克里斯的最后年代，它就开始解体了。没有文化的群众攻击白里克里斯的朋友们，而他们也就不得不以阴谋、暗杀、非法的专制以及其他并不很君子的方法来保卫富人的特权。苏格拉底死后，雅典民主制的顽固性削弱了；雅典仍然是古代文化的中心，但是政治权力则转移到了另外的地方。在整个古代的末期，权力和文化通常是分开来的：权力掌握在粗暴的军人手里，文化则属于软弱无力的希腊人，并且常常还是些奴隶们。这一点在罗马光辉伟大的日子里只是部分如此，但是在西赛罗以前和在马尔库斯·奥勒留以 217
后则特别如此。到了野蛮人入侵以后，“君子们”是北方的野蛮人，而文化人则是南方的精细的教士们。这种情形多多少少一直继续到文艺复兴的时代，到了文艺复兴，俗人才又开始掌握文化。从文艺复兴以后，希腊人的由有文化的君子来执政的政治观，就逐渐地日益流行起来，到十八世纪达到了它的顶点。

但各种不同的力量终于结束了这种局面。首先是体现于法国大革命及其余波的民主制。自从白里克里斯的时代以后，有文化的君子们就必须保卫自己的特权而反对群众；而且在这个过程之中，他们就不再成其为君子也不再有文化。第二个原因是工业文明的兴起带来了一种与传统文化大为不同的科学技术。第三个原因是群众的教育给了人们以阅读和写字的能力，但并没有给他们以文化；这就使得新型的煽动者能够进行新型的宣传，就像我们在独裁制的国家里所看到的那样。

因此，好也罢、坏也罢，有文化的君子的日子是一去不复返了。

第二十二章　亚里士多德的逻辑 218

亚里士多德的影响在许多不同的领域里都非常之大，但以在逻辑学方面为最大。在古代末期当柏拉图在形而上学方面享有至高无上的地位时，亚里士多德已经在逻辑方面是公认的权威了，并且在整个中世纪他都始终保持着这种地位。到了十三世纪，基督教哲学家又在形而上学的领域中也把他奉为是至高无上的。文艺复兴以后，这种至高无上的地位大部分是丧失了，但在逻辑学上他仍然保持着至高无上的地位。甚至于直到今天，所有的天主教哲学教师以及其他许多的人仍然在顽固地反对近代逻辑的种种新发现，并且以一种奇怪的坚韧性在坚持着已经是确凿无疑地像托勒密的天文学那样过了时的一种体系。这就使我们很难对亚里士多德做到历史的公平了。他今天的影响是如此之与明晰的思维背道而驰，以至我们很难想到他对所有他的前人（包括柏拉图在内）做出了多大的进步，或者说，如果他的逻辑著作曾经是继续进展着，而不是（像事实上那样）已经到了一个僵死的结局并且继之以两千多年的停滞不前的话，它仍然会显得多么地值得赞叹。在谈到亚里士多德的前人的时候，当然并没有必要提醒读者说，他们并非逐字逐句都是充满灵感的；所以我们尽可以赞美他们的才能，而不必被人认为就是赞成他们的全部学说。与此相反，亚里士多德的学说，尤其是在逻辑学方面，则直到今天仍然是个战场，所以就不能以一种纯粹的历史精神来加以处理了。

亚里士多德在逻辑学上最重要的工作就是三段论的学说。一个三段论就是一个包括有大前提、小前提和结论三个部分的论证。三段论有许多不同的种类，其中每一种经院学者都给起了一个名字。最为人所熟知的就是称为“Barbara”①的那一种：

---

① 此处的三段都是全称肯定，即 AAA 的形式，其所以称为 Barbara，是因为这个字的三个元音都是 A。——译者

凡人都有死(大前提)。

苏格拉底是人(小前提)。

所以:苏格拉底有死(结论)。 219

或者:凡人都有死。

所有的希腊人都是人。

所以:所有的希腊人都有死。

(亚里士多德并没有区别上述的这两种形式,我们下面就可以看到这是一个错误。)

其他的形式是:没有一条鱼是有理性的,所有的鲨鱼都是鱼,所以没有一条鲨鱼是有理性的。(这就叫作"Celarent"①)

凡人都有理性,有些动物是人,所以有些动物是有理性的。(这就是叫作"Darii"②)

没有一个希腊人是黑色的,有些人是希腊人,所以有些人不是黑色的。(这就叫作"Ferio"③)

这四种就构成"第一格";亚里士多德又增加了第二格和第三格,经院学者又增加上了第四格。已经证明了后三格可以用各种办法都归结为第一格。

从一个单一的前提里可以做出几种推论来。从"有些人有死",我们可以推论说"有些有死的是人"。按照亚里士多德的说

---

① 此处的三段是全称否定、全称肯定与全称否定即 E、A、E 的形式,其所以称为 Celarent,是因为这个字的三个元音是 E、A、E。——译者

② 此处的三段是全称肯定、特称肯定与特称肯定,即 A、I、I 的形式,其所以称为 Darii,是因为这个字的三个元音是 A、I、I。——译者

③ 此处的三段是全称否定、特称肯定与特称否定,即 E、I、O 的形式,其所以称为 Ferio,是因为这个字的三个元音是 E、I、O。——译者

法，这也可以从“凡人都有死”里面推论出来。从“没有一个神有死”，我们可以推论说“没有一个有死的是神”，但是从“有些人不是希腊人”并不能得出来“有些希腊人不是人”。

除上述的这些推论而外，亚里士多德和他的后继者们又认为，一切演绎的推论如果加以严格地叙述便都是三段论式的。把所有各种有效的三段论都摆出来，并且把提出来的任何论证都化为三段论的形式，这样就应该可能避免一切的谬误了。

这一体系乃是形式逻辑的开端，并且就此而论则它既是重要的而又是值得赞美的。但是作为形式逻辑的结局而不是作为形式逻辑的开端来考虑，它就要受到三种批评了：

(1) 这一体系本身之内的形式的缺点。

(2) 比起演绎论证的其他形式来，对于三段论式估价过高。

(3)对于演绎法之作为一种论证的形式估价过高。

关于这三种批评的每一种，我们都必须说几句话。

(1)**形式的缺点** 让我们从下列的两个陈述开始：“苏格拉底是人”和“所有的希腊人都是人”。我们有必要在这两者之间做出严格的区别来，这是亚里士多德的逻辑所不曾做到的。“所有的希腊
220 人都是人”这一陈述通常被理解为蕴涵着：有希腊人存在；若没有这一蕴涵则某些亚里士多德的三段论式就要无效了。例如：

“所有的希腊人都是人，所有的希腊人都是白色的，所以有些人是白色的”。如果有希腊人存在，而不是不存在；则这个三段论便是有效的。但假如我要说：

“所有的金山都是山，所有的金山都是金的，所以有些山是金的”，我的结论就会是错误的了，尽管在某种意义上我的前提可以

说都是真的。所以如果我们要说得明白，我们就必须把“所有的希腊人都是人”这一陈述分为两个，一个是说“有希腊人存在”，另一个是说“如果有任何东西是一个希腊人，那么它就是一个人”。后一陈述纯粹是假设的，它并不蕴涵着有希腊人的存在。

这样，“所有的希腊人都是人”这一陈述就比“苏格拉底是人”这一陈述，在形式上更为复杂得多。“苏格拉底是人”以“苏格拉底”作为它的主词，但是“所有的希腊人是人”并不以“所有的希腊人”作为它的主词；因为无论是在“有希腊人存在”这一陈述里，还是在“如果有任何东西是一个希腊人，那么它就是一个人”这一陈述里，都并没有任何有关“所有的希腊人”的东西。

这种纯形式的错误，是形而上学与认识论中许多错误的一个根源。让我们考察一下，我们关于下列两个命题的知识的情形：“苏格拉底有死”和“凡人都有死”。为了要知道“苏格拉底有死”的真实性，我们大多数人都满足于依靠见证；但是如果见证是可靠的，则它就必然要把我们引回到某一个认得苏格拉底，并亲眼看到他死亡的人那儿去。这个被人目睹的事实——苏格拉底的尸体——再加上这就叫作“苏格拉底”的那种知识，便足以向我们保证苏格拉底的死。但是当谈到“所有的人都有死”的时候，情形就不同了。我们有关这类普遍命题的知识的问题，是一个非常困难的问题。有时候它们仅仅是文辞上的：“所有的希腊人都是人”之为我们所知，乃是因为并没有任何东西可以称为“一个希腊人”，除非那个东西是一个人。这类的普遍陈述可以从字典里得到肯定；但它们除了告诉我们怎样用字而外，并没有告诉我们有关世界的任何东西。但是“所有的人都有死”却并不属于这一类；一个不死

的人在逻辑上并没有任何自相矛盾之处。我们根据归纳法而相信这个命题，是因为并没有可靠的证据说一个人能活到（比如说）150
221 岁以上；但是这只能使这个命题成为或然的，而并不能成为确切无疑的。只要当有活人存在的时候，它就不可能是确切无疑的。

形而上学的错误出自于假设"所有的人"是"所有的人都有死"的主词，与"苏格拉底"是"苏格拉底有死"的主词，这两者有着同一的意义。它使人可能认为在某种意义上，"所有的人"所指的与"苏格拉底"所指的是同一类的一种整体。这就使得亚里士多德说，种类在某种意义上也就是实质。亚里士多德很谨慎地在限定这一陈述，但是他的弟子们，尤其是蒲尔斐利，却表现得没有这么细心。

由于这一错误亚里士多德便陷入了另一种错误，他以为一个谓语的谓语可以成为原来主词的谓语。假设我说"苏格拉底是希腊人，所有的希腊人都是人"；亚里士多德便以为"人"是"希腊人"的谓语，而"希腊人"又是"苏格拉底"的谓语，于是显然可见"人"就是"苏格拉底"的谓语。但事实上，"人"并不是"希腊人"的谓语。名字与谓语之间的区别，或者用形而上学的语言来说也就是个体与共相之间的区别，就这样被他抹杀了，这给哲学带来了多灾多难的后果。所造成的混乱之一就是，设想只具有一个成员的类也就等于那一个成员。这就使人对于一这个数目不可能有一种正确的理论，并且造成了无穷无尽的有关于"一"的坏形而上学。

(2)对于三段论式估价过高 三段论式仅仅是演绎论证中的一种。数学完全是演绎的，但在数学里面三段论几乎从来也不曾出现过。当然我们有可能把数学论证重行写成三段论的形式，但是那就会成为非常矫揉造作的了，而且也并不会使之更能令人信服。

以算学为例：假设我买了价值四元六角三分钱的东西，付出了一张五元的钞票，那么应该找给我多少钱呢？把这样一个简单的数字写成三段论的形式便会是荒谬绝伦的了，而且还会掩蔽了这一论证的真实性质。此外，在逻辑里面也有非三段论式的推论，例如："马是一种动物，所以马的头是一种动物的头"。事实上，有效的三段论仅只是有效的演绎法的一部分，它对于其他的部分并没有逻辑的优先权。想赋予演绎法中的三段论以首要地位的这种企图，就在有关数学推理的性质这个问题上把哲学家们引入了歧途。康德看出了数学并不是三段论式的，便推论说数学使用了超逻辑的原则；然而他却认为超逻辑的原则和逻辑的原则是同样确实可靠的。康德也像他的前人一样，由于尊崇亚里士多德而被引入了歧 222
途，尽管是在另一条不同的道路上。

(3)对于演绎法估计过高　对于作为知识来源的演绎法，希腊人一般说来要比近代哲学家赋给了它以更大的重要性。在这一方面，亚里士多德要比柏拉图错误得更少一些；他一再承认归纳法的重要性，并且他也相当注意这个问题：我们是怎样知道演绎法所必须据之以出发的最初前提的？可是他也和其他的希腊人一样，在他的认识论里给予了演绎法以不适当的重要地位。我们可以同意（比如说）史密斯先生是有死的，并且我们可以很粗疏地说，我们之知道这一点乃是因为我们知道所有的人都有死。但是我们实际所知道的并不是"所有的人都有死"；我们所知道的倒不如说是像"所有生于一百五十年之前的人都有死，并且几乎所有生于一百年之前的人也都有死"这样的东西。这就是我们认为史密斯先生也要死的理由。但是这种论证乃是归纳法，而不是演绎法。归纳法不像演绎法那样确切可信，它只提供了或然性而没有确切性；但是另一方面它却给了我们以演绎法所不能给我们的新知识。除了逻辑与纯粹数学而外，一切重要的推论全都是归纳的而非演绎的；仅有的例外便是法律和神学，这两者的最初原则都得自于一种不许疑问的条文，即法典或者圣书。

除了探讨三段论式的《分析前篇》而外，亚里士多德另有一些著作在哲学史上也有相当的重要性。其中之一就是《范畴论》那个短篇著作。新柏拉图主义者蒲尔斐利给这部书写过一篇注释，这篇注释对于中世纪的哲学有很显著的影响；但是目前还是让我们撇开蒲尔斐利而只限于谈亚里士多德。

"范畴"这个字——无论是在亚里士多德的著作里，还是在康德与黑格尔的著作里——其确切含义究竟指的是什么，我必须坦白承认我始终都不能理解。我自己并不相信在哲学里面"范畴"这一名词是有用的，可以表示任何明确的观念。亚里士多德认为有十种范畴：即，实体，数量，性质，关系，地点，时间，姿态，状况，活动，遭受。对于"范畴"这一名词所提到的唯一定义就是："每一个不是复合的用语"——接着就是上述的一串名单。这似乎是指凡
223 是其意义并不是由别的字的意义所结合而成的每一个字，都代表着一种实体或一种数量等等。但是并没有提到编排这十种范畴的名单所根据的是一种什么原则。

"实体"首先就是既不能用以叙说主词而且也不出现于主词的东西。当一个事物尽管不是主词的一部分，但没有主词就不能存在时，我们就说它是"出现于主词"。这里所举的例子是出现于人心之中的一些文法知识，以及可以出现于物体的某一种白色。实

体，在上述的主要意义上，便是一个个体的物或人或动物。但是在次要的意义上，则一个种或一个类——例如“人”或者“动物”——也可以叫作一个实体。这种次要的意义似乎是站不住脚的，而且到了后代作家们的手里，更为许多坏的形而上学大开方便之门。

《分析后篇》大体上是探讨一个曾使得每一种演绎的理论都感到棘手的问题，那就是：最初的前提是怎样得到的？既然演绎法必须从某个地点出发，我们就必须从某种未经证明的东西而开始，而这种东西又必须是以证明以外的其他方式而为我们所知的。我不准备详细阐述亚里士多德的理论，因为它有赖于本质这个概念。他说，一个定义就是对于一件事物的本质性质的陈述。本质这一概念是自从亚里士多德以后直迄近代的各家哲学里的一个核心部分。但是我的意见则认为它是一种糊涂不堪的概念，然而它的历史重要性却需要我们对它谈几句话。

一件事物的“本质”看来就是指“它的那样一些性质，这些性质一经变化就不能不丧失事物自身的同一性”。苏格拉底可以有时候愉悦，有时候悲哀；有时候健康，有时候生病。既然他可以变化这些性质而又不失其为苏格拉底，所以这些就不属于他的本质。但是苏格拉底是人则应该认为是苏格拉底的本质的东西，尽管一个信仰灵魂轮回的毕达哥拉斯派不会承认这一点。事实上，“本质”的问题乃是一个如何用字的问题。我们在不同的情况下对于多少有所不同的事件使用了同一的名字，我们把它们认为是一个单一的“事物”或“人”的许多不同的表现。然而事实上，这只是口头上的方便。因而苏格拉底的“本质”就是由这样一些性质所组成的，缺乏了这些性质我们就不会使用“苏格拉底”这个名字。这个问题纯粹是个语言学的问题：一个*字*可以有本质，但是一件*事物*则不能有本质。

224 “实体”的概念也像“本质”的概念一样，是把纯属语言学上方便的东西转移到形而上学上面来了。我们在描述世界的时候发现把某一些事情描写为“苏格拉底”一生中的事件，把某一些其他的事情描写为“史密斯先生”一生中的事件，是很方便的事。这就使我们想到“苏格拉底”或者“史密斯先生”是指某种经历了若干年代而持久不变的东西，并且在某种方式下要比对他所发生的那些事件更为“坚固”、更为“真实”。如果苏格拉底有病，我们就想苏格拉底在别的时候是健康的，所以苏格拉底的存在与他的疾病无关；可是另一方面，疾病也必需某个人有病。但是虽然苏格拉底并不必须有病，然而却必须有着*某种东西*出现于他，假如他要被人认为是存在的话。所以他实际上并不比对他所发生的那些事情更为“坚固”。

“实体”若是认真加以考虑的话，实在是个不可能避免种种困难的概念。实体被认为是某些性质的主体，而且又是某种与它自身的一切性质都迥然不同的东西。但是当我们抽掉了这些性质而试图想象实体本身的时候，我们就发现剩下来的便什么也没有了。再用另一种方式来说明这个问题：区别一种实体与另一种实体的是什么呢？那并不是性质的不同，因为按照关于实体的那种逻辑来说，性质的不同要先假定有关的两种实体之间有着数目的差异。所以两种实体必须*刚好*是二，而其本身又不能以任何方式加以区别。那么，我们究竟怎样才能发现它们*是*二呢？

事实上，“实体”仅仅是把事件聚集成堆的一种方便的方式而已。我们关于史密斯先生能知道什么呢？当我们看他的时候，我们就看到一套颜色；当我们听他说话的时候，我们就听到一串声音。我们相信他也像我们一样地有思想和感情。但是离开了这些事件而外，史密斯先生又是什么呢？那只是纯粹想象中的一个钩子罢了，各个事件就都被想象为是挂在那上面的。但事实上它们并不需要有一个钩子，就像大地并不需要驮在一个大象的背上一样。用地理区域做一个类比的话，任何人都能看出像（比如说）“法兰西”这样一个词只不过是语言学上的方便，在它的各个部分之外与之上并没有另一个**东西**是叫作“法兰西”的。“史密斯先生”也是
如此；它是一堆事件的一个集合名字。如果我们把它当作是任何 225
更多的东西，那么它就是指某种完全不可知的东西了，因此对于表现我们所知道的东西来说就并不是必需的。

“实体”一言以蔽之，就是由于把由主词和谓语所构成的语句结构转用到世界结构上面来，而形成的一种形而上学的错误。

我的结论是：我们在这一章里所探讨过的亚里士多德的学说乃是完全错误的，只有三段论式的形式理论是例外，而那又是无关重要的。今天任何一个想学逻辑的人，假如要去念亚里士多德或者是他的哪一个弟子的话，那就简直是在浪费时间了。可是，亚里士多德的逻辑著作还是表现了伟大的能力的，并且是会对人类有用的，假如这些著作能在一个知识创造力仍然旺盛的时代里出世的话。然而不幸的是，它们正是在希腊思想创造期的结束时才出世的，因而便被人当作是权威而接受了下来。等到逻辑的创造性复兴起来的时候，两千年的统治地位已经使得亚里士多德很难于推翻了。实际上在全部的近代史上，科学、逻辑与哲学每进一步都

是冒着亚里士多德弟子们的反对而争取来的。

226 第二十三章 亚里士多德的物理学

在这一章里我准备考察亚里士多德的两部书，一部书叫作《物理学》，另一部书叫作《论天》。这两部书是密切联系着的；第二部书的论证就是从第一部书所留下来的论点开始的。两部书都极其有影响，并且一直统治着科学直到伽利略的时代为止。像“第五种本质”、“月球以下”这些名词，就都是从这两部书所表达的理论里得来的。因此哲学史家就必须研究这两部书，尽管事实上以近代科学的眼光看来，其中几乎没有一句话是可以接受的。

要理解亚里士多德的——正如要理解大多数希腊人的——物理学观点，就必须了解他们在想象方面的背景。每一个哲学家除了他向世界所提出的正式体系而外，还有着另一种更简单得多的、可能为他自己所完全不曾察觉到的体系。纵使他察觉到它，或许他认识到这是行不通的；所以他就把它隐藏起来而提出某种更为诡辩的东西，他相信那种东西，因为那种东西有似于他的未曾加工的体系，他也要求别人接受那种东西，因为他相信他已经把它弄得不可能再加以反驳了。这种诡辩是靠着对反驳的反驳而达到的，但是单凭这一点却是永远也得不出正面的结果来的：那最多只表明一种理论*可能*是真的，但却非*必定*是真的。正面的结果（无论一个哲学家所意识到的是何等地微少）都是从他想象之中预先就有的观念里面，或者是如桑塔雅那所称之为“动物的信仰”里面得来的。

关于物理学，亚里士多德在想象方面的背景与一个近代学者在想象方面的背景是大不相同的。今天一个小孩子一开始就学力学，力学这个名字的本身就提示着机械。① 他已经习惯于汽车和飞机了；甚至在他下意识想象的最深处，他也绝不会想到一辆汽车里会包含有一种马，或者一架飞机的飞行乃是因为它的两翼是一只具有神奇力量的飞鸟的两翼。动物，在我们对于世界的想象图画里，已经丧失了它们的重要性；人在这个世界里，已经比较能独立地作为是一个大体上无生命而且大致能够驯服的物质环境的主人了。

对于企图对运动作出科学解说的希腊人来说，除了少数像德 227
谟克里特和阿基米德那样的天才情况而外，纯粹的力学观点几乎从来也不曾得到过暗示。看来只有两套现象才是重要的，即动物的运动与天体的运动。在近代科学家看来，动物的身体是一架非常精致的、具有异常复杂的物理—化学结构的机械；每一项科学的新发见都包含着动物与机械之间的表面鸿沟的缩小。但在希腊人看来，则把显然是无生命的运动同化在动物的运动里面，却似乎更为自然。今天一个小孩子仍然在用自身能不能运动的这一事实，来区别活的动物与其他的东西；在许多的希腊人看来，特别是在亚里士多德看来，这一特点本身就提示了物理学的普通理论的基础。

但是天体又是怎样的呢？天体与动物的不同就在于它们运动的规则性，但这可能仅仅是由于它们优异的完美性所致。每一个希腊哲学家无论成年以后是怎样想法，但都是从小就被教导要把

① 力学 mechanics，机械 machine。——译者

日月看作是神的；阿那克萨哥拉曾被人控诉为不敬神，就因为他教导说日和月并不是活的。当一个哲学家不再把天体的本身看作是神明的时候，他就会把天体想成是由一位具有希腊人的爱好秩序与几何的简捷性的神明意志在推动着；这也是十分自然的。于是一切运动的最后根源便是“意志”：在地上的便是人类与动物的随心所欲的意志，在天上的则是至高无上的设计者之永恒不变的意志。

我并不提示说，这一点就可以适用于亚里士多德所谈到的每一个细节。我所要提示的是，这一点提供了亚里士多德在想象方面的背景，并且代表着（当他着手研究时）他会希望是真实的那种东西。

谈过了这些引言之后，就让我们来考察亚里士多德确实说过些什么。

在亚里士多德的著作里，物理学（physics）这个字乃是关于希腊人所称为“phusis”（或者“physis”）的科学；这个字被人译为“自然”，但是并不恰好等于我们所赋给“自然”这个字的意义。我们仍旧在说“自然科学”与“自然史”，但是“自然”其本身，尽管它是一个很含糊的字，却很少正好意味着“phusis”的意义。“phusis”是与生长有关的；我们可以说一个橡子的“自然”（“性质”）就是要长成为
228 一棵橡树，在这种情况下我们就是以亚里士多德的意义在使用这个字的。亚里士多德说，一件事物的“自然”（“性质”）就是它的目的，它就是为了这个目的而存在的。因而这个字具有着一种目的论的含义。有些事物是自然存在的，有些事物则是由于别的原因而存在的。动物、植物和单纯的物体（原素）是自然存在的；它们具

有一种内在的运动原则。(被译作"运动"的这个字,有着比"移动"更为广泛的意义;除了移动而外,它还包括着性质的变化或大小的变化。)自然是运动或者静止的根源。如果事物具有这种的内在原则,它们便"具有自然(性质)"。"按照自然"这句成语,就适用于这些事物及其本质的属性。(正是由于这种观点,所以"不自然"就用以表示谴责。)自然存在于形式之中而不是存在于质料之中;凡是潜存的血肉就都还不曾获得它自己的自然(性质),唯有当一件事物达到充分发展的时候,它才更加是它自己。整个的这一观点似乎是由生物学所启发的:橡子就是一颗"潜存"的橡树。

自然是属于为了某种东西的缘故而起作用的那类原因的。这就引到了一场关于自然并没有目的而只是由于必然而行动着的那种观点的讨论;与此相关,亚里士多德还讨论了为恩培多克勒所教导过的那种形式的适者生存的学说。他说这不可能是对的,因为事物是以固定的方式而发生的,并且当一个系列完成的时候,则此前的一切步骤就都是为了这个目的的。凡是"由于连续不断的运动,从一个内在的原则发源而达到某种完成"(199b)的东西都是"自然的"。

整个这一"自然"观,尽管它似乎是很值得称道地能适用于解释动物与植物的生长,但在历史上却成了科学进步的最大障碍,并且成了伦理学上许多坏东西的根源。就这后一方面而论,它至今仍然是有害的。

亚里士多德告诉我们说,运动就是潜存着的东西正在实现。这一观点除了有许多缺点而外,并且也与移动的相对性不相容。当A相对于B而运动的时候,B也就相对于A而运动;要说这两者之中有一个是运动的而另一个是静止的,这乃是毫无意义的话。当一条狗抓到一块骨头的时候,常识上似乎以为狗是在运动而骨头则是静止的(直到骨头被抓住时为止),并且以为运动有一个目的,即要实现狗的"自然"("性质")。但实际的情形却是,这种观点
229 并不能应用于死的物质;并且对于科学的物理学的要求来说,"目的"这一概念是完全没有用处的,任何一种运动在严格的科学意义上,都只能是作为相对的来加以处理。

亚里士多德反对留基波和德谟克里特所主张的真空。随后他就过渡到一场颇为奇特的关于时间的讨论。他说可能有人说时间是并不存在的,因为时间是由过去和未来所组成的,但是过去已经不复存在而未来又尚未存在。然而,他反对这种观点。他说时间是可以计数的运动。(我们不清楚,他为什么要把计数看成是根本性的。)他继续说我们很可以问道,既然除非是有一个人在计数,否则任何事物便不可能计数,而时间又包含着计数;那么时间若不具有灵魂究竟能不能存在呢?看来亚里士多德似乎把时间想成是许多的时日或岁月。他又说有些事物就其并不存在于时间之内的意义而言,则它们是永恒的;他所想到的大概也是数目之类的东西。

运动一直是存在着的,并且将永远存在;因为没有运动就不能有时间,并且除了柏拉图而外,所有的人都同意时间不是被创造的。在这一点上,亚里士多德的基督教后学们却不得不和亚里士多德的意见分道扬镳了,因为圣经告诉我们说宇宙是有一个开始的。

《物理学》一书以关于不动的推动者的一段论证而告结束,这一点我们在谈到《形而上学》时已经考察过了。有一个不动的推动

者在直接造成着圆运动。圆运动是原始的一种运动，并且是唯一能够继续无限的一种运动。第一推动者既没有部分也没有大小，并且存在于世界的周围。

达到了这个结论之后，我们再来看天体。

《论天》这篇著作里提出了一种简单愉快的理论。在月亮以下的东西都是有生有灭的；自月亮而上的一切东西，便都是不生不灭的了。大地是球形的，位于宇宙的中心。在月亮以下的领域里，一切东西都是由土、水、气、火四种元素构成的；但是另有一个第五种的元素是构成天体的。地上元素的自然运动是直线运动，但第五种元素的自然运动则是圆运动。各层天都是完美的球形，而且越到上层的区域就越比下层的区域来得神圣。恒星和行星不是由火构成的，而是由第五种元素构成的；它们的运动乃是由于它们所附 230
着的那些层天球在运动的缘故。（这一切都以诗的形式表现在但丁的《天堂篇》里。）

地上的四种元素并不是永恒的，而是彼此互相产生出来的——火就其自然运动乃是向上的这种意义而言，便是绝对的轻；土则是绝对的重，气是相对的轻，而水则是相对的重。

这种理论给后代准备下了许多的困难。被人认为是可以毁灭的彗星就必须划归到月亮以下的区域里面去了，但是到了十七世纪人们却发现彗星的轨道是围绕着太阳的，并且很少能像月亮距离得这么近。既然地上物体的自然运动是直线的，所以人们就认为沿水平方向发射出去的抛射体在一定时间之内是沿着水平方向而运动的，然后就突然开始垂直向下降落。伽利略发见抛射体是沿着抛物线而运动的，这一发见吓坏了他的亚里士多德派的同事们。哥白尼、开普勒和伽利略在奠定地球不是宇宙的中心,而是每天自转一次、每年绕太阳旋转一周的这一观点时,就不得不既要向圣经作战,也同样要向亚里士多德作战了。

我们再来看一个更带普遍性的问题:亚里士多德的物理学与本来系由伽利略所提出的牛顿"运动第一定律"是不相符的。牛顿的运动第一定律说,每个物体如果已经是在运动着的话,则当其自身不受外力作用时就将沿直线做等速运动。因此就需要有外部的原因,——并不是用以说明运动而是用以说明运动的变化,无论是速度的变化,还是方向的变化。亚里士多德所认为对于天体乃是"自然的"那种圆运动,其实包含着运动方向的不断变化,因此按照牛顿的引力定律,就需要有一种朝向圆心而作用着的力。

最后:天体永恒不毁的这一观点也不得不被人放弃了。太阳和星辰有着悠久的生命,但却不是永远生存的。它们是从星云里生出来的,并且最后不是爆炸就是要冷却而死亡。在可见的世界里,并没有什么东西是可以免于变化和毁灭的;亚里士多德式的与此相反的信仰,尽管为中世纪的基督徒所接受,其实乃是异教徒崇拜日月星辰的一种产物。

231 第二十四章 希腊早期的数学与天文学

我在本章里要讨论的是数学,并不是由于数学本身的缘故,而是因为它与希腊哲学有关系——有着一种(尤其是在柏拉图的思想里)非常密切的关系。希腊人的卓越性表现在数学和天文学方面的,要比在任何别的东西上面更为明显。希腊人在艺术、文学和哲学方面的成就，其是好是坏可以依据个人的口味来评判；但是他们在几何学上的成就却是无可疑问的。他们从埃及得到了一些东西，从巴比伦那里得到的则很少；而且他们从这些来源所获得的东西，在数学方面主要地是粗糙的经验，在天文学方面则是为期非常悠久的观察记录。数学的证明方法，则几乎是完全起源于希腊。

有许多非常有趣的故事——或许并没有历史真实性——可以表明，是哪些实际问题刺激了数学的研究。最早的最简单的故事是关于泰勒斯的，传说他在埃及的时候国王曾要他求出一个金字塔的高度。他等到太阳照出来他自己影子的长度与他的身高相等的时候，就去测量金字塔的影子；这个影子当然就等于金字塔的高度。据说透视定律最初是几何学家阿加塔库斯为了给伊斯奇鲁斯的戏剧画布景而加以研究的。传说是被泰勒斯所研究过的求一只船在海上的距离的问题，在很早的阶段就已经很正确地解决了。希腊几何学所关心的大问题之一，即把一个立方体增加一倍的问题，据说是起源于某处神殿里的祭司们；神谕告诉他们说，神要的一座雕像比他们原有的那座大一倍。最初他们只是想到把原像的尺寸增加一倍，但是后来他们才认识到结果就要比原像大八倍，这比神所要求的要更费钱得多。于是他们就派遣一个使者去见柏拉图，请教他的学园里有没有人能解决这个问题。几何学家们接受了这个问题，钻研了许多世纪，并且附带地产生出了许多可惊可叹的成果。这个问题当然也就是求 2 的立方根的问题。

2 的平方根是第一个有待发现的无理数，这一无理数是早期 232
的毕达哥拉斯派就已经知道了的，并且还发现过种种巧妙的方法来求它的近似值。最好的方法如下：假设有两列数字，我们称之为

a 列和 b 列；每一列都从 1 开始，每下一步的 a 都是由已经得到的最后的 a 和 b 相加而成；下一个 b 则是由两倍的前一个 a 再加上前一个 b 而构成。这样所得到的最初 6 对数目就是(1,1)，(2,3)，(5,7)，(12,17)，(29,41)，(70,99)。在每一对数目里，$2a^2-b^2$ 都是 1 或者是 -1。于是 $\frac{b}{a}$ 就差不多是 2 的平方根，而且每下一步都越发地与之接近。例如，读者们将会满意地发现，$\frac{99}{70}$ 的平方是非常之接近于与 2 相等的。

普洛克鲁斯描述过毕达哥拉斯——此人永远是个颇为朦胧的人物——乃是第一个把几何学当作一种学艺的人。许多权威学者，包括汤姆斯·希斯①爵士在内，都相信毕达哥拉斯或许曾发见过那个以他的名字命名的定理；那个定理是说在一个直角三角形中，弦的平方等于两夹边的平方之和。无论如何，这个定理是在很早的时期就被毕达哥拉斯派所知道了的。他们也知道三角形的内角之和等于两个直角。

除了 2 的平方根之外，其他的无理数在特殊的例子里也曾被与苏格拉底同时代的狄奥多罗斯研究过，并且曾以更为普遍的方式被与柏拉图大致同时而稍早的泰阿泰德研究过。德谟克里特写过一篇关于无理数的论文，但是文章的内容我们已不大知道了。柏拉图对这个题目是深感兴趣的；他在以“泰阿泰德”命名的那篇对话里提过了狄奥多罗斯和泰阿泰德的作品。在《法律篇》中，他说过一般人对这个题目的愚昧无知是很不光彩的，并且还暗示着

① 见所著《希腊的数学》，卷一，第 145 页。

他自己之开始知道它也是很晚的事情。它当然对于毕达哥拉斯派的哲学有着重要的关系。

发见了无理数的最重要的后果之一就是攸多克索(约当公元前408—前355年)之发明关于比例的几何理论。在他以前,只有关于比例的算数理论。按照这种理论,如果 a 乘 d 等于 b 乘 c,则 a 比 b 就等于 c 比 d。这种界说,在还没有有关无理数的几何理论 233
时,就只能应用于有理数。然而攸多克索提出了一个不受这种限制的新界说,其构造的方式暗示了近代的分析方法。这一理论在欧几里得的书里得到了发展,并具有极大的逻辑美。

攸多克索还发明了或者是完成了"穷尽法",它后来被阿基米德运用得非常成功。这种方法是对积分学的一种预见。譬如,我们可以举圆的面积问题为例。你可以内接于一个圆而作出一个正六边形,或一个正十二边形,或者一个正一千边或一百万边的多边形。这样一个多边形,无论它有多少边,其面积是与圆的直径的平方成比例的。这个多边形的边越多,则它也就越接近于与圆相等。你可以证明,只要你能使这一多边形有足够多的边,就可以使它的面积与圆面积之差小于任何预先指定的面积,无论这一预先指定的面积是多么地小。为了这个目的,就引用了"阿基米德公理"。这一公理(多少加以简化之后)是说:假设有两个数量,把较大的一个平分为两半,把一半再平分为两半,如此继续下去,则最后就会得到一个数量要小于原来的两个数量中较小的那一个。换句话说,如果 a 大于 b,则必有某一个整数 n 可以使 2^n 乘 b 大于 a。

穷尽法有时候可以得出精确的结果,例如阿基米德所做的求抛物线形的面积;有时候则只能得出不断的近似,例如当我们企图求圆的面积的时候。求圆的面积的问题也就是决定圆周与直径的比率问题,这个比率叫作 π。阿基米德在计算中使用了$\frac{22}{7}$的近似值,他做了内接的与外切的正 96 边形,从而证明了 π 小于$3\frac{1}{7}$并大于$3\frac{10}{71}$。这种方法可以继续进行到任何所需要的近似程度,并且这就是任何方法在这个问题上所能尽的一切能事了。使用内接的与外切多边形以求 π 的近似值,应该上溯到苏格拉底同时代的人安提丰。

欧几里得——当我年轻的时候,它还是唯一被公认的学童几何学教科书——约当公元前 300 年,即当亚历山大和亚里士多德死后不久的几年,生活于亚历山大港。他的《几何原本》绝大部分
234 并不是他的创见,但是命题的次序与逻辑的结构则绝大部分是他的。一个人越是研究几何学,就越能看出它们是多么值得赞叹。他用有名的平行定理以处理平行线的办法,具有着双重的优点:演绎既是有力的,而又并不隐饰原始假设的可疑性。比例的理论是继承攸多克索的,其运用的方法本质上类似于魏尔斯特拉斯所介绍给十九世纪的分析数学的方法,于是就避免了有关无理数的种种困难。然后欧几里得就过渡到一种几何代数学,并在第十卷中探讨了无理数这个题目。在这以后他就接着讨论立体几何,并以求作正多面体的问题而告结束,这个问题是被泰阿泰德所完成的并曾在柏拉图的《蒂迈欧篇》里被提到过。

欧几里得的《几何原本》毫无疑义是古往今来最伟大的著作之一,是希腊理智最完美的纪念碑之一。当然他也具有典型的希腊

局限性：他的方法纯粹是演绎的，并且其中也没有任何可以验证基本假设的方法。这些假设被他认为是毫无问题的，但是到了十九世纪，非欧几何学便指明了它们有些部分是可以错误的，并且只有凭观察才能决定它们是不是错误。

欧几里得几何学是鄙视实用价值的，这一点早就被柏拉图所谆谆教诲过。据说有一个学生听了一段证明之后便问，学几何学能够有什么好处，于是欧几里得就叫进来一个奴隶说："去拿三分钱给这个青年，因为他一定要从他所学的东西里得到好处。"然而鄙视实用却实用主义地被证明了是有道理的。在希腊时代没有一个人会想象到圆锥曲线是有任何用处的；最后到了十七世纪伽利略才发现抛射体是沿着抛物线而运动的，而开普勒则发现行星是以椭圆而运动的。于是，希腊人由于纯粹爱好理论所做的工作，就一下子变成了解决战术学与天文学的一把钥匙了。

罗马人的头脑太过于实际而不能欣赏欧几里得；第一个提到欧几里得的罗马人是西赛罗，在他那时候欧几里得或许还没有拉丁文的译本；并且在鲍依修斯(约当公元 480 年)以前，确乎是并没有任何关于拉丁文译本的记载。阿拉伯人却更能欣赏欧几里得；大约在公元 760 年，拜占庭皇帝曾送给过回教哈里发一部欧几里得；大约在公元 800 年，当哈伦·阿尔·拉西德在位的时候，欧几里得就有了阿拉伯文的译文了。现在最早的拉丁文译本是巴斯的 235
阿戴拉德于公元 1120 年从阿拉伯文译过来的。从这时以后，对几何学的研究就逐渐在西方复活起来；但是一直要到文艺复兴的晚期才做出了重要的进步。

我现在就要谈天文学，希腊人在这方面的成就正像在几何学方面是一样地引人注目。在希腊之前，巴比伦人和埃及人许多世纪以来的观察已经奠定了一个基础。他们记录下来了行星的视动，但是他们并不知道晨星和昏星就是一个。巴比伦无疑地，而且埃及也可能，已经发现了食的周期，这就使人能相当可靠地预言月食，但是并不能预言日食；因为日食在同一个地点并不是总可以看得见的。把一个直角分为九十度，把一度分为六十分，我们也是得之于巴比伦人的；巴比伦人喜欢六十这个数目，甚至还有一种以六十进位的计数体系。希腊人总是喜欢把他们的先锋人物的智慧都归功于是游历了埃及的结果，但是在希腊人以前，人们所成就的东西实在是很少的。然而泰勒斯的预言月食，却是受了外来影响的一个例子；我们没有理由设想他在从埃及和巴比伦那里所学到的东西之外又增加了什么新东西，并且他的预言得以证实，也完全是幸运的偶合。

让我们先看希腊人最早的一些发现与正确的假说。阿那克西曼德认为大地是浮荡着的，并没有任何东西在支持它。亚里士多德①总是反对当时各种最好的假说的，所以他就反驳阿那克西曼德的理论，亦即大地位于中心永远不动，因为它并没有理由朝着一个方向运动而不朝另一个方向运动。亚里士多德说，如果这种说法有效，那么一个人若是站在圆心，纵令在圆周的各点上都摆满了食品的话，他也会饿死的，因为并没有理由要选择哪一部分食品而不选择另一部分食品。这个论证重行出现于经院哲学里，但不是与天文学联系在一起，而是与自由意志联系在一起的。它以“布理

① 《论天》，295*b*。

当的驴”的形式而重行出现，布理当的驴因为不能在左右两边距离相等的两堆草之间做出选择，所以就饿死了。

毕达哥拉斯有极大的可能是第一个认为地是球形的人，但是他的理由（我们必须设想）却是审美的而非科学的。然而，科学的理由不久就被发现了。阿那克萨哥拉发现了月亮是由于反光而发 236
光的，并且对月食做出了正确的理论。他本人仍然认为地是平的，但是月食时地影的形状却使得毕达哥拉斯派有了拥护地是球形的最后定论性的论据。他们更进一步把地球看成是行星之一。他们知道了——据说是从毕达哥拉斯本人那里知道的——晨星和昏星就是同一个星，并且他们认为所有的星包括地球在内都沿着圆形而运动，但不是环绕着太阳而是环绕着“中心的火”。他们已经发现了月亮总是以同一面对着地球的，并且他们以为地球也总是以同一面对着“中心的火”。地中海区域位于与中心的火相背的那一面，所以就永远看不见中心的火。中心的火就叫做“宙斯之家”或者“众神之母”。太阳是由于反射中心的火而发光的。除了地球之外还有另一个物体，叫做反地球，与中心的火距离相等。关于这一点，他们有两个理由；一个是科学的，另一个则得自于他们算学上的神秘主义。科学的理由即他们正确地观察到了，月食有时是当日月都在地平线之上的时候出现的。这种现象的原因是折射，他们还不知道折射，于是就认为在这种情形下月食必定是由于地球之外的另一个物体有影子的缘故。另一个原因就是日、月、五星、地球与反地球以及中心的火就构成了十个天体，而十则是毕达哥拉斯派的神秘数字。

毕达哥拉斯派的这种学说被归功于费劳罗，他是底比斯人，生活于公元前五世纪的末期。虽然这种学说是幻想的，并且还有些部分是非常不科学的，但它却非常之重要，因为它包含了设想哥白尼假说时所必需的大部分的想象能力。把地球不设想为宇宙的中心而设想为行星中的一个，不设想为永恒固定的而设想为在空间里遨游的，这就表现出一种了不起的摆脱了人类中心说的思想解放。一旦人在宇宙中的自然图像受到了这种摇撼的时候，就不难以科学的论证把它引到更正确的理论上来了。

有许多观察对于这一点都是有贡献的。稍晚于阿那克萨哥拉
237 的欧诺比德发现了黄道的斜度。不久就明白了太阳到底是比地球大得多，这一事实便支持了那些否认地球是宇宙的中心的人们。中心的火与反地球，在柏拉图的时代之后不久就被毕达哥拉斯派抛弃了。滂土斯的赫拉克利德（他的年代大约是公元前 388—前 315 年，与亚里士多德同时）发现了金星与水星都环绕太阳而旋转，并且采取了地球每 24 小时绕着它自己的轴线转动一周的见解。这种见解是前人所不曾采取过的一个非常重要的步骤。赫拉克利德属于柏拉图学派，并且一定是一个伟大的人物，但并没有像我们所能期待的那样为人尊敬；他被描述成是一个肥胖的花花公子。

萨摩的亚里士达克大约生活于公元前 310—前 230 年，因此约比阿基米德大二十五岁；他是所有的古代天文学家中最使人感兴趣的人，因为他提出了完备的哥白尼式的假说，即一切行星包括地球在内都以圆形在环绕着太阳旋转，并且地球每 24 小时绕着自己的轴自转一周。但是现存的亚里士达克的唯一作品《论日与月的大小与距离》却还是墨守着地球中心的观点，这件事是有点令人

失望的。的确，就这本书所讨论的问题而言，则无论他采取的是哪种理论都并没有任何的不同；所以他可能是认为，对于天文学家的普遍意见加以一种不必要的反对，从而加重他计算的负担，乃是一桩不智之举；或者他也可能是仅仅在写过这部书之后，才达到了哥白尼式的假说的。汤姆斯·希斯爵士在他那本关于亚里士达克的书[①]里（书中包括原著的全文与译文）就是倾向于后一种见解的。但无论情形是哪一种，亚里士达克之曾经提示过哥白尼式的观点，这件事的证据却是十足可以定论无疑的。

第一个而且最好的证据就是阿基米德的证据，我们已经说过阿基米德是亚里士达克同时代的一个较年轻的人。在他写给叙拉古的国王葛伦的信里说，亚里士达克写成了“一部书，其中包括着某些假说”；并继续说：“他的假说是说恒星和太阳不动，地球则沿着圆周而环绕太阳旋转，太阳位于轨道的中间。”在普鲁塔克的书里有一段话提到，克雷安德“认为以不虔敬的罪名来惩罚亚里士达 238
克乃是希腊人的责任，因为他使得宇宙的炉灶（即地球）运动起来，这是他设想天静止不动而地则沿着斜圆而运转，同时并环绕其自身的轴而自转，以图简化现象的结果”。克雷安德是亚里士达克同时代的人，约死于公元前232年。在另一段话里普鲁塔克又说，亚里士达克提出这种见解来仅只是作为一种假说，但是亚里士达克的后继者塞琉古则把它当作是一种确定的意见。（塞琉古的鼎盛期约当公元前150年。）艾修斯和塞克斯托·恩皮里库斯也说到亚

① 《萨摩的亚里士达克，古代的哥白尼》，汤姆斯·希斯爵士著。牛津，1913年版。以下所谈的即根据这部书。

里士达克提出了太阳中心说，但是他们并没有说他提出这种学说来仅仅是作为一种假说。纵使他确乎是这种提法，那也很可能他是像两千年以后的伽利略一样，是由于害怕触犯宗教偏见的影响所致，——我们上面所提到的克雷安德的态度，就说明了这种惧怕是很有理由的。

哥白尼式的假说被亚里士达克(无论是正式地也好还是试验性地也好)提出来之后，是被塞琉古明确地加以接受了的，但是并没有被其他任何的古代天文学家所接受。这种普遍的反对主要地是由于希巴古的缘故，希巴古鼎盛于公元前161—前126年。希斯把希巴古描写为是“古代最伟大的天文学家”①。希巴古是第一个系统地论述了三角学的人；他发现了岁差；他计算过太阴月的长度，而误差不超过一秒；他改进了亚里士达克关于日月的大小和距离的计算：他著录了850个恒星，并注出了它们的经纬度。为了反对亚里士达克的太阳中心假说，他采用了并改进了亚婆罗尼(鼎盛期约当公元前220年)所创造的周转圆的理论；这种学说发展到后来便以托勒密的体系而知名，它是根据鼎盛于公元二世纪的天文学家托勒密的名字而来的。

哥白尼偶然知道了一些几乎已被遗忘了的亚里士达克的假说，虽然知道得并不多；他为自己的创见能找到一个古代的权威而感到鼓舞。不然的话，这种假说对于后代天文学的影响实际上是会等于零的。

239 古代天文学家推算地球、日、月的大小以及日与月的距离时所

① 《希腊的数学》，卷2，第153页。

使用的各种方法在理论上都是有效的，但他们却受到了缺乏精确仪器的掣肘。想到这一点，他们的许多成果就真是令人惊叹了。伊拉托斯蒂尼推算地球的直径是 7,850 哩，这只比实际少五十哩。托勒密推算月亮的平均距离是地球直径的 $29\frac{1}{2}$ 倍；而正确的数字是大约 30.2 倍。他们之中还没有一个是多少接近到太阳的大小和距离的，他们都把它估计得太低了。他们的估计若以地球的直径来表示的话，则

亚里士达克	是 180 倍，
希巴古	是 1,245 倍，
波西东尼	是 6,546 倍；

而正确的数字则是 11,726 倍。我们可以看出这些推算是在不断改进着的（然而，只有托勒密的推算却表现了一种退步）；波西东尼①的推算约为正确数字的一半。大体上他们对于太阳系的图像，与事实相去得并不太远。

希腊的天文学乃是几何学的而非动力学的。古代人把天体的运动想成是等速的圆运动，或者是圆运动的复合。他们没有**力**的概念。天球是整个在运动着的，而各种不同的天体都固定在天球上面。到了牛顿和引力理论的时候，才引进了一种几何性更少的新观点。奇怪的是，我们在爱因斯坦的普遍相对论里又看到了一种返回于几何学的观点，牛顿意义上的力的概念已经又被摒弃了。

天文学家的问题是：已知天体在天球上的视动，怎样能用假说

① 波西东尼是西塞罗的老师，鼎盛于公元前二世纪的后半叶。

来介绍第三个坐标，即深度，以便把现象描叙得尽可能地简捷。哥白尼假说的优点并不在于**真实性**而在于简捷性；从运动的相对性看来，并不发生什么真实性的问题。希腊人在追求着能够“简化现象”的假说，事实上这已经是以科学上的正确方式触及问题了，尽
240 管并不是完全有意的。只要比较一下他们的前人以及他们的后人（直到哥白尼为止），就足以使每个人都对他们那真正令人惊异的天才深信不疑。

另外两个非常伟大的人物，即公元前三世纪的阿基米德和亚婆罗尼，就结束了这张第一流希腊数学家的名单。阿基米德是叙拉古国王的朋友，也许是他的表兄弟，于公元前 212 年罗马人攻占该城时被害。亚婆罗尼从青年时代就生活在亚历山大港。阿基米德不仅是一位数学家，而且还是一位物理学家与流体静力学家。亚婆罗尼主要地是以他对于圆锥曲线的研究而闻名的。关于这两个人我不再多谈，因为他们出现的时代太晚，对哲学并没有能起什么影响。

在这两个人以后，虽然在亚历山大港继续做出了可敬的工作，但是伟大的时代是结束了。在罗马人的统治之下，希腊人丧失了随着政治自由而得来的那种自信，并且在丧失这种自信的时候，也就对他们的前人产生了一种麻木不仁的尊敬。罗马军队之杀死阿基米德，便是罗马扼杀了整个希腊化世界的创造性思想的象征。

第三篇　亚里士多德以后的古代哲学 241

第二十五章　希腊化世界

古代希腊语世界的历史可以分为三个时期：自由城邦时期，这一时期以腓力浦和亚历山大而告结束；马其顿统治时期，这一时期的最后残余由于克里奥巴特拉死后罗马之并吞埃及而告消灭；最后则是罗马帝国时期。这三个时期中，第一个时期的特点是自由与混乱，第二个时期的特点是屈服与混乱，第三个时期的特点是屈服与秩序。

第二个时期即人们所称的希腊化时代。在科学与数学方面，这一时期内所做出的工作是希腊人自来所成就的最优异的工作。在哲学方面，这一时期则有伊壁鸠鲁学派和斯多葛学派的建立以及怀疑主义之明确地被总结为一种学说；所以这一时期在哲学上依旧是重要的，尽管比不上柏拉图和亚里士多德的时期那么重要。从公元前三世纪以后，希腊哲学里实际上就没有什么新的东西了，直到公元后三世纪新柏拉图主义的出现为止。同时罗马世界则正在准备好了基督教的胜利。

亚历山大的短促的功业突然之间改变了希腊世界。从公元前334年至前324年这十年之间，他征服了小亚细亚、叙利亚、埃及、巴比伦、波斯、萨马尔干、大夏和旁遮普。波斯帝国是世界上所曾有过的最大帝国，也在三次战役里完全被摧毁了。古代巴比伦人的学问和他们古代的迷信一道变成了希腊好奇心所熟悉的东西；祆教的二元论以及（在较小的程度上）印度的宗教——在印度正是佛教走向登峰造极的时候——也是如此。凡是亚历山大足迹所至之处，哪怕是在阿富汗的深山、药杀水的河畔和印度河的支流上，他都建立起来了希腊的城市，在这些城市里努力推行希腊的制度，
242 并采用了某种程度的自治政府。虽然他的军队主要地是由马其顿人组成的，虽然绝大多数的欧洲希腊人并不甘心情愿地屈从于他，但他起初还是把自己看成是希腊文化的使徒的。然而随着他的征服日益扩大，他就逐渐采取了一种促使希腊人与野蛮人之间友好融合的政策。

他这样做是有着各种动机的。一方面，非常显然他的并不很庞大的军队是不能长久靠武力来维持这样庞大的一个帝国的，而终须依靠着与被征服的人民和好相处。另一方面，东方除了君主神圣的政府形式而外，是不习惯于任何别的政府形式的，亚历山大觉得他自己很适于扮演这样一个角色。究竟他相信自己是神呢，还是仅仅出于政策的动机而摆出一副神的品质来呢？这是心理学家的问题，因为历史的证据是难于定论的。无论怎样，他显然是享受着在埃及把他当作是法老的继承者，在波斯把他当作是大王那样的阿谀。但他那些马其顿的军官们——他把他们叫作“同伴”——对他的态度，却是西方贵族们对他们的立宪君主的那种态度：他们不肯屈膝匍匐在他的面前，他们甚至冒着生命的危险去规劝他、批评他，在紧要的关头他们还控制他的行动，他们强迫他从印度河转辔西归而不要再进军去征服恒河。东方人是很容易顺应

的，只要他们的宗教偏见能受到尊敬。这对亚历山大并没有什么困难；只消把埃及的亚蒙神或巴比伦的贝尔神与希腊的宙斯神合而为一，并宣布他自己是神之子就行了。心理学家们说亚历山大痛恨腓力浦，或许还秘密参与过谋杀腓力浦的阴谋；他一定很愿意相信他自己的母亲奥林匹阿，就正像希腊神话里的某些贵妇人那样地，曾经是某一个神的所欢。亚历山大的功业太神奇了，所以他很可能想到唯有一种神奇的身世才是他那不可思议的成功的最好解释。

希腊人对于野蛮人怀有一种非常强烈的优越感；亚里士多德说北方种族是精力旺盛的、南方种族是文质彬彬的，而唯有希腊人才既是精力旺盛的又是文质彬彬的，这话无疑地表达了普遍的见解。柏拉图和亚里士多德都认为以希腊人做奴隶是不对的，但以野蛮人做奴隶则并不错。亚历山大并不是个十足的希腊人，他想要打破这种优越感的态度。他自己娶了两个蛮族的公主，并且强 243
迫他手下的马其顿的领袖们和波斯的贵族妇女结婚。我们可以想象，在他那无数的希腊城市里殖民者必定是男多于女的，因此这些男人也必定都是仿效他的榜样而与当地的妇女结婚的。这种政策的结果就给有思想的人们的头脑里带来了人类一体的观念；已往对于城邦的忠诚以及（在较小的程度上）对于希腊种族的忠诚看来是不合时宜了。在哲学方面，这种世界一家的观点是从斯多葛派开始的；但是在实践方面它要开始得更早些，它是从亚历山大开始的。它的结果便是希腊人与野蛮人之间的相互影响：野蛮人学到了一些希腊的科学，而希腊人却学到了野蛮人的许多迷信。希腊文明在传布到更广阔的地区的同时，却变得越来越不是纯粹希腊的了。

希腊的文明本质上是城市的。当然也有许多希腊人是从事农业的,但是他们对于希腊文化中最富特色的东西并没有什么贡献。自从米利都学派以来,希腊在科学、哲学和文学上的卓越人物全都是和富庶的商业城邦联系在一起的,而这些城邦又往往是被野蛮人所环绕着。这种类型的文明并不是从希腊人开始的,而是从腓尼基人开始的;推罗和西顿和迦太基都是依靠着奴隶在家从事体力劳动,而在进行战争时则依靠雇佣兵。他们并不像近代的大城市那样依靠着大量血统相同的,并具有平等政治权利的农村人口。近代最相似的类比就见之于十九世纪后半叶的远东。新加坡与香港、上海与中国其他一些通商口岸都成了一些欧洲人的小岛,在那儿白种人形成了一种靠着苦力们的劳动来养活的商业贵族。在北美洲梅逊－狄克逊线以北的地方,既然没有这样的劳动力可供使用,所以白种人就不得不从事农业。因为这个缘故,所以白种人在北美洲的地盘是稳固的,而他们在远东的地盘则已经大为削减,并且会很容易完全消灭的。然而他们那种类型的文化,特别是工业主义,却将会保留下来。这个类比,可以帮助我们理解希腊人在亚历山大帝国东部各个地区的地位。

亚历山大对于亚洲的想象方面所产生的作用是巨大的、持久
244 的。《马喀比书》的第一书写成于亚历山大死后的好几个世纪,但它一开头就叙述亚历山大的功业说:

“于是马其顿人腓力浦的儿子亚历山大就从柴蒂姆的土地上出发,打败了波斯人和米底亚人的王大流士,代替他而成为了第一个君临全希腊的君主,并且打了许多仗,占领了许多坚强的

据点。他杀死了地上许多的王，走遍了大地的尽头，取得许多国家的战利品，全世界在他的面前都服服帖帖；于是他的地位升高了，他的心飞腾起来了。他编集了一支孔武有力的军队，统治了许多国家，许多国家和国王都成了他的附庸。这些事情过后，他病倒了，他知道自己要死，于是就把那些尊贵的、和他一同从小长大的臣仆们召来，趁他还活着的时候把他的国家分给他们。[①]这样，亚历山大御宇十二年之后就逝世了。"

亚历山大在回教里面继续做为传说中的一个英雄而流传着；直到今天，喜马拉雅山的一些小酋长们还自称是亚历山大的后裔。[②] 没有任何别的真正历史上的英雄，曾经提供过如此之丰富的神话想象的材料。

亚历山大死后，也曾有过一种想要保持他的帝国的统一的努力。但是他的两个儿子，一个还是婴儿，一个尚未出世。两个儿子各有一些拥护者，不过在后来的内战里，这两个都被人废弃了。终于他的帝国被三家将军所瓜分；大致说来，一家获得了亚历山大领土的欧洲部分，一家获得了非洲部分，一家获得了亚洲部分。欧洲部分最后落到安提哥尼后人的手里；托勒密获得了埃及，以亚历山大港做为他的首都；经过许多战争之后才获得了亚洲的塞琉古因为过分忙于作战而没有来得及奠立一个固定的首都，但是到后来安提阿克成了他的王朝的主要都市。

无论是托勒密王朝还是塞琉西王朝（塞琉古的王朝叫做赛琉

① 这并非历史事实。

② 也许这在今天已经不再是事实，因为怀有这种信仰的人们的儿子已经在伊顿公学受教育了。

西王朝）都放弃了亚历山大那种要融合希腊人与野蛮人的努力，并且建立了军事专制，起初都是依靠着自己手下由希腊雇佣兵所补
245 充起来的马其顿军队建立的。托勒密王朝所控制的埃及还相当稳固；但是在亚洲，两个世纪纷扰不已的王朝战争则是以罗马人的征服才告结束的。在这两个世纪里，波斯被安息人所征服，而大夏的希腊人则日益陷于孤立。

公元前二世纪（此后他们就迅速地衰颓）他们有过一个王叫米南德，米南德的印度帝国是非常之辽阔的。他和佛教圣人之间有两篇对话至今还以巴利文的形式保存着，并且一部分有中文译本。塔因（Tarn）博士提示说，第一篇对话可能是依据希腊原文的；而第二篇系以米南德王逊位出家成为佛教圣人而告结束的，则显然不是依据希腊原文的了。

这时候，佛教是一个极其蓬勃有力的、劝人归化的宗教。据现存碑文的记载，佛教的圣王阿育王（公元前 264—前 228 年）曾遣使到所有的马其顿各个国王那里去："国王陛下认为这是主要的征服——即法轮的征服；这也是国王陛下在他自己的境内并远达六百里格（leagues）之外的邻国的境内的成就——远及于希腊王安提阿古的地方，并且远及于安提阿古以外的托勒密、安提哥尼、马迦斯和亚历山大四个王的地方……在国王的境内也盛行于喻那人的地方"[1]（即旁遮普地方的希腊人）。不幸的是关于这次遣使，西方并没有任何记载流传下来。

巴比伦所受的希腊化影响格外深刻。我们已经知道，古代唯

① 引自比万（Pevan）的《塞琉古王朝》卷一，第 298 页注。

一追随萨摩的亚里士达克而主张哥白尼体系的人，就是底格里斯河上塞琉西亚的塞琉古，他的鼎盛期约当公元前150年。塔西陀告诉我们说，到了公元一世纪塞琉西亚“并未沾染安息人的野蛮习俗，而仍然保存着它的希腊开国者塞琉古①的制度。三百名以豪富或智慧而当选的公民组成了一个类似于元老院的组织，人民群众也分享政权”。② 希腊语在美索不达米亚的全境正如在其以西的地方一样，已成为学术与文化的语言，直迄回教的征服为止。

就语言和文学而论，叙利亚（不包括犹太在内）的城市已经完全希腊化了。但农村人口则是更保守的，他们仍然保持着为他们 246
所习惯的宗教和语言。③ 小亚细亚沿海岸的希腊城市，许多世纪以来就在影响着他们野蛮的邻居。马其顿的征服格外加深了这种影响。希腊主义与犹太人之间的第一次冲突是在《马喀比书》里提到了的。这是一篇极其有趣的故事，与马其顿帝国内一切别的事情都不一样。我将在后面谈到基督教的起源与成长时再讨论它。在其他的地方，希腊的影响从来没有遇到过这样顽强的抵抗。

从希腊化文化的观点来看，公元前三世纪最辉煌的成就乃是亚历山大港这个城市。比起马其顿治下的欧洲部分和亚洲部分来，埃及受战争的蹂躏较少，而亚历山大港又处于特别有利的商业地位。托勒密王朝是学艺的保护主，把当时许多最优秀的人都吸收到他们的首都来。数学主要地成了亚历山大港的学问，并且一直保持到罗马的灭亡为止。的确，阿基米德是西西里人，并且他所

① 是国王塞琉古，而非天文学家塞琉古。

② 《编年史》，卷六，第四十二章。

③ 参阅《剑桥古代史》，卷七，第194—195页。

属的那部分世界(直到公元前212年他临死的那一刻为止)依然保持着他们的独立;但是他也在亚历山大港学习过。伊拉托斯底尼是著名的亚历山大港图书馆的负责人。公元前三世纪里多少全都和亚历山大港有着密切联系的数学家们和科学家们,可以和前此各个世纪里任何希腊人的才能相媲美,并且做出了同样重要的工作。但是,他们不像他们的前人那样把一切学艺都当作自己的领域,并发挥着包罗万象的哲学;他们是近代意义上的专家们。欧几里得、亚里士达克、阿基米德和亚婆罗尼都只一心一意地作数学家,他们都不渴望有哲学上的创造性。

不仅在学术范围内而且在一切领域里,这个时代都以专业化为其特征。在公元前五至四世纪的希腊自治的城邦里,一个有才能的人可以认为是样样精通的。在不同的情况之下,他可以是军人、政治家、立法家或哲学家。苏格拉底虽然不喜欢政治,却并未能避免卷入政治的纠纷。在他年轻的时候,他是一个兵士,又是一个(尽管在《申辩篇》里他不承认)学物理科学的人。普罗泰戈拉在向研究新事物的贵族子弟们教授怀疑主义之余,还为图里草拟过一部法典。
247 柏拉图也搞过政治,虽然并不成功。色诺芬在不写他的苏格拉底也不作乡绅的时候,就去当将军以消遣岁月。毕达哥拉斯派的数学家们曾力图掌握许多城邦的政府。每个人都必须充当审判员,并担任其他的各种公职。但到了公元前三世纪,这一切就都起了变化。在往昔的那些城邦国家里的确还有政治,但是那已经变成地方性的而且已经无关紧要,因为希腊已经处于马其顿大军的摆布之下了。争夺权力的严重斗争在马其顿的军人中间进行着;但这里并没有原则的问题,而仅仅是互相竞争着的冒险者之间如何分配领土的问题。

在行政的和技术的事物上面，这些多少都是不学无术的军人们便雇佣希腊人做他们的专家；例如，在埃及的灌溉和排水方面就曾做出了优异的成就。这时有军人，有行政家，有医生，有数学家，也有哲学家，可是再也没有一个以一身而兼任这一切的人了。

这个时代是一个有钱而又没有权势欲望的人可以享受一种非常愉快的生活的时代，——当然总得假定没有掠夺成性的军队闯了进来。为某一个君主所垂青的学者尽可以享受高度的奢侈生活，只要他们是圆滑的谄媚者而又并不介意于成为一个愚昧无知的宫廷的嘲弄对象。但是这里却没有安全这种东西。一场宫廷革命可以把这些阿谀谄媚的贤达者们的恩主推翻；加拉太人可以毁灭富人的庄园；自己的城邦也可能在一场偶然的王朝战争里被洗劫一空。在这种情况之下，人们都去崇拜"幸运"女神就不足为奇了。在人间万事的安排上，似乎并没有任何合理的东西。那些顽固地坚持要在某个地方能找出道理来的人们，就只好返求于自己并且像弥尔顿的撒旦那样认定：

心灵是它自己的园地，在它自身里
可以把地狱造成天堂，把天堂造成地狱。

除了对于自私自利的冒险者而外，不再有任何刺激可以引起人们对公共事物的兴趣了。在亚历山大征服的辉煌插曲之后，由于缺乏一个坚强的专制主足以奠定稳固不移的无上权威以及缺乏一个强而有力的原则足以造成社会的巩固，希腊化世界便陷入混乱之中。当面临着新的政治问题的时候，希腊的理智证明了它本身是完全无能为力的。罗马人比起希腊人来无疑是愚笨的、粗野的，但是至少他 248
们却创造了秩序。在自由的日子里，那种旧式的无秩序曾经是可容忍的，因为每一个公民都享有自由；但是无能的统治者所加之于被统治者的那种新的马其顿式的无秩序，则是全然不可容忍的了，——比起后来对于罗马的屈服来要更加不可容忍得多。

社会的不满与对革命的惧怕在广泛流传着。自由劳动力的工资下降了，主要原因是由于东方奴隶劳动的竞争；而同时必需品的价格却在上涨。我们发现亚历山大在他的事业开始时，还有时间订立条约以便使穷人安分守己。“公元前335年，亚历山大与哥林多联盟国家之间所订的条约里规定了，联盟理事会与亚历山大的代表双方保证，联盟的任何城邦都不得为了革命的缘故而没收个人的财产，或者分配土地，或者免除债务，或者解放奴隶”。[①] 在希腊化的世界里，神寺都经营银行家的业务；他们掌握着黄金准备金，并且操纵债务。公元前三世纪初期德洛斯的亚波罗神寺以百分之十的利息放债；而此前的利率还要更高。[②]

自由劳动者发见自己的工资甚至于不足以维持最低的需要，所以年轻力壮的就只好去当雇佣兵以求糊口。雇佣兵的生活无疑是充满着艰难和痛苦的，但是它也有很大的可能前途。或许是掠夺某一个富庶的东方城市，或许有机会进行有利可图的暴动。一个统帅要想解散他的军队必定是件极其危险的事，并且这也一定就是战争所以连绵不断的原因之一。

往日的公民精神还多少保存在旧的希腊城市里，但却没有保存在亚历山大所建立的新城市里——就连亚历山大港也不例外。

---

① 塔因著，《公元前三世纪的社会问题》一文，收入《希腊化时代论文集》一书中。1923年，剑桥版。这篇文章是极其有趣的，并且包括许多在别的地方不大容易找到的史实。

② 同上。

在早期，一个新城市往往总是由某一个旧城市的移民所组成的殖民地，它和自己的母邦始终维持着感情上的联系。这种感情有着很悠久的寿命，例如，公元前196年兰普萨古城在希腊海峡的外交 249
活动就可以证明。这个城面临着要被塞琉西王安提阿古三世征服的危险，便决定吁请罗马保护。于是派遣出一个使节，但这个使节并没有直接去罗马，而是先到了马赛，尽管马赛的距离极为遥远。马赛也像兰普萨古一样是福西亚的殖民地，而且罗马人对他们的态度又很友好。马赛的公民听了使臣的演说之后，便立刻决定派遣他们自己的外交团到罗马去支持他们的姊妹城。住在马赛内陆的高卢人也参加了，并且还有一封信给他们在小亚细亚的同族加拉太人，推荐他们与兰普萨古相友好。罗马自然高兴有一个借口插足于小亚细亚，于是由于罗马的干涉，兰普萨古就保持住了它的自由，——直到后来它变得不利于罗马人的时候为止。①

亚洲的统治者们一般都自称为是"亲希腊派"，并且在政策与军事的需要所能允许的范围之内与旧希腊的城市保持着友好。这些城市希望有民主的自治政府，免除纳贡，不受朝廷禁军的干涉，并且(当他们能够的时候)宣称这些都是权利。向他们让步是值得的，因为他们是富有的，他们可以提供雇佣兵，有许多城市还有重要的港口。但是如果他们在内战中参加了错误的一方，他们就有完全被征服的危险了。大体上说，塞琉西王朝以及其他逐渐兴起的王朝对待他们都相当宽大，但是也有例外。

新城市虽然也有着一定程度的自治政府，却并没有像旧城市

① 比万，《塞琉古王朝》卷二，第45—46页。

那样的传统。他们公民的来源不一,希腊各个部分的人都有。他们大体上都是些冒险家,很像是 conquistadores(西班牙的美洲征服者)或者是南非约翰内斯堡的移民,而不像早期的希腊殖民者或者新英格兰的开拓者那样是虔诚的香客。因此亚历山大的城市没有一个能够形成坚固的政治单位。从王朝政府的立场来说这是有利的,但是从传播希腊化来说这却是一个弱点。

非希腊的宗教与迷信对于希腊化世界的影响,大体上是(但不完全是)坏的。但情形本可以并不如此。犹太人、波斯人、佛教徒,他们的宗教都肯定地要优越于希腊流俗的多神教,并且即使是最
250 优秀的哲学家去学习这些也会是受益匪浅的。然而不幸,在希腊人的想象力上留下了最深刻印象的却是巴比伦人或迦勒底人。首先是他们荒唐无稽的古代史,僧侣们的记录竟上溯至几千年之久,并且宣称还可以再上溯几千年。其中也有一些真正的智慧:远在希腊人能够预言月食的很久以前,巴比伦人就已能多少预言月食了。但是这些仅仅是使希腊人易于接受他们的原因;而希腊人实际所接受的却主要地是占星学与巫术。吉尔伯特·穆莱教授说:"占星学降临于希腊化的思想,就像是一种新的疾病降临于某个偏僻的岛上的居民一样。根据狄奥多罗斯的描述,欧济曼底亚斯的陵墓里是画满了占星学的符号的,在康马根所发现的安提阿古一世的陵墓也具有同样的特点。君主们相信星辰在注视着他们,那是很自然的。可是人人却都在准备接受这种病菌"。① 占星学最初是一个名叫贝鲁索的迦勒底人在亚历山大的时代教给希腊人

① 《希腊宗教的五个阶段》,第 177—178 页。

的，贝鲁索在科斯教过占星学，并且据塞涅卡说，他“传授的是贝尔神”。穆莱教授说，“这一定是说，他把公元前三千纪为萨尔恭一世所写的、后来在亚述奔尼拔（公元前686—前626年）图书馆中所发现写在七十块版上的一篇‘贝尔之眼’的文字翻译成了希腊文。”（同书，第176页）。

我们将会看到，甚至于大多数最优秀的哲学家也都信仰起占星学来了。既然占星学认为未来是可以预言的，所以它就包含着对于必然或命运的信仰，而这就可以用来反对当时流行的对幸运的信仰。但无疑地，大多数人却是同时两者都信仰的，而且从来也没有察觉到两者的不一致。

普遍的混乱必然要引起道德的败坏更甚于智识的衰退。延绵了许多世代的动荡不宁，尽管能够容许极少数的人有着极高度的圣洁，但它确乎是敌视体面的公民们的平凡的日常德行的。当你的一切储蓄明天就会一干二净的时候，勤勉就似乎是无用的了；当你对别人诚实而别人却必然要欺骗你的时候，诚实就似乎是无益的了；当没有一种原则是重要的或者能有稳固的胜利机会时，就不需要坚持一种原则了；当唯唯诺诺混日子才可以苟全性命与财产的时候，就没有要拥护真理的理由了。一个人的德行若是除了纯粹的现世计较而外便没有别的根源；那么如果他有勇气的话，他在这样一个世界里就会变成一个冒险家，如果他没有勇气的话，他就 251
会只求做一个默默无闻的怯懦的混世虫。

属于这个时代的米南德说：

　　我知道有过那么多的人，
　　他们并不是天生的无赖，

却由于不幸而不得不成为无赖。

这就总结了公元前三世纪的道德特点，只有极少数的人才是例外。甚至于就在这些极少数的人里面，恐惧也代替了希望；生命的目的与其说是成就某种积极的善，还不如说是逃避不幸。“形而上学隐退到幕后去了，个人的伦理现在变成了具有头等意义的东西。哲学不再是引导着少数一些大无畏的真理追求者们前进的火炬：它毋宁是跟随着生存斗争的后面在收拾病弱与伤残的一辆救护车”。①

252

第二十六章　犬儒学派与怀疑派

知识优异的人们与他们当时社会的关系，在不同的时代里是非常之不同的。在某些幸运的时代里，他们大体上能与他们的环境调和，——毫无疑问他们要提出他们自己认为是必要的那些改革来，但是他们深信他们的提议是会被人欢迎的；而且即使是世界始终不曾改革的话，他们也不会因此就不喜欢他们自己所处的世界。在另一些时代里，他们是革命的，认为需要号召激烈的变革，但希望这些变革(部分地是由于他们忠告的结果)在不久的将来就可以实现。又在另一些时代里，则他们对世界是绝望的，他们觉得尽管他们自己知道什么是必需的，但却绝没有可以实现的希望。这种心情很容易陷于一种更深沉的绝望，把地上的生活认为本质

---

①　安古斯在《剑桥古代史》，卷7，第231页的话。上引米南德的话也采自同一章。

上都是坏的，而对好的事物则只能寄希望于来生或者是某种神秘的转变上。

在某些时代，所有这几种态度可以在同时为不同的人所采取。例如，让我们看一下早期的十九世纪。歌德是快活的，边沁是个改革者，雪莱是个革命者，而李奥巴第则是个悲观主义者。但在大多数的时期里，伟大的作家们中间却有着一种流行的格调。在英国，他们在伊丽莎白时代和十八世纪是快活的；在法国，他们约当1750年左右变成了革命的；在德国，自从1813年以后他们是民族主义的。

在教会统治时期，也就是说从公元五世纪至十五世纪，人们在理论上所相信的与在实际上所感觉的之间，是有着一种冲突的。在理论上世界是一个流泪泉，是在受苦受难之中对于来世的一种准备，但是在实际上则作家们（他们几乎全都是教士）又不免对于教会的权势感到高兴；他们有机会从事于许多他们认为是有用的那种活动。因此他们具有着统治阶级的心理，而不是那种觉得自己是在逃亡到另一个世界里去的人们的心理。这就是贯穿着整个中世纪的那种奇怪的二元论的一部分，这种二元论是由于下列事实造成的，即教会虽然是基于出世的信仰但又是日常世界中最重 253
要的一种制度。

基督教出世精神的心理准备开始于希腊化的时期，并且是与城邦的衰颓相联系着的。希腊的哲学家们，下迄亚里士多德为止，尽管他们可以埋怨这埋怨那；但在大体上对于宇宙并不绝望，也不觉得他们自己在政治上是无能的。他们有时候可以是属于失败了的政党，但如果是这样，他们的失败也只是由于冲突中的机缘所致，而不是由于有智慧的人之任何不可避免的无能为力。甚至连那些像毕达哥拉斯或者在某种心情之下的柏拉图那样地鄙弃现象世界而力求逃避于神秘主义的人，也都有着要把统治阶级转化成为圣贤的具体计划。但当政权转到马其顿人手里的时候，希腊的哲学家们就自然而然地脱离了政治，而更加专心致志于个人德行的问题或者解脱问题了。他们不再问：人怎样才能够创造一个好国家？而是问：在一个罪恶的世界里，人怎样才能够有德；或者，在一个受苦受难的世界里，人怎样才能够幸福？当然这种变化仅仅是程度上的变化；这样的问题在以前也曾被人提出来过，并且后期的斯多葛派有一个时期也是关怀政治的，——但关怀的是罗马的政治而非希腊的政治。然而这个变化却仍然是一场真实的变化。除了罗马时期斯多葛主义在一定限度上而外，凡是那些认真思想、认真感受的人们的观点都日益变得主观的和个人主义的了；直到最后，基督教终于带来了一套个人得救的福音，这就鼓舞了传教的热诚并创造了基督教教会。在这以前，始终没有过一种制度是可以让哲学家们全心全意地安身立命的，因而他们对权势的合法的爱好心就没有适当的出路。因为这种原因，所以希腊化时代的哲学家，作为人而论，就要比那些生活于城邦仍然能够鼓舞其忠诚的时代的人们，具有更大的局限性。他们仍然思想，因为他们不能不思想；但是他们几乎并不希望他们的思想在实际世界里会产生什么效果。

有四派哲学大约都是在亚历山大的时代建立起来的。最有名的两派，即斯多葛派和伊壁鸠鲁派，是我们后两章的主题；在本章中我们将要讨论犬儒派和怀疑派。

这两个学派中的前一派出自(通过它的创始人狄奥根尼)安提斯泰尼;他是苏格拉底的弟子,约长于柏拉图二十岁。安提斯泰尼 254
是一个非常引人注意的人物,在某些方面颇有似于托尔斯泰。直到苏格拉底死后,他还生活在苏格拉底贵族弟子们的圈子里,并没有表现出任何非正统的征象来。但是有某种东西——或者是雅典的失败,也许是苏格拉底之死,也许是他不喜欢哲学的诡辩——却使得他在已经不再年轻的时候,鄙弃了他从前所重视的东西。除了纯朴的善良而外,他不愿意要任何东西。他结交工人并且穿得和工人一样。他进行露天讲演,他所用的方式是没有受过教育的人也都能理解的。一切精致的哲学,他都认为毫无价值;凡是一个人所能知道的,普通的人也都能知道。他信仰"返于自然",并把这种信仰贯彻得非常彻底。他主张不要政府,不要私有财产,不要婚姻,不要确定的宗教。他的弟子们(如果他本人不曾)谴责奴隶制。他并不是一个严格的苦行主义者,但是他鄙弃奢侈与一切人为的对感官快乐的追求。他说"我宁可疯狂也不愿意欢乐"。①

安提斯泰尼的名声被他的弟子狄奥根尼盖过了,狄奥根尼"是欧济尼河上西诺普地方的青年,最初他[安提斯泰尼]并不喜欢他;因为他是一个曾因涂改货币而被下过狱的不名誉的钱商的儿子。安提斯泰尼命令这个青年回家去,但是他丝毫不动;他用杖打他,他也一动不动。他渴望'智慧',他知道安提斯泰尼可以教给他智慧。他一生的志愿也是要做他父亲所做过的事,要'涂改货币',可是规模要大得多。他要涂改世上流行的一切货币。每种通行的印

① 贝恩,卷二,第4、5页;穆莱,《五个阶段》,第113－114页。

戳都是假的。人被打上了将帅与帝王的印戳,事物被打上了荣誉、智慧、幸福与财富的印戳;一切全都是破铜烂铁打上了假印戳罢了。”①

他决心像一条狗一样地生活下去,所以就被称为“犬儒”,这个字的意思就是“像犬一样”。他拒绝接受一切的习俗——无论是宗教的、风尚的、服装的、居室的、饮食的或者礼貌的。据说他住在一个桶里,但是吉尔柏特·穆莱向我们保证说这是个错误:因为那是一个大瓮,是原始时代用以埋葬死人的那种瓮。② 他像一个印度托钵僧那样地以行乞为生。他宣扬友爱,不仅仅是全人类之间的
255 友爱,而且还有人与动物之间的友爱。甚至当他还活着的时候,他的一身就聚集了许多的传说。尽人皆知,亚历山大怎样地拜访过他,问他想要什么恩赐;他回答说:“只要你别挡住我的太阳光”。

狄奥根尼的教导,一点也没有我们现在所称之为“玩世不恭”的(“犬儒”的)东西,——而是恰好与之相反。他对“德行”具有一种热烈的感情,他认为和德行比较起来,俗世的财富是无足计较的。他追求德行,并追求从欲望之下解放出来的道德自由:只要你对于幸运所赐的财货无动于衷,便可以从恐惧之下解放出来。我们可以看出,他的学说在这一方面是被斯多葛派所采用了的,但是他们并没有追随着他摒绝文明的欢乐。他认为普罗米修斯由于把那些造成了近代生活的复杂与矫揉造作的技术带给了人类,所以就公正地受到了惩罚。在这一点上他有似于道家、卢梭与托尔斯

① 穆莱,《五个阶段》,第117页。

② 同上,第119页。

泰，但是要比他们更加彻底。

虽然他是亚里士多德同时代的人，但是他的学说在气质上却属于希腊化的时代。亚里士多德是欢乐地正视世界的最后一个希腊哲学家；从他而后，所有的哲学家都是以这样或那样的形式而具有着一种逃避的哲学。世界是不好的，让我们学会遗世而独立吧。身外之物是靠不住的；它们都是幸运的赐予，而不是我们自己努力的报酬。唯有主观的财富——即德行，或者是通过听天由命而得到的满足——才是可靠的，因此，唯有这些才是有智慧的人所要重视的。狄奥根尼本人是一个精力旺盛的人，但他的学说却正像希腊化时代所有的学说一样，乃是一种投合于劳苦倦极的人们的学说，失望已经摧毁了这些人的天赋的热忱了。这种学说除了对于强有力的罪恶是一种抗议而外，当然绝不是一种可以指望促进艺术或科学或政治或任何有用的活动的学说。

看一下在犬儒学派普及之后，他们的学说变成了什么样子，是饶有趣味的。公元前三世纪的早期，犬儒学派非常风行，尤其是在亚历山大港。他们刊行了短篇的说教，指出没有物质财产是多么地轻松，饮食简朴可以是多么地幸福，怎样在冬天不必穿昂贵的衣服就可以保持温暖（这在埃及也许是真的！），对自己的家乡依依不舍或者悲悼自己的孩子或朋友的死亡又是何等之愚蠢。这些通俗化的犬儒学者之中有一个叫作德勒斯的说："我的儿子或妻子死了，那难道就有任何理由应该不顾仍然还在活着的我自己，并且不 256
再照顾我的财产了么？"①在这一点上我们很难对于这种单纯生活

① 《希腊化时代》（1923年，剑桥版），第84页以下。

感到任何的同情，它已经变得太单纯了。我们怀疑是谁高兴这种说教，是希望把穷人的苦难想象成仅仅是幻想的那些富人呢？还是力图鄙视获得了成功的事业家们的那些新的穷人呢？还是想使自己相信自己所接受的恩赐是无关重要的那些阿谀献媚者呢？德勒斯对一个富人说："你慷慨大度地施舍给我，而我痛痛快快地取之于你，既不卑躬屈膝，也不唠叨不满。"[①]这是一种很便当的学说。通俗的犬儒主义并不教人禁绝世俗的好东西，而仅仅是对它们具有某种程度的漠不关心而已。就欠债的人来说，这可以表现为一种使他减轻自己对于债主所负的义务的形式。我们可以看到"玩世不恭"("犬儒的")这个名词是怎样获得它的日常意义的。

犬儒派学说中最好的东西传到了斯多葛主义里面来，而斯多葛主义则是一种更为完备和更加圆通的哲学。

怀疑主义之成为一种学派的学说最初是由皮浪提倡的，皮浪参加过亚历山大的军队，并且随军远征过印度。看起来这使他发生了浓厚的旅行兴趣；他的余年是在他的故乡爱里斯城度过的，公元前 275 年他死在这里。除了对于以往的各种怀疑加以一定的系统化与形式化而外，他的学说里并没有多少新东西。对于感官的怀疑是从很早以来就一直在困恼着希腊哲学家的；唯一的例外就是那些像巴门尼德和柏拉图那样否认知觉的认识价值的人们，他们还把他们的否定当做是宣扬知识上的教条主义的一种好机会。智者们，特别是普罗泰戈拉和高尔吉亚，曾经被感官知觉的模糊及其显著的矛盾而引到了一种有似于休谟的主观主义。皮浪似乎

① 《希腊化时代》(1923 年，剑桥版)，第 86 页。

(因为他很聪明地没有写过任何书)在对感官的怀疑主义之外,又加上了道德的与逻辑的怀疑主义。据说他主张绝不可能有任何合理的理由,使人去选择某一种行为途径而不选择另外的一种。在实践上,这就意味着一个人无论住在哪个国家里,都是顺从着那里的风俗的。一个近代的信徒会在礼拜日到教堂去,并且奉行正确的跪拜仪式,而不必具有任何被人认为是足以激发这些行动的宗教信仰。古代的怀疑主义者奉行着全套的异教宗教仪节,有时候 257
甚至于他们本人就是祭司;他们的怀疑主义向他们保证了这种行为不可能被证明是错误的,而他们的常识感(这种常识感比他们的哲学更经久)又向他们保证了这样做是便当的。

怀疑主义自然地会打动许多不很哲学的头脑。人们看到了各派之间的分歧以及他们之间的争论的尖锐,于是便断定大家全都一样地自命为具有实际上是并不可能获得的知识。怀疑主义是懒人的一种安慰,因为它证明了愚昧无知的人和有名的学者是一样的有智慧。对于那些气质上要求着一种福音的人来说,它可能似乎是不能令人满意的;但是正像希腊化时期的每一种学说一样,它本身就成为了一副解忧剂而受人欢迎。为什么要忧虑未来呢?未来完全是无从捉摸的。你不妨享受目前;"未来的一切都还无从把握"。因为这些原因,怀疑主义在一般人中就享有了相当的成功。

应该指出,怀疑主义作为一种哲学来说,并不仅仅是怀疑而已,并且还可以称之为是武断的怀疑。科学家说:"我以为它是如此如此,但是我不能确定。"具有知识好奇心的人说:"我不知道它是怎样的,但是我希望能弄明白。"哲学的怀疑主义者则说:"没有人知道,也永远不可能有人知道。"正是这种教条主义的成分,便使得怀疑主义的体系有了弱点。怀疑主义者当然否认他们武断地肯定了知识的不可能性，但是他们的否认却是不大能令人信服的。

然而，皮浪的弟子蒂孟提出了一种理智上的论证，这种论证从希腊逻辑的立场来说是很难于答复的。希腊人所承认的唯一逻辑是演绎的逻辑，而一切演绎都得像欧几里得那样，必须是从公认为自明的普遍原则出发。但蒂孟否认有任何找得出这种原则来的可能性。所以一切就都得靠着另外的某种东西来证明了；于是一切的论证要么便是循环的，要么便是系在空虚无物上面的一条无穷无尽的链锁。而这两种情形无论哪一种，都不能证明任何东西。我们可以看到，这种论证就砍中了统治着整个中世纪的亚里士多德哲学的根本。

在我们今天被那些并不是完全怀疑的人们所宣扬的某些形式的怀疑主义，对于古代的怀疑派并不曾出现过。他们并不怀疑现
258 象，也不疑问那些他们认为是仅只表示我们所直接知道的有关现象的命题。蒂孟大部分的著作都已佚失了，但他现存的两句话可以说明这一点。一句是说："现象永远是有效的"。另一句是说："蜜是甜的，我绝不肯定；蜜看来是甜的，我完全承认。"①一个近代的怀疑主义者会指出，现象仅仅是出现，它既不有效也不无效；有效或无效的必须是一个陈述；但并没有一种陈述能够和现象联系得如此之密切，以至于不可能有虚假。由于同样的理由，他也会说"蜜看来是甜的"这一陈述仅仅是高度或然的，而不是绝对确实可靠的。

① 转引自爱德文·比万：《斯多葛派与怀疑派》，第126页。

在某些方面，蒂孟的学说非常有似于休谟的学说。他认为某些从未被人观察到的东西——例如原子——就不能有效地被我们所推知；当两种现象屡屡被我们观察到在一起的时候，我们就可以从一个推知另一个。

蒂孟在他悠长的一生的晚年就住在雅典，并于公元前 235 年死于雅典。随着他的死，皮浪的学派作为一个学派就告结束了；但是他的学说——说来似乎很奇怪——多少经过了改造之后，却被代表柏拉图传统的学园接受过来了。

造成这一惊人的哲学革命的人是与蒂孟同时代的人阿塞西劳斯，他大约老死于公元前 240 年。大多数人所接受于柏拉图的乃是信仰一个超感的理智的世界，信仰不朽的灵魂对可朽的肉体的优越性。但柏拉图是多方面的，在某些方面也可以把他看作是在宣扬怀疑主义。柏拉图笔下的苏格拉底是自称一无所知的；我们自然而然地总把这话认为是讽刺，但是这话也可以认真地加以接受。有许多篇对话并没有达到任何正面的结论，目的就在要使读者处于一种怀疑状态。有些篇对话——例如《巴门尼德篇》的后半部——则似乎是除了指明任何问题的正反两方都可以提出同等可信的理由而外，并没有什么别的目的。柏拉图式的辩证法可以认为是一种目的而不是一种手段；若是这样加以处理的话，则它本身就成为对于怀疑主义的一种最可赞美的辩护。这似乎就是阿塞西劳斯所解说柏拉图的方式，他自认为仍然是在追随着柏拉图的。他砍掉了柏拉图的头，但是保留下来的躯干却无论如何仍然是真的。

阿塞西劳斯的教学方式会有许多地方是值得表扬的，假使跟 259

他学习的青年人能够不为它所麻痹的话。他并不主张任何论点，但是他却要反驳学生所提出来的任何论点。有时候他会自己前后提出两个互相矛盾的命题，用以说明怎样就可以令人信服地论证两者之中的任何一个命题。一个有足够的叛逆勇气的学生，就可以学到机智并且避免谬误；但事实上除了机灵和对于真理漠不关心而外，似乎并没有人学到了任何的东西。阿塞西劳斯的影响是如此之大，以至于整个的学园大约有两百年之久一直都是怀疑主义的。

在这一怀疑时期的中叶，发生了一件有趣的事情。公元前156年雅典派至罗马的外交使团有三位哲学家，其中有一个就是不愧继任阿塞西劳斯作学院首领的那位卡尔内亚德。他看不出有什么理由他作使臣的尊严就应该妨碍他的这次大好机会，于是他就在罗马讲起学来。那时候的青年人都渴望模仿希腊的风气，学习希腊的文化，于是都蜂拥而来听他讲学。他的第一篇讲演是发挥亚里士多德和柏拉图的关于正义的观点，并且是彻底建设性的。然而他的第二篇讲演则是反驳他第一次所说过的一切，并不是为了要建立相反的结论，而仅仅是为了要证明每一种结论都是靠不住的。柏拉图笔下的苏格拉底论证说，以不公道加于人对于犯者来说要比忍受不公道是一桩更大的罪过。卡尔内亚德在他的第二篇讲演里，非常轻蔑地对待了这种说法。他指出，大国就是由于他们对软弱的邻邦进行不正义的侵略而成为大国的；这一点在罗马是不大好否认的。船破落水的时候，你可以牺牲别的弱者而拯救你自己的生命；如果你不这样做，你就是个傻瓜。他似乎认为“先救妇孺”并不是一句可以导致个人得救的格言。如果你在得胜的敌人面前溃退的时候已经丢失了你的马，而又发现有一个受伤的同志骑着一匹马，那么你应该怎么办呢？如果你是有理智的，你就会把他拉下马，抢过他的马来，不管正义是怎么样的讲法。这一切不大有建设性的论证出于一个名义上是柏拉图的追随者之口，真是令人惊讶的，但是它似乎曾使得具有近代头脑的罗马青年们大为高兴。

但是它却使得有一个人大不高兴，那个人就是老卡图；老卡图代表着严峻的、僵硬的、愚蠢而又粗暴的道德规范，正是靠了这种 260
道德规范罗马人才打败了迦太基的。老卡图从年轻到年老都过着简朴的生活，一早就起床，进行严格的体力劳动，只吃粗糙的食物，并且从未穿过一件价值一百便士以上的衣服。对于国家他是忠心耿耿的，他拒绝一切贿赂和贪污。他严格要求别的罗马人也具有他自己所实行的一切德行，并且坚持说控诉和检举坏人乃是一个正直的人所能做的最好的事情。他竭力推行古罗马的严肃的风尚：

"卡图把一个叫作马尼里乌斯的人赶出了元老院，这个人本来是极有希望在下一年被任命为执政官的，仅仅因为这个人在白天并且当着自己女儿的面前太多情地吻了自己的妻子：并且卡图在谴责他做这件事时还告诉他说，除非在打雷的时候，他自己的妻子是从不吻他的"。①

卡图当政的时候便禁止奢侈和宴会。他要他的妻子不仅哺乳她自己的孩子，还要哺乳他奴隶们的孩子，为的是用同样的奶喂养

① 诺尔斯译，普鲁塔克《名人传》，马尔库斯·卡图传。

起来之后，奴隶们的孩子就可以爱他自己的孩子了。当他的奴隶年老不能工作时，他就毫不怜惜地把他们卖掉。他坚持他的奴隶们应当永远不是做工便是睡觉。他鼓励他的奴隶们互相争吵，因为“他不能容忍奴隶们居然做了好朋友”。若是有一个奴隶犯了严重的过错，他就把其余的奴隶都召来，并且诱导他们来咒骂这个犯过错的人罪该万死；然后他就当着其余奴隶们的面亲手把他处决。

卡图和卡尔内亚德之间的对比真是非常全面的：一个是由于道德过分严厉、过分传统以至于粗暴，另一个是由于道德过分放恣、过分沾染上了希腊化世界的社会堕落以至于下贱。

“马尔库斯·卡图从一开始——从青年们开始学希腊语，从而希腊语在罗马日益为人重视的时候——就不喜欢这件事：怕的是渴望学习知识与辩论的罗马青年们，会完全忘掉荣誉与武力的光荣。……于是有一天他就在元老院里公开地攻击这几位使臣在这里待得时间太久，而且没有赶快办事：还要考虑到这些使臣都是狡猾的人，很容易说服别人相信他们。假使没有其他方面的考虑的话，仅此一点也就足以说服元老院对使臣们做出一个决定的答复
261 来，好把他们遣送回国去教书，去教他们自己的希腊孩子，别让他们再管罗马的孩子了；让罗马的孩子们还像从前一样地学习着服从法律和元老院吧。他向元老院说这番话，并不是出于他对卡尔内亚德有任何的私仇或恶意（像某些人所猜想的那样）：而是因为他总是仇视哲学的”。①

在卡图的眼里，雅典人是没有法律的低等人；所以他们若被知

① 诺尔斯译，普鲁塔克《名人传》，马尔库斯·卡图传。

识分子的浅薄的诡辩术所腐蚀的话，那是没有关系的；但是罗马青年则必须是清教徒式的、帝国主义的、无情的而又愚昧的。然而他并没有成功；后来的罗马人不但保存了卡图的许多毛病，同时还接受了卡尔内亚德的许多毛病。

继卡尔内亚德（约当公元前 180—前 110 年）之后的下一任学园园长是一个迦太基人，他的真名字是哈斯德鲁拔，但是他和希腊人打交道时喜欢自称为克来多马柯。与卡尔内亚德之把自己只限于讲学不同，克来多马柯写了四百多部书，其中有些是用腓尼基文写的。他的原则似乎和卡尔内亚德的一样。在某些方面，它们是有用的。这两位怀疑派都从事反对那些变得日益广泛流行的占卜、巫术和星相学的信仰。他们也发展了一种建设性的有关或然性的程度的学说；尽管我们永远不可能有理由感到确实的可靠性，但是某些东西却似乎要比别的东西更近乎真实。或然性应该是我们实践的指导，因为根据各种可能的假设中之或然性最大的一种而行事，乃是合理的。这种观点也是大多数近代哲学家所同意的一种观点。不幸的是发挥这种观点的书籍已经失传了；我们很难依据现存的一些提示而重新构造出来这种学说。

克来多马柯之后，学园就不再是怀疑主义的了，并且从安提阿古（他死于公元前 69 年）而后，它的学说有好几个世纪实际上已经变得和斯多葛派的学说没有分别了。

然而，怀疑主义并没有消失。它被来自诺索斯的克里特人艾奈西狄姆复兴起来了，诺索斯（假如我们知道一点的话）早在两千多年以前就可能有过怀疑派，他们以怀疑动物的女神有没有神性来取悦于放荡的廷臣们。艾奈西狄姆的年代无法确定。他抛开了

卡尔内亚德所宣扬的或然性学说，又回到了怀疑主义最初的形式
262 上去。他的影响相当大；追随他的有公元二世纪时的诗人鲁西安以及稍后的古代怀疑派哲学家中唯一有著作流传下来的塞克斯托·恩皮里库斯。例如，有一篇短文《反对信仰神的论证》曾被爱德文·比万在他的《晚期希腊宗教》一书第52—56页里译为英文，并且据他说这或许就是塞克斯托·恩皮里库斯根据克来多马柯的口授而采自卡尔内亚德的。

这篇文章一开始就解释说，在行为上怀疑派乃是正统的："我们怀疑派在实践上追随着世人的做法，并且对它没有任何的意见。我们谈到神，把他们当做是存在的，我们敬神并且说他们执行天命；但是这样说的时候，我们并没有表示信仰，从而避免了教条者们的鲁莽轻率"。

接着他就论证说，人们对于神的性质是意见分歧的，例如有人认为他是有身体的，又有人认为他是没有身体的。我们既然对他没有任何的经验，所以我们就不能知道他的属性。神的存在并不是自明的，所以才需要证明。同时他还有一个比较混乱的论证，指出这样的证明乃是不可能的。其次，他就谈到了罪恶这一问题，并结论说：

"那些积极肯定神存在的人，就不能避免陷于一种不虔敬。因为如果他们说神统御着万物，那么他们就把他当成是罪恶事物的创作者了；另一方面，如果他们说神仅只统御着某些事物或者不统御任何事物；那么他们就不得不把神弄成是心胸狭隘的或者是软弱无能的了，而这样做便显然是一种十足的不虔敬。"

怀疑主义尽管继续打动着某些有教养的个人一直要到公元后

三世纪，但是它却与日益转向教条化的宗教和得救学说的时代性格背道而驰。怀疑主义者有足够的力量能使有教育的人们对国家宗教不满，但是它却提供不出任何积极的东西（哪怕是在纯知识的领域内）来代替它。自从文艺复兴以来，神学上的怀疑主义（就它大多数的拥护者而论）已经被对于科学的热诚信仰所代替了，但是在古代却并没有这种对怀疑的代替品。古代世界没有能够回答怀疑派的论证，于是就回避了这些论证。奥林匹克的神已经不为人所相信了，东方宗教入侵的道路已经扫清了，于是东方的宗教就来争取迷信者们的拥护，直到基督教的胜利为止。

第二十七章　伊壁鸠鲁派 263

希腊化时期的两大新学派，即斯多葛派与伊壁鸠鲁派，是同时创立的。他们的创立人芝诺和伊壁鸠鲁大约同时出生，并且先后在几年之内都定居于雅典，分别作他们各自学派的领袖。因此先考虑那一派完全是兴趣问题。我要先谈伊壁鸠鲁派，因为他们的学说是被他们的创立人自始就完全确定了的；而斯多葛主义却经历了长期的发展，下迄死于公元 180 年的罗马皇帝马尔库斯·奥勒留为止。

有关伊壁鸠鲁生平的主要权威，是生活于公元后三世纪的第欧根尼·拉尔修。然而这里有两点困难，第一是第欧根尼·拉尔修本人很容易接受极少历史价值的，或者全无历史价值的传说。第二是他的《传记》中包含一部分斯多葛派对伊壁鸠鲁所发动的诽谤性的指责，我们常常弄不清楚究竟是他本人在肯定某些事情呢，还是只不过在转叙别人的诽谤。斯多葛派所捏造的诽谤是与他们有关的事实,这一点是当他们崇高的道德为人赞美时,我们所应该记得的;但这些却不是有关伊壁鸠鲁的事实。例如,有一个传说是,伊壁鸠鲁的母亲是个行骗的女祭司,关于这件事第欧根尼说:

"他们(显然是指斯多葛派)说他常常跟着他母亲挨家挨户地去串门,口里念着禳灾的祷文,并且还帮他的父亲教蒙学来混一口饭吃"。

关于这一点贝莱解释说:[①]"他随着他母亲作为一个助手走遍四方,口中背诵她的祷文;假如这个故事有任何真实性的话,那么在很年轻的时候,他可能早就被后来在他的学说中成为显著特征的那种对于迷信的仇视所激发起来了"。这种理论是很有吸引力的,但是鉴于古代末期捏造一种诽谤时的毫不犹疑,所以我并不认
264 为这个故事有任何根据而可以被接受。[②] 反对这种说法的有一件事实,即他对他的母亲怀有一种非常强烈的感情。[③]

然而伊壁鸠鲁一生的主要事实似乎是可以确定的。他的父亲是萨摩地方一个贫穷的雅典殖民者;伊壁鸠鲁生于公元前342或341年,但究竟是生于萨摩还是生于亚底加,我们就不知道了。无论如何,他的幼年时代是在萨摩度过的。他自述他从十四岁开始研究哲学。在十八岁的时候,即约当亚历山大逝世的时候,他来到

---

① 《希腊的原子论者与伊壁鸠鲁》,西雷耳·贝莱著,1928年牛津版,第221页。贝莱先生对伊壁鸠鲁做过专门的研究,他的书对于学者是极有价值的。

② 斯多葛派对伊壁鸠鲁是非常不公平的,例如艾比克泰德写信给他说:"这就是你所宣扬的有价值的生活:吃,喝,淫,屙,睡"。见艾比克泰德《文集》,卷2,第20章。

③ 吉尔伯特·穆莱,《五个阶段》,第130页。

了雅典，显然是为着确定他的公民权而来的。但是当他在雅典的时候，雅典的殖民者被赶出了萨摩(公元前 322 年)。伊壁鸠鲁全家逃到小亚细亚，他也到了那里和家人团聚。就在这时候或者也许稍早，他在陶斯曾向一个叫作脑昔芬尼的人学过哲学，此人显然是德谟克里特的弟子。虽然伊壁鸠鲁的成熟的哲学所得之于德谟克里特的，要比得之于任何其他哲学家的为多；然而他对于脑昔芬尼却除了轻蔑之外并没有说过任何别的话，他把脑昔芬尼叫作“软体动物”。

公元前 311 年伊壁鸠鲁创立了他的学校，最初是在米特林，后来是在兰普萨古，自公元前 307 年而后就在雅典；他以公元前 270 年或 271 年死于雅典。

经过了多难的青年时代之后，他在雅典的生活是平静的，仅仅受到健康不佳的打搅。他有一所房子和一座花园(花园显然和房子不在一起)；他就在这个花园里讲学。他的三个兄弟和另外一些人从一开始就是他的学校的成员，但是在雅典他的团体的人数增加起来了，不仅是学哲学的弟子增加了，而且还有朋友们和他们的孩子们以及奴隶们和妓女们(hetaerae)。这些妓女们成了他的敌人诽谤的借口，但显然是完全不公正的。他对于纯粹人情的友谊具有一种非凡的能力，他给他的团体成员的小孩子们写过轻松愉快的信。他并没有实践古代哲学家们在表现感情时人们可以预料得到的那种严肃与深沉；他写的信是异常之自然而又坦率的。

团体生活是非常简朴的，一部分是由于他们的原则，而(无疑地)一部分也由于没有钱。他们的饮食主要是面包和水，伊壁鸠鲁 265
觉得这就很可满意了。他说“当我靠面包和水而过活的时候，我的全身就洋溢着快乐;而且我轻视奢侈的快乐,不是因为它们本身的缘故,而是因为有种种的不便会随之而来。"团体在钱财上至少有一部分是靠自愿捐助的。他写信给一个人说:"请你给我送一些干酪来吧,以便我在高兴的时候可以宴客"。又写给另一个朋友说:"请你代表你自己和你的孩子们送给我们一些为我们神圣的团体所必需的粮食吧"。又说:"我需要的唯一捐助就是这些,——要命令弟子们给我送来,纵使他们是在天涯海角也要送来。我希望从你们每个人那里每年收到二百二十个德拉克玛,①不要再多"。

伊壁鸠鲁终生都受着疾病的折磨,但他学会了以极大的勇气去承当它。最早提出了一个人被鞭挞的时候也可以幸福的,就是伊壁鸠鲁而不是斯多葛派。他写过两封信,一封是在他死前的几天,另一封是在他死的那天;这两封信说明了他是有权主张这种见解的。第一封信说:"写这封信的七天之前我就完全不能动弹了,我忍受着人们临到末日的那种痛苦。如果我要出了什么事,务必请你照管美特罗多罗的孩子们四五年,但用于他们的钱不可比你现在用于我的钱更多"。第二封信说:"在我一生中真正幸福的这个日子,在我即将死去的时刻,我给你写这封信。我的膀胱病和胃病一直继续着,它们所常有的严重性丝毫也没有减轻;但是尽管有着这一切,我心里却在追忆着我和你谈话的快乐。请你费心照顾美特罗多罗的孩子们吧,正像我可以期待于你从小就对我以及对哲学所具有的忠诚那样"。美特罗多罗是他最早的弟子之一,这时已经死了;伊壁鸠鲁在遗嘱里为他的孩子们作了安排。

① 约合美金二十元。

虽然伊壁鸠鲁对大多数人都是温文和蔼的，但是他对于哲学家们的态度却表现了他性格的另一面，尤其是对于人们所认为他曾受过影响的那些哲学家。他说“我想这些喋喋不休的人一定相信我是软体动物（脑昔芬尼）的门徒，并且曾和一些嗜酒的青年们一起听过他的讲演。实际上那家伙是个坏人，他的习惯是永远也 266
不可能引到智慧的”。[①] 他从来也不承认他所得之于德谟克里特的那些东西；至于留基波，则他肯定说从来就没有过这么一位哲学家，——意思当然并不是说没有这么一个人，而是说这个人并不是哲学家。第欧根尼·拉尔修开列过一张骂人绰号的名单，这些绰号都被认为是他给他最出色的前辈们所取的。除了对于别的哲学家们的这种气量狭隘之外，他还有一个严重的错误，就是他那专断的教条主义。他的弟子必须学习包括他全部学说在内的一套信条，这些信条是不许怀疑的。终于便没有一个弟子曾补充过或者修正过任何的东西。两百年之后，当卢克莱修把伊壁鸠鲁的哲学写成诗的时候，他对于这位老师的教训（就我们所能判断的而言）也并没有加入任何理论上的新东西。凡是可能加以比较的地方，我们都发现卢克莱修总是与原意密切符合的；一般公认在另外一些地方，他可能填补起来了由于伊壁鸠鲁整整三百卷书的遗失而给我们的知识所造成的空隙。他的著作除了几封书信、一些片断以及一篇关于“主要学说”的叙述而外，其余的都没有留传下来。

伊壁鸠鲁的哲学正像他那时代所有的哲学（只有怀疑主义是

---

① 奥德斯（W. J. Oates）著《斯多葛派与伊壁鸠鲁派的哲学家》，第 47 页。在可能的地方我都引用奥德斯先生的译文。

部分的例外)一样，主要的是想要获得恬静。他认为快乐就是善，并且他以鲜明的一贯性坚持这种观点一直到底。他说:“快乐就是有福的生活的开端与归宿”。第欧根尼·拉尔修引过他在《生命的目的》一书中所说的话:“如果抽掉了嗜好的快乐，抽掉了爱情的快乐以及听觉与视觉的快乐，我就不知道我还怎么能够想象善”。又说:“一切善的根源都是口腹的快乐;哪怕是智慧与文化也必须推源于此”。他告诉我们说，心灵的快乐就是对肉体快乐的观赏。心灵的快乐之唯一高出于肉体快乐的地方，就是我们可以学会观赏快乐而不观赏痛苦;因此比起身体的快乐来，我们就更能够控制心灵的快乐。“德行”除非是指“追求快乐时的审慎权衡”，否则它便是一个空洞的名字。例如，正义就在于你的行为不至于害怕引起
267 别人的愤恨，——这种观点就引到了一种非常有似于“社会契约论”的社会起源学说。

伊壁鸠鲁不同意他的某些快乐主义的前人们之区别开**积极的**与**消极的**快乐，或**动态的**与**静态的**快乐。动态的快乐就在于获得了一种所愿望的目的，而在这以前的愿望是伴随着痛苦的。静态的快乐就在于一种平衡状态，它是那样一种事物状态存在的结果，如果没有这种状态存在时，我们就会愿望的。我们可以说当对饥饿的满足在进行的时候，它就是一种动态的快乐;但是当饥饿已经完全满足之后而出现的那种寂静状态就是一种静态的快乐。在这两种之中，伊壁鸠鲁认为还是追求第二种更为审慎一些，因为它没有掺杂别的东西，而且也不必依靠痛苦的存在作为对愿望的一种刺激。当身体处于平衡状态的时候，就没有痛苦;所以我们应该要求平衡，要求安宁的快乐而不要求激烈的欢乐。看起来如果可能

的话,伊壁鸠鲁会愿意永远处于饮食有节的状态,而不愿处于大吃大喝的状态。

这样,在实践上他就走到了把没有痛苦,而不是把有快乐,当做是有智慧的人的鹄的。[①] 胃可能是一切事物的根本,但是胃病的痛苦却可以压倒饕餮的快乐;因此伊壁鸠鲁只靠面包度日,在节日则吃一些奶酪。像渴望财富与荣誉这样一些愿望是徒劳无益的,因为它们使得一个本可满足的人不能安静。"一切之中最大的善就是审慎:它甚至于是比哲学还更要可贵的东西"。他所理解的哲学乃是一种刻意追求幸福生活的实践的体系;它只需要常识而不需要逻辑或数学或任何柏拉图所拟定的精细的训练。他极力劝他年轻的弟子兼朋友毕托克里斯"要逃避任何一种教化的形式"。所以他劝人躲避公共生活便是他这些原则的自然结果,因为与一个人所获得的权势成比例,嫉妒他因而想要伤害他的人数也就随之增加。纵使他躲避了外来的灾难,但内心的平静在这种情况下也是不可能的。有智慧的人必定努力使生活默默无闻,这样才可以没有敌人。

性爱,作为最"动态"的快乐之一,自然是被禁止的。这位哲学家宣称:"性交从来不曾对人有过好处;如果它不曾伤害人的话,那 268
就算是幸运了"。他很喜欢(别人的)孩子,但是要满足这种趣味他似乎就得有赖于别人不听他的劝告了。事实上他似乎是非常喜欢孩子,竟至违反了自己的初衷;因为他认为婚姻和子女是会使人脱

---

① (对伊壁鸠鲁来说)"没有痛苦的本身便是快乐,而且按他分析到最后,简直是最真实的快乐"。贝莱,前引书,第249页。

离更严肃的目标的。卢克莱修是追随着他贬斥爱情的，但是并不认为性交有害，只要它不与激情结合在一起。

依伊壁鸠鲁看来，最可靠的社会快乐就是友谊。伊壁鸠鲁是像边沁一样的一个人，他也认为在一切时代里所有的人都只追求着自己的快乐，有时候追求得很明智，有时候则追求得很不明智；但是他也像边沁一样，常常会被自己温良而多情的天性引得做出一些可赞美的行为来，而根据他自己的理论他本是不应该如此的。他显然非常喜欢他的朋友，不管他从他们那里所得到的是什么；但是他却极力要说服自己相信，他是自私得正像他的哲学所认为的一切人一样。据西赛罗说，他认为“友谊与快乐是分不开的，因为这种缘故所以就必须培养友谊，因为没有友谊我们就不能安然无惧地生活，也不能快乐地生活”。然而他又有时多少是忘记了自己的理论：他说“一切友谊的本身都是值得愿望的”，又补充说“尽管这是从需要帮助而出发的”。①

虽然伊壁鸠鲁的伦理学在别人看来是粗鄙的而且缺乏道德的崇高性，但他却是非常之真诚的。我们已经看到，他提到他花园里的团体时是说“我们神圣的团体”；他写过一本《论圣洁》的书；他具有一个宗教改革者的一切热情。他对人类的苦难，一定具有一种强烈的悲悯感情以及一种不可动摇的信心：只要人们能接受他的哲学，人们的苦难就会大大地减轻。这是一种病弱者的哲学，是用以适应一个几乎已经不可能再有冒险的幸福的世界的。少吃，因

---

① 关于友谊这个题目以及伊壁鸠鲁那种可爱的言行不一，可参阅贝莱，前引书，第317—320页。

为怕消化不良；少喝，因为怕第二天早晨醒不了；避开政治和爱情以及一切感情的活动；不要结婚生子，以免丧失亲人；在你的心灵生活上，要使自己学会观赏快乐而不要观赏痛苦。身体的痛苦显然是一件大坏事；但是如果身体痛苦得很厉害，它就会很短暂；如 269
果它的时间拖得很长，那么就可以靠着心灵的训练以及不顾痛苦而只想念幸福事物的那种习惯来加以忍受。最重要的是，要生活得能避免恐惧。

正是由于这个避免恐惧的问题，伊壁鸠鲁才被引到了理论哲学。他认为恐惧的两大根源就是宗教与怕死，而这两者又是相关联的，因为宗教鼓励了认为死者不幸的那种见解。所以他就追求一种可以证明神不能干预人事而灵魂又是随着身体而一起消灭的形而上学。绝大多数的近代人都把宗教想成是一种安慰，但是对于伊壁鸠鲁则恰好相反。超自然对自然过程的干预，在他看来乃是恐怖的一个来源，而灵魂不朽又是对希望能解脱于痛苦的一个致命伤。于是他就创造了一种精巧的学说，要来疗治人们的那些可以激起恐惧的信仰。

伊壁鸠鲁是一个唯物论者，但不是一个决定论者。他追随着德谟克里持相信世界是由原子和虚空构成的；但是他并不像德谟克里特那样相信原子永远是被自然律所完全控制着的。我们知道，希腊的必然观源出于宗教；所以他的想法也许是对的，即只要容许必然性有存在的余地，那么对宗教的攻击就总归是不全面的。他的原子具有重量，并且不断地向下坠落；但不是朝向地心坠落，而是一种绝对意义的向下坠落。然而，一个原子时时会受到有似于自由意志的某种东西的作用，于是就微微地脱离了一直向下的轨道，[①]而与其他的原子相冲撞。自此以下，则旋涡的发展等等所进行的方式都与德谟克里特的讲法大致相同。灵魂是物质的，是由呼吸与热那类的微粒所组成的。（德谟克里特认为呼吸和风在实质上与气不同；它们并不仅仅是运动着的气）。灵魂－原子布满着整个的身体。感觉是由于身体所投射出去的薄膜，一直触到了灵魂－原子的缘故。这些薄膜在它们原来所由以出发的身体解体以后，仍然可以继续存在；这就可以解释做梦。死后，灵魂就消散而它的原子（这些原子当然是继续存在的）就不能再有感觉，因为
270 它们已不再与身体联系在一起了。因此，用伊壁鸠鲁的话来说就是："死与我们无干，因为凡是消散了的都没有感觉，而凡是无感觉的都与我们无干"。

至于神，则伊壁鸠鲁坚决信仰他们存在，因为否则他就不能解释广泛流行的神的观念的存在了。但是他深信，神自身并不过问我们人世的事情。他们都是遵循伊壁鸠鲁教诫的合理的快乐主义者，所以不参与公共生活；政府是一种不必要的费事，他们的生活幸福而美满，所以并不感到政府有诱惑力。当然，通神、占卜以及所有这类的行为纯粹都是迷信，信仰天命也是迷信。

所以并没有任何理由要害怕我们会触惹神的震怒，或者害怕我们死后会在阴间受苦。虽然我们要服从自然的威力（这是可以科学地加以研究的），然而我们仍然有自由意志，并且在某些限度之内我们乃是我们自己命运的主人。我们不能逃避死亡，但是死亡（正当地加以理解时）并不是坏事。如果我们能按照伊壁鸠鲁的

① 在我们今天，艾丁顿解释测不定原理时也提出了一种类似的见解。

箴言审慎地生活下去的话，我们或许能成就一定程度的免于痛苦的自由。这是一种温和的福音，但是对于深深感受到人类不幸的人，它却足以激发热情。

伊壁鸠鲁对于科学本身并不感兴趣，他看重科学，只是因为科学对于迷信所归之于神的作用的种种现象提供了自然主义的解释。当有着好几种可能的自然主义的解释时，他主张用不着在其中选择某一种解释。例如月亮的盈亏就曾有过各式各样的解释；但其中任何一种只要它不引出神来，就和别的解释是一样地好；至于企图要决定其中哪一种是真的，那就是无益的好奇心了。所以伊壁鸠鲁派实际上对自然知识并没有做出任何的贡献，也就不足为奇了。由于他们抗议晚期异教徒对于巫术、占星与通神的日益增长的信奉，他们也算做了有用的事；但他们却和他们的创始人一样始终都是教条主义的、有局限的，对个人幸福以外的一切事物都没有真正的兴趣。他们能背诵伊壁鸠鲁的教诫，但是在这一学派所存在的整个几百年中间，他们并没有对伊壁鸠鲁的教诫增加任何新东西。

伊壁鸠鲁唯一著名的弟子就是诗人卢克莱修（公元前 99—前 55 年），他是和尤里乌斯·凯撒同时代的人。罗马共和国的末期，自由思想成为风尚，伊壁鸠鲁的学说在有教育的人们中间非常流行。 271
但是奥古斯都皇帝提倡复古，提倡复兴古代的德行与古代的宗教，因而使得卢克莱修的《物性论》一诗湮没不彰，一直到了文艺复兴的时代为止。这部书在中世纪只保存下来了一份手稿，幸免于被顽固派所毁灭。几乎从没有过任何别的大诗人要等待这么久的时间才为人所认识到，但是到了近代，他的优异性差不多已经是普遍公认的了。例如他和本杰明·富兰克林两个人就是雪莱所喜爱的作家。

他的诗以韵文表现了伊壁鸠鲁的哲学。虽然这两个人有着同样的学说，但两人的气质是迥然不同的。卢克莱修是热情的，比伊壁鸠鲁更加需要有审慎权衡的教诫。他是自杀而死的，似乎是患有时时发作的神经病，——有些人断言是由恋爱的痛苦，或是由春药的意想不到的作用所致。他对伊壁鸠鲁有如对一位救世主一般，并且以宗教强度的语言赞颂了这位他所认为是宗教摧毁者的人：①

当人类在地上到处悲惨地呻吟，
人所共见地在宗教的重压底下，
而她则在天际昂然露出头来
用她凶恶的脸孔怒视人群的时候——
是一个希腊人首先敢于
抬起凡人的眼睛抗拒那个恐怖；
没有什么神灵的威名或雷电的轰击
或天空的吓人的雷霆能使他畏惧；
相反地它更激起他勇敢的心，
以愤怒的热情第一个去劈开
那古老的自然之门的横木，
就这样他的意志和坚实的智慧战胜了；

① 下文引自屈味连(R. C. Trevelyan)先生的英译本，卷一，第60—79页。(参见三联书店中译本，1958年版，卷一，第3—4页。——译者)

就这样他旅行到远方，
远离这个世界的烈焰熊熊的墙垒，
直至他游遍了无穷无尽的大宇。
然后他，一个征服者，向我们报导
什么东西能产生，什么东西不能够，
以及每样东西的力量
如何有一定的限制， 272
有它那永久不易的界碑。
由于这样，宗教现在就被打倒
在人们的脚下，到头来遭人践踏：
而他的胜利就把我们凌霄举起。

如果我们接受了传统关于希腊宗教与仪式的欢愉快乐的说法，那么伊壁鸠鲁和卢克莱修对宗教所表现的仇视就非常之不容易理解了。例如，济慈的《希腊古瓶之歌》歌颂了宗教的礼仪，那便不是一种使人心充满了阴暗恐怖的东西。我以为流行的信仰，大部分绝不是这种欢愉快乐的东西。对奥林匹克神的崇拜比起其他形式的希腊宗教来，迷信的残酷性要少一些；但是即使是奥林匹克的神直到公元前七世纪或六世纪时，也还有时候要求以人献祭，这种办法是在神话和戏剧中记载下来了的。[①] 在伊壁鸠鲁的时候，整个野蛮世界还都公认以人献祭的办法；甚至于直到罗马征服时，野蛮人中最文明的人在危急关头，例如在布匿战争中，也还是使用

① 卢克莱修举出过伊妃格尼亚的牺牲，作为宗教所铸成的祸害之一例。卷一，第85—100页。

这种办法的。

詹·哈里逊已经极其令人信服地证明了，希腊人除了对于宙斯及其一族的正式崇拜而外，还有着许多其他更为原始的信仰是与野蛮仪式多少相联系着的。这些信仰在一定程度上都被吸收到奥尔弗斯主义里面来，奥尔弗斯主义成了具有宗教气质的人们中间所流行的信仰。人们往往设想地狱是基督教的一种发明，这种想法是错误的。基督教在这方面所做的，仅仅是把以前流行的信仰加以系统化而已。从柏拉图《国家篇》的开头部分就可以看出，对死后被惩罚的恐惧在公元前五世纪的雅典是普遍的，而且在苏格拉底至伊壁鸠鲁的这一段时间内恐怕也不曾有所减少。（我不是说少数受过教育的人，而是说一般的居民。）当然通常也还把疠疫、地震、战争的失败以及类似的灾难，都归咎于神的愤怒或者是未能注意预兆。我以为在关于通俗信仰的这个问题上，希腊的文学与艺术或许是误人不浅的。我们关于十八世纪末期的卫理教派又能知道什么呢，假如这个时期除了它那些贵族的书籍和绘画而外，便没有别的记录保存下来的话？卫理派的影响就像希腊化时
273 代的宗教性一样，是来自下层的；到了鲍斯威尔和约书亚·雷诺兹爵士的时代它已经是非常有势力的了，尽管从他们两人的作品里看来，卫理教派影响的力量并不显著。所以我们绝不能用《希腊古瓶》的形象或者是诗人与贵族哲学家的作品，来判断群众的宗教。伊壁鸠鲁无论从身世来说还是从他所交接的人来说，都不是贵族；也许这可以说明他对宗教的极端敌对的态度。

自从文艺复兴以后，伊壁鸠鲁的哲学主要是通过了卢克莱修的诗篇才为读者们所知道的。如果读者们并不是职业的哲学家，

那么使他们印象最深刻的便是唯物主义、否定天命、反对灵魂不朽这样一些东西与基督教的信仰之间的对比了。特别使一个近代读者感到惊异的是，这些观点——这些观点今天一般都认为是阴沉的、抑郁的——竟是用来表现一种要求从恐惧的压迫之下解放出来的福音的。宗教方面真诚信仰的重要性，卢克莱修是和任何基督徒一样地深信不疑。卢克莱修在描述了当人成为一种内心冲突的受难者的时候，是怎样地力图逃避自己并且枉然无益地想换个地方以求解脱之后，就说道：①

就是这样每个人都想逃开自己——
而这个自己，说实话，他怎样也逃不开；
与自己意愿相反，他还是紧紧抓住它；
他憎恨自己，因为他老不舒服，
但却不能认识他的病痛的原因；
是的，只要他能清楚地认识了它，
那么，每个人就会把一切别的都抛开，
而首先去认识万物的本性，
因为这里成为问题的，
不是一个人的一朝一夕的境况，
而是永恒时间中的境况，
在人们死后那全部时间之中
他们所将要度过的那种境况。

---

① 卷三，1068—76。我引用的仍然是屈味连先生的译文。（前引中译本，卷三，第186—187页。——译者）

伊壁鸠鲁的时代是一个劳苦倦极的时代,甚至于连死灭也可以成为一种值得欢迎的、能解除精神苦痛的安息。但相反地,共和国末期对大多数罗马人来说,却并不是一个幻灭的时代:具有巨人般的精力的人们,正在从混乱之中创造出来一种为马其顿人所未能创造的新秩序。但是对于置身于政治之外并且对于权力和掠夺
274 毫不关心的罗马贵族来说,则事情的演变一定是令人深为沮丧的。何况在这之外又加上了不断的神经病的磨难,所以卢克莱修就把希望根本不生存当作是一种解脱,这是不足为奇的。

但是怕死在人的本能里是如此之根深蒂固,以至于伊壁鸠鲁的福音在任何时候也不能得到广泛的流传;它始终只是少数有教养的人的信条。甚至于在哲学家们中间,自从奥古斯都的时代以后也都是照例拥护斯多葛主义而反对伊壁鸠鲁主义的。的确,自从伊壁鸠鲁死后,伊壁鸠鲁主义尽管日益萎缩,但仍然存在了六百年之久;可是随着人们日益受到我们现世生活的不幸的压迫,他们也就不断地向宗教或哲学里要求着更强烈的丹药。哲学家们除了少数的例外,都逃到新柏拉图主义里面去了;而没有受教育的人们便走入各种各样的东方的迷信,后来又越来越多地走入基督教,基督教在其早期的形式是把一切美好都摆在死后的生活里的,因此就给人们提供了一种与伊壁鸠鲁的福音恰好相反的福音。然而与伊壁鸠鲁非常之相似的各种学说,却在十八世纪末叶被法国的philosophes(哲学家们)所复活了,并且被边沁及其后学们传到英国来;这是有意地要反对基督教而这样做的,因为这些人对基督教的敌对态度和伊壁鸠鲁对他当时的宗教是一样的。

第二十八章　斯多葛主义

275

斯多葛主义虽然和伊壁鸠鲁主义起源于同时，但是它的学说却历史更长而变化更多。它的创始人——公元前三世纪早期的芝诺——的学说，与公元后二世纪后半叶的马尔库斯·奥勒留的学说是截然不同的。芝诺是一个唯物主义者，他的学说大体上是犬儒主义与赫拉克利特的结合品；但是斯多葛派则由于渗入了柏拉图主义而逐渐放弃了唯物主义，后来终于连一点唯物主义的影子都没有了。他们的伦理学说的确是改变得很少，而伦理学说又是大多数斯多葛派所认为是最主要的东西。然而甚至于就在这方面，着重点也有所转移。随着时间的推移，斯多葛派关于其他的方面讲得愈来愈少，而关于伦理学以及最与伦理学有关的那些神学部分便愈来愈受到极端的强调。关于早期的斯多葛派，我们要受一个事实的限制，即他们的作品流传下来的只有少数的片段。唯有塞涅卡、爱比克泰德和马尔库斯·奥勒留——他们都属于公元后一世纪至二世纪——的作品是完整地流传了下来的。

斯多葛主义比起我们以前所探讨过的任何哲学派别都更少希腊性。早期的斯多葛派大多是叙利亚人，而晚期的斯多葛派则大多是罗马人。塔因(《希腊化文明》一书，第287页)疑心迦勒底曾对斯多葛主义有过影响。于伯威格正确地指出了，希腊人在对野蛮世界进行希腊化的时候，给他们所留的却是只适合于希腊人自己的东西。斯多葛主义与早期的纯粹希腊的哲学不同，它在感情上是狭隘的，而且在某种意义上是狂热的；但是它也包含了为当时世界所感到需要的，而又为希腊人所似乎不能提供的那些宗教成分。特别是它能投合统治者，吉尔柏特·穆莱教授说："几乎所有的亚历山大的后继者——我们可以说芝诺以后历代所有主要的国王——都宣称自己是斯多葛派。"

芝诺是腓尼基人，大约于公元前四世纪后半叶生于塞蒲路斯岛上的西提姆。他的家庭很可能是从事商业的，而且很可能当初
276 是商业的利益把他引到雅典来的。然而到了雅典之后，他变得渴望研究哲学了。犬儒学派的观点要比任何其他学派的观点都更投合他的胃口，但他却多少是一个折中主义者。柏拉图的弟子们指责他剽窃了学园的学说。在整个斯多葛派的历史上，苏格拉底始终是他们主要的圣人；苏格拉底受审时的态度，他之拒绝逃亡，他之视死如归，他那关于干了不正义的勾当的人对自己要比对别人伤害得更大的说法，这一切都完全与斯多葛派的教训吻合。苏格拉底对于冷暖的不闻不问，他在衣食方面的朴素，以及他的完全摈弃一切肉体的享受，也同样是如此。但是斯多葛派却从不曾采用柏拉图的理念说，而且大多数的斯多葛派也反对柏拉图关于灵魂不朽的论证。只有晚期的斯多葛派才追随柏拉图，把灵魂认为是非物质的；而早期的斯多葛派则同意赫拉克利特的观点，认为灵魂是由物质的火构成的。这种学说固然在词句上也可以从爱比克泰德和马尔库斯·奥勒留那里找得到，但是他们似乎并不是把火认为真正就是构成物理事物的四原素之一。

芝诺对于形而上学的玄虚是没有耐心的。他所认为重要的只是德行；他之重视物理学与形而上学，也仅仅在于它们有助于德行。他企图借助于常识来与当时的形而上学进行斗争，——而常

识在希腊就意味着唯物主义。对于感官可靠性的种种怀疑困恼了他，于是他就把相反的学说推到了极端。

“芝诺从肯定现实世界的存在而开始。怀疑派就问：‘你所说的现实是指什么？’‘我是指坚固的和物质的。我是指这张桌子是坚固的物质。’怀疑派又问：‘那么“神”呢？灵魂呢？’芝诺回答说：‘完全是坚固的；假如有的话，那比桌子还要坚固。’‘那么德行、正义或者比例也都是坚固的物质吗？’芝诺回答说：‘当然是十足坚固的。’”①

在这一点上很显然地，芝诺也像许多别人一样，由于热中于反形而上学而陷入他自己的另一种形而上学里面去了。

这一学派始终坚持不变的主要学说，是有关宇宙决定论与人类自由的。芝诺相信并没有偶然这样一种东西，自然的过程是严格地为自然律所决定的。起初只有火；然后其他的原素——气、
水、土就顺序——逐渐地形成了。但是迟早终将有一场宇宙大燃 277
烧，于是一切又都变成为火。按照大多数斯多葛派的说法，这场燃烧并不是最后的终结，像是基督教学说中所说的世界末日那样，而仅只是一度循环的结束；整个的过程将是永无休止的重演。现在所出现的万物以前就曾出现过，而且将来还要再出现，并不是一次而是无数次。

因而，这种学说看来似乎是没趣味的，并且无论在哪一方面都并不比通常的唯物主义，例如德谟克里特的唯物主义，更能使人感到慰藉。但是这只是它的一个方面。自然的过程，在斯多葛主义

① 吉尔伯特·穆莱：《斯多葛派哲学》（1915年），第25页。

那里也像在十八世纪的神学那里一样，是被一个“立法者”所规定的，而这个“立法者”同时也就是一个仁慈的天意。整个的宇宙直到最微小的细节，都是被设计成要以自然的手段来达到某种目的的。这些目的，除了涉及神鬼的而外，都可以在人生中找得到。万物都有一个与人类相关联的目的。有些动物吃起来是美味，有些动物则可以考验我们的勇气；甚至连臭虫也是有用的，因为臭虫可以帮助我们在早晨醒来而不致躺在床上过久。至高无上的威力有时候就叫做“神”，有时候就叫作宙斯。赛涅卡区别了这种宙斯与通俗所信仰的对象；后者也是实有的，但却处于附属地位。

“神”与世界是分不开的；他就是世界的灵魂，而我们每个人都包含有一部分神圣的火。一切事物都是那个叫作“自然”的单一体系的各个部分；个体的生命当与“自然”相和谐的时候，就是好的。就一种意义来说，每一个生命都与“自然”和谐，因为它的存在正是自然律所造成的；但是就另一种意义来说，则唯有当个体意志的方向是朝着属于整个“自然”的目的之内的那些目的时，人的生命才是与“自然”相调和的。德行就是与“自然”相一致的意志。坏人虽然也不得不遵守上帝的法律，但却不是自愿的；用克雷安德的比喻来说，他们就像是被拴在车后面的一条狗，不得不随着车子一起走。

在一个人的生命里，只有德行才是唯一的善；像健康、幸福、财产这些东西都是渺不足道的。既然德行在于意志，所以人生中一切真正好的和坏的东西就都仅仅取决于自己。他可以很穷，但又有什么关系呢？他仍然可以是有德的。暴君可以把他关在监狱里，但是他仍然可以坚持不渝地与自然相和谐而生活下去。他可以被处死刑，但是他可以高贵地死去，像苏格拉底那样。旁人只能有力量左右身外之物；而德行（唯有它才是真正的善）则完全靠个 278
人自己。所以每一个人只要能把自己从世俗的欲望之中解脱出来，就有完全的自由。而这些世俗的愿望之得以流行，都是由于虚假的判断的缘故；圣贤的判断是真实的判断，所以圣贤在他所珍视的一切事物上都是自己命运的主人，因为没有外界的力量能够剥夺他的德行。

这种学说显然是有逻辑的困难的。如果德行真是唯一的善，那么仁慈的上帝就必定只能专心一意造就德行了，可是自然律却又产生了大量的罪恶的人。如果德行是唯一的善，那么就没有理由要反对残酷与不正义；因为正如斯多葛派从不疲倦地指出的，残酷与不正义是为受难者提供了锻炼德行的最好的机会。如果世界完完全全是决定论的，那么自然律就决定了我究竟是否有德。如果我是罪恶的，那只是"自然"迫使我成为罪恶的，而被设想为是由德行所赋予的自由对于我也就是不可能的了。

如果德行竟至于一事无成的话，那么一个近代人的头脑是很难对有德的生活感到热情的。我们赞美一个在大疫流行中肯冒自己生命危险的医务人员，因为我们认为疾病是一种恶，而我们希望减少它的流行程度。但是假如疾病并不是一种恶的话，医务人员就很可以安逸地待在家里了。对于一个斯多葛主义者来说，德行的本身就是目的，而不是某种行善的手段。但当我们采取更长远的眼光时，最终的结果又是什么呢？那就是现存的世界被火所毁灭，然后又是整个过程的重演。难道还能有比这更加奢靡无益的事情了吗？在某一个时候，这里或那里可以有进步，但是从长远看来则只能有循环反复。当我们看到某种东西令人痛苦得不堪忍受时，我们就希望这种东西总可以不再发生；但是斯多葛派却保证我们说，现在所发生的将会一次又一次地不断出现。人们恐怕要想到，就连那综观全局的上帝也终于必定会因绝望而感到厌倦的吧。

与此相联系，在斯多葛派的道德观里便表现着一种冷酷无情。不仅坏的感情遭到摒斥，而且一切的感情都是遭到摒斥的。圣贤并不会有同情心的感觉：当妻子或孩子死亡时，他便想着这件事情可不要成为对他自己德行的障碍，因此他并不深深感到痛苦。友谊——那曾为伊壁鸠鲁所如此高度地称颂过的友谊——当然也很
279 好，但是它可绝不能走到使你的朋友的不幸足以破坏你自己神圣的安宁的地步。至于公共生活，则参与公共生活可能是你的责任，因为它为正义、坚忍等等提供了机会；但是你却绝不可以被一种施惠于人类的愿望所驱使，因为你所能施的恩惠——例如和平，或者供应更充分的粮食，等等——并不是真正的恩惠；而且无论如何，除了你自己的德行而外，其他的一切都是与你无关的。斯多葛派并不是为了要行善所以才有德的，而是为了要有德所以才行善。斯多葛派不曾有过爱邻如己的观念；因为爱除了在一种表面的意义上而外，是斯多葛派的道德观里面所没有的。

当我谈到这一点的时候，我是把爱当作一种感情而不是当作一种原则来谈的。当作一种原则，则斯多葛派也宣扬博爱；这种原则我们可以在赛涅卡和他的后继者之中找到，或许他们是得之于早期的斯多葛派。这一派的逻辑所引到的学说，被它的拥护者们的人道精神给冲淡了；这样他们实际上便比起他们若是能始终一贯的话，要好得多。康德——他是非常有似于斯多葛派的——说

你必须对你的弟兄亲爱，并不是因为你喜欢他，而是因为道德律命令你这样；然而我怀疑他在私生活上是不是能遵守这条教诫而生活。

不谈这些一般性的问题，让我们还是回到斯多葛主义的历史上来吧。

关于芝诺①，留传下来的只有一些残篇。根据这些残篇来看，似乎他把"神"定义为是世界的烈火心灵，他说过"神"是有形体的实质，而整个宇宙就构成"神"的实质。特尔图良说，按照芝诺的讲法，"神"渗透到物质世界里就像蜜渗透到蜂房里一样。据第欧根尼·拉尔修说，芝诺认为"普遍的规律"也就是"正当的理性"，是渗透于万物之中的，是与宇宙政府最高的首脑宙斯同一的："神"、心灵、命运、宙斯都是同一个东西。命运是推动物质的力量；"天意"或"自然"就是它的别名。芝诺并不认为应该有祭神的庙宇："建造庙宇是并不必需的：因为庙宇绝不能认为是很有价值的东西或者是任何神圣的东西。出于工匠之手的东西，是不会有什么大价值或者神圣性的"。他似乎和晚期的斯多葛派一样曾相信过占星和占卜。西塞罗说他认为星辰具有一种神圣的能力。第欧根尼·拉尔修说："斯多葛派认为各种占卜都是灵验的。他们说如其有天意 280
这种东西的话，那么也就必定有占卜。他们拿芝诺所说过的许多预言都已成为事实的例子，来证明占卜术的真实性。"关于这一点，克吕西普说得非常明确。

斯多葛派关于德行的学说虽不见于芝诺残存的著作中，但似

① 关于下文的资料，可参阅比万：《晚期希腊宗教》一书，第1页以下。

乎就是芝诺本人的见解。

芝诺的直接继承人阿索斯的克雷安德，主要地以两件事情著称。第一是我们已经看到的，他主张萨摩的亚里士达克应该判处不虔敬的罪，因为他把太阳，而不是大地，说成是宇宙的中心。第二件事就是他的《宙斯颂》，这篇颂诗的大部分是可以被波普或者被牛顿以后一个世纪中的任何一位受过教育的基督徒写出来的。更具有基督教气味的是克雷安德的短祷：

宙斯啊，引导我；命运啊，请你
引导我前进。
无论你差遣我做什么工作，请你
引导我前进。
我毫无畏惧地追随你，哪怕是猜疑使我
落后或者不情愿，但我也一定永远追随你。

继承克雷安德的克吕西普（公元前280—前207年）是一位卷帙浩繁的作家，据说他曾写过七百零五卷书。他把斯多葛派系统化了而且迂腐化了。他认为唯有宙斯，即至高无上的火，才是不朽的；其他的神包括日、月在内都是有生有死的。据说他以为“神”并没有参与制造恶，但是我们不明白他怎么能使这和决定论相调和。在其他的地方他又依照赫拉克利特的方式来处理恶，认为对立面是互相包含着的，善而没有恶在逻辑上乃是不可能的：“最不确切的事莫过于，人们设想不需要有恶的存在善就可以存在了。善和恶是对立面，两者必须在对立中才能存在。”他为支持这种说法所引据的是柏拉图，而不是赫拉克利特。

克吕西普认为好人总是幸福的，坏人总是不幸的，而且好人的幸福与“神”的幸福并无不同。关于死后灵魂究竟是否继续存在的问题，则他们有着互相冲突的意见。克雷安德认为一切灵魂都要继续存在，一直到下一次的全宇宙大火为止（这时万物就都被吸收 281
到“神”里面来）；但是克吕西普则认为唯有有智慧的人的灵魂才是如此。他的兴趣并不像晚期的斯多葛派那样彻底是伦理的；事实上他把逻辑弄成了根本的东西。假言三段论和选言三段论以及“选言”这个名词，都出自斯多葛派，对文法的研究和对名词的各种“格”变化的创见，也都出自斯多葛派[①]。克吕西普，或者为他的著作所激发的其他的斯多葛派，曾有过一种很精致的知识论；那种知识论大体上是经验主义的并且依据着知觉，尽管其中也包括了被认为是由于 consensus gentium（即人类的一致同意）而建立起来的某些观念与原则。但是芝诺以及罗马的斯多葛派却把一切理论的研究都看成是附属于伦理学的：芝诺说哲学就像是一个果树园，在那里面逻辑学就是墙，物理学就是树，而伦理学则是果实；或者又像是一个蛋，逻辑学就是蛋壳，物理学就是蛋白，而伦理学则是蛋黄。[②] 看来克吕西普像是承认理论的研究有更多的独立价值的。也许他的影响可以说明这一个事实，即斯多葛派中有许多人在数学方面以及其他的科学方面做出了进展。

克吕西普以后曾有两个重要的人物，即潘尼提乌和波昔东尼，对于斯多葛派进行过相当的修改。潘尼提乌加进了相当成分的柏拉图主义，并放弃了唯物主义。他是小塞庇欧的朋友，并对西塞罗

① 见巴尔特(Barth)：《斯多葛派》，1922 年，斯图加特，第四版。

② 同上。

有过影响;而斯多葛主义主要地又是通过西塞罗才为罗马人所知道的。波昔东尼对西塞罗的影响就更大,因为西塞罗曾跟波昔东尼在罗德斯念过书。波昔东尼又曾就学于潘尼提乌,潘尼提乌约死于公元前110年。

波昔东尼(公元前约135—公元前约51年)是一个叙利亚的希腊人,当塞琉西王朝结束时他还是个小孩子。也许是由于他在叙利亚经历了无政府,所以他才向西游历的;他先到了雅典,在那里吸收了斯多葛主义,然后继续前进,就到了罗马帝国的西部。"他亲眼看见了已知世界边缘之外的大西洋上的落日,看见了西班牙对岸树上住满了猿猴的非洲海岸,看见了马赛内陆地方野蛮部族的村落,那里的日常景象是把人头当作胜利的标记而挂在大门上。"[①]他成了在科学题目上的一个多产作家;其实,他旅行的原因
282 之一就是希望研究海潮,这种研究是不可能在地中海进行的。他在天文学方面做出了卓越的工作,我们在第二十二章中已经谈到他对太阳距离的估计是古代最好的估计。[②] 他又是一位有名的历史学家,——他继承了波里比乌斯。但是他之为世所知,主要地乃是作为一个折中主义的哲学家:他把柏拉图的许多教训(看来这些教训在学园的怀疑主义的阶段里是已经被遗忘了的)和斯多葛主义结合在一起。

对于柏拉图的这种爱好,就表现在他那关于灵魂与死后生活的教义中。潘尼提乌也像大多数的斯多葛派一样曾说过,灵魂是

---

① 比万:《斯多葛派与怀疑派》,第88页。

② 他估计从加狄士向西方航行70,000里(Stade)就可以到达印度。"这种说法乃是哥伦布信念的最后根据。"塔因:《希腊化文明》,第249页。

随身体一起消灭的。反之波昔东尼则说，灵魂是继续生活在空气里，而且在大多数情况下在那里一直保持不变到下一次的世界大火为止。地狱是没有的，但是恶人死后却不如善人那么幸福；因为罪恶使灵魂的蒸气变得混浊，使它不能够像善良的灵魂一样升得那么高。罪恶重大的就靠近地面并且要受轮回；真正有德的则上升到星球上面去，并且眺望着星辰的运转而优游卒岁。他们可以帮助别的灵魂；这就（他以为）说明了占星学的真理。比万提示说，由于这样复活了奥尔弗斯的观念以及吸收了新毕达哥拉斯派的信仰，波昔东尼或许曾为诺斯替主义铺平了道路。他又很正确地说到，对于像波昔东尼这类的哲学的致命打击并不是来自基督教，而是来自哥白尼的理论。[①] 克雷安德要把萨摩的亚里士达克看成是一个危险的敌人，是很有道理的。

在历史上（虽然并不是在哲学上）比早期斯多葛派更加重要得多的，是三个与罗马有关的人物，即：塞涅卡、爱比克泰德与马尔库斯·奥勒留，——他们一个是大臣，一个是奴隶，一个是皇帝。

塞涅卡（约公元前 3 年—公元 65 年）是西班牙人，他的父亲是一个住在罗马的有教养的人。塞涅卡选择了政治生涯，并且在已经有了相当成功的时候而被罗马皇帝克劳地乌斯流放到科西嘉岛（公元 41 年）上去，因为他触怒了皇后梅萨林娜。公元 48 年，克劳地乌斯的第二个妻子阿格丽皮娜又把塞涅卡从流放中召了回来，283
并且任命他为她十一岁的儿子的太傅。塞涅卡要比亚里士多德更

---

① 以上关于波昔东尼的叙述，主要是根据艾德文·比万：《斯多葛派与怀疑派》一书的第三章。

不幸，因为他教的学生就是皇帝尼罗。尽管作为一个斯多葛派，塞涅卡是公开鄙弃财富的，然而他却聚积了大量的财富，据说价值达三亿赛斯特斯之多（约合一千二百万美元）。这些财富大部分都是由于在不列颠放贷而获得的；据狄奥说，他收取的超额利率乃是造成不列颠反叛的原因之一。英勇的保狄西亚女王（如果这个故事是真的话）领导了一次反叛，反抗这位严峻派的哲学使徒所代表的资本主义。①

尼罗的恣睢纵欲变得越来越无法无天了，而塞涅卡也就日愈失宠。最后他被控以（无论是公正地或不公正地）参与一场大规模的阴谋，要谋害尼罗并拥戴一位新皇帝——有人还说便是塞涅卡自己——登基。他以姑念其旧日的效劳而被恩赐自尽（公元65年）。

他的结局是很有启发意义的。最初刚一听到皇帝的决定时，他准备写一篇遗嘱。人们告诉他已经没有时间容许他写长篇大论了，这时候他就转身向他忧伤的家属们说："你们不必难过，我给你们留下的是比地上的财富更有价值得多的东西，我留下了一个有德的生活的典范"——或者大意是这类的话。于是他就切开了血管，并召他的秘书来记下他临死的话；据塔西陀说，他的辩才到了他最后的时刻也还是有如泉涌。他的侄子，诗人鲁康，也同时遭受同样的死刑，临终时口里还背诵着自己的诗。塞涅卡是被后代根据他那可敬的箴言来加以评判的，而不是根据他那颇为可疑的行为来加以评判的。有些教父宣称他是一个基督教徒，并且像圣哲

① 传说事在公元61年。——译者

罗姆这些人还把据说是塞涅卡和圣保罗的通信认为是真的。

爱比克泰德(约生于公元60年,约死于公元100年)是一种类型非常不同的人,尽管作为一个哲学家他和塞涅卡极其近似。他是希腊人,本是艾帕福罗底图斯的奴隶,此人又是被尼罗释放的奴隶,后来做了尼罗的大臣。他是个瘸子——据说这是他当日做奴隶时受了严酷惩罚的结果。他住在罗马并在罗马教学直到公元90年为止,这时罗马皇帝多米提安用不着知识分子,就把所有的哲学家都驱逐出境了。于是爱比克泰德便退居于伊壁鲁斯的尼柯波里,他就在这里写作和讲学度过了好几年,并死于此处。

马尔库斯·奥勒留(公元121—180年)则属于社会等级的另一个极端了。他是他叔父兼岳父罗马的好皇帝安东尼努斯·皮乌 284
斯的养子,于公元161年继位为皇帝,并且极为尊敬地追怀着皮乌斯。奥勒留做皇帝是忠于斯多葛派的德行的。他非常需要有毅力,因为他的御位时期是被种种灾祸所缠绕着的——地震、疠疫、长期艰困的战争、军事的叛变,等等。他的《沉思集》一书是为他自己而写的,显然是并不准备发表;这部书表明了他感到自己的公共职责的负担沉重,并且还为一种极大的厌倦所苦恼着。继承他的皇位的独子康莫多斯是许多最坏皇帝中的一个,但当他父亲在世的时候却很巧妙地掩饰了自己恶毒的心性。哲学家的妻子福士丁纳曾被人指控犯了极大的不道德的行为(也许并不公正);但是他却从来没有怀疑过她,并且在她死后还为她的奉祀费尽了苦心。他放逐了基督教徒,因为他们不信国教,而他认为国教在政治上乃是必要的。他所有的行为都一本良心,但是大多数的行为却都没有成功。他是一个悲怆的人:在一系列必须加以抗拒的各种世俗的欲望里，他感到其中最具有吸引力的一种就是想要引退去度一个宁静的乡村生活的那种愿望。但是实现这种愿望的机会却始终没有来临。他的《沉思集》一书有些篇章是在军营里写成的，有些是在远征中写成的，征战的劳苦终于促成他的死亡。

最可注目的就是，爱比克泰德和马尔库斯·奥勒留两个人在许多哲学问题上是完全一致的。这就提示着，尽管社会环境影响到一个时代的哲学，但是个人的环境之影响于一个人的哲学却往往并不如我们所想象的那么大。哲学家通常都是具有一定的心灵广度的人，他们大都能够把自己私生活中的种种偶然事件置之度外；但即使是他们，也不能超出于他们自己时代更大的善与恶的范围之外。在坏的时代里，他们就创造出来种种安慰；在好的时代里，他们的兴趣就更加纯粹是理智方面的。

吉朋那部详尽的历史就是从康莫多斯的罪行而开始的，吉朋和大多数十八世纪作家们一样，都把安东尼王朝视为是黄金时代。吉朋说："如果要叫一个人指出世界历史上人类的境遇最幸福、最繁荣的一段时期，他就会毫不迟疑地举出来自多米提安之死至康
285 莫多斯登基的那段时期。"我们不可能完全同意这种判断。奴隶制的罪恶造成了极大的苦难，并且在销蚀着古代世界的元气。罗马有角斗士的表演以及人与野兽的搏斗，这种残酷是不可容忍的并且也必定腐蚀了欣赏这种景象的人民。马尔库斯·奥勒留确乎曾敕令过角斗士必须使用粗钝的剑进行角斗，但是这种改革是暂时的，而且他对于人与野兽的角斗也没有做过任何改革。经济制度也非常之坏；意大利已经日渐荒芜了，罗马居民要依赖着免费配给的外省粮食。一切主动权都集中在皇帝及其大臣的手中；在整个

辽阔的帝国领域上，除了偶尔有叛变的将领之外，没有一个人在屈服以外还能做任何别的事情。人们都只能向过去去寻找最美好的时代了，他们觉得未来最好也不过是厌倦，而最坏则不免是恐怖。当我们以马尔库斯·奥勒留的语调来和培根的、洛克的或者孔多塞的语调相比较时，我们就可以看出一个疲惫的时代与一个有希望的时代二者之间的不同。在一个有希望的时代里，目前的大罪恶是可以忍受的，因为人们想着罪恶是会过去的；但是在一个疲惫的时代里，就连真正的美好也都丧失掉它们的滋味了。斯多葛派的伦理学投合了爱比克泰德和马尔库斯·奥勒留的时代，因为它的福音是一种忍受的福音而不是一种希望的福音。

从一般幸福的观点来说，安东尼王朝的时代毫无疑问地要比直迄文艺复兴时代为止的任何后代都更美好得多。但是仔细加以研究的话就可以知道，这个时代并不如它的建筑遗迹所引人想象的那么样繁荣。希腊－罗马文明对于农业区域并没有打下多少烙印，它实际上只限于城市。而且即使是在城市里也还有着忍受极端贫困的无产者，也还有大量的奴隶阶级。罗斯多夫采夫讨论城市的社会经济情况时，总结如下：①

“它们社会情况的景象并不像它们外表的景象那么动人。我们的材料所带给我们的印象是：许多城市的繁华都是由他们人口中的很小一部分人所创造出来的，并且是为这一小部分人而存在的；甚至于连这一小部分人的福祉也是基于相当薄弱的基础之上的；城市人口中的绝大多数不是收入微薄，便是生活极端贫困。总 286

① 罗斯多夫采夫：《罗马帝国社会经济史》，第179页。

之，我们绝不可夸大城市的财富，城市的外表是会给人造成错误印象的”。

爱比克泰德说，在世上我们都是囚犯，并且被囚禁在现世的肉体之内。照马尔库斯·奥勒留的说法，他常常说：“人就是一点灵魂载负着一具尸体。”宙斯也不能使肉体自由，但是他给了我们他的一部分神性。我们不应该说“我是一个雅典人”或“我是一个罗马人”，而应该说“我是一个宇宙公民”。如果你是凯撒的亲人，你一定会感到安全的；那么你既是“神”的亲人，岂不更应该感到安全了吗？如果我们能理解德行乃是唯一真正的善，我们就可以知道不会有任何真正的罪恶能降临到我们的头上了。

我是必然要死的。但难道我就必须呻吟而死吗？我必然是被囚禁的。但难道我就必须哀怨吗？我是必然要遭流放的。但是难道因此就有任何人能阻止我，使我不能欢笑、勇敢而又镇定了么？“把秘诀告诉我吧。”我拒绝告诉，因为这是我权力以内的事。“那么我就把你锁起来。”你，你说什么？锁起我来？你可以把我的腿锁起来——不错；可是我的意志——那是你锁不了的，连宙斯都征服不了它。“我就把你监禁起来。”那你只不过是指我的躯体罢了。“我要砍你的头。”怎么？我什么时候向你说过，我是世界上唯一不能被砍头的人呢？

这些便是追求哲学的人所应该考虑的思想，这些便是他们应该日复一日地写下来的课程，他们应该用这些来砥砺自己。[①]

奴隶们也和别人是同样的人，因为大家一样都是“神”的儿子。

① 引自奥德斯，同书，第225—226页。

我们必须服从神，有如一个好公民要服从法律。“兵士们宣誓要尊敬凯撒高于一切人，但是我们则首先要尊敬我们自己。”①“当你出现在世上的权威者的面前时，应该记住还有‘另一个’从高处在俯览着一切所发生的事情的神，你必须要取悦于他而不要取悦于世上的权威者。”②

那么谁才是一个斯多葛派呢？

请给我指出一个按照他所说的那些论断的样式而塑造出来的人物吧，正犹如一个按照斐狄阿斯的艺术而塑造出来的形象我们就称之为斐狄阿斯式的那样。请给我指出一个有病然而幸福，处于危险然而幸福，临于死亡然而幸福，颠沛流离然而幸福，含垢忍 287
辱然而幸福的人吧。请你为我指出他来。我以神的名义说，我真愿意看见一个斯多葛派。不，你不能给我指出来一个完美无瑕的斯多葛派来；那么就请给我指出来一个正在塑造之中的斯多葛派吧，正在走上这条道路的斯多葛派吧。请你指给我看吧，请别对我这样一个老人吝惜指出一个我所从没有看见过的景象吧。什么！你以为你要指给我看斐狄阿斯的宙斯或者是他的雅典娜那种象牙与黄金的造像吗？我要的是一个灵魂，请你们哪一位指给我看一个希望着能与神合一，既不怨神也不尤人，从来未犯过错误，从来不感觉悲苦，而且能摆脱了愤怒、嫉羡与忌妒的那样一个人的灵魂吧——（为什么要掩饰我的意思呢？）请指点给我看一个愿望把自己的人格改变为神格，并且他在他可怜的肉体里总是把他的目的

① 引自奥德斯，同书，第251页。
② 同上书，同书，第280页。

寄托于与神相会合的人吧。请给我指出这样一个人来吧。不,你是指不出来的。

爱比克泰德从不厌倦于指出,我们应该怎样对待那些被人认为是不幸的事物,他时常以家常谈话的方式来说明这一点。

他也像基督徒一样,主张我们应当爱我们的敌人。总的说来,他也和其他的斯多葛派一样地鄙弃快乐,但是有一种幸福却是不能加以鄙弃的。"雅典是美丽的。是的,但是幸福要更加美丽得多,——幸福就是免于激情与纷扰的自由,就是你的事情绝不有赖于别人的那种感觉"(第 428 页)。每个人都是剧中的一个演员,神指定好了各种角色;我们的责任就是好好地演出我们的角色,不管我们的角色是什么。

记录爱比克泰德的教训的那些作品,有着极大的真诚性与简洁性(它们是由他的弟子阿里安所笔记下来的)。他的道德是高尚超俗的;在一个人的主要责任就是抵抗暴君权势的那样一种局面之下,我们恐怕很难再找到任何其他更有用的东西了。在某些方面,例如在承认人人都是兄弟以及宣扬奴隶的平等这些方面,它要优于我们能在柏拉图或亚里士多德或者任何被城邦制所鼓舞的那些哲学家那儿所找得到的任何思想。爱比克泰德时代的现实世界要比白里克里斯时代的雅典恶劣得多,但是现实存在的罪恶却解放了他的热望,而他的理想世界之优于柏拉图的理想世界,也就正犹如他的实际世界之劣于公元前五世纪的雅典一样。

马尔库斯·奥勒留的《沉思集》一开始就承认他曾受益于他的祖父、父亲、养父、各位老师以及神明。他所列举的受益,有些是很
288 奇怪的。他说他跟狄奥格尼图学会了不听那些行奇迹者的话;他

跟鲁斯提库学会了不写诗；他跟塞克斯托学会了庄重而不动情；跟文法学家亚历山大学会了不去改动别人的坏文法，而是要等到过后不久再去使用正确的表达方式；他跟柏拉图派的亚历山大学会了复信时绝不说因为事情忙碌以致回信过迟请原谅的话；跟他的养父学会了不和男孩子恋爱。他接着说他得归功于神明，因为他并未长时期生长于他祖父的姬妾之手，也没有过早地来验证自己的男性；他的孩子们既不愚蠢，身体也不畸形；他的妻子是柔顺的、温存的、朴实的；而且当他搞哲学的时候，他也并没有浪费时间于历史学、三段论与天文学。

《沉思集》一书中凡是非个人的地方，都与爱比克泰德密切地符合一致。马尔库斯·奥勒留是怀疑灵魂不朽的，但是他又像一个基督徒那样地会说："既然你目前这一刹那就可能离开生命，你就按着这种情况来安排你的每一桩行为和思想吧。"与宇宙相和谐的生命才是美好的东西；而与宇宙相和谐又与服从"神"的意志是一回事。

"啊，宇宙，凡是与你相和谐的万物也就都与我和谐。凡是对你适合时宜的，对我也就都不迟不早。你的季节所带来的万物都是我的果实，啊，自然：万物都出自于你，万物都存在于你，万物都复归于你。诗人们说'赛克洛普的亲爱的城市'；难道你就不该说'宙斯的亲爱的城市'了么"？

我们可以看出，圣奥古斯丁的《上帝之城》有一部分就是得之于这位异教皇帝的。

马尔库斯·奥勒留深信"神"给每个人都分配了一个精灵作为他的守护者，——这种信仰重新出现在基督教的保护者的天使的观念之中。他一想到宇宙是一个紧密织就的整体就觉得安慰，他说宇宙是一个活的生命，具有一个实体和一个灵魂。他的格言之一就是："要经常考察宇宙中一切事物的联系。""无论对你发生了什么事，那都是终古就为你准备好了的；其中的因果蕴涵关系终古都在织就着你的生命之线。"和这在一道的（尽管他在罗马国家中有那样的一种地位），还有他那斯多葛主义的把人类视为一体的信仰："就我是安东尼努斯来说，我的城邦与国土就是罗马；但就我是一个人来说，我的城邦与国土就是这个世界。"我们在这里便发现，
289 所有的斯多葛派都有着这种不能调和定命论与意志自由的困难。当他想到他自己作为统治者的责任时，他就说，"人人彼此都是为了对方而存在的"。但当他想到唯有有德的意志才是善的这一学说时，他在同一页书上却又说，"一个人的罪恶并不能伤害别人"。他从没有推论过说，一个人的善对别人是无益的，也从没有推论过说，如果他是像尼罗那样的一个坏皇帝，他除了害自己而外是不会伤害任何别人的；然而这一结论却似乎是应有的。

他说："唯有人才能够甚至于爱那些做了错事的人。这种情形发生于，如果当他们做了错事的时候，你会看到他们原是你的亲人，并且他们是由于无知而在无意之中做下了错事，而且不久你们双方都要死去；尤其是当犯过错的人对你并没有伤害，因为他不曾使你的控制能力变得比从前更坏的时候。"

又说："要爱人类。要追随着'神'。……只要记得法则在统治着一切就够了。"

这几段话非常显明地表示出来了斯多葛派伦理学与神学之间的内在矛盾。一方面，宇宙是一个严格定命的单一的整体，其中所

发生的一切都是以前原因的结果；而另一方面，个人意志又是完全自主的，没有任何外来的原因可以强迫一个人去犯罪。这是一个矛盾，与此密切相关联的还有第二个矛盾。既然意志是自主的而且唯有有德的意志才是善，一个人就对别人既不能行善也不能为害了；所以仁爱就只是一种幻觉。我们对这两个矛盾的每一种都必须加以某些说明。

自由意志与定命论的矛盾，是贯穿着从古代直到今天的哲学的矛盾之一，它在不同的时代里采取了不同的形式。现在我们所要探讨的是斯多葛派的形式。

我想，如果我们可以让一个斯多葛派受到苏格拉底式的诘难的话，他也许多少会辩护他自己的观点如下：宇宙是一个单一的活着的生命，具有一个也许可以称之为"神"或者"理性"的灵魂。作为一个整体，这个生命是自由的。"神"从一开始就决定了他自己要按照着固定的普遍的法则而行动，但是他选择了那些能够产生最好的结果的法则。有时候在个别的情况下，结果并不完全是我们所愿望的；但是为着立法的稳固性的缘故，这种不方便还是值得忍受的，如像在人类的法典里那样。每个人都有一部分是火，一部 290
分是低等的泥土；就他是火而言（至少当它有着最好的品质的时候），他就是"神"的一部分。当一个人的神圣的部分能够有德地体现意志时，这种意志就是神的自由意志的一部分；所以在这种情况下，人的意志也就是自由的。

在一定的限度之内这是一个很好的答案，但是当我们考虑到我们意志作用的原因时，它就站不住脚了。从经验的事实里，我们都知道例如消化不良对于一个人的德行所起的坏作用，并且大力使用某些适当的药物是可以摧毁人的意志力的。我们可以举爱比克泰德所喜欢的例子，例如一个人很不公正地被暴君囚禁了起来；这种例子在近些年要比人类史上任何其他的时期都来得多。其中有些人的行为确乎具有斯多葛式的英雄气概；但有些人则颇为神秘地并未能做到。现在我们都知道，不仅仅是充分的折磨几乎足以摧毁任何人的坚强不屈的精神，而且吗啡或者古柯硷也可以使得一个人屈服。事实上唯有当暴君是不科学的时候，意志才能够不向暴君屈服。这是一个极端的例子；但是凡可以支持无生物界的决定论的种种论证，同样也大体上存在于人类意志的领域里。我并不是说——我也并不以为——这些论证是有定论；我只是说它们在这两种情况之下都具有同等的力量，我们不能有很好的理由在一个领域里面接受它们，而在另一个领域里面又排斥它们。当一个斯多葛派劝人对犯罪者采取容忍态度时，他自己是在主张有罪的意志都是以前种种原因的结果；在他看来，似乎唯有有德的意志才是自由的。然而这并不能自圆其说。马尔库斯·奥勒留解说他自己的德行就是由于他的父母、祖父母和师长们的良好的影响所致；但是善良的意志和恶劣的意志都同样地是此前各种原因的结果。斯多葛派的确可以说他的哲学是使得接受它的人有德的原因之一，但是似乎除非是混淆了一定的思想上的错误，否则它是不会产生这种值得愿望的效果的。德行与罪恶同样地都是此前种种原因之不可避免的结果（像斯多葛派所应该主张的那样），可是承认了这种情形，当然多少是会对于道德的努力产生一种瘫痪作用的。

现在我就来谈第二个矛盾；即，斯多葛派宣扬仁爱时，在理论上是主张没有一个人是可以对别人为善或者作恶的,因为唯有有德的意志才是善,而有德的意志又是与外界原因无关的。这个矛 291
盾比前一个更为显著,也更为斯多葛派(包括某些基督教的道德学家在内)所特有。对于他们之所以没有察觉到这一点的解释是:正像许多其他的人一样,他们也有着两种伦理体系,一种是对自己的高等伦理,一种是对"不知法度、没有教养的人"的低等伦理。当一个斯多葛派哲学家想到自己的时候,他就认为幸福以及其他一切世俗所谓的美好都是毫无价值的;他甚至于说愿望幸福乃是违反自然的,意思是说那里面包含着不肯委身听命于神的意志。但是作为一个执掌帝国大政的实践者,马尔库斯·奥勒留却非常清楚地知道这种东西是行不通的。他的责任是要使非洲的粮船按时到达罗马,是要采取措施来救济饥馑所造成的苦难,是要使野蛮的敌人不能越境。这就是说,在对付这些不能被他认为是斯多葛派的哲学家(无论是实际的哲学家也罢,还是可能的哲学家也罢)的臣民的时候,他就接受通常的世俗的善恶标准了。正是由于采取了这些标准,他才能够尽其执政者的职责。奇怪的是,这种职责的本身又是斯多葛派的圣人所应当做到的更高级的境界里面的东西,尽管它是从斯多葛派圣人所认为是根本错误的一种伦理学里面推衍出来的。

对于这个困难我所能想象的唯一答案,就是一种在逻辑上也许是无懈可击但并不值得赞许的答案。我想这个答案康德是会做得出来的,康德的伦理体系非常有似于斯多葛派的伦理体系。的确,康德可以说除了善的意志以外就没有什么善的东西;但是唯有当意志是朝向着某些目的的时候,它才是善,而这些目的的本身却又是无所谓的。A 先生是幸福呢，还是不幸呢？这是无关重要的。但是如果我是有德的话，我就要采取一种我相信可以使他幸福的行为，因为这就是道德律所吩咐的。我不能使 A 先生有德，因为他的德行完全取决于他自己；但是我可以做某些事情有助于使他幸福，或者富有，或者博学，或者健康。因此，斯多葛派的伦理学就可以表述如下：有些事情被世俗认为是好东西，但这是一个错误，真正是善的乃是一种要为别人去取得这些虚伪的好东西的意志。这种学说并不包含有逻辑上的矛盾，但是如果我们真正相信通常所认为的好东西都是毫无价值的话，那么这种学说就丧失了一切的可信性了；因为在这种情形之下，有德的意志就可以同样地朝向着迥然不同的其他目的。

实际上，斯多葛主义里有着一种酸葡萄的成分。我们不能够
292 有福，但是我们却可以有善；所以只要我们有善，就让我们装成是对于不幸不加计较吧！这种学说是英勇的，并且在一个恶劣的世界里是有用的；但是它却既不是真实的，而且从一种根本的意义上来说，也不是真诚的。

虽然斯多葛派的主要重点是在伦理方面，但是他们的教导有两个方面在其他的领域里是产生了结果的。一个方面是知识论，另一个方面是自然律和天赋人权的学说。

在知识论方面，他们不顾柏拉图而接受了知觉作用；他们认为感官的欺骗性实际上乃是虚假的判断，只要稍微用心一点就可以避免。有一个斯多葛派的哲学家，即芝诺的及门弟子斯非鲁斯曾被国王托勒密请去宴会，国王在倾听了这种学说之后送给了他一个蜡做的石榴。这位哲学家想要吃这个石榴，于是国王就笑他。

他就回答说，他不能确定它是不是一个真石榴，但是他认为在王宫的筵席上任何不能吃的东西大概是不会拿上来的，①他的这段答话就是援用斯多葛派对于那些根据知觉可以确切知道的事物与那些根据知觉仅仅是或然的事物这二者之间所做的区别的。总的说来，这种学说是健康的、科学的。

他们在知识论方面的另一种学说影响就更大，但问题也更多。那就是他们信仰先天的观念与原则。希腊的逻辑完全是演绎的，这就发生了关于最初的前提的问题。最初的前提必须是，至少部分地必须是普遍的；而且又没有方法可以证明它们。斯多葛派认为有某些原则是明白得透亮的，是一切人都承认的；这些原则就可以作为演绎的基础，像在欧几里得的《几何原本》一书里那样。同样地，先天的观念也可以作为定义的出发点。这种观点是被整个的中世纪，也甚至于是被笛卡尔，所接受了的。

像十六、十七、十八世纪所出现的那种天赋人权的学说也是斯多葛派学说的复活，尽管有着许多重要的修正。是斯多葛派区别了 jus naturale（自然法）与 jus gentium（民族法）的。自然法是从那种被认为是存在于一切普遍知识的背后的最初原则里面得出来的。斯多葛派认为，一切人天生都是平等的。马尔库斯·奥勒留 293
在他的《沉思集》一书里拥护“一种能使一切人都有同一法律的政体，一种能依据平等的权利与平等的言论自由而治国的政体，一种最能尊敬被统治者的自由的君主政府”。这是一种在罗马帝国不可能彻底实现的理想，但是它却影响了立法，特别是改善了妇女与

① 第欧根尼·拉尔修，卷七，第177页。

奴隶的地位。基督教在接受斯多葛派的许多东西的同时，也接受过来了斯多葛派学说中的这一部分。最后到了十七世纪，向专制主义进行有效斗争的时机终于到来了，于是斯多葛派关于自然法与天赋平等的学说就披上了基督教的外衣，并且获得了在古代甚至于是一个皇帝也不能赋给它的那种实际的力量。

294 第二十九章 罗马帝国与文化的关系

罗马帝国曾或多或少地以各种不同的路径影响了文化史。

首先：是罗马对于希腊化思想的直接影响。这一方面不太重要，也并不深远。

其次：是希腊与东方对于罗马帝国西半部的影响。这一方面则是深远而持久的，因为其中包括有基督教在内。

第三：是罗马悠久的和平对于传播文化以及对于使人习惯于与一个单一的政府相联系着的单一的文明这一观念，所起的重要作用。

第四：是希腊化文明传布到回教徒的手里，又从回教徒的手里最后传至西欧。

在考查这些影响之前，先简述一下政治史将会是有益的。

亚历山大的征服并没有触及西地中海；公元前三世纪之初，西地中海为两个强大的城邦，即迦太基与叙拉古，所控制。在第一次与第二次布匿战争时（公元前264—前261与前218—前201年），罗马征服了叙拉古并使迦太基沦于无足轻重的地位。公元前二世纪，罗马征服了马其顿王朝的各个国家，——埃及则作为一个附属国确乎是不绝如缕地一直存在到克娄巴特拉死时(公元前30年)为止。西班牙是在对汉尼拔的战争中附带被征服的;法兰西是公元前一世纪中叶被凯撒征服的,大约一百年之后英格兰也被征服了。罗马帝国极盛时期的疆界在欧洲是莱茵河与多瑙河,在亚洲是幼发拉底河,在北非是大沙漠。

罗马帝国主义在北非也许是表现得最好的,(北非在基督教史上的重要性在于它是圣赛普勒安与圣奥古斯丁的家乡,)这儿在罗马之前和罗马以后都是大片荒芜的地区,但这时变成了肥沃的地区并维持着许多人口众多的城市。从奥古斯都即位(公元前30年)至公元后三世纪的动乱为止,罗马帝国在这两百多年之中大体上是稳定的、和平的。

同时,罗马国家的体制也经历了重要的发展。起初罗马是一个 295
很小的城市国家,与希腊的那些城市国家,特别是像斯巴达那样的城市国家,并没有什么不同;而且也并不依靠着对外的贸易。国王也像荷马时期的希腊国王一样,早已被贵族的共和国所代替了。当体现在元老院里的贵族成分还依然强大的时候,就已经逐渐地增加了民主的成分;这一妥协的结局曾被斯多葛派的潘尼提乌(波里比乌和西塞罗都重复着他的观点)视为是君主制、贵族制与民主制三种成分的理想结合。但是征服却打破了这种极其不稳定的平衡;它给元老阶级带来了新的巨大的财富,其次在稍小的程度上也给称为"骑士"的上层中等阶级带来了财富。意大利的农业本来是操在小农们的手里,他们以自己的及其家庭的劳动来进行耕作;但现在农业已经成为属于罗马贵族使用奴隶劳动来种植葡萄与橄榄的大地产的事情了。结果就是,不顾国家利益与臣民幸福、只知寡廉鲜耻以求个人发财致富的元老院，竟成为事实上无所不能的了。

公元前二世纪后半叶格拉古兄弟所发动的民主运动，导致了一系列的内战；最后——就像在希腊所常见的一样——便是"僭主制"的确立。看起来令人惊异的是，在希腊只限于很微小的地区上的那些发展，现在竟以这样巨大的规模而重演。尤里乌斯·凯撒的继承人与养子奥古斯都于公元前30年至公元后14年在位，他终于结束了内战和(除了少数的例外)对外的征战。自从希腊文明开始以来，古代世界第一次享受了和平与安全。

有两件东西摧毁了希腊的政治体系：第一是每个城邦之要求绝对的主权，第二是绝大多数城邦内部贫富之间残酷的流血斗争。在征服了迦太基与希腊化的各国之后，前一个原因就不再搅扰世界了，因为对罗马已经不可能再进行有效的抵抗。但是第二个原因却仍然继续存在着。在内战里，某一个将军可以宣布自己是元老院的战士，而另一位将军又宣布自己是人民的战士。胜利归于能以最高的代价收买兵士的人。兵士们不只是要金钱和掠夺，而
296 且还要恩赐的土地；因此每一次内战的结束都是正式地以法令来废除许多原来在名义上是国家佃户的土地所有者，以便为胜利者的军人让位。进行战争的费用，是由处决富人并没收其财产来支付的。这种灾难性的制度是不大容易结束的；但最后出乎每个人的意料之外，奥古斯都的胜利竟是如此之彻底，以至于再也没有竞争者能向他所要求的权力挑战了。

对整个罗马世界来说，竟然发见内战时期已告结束，这来得好像是一场意外，除了少数的元老党而外大家全都欢欣鼓舞。对每一个人来说，这真是一场深沉的苏息，罗马在奥古斯都之下终于成

就了希腊人和马其顿人所枉然追求过的，而罗马在奥古斯都之前亦未能成就的稳定与秩序。据罗斯多夫采夫说，共和时期的罗马给希腊“所带来的除了贫困、破产与一切独立政治活动的停顿而外，并没有任何新的东西。”①

奥古斯都在位的时期，是罗马帝国的一个幸福时期。各省区的行政组织多少都照顾到了居民的福利，而不单是纯粹掠夺性的体制了。奥古斯都不仅在死后被官方所神化，而且在许多省份的城市里还自发地被人认为是一个神。诗人们歌颂他，商人阶级觉得普遍的和平是便利的，甚至连奥古斯都是以一切表面的尊敬形式在应付着的元老院也乘此机会把各种荣誉和职位都堆在他的头上。

但尽管世界是幸福的，然而某些生趣已经丧失了，因为人们已经更爱安全而不愿冒险了。在早期，每个自由的希腊人都有机会冒险；腓力浦和亚历山大结束了事情的这种状态，在希腊化的世界中唯有马其顿的君王们才享有无政府式的自由。希腊世界已经丧失了自己的青春，而变成为犬儒的或宗教的世界了。要在地上的制度之中实现理想的那种希望消逝了，就连最优秀的人也随之而丧失了他们的热诚。天堂对苏格拉底来说，是一个他可以继续进行论辩的地方，但是对于亚历山大以后的哲学家们来说，它却是与他们在地上的生活大为不同的某种东西了。

后来在罗马也有同样的发展，但却采取了不那么苦痛的形式。罗马并没有像希腊那样地被人征服，而且相反地还有着顺利成功 297

① 《古代世界史》，卷二，第255页。

的帝国主义的刺激。在整个内战时期里，对于混乱无秩序应该负责的乃是罗马人。希腊人屈服于马其顿人之后，并没有得到和平与秩序；然而希腊人和罗马人一旦屈服于奥古斯都之下，便都获得了和平与秩序。奥古斯都是一个罗马人，大多数罗马人之向他屈服都是心甘情愿的，而不仅仅是由于他那优越的威力的缘故；何况他还煞费苦心地在掩饰他的政府的军事基础，并使之依据于元老院的法令。元老院所表示的种种阿谀奉承，毫无疑问是言不由衷的；但是除了元老阶级以外，却并没有一个人因此而感到屈辱。

罗马人的心情很像是十九世纪法国的 jeune homme rangé（生活整饬的青年），他们经过了一番恋爱的冒险之后，就在一场理性的婚姻上面稳定了下来。这种心情尽管是称心满意的，但却不是有创造性的。奥古斯都时期的大诗人都是在比较动乱的时代里面造就出来的；荷拉士亡命于腓力比，他和魏吉尔两个人的田庄都被籍没并分给了胜利的军人。奥古斯都为了使国家稳固，也多少在表面上努力要恢复古代的信仰，因此也就必须对自由研究采取颇为敌视的态度。罗马世界开始变得刻板式的了，这一过程在以后各个皇帝的时期都一直在继续着。

奥古斯都最初的一些继承者们，任性地对元老们以及对紫色皇袍的可能竞争者们采用了种种骇人听闻的残酷办法。在某种程度上，这一时期的为政不仁也蔓延到了各个省区；但是大体上，奥古斯都所创立的行政机器仍然继续运行得很好。

随着公元 98 年图拉真的即位就开始了一段更好的时期，这段时期延续到公元 180 年马尔库斯·奥勒留逝世时为止。这一段时期里的罗马帝国政府，正像是任何专制政府所可能的那样好。反之，第三世纪则是一个灾难惨重的时期。军队认识到了自己的威力，便视金钱以及能否允诺他们一生不作战为转移而拥戴某个皇帝或者废黜某个皇帝，于是军队也就不再成为有效的战斗力量了。野蛮人来自北方和东方，侵入并掠夺罗马的领土。军队一心计较私利与内讧而无力抵抗。整个的财政体系瓦解了，因为收入已经 298
极大地减少，同时劳而无功的战争以及收买军队又使得支出大为增加。战争而外，疠疫也大大地减少了人口。看来似乎罗马帝国就要倾颓了。

这种结局却被两个能干的人物给避免了，这两个人就是戴克里先（公元 286—305 年）和君士坦丁，后者的无可争执的御位是自公元 312 年直至 337 年为止。这时候帝国分为东西两部分，大致上相当于希腊语和拉丁语的两部分。君士坦丁在拜占庭建立了东部帝国的首都，并为它起了一个新名字叫作君士坦丁堡。戴克里先有一个时候改变了军队的性质，从而约束了军队；但从他以后，最能作战的武力便都是由野蛮人，主要的是日耳曼人，所组成的，一切高级指挥的职务也都向他们开放。这显然是一种危险的办法，而五世纪初它便产生了它那自然的结果。野蛮人终于决定为自己作战要比为罗马主子作战更为有利。可是，它为它的目的而效力了一个多世纪。戴克里先的行政改革同样也有一个短期的成功，但是终于也同样带来了灾难。罗马的体制是允许各城市有地方自治政府的，并让地方官吏自己去收税，只有每个城上缴的税额总数才由中央当局规定。这种体制在繁荣时期一直运用得很好，但是现在到了帝国枯竭的时期，所需的收入已经多得非使用过度的压榨就不能供应了。市政当局都是个人对收税负责的，便都纷纷逃亡以避免向上交纳。戴克里先强迫家道殷实的公民担任市政职务，并规定逃亡是非法的。他又出于同样的动机而把农村居民转化为农奴，把他们束缚在土地上并禁止迁移。这种体制也被后来的皇帝们所保留下来。

君士坦丁最重要的措施就是采用基督教为国教，这显然是因为大部分兵士都是基督教徒的缘故①。这一措施的结果就是当五世纪日耳曼人摧毁了西罗马帝国的时候，它的威信也使得日耳曼人接受了基督教，从而便为西欧保存下来了那些曾为教会所吸收了的古代文明。

划归罗马帝国东半部的领土，其发展却有不同。东罗马帝国
299 的疆域虽然不断缩小(除了六世纪查士丁尼暂时性的征服而外)，但它却一直存在到 1453 年君士坦丁堡被土耳其人征服为止。然而往昔东部的罗马省份，包括非洲和位于西方的西班牙在内，都变成了回教世界。阿拉伯人与日耳曼人不同，他们摒弃了那些被他们所征服的人民的宗教，但是接受了被征服者的文明。东罗马帝国的文明是希腊的而不是拉丁的，因而自七世纪至十一世纪保存了希腊文学以及一切残存的、与拉丁文明相对立的希腊文明的，便是阿拉伯人。自十一世纪以后，最初是通过了摩尔人的影响，西方世界才又逐渐地恢复它那已经丧失了的希腊遗产。

我现在就来谈罗马帝国对文化史起作用的四条途径。

I. 罗马对希腊思想的直接影响。这开始于公元前二世纪的两个人，即历史学家玻里比乌与斯多葛派的哲学家潘尼提乌。希

① 见罗斯多夫采夫：《古代世界史》，卷二，第 332 页。

腊人对罗马人的自然态度，是一种夹杂着恐惧的鄙视；希腊人认为自己是更文明的，但是在政治上却较为软弱。如果罗马人在政治上有着更大的成功，这只说明了政治是一桩不光彩的行业。公元前二世纪一般的希腊人是耽于逸乐的、机智敏捷的，他们善于经营，对一切事都毫无忌惮。然而也还有一些具有哲学能力的人。其中有些人——特别是怀疑派，例如卡尔内亚德——竟至于让聪明摧毁了严肃。有些人，如像伊壁鸠鲁派或一部分斯多葛派，就完全隐退到宁静的个人生活里面去了。但是也有少数人，他们的眼光要比亚里士多德对亚历山大所曾表现过的更为深刻，他们认识到了罗马的伟大乃是由于有着希腊人所缺乏的某些优点。

历史学家玻里比乌约于公元前200年生于阿加地亚，他是作为一个囚犯而被送到罗马去的，但是到了罗马之后他却有幸做了小塞庇欧的朋友，他伴随着小塞庇欧经历过许多次征战。一个希腊人而认识拉丁文原是罕见的事，虽说大多数受过教育的罗马人都认识希腊文；然而玻里比乌的遭遇却使得他精通拉丁文。他为了教益希腊人而写出了布匿战争史，因为布匿战争曾使罗马得以征服全世界。当他写作的时候，他对罗马体制的赞美已经是过时 300
的了；但是在他的时代以前，罗马的体制与绝大多数希腊城邦不断变化着的体制比较起来，却要更富于稳定性与效率。罗马人读了他写的历史自然是高兴的；然而希腊人是否如此就值得怀疑了。

斯多葛派的潘尼提乌，我们在前一章中已经谈过了。他是玻里比乌的朋友，并且也像玻里比乌一样是小塞庇欧的被保护人。当塞庇欧在世的时候，他屡次到过罗马，但是从公元前129年塞庇欧死后，他就留在雅典做斯多葛派的领袖。罗马仍然充满着为希腊所已经丧失了的那种与政治活动的机会联系在一起的希望心。因而潘尼提乌的学说比起早期斯多葛派的学说来，便有着更多的政治性，而与犬儒派的学说更少相似。或许是有教养的罗马人对柏拉图所怀的敬慕影响了他，使他放弃了他那斯多葛派前人们的教条主义的狭隘性。于是斯多葛主义就以他和他的继承者波昔东尼所赋予的那种更为广博的形式，而有力地打动了比较严肃的罗马人。

后来的爱比克泰德虽然是一个希腊人，但他一生大部分是住在罗马的。罗马为他提供了他的大部分例证；他经常劝告聪明人不要在皇帝的面前发抖。我们是知道爱比克泰德对马尔库斯·奥勒留的影响的，但是他对希腊人的影响却很难探索了。

普鲁塔克(约公元 46—120 年)在他的《希腊罗马名人传》一书中，追溯了两国大部分显赫人物的平行发展。他在罗马度过相当长的时间，并且受到了哈德里安与图拉真两位皇帝的尊敬。除了他的《名人传》以外，他还写过无数关于哲学、宗教、道德以及自然史的作品。他的《名人传》一书显然是想在人们的思想里把希腊和罗马调和起来。

大体说来，除了上述的这些例外人物，罗马对于帝国说希腊语的那部分所起的只是破坏作用。思想与艺术都衰颓了。直到公元二世纪末期为止，生活对于家境殷实的人们来说，乃是愉悦的、舒适的；没有什么刺激使精神紧张，也没有多少机会使人能有伟大的成就。公认的各派哲学——柏拉图派的学园、逍遥学派、伊壁鸠鲁学派和斯多葛派——都一直存在着，直到公元 529 年才被查士丁尼大帝(出于基督教的顽固性)所封闭。然而这些学派，自从马尔

库斯·奥勒留的时代以来，除了公元三世纪的新柏拉图派而外（这 301
一派，我们在下一章中将要谈到），没有一派表现过任何的生气；而且这些人也几乎一点都不曾受到罗马的影响。帝国中拉丁与希腊的两部分日益分道扬镳了；对希腊文的知识在西半部已经成为罕见的事，而拉丁文在东半部则自君士坦丁之后也只存在于法律和军队之中。

II. 希腊与东方对罗马的影响。这里有两件迥乎不同的事要加以考虑：第一是希腊化的艺术、文学与哲学对于最有教养的罗马人的影响；第二是非希腊的宗教与迷信在整个西方世界的弥漫。

(1)当罗马人最初与希腊人相接触的时候，他们就察觉到自己是比较野蛮的、粗鲁的。希腊人在许多方面要无比地优越于他们：在手工艺方面，在农业技术方面；在一个优秀的官吏所必须具备的各种知识方面；在谈话方面以及享受生活的艺术方面；在艺术、文学和哲学的各方面。罗马人唯一优越的东西就是军事技术与社会团结力。罗马人对于希腊人的这种关系，很有点像 1814 年与 1815 年普鲁士人之对于法国人的关系；但是后一个例子只不过是暂时性的，而前一种情形则延续了一个漫长的时期。布匿战争之后，年轻的罗马人对希腊人怀着一种赞慕的心情。他们学习希腊语，他们模仿希腊的建筑，他们雇用希腊的雕刻家。罗马有许多神也被等同为希腊的神。罗马人起源于特罗伊的说法就被创造了出来，以便与荷马的传说联系在一起。拉丁诗人采用了希腊的韵律，拉丁的哲学家接受了希腊的理论。终于，罗马在文化上就成了希腊的寄生虫。罗马人没有创造过任何的艺术形式，没有形成过任何有创见的哲学体系，也没有做出过任何科学的发明。他们修筑过很好的道路，有过有系统的法典以及有效率的军队。但此外的一切，他们都唯希腊马首是瞻。

罗马的希腊化就在风尚方面造成了一定程度的柔靡，这是老卡图所深恶痛绝的。直迄布匿战争为止，罗马人始终是一个耕牧的民族，具备着农夫的种种德行和劣点：严肃、勤劳、粗鄙、顽固而又愚昧。他们的家庭生活一直是稳定的而且牢固的，建立在 patria potestas（父权）的基础之上；妇女和青年完全处于附属地位。
302 但这一切都随着财富突然之间的大量流入而起了变化。小块的田地消失了，逐渐地被使用奴隶劳动并实行新的科学的农业方法的大庄园所代替了。强大的商人阶级兴起了，有很多人都由于掠夺而发财致富，就像是十八世纪英国的那些 nabob① 一样。女人一直都是德行很好的奴隶，但现在也自由了、放荡了；离婚变成了常见的事；富人不再生育孩子。几个世纪以前希腊人也曾经历过同样的发展，希腊人以他们的前例鼓励了历史学家们所称之为道德败坏的那些现象。但甚至在罗马帝国最放荡的时代，一般的罗马人也仍然把罗马认为是高举着更纯洁的伦理规范以对抗希腊的腐化堕落的一个中流砥柱。

希腊对西罗马帝国的文化影响，从公元三世纪以后便迅速地削弱了，主要是由于整个的文化都在衰颓。这是有许多原因的，但是有一个原因必须特别提出。在西罗马帝国的末期，政府已经比以往越发是赤裸裸的军事专制了。通常总是军队推举一个成功的将军做皇帝；但是军队就连它最高级的军官也包括在内，都不是由

① nabob 原意为印度王公，引申为一切从印度发财回来的人。——译者

有教养的罗马人所组成的，而是由边境上的半野蛮人所组成的。这些粗暴的兵士是用不着文化的，他们把文明的公民仅仅看成是赋税的来源。私人都太贫困了而受不起多少教育，国家又认为教育是不必需的。因而在西方只有少数特殊有学问的人，还能阅读希腊文。

(2)反之，非希腊的宗教与迷信则在西部获得了越来越坚固的据点。我们已经看到亚历山大的征服曾怎样地把巴比伦人、波斯人和埃及人的信仰都介绍给了希腊世界。同样地，罗马的征服也使得西部世界熟悉了这些学说以及犹太人的和基督徒的学说。我以后再来谈犹太人与基督徒；目前我只以异教迷信[1]所及的范围为限。

在罗马，每一种教派与每一个先知都在最高的各个当政的派系里有其代表，有时候还获得他们的支持。鲁西安尽管处于一个轻率信仰的时代，但却代表着稳健的怀疑主义；他说过一个有趣的
故事，是关于一个名叫巴甫拉格尼亚人亚历山大的先知与行神迹 303
者的故事，这个故事一般公认大致是真的。这个人医治病人，预言未来，还四处讹诈。他的名声传到了当时正在多瑙河上与马格马尼人作战的马尔库斯·奥勒留的耳朵里。皇帝便向他请教如何才能获得战争的胜利；所得到的答复是，如果他把两只狮子投进多瑙河里去，便会得到一场伟大的胜利。他听从了这个通神者的劝告，但是获得了这场伟大胜利的却是马格马尼人。尽管出了这场差错，亚历山大的名气却仍然不断地增长。有一个执政官级的罗马

① 可参阅库蒙(Cumont)：《罗马异教中的东方宗教》。

名人鲁提利安努曾向他请教过许多事情，最后，请求他指点自己如何选择一位妻子。亚历山大也像安迪米昂①一样，曾经博得过月神的青睐，并且和她生过一个女儿，神谕就把他这个女儿推荐给了鲁提利安努。"鲁提利安努年龄此时已六十岁了，他立刻听从了神的谕令；并且在庆祝她的婚礼时，牺牲了整整一百头牛奉献给他那位天上的岳母。"②

比巴甫拉格尼亚人亚历山大的事迹更为重要的，是皇帝艾罗加巴鲁或名赫里奥加巴鲁(公元 218—222 年)的御位；这位皇帝在自己被军队推举登基之前，本是叙利亚太阳神的一位祭司。在他从叙利亚赴罗马的缓慢行程中，他的画像被先当做礼物送进了元老院。"他被画成穿着他那按照米底亚人与腓尼基人宽大飘垂的款式、用丝线与金线织就的祭司的长袍，头上戴着古波斯式高耸的冠冕，数不清的项圈和袖链上都饰满了无价的宝石。他的眉毛被涂得黑黑的，面颊画成一副人工造作的白里透红。深沉的元老们都叹着气，承认罗马在长期经历了自己本国人的严酷的暴政之后，现在终于卑躬屈膝于东方专制的奢靡之前了。"③他受到一大部分军队的支持，狂热地把东方宗教的做法搬到了罗马；他的名字就是他曾经担任过大祭司的爱梅萨地方所崇拜的太阳神的名字。然而他的母亲，或祖母，才是真正的统治者，她看出他是走得太远了，于是就废黜了他而另立她自己的侄子亚历山大(公元 222—235 年)，此人的东方的倾向是比较不太过分的。当时所可能有的各种信仰

① 安迪米昂(Endymion)，希腊神话中的美少年。——译者

② 贝恩：《希腊哲学家》，卷二，第 226 页。

③ 吉朋，第六章。

的杂糅，就从他私人的教室里也可以得到说明。在这座教堂里，他 304
安置了亚伯拉罕、奥尔弗斯、提阿那的亚波罗以及基督等等的神像。

米斯拉教起源于波斯，后来成了基督教的激烈竞争者，特别是在公元三世纪的后半叶。拼命企图控制军队的历代皇帝都感觉到宗教可以提供一种十分必需的稳定性；但那必须是一种新的宗教，因为兵士们所拥护的都是新宗教。这个宗教被引进了罗马，并且非常投合军人的心意。米斯拉是太阳神，但他并不像他的那些叙利亚同伴们那么样柔弱；他是一个主宰战争的神，——而善与恶之间的大战本来是自从琐罗亚斯德以来波斯信仰的一部分。罗斯多夫采夫[①]曾复制过从德国海登海姆的地下教堂中所发现的一座崇拜米斯拉的浮雕，并且指出米斯拉的信徒在军队之中必定是非常之多的，不仅东方有而且西方也有。

君士坦丁大帝之采用基督教在政治上是成功的，而此前介绍新宗教的种种企图都失败了；不过从政府的观点来说，则以前的种种企图和君士坦丁的企图是极其类似的。它们成功的可能性都同样地是由于罗马世界的灾难与疲惫。希腊与罗马的传统宗教只适合于那些对现世感兴趣并且对地上的幸福怀抱着希望的人们。亚洲则有着更悠久的苦痛失望的经验，于是就炮制出来了更为成功的、采取寄希望于来世的形式的各种解救剂；其中以基督教给人的慰藉最为有效。但是基督教当其成为国教的时候，已经从希腊吸取了很多的东西，它把这些连同着犹太教的成分一起都传给了西

① 《古代世界史》，卷二，第343页。

方的后代。

III.政府与文化的统一。希腊伟大时代的许多成就之所以没有像米诺时代的许多成就那样地失传，我们首先得归功于亚历山大，其次得归功于罗马。公元前五世纪如果崛起了一位成吉思汗的话，很可能把希腊化世界中一切重要的东西一扫而光；薛修斯只要再稍微能干一点，就可以使希腊文明大大逊色于他被击退以后
305 所出现的情况。让我们想想从伊斯奇鲁斯到柏拉图的这一段时期吧：这一时期中所成就的一切，全都是少数商业城邦居民中的少数人所成就的。这些城邦后来已经证明并没有多大的力量能抵御外来的征服；但是由于分外的幸运，希腊的征服者，即马其顿人和罗马人，都是希腊的爱好者，他们并没有把他们所征服的东西加以毁灭；若是薛修斯或者迦太基的话，便会干出这种事情来了。我们之得以认识希腊人在艺术、文学、哲学和科学上的成就，这一事实应该归功于西方征服者所造成的太平局面；这些西方征服者具有清明的头脑能赞美被自己所统治的文明，并尽自己最大的努力来保存它。

在政治的与伦理的某些方面，亚历山大与罗马人乃是产生了更好的哲学的原因，——这种哲学要比希腊人在他们自由的日子里所宣扬过的任何哲学都更好。我们已经看到斯多葛派信仰人类的博爱，他们并不把自己的同情心局限于希腊人。罗马长期的统治使人们习惯于一种在一个单一政府之下的单一文明的观念。我们知道世界上还有许多重要的部分是不属于罗马的，——尤其是印度和中国。但是对罗马人来说，则似乎罗马帝国以外就只不过是些微贱的野蛮部族罢了；只要什么时候愿意征服他们，随时都可

以征服他们。在罗马人的心目中，罗马帝国在本质上、在概念上都是全世界性的。这种观念就传给了基督教会；所以尽管有佛教徒、儒教徒以及（后来的）回教徒，但基督教会依然是“公教”。Securus judicate orbis terrarum（无畏地审判全世界）是基督教会从晚期斯多葛派那里所接受过来的一条格言；它之打动人心也是由于罗马帝国的显著的大一统性。自从查理曼时代以后，在整个的中世纪里基督教会和神圣罗马帝国在概念上都是全世界性的，尽管人人都知它们在事实上并非如此。一个人类的家庭、一个公教、一个普遍的文化、一个世界性的国家，这种观念自从它被罗马差不多实现以来，始终不断地在萦绕着人们的思想。

罗马在扩大文明领域这方面所起的作用，具有着极重大的意义。作为罗马军团武力征服的结果，意大利北部、西班牙、法兰西与西德的许多地方都开化了。所有这些地区都已证明它们自身正如罗马自己一样，也能够享有高度的文化。在西罗马帝国的末年，高卢所产生的人物至少可以和他们同时代的其他古文明地区的人 306
物相媲美。正由于罗马传播了文化，野蛮人才仅仅造成了暂时的晦蚀，而不是永久的黑暗。也许有人说，文明的“*质*”再也比不上白里克里斯时代的雅典那样优秀了；但是在一个战争与毁灭的世界里，“量”从长远来讲几乎和“质”是同等重要的，而“量”则要归功于罗马了。

IV. **回教徒作为希腊文化的传递者**。公元七世纪，回教先知穆罕默德的信徒们征服了叙利亚、埃及与北非；下一个世纪，他们又征服了西班牙。他们的胜利是轻而易举的，只有很轻微的战斗。除了可能在最初几年而外，他们也并不是狂热的；基督徒与犹太人只要纳贡，就可以安然无恙。阿拉伯人不久就接受了东罗马帝国的文明，可是他们另有一种国运方兴的希望心，而并非一种国运衰颓的疲惫。他们的学者阅读希腊文并加以注疏。亚里士多德的名气主要地得归功于他们；在古代亚里士多德是很少被人提到的，并且被认为不能和柏拉图相提并论。

考察一下我们所得之于阿拉伯人的一些名词，——例如：代数、酒精、炼丹、蒸馏器、碱、方位、天顶，等等，——对我们是会有启发性的。除了“酒精”——这个字不是指一种饮料，而是指化学上应用的一种材料——而外，这些字便很好地勾绘出我们所得之于阿拉伯人的某些东西的一幅景象。代数学是亚历山大港的希腊人所发明的，但是后来被阿拉伯人更向前推进了一步。“炼丹”、“蒸馏器”、“碱”都与想把贱金属转化为黄金的企图有关，这种企图是阿拉伯人从希腊人那里学来的；阿拉伯人从事炼金术时，还援引过希腊的哲学①。“方位”与“天顶”是天文学的名词，主要地是被阿拉伯人用于占星术方面的。

但这种字源学的方法，却掩蔽了我们所得之于阿拉伯人的有关希腊哲学知识方面的东西；因为当欧洲重新研究哲学的时候，所需的术语都是采自希腊文或拉丁文的。阿拉伯人在哲学上作为注疏家，要比作为创造性的思想家更优越。对我们来说，他们的重要
307 性就在于：唯有他们（而不是基督徒）才是只有在东罗马帝国被保存下来了的那些希腊传统的直接继承人。在西班牙，以及在较小的程度上也在西西里，与回教徒的接触才使得西方知道了亚里士

① 见亚·约·霍普金斯著：《炼丹术是希腊哲学的产物》，1934 年，哥伦比亚版。

多德;此外还有阿拉伯的数字、代数学与化学。正是由于这一接触才开始了十一世纪的学艺复兴,并引导到经院哲学。要到更晚得多的时候,从十三世纪以后,对希腊文的研究才使人能够直接去翻阅柏拉图与亚里士多德或者其他的古代希腊作家们的著作。但是假如阿拉伯人不曾保留下来这种传统的话,那么文艺复兴时代的人也许就不会感觉到复兴古典学术的获益会是那样地巨大了。

第三十章　普罗提诺 308

新柏拉图主义的创始人普罗提诺(公元 204—270 年)是古代伟大哲学家中的最后一个人。他的一生几乎是和罗马史上最多灾多难的一段时期相始终的。在他出世以前不久,军队已经意识到了自己的威力,就采用了视金钱报酬为转移的办法而推戴皇帝,然后又杀害皇帝以便再有机会重新出售帝国。这些念头使得兵士们不能在边境上进行防御,于是日耳曼人便从北方、波斯人便从东方得以大举入侵。战争与疠疫减少了大约罗马帝国人口的三分之一;就连不曾被敌军所侵占的省区里,赋税的不断增加与财源的不断减少也造成了财政的崩溃。那些曾经是文化旗手的城市受到的打击特别沉重,殷实的公民们大量地逃亡以躲避税吏。要到普罗提诺既死之后,秩序才又重新建立起来,戴克里先和君士坦丁的强而有力的措施暂时地挽救了罗马帝国。

这一切在普罗提诺的著作里都没有提到。普罗提诺摆脱了现实世界中的毁灭与悲惨的景象,转而观照一个善与美的永恒世界。在这方面,他和他那时代所有最严肃的人是协调一致的。对他们大家来说，（无论他们是基督教徒也好，还是异教徒也好，）实际的世界似乎是毫无希望的，唯有**另一个世界**似乎才是值得献身的。对于基督教徒来说，这“另一个世界”便是死后享有的天国；对柏拉图主义者来说，它就是永恒的理念世界，是与虚幻的现象世界相对立的真实世界。基督教的神学家们把这些观点结合在一道，并且还又包括了大量普罗提诺的哲学。印泽教长在他那部关于普罗提诺的非常有价值的著作里面，正确地强调了基督教所得之于普罗提诺的东西。他说，“柏拉图主义是基督教神学有机结构的一个主要部分，我敢说没有别的哲学能够与基督教神学合作而不发生摩擦”。他又说，“要想把柏拉图主义从基督教里面剔出去而又不至
309 于拆散基督教，那是完全不可能的事”。他指出圣奥古斯丁曾把柏拉图的体系说成是“一切哲学中最纯粹最光辉的”，又把普罗提诺说成是“柏拉图再世”，并且如果普罗提诺生得再晚一点的话，只需“改动几个字句，就是一个基督徒了”。按照印泽教长的说法，圣托马斯·阿奎那“对于普罗提诺比对于**真正的**亚里士多德更为接近”。

因而普罗提诺作为塑造中世纪基督教以及天主教神学的一种影响来说，就有着历史的重要性了。历史学家在谈到基督教的时候，必须很仔细地认识到基督教所经历的种种重大的变化，以及基督教就在同一个时代里也甚至可能采取的各种不同的形式。综观福音书①里所表现的基督教，几乎完全不懂得什么形而上学。在这一方面，近代美国的基督教很像原始基督教；柏拉图主义对一般

① 指新约中的《马太福音》、《马可福音》、《路加福音》三书。——译者

美国人的思想感情是陌生的，大多数美国的基督徒也是更关心现世的责任以及日常世界的社会进步，而不是关心当人们对于尘世万念俱灰时那些能够慰藉人心的超世的希望。我并不是说教义方面的任何变化，而是说重点与兴趣上的一种差异。一个现代的基督教徒，除非他能认识到这种差异是多么地重大，否则便不能理解已往的基督教。既然我们的研究是历史性的，我们就得探讨已往一切世纪里的有势力的信仰，而在这些问题上我们便不可能不同意印泽教长所说过的有关柏拉图与普罗提诺的影响的那些话。

然而，普罗提诺并不仅仅是具有历史上的重要性而已。他要比任何其他的哲学家都更能代表一种重要的理论类型。一种哲学体系之是否重要，我们可以根据各种各样不同的理由来加以判断。首先而且最显著的理由就是，我们认为它可能是真的。到了今天，已经没有多少学哲学的人会觉得普罗提诺是真的了；印泽教长在这一点上是一个罕见的例外。但真实性并不是一个形而上学所能具有的唯一优点。此外，它还可以具有美，而美则确实无疑地是可以在普罗提诺里面找到的；普罗提诺有许多地方令人想到但丁《神曲》《天堂篇》中后一部分的诗篇，而几乎绝不会想到文学里任何别的东西。他一再地描述着光荣的永恒世界：

　　在我们精妙的幻想里传来了
　那首宁静的纯净悠扬的歌声
　永远在绿玉的宝座之前歌唱吧
　向着那坐在宝座之上的人而歌唱。

此外，一种哲学也可以是重要的，因为它很好地表达了人们在某种 310
心情之下或某种境况之下所易于相信的东西。单纯的欢乐和忧伤并不是哲学的题材,而不如说是比较简单的那类诗歌与音乐的题材。唯有与对宇宙的思索相伴而来的那种欢乐与忧伤,才会产生出来种种形而上学的理论。一个人可以是一个快乐的悲观主义者,也可以是一个忧郁的乐观主义者。也许萨姆尔·巴特勒可以作为前一种人的一个代表;普罗提诺则可以作为后一种人的一个出色的代表。像在普罗提诺所生活的那样一个时代里,不幸是可以随时临头的;而幸福如其也可以获得的话,却必须要靠对于那些远远脱离感官印象的种种事物加以思索才能求得了。这样一种幸福之中总会有着一种紧张的成分;它与儿童的单纯幸福是迥乎不同的。而且既然它不是得自于日常生活的世界,而是得自于思想与想象;所以它就需要有一种能够轻视或者蔑视感官生活的能力。因此,凡是能享受本能的幸福的人,就不是能创造出种种形而上学的乐观主义的人;形而上学的乐观主义有恃于对于超感世界的实在性的信仰。在那些在世俗的意义上是不幸的,但却决心要在理论世界中寻求一种更高级的幸福的人们中间,普罗提诺占有着一个极高的地位。

他的纯理智方面的优点,是无论如何也不能加以轻视的。他曾在许多方面澄清了柏拉图的学说;他曾以最大可能的一贯性发展了由他和许多别人共同主张过的那种理论类型。他那反对唯物主义的论据是很好的;并且他关于灵魂与身体的关系的整个概念,也比柏拉图的或亚里士多德的要更加明确。

他像斯宾诺莎一样,具有一种非常感人的道德纯洁性与崇高性。他永远是真诚的,从来也不尖刻或挑剔,他一贯是想要尽可能简捷明白地告诉读者他所认为是重要的东西。无论人们对于作为一个理论哲学家的普罗提诺作何想法，但是作为一个人来说，人们是不可能不爱他的。

普罗提诺的生平，就其为人所知道的而论，是通过他的朋友而兼弟子的蒲尔斐利（此人是一个闪族人，真名字是马尔库斯）所写的一本传记而为人所知的。然而这部记载里面有许多奇迹式的成分，使人就连其中那些较为可信的部分也难于完全信赖了。

普罗提诺认为自己此时此地的存在是无关重要的，所以他很
不愿意谈到自己一生的历史事迹。可是，他说过他生于埃及；并且 311
我们知道他青年时是在亚历山大港求过学的，他在这儿一直住到三十九岁，他的老师就是通常被人认为是新柏拉图主义的创立人的安莫尼乌斯·萨卡斯。此后他参加了罗马皇帝高尔狄安第三对波斯人的远征，据说是意在研究东方的宗教。皇帝当时还是一个青年，不久就被军队谋杀了，这种事本来是当时的惯例。这件事发生于公元 244 年他在美索不达米亚作战的时候。于是普罗提诺便放弃了自己的东征计划而定居于罗马，并且不久便在罗马开始教学。他的听众中间有许多有势力的人物，他并曾受到了皇帝加里努斯的垂青①。有一个时候他曾制订过一个计划，要在康巴尼亚建立起柏拉图的理想国，并要为此目的而建立一座新城市，就叫作柏拉图城。皇帝起初是赞许的，但最后撤销了他的支持。如此之

① 关于加里努斯皇帝，吉朋说："他是好几种奇怪而无用的学科的大师，他是一位出口成章的演说家又是一个风雅的诗人，是一位熟练的园丁，是一位卓越的厨师，但却是一个最不堪的君主。当国家在紧急关头需要他出面照应时，他正在和哲学家普罗提诺进行谈话，把时间消磨在各种琐碎放荡的寻欢作乐里，并正准备要探索希腊的秘密，或者在雅典的亚里奥巴古斯山谋求一个地位。"（第十章）

靠近罗马而居然还能有地方建立一座新城市，这似乎是很奇怪的事；但是或许当时这个地区正像今天一样乃是疟疾流行区，而以前却并不流行。普罗提诺一直到四十九岁都没有写过什么东西；但是此后他写了很多东西。他的著作是由蒲尔斐利编纂的，蒲尔斐利要比普罗提诺更醉心于毕达哥拉斯主义，他使新柏拉图主义的学派变得更为超自然主义的了；倘使新柏拉图学派能够更忠实地遵循普罗提诺的话，本来是不至于如此的。

普罗提诺对柏拉图怀有极大的敬意；他谈到柏拉图总是用尊称的"他"。一般说来，他对待"有福的古人们"总是非常尊敬的，但是这种尊敬却并不及于原子论者。当时还在活跃着的斯多葛派和伊壁鸠鲁派是他所反对的，反对斯多葛派仅只是由于他们的唯物主义，而伊壁鸠鲁派的哲学则每一部分他都反对。亚里士多德对他所起的作用要比表面上来得大，因为他借用亚里士多德的许多地方常常是不加声明的。另在许多论点上，我们也可以感觉出巴门尼德的影响。

普罗提诺笔下的柏拉图，并不像真实的柏拉图那样地充满了
312 血肉。理念论、《斐多篇》和《国家篇》第六卷的神秘学说，以及《筵话篇》中关于爱情的讨论，这些就差不多构成了表现于《九章集》（这是普罗提诺著作的名字）中的全部柏拉图。至于政治的兴趣、追求各种德行的定义、对数学的趣味、对于每个人物之戏剧性的而又多情的欣赏，而特别是柏拉图的那种风趣，则完全不见于普罗提诺的作品之中。柏拉图，正如卡莱尔所说的，"在天堂里是最能悠然自得的"；反之，普罗提诺则永远是极力循规蹈矩的。

普罗提诺的形而上学是从一种神圣的三位一体，即太一、精神

与灵魂，而开始的。但这三者并不是平等的，像基督教的三位一体中的三者那样；太一是至高无上的，其次是精神，最后是灵魂。①

太一是多少有些模糊的。太一有时候被称之为"神"，有时候被称之为"善"；太一超越于"有"之上，"有"是继太一而后的第一个。我们对太一不能加以任何的叙述语，我们只能说"太一存在"。（这令人想到了巴门尼德。）把"神"说成是"全"乃是错误的，因为神超越于全之上。神是通过万物而出现的。但太一是可以不假任何事物而出现的："它既不存在于任何地方，而任何地方又都有它存在"。虽然有时候他把太一说成是"善"，但他却告诉我们说，太一既先于"善"也先于"美"。② 有时候太一看起来很像亚里士多德的"神"；他告诉我们说神并不需要自己的派生物，并且也并不关心被创造的世界。太一是不可定义的；就这一点而论，则沉默无言要比无论什么词句都有着更多的真理。

现在我们就来看第二者，这第二者普罗提诺称之为 nous（心智）。我们很难找出一个英文字来表达 nous。标准的字典翻译是"心灵"，但是这并不能表示它的正确含义，特别是当这个字用之于宗教哲学的时候。假如我们说普罗提诺把心灵置于灵魂之上，那我们就会造成一种完全错误的印象了。普罗提诺的英译者麦肯那（Mckenna）用的是"理智－原则"，但这个字也还是不妥当的，而且也并没有能提示它是适宜于宗教崇拜的一种对象。印泽教长用的

---

① 欧利根是普罗提诺同时代的人，并且在哲学上和他出于同一位老师之门；欧利根教导说"第一者"高于"第二者"，"第二者"高于"第三者"，这一点和普罗提诺是一致的。但是后来欧利根的观点被宣布为异端。

② 《九章集》第五卷，第五篇，第十二章。

313 是“精神”，这或许是最可取的一个字了。但是这个字却漏掉了自从毕达哥拉斯以后一切希腊宗教哲学中都极重要的那种理智的成分。数学、观念世界以及关于非感觉的事物的一切思想，对毕达哥拉斯、柏拉图和普罗提诺来说，都具有着某种神圣的成分；它们构成了 nous 的活动，或者至少也是我们所能想象的最接近于 nous 的活动的东西。正是由于柏拉图的宗教里的这种理智的成分，才使得基督教徒——最突出的是约翰福音的作者——把基督等同于 Logos(道)。就这方面而论，则 Logos 应该译作“理性”；这便使我们不能用“理性”这个字来译 nous 了。我愿意跟着印泽教长用“精神”这个字，但附有一个条件即 nous 具有着一种理智的含义，那是通常为我们理解的“精神”所没有的。但我将经常使用 nous 这个字而不加以翻译。

普罗提诺告诉我们说，nous 是太一的影子；它之所以产生是因为太一在其自我追求之中必须有所见，这种见就是 nous。这是一个很难理解的概念。普罗提诺说过，一个并不具有各个部分的“有”也可以认识其自身；在这种情形下，见者与被见者就是同一个东西。神是被柏拉图类比作太阳而加以想象的，而在神里面发光者与被照亮的东西就是同一个东西。按照这种类比来推论，则 nous 可以认为是太一看见其自身时所依恃的光明。我们有可能认识到我们由于固执己见而已经忘记了的“神圣的心灵”。要想认识神圣的心灵，我们就必须趁着我们自己的灵魂最与神相似的时刻，来研究我们自己的灵魂：我们必须撇开我们的肉体，以及塑造肉体的那一部分灵魂，以及“具有欲望与冲动和种种类似的虚幻无用的感觉”；这时剩下来的就是神圣的理智的影子了。

“那些被神明所充满、所鼓舞的人们至少具有着一种知识，即他们身中有着某些更伟大的东西，虽说他们并不知道那些东西是什么；从推动着他们的运动里以及他们所发出的言论里，他们看到的并不是他们自身而是那推动着他们在运动的力量：因此当我们把握住纯粹 nous 的时候，我们对至高无上者的关系也必定是处于同样的状态；我们知道内在的‘神圣的心灵’，是它创造了‘有’以及属于‘有’的其他一切：但是我们也知道还有另外的东西，知道它完全不属于‘有’，而是一种比我们所知道的有关‘有’的一切要更加高贵得多的一种原则；要更加完满得多，也更加伟大得多；它超乎于理智、心灵和感情之上；是它赋予了这些力量的，但绝不可把它和这些力量混为一谈。”①

这样，当我们“被神明所充满、所鼓舞”的时候，我们就不仅见到了 nous，而且也见到了太一。当我们与神明这样相接触的时 314
候，我们并不能以文字来推论或者以文字来表达这种所见；这些都是以后的事。“在与神明相接触的那一瞬间，是没有任何力量来做任何肯定的；那时候没有工夫这样做；根据所见来进行推理，乃是以后的事。我们只知道当‘灵魂’突然之间被照亮了的时候，我们便具有了这种所见。这种光亮是从至高无上者那里来的，这种光亮就是至高无上者；当他像另一个神那样受到某一个人的呼吁而带着光亮来临的时候，我们就可以相信他在面前；光亮就是他来临的证据。这样，没有被照亮的灵魂就始终没有那种所见；但是一旦被照亮之后，灵魂便具有了它所追求的东西。而这就是摆在灵魂

① 《九章集》第五卷，第三篇，第十四章。麦肯那英译本。

之前的真正的目的:把握住那种光明,以至高无上者(而不是以任何其他原则的光明)来窥见至高无上者,——窥见那个其自身同时也就是获得这种所见的方法的至高无上者;因为照亮了灵魂的正是灵魂所要窥见的,正犹如唯有凭借着太阳自身的光明我们才能看到太阳一样。

然而这要怎样才能成就呢?

要摒弃万事万物。"①

"天人感通"(在一个人的体外)的经验曾屡次地临到过普罗提诺:

这曾发生过许多次:摆脱了自己的身体而升入于自我之中;这时其他一切都成了身外之物而只潜心于自我;于是我便窥见了一种神奇的美;这时候我便愈加确定与最崇高的境界合为一体;体现最崇高的生命,与神明合而为一;一旦达到了那种活动之后,我便安心于其中;理智之中凡是小于至高无上者的,无论是什么我都凌越于其上:然而随后出现了由理智活动下降到推理的时刻,经过了这一番在神明中的遨游之后,我就问我自己,我此刻的下降是怎么回事,灵魂是怎样进入了我的身体之中的,——灵魂即使是在身体之内,也表明了它自身是高尚的东西。②

这就把我们带到了三位一体之中的第三个成员而且是最低下的成员,即灵魂。灵魂虽然低于 nous,但它却是一切生物的创造者;它创造了日、月、星辰以及整个可见的世界。它是"神智"的产

① 《九章集》第五卷,第三篇,第十七章。

② 同上书,第四卷,第八篇,第一章。

物。它是双重的:有一种专对 nous 的内在的灵魂,另有一种对外界的灵魂。后一种灵魂是和一种向下的运动联系在一起的,在这种向下的运动里“灵魂”便产生了它的影像,——那便是自然以及感觉世界。斯多葛派曾把自然等同于神,但普罗提诺则把自然视为是最低级的领域,是当灵魂忘却了向上仰望 nous 时从它里面流 315
溢出来的某种东西。诺斯替派的观点,即可见的世界是罪恶的,可能就是受了它的启发,但是普罗提诺本人并没有采取这种观点。可见的世界是美丽的,并且是有福的精灵的住所;它的美好仅次于理智世界。在一篇论述诺斯替派见解(即宇宙及其创造者是罪恶的)的非常有趣的争论性文章里,他承认诺斯替派的学说有些部分,例如对物质的憎恨,是可以推源于柏拉图的;但他认为凡是其他那些并非来自于柏拉图的部分,都不是真的。

他对诺斯替主义的反驳有两种。一方面,他说灵魂创造物质世界的时候,乃是由于对神明的记忆所使然,而并不是因为它堕落了的缘故;他认为感觉世界是美好得正如一个可感世界所可能的那样。他强烈地感到,被感官所知觉的事物乃是美丽的:

凡是真正知觉到了理智世界的和谐的人,只要是有一点音乐感的话,谁能不感到可感的声音之中的和谐呢?哪一位几何学家或算学家能不欣赏我们在可见的事物中所观察到的对称、对应与秩序的原则呢?想一想绘画的情形吧:凡是以肉体的感官看见了绘画艺术的作品的人,绝不是以唯一的一种方式在看见这件东西的;他们从眼前被勾画出来的事物里面认识到了深藏在理念之中的事物的表现,因而深深地被感动,并这样被唤起了对于真理的回忆,——这正是“爱”所由以产生的经验。如果卓越地再现于一个面容上的美的形象，能把心灵催向那另外的一个境域里去；那么凡是看见了这些在感觉世界中处处都在洋溢着的可爱形象的人，——这种巨大的秩序井然，就连遥远的星辰也都在体现着的这种形式，——当然就不会有一个人是如此之冥顽不灵、如此之无动于衷，竟至于能不被这一切带入到回想之境的，竟至于在想到从那种伟大之中所发出来的如此伟大的这一切时，而能不被敬畏之情所充满了的。凡是不能领会这些的，就只能是既不曾探测过这个世界，也不曾对于另一个世界有过任何的所见。（同书，第二卷，第九篇，第十六章）

此外，反驳诺斯替派见解的还有另一种理由。诺斯替派认为，一切神明的东西都不与日、月、星辰相联系；日、月、星辰乃是被一种罪恶的精灵所创造出来的。在一切可以知觉得到的事物之中，唯有人的灵魂是多少具有一些善的。但是普罗提诺则深信天体乃
316 是与神明相似的某些生物的身体，并且无可比拟地要优越于人类。按照诺斯替派的说法，“他们宣称他们自身的灵魂，即人类的最渺小的灵魂，乃是神明的、不朽的；但是整个的天体以及天上的星辰却与‘不朽原则’并没有任何相通之处，尽管这些比起他们自己的灵魂来要更加纯洁得多、可爱得多”（同书，第二卷，第九篇，第五章）。普罗提诺的观点以《蒂迈欧篇》的权威为其依据，并且这种观点曾被某些基督教的教父（例如欧利根）所采用。它对人们的想象是具有吸引力的；它表达了天体自然而然所激起的感情，并且使得人类在物理世界之中也并不那么太孤零。

在普罗提诺的神秘主义里，并没有任何阴郁的或者与美相敌对的东西。但他却是许多世纪以来可以称得上这一点的最后一位

宗教教师。美，以及与之相联系着的一切欢愉，后来就都被人认为是属于魔鬼的了；异教徒和基督教徒都一样地颂扬着丑与污秽。罗马皇帝叛教者朱利安，也像他同时的那些正统基督教的圣人一样地以多须髯而自诩。这一切，在普罗提诺里面是丝毫都找不到的。

物质是由灵魂创造出来的，物质并没有独立的实在性。每个灵魂都有其自己的时刻；时刻一到灵魂就下降并进入到适合于自己的肉体之内。但这一动力并不是理性，而是某种与性欲颇为类似的东西。当灵魂离开身体之后，如其灵魂有罪的话，便必须进入到另一个身体里去，因为正义要求它必须受到惩罚。假如你今生谋害过你的母亲，那么到来生你就要变成一个妇人而被你的儿子所谋害（同书，第三卷，第二篇，第十三章）。罪恶必须受到惩罚；但惩罚乃是通过罪人犯错误的激动不安而自然进行的。

我们死后还记得今生吗？对于这个问题的答案是十分合逻辑的，但并不是大多数近代神学家们所要说的。记忆只关系到我们在时间之中的生命，但我们最美好的、最真实的生命却是在永恒之中。因此，随着灵魂之趋于永恒的生命，它便将记忆得愈来愈少；朋友、儿女、妻子都会逐渐地被遗忘；最后，对于这个世界的事物我们终将一无所知，而只是观照着理智的领域。个人的记忆将不存在，个人在静观式的所见之中是不会察觉到自己的。灵魂将与nous合而为一，而并不是其自身的毁灭：nous与个人的灵魂同时是二而一的（同书，第四卷，第四篇，第二章）。

在《九章集》第四卷论灵魂的篇章中，有一部分（第七篇）是专门讨论灵魂不朽的。

317 身体既然是复合的，所以显然不是不朽的；因此如果它是我们的一部分，我们便不是完全不朽的。但灵魂对身体是怎样的关系呢？亚里士多德（他的名字并没有明白地提了出来）说，灵魂是身体的形式；但普罗提诺反对这种见解，理由是如果灵魂是身体的任何一种形式，则理智的行为便会是不可能的了。斯多葛派认为灵魂是物质的，但灵魂的统一性证明了这是不可能的。而且，既然物质是被动的，它就不能创造出它自己来；如果灵魂不曾创造出来物质的话，物质就不能存在，而如果灵魂并不存在的话，物质转眼也就要消失。灵魂既不是物质也不是某种物体的形式，而是"本质"；而本质乃是永恒的。在柏拉图关于灵魂不朽乃是因为理念不朽的论证里面已经隐然含有这种观点了，但它只是到了普罗提诺的手里才明显起来的。

灵魂从高高在上的理智世界，又是怎样进入身体之内的呢？答案是：通过嗜欲。嗜欲有时尽管是不高尚的，却可以是比较高尚的。灵魂就其最好的方面而言，"具有一种要按照它在'理智－原则'（nous）中所窥见的那种模型而整理出秩序来的愿望"。那就是说，灵魂能观照本质的内界领域，并且希望尽可能与之相似地产生出来某种可以从外部来看而不是从内部来看的东西，——就像是（我们可以说）一个作曲家起初是想象着他的音乐，然后就希望听到一支管弦乐队把它演奏出来那样。

但是灵魂的这种创造愿望，却有着不幸的结果。只要灵魂还生活在纯粹的本质世界之中，它就不曾与生活在这同一个世界之中的其他灵魂分离开来；但是只要它一旦与一个身体结合在一起，它就有了要管理较自己为低的事物的任务，而且由于有了这一任务它便与其他的灵魂分离开来，其他的灵魂也各有其他的身体。除了少数人在少数的时刻而外，灵魂总是束缚于身体的。“身体蒙蔽了真理，但在‘那里’①则一切都是明白的而又分别着的”（同上书，第四卷，第九篇，第五章）。

这种学说，就像柏拉图的学说一样，要想避免掉创世就是错误的那种观点是有困难的。灵魂在其最好的时候是满足于 nous，满足于本体世界的；假如它永远是处于最好的时候，它就不会去创造而只是静观罢了。创世的行为所根据的借口似乎是，被创造的世 318
界大体上就是逻辑上可能的最好世界；但它是永恒世界的一个摹本，并且作为一个摹本它具有着一个摹本所可能的美。论诺斯替派那一篇中（第二卷，第九篇，第八章）有着最明确的叙述：

> 若问灵魂为什么创造了宇宙，那就是在问为什么要有灵魂，创造主为什么要创造？这个问题也就蕴涵着永恒要有一个开端，而且把创世看成是一个变化多端的“生命”由此而转化为彼的一种行为。
>
> 凡是作这种想法的人——如果他们愿意得到改正的话，——都必须使之领会那“在上者”的性质，并且使之放弃他们那种轻易得来的对于庄严的权力的诽谤，因为对那儿一切人都应该怀着尊敬的迟疑。
>
> 甚至于在整个宇宙的运行里，也找不出来进行这种攻击的

① 普罗提诺习惯上就像一个基督徒那样地使用着“那里”一词，——例如，他用之于：

不知道有终结的生命，
没有眼泪的生命就在“那里”。

理由，因为整个宇宙的运行已经给“理智的本性”的伟大性提供了最明显的证据。

呈现为生命的这一宇宙“全体”并不是一种形体无常的组织，——像它里面的那些不分昼夜地由它那繁富的生命力里所生出来的种种较小的形式那样，——整个宇宙是一个有组织的、有作用的、复杂的、无所不包的、显示着深沉莫测的智慧的生命。那么，任何人又怎么能否认，它就是有理智的神明之明晰清楚而又形象美丽的影像呢？毫无疑问，它只是一个摹本而不是原本；但这就是它的本性；它不可能同时既是象征而又是真实。但若说它是一幅不确切的摹本，那就错了；凡是一幅以物理秩序为限的美丽画面所能包罗在内的东西，都已经是丝毫无遗了。

这样的一种复制品是必然要有的，——尽管不是出于有意的谋划，——因为“理智”绝不能是最后的东西而必须具有双重的行为，一重行为是在它自身之内的，一重行为是向外的；因而就必须还有某种东西是在神明以后的；因为唯有那种一切威力都随之而告结束的东西，才能不再把它自身的东西传递下去。

这或许是普罗提诺的原则对于诺斯替派所可能做出的最好的答复了。这个问题又以略为不同的语言而被基督教的神学家们继承了下来；他们也发见了既要说明创世，而又不容许有那种创造主在创世之前是有着某种缺欠的大不敬的结论，是很困难的事。事实上，他们的困难要比普罗提诺的困难更大；因为普罗提诺可以说“心灵”的性质使得创世成为不可避免的，而对于基督教徒来说，则世界却是上帝的自由意志之无拘无束的作用的结果。

319 普罗提诺对于某种抽象的美，有着一种异常鲜明的感受。在描写理智的地位居于太一与灵魂的中间时，他突然迸发出来一段雄辩无比的话：

至高无上者在其进程中是绝不能乘任何没有灵魂的车而前进的，甚至于也绝不能直接乘灵魂；它是以某种不可名状的美为其先导的：在伟大的王的行程前面最先走出来的是较小的行列，随后出来的就一行比一行伟大，一行比一行高贵，越接近于王也就越富于王者气象；再后便是他自己的尊荣的近侍，最后在这一切荣耀之中便蓦然出现了至高无上的君主本人，于是一切的人——除了那些只看到在他来临以前的景象，便心满意足地走开了的人们而外——便都匍匐下来向他欢呼。（同上书，第五卷，第五篇，第三章）

还有《论理智美》的那一篇，也表现了同样的一种感情（第五卷，第八篇）：

一切神确乎是庄严美丽的，美丽得不是我们的言词所能表达的。是什么使得他们如此呢？是理智；尤其是在他们（神圣的太阳与星辰）内部运行着的而又可以看得见的理智。……

"安逸的生活"也就在"那里"；真实性对于这些神明们既是母亲又是保姆，既是生存又是抚养；凡是不属于过程而属于确实存在的东西他们都看得见，他们本身就在一切之中；因为一切都是透明的，没有什么是黑暗的，没有什么是能阻碍的；每一个生存对于任何另一个生存都是通明透亮的，无论是在广度上还是在深度上；光明是通过光明而进行的。他们每一个的自身之中都包含着一切，并且同时又在另外的每一个之中都见到了一切，所以处处都有一切，一切是一切而每一个又是一切，这种光荣是无限的。他们每一个都是伟大的；微小的也是伟大的；太阳在

"那里"是一切的星而每一座星又都是一切的星与太阳。每一种里面都以某种存在方式为主导，然而每一种又都彼此反照着一切。

除了世界因为是一个摹本所以就不可避免地具有缺欠而外，普罗提诺和基督徒一样地都以为还有更积极的恶是由罪所产生的。罪乃是自由意志的一种后果，普罗提诺是主张自由意志而反对决定论者的，尤其是反对占星学家。他并不想全然否认占星学的有效性，但是他企图给占星学限定一个范围，从而使其余的一切都可以适应于自由意志。他对于巫术也采取了同样的办法；他说圣贤是不受巫师的权力支配的。蒲尔斐利提到过，有一个与他作
320 对的哲学家曾试图以邪恶的诅咒加之于普罗提诺，但是由于普罗提诺的圣洁与智慧，诅咒就返回到对方自己的身上去了。蒲尔斐利以及所有普罗提诺的门人，都比普罗提诺本人更迷信得多。普罗提诺身上的迷信，已经是那个时代所可能最微少的了。

现在就让我们试图总结普罗提诺所教导的——就有系统的并且合于理智的基督教神学而论，这大体上也就是为基督教的神学所接受的——学说的优点和缺点。

首先而且最主要的，便是普罗提诺信为是理想与希望的安全避难所的那种结构，而且其中还包含有道德的与理智的努力。在公元三世纪以及野蛮人入侵以后的若干世纪中，西方文明差不多已沦于全部毁灭了。幸运的是，虽然神学几乎是当时所仅存的精神活动，但人们所接受的体系却并不纯粹是迷信的，而是保存下来了——尽管有时候是深深隐蔽着的——各种学说，那些学说里面包含有大量的希腊的理智的作品以及大量的为斯多葛派与新柏拉

图主义者所共有的那种道德的热忱。这就使得经院哲学的兴起，以及后来随文艺复兴开始而重新研究柏拉图从而及于其他的古人著作时所得到的那种刺激，成为可能。

另一方面，普罗提诺的哲学所具有的缺点则是只鼓励人去观看内心而不去观看外界：当我们观看内心时，我们看到的便是神明的 nous；而当我们观看外界时，我们看到的便是可感觉的世界的种种缺陷。这种主观性倾向是一个逐渐成长的过程；我们在普罗泰戈拉、苏格拉底和柏拉图的学说中以及在斯多葛派和伊壁鸠鲁派的学说中，都可以发见它。可是起初，它仅只是学说而不是气质；在很长的一个时期里，它并未能扼杀科学的好奇心。我们看到波昔东尼约在公元前 100 年左右，为了要研究潮汐，曾经怎样地走遍了西班牙和非洲的大西洋沿岸。然而主观主义却逐渐地侵凌了人们的感情以及他们的学说。人们不再研究科学了，唯有德行才被认为是重要的。柏拉图所思索的德行，是包括了当时在精神成就方面所可能有的一切都在内的；但是在以后的若干世纪里，人们却日益把德行认为仅仅是包括有德的意志，而不是一种想要理解物理世界或改进人类制度的世界的愿望了。基督教在它的伦理学说方面也没有能避免这种缺点；尽管实践上对于传播基督教信仰 321
的重要性的信心，曾赋予了道德活动以一种实践的对象，使道德活动已经不复限于是自我的完美化了。

普罗提诺既是一个终结又是一个开端，——就希腊人而言是一个终结，就基督教世界而言则是一个开端。对于被几百年的失望所困扰、被绝望所折磨的古代世界，普罗提诺的学说也许是可以接受的，然而却不是令人鼓舞的。但对于粗鄙的、有着过剩的精力而需要加以约束和指导但不是加以刺激的野蛮人的世界来说，则凡是普罗提诺教导中能够引人深入的东西都是有益的，因为这时候应该加以制止的坏东西已经不是委靡而是粗暴了。把他的哲学中可以保存的东西流传下来的这项工作，是由罗马末期的基督教哲学家们来完成的。

卷二　天主教哲学 322

导　　言

天主教哲学，就我使用这一名词时所含的意义而言，是指由奥古斯丁到文艺复兴时期为止支配着欧洲思想的哲学。在这十个世纪期间的前后，曾经有过属于这同一总的学派的哲学家。在奥古斯丁以前，有过早期的教父，其中突出的是欧利根；文艺复兴以后则有许多哲学家，包括现在墨守某种中世纪体系，特别是托马斯·阿奎那体系的所有正统天主教的哲学教师。然而只有在奥古斯丁至文艺复兴期间的最伟大的哲学家，才与建立并完成天主教思想的综合体系有关。在奥古斯丁以前的基督教世纪里，斯多葛学派和新柏拉图主义者在哲学的才能方面使教父们相形见绌；文艺复兴以后，甚至在正统天主教教徒当中，也没有一个卓越的哲学家来继承经院学派或奥古斯丁的传统。

我们在本书中将要涉及的这一时期，不仅在哲学方面；即在其他方面也和其前后的各个时代有所不同。其中最显著的一项，就是教会的权力。在中世纪期间，即大约自公元 400 年起到公元 1400 年为止，教会使哲学信念与社会的、政治的事务较前后时期结成更为密切的联系。教会是一个建立在一种教义上的社会组织，这种教义一部分是哲学的，另一部分则与圣史[①]有关。教会借着教义获得了权力和财富。世俗的统治者虽然往往和教会发生冲突，但他们却失败了，因为大多数人，其中包括世俗统治者本身的绝大部分都深信天主教的真理。当时教会必须和罗马与日耳曼的传统作斗争。罗马的传统在意大利是根深柢固的，特别在法律家当中；日耳曼的传统则在蛮族入侵后兴起的封建贵族中最为得势。
323 然而经过了数世纪之久，这些传统却没有一个显示出足够的力量来向教会进行一次成功的反抗；其主要原因在于这些传统并没有在任何适当的哲学中体现出来。

像我们当前所阐述的思想史，当论及中世纪的时候，是无法避免片面性的。除了极少数的例外，这一时期里对当代精神生活有所贡献的人都是些僧侣。中世纪的世俗中人建立一种强有力的政治经济制度的过程相当缓慢，然而他们的活动在某种意义上却是盲目的。在中世纪后期，产生了一种与教会文学迥乎不同的重要世俗文学；这种文学在一部通史中比在哲学思想史中需要加以更多的考察。在但丁以前，我们还未发现一个充分具有当代宗教哲学知识的世俗人从事写作。一直到十四世纪为止，教士们名副其实地垄断了哲学，所以哲学是从教会的立场写出来的。因此，我们若不先就教会制度的成长，尤其是教皇制的成长，作一比较广泛的叙述，那么我们就势将无法理解中世纪思想。

中世世界与古代世界对比之下，是具有不同形式的二元对立的特征的。有僧侣与世俗人的二元对立，拉丁与条顿的二元对立，

① 原文为 sacred history，指圣经中所记述的历史。——译者

天国与地上王国的二元对立，灵魂与肉体的二元对立等等。所有这一切都可以在教皇与皇帝的二元对立中表现出来。拉丁与条顿的二元对立是蛮族入侵的结果，其他的二元对立则有较为悠久的来源。中世纪僧俗的关系可以以撒母耳与扫罗的关系为范例；在阿利乌斯教派或半阿利乌斯教派帝王统治的时期里产生了僧侣至上的要求。天国与地上王国之间的二元对立见于新约全书，但在圣奥古斯丁的著作《上帝之城》一书中系统化了。在柏拉图的著作中可以找到灵魂与肉体的二元对立，这一理论曾被新柏拉图主义者所强调；它不但在圣保罗的说教中占重要的地位，而且还支配了公元四世纪和五世纪的基督教禁欲主义。

天主教哲学被黑暗时代划分为两个时期，在这个时代里西欧的精神活动几乎绝迹。自从君士坦丁改宗到鲍依修斯逝世为止，
无论作为一个事实，或作为不久以前的一项回忆，罗马帝国依然支 324
配着基督教哲学家的思想。蛮族在这一时期里，仅仅被认为是一种讨厌的东西，而不被看作基督教世界中的一个独立部分。这时仍然存在着一个文明社会，其中富有者人人都能读书写字，因此一个哲学家除了必须投合僧侣的心意，还必须投合俗人的心意。在这个时期与黑暗时代之间，即在公元六世纪末叶，出现了大格雷高里，他虽然把自己当作拜占庭皇帝的臣下，但在对待蛮族国王的态度上却非常倨傲。在他以后，在整个西方基督教世界中，僧俗间的分离越发显著了。世俗贵族创造了封建制度，这种制度稍微稳定了当代的荒乱局面；僧侣们宣扬基督教的谦卑，但只有下层阶级的人将其付诸实践；异教的骄傲体现在决斗、通过战斗进行裁判、比武以及个人报仇等方面，所有这一切虽为教会所憎恶，但却无法防

止。自十一世纪起，教会才千辛万苦地从封建贵族制中获得解放。而这一解放也正是欧洲摆脱黑暗时代的原因之一。

天主教哲学最初的伟大阶段由圣奥古斯丁占统治地位，但在异教徒当中则由柏拉图占统治地位。第二阶段以圣托马斯·阿奎那为高峰，对他和他的继承者来说亚里士多德的重要性远远超过了柏拉图。然而，《上帝之城》中的二元论却完整地延续下来。罗马教会代表天城，而哲学家们在政治上则是维护教会的利益的。哲学所关心的是保卫信仰，并借助理性来和伊斯兰教徒这样一些不相信基督教启示的确实性的人展开争辩。哲学家们借助理性去反击批评，不仅是以神学家的身份，而且是以旨在吸引任何教义信奉者的思想体系的发明家的身份。归根结底，诉诸理性也许是一种错误，然而在十三世纪时，这却似乎是卓有成效的。

十三世纪这个似乎具有完备规模的综合思想体系被许多不同的原因破坏了。其中最重要的一项恐怕是富商阶级的成长，最初是在意大利，而后在其他地方。当时的封建贵族大多是无知的、愚蠢的和野蛮的；一般人民则倾向于罗马教会，以为教会在智慧上、
325 道德上以及在与无政府状态作斗争的能力上是超过了贵族的。然而新兴的商人阶级却和僧侣们一样聪慧，一样通晓世俗事务，他们更能与贵族们分庭抗礼，作为公民自由的斗士更受到城市下层阶级的欢迎。民主风气跃居显著的地位，在协助教皇击败了皇帝之后，便着手把经济生活从教会的束缚下解脱出来。

中世纪时期结束的另一原因是法兰西、英格兰、西班牙等强大的民族君主国家的兴起。当国王们平定了国内的无政府状态，并联合富商抗击了贵族之后，他们自十五世纪中叶起，已经有了足够

的力量为了民族的利益，与教皇相抗衡。

当时教皇已经失去了其一向享有的，并在十一世纪、十二世纪和十三世纪中大体上应得的道德威望。首先由于当教皇们住在阿维农的时候，他们屈从于法兰西，其次由于大分裂，他们曾无意识地使西欧世界相信，一种不加限制的教皇专制不但不可能，而且也不值得向往。在十五世纪里，教皇被卷入了意大利权力政治的混乱无耻的角逐场中，他们作为基督教世界统治者教皇的地位实际上已经沦落为意大利诸侯的地位了。

文艺复兴和宗教改革瓦解了中世纪的综合思想体系。在这以后，还没有过这样清晰、这样显然完整的东西。这种综合思想体系的成长和衰落便是本书第二卷的主题。

整个中世纪，富有思想的人的心情对于有关现世的事物总是深感不幸的，其所以能够忍受这些事，只是由于他们期待着一个较好的来世。这种不幸正是整个西欧所发生的事情的反映。公元三世纪是一个多难的时期，那时人民的生活水平大大地降低了。在公元四世纪暂时的平静以后，公元五世纪带来了西罗马帝国的灭亡和在其原来畛域内的诸蛮族的兴起。过去罗马文化所仰赖的有文化的城市富人，大部分沦为贫困的流亡者；其余的人则开始依赖其农村的地产过活。新的打击一直延续到大约公元一千年时为止。其间未曾有任何充分恢复生息的瞬间。拜占庭人和伦巴底人间多次的战争把意大利残存文明的大部分毁灭了。阿拉伯人征服 326
了东罗马帝国大部分领土，他们定居于非洲和西班牙，威胁过法兰西，甚至有一次竟劫掠了罗马。丹麦人和诺曼人蹂躏了法兰西、英格兰、西西里和意大利南部。在这些世纪里，生活是不安定的和充满了苦难的。现实生活已经够坏了，而阴郁的迷信却越发使它变本加厉。人们想：大多数人就连基督教徒也要坠入地狱。人们时时感到自己被恶魔所包围，并且容易遭受魔法师和女巫的暗算。除了在处于幸运时刻的那些还保留着像儿童那样无思无虑的人们以外，谁也感不到人生的乐趣。这种普遍的不幸增强了人们对宗教的感情。地上善人的一生只是奔向天国的旅程；除了最后引人进入永福(eternal bliss)的坚贞的德行以外，尘世间就不可能有什么有价值的东西。希腊人，在他们的伟大的时代里，曾经在日常生活上发现了喜乐与美。恩培多克勒欢呼他的同市市民说："朋友们，你们居住在这俯瞰阿克拉加斯黄色岩石、高高地依傍城堡的大城里，忙于美好的工作；你们的城市是异邦人的光荣的庇护所；你们不善于做卑鄙的事情，我向你们致敬！"以后一直到文艺复兴为止，人们在现世里从未有过这样单纯的幸福，而是把希望寄托在看不见的来世上。对于阿克拉加斯的景慕被金城耶路撒冷代替了。当地上幸福终于再临的时候，渴望来世的殷切才逐渐地减弱了。尽管人们还使用着同样的语言但却缺乏那种深切的感情了。

为了明了天主教哲学的起源和意义，我以为有必要用较叙述古代或近代哲学更多的篇幅来叙述一般历史。天主教哲学本质上是一个社会组织的哲学，亦即天主教教会的哲学；近代哲学，尽管远离了正统教义，但它很大一部分却关系到由基督教道德律观点和由天主教政教关系原理得来的一些问题，特别是在有关伦理学和政治理论方面。在希腊罗马异教主义中，从来没有像基督徒那样，从一开始即须对上帝和凯撒，或用政治的名词来说，对于国家和教会应尽的双重忠诚。

这种双重忠诚所引起的大部分问题，在哲学家们提出必要的学说之前早已在实践中获得了解决。在这一过程中有两个很明显的阶段：一在西罗马帝国灭亡以前，一在西罗马帝国灭亡以后。以圣安布洛斯达于顶点的一系列主教们的实践经验，为圣奥古斯丁的政治哲学提供了基础。以后便开始了蛮族的入侵，随之就是长期的混乱和日益增长的愚昧。在从鲍依修斯到圣安瑟勒姆这五个多世纪的期间里，只有一位卓越的哲学家约翰·司各脱，由于他是一个爱尔兰人，曾大致避过了那些塑造西欧其余地区的种种过程。这时期虽然没有哲学家，但却不是一个没有思想发展的时期。混沌引起了一些迫切的实际问题，这些问题是借着在经院哲学里占主要地位的一些制度和思想方式来处理的，这些制度和思想方式就在今天，在很大程度上，也还是很重要的。它们并非借着理论家，而是借着在紧迫斗争中的一些实践家提出来的。在十一世纪里，作为经院哲学前奏的罗马教会的道德革新是对于把教会逐渐并入封建制度里去的一种反抗。为了理解经院学派，我们必须先理解希勒得布兰得，为了理解希勒得布兰得，我们必须理解他所抨击的一些罪恶。同时我们不能漠视神圣罗马帝国的创立以及它给予欧洲思想的影响。 327

由于这些原因，读者在以下章节里将要触及较多的教会史和政治史，也许这些历史与哲学思想发展的关系不是那么直接明显。由于我们所涉及的这一段时期是模糊的，对通晓古代和现代史的人们是陌生的，所以就更有必要叙述一番有关这一时期的历史。很少专业哲学家能像圣安布洛斯、查理曼，希勒得布兰得那样，对哲学思想给予偌大的影响。因此在适当处理当前课题的同时，叙述一番有关这些人物以及其时代的重要事实乃是不可缺少的。

第一篇 教父

第一章 犹太人的宗教发展

后期罗马帝国传给蛮族的基督教包括三种要素：一，哲学的一些信念，主要是来自柏拉图和新柏拉图主义者，但在部分上也来自斯多葛学派；二，来自犹太人的道德和历史的概念；三，某些学说，特别是关于救世的学说，它们在部分上虽然可以追溯到奥尔弗斯教(Orphism)和近东的一些类似的教派，但他们在基督教里大致上却是新东西。

我认为在基督教里最重要的犹太要素有以下几点：

1. 一部圣史，从上帝创造万物起一直叙述到未来的结局，并向人类显明上帝的作为都是公义的。

2. 有一部分为上帝所特别宠爱的人。对犹太人来说，这部分人就是上帝的选民；对基督徒来说则是蒙拣选的人。

3. 关于"公义"的一种新的概念。例如施舍的美德便是基督教从后期犹太教里继承过来的。对于洗礼所赋予的重要性可能来自奥尔弗斯教或东方异教的一些神秘的教派。但作为基督教美德概念中的一个要素的实践性的慈善则似乎起源于犹太人。

4. 律法。基督徒们保全了一部分希伯来的律法，例如十诫，但除去了有关典礼与仪式的部分。然而在实践中他们却大致以犹太人给予律法那样的感情来对待使徒信条。这就意味着正确的信仰至少和道德的行为占同等重要的地位，这种学说本质上是出自希腊的。但是选民的排他性则起源于犹太民族。

5. 弥赛亚。犹太人相信弥赛亚会给他们带来现世的繁荣和 329
帮助他们战胜地上的敌人；他们尤其相信他出现在未来。基督徒认为弥赛亚是历史上的耶稣，而耶稣又被认为是希腊哲学中的道（Logos）①；然而弥赛亚使其信徒战胜敌人的地方却是在天国，而不是在地上。

6. 天国。来世在某种意义上，是犹太人、基督徒和后期柏拉图主义者们所共有的概念。然而这个概念在犹太人和基督徒当中比在希腊哲学家那里，采取了更为具体的形式。在许多基督教哲学中，而不是在通俗的基督教中，所见到的希腊学说认为——空间与时间中的感性世界是一个幻觉，一个人只有通过精神与道德的训练，才能学着生活在唯一真实的永恒世界里。另一方面，犹太教和基督教的教义，则认为来世不是形而上学地区别于现世，而是在未来有所区别，那时善人将要享受永恒的喜乐，而恶人将要遭受永劫的痛苦。这种信念具体表现了为人人所能理解的复仇心理，然而希腊哲学家的学说却不是这样的。

为了理解上述这些信念的起源，我们必须考虑到犹太历史中的一些事实，现在我们就要着重叙述这方面的问题。

以色列民族先期的历史是不能从旧约全书以外的任何来源得以证实的，同时我们也无从知道从何时起它才不再是纯粹的传说。

① Logos或译为逻各斯，基督教圣经中译为“道”，详见约翰福音第1章第1节。——译者

我们不妨认为大卫和所罗门是两个确曾有过的国王。在我们所触及的一些确属历史事实的最早记述中,已经有了以色列和犹大两个王国。在旧约全书里所叙述的人物中最初有独立记载的人是以色列的国王亚哈。在一篇公元前 853 年亚述人的信里曾提及过他。亚述人终于在公元前 722 年征服了北部王国[1],并掳去了大部分居民。此后犹大王国独自保存了以色列的宗教和传统。巴比伦人和米底人于公元前 606 年攻陷了尼尼微,亚述国从此灭亡,但犹大王国于亚述灭亡后却继续维持了一个短时期。公元前 586 年尼布甲尼撒攻陷了耶路撒冷,毁坏了圣殿,将大部分百姓掳到巴比
330 伦。巴比伦于公元前 538 年被米底人和波斯人的王居鲁士[*]灭亡了。居鲁士王于公元前 537 年发出一道命令准许犹太人返回巴勒斯坦。在尼希米和以斯拉的领导下许多人回到巴勒斯坦,他们重建了圣殿,于是犹太正教便开始定型化了。

在被掳的时期,以及在这一时期的前后,犹太教经历了一番极其重要的发展。从宗教观点上来看,以色列人和其周围的部落之间,最初似乎没有很大差别。亚威(Jahweh)[2]当初只是一个钟爱以色列子孙的部落神,但是无可否认此外还有别的神,同时对这些神的崇拜也是习以为常的。十诫第一条中说:“除我之外,你不可有别的神”说明这是被掳到巴比伦不久以前的一次革新。这一点已经被早期先知们的各种经文所证实。这个时代的先知们首先教

① 此处之北部王国,指以色列王国。——译者

* 圣经上译为古列。——中译本编者

② 亚威按即《旧约》中之耶和华,近代语言学家认为将上帝称为亚威时更近于希伯来语语音。——译者

训人们说崇拜异教的神便是罪。他们宣称为了在当时不断的战争中获得胜利，亚威的恩惠是不可缺少的；如果他们同时也敬拜别的神，亚威即将撤销他的恩宠。尤其是耶利米和以西结，他们似曾发明了一种想法认为除了唯一的宗教以外，其余的一切宗教都是伪教，同时主(the Lord)①是要惩罚偶像崇拜的。

以下的引证可以说明他们的训诫，以及为他们所反对的盛行于当代的异教崇拜。“他们在犹大城邑中和耶路撒冷街上所行的，你没有看见么？孩子拣柴，父亲烧火，妇女揉面做饼献给天后‘伊什塔(Ishtar)’，又向别神浇奠祭，惹我发怒。”②主为此而发怒。“他们在欣嫩子谷建筑陀斐特的丘坛，好在火中焚烧自己的儿女。这并不是我所吩咐的，也不是我心所起的意。”③

在《耶利米书》中有一段很有趣的记载，其中叙述：耶利米责难在埃及的犹太人敬拜偶像。他曾亲自和他们在一起生活过一个时期。这位先知告诉流亡在埃及的犹太人说，亚威因为他们的妻子向其他神祇焚香，要毁灭他们所有的人。但是他们都不听从他，他们说：“我们定要成就我们口中所说出的一切话，向天后烧香，浇奠 331
祭，按着我们与我们列祖、君王、首领、在犹大的城邑中和耶路撒冷街市上，素常所行的一样。因为那时我们吃饱饭，享福乐，并不见灾祸。”④但是耶利米却向他们确言，亚威已经注意到这些偶像崇拜，并因此曾经降祸给他们。“耶和华说，我指着我的大名起誓，在

① 主，原文大写，指上帝。——译者
② 《耶利米书》，第7章，第17—18节。
③ 同上书，第7章，第31节。
④ 同上书，第44章，第17节。——译者

埃及全地，我的名不再被犹太一个人的口称呼……我向他们留意降祸不赐福，在埃及地的一切犹太人必因刀剑饥荒所灭，直到灭尽。”①

以西结同样被犹太人的偶像崇拜所震骇。主在一个异象中把在圣殿北门处为塔模斯（Tammuz，巴比伦的神）哭泣的妇女显示给他；然后主又将那些更可憎恶的事显示给他看。在圣殿门口的二十五个人正在敬拜太阳。主于是宣布：“因此，我也要以愤怒行事，我眼必不顾惜，也不可怜他们，他们虽向我耳中大声呼求，我还是不听。”②

认为除了一种宗教以外一切宗教都是邪恶的，以及认为主将惩罚偶像崇拜的这种想法，显然是为这些先知所创始。一般说来，先知都是极端民族主义的；他们期待着主彻底毁灭外邦人的那一日的到来。

以色列人的被掳曾被用来证实先知斥责的正确。假如亚威是全能的，而犹太人是他所拣选的人，那么他们所受的苦，只能说是由于他们的邪恶。这是一种父亲管教孩子的心理，也就是说，犹太人必须通过惩戒才能得到净化。在这种想法的影响下，犹太人在流亡期间发展了一种比独立时更为严格、更为排斥异民族的正统教义。那些留在后方未经迁移到巴比伦的犹太人并没有经历到同样程度的发展。当以斯拉和尼希米在被掳以后重返耶路撒冷的时候，他们发现杂婚已经相当普遍，并为此感到惊讶，于是他们便把

① 《耶利米书》，第44章，第11节一末节。

② 《以西结书》，第8章，第11节一末节。

这样的婚姻都解除了。①

犹太人与其他古代民族突出不同之点是他们的顽强的民族自尊心。其他民族，在一旦遭受征服后，都曾表里一致地屈服于战胜者。只有犹太人保持了他们那种唯我独尊的信仰，并确信他们的不幸是由于上帝的愤怒，因为他们没能保持住信仰与教义的纯洁。旧约中有关历史的各篇，大部分是在被掳后编辑的，它们容易给人一种错误的印象。因为它们暗示为先知所反对的偶像崇拜是背离了先前谨严的风尚。然而在实际上却从来没有过这样谨严的风尚。先知在更大程度上是些革新家，这和我们以非历史的眼光读圣经时所了解的有所不同。 332

在被掳期间，发展了一些以后成为犹太教特征的事情。但其中有一部分却来自先前已有的根源。由于举行祭奠的唯一的圣殿被毁，犹太教的仪式乃被迫变得没有祭品了。在这一时期里创始了犹太人会堂，他们在这里朗诵当时已有的部分圣经。从这时起强调了安息日的重要性，和开始重视作为犹太人标志的割礼。按我们所知与外邦人联婚也是在流亡期间开始被禁止的。各式各样的排他性有了增长。"我是耶和华你们的上帝，使你们与万民有分别的。"②"你们要圣洁，因为我耶和华你们的上帝是圣洁的。"③律法是这一时期的产物。它是维持民族统一的一种主要的力量。

我们称为《以赛亚书》的是两位不同先知的著作，一个在被掳之前，一个在被掳之后。二者之中的后者，也就是被圣经研究者称

① 《以斯拉记》，第 9 章一第 10 章第 5 节。

② 《利未记》，第 20 章，第 24 节。

③ 同上书，第 19 章，第 2 节。

为第二以赛亚的，是先知中最卓越的一位。他最先报告给我们主曾经说过："除我以外，再没有真神。"他相信肉身死后可以复活，这也许是由于受到波斯人影响的结果。他的关于弥赛亚的预言，在后世竟成为用来证明先知们预见了基督降临的主要旧约经文之一。

在基督徒对外邦人和犹太人的辩论中，第二以赛亚所写的这些经文曾起过极其重要的作用；因此我要引用其中最重要的几段于下。万民终必皈依："他们要将刀打成犁头，把枪打成镰刀；这国
333 不举刀攻击那国，他们不再学习战事。"（《以赛亚书》第2章第4节）"必要有童女怀孕生子，给他起名叫以马内利。"[1]（就此处经文而论，犹太人与基督徒之间曾经有过争论；犹太人说正确的译文是"一个少妇将要怀孕，"但基督徒以为犹太人是在说谎。）"在黑暗中行走的百姓看见了大光；住在死阴之地的人有光照耀他们……因有一婴孩为我们而生，有一子赐给我们，政权必担在他的肩头上，他名称为奇妙、策士、全能的神、永在的父、和平的君。"[2]最明显地具有预言性的是第五十三章，其中含有我们所熟悉的经文："他被藐视，被人厌弃，多受痛苦，常经忧患。……他诚然担当我们的忧患，背负我们的痛苦……哪知他为我们的过犯受害，为我们的罪孽压伤：因他受的刑罚我们得平安；因他受鞭伤我们得医治……他被欺压，在受苦的时候却不开口：他像羊羔被牵到宰杀之地，又像羊在剪毛的人手下无声，他也是这样不开口。"在最后的救赎中明确

① 《以赛亚书》，第7章，第14节。

② 同上书，第9章，第2节，第6节。

地包括了外邦人:“万国要来就你的光,君王要来就你发现的光辉。”①

以斯拉和尼希米死后,犹太人暂时不见于史乘了。犹太人的国家作为一个神权国家残存着,然而它的畛域却非常狭小——根据E.比万②所述,只有耶路撒冷四周十至十五英里的地方。亚历山大死后,这个区域变成托勒密王朝和塞琉西王朝间互相争夺的地区。然而在实际的犹太人疆土上却很少进行过战争,于是犹太人便得以长期自由地信守他们的宗教。

他们在这一时期里的道德律都记述在《智慧书》③里,该书可能写成于公元前200年左右。一直到最近,这本书只有希腊文的版本为世所知;这便是它被斥入《伪经》(Apocrypha)的缘故。但是最近却发现了一部希伯来文的稿本,这部稿本在某些地方与英文译的希腊文版本《伪经》有些不同。书中所讲的道德是很世俗 334
的。邻舍间的声誉受到非常的重视。诚实乃是最上的策略,因为这样做可以招来亚威的祖护,而这是大有益处的,书中也建议人要施舍。希腊影响唯一的标志乃是对医药的赞美。

对待奴隶不可太仁慈。“草料、棍棒和重担是为了驴子;面包、惩罚和工作是为了仆役……给他适当的工作去做:要是他不顺从,那么就放上更重的枷锁”(第23章第24、28节)。同时,你要记得你曾为他付过一笔代价,要是他逃走,你这笔钱就要丢掉了;这就为有利的严酷立下一道界限(同上书,第30、31节)。女儿是忧患

① 《以赛亚书》,第60章,第3节。

② 《大祭司治下的耶路撒冷》,第12页。

③ 原文为:Ecclesiasticus。——译者

的大根源；显然在作者的时代里，她们是热衷于淫乱的（第 42 章第 9—11 节）。该书的作者是鄙视妇女的："蠹虫生自衣服，邪恶来自妇女"（同上书，第 13 节）。对你的孩子们和颜悦色是一种错误，适当的办法是："叫他们从幼年起就低下头来"（第 7 章，第 23、24 节）。

总而言之，这人像老伽图一样，代表一种看来极不光彩的善良商人的道德。

这种宁静舒适而又自命正直的生活，终于被决心把其全部国土化为希腊方式的塞流西王朝，安提阿古四世粗暴地中断了。公元前 175 年他在耶路撒冷建立了一座体育场，教育青年头戴希腊式的帽子，练习各种运动。在这件事上他得到了一个他任命为大祭司的希腊化犹太人，雅森的协助。僧侣贵族阶级早已对教规松懈起来，并且感受了希腊文明的吸引力；但是他们却遭到一个叫作"哈西第姆"（Hasidim，意味"神圣"）党的强烈反对，这个党在农民中占有很大势力。① 公元 170 年，当安提阿古被卷入对埃及的战争时，犹太人叛变了。于是安提阿古从圣殿中搬走了圣器并在其中安置了神像。他仿照其他各地已经试验成功的办法，宣布亚威
335 和宙斯为一体。② 他决心根绝犹太教，废除割礼和废止有关食物的戒律。耶路撒冷的居民都屈从了，但是耶路撒冷城外的犹太人

① 爱西尼教派，可能是从他们中间发展出来的，这一教派似曾影响过原始基督教。参考，欧伊斯特雷和罗宾逊合著的《以色列史》（*Oesterley and Robinson History of Israel*），第 2 卷，第 323 页以下。法利赛人也是这些人的后裔。

② 有些亚历山大里亚的犹太人并未反对这种说法。参看《亚里士提阿斯书简》（*Letters of Aristeas*）15，16。

却进行了极端顽强的抵抗。

这一时期的历史见于《马喀比一书》。该书第一章叙述安提阿古如何通令其国内所有居民应结为一体，并废止他们个别的法律。所有异教徒都遵从了这道命令。尽管国王命令废止安息日，用猪肉献祭，和禁止男孩受割礼，许多以色列人也都遵从了。凡不遵从命令的人都要被处以极刑。但仍有许多人违抗。"他们把一些让自己男孩行割礼的妇女处以死刑。勒死了那些男孩，掠夺了他们的家产，并杀掉了给男孩们行割礼的人。即便这样，许多以色列人仍然十分坚决地拒绝食用任何不洁之物。他们宁死也不愿为肉类所玷污，不愿亵渎圣约；于是他们就这样死去了。"①

就在这时，犹太人广泛地信仰了灵魂不死的教义。人们认为道德会在今世得到报应：但最有德行的人所遭遇的迫害，却证明事实并不如此。因此为了捍卫神的公义，有必要相信来世的赏罚。这种教义并未能为犹太人普遍承认；基督在世的时候，撒都该人仍旧否认过这种教义。不过在那时他们只占少数，以后，所有的犹太人都相信了灵魂不死。

领导背叛安提阿古王的是一个干练的军事将领犹大·马喀比。他首先收复了耶路撒冷（公元前 164 年），然后便开始进行攻击。他时而屠杀敌方所有的男子，时而强制给他们施行割礼。他的兄弟约拿单被任命为大祭司，带着守备军驻守耶路撒冷；他征服了撒马利亚的一部分，并攻取了约帕和阿克拉。他同罗马进行了谈判，并顺利地获得了完全的自治权。到希律王时为止，他的家族

① 《马喀比一书》，第 1 章，第 60—63 节。

世袭大祭司的职位，被人称为哈斯模尼亚王朝。

这时期的犹太人在忍受和反抗迫害时表现了无限的英勇，虽
336 然他们所维护的事并不使我们觉得特别重要，例如行割礼和不吃猪肉等。

安提阿古四世的迫害期是犹太史中具有决定性意义的时期。这时流亡各处的犹太人日趋于希腊化；在犹太的犹太人为数不多，并且在他们中间，一些有财有势的犹太人也都趋向于默认希腊式的变革。倘若没有哈西第姆党人的英勇反抗，犹太教可能早已灭绝。如果这样，无论基督教或伊斯兰教都将无法以其所曾采取的形式而存在。汤森德在他的马喀比第四书的译序中说：

"人们说得好，假如犹太教作为一个宗教，在安提阿古统治下为人灭绝，那么基督教所由滋生的种床就没有了；所以拯救了犹太教的马喀比家殉道者所流的血终于成了教会的种子。因为基督教和伊斯兰教的一神教教义都出自犹太教的源泉。所以我们可以说今天在世界上，不论东方或西方，一神教的存在实有赖于马喀比一家。"①

虽然如此，马喀比家的人们并不为以后的犹太人所崇敬，因为他们那些当大祭司的族人，在有了成就以后，竟采取了一种世俗的妥协政策。只有那些殉道者才受到人们的敬仰。大约在基督时代写于亚历山大里亚的马喀比第四书叙述了这事以及其他一些轶事。书的标题尽管用了马喀比的字样，但书中却没有一处提起马

① 见 R. H. 查理士编：《英文旧约中之伪经与托名书》(*The Apocrypha and Pseudepigrapha of the Old Testament in English*)，第 2 卷，第 659 页。

喀比的家人；书中首先叙述了一个老人和七个青年兄弟惊人的刚毅，他们最初全都受到安提阿古的拷打，并终于被安提阿古处以死刑。当时他们的母亲也在场，并曾劝勉他们要坚持到底。国王最初想借婉言来软化他们，告诉他们：只要他们肯同意吃猪肉，他即将宠爱他们，并为他们谋得立身出世的机会。当他们拒绝了以后，安提阿古便将刑具指给他们看。然而他们仍不动摇，并告诉安提阿古说他将要在死后受到永劫的痛苦；而他们自己却要享受永远的幸福。他们一个接着一个地在自己兄弟的面前，在母亲的面前，
首先拒绝吃猪肉，随即受到严刑拷打，并终于遭到杀害。最后，国 337
王转向他的士兵说，他希望他们能够借着这样勇敢的榜样获得教益。以上的叙述当然曾为传说的成分所润色，但迫害的残酷与忍受的英勇在历史上却是真实的；其主要的争论点则围绕在割礼与吃猪肉的问题上。

从另一方面来看，这本书也很有趣。虽然作者显然是一个正统教派的犹太人，但他却使用了斯多葛派的哲学语言，企图证明犹太人完全是依照斯多葛派的教训生活的。这书开始的一段文章如下：

"我所提出讨论的问题是具有高度哲学意义的，亦即受到神灵启示的理性是否为各种激情的最高统治者的问题；关于这个问题的哲学，我愿郑重地请求你们给予诚挚的注意。"

亚历山大里亚的犹太人，在哲学方面，都情愿向希腊人学习，但他们却异常顽强地墨守其律法，尤其是行割礼、守安息日，以及不吃猪肉和其他不洁的肉类等。从尼希米到公元 70 年耶路撒冷陷落为止，他们重视律法的程度是与日俱增的。他们不再容忍那

些宣讲某些新鲜事物的先知。其中一些迫切感到要用先知体从事写作的人们，便伪托他们发现了一卷但以理，所罗门或其他古圣先贤所著的典籍。犹太教仪的独特性，使他们团结为一个民族，但律法的强调却逐渐破坏了独创性，并使得他们变得极端保守。这种顽固性曾使得圣保罗在反对律法统治的斗争中显得十分出色。

对于基督降生不久以前的犹太文学毫无所知的人，最容易把新约全书看作一个崭新的开端。但事实并不如此。先知的热情，为了赢得世人的听闻虽然不得不设法伪托古人，但是这种热情却绝对没有死灭。在这方面，最有趣的是以诺书①，这是一部不同作者的作品集。其中最早的著作仅稍先于马喀比的时代，而其最晚的大约在公元前64年。书中大部分自称是记述长老以诺蒙神启示时所见的异象。这对于从犹太教转向基督教的一派来说是很重
338 要的。新约全书的作者们是熟悉这部书的。圣犹大认为它确实是以诺的著作。早期基督教的教父，例如亚历山大里亚的克莱门特和特尔图良，曾把它当作正规的经典；但是杰罗姆和奥古斯丁却摈斥了它。结果，它首先为人所遗忘，并终于失传了。十九世纪初叶人们才在阿比西尼亚发现了三部用埃塞俄比亚文写的稿本。此后，又发现了希腊文和拉丁文译的该书的部分稿本。原书好像是部分用希伯来文，部分用阿拉姆文写成的。原书的作者是一些哈西第姆党人，他们的继承人便是那些法利赛人。这本书攻击了国王们和亲王们——指哈斯模尼亚王朝和撒都该人。它曾经影响过新约全书中的教义，尤其是关于弥赛亚、阴间和魔鬼学等方面。

---

① 关于本书原文的英译本，参看查理士著该书，书中的序言也很有价值。

本书主要是由“寓言”所构成；这些寓言比新约中的寓言含有更多的宇宙论。其中有天堂、地狱、最后的审判等景象。书中文笔较好的地方可以使人联想到**失乐园**的前两卷；文笔较劣的地方使人想起布雷克的先知书。

以诺书对于《创世记》第六章，第二节、第四节有一段奇妙的和普罗米修斯式的引申。天使把冶金术传授给人们，因为他们泄漏了永远的秘密而受到了惩罚。他们也是食人肉的。犯了罪的天使变成了异教的神，而他们的妇女则变为人首鸟身的海妖；但最后，他们全都遭到了永劫痛苦的惩罚。

书中有一些具有相当文学价值的关于天堂和地狱的描写。最后的审判是由“公义的人子”，坐在他荣耀的宝座上执行的。有些外邦人最后终将悔改，并被赦免；但是大部分外邦人和所有的希腊化犹太人，都要遭到永远的诅咒，因为义人将要祈求申冤，而他们的祈祷是将要得到应许的。

书中有一段论到天文学的地方，其中提到太阳和月亮，具有被风推动的战车；一年有 364 天；人类的罪孽使得诸天体脱离其原有的轨道；只有善人才能通晓天文学。陨星是受到七位天使长处罚了的堕落的天使等。

以下论及圣史。其较早的部分大致依照圣经中的叙述一直讲到马喀比家的历史为止；其较晚的部分则依照一般的历史。然后
作者又论及未来：如新耶路撒冷、剩余外邦人的改宗、义人的复活 339
和弥赛亚。

书中有很多处论到罪人的惩罚和义人的赏赐。义人对于罪人永不表示基督徒的宽恕。“你们这些罪人哪，在审判的那天，当你

们听到义人祈祷的声音时,你们该怎么办呢?你们又将逃往哪里去呢?""罪恶并不是从天上降到地下来的,而是由人自身造成的。"罪恶都记录在天上。"你们这些罪人将要受永远的诅咒,并将永远得不到平安。"罪人也许终身快乐,甚至在临终的时候也还是快乐的,但是他们的灵魂都要下阴间,并在那里忍受"黑暗、枷锁和烈火"。但是对于义人,"我和我的儿子[①]却要永远和他们联结在一起"。

书中最后的一段话是:"上帝必以信实对待那些正义途上的忠信者。当义人发出灿烂的光辉的时候,忠信者要看到那些生于黑暗的人被带进黑暗里去。罪人必将呼喊并看到义人发出灿烂的光辉,他们一定要到事先为他们预定的地方去在那里度他们的时日。"

犹太人像基督徒一样,关于罪恶想得很多,但只有少数人想到**他们自己**是罪人。想到自己是罪人,是基督徒的一项革新,这是借着法利赛人和税吏的比喻提出来的。基督责备文士和法利赛人时曾经把想到自己是罪人一事当作美德来宣讲。基督徒竭力实践基督教的谦卑,但一般犹太人却不这样做。

基督降世不久以前,正统犹太人中却也有一些重要的例外。例如《十二位先祖的遗书》[②],该书在公元前109—前107年间写成。作者是一个崇拜哈斯模亚王朝大祭司约翰·希尔卡努斯的法利赛人。这书就其现在的形式论,包括一些被基督徒篡改的地方,

① 指上帝和圣子。——译者

② 原文为:The Testaments of the Twelve Patriarchs。——译者

但这些地方都是涉及教条的。如把这些地方删去，书中伦理的教训仍然与福音书中所论述的非常相似。正如 R.H. 查理士牧师兼博士所说："登山宝训在好几处反映了这种精神，它甚至重复了该书中原有的文句；福音书中有很多片段也显示出该书的痕迹，圣保罗似曾用该书作为一种手册（vade mecum）。"（引同上书第291—292页）在这本书里我们看到：

"你们要从心里彼此相爱；假如有人得罪你，你要心平气和地向他说话，你不可存诡诈的心。如果他忏悔和认错，你就要宽恕他。但如果他不承认错误，你也不要和他动怒，以免他受到你的毒而开始咒骂。这样就要犯双重的罪……如果他竟恬不知耻，坚持作恶，你也要从内心来饶恕他，并要把申冤之事交给上帝。" 340

查理士博士认为基督一定是熟悉这段文字的。我们还看到：

"你要爱主和爱你的邻舍。"

"你要终生爱主并真心彼此相爱。"

"我爱主；同样我也全心全意地爱每一个人。"这些话应该与马太福音第22章第37—39节作一对比。在《十二位先祖的遗书》里有一段对所有仇恨的责备；例如：

"愤怒是盲目的，它并不容你见到任何人的真面目。"

"所以，仇恨是邪恶的；因为它经常伴随着谎言。"这本书的作者，正如可能预料得到的，认为不仅犹太人会得救，即便是外邦人也都要得救。

基督徒从福音书里学会了憎恶法利赛人，然而这本书的作者却是一个法利赛人，就像我们已经看到的那样，他教导我们一向认为是最足以显示基督教特征的一些伦理格言。解释这件事是不难的。首先，即便在作者所处的时代里他也必定是个特别的法利赛人；当时最普通的教义，毫无疑问，是以诺书里所记述的。其次，我们知道一切运动都趋向于僵化，有谁能从 D. A. B. (Daughters of the American Revolution)①这一团体中得出杰弗逊的原则来呢？其三，特别是关于法利赛人，我们知道，他们把律法看作最后的和绝对的真理。他们对于律法的这种热衷，不久便终止了所有新鲜活泼的思想与感情。就像查理士博士所说：

"法利赛派脱离了其宗派过去的理念，投身于政治利益和运动，与此同时他们越发全面地拘泥于律法字句的钻研，这样就立刻停止给[先祖的]遗书所阐明的这种崇高的伦理系统以发展的余地。所以早期哈西弟姆党人真正的继承者和信徒都脱离了犹太教，并在原始基督教的怀抱中找到了他们的自然归宿。"

341 经过大祭司的一段统治期以后，马可·安东尼任命他的朋友希律做了犹太人的王。希律是一个放荡的冒险家，他经历过好几次破产的危机，习惯于罗马的社交生活，距离犹太人的虔诚相差很远。他的妻子出身于一个大祭司的家庭，然而他却是一个伊都米亚人，仅就这一点也足以使他成为犹太人怀疑的对象。他是一个巧妙的趋炎附势者，当屋大维军队显然要取得胜利的时候，他立刻背弃了安东尼。虽然如此，他曾竭尽心思使犹太人安于他的统治。他重建了圣殿，然而这圣殿却装配了许多哥林多式圆柱；并且是按照希腊的样式建筑的。他在正门的上方安装了一只巨大的金鹰，

① 这是一个保守的美国妇女团体，成立于 1890 年。罗素某次游美曾受这个团体的攻击。——译者

因此违反了第二条诫命。当人们传说他将要死去的时候，法利赛人便把那只鹰拆掉了。为了报复，他处死了一些法利赛人。他死于公元前四年。他死后不久，罗马人废除了国王制，把犹太国置于一个总督的统治下。彼拉多在公元26年被任命为总督，但因他为人缺乏才智，不久便被撤职了。

公元66年，犹太人在狂热党人的领导下背叛了罗马。他们失败了，耶路撒冷于公元70年被攻陷，圣殿被捣毁，仅有少数犹太人留在犹太境内。

在这时期以前的数世纪中流亡在外的犹太人早已变得十分重要了。犹太人原来几乎全体是农民；但在被掳期间他们从巴比伦人那里学会了经商。在以斯拉和尼希米时代以后，仍有许多人留在巴比伦，其中有些人变得很富有。在亚历山大里亚建成以后，大批犹太人定居在那里，他们有一个指定的专区，但这和今天的犹太人区(Ghetto)有所不同，这种专区是为了避免接触外邦人受到沾污而设置的。亚历山大里亚犹太人希腊化的程度比犹太境内的犹太人为甚，他们甚至忘却了希伯来语言。因此他们只得把旧约全书译成希腊文，其结果便是旧约圣经七十人译本。《摩西五经》译成于公元前三世纪中叶；其余各篇译成的时代较晚些。

关于旧约全书七十人译本曾有过一些传说，这个译本之所以如此命名，因为它是由七十位译者所译。据说这七十位译者各自译出了全书，而当人们对照这些译本时，却发现各个译本连最细微 342
的地方也都完全一致，因为全体译者都受到了神灵的启示。然而以后的学者却指出旧约全书七十人译本是有严重缺点的。在基督教兴起以后，犹太人几乎不再使用它，他们重新阅读希伯来文的旧约。与此相反，早期的基督徒很少人通晓希伯来文，他们都根据这个七十人译本，或根据以它重译的拉丁文译本。三世纪时欧利根曾经不辞劳苦地译出一个较好的译本。在五世纪杰罗姆完成了拉丁语译圣经（Vulgate）以前，那些只通晓拉丁文的读者只好满足于几种有缺点的译本。杰罗姆的这个译本最初遭到很多批评，因为他在翻译这本书的时候曾得到一些犹太人的帮助。许多基督教徒认为犹太人故意窜改了先知的话，意在不让先知预告基督的诞生。然而圣杰罗姆的译本终于受到了一般人的承认，直到今天这个译本在天主教会中仍旧保持着他的威信。

和基督处于同时代的哲学家菲罗是犹太人在思想方面受到希腊影响的最好的说明。菲罗在宗教上是个正统教派，但他在哲学上却首先是个柏拉图主义者；此外他还受到斯多葛派和新毕达哥拉斯派的重要影响。耶路撒冷陷落后，他在犹太人中的影响消逝了，但基督教的教父们却发现他曾指出一条使接受希腊哲学与承认希伯来经典相调和的道路。

古代每一个重要城市都逐步建立了相当数量的犹太侨居地，犹太人和东方其他宗教的代表者分别影响了那些不满意怀疑主义或希腊罗马官方宗教的人们。不仅在罗马帝国，在俄罗斯南部也有许多人改信了犹太教。基督教可能先引起了犹太人或半犹太人集团的共鸣。正如以前耶路撒冷失陷于尼布甲尼撒时一样，正统犹太教自从耶路撒冷陷落后变得越发正统化和越发狭隘了。公元一世纪以后，基督教也具体化了；基督教和犹太教处于一种彻底敌对和形式上的关系之中。有如下述，基督教有力地激起了反闪族主义。整个中世纪期间，犹太人在基督教国家的文化中并不占任何地位，他们受到了过分严酷的迫害，所以他们除了为建筑天主教堂提供资金以及做些类似的事情之外，他们已经没有能力对文明有所贡献了。这时犹太人只有在回教徒中间才能得到人道的待 343
遇、钻研哲学，并进行启蒙性的思辨。

整个中世纪里，回教徒是比基督教徒更为文明和更为人道的。基督徒一贯迫害犹太人，尤其在宗教的骚动期间为最甚；几次十字军战役是和许多次惊人的犹太人集体屠杀分不开的。在回教国家里与此相反，犹太人却没有受到什么虐待。特别在摩尔人统治下的西班牙，犹太人对于学问是有所贡献的。迈蒙尼德斯（1135—1204 年），生于克尔多巴（Cordova）①，曾被一些人认为是斯宾诺莎哲学的主要来源。当基督教徒重新征服西班牙时，把摩尔人学问传给西班牙人者，大部分都是些犹太人。犹太学者通晓希伯来文、希腊文和阿拉伯文，他们也熟悉亚里士多德哲学，并把他们的知识传授给学问较浅的经院学者。但他们也曾传授了一些不大值得向往的东西，例如炼金术和占星术等。

中世纪以后犹太人仍然对文明有过很大贡献，但这只是作为个人，而不再是作为一个种族来进行的了。

第二章　基督教最初的四个世纪 344

基督教最初是作为一种革新的犹太教由犹太人传给犹太人

① Cordova 有译为哥尔多瓦者，今按西班牙语音译为克尔多巴。——译者

的。圣雅各,其次还有圣彼得,都曾希望基督教不超出这个范围。若没有圣保罗,他们的主张或已盛行于世了。圣保罗毅然容许外邦人入教,不要求他们受割礼和遵守摩西的律法。使徒行传曾以一种保罗式的观点记载了两派间的争论。毫无疑问圣保罗在各处建立的基督徒社团,一部分是由犹太人的改宗者,一部分是由寻求一种新宗教的外邦人所构成。在各种宗教信仰的崩溃期,犹太教的确实性很吸引人,但割礼却是人们改宗时的一大障碍。有关食物方面的清规戒律也是同样不便的。即便没有其他,仅这两种障碍也足使希伯来宗教无法普及。由于圣保罗的影响,基督教保留了犹太教义中吸引人的成分,并除去了使外邦人最难接受的一些特征。

把犹太人看成上帝的选民这种观点,无论如何是为希腊人的自负心所憎恶。诺斯替教派彻底摈斥了这种观点。他们,或至少他们中间一部分人,认为感性世界是索菲亚(Sophia,天之智慧)的叛逆儿子,一个名叫亚勒达包士的劣等神所创造。他们说他就是旧约全书中的亚威,而那蛇,不但绝不邪恶,反而警告过夏娃不要受他的欺骗。至高的神允许亚勒达包士长期自由活动;他终于差遣他的儿子暂住在耶稣这个人的肉身内,以便把世界从摩西荒谬的教训中解放出来。凡持有这种见解的人,经常把这种见解与一种柏拉图主义的哲学结合在一起;普罗提诺,有如我们所知,在驳斥这种见解的时候,就曾感到一些困难。诺斯替教为哲学的异教主义和基督教提供了一个折中方案,因为它虽然尊崇基督,却憎恶
345 犹太人。后来的摩尼教也是这样,圣奥古斯丁即是通过摩尼教转入天主教的信仰。摩尼教结合了基督教和拜火教的要素,教导恶

是一种肯定性原理，体现在物质之中，而善的原理则体现于精神之中。它谴责肉食及一切性欲，甚至婚姻生活。这种折中的教义对于说希腊语的文化人的逐渐改宗给予很大助力；然而新约全书却警告那些忠实信徒起而反对他们："提摩太啊，你要保守所托付你的，躲避世俗的虚谈和那敌真道、似是而非的学问(Gnosis)。已经有人自称有这学问，就偏离了真道。"①

在政府改信基督教以前，诺斯替教和摩尼教继续盛行于世。在这时期以后，他们虽被迫隐蔽其信仰但却仍然具有潜伏的势力。穆罕默德曾经采用了诺斯替教派中某一宗派的教义。他们教导说耶稣是个普通人，在他受洗时神子降在他身上，而在他受难时就离弃了他。为了固持这种见解他们引证以下的经文："我的上帝，我的上帝，你为什么离弃我。"②——我们必须承认，基督徒经常感到这里的经文难于理解。诺斯替教派认为上帝的儿子是不该降世为人，作为一个婴孩，尤其是被钉死在十字架上。他们说这些事发生在人性耶稣身上，但是与上帝的圣子无关。穆罕默德虽不把耶稣当作神，却承认耶稣是先知。他具有一种强烈的阶级感情，认为先知是不应该有坏结局的。于是他采取了幻影教派(Docetics，属于诺斯替教一支派)的观点。按照这种说法：钉在十字架上的只是一个幻影。犹太人和罗马人枉费心机地在这幻影上发泄了无效的复仇。如此，诺斯替教中某些成分终于纳入了伊斯兰教的正统教义之中。

① 《提摩太前书》，第6章，第20、21节。

② 《马可福音》，第25章，第34节。译者按：原注有误，当系《马可福音》，第15章，第34节。

基督徒对同时代的犹太人早就抱着敌对态度。公认的见解是上帝曾和先祖、先知等圣者讲过话，预告了基督的来临；但基督降世后犹太人却不承认他，因此须把他们视为恶者。此外基督废弃了摩西的律法，代之以爱上帝和爱邻舍两条戒命；而犹太人又执拗地未予以承认。所以一旦基督教变为国教，反闪族主义；以其中世纪的形式，在名义上便成为基督徒热诚的表现。在以后的时代里，
346 经济的动机虽燃起反闪族主义的烈焰，但这种动机在基督教罗马帝国究竟起过多大作用，则似乎无法确定。

基督教希腊化的程度越深，它就越发变得神学化了。犹太人的神学一向是单纯的。亚威从一个部族神发展成为创造天地唯一全能的上帝；当人们发觉上帝的公义并不给善人带来地上的繁荣时，人们便把上帝的公义推托于天国之中，于是便产生了灵魂不死的信仰。但犹太教义通过其进化过程实未包含任何复杂的形而上学成分；其中没有神秘，且为每个犹太人所能理解。

这种犹太人的单纯性，从整体来看，仍旧标志着共观福音书（马太、马可、路加三福音书）的特征，但已不见于约翰福音。在这书中基督已经和柏拉图、斯多葛等学派的逻各斯等同起来了。神学形相的基督较人性的耶稣更使第四福音书的作者感兴趣。教父们尤其是这样；在教父的著作中读者将发现论及约翰福音的地方比论及其他三福音书的总和还要多。保罗书信特别在有关救赎的问题上包含许多神学；这些书信同时也说明作者是熟悉希腊文化的——其中有一段引自米楠德的话，还有一段经文是暗指那个指摘克里特人都是说谎者的、克里特人埃庇米尼底

斯的，等等①。——虽然如此，圣保罗②说："你们要谨慎，恐怕有人用他的理学和虚空的妄言……把你们掳去。"

希腊哲学和希伯来经典的综合，在欧利根（公元185—254年）以前或多或少一直停留在偶然的和片断的阶段。欧利根有如菲罗，住在亚历山大里亚。该城由于商业与大学，从兴建到衰落一直是博学的混合主义的中心。欧利根和他同时代的人普罗提诺，一同受业于阿摩尼阿斯·萨卡斯。萨卡斯曾被许多人认为是新柏拉图主义的创始人。欧利根的学说有如其著作原理论（De Principiis）中所述，不但和普罗提诺的学说极其类似，而且事实上也超出了正统教义所能容许的范围。

欧利根说，除了上帝——圣父、圣子、圣灵以外，再没有什么完全不具形体的了。星辰是有生命、有理性之物，上帝曾赋予它们固有的灵魂。他认为太阳也能犯罪。人的灵魂，如柏拉图所说是从创世以来就有的，在人诞生时便从某处到来附诸其人之身。努斯（Nous）——和灵魂之区别大致有如普罗提诺哲学中所述。努斯堕落就变成灵魂；灵魂有德时复变为努斯。最后所有灵魂都必完 347
全归顺基督，并在那时不再具有形体。甚至连魔鬼在最后也要得救。

欧利根虽然为人承认是教父之一，但却受到后世的谴责。说他主张以下四点邪说：

(1) 灵魂的先在性，有如柏拉图所教导；

① 见《新约全书提多书》，第1章，第12节。——译者

② 或不如说，被认为保罗所写的一篇书信的作者——歌罗西书第2章，第8节。

(2) 不只基督的神性，就连他的人性，在道成肉身前就已存在。

(3) 复活时，我们的身体将变为绝对虚无缥缈的东西。

(4) 所有人甚至魔鬼，最后都要得救。

圣杰罗姆对欧利根修订旧约圣经表示过一些缺乏审慎的景仰，事后却发觉最好用更多的时间和精力从事于驳斥欧利根神学上的错误。

欧利根不只在神学上越乎常轨；在年轻时曾犯过一项不可弥补的过失，因为他曾过分拘泥以下经文的字面解释："并有为天国的缘故自阉的。"[①]为欧利根所轻率实行的这种逃避肉欲诱惑的方法受到了教会的谴责，此外这使他丧失了当选为圣职者的资格，对此有些教士似曾有过一些不同的见解，并因此引起一些不足为训的争论。

欧利根最大的著述是《反西尔撒斯论》。西尔撒斯著了一本反对基督教的书(现已佚失)而欧利根则针对其论点逐条予以驳斥。西尔撒斯首先反对基督徒，说他们属于非法社团；欧利根并不否认这点，并断言这正是一种道德，就像诛戮暴君一样。于是他指出人们憎恶基督教无可置疑的真实根源：西尔撒斯说，基督教出自犹太人，而犹太人是蛮族；只有希腊人才能从蛮族的教义中探索出意义来。欧利根回答说无论是谁，当他从希腊哲学转向福音书时必将断定福音书的真实性，同时并提供希腊哲人以满意的论证，"福音书有它本身的论证，它比一切希腊辩证法所证实的还要神圣。这

① 《马太福音》，第19章，第12节。

种更为神圣的方法曾被使徒称为‘圣灵和权能的显示’；关于‘圣 348
灵’的显示，因为有预言，尤其是那些与基督有关的一切叙述，足使所有读者产生信仰。关于‘权能’的显示，因为有我们必须确信曾经行过的神迹与奇事；除了根据其他理由之外，还可根据下列一点，因为按照福音书教训生活的人们中间仍有行这些事的痕迹可寻”。①

这段文章是饶有兴趣的，因为它包含有关信仰的双重论证，而这正是基督教哲学的特征。一方面，纯粹理性，通过正确地运用，足以树立基督徒信仰的本质，特别是：上帝、灵魂不死和自由意志。另一方面，圣经不仅证明了这些本质，而是证明得更多；圣经中神的默示借着先知预言弥赛亚的降世，借着行奇事，和借着忠实信徒由于信仰所得的恩赐而得到证实。这些论证在今日虽已显得陈旧，但其中最末一项依然为维廉·詹姆士所援用。但这些论证一直到文艺复兴为止，曾受到所有基督教哲学家的承认。

欧利根有些论证是奇特的。他说魔法师们往往祈求“亚伯拉罕的上帝”，却不知上帝是谁；而这种祈求却显然更为有效。名称在魔法中是紧要的，用犹太语、埃及语、巴比伦语、希腊语或是婆罗门语呼唤上帝的名称并不是没有差别的。符咒一经翻译就要失掉效力。这使人设想当时的魔法师曾使用过所有著名宗教的符咒，假若欧利根正确，那些渊源于希伯来的符咒才最为有效。尤其他曾指出摩西禁止过行邪术，因而这种论证就显得更为怪诞了。②

---

① 欧利根，《反西尔撒斯论》，第 1 卷，第 2 章。

② 同上书，第 1 卷，第 26 章。

他又说，基督徒不该参与政治，但只可在“神国里”亦即在教会里担任工作。① 这种教义当然在君士坦丁以后稍有变更，但其中仍有一部分被保留下来。圣奥古斯丁的上帝之城中就暗含着这种教义。在西罗马帝国灭亡期间，这种教义曾引导僧侣消极地对待俗界的灾难，并把卓越的才能运用于教会的修行、神学的争论和修
349 道院制度的普及工作。这种教义的一些痕迹一直到今日还存在：很多人认为政治是属于“世俗的”，对于一个真正的圣者是不相宜的。

教会统治在最初的三个世纪里发展得比较缓慢，但在君士坦丁改宗以后就迅速地发展起来了。主教是由民众选举出来的；他们逐渐获得了相当的权利用来领导主教管区内的基督徒，但君士坦丁以前在全教会之上却几乎没有任何形式的中央集权行政机构。施舍增长了大城市里主教的权限，主教掌管着忠信教徒的捐献，尽可对穷人有权发放或停止发放布施。这样便出现了一伙按主教意愿行事的贫民。当罗马帝国采取基督教为国教时主教们曾被授予司法权和行政权。至少在有关教义的问题上，成立了一个中央行政机构。君士坦丁曾因天主教徒与阿利乌斯教派的争执感到烦恼；他既然决定和基督徒休戚与共，所以便期望他们结成一个联合的宗派。为了消弭纷争，他召集了万国基督教尼西亚会议，从而制定了尼西亚信条。② 就阿利乌斯争端而论，从此确定了正统教义永世的准绳。一直到东罗马帝国与西罗马帝国分立，东罗马

① 欧利根，《反西尔撒斯论》，第 8 卷，第 75 章。

② 与现在的尼西亚信条有些出入，现在的信条是公元 326 年决定的。

帝国不再承认教皇权威致使这种会议无法召开时为止，其间所有教会争论都是照样通过万国基督教会议获得解决。

教皇以其职位而论，虽是教会中的首要人物，但一直到多年以后为止，并无统率全教会的大权。教皇权逐渐的增长是一个很有趣的课题，在以后的章节里我还要论及这事。

君士坦丁以前的基督教的发展，正如他改宗的动机一样，曾为不同的作家给予不同的解释。吉朋[①]列举了以下五项原因：

“1. 基督徒那种不屈不挠，或者我们不妨说，那种绝不宽容的热情，确实是出于犹太教。但是他们涤除了那种狭隘和闭塞的精神，这种精神不仅不欢迎外邦人，而且还阻挠他们遵奉摩西律法。

“2. 关于来世的教义，由于赋予此项主要真理重要性和有效 350
性的每一新情况的发生而有所改进。

“3. 据说是原始教会所有的行奇迹的权能。

“4. 基督徒纯洁而又严肃的道德。

“5. 基督教的团结和纪律，在罗马帝国内部逐渐形成了一个独立的、日益壮大的国度。”

广泛地说，这种分析是可以首肯的，但须附带以下一些注释。其第一理由——来自犹太教的不屈不挠和不宽容性还可予以全部承认。今天我们已看到宣传工作中不宽容性的实惠，大多数基督徒相信只有基督徒死后才能进入天堂，而外邦人在来世将受到最可怕的惩罚。公元三世纪时与基督教竞争的其他宗教并没有这种威胁性。例如，“伟大的母亲”的敬拜者们有过一种类似洗礼、“献

① 《罗马帝国衰亡史》，第15章。

牡牛”的仪式。但他们从来不教训人说:谁要忽略了这个仪式就要下地狱。于此附带提起一点,即举行“献牡牛”是一种昂贵的仪式:这须宰杀一头牡牛,然后把它的血涓涓地流在改教人的头上。[1]这种仪式是相当贵族的,因而不能成为一种宗教基础,用来招致大多数群众:财主与穷人,自由人与奴隶。在这方面,基督教比其所有竞争者占了一定的优势。

关于来生的教义,在西方首先为奥尔弗斯教徒所传布;继而为希腊哲学家们所采用。有些希伯来先知虽曾传布过肉身的复活,然而犹太人相信灵魂的复活却好像学自希腊人。[2] 在希腊,灵魂不死论有奥尔弗斯教的通俗形式,和柏拉图主义中的学术形式。后者以难解的论证为基础,是不能广泛流传的;但奥尔弗斯形式在古代后期对于一般舆论却好像有过很大影响。它不仅影响了外邦人,同时也影响了犹太人和基督徒。奥尔弗斯教和亚洲一些神秘宗教的因素,都曾大量地渗入基督教神学之中;在所有这些因素
351 里,其中心神话乃是神的死而复活。[3] 所以我想灵魂不死论对于基督教的传布绝没有像吉朋所想的那么重大的关系。

在基督教的宣传中奇迹起过很大作用。但奇迹在古代末期是很普遍的,它并不为某种宗教所专有。基督教的奇迹在竞争中为什么比其他宗教的奇迹获得更广泛信仰是不很容易看出来的。我想吉朋遗漏了一项极其重要的事:基督徒有一本圣经。基督徒所

① 行此仪式时受洗礼者待在事先掘好的一条沟中,沟上敷设木板,与祭者在此板上宰杀祭牛,使它的血液流到受洗者的头上。——译者

② 参看欧伊斯特雷和罗宾逊合著《以色列史》。

③ 参看安哥斯:《神秘宗教和基督教》。

仰赖的奇迹在远古时代在一个古代人觉得神秘的国家中早就开始了;他们有一部从开天辟地以来首尾一贯的历史。按此:上帝首先向犹太人其次向基督徒经常行奇迹。很明显,一个近代历史学者会认为以色列人早期的历史主要属于传说性质;但古代人却不这样想。他们相信荷马叙述的特罗伊围攻战,罗缪鲁斯和雷缪斯[①]等传说,欧利根曾问道,你们既然承认这些传说,为何又否认犹太人的传说呢?针对这种争论并没有合乎逻辑性的回答。因而承认旧约中的奇迹乃是很自然的事。当人们一旦承认了旧约中的奇迹,那么为期较晚的奇迹(特别是由于基督徒对先知书所作的解释),也就可以使人凭信了。

君士坦丁以前,毫无疑问,基督徒的道德是高于一般异教徒的。基督徒不时受到迫害,而且在与异教徒竞争时,经常处于不利的地位。他们坚信道德必将在天国中受赏赐,罪孽在地狱里受惩罚。他们严格的性道德在古代是罕有的。普利尼的公职本是迫害基督徒,但他也曾证明过他们崇高的道德品质。君士坦丁改宗以后,基督徒中间,自然也有过一些趋炎附势的人;但杰出的僧侣,除了少数例外,仍是些坚守道德原理的人。我认为吉朋把基督教得以广传的原因之一,归诸这种高度的道德水平是正确的。

吉朋在最后指出,基督教的团结与纪律。我想,从政治观点来看,这正是五项原因中最重要的一项。在近代社会中我们是习惯于政治组织的;每一个政治家必须考虑到天主教方面的选票,可是

① 按罗马传说,此二人系孪生兄弟,幼时因被遗弃,而受到一只母狼的喂养,以后成为罗马城的创建者。——译者

这些选票又受到其他组织集团的选票的制约。在美国一个天主教的总统候选人,必因新教徒的成见而处于不利的地位。但假若没
352 有所谓新教徒的成见,那么天主教徒的总统候选人将比其他候选人更为有望。君士坦丁所考虑的似乎正在这一方面。借着袒护基督徒,他可以获得一个为基督徒所组成的单一组织集团的拥护。尽管有人憎恶基督徒但这些人没有组织起来,因此在政治上也就没有实力。罗斯多夫采夫的看法可能是正确的,他认为大部分军人是基督徒,而这正是影响君士坦丁的主要原因。不管这种看法怎样,当基督徒依然占少数的时候,他们已有了一种组织。这在今日虽已司空见惯,但在那时却是新颖的。组织赋予他们以一个压力集团①所有的无与伦比的政治势力。这便是他们实质上垄断了他们继承自犹太人传统热诚的自然结果。

基督徒于获得政治权利之后不幸立即热衷于互相攻讦。君士坦丁以前,曾经有过不少异端,但正统教派却无法惩办他们。当基督教被奉为国教以后权力与财富遂公然变为僧侣的争夺物。为此曾有过选举的纷争,而神学的争论也就成为世俗权益的争论。君士坦丁对神学家的争论保持了一定程度的中立,但在他死后(337年),一直到公元379年狄奥多修斯继位为止,他的继承者们——除叛教者朱利安以外——都或多或少倾向于阿利乌斯教派。

这时期中的重要人物是阿撒那修斯(大约公元297—373年),在他长寿的一生中,他一直是个维护尼西亚正统教义的刚毅

① 压力集团:系资产阶级社会学中之术语。这种集团为了通过立法来保障其本身的利益,往往向立法机关及执政党施加政治压力。——译者

战士。

由于神学的政治重要性，从君士坦丁皇帝到卡勒西顿会议，(公元 451 年)为止是一段很特殊的时期。以下的两个问题曾不断地振荡了基督教世界：首先是三位一体的性质问题，随后就是道成肉身的问题。在阿撒那修斯时代只有其中的第一个问题最惹人注意。一个有教养的亚历山大里亚的祭司阿利乌斯，主张圣子和圣父并不相等，而圣子是为圣父所创造的。这种见解在较前的时代里或不会招致多大的反对。但在公元四世纪时，大多数神学家都摈斥了这种见解。最后普遍的见解则认为圣父圣子是相等的，而且属于同一实质；虽然如此，他们却是截然不同的两位。以撒伯留斯为创始人的撒伯留斯异端则认为圣父与圣子并非截然不同；他
们只不过是一个存在的不同的方面而已。为此，正统教义走上了 353
一条隘路：那些过分强调圣父圣子有区别的人是有陷入阿利乌斯教派的危险；而那些过分强调圣父圣子是一体的，却又有坠入撒伯留斯教派的危险。

阿利乌斯的教义，在尼西亚会议(公元 325 年)中受到绝大多数人的谴责。对此，不同的神学家提出了不同的修正意见，并且获得不同皇帝的赞同。阿撒那修斯从公元 328 年起到死去时为止，任亚历山大里亚市的主教，为了拥护尼西亚正统教义的热情，曾多次流放在外。他在埃及享有极大声誉，整个争论期间，埃及人毫不动摇地追随他。令人奇怪的是，在神学争论过程中，竟复活了自从罗马征服各国以来似已熄灭的民族的(或至少畛域性的)感情。君士坦丁堡和亚洲倾向于阿利乌斯教派；埃及狂信阿撒那修斯教派；西罗马则坚持尼西亚会议的决议案。在阿利乌斯争论止息以后，

继起了或多或少类似性的新争论，在这些争论里埃及代表一个异端方向，而叙利亚则代表另一个异端方向。受到正统教派迫害的异端，损害了东罗马帝国的统一，并便利了回教徒的征服。分裂运动本身，是不足为奇的，奇怪的倒是他们竟会和一些极其精微奥妙的神学问题纠缠在一起。

公元 335 至 378 年间的皇帝们，都在其胆敢的范围内支持阿利乌斯教派见解。但也有一个例外就是叛教者朱利安（公元 361—363 年），他作为一个异教徒，对于基督徒内部的争端保持了中立的态度。公元 379 年皇帝狄奥多修斯终于全力支持了天主教徒，于是他们便在帝国中获得了完全的胜利。在下章我们将要论及的圣安布洛斯、圣杰罗姆和圣奥古斯丁的大部分生涯都是在天主教胜利的这一期间中度过的。虽然如此，在西方接踵而来的却是再一次的阿利乌斯教派的统治，其间哥特人和凡达尔人相继征服了大部分西罗马帝国。他们的势力延续了一世纪左右，在该世纪末叶终为查士丁尼、伦巴底人和弗兰克人所灭亡。其中查士丁尼、弗兰克人以及伦巴底人都是正统教派。如此，天主教的信仰终于获得了确定性的胜利。

354

第三章　教会的三位博士

圣安布洛斯、圣杰罗姆、圣奥古斯丁和教皇大格雷高里等四人被称为西方教会的博士。其中前三人属于同一时代；最后一人则属于较后的时代。我在本章中先概述前三人的生涯和他们所处的时代；然后再在下一章中叙述圣奥古斯丁的学说，因为对我们来讲他是三个人中最重要的一位。

安布洛斯、杰罗姆和奥古斯丁等三人是当天主教会在罗马帝国取得胜利和蛮族入侵一段短时期中非常活跃的人物。在叛教者朱利安统治时期，他们三人都还年轻；杰罗姆在罗马被阿拉里克王率领下的哥特族劫掠后还活了十年；奥古斯丁活到凡达尔族入侵非洲，并在凡达尔族围攻他的主教管区希坡时才去世。在他们所处时代之后不久，意大利、西班牙和非洲的统治者不仅都是蛮族；而且还都是阿利乌斯教派的异端者。文明连续衰退了数世纪之久，将近一千年以后，基督教世界才诞生了与他们三位在学术与文化方面相匹敌的人物。在黑暗时代和中世纪全期，他们的权威受到尊敬；他们塑造了使教会成形的楷模，这是为其他人所不及的地方。广泛地说，圣安布洛斯确立了教会与国家关系之间属于教会方面的观点；圣杰罗姆给西方教会提供了拉丁语译本的圣经，和促进修道院制度实现的大部分动力。同时，圣奥古斯丁固定了一直到宗教改革为止的教会神学，以及以后路德与加尔文的大部分教义。在给予历史过程的影响方面，几乎没有人能超过他们三位。教会应脱离世俗国家而独立，圣安布洛斯这一贯彻成功的主张，是一种新的革命的教义，它一直流传到宗教改革时期为止。十七世纪时，霍布士对这种教义进行了斗争，他所驳斥的主要对象即是圣安布洛斯。圣奥古斯丁在十六、十七世纪神学论争中处于前列地位，新教徒和冉森派支持他；但正统天主教徒却反对他。

公元四世纪末，西罗马帝国首都米兰的主教是安布洛斯。他 355
的职务，使他经常与皇帝有接触的机会。他与皇帝交谈时习惯以平等者自居，或有时并以长上自居。他对宫廷的往来说明了当代特征的一般对比：国家衰弱无能，为一些毫无原则的利己者所统治，他们除了权宜之计以外，再没有其他政策可言。然而教会则方兴未艾，被一班为教会利益，而准备牺牲一切个人利益的人们所领导。他们具有长远的政策，因此为后世带来了一千年间的胜利。这些丰功伟绩虽确为狂热和迷信有所抵消，但假如当时没有这些事，任何革新运动都是难以成功的。

圣安布洛斯在为国家服务方面有过各种成名的机会，他父亲也叫安布洛斯，曾任政府高官——高卢人的总督。圣安布洛斯可能生在托莱福，一个国境边防镇。为了防止日耳曼人入侵，这里驻屯着罗马军队。圣安布洛斯十三岁时被人带到罗马，并在那里受到良好的教育——包括彻底打下了希腊语的基础。及至成年以后他专攻法律，并在这方面获得很大成就；三十岁时他被任命为列古里亚和以米里亚两个地方的总督。尽管如此，四年后他竟摆脱了世俗政治，战胜了一个阿利乌斯派的候选人，在群众的欢呼下就任了米兰市的主教。他把自己所有的财产分给穷人。时而冒着人身攻击的危险，把余生全部精力献给教会事业。这选择确实不出于属世的动机，然而即便如此，这选择也还是明智的。即便他在国中当了皇帝，这也不可能像他作为一个主教处理教务那样，得以充分施展他的行政才能。

在圣安布洛斯任主教的最初九年间，西罗马帝国的皇帝是格雷善，他是个善良粗心的天主教徒。因沉溺于畋猎而忽视政事，并于最后遭到暗害。他的继承者是拥有西罗马帝国大部分疆土的篡位者马克西姆斯，但继承意大利王位的则是格雷善未成年的弟弟瓦林提尼安二世。最初由他的母后查士丁娜，也就是先皇帝瓦林

提尼安一世的皇后，摄政。但她是个阿利乌斯教派的信徒，因此她 356
与圣安布洛斯之间的纷争乃是不可避免的。

本章所叙述的三位圣徒都写过无数的书信，其中有许多封被保存到今天。这样一来我们对于他们比对中世纪任何异教哲学家，或中世纪所有僧侣——除去少数例外——了解得更为详尽。圣奥古斯丁写给各方面人士的信主要是关于教义和教会的戒律问题；圣杰罗姆的书信多半写给妇女们，信中劝告她们如何保持童贞；但圣安布洛斯最重要而最有趣的书信却是写给皇帝们的，这些信指出他们在哪些方面玩忽了为君的义务；或有时并祝贺他们克尽了皇帝的职责。

圣安布洛斯所必须解决的最初的公共问题就是在罗马的胜利女神祭坛与塑像的问题。首都的元老家族中比其他任何地方更长久地保存着异教信仰，官方的宗教被掌握在贵族的僧侣阶级手中，并与世界征服者的帝国骄傲结合在一起。元老院内的胜利女神塑像被君士坦丁的儿子，君士坦底乌斯撤掉；但又为叛教者朱利安恢复了。格雷善皇帝重新把它撤掉；于是以罗马市市长西马库斯为首的元老院代表们，重新提出了恢复的要求。

在奥古斯丁的生涯里也曾扮演过一个角色的西马库斯是名门望族中的杰出人物。他是个富有的、贵族的和有文化的异教徒。公元 382 年曾为反对撤除胜利女神塑像，而为格雷善皇帝逐出罗马，但为时不久复于 384 年被任命为罗马市长。他是在狄奥都利克治下那个杰出官员同名者西马库斯的祖父。而这个同名的西马库斯又是鲍依修斯的岳父。

基督徒元老院议员们起而反对，他们的愿望借着圣安布洛斯和教皇达马苏斯的支持获得了皇帝的批准。格雷善皇帝死后，西马库斯和异教徒的元老院议员们于公元384年又向新即位的皇帝瓦林提尼安二世提出了同样要求。为了阻止他们这一企图，安布洛斯在给皇帝的上疏中指明，正如所有罗马人对皇帝有服兵役的义务那样，他（皇帝）对全能之神同样有服役的责任。① 他写道"别让任何人利用陛下年幼；提出这样要求的人如果是个异教徒，那么
357 他是想以自己的迷信来束缚陛下的精神，而这是极不正当的；但他应该用他的热情启发并激励陛下如何热心于真正的信仰，因他竟用了全副真理的激情为虚妄的事而辩护"。他又说，强制基督徒向偶像的祭坛宣誓，是一种迫害。"如系民事案件，可以把答辩权留给反对派；然而这是个宗教案件，因此本主教要求……倘陛下当真别有裁可，我等主教对此绝不能长期忍受，或置若罔闻；陛下固可走进教会中来，但那时陛下必将找不到一个祭司，纵或找到一个，也必定是个反对陛下的。"②

他于其次的一封书信中指出，教会的基金一向用于其他异教神庙从未支付的用场。"教会的财产是用于维持贫民生计的。让他们计算一下，神庙赎过多少俘虏，他们对穷人供应过什么食品，他们对哪些流亡者提供过生活费用。"这是个有说服力的论证，同时也是一个为基督徒的实践所充分证实了的论证。

圣安布洛斯的论点取得了胜利。但以后偏袒异教徒的篡位者，尤金尼乌斯却又恢复了该祭坛及其塑像。一直到公元394年

---

① 这个命题似为后世封建主义世界观的先声。

② 第17号书信。

狄奥多修斯战胜尤金尼乌斯之后，这问题才按基督徒的意愿获得了最后解决。

安布洛斯主教最初与皇室很是友好。在人们唯恐马克西姆斯进犯意大利的时代，他曾做过被派往篡位者马克西姆斯外交使节团中的一员。但不久便发生了以下的一场严重的纠纷。阿利乌斯派的皇太后查士丁娜要求把米兰的一个教会让给阿利乌斯教派，而安布洛斯拒绝了这项要求。群众支持安布洛斯，在巴锡里卡[1]里挤满了群众。阿利乌斯教派的哥特人队伍被派往该处强行占据，但他们却与群众亲如手足。安布洛斯在给他姐妹的一封情绪激昂的信中[2]说："伯爵们和护民官们来了，他们强迫我赶快移交巴锡里卡，并声称这是执行皇帝的职权，因为一切都在皇帝的权限范围之内。我回答说，如果皇帝所要的是属于我的东西，例如我的地亩、金钱或诸如此类的私有物，虽然我所有的一切早已属于穷人，但我绝不拒绝，然而凡是属于上帝的却不隶属于皇权之下，'假如需要我的世袭财产，那么就请没收；如果要我的身体，我立刻就去。你们要把我投入缧绁呢，还是把我处死呢？我都将欣然承受。 358
我既不想借着群众来保护自己，也不想抱住祭坛哀求性命；我宁愿为祭坛丧掉生命。'当我听说武装部队被派往巴锡里卡进行强占的时候，我当真极为震骇，深恐民众在保卫巴锡里卡时会引起一场屠杀，那就会为全城带来危害。我祈祷上帝别让我活着见到这样一座大城，或整个意大利，遭到毁灭。"

---

① 巴锡里卡(basilica)是古罗马断案、集会的长方形会堂，以后仿此形式建筑的教堂亦沿用此名。——译者

② 第20号书信。

这种恐怖并非言过其实，因为哥特人军队很有逞凶蛮干起来的可能。正如二十年后他们在劫掠罗马时所干的那样。

安布洛斯的强硬有赖于群众的支持。有人斥责他煽动群众，但他回答说："不去激动他们是我权限以内之事，但使他们平静下来却在于上帝的掌握。"据安布洛斯说，因为市民中间没有一个阿利乌斯教派，所以阿利乌斯教派中谁也不敢挺身而出。当局正式命令他交出巴锡里卡，军队也接到命令在必要时使用武力。然而他们终于拒绝使用武力，于是皇帝只好被迫作出让步。在争取教会独立的斗争中取得了一次伟大的胜利；安布洛斯证明国家在某些事务上必须服从教会，并借此建立了一项直到今日仍具有重要性的新原则。

接着他又和狄奥多修斯皇帝发生了一桩冲突。有一所犹太人会堂被焚毁了，东罗马的伯爵报告说这事出于当地主教的唆使。皇帝敕令惩罚现行纵火犯；同时责令该主教重建这所犹太人会堂。圣安布洛斯既未承认也未否认该主教的共谋；但对皇帝有左袒犹太人反对基督徒情事甚表愤慨。设若该主教违抗命令并坚持到底，那么他将要变为一个殉道者。假如他屈服，那么他将要变为一个叛教者。假如伯爵决定用基督徒的钱来重建犹太人会堂，在这种情况下，皇帝就要有一个叛教的伯爵，而基督徒的钱财就要被用来支持异端。"难道应该掠夺教会的财物用来为犹太人的不信建立一所会堂吗？难道应该把因着基督的恩赐，给基督徒带来的教
359 会基金移交给不信者的钱库吗？"他继续说："噢，皇帝陛下，大概这是为了维持法纪而促使你这样做吧。然而在显示法纪，与宗教的大义名分之间究竟哪一项更为重要呢？审判是需要服从宗教的。

噢，皇帝陛下。您没有听说过吗？当朱利安皇帝敕令重修耶路撒冷圣殿时，整理废墟的人们曾为烈火焚尽了吗？”

很明显，圣安布洛斯的见解认为，犹太人会堂的焚毁是不该受到任何处分的。这就是教会在获得了权力之后，立即开始煽动反闪族主义的一个范例。

皇帝和圣安布洛斯间，下一次的冲突给后者带来了更大的威望。公元390年，当狄奥多修斯皇帝在米兰的时候，帖撒罗尼迦地方的暴徒，杀害了当地驻军的指挥官。狄奥多修斯得讯后气愤得无以复加，下令进行了一次骇人听闻的报复。当群众被集聚在竞赛场时，军队突然袭击他们，毫无差别地屠杀了至少七千人。圣安布洛斯事先曾设法谏止皇帝这样做，但却毫无成效。于是他给皇帝写了一封义正词严的信。这是一封涉及纯粹道德问题，丝毫未曾涉及神学或教会权力问题的信件：

“在帖撒罗尼迦人的城里发生了一件由我事先未能阻止的史无前例的事，事前我曾屡次谏止，当时我已说过这事当真是极其残暴的。”

大卫曾屡次犯罪，而且屡次忏悔认罪。① 狄奥多修斯是否也要这样做呢？安布洛斯作了以下的决定：“假如陛下幸临，我是不敢献祭的。既然使一个无辜者流血之后都不能献祭，难道而今在使众人流血之后倒能献祭吗？我认为这是断然不可以的。”

皇帝忏悔了，在米兰教堂里脱下紫袍，当众举行了忏悔式。自

① 引喻《撒母耳记》的这种提法成为通过整个中世纪抗击国王时一系列圣经议论的先声，这种提法甚而也体现于清教徒与司徒阿特王朝的斗争中。例如它曾出现于弥尔顿的作品之中。

从那时起一直到公元395年狄奥多修斯逝世为止，他和安布洛斯间从未再发生过任何摩擦。

安布洛斯虽是一个卓越的政治家，但在其他方面却只不过是其所处的时代的典型人物而已。他像其他教会作家一样，写过赞
360 扬童贞的论文；也写过非难寡妇再嫁的论文。当他确定一所新建教堂地基的时候，可巧在那里发现了两具骸骨（据说曾在一次异象中显过圣），人们发现这两具骸骨能行奇事，于是安布洛斯宣称，这是两位殉道者的骸骨。在他的书信里，他以当代特征的轻信姿态叙述了其他奇迹。作为一个学者，他不如杰罗姆；作为一个哲学家，他不如奥古斯丁；但作为一个智勇兼备、巩固教会权力的政治家，他却的确是第一流的人物。

杰罗姆主要是一位著名的翻译家，他翻译了拉丁语译本圣经，这书直到今日仍为天主教会中公认的圣经。在他以前西方教会在有关旧约全书方面主要依靠从七十人译本圣经里译出的材料。这在一些重要的地方是与希伯来原文不同的。有如我们所见，基督徒们动辄主张自基督教勃兴以来，犹太人曾窜改了希伯来文原典中似曾预言弥赛亚的章句。这种观点已为有健全学术思想的人证明是站不住脚的；同时也是为杰罗姆所坚决否认的。他接受了拉比们[①]在暗中给他的帮助，其所以不公开出名，是为了恐惧其他犹太人。针对基督徒方面的批评，杰罗姆为自己辩护说：“谁想挑剔这个译本就让他去问犹太人。”由于他承认了犹太人认为正确的希伯来文原典，所以他的译本在最初曾受到很多人的敌视。可是部

① 拉比是犹太人法学者的尊称。——译者

分上由于圣奥古斯丁大体的支持，该译本终为世人所承认。这是一个伟大的成就，其中包含相当数量的原典批判。

杰罗姆比安布洛斯晚五年出生，公元345年诞生于离阿奎雷亚不远的一个小城斯垂登，该城于公元377年为哥特人所毁。他的家庭虽不富有，但也还殷实。公元366年，他去到罗马，在那里学习修辞学，并在道德上犯了罪。在游历高卢地方之后，他定居于阿奎雷亚，并变为一个禁欲主义者。以后他又在叙利亚的荒野里隐居了五年。“他住在沙漠里的时候过着一种严格的忏悔生活；其间交织着眼泪，呻吟，与精神恍惚的状态；同时并被罗马时代生活的不时回忆所缠绕。他住在一间小屋或一个洞穴里；赚得自己每天的食粮，并以粗麻布蔽体。”①在这时期以后，他旅行到君士坦丁堡，并在罗马居住了三年。在罗马他做了达马苏斯教皇的朋友兼顾问；在教皇的勖勉下，着手了圣经的翻译。

圣杰罗姆是一个进行过多次争论的人。关于圣保罗在加拉太 361
书二章中论及的圣彼得某些有问题的作风，他曾和圣奥古斯丁有过争论；关于欧利根他曾和他的朋友鲁芬纳斯决裂；又由于他激烈地反对裴拉鸠斯，从而导致他的修道院遭到了该派暴徒的袭击。达马苏斯教皇逝世后，他好像和新任教皇也发生过争执；当他住在罗马时期他曾结识了一些笃信的命妇，他曾说服其中一些人进入了禁欲生活。新任教皇和其他许多罗马人同样讨厌这件事。由于这事及其他，杰罗姆离开了罗马迁往伯利恒城，从公元386年到公元420年他死为止，一直居住在该地。

① 《尼西亚会议以来诸教父选集》，第6卷，第17页。

在他劝服的妇人当中，值得特别注意的有两位：葆拉寡妇和她的女儿尤斯特修慕。这两位妇人特意陪伴他远途跋涉到伯利恒。她俩属于最高的贵族阶级，这圣人对她俩的态度不能不使人感到一抹势利气。当葆拉逝世在伯利恒安葬的时候，杰罗姆在她的墓前写了一篇墓志铭：

在这坟墓里长眠着塞庇欧的孩子，
她是显赫的阿加梅农一族，
格拉古的后裔，
名门保罗家的女儿：
在这里安息着为双亲以及女儿
尤斯特修慕所热爱的葆拉妇人；
在罗马妇人中她是第一位不辞艰辛
为了基督而选择伯利恒城的人。①

杰罗姆写给尤斯特修慕的一些信是很奇特的。他仔细而又坦率地忠告她保持童贞；他对旧约圣书中某些委婉词句加以正确的解剖学的解释；在赞扬修女院生活的乐趣时，他运用了一种性爱的神秘主义的表现方法。修女是基督的新妇；这种婚姻在所罗门的《雅歌》中曾受到赞美。当尤斯特修慕宣誓做修女时，杰罗姆在写给她母亲的一封长信中，写着以下令人注目的词句："您是否因她选择了做国王的（基督的）妻子的道路；没有去做士兵的妻子而感到愤懑？她给您带来了一项高贵的特权，您现在已做了神的

① 《尼西亚会议以来诸教父选集》，第212页。

岳母。”①

在同一封信(xxii)里，他对尤斯特修慕本人说： 362

“希望闺房的秘密永远守护着你；让新郎永远和你在内心中嬉戏；你祈祷吗？那时你就在和新郎谈话；你读经吗？那时他就和你交谈。当你睡觉的时候，他将从后面来到并把手放入门孔，这时你的心将为他感动；并会惊醒起来同时说出，‘我害了相思病。’于是他会回答说：‘我的妹妹，我的新妇，你是一座圈起来的花园，一泓闭锁的泉水和一道密闭的喷泉。’”

在同一封信里他又叙述，当他断绝了亲友，“更困难的是，断绝了惯用的美味佳肴之后，”他仍旧恋恋不舍他的藏书，于是他把它们随身带到荒野里去。“如此像我这样一个可怜的人却只为了以后能读到西塞罗的作品而宁愿绝食。”经过几昼夜的良心谴责，他重又堕落，并读了普劳图斯②的作品。在这种放纵之后，他感觉到先知们的文体颇粗劣而可厌。终于在一次热病中，他梦见在最后审判的时候，基督问他是什么人，他回答说他是一个基督徒。于是基督回答说：“你在撒谎，你是个西塞罗的信徒；而不是基督的信徒。”于是他被判以鞭笞的刑罚，最后杰罗姆乃在梦中喊道：“主！如果我再持有世俗的书籍，或如果我再阅读这类东西，我便是自绝于我主了”。他并附带说：“这绝不是梦呓或空虚的梦幻。”③

此后几年中，在他的书简里几乎没有引用过什么古典词句。

---

① 《尼西亚会议以来诸教父选集》，第 30 页。

② 罗马的喜剧作家(公元前 254？—前 184 年)。——译者

③ 对于异教文学的这种憎恶，一直延续到公元十一世纪。爱尔兰则是例外，在那里人们从未敬拜过奥林匹克的诸神，所以教会对它们也未感到恐惧。

然而过了一个时期之后，他又在文章里引用了维吉尔、霍拉斯，甚至欧维德的诗句；然而这些引用则似乎出于回忆，因为其中某些词句曾一再地重复出现。

据我所知杰罗姆的书信，比任何其他作品，更为显明地表达了由于罗马帝国衰亡而产生的感情。公元 396 年时他写道：①

"想起现代的各种灾难，使我觉得不寒而栗。连续二十年以上，从君士坦丁堡到朱利安阿尔卑斯山区之间天天流着罗马人的鲜血。塞西亚、色雷斯、马其顿、达西亚、特萨里、亚该亚、爱卑路
363 斯、达尔马其亚以及潘纳尼亚等地方，没有一处不被哥特人、撒马其亚人、库阿第人、阿兰人、匈奴人、凡达尔人，以及边境人烧杀劫掠……罗马世界在不断衰落中：可是我们不但不低头，反而昂起头来。你想在野蛮人统治下的哥林多人、雅典人、拉西第蒙人、阿加底亚人以及其他希腊人，竟是具有何等勇气。我只列举了少数城市，但是这些城市都曾是一些并不平凡的国家的首都。"

他继续叙述匈奴人在东罗马帝国进行的破坏，并以这样的感想结尾：

"即使修昔的底斯和撒鲁斯特再生，他们也终将无法恰如其分地叙述这些史实。"

过了十七年以后，也就是罗马被劫掠后第三年，他写道：②

"世界濒于灭亡：是的！然而多么可耻，我们的罪却继续存在和不断发展。这座名城，罗马帝国的首都，被一次巨大的火灾所吞

① 第 60 号书信。
② 第 128 号书信。

噬；地面上没有一处罗马人不在奔走逃亡。被人一度认为神圣的教会，今天只不过是一片瓦砾与灰烬。然而我们还让我们的心去贪图利欲。我们就像明天行将死亡似的生活着；可是我们又好像将要永远活在世上似的从事着建设。我们的墙装饰得金碧辉煌，天花板和柱头也都闪烁着金光；但基督却以穷人的姿态赤裸裸地饿死在我们的门前。”

以上这一段话偶然出现在他写给一个决心让女儿做修女的朋友的信里。信中大部分是关于教育这样一个女孩时应该遵守的各种戒律。奇怪的是：以杰罗姆对古代世界衰亡所持有的深厚感情，竟会认为保持童贞比战胜匈奴人、凡达尔人以及哥特人更为重要。他的思想从来没有转向经国济世的任何策略；他从未指责财政制度的腐败和依赖由蛮族组成军队的弊害。安布洛斯和奥古斯丁的情形也是这样；安布洛斯的确是一位政治家，但他却是个专为教会利益着想的政治家。当时最优秀最活跃分子的心志既然这样极端远离世俗事物，也就无怪乎罗马帝国终至衰微没落下去了。另一方面，如果衰亡无可避免，基督教世界观倒非常适合给人以忍耐；同时当地上的希望似要落空的时候，它又能使人保持其宗教上的 364
希望。圣奥古斯丁所著《上帝之城》一书，在表现这种观点方面有着最高的功绩。

在本章中我想先叙述一下圣奥古斯丁的为人；关于他作为一个神学家和哲学家的事迹将留在下一章中加以论述。

奥古斯丁生于公元354年，比杰罗姆小九岁；比安布洛斯小十四岁。他是个非洲本地人，并在非洲度过了大部分生涯。他母亲是个基督徒，但父亲却不是。他于一度信奉摩尼教之后改信了天主教，在米兰接受了安布洛斯的洗礼。大约在公元 396 年做了离迦太基不远的希波地方的主教，并在这里一直居住到公元 430 年逝世时为止。

我们对于他的青少年时代比对其他大多数传教者所了解得更为详尽，因为他在他的《忏悔录》中写下了这一时期的记录。这书在后世尽管有过许多著名的效仿者，尤其是卢梭和托尔斯泰，但我想在奥古斯丁以前却从未有过与此媲美的著作。圣奥古斯丁有许多地方是和托尔斯泰很相类似的，但是在智力方面则凌驾于托尔斯泰之上。他是一个富有热情的人，在青年时代颇为放荡不羁，但一种内心冲动却在促使他去寻求真理与正义。有如托尔斯泰那样，在他晚年的时候也颇为罪恶的意识所缠绕，因而使得他的生活变得很严峻；使得他的哲学也变得不近人情。他和异端进行过炽烈的斗争，但当他的一些观点，在十七世纪为冉森尼乌斯重述时，却被认为异端。虽然如此，在新教徒采纳了他的观点以前，天主教会却从未非难过这些观点的正统性。

《忏悔录》中记载的关于奥古斯丁生涯中的第一件事，是在他的少年时代发生的。通过这事说明他和其他少年并没有什么显著的区别。有一次他和一伙年岁相仿的同伴偷摘了邻居树上的梨。这时他并不感到饥饿，而且在他家中还有更好的梨。他终身一直认为这是一种几乎令人难以置信的邪恶。假如因为饿，或由于没有其他办法得到梨吃，那么这种行为还不至于那么邪恶。但事情却在于这种恶作剧纯然出自对邪恶本身的爱好，而正是这一点才显得这事邪恶得不可名状。于是他请求上帝宽恕他：

“噢，上帝，请你鉴察我的心！请你鉴察我这颗落到地狱底层也为你所怜悯的心吧！现在请你鉴察并让我的心向你述说：它在那里追求什么？它希望我做个无端的恶者，在没有邪恶引诱的时候，去追寻邪恶本身。它污秽肮脏，但我却爱它；我热爱灭亡，我热 365
爱自己的过错，我并不爱导致过错的原因，而是爱我这过错本身。从天界坠落。从你面前被逐的污秽的灵魂啊；竟不是通过这耻辱来追求什么，而是追求这耻辱本身！”①

他这样继续写下了七章，而且全都是关于年幼淘气时从一棵树上偷摘了几个梨的问题。在一个现代人看来，这似乎是一种病态；②但是在他所处的时代，这却似乎是正确的，是神圣的一种标志。当时犹太人中间非常强烈的罪恶意识，是作为调和自尊心与外界失败的一种方法。亚威是全能的神，而亚威又特别关切犹太人；可是他们却为何不能兴盛呢？因为他们是败坏的：他们是偶像崇拜者，他们和外邦人杂婚，他们未能遵守律法。上帝的一切目的都集中在犹太人身上。然而，因为公义是最高的善；同时又有待于通过苦难才能达成，所以他们必先遭受惩戒，和必须承认这种惩戒是上帝慈爱的一种表现。

基督教徒以教会代替了选民，除开其中一点以外，其于罪恶心理并没带来什么不同之处。教会，有如犹太人一样也遭受了苦难；教会曾受到异端的骚扰；个别基督徒因不堪迫害以致叛教。虽然如此，犹太人在很大的程度上，却达成了一项重大的发展，那就是以个人的罪来代替了公共社会的罪。最初是犹太民族犯了罪，因

---

① 《忏悔录》，第 2 卷，第 4 章。

② 我必须把玛哈马・甘地除外，他的自传中包括着与上述章节极其近似的一些段落。

而受到集体地惩罚；但后来罪却更多地变为个人问题，因而失去了它的政治性格。及至教会代替了犹太民族，这变化更具备了根本性的意义。因为教会作为一个精神实体，是不会犯罪的，而个别罪人犹可与教会断绝关系。如上所述，罪恶是与自负心相关联的。最初所谓自负心指犹太民族的自负心，而后便成为个人的自负心——但与教会无关，因为教会从来不犯罪。因而基督神学有了两个组成部分：一部分关系到教会；另一部分则关系到个人的灵
366 魂。及至后世，天主教徒特别强调前者；而新教徒却强调后者。但在圣奥古斯丁二者却是均等存在的，丝毫没有不调和的感觉。得救者是上帝预先决定拯救的人；这是灵魂和神的一种直接关系。但一个人若不接受洗礼成为教会的一员则绝对不能得救；这就使得教会成为灵魂与上帝之间的媒介。

对这种直接关系来说，罪恶是个根本性的问题。因为它说明仁慈的上帝如何能让人受苦，同时，尽管如此，个人的灵魂却又能在神造的世界中占最重要的地位。因此，无怪乎成为宗教改革所倚重的神学却要出于一个罪恶观念反常的人物了。

关于梨的问题就叙述到这里为止。下面让我们看一下《忏悔录》对其他一些问题的提法。

奥古斯丁叙述：他如何倚着母亲的双膝轻松愉快地学会了拉丁语，但他却讨厌希腊语，因他在学校里学希腊语的时候，“曾受到残酷的威胁和惩罚”。以致到了晚年，他的希腊语知识还很有限。从这个问题的对比来看，人们可能认为他会得出一条教训用以支持温和的教育方法；可是他所说的却是：

“十分明显，自由的好奇心比可怕的义务感更有力地促使我们

学会这些事物。按照你的律法只有这种义务感才能限制那自由的动摇,噢,我的上帝!你的律法,从师父的棍棒以至于殉道者的试炼,因为你的律法具有给我们混入某种有益的苦痛的效力,这种苦痛会召唤我们远离那有害的欢乐,——正是由于这欢乐我们才离开了你——重新回到你的面前。"

教师的鞭策虽然没能让他学会希腊语,但却医治了他那种有害的欢乐。根据这一理由,鞭策也成为教育工作中值得向往的一部分。对于那些把罪恶认为是人类所关心事务中最重要的人来说,这种看法是合乎逻辑的。他进一步指出,他不止在儿童时代犯了罪,例如说谎和偷窃食物等,而是在更早的时期就已犯了罪;他当真用了一整章的篇幅(第一卷第七章)证明甚至啜乳的婴儿也充满了罪恶,例如:贪食、嫉妒和其他一些可怕的邪恶。

当他进入青春期以后,他被情欲制服了。"当我的肉体到达十六岁的那年,当出于人间邪恶的情欲,肆其淫威支配了我——虽然这曾为你的律法所禁止——而我则完全委身于其中的时候,我简 367
直无从得悉我的处境,以及我究竟距离你天庭的喜乐有多远?"①

他父亲没有为防止这种坏事而操心,他只是对奥古斯丁的学业给予帮助。他的母亲圣蒙尼卡和他父亲相反劝他要保持童贞,但却毫无成效。然而即便是他母亲在当时也没建议他结婚,"唯恐家室之累会妨碍我的前途"。

十六岁时,他去到迦太基。"在我的周围沸腾着无法无天的爱情。我现在还没有恋爱,然而却在热爱着恋爱;同时出于一种根深

① 《忏悔录》,第2卷,第2章。

蒂固的愿望,对自己无所愿望感到憎恨。我寻求我能恋爱的人,热中于恋爱,并憎恨安全……当时爱与被爱对我来说都是甜蜜的;尤其在我享受我的爱人时,那就更为甜蜜。因此我竟以淫欲的污物玷污了友谊的清泉;以淫猥的地狱遮掩了它的光辉。”[①]这些话叙述了他和一位多年衷心相爱的妇人的关系;[②]她为他生了一个男孩,奥古斯丁也很爱这个孩子,在他改宗之后,曾特别关心这孩子的宗教教育。

他和他母亲必须开始考虑他应该结婚的时候到了。他和他母亲所赞许的一个少女订了婚。于是他必须和他以前的情人断绝关系。他说:“我的情人,作为我结婚的障碍,被人从我身边扯走了。我这颗依恋着她的心被人扯裂、受伤和流着鲜血。她把孩子留给我,自己回到非洲(当时奥古斯丁住在米兰);并向你[③]发誓绝不结交其他男人。”[④]但由于未婚妻年幼,两年之内尚不能举行婚礼,其间他又结识了一个情人,但这次却不如以前那么公开,并且很少为人所知。他的良心使他越发不安了。于是他经常祷告说:“主啊,赐给我贞操和克制吧,只是不要在当前。”[⑤]在他婚期尚未到来以前,宗教终于获得了全胜,此后他终生一直过着独身生活。

现在让我们回叙一下较早的时期:十九岁那年,当他精通了修
368 辞学之后,西塞罗的作品重新把他引向了哲学。他试着阅读圣经,

① 《忏悔录》,第3卷,第1章。
② 同上书,第4卷,第2章。
③ 指上帝。——译者
④ 《忏悔录》,第6卷,第15章。
⑤ 同上书,第8卷,第7章。

但发现它缺乏西塞罗式的威严。就在这时期他信奉了摩尼教，这事曾使他母亲大为伤心。他当了修辞学的专业教师。但也热衷于占星术，晚年时因占星术教导："你的罪之所以不可避免，其原因在于天上。"①而厌弃了它。他尽量阅读拉丁文的哲学书籍；他特别提及，在没有教师的帮助下，理解了亚里士多德的十大范畴。"我这个邪情恶欲的万恶奴才，自行阅读了一切所谓'文艺'之书；懂得我所能读到的一切，可是这究竟于我自己有了什么益处？……因为我背向光明，面对着被光照亮的东西；因而我的脸面……本身却未得到光辉的照耀。"②这时他认为神是一个巨大的光辉物体，而他本身则是那物体的一部分。我们本来期待他详述一下摩尼教的教义，而不只是指出它们之为荒谬。

使人感到兴趣的是：圣奥古斯丁反对摩尼教最初的一些理由却是有关科学的。当他回忆，从一些卓越的天文学家作品中所学到的一些知识时，他说：③"我把那些作品和摩尼基乌斯所说的对比了一下，他以狂人式的愚蠢大量写下了内容丰富的关于冬至、夏至、春分、秋分、日月食以及其他被我从世俗哲学书籍中学到的有关问题的论证，没有一样能够使我满意，但是我却被命令着相信这些，它们不但不符合我自己推算与观察的结果而且还与它们互相悖谬。"他特别细心地指出，科学上的错误不能成为信仰方面错误的标志；只有以权威自居，说成是得自神的灵感时，那才成为信仰方面错误的标志。这令人设想，如果奥古斯丁生在伽利略所处的

① 《忏悔录》，第 4 卷，第 3 章。
② 同上书，第 4 卷，第 16 章。
③ 同上书，第 5 卷，第 3 章。

时代，那么他又将作何感想。

为了想解决他的疑问，摩尼教中一位以学问最为著称的主教浮士德会见他并和他进行了辩难。“我首先感到他除了语法以外，对其他各门科学是极端无知的；而且即便是对于语法的知识也还是普通一般而已。但是他曾经读过塔利的《讲演集》，一小部分塞涅卡的著作，某些诗集，以及几本带有逻辑性的拉丁文摩尼教经
369 卷。由于他素常习惯于讲话，掌握了一定程度的雄辩术，而且受到良知的统辖，显得如此温文尔雅，因而使人感到他的雄辩十分愉快而动听。”①

他发现浮士德完全不能解决他在天文学方面的疑难。他说：摩尼教著作中“充斥着一些冗长的关于天空、星宿、太阳和月亮的神话”这些和天文学家的发现是不一致的；当他问浮士德这些事情的时候，浮士德便坦率地承认了他的无知。“正是如此，我却更喜欢他了。因为一个正直人的谦虚比我所要探求的知识是更有魅力的；而我发现他在一些更为困难更为微妙的问题上也还是如此。”②

这种见解当真是惊人的豁达，是我们不会期待于那个时代的。而且，这和奥古斯丁晚年对待异端者所持的态度也还不十分协调。

这时，他决定到罗马去。据他说，这倒不是因为在罗马教师的收入比迦太基优厚；而是因为听说那里上课时的秩序较好。在迦太基，学生们闹得几乎无法授课；在罗马，虽说课堂秩序较好，但学

① 《忏悔录》，第5卷，第6章。

② 同上书，第2卷，第7章。

生们却以欺骗的方式来拖欠束脩。

在罗马时他仍然和摩尼教徒互相来往，但已不大相信他们的正确性了。他开始认为，学院派的人们主张人应该怀疑一切的说法是正确的。① 但他仍同意摩尼教徒的看法认为："并不是我们本身犯罪，而是其他某种天性（我不知道是什么天性）在我们内部犯罪"，同时，他相信恶魔是一种具有实体的东西。这明显地说明在他改宗前后，他曾为罪恶的问题所缠绕。

在罗马大约住了一年以后，西马库斯长官把他送到米兰，因为米兰市曾要求派遣一位修辞学的教师。在米兰他结识了安布洛斯，"全世界知名人士中最杰出的人物之一"。他逐渐爱上了安布洛斯的慈祥，并于天主教教义与摩尼教教义二者之间更多地爱上了前者。以前他从学院派学到的怀疑主义却暂时使他踌躇不前。不过，"由于那些哲学家没有基督救赎之名，所以我坚决拒绝把我 370
这病弱的心交托给他们来看护"。②

在米兰他和他母亲生活在一起；母亲对于促成他改宗的最后阶段起了很大作用。她是个热心的天主教徒。奥古斯丁总是以一种尊敬的笔调来叙述自己的母亲。在这一期间，由于安布洛斯忙得没有机会和他私下交谈，这时母亲便对他更为重要了。

奥古斯丁于该书中将柏拉图哲学与基督教教义进行比较的那一章是饶有兴趣的。③ 他说主在这时赐给他"一些从希腊文译成拉丁文的柏拉图主义者的著作。虽然字句有些出入，但根据不同

① 《忏悔录》，第5卷，第10章。
② 同上书，第5卷，第14章。
③ 同上书，第7卷，第9章。

的理由，我于其中读到以下的旨趣，‘太初有道，道与上帝同在，道就是上帝：这道太初与上帝同在；万物是借着他造的，没有他就没有万物：他所创造的是生命，这生命就是人的光，光照在黑暗里，而黑暗却不接受光。’虽然说人的灵魂‘给光作见证’，但他本身‘却不是光’，只有上帝、上帝的道，‘才是真光，它照亮一切生在世上的人，’并且‘他在世界之中，而这世界也是借着他创造的，但世界却不认识他。’但是我没有从中读到：‘他到他自己的地方来，他自己的人倒不接待他。凡接待他的，就是信他名的人，他就赐他们权柄，做上帝的儿女。’”他没有在其中读到：“道成肉身，住在我们中间”；也没有读到：“他就自己卑微，存心顺服，以至于死，且死在十字架上”；也没有读到：“因耶稣的名，无不屈膝，”这些话。

泛言之，他从柏拉图主义者那里找到了道(logos)的形而上学教义；但是没有找到道成肉身，以及人类救赎的教义。与这些教义相似的因素曾存在于奥尔弗斯教或其他神秘宗教；但奥古斯丁则似乎对此一无所知。总之，这些宗教并不像基督教那样，与比较近期的历史事件发生过联系。

与二元论者的摩尼教徒相反，奥古斯丁开始相信：罪恶并不起源于某种实体，而是起源于意志中的邪恶。

371 他在圣保罗的著述中找到了特殊的安慰。[①]

经过深刻的内心的斗争之后，他终于改了宗教(公元 386 年)；他抛弃了教职、情人和未婚妻；在短期间的蛰居默想后，接受了安布洛斯的洗礼。他母亲为此感到高兴，但不久她便死去了。公元

① 《忏悔录》，第 7 卷，第 21 章。

388年他回到非洲，在那里度过余生；这时他完全忙于主教的公务，和进行写作来驳斥杜纳图斯派、摩尼教以及裴拉鸠斯派等异端。

第四章　圣奥古斯丁的哲学与神学 372

圣奥古斯丁是一个著述极其丰富的作家，他的著作主要是关于神学问题。他的一些争论性的文章属于时事问题，于一旦成功之后随即失去其所有的意义；但某些文章，特别是关系到裴拉鸠斯教派的文章，却一直到现代仍然具有其现实的影响。我不想论及他所有的作品，我只是把我认为具有内在性的，或历史性的重要论著作一番考察：

第一：他的纯粹哲学，特别是他的时间论；

第二：在《上帝之城》一书中所展示的历史哲学；

第三：作为反对裴拉鸠斯教派而提出的有关救赎的理论。

1　纯粹哲学

一般来说，圣奥古斯丁并不专心致力于纯粹哲学，但当他这样做的时候，却显示出很卓越的才能。历史上有许多人，他们纯粹思辨的见解曾受到符合经文必要性的影响，奥古斯丁在这一长串人物中则占据首要位置。然而这种情况对早期基督教哲学家们，例如对欧利根来说，便是不适合的。在欧利根的著述中基督教和柏拉图主义同时并存，且不互相渗透。与此相反，在奥古斯丁的著述中纯粹哲学的独创思想却受到柏拉图主义在某些方面，与《创世记》不相协调这一事实的刺激。

在圣奥古斯丁的著作中，《忏悔录》第11卷是最好的纯粹哲学作品。一些普通版本的《忏悔录》只有十卷，因为十卷以后的部分是枯燥乏味的；其所以枯燥乏味正是由于这一部分不是传记，而是很好的哲学。第十一卷涉及的问题是：假如创世有如《创世记》第一章，有如奥古斯丁反驳摩尼教徒时所主张的那样，那么，创世一事是应该尽早发生的，于是他就这样假想着一个反对者，从而展开了他的论证。

为了理解他的解答，首先必须认清旧约全书中无中生有的创
373 造，对于希腊哲学来说是一个完全陌生的概念。当柏拉图论及创世时，他想到的是一种由上帝赋予形相的原始物质；而亚里士多德也是如此看法。他们所说的上帝，与其说是造物者不如说是一个设计师或建筑师。他们认为物质实体是永远的和不是被造的；只有形相才是出于上帝的意志。与此见解相反，圣奥古斯丁像所有正统基督教徒所必须主张的那样，主张世界不是从任何物质中创造出来的，而是从无中创造出来的。上帝创造了物质实体，他不仅仅是进行了整顿和安排。

希腊人认为不可能从无中创造的这一观点，曾断续地出现在基督教时代和导致了泛神论的产生。泛神论认为上帝与世界是不能区分的；世上所有的东西都是上帝的一部分。这种见解在斯宾诺莎的著作中得以充分地发展，并使得几乎所有神秘主义者受到了它的吸引。在基督教的所有世纪中，神秘主义者在奉守正统教义方面一直感到困难，因为他们难于相信世界是存在于上帝之外

的。但奥古斯丁在这一点上却未感到困难；因为《创世记》已讲得很清楚，这对他来说是已经足够的了。他对于这一问题的见解对他的时间论有着重要意义。

世界为什么没有更早地被创造呢？因为不存在所谓“更早”的问题。时间是与创世的同时被创造出来的。上帝，在超时间的意义上来说，是永恒的；在上帝里面，没有所谓以前和以后，只有永远的现在。上帝的永恒性是脱离时间关系的；对上帝来说一切时间都是现在。他并不先于他自己所创造的时间，因为这样就意味着他存在于时间之中了。而实际上，上帝是永远站在时间的洪流之外的。这就导致奥古斯丁写出了令人十分钦佩的时间相对性理论。

“那么什么是时间呢？”他问道。“如果没有人问我，我是明白的；如果我想给问我的人解释，那么我就不明白了。”种种困难使他感到困惑不解。他说，实际存在的，既非过去；又非未来；而只是现在。现在只是一瞬间，而时间只有当它正在经过时才能加以衡量。虽然如此，也确乎有过去和未来的时间，于此，我们似被带入矛盾之中。为了避免这些矛盾奥古斯丁找到的唯一方法就是说，过去和未来只能被想象为现在：“过去”必须与回忆相等同：而“未来”则与期望相等同，回忆和期望两者都是现存的事实。他说有三种时间：“过去事物的现在，现在事物的现在，以及未来事物的现在。”
“过去事物的现在是回忆；现在事物的现在是视觉；未来事物的现 374
在是期望。①”说：有过去、现在和未来三种时间，只是一种粗率的

① 《忏悔录》，第20章。

说法。

他也了解用这种理论实际上并没有解决所有的困难。他说："我的心渴望知道这个最为错综复杂的谜。"他祈祷上帝开导他，并向上帝保证，他对这个问题的关心不是出于无聊的好奇心。"主啊！我向你坦白，我对于时间之为何物依然是盲无所知的。"但他所提出的解答要点是，时间是主观的：时间存在于进行期望考察和回忆者的精神之中。[①] 因此，如果没有被创造之物，也就不可能有时间，[②]因而谈论创造以前的时间是毫无意义的。

我自己不同意这种把时间说成某种精神产物的理论。然而很显然这却是很卓越的理论，值得人们认真地加以考虑。我可以更进一步说，比起希腊哲学中所见的任何有关理论，这个理论乃是一项巨大的进步。它比康德的主观时间论——自从康德以来这种理论曾广泛地为哲学家们所承认——包含着更为完善，更为明确的论述。

说时间只是思维的一个方面的这种理论，是主观主义的一种极端的形式。有如我们所见，这种主观主义是在古代从普罗泰戈拉和苏格拉底时代以来，逐渐成长壮大起来的。这种理论的感情方面是受到罪恶萦绕的一种观念，但这个方面比其智力方面的发生为期较晚。圣奥古斯丁提出了两种主观主义，主观主义不仅使他成为康德时间论的先驱；同时也成为笛卡尔的"我思想"(cogito)[③]的先驱。奥古斯丁在《独语录》中这样说："你这求知的人！

---

① 《忏悔录》，第28章。

② 同上书，第30章。

③ 指笛卡尔所说的 cogito ergo sum（我思想所以我存在）而言。——译者

你知道你存在吗？我知道。你是从什么地方来的呢？我不知道。你觉得你自己是单一的呢还是复合的呢？我不知道。你觉得你自己移动吗？我不知道。你知道你自己在思维吗？我知道。"这一段话不仅包括了笛卡尔的"我思想"；同时也包括了伽桑地的"我行走所以我存在"(ambulo ergo sum)的回答。因此，作为一个哲学家，奥古斯丁理应占据较高的地位。

2　上帝之城

公元410年当罗马被哥特族劫掠的时候，异教徒很自然地把这场灾难归咎于不再信仰古代诸神的结果。他们说，在信奉朱比特时，罗马一直保持着强盛；但现在皇帝们都不再信奉他，所以他 375
也不再保护罗马人了。异教徒的这种议论需要给以答复。从公元412年到427年间陆续写成的《上帝之城》就是圣奥古斯丁的解答。然而这部作品随着写作的进展，概括面也变得越发广泛起来，并终于发展成为一部有关过去、现在和未来的全部基督教历史纲要。在整个中世纪中，特别在教会对世俗诸侯的斗争中，这部书曾产生过巨大的影响。

这部作品和其他一些伟大作品一样，再读时较初读时，会在读者的记忆中留下某些更好的感受。书中包括为现代任何人所难以接受的许多内容，而且该书的中心命题曾为当代一些不重要的因素所掩蔽。但有关世俗之城与上帝之城对比的广阔概念却仍然给许多人以甚深的感召，以致在今日我们仍能以非神学的术语加以重述。

在介绍这部作品时，如省略其细节而集中于其中心思想，这就会流于过分的赞扬；相反，如集中介绍其细节，那么就势将忽略其中最精华及最重要的部分。因此我将试图避免这两方面的错误，首先叙述其中的某些细节，然后再按历史的发展过程论及书中的一般理念。

该书起自罗马遭劫而引起的一些考察，它试图阐明在基督教以前的时代里甚至发生过更坏的事情。这位圣徒说，异教徒经常把灾难归咎于基督教，可是他们当中许多人，在被劫掠期间就曾跑进教会中避难；因为蛮族哥特人信奉基督教，他们是尊重教会的。与此相反，当特罗伊遭受劫掠时，朱挪神殿不仅未成为人们的避难所，而且诸神也未守护该城免遭破坏。罗马人从未宽恕过被征服诸城的神殿，但当罗马被劫掠的时候，它却受到较为缓和的对待，而这种缓和正是由于有了基督教的缘故。

由于以下各种原因在这次劫掠中受害的基督徒是没有权利诉苦的。一些邪恶的哥特人固可借着牺牲基督徒的利益发财致富，但在来世他们是要受苦的；如果所有罪恶都在地上受到惩罚，那么最后的审判就不必要了。如果基督徒是有德行的话，他们所忍受的必然予他们的德行有所增益。因为对圣徒来说，丢掉了现世的
376 东西，并不意味着丢掉任何有价值的东西。如果他们死后得不到埋葬，也是无关紧要的，因为贪婪的野兽并不能阻挠肉体的复活。

接着便论到在劫掠期间一些信仰虔诚的处女遭受强奸的问题。显然有些人认为这些女性之失掉了处女性冠冕，并非由于她们自己的过失。但圣奥古斯丁却非常明智地反对这种见解。“咄！别人的情欲是不会玷污你的。”贞洁是内心的品德，它是不会因强

奸而失去的;罪恶的意图,即使尚未实践,却会使你失去它。他暗示,上帝所以允许强奸是因为那些牺牲者对自己的节欲过分自负的缘故。为了逃避强奸而自杀是邪恶的;由此引起他对鲁克蕾莎①的长篇议论,他认为鲁克蕾莎不应该自杀,因为自杀永远是一种罪恶。*

在为被强奸的一些有德的妇女的辩护中,有一个保留条件:她们不得乐于受奸,否则她们便为有罪。

接着他就论到异教诸神的邪恶。他说:“你们的那些舞台剧,那些不洁的展览,那些淫荡的异教神,并非由于人们的败坏始而孕育于罗马,它们之所以被育成正是由于受到了你们这些神的直接命令。”②崇拜一个像塞庇欧这样的有德者,是比崇拜这些不道德的神祇更有教益的。基督教无需为罗马的遭劫而烦恼,因为他们在“上帝的巡礼者之城”中自有其避难的处所。

在现世里,这两个城——地上之城和天上之城是混为一体的;但在来世,被神所预先选定的得救者同被神厌弃者将被分别开来。在今世,即便在似乎是我们的敌人中间,谁将成为选民一事,也是我们无从知道的。

他告诉我们,书中最难的部分是对哲学家的驳斥,因为基督徒和一些卓越的哲学家在很大的程度上是一致的——例如:关于灵

① 鲁克蕾莎:是罗马名将柯拉提努斯的妻子。因受到王子赛克斯图斯·塔尔克纽斯强奸而自杀。从此,柯拉提努斯乃兴兵,推翻王制,建立了共和制。据罗马史家蒂图斯·李维乌斯记载,此事发生于公元前510年。——译者

* 美国版在此有“除非在像参孙所处的情况下”一句。——中译本编者

② 《上帝之城》,第1卷,第31章。

魂不死，以及上帝创世的理论。①

哲学家不放弃对异教诸神的信仰，但由于异教诸神是邪恶的，因而他们的道德教训也就不足为训了。书中并未暗示异教诸神仅仅是些寓言；圣奥古斯丁认为他们是存在的，但他们却全都是些魔鬼。因为他们想加害于人，所以他们愿意传布一些有关他们自身的猥亵故事。对大部分异教徒来说，朱比特的各种行为比柏拉图的原理和伽图的见解更有影响。“柏拉图不让诗人居住在一个治
377 理完善的城邦里，这显得他本人比那些想用舞台剧来赞扬的诸神更有价值。”②

他说自从罗马人强奸了萨宾③妇女以来，罗马一直变得甚为邪恶。奥古斯丁用了好几章篇幅叙述罗马帝国主义深重的罪孽。他认为罗马在成为基督教国家之前，从未受过苦难的说法是不真实的，它从高卢人的入侵和内战中所遭受的苦难，不但与哥特人带来的苦难不相上下，并有过之而无不及。

占星术不仅是邪恶的，而且是虚伪的；这可以从具有同样生辰时刻双胎儿的不同命运得到证明。④ 斯多葛学派对于命运之神的看法（这与占星术有关）是错误的，因为天使和人们都有自由意志。

---

① 《上帝之城》，第1卷，第35章。

② 同上书，第2卷，第14章。

③ 据说罗马建国之初在罗缪鲁斯当政期间，罗马人因缺少年轻女子，乃阴谋举行节庆，邀请了邻族萨宾人参加。于是罗马青年们遂乘机掳掠了萨宾人的女孩子们。吃惊与受辱的父母们逃回萨宾后，乃引兵前来奋战。其间，这些女孩子们已结识了罗马人，因而便奔向战场两军中间，哭喊着迫使双方停战议和。此后罗马与萨宾之间终于结成了一国家。——译者

④ 这一论证并非奥古斯丁所独创；它导源于雅典学院的怀疑派，卡尔内亚德。参看库蒙著：《罗马异教中之东方宗教》，第166页。

上帝诚然预知我们的罪，但是我们并不因为上帝的预知而犯罪。另外，认为道德，即或在今世，会给人带来不幸的想法也是错误的：身为基督徒的皇帝们，如果有德即或遭遇不幸也是快乐的，君士坦丁和狄奥多修斯二位皇帝就相当幸福。再者，当犹太人坚信宗教真理的期间，犹太人的王国一直得以延续。

书中有一段对柏拉图极表同情的叙述，他把柏拉图置于所有其他哲学家之上。他认为一切哲学家都该让位于柏拉图："让泰勒斯和他的水一道去吧，让阿那克西美尼和空气一道去吧，斯多葛学派和火一道去吧，伊壁鸠鲁和他的原子一道去吧。"①所有这些人都是唯物主义者；柏拉图却不是。柏拉图认为上帝不是什么具有形体的事物；但所有事物都从上帝以及某种恒常不变者那里获得其存在。柏拉图说知觉不是真理的源泉这一点是正确的。柏拉图主义者在逻辑学和伦理学方面最为卓越，同时也接近基督教。"据说普罗提诺，此人不久以前还活在世上，最为理解柏拉图。"至于亚里士多德，他虽比柏拉图逊色，但却远远超越其他哲学家之上。但他们两人都说一切神祇都是善良的，和应该受人崇拜的。

圣奥古斯丁反对斯多葛学派谴责一切激情的做法。他认为基督徒的激情可能成为道德的起因；愤怒或怜悯本身不该受到谴责。我们必须探究它的起因。

柏拉图主义者对上帝的看法是正确的，但对其他诸神的看法却是错误的；他们不承认道成肉身也是错误的。

书中关于天使们和魔鬼们有一较长的议论，这种议论是和新

---

① 《上帝之城》，第8卷，第5章。

378 柏拉图主义者有着联系的，天使们可能是善良的，或是邪恶的；但魔鬼们则总是邪恶的。对天使来说，世俗事物的知识（他们虽然具有这种知识）是卑鄙的。圣奥古斯丁和柏拉图都认为感性的世界逊色于永恒的世界。

书中的第 11 卷开始叙述上帝之城的性质。上帝之城是选民的社会。有关上帝的知识，唯有通过基督才能获得。有一些事物（如在一些哲学家那里）是可以经由理性发现的；但对进一步有关宗教的一切知识，我们都必须依靠圣经。同时，我们绝不该去了解世界被创造以前的时间与空间：创世以前是没有时间的，而且在没有世界的地方也是没有空间的。

被祝福的一切都是永恒的，但永恒的一切却不一定都被祝福，例如：地狱和撒旦。上帝预知魔鬼们的罪恶，但也预知它们对改善作为一个整体的宇宙的作用，这和修辞学中的对句是类似的。

欧利根认为，身体是作为一种惩罚给予灵魂的这一看法是错误的。假若这样，邪恶的灵魂行将有邪恶的身体；但是魔鬼们，甚至最邪恶的魔鬼都有缥缈的身体，而这却比我们的身体还要高级。

上帝在六天内创造了世界的理由是因为六是一个完全数（即等于它的各个因数之和）。

天使有好的，也有坏的；即使坏天使也没有一种与上帝相违背的本质。上帝的敌人并不是出于其本性，而是出于其意志。邪恶的意志没有**动力因**，而只有**缺陷因**；它不是一个**结果**，而是一种**缺陷**。

创世以来还不到六千年。历史并不像哲学家所设想的那样是循环的："基督为了我们的罪恶只死一回。"[①]

如果我们最初的祖先未曾犯罪，他们将不至于死亡，但因为他们犯了罪，所以他们的后代都须死亡。吃了苹果，不仅带来自然的死，而且也带来了永远的死，即永劫的惩罚。

蒲尔斐利认为天上圣徒没有身体的这一看法，是错误的。圣徒们要比堕落前的亚当具有更好的身体；他们的身体将是精神的，但不是精灵，并将没有重量。男人将具男身，女人将具女身，夭折者将以成年人的身体复活。

亚当的罪几乎给所有人类带来永恒的死（即永劫的惩罚），但上帝的恩惠却从中解救出许多人来。罪恶来自灵魂；而不来自肉 379
体。柏拉图主义者以及摩尼教徒把罪恶归咎于肉体本性这一点都是错误的。当然柏拉图主义者的错误还不如摩尼教徒之为甚。由于亚当所犯的罪而对全体人类施加的惩罚是正当的；因为，由于这次犯罪的结果，害得本可具有灵体的人落得了肉欲的心。[②]

这个问题导向有关性欲的一段冗长而又烦琐的议论。按此，则我们之为性欲所困正是由于对亚当所犯罪愆的一部分惩罚。这段议论从其显示了禁欲主义的心理来说是很重要的，我们必须加以申述。尽管圣者奥古斯丁自认这个题目是荒唐的，但我们出于以上的理由，也还须加以申述。其学说如下：

如果为了繁衍后裔，结婚生活中的性交必须被认为无罪。然而即便在结婚生活中一个有德者也还是愿能做到不以色情而为之

① 《新约·罗马人书》，第6章。

② 《上帝之城》，第14卷，第15章。

的地步。即使在婚姻生活中，从人们希冀隐避来看，人们是以性交为可耻的，因为："这种来自天性的合法行为(从我们的始祖起)便伴随着犯罪的羞耻感。"犬儒学派认为人不该有羞耻感，狄奥根尼希冀全面摆脱羞耻感，并希冀在各个方面像狗一样行事。可是就连他在一次试行之后，也放弃了实践上这种极端的无耻行为。色情之可耻在于它不受意志的约束。堕落以前的亚当和夏娃，或可能有过没有色情的性交，——尽管事实上并不如此。工匠从事工作，当他们挥动手臂的时候，并不感到色情；同样只要亚当当日曾经远离苹果树，他或许能够不以现在必需的各种感情，来进行性活动。性器官有如身体其他部分一样也许竟或服从了人们的意志。性交所以需要色情是对亚当所犯罪孽的一项惩罚。设非如此，性欲与快感或竟分道扬镳。除去某些有关生理的细节，经此书英译者妥善地保留了原拉丁文恰到好处的朦胧词句之外，以上所述便是圣奥古斯丁关于性欲的理论。

由此可见禁欲主义者之所以嫌恶性欲显然在于性欲之不受意志指挥。所谓道德，要求意志对身体的全面控制，然而这种控制却不足以使性行为有所可能。因此，性行为似与完美的道德生活势不两立。

380 自从亚当犯罪之后，世界被划为两个城。一个城要永远与上帝一同做王，另一个城则要与撒旦一同受永劫的折磨。该隐①属于魔鬼之城，亚伯属于上帝之城。亚伯，由于神的恩惠，并预定，是世上巡礼者和天国的居民。十二位先祖也属于上帝之城。关于玛土撒拉之死的议论，使奥古斯丁涉及了七十人译本圣经与拉丁语

① 该隐与亚伯：详见《创世记》，第4章。——译者

译本圣经之间意见纷纭的比较问题。根据七十人译本圣经的记载，应得出玛土撒拉在洪水以后还活了十四年的结论，但这是不可能的，因为他未曾搭进挪亚的方舟。拉丁语译本圣经依据希伯来文原典记载玛土撒拉死于洪水发生那年。在这一问题上，圣奥古斯丁认为圣杰罗姆和希伯来原文必定是正确的。有人主张说犹太人出于对基督徒的敌意，故意窜改了希伯来文原文圣经；但这种假说受到了他的驳斥。另一方面，七十人译本圣经也必曾受到了神的感召。因而，唯一的结论将是托勒密帝的抄写人在抄写七十人译本圣经时出了笔误。在论及旧约圣经的各种译本时，奥古斯丁说："教会一直接受七十人译本圣经，好像除此以外再没有其他种译本，正如许多希腊基督徒只知用这个译本，并不知另外有否其他译本一样。我们的拉丁文译本也是依据七十人译本圣经重译的。然而一个博学的僧侣、伟大的语言学家杰罗姆却把这本圣经从希伯来原文直接译成了拉丁文。犹太人虽然证实他精湛的译文全都正确；并断言七十人译本有不少错误，但基督的各教会则认为任何一个人不会比那么许多人更为可取，尤其这些人是为了从事这项工作由大祭司所选定的。"他承认七十人单独进行翻译最后取得奇迹般一致的说法，并认为这是七十人译本圣经受到圣灵启示的一个证明。但希伯来文圣经也同样受了圣灵的感召。这个结论使得杰罗姆译本的权威性成为悬而未决的问题。如果这两位圣徒未曾对圣彼得的两面派倾向进行过争论的话，奥古斯丁也许会更坚决地站在杰罗姆的一边。①

① 《新约·加拉太书》，第2章，第11—14节。

奥古斯丁对圣史和世俗史进行了时代的对比。据此,以尼阿斯来到意大利的年代适值押顿[①]在以色列做士师,再有,即最后的
381 逼迫是在敌基督者的领导下进行的,但其时日则不得而知。

在写了反对司法刑讯值得赞赏的一章之后,圣奥古斯丁进而驳斥了那些认为一切事物都值得怀疑的新学院派。"基督的教会因为对所理解的事物具有最确切的知识,所以把这些怀疑认为疯狂而加以厌弃。"我们应当相信圣经的真理。他继而说明离开真正的宗教就没有真正的道德。异教的道德是"为淫秽的恶魔势力所玷污了的"。对于一个基督徒来说是道德的东西,对于一个异教徒正成为恶德。"有些东西,她(灵魂)似乎认为是道德,并对此加以垂青,但如果这些东西不完全与上帝有关,那么,这些与其称之为道德,当真倒不如称之为恶德。"不属于这个社会(教会)的一些人将遭受永远的困苦。"在我们现世的斗争中,不是痛苦取得胜利,然后由死亡来驱尽它的感觉,就是天性取得胜利,并由它来驱尽痛苦。可是在那里痛苦将永远作难;而天性则将永远受苦。二者都将忍受持续的惩罚。"(第 28 章)

复活有两种,死后灵魂的复活,和最后审判时的肉体复活。在讨论关于基督做王一千年的种种困难以及此后歌革和玛各[②]的行为之后,他又论及帖撒罗尼迦后书的一处经文(同书,第 2 章,第 11、第 12 两节)"上帝就给他们一个生发错误的心,叫他们信从虚

① 关于押顿,我们仅知他有四十个儿子,三十个孙子,他们这七十个人都骑着驴驹(《旧约·士师记》,第 12 章,第 14 节)。

② 歌革和玛各:参看《新约·启示录》,第 20 章,第 7 节—9 节,指地上受到撒旦欺骗的国民。——译者

谎，使一切不信真理，倒喜爱不义的人，都被定罪。”有人也许认为全能的上帝首先欺骗他们，然后再由于他们受骗而施以惩罚是不公正的；但圣奥古斯丁则认为这是不足为奇的。“由于他们被定了罪所以才受了迷惑；同时由于受了迷惑，所以才被定了罪。然而他们之受迷惑乃是由于上帝的秘密裁判，这种裁判，既秘密而公正，又公正而秘密；自从创世以来他就一直继续着这种裁判。”圣奥古斯丁认为上帝不是根据人类的功过，而是肆意把人们划分为被拣选的和被遗弃的。所有人都应该同样承受永劫的惩罚，因此被遗弃的并没有倾吐不满的理由。从上述圣保罗的章句中来看，人们之所以邪恶似乎由于他们是被遗弃的，并非由于他们是邪恶的而成为被遗弃者。

肉体复活后，被定罪者的肉体虽将受到永无止境的焚烧，但并不因此而消亡，这是不足为奇的；因为火蛇和埃特纳火山就是这 382
样。魔鬼虽然不具形体，却能被具有形体的火所焚烧。地狱里的磨难并不为人们涤罪，它也不能由于圣徒的求情而有所减轻。欧利根认为地狱并非永恒的想法是错误的。异端信徒和罪恶深重的天主教徒行将受到永劫的惩罚。

这书以叙述圣奥古斯丁所见在天上帝的景象，以及上帝之城中的永远幸福而结尾。

由以上的概述看来，这部作品的重要性可能还不够明显。书中有影响的一点在于教会与国家的分离，它具有这样明确的含义：国家唯有在一切有关宗教事务方面服从教会才能成为上帝之城的一部分。自此以后，这种说法一直成为教会的原则。贯串整个中世纪，在教皇权的逐渐上升期中，在教皇与皇帝间的历次冲突中，圣奥古斯丁为西方教会政策提供了理论的根据。犹太人的国家，无论在士师记的传说时期或在从巴比伦被掳归来的历史时期，皆为神政国家；基督教国家在这一关系上应该仿效犹太人的国家。罗马诸皇帝和中世纪大部分西欧君主的脆弱性，在很大的程度上，促使教会实现了上帝之城中的理想。但在东罗马，由于皇帝的强大，却从未有过这样的发展，东方教会较诸西方教会远为臣服于国家政权。

使圣奥古斯丁的救世教义得以复活的宗教改革，摈弃了他的神政理论，而趋向于伊拉斯特派，①这主要是出于对天主教斗争时的实际需要。然而新教徒的伊拉斯特主义却是缺乏热诚的，新教徒中宗教心最强的一些人仍然受着圣奥古斯丁的影响。再浸礼派第五王国派和贵格派继承了一部分奥古斯丁的教理，但却不过分强调教会的作用。奥古斯丁固持预定说，一面又主张洗礼在得救上的必要性；这两种原则并不十分协调，因而一些极端的新教徒便放弃了后一主张。然而他们的末世论却依然保留了奥古斯丁的原则。

《上帝之城》一书中包含极少独创的理论。它的末世论导源于犹太人；其所以导入基督教中来，主要是经由《启示录》一书。预定
383 说和有关选民的理论是保罗的，但奥古斯丁却作了比保罗书信中所作更充分、更逻辑的发展。圣史和俗史的区分，在旧约圣经中已有明确的叙述。奥古斯丁只不过把这些因素融会在一起，并结合其当时的历史加以叙述，为使基督徒在信仰方面不致受到过分严

① 伊拉斯特主义主张教会必须服从国家的教义。

峻的考验，而能适应西罗马帝国的衰亡，以及此后的混乱时期。

犹太人对于过去和未来历史的理解方式，在任何时期都会强烈地投合一般被压迫者与不幸者。圣奥古斯丁把这种方式应用于基督教，马克思则将其应用于社会主义。为了从心理上来理解马克思，我们应该运用下列的辞典：

亚威＝辩证唯物主义

救世主＝马克思

选民＝无产阶级

教会＝共产党

耶稣再临＝革命

地狱＝对资本家的处罚

基督做王一千年＝共产主义联邦

左边的词汇意味着右边词汇的感情内容。正是这种夙为基督教或犹太教人士所熟悉的感情内容使得马克思的末世论有了信仰的价值。我们对于纳粹也可作一类似的辞典，但他们的概念比马克思的概念较多地接近于纯粹的旧约和较少地接近于基督教，他们的弥赛亚，与其说类似基督则不如说更多地类似马喀比族。

3 裴拉鸠斯争论

圣奥古斯丁神学最有影响的部分是与反击裴拉鸠斯异端相关的。裴拉鸠斯是威尔士人，原名莫尔根，意即“海上之人”，这和希腊语里的“裴拉鸠斯”一词的意义相同。他是一个温文尔雅的僧侣，不像许多同时代人那样狂信。他相信自由意志，怀疑原罪的教

384 义，并认为人类的道德行为，是出于人们在道德方面努力的结果。如果人们规行矩步，并属于正统教派，那么，作为道德的奖赏，人们均将升入天国。

这些观点在今天看来虽然好像老生常谈，但在当时却引起了一场很大的骚动，并主要通过圣奥古斯丁的反对而被宣告为异端，但是这些观点却一度获得相当大的成功。奥古斯丁不得不给耶路撒冷的教会长老写信，要他警惕这个诡计多端，曾经劝诱许多东方神学者采纳其见解的异端创始人。在奥古斯丁的谴责之后，被称为半裴拉鸠斯派的一些人曾以一种比较缓和的形式鼓吹裴拉鸠斯教义。又过了许久圣奥古斯丁比较纯粹的教义才获得了全面的胜利，特别在法兰西，半裴拉鸠斯派于公元529年奥兰治宗教会议时才最后被判为异端。

圣奥古斯丁教导说，亚当在堕落以前曾有过自由意志，并可以避免犯罪。但由于他和夏娃吃了苹果，于是道德的败坏才侵入了他们体内，并以此遗传给他们所有的后裔。因而其后裔皆不能以自力来避免罪恶。只有上帝的恩宠才能使人有德。因为我们都继承了亚当的原罪，所以我们都理应承受永劫的惩罚。所有未受洗礼而死去的人，即便是婴孩，也要下地狱和经受无穷的折磨。因为我们都是邪恶的，所以我们是无权对此倾吐不满的。（在《忏悔录》一书中，圣者奥古斯丁列举自己在襁褓期所犯的种种罪恶。）但是由于上帝白施的恩惠，在受洗的一些人中将有一部分人被纳入天国；这些人就是选民。他们并非由于自己善良而进入天国；除了借着上帝只施予选民的恩宠，使我们不致败坏以外，我们大家都是败坏的。没有理由可以用来说明为何有些人得救，而其余的人则将受到诅咒;这只是基于上帝毫无动机的抉择。永劫的惩罚证明上帝的公义;拯救证明上帝的怜悯。二者同样显示出他的善良。

支持这种残酷教义的各种议论见于圣保罗的著述,特别见于罗马人书——这种教义曾为加尔文所恢复,并从那时起为天主教教会所抛弃。奥古斯丁对待这些作品有如一个律师之对待法律:他的解释是很有力的,他使原文表现了无以复加的含义。终于使人设想圣保罗的信仰虽不像奥古斯丁所推论的那样,但如单独就其中某些原文而论,则这些地方又确曾暗示奥古斯丁所说的那种含义。对未受洗婴儿的永劫惩罚不但不认为骇人听闻,反而认为 385
是出于一个仁慈上帝的这种说法可能被人们认为怪诞不经。然而,由于罪恶的信念深深地支配了奥古斯丁,所以他确实认为新生婴儿是撒旦的手足。中世纪教会中许多极其凶恶的事件,都可追溯到奥古斯丁这种阴暗的普遍罪恶感。

只有一个思想上的困难确实曾使圣奥古斯丁感到烦恼。这个困难并不是:因为人类绝大部分注定要遭受永劫的折磨,从而感到创造人类乃是一件憾事。使他感到烦恼的是:倘若原罪,有如圣保罗所教导,是从亚当遗传下来的,那么灵魂与肉体同样,也必然由父母所生,因为罪恶是属于灵魂而不是属于肉体的。他对于这种教义感到了困难。但他却说,因为圣经从未涉及这个问题,所以在这事上得一正确的见解不可能是得救的必要条件,因而他就对之未作结论。

黑暗时期开始之前,最后几个杰出的知识分子,不但不关心拯救文明,驱逐蛮族,以及改革政治弊端等等,反而大肆宣扬童贞的价值和未受洗礼的婴孩所受的永劫惩罚,这当真是十分离奇的。

但当我们了解这些便是教会传给蛮族改宗者的一些偏见时，那么，我们对于下一时代在残酷与迷信方面几乎凌驾有史以来所有时期的原因，就不难理解了。

386

第五章 公元五世纪和六世纪

公元五世纪是蛮族入侵和西罗马帝国的衰亡期。公元430年奥古斯丁逝世以后，哲学已荡然无存；这是一个破坏性行动的世纪，虽系如此，它却大致决定了欧洲此后发展的方向。在本世纪中英吉利人入侵不列颠，使它变为英格兰；与此同时法兰克人的入侵使高卢变为法兰西，凡达尔人入侵西班牙，把他们的名字加给安达卢西亚。圣帕垂克于本世纪中叶劝化爱尔兰人改信了基督教。在整个西欧世界中，粗野的日耳曼人诸王国继承了罗马帝国中央集权的官僚政治。帝国中的驿站交通停顿了，大路坍坏了，大型商业因战争而无法进行，生活，在政治方面和经济方面，重新局限于各个地区。中央集权性的威信仅存于教会之中，但其中却有着很多困难。

公元五世纪入侵罗马帝国的日耳曼部族中以哥特人为最重要。匈奴从东方攻打他们，因此，他们遂被逐到西方。最初他们曾试着征服东罗马帝国，但却为东罗马战败；自此乃转向于意大利。从戴克里先的时候起，他们便已成为罗马的雇佣兵；这使他们学会了一般蛮族无从知道的许多战术。公元410年哥特王阿拉里克劫掠了罗马，但却于同年死去。东哥特族国王奥都瓦克于公元476年灭了西罗马帝国，并统治罗马到公元493年，为另一东哥特族人狄奥都利克所谋杀。狄奥都利克曾为意大利王至公元526年，关于此人我随即还要有更多地论及。他在历史和传奇故事中都很重要；在尼伯龙根歌中他以伯恩人狄特利希的名义出现(按"伯恩"即是维罗纳)。

当时凡达尔人定居在非洲，西哥特人定居在法兰西南部。而弗兰克人则定居于法兰西北部。

在日耳曼族入侵中期又有阿替拉率领的匈奴人入侵。匈奴原系蒙古族，但他们却经常与哥特人结盟。尽管如此，公元451年在 387
他们入侵高卢的重大关头，他们同哥特人发生了争端；于是哥特人联合罗马人于同年击败匈奴于莎龙。阿替拉随即转攻意大利，并想向罗马进军，但教皇列奥却借着阿拉利克劫掠罗马后而死去一事劝阻了他。不过他的克制于他并无补益，因他于翌年也死去了。他死后匈奴的势力亦随之衰颓下去。

在此纷纭扰攘的期间，教会颇苦于一场有关道成肉身的纠纷。争辩中的主角是两位主教，赛瑞利和奈斯脱流斯，事情或多或少出于偶然，二者中，前者被列圣徒，后者却被判为异端。圣赛瑞利大约自公元412年至444年死去时为止，身为亚历山大里亚的大主教；奈斯脱流斯曾为君士坦丁堡的大主教。争论之点在于基督的神性和人性的关系问题上。基督有两"位"①吗，——人，一神？这便是奈斯脱流斯所持的观点。设非这样，是否只有一个本性呢，抑或在一人之中兼有两种本性，即一人性和一神性呢？这些问题在五世纪中曾经导致了令人难以置信的激情和狂热。"在恐惧混合，

① 位，原书中作person。——译者

和害怕分离基督的神性和人性的两派之间，酿成了一种秘密的、无从调解的敌意。”

圣赛瑞利，神人一体论拥护者，是一个狂热分子。他曾利用身为大主教的职位，几次煽起对犹太人的集团屠杀，加害于居住在亚历山大里亚城中大片犹太侨民区中的居民。他的名声主要是借着施加私刑于一位杰出的贵妇人希帕莎而获得。在一个愚顽的时代里，她热心依附于新柏拉图哲学并以她的才智从事于数学研究。她被人“从二轮马车上拖将下来，剥光了衣服，拉进教堂，遭到读经者彼得和一群野蛮、残忍的狂信分子的无情杀害。他们用尖锐的蠔壳把她的肉一片片地从骨骼上剥掉，然后把她尚在颤动的四肢投进熊熊的烈火。公正的审讯和惩罚终因适时的赠贿而消弭于无形。”①从此以后，亚历山大里亚便不再受到哲学家们的骚扰了。

圣赛瑞利听到君士坦丁堡在大主教奈斯脱流斯的教导下步入歧途而感到痛心。奈斯脱流斯主张在基督里面有两位，一位是人，一位是神。据此，奈斯脱流斯反对把童贞女称为“神的母亲”的这种新说法；他说童贞女，只不过是基督的人位的母亲，而基督的神
388 位，即上帝，是没有母亲的。在这个问题上教会分为两派：大体上讲，苏伊士以东的主教们赞同奈斯脱流斯，以西的主教们赞同赛瑞利。公元431年在以弗所召开了一次会议来解决这个问题。西方的主教们首先到会随即紧闭大门，拒绝迟到者于门外，并于圣赛瑞利主持下火速通过拥护圣赛瑞利的决议。“这次主教骚动，在历时达十三世纪之后，竟呈现了所谓第三次万国基督教会议的可敬的

① 吉朋：《罗马帝国衰亡史》，第47章。

面貌。①”

作为这次会议的结果，奈斯脱流斯被判为异端。他不但没有撤回他的主张，反而成为奈斯脱流斯教派的创始人。该教派在叙利亚和整个东方有很多信徒。自此数世纪之后，奈斯脱流斯教派颇盛行于中国，并似曾有一机会变为钦定宗教。十六世纪时西班牙和葡萄牙的传教士们在印度发现了奈斯脱流斯教派。君士坦丁堡的天主教政府对奈斯脱流斯教派的迫害，引起了政治上的不满，从而促进了回教徒对叙利亚的征服。

奈斯脱流斯能言善辩，诱惑了很多人，但据人们确言，他的辩舌终为虫豸所吞噬。

以弗所人虽已学会以童贞女马利亚代替阿尔蒂米斯女神②，但他们对阿尔蒂米斯仍然持有和在圣保罗时代同样强烈的感情。据说圣母曾埋葬于此地。公元449年圣赛瑞利死后，以弗所宗教会议试图取得进一步的胜利，因而遂陷入与奈斯脱流斯方向相反的另一异端；亦即被人称为一性论异端。他们主张基督只有一个本性。假如圣赛瑞利当时在世，恐怕他也必定支持这种见解，而将变成异端。皇帝支持以弗所宗教会议，但教皇却拒绝承认它。最后，教皇列奥——就是劝阻阿替拉不去攻打罗马的那个教皇——于公元451年，亦即于莎龙战争的那一年，在迦克敦召开了万国基督教会议。会议诅咒了基督的一性论者后，确定了基督道成肉身的正统教义。以弗所会议确定基督只有一位，但迦克敦会议（Coucil

① 吉朋：《罗马帝国衰亡史》，第47章。

② 阿尔蒂米斯女神：希腊神话中之猎神，相当于罗马神话中之狄阿娜。——译者

of Chalcedon)却确定基督存在于双重本性之中,一为人性,一为神性。在取得这项决议时,教皇的影响是首要的。

389 基督一性论者的信徒们,有如奈斯脱流斯教派一样并不屈服。在埃及几乎全体一致地采纳了这一异端。该异端的传布遍及尼罗河上游,和远达于阿比西尼亚。阿比西尼亚的异端后来竟成为墨索里尼用来征服阿比西尼亚的借口之一。埃及的异端有如与其对立的叙利亚异端,实促进了阿拉伯人的征服。

公元六世纪期间的文化史中,有四位显要人物:鲍依修斯、查士丁尼、边奈狄克特和大格雷高里。在本章余下的篇幅中,以及在下一章中我将要重点地论述他们。

哥特人对意大利的征服并不意味着罗马文明的终止。在意大利人兼哥特人的王、狄奥都利克统治下,意大利的民政完全是罗马样式的;意大利享有和平、和宗教自由(直到该王临终以前);他是个英明强干的君主。他任命执政官,保留了罗马法和继续推行元老院制度:当他去罗马的时候,他首先访问的地方便是元老院。

他虽是个阿利乌斯教派却与教会保持友好直到晚年。公元523年皇帝查士丁公布查禁阿利乌斯教派,这事曾使狄奥都利克极为烦恼。他的恐惧是不无理由的,因为意大利是天主教国,由于神学上同情心的引导自然会倾向于皇帝的一方。他相信,不管正确与否,其间必有一项为他自己政府人员所参与的阴谋。这促使他监禁并处决了他的大臣,元老院议员鲍依修斯。鲍依修斯的著作,《哲学的慰藉》即是他在狱中时写成的。

鲍依修斯是个奇特的人物,在整个中世纪中受到了人们的传诵和赞赏。他经常被人推崇为虔诚的基督徒。人们敬待他,几乎把他当作一位教父。然而他那本在公元524年候刑期间写成的《哲学的慰藉》却是一部纯粹柏拉图主义的书；这书虽不能证明他不是一位基督徒，但却表明异教哲学比基督教神学更为深远地影响了他。他的一些神学著作，特别是那本归于他名下，有关三位一体的书却为许多权威学者鉴定为伪著；但是也可能正是由于这些著作，中世纪的人们才把他看作正统教派，并从他那里吸取了大量柏拉图主义。否则，人们是将以怀疑的眼光来看待柏拉图主义的。

这本书是以诗和散文交替写成：鲍依修斯自称时，用散文，而哲学，则以诗句作答。书中很有些类似但丁的地方，但丁在其著作 390
《新生》(*Vita Nuova*)中无可置疑曾受过他的影响。

这部被吉朋正确地称为"宝典"的书，一开始就声称苏格拉底，柏拉图和亚里士多德是真正的哲学家；而那些被俗众错认为是哲学之友的斯多葛派、伊壁鸠鲁派和其他一些人则是些冒充者。鲍依修斯声称他遵从毕达哥拉斯的命令去"追随上帝"(而非基督的命令)。幸福和蒙福一样是善；而快乐则不是。友谊是一件极其"神圣的事情"。书中有很多伦理观念与斯多葛派的学说相吻合，并在事实上大部分取材于塞涅卡。书中尚有一段用韵文写的《蒂迈欧篇》篇首的概要。随后便是大量纯粹柏拉图式的形而上学。他告诉我们说，不完善，是一种缺欠，它意味着一种完善的原形的存在。关于恶他采用了缺乏学说，他继而转入了一种泛神论，这本该使基督徒大为惊骇，但事实上却因某种原因并未导致这种情况的发生。他说蒙福和上帝二者都是首善，因而是同等的。"人因获得神性而享幸福。""凡获得神性的人就变成神。因而每一个幸福的人都是一位神，然而上帝本来只有一位，但由于人们的参与却可能有许多位。""为世人所营求之物的总和,根源与原因应该被正确地理解为善。""上帝的本质只在于善而不在于其他。"上帝能作恶吗?不能!所以恶是不存在的,因为上帝能做一切事。善人总是强盛的,而恶人总是软弱的;因为二者都向往着善,而只有善人才能得到善。恶人若逃避惩罚则比接受惩罚更为不幸。* "智者的心中不存仇恨。"

以该书风格而论,其类似柏拉图的地方多于其类似普罗提诺的地方。书中没有丝毫当代那种迷信与病态的迹象,没有罪孽的萦绕以及过分强求那不可及的事物的倾向。书中呈现一片纯哲学的宁静——它是如此宁静,假如该书写成于顺境,或可被视为孤芳自赏。但是该书却是著者被判死刑后在狱中写成的。这和柏拉图笔下的苏格拉底的最后时刻是同样令人赞叹不已的。

除非在牛顿以后,我们再也找不到一种与此类似的世界观。现在我要把书中的一首诗全文引用于下,这首诗在哲学含义方面和波普的《人论》(*Essay on Man*)很相似。

391 你如果以最纯洁的心
观看上帝的律令,
你的两眼必须注视着太空,
它那固定的行程维系着众星在和平中运行。
太阳的光焰
并不阻碍他姊妹一行,
连那北天的熊星也不想

* 美国版(纽约,1945)在此有:(注意,地狱的惩罚就不能这么说)。——中译本编者

叫大洋的浪花遮掩她的光明。
她虽然看到
众星在那里躺卧，
然而却独自转个不停
远远地隔开海洋，高高地悬在太空。
黄昏时节的反照
以其既定的行程预示出
暗夜的来到，
但那晓星则先白昼而隐掉。
这相互的爱情
创造出永恒的途径，
从众星的穹苍之上
除去一切倾轧的根源，除去一切战争的根源。
这甜蜜的和谐
用均等的纽带束缚住
所有元素的本性
使那些潮湿的事物屈从于干燥的事物。
刺骨的严寒
燃起了友谊的烈焰
那升腾的火直升到至高之处，
留下这大块的土地没入那深处的故渊。
万紫千红的物华
在阳春发出馥郁的香花，
在炎夏产出成熟的五谷

在凉秋带来硕果累累的枝丫。
上天降下阵阵的暖雨
再为严冬把湿度添加。
举凡生活在地上的众生
都受到这些规律的滋养和育化。
当他们一旦死去，
这些规律又把它们带到各自的际涯。
彼时造物者高高坐在天上，
俨然把统驭着全球的缰绳在拿。
他作为它们的王
以显赫的权力君临着万物。
它们由他得生，繁衍，和跃动
他作为它们的法律和法官对他们加以统辖。
392 凡以最快的速度
疾驰于其行程的
经常为他的大能引向后部，
有时更突然迫使它们的进程就此停住。
若非他的大能
限制它们的暴躁，
把那狂奔不息者纳入这圆形的轨道，
那至今装饰一切的
凛然的律令
怕早已破灭毁销，而
万物也将远离其太初以来的面貌。

这强有力的爱
普及于一切，
一切返本还原
寻求至善的众生。
若非爱情将
世间的事物
带回首先给予其本质的根源
世间将没有什么得以持续久远。

鲍依修斯，始终是狄奥都利克的朋友。鲍依修斯的父亲做过执政官，他自己做过执政官，他的两个儿子也曾做过执政官，他的岳父西马库斯（可能是关于胜利女神塑像问题和圣安布洛斯发生过争执的那个西马库斯的孙子）在哥特王的宫廷里曾是一名显要人物。狄奥都利克任用鲍依修斯改革币制，并任命他用日晷滴漏等器具使那些略输文采的蛮族诸王不胜惊讶。他之未陷于迷信，在罗马贵族世家中也许不像在其他地方似的那样独特；但加之他那渊博的学识和对公益事业的热忱却使他成为当代一个绝无仅有的人物。在鲍依修斯生前两世纪，和死后十世纪之间我想不出有哪一个欧洲学者像他那样不囿于迷信和狂热。他的优点尚不仅在于消极方面；他高瞻远瞩，处世公正，精神崇高，即使在任何时代，也得算为一个不平凡的人物；因而就他所处的时代而论，更是令人十分惊异。

鲍依修斯中世纪的声望，部分由来于他被人认为是阿利乌斯教派迫害下的殉教者。——这种看法始于他逝世后的两三百年间，他在帕维亚虽曾被视为圣徒但实际上并未受过教会的正式册封。赛瑞利虽是圣徒,鲍依修斯却不是。

393 鲍依修斯处决后的第二年,狄奥都利克也死去了。翌年查士丁尼登基。他统治到公元565年。在他漫长的统治期中他尽量做了许多坏事和一些好事。当然他主要是以他的法典著称。但我并不想冒昧涉及这个题目,因为这是一个属于法律家的问题。他是一个极其虔诚的人。为了显示他的虔诚于即位后的第二年把当时仍在异教统治下的雅典的哲学学校都封闭了。被逐的哲学家们纷纷逃往波斯,并在那里受到波斯王的礼遇。但波斯人多妻和乱伦的习俗——如吉朋所说,竟使他们受到超乎哲学家所应有的震骇。于是他们便重返家园,并从此销声匿迹以至于湮没而无闻。在查士丁尼建立了这次丰功伟绩之后的第三年(532年),他开始了另一件更值得称赞的大事,——圣索菲亚教堂的建筑。我还未曾见过圣索菲亚教堂,但我却见过拉温那地方同世代的美丽的镶嵌,其中包括查士丁尼和帝后狄奥都拉的肖像,他们二人事奉上帝时都很虔诚,不过皇后却是皇帝由马戏团中选来的一个水性杨花的女子。但更坏的却在于她倾心于基督一性论。

丑事说到这里已经够多了。关于皇帝本人,我可以高兴地指出,即使在"三禁令"问题上,也还是个无可非议的正统教派。这是一场令人厌烦的争论。卡勒西顿会议曾宣布三个有奈斯脱流斯教派嫌疑的教父为正统教派;狄奥都拉和其他许多人接受了会议中其余的一切决议后,唯独不接受这一决议。由于西方教会毫无保留地拥护会议的一切决议,所以激起皇后对教皇施加迫害。查士丁尼异常宠爱她,她于公元548年逝世。此后,他就像维多利亚女皇追念已故女王驸马般地追念她。从此他终于陷入了基督身体不朽论的异端。和查士丁尼同时代的一位历史家——埃瓦格流斯写道："他即于死后获得了恶行的报应，于是便走到地狱审判官的面前去寻求他应得的公义。"

查士丁尼急于尽量收复西罗马帝国的疆域。公元535年他侵入意大利，并于最初对哥特人取得了迅速的胜利。天主教居民欢迎他；而他也是代表罗马来抗击蛮族的。其间哥特人卷土重来，因而使战争持续了十八年之久。这时罗马和意大利大部分地区遭劫的程度远远超过了蛮族入侵的时期。

罗马沦陷过五次，三次沦陷于拜占庭，两次沦陷于哥特人并沦 394
落为一个小城镇。一度为查士丁尼或多或少收复的非洲也有过同样的遭遇。起初他的军队曾受到欢迎；以后人们便察觉到拜占庭行政的腐败，和苛捐杂税的危害。最后许多人竟宁愿哥特人或凡达尔人卷土重来。然而罗马教会却因查士丁尼信奉正统教义，一直到他的晚年都在坚决地支持他。他未曾企图再次征服高卢，一方面由于距离遥远，一方面也由于弗兰克人属于正统教派。

公元568年，查士丁尼死后三年，意大利遭到了一个凶悍的日耳曼新兴部族伦巴底人的侵犯。他们与拜占庭间的战争时断时续地进行了二百年之久，几乎到了查理曼大帝时才终止。拜占庭一城一池地失去了意大利；在南部，他们必须抗拒撒拉森人。罗马在名义上仍属于拜占庭，而教皇们也以恭顺的态度对待东罗马帝国的诸帝。然而在伦巴底人入侵后，皇帝们在意大利大部分领土上便很少，或甚而根本没有什么权威了。意大利文明的毁灭适值这个时期，一些逃避伦巴底人的难民建立了威尼斯，这并不像传说所认定的那样：说该城是逃避阿替拉的难民所建。

395 第六章 圣边奈狄克特与大格雷高里

公元六世纪及以后几世纪连绵不断的战争导致了文明的普遍衰退，在这期间中，古罗马所残余的一些文化则主要借教会得以保存。但教会对这项工作却做得不够完善，因为那时甚至最伟大的一些教士也都趋向于宗教狂热和迷信，而世俗的学问是被认为邪恶的。尽管如此，教会的诸组织却创始了一稳固的体制，后来，使学术和文艺能在其中得以复兴。

在我们所论及的时代里，基督教会有三种活动，值得特别注意：其一，修道运动；第二，教廷的影响，特别是在大格雷高里治下的影响；其三，通过布教的方式使信异教的蛮族改奉基督教。关于以上三项，我将依次稍加论述。

大约在四世纪初叶，修道运动同时肇始于埃及和叙利亚。修道运动有两种形式：独居的隐士和住修道院的僧侣。第一位虔修的隐士圣安东尼，约于公元 250 年诞生于埃及，并于公元 270 年左右开始隐居。他在离家不远的一间茅舍里独居了十五年之后；又到遥远的荒漠中住了二十年。然而他却声名远扬，使得大批群众渴望听他讲道。于是，他于公元 305 年前后出世讲道，并鼓励人们过隐居生活。他实行极端刻苦的修行，把饮食，睡眠，减少到仅能维持生命的限度。魔鬼经常以色情的幻象向他进攻，但他却毅然抗拒了撒旦恶毒的试探。在他晚年的时候，塞伯得①地方竟住满

① 埃及塞伯斯附近的荒野。

了因他的榜样和教诲所感悟的隐士。

数年后，——大约在公元315年或320年左右，另一埃及人，帕可米亚斯，创办了第一所修道院。这里的修道僧过着集体生活，没有私有财产，吃公共伙食，守共同的宗教仪式。修道院制度并非以圣安东尼的方式，而是以这种方式赢得了基督教世界。在帕可 396
米亚斯派的修道院中，修道僧从事许多工作，其中以农业劳动为主，以免把全部时间用于抵御肉欲的种种诱惑之上。

大约与此同时，在叙利亚和美索不达米亚也出现了修道院制度。这里，苦行实施得远甚于埃及。柱上苦行者圣谢米安，和其他主要隐士都是叙利亚人。修道院制度是由东方传到了操希腊语言的诸国家，这主要须归功于圣巴歇尔（公元360年左右）。他的修道院，苦行程度较差；并附设有孤儿院，和男童学校。（并不专为准备当修道僧的男童所设。）

修道院制度最初是个完全独立于教会组织之外的自发运动。使修道院制度和教士融合在一起的是圣阿撒那修斯。同时部分上也是由于他的影响，才确立了修道僧必须身兼祭司之职的常规。公元339年当他住在罗马时，他又把这一运动传于西欧。圣杰罗姆为促进这一运动做了很多工作，圣奥古斯丁又把这一运动传布于非洲。图尔的圣马丁在高卢，圣帕垂克在爱尔兰也都创办了修道院。埃奥那的修道院则系圣科伦巴于公元566年时所创办。起初，当修道僧尚未纳入教会组织之前，他们曾成为宗教纠纷的根源。首先，在僧侣中，无法区别，谁是真诚的苦行者，谁是因迫于生活困窘，看到修道院生活较为舒适，而做了修道者。还有另外一种困难：修道僧对他们所喜爱的主教往往给以狂烈的支持，致使地方宗教会议(并甚至几使全基督教会议)陷入异端。确定一性论的以弗所地方宗教会议,(并非全基督教会议)就曾处于修道僧的恐怖统治之下。若非教皇的反对,一性论者也许获得了永久的胜利。但在后世,却未再发生过这类骚乱事件。

早在公元三世纪中叶,在没有男修道僧以前,似乎已有了修女①。

清洁被视为可憎之事,虱子叫做"上帝的珍珠",并成为圣洁的标志。男圣者与女圣者会以除非必须涉水过河之外脚上从未沾过水而自豪。在以后的世纪里,修道僧却做了许多有益的事:他们擅长农艺,有的还维持或复兴了学术。但在早期,尤其是在遁世修行的阶层之中,则全非如此。那时大部分僧侣不从事劳动,除了宗教指定的书籍之外,什么书都不读,并且以一种全然消极的态度来对
397 待道德,视道德为规避犯罪,尤其是规避犯肉欲之罪。圣杰罗姆确曾把自己的藏书携往沙漠,但他后来却认为这是犯了一桩罪。

西方修道僧制度中,最重要的人物是圣边奈狄克特,也就是边奈狄克特教团的缔造者。他于公元480年左右诞生于斯波莱脱附近翁布瑞亚地方的一个贵族家庭中。二十岁时,他抛开了罗马的奢靡和宴乐,跑到一个孤寂的洞穴中,在那里住了三年。此后,他生活过得不再那样孤独了。并于公元530年左右创立了著名的蒙特·卡西诺修道院,他为该修道院起草了"边奈狄克特教规"。这个教规适合于西欧的风土,对修道僧的苦行要求得不像一般流行

① 美国版在此有:"其中有些修女竟把自己关在墓穴之中"一句。——中译本编者

在埃及和叙利亚地区的那样严格。当时在过度苦行方面有过一种不足为训的竞赛。谁愈是极端地实践苦行，谁就愈被认为神圣。边奈狄克特终止了这种竞赛，并宣布超过教规以外的苦行须经修道院长准许后方能实行。修道院长被授予大权；他的选举属于终身任职性质。（在教规和正统教义范围内）他对他的修道僧几乎是实行专制般的统治。修道僧不得再像以前那样，可以任意由一处修道院转入另一处修道院。边奈狄克特派僧侣，在后世虽然以博学著称，但在初期他们的阅读却只限于虔修用的书籍。

凡是组织都各有其自己的生命，并不以其缔造者的意志为转移。于此，最显著的例证就是天主教教会，天主教会是会使耶稣甚而保罗大吃一惊的。边奈狄克特教团则是个较小的实例。修道僧必须宣誓保持清贫、顺从和贞洁。关于这一点吉朋批评说："我在某一地方曾听到或看到一个边奈狄克特派修道院长坦率的自白：'我那清贫的誓言每年给我带来十万克朗；我那服从的誓言把我提升到一个君主般的地位，'但我却忘记他宣誓贞洁的结果了。"[①]虽然如此，该教团背离了创始人的意愿也并非全为憾事，尤其在学术方面更是如此。蒙特·卡西诺的图书馆是有名的，晚期边奈狄克特教派修道僧对学术的嗜好，曾在许多方面予世界有过贡献。

圣边奈狄克特从蒙特·卡西诺修道院的建立时起，到公元543年死去时为止一直住在该修道院。在属于边奈狄克特教团的
大格雷高里尚未立为教皇之前不久，蒙特·卡西诺修道院曾遭到 398
伦巴底人的劫掠。修道僧逃往罗马；但待伦巴底人的狂怒平息后，

① 吉朋著：《罗马帝国衰亡史》，第37章，注57。

他们又纷纷回到蒙特·卡西诺。

从教皇大格雷高里在公元593年所写的对话集中，我们得知很多有关边奈狄克特的事迹。“他在罗马受过古典文学教育。但当他见到许多人由于研究这类学问而陷入放荡、荒淫的生活之后，他便转身撤回刚刚踏进尘世的双脚，唯恐相习过深，同样坠入无神的危险深渊：因此，他抛掉了书籍，舍弃父亲的家财，带着一颗专诚事奉上帝的决心，去寻找一个什么地方，用以达成自己的神圣心愿：于是，他就这样饱学而无知和不学而智慧地离开了家门。”

他当即获得了行奇迹的本领，第一个奇迹是用祈祷修好了一个破筛子。镇上的市民把这筛子挂在教堂门口，“许多年后，甚至到了伦巴底人入侵的时代，还依旧挂在那里”。他丢开了那筛子，走进了他的洞穴。这地方只有一个朋友知道，这个朋友秘密地用一条绳子把食物系给他，绳上系着一个响铃，以便在送食物时通知这位圣徒。可是撒旦却向绳子投了一块石子，把绳子连铃铛都打坏了。虽然如此，这个人类的仇敌妄想断绝圣徒食物供应的企图却终未得逞。

边奈狄克特在洞穴中住满了上帝旨意所要求的日数之后，我们的主便在复活节那天向某一位祭司显现；把隐士的所在默示给他；并吩咐他和该圣徒共进复活节的筵席。大约与此同时；有些牧羊人也发现了他。“起初，当他们由灌木丛中偶然发现他时，他穿着由兽皮做成的衣服，他们当真还以为这是一只什么野兽之类的东西，但等他们结识了这位上帝的仆人之后，其中许多人便因他而把原来野兽般的生活一变而为蒙恩、虔敬和献身的生活了。”

边奈狄克特，像其他隐士一样，遭受过肉欲的诱惑。“恶魔使他忆起从前见过的一个女人，这个回忆在上帝仆人的灵魂中，唤起了强烈的淫念。它有增无已、几致使他屈服于享乐，并兴起了离开荒野的念头。然而在上帝恩惠帮助下，他突然清醒过来了；当他看 399
到附近长着许多茂密的荆棘和丛生的荨麻时，他立即脱下衣服，投身在内翻滚了许久，以致当他爬起来之后，他已可怜地弄得全身皮开肉绽：他就这样借着肉体的创伤医治了灵魂的创伤。”

在他名声远扬之后，某修道院僧众，曾因他们的院长新近去世，而邀请他去主持该院。他接职后硬要他们遵守严格的戒律，致使众修道僧在一次盛怒之下，决定用一杯鸩酒对他进行毒害。然而当他在杯口上画了一个十字之后那杯便立即粉碎了。于是他又重返到荒野中去。

筛子的奇迹并非圣边奈狄克特所行唯一致用的奇迹。一天，一个善良的哥特人用一把钩镰芟夷荆棘，镰头忽然从柄上脱落，掉进深水之中去了。边奈狄克特得悉之后，将镰柄放进水中，这时镰头便立即漂浮起来，自动地接到镰柄上去。

一个邻区祭司，因嫉妒这位圣徒的名声而赠他一块有毒的面包。然而边奈狄克特却奇妙地得知这是一块有毒之物。他习惯于喂养一只乌鸦。当乌鸦在发生问题那天飞来时，这位圣徒便对它说：“我奉我主耶稣基督的名吩咐你衔起这块面包来，把它丢在一个人迹不到的地方。”乌鸦照办了，在它飞回来的时候他照例喂给它当天的食物。这恶毒的祭司，看到无法杀害边奈狄克特的肉身，乃决定戕害他的灵魂，因而打发七个赤身裸体的少妇进了他的修道院。这位圣徒唯恐某些青年修道僧因受诱惑而去犯罪，故而自行离去，以便使那个恶毒的祭司不再发生行这种恶事的动机。以后这个恶毒的祭司终因住房的天花板坍塌下来而被压身死。这时有一位修道僧追踪到边奈狄克特那里告诉他这个消息，这修道僧一面表示愉快，一面请求他重返原来的修道院。边奈狄克特对犯罪者的死亡表示了哀悼，并对那称快的修道僧课以苦行。

格雷高里不仅谈到圣边奈狄克特所行的一些奇迹，同时也不时乐于叙述圣边奈狄克特生涯中的一些事迹。在他创建了十二所修道院最后重返蒙特·卡西诺时，那里有一所纪念亚波罗的礼拜堂，仍然被乡民作为异教崇拜之用。“一直到那时，这些疯狂的异教群众仍然去献那罪恶深重的祭品。”边奈狄克特毁坏了他们的祭
400 坛，代之以一所教堂，并且劝化附近的异教徒改信了基督教。这时撒旦感到了烦恼：

“这个人类的夙敌，不把这件事当作好事对待，现在他竟不在私下，或在梦中出现，而是公开呈现在那圣教父的眼前，并且大声诉说他伤害了它。修道僧们虽听到它的喧噪，却看不到它的形体：但当尊敬的教父向他们述说时，撒旦却以凶险残暴的姿态出现在他面前，它张牙舞爪，嘴中喷着热气，眼中射出烈焰，活像要把他撕碎了似的：所有修道僧都听见了魔鬼对他所说的话；它首先呼唤了这位圣徒的名字，但是我们这位上帝的仆人却不屑于回答它，于是它便开始了一阵冷嘲热骂：它首先喊‘蒙福的边奈特’，但却发现他始终不回答它，于是它马上改变了腔调并说道：‘该诅咒的，而不是蒙福的边奈特：你与我有什么相干？你为什么要这样迫害我？’”故事到此为止；人们由此推想撒旦终于在绝望中放弃了挣扎。

我已从这些对话中作了较长的引证。它们的重要性有三个方面。第一，圣边奈狄克特的教规，后来成为西欧所有修道院（除去

爱尔兰的修道院，或一些由爱尔兰人建立的修道院之外）的典范。然而对于圣边奈狄克特的生平来说，这些对话却是我们的认识的主要来源。第二，它们这些对话描绘出公元六世纪末叶，最文明的民族精神领域的一幅最生动的图画。第三，这些对话为教皇大格雷高里所写成，他是西欧教会中第四位和最末一位博士，并且在政治方面是个最杰出的教皇。以下我们就要对他加以重点叙述。

诺桑普顿副监督，①W. H. 赫顿牧师断言大格雷高里是六世纪最伟大的人物；他说只有查士丁尼皇帝和圣边奈狄克特是他的匹敌。他们三人诚然对未来的时代起过深远的影响：查士丁尼由于他的法典（并不是由于他的武功，因为那些都是暂时的）；边奈狄克特由于他的教规；而大格雷高里则由于他所带来的教廷权的增长。在我所引用的那些对话中，他虽然显得稚气和轻信。但是作为一个政治家，他却非常机敏，专擅和十分清楚地体会到：面对着一个复杂，变化靡常的世界他能有些什么成就。这一对照是颇为令人惊奇的：在行动上最有力的人物往往在精神上却属于第二流。401

大格雷高里，是以格雷高里为名的初代教皇，约在公元540年生于罗马一个富有的贵族之家，他的祖父于鳏居后好像也曾做过教皇。他本人在青年时代时有过一所宫殿和巨大的财产。他受过当时人们认为良好的教育，虽然这并不包括希腊语文知识，尽管他在君士坦丁堡住有六年之久，然而却从未学会希腊语文。公元573年他做过罗马市市长，但是因为宗教需要他，所以他便辞去了市长的职务，为建立修道院和赒济贫民，捐献了所有的家财。他把

① 《剑桥中世纪史》，第2卷，第8章。

自己的宫殿变做了僧舍，而自己则变成一个边奈狄克特派教士。他专心致力于虔修和苦行，致使自己的健康受到长期的损害。教皇裴拉鸠斯二世看中了他的政治天才，派他住君士坦丁堡充当他的全权公使。因为罗马自从查士丁尼时期起就在名义上臣服于君士坦丁堡。格雷高里从公元579年至585年住在君士坦丁堡，在东罗马皇帝的宫廷中一面代表罗马教廷的利益，一面代表教廷神学不断与东罗马帝国的僧众进行商讨，因为他们比西罗马帝国的僧侣较易倾向于异端。这时君士坦丁堡的大主教主张一种错误的见解，他认为我们复活后的身体将是无法触及的。大格雷高里终于拯救了皇帝，防止他远离真实的信仰。虽然如此，他却未能说服皇帝出兵攻打伦巴底人，从而完成他出使的主要目的。

从公元585年至590年的五年间格雷高里在他的修道院里做院长。以后教皇逝世了，于是格雷高里便继任为新教皇。那是一个艰难的时代。但也正是由于时代的混乱，才给予一个能干的政治家提供了极大的机会。伦巴底人正在劫掠意大利；西班牙和非洲由于拜占庭的衰微，西哥特人的委靡和摩尔人的掠夺，竟陷于一种无政府状态。在法兰西存在着南北之间的战争。不列颠在罗马治下虽信奉基督教，但自从入侵以后又转入了异教信仰。那里还有阿利乌斯教派的残余者，“三禁令”的异端尚未消灭尽净。这骚乱的时代甚至影响了一批主教，使他们中间许多人远远不再成为人们的楷模。圣职买卖到处盛行，一直到公元十一世纪后半期时为止仍是一件亟待矫正的弊端。

402 格雷高里以全副精力和智力向所有这些困难的根源搏斗。在他继任教皇之前，罗马主教，虽被人们公认为教阶制中的最高人物，但在其主教管区以外并不认为有任何管辖权。譬如，圣安布洛斯曾与当年时教皇相处得甚为融洽，但显然他却丝毫未把自己看成是教皇权威的属下。格雷高里，部分由他本人的道德品质，部分也由于当代流行的无政府状态，居然能成功地主张他的权威，不但为全体西方教士们所公认，而且在较小的程度上甚而获得了东方教士们的承认。在全体罗马世界中他主要借着同主教们和俗界统治者们通信的方法，但有时也间用其他方法，来行使他的权威。他所著的教牧法规含有对主教们的劝告，在整个中世纪初期里产生了很大的影响。这本教规旨在作为主教们的职务指南，而且也这样为他们所接受。这本书本来是为拉温那的主教写的，但同时他也把它送交赛比耶的主教。在查理曼治下，主教们在授任圣职时才得被授予此书。阿尔弗莱德大帝把这本书译成盎格鲁·撒克逊语。在东罗马则以希腊文刊行于世，它对主教们给以健全的、即或并不惊人的忠告，有如劝告他们不可玩忽职守等。同时书中也告诉他们不可批评那些统治者，如果他们不听从教会的劝告，那么却须使他们经常受到地狱劫火的威胁。

大格雷高里的信札是非常有趣的，它们不止显示出他的性格，同时也描绘出他所处的时代。除了对皇帝和拜占庭宫廷的贵妇人以外，他的口吻竟然有如一个校长——有时称赞，经常斥责，对自己发号施令的权限从未有过丝毫的犹豫。

让我们拿他在公元599年所写的信做个实例。第一封是他写给撒丁尼亚岛上卡格利亚利主教的信。这人虽已老迈，但却道德败坏。信中的一部分这样说："有人告诉我，你在主日行庄严弥撒之前竟出外用犁去翻献礼人的农作物……在庄严弥撒之后你又肆无忌惮地拔掉那块土地的界标……如果你体察到我们原谅你头发斑白，那么，老头儿，今后你可要好好反省，在行为上切忌轻举妄动，在举止上切忌蛮横恣睢。”关于这个问题他同时还写信给撒丁尼亚俗界的权威人士。这个主教又因收取主丧费用受到申斥；以
403 后他又因允许一位改宗的犹太人在犹太会堂里放置了一个十字架和一座圣母像而受到申斥。此外，格雷高里尚得悉该主教同另外一个撒丁尼亚的主教未经大主教许可竟然私自出外旅行；当然这也是必须禁止的。接着就是致达尔马其亚总督的一封很严厉的信，信中说：“我们看不出你在哪一点上能使上帝或人满意”；“鉴于你想讨好于我们，所以你应该在这种事情上，用全副心意和眼泪来满足你的救主。”至于这可怜的人到底做了些什么事，我则一无所知。

以下的一封信是给意大利总督卡里尼克斯的。信中祝贺他战胜了斯拉夫人，并且指示他怎样处理伊斯特利亚地方违犯了三禁令的异端派问题。关于这个问题他也曾写信给拉温那主教。有一次我们竟破例见到格雷高里给叙拉古主教写的一封为自己辩护，而不指责别人的信。这次所讨论的问题是有重大意义的。问题在于当弥撒进行到某一点时应否呼阿利路亚。格雷高里说，他的用法并不如叙拉古主教所指，是出于屈从拜占庭政府的结果，它是经由蒙福的杰罗姆而起源于圣雅各的。因此那些认定他过分屈从希腊用法的人们是错误的。（与此类似的一个问题，曾造成俄罗斯旧教徒分裂的原因之一）

有许多信是写给蛮族男女统治者们的。法兰克女皇布吕尼希勒德曾为自己请求一领赐给法兰西某主教那样的白羊毛袈裟。格

雷高里虽愿答应她的请求;但不幸她所派的使者却属于分裂派。他写信给伦巴底王阿吉鲁勒夫庆贺他与敌方媾和。他写道:“因为,倘若未能达成和议,除了使可怜的农民——其劳动对双方都有裨益——继续流血;并给交战两方带来罪孽与危机之外,还能得到些什么结果呢?”他同时并写信给阿吉鲁勒夫的妻子,狄奥德琳达皇后,叫她劝导丈夫坚持为善。他再次写信给布吕尼希勒德谴责在她国内发生的两件事。一项是俗人未经普通祭司的试用期可以立即升任主教;另一项是准许犹太人拥有基督教徒做奴隶。他给狄奥都利克和狄奥代贝特,法兰克王国的两位国王写的信中说,由于法兰克人模范的虔诚,他本想只说些令人欣慰的事,然而他却情 404
不自禁,必须指出在他们王国里盛行着圣职买卖罪。他也写信给图林地方的主教谈到该主教所受的委屈。他给蛮族统治者写过一封彻头彻尾属于恭维性质的信;这信是写给西哥特王理查的,这人过去曾是个阿利乌斯教派,于公元587年改信了天主教。为此,教皇奖给他一把小钥匙,“这把小钥匙含有当年拘锁圣使徒彼得颈项时所用锁链上的铁,它可以从蒙神祝福圣使徒彼得最圣洁的身上带来祝福,这条拘锁过他颈项使他殉道的锁链,可以解除你家人所犯的一切罪愆。”我希望这位国王陛下嘉纳了这项礼品。

关于以弗所异端宗教会议,他对安提阿的主教有过以下指示,指示中说:“我们曾听说,东方教会中,除非用金钱贿买,就没有一个人能得到圣职。”——主教必须竭尽全能矫正这种事态。马赛的主教因为毁坏了某些被人尊崇的偶像而受到申斥:偶像崇拜诚然是错误的,然而,偶像毕竟是有用之物,因此,应该加以尊重。高卢的两位主教受到了谴责,因为有一个妇女先是当了修女以后又被迫结了婚。“果真如此，……你们二人应当从事雇佣劳动，因为你们不配作为牧者。”

以上是他一年中发出信件的一小部分。有如他在本年度的一封信(CXXI)中所慨叹，这也就无怪乎他找不出时间来从事宗教的默想了。

格雷高里并不欣赏世俗学问。在他写给法兰西伟恩的主教德西德流斯的信中说：“我们听到一件提说起来都不免赧颜的消息。人们说你的‘弟兄们’[其实就是你]习惯于对某些人讲解语法。对此我们不但非常不满，而且十分恼怒，以致我们把以前所说过的一切都化为叹息和悲伤，因为赞美朱比特的话语断然不能出于颂扬基督的口中……正是由于这种事在关系到祭司时极堪诅咒所以越发有必要通过真凭实据，彻底查清这事的真相。”

一直到盖尔伯特，亦即赛尔维斯特二世时期为止，教会内对异教学术的敌视延续了至少有四个世纪。从十一世纪以来，教会才对俗界学术抱有好感。

405 格雷高里对皇帝的态度比对蛮族诸王的态度要更为崇敬。他在写信给一位住在君士坦丁堡的通讯者时说：“凡为最虔诚的皇帝所喜爱的，无论他怎样吩咐，尽都在他的权能范围之内。他怎样决定，就怎样去办。只要他不使我们牵连上撤职处分[关系到正统派主教的]就行。再有，倘若他的所作所为合乎教规，我们就要追随。倘若不合乎教规，我们就要忍受，但要以我们自身不致犯罪为限。”摩立斯皇帝被一个无名的百夫长，弗卡斯所领导的叛乱废黜了。于是这个暴发户便获得了帝位。他不但当着摩立斯杀害了他的五个皇子，而且随后把这位老年的父亲也一并杀掉。除了殉职以外，再无其他选择的君士坦丁堡大主教当然只好为弗卡斯加了冕。但令人更为惊讶的则是格雷高里,他住在远离罗马生命比较安全的地方,竟然对篡位者和他的妻子,写出令人作呕的奉承。他在信中写道:“诸国的国王们与共和国的皇帝之间,有以下不同之点,诸国的国王是奴隶的主人,而共和国的皇帝则是自由人的主人……愿全能的上帝在每一思想上和行动上保守你虔敬的心[也就是你]常住于他的恩惠之中;愿住在你心中的圣灵指引你去做一切应以正义和仁慈从事的事业。”在致弗卡斯的妻子丽恩莎皇后的信中说:“那长期加于我们颈项上的重负业经解除,代之以皇帝大权温和的羁绊,为了你的帝国的安宁,试问有什么舌,有什么心得以说尽想尽我们对上帝所亏负的感谢呢。”有人可能认为摩立斯是个恶人;其实他却是个很善良的老人。那些原谅格雷高里的辩护者们推诿,他不曾知道弗卡斯的暴行;但他是确曾知道拜占庭篡位者惯例的行为的,而且他又不待查清弗卡斯究竟是不是一个例外。

异教徒改宗对教会影响的增长是很重要的。在公元四世纪末叶之前乌勒斐拉斯或乌勒斐拉已使哥特人改了宗,——但不幸,他们改信了,为凡达尔人所信仰的阿利乌斯教派。然而,在狄奥都利克死后,哥特人却逐渐地改信了天主教:西哥特人的王,有如我们所见,在格雷高里期间采用了正统教派的信仰。弗兰克人从克洛 406
维斯时代起就改信了天主教。爱尔兰人在西罗马帝国灭亡以前经圣帕垂克劝化也改了教。帕垂克是一个萨摩塞特郡的乡绅,[①]他

① 至少伯里在关于该圣徒的传记里,是这样说的。译者按:伯里(J. B. Bury)是爱尔兰当代著名史学家。

从公元432年起到461年死去时为止一直住在他们中间。爱尔兰人相继在苏格兰和英格兰北部做了很多布道工作。在这些工作中最伟大的传教士是圣科伦巴;再有便是关于复活节的日期和其他重要问题曾给教皇格雷高里写过长信的科伦班。除去诺桑布利亚以外,格雷高里特别注意到英格兰的改宗。人人知道他在未当教皇之前,如何在罗马奴隶市上见到两个金发蓝珠的男孩。当有人告诉他这两个男孩是盎格鲁人时,他立即回答说,“不,是安琪儿。”在他就任教皇以后,他派圣奥古斯丁前往肯特劝化他们。关于这次布教他给奥古斯丁,给盎格鲁王爱狄尔伯特和其他人士写过许多信。他下令禁止毁坏英格兰的异教庙宇,但却指令毁去其中的偶像并把庙宇奉献给上帝作为教堂之用。圣奥古斯丁向教皇请示过一些问题,诸如堂表兄弟姐妹之间可否结婚,夜间行过房事的夫妇可否进入教堂(格雷高里说,可以,倘使他们已经洗净),等等。这次布道据我们所知是成功的,而这也正成为我们直至今日仍为基督徒的原因。

我们目前所考察的这一段时期,具有以下的特征:当代的伟人虽较其他时代中的伟人逊色,但他们对于未来的影响却较为深远。罗马法、修道院制度和教廷长久而深远的影响主要应归功于查士丁尼、边奈狄克特和格雷高里三人。公元六世纪的人们虽不如他们的前人那样文明,却比以后四个世纪的人们文明远甚,他们成功地创始了许多终于驯服了蛮族的制度。值得我们注意的是:上述三人中,有两人出身于罗马的贵族,而第三人则为罗马皇帝。格雷高里在某种正确的意义上来说,是最后的一个罗马人了。他那命令人的语气虽为其职务所使然,却在罗马贵族的自负中有其本能的根源。在他以后,罗马城许多年代未曾产生过伟人。但就在罗马城的衰落期,它却成功地束缚了征服者的灵魂:他们对于彼得圣 407
座①所感到的崇敬正是出于他们对凯撒宝座的畏惧。

在东方,历史的进程是不同的。穆罕默德诞生的那年,适值格雷高里年近三十岁的时候。

① 指罗马教会而言。——译者

第二篇　经院哲学家

第七章　黑暗时期中的罗马教皇制

自从大格雷高里到赛尔维斯特二世的四百年间，教皇制经历了许多次惊人的变迁。它曾不时隶属于希腊的诸皇帝①；或有时隶属于西方的诸皇帝；并在其他时期更隶属于当地的罗马贵族；虽然如此，公元八世纪和九世纪中，一些精明强干的教皇却乘机建立了教皇权力的传统。从公元600年起到1000年这一段时期，对于了解中世纪教会，以及它与国家的关系方面具有极其重要的意义。

教皇摆脱希腊皇帝获得了独立，这与其归功于他们自己的努力，毋宁归功于伦巴底人的武力——当然，教皇们对此是不存任何感谢之意的。希腊教会在很大程度上一直隶属于皇帝，皇帝认为既有资格决定信仰问题，又有任免主教以至大主教的权限。修道僧也曾努力争取摆脱皇帝而独立，为此他们曾不时地站在教皇的一方。君士坦丁堡的大主教们，虽然情愿归顺于皇帝，但他们却绝不承认自己在任何程度上隶属于教皇的权力之下。皇帝为了抵抗意大利境内的蛮族，不时需要教皇的援助，这时他对教皇的态度恒比君士坦丁堡大主教对教皇的态度还要友好。

---

① 希腊的诸皇帝：指东罗马帝国的诸皇帝，因东罗马帝国的诸皇帝大多数是希腊人。——译者

拜占庭被伦巴底人战败以后，教皇们深恐自己亦将被这些强悍的蛮族所征服是不无理由的。他们借着与法兰克人结盟而解除了这一畏惧。当时法兰克人在查理曼领导下已征服了意大利和德意志。这一同盟产生了神圣罗马帝国，——该帝国曾有一个以教皇和皇帝之间的协调为前提的宪章。加洛林王朝迅速地衰颓了。教皇首先从其衰颓中获得了利益，公元九世纪末叶，尼古拉一世将 409
教皇的权力提到前所未有的高度。当时国内普遍的无政府状态导致了罗马贵族的实际独立，公元十世纪时，他们控制了罗马教廷并带来了极其不幸的结局。教廷及一般教会，如何通过一次伟大的改革运动，从而摆脱了对封建贵族的隶属即将成为后面一章中的主题。

公元七世纪时，罗马仍处于诸皇帝的武力统治之下，那时的教皇们若不顺从即须遭难。有些教皇，例如，霍诺留斯竟至顺从了异端观点；另外一些教皇，如：马丁一世终因反抗而遭到皇帝的囚禁。公元685年到752年间的大多数教皇均系叙利亚人或希腊人。由于伦巴底人越来越多地兼并了意大利，拜占庭的势力遂日趋于衰颓。皇帝伊扫利安人列奥，于公元726年颁布了圣像破除令，对此不仅整个西方，就连东方的大多数人士也都认为是异端。教皇们强烈地和卓有成效地反对了这一禁令；公元787年在女皇伊琳（最初为摄政者）治下，东罗马帝国废弃了圣像破除令异端。然而，与此同时西方发生的一些事件，却永远终止了拜占庭对罗马教廷的控制。

大约在公元751年，伦巴底人攻陷了拜占庭意大利的首都拉温那。这事虽使教皇遭到伦巴底人的极大威胁，但也使他们脱离了对希腊皇帝全面的隶属关系。诸教皇由于一些原因更多地喜欢希腊人,而不喜欢伦巴底人。首先,诸皇帝的权力是合法的,而蛮族的国王若非为皇帝所册封,是被看做篡位者的;其次,希腊人是文明开化的;其三,伦巴底人是民族主义者,而教会则仍保持其罗马的国际主义;其四,伦巴底人曾为阿利乌斯教派,在他们改宗以后,他们仍旧带着某些令人厌烦的气味。

公元739年伦巴底人在国王留特普兰领导下企图征服罗马,但遭到求援于法兰克人的教皇格雷高里三世的强烈反抗。克洛维斯的后裔,墨洛温王朝的国王们已经失去法兰克王国中的一切实权;国家大权操于大宰相手中。当时的大宰相,查理·马特尔是个非常精明强干的人,他和英国国王征服者威廉一样,也是个庶子。公元732年,他在图尔的决定性战役中打败了摩尔人,为基督教世
410 界拯救了法兰西。罗马教会为此本来应该感谢他,但他出于财政上的需要竟而攫取了教会的一些地产,因此降低了教会对他的功绩的评价。但他和格雷高里三世于公元741年相继逝世,而他的后继者丕平,则使教会方面感到十分满意。公元754年教皇司提反三世为了逃避伦巴底人曾越过阿尔卑斯山往访丕平,并缔结了一项证明对双方皆极为有利的协定。教皇需要军事保护,而丕平则需要只有教皇才能赐予之物:正式承认他代替墨洛温王朝最后一个君主,取得国王的合法称号。为了答谢,丕平把拉温那和过去拜占庭总督在意大利的全部辖区赠给了教皇。由于这项馈赠无从期待君士坦丁堡当局的承认,所以这就意味着同东罗马帝国在政治上的分离。

假如历代教皇隶属于希腊历代的皇帝,天主教会的发展将要

迥然有所不同。在东方教会中，君士坦丁堡的大主教从未获得摆脱俗界当局的独立，或有如教皇所获得的那种高于其他教士们的优越性。起初所有主教均被视为平等，而东方在相当大的程度上一直固持着这种见解。尤其在亚历山大里亚、安提阿和耶路撒冷诸城中尚有其他东方的大主教，但在西方教皇却是唯一的大主教（然而自从回教徒入侵以后这一事实已经失去了它的意义）。在西方——东方并不如此——俗人自从数世纪以来就大部分是文盲，这就给予西方教会以东方所没有的方便。罗马的声誉凌驾于东方任何城市之上，因为罗马兼有帝国的传统，又有彼得、保罗殉道，以及彼得曾是第一任教皇等传说。皇帝的威望或适足与教皇的威望相颉颃，但却没有一个西方的君主能够这样做。神圣罗马帝国的皇帝们往往缺乏实权；此外皇帝的即位尚有待于教皇给予加冕。由于这些原因，教皇从拜占庭统治下获得解放一事，对于教会之独立于世俗王国，对于决定性地建立教皇政治用以管理西方教会乃是必不可缺的。

在这一时期里有过一些极其重要的文件，例如："君士坦丁的赠予"和伪教令集，我们无须涉及伪教令集，但必须叙述一些有关 411
"君士坦丁的赠予"的事项。为了给丕平的馈赠披上一个古老的合法外衣，教士们伪造了一个文件，把它说成是君士坦丁皇帝颁布的一项教令，大意说，当他创建新罗马时，他曾将旧罗马以及其所有的西方领土赠给了教皇。作为教皇世俗权力基础的这项馈赠竟被以后中世纪的人们信以为真。文艺复兴时公元1439年它才为罗伦佐·瓦拉斥为赝品。他曾写了一本"论拉丁语言幽雅"的书，而这种幽雅自然是八世纪作品所缺乏的。在他发表了这本驳斥"君士坦丁的赠予”的书和他的另一篇赞美伊壁鸠鲁的论文之后，奇怪的是，他竟被当代热爱拉丁文风胜于教会的教皇尼古拉五世任命为教廷秘书。虽说教皇对教会的领地的管辖权是以那项伪托的赠与为依据，然而尼古拉五世却并未提议放弃教会所辖的领地。

这个有名文件的内容曾为C. 戴利勒·伯恩斯概述如下：[①]

> 在概述了尼西亚信条，亚当的堕落和基督的诞生之后，君士坦丁说他患了麻风病，由于多方就医无效因而前往求助于“朱比特神殿的祭司们”。他们建议他杀死一些婴儿，并在婴儿的血中沐浴，但由于婴儿母亲们的眼泪，他乃放还了她们。当夜，彼得和保罗向他显现，对他说塞尔维斯特教皇正隐居于苏拉克特的洞穴里，他会治好他的。于是他便来到了苏拉克特，这时“万国教皇”告诉他彼得和保罗不是神，而是使徒；并拿出他们的画像给他看，他认出这两个人正是上次显现时的人物，并在他所有的州长面前承认了这事。于是教皇塞尔维斯特指定他穿着马毛衫进行一段时期的赎罪；然后给他施了洗礼。这时他看到有手从天上触及他。于是他的麻风病被治好了，并自此放弃了偶像崇拜。以后，他和他所有的州长们、元老院贵族以及全体罗马人民考虑最好将最高权力让给罗马的彼得教廷，并使其凌驾于安提阿、亚历山大里亚、耶路撒冷以及君士坦丁堡之上。然后他在拉
> 412 特兰宫内建立了一所教堂。他把皇冠、三重冠和皇袍赐给了教皇。他把三重冠戴在教皇头上，并替教皇牵着马缰。他“把罗马，以及西方所有的省、县和意大利城市让给赛尔维斯特和他的

① 我是在引用一本尚未出版的书，《第一欧洲》。

后继者；永久作为罗马教会的管辖区”；然后，他迁到东方，“因为在天上皇帝已经设置了主教权位和基督教首脑的地方，世俗的皇帝已不配再去掌权了”。

伦巴底人并不顺从丕平和教皇，但他们却在屡次战争中为法兰克人所战败。公元774年丕平的儿子查理曼终于进驻了意大利，彻底击败了伦巴底人，自认为他们的国王，然后占领了罗马，并在此确认了丕平的赠与。当时的教皇哈德理安和列奥三世发觉在各方面促进查理曼的计划是对他们有利的。查理曼征服了德意志的大部地方，以强烈的迫害手段使撒克逊人改信了基督教并于最后独自恢复了西方帝国，在公元800年的圣诞节由教皇加冕即皇帝位。

神圣罗马帝国的建立，在中世纪理论方面划了一个时代，但在中世纪实践方面却远非如此。中世纪是一个特别热衷于法权虚构的时代，当时的虚构主张前罗马帝国的西部地区在法律上仍隶属于君士坦丁堡的皇帝，而皇帝是被认为合法权威的唯一源泉。法权虚构的大师查理曼曾主张：帝国的皇位尚无人继承，因为统治东方的伊琳（她自称皇帝而不称女皇）是个篡位者，因为女人是不能做皇帝的。查理[1]从教皇那里为自己的主张找到了合法根据。因而教皇与皇帝从最初就有过一种奇妙的依存关系。无论是谁，若不经罗马教皇加冕就不能做皇帝；另一方面，数世纪以来每一代强力的皇帝都主张有任免教皇的权限。中世纪法权的理论有赖于皇帝与教皇双方的决定；双方虽都为这种依存关系而感到苦恼，但历时数世纪之久一直无法避免。他们彼此之间经常发生摩擦，这种

① 查理：指查理曼。——译者

摩擦时而有利于一方，时而有利于另一方。公元十三世纪里双方的斗争终于达到无从和解的地步。教皇虽获得了胜利，但不久以后却失去了道德上的权威。教皇和神圣罗马帝国皇帝二者并存了
413 几个世纪，教皇一直延续到现在；皇帝则延续到拿破仑时代为止。然而，所建立起来的关于双方各自权力的精致的中世纪理论，却在十五世纪时即失去了效力。这理论所主张的基督教世界的统一，在世俗方面被法兰西、西班牙以及英吉利等君主国的强权所摧毁；在宗教方面则为宗教改革所摧毁。

关于查理大帝①和其随从的性格，盖哈特·泽里格博士曾概括叙述如下：②

在查理的宫廷里展开了波澜壮阔的生活。我们在那里既能看到豪华与天才，也能看到不道德的行为。查理一向不注意那些招致在他周围的人们。他本人并非一个模范人物，因而对于自己所喜欢的人或认为有用的人都能许以最大的自由。他虽被称为"神圣的皇帝"，但他的生活却显不出什么神圣。阿鲁昆就曾这样称呼查理，并赞扬皇帝美丽的女儿罗楚德是一位娴淑的女性，尽管她和梅因的罗得利克伯爵陈仓暗度，生过一个男孩。查理离不开他的女儿们，他不允许她们结婚，因此，不能不使他得到这样的后果。另外一个女儿蓓尔塔和圣里其耶修道院虔诚的院长安吉尔伯特之间生过了两个男孩。事实上查理的宫廷是个恣情纵欲的生活中心。

---

① 查理大帝：亦指查理曼。——译者

② 《剑桥中世纪史》，第2卷，第663页。

查理曼是个精力充沛的蛮人，在政治方面与教会结成同盟，但他却不关心个人的虔诚。他既不会读又不能写，但他却掀起了一次文艺复兴。他在生活上是放荡不羁的，同时又过分溺爱自己的女儿。但他却不遗余力地勖勉臣民过圣洁的生活。他和他的父亲丕平一样曾巧使传教士的热诚为自己在德意志扩张势力，并设法使教皇服从他的命令。教皇们都心满意足地听从他的命令，因为当时的罗马已成为一个蛮族的都市，如果没有外界的保护，教皇自身的安全是毫无保障的，而且历次教皇的选举也早已变成了混乱的派系斗争。公元 779 年，地方的敌对者逮捕了教皇，把他投入监狱，并威胁要刺瞎他的眼睛。查理在世时似将开始一个新秩序，但他死后却除去一套理论以外什么也没有遗留下来。

教会所得的利益，特别是教廷所获得的利益，比西罗马帝国所得的利益更为稳固。在教皇大格雷高里三令五申下的一个修道僧团体劝化英格兰改信了基督教，因此英格兰比那些有主教但习惯 414
于地方自治的国家，对罗马更为恭顺。德意志的改宗主要是英格兰传教士圣鲍尼法斯（公元 680—754 年）的功绩。他是个英格兰人，曾是查理·马特尔和丕平的朋友，并且全面效忠于教皇。鲍尼法斯在德意志建立了许多修道院。他的朋友圣戈勒在瑞士建立了一所名为圣戈勒的修道院。根据某些权威者所述，鲍尼法斯曾按《列王纪上卷》中的仪式为国王丕平举行过涂油式。

圣鲍尼法斯的原籍是德汶州，受教育于爱克塞特和温彻斯特。他于公元 716 年去弗利西亚，但不久即返回。公元 717 年他去到罗马。并于公元 719 年被教皇格雷高里二世派往德意志去劝化德意志人改教，以及对爱尔兰传教士的影响进行斗争（可以追忆的是:爱尔兰传教士曾对复活节的日期和削发的形式犯了错误)。他在取得相当成就之后,于公元722年回到罗马,在罗马被格雷高里二世任命为主教,并宣誓服从教皇。教皇给了他一封致查理·马特尔的信,并任命他在劝化异教徒改教的使命之外,去镇压异教徒。公元732年他被提升为大主教;公元738年他到罗马作了第三次访问。公元741年教皇札卡理阿斯任命他为教皇使节并命令他去改革法兰克的教会。他建立了弗勒达修道院,并为这修道院制订了一套比边奈狄克特教团还要严格的规章。然后他和撒尔兹堡的一名爱尔兰籍主教,维吉尔发生了一场争论。维吉尔虽曾主张在我们的世界以外尚有其他世界,但也是一位被正式列入圣籍的人物。公元754年鲍尼法斯和他一同回到弗利吉亚后遭到异教徒的屠杀。德意志基督教之所以成为教皇派,而不成为爱尔兰派,主要是由于他的功绩。

英格兰的一些修道院,特别是在约克州的那些修道院,在当代是具有重大意义的。罗马统治期间的不列颠文明早已荡然无存,由基督教传教士所导入的新文明几乎全部集中于全面直接仰赖罗马的边奈狄克特派修道院。可敬的毕德是贾罗地方的一个修道僧。他的学生埃克伯特,约克的首任大主教,建立了一所教育过阿鲁昆的教会附属学校。

阿鲁昆在当代的文化中是一重要人物。公元780年他于前往罗马途中,在帕尔玛谒见了查理曼。皇帝雇他教法兰克人拉丁语,
415 和教育皇帝的家属。他在查理曼的宫廷里度过了大部分生涯,从事教育与建立学校。晚年他当了图尔的圣马丁修道院院长。他著了一些书,包括一本用韵文写的约克教会史。皇帝虽然没受过教

育，却深信教化之功，他暂时缓和了黑暗时代中的黑暗。但他在这方面的工作却为时很短。约克州的文化逐渐为丹麦人所毁灭，法兰西的文化也遭到诺曼人的破坏。撒拉森人袭击了意大利南部，攻克了西西里，并甚而于公元846年袭击了罗马。总而言之，在西方基督教世界里公元十世纪堪称一最黑暗的时代；因为公元九世纪曾受到英吉利一些僧侣，以及约翰·司各脱这一杰出人物的拯救。关于后者，我即将作一较详的介绍。

查理曼死后加洛林王朝的衰颓以及查理曼帝国的分裂，首先为教廷带来了利益。教皇尼古拉一世（公元858—867年）曾把教皇的权力提到前所未有的高度。他和东西两罗马帝国的皇帝们；和法兰西秃头王查理；和洛林王罗塔二世；以及几乎全体基督教国家的主教们发生过争执；然而在几乎所有的争执中他都取得了胜利。许多地区的僧侣早已依附于地方诸侯，于是他便着手扭转这种局面。他的两大争端是关于罗塔二世的离婚事件，和关于君士坦丁堡大主教伊格纳修斯的非法罢免事件。贯穿整个中世纪时期教会的势力，经常干预皇室的离婚问题。国王都是些刚愎自用的人，他们认为婚姻的不可解除是一项只限于臣民的教规。然而只有教会能缔结神圣的婚姻，假如教会公布某项婚姻无效，那么就很可能引起王位继承纷争或王朝战争。因此教会在反对皇家离婚事件和非法婚姻事件中占有极其有利的地位。在英格兰，教会在亨利八世治下丧失了这种地位，但在爱德华八世治下又恢复了这种地位。

当罗塔二世申请离婚时，他获得了本国僧侣的同意。但教皇尼古拉却撤掉了默认这事的主教们，并全面拒绝承认该王的离婚

416 申请。罗塔的兄弟皇帝路易二世为此曾进军罗马试图恫吓教皇；但终因迷信性恐惧的增长而撤退。于是教皇的意志终于获得了胜利。

伊格纳修斯大主教的事件是饶有兴趣的，这事说明教皇在东方依然可以主张自己的权力。伊格纳修斯因交恶于摄政王巴尔达斯而被免去大主教的职位；弗修斯迄今本为一俗界人士，却被提升为大主教，拜占庭政府请求教皇批准这件事。教皇派遣了两位使节前往调查；他们到达君士坦丁堡之后，因受到恫吓，竟而同意了既成事实。这件事曾在教皇前隐瞒了一段时期，但当教皇得悉这件事后，他便采取了断然的措施。并在罗马召集了一次宗教会议来讨论这个问题；他免去了一名使节的主教职务，同时又罢免了授予弗修斯圣职的叙拉古的大主教；他咒逐弗修斯；斥革所有经弗修斯授予圣职的人，同时并恢复了因反对弗修斯而被革职的人的职位。皇帝米凯尔三世为此十分恼怒，他给教皇写了一封愤懑的信，但教皇却回答说："国王兼任祭司，皇帝兼任教皇的日子已成过去，基督教已把这两重职务分开了，基督徒皇帝关于永生问题需要教皇，但教皇除去在有关属世的事务方面是不需要皇帝的。"弗修斯和皇帝为了报复也召集了一个宗教会议，会上将教皇破门并宣布罗马教会为异端。过了不久，皇帝米凯尔三世遭到暗杀，他的继承者巴歇尔恢复了伊格纳修斯的职位，并在这件事上公开地承认了教皇的权限。这一胜利发生于尼古拉死后不久，而又几乎完全归功于宫廷革命的爆发。伊格纳修斯死后，弗修斯重新当了大主教，从而扩大了东方教会和西方教会间的裂痕。因此，假如从长远着想，尼古拉在这件事上的政策不能说是胜利的。

尼古拉把自己的意志强加于主教们比强加于国王们更为困难。大主教们认为自己是非常伟大的人物，他们是不肯驯服于一个教会的君主的。然而尼古拉却主张主教的存在主要归功于教皇，当他在世时，他总算大致上成功地普及了这种见解。在这些世纪里，有过主教应该如何任命的重大疑问，主教们原先是由忠实的信徒从主教区城市中用口头选举出来的；其次也经常为附近教区 417
主教们的宗教会议所选出；但也有时为国王或教皇所选任。主教们可因重大理由得以撤换，但他们究竟应该受到教皇，还是地方性宗教会议的裁判则是不明确的。所有这些不明确之点恒使得这样一种职位的权能有赖于各该职位负责人的毅力和机敏。尼古拉把教皇的权力扩张到当时可及的最大限度；但在他后继者的统治下，这种权力重新陷入了一个低潮。

公元十世纪时教廷完全被置于地方性罗马贵族的统治下。这时关于教皇的选举问题还没有既定的制度；教皇的选任有时仰赖群众的拥戴；有时仰赖皇帝们或国王们，有时就像在公元十世纪中一样仰赖罗马市的地方掌权者。这时，罗马和教皇大格雷高里在世时有所不同，罗马已不是一个文明的城市了。这里不时发生派系战争；一些豪门望族又不时通过暴力和贪污的联合手段攫取统治权。西欧的紊乱和衰颓在此时已达到使全体基督教国家几乎濒于毁灭的程度。皇帝和法兰西国王已无法制止在其境内名义上仍为其诸侯的一些封建主所制造的无政府状态。匈牙利人袭击了意大利北部，诺曼底人入侵法兰西海岸，直到公元 911 年将诺曼底地方划归他们，他们才以此作为交换条件皈依了基督教。然而意大利和法兰西南部最大的危险却来自撒拉森人，他们既不接受基督教，也不尊重教会。大约在九世纪末叶，他们征服了全部西西里；并定居于那不勒斯附近的嘎里戈里阿诺河畔；他们破坏了蒙特·卡西诺及其他大型修道院；他们在普罗望斯海岸有一块殖民地，并从那里劫掠了意大利和阿尔卑斯山谷地带，遮断了罗马与北方的交通。

撒拉森人对意大利的征服为东罗马帝国所阻止，东罗马帝国于公元915年战败了嘎里戈里阿诺的撒拉森人。但其国势却不能像查士丁尼征服罗马时那样，足以统治罗马。教皇的职位在将近一百年的岁月中竟变作了罗马贵族阶级或塔斯苛拉姆诸侯的赏赐物，公元十世纪初最有权力的罗马人是"元老院议员"狄奥斐拉克
418 特和他的女儿玛柔霞，教皇的职位，几乎为该家所世袭。玛柔霞不但相继有好几个丈夫，而且还有无数的情夫。她将其中的一个情夫提升为教皇号称塞尔玖斯二世（公元904—911年）。他俩的儿子是教皇约翰十一世（公元931—936年）；她的孙子是约翰十二世（公元955—964年），他在十六岁时便当了教皇，"他使得教皇的坠落达于底极，由于其荒淫的生活和奢靡的酒宴，不久便使拉特兰宫成为世人注目之地了。"玛柔霞可能成为女教皇朱安（Pope Joan）传说的根源。

这一时期的教皇们当然丧失了以前诸教皇在东方所具有的一切势力。他们失去了教皇尼古拉一世对阿尔卑斯山以北主教们行之有效的统治权。各地的宗教会议对教皇声明了全面独立，但它们对专制君主和封建领主们却保持不了独立。主教们日益为世俗封建领主所同化。"因而，教会本身也像世俗社会那样，成为同一无政府状态的牺牲；各式各样的邪恶毫无止境地蔓延着；一些稍事

关心宗教及关心拯救信徒灵魂的僧侣无不为当前普遍的颓废而悲叹，于是他们便引导着忠实信徒去注视那世界末日的景象和最后的审判。”①

过去有人曾认为当时流行着一种恐怖，就是说，当时的人害怕公元一千年将成为世界末日的年份。然而，这种想法却是错误的。因为自从圣保罗以来，基督徒就一直相信世界末日的临近，而他们却依然如故地进行其日常的工作。

为了方便起见，公元一千年不妨被认为是西欧文明衰退达于极点的年份。从这以后开始了一直延续到公元 1914 年的文化上升运动。开始时，这进步主要须归功于修道僧的改革。在修道僧教团以外的大部分僧侣早已变得暴戾、败坏和世俗化了；由于虔诚信徒布施而来的财富与权势腐化了这些僧侣，这种事情甚至在修道僧教团中也屡见不鲜，但每当道德力有所衰颓的时候，一些改革家必以新的热忱，使其重新振奋起来。

公元一千年之所以成为一个历史转折点还有另外一项原因。
大约在此时期，回教徒和北方的蛮族至少停止了对西欧的征战。419
哥特人、伦巴底人、匈牙利人和诺曼人相继入侵；各部族相继改信了基督教，但每一部族都削弱了文明的传统。西方帝国分裂为许多蛮族王国；诸国王对他们的臣属丧失了统治权；从而呈现了一种具有经常大小不同规模战事的普遍无政府状态。最后所有强悍的北方征服者部族都改信了基督教，并定居于各地。诺曼人是最后期的侵入者，他们特别显示了文明的才智，他们从撒拉森人那里夺

① 《剑桥中世纪史》，第 3 卷，第 455 页。

回了西西里，从而保卫意大利不受回教徒的威胁。他们把丹麦人从罗马帝国中分裂出去的大块英格兰领土重新纳入罗马的版图。当他们一旦定居于诺曼底之后，立即允许了法兰西的复兴，并对它给予了实质的帮助。

我们用“黑暗时期”这一词汇来概括公元600年到公元1000年这一段时期意味着我们过分着重了西欧。这一时期，适值中国的唐朝，也就是中国诗的鼎盛时期，同时在其他许多方面也是一个最为出色的时期。从印度到西班牙，盛行着伊斯兰教光辉的文明。这时举凡基督教世界的损失不但不意味着世界文明的损失，而且正好是恰恰相反。当时没有人能想象西欧在武力与文化方面会在以后跃居于支配地位。对于我们来说好像只有西欧文明才是文明，但这却是一种狭隘的见解。我们西欧文明中大部分文化内容是来自地中海东岸，来自希腊人和犹太人的。论及武力：西欧占优势的时期起自布匿战争①到罗马的衰亡——约为公元前200年到公元后400年间的六个世纪。此后在武功方面便再没有任何一个西欧国家能与中国、日本或回教国家相提并论了。

自从文艺复兴以来，我们的优越性一部分须归功于科学和科学技术，一部分须归功于在中世纪里慢慢建立起来的政治制度。从事物的性质方面来看，这种优越性，是没有理由持续下去的。俄国、中国和日本，在当前的大战中显示了很大军事力量。所有这些国家都把西方国家的技术和东方的意识形态——拜占庭、儒教或

① 布匿战争：指罗马与迦太基在公元前264年—前146年间所进行的三次战争。——译者

神道①的意识形态结合在一起。印度如果获得解放，也将贡献出另一东方的因素。假如文明继续下去，在未来的几个世纪里，文明 420 必将呈现文艺复兴以来从来未有的多样性。有一种比政治的帝国主义还要难于克服的文化帝国主义。西罗马帝国灭亡许久以后——甚至到宗教改革为止——所有欧洲文化都还保留着一抹罗马帝国主义色彩。现在的文化，对我们来说，是具有一种西欧帝国主义气味的。在当前的大战之后，假如我们打算在世界上生活得更舒适，那么我们就必须在思想中不仅承认亚洲在政治方面的平等，也要承认亚洲在文化方面的平等。我不知道，这种事将要引起什么变化，但是我确信，这些变化将具有极其深刻和极其重要的意义。

第八章　约翰·司各脱 421

约翰·司各脱，或约翰奈斯·司各脱斯，有时更附以厄里乌根纳或厄里根纳②字样，是公元九世纪最令人惊异的人物。假如他生在公元五世纪或十五世纪，他也许不至使人这样惊讶。他是一个爱尔兰人，一个新柏拉图主义者，一个杰出的希腊学学者，一个斐拉鸠斯教派，和一个泛神论者。他的大部分生涯是在法兰西国王，秃头王查理的庇护下度过的。他虽诚然距离正统教义远甚，但就我们所知却避过了迫害。他把理性置于信仰之上，并丝毫不介

① 神道：指日本之神道。——译者

② 这种附加是多余的；因为这样就使他的名字成为“爱尔兰的爱尔兰人约翰”。公元九世纪时，“司各脱斯”意味着“爱尔兰人”。

意教士们的权威；而他们为了解决自己的争论，反而要求过他的仲裁。

为了理解这样一个人物的出现，我们必须首先注意圣帕垂克以后数百年内的爱尔兰文化。姑且不论圣帕垂克是英格兰人这一令人不快意的事实，尚有两项其他几乎同样令人不快意的事情：首先，在圣帕垂克到达爱尔兰之前，那里已经有了基督徒；其次，不管他为爱尔兰基督教作出了多大贡献，爱尔兰文化并不起因于他（据某高卢人作家说）。当阿替拉以及哥特人、凡达尔人和阿拉里克相继入侵高卢地方时："大海这边所有硕学之士都逃往海外各地，特别是爱尔兰，不管他们逃往哪里，他们便给那里的居民带来巨大的学术进步。"[①]假如这些人中有谁前往英格兰避难，盎格鲁人、撒克逊人和玖特人必将把他们消灭尽净；然而那些去到爱尔兰的人却与传教士结合在一起，成功地传播了在欧洲大陆逐渐消亡的大量知识与文明。我们有充分理由相信，公元六世纪、七世纪和八世纪间，爱尔兰人当中尚残存着希腊语文知识，以及对拉丁古典著作的相当学识。[②] 英格兰自从坎特伯雷大主教狄奥多时代起就通晓了
422 希腊语文。狄奥多本人是个希腊人，曾受教于雅典；在英格兰北方则可能是由于爱尔兰籍传教士的教导而通晓了希腊语文。蒙塔格·詹姆士说："公元七世纪下半期，渴望知识最殷切、教学工作开展得最活跃的地方是爱尔兰。在爱尔兰，拉丁语文（希腊语文稍差）的研究是以学者观点进行的……他们首先为传教的热诚所驱

① 《剑桥中世纪史》，第 3 卷，第 501 页。

② 这个问题在《剑桥中世纪史》中，议论得颇为审慎，见第 3 卷，第 19 章，其结论则肯定爱尔兰人的希腊语文知识。

使，继而又迫于爱尔兰家乡的困难情况，乃大举迁徙到欧洲大陆，从而为挽救他们早已尊崇的残缺的文献作出了贡献。”①奥克撒尔的海尔利克在公元876年叙述爱尔兰学者们的迁徙时说：“爱尔兰连同其哲学家们不顾海上的危险，几乎是集体迁移到我国的海岸。所有最博学的人都注定要应贤王所罗门——意指，秃头王查理——的延揽，自愿地走上了流亡之路。②”

学者们每每被迫去过漂泊不定的生活。在希腊哲学的开始期，许多哲学家都是从波斯人那里来的避难者；在哲学的末期，查士丁尼治下时，他们又变为逃往波斯人那里去的避难者。公元五世纪时，有如我们所见，一些有学问的人为了逃避日耳曼人，从高卢逃到西欧诸岛；在公元九世纪时，他们为了逃避斯堪的纳维亚人又从英格兰与爱尔兰逃回高卢。在现代，德国哲学家为了逃避他们的同胞甚至必须逃往更远的西方。我真不晓得他们是否竟需要同样长的时间才能重返家园。

我们对于当时为了欧洲保存古典文化传统的爱尔兰人知道得太少了。有如他们的悔罪规则书所示，他们的学问是与修道院攸关的，充满了宗教的虔诚；但他们的学问却好像与神学的微妙问题没有多大关联。由于这种学问与其说是主教的毋宁说是修道僧的，所以它没有那种始自大格雷高里以来赋予欧洲大陆僧侣特征的行政观点。又由于它主要与罗马割断了有效联系，所以它在考虑教皇时，仍抱着圣安布洛斯时代对教皇的看法，因而和后世对于

① 《剑桥中世纪史》，第3卷，第507—508页。

② 同上书，第3卷，第524页。

教皇的看法有所不同。斐拉鸠斯，虽很可能是个不列颠人，却被某
423 些人认为是爱尔兰人。他的异端很可能残存于爱尔兰，这里的当权者未能像在高卢那样千辛万苦地将它扑灭。这些情况足以说明约翰·司各脱思想之所以异常自由与新鲜的原因。

约翰·司各脱生涯的初期和后期都是无从查考的；我们只知道他受到法兰西国王雇佣时的一段中间期。他大约生于公元800年，死于877年左右，但这两个年代都出于推测。教皇尼古拉一世时他适在法兰西。我们在他的生涯中，又遇到一些与这位教皇有关的人物，例如秃头王查理、米凯尔皇帝以及教皇尼古拉本人。

大约在公元843年，约翰应秃头王查理的邀请前往法兰西，并被该王任命为宫廷学校的校长。关于预定说和自由意志，修道僧高特沙勒克和莱姆斯大主教，一位显要的僧侣兴克玛尔之间发生了一场争论。修道僧高特沙勒克是预定说派，而大主教是自由意志派。约翰在《*论神的预定说*》一篇论文中支持了大主教，但他的支持却太不审慎。这个问题是非常棘手的；奥古斯丁在驳斥斐拉鸠斯的文章中曾不得不涉及这个问题，赞同奥古斯丁固属危险，但若公然反对奥古斯丁却有更大的危险。约翰支持了自由意志，这或不致引起什么责难而获得谅解；但在他的议论中的那种纯哲学的性格却招来了人家对他的愤懑。这并不由于他公然违抗神学中公认的任何事物，而是由于他主张：独立于启示之外的哲学具有同等的权威，或甚至具有更高的权威。他争辩说理性和启示二者都是真理的来源，因此是不能互相矛盾的；但假如二者之间万一出现了*类似*矛盾的时候，那么我们就应当采取理性。真正的宗教，他说，即是真正的哲学；相反，真正的哲学也就是真正的宗教。他的

著作曾受到公元855年和公元859年两次宗教会议的谴责；第一次宗教会议曾把他的著作斥为“司各脱杂粥”。

由于国王的支持，他终能逃避了惩罚。他和国王似乎一直很友好。如果玛姆兹伯利的维廉的记载可以凭信，当约翰与国王共进午餐的时候国王曾问约翰：“什么东西使一个爱尔兰人(Scot)和一个酒徒(Sot)[1]有所区别？”司各脱回答说：“只有食前方丈。”国王于公元877年逝去，此后人们再也没有听到约翰的下落。有人相信他也在同年死去。但也有人传说他被阿尔弗莱德大帝聘往英格兰，并做了玛姆兹伯利修道院，或阿塞勒尼修道院的院长，最后遭到修道僧的 424
暗杀。然而，遭这不幸的人却似乎是另一位同名的约翰。

约翰的另一部书是希腊原文伪狄奥尼修斯文集的翻译。这是一部在中世纪前期享有盛誉的书。当圣保罗在雅典传道的时候，“有几人贴近他，信了主，其中有亚略巴古的官丢尼斯”[2]（《使徒行传》第17章，第34节）。除了以上记载之外关于这个人在现下我们已无从稽考，但在中世纪时人们还另外知道关于他的许多事。他曾旅行到法兰西，并在那里建立了圣邓尼修道院；至少在约翰到达法兰西不久之前该修道院院长希勒杜茵曾有过这样说法。除此以外狄奥尼修斯是一本调和新柏拉图主义与基督教重要著作的有名作者。这本书的著作年代是不详的；但它的确成书于公元500年以前和普罗提诺所处的时代以后。这本书在东方流传甚广，并且受到世人赞赏；但在西方一直到公元827年，希腊皇帝米凯尔送给虔诚王

① 爱尔兰人与酒徒，原文中有协韵关系是国王所说的一句诙谐语。——译者

② 丢尼斯：系中文圣经中的译名。即本书中的狄奥尼修斯。——译者

路易(Louis the Pious)一本抄本,路易王又将该书赠给上述的希勒杜茵修道院院长时为止,这本书尚未被一般人士所知晓。希勒杜茵认为该书出自圣保罗的门徒,也就是出自希勒杜茵所居修道院的创建者的手笔。他很想知道该书的内容;但一直到约翰到来却没有人能胜任希腊文的翻译。约翰完成了这项翻译,他在从事这项工作时必定感到十分愉快,因为他的观点和伪狄奥尼修斯文集是十分接近的。伪狄奥尼修斯从那时以来曾给予西方天主教哲学以巨大的影响。

公元 860 年人们将约翰的翻译送呈教皇尼古拉。教皇因该书在发行以前,未征求他核准而感到恼怒,并命令查理王将约翰送至罗马——然而这项命令却被置若罔闻了。关于本书的实质,特别是关于译文中所表现出来的精湛的学识,教皇是无法吹求的。教皇曾征询他的图书馆长卓越的希腊学学者,阿奈斯它修斯对于该书的意见。阿奈斯它修斯为一个远居化外的人竟能具备如此渊博的希腊文知识而感到十分惊讶。

约翰最大的著作(用希腊文写成的)是《自然区分论》。这是一部在经院哲学时代可能被称为“实在论的”著作;这就是说,它像柏拉图的著作一样,主张诸共相是在诸殊相以先。他在“自然”中不仅包括有;而且包括非有。自然的整体被划分为四类:(1)创造者而非被创造者,(2)创造者同时又是被创造者,(3)被创造者但非创
425 造者,(4)既为非创造者又为非被创造者。第一类显然是上帝。第二类是存在于上帝之中的(柏拉图主义的)诸理念。第三类是时间与空间中的事物。第四类令人惊讶,仍是上帝,并非作为创世主,而是作为一切事物的终极和目的。从上帝流溢出来的一切事物都

努力争取复归于上帝；因此所有这些事物的终极和他们的开始是同一的。一和多之间的桥梁是逻各斯。

他把不同的诸事物，例如，那些不属于睿智世界的有形体的事物，和罪——因为罪意味着神性典型的丧失——都包括在非有的领域之中。唯有创造者而非被创造者具有本质的存在；它是一切事物的本质。上帝是事物的开始、中继和终极。上帝的本质是人类，以至天使所无从知道的。在某种意味上，他甚至连他自己也无从知道："上帝自身也不知道他是什么，因为他不是一个什么；在某种意义上来讲他对于他自己和对于每一个智者都是不可理解的。"①在诸事物的存在中可以看到上帝的存在；在诸事物的秩序中看到他的智慧；在诸事物的运动中看到他的生命。他的存在是圣父，他的智慧是圣子，他的生命是圣灵。然而狄奥尼修斯所说没有一种名称可以用来确言上帝的说法却是正确的。有一种所谓肯定的神学，在这种种神学中人们把上帝说成是真理、善、本质，等等，但这些肯定只不过是象征性的真实而已，因为所有这些述语都有一个对立语，而上帝是没有对立语的。

创造者同时又是被创造者这一级事物包括诸第一原因，或诸原型，或柏拉图主义的诸理念。这些第一原因的总合便是逻各斯。诸理念的世界是永恒的，和被创造的。在圣灵的影响下，这些第一原因产生了个别事物的世界，但其物质性却是虚幻的。当提及上帝从"无"中创造万物时，在上帝超越所有知识的意味上，这个"无"

① 参照布莱得雷所论一切认识的不充分性。他主张没有全真的真理，而所可能得到的最好的真理在知性上都是不能改正的。

应该被理解为上帝本身。

创世是一个永远的过程：一切有限事物的实体都是上帝。被造物并不是一个与上帝有区别的存在。被造物存在于上帝之中，而上帝以一种不可言喻的方式在被造物中显示他自己。“圣三位一体热爱在我们心里的以及在它本身中的它自己①；它看它自己并推动它自己。”

426 罪的根源在于自由：罪的发生是因为人们转向自己而不趋向上帝。恶的根源并不在上帝之中，因为在上帝里面没有恶的概念。恶是非有而且它没有根源，因为假如它有根源，它将变为必然的了。恶是善的缺乏。

逻各斯乃是将多带回一将人带回上帝的原理；因此它是世界的救主。通过与上帝的结合人身中导致这一结合的部分亦将变为神圣。

在否认个别事物具有实体性这一点上，约翰与亚里士多德派的意见是不一致的。他称柏拉图为哲学界的泰斗。然而他关于存在的分类中的前三类都是间接起源于亚里士多德的创动而非被动者，创动及被动者，被动而非创动者。在约翰体系中其第四类，既为非创造者又为非被创造者，则来自狄奥尼修斯，一切事物复归于上帝的说法。

从以上的概述中来看，约翰·司各脱的非正统教义性是显而易见的。否认被创造物具有实体性的他的泛神论，是与基督教义相违背的。他对于从“无”中创造万物的解释也不是任何一个审慎的神学家所能接受的。他的三位一体说和普罗提诺的说法极其类

① 参照斯宾诺莎。

似，他在这一点上虽试图维护自己，但他的说法却未能保持三位的同等性。这些异端显示了约翰的精神独立性，这在公元九世纪里是令人惊异的。他的新柏拉图主义的见解有如在公元四五世纪希腊诸教父中间一样，在当时的爱尔兰可能是很普遍的。假如我们对于公元五世纪至九世纪期间的爱尔兰基督教知道得更多一些，也许我们发现约翰并不那么令人惊异。另一方面也许他所持异端的大部分是出于伪狄奥尼修斯的影响。狄奥尼修斯曾被认为与圣保罗有过联系，而被人误认为正统教派。

他认为创世没有时间的这种见解，当然也属于异端，这就迫使他说《创世记》中的记载属于寓言的性质。天国和亚当的堕落是不该按字面解释的。有如所有泛神论者，他在罪恶的解释方面感到困难。他认为人类最初是没有罪的，当人没有罪的时候，他没有性的区别。这种说法当然与圣经中所说："上帝造男造女"的说法有所抵触，按照约翰的说法人类之被分为男性和女性只是由于罪的结果。女性体现着男性感官的并堕落的本性。在最后，性的区别 427
将重复归于消失，那时我们便会有纯粹灵性的躯体。[①] 罪存在于被误导的意志，在于假定本来并非善的事物为善。罪的惩罚是当然的；它在于发现罪恶欲望的虚妄性。然而惩罚却不是永远的。有如欧利根，约翰认为甚至魔鬼最后也将得救，然而他们得救的时日却比其他人较晚。

约翰翻译的伪狄奥尼修斯对中世纪思想发生过巨大的影响。然而他的巨著自然区分论却影响不大。这本书屡次被斥为异端，

① 参照圣奥古斯丁。

公元1225年教皇霍诺留斯终于下令焚毁该书的所有抄本。不过所幸这个命令并未得到有效的执行。

428 第九章 公元十一世纪的教会改革

自从西罗马帝国灭亡以来，欧洲在公元十一世纪中首次出现了迅速而持久的进步。在加洛林王朝文艺复兴时，欧洲曾有过某种进步，但事实证明这种进步却不是巩固的。公元十一世纪时的进步是持久的和多方面的。这种进步始自修道院的改革；继而扩展到教廷和教会机构；并于本世纪末期产生了首批经院哲学家。撒拉森人被诺曼人逐出了西西里；匈牙利人变为基督徒，并终止了劫掠生涯；诺曼人对法兰西和英格兰的征服使这些地区免受斯堪的纳维亚人的进一步侵袭。除去拜占庭影响所及的地区以外，过去一向简陋的建筑，骤然具备了宏伟的规模。僧侣以及俗界贵族的教育水平也都有了显著的提高。

在改革运动者的心目中，这次运动的最初阶段，纯然出于道德的动机。正规的僧侣以及世间一般的僧侣早已腐化堕落，于是一般热诚的人士便开始督促他们更多地按照他们的清规戒律生活。然而在这个纯粹道德的动机之后却有另外一个动机，这动机在最初也许是无意识的，但它却逐渐变得越发明显起来。这个动机便是彻底分开僧侣与群众，并借此以增进僧侣的势力。因而，教会改革的胜利自然会直接导致教皇与皇帝间的剧烈冲突。

祭司在埃及、巴比伦和波斯早已形成一个独立而强大的社会阶层，但在希腊和罗马却不如此。在原始基督教中，僧侣和俗众的区别是逐渐发生的；当我们在新约中读到主教一词时，这一词汇还没有它现在的寓意。僧俗分离有两个方面，一是教义方面的，一是政治方面的；政治的一面又倚靠其教义的一面。僧侣具备某些行奇迹的能力，特别在有关圣礼方面——洗礼则除外，俗人也能施洗 429
礼。但没有僧侣的帮助却无法举行婚礼，赦罪礼和临终时的涂油。在中世纪中尤其重要的是化体[①]：只有祭司才能行弥撒的奇迹。化体说虽久已为一般人所信仰，但直到公元十一世纪，公元 1079 年时才变为信条之一。

由于祭司们有行奇迹的权能，他们能够决定一个人是否在天国中享永生或打入地狱。当一个人在受破门处分中不幸死亡，那么他将要下地狱；假如他经过祭司奉行的一切正当仪式，而自己又适当地认了罪并悔改，那么他最后还将进入天国。然而进入天国之前，他可能还要在炼狱中经受一段时期——也许是一段很长时期的熬煎。祭司们可以通过为某人的灵魂做弥撒而缩短这人在炼狱中的期限。他们为了适当的金钱酬谢是乐于做这种事的。

我们须知所有这一切，不只是公开宣布的信条，而是为僧俗两界所共同坚信不疑的。僧侣们行奇迹的权能使他们屡次战胜那些拥有军队的强大君主。然而这种权能却受到以下两种限制：一即俗界怒不可遏的激情爆发，一即僧侣之间的分裂。直到教皇格雷高里七世时为止，罗马居民对于教皇本人并不怎样尊敬。每逢骚乱的党派斗争诱使他们对教皇进行绑架、拘禁、毒杀或攻击的时

① 化体：指行圣餐时面包和葡萄酒变为基督的肉和血这一天主教的信条。——译者

候，他们是毫不犹豫的。但这怎能和他们的信仰相容呢？这解答，毫无疑问，一部分出于他们毫无克己的能力；此外一部分却出于人在临终前还可以悔改的想法。另外还有一种理由，不过这种理由在罗马所起的作用较差于其他地区，这就是说，国王在其国内可以使主教们屈从他的意志，这样国王便可取得足够的僧侣魔法，从而拯救自己脱离永劫的惩罚。因此教会纪律，与一个统一的教会管理机构便成为僧权必不可缺之物。作为僧侣道德革新重要组成部分的这些目标，终于在公元十一世纪中达到了。

僧侣们的职权，总的说来，只有通过个体僧侣的重大牺牲才能
430 获得。为僧侣改革家所一致抨击的两大弊端即圣职买卖与蓄妾。关于以上二者我们必须分别加以叙述。

由于虔诚信徒的捐献，教会早已变得很富有。许多主教拥有巨大的财产，就连教区的祭司们也都照例过着当代的舒适生活。主教的任命权通常实际上是操于国王之手，但也有时操于一些地位较低的封建贵族。国王出售主教职位之事是习以为常的；事实上这笔款项占其收入的重要部分。主教从而再去转售在其权限以内的高级圣职。在这种事上是并没有任何秘密的。盖尔伯特（按即塞尔维斯特二世）仿效主教的口吻说："我付出黄金，而当了主教；只要我按照自己分内的权限行事，我也不怕捞不回这笔款项。我任命一个祭司，于是我收到黄金；我安插一个执事，于是我收到一堆白银，看吧，我付出去的黄金，现在又重新返回了我的钱囊。"①米兰的彼得·达米安于公元1059年发现自大主教以下该

① 《剑桥中世纪史》，第5卷，第10章。

城中的每一僧侣都犯有买卖圣职的罪，而这种情形在当时却非绝无仅有。

买卖圣职当然是一种罪，但这还不是反对它的唯一理由。它使得教会的人事升迁不凭功绩而凭财富，它确认了任命主教事宜中的俗界权威，以及主教对世俗统治者的隶属关系；同时它导致主教职位沦为封建体系的一部分。尤其，当一个人买到了高级圣职以后，他自然要急于收回为此而付出的代价，于是这人属世事物的关心势将超过他对于精神事务方面的关心。由于这些原因，反对买卖圣职运动终于成为教会争取权力斗争中的一个必要环节。

与此极其类似的看法也适用于僧侣的独身主义。公元十一世纪的革新家经常把我们较为正确地应说为"结婚"这一词汇说成"蓄妾"。修道僧由于其贞洁的誓言，当然不得结婚，然而对于那些世俗僧侣却从未有过明确的结婚禁令。东方的教会一直到今天，教区祭司还被允许结婚。西方在公元十一世纪中大部分教区祭司都是结婚的。主教，就他们自身来说，经常诉诸圣保罗以下的话："做主教的必须无可指责，只做一个妇人的丈夫"。[①] 于此并没有 431
买卖圣职事件中那样明显的道德问题，但在僧侣独身问题上却有着与反对买卖圣职运动中极其类似的政治动机。[②]

僧侣们一旦结婚之后，他们自然企图将教会的财产传给他们的子嗣。假如他们的子嗣当了僧侣，那么他们更可以进行合法地授予；因此当革新派获得势力之后，他们所采取的最初措施之一便

① 《提摩太前书》，第3章，第2节。

② 参看亨利·C.李著，《僧侣独身史》。

是禁止把僧职授予僧侣的子嗣。[①] 然而在当时的混乱状态下却仍然存在着一种危险，因为设若僧侣已经有了子嗣，他们总不难找到一些非法侵占部分教会田产的方法。在这种经济的考虑之外，还有一项事实，假如一个僧侣同他的邻舍一样，也是一个有家室的人，那么他对于他们来说，则似乎并不相差多远。至少自从公元五世纪起就有一种对于独身生活的热烈的赞扬，假如僧侣试图博得其权势所依赖的崇敬，那么他们借着禁绝婚娶显然与一般有所区别乃是极其有利的。不容置疑，革新家们虽然笃信结婚的身份事实上并非有罪，但却低于独身的身份，同时也只意味着对肉欲的让步，圣保罗说："倘若自己禁止不住，就可以嫁娶"；[②]但一个圣洁的人却必须能够"禁止"。所以僧侣的独身对于教会的道德权威来说是必不可少的。

在以上这些一般性的引言之后，让我们来谈一下公元十一世纪教会中革新运动的实际历史。

运动的开始，追溯到公元 910 年阿奎泰公爵，虔诚者维廉之创建克律尼修道院，这所修道院自从建成以来一直独立于一切外界权威——但教皇的权威除外；而且其院长又被授权管辖那些由它分建的若干修道院。这时，大部分修道院都很富有与放纵；克律尼虽避免极端的禁欲主义，却还注意保持尊严与礼法。该院第二任院长奥都到意大利后曾受命管理好几处罗马的修道院。但他并不是经常成功的："法尔发修道院——该院由于暗杀了前任者的两个

① 公元 1046 年曾明令不许僧侣的儿子做主教。以后又明令禁止僧侣的儿子就任圣职。

② 《哥林多前书》，第 7 章，第 9 页。

敌对院长的纷争而陷于分裂——抵制了奥都介绍前来的克律尼派 432
修道僧,并用毒药杀害了阿勒伯利克借武力任命的修道院长。”①(阿勒伯利克是邀请奥都的罗马统治者。)公元十二世纪时克律尼的革新热情逐渐冷却了。圣伯纳德曾反对过该修道院华丽的建筑;有如他所处时代一切极其虔诚的人,他也认为壮丽的宗教院宇是罪孽深重的骄傲的象征。

公元十一世纪时,革新家创立了不少教团。一个苦行的隐士,罗穆阿勒德于公元1012年创立了卡玛勒多力兹教团;下文中即将叙述的彼得·达米安曾是该教团的信徒之一。公元1084年科伦的布鲁诺创立了一向以谨严著称的卡尔图斯教团,公元1098年创立了西多教团;公元1113年时圣伯纳德加入了这个教团。这个教团严守边奈狄克特的教规。它禁止使用彩色玻璃窗。它雇佣了一批俗家弟兄,从事劳动。这些人虽也宣誓,但却不许学习读和写;他们主要是从事农业,及其他工作,有如建筑。约克州芳腾修道院属于西多教团——对于把一切美都看成属于魔鬼的人们来说,这所修道院确是一个值得注目的建筑物。

从法尔发事件中——这在当时并非绝无仅有的——我们可以看出,修道院革新家需要巨大的勇气和魄力。在他们成功的地方,都有过俗界当权者的支持。最初促使教廷,其次促使整个教会革新得以实现的正是这些革新家以及他们的信徒。

然而教皇制的革新在最初,却主要是皇帝的事业。最后一位世袭的教皇是公元1032年选出的边奈狄克特九世,据说那时他只

① 《剑桥中世纪史》,第5卷,第662页。

有十二岁。他是塔斯苛拉姆人阿勒伯利克的儿子；我们在叙述奥都修道院长时已经提到阿勒伯利克。当边奈狄克特年龄稍长时，他变得越发荒淫无度起来，甚而震骇了当代的罗马人。最后他的邪恶达到这样高度，竟然为了结婚而决心辞去教皇的职位。他把这职位卖给他的教父格雷高里六世。这人虽用金钱贿买了教皇职位，却是一位革新家；同时也是希尔得布兰得(格雷高里七世)的朋友。然而他取得教皇职位的手段却丑恶得无法见容于世。年轻皇帝亨利三世是一个虔诚的革新家，他一面保留任命主教的权限，一
433 面不惜牺牲一大宗收入用来杜绝圣职买卖。公元 1046 年他来到意大利，那时他只有二十二岁；并以圣职买卖的罪名废黜了格雷高里六世。

亨利三世在位期间始终保持了任免教皇的权限，并且适宜地运用这个权限使之有利于革新。废黜格雷高里六世之后，他任命了一个日耳曼籍主教，班伯格的苏得格尔；罗马人放弃了他们一向要求但却几乎从来也不善于行使的选举权。新教皇于翌年逝世。皇帝指名推荐的另一名，据说由于毒害也旋即死去。于是亨利三世选立了他的一名亲戚，土鲁人布鲁诺，号称列奥九世(1049—1054 年)。列奥是个热诚的革新家，他经常到处旅行并主持了许多次宗教会议；他企图击退盘踞在意大利南部的诺曼人，但结果并未成功。希尔得布兰得是他的朋友，并几乎也可以称为是他的学生。他死后皇帝于公元 1055 年委派了另一位教皇，爱赫史塔人革布哈尔德，号称维克多二世。然而皇帝于翌年死去，又过了一年这位教皇也死去了。从这时起皇帝和教皇关系已变得不似以前那样和睦了。通过亨利三世的支援教皇于获得了道德威信之后，首先

要求独立于皇帝，继而便要求优越于皇帝。于是开始了历时达二百余年，最后以皇帝的败北为结局的大纷争。所以从长远的见地来看，亨利三世革新教皇制的政策可能还是缺乏了预见性。

下一代皇帝亨利四世统治了五十年(公元1056—1106年)。起初他还未成年，由母后阿格尼斯摄政。司提反九世做了一年教皇，他死后红衣主教们选出了一位教皇；当时罗马人重申他们早已放弃的选举权，选出了另一位教皇。太后支援了红衣主教们，他们选立了一位教皇号称尼古拉二世。虽然他的统治只有三年，但这一时期却极其重要。他和诺曼人媾和，从而减轻了教廷对皇帝的依赖，在他掌教期间，教皇的选出是由一项教令来决定的，按照这项教令选举首先由罗马市郊六个红衣主教管区的红衣主教们进行，然后再经由其他主教，并最后通过罗马城中的僧侣及市民。据人推测，僧侣及市民的参与，只是形式而已。实际上教皇的选举者只是罗马市郊的六个红衣主教。如果可能，选举必须在罗马举行；但如遇有困难或不适宜在罗马举行的情况时，也可以在其他地方 434
举行。在整个选举过程中皇帝是没有份的。这项教令经历了一场斗争之后才获得人们的承认，它是使教皇制脱离俗界控制的一个必要的步骤。

尼古拉二世严格执行了一项教令，确定今后凡经由圣职买卖而获得的圣职一概无效。但该项教令并不追及既往，因为这样做就势必牵扯到大多数在职祭司的任职问题。

尼古拉二世任期内，米兰开始了一场有趣的斗争。该地的大主教追随安布洛斯的传统对教皇要求了一定程度的独立自主。他和他的僧侣联合了贵族阶级，坚决反对革新。商人和下层社会，与此相反，希冀着僧侣的虔诚；这时发生了支持僧侣独身运动的一些暴动和一次名叫帕塔林，反对大主教及其支持者的强大革新运动。为了支援革新，教皇于公元1059年把赫赫有名的圣彼得·达米安作为自己的代表派往米兰。达米安是《论神的全能》一书的作者，该书主张说上帝能做出与矛盾律相反的事物，并能撤销过去（这种见解曾受到圣托马斯驳斥，并自此不再属于正统教义）。他反对辩证法，并把哲学说成神学的侍婢。有如我们所知，他是罗穆阿勒德隐士的信徒，素来厌烦处理事务性的工作，然而他的圣洁，却是教廷可贵的财宝，致使教廷不遗余力地争取他协助革新运动，而他也终于听从了教皇的劝说。公元1059年他在米兰的僧侣集会上作了一次反对圣职买卖的演讲。起初听众们激怒得几将危害他的生命，但他的雄辩终于感动了他们，使他们一个个恸哭流涕地认了罪。而且还约定自此效忠于罗马。在下一位教皇的任期内，皇帝与教皇关于米兰教座发生了一次争端，在这次争端中，教皇由于获得了帕塔林派的支援，取得了最后的胜利。

公元1061年尼古拉二世死去时，亨利已经成年了。他和红衣主教间发生了一场有关教皇继承问题的争执。皇帝从未承认有关教皇选举的教令，同时也不准备放弃他在选举教皇事宜中的权利。这场争执持续了三年之久，但最后还是以红衣主教们的选择成为
435 定局。皇帝与教廷之间并未进行决定性的实力较量。形势之所以一变，主要是由于红衣主教们选出的这位教皇的卓越的品德。他是一位既有德行又有经验的人，除此之外还曾受业于朗弗兰（亦即以后的坎特伯雷的大主教）。公元1073年这位教皇，亚历山大二世死去了，继他选出的是希尔得布兰得（格雷高里七世）。

格雷高里七世(公元 1073—1085 年)是历代教皇中最杰出的人物之一。他早已显露头角,并对教廷政策给予很大影响,正是由于他,教皇亚历山大二世才为征服者维廉征服英格兰的企图祝了福。他还偏袒过在意大利和在北方的诺曼人。他曾是为了制止买卖圣职首先买到教皇职位的教皇,格雷高里六世门下的被保护者;教皇格雷高里六世被废后,希尔得布兰得过了两年流亡生活。他余生的大部分时间住在罗马。他不是一个有学问的人,他却从他素所崇拜的英雄,大格雷高里间接学到了圣奥古斯丁的教义,并为此受到极大鼓舞。当他做了教皇以后他相信自己是圣彼得的代言人。这曾给予他某种程度上的自信,但这种自信若以世俗尺度去衡量则是无从首肯的。他认为皇帝的权威也是出于神授:起初,他把皇帝和教皇比作两只眼睛;当他和皇帝发生了争执以后,他便把二者比作太阳和月亮,——教皇当然是太阳。教皇在道德方面必须是至上的,因此,假若皇帝无道,教皇就有权废除皇帝。世上没有什么比反抗教皇再不道德的了。所有这些他都深信不疑。

为了强制僧侣独身,格雷高里七世比以前任何教皇尽力都多。在德意志教士们起而反抗,由于这一原因以及其他,他们倾倒于皇帝的一方。然而,俗众却到处渴望他们的祭司过独身生活。格雷高里煽起俗众暴乱用以抵制结婚的祭司和他们的妻子,这时僧侣夫妻经常遭到令人发指的虐待。他号召俗众不去参加那些拒不听命的祭司为人举行的弥撒。他申令既婚僧侣举行的圣礼概为无效,并且禁止这样的僧侣进入教会。所有这些都曾激起僧侣们的反抗和俗众的拥护;即便在教皇们过去经常遭遇生命危险的罗马,他却受到群众的欢迎。

在格雷高里任期中开始了有关“授职礼”的大纷争。当一个主教被授予圣职的时候，即被授予一个指环和一支手杖作为其职权
436 的标志。这些东西向来是由皇帝或国王（按其地区而定），以该主教的封建统治者的身份，而授予主教的。格雷高里坚持这些东西应由教皇授予。这场争执是使教阶制度脱离封建体系的工作之一。这场争执持续了很久，但最后却由教廷获得了全面的胜利。

导致卡诺萨事件的纷争起因于米兰的大主教教区问题，公元1075年皇帝因有副主教们的协助任命了一个大主教；教皇认为这是侵犯他的特权，遂以破门和废黜来威胁皇帝。皇帝在沃尔姆斯召集了一个主教们的宗教会议来进行报复，会上主教们声明不再效忠于教皇。他们写信控诉他犯有奸淫罪，伪证罪，和（比这些更严重的）虐待主教罪。皇帝也写给他一封信主张皇帝应超越一切地上的裁判。皇帝和他的主教们宣布格雷高里已被废黜；格雷高里则给予皇帝和主教们破门处分，并宣布他们已被废黜。于是一场闹剧便这样开始了。

在第一幕里，胜利归属于教皇。撒克逊人以前曾背叛过亨利四世，随后又和他言归于好，但以后又叛变了；德意志的主教们也同格雷高里讲了和。皇帝对待教皇的态度使得举世为之震骇。因此，翌年（公元1077年）亨利乃决心去寻求教皇的宽恕。在严冬季节他带着妻子幼儿和少数扈从越过塞尼山口，来到教皇居住的卡诺萨城堡前苦苦哀求。教皇让他穿着悔罪服，赤着脚在堡外等候了三天。他终于被引见了。在他表示过忏悔并宣誓将来一定按照教皇指示对待教皇在德意志的敌对者之后，才承蒙赦罪并恢复了教籍。

然而教皇的胜利却落了空。他受到了自己神学戒律的束缚，在这些戒律中有一条要求对悔罪者给以赦罪。说也奇怪，他竟然受到亨利的欺骗，误认亨利的忏悔出于真诚。不久他便察觉了自己的错误。他已不能再去支援亨利的德意志敌对者，因为他们觉得教皇已经出卖了他们。从这时起事情开始转变得对他不利起来。

亨利的德意志敌对者为了对抗，选出了另外一位皇帝，名叫卢多勒夫。开始时，教皇一面主张帝位归属问题应由他来决定，但一面却又拒绝作出任何决定。公元1080年当他体会到亨利的悔过 437
并无诚意，才终于宣布卢多勒夫为皇帝。然而约在这时，亨利在德意志已制伏了他的大部分敌对者。同时并借重他的僧侣拥护者选出一位敌对教皇。他带着这位敌对教皇于公元1084年进入罗马。他这位敌对教皇正式给他行了加冕礼，但他们二人却不得不在营救格雷高里的诺曼人阵前溃退，诺曼人大肆劫掠了罗马，并挟持格雷高里而去。直到他于翌年死去为止，实际上做了他们的俘虏。

这样看来，他的一切策略就像落了个不幸的结局。但事实上这些策略却依然为他的继承者以更缓和的方式所沿用。当时虽然达成了一项有利于教廷的协议，但这种冲突本质上却是无法协调的。关于该冲突以后的发展我们将在以下章节中有所论及。

现在我们有待叙述一下公元十一世纪的理智复兴。除去盖尔伯特（教皇赛尔维斯特二世，公元999—1003年）以外（甚至他也还更多地是个数学家而不是哲学家），公元十世纪中根本没有什么哲学家。但随着公元十一世纪的进展便开始出现了真正的哲学的杰出人物。这些人中最重要的有安瑟勒姆、罗塞林和其他一些值得叙述的人物。所有这些人都是与革新运动有关的修道僧。

他们中间的最年长者，彼得·达米安，已见前述。图尔人贝隆嘎(死于公元1088年)作为某种程度上的唯理主义者是饶有兴趣的。他主张理性高于权威，为了支持这种观点，他引用了约翰·司各脱的理论，并使得约翰为此而遭到了死后的谴责。贝隆嘎否定化体说，并为此两次被迫撤销己说。朗弗兰在他的著作《论基督的血与肉》一书中曾驳斥了他的异端。朗弗兰生于帕维亚，曾习法律于勃罗纳，并在后来成为第一流的辩证学者。但他竟为神学而放弃了辩证法，从而进了诺曼底的贝克修道院，并在这里主持一所学校。征服者维廉于公元1070年任命他为坎特伯雷大主教。

圣安瑟勒姆有如朗弗兰，不仅是意大利人，当过贝克修道院的僧侣，而且也做过坎特伯雷的大主教(公元1093—1109年)，作为大主教，他追随格雷高里七世的原则和国王发生了争执。他成名的主要原因，在于他发明了有关上帝存在的“本体论论证”。他的持论有
438 如下述：我们把“上帝”定义为最大可能的思维对象。假如一个思维对象不存在，那么另外一个，和它恰恰相似，而确实存在的对象，是比它更加伟大的。因此，一切思维对象的最伟大者必须存在，因为不然，就有可能还有一个更伟大的对象。因此，上帝是存在的。

这个论证从来未被神学家所公认。它首先受到当代的驳斥；以后便一直被人遗忘到十三世纪的下半叶。托马斯·阿奎那驳斥了它，从此阿奎那的论点便一直盛行于神学家当中。但它的哲学家当中却有着较好的运气。笛卡尔以稍加修改的形式复兴了它；莱布尼茨认为通过一个补充证明上帝是可能的便可以使它变为有效。康德认为他已把它一劳永逸地摧毁了。然而在某种意义上，它却构成

黑格尔及其学派哲学体系的基础,并重新出现在布莱得雷所说:“凡可能存在与必须存在的,就存在”这一原则之中。

显而易见,具有这样一段出色历史的论证,无论其自身妥当与否,是应该予以重视的。真正的问题在于:有没有一件为我们想到的任何东西,仅凭我们能够想到它这一事实即证明其存在于我们的思维之外,每个哲学家都会愿意说:是,因为一个哲学家的工作与其说是凭借观察毋宁说是凭借思维去发现有关世界的事物。假如“是”是正确的回答,从纯粹的思维到事物就有一道桥梁;假如不然,那么二者中间就没有什么桥梁可言。柏拉图即以这个概括的形式应用一种本体论的论证来证明理念的客观实在性。但在安瑟勒姆以前却从来无人以该论证赤裸裸的逻辑纯洁性来阐述这个论证。在获得纯洁性的同时它失掉了似真性[①];然而这也还是安瑟勒姆的功绩。

此外,安瑟勒姆的哲学主要导源于圣奥古斯丁,它从奥古斯丁那里获得了许多柏拉图的因素。他相信柏拉图的理念,从这里他推出有关上帝存在的另一证明。通过新柏拉图主义的论证,他声称不仅证明了上帝,而且还证明了三位一体。(我们还记得普罗提诺哲学中有一个无法为基督徒认为正统教义的三位一体。)安瑟勒姆认为理性从属于信仰。继奥古斯丁之后他说“为了理解我相信”;他认为人无信仰就不能理解。他说“上帝不是公义的而是公义”。我们曾记得约翰·司各脱说过类似的话。其共同的来源则出于柏拉图。

---

① 似真性之原文为 plausibility。——译者

圣安瑟勒姆有如以前的基督教哲学家们。与其说属于亚里士
439 多德的传统,毋宁说属于柏拉图的传统。因此,他没有在托马斯·阿奎那体系中登峰造极的那种所谓“经院哲学的”明显特征。这种哲学不妨被认为是起始于罗塞林,这人和安瑟勒姆同时,但比安瑟勒姆年幼十七岁。罗塞林标志着一个新的开端,我在下章里就要论及他。

当我们说,直到公元十三世纪为止的中世纪哲学主要属于柏拉图派的时候,我们应该记住,除了《蒂迈欧篇》的哲学片断以外,人们只是间接地,或再度间接地知道柏拉图而已。设若没有柏拉图,约翰·司各脱就不可能持有他所持有的见解,但他的大部分柏拉图式的观点却来自伪狄奥尼修斯。这个作者的年代已不可考,但他却很可能是新柏拉图主义者普洛克鲁斯的弟子。约翰·司各脱也还有可能从未听说过普洛克鲁斯或读过一行普罗提诺。除了伪狄奥尼修斯以外,中世纪中,柏拉图主义的另一来源便是鲍依修斯。这种柏拉图主义在许多方面同一个近代学者直接从柏拉图著作里得来的有所不同。它几乎把与宗教无显著关系的一切东西都删去了,并且在宗教哲学里它更扩大并强调了某些方面而牺牲了其他方面。普罗提诺早已对柏拉图的观点进行了这种篡改。人们对于亚里士多德的认识也是片断的,然而其方向却相反:直到公元十二世纪,为人们所知的全部亚里士多德只有鲍依修斯翻译的《范畴论》和《正谬论》,因而亚里士多德仅被认为是一个辩证家,而柏拉图则仅被当作一个宗教哲学家兼理念学说的倡导者。在中世纪末叶以上两种偏见,尤其是关于亚里士多德的观点,逐渐得到了修正。但有关柏拉图的这一过程,却要到文艺复兴时才得以完成。

第十章　回教文化及其哲学　440

东罗马帝国，非洲和西班牙所遭受的入侵与北方蛮族对西欧的入侵在以下两个方面有所不同：一、东罗马帝国延续到公元1453年，久于西罗马帝国将近一千年；二、东罗马帝国的主要入侵者是回教徒，他们在征服东罗马之后并未改信基督教，而是发展了他们独自的一种重要文明。

回教纪元所由开始的海纪拉(Hegira)[①]起于公元622年；十年后穆罕默德逝世。他死去后不久，阿拉伯人立即开始征战，他们进展得异常迅速。在东方，叙利亚于公元634年遭受入侵，并于两年内全面屈服。公元637年波斯遭受入侵于公元650年全面被征服。公元664年印度遭受入侵；公元669年君士坦丁堡被围(公元716—717年重新被围)。指向西方的进军并不这样突然。埃及被攻陷于公元642年，迦太基则一直到公元697年才被攻陷。西班牙除了西北部一个小角落之外，于公元711—712年间也被攻略。指向西方的扩张(除西西里和南部意大利之外)因回教徒于公元732年图尔一役之败北而陷于停顿，这时正值先知穆罕默德死后一百年整。(最后攻陷君士坦丁堡的奥托曼、土耳其人属于较后的时期，与我们现在所涉及的时代无关。)

当时有许多情况便利了这次扩张。波斯和东罗马帝国皆因其长期的战争而陷于疲弊。叙利亚人，系奈斯脱流斯教派，久已苦于

---

① 海纪拉指穆罕默德由麦加(Mecca)之逃往麦地那(Medina)。

天主教的迫害,但回教徒却容忍一切纳贡输捐的各派基督徒。同样,在埃及人口中占大多数的一性论者,也都欢迎了入侵者。在非洲,阿拉伯人与一向未被罗马完全制伏的贝贝尔人缔结了联盟。阿拉伯人同贝贝尔人联合起来进犯西班牙,他们在那里获得了久为西哥特人所迫害的犹太人的援助。

先知穆罕默德的宗教是一个单纯的一神教,没有夹杂上三位一体和基督化身等精微的神学。不但先知穆罕默德没有自命为神
441 的要求,就连他的追随者们也没有替他作过这样要求。他恢复了犹太人禁止供奉雕刻偶像的戒命,并禁止饮酒。忠诚信徒的义务在于为伊斯兰教尽多地征服世界,但却不许对基督徒、犹太人或拜火教徒加以迫害,——可兰经中称他们为"圣经之民",也就是说,他们是遵奉一经教导之人。

阿拉伯的大部分是沙漠,其生产越来越不足以供应其人口的需要。阿拉伯人最初的一些征战只是为了劫掠,只有当他们体验到敌人的软弱无能以后才转为长期的占领。突然间,大约有二十年光景,在沙漠边缘上惯于艰苦生活的这些人,竟然发现他们自己变做了世界上某些最富饶地区的主人,他们不但得以享受各种奢华,并且获得了古代文明所有精致的遗产。但他们却比大多数北方蛮族更好地抗拒了这种变革的诱惑。由于他们在得国时未经多大残酷的战争,因而很少破坏,在民政上也几乎是原封未动。波斯与拜占庭帝国在民政方面原来已有高度的组织。阿拉伯部族最初对于民政的复杂性一概无所理解,于是他们不得不让那些在原机构负责的老手继续服务。他们当中的大部分人并未表现他们不屑于为他们的新主人服务。这次变动当真使得他们的工作更加容易

了，因为课税有了很大减轻。一般民众，为了逃避贡赋遂大批地抛弃基督教而改信伊斯兰教。

阿拉伯帝国是哈里发统治下的一个绝对君主制国家。哈里发不但是先知穆罕默德的继承者，同时也继承了他的许多圣洁。哈里发的职位名义上是由选举决定的，然而不久就变成了世袭。延续至公元750年为止的第一个王朝，乌玛亚德王朝，是由一批纯粹出于政治理由承认穆罕默德教义的人们所创立，他们一直反对那些忠实信徒中较为狂热的分子。阿拉伯人，虽然以一新兴宗教的名义征服了世界上大部分土地，却不是一个很虔诚的民族；他们征战的动机与其说出于宗教，不如说出于劫掠和财富。正是因为他 442
们缺乏狂热精神，所以一小撮战士竟能比较顺利地统治了文明水平较高的、信奉不同宗教的广大人民。

波斯人与此相反，从最早的年代起，便有着极其深厚的宗教心和高度的思辨性格。他们在改信回教以后，便从伊斯兰教中创出许多为先知穆罕默德及其亲属所意想不到的、更加有趣的、更加宗教的和更加哲学的因素。自从穆罕默德的女婿阿利于公元661年逝世之后，回教徒分成桑尼和释阿两派。前者是较大的一派；而后者则追随阿利，并认为乌玛亚德王朝是篡位者。波斯人一直属于释阿派。大半出于波斯人的影响，乌玛亚德王朝终于被推翻，并为代表波斯利益的阿拔西王朝所接替。这次政变以首都之由大马士革迁往巴格达为标志。

在政治方面，阿拔西王朝比以前的乌玛亚德王朝更多地偏向于狂热派。虽系如此，他们并未统一整个帝国。乌玛亚德皇室中的一支避开了大屠杀而奔往西班牙，并在那里当了合法的统治者。

于是，西班牙便从那时起独立于其余回教世界之外。

阿拔西王朝初期，哈里发的地位臻于极盛。他们中间最著名的一个哈里发是哈伦·阿尔·拉细德(死于公元 809 年)。他与查理曼大帝和女皇伊琳同时，通过《天方夜谭》，他成了人所共知的传奇人物。他的宫廷是一个奢华，诗文，和学术的灿烂中心；他的收入庞大无匹；他的帝国西起直布罗陀海峡东达印度河。他的意志是绝对的；他身边经常伴随着刽子手，只要他一颔首，刽子手便立即执行其职务。然而，这种盛况却未持续多久。他的继承者在以土耳其人构成其军队主力一事上犯了错误，土耳其人是不驯服的，不久他们便使哈里发变为一个无足轻重的傀儡；当军队对他感到厌烦，他便随时有被刺瞎眼睛，或遭到杀害的危险。尽管如此，哈里发统治却延续下来；公元 1256 年阿拔西王朝末一代的哈里发同八十万巴格达市民一起遭到了蒙古人的屠杀。

阿拉伯人在政治社会制度方面，以及其他一些方面的缺点是和罗马帝国的缺点类似的。由于君主专制政体与一夫多妻制的结
443 合，每当一个统治者死去，便经常导致一场王朝战争，最后并以这个统治者的一个王子的胜利和其他王子的悉遭刑戮为终局。主要由于战胜的结果，而产生了无数奴隶；因而不时发生危险的奴隶叛乱。尤其因为哈里发王国位于东方和西方的中间地带，所以它的商业获得了极大的发展。“不仅掌握到巨大的财富，产生一种对奢侈品有如中国丝绸，和北欧皮毛的要求，而且贸易，也由于特殊情况有所促进：例如回教帝国畛域的辽阔，阿拉伯语言作为世界语的普及，在回教伦理体系中给予商人的崇高地位等；我们记得先知穆

罕默德本人曾做过商人，他去麦加朝圣的途中也曾称赞过经商，"①这种商业有如军队的统辖，有赖于阿拉伯人承继于罗马和波斯的大规模公路。他们不像北方的征服者那样竟然听凭这些公路崩坏失修。虽然如此，帝国还是逐渐分崩离析了——西班牙、波斯、北非和埃及相继分裂出去从而获得完全或近于完全的独立。

阿拉伯经济最出色的一面是农业，由于他们居住在缺水的地方，因此，特别擅长于灌溉。直至今日西班牙农业还受到阿拉伯人水利工程的实惠。

回教世界独特的文化，虽起源于叙利亚，却随即盛行于东西两端：波斯与西班牙。叙利亚人，在征服期间是亚里士多德的赞美者，奈斯脱流斯教派重视亚里士多德过于柏拉图，柏拉图是为天主教徒所喜爱的哲学家。阿拉伯人最初从叙利亚人获得希腊哲学的知识，因而，从一开始，他们便认为亚里士多德比柏拉图更为重要。虽系如此，他们所理解的亚里士多德，却披上了新柏拉图主义的外衣。金第（约死于 873 年），这个首次用阿拉伯文写哲学的人，同时也是阿拉伯人出身的唯一著名哲学家，翻译了普罗提诺所著《九章集》的一部分，并以《亚里士多德神学》的名义刊行了他的翻译，这给阿拉伯人关于亚里士多德的观念带来了很大混乱。阿拉伯哲学界自此历时达数世纪之久才得以克服这种混乱。

当时在波斯，回教徒与印度有了接触。在八世纪时他们从梵 444
文书籍中获得了天文学的初步知识。大约在公元 830 年，穆罕默德・义本・莫撒・阿勒-花拉兹米，一个梵文数学天文学书籍的翻

① 《剑桥中世纪史》，第 4 章，第 286 页。

译家，刊行了一本以后在公元十二世纪译成拉丁文，名叫《印度记数法》的书。西方正是从这本书中最初学得我们称为“阿拉伯”数字的东西，其实这是应该叫作“印度”数字的。这人又写了一本关于代数学的书，到公元十六世纪为止，这本书曾被西方用为教科书。

波斯文明在智力和艺术方面一直是令人赞羡的。但自从十三世纪遭受蒙古人侵后便一蹶不振了。奥马·卡雅姆是我所知的唯一诗人兼数学家，于公元1079年改订过历法。奇怪的是，他最要好的朋友竟是暗杀党的创始人，享有传奇式令名的“山岳老人”。波斯人是伟大的诗人：菲尔杜锡（约生于941年），是《莎那玛》的作者，凡读过他的作品的人，都说他与荷马相匹敌。作为神秘主义者，波斯人也很出色，但其他回族却不是这样。现尚存在的苏菲派可以有很大自由来神秘地和寓意地解释正统教义；该派或多或少带些新柏拉图主义的意味。

希腊影响最初传到回教世界，是经由奈斯脱流斯教派，但他们的世界观却绝对不是纯粹希腊式的。公元481年他们在埃德撒的学校为东罗马皇帝芝诺所封闭；以后其学者遂迁往波斯，并在那里继续他们的工作，但也不无受到波斯影响。奈斯脱流斯教派重视亚里士多德只是为了他的逻辑，起初阿拉伯哲学家，认为最重要的也就是他的逻辑。嗣后，他们也学习了他的著作《形而上学》和《灵魂论》。阿拉伯哲学家一般说来是百科全书式的：他们对于炼金术，占星术，天文学，动物学，以及对于举凡我们可以称为哲学的知识都感兴趣。他们被狂热与顽迷的群众以怀疑的眼光注视着；他们的安全（当他们安全的时候）多亏那些比较开明的王子的保护。

值得我们特别注意的，有两位回教哲学家：一是波斯人阿维森纳，一是西班牙人阿威罗伊。前者闻名于回教徒，后者则闻名于基督教徒中间。445

阿维森纳（伊本·西纳）（公元980—1037年）的一生是在人们通常认为只能在诗里才有的那类地方中度过的。他生于波卡拉，二十四岁时去到基瓦，“荒漠中寂寞的基瓦”——以后去到克拉桑——“寂寞的克拉斯姆海岸”。他在伊斯巴汗教了一个时期的医学和哲学，以后便定居在德黑兰。他在医学方面甚至比在哲学方面更为知名，为过他对盖兰医学并没有什么增益。从公元十二世纪到公元十七世纪，他一直被欧洲人视为医学的导师。他并不是一个圣洁的人物，事实上，他非常嗜酒与好色。他受到正统教派的猜忌，但由于他的医术关系却结交了一些君王。他曾因土耳其雇佣兵的敌意，不时遇到麻烦；有时他躲避起来，但有时又被投在监狱里。他著了一部百科全书，由于神学家们的敌意在东方几乎被湮没，但在西方，由于这本书的拉丁文译本却颇具影响。他的心理学具有一种经验主义的倾向。

他的哲学比他的回教哲学家前辈更多接近于亚里士多德和更少接近于新柏拉图主义。他像后期的基督教经院哲学家那样，曾专心于共相的问题。柏拉图说诸共相先于万物而存在。亚里士多德有两种见解，当他自己思想时他有一种见解，反驳柏拉图时又有一种见解。这就使得亚里士多德在注释家前成了一个理想的对象。

阿维森纳发明了一个公式，这个公式此后曾为阿威罗伊和阿勒贝尔图斯·马革努斯所重述：“思维导致形式的一般性”从这个公式上来看，人们可以设想他不相信，离开思维的共相。然而这种看法也还失之于单纯。类概念——亦即共相——据他说，同时在万物之前，在万物之中和在万物之后。他对此做了以下的解释。在上帝的理解中，类概念存在于万物之前。（譬如，上帝决定创造猫，这就需要上帝应有“猫”的观念，因而在这方面来说，这观念是先于个别的猫的。）类概念存在于万物之中，存在于自然的事物之中。（当猫已被创造，猫性便存于每只猫之中。）类概念存在于万物之后，存在于我们的思维之中。（当我看到许多猫，我们注意到它们彼此之间的类似性，并得到了“猫”这一普遍概念。）这种见解显然是有意调解各种不同的理论。

446 阿威罗伊（伊本·拉释德）（公元 1126—1198 年）与阿维森纳不同，生活在回教世界的另一端。他诞生在克尔多巴，他父亲与祖父都在那里做过审判官；而他自己也做过审判官，最初在塞比耶，以后在克尔多巴。起初他研究神学和法律学，后来又研究医学，数学，和哲学。有人认为他能分析亚里士多德的著作，而推荐他到“哈里发”，阿部·雅库布·优苏夫那里供职（然而他却似乎不懂希腊文）。这位统治者很宠信他；公元 1184 年任命他做他的御医，不幸这位患者却于两年后去世了。他的继承人雅库布·阿勒-曼绪，继续父亲眷顾阿威罗伊有十一年之久；其后由于正统教派之反对这位哲学家而大吃一惊。他革掉了他的职位。起初把他放逐到克尔多巴附近的一个小地方，继又把他放逐到摩洛哥。时人控告他不惜牺牲真正的信仰以从事古代哲学的发展。阿勒-曼绪对此发出了一道布告晓谕说：上帝已命令为那些妄想单凭理性就能导致真理的人备好地狱的烈火。于是把所有涉及逻辑和形而上学的书尽都付诸一炬。①

不久以后，西班牙境内摩尔人的领域由于基督徒的攻略大为缩减。西班牙境内的回教哲学与阿威罗伊同时告终；回教世界中其他地区的严格的正统教义扼杀了哲学的思辨。

针对控告阿威罗伊违背正统教义一事，宇伯威克②曾卓有风趣地替他进行过辩解——也许有人会说，这样的事应该留给回教徒去作决定。宇伯威克指出，按照神秘主义者的说法，可兰经中的每一章节都有七重、七十重或七百重解释，字面上的意义只是为了愚昧的俗人。按此，一个哲学家之教训似无法与可兰经有所冲突；因为在七百重不同解释之中至少必有一重解释理应适合这一哲学家的主张。然而在回教世界中，那些愚昧的人则似乎总是反对超出可兰经知识范围以外的一切学问；即便没有什么异端可供指责，情况也还是危险的。神秘主义者的观点，即人民群众应按可兰经字面解释行事，而聪明人则无需如此，是很难赢得广大群众承认的。

阿威罗伊曾致力于改进阿拉伯人对亚里士多德的解释。这种
解释在过去曾过分地受到新柏拉图主义的影响。他给亚里士多德 447
以一种对待一个宗教创始者般的崇敬——甚而远远超过阿维森纳给予亚里士多德的崇敬。他认为上帝的存在可以借着独立于启示的理性加以证明，这种见解也曾为托马斯·阿奎那所主张。论及灵魂不死时，他似曾紧紧地依附于亚里士多德，主张灵魂不是不死

① 据说阿威罗伊在死前不久再度获得宠信。

② 德国哲学史家（1826—1871）。——译者

的，而智性（努斯）是不死的。然而这并不是保证个人的灵魂不死，因为知性虽表现于不同的个人之中，但它却是同一的。这种观点自然受到了基督教哲学家的驳斥。

阿威罗伊，虽是一个回教徒，却像后期大多数回教哲学家一样，并不是严格的正统教派。当时有一个纯属正统教派的神学家团体，他们反对一切哲学，并认为哲学有害于信仰。这个团体中有一个名叫阿勒嘎则勒的哲学家他写过一本叫作哲学家的毁灭的书，书中指出，既然所有必要的真理都载于可兰经内，因而便再也无需独立于启示之外的哲学思辨。阿威罗伊写了一本答复他的书名叫毁灭论的毁灭。阿勒嘎则勒所特别拥护并用来反对哲学家的教条是：时间中的世界创自虚无；神的诸属性的实在性；以及肉体的复活。阿威罗伊认为宗教在比喻的形式中包含着哲学的真理。这种说法特别适用于创世，他从他的哲学的立场给创世以一种亚里士多德式的解释。

阿威罗伊在基督教哲学中比在回教哲学中更为重要。在回教哲学里他是个终结；但在基督教哲学里他却是个开端。公元十三世纪他的著作已被米凯尔·司各脱译成拉丁文，由于他的作品属于公元十二世纪后半期，这是令人惊奇的。在欧洲他的影响是很大的，这影响不仅体现于经院哲学家当中，同时也体现于许多否认灵魂不死被称为阿威罗伊主义者的非专业性自由思想家当中。在职业哲学家当中，特别仰慕他的人起初多为弗兰西斯教团僧侣和巴黎大学中的一些人。但这个专题却要待在以后的章节里加以叙述。

阿拉伯哲学作为独创性思想是不重要的。像阿维森纳和阿威罗伊等人主要都是注释家。总的说来,比较有体系的阿拉伯哲学家们的见解在逻辑和形而上学方面大部分来自亚里士多德和新柏拉图主义者,在医学方面来自盖伦,在数学和天文学方面来自希腊 448
和印度,而在一些神秘主义者当中,其宗教哲学里还夹杂着一些古代波斯的信仰。阿拉伯作家仅在数学和化学方面表现某些独创性——在后者也还是研究炼金术时偶然遇到的结果。鼎盛时期的回教文明在美术和许多技术方面是值得称赞的,但在理论问题上没有显示出独立思辨的才能。作为一个传导者,它的重要性是不容给予过低评价的。古代和近代欧洲文化中间穿插了一段黑暗时期。回教徒和拜占庭人虽缺乏用以革新的智力却维护了文明的工具——教育,书籍,和治学的闲暇。当西欧摆脱野蛮状态的时候回教徒与拜占庭人都曾给西欧以刺激——回教人主要于公元十三世纪,拜占庭人主要于公元十五世纪。在两种情况下,这刺激都产生了胜过传导者自身所创造的新思想——一是经院哲学,一是文艺复兴(当然文艺复兴还有其他原因)。

在西班牙的摩尔人与基督徒之间,犹太人形成了有用的一环,在西班牙有许多犹太人,当西班牙重新被基督徒征服时,他们继续留住下来。因为他们既通晓阿拉伯文,又被迫学会了基督徒所使用的语言,因而他们便能胜任种种翻译工作。在十三世纪中,另一种渗透方式是由于回教徒对亚里士多德主义者的迫害而产生的,这种迫害使得摩尔的哲学家们向犹太人那里避难,尤其是避难于普罗望斯地方。

西班牙的犹太人中出现了一位重要的哲学家,迈蒙尼德斯。他在公元1135年生于克尔多巴,三十岁时去到开罗,并在那里度过了余生。他用阿拉伯文写作,但不久即被译成希伯来文。可能是由于皇帝弗里德里希二世的要求，他的著作于他死后的几十年内又被译成拉丁文。他给失掉信仰的哲学家们写了一本名叫《迷路者指南》的书。其目的在于调和亚里士多德哲学和犹太神学。亚里士多德是尘世的权威，启示则是天上的权威。但哲学和启示在有关上帝的认识中是殊途同归的。真理的追求是一项宗教的义务。占星术遭到了摈斥。摩西五经不该总以字面上的意义来解释；当字面意义与理性相抵触时，我们应该寻求一种寓言性的解
449 释。他反对亚里士多德，主张上帝不仅创造了形式，而且也从无中创造了内容。他写了一篇概述《蒂迈欧篇》的文章（他只读了该书的阿拉伯文译本）。在某些点上他喜欢这本书比喜欢亚里士多德更多。上帝的本质是不可知的，因为上帝超越了一切言语所能表达的完善。犹太人认为他是异端，甚而唆使基督教教会的权威者来攻击他。有人认为他影响了斯宾诺莎，但这是十分可疑的。

450

第十一章　公元十二世纪

公元十二世纪里使我们特别感兴趣的事有以下四个方面：

（1）帝国与教廷间的不断冲突；

（2）伦巴底诸城的兴起；

（3）十字军；以及

（4）经院哲学的成长。

以上四项全都延续到下一世纪。十字军逐渐走向可耻的结局；然而，关于其他三项运动，公元十三世纪却标志着那些在公元十二世纪时尚处于过渡阶段事物的最高发展。公元十三世纪里，

教皇对皇帝取得了决定性的胜利，伦巴底诸城获得了稳定的独立，而经院哲学也达到了它的顶点。所有这一切全是由于在公元十二世纪中预先作好了准备的结果。

这四项运动中不仅第一项，就是其余三项，也都和教皇以及教会权力的增长有着紧密的联系。教皇同伦巴底诸城联盟反抗皇帝；教皇乌尔班二世发动了第一次十字军，相继的教皇们是后几次十字军的主要策划者；经院哲学家全是些僧侣，历次宗教会议则注意使他们谨守正统教义，或当他们误入歧途时给他们以惩戒。他们感到教会在政治上的胜利，并且以这胜利者的一员自居。这种胜利感无可置疑地激发了他们的思想主动性。

中世纪的怪事之一就是：人们虽有独创性而不自知。所有党派都假借好古的或拟古的议论来证明其策略的正确性。皇帝在德意志则引据查理曼时代的封建原则；在意大利则引据罗马法和古代皇帝们的权柄。伦巴底诸城更远溯到共和时代的罗马制度。教皇派则部分以伪造的君士坦丁的赠与，部分以旧约圣经中所记载的扫罗与撒母耳的关系，作为其权力的根据。经院哲学家不是引
据圣经就是先引据柏拉图然后再引据亚里士多德；当他们有所创 451
造时，也试图把真相隐蔽起来。十字军则是这样一种企图，它打算恢复伊斯兰教兴起以前的局面。

我们不应被这种字面上的拟古主义蒙蔽住。只有皇帝方面的拟古主义才与事实相符合。封建制度日趋于衰落，尤其是在意大利；罗马帝国只存在于人们的记忆之中。因此皇帝被挫败了。意大利北部的一些城市，在其后期发展中，曾呈现了许多与古希腊城邦极其类似的性质，它们重现了古代的型式，但却不是出于模拟，而是出于环境的

类似:一些小而富饶,具有高度文化的共和政体的商业社会受到四周文化水平较低的君主国家的包围。至于经院哲学家,不论他们怎样尊崇亚里士多德,他们在独创性方面却超过了任何阿拉伯人——甚而事实上也超过普罗提诺以后,或至少奥古斯丁以后的任何人。当时在政治上,一如在思想领域中,也具有同样显著的独创性。

帝国与教廷间的冲突

从教皇格雷高里七世起到公元十三世纪中叶为止,欧洲历史集中于教会与世俗国王间的——主要是和皇帝间的但也有时是和法兰西王或英格兰王间的——权力斗争。格雷高里的教皇任期显然在不幸中结束了。但他的政策,却由乌尔班二世(公元1088—1099年)以一种更加缓和的方式继承下来。他重申反对僧职由俗界叙任的教令。并要求主教的选任经由僧侣和群众的自由选举。(无可置疑,群众的参与纯粹是形式的。)但在实践上,要是俗界选任的人善良,那么他也并不去争执。

最初乌尔班只有在诺曼境内才能获得安全。但是,公元1093年亨利四世的儿子康拉德叛变了自己的父亲,并与教皇结成联盟,征服了意大利北部,那里的伦巴底联盟——以米兰为首的诸城市的联盟——拥戴了教皇。公元1094年乌尔班举行了一次横贯意大利北部以及法兰西的胜利游行。他也战胜了法兰西王腓力浦。腓力浦曾因要求离婚,而遭到教皇的破门处分,并终于屈服于教皇。公元1095年,乌尔班在克雷尔蒙宗教会议上宣布发动第一次十字军,这事曾激起一阵宗教热潮并导致了教皇权柄的增长——

和一场凶惨的犹太人大屠杀。乌尔班的晚年是在罗马安然度过 452
的。这对过去的教皇来说是很少有的。

下一任教皇，帕司查勒二世和乌尔班一样，都出身于克律尼修道院。他继续为僧职叙任权而斗争，并在法兰西、英格兰取得了胜利。公元1106年皇帝亨利四世死后，亨利五世继位。教皇帕司查勒是个超凡的人，他因容许他的圣洁超过他的政治感觉而吃了亨利五世的亏。教皇建议皇帝放弃僧职叙任权，并以主教和修道院院长放弃世俗财产作为交换条件。皇帝表示赞同；但待这项协议公开后教皇即遭到了教士们的猛烈反抗。当时皇帝正在罗马，他乘机逮捕了教皇。教皇迫于威胁不但在叙任权上作了让步而且还为亨利五世加了冕。自此十一年以后，公元1122年，教皇喀列克斯图斯才借沃尔姆斯协定使亨利五世放弃了叙任权，以及交出在勃艮底和意大利境内选举主教事务中的管辖权。

斗争的最后结果，亨利三世时处于从属地位的教皇，自此竟变得和皇帝居于平等的地位。与此同时，教皇在教会中成为一个更为全面的统治者，通过派遣的教皇使节管理着教会。教皇权力的增强降低了主教们相对的重要性。教皇的选举现在已摆脱了俗界的控制，而僧侣们也一般比改革运动前变得更有品德了。

伦巴底诸城的兴起

下一阶段关系到皇帝弗里德里希·巴巴罗撒(公元1152—1190年)。他是一个富有才干，精力充沛，凡有成功可能的事业，就会做得成功的人。他受过相当教育，虽然说拉丁语时感到困难，但却能以阅读拉丁文为乐事。他的古典知识是相当渊博的，并且很崇拜罗马法。他自认是罗马皇帝的继承者，并希冀得到他们所享有的权力。但他作为一个德意志人在意大利是不孚众望的。伦巴底诸城——除去那些惧怕米兰而乞求他保护的城市以外——虽愿意承认他为正式的君主，却反对他来干涉他们的内政。米兰的
453 帕塔林运动继续开展，并或多或少带有一种民主倾向；北意大利大多数城市，同情米兰，并团结一致反对皇帝。

哈德理安四世是个精力旺盛的英格兰人，曾在挪威当过传教士，于皇帝巴巴罗撒即位后两年，做了教皇，并在最初与巴巴罗撒很要好。他们之所以和解是因为有了同仇敌忾的对象。罗马市对教皇与皇帝双方提出了独立自主的要求，并邀请了一位圣者般的异端者布累斯齐亚人阿诺德①前来支援斗争。他的异端说是很严重的：他断言有财产的僧侣，有领地的主教，拥有财产的修道僧都不能得救。他抱着这种看法是因为他认为僧侣们应该专诚地献身于属灵的事业上。他虽因异端被人认为邪恶，但却从来没有人怀疑过他那诚心的苦行。曾经猛烈反对他的圣伯纳德说："他既不吃又不喝，但却像魔鬼一样只渴求着灵魂的血液。"哈德里安的前任教皇曾写信给巴巴罗撒指控阿诺德支援罗马民众派，这些人要求选出元老院议员一百人、执政官二人，并自行拥戴一个皇帝。当时弗里德里希正向意大利进发，闻听之下，自然大为愤慨。罗马要求地方自治，在阿诺德鼓动下掀起了一场暴动，暴动中杀死了一名红衣主教。于是当选不久的教

① 据说他是阿贝拉德的学生，然而这却是值得怀疑的。

皇哈德理安立即下令停止罗马地区教会举行一切宗教活动。这时适逢基督复活节的前一周，迷信战胜了罗马市民；他们屈服了，并答应放逐阿诺德。阿诺德躲藏起来，但终于被皇帝的军队拿获了。他们把他烧死，把他的骨灰丢在提伯尔河里，唯恐人们把他的骨灰当作圣物加以保存。由于皇帝弗里德里希不愿在教皇下马时为教皇带缰扶镫，因而使加冕礼拖延了一段时期。公元1155年教皇在群众的反抗中为皇帝举行了加冕礼；这次反抗遭到了一场屠杀的镇压。

这个诚实人既被收拾了，注重实利的政客们就又可以任意恢复他们之间的争吵了。

教皇同诺曼人讲和后，遂胆敢和皇帝于公元1157年决裂。自此之后，以皇帝为一方，以教皇同伦巴底诸城为另一方的战争持续了几达二十年之久。诺曼人大体上是支持教皇的。反对皇帝的大部分战役是由伦巴底联盟进行的。他们高唱“自由”，并受到一种 454
浓厚的群众感情的鼓舞。皇帝围攻了许多城市，甚而在公元1162年攻陷了米兰。他彻底破坏了米兰，同时更迫使其居民迁往别处。但五年后伦巴底联盟却重建了该城，而以前的居民也陆续重新返回。就在同一年中，皇帝带着一个事前准备好的敌对教皇①，大举进军罗马。教皇逃跑了，他的情况看来似已绝望；讵意当时时疫流行，毁灭了弗里德里希的大军，使他单身只影地逃回德意志。尽管

① 贯穿这一时代的大部分时期中都有敌对教皇。哈德理安四世死去时亚历山大三世和维克多四世这两位要求当教皇者之间曾经展开了一场争夺教皇法衣的搏斗。维克多四世（即敌对教皇）未能攫取到这件法衣，而从他的党羽那里接过一件事前置备的法衣，但在匆忙中竟把它穿反了。

在西西里之外还有希腊皇帝也来支持伦巴底联盟，巴巴罗撒还是进行了再次的进军，结果于公元1176年以雷格纳诺战役的败北而告终。这次战役之后，他被迫媾和，并给这些城市以自由的一切实质。然而这次和约的条款却未给斗争中的任何一方——皇帝和教皇——带来全面的胜利。

巴巴罗撒的结局还不错。公元1189年他参加了第三次十字军，而于翌年去世。

在这长时期的斗争中，诸自由城市之兴起终于证明是最为重要的。皇帝的权力和日趋于没落的封建制度联结在一起；教皇的权力虽仍在增长，但这主要有赖于世人需要他去当皇帝的敌手；因此当帝国一旦不复成为威胁的时候教皇的权势也就随之衰落下去了；但是诸城市的势力却是新兴的，这是经济发展的结果，也是新的政治形态的一个源泉。这事在十二世纪时虽还没有出现，然而不久在意大利城市里，便发展出一种非僧侣的文化，并在文学、艺术和科学上达到了极其高度的水平。这些成就之所以取得是由于反抗巴巴罗撒获得成功的结果。

所有意大利北部的大城市都以营商为生，公元十二世纪较为安定的社会环境使商界较前更加繁荣。威尼斯、热内亚和比萨等海港城市从来不需要为自由而战斗，所以他们也不像阿尔卑斯山下一些城市那样仇视皇帝。阿尔卑斯山下的城市是通往意大利的
455 门户，所以对皇帝来说是很重要的。正是由于这种原因米兰在当时，成了意大利各城市中最重要和最使人感兴趣的城市。

一直到亨利三世以前，米兰人一向心满意足地追随着他们的大主教。但有如前章所述，帕塔林运动却改变了这种情况：大主教同

贵族结成一伙，而另一方面则有一个强而有力的群众运动在反对大主教和这些贵族。由此产生了某些民主政治的开端，同时并制定了一项宪法，规定城市的诸长官需通过市民的选举。北部各城市，特别是勃罗纳，曾出现过一批精通罗马法的博学的俗界律师；不仅如此，从公元十二三世纪起，富有平民所受的教育，比阿尔卑斯山以北封建贵族所受的教育还要好得多。这批富有的商业城市虽然站在教皇一边来反对皇帝，但它们的世界观却不是教会性质的。公元十二、十三世纪里，他们当中许多人持有一种类似清教徒的异端观点，就像宗教改革后英格兰和荷兰商人那样。以后他们倾向于当自由的思想家，在口头上拥护教会，但在心中丝毫不具真正的虔诚，但丁是旧派人物中最后的一个，而薄伽丘却是新派中第一人。

十　字　军

十字军作为战争是不一定对我们有关系，但它们对于文化却具有一定的重要性。教皇带头发动十字军是一件很自然的事，因为十字军的目的（至少在表面上）是宗教性的；由于战争宣传和为其所激起的宗教热情，结果也使得教皇的权力有所增长。另一重要影响便是大量犹太人的惨遭集体屠杀；未遭杀戮的犹太人，也每每被夺去财产，并被强制受洗。第一次十字军期间，在德意志有很多犹太人遭到了杀害，在第三次十字军期间同样的事发生在狮心王理查即位时的英格兰。第一位基督徒皇帝的发祥地约克恰好成为骇人听闻的反犹暴行的所在。十字军之前犹太人几乎垄断了全欧的东方物产贸易；十字军之后，由于犹太人遭受迫害的结果，这种贸易大部分都落入基督徒的手中。

456 十字军的另一不同影响在于促进了和君士坦丁堡的学术交流。由于这种交流的结果，在公元十二世纪和十三世纪初叶有许多希腊文文献被译成了拉丁文。人们和君士坦丁堡之间，特别是经由威尼斯人，一直进行着相当数量的贸易；然而意大利商人之从来不肯为希腊古典劳神，正像上海英美籍商人不肯为中国古典费心一样。（欧洲人对于中国古典的知识主要来自传教士。）

经院哲学的成长

经院哲学，就其狭义来说，早在公元十二世纪初叶便已开始了。作为哲学上的一个学派，经院哲学具有某些鲜明的特征。第一，它被各该作者局限于自己视为正统教义的范围之内；如果他的意见受到宗教会议的谴责，他常常自愿撤销其意见。这完全不能归咎于个人的怯懦；倒是类似一个法官之服从上级法院的判决。第二，公元十二、十三世纪里，人们对于亚里士多德逐渐有了比较全面的认识，在正统教义的范围内亚里士多德越来越多地被公认为最高权威；柏拉图再也保持不住首要的地位了。第三，经院哲学家都非常相信“辩证法”①和三段论法的推理；经院哲学家的一般气质，与其说是神秘的莫如说是烦琐的与好辩的。第四，由于人们发现亚里士多德和柏拉图在诸共相问题上意见有所不同而把这一

① 这个词在中世纪的意义和现代的形式逻辑非常近似，主要是指不靠启示单凭理性的追求真理的方法而言。——中译本编者

问题突出地提了出来；然而，假如认为当时哲学家们主要关心的是共相问题，却可能是错误的。

公元十二世纪，在这一问题和在其他问题上同样，给产生了许多伟大人物的十三世纪开辟了道路。然而早期的经院哲学家是怀抱着先驱者的兴趣的。在教条尚未使得思辨过于危险的场合下，尽管人们崇敬亚里士多德，他们也还是有一种精神上的自信，和一种自由活泼的理性运用。经院主义方法的缺点是过分强调“辩证法”时必然产生的结果。这些缺点是：漠视事实与科学，在仅凭观察才能决定的事物上偏信推理，以及过分强调语言上的区别和其精微意义。在论柏拉图时我们曾经述及这方面的缺点，但在经院 457
哲学家中，这些缺点却具有一种更为极端的形式。

第一位可视为地道的经院哲学家的是罗塞林。关于他，人们知道得不很多。他大约在公元 1050 年生于贡庇涅，在布列塔尼的罗什讲过学，阿贝拉德即在此地受业于他。公元 1092 年在莱姆斯宗教会议上他被指控为异端，因怕那些好动私刑的教士用石头将他打死而撤销了己说。他逃到英格兰，但在那里却竟至鲁莽得抨击了圣安瑟勒姆。这次他逃往罗马，并在此同罗马教会达成和解，公元 1120 年前后他的名字就不再见于史乘了；他的死期纯然出于人们的臆测。

除了一封写给阿贝拉德论三位一体的信以外，罗塞林的著作已全部佚失。在这封信里他轻视阿贝拉德，并奚落阿贝拉德之受人阉割。这使得宇伯威克，这个很少动感情的人，也批评说他不可能是个很好的人。除了这封信之外，罗塞林的观点主要是借助于安瑟勒姆和阿贝拉德的论战性的文章而被人知晓的。据安瑟勒姆所述，罗塞林曾说：诸共相只是 flatus vocis，亦即“声息”。若按字面解释，意思就是说，一个共相是一个物理的事件，也就是说，它发生于我们读出一个词的时候。然而，我们却很难设想，罗塞林曾作过任何这样愚蠢的主张。安瑟勒姆说，根据罗塞林，人不是一个个体，而只是一个共名，安瑟勒姆，正像一个忠实的柏拉图主义者一样，把这种见解归因于罗塞林只承认可感知的事物之具有实在性。一般说来，罗塞林似乎在主张一个具有部分的整体没有其自身的实在性，而只是一个词；真实性存在于部分之中。这种见解理应把他导向，也许已经把他导向一种极端的原子论。不管怎样，这见解曾使他在关于三位一体的问题上遇到了困难。他认为三位是显然不同的三个实体，而只是由于语言习惯我们才没有把它说成三位上帝。按他看来，另外一种他所没有承认的见解据他说便是说不止圣子，就连圣父与圣灵也都化为肉身。所有这些思辨，只要其为异端，都经他在公元1092年的莱母斯宗教会议上撤销了。我们无法清楚地知道他究竟对诸共相问题作何想法。但无论如何，他显然是某种唯名主义者。

他的学生阿贝拉德，或阿拜拉德比他更有才干，也比他更为著名。阿贝拉德于公元1079年生于南特附近，在巴黎受业于唯实主
458 义者，尚波人维廉，以后在巴黎一所天主教会学校内担任教员，在这里他驳斥了维廉的观点，并迫使维廉作了修正。他从拉昂人安瑟勒姆(并非那个做大主教安瑟勒姆)专攻了一个时期的神学之后，于公元1113年重返巴黎。并在巴黎博得了作为一个教员的极大声誉。就在这时，他成了教会参事，富勒伯特的侄女厄罗伊斯的情人。富勒伯特把他阉割了。他和厄罗伊斯只好隐居避世了。他进了圣邓尼修道院，她进了一所在阿尔章特伊的女修道院。关于

他们二人间著名的往来书信，据一位名叫施迈德勒的德国学者的考证，完全是由阿贝拉德当作一部文学作品所创作的。关于这种说法的正确性，我是没有能力来判定的。按照阿贝拉德的性格来说，这也不是不可能的。他一向自负，好辩，和瞧不起人；在他遭到不幸之后，他总是感到屈辱和愤愤不平。厄罗伊斯的信件比较他的信件写得更为专诚。可以想象他之所以撰出这些信件正是当作他那受了重创的自尊心的解痛剂。

甚至在他的退休期间他作为一个教师还曾有过很大声誉；青年人喜欢他的智慧、辩证的技巧和他对其他老年教师的那种高傲。一些年长者则相应地不喜欢他，公元1121年他因论及三位一体的一本著作背离正统教义而在斯瓦桑受到谴责。经过了适当的屈服之后，他又当了布列塔尼地方圣吉尔塔修道院院长。他发现这里的修道僧都是些野蛮的乡下人。他在这里过了四年凄惨的放逐生活之后，才回到比较文明的地方。关于以后的事情，除了撒利斯伯理人约翰的证言中说他继续教书并获得很大成功之外，便一无所知了。公元1141年由于圣贝纳德的提议他在桑斯重新受到了谴责。于是他退居克律尼修道院，并于翌年死去。

阿贝拉德最有名的著作，是写于公元1121—1122年的《是与非》。在这本书里他以辩证的议论来维护和反驳了许多论点，而经常是不想得出任何结论的；显然，他就是喜好辩论，并认为辩论有磨炼机智的功用。这本书在把人们从教条的沉睡中唤醒过来这一方面曾经起过相当的作用。阿贝拉德认为除圣经之外辩证法是通向真理的唯一道路。虽然没有一个经验主义者能接受这种观点，但它在当时作为各种偏见的一种溶解剂，却是很有价值的，同时它也鼓舞了理智的大胆运用。他说，除了圣经之外，什么都不能是没有错误的，就连使徒和教父也都有可能犯错误。

459 他对逻辑的评价，从近代的观点来看，是太极端了。他认为逻辑主要是基督教科学，并且玩弄了逻辑这个词的词源“逻各斯”。约翰福音说“太初有道”①他以为这就足以证明逻辑的神圣性了。

阿贝拉德的重要性主要在于逻辑与认识论方面。他的哲学是一套批判的分析，多半偏重于语言的批判分析。论及共相，也就是说，能够用来表述许多不同事物的东西，他认为我们并非在表述一个物，乃是在表述一个词。从这种意义上来讲他是一个唯名主义者。但为了反对罗塞林，他指出“声息”(flatus vocis)是一物；而我们所表述的并不是作为一个物理事象的词，而是作为意义的词。这里他证诸亚里士多德的学说。他说诸物互相类似，而这些类似便生出诸共相来，但两个相似物之间的类似本身并不是一个物；而唯实论的错误就在于此。他还说了一些更为敌视唯实主义的话，譬如他说，普遍概念不是基于物的本性，而是许多物的混杂的影像。不过他并未完全拒绝给柏拉图的理念以一个位置：理念作为造物诸楷模，存于神的头脑之中；事实上，它们是上帝的概念。

所有这一切，不论其是否正确或错误，肯定是有说服力的。关于共相问题一些最近代的议论也还未能比他有更多的进展。

圣伯纳德的圣洁，并未能使他有足够的智慧，②因此，他不仅未能理解阿贝拉德，而且还对阿贝拉德提出了不公正的控诉。他

① “太初有道”句中的道在希腊语原文圣经中作逻各斯。——译者

② “圣伯纳德的伟大并不在于他的才智，而在于他的品德。”——大英百科全书

断言阿贝拉德讲三位一体时有如一个阿利乌斯教派，讲神恩时有如一个斐拉鸠斯教派，讲基督的位时有如一个奈斯脱流斯教派；又说阿贝拉德汗流浃背地证明柏拉图是个基督徒适足以证明他自己是个异教徒；此外，阿贝拉德还破坏了基督教信仰的优越性，因他主张人们凭借理性就能完全认识上帝。其实，阿贝拉德从来就没有主张过最后的一项。他虽像圣安瑟勒姆一样认为三位一体是可以不必借助启示而用理性证明出来的，但却总是给信仰留有宽阔的余地。的确，有一次，他把圣灵同柏拉图的世界灵魂等同起来，但当这种看法的异端性被人指出以后，他立即把它放弃了。他之 460
所以被人控为异端，与其说是由于他的学说不如更多地归咎于他的战斗性，他那爱好批评知名学者的习气，使他在所有有力人物中间都极其不受欢迎。

当时大多数学者都不像阿贝拉德那样热衷于辩证法。那时，特别在沙尔特学派中间有一种仰慕古代、追从柏拉图和鲍依修斯的人文主义运动。人们对于数学重新感兴趣：巴斯人阿戴拉德在公元十二世纪初到了西班牙，并翻译了欧几里得的著作。

针对这种枯燥无味的经院主义的方法，当时曾有以圣伯纳德为领袖的一次强大的神秘主义。圣伯纳德的父亲当过骑士，死于第一次十字军。他本人曾当过西多教团的修道僧，并于公元1115年时任新建的克莱尔伍欧修道院院长。他对以下几项教会政治很有影响——扭转局面使之于敌对教皇不利，打击意大利北部和法兰西南部的异端，将正统教义的压力强加于大胆的哲学家之上；和鼓动第二次十字军。在攻击哲学家时，他一向是成功的；但自从第二次十字军瓦解后，他便失去了吉勒伯特·得·拉·波瑞的信任。

吉勒伯特·得·拉·波瑞过分赞同鲍依修斯致使我们这位圣者风度的异端攻讦者颇感不平。圣伯纳德虽是个政客和顽固派，但却是一个具有纯正的宗教气质的人。他写的拉丁文赞美诗极其优美。[①] 在受到他影响的人们中间，神秘主义逐渐取得了统治地位，并终于变为有些像弗罗拉人约阿希姆（死于公元1202年）的异端学说。然而约阿希姆的影响却属于以后的时代。圣伯纳德和他的追随者并不在推理中，而是在主观经验和沉思默想中寻求宗教的真理。阿贝拉德与伯纳德二人可能是各有所偏了。

伯纳德，作为一个宗教神秘主义者，对教廷醉心于俗世事务感到非常痛心，但同时对俗界的权力也颇为厌恶。他虽鼓动过十字军，但却似乎不了解战争需要组织，不能单凭宗教热诚来指挥。他经常抱怨着说：人们醉心于"查士丁尼法典，而不是上帝的律法"。他曾为教皇使用武力保护自己的领地，而感到惊愕。他认为教皇的作用在于灵性方面，因而他不应该试图进行实际的统治。不过
461 这种观点是结合着对教皇的无限崇敬的。他称教皇为"主教之王，使徒的继承者，具有亚伯的首位权，诺亚的统治权，亚伯拉罕的族长权，麦基洗德的等级，亚伦的尊严，摩西的权威，在士师上是撒母耳，在权柄上是彼得，在涂油上是基督"。圣伯纳德种种活动的总的结果，当然是大大地提高了教皇在俗界事务中的权力。

撒利斯伯利人约翰，虽不是一个重要的思想家，但却写了一本漫笔录，这对我们认识他所处的时代是很有价值的。他曾三任坎

① 中世纪的拉丁文赞美歌是有韵律的，它们时而以其崇高的情调，时而以其柔和与悲伤的情调表达当代宗教感情中最善良的一面。

特伯雷大主教的秘书，其中一度曾做过贝克特的秘书；他是哈德里安的朋友；晚年做过沙尔特的主教，并于公元1180年死于该地。对于宗教信仰以外的事，他是一个具有怀疑气质的人。他自称是一个学院派（就像奥古斯丁用这个词的意义一样），他对于国王们的尊敬是有限度的，他说“一个目不识丁的国王不过是一匹头戴王冠的驴子”。他很敬视圣伯纳德，但却深知伯纳德调和柏拉图与亚里士多德的企图终必失败。他仰慕阿贝拉德，但却讥笑他的共相论，同时他对罗塞林的共相论，也持有同样的态度。他认为逻辑是学问的良好阶梯，但其本身却是无生气的和无所孕育的。他说亚里士多德，即便在逻辑方面，也还有改进的余地；对古代作家的尊敬不应当妨害理性的批判运用。对他来说柏拉图仍是“哲学家中的王”。他结识了大部分和他同时代的博学之士。并时常友谊地参加一些经院哲学的辩论。有一次他到一所三十年前到过的哲学学院去参观，发现他们仍在讨论着同样的问题，他不禁为之哂笑一番。他经常出入的社会在气氛方面很像三十年前牛津大学的膳后休息室。在他行将终老的年代里，那些寺院附属学校都让位给大学了，从那时起，大学——至少在英格兰是这样的——一直延续到今日。

公元十二世纪中，翻译家为西欧学生译出的希腊书籍逐渐增多，这种译本有三大主要来源：君士坦丁堡，帕勒尔摩和投雷多。其中以投雷多最为重要，但出自这里的译本往往不是直接由希腊原文翻译的，而是由阿拉伯文转译的。公元十二世纪上半期的后半，投雷多大主教雷蒙德创办了一所翻译者学院，收到很大效果。公元1128年威尼斯人雅各译出了亚里士多德的《分析篇》、《正位

462 篇》、《诡辩驳斥篇》；只是西方哲学家都感到《分析论后篇》不易了解。卡它尼亚人亨利·阿利斯提帕斯（死于公元1162年）翻译了柏拉图的《斐多篇》和《美诺篇》，但是他的译文却没有立即产生影响。公元十二世纪人们虽对希腊哲学知道得不全面，但一些博学之士已认识到其中还有许多东西有待于西方去发掘。那时曾有过一种获取古代全面知识的渴望。正统教义的桎梏并不像有时想象得那样严重；人们还可以著书立说，而于必要时经过充分的公开讨论，撤销其中的异端部分。当时，大多数哲学家都是法兰西人，法兰西作为反对皇帝时举足轻重的力量，对罗马教廷来说是很重要的。不管硕学的教士中间出现过什么神学的异端他们却几乎全体都是政治上的正统派。只有布累斯齐亚人阿诺德是一个例外，这就更显得他殊深恶劣。从政治上来讲，我们可以把整个初期经院哲学，看作整个教会争夺政权中的一个派生物。

463

第十二章 公元十三世纪

中世纪于公元十三世纪里达到了极点。自从罗马帝国灭亡后，逐渐建立起来的综合体系业已完备得无以复加。公元十四世纪带来了各种制度和各派哲学的瓦解；而公元十五世纪则带来了我们在今日仍旧认为是近代事物的开端。公元十三世纪的伟人都是十分卓越的：尹诺森三世、圣法兰西斯、弗里德里希二世和托马斯·阿奎那等，他们以不同的方式，各自成为其类型的杰出代表。此外，还有一些巨大的成就，但这些却与伟大人物没有什么确切的关系，例如：法兰西哥特式大教堂，有关查理曼，阿瑟王和尼伯龙根的浪漫主义，大宪章和众议院中的立宪政治的创始等。然而，和我们直接最有关系的却是经院哲学特别是由阿奎那所阐述的经院哲学；但我要把它留在下一章去讲。我想先大致讲一讲对于形成这一时代精神面貌最有影响的一些事件。

本世纪初叶的中心人物是教皇尹诺森三世（公元1198—1216年），他是一位机敏的政治家，具有无穷的精力，并坚信教皇具有无上的权力，但在禀赋中却缺少基督的谦逊。在接任圣职时他择了一段经文说教道："看，我今日立你于各民各国之上，去拔掉和打碎，去毁坏和推翻，并去建设和树立。"他自称为"万王之王，万主之主，是一个遵照麦基洗德的等次的永世大祭司"。他在厉行这一观点时，利用了一切有利的情况。西西里早先被罗马皇帝亨利六世（死于公元1197年）所征服，亨利和诺曼族诸国王的女继承人康斯坦斯结了婚。当尹诺森接任教皇时，新王弗里德里希才三岁。这时西西里国内多乱，康斯坦斯需要教皇的帮助。她请教皇做了幼王的监护人，借着承认教廷的优越权，取得了教皇承认幼王在西西里的统治权。葡萄牙和阿拉贡对教廷的优越权也有过类似的承 464
认。在英格兰，国王约翰经过了顽抗之后，终于被迫把他的王国献给尹诺森，然后，把它当作教皇的采邑重新领回。

在某种程度上，威尼斯人在第四次十字军中曾占过教皇的上风。十字军士兵本拟在威尼斯乘船出发，但却得不到足够的船只。当时除了威尼斯人之外再没有这么多船只，但他们却主张（纯粹是为了商业的理由）与其攻打耶路撒冷不如攻打君士坦丁堡——无论如何君士坦丁堡是块有用的踏脚石，而且东罗马帝国对十字军战士又从来不很友好。——结果大家认为有必要向威尼斯作出让步；君士坦丁堡被攻陷，并且选立了一个拉丁系的皇帝。最初尹诺森曾感到烦恼；但是他又想到现在或有可能把东西两方的教会重新联合起来。（这个希望以后终成泡影）除了在这件事上，我尚不知道有什么人在什么程度上占过尹诺森三世的上风。他派遣了大批十字军去讨伐阿勒比占西斯派，这次十字军把法兰西南部的异端教派，幸福，繁荣和文化一起都给根绝了。他因图路斯伯爵，雷蒙德对这次十字军抱着不冷不热的态度而把他废黜，同时并把大部分阿勒比占西斯派的土地赏给这次十字军的统帅西蒙·德·蒙特富尔（议会之父的父亲）。他和德意志皇帝奥托发生了争执，因而号召日耳曼人废黜奥托。他们执行了他的指示，并且又按着他的提议选立了刚成年的弗里德里希二世。然而为了支援弗里德里希，他却勒索弗里德里希答应付出一笔惊人的代价——然而，弗里德里希已决心尽快地背弃这项诺言。

尹诺森三世是第一个没有神圣素质的大教皇。教会的改革使教阶制对它的道德威信感到安全，因而也就使它确信无需再为圣洁问题有所挂虑了。从那时起，权力的动机，日益专擅地支配了教廷，因而甚至在他还在世的时候就引起了一些虔诚教徒的反对。为了增加教廷的权力他将教规编为法典；瓦勒特·梵·德·符格勒外德[①]称这本法典为“地狱给予人类的一本最黑暗的书”。教廷虽然仍能取得一些显赫的胜利，但其日后衰落的景象却已可预见于此了。

曾为教皇尹诺森三世所监护的弗里德里希二世于公元1212

① 德国中世纪的吟游诗人（1165—1230年）。——译者

年去到德意志在教皇的支援下当选为皇帝来接替奥托。尹诺森没 465
有活着见到他培养了一个多么可怕的攻击教廷的敌人。

弗里德里希——历史上最出色的统治者之一——在艰难困苦中度过了童年和少年时代。他父亲亨利六世(巴巴罗撒之子)征服了西西里的诺曼人,娶了该王朝的继承人康斯坦斯。亨利六世建立了一支为西西里人所痛恨的日耳曼人驻防部队;他死于公元1197年,此时弗里德里希才三岁。康斯坦斯于是开始反对日耳曼人并试图抛开他们而借助于教皇的支持进行统治。日耳曼人大为愤慨,于是奥托乃试图征服西西里;这正是他与教皇发生争端的原因。弗里德里希长大的地方,帕勒尔摩曾经历一些其他的动乱。那里的回教徒不时暴动;为了攻占西西里岛,比萨人同热内亚人并同其他任何人等进行着战争。西西里的显要人物经常视战争中的一方肯否为叛变行为付出更大的代价而归顺于一方或另一方。可是在文化方面,西西里却得到极大益处。穆斯林,拜占庭,意大利和日耳曼文化的交融为其他任何地方所不及。希腊语和阿拉伯语那时还通行于西西里。弗里德里希能流畅地操六种语言,而且在各种语言的使用上都能做到出言机智的地步。他精通阿拉伯哲学,并和回教徒有着友好的关系。这使虔诚的基督徒颇为愤慨。他是一个霍恩施陶芬皇族,在日耳曼可以被算是个日耳曼人。但在文化和情感上却是一个意大利人,带有阿拉伯和拜占庭的色彩。与他同时代的人以惊异的目光注视着他,但这种惊异却逐渐变为恐怖;他们称他为“世界的奇迹和奇异的改革家”。当他还在世时就已成了许多传奇故事里的主角。他被人认为是《三大骗子论》一书的作者——三大骗子指摩西、基督、穆罕默德——本来世上从来没有这样一部著作，但很多教会的敌人却先后被说成是该书的著者。其中最后的一个便是斯宾诺莎。

规勒夫（教皇党员——译者）和基伯林（皇帝党员——译者）两词的使用开始于弗里德里希和皇帝奥托互争雄长的时代。规勒夫和基伯林是两个对手的姓“魏勒夫”和“外布林根”的转讹。（奥托的侄子是英国皇室的祖先。）

尹诺森三世死于公元1216年；而败于弗里德里希的奥托死于公元1218年。新任教皇霍诺留斯三世和皇帝弗里德里希两人之
466 间，起初还友好，但为时不久就发生了纠葛。首先弗里德里希拒绝参加十字军；继之，他又和伦巴底诸城发生了纷争，伦巴底诸城之间于公元1226年，订立了为期二十五年的攻守同盟。他们仇恨日耳曼人；他们中间的一个诗人曾写下了攻击日耳曼人的如此激昂的诗句：“你们不要爱日耳曼人，让这些疯狗，远远地离开你们。”这似乎表达了伦巴底人的普遍的感情。弗里德里希本想要留在意大利来对付这些城市，但霍诺留斯于公元1227年时死去，教皇位由格雷高里九世继任，这是个热烈的禁欲主义者，他热爱圣法兰西斯，并为圣法兰西斯所热爱。（法兰西斯死后两年格雷高里封他为圣徒。）格雷高里认为什么事情也不像十字军这般重要。弗里德里希因不参与十字军而被他给予破门处分。弗里德里希娶了耶路撒冷王的公主兼王位继承者，如有可能是十分愿意前往的；同时他已自称为耶路撒冷王。公元1228年还在破门期间，他竟参军前往；这次他比前次不去时更使格雷高里恼怒，试想十字军队伍怎能由一个被教皇开除了教籍的人来领导呢？弗里德里希到了巴勒斯坦之后，和回教徒进行了和解，并向他们解释：虽则耶路撒冷很少战

略价值,但基督徒却很重视它。他终于成功地劝使他们把该城和平地返还给他。这事使得教皇更加恼怒了——基督徒应该和异教徒作战,而不应该同异教徒进行和谈。但,不管怎样,弗里德里希却在耶路撒冷被正式地加了冕,并且谁也不能否认他是成功的。公元1230年教皇与皇帝重归于好。

在此后短暂的几年和平期间里,皇帝专心致力于西西里王国的政务。在彼得·德拉·维格纳首相的协助下颁布了一部新法典。新法典导源于罗马法并显示出其南部国土的高度文明;为了便利希腊居民这部法典立即译成了希腊文。他在那不勒斯创办了一所重要的大学。又铸造了一种金币,名叫"奥格斯塔勒斯",这是许多世纪以来西方的第一批金币。他制定了比较自由的贸易制度,并全面废除了内地关税。他甚至召集各城选出的代表参加他的参议会,不过,这种会议却只有咨议权。

这一段和平时期由于弗里德里希和伦巴底联盟于公元1237年重开战端而告终,教皇和联盟诸城命运与共,再次将皇帝开除教 467
籍。从这时起一直到公元1250年弗里德里希死去时为止,战争不但从未间断,而且对于双方变得越发剧烈、残酷和诡谲多端。其间双方互有得失,直到皇帝死时为止,胜败犹未可预卜。但那些试图继承弗里德里希事业的皇帝们却没有他那份魄力,他们逐次败北,留下了意大利四分五裂,和教皇获得胜利的局面。

教皇相继死去,但对当前斗争的形势却没什么影响;每一个新接任的教皇实际上原封不动地奉行了其前任者的政策。格雷高里九世死于公元1241年;公元1243年弗里德里希的死敌,尹诺森四世当选为教皇。路易九世尽管是一个十足的正统教派,却试图调解格雷高里、尹诺森四世间的嫌隙，但亦终归于无效。特别是，尹诺森拒绝接受来自皇帝的任何建议，并使尽一切权谋术数来反对他。尹诺森宣告罢黜他为皇帝，组织十字军讨伐他，并把所有支持他的人给以破门处分。托钵僧到处宣讲他的坏话，回教徒起而叛变，并且就在名义上支持他的一些显要人物中也有一些阴谋活动。这些事使得弗里德里希日益残酷起来；密谋者遭到了酷刑，囚犯往往被挖掉右眼和斩掉右手。

在这巨大的斗争中弗里德里希曾一度想创立一个新宗教。在这种宗教里他充当弥赛亚，彼得·德拉·维格纳首相充当圣使徒彼得[①]的角色。他没有把这项计划考虑成熟从而把它宣布出去，而只是在信中写给德拉·维格纳。可是，突然间他确信彼得正在密谋反对他，这也许正确，也可能不正确；他刺瞎了他的眼睛，并把他放在囚笼里示众，然而彼得却以自杀摆脱了更多的苦楚。

尽管弗里德里希有他的才能，却终于不能成功，因为当时反抗教皇的力量是虔诚的和民主的，而他的目的却有些类似要恢复一个异教的罗马帝国。在文化上他是开明的，但在政治上他却是反动的。他的宫廷是东方式的；他设有一个附有太监的后宫。可是意大利的诗歌，就是在这个宫廷里兴起的；而且作为诗人，他也有过几分才情。在同教廷的冲突中他曾几次发表有关教会专政危害性的反对论，这在十六世纪或许会博得赞赏，但在他所处的时代却没有产生任何效果。异端者本该成为他的同盟力量，但他却认为
468 他们只是些叛徒，而且为了讨好教皇他甚而迫害过他们。那些自

① 参看黑尔曼·康托洛维兹著《弗里德里希二世传》。

由城市，若非为了皇帝的缘故，倒很可能去反对教皇的；只因弗里德里希要求他们投降，他们才欢迎教皇来当他们的同盟者。这样，他虽然摆脱了当代的迷信，并且在文化上远远超过当代的其他统治者，但皇帝的地位迫使他去反对一切政治上抱自由主义见解的人们。他无可避免地失败了，然而在历史上所有的失败之中，他的失败却是最有兴趣的一个。

为尹诺森三世的十字军所讨伐以及为所有统治者（包括弗里德里希在内）所迫害的诸异端，无论就其本身抑或就其反映当代大众感情来说，都是值得研究的。因为关于大众感情方面若非通过诸派异端的研究，我们在当时的著作中是找不到任何暗示的。

异端中，使人最感兴趣的，而且是最庞大的一派，便是喀萨利派，他们在法兰西南部以阿勒比占西斯派著称。他们的教义是经由巴尔干诸民族由亚洲方面传来的；在意大利北部流布得很广，在法兰西南部受到绝大多数人的信仰，其中包括乐于寻求借口用以没收教会地产的贵族。异端所以传布得如此广阔，部分是由于十字军战败所产生的沮丧情绪，但主要却是起因于对僧侣阶级的富有和恶行的道德上的憎恶。当时流行着一种类似后世清教主义般的崇尚个人圣洁的心理；这种心理是与崇拜清贫连在一起的。教会是富有的和十分世俗的；大多数祭司都是极端不道德的。托钵僧控诉一些旧有的教团和教区祭司，断言他们利用忏悔室来诱惑妇女；托钵僧的对手则以同样的指控反责。无可置疑，这样的指控多半是公正的。教会愈以宗教的理由要求教权高于一切，民众愈为教会的言行不符而震骇。最终导致宗教改革的同一动机，在十三世纪中已在起着作用。其间主要的区别则在于这时的俗界统治者还不敢把自己的命运和各派异端结合在一起；而这大半由于这时还没有一种现存的哲学能把异端教义与国王们对统治权的要求调和起来。

我们已无法确知喀萨利派的异端教义，因为我们所依据的只有来自其敌方的证言。此外由于教士们，通晓各派异端的历史，惯于根据一些不太贴切的类似点，把现存的异端教派贴上某种熟知的标签，并将以前各种异端教派的教义附会于某种现存的异端教

469 派的名下。尽管这样，其中也还有许多事是令人无法置疑的。喀萨利异端似乎是二元论者，有如诺斯替教派一样，他们认为旧约中的耶和华是一个邪恶的造物主，真正的上帝只启示于新约全书之中。他们认为物质在本质上是邪恶的。并且相信善人死后并无肉体的复活。然而恶人，却要遭受轮回之苦，投生为动物。由于这种理由，他们都是素食主义者，就连鸡蛋、奶酪、牛奶都不食用。但他们却吃鱼，因为他们以为鱼类是无性生殖而繁殖的。他们憎恶一切性行为；有人说，结婚甚至比奸淫还要坏。因为结婚是持续的和自我满足的。另一方面，他们对于自杀却无异议。他们比正统教派还要拘泥于新约全书的字面解释；他们戒绝发誓，当有人打他们左脸时他们当真把右脸也给人去打。据其迫害者的记载，有一次一个被指控的异端信徒的人，曾为自己辩护说，他吃过肉，撒过谎，发过誓，并且是个上好的天主教徒。

该派严格的教规只让那些特别圣洁、被称为“完人”的人来遵守；其余的人是可以吃肉或甚至结婚的。

追查这些教义的来历是饶有兴趣的。它们是从保加利亚的一个叫波哥米勒斯教派，经由十字军军人，传至意大利和法兰西的：

公元1167年喀萨利异端在图路斯附近召开会议时保加利亚代表也出席了会议。而波哥米勒斯教派则是摩尼教派和保罗教派二者混合的产物。保罗教派是阿尔美尼亚的一派，他们反对婴儿受洗，炼狱，祷念圣者，和三位一体；他们逐渐传入色雷斯，以后才传入了保加利亚。保罗教派信徒是马尔西翁（大约公元150年）的追随者。马尔西翁认为自己在排斥基督教中的犹太成分方面是追随圣保罗的。他虽没成为一个诺斯替教派的信徒，但却和他们有着几分机缘。

此外我要提到的，另一个流行颇广的异端便是瓦勒都教派，他们是彼得·瓦勒都的信徒。瓦勒都是一个狂信者，他在公元1170年，发动了一次遵守基督律令的十字军。他把所有财产都周济了穷人，并且创立了一个社团名为“里昂穷人”，厉行安贫乐道的生活。最初他们还得到了教皇的嘉许，但由于他们对僧侣的不道德斥责的有些过分，终于在公元1184年遭到维罗纳宗教会议的谴 470
责。此后他们决定凡是善良的人都有资格传道讲经；他们自行指派传教士并废除了天主教祭司所行的礼拜仪式。他们传布到伦巴底后，又扩展到波希米亚，并在这里给赫斯教派铺平了道路。阿勒比占西斯派遭受迫害时他们也受到了影响，他们中间很多人逃往丕德蒙特。弥尔顿时代中他们在丕德蒙特遭受迫害时，曾激起诗人写出“噢，上帝，为遭受屠戮的众圣徒复仇吧”这首十四行诗。至今在偏僻的阿尔卑斯山谷和美国还有该派的信徒。

所有这些异端都曾引起了教会的惊恐，于是教会采用了强力的手段来进行镇压。尹诺森三世认为异端教徒合该处以极刑，因为他们犯了背叛基督的罪。公元1209年他号召法兰西王发起一次十字军以讨伐阿勒比占西斯教派。作战之残暴令人难以置信；特别是在攻克卡尔卡松纳之后，曾进行过一次骇人听闻的大屠杀。搜索异端原是主教们的工作，但这对另有其他职责的人来说是过于繁重的，于是格雷高里九世在公元1233年设立了宗教裁判所，来接办主教的这项工作。公元1254年以后，凡由宗教裁判所起诉的人都不准有辩护人。并且一经定罪，财产即被没收——在法兰西则归于国王。当查明被告确属有罪时，便把他交给俗界当局同时并附以祈祷说愿他的生命获得赦免；但如俗界当权者未将犯人烧死，那么，他们自己也可能遭到宗教裁判所的传询。宗教裁判所不但处理一般的异端案件，而且审问妖术和魔法。在西班牙，宗教裁判所的主要活动是针对着秘密的犹太教徒。这项工作大半是由多米尼克教团和弗兰西斯教团的僧侣来担任。这种裁判制度从未渗入斯堪的纳维亚和英格兰。然而英格兰人却毫不犹豫地利用它以惩戒圣女贞德。总之宗教裁判所是很成功的；一开头，它就把阿勒比占西斯派彻底肃清了。

天主教会，在十三世纪初叶，曾一度处于叛乱的危境之中，按其可怕的程度，并不比公元十六世纪时的叛乱稍有逊色。叛乱之得以避过，大半应归功于托钵僧团之兴起；圣弗兰西斯和圣多米尼克，为维护正统教义所做出的贡献甚至比最有力的教皇还要多些。

阿西西人圣弗兰西斯（公元1181或公元1182—1226年）是历史上最可爱的人物之一。他生于一个小康之家，少年时代并未曾
471 厌弃通常的宴乐。有一天当他骑马路过一个麻风患者的时候，他忽然为了一阵怜悯心感动得跳下马来，和那患者亲吻起来。嗣后不久，他决意放弃所有属世的财物，并献身于传道和慈善事业。他

父亲，是一个相当有地位的商人，闻听之下，大发雷霆，但终亦不能制止他。不久他集聚了一伙追随者，人人立誓过清贫的生活。起初，教会以怀疑的眼光注视这一运动；因为这运动过分像“里昂的穷人”。圣弗兰西斯遣往远方去的第一批传教士，竟被当作异端，因为他们的确力行清贫，不（像修道僧那样）仅在口头宣誓，从不认真对待。但尹诺森三世却足够精明地看出如把这个运动保留在正统教义范围以内，它将是很有价值的。因此，在公元 1209 年或 1210 年他便承认了这个新教团。教皇格雷高里九世是圣弗兰西斯的私人朋友，他始终不渝地赞助他，但同时也强加给他一些戒律，而这些戒律和这位圣者狂热无政府主义的内心冲动是有所抵触的。圣弗兰西斯希望以可能的最严格的方式来解释清贫誓约；他反对他的信徒占用房产或教会。他们须以行乞为生，除碰到受人款待之外不许有住所。公元 1219 年，圣弗兰西斯到东方去游历并在苏丹王前讲道，王待之以礼，但未改变自己的回教信仰。他回来时发现弗兰西斯教团僧侣为他们自己修了一所房屋；他为此深感痛苦，但教皇却劝导他或迫使他作出让步。他死后，教皇追谥他为圣者，但却放宽了清贫戒律的尺度。

论圣洁也有和弗兰西斯不相上下的人，然而他那乐天的态度、博爱的精神和诗人的才华却使他超然立于其他圣者之上。他的善良，就像是浑然天成的一般，从来没有什么斧凿的痕迹。他爱众生，这不仅表现在他作为一个基督徒，和一个慈善家，而且在作为一个诗人上面。在他临死之前写的《太阳颂》几乎像是出自伊克纳顿，——太阳的膜拜者的手笔，但也不尽然如此——尽管不甚明显，赋予这首颂诗性格的还是基督教。他自觉对麻风患者负有责任，这全是为了他们,而不是为了他自己;他不像大多数基督教圣徒,他关心别人的幸福多于他自身的得救。他从未表示过任何优越感,即使是对那些最卑贱的和最奸恶的人也不例外。齐拉诺人托马斯说,他在众圣徒中是一个超圣徒;在众罪人中他是他们中的一个。

472 假如真有撒旦的话,为圣弗兰西斯所创立的数团的来日必将使撒旦感到心满意足。作为教团首脑的圣徒的直接继承人以利亚兄弟是个穷奢极欲的人,他已全面容许放弃清贫的生活。在他们的创始人刚去世的几年里弗兰西斯教团的主要工作便是在规勒夫派与基伯林派残酷而血腥的战争中充当募兵官的角色。弗兰西斯死后七年成立了宗教裁判所,在某几个国家中这主要是由弗兰西斯派来领导。其间有少数称为属灵派的信徒依旧忠实于他的遗训;但其中有好些人却因异端罪名被宗教裁判所烧死。这些人认为基督和使徒们毫无财产,甚至连他们身上穿的衣服都不属于自己;这种见解在公元 1323 年为约翰二十二世判为异端。总之圣弗兰西斯一生努力的结果,只不过在于又开创了一个更为富有更为腐化的教团,用以加强教阶制度,并助长对所有道德忠信和思想自由的优秀人物的迫害。从他自己的宗旨和品德来看,我们当真无法想象世界上还有什么结局比这个更为令人苦笑的了。

圣多米尼克(公元 1170—1221 年)的事迹还不如圣弗兰西斯的有趣。他是一个卡司提亚人,他和罗跃拉一样对正统教义有着狂热的信仰。他的主要宗旨是攻击异端,并以贫穷作为达到这个目的的手段。自始至终他参加了讨伐阿勒比占西斯异端的战争,虽然有人说他对这次战争中一些残虐行为也曾有过伤心落泪的事。多米尼克教团在公元 1215 年为教皇尹诺森三世所建立,并迅速获得了成功。我所知道的圣多米尼克所有的一点人情味就是他对撒克森尼人约但的自白:在青年妇女和老年妇女间,他更多地喜欢同青年妇女谈话。公元 1242 年教团发出一项庄严的教令指出这段记载,必须从约但著的《多米尼克传》中删掉。

多米尼克教团僧侣在教会裁判所的工作中比弗兰西斯教团僧侣更为积极。可是由于他们致力学术,他们曾给人类做出了一些有价值的贡献。然而这却不是圣多米尼克的本意;他曾命令他门下的托钵僧们"除经特别许可外不得学习俗界科学和文艺"。这条禁令在公元 1259 年撤销了。此后又采取了一切措施,以保证多米尼克教团僧侣的学术生活过得安适。在他们,体力劳动不是必尽的义务,虔修功课也缩短了,以便给他们更多的时间从事研究。他们致力于调和亚里士多德和基督;阿勒贝尔图斯·马革努斯和托马斯·阿奎那两人都属于多米尼克教团,在完成这项工作上,他们做到了
一切能够做到的事。托马斯·阿奎那的权威更是凌驾一切,以致后 473
世的多米尼克教团僧侣在哲学上竟没有获得更大的成就。虽然弗兰西斯教团僧侣比多米尼克教团僧侣更厌恶学问,但在紧接的下一个时期中,哲学界的伟大人物却都是弗兰西斯教团僧侣:如罗吉尔·培根,邓斯·司各脱和奥卡姆人维廉,都是弗兰西斯僧侣。托钵僧们在哲学上的成就,将作为以下几章中的主题。

第十三章　圣托马斯·阿奎那 474

圣托马斯·阿奎那(生于公元 1225 年或 1226 年,死于公元 1274 年)被认为是最伟大的经院哲学家。在所有教授哲学的天主

教文教机关中他的体系是必须作为唯一正确的体系来讲授的；这一点自从列奥十三世于公元1879年敕令明申以来，便成了惯例。因此，圣托马斯不仅有历史上的重要性，而且还具有当前的影响，正像柏拉图、亚里士多德、康德、黑格尔一样，事实上，还超过后两人。他在大多数场合是如此紧密地追随着亚里士多德，以致使这位斯塔基拉人①，在天主教信徒心目中几乎具有教父般的权威；就是在纯哲学问题上批评亚里士多德，也会被人认为是不虔诚的。②但过去却不总是如此。在阿奎那时代，推崇亚里士多德，和反对柏拉图的斗争还有待进行。阿奎那的势力，后来取得了胜利，并一直保持到文艺复兴为止；以后，柏拉图，重新在大多数哲学家的见解中获得了至高的地位，这时人们对柏拉图的理解已比中世纪时有所进步。公元十七世纪时，一个人既可是个正教徒，也可是个笛卡尔主义者；马勒伯朗士，虽是个祭司，却从未遭到非难；但这样的自由在今日来说已成为过去；天主教僧侣，如想涉及哲学，就必须承认圣托马斯。

圣托马斯，是阿奎那伯爵的儿子。伯爵在那不勒斯王国境内的城堡，靠近蒙特·卡西诺，而这位“天使博士”③的教育便在这里开始了。他在弗里德里希二世所创办的那不勒斯大学读了六年书；于是当了多米尼克教团僧侣，并去到科伦，受业于当时哲学界亚里士多德的领袖人物，阿勒贝尔图斯·马革努斯。托马斯在科伦和巴黎住了一个时期之后，于公元1259年重返意大利，并在此

① 指亚里士多德。——译者

② 我曾在无线电广播中作过一次这样的批评，因而招致了天主教人士的许多抗议。

③ 指阿奎那。——译者

度过了余生，——公元1269—1272年再度侨居巴黎三年。那时巴黎的多米尼克教团僧侣由于他们的亚里士多德主义曾与巴黎大学当局发生了纠纷，人们怀疑他们同情阿威罗伊派异端，当时阿威罗伊派在大学中形成了一个强有力的派系。阿威罗伊派，根据他们对亚里士多德的解释，主张人的灵魂，只要具有个性，就不是不死 475
的；不死性只属于理智，而理智是非个体的，它在不同的理智存在中都是同一的，当他们被迫认识到这种学说与天主教信仰互相违背时，他们又逃进“双重真理”的遁词中，所谓双重真理指：一是基于理性的哲学真理，一是基于启示的神学真理。所有这一切都使得亚里士多德的名声败坏，圣托马斯在巴黎时便致力于消除这种由于过分拘泥阿拉伯学说所带来的危害。在这项工作上他获得了非凡的成功。

阿奎那，不同于他的前辈，他对于亚里士多德哲学确有充分的知识。他的朋友，穆尔贝克人维廉供给他一些希腊文原著的翻译，而他自己则从事写一些注释。在阿奎那以前，人们对于亚里士多德的观念一直被新柏拉图主义的附加物所蒙蔽而他却祖述真正的亚里士多德，并厌恶柏拉图主义，即便是出现在圣奥古斯丁言论中的也不例外。他终于说服教会，使之相信，作为基督教哲学基础，亚里士多德的体系比柏拉图体系更为可取，而回教徒，和基督教的阿威罗伊主义者都曾曲解了亚里士多德。依我看来，由亚里士多德《灵魂论》导致阿威罗伊的观点比导致阿奎那的观点要自然得多；可是教会自从圣托马斯之后却有不同的看法。我可以更进一步说，在许多逻辑和哲学问题上的亚里士多德的观点，并非定论，而且还已经证明大部分是错误的；关于这一点天主教哲学家，和哲学教师们是不许公然宣讲的。

圣托马斯最重要的著作是《异教徒驳议辑要》，写于公元1259—1264年。这书通过和一个尚未皈依基督的假想读者的辩论来确立其基督教的真理；有人推测这位假想的读者，是通常被认作精通阿拉伯哲学的那种人。他还写过一部名叫《神学大全》的书，这书的重要性几乎与前书相等，但它却不太叫我们感兴趣，因为它的议论不以基督真理为前提者较少。

以下是《异教徒驳议辑要》的一个摘要。

首先让我们考察一下“智慧”的意义。一个人在某项特定的工作上，例如修建房屋，可能是聪明的；这意味着他通晓达成某种特
476 定目的的方法。但一切特定目的都从属于宇宙的目的，因而智慧本身是与宇宙的目的相关的。宇宙的目的是知性的善，亦即真理。在这种意义下寻求智慧便是最完善、最崇高、最有益处和最为愉快的事业。所有这些都靠引据“大哲学家”，即亚里士多德的权威得以征实。

阿奎那说，我的目的是要阐明天主教信仰所宣扬的真理。但在此，我必须依据自然的理性，因异教徒从不接受经义的权威。可是自然的理性在上帝的事务中却是缺乏的；它虽能证实信仰中的某些部分，却不能证实其余的部分。它能证明上帝的存在和灵魂不死，但不能证明三位一体，道成肉身，和最后的审判。举凡能论证的，其结果都与基督教信仰一致，而且没有任何启示中的事务是和理性相悖谬的。但是把那些能由理性证实的部分信仰和不能证实的部分信仰区别开来却是重要的。因此这部《辑要》分为四卷，其中的前三卷，除非为了证明启示与理性求得的结论互相一致时

援引启示以外，一概未对启示加以援引；只有在第四卷中才论及那些离开启示就不得而知的事物。

第一步是证明上帝的存在，有些人认为这并不是必要的，因为（他们说）上帝的存在，是自明的。设若我们知道上帝的本质，这个论断就会是真实的，因为（有如以后所证明）在上帝里面本质与存在是同一的。但是我们除了极不完备的一点知识外，并不知道上帝的本质。对上帝的本质聪明人比愚昧人知道得多些；而天使却比二者知道得更多；但是却没有一种被造物具有足够的知识从而能由上帝的本质推论出上帝的存在。由于这种原因本体论的论证遭到了摈斥。

我们必须牢记：能够证实的宗教真理，同样可由信仰得知。这些证明是很繁难的，只有那些博学之士才能了解；但信仰对于无知者、青年，以及对于从事实际工作无暇学习哲学的人来说也还是必要的。为了这些人，启示是够用的了。

有人说人们**只能**由信仰得知上帝。他们主张，假如论证的诸
原理，有如《**分析后篇**》所述，是由感觉所产生的经验而为我们所
知，那么，凡是超越感觉的事物便不能证明了。然而这种持论却是 477
错误的；即使不错，上帝也还可由他的种种可以感知的作用为人们
所认识。

上帝的存在有如在亚里士多德的著作中那样，是由，非受动的始动者[1]这一论证证明的。世间有些事物只是受动，另外有些事物既能受动又能始动。凡是被推动了的某物都是被某物所推动

① 但在亚里士多德的著作中这个论证却引出四十七个或五十五个上帝。

的，并且，因为不可能漫无止境地往上追溯，所以我们终必会在某一点上逢到一个始动而非受动的某物。这个非受动的始动者就是上帝。也许会有人反对这种论证，因它涉及夙为天主教徒所摈斥的运动永恒性。但这种反对却是一个错误：这种论证建立于运动永恒性的假设上是妥当的，但它却只是被那对立的假设，即涉及一个起始，也就是一个第一原因的假设所增强。

在《神学大全》中，提出五种有关上帝存在的论证。第一，是不受动的始动者的论证正如上述。第二是第一原因的论证，同样基于无限追溯的不可能性。第三，一切必然性必有其最初根源；这和第二个论证大同小异。第四，世界上存在着种种完美的事物，而这些必定渊源于某些至善至美的事物。第五，我们甚至发现很多无生事物都在完成一个目的：这个目的必定存在于这些无生事物的外部，因为只有有生事物能有一内在的目的。

让我们再回到《异教徒驳议辑要》一书。在证明了上帝的存在之后，我们现在可以提到许多关于上帝的事实，但这些事，在某种意义上都是，否定的：我们只能通过上帝不是什么而认识上帝的本性。上帝是永恒的，因他是不受动的；上帝是不变的，因他不包含被动的潜在性。迪南人大卫（十三世纪初叶的唯物主义泛神论者）“曾狂喊”上帝与原始物质是一体；这是悖理的，因为原始物质是纯粹的被动性，而上帝却是纯粹的主动性。在上帝中，没有组成部分，因此，他不是一个躯体，因为躯体总有若干部分。

上帝是他自己的本质，否则，他就不是单一的，而要为本质与存在所合成了。（这点很重要）在上帝中本质和存在是同一的。上帝中没有偶然性，不能按任何实体上的区别加以详细说明；它不属于任何类;他不能被给以定义。然而任何类的优越性他都不缺。万物在某些方面类似上帝,在某些方面却又不像。我们说万物像 478
上帝比说上帝像万物更为适当。

上帝是善,并是他自身的善;他是万善之善,他是智慧的,而他的智慧的行动是他的本质。他以自己的本质进行理解,并且全面地理解他自己。(我们记得约翰·司各托,曾有不同的见解。)

虽然在神性理智里没有什么组成部分;但上帝却理解很多事物。这似乎是个难题,但上帝所理解的诸事物在上帝里面并没有实体的存在。同时它们也不像柏拉图想的那样,自身存在,因为自然事物脱开物质不会存在也不能为人所理解。但是,上帝在造物之先必须理解诸形相。这一困难的解决有如以下:"神性理智的概念,——这概念是他的话语,——正如上帝理解他自己那样,不仅是已知上帝本身的肖像,而且还是一切类似神性本质事物的肖像。因而许多事物,通过可知的形相,也就是神性本质,和通过一个已知的意愿,也就是神的话语——可以被上帝所理解。"①每一个形相,只要它是个积极的某物,便是个完成。上帝的理智借着理解每一事物什么地方像他,什么地方不像他,而把每一事物所固有的性质包含在他的本质之中;例如植物的本质是生命,而不是知识,动物的本质却是知识,而不是理智。这样植物在它是有生命的这一点上是像上帝的,但在它没有知识这一点上是不像上帝的;动物在它有知识这一点上是像上帝的,但在它没有理智这一点上却又不像上帝。被造物和上帝的区别总要通过一种否定。

---

① 《异教徒驳议辑要》第1卷,第53章。

上帝在同一瞬间理解所有事物。他的知识不是一种占有；同时也不是推理的或逻辑的。上帝是真理。（这须按字面去理解。）

现在我们面临一个问题，它曾使亚里士多德和柏拉图都感到困惑。上帝能知道个别事物呢，还是只知道诸共相一般的诸真理呢？基督徒由于相信天命，所以必然认为，上帝了解各个事物；虽然如此，也还有一些有力的议论反对这种看法。圣托马斯列举了七种这样的议论，并随即予以逐条的驳斥。七条议论有如下述：

1．个体性既然是显体（signate matter）[①]，那么非物质的任何东西都不能认识它。

479 2．个体不是永恒存在的，当他们不存在的时候也就无从认识，因而它们不能被一永恒不变的存在所认识。

3．个体是偶然的，而不是必然的；因而除非当他们存在的时候，对他们不可能有确切的认识。

4．有些个体由来于意志，而这只能被有此意志的人所认识。

5．个体的数量是无限的，而这种无限则是无从认识的。

6．个体过于渺小不值上帝给予注意。

7．某些个体中存在着罪恶，但上帝却不能认识罪恶。

阿奎那回答说，上帝认识个体，因为他是它们的根源；上帝预知尚未存在的事物，就像一个工匠在制造一件物品时一样；上帝知道未来的偶然事件，因为上帝看时间中的每个事物就像在眼前的一样，而上帝本身却不在时间之内；上帝知道我们的心意和我们的

---

① 系一经院哲学术语，指在个体上有所区别，但在认识上却属于同一性质或性格的物质。——译者

秘密意志，上帝知道无穷无尽的事物，然而我们却不能。上帝知道渺小的事物，因为没有什么事物是全然渺小的，并且凡事都有几分高贵；否则上帝就要只认识他自己了。此外宇宙的秩序是极其高贵的，但假如对其渺小部分没有认识，则对其高贵的秩序也不会有所了解。最后，上帝知道恶事。因为认识任何善事包括着认识其反面的恶。

上帝有意志；他的意志就是他的本质，而其主要对象就是神性本质。上帝在愿望他自己时，他也愿望其他万物，因为上帝是万物的终极。他甚而愿望还没出现的事物。他愿望他本身的存在和善良，他虽愿望有其他的事物，但却不是必须作这种愿望。上帝有自由意志；我们对于他的意志虽然可以赋予一种理由，但却不能赋予一种原因。上帝不能愿望本身不可能的事；譬如，他不能使一个矛盾变为真实。圣托马斯的对于超越神力的事物的举例却不十分适宜；他说上帝不能使一个人成为一头驴。①

上帝中有喜乐和爱；上帝什么也不恨，并具有沉思和积极的美德。他是幸福的，而且就是他本身的幸福。

现在我们来看（该书第二卷中）对被造物的看法。这对驳斥关于上帝的一些谬论是有用的。上帝从无中创造了世界，这和古代人的看法相反。上帝所不能做的一些事项被重新提了出来。他不 480
能是一个物体，或改变他自己；他不会失败；他不会疲倦，或遗忘，或懊悔，或发怒，和悲伤；他不能使一个人不具灵魂，或使三角形三内角之和不等于两个直角。他不能撤销过去，犯罪，另外创造一位

① 驴子：在英文中是个双关语，指蠢人。——译者

上帝，或使他自己不存在。

该书第二卷主要涉及人的灵魂问题。所有精神实质都是非物质的和不朽的；天使没有肉体，而在人中则灵魂与肉体相结合。灵魂，有如亚里士多德著作中所说，是肉体的形式，人只有一个灵魂，并不是有三个。整个灵魂充斥于身体的每一部分。动物的灵魂不是不死的，这和人的灵魂总有所不同。智性是每个人的灵魂的一部分；并不像阿威罗伊所主张的那样，认为只有一个为众人所参与的智性。灵魂不是由精液所遗传，而是随着每个人重新创造的。的确，有这样一个难点：私生子的产生，似乎使上帝成为通奸的同谋者。但这种诘难只是表面上中听罢了。（有一个重大的诘难，曾使圣奥古斯丁感到困惑，就是有关原罪的遗传问题。犯罪的是灵魂，但如果灵魂不遗传而是重新再造，那么它怎能遗传亚当的罪呢，托马斯没有议论这事。）

共相问题的议论是和智性联系在一起的。圣托马斯的立场和亚里士多德的立场一样。诸共相不存在于灵魂之外，但智性在了解诸共相的同时，却了解到一些灵魂以外的事物。

该书第三卷主要涉及伦理问题。恶不是故意的，它不是一种本质，而且它具有偶然性的善因。万物都倾向于类似上帝，而上帝是万物的终极。人类的幸福不在于肉欲、名誉、荣华、富贵、世俗权柄，以及肉体的享用物，它也不在于感官。一个人的真正幸福不在于道德的行为，而在于对上帝的沉思默想，因为道德行为不过是手段。但是为大多数人所具有的关于上帝的知识是不够的；由论证得来的，甚而由信仰得来的关于他的知识也还是不够的。在今生，我们不能看到本质的上帝，也不能享到至上的幸福；但在死后我们便要和上帝面对面相见。(他提醒我们,并非按字面解释。因上帝并无面孔。)这事的发生并不是由于我们的自然力而是由于神的 481
光;而且就在那时候,我们也见不到他的全体。由于这种目睹,我们就成了永恒生命的,也就是,时间外生命的参与者。

神意并不排除罪恶、偶然性、自由意志、机会和幸运。恶出于第二原因,这和一个卓越艺术家使用坏工具的情况相类似。

天使也不尽都相同,他们中间也有级别。每个天使都是他那种天使的唯一标本。因为天使既没有躯体,他们只能凭种差,而不能凭空间的地位来区分。

占星术,根据普通的理由,应给以摈斥。阿奎那在回答"有没有命运"这一问题时说,我们*或可以*把上帝所定的秩序叫作"命运",但是不这样叫是更明智的。因为"命运"是个异教的词汇。由此,又引出了上帝虽不可变更,但祈祷依然有用的议论。(我未能追随这种议论。)上帝有时行奇迹,此外谁也行不出。可是在魔鬼帮助下魔术倒是可能的;这与真正的奇迹无关,并且不是由于星宿的帮助。

*神的律法*引导我们要爱上帝;其次要爱邻舍。它禁止犯奸淫,因为做父母的应当在子女养育期间住在一起。它禁止节育,因为节育违背自然;虽然如此,它却不禁止终生独身主义。婚姻应当是不能拆散的,因为在教育子女时需要父亲;一方面父亲比母亲更为理智,另一方面当有必要惩戒子女时,父亲的体力也比较强。并非所有的性交都是有罪的,因为这是自然的;但如相信结婚的身份与禁欲一样善良那就要坠入约维年异端。必须严格一夫一妻制;一夫多妻制对妇女是不公平的,而一妻多夫又使父子关系无法确定。

血亲相奸因混乱家庭生活而必须禁止。书中有一段反对兄弟姊妹相奸的怪论:如果兄弟姊妹间结成夫妻间的爱情,由于相互间的引力过于强烈这就会导致过多的房事。

值得我们注意的是:所有这些有关性道德的论点,都是根据纯粹理性的考虑,而不是出于神的戒命。在这里,阿奎那像在前三卷
482 中一样,在一番推理之后喜欢引证些经文,证明理性引导他得到了与经文互相一致的结论,而在得到结论之前他并不诉诸权威。

关于自甘贫困的讨论是极其生动而有趣的。最后得到的结论,如所预料是和托钵僧教团的原则相一致的。但也引述了俗界僧侣的反对意见,并且写得极为有力和真实,仿佛他亲自听到的一般。

然后,讲到有关罪恶,预定,和神的诏选,大体来说,他的观点是属于奥古斯丁的。一个人由于犯了死罪[①]而丧失他最终对于一切永生的权利。从而理应得到永劫的惩罚。若非神恩谁也不能从罪中获释,如若一个罪人不知悔改,那么他是合该受到谴责的,一个人需要神恩来坚持为善,但却没有谁配受神的助力。上帝不是犯罪的原因,但他却把一些人留在罪里,而把另外一些人从罪里拯救出来。关于预定,圣托马斯,似乎与圣奥古斯丁的主张相同,他认为没有理由可以用以说明,为什么有人蒙诏升入天堂,有人则为神所厌弃而下地狱。他也认为不受洗礼的人是不能升天堂的。这不是一项单凭理性就可以证明的真理;这在《约翰福音》三章五节

① 会招来精神死亡的一种道德上的犯罪。——译者

中有所启示。①

原书第四卷论及三位一体，道成肉身，教皇的至上权，圣礼和肉身的复活。这些主要是向神学家，而不是向哲学家讲的，因此，我只将其简单地叙述于下：

认识上帝的途径有三：通过理性、启示，和通过一些事前只由启示才能认识的事物的直觉。关于第三种途径，他几乎没有说什么。一个倾向于神秘主义的作家在这方面定会比前两项论述得更多，但阿奎那的气质却更多地是推理的，而不是神秘的。

希腊教会因否认圣灵的双重发源②和教皇的至上权而受到他的谴责。他还提醒我们，基督虽然由圣灵受胎，但我们却不当设想按肉体论基督是圣灵的儿子。

即便是邪恶的祭司所行的圣礼也还是有效的。这一点在教义上很重要。有很多祭司过着罪深恶极的生活，虔诚的人担心这样 483
的祭司不能主持圣礼。这种情况十分尴尬，因为谁也无从确知他所举行的婚礼是否成立或确知他的赎罪是否得到有效的宽恕。这种情况导致了异端和分裂，因为一些具有清教徒式思想的人们寻求一个在道德上更加无可指责的独自的祭司体系。于是，教会乃不得不极力断言祭司身内的罪并不能使他失去行祭礼的权能。

最后讨论的一个问题是肉体的复活。阿奎那在这里有如在其他地方一样，公正地引述了反对正统教义的论点。其中之一乍看起来是很难解决的：圣阿奎那问道：假如有一个人一生只吃人肉，

① 耶稣说，我实实在在告诉你，人若不是从水和圣灵生的，就不能进上帝的国。

② 圣灵的双重发源，指圣灵发源于圣父与圣子的一种教义。——译者

不吃别的东西，而他的父母也和他一样，那么将来会出现什么情况呢？由于他贪吃的结果致使那些牺牲者在末日失去了身体，这似乎是不公平的；然而，什么会被留下来去构成他的身体呢？这个困难乍看起来好像是不可克服的，但我却高兴指出这个困难已被他胜利地解决了。圣托马斯指出：肉体的同一性不在于原有物质微粒子的保持；人在生前由于吃与消化的过程，构成肉体的物质是经过不断地变化的。因此，这个吃人的人在复活时纵然得不到和他死时同样物质构成的身体，但他还是得到原先一样的身体。关于《异教徒驳议辑要》一书的简介让我们就讲到这个令人快慰的想法为止罢。

阿奎那的哲学大体与亚里士多德的哲学是一致的，凡接受或拒绝这个斯塔基拉人的哲学的读者也会以同样程度接受或拒绝阿奎那的哲学。阿奎那的独创性表现于对亚里士多德哲学稍加篡改用来适应基督教教义一事上。在他所处的时代里，他被人认为是一个大胆的革新者；甚至在他死后他的许多学说也还受到巴黎大学和牛津大学的谴责。他在体系化方面比在独创性方面更为出色。即使他的每一个学说都是错误的，《辑要》这书仍将不失为知识上的一座宏伟的大厦。当他要驳斥某一学说时，他常常是尽力地并总是力求公正地把他首先叙述出来。在区别渊源于理性和渊源于启示的两类论证时，他的文笔的明确和清晰实在令人赞叹。
484 他熟知亚里士多德并对他有深刻的理解。就这一点来说，在他以前的所有天主教哲学家们都还谈不到。

可是，上述的这些优点似乎还远不足以证明他所享有的盛名。关于诉诸理性的说法在某种的意义上来讲，却不是诚实的，因为要达到的结论，在事前早已经被确定了。以婚姻的不可解除为例，提倡婚姻不可解除的理据是父亲对子女教育的有用。(a)父亲比母亲理智，(b)父亲体力强，适合给子女以体罚。一个现代教育家会反驳说：(a)没有理由认为男人一般地比女人理智，(b)需要大体力进行的那种处罚在教育上是不值得向往的。而且这个教育家还可进一步指出，父亲，在现代的教育中几乎没有份儿。但没有一个圣托马斯的追随者会因此就不相信终身一夫一妻制，因为真正的信仰的基础并不在于所说的那些理由。

再拿那些声言证明上帝存在的论证来看，除掉其中来自无生物的目的论这一论证以外，全部论证都依据没有首项的级数是不可能的这样一个假设。每一个数学家都知道这种不可能性是不存在的；以负一为末项的负整数级数便是个最好的例证。但是在这里一个天主教徒即便承认圣托马斯论证不妥善，也不会竟因此而放弃对上帝的信仰；他会想出些别的论证来，或托庇于启示。

关于上帝的本质和存在的同一性，上帝就是其自身的善良，上帝就是自己的权能等论争，暗示着一种，在诸殊相存在样式与诸共相存在样式之间的混淆，而这种混淆曾见于柏拉图哲学之中，并认为被亚里士多德所避过。人们必须假定上帝的本质属于诸共相的性质，而上帝的存在却不是这样。这个困难是不易圆满陈述的，因为它出现在一种不能再为人们所承认的逻辑之中。然而它却清楚地显示出某种句法上的混淆，如果没有这种混淆，关于上帝的种种议论即将失去其似真性。

阿奎那没有什么真正的哲学精神。他不像柏拉图笔下的苏格拉底那样，始终不懈地追逐着议论。他并不是在探究那些事先不 485

能预知结论的问题。他在还没有开始哲学思索以前，早已知道了这个真理；这也就是在天主教信仰中所公布的真理。若是他能为这一信仰的某些部分找到些明显的合理的论证，那就更好，设若找不到，他只有求助于启示。给预先下的结论去找论据，不是哲学，而是一种诡辩。因此，我觉得他是不配和古代或近代的第一流哲学家相提并论的。

486 第十四章 弗兰西斯教团的经院哲学家

总的来说，弗兰西斯教团并不如多米尼克教团那样严守正统教义。两个教团之间有过尖锐的竞争，而弗兰西斯教团是不肯承认圣托马斯的权威的。弗兰西斯教团中最重要的三个哲学家是罗吉尔·培根，邓斯·司各脱，和奥卡姆的维廉。此外圣博纳梵图拉和阿夸斯巴塔人马太也值得予以注意。

罗吉尔·培根（公元1214年前后—公元1294年前后）生前并没受到多大赞扬，但在近代所受到的赞扬却远远超过了他的功绩。与其说他是个狭义的哲学家，不如说他更多地是个酷爱数学和科学的大博学家。科学，在他所处的时代里，与炼金术混为一谈，并且，被人认为是夹杂着妖术或魔法；培根经常因异端和魔法的嫌疑而遭到祸害。公元1257年弗兰西斯教团的总管，圣博纳梵图拉在巴黎把他置于监视之下，并禁止他刊行著作。尽管这样，在该项禁令仍然生效的期间教皇驻英国的使节居·德·福勒克已命令他，违背禁令，为教皇的利益，写出他自己的哲学。因此，他在短期间内写了三卷书，《大著作》、《小著作》，和《第三著作》。这些书产生了良好效果,公元 1268 年他竟获释回到牛津,事先他即是从牛津被解往巴黎过着一种囚禁生涯的。虽然这样,却从来没有什么事情能教他小心谨慎。他惯于对那些与他同时的知名学者施以轻蔑的批评;他尤其喜欢着重指出那些希腊文或阿拉伯文翻译家的拙劣无能。公元 1271 年他写了一部名叫《哲学研究纲要》的书,在这本书中他抨击了僧侣的愚昧无知。这事并未丝毫增加他在同行间的名气。公元 1278 年他的著作遭到弗兰西斯教团总管的谴责,而且他本人也被投入监狱历时达十四年之久。公元 1292 年他获得了释放,但出狱后不久便死去了。

他的学识是百科全书式的,但却缺乏体系性。他和当代许多哲学家不同,对试验给以很高的估价。他曾用虹的理论来证实试 487
验的重要性。他写过一些精辟的有关地理学的文章;哥伦布读过他这方面的著作,并曾受到他的影响。他是个优秀的数学家;经常引证欧几里得《几何学》的第六卷和第九卷。他又根据阿拉伯文资料论述透视画法。他认为逻辑是一种无用的学问;但另一方面,却给炼金术以足够的估价,并从事这方面的著述。

为了交代一下他的学识和方法,我将把《大著作》中的某些部分概述于下。

他说,愚昧有四种原因:一、脆弱而不适当的权威所树立的范例。(因为这本书是为教皇写的,所以他审慎地言明这并不包括教会在内。)二、习惯的影响。三、无识群众的见解(这个令人猜想包括除他以外的与他同时代的所有人)。四、于炫耀外表的智慧之中掩饰自己的愚昧。以上这四种灾害产生了人间所有的罪恶,其中的第四项尤其是最为恶劣的。

支持某种见解时，从祖先的智慧，习惯或共同信仰进行议论是错误的。他为维护自己的观点，曾引证了塞涅卡、西塞罗、阿维森纳、阿威罗伊、巴斯人阿戴拉德、圣杰罗姆和圣克里索斯托姆，他似乎认为有关这些权威的例证已足够证明一个人不当尊重权威。

他很尊重亚里士多德，但也不是毫无限制。他说“只有亚里士多德和他的信徒在所有智者的判断中才被称为哲学家”。当他谈到亚里士多德的时候，他使用“大哲学家”这一称呼，他告诉我们，就连这位斯塔基拉人也未达到人类智慧的极限。亚里士多德之后，阿维森纳是“哲学的君王与领袖”，尽管如此，阿维森纳还没有充分明白虹霓现象，因为他未曾认识到虹霓的根本成因，这成因，按《创世记》记载则是水蒸气的散逸（尽管如此，当培根讨论虹霓问题时，还是十分敬佩地引证阿维森纳的）。他不时地说些带有正统教义气味的话，有如：唯一完全的智慧有如教规与哲学所示，存在于圣经之中。但他说，从异教徒那里获得知识也无不可时的口气却听来更为恳切。在引证阿维森纳和阿威罗伊之外，他时常引证阿勒法拉比[①]，和不时引证阿勒布玛查[②]及其他人士。他引证阿
488 勒布玛查用以证明数学在洪水灭世之前为世人挪亚，和他的子嗣所知晓；我想这种说法，便是我们能从异教徒所获得的知识的一个范例。培根赞扬数学，他把它当作确实性的唯一（未经启示的）源泉，和把它当作天文学和占星术所必需的科学。

培根追随阿威罗伊认为能动的智力在本质上是与灵魂分别开

① 金弟(Kindi)的追随者，死于公元950年。

② 天文学家，公元805—885年。

来的一个实体。他引证了许多有名的神学家,其中也有林肯的主教格罗赛特斯特来支持这个与圣托马斯相反的见解。他说与亚里士多德书中显然自相矛盾之处,是出于翻译上的错误。他引证柏拉图时未曾用过第一手文献,而是用通过西塞罗的第二手文献,或用经由阿拉伯人翻译的蒲尔斐利的第三手文献。他并不很重视蒲尔斐利,他把他的共相学说说成是"幼稚的"。

作为知识的一个来源,培根重视实验过于论证,因而受到了近代的赏识。诚然,他的兴趣和处理问题的方法是和典型的经院哲学家们十分不同的。他那百科全书式的倾向很像阿拉伯的著作家。这些人对他的影响显然要比对其他许多基督教哲学家的影响更为深远。阿拉伯哲学家们像他一样对科学感兴趣,并相信魔法和占星术,然而基督徒们却认为魔法是邪恶的,同时占星术是一种欺骗。他是令人惊讶的,因为他与中世纪基督徒哲学家们是大不相同的,但是,他对当代却几乎没有什么影响,而且依我看来,他也不如一般人有时设想的那样科学。英国作家们惯于说他发明了火药,然而这种说法却是不正确的。

禁止培根出书的,弗兰西斯教团总管,圣博纳梵图拉(公元1221—1274年)是个完全不同类型的人。他属于圣安瑟勒姆的传统,并拥护这人的本体论论证。他见到新亚里士多德主义与基督教有一种根本对立。他相信柏拉图的诸理念,但认为这只有上帝才能全面认识。我们在他的著作中经常看到渊源于奥古斯丁的引用文,但却找不出阿拉伯人著作的引用文,同时也绝少看到古代异教徒作品的引用文。

阿夸斯巴达人马太(约公元1235—1302年)是博纳梵图拉的

追随者，但却多少接触到一些新兴哲学。他是个弗兰西斯教团的僧侣，做过红衣主教；曾以奥古斯丁主义的观点反对圣托马斯。但对他来说，亚里士多德，已经成了“大哲学家”；他不断地引证他。489 除此以外也常提到阿维森纳；和十分敬佩地引证圣安瑟勒姆与伪狄奥尼修斯；然而，他的主要的权威者乃是圣奥古斯丁。他说，我们必须在亚里士多德和柏拉图之间找一条中间道路。柏拉图的诸理念是“极端错误的”；它们建立智慧，但却不建立知识。另一方面，亚里士多德同样是错误的；他建立知识，但却不建立智慧。我们的知识——他这样下结论说——，是借着低级的和高级的两种事物，借着外在的物体和观念的理性所导致而来的。

邓斯·司各脱（约公元 1270—1308 年）继续开展了弗兰西斯教团对阿奎那的争论。他生于苏格兰或乌勒斯特，在牛津大学参加弗兰西斯教团。晚年在巴黎度过。他反对圣托马斯，拥护纯洁受胎说①，于此他博得了巴黎大学并终至全天主教教会的赞同。他是个奥古斯丁主义者，但却比博纳梵图拉，或甚而比阿夸斯巴达人马太那种极端的形式略为缓和；他和圣托马斯的不同就像博纳梵图拉马太两人和托马斯的情形一样，起因于他的哲学中掺杂了较多的（经由奥古斯丁而来的）柏拉图主义。

例如他讨论这样一个问题，“是否有任何确实而纯粹的真理，不被非经创造的光的特殊照耀而能自然地为一个过路者的理智所知晓?”他论证说这是不可能的。在他开头的议论中，他单纯地引证圣奥古斯丁来维护这个观点；他所遇到的唯一困难是《罗马人

① 指处女马利亚由圣灵受胎的教义。——译者

书》第一章二十节:“自从造天地以来,上帝的一些不可见之事情,借着所造之物就可明明得知。”①

邓斯·司各脱是个稳健的实在论者。他相信自由意志,并趋向于裴拉鸠斯主义。他认为存在与本质没有区别。他主要对显证感兴趣,所谓显证,就是不待证验而得知的事物,显证共有三种:(1)自明的诸原理,(2)由经验而得知的事物,(3)我们自己的行动。但若没有神的照耀则我们便什么也无从知道。

大多数弗兰西斯教团僧侣都追随邓斯·司各脱而不追随阿奎那。

邓斯·司各脱认为既然存在与本质间没有区别,“个别化原理”——也就是促使一物不同于另一物的原理——必定是形式,而不是质料。“个别化原理”是经院中的一项重要问题。在不同的形式上一直到今天它还继续成为一个问题。在不涉及某一特殊的作者范围内,我们或可陈述该项问题如下。

个别物的诸性质中有的是本质的,另一些则是偶然的;某物的 490
偶然性质,是那些可能失掉,而不致丧失其同一性的性质——有如一个人和他所戴的帽子的关系。于是生出这样的问题:设有属于一个种的两个个别物,那么他们在本质上总是有所不同呢,抑或二者在本质上完全相同呢?圣托马斯关于物质的实体主张后一种见解,但关于非物质的实体则主张前一种见解。邓斯·司各脱则认为两个个别物之间在本质上永远有区别。圣托马斯的观点依据以下的理论,这种理论认为由未经区分的部分组成的纯物质只是借

① 参看《新约·罗马人书》第一章,第二十节。——译者

着空间位置之相异而有所区别。因此,一个由身与心组成的人,在**体质上**只能借着其身体的空间位置与另一个人有所区别。(理论上,这种情况也可能发生在同卵孪生儿身上。)邓斯·司各脱,在另一方面则认为设若物体有所区别,它们必定是由于质的差异而有所不同。很显然,这种观点是比圣托马斯的观点更加接近于柏拉图主义的。

在我们以现代术语述说这个难题以前,我们还必须经过种种不同的阶段。由莱布尼兹所采取的第一步是消除本质的与偶然的诸性质之间的区别,这种区别有如经院哲学家们从亚里士多德那里继承的许多理论一样,每当我们企图细心阐述时,它便立即变得不现实起来。这样我们得到的,不是“本质”,而是“对有关事物真实的一切命题”,(尽管如此,一般说来,空间与时间的位置仍将除外。)莱布尼兹争辩说在这种意义上二物完全一样是不可能的;这便是他那“无法识别的事物的同一性”原理。这个原理曾受到物理学家的批评,他们主张物质的两个质点仅由于空间和时间的位置而可能完全有所不同。——相对性使这个观点更加困难化了,因为相对性把时间与空间还原为诸关系。

使上项问题近代化时需要更进一步地取消“实体”这一概念。这样做了以后,一个“物”只能成为一束性质,因为任何纯粹的“物性”核心都不能存在了。设若抛弃了“实体”,那么我们似乎必须采用与其说近于阿奎那,毋宁说更多地近于司各脱的观点。然而这事在有关空间和时间方面,却会带来更多的困难。对于这一问题,
491 我曾在《意义和真理的探究》中的“专用名称”章下就个人所见加以论述。

奥卡姆的维廉是圣托马斯以后的一个最重要的经院哲学家。关于他的生平我们知道得极不全面。他可能生于公元 1290 至 1300 年间；死于 4 月 10 日，不是 1349 年就是 1350 年，其年份是不确实的。（公元 1349 年黑死病大为流行，因而他很有可能是死于这个年份。）许多人说他生于苏黎的奥坎姆，但戴利勒·伯恩斯却说他生于约克郡的奥坎姆。他先在牛津，然后去到巴黎，他在那里先是当了邓斯·司各脱的学生，然后更变成他的竞争者。在安贫的问题上，他被卷入弗兰西斯教团与教皇约翰二十二世之间的争论。教皇得到该教团总管西塞纳人米凯尔的支援；对属灵派进行迫害。过去有过这样一种协定，按此凡是捐输给托钵僧的财产均须由托钵僧转献于教皇，教皇准许托钵僧享有财产的实利，而不犯有产罪。这种协定为教皇约翰二十二世所废止，他主张他们应该承认公开的所有权为合法。该教团中的大多数人在西塞纳人米凯尔领导下起来反抗。奥卡姆原先被教皇召往阿维农去答辩有关化体问题所遭到的异端嫌疑，这时他和另外一名重要人士巴都阿人马西哥利欧附和了西塞纳人米凯尔。他们三人一并于公元 1328 年受到破门处分，并逃出阿维农，托庇于皇帝路易的权威下。路易是两个帝位争夺者中的一个；他得到德意志的支持，另一个则得到教皇的支持。教皇把路易开除教籍，于是路易向全教会议控诉了教皇。教皇本人被指控为异端。

据说奥卡姆谒见皇帝时曾这样说“请你用刀剑保护我，而我将要用笔保护你”。不管怎样，他与巴都阿人马西哥利欧在皇帝保护下定居于慕尼黑，并在那里写了一些相当重要的政治论文。皇帝于公元 1338 年死去，奥卡姆的事迹便不详了。有人说他与教会妥协了，但这种说法似无根据。

神圣罗马帝国也不再像霍恩施陶芬朝代时的景况了；教廷的外貌虽似继续向大处发展，却受不到以前享有的那种尊敬。克莱门特五世在十四世纪初叶把教廷迁往阿维农，教皇从此在政治上
492 变为法兰西国王的臣属。神圣罗马帝国没落得尤其显著；由于英格兰和法兰西的强盛，它甚至无法主张先前那种空有其名的普遍统治权；另一方面，由于教皇对法兰西王的屈从，也削弱了教皇对俗世事务的普遍要求。所以教皇与皇帝间的冲突实质上就是法兰西与德意志间的冲突。爱德华三世统治下的英格兰正与法兰西交战，因而同德意志缔结了盟约；这也就使英格兰变为一个敌视教皇的国家。教皇的敌人们要求召集一次全教会议——这是被认为高于教皇的唯一教会权威。

这时教皇反对派的性质也有了变更。他们不再只是拥护皇帝了，他们特别在有关教会管理问题上带出了一副民主主义的腔调。这曾给予他们一种终于导向宗教改革的新力量。

但丁（公元 1265—1321 年），作为一位诗人虽是一个伟大的革新家，但作为一个思想家，却有些落后于时代。他的著作《君主制论》在观点方面是属于基伯林派的，假若出现于一个世纪以前倒可能更合时宜些。他认为皇帝和教皇都是独立的，并且二者都是因神授命的。在《神曲》里，他的撒旦有三张嘴，它们长期咀嚼着，加略人犹大，布鲁图斯和喀修斯，他们三个都是叛徒，第一个背叛了基督，其余两人背叛了凯撒。但丁的思想不仅就其思想本身来论，即使就其为一个俗人的思想而论也是有趣的；然而他的思想却不仅没有影响，而且还陈腐得不堪救药。

巴都阿人马西哥利欧(公元1270—1342年)与此相反,创造了一种反对教皇的新形式,皇帝在其中扮演了一个主要具有修饰性权威者的角色。他不仅是奥卡姆的维廉的密友,而且还影响过这人的政治思想。在政治方面,他比奥卡姆更为重要。他认为人民的大多数才是立法者,而这大多数人是有权惩罚君王的。他又将群众主权的理论应用于教会,并且在群众中包括了俗众。各地应该成立包括俗众的地方宗教会议,并由他们来选举代表参加全教会议。只有全教会议才有权施行破门处分,并对圣经作出权威的解释。这样,所有信徒在决定教义 493
时便都有一份发言权。教会不该有属世的权限;未经市民同意不得施行破门处分;而教皇也不能享有特权。

奥卡姆没有达到马西哥利欧那样高的水平,然而他也创出一套选举全教会议的彻底民主的方案。

公元十五世纪初叶在有必要平复大分裂的当时,宗教会议运动已臻于发展的顶峰。但当它完成这一任务后,便又陷入了低潮。宗教会议运动的立场,有如在马西哥利欧处所见,是与以后新教徒在理论上所采取的立场,有所不同的。新教徒要求个人判断的权限;并不情愿屈从于任何一个全教会议。他们认为宗教信仰,不应由任何管辖机构加以裁决。与此相反,马西哥利欧则仍以保存天主教信仰的统一为目的,但却希望用民主方式,不用教皇专制来付诸实现。在实践上,大多数新教徒于取得政权后,只是以国王代替了教皇,因而是既没有保障个人判断的自由,又没有保障决定教义问题的民主方式。但在他们反对教皇时,却在宗教会议运动的原则中找到了支援。在所有经院哲学家当中只有奥卡姆受到路德的器重。应当指出,即便在新教国家中,新教徒中很大一部分人仍旧固持着个人判断的教义。这正是英国内战期间，独立会与长老会之间的主要差别。

奥卡姆的政论性著作①是用哲学论辩体裁写的，对于不同命题作了正面和反面的论证，也有时竟不下任何结论。我们在现时习惯于更加直截了当的政治宣传，但在他所处的时代，他所选择的方式却可能更为有效。

以下列举的几个例证即将说明他的方法和观点。

他写过一长篇论文，题名为“关于教皇权力的八项问题”。其中第一个问题是：一个人能否在教会与国家二者中成为合法的至尊。第二个问题：俗界权威是否直接起源于上帝？第三个问题是：教皇有无权柄把俗界统治权赐给皇帝或君主？第四个问题是：诸选帝侯所进行的选举是否给德意志王以充分的权力？第五和第六
494 两个问题是：通过主教为国王行涂油礼的权柄教会获得那些权力？第七个问题是：为一个不合法的大主教所主持的加冕礼是否有效？第八个问题是：选帝侯的选举是否给德意志王以皇帝的称号？以上所有这些，在当时，都是实际政治中的迫切问题。

他的另一篇论文论及一个君主未经教皇许可能否获取教会财产的问题。这篇文章旨在说明爱德华三世为筹措对法战费从而向僧侣征税一事是正当的。我们还记得爱德华是皇帝的同盟者之一。

他在“一个婚姻事件的商榷”中，论及皇帝同其堂姊妹的婚姻

---

① 参看《奥卡姆的威廉政治论文集》（*Guillelmi de Ockham Opera Politica*），曼彻斯特大学出版社，1940 年版。

是否正当的问题。

我们可以看到奥卡姆为了获得皇帝的刀剑保护，已尽到了他的最大的努力。

现在让我们讲一讲奥卡姆的纯哲学学说。关于这个题目我们有一本很好的书，厄内斯特·伊·穆迪著，《奥卡姆的维廉的逻辑》。我以下所要讲的，大部分内容都根据他写的这本书。这书采用了一种不太寻常的观点，但是，我想他的观点倒是正确的。哲学史家往往有一种以后人的眼光去解释前人的倾向。然而一般说来这却是个错误。奥卡姆曾被人认为是导致经院哲学崩溃的人，是笛卡尔、康德或其他任何一个为个别评论家所宠爱的近代哲学家的先驱。按照穆迪说法，——我是同意他的——所有这些都是错误的。他认为奥卡姆最关心的事在于恢复纯粹的亚里士多德，使之脱却奥古斯丁和阿拉伯人的影响。这在很大程度上，也还是圣托马斯的目标；但如我们所见，弗兰西斯教团僧侣却比奥卡姆还要紧密地一直追随着圣奥古斯丁。按照穆迪的见解来说，近代史学家为了试图找出一个从经院哲学通向近代哲学的逐渐的过渡，而使得他们对奥卡姆作了不恰当的解释；这便使得人们把近代的诸学说附会于他，而其实他只是在阐释着亚里士多德。

奥卡姆曾为不见于他本人著作中的一句格言而享有盛名，但这句格言却获得了“奥卡姆的剃刀”这一称号。这句格言说：“如无必要，勿增实体。”他虽然没有说过这句话，但他却说了一句大致产生同样效果的话，他说：“能以较少者完成的事物若以较多者去做
即是徒劳。”这也就是说，在某一门科学里，如能不以这种或那种假 495
设的实体来解释某一事物，那么我们就没有理由去假设它。我自

己觉得这在逻辑分析中是一项最有成效的原则。

奥卡姆在逻辑上——虽显然不在形而上学上——是个唯名主义者;十五世纪的唯名主义者[①]曾尊他为他们的创始人。他认为,亚里士多德曾为司各脱主义者所误解,而这种误解一部分出于奥古斯丁的影响,一部分出于阿维森纳的影响,但还有一部分则出于一项更早的原因,也就是出于蒲尔菲利所著论亚里士多德《范畴论》这篇论文。蒲尔菲利在这篇论文中提起了三个问题:(1)类(genera)和种(species)是否为实体?(2)它们是有形体的,还是无形体的?(3)如为后者,它们是在感性事物之中,还是同感性事物互相分离?他这些问题,是作为与亚里士多德的范畴相关的问题而提出来的,这样便导致中世纪对亚里士多德的《工具篇》作出过分形而上学的解释。阿奎那曾试图消除这种错误,但其后这错误又重新被邓斯·司各脱所引入。其结果便使得逻辑,和认识论依附于形而上学和神学。奥卡姆着手将它们再度分开。

奥卡姆认为逻辑是可以以独立于形而上学的自然哲学的一种工具。逻辑是推理科学的分析;科学是和事物有关的,但逻辑却不然。事物是个别的,但在词之中却有共相;逻辑研究共相,而科学却只管使用它们并不加以讨论。逻辑关心的是词或概念,不是作为心理状态的词或概念,而是作为含有意义的词或概念。"人是一个种"不是一个逻辑命题,因为它需要关于人的一项知识。逻辑所论及的是头脑在其自身内部所构成的事物,这些事物若非通过理性的存在是不会存在的。一个概念是一个自然的符号,一个词是

① 例如:斯万斯赫德,海特斯伯力,盖森,代礼等人。

一个约定的符号。我们必须把当作为一个事物而说的词，和作为具有含义而使用的词，划分开来。不然我们势将陷入谬误，例如："人是一个种，苏格拉底是一个人，因而苏格拉底是一个种。"

指物的词叫作第一意向词(terms of first intention)，指词的词叫作第二意向词(terms of second intention)，科学中的词属于第一意向；逻辑中的词则属于第二意向。形而上学的词是比较特殊的，它们兼指第一意向词所指的事物和第二意向词所指的事物。496 我们只有六个形而上学的词：存在、物、某物、一、真实和善。[①] 这些词都有一种特性，它们彼此都能互相表述。但是逻辑的探求也可以不必假借这些来进行。

所理解的是事物，不是由精神所产生的形式；形式不是被理解者而是借以理解事物者。在逻辑中，共相，只是些可以表述许多其他词与概念的词与概念。共相，类，种，都是第二意向词，因而，不能意味着物。然而，因为一和存在是可以互换的，若是一个共相存在，它应该是一，并且是一个个别物。一个共相只是许多事物的一个符号。关于这一点，奥卡姆赞同阿奎那，但反对阿威罗伊，阿维森纳，和奥古斯丁派。他们二人认为只有个别的物，个别的精神，和理性的行为。阿奎那和奥卡姆二人固然承认先天共相(universale ante rem)，但他们只用它来解释创世；在上帝创世之前上帝的头脑中必须先有共相。然而这却属于神学，不属于人类知识的解释，后者只与后天共相(universale post rem)有关。在解释人类知识的时候奥卡姆从来不认为共相是物。他说，苏格拉底类似柏

① 我不拟在此批评奥卡姆对于这些词的用法。

拉图，但绝不是由于一个叫作类似性的第三物所使然。类似性是个第二意向词，它存在于头脑之中(所有这一切都很好)。

按奥卡姆所述，有关未来的偶然性事物的命题，还谈不上是真的或是伪的。他想把这种观点同神的全知调和在一起。他在这里，有如在别处一样，使逻辑自由独立于形而上学和神学之外。

奥卡姆议论中的某些例证可能有些用处。

他问："按发生次序而言，最先为悟性所知者是否为个体。"

反面答案：悟性首次的和适当的对象是共相。

正面答案：感官的对象和悟性的对象是相同的，然而个体却是感官的第一对象。

因此，必须对这问题的意义加以陈述。(大概是因为这两种议论都很有力。)

497 他继续写道："灵魂以外非为符号之物，首先被这种知识(也就是，被个体的知识)所理解，因为灵魂以外的一切都是个体，所以个体首先被认识。"

他继续说抽象的知识总是以"直观的"(即属于知觉的)知识为前提，而这种知识是由个体所引起的。

然后他列举了可能发生的四种疑问，并进行了解答。

他用一个肯定性回答为他原来的问题作出结论，但却附加说："共相是按相应次第的①第一对象，而不是按发生次第的第一对象。"

这里牵涉到知觉是否为知识的来源，如果是，又到什么程度的

① "相应"原文为 adequation，意指，事物与思维的完全相应。——译者

问题。我们可以想起柏拉图在他的《泰阿泰德篇》中曾反对把知觉作为知识的这种定义。奥卡姆肯定是不知道《泰阿泰德篇》的，但若他知道的话，他就不会同意这本书。

对于"感性灵魂与智性灵魂在某一人中是否截然不同"的问题，他回答说他们不同，不过这是很难证明的。他的论证之一便是：我们的食欲可能希求一些为我们的悟性所拒绝的东西；因此食欲同悟性属于不同的事物。另外一项论证是感觉主观地存在于感性灵魂之中，但并不主观地存在于智性灵魂之中。再有：感性灵魂是扩展的和物质的，而智性灵魂却两种性质都不是。于此他提出了四种神学的反对论，①但他作了解答。奥卡姆对这个问题所持的见解，也许与人们所期待于他的有所不同。无论如何，他在把每个人的智力认为是属于各该人的，而不把它认为是非个人之物这一点上，是同意圣托马斯而反对阿威罗伊的。

由于主张逻辑和人类知识的钻研无需牵涉形而上学和神学，奥卡姆的著作鼓舞了科学研究。他说奥古斯丁主义者错在首先假定万物不可理解，人类没有智力，然后再加上从无限来的一道光，借此使知识变为可能。在这点上，他是同意阿奎那的，但也各有强调，因为阿奎那主要是一个神学家，而奥卡姆在有关逻辑方面，却 498
主要是一个俗世的哲学家。

他的治学态度给研究特殊问题的学者以自信，例如，欧利斯姆人尼古拉(死于公元 1382 年)，他的直接追随者，曾钻研过行星理

① 例如：在基督受难日与复活节之间，基督的灵魂降入地狱，而他的身体却仍在亚利马太人约瑟的坟墓中。感性灵魂如与智性灵魂不同，基督的感性灵魂其间是在地狱中度过的呢，还是在坟墓中度过的呢？

论。这人在某种程度上，是哥白尼的先驱者；他提出了地球中心论和太阳中心论，并且说这两种理论都能解释在他所处时代里的所有事实，因而人们是无法在二者之间作出抉择的。

在奥卡姆的维廉以后再也没有大经院哲学家了。下一个大哲学家的时代始于文艺复兴的后期。

499

第十五章 教皇制的衰落

公元十三世纪完成了一个哲学的、神学的、政治的、社会的伟大综合。这一综合是由于许多因素的结合徐缓地建立起来的。最初的因素是纯粹希腊哲学，特别是毕达哥拉斯、巴门尼德、柏拉图和亚里士多德等人的哲学。然后，由于亚历山大征服战争的结果，大量地流入了东方的各种信仰。① 这些因素利用了奥尔弗斯教神秘信仰，改变了希腊语世界以及最后拉丁语世界的世界观。死而复活的神，意味着吃神肉的圣餐仪式，通过类似洗礼的某种仪式而进入一种新生命的重生等，逐渐变为异教罗马世界大部地区中神学的一部分。在这些因素之上更结合了一种解脱肉体束缚的伦理，而这至少在理论上来讲是禁欲主义的。从叙利亚、埃及、巴比伦和波斯传来了与俗众分开的祭司制度，他们或多或少具有一些魔法，并能在政治上带来相应的影响。主要与信仰来世攸关的一些令人难忘的宗教仪式，也来自同一源泉。从波斯，特别传来了一种二元论，这种二元论，把世界看成两大阵营的一座修罗场，一个

① 参看库蒙：《罗马异教主义中的东方宗教》。

阵营是为阿呼拉·玛滋达所统率的善，另一个阵营是为阿利曼所统率的恶。**妖术**的行使即是得助于阿利曼及其灵界的徒众。撒旦是阿利曼的一种发展。

蛮族的观念与实践的流入和新柏拉图派哲学中的某些希腊因素综合在一起了。在奥尔弗斯教，毕达哥拉斯主义，和柏拉图的某些部分著作中，希腊人发展了一些容易与东方观点相结合的观点。也许，这些观点正是在很久以前假借于东方的。异教哲学的发展到普罗提诺和蒲尔斐利时就终止了。

这些人的思想虽有浓厚的宗教色彩，但若不大加改造，却不足以兴起一种盛行于世的大众宗教。他们的哲学很难，无法为一般
人所了解；他们的救世法对于一般大众也是过于偏重理智的。他 500
们的保守思想促使他们维护希腊的传统宗教，但为了减轻其中的不道德因素，并与他们的哲学一神主义相调和，他们只好作出寓意的解释。希腊宗教终因无法和东方的诸教仪和诸神学相抗衡，而日趋于衰亡。预言家变得默然无声了，而祭司们又从未形成过一个强而有力的特殊阶层。因而复兴希腊宗教的企图带上了一种拟古主义的性格，而这种性格更赋予该企图以一定程度的懦怯性与炫学性，这在皇帝朱利安身上表现得特别显著。早在公元三世纪，人们已能预见某种亚洲宗教会要征服罗马世界，不过在那时还并存着一些竞争的宗教，看来它们也都好像有获胜的机会。

基督教集结了各个方面的有力因素。它从犹太人那里接受了一本《圣经》，和一种认为其他所有宗教都是虚妄而邪恶的教义；但它却抛弃了犹太人的种族排他性和摩西律法中的种种不便。以后的犹太教已学着相信了死后的世界，但基督徒却给天堂，地狱，以

及进入天堂和逃避地狱的方法，赋予一种新的确实性。复活节结合了犹太人的逾越节和异教徒对于复活之神的祭典。波斯人的二元论也被吸取了，但基督徒对其善原则的最终全能却给以更加坚定的确信，同时并附加了异教徒是撒旦的门徒这样一项确信。起初基督徒在哲学上和在仪式上并非其对手的匹敌。但这些缺陷却逐步获得了改善。最初，哲学在半基督教的奈斯脱流斯教派中比在正统教派中更为进步；但自从欧利根以来，基督徒却借着修改新柏拉图主义发展了一种适用的哲学。初期基督徒间的仪式还是个不很明确的东西，但不管怎样，到了圣安布洛斯时代时它已经给人以很深刻的印象了。祭司的权能和其特殊地位本取法于东方，但借着统治方法而逐渐有所加强，在教会内部，这是多亏罗马帝国的实践的。旧约全书，神秘的诸宗教，希腊哲学，和罗马行政方法都
501 混合于天主教教会之内，它们结合在一起从而赋予教会一种以前任何社会组织所无法比拟的巨大力量。

西方教会，像古罗马一样，发展虽然比较缓慢，却由一种共和制变成一种君主制。我们已看到教皇权柄成长的各个阶段，从大格雷高里，历经尼古拉一世，格雷高里七世，和尹诺森三世，直到霍恩施陶芬皇朝在规勒夫派和基伯林派战争中的最后败绩。与此同时，一向是奥古斯丁主义的，因而主要是柏拉图主义的，基督教哲学也由于同君士坦丁堡和回教徒的接触增加了新的因素。亚里士多德，在公元十三世纪时几乎已全部被西方所知晓，而且由于阿勒贝尔图斯·马革努斯和托马斯·阿奎那的影响，亚里士多德在学者的脑海里成了仅次于圣经和教会的最高权威。直到今日，在天主教哲学家中，他仍然保持着这个地位。从基督教观点来看，我不

能不认为:以亚里士多德来代替柏拉图和圣奥古斯丁是一项错误。从气质方面来讲柏拉图比亚里士多德更富于宗教性。而基督教神学从开始以来就适应于柏拉图主义。柏拉图教导说:知识不是知觉,而是一种回忆的幻觉;亚里士多德更多的是个经验主义者,圣托马斯,尽管不出于他的本意,却铺平了从柏拉图主义的迷梦转入科学观察的道路。

对于始自公元十四世纪中的天主教综合体系的崩溃来说,一些外界的事件比哲学起着远为重大的作用。公元 1204 年拜占庭帝国为拉丁人所征服,并从此一直到公元 1261 年受到他们的统治;在此期间其政府的宗教是天主教,而不是希腊正教。公元 1261 年之后教皇失掉了君士坦丁堡,尽管公元 1438 年在费拉拉有过一度名义上的合并,但教皇却从来没有收复该城。由于法兰西、英格兰等民族的君主政体的兴起,西方帝国(指神圣罗马帝国——译者)在与教皇的冲突中虽被挫败,但结果并未给教会带来任何益处;教皇于公元十四世纪的大部分时期中在政治方面只是法兰西王掌握下的一个工具。比这些原因更为重要的一项即是,富商阶级的兴起和俗众知识的增进。这种情况都起始于意大利,直至公元十六世纪中叶为止,其发展经常是遥遥领先于西方其他地区的。公元十四世纪时,意大利北部诸城市比北方诸城市更为富庶;有学问的俗众,特别在法学和医学方面为数日益增多。这些 502
城市具有一种独立自主的精神,由于皇帝在现时已不足为患,于是它们便易于起而反抗教皇了。尽管程度上较差,但这同一运动也还存在于其他地方。弗兰德斯繁荣起来了:汉撒诸城市也不居后。在英格兰,羊毛贸易成为它的一项财源。在这期间里,堪称广义的民主倾向是十分强大的，但民族主义倾向却较此更为强大。教廷已然变得很世俗化，大体上表现为一个税收机构，征收大部分国家愿意保留于其国内的巨额税收。教皇已不再享有或不配享有那种给予他们权柄的道德威望。以前圣弗兰西斯曾经能够和尹诺森三世以及格雷高里九世和平共事，但公元十四世纪中一些至为热诚的人们却被迫与教廷进行了斗争。

然而，在本世纪初叶，这些使教廷衰落的原因还不很明显。鲍尼法斯八世在兀纳姆·伞克塔姆教令（Bull Unam Sanctam）中提出了以前任何教皇从未提过的极端要求。他于公元1300年，创立了大赦年制度，凡到罗马来游历，并在此举行某种仪式的天主教徒都可获得大赦。这事给教廷的金库以及罗马市民的衣袋带来了巨额的钱财。原先规定每百年举行一次大赦年祭典，其后终因利润巨大而缩短为每五十年举行一次，以后又缩短至二十五年，并从此一直传到现代。公元1300年的即第一次大赦年祭典，可视为教皇成功的极点，同时，为了方便起见也可以把这个日期当作教廷开始衰落的日期。

鲍尼法斯八世是个意大利人，生于阿纳格尼，当他在英格兰时，他曾替教皇援助英王亨利三世征讨叛乱诸侯而被幽囚于伦敦塔中。公元1267年他受到亨利之子即以后的爱德华一世的解救。在他所处的时期里教会内部已然出现了一个强力的法兰西派，而他的被选就曾遭到法兰西籍红衣主教们的反对。关于国王是否有权对法兰西籍僧侣征税的问题，他与法兰西王腓力四世之间有过激烈的冲突。鲍尼法斯经常援用亲属同时又贪得无厌；因此，他愿意尽多地掌握一些经济来源。他被人指控为异端一事可能是公道

的；他似乎是个阿弗罗埃斯主义者而且不相信灵魂不死。他和法 503
兰西王构怨很深。因而导致后者企图通过全教会议把他废黜，而去派兵捉拿他。他在阿纳格尼被人捕获了，但事后却逃往罗马，并殁于该地。此后许久再也没有一个教皇胆敢冒险敌对法兰西王了。

在一段短暂的过渡统治之后，红衣主教们于公元1305年选立了博尔多的大主教为教皇，号称克莱门特五世。他是一个戛斯坎尼人，并在教会内一贯代表着法兰西派，在他做教皇的任期中他从来没有去过意大利。他在里昂接受加冕礼，并在公元1309年定居于阿维农，此后教皇们继续留住在这里约达七十年之久。教皇克莱门特五世曾借反对圣殿骑士团时和法兰西王所采取的共同行动，而大肆宣扬他和法兰西王的结盟。双方都需要钱财，教皇方面是为了惯于宠幸私人和私党，腓力浦方面则是为了同英格兰作战，镇压弗兰德斯人的叛乱，和维持日益增强的政府。在他掠夺了伦巴底人银行主之后，又“在商业所能容许的范围内”迫害了犹太人。他发现圣殿骑士团不仅是些银行家，而且在法兰西境内拥有巨大的地产，同时这些地产若借教皇的支援，是可由他攫取的。于是国王与教皇商定首先由教会揭发圣殿骑士团业经陷入了异端；然后再由国王和教皇合伙瓜分这些赃物。在公元1307年某一既定的日期，法兰西境内所有首要圣殿骑士团分子都遭到了逮捕；他们全都必须回答一连串事前拟好了的诱导讯问，在严刑拷打下，他们招认他们礼拜过撒旦和犯有其他种种丑行；公元1313年，教皇终于下令镇压了该骑士团，并没收了其所有的财产。关于这个案件亨利·C. 李在他的《异端裁判史》中叙述得最好。经过绵密的调查之后，他在书中作出了以下的结论：指控圣殿骑士团的罪名是全然没有根据的。

在整个圣殿骑士团事件中，教皇与国王在经济利益上是一致的。然而，在基督教世界的大部分地区中，在大多数情况下，两者之间的利益却是冲突的。鲍尼法斯八世期间，腓力四世为征税与教皇发生争执时曾得到各阶层人民甚至僧侣阶级的支持。当教皇在政治上屈从法兰西时，一些仇视法兰西国王的君主们也必然要仇视教
504 皇。这曾导致了皇帝对奥卡姆的维廉以及巴都阿人马西哥利欧的庇护；并在稍后的时代中，引起刚特人约翰来保护威克利夫。

总的来说，主教们在这时已完全服从了教皇；而实际为他所任命的主教，在比例数上也日益增多了。修道院性质的诸教团与多米尼克教团也同样恭顺，只有弗兰西斯教团仍旧保有某种程度上的独立精神。这曾导致他们与教皇约翰二十二世之间发生了一场冲突，关于这次事件我们在论及奥卡姆的维廉时已经讲过了。在冲突期间，马西哥利欧劝皇帝进攻罗马。罗马群众为皇帝加了皇冠，同时在群众宣布废黜约翰二十二世之后还选出了一个弗兰西斯教团派的敌对教皇。所有这些事除去普遍地削弱了人们对教廷的尊敬之外，实未产生其他任何影响。

反对教廷统治的叛乱，随着不同的地区采取了不同的形式。有时它同君主专治的国家主义相结合，有时它同清教徒对教廷因腐败和世俗而产生的嫌恶相结合。在罗马本城，这种叛乱与拟古主义的民主主义结合在一起。克莱门特六世（公元 1342—1352 年）时，罗马在一个杰出的人物，克拉·底·李恩济领导下，曾一度寻求脱离这个长期远住别地的教皇统治。罗马不仅苦于教皇统

治，同时也苦于公元十世纪中那些继续进行骚乱，降低了教廷威信的地方贵族们。诚然，教皇之所以逃往阿维农，一部分原因也还是为了逃避这些目无法纪的罗马贵族。李恩济是个酒馆老板的儿子，最初他只反抗贵族，并为此得到了教皇的支持。他曾鼓起群众巨大的热情，以致吓得贵族们纷纷逃跑(公元 1347 年)。诗人佩脱拉克很钦佩他并为他写了一首颂歌，鼓舞他来继续他那伟大崇高的事业。他取得了护民官的称号，并宣布了罗马人对神圣罗马帝国的主权。他似曾以民主主义的方式来理解这种主权，因为他曾从意大利各城中召集代表组成了一种议会。然而胜利却给了他一种妄自尊大的幻想。这次有如在其他许多次时一样，出现了两个帝国皇位的竞争者。李恩济召集他们二人和诸选帝侯前来在他面前解决这个问题。这自然促使两个帝位候选人，连同教皇起而反对他，因为教皇认为这类事情是应该由他宣布判决的。李恩济被教皇逮捕了(公元 1352 年)，入狱两年，直到克莱门特六世死去时 505
才获得释放。然后他又返回罗马，并在那里重新当了几个月的权。然而，这次他的声望却很短暂，最后，他遭到了暴徒的杀害。拜伦像佩脱拉克一样，也曾写过颂扬他的诗篇。

很明显，假如教廷想有效地保持天主教会的首要地位，那么它必须重返罗马，脱开法兰西的羁绊。此外英法战争——法兰西在战争中数遭惨败——已使得法兰西没有安全可言。所以乌尔班五世于公元 1367 年迁回罗马；但意大利政治对他来说是过于复杂了，于是他在临死不久之前，再度返回阿维农。继任的教皇格雷高里十一世为人较为果断。对于法兰西教廷的怀恨迫使许多意大利城市，特别是弗罗棱斯极端敌视教皇，于是格雷高里乃借着重返罗马，并反对法兰西籍红衣主教等手段不遗余力地挽救这种局面。虽系如此，在他临死的时候大主教团内的法兰西派与罗马派也还是不能协调。依照罗马派的意愿，意大利人，巴尔特洛苗·颇利格纳诺当选为教皇号称乌尔班六世。但有些红衣主教却宣布颇利格纳诺的选出违背教规，并选出法兰西派日内瓦人罗伯特号称克莱门特七世住在阿维农。

这样便开始了历时达四十年之久的大分裂。法兰西当然承认了阿维农的教皇，而法兰西的敌对国家则承认罗马的教皇。苏格兰是英格兰的敌国，而英格兰又是法兰西的敌国；因此，苏格兰承认了阿维农的教皇。每个教皇都从他自己的党派里遴选红衣主教们，每当一个派别的教皇死去，他的红衣主教们便迅速地选立另一个教皇来继任。因而，除非行使一种驾乎双方教皇之上的权力实无从根治这种分裂。二者之中的一个显然必须是合法的，因此，我们必须找出一个驾乎**合法**教皇之上的权力。唯一的解决办法就在于召开一个全教会议，在盖森领导下的巴黎大学发展了一种授予全教会议动议权的新理论。俗界统治者们支持这种理论，因为教会分裂对他们是不便的。公元1409年，终于在比萨召集了一次会议。然而这次会议却失败得令人好笑。它以异端和分裂罪名宣布两位教皇同时废黜，并另外选出一个第三者，这个教皇随即死去；
506 但他的红衣主教们却又选立了一个前海盗，巴勒达撒瑞·寇撒作为他的继承人，号称约翰二十三世。这样一来，结果便出现了三个教皇而不仅是有两个了，全教会议选出的教皇是个臭名远扬的恶汉。于是这时的情况竟显得比以前任何时代更加没有希望了。

然而会议运动的支持者并未罢休。公元1414年在康斯坦斯召集了一次新会议，采取了积极行动。它首先宣布教皇无权解散会议，在某些方面还必须服从这种会议。会议更决定未来的教皇必须每七年召集一次全教会议。会议废黜了教皇约翰二十三世，并劝使当时的罗马教皇辞职。阿维农的教皇拒绝辞职，他死后在阿拉贡王主使下又选出了一位继任者。但这时正处于英格兰摆布之下的法兰西却拒绝承认他。此后他的党徒日渐衰微下去，终于不复存在了。这样，由全教会议所选任的教皇终于没遭到任何反对，该教皇是在公元 1417 年选出的，号称马丁五世。

这些措施是令人赞许的，但在对待威克利夫的波希米亚门徒、赫斯时却不如此。赫斯被带到康斯坦斯之前曾得到人身安全的诺言，但在到达该地之后，却被定了罪和受到火刑。威克利夫原系善终，但会议却下令掘出他的骸骨加以焚毁。会议运动的支持者们是急于摆脱违背正统教义的任何嫌疑的。

康斯坦斯全教会议挽救了分裂，但它却想做更多的事，并以一个君主立宪体制来代替教皇专政。马丁五世在当选之先许下很多诺言；有些他遵守了，有些他破坏了。他同意每七年召集一次全教会议的教令，并一贯严格地遵守着它。康斯坦斯宗教会议于公元 1417 年解散，一个新会议——事后证明并不重要——召开于公元 1424 年；以后，即公元 1431 年，在巴泽尔召开了另一次会议。马丁五世适在这时死去，他的继承人尤金尼乌斯四世于整个任期中一直和那些掌握会议的革新家进行着激烈的斗争。他解散了会议，但会议却拒不承认这种解散；公元 1433 年他曾让步过一段时期。但在公元 1437 年又重新下令解散它。虽然如此，会议却一直进行到公元 1448 年，这时教皇获致全胜一事已众所周知了。公元 507

1439年会议因宣布废黜马丁五世另外选立一位敌对教皇(历史上最后的一个)而失去了舆论的同情。但这人却几乎随即辞职。同年尤金尼乌斯四世在费拉拉另自召开了一个会议,并借此抬高了他的威信。那里的希腊教会因过分恐惧土耳其人,而向罗马作出名义上的归顺。这样一来教廷在政治上声势大振,但同时它的道德威望却大大地削弱了。

威克利夫(大约公元1320—1384年)以其生平和学说,说明了十四世纪教廷权威的衰落。他和以前的经院学者不同,既非修道僧,又非托钵僧,而是一个俗世的祭司。他在牛津享有盛名,并于公元1372年获得了牛津神学博士学位。他在巴里欧学院当过短期的院长。他是最后一位重要的牛津经院学者。作为一个哲学家,他不是进步的;他是个实在论者,与其说是个亚里士多德主义者毋宁说是个柏拉图主义者。他不同意某些人的主张,而认为上帝的命令不是恣意的;现实世界并非诸可能世界中的一个,而是一个唯一可能的世界,因为上帝是有选择最善的义务的。使他成为一个有趣人物的并不在于这些事,同时他对这些事也似乎不大感兴趣。因为他竟从牛津大学引退为一个乡间教士。在他生涯最后的十年中,他当了敕命路特渥尔兹教区的祭司,然而他却继续在牛津大学讲学。

威克利夫的思想发展得异常缓慢,这是令人注意的。公元1372年,在他五十岁或五十多岁的那年还信奉着正统教义;但在这个年代以后,很明显,他却变成了一个异端。他所以信奉异端则似乎完全出于道义感的迫使——他对穷人的同情,和他对富有世俗僧侣的嫌恶。起初,他对教廷的攻击只限于政治和道德方面而不涉及教义方面;只是由于被迫,他才逐渐地走上了更加广泛的反抗道路。

威克利夫之脱离正统教义，始于公元1376年在牛津所作的一系列讲义"论公民统治权"。他提出只有正义才配享有统治权与财产权；不义的僧侣是没有这些权益的；至于一个教士应否保留其财产则必须由俗界政权来决定。他更进一步地教导说财产是罪的结果，基督和信徒们没有财产，因此，僧侣也应该无产。这些教义触 508
犯了托钵僧以外的所有教士。英格兰政府却欢迎这些教义，因为教皇经常从英格兰调走巨额的贡赋，而这种不赞成从英格兰送金钱给教皇的教义是对政府有利的。这种情况特别在教皇屈从法兰西，而英格兰又同法兰西交战时显得更为突出。理查二世（Richard II）幼年时代的当权者，刚特人约翰尽久地照拂了威克利夫。与此相反，格雷高里九世却谴责了威克利夫讲学论著中存在的十八种论点，指控这些论点导源于巴都阿人马西哥利欧。威克利夫被召往一个由主教们组成的法庭上受审，然而女皇和暴民却保护了他，同时牛津大学也拒不承认教皇对该大学教师有司法权。（英格兰各大学甚至在那些年代中，就相信应有学术的自由。）

公元1378—1379年间，威克利夫继续写作了一些学术性的论著，他主张国王是上帝的代理者，而主教是应该服从国王的。及至大分裂到来以后，他更变本加厉地为教皇打上敌基督者的烙印，又说承认君士坦丁的赐予一事使得以后的历代教皇都成为叛教者。他把拉丁文圣经译成英文；并以俗界僧众建立了"贫苦祭司"僧团。（他因这项措施终于得罪了托钵僧。）他派遣"贫苦祭司"做巡回传道士，着重在贫民中进行传道工作。最后，当他攻击祭司权时，他进而否认了化体说，把化体说称作一桩欺骗和渎神的蠢事。在这一点上刚特人约翰曾下令命他缄口。

公元1381年瓦特·泰勒所领导的农民起义，使威克利夫陷入更加困难的处境。我们虽然没有证据说明他积极地鼓动过这次起义，但他却和在类似事件中的路德有所不同，他曾避免谴责起义。起义军中的一个领袖，约翰·鲍勒，这个社会主义的，被人剥夺了僧职的祭司曾赞扬过威克利夫，这事曾使得威克利夫十分困窘。约翰·鲍勒早在公元1366年遭到了破门处分，但这时威克利夫仍在信奉正统教义。因此我们可以设想约翰·鲍勒必定是独自形成了自己的见解的。威克利夫的共产主义的见解，虽然无可置疑地受到了"贫苦祭司"的传播，但他这些见解都是用拉丁文写的，所以一般农民是无法直接读懂的。

令人惊讶的是威克利夫并没有因为他的见解和民主活动而遭
509 到更多的灾难。牛津大学尽量地保卫他抗击那些主教们。当英国贵族院谴责他的巡回传教士的时候，众议院则拒不同意。无可置疑，假使他活得再长些，纠纷是会要积累起来的，但截至他在公元1384年死去时为止他总算还没有被正式判罪。他死在路特渥尔兹并埋葬在那里。直到康斯坦斯全教会议下令掘出他的骸骨并加以焚毁时为止，他的遗体一向在这里安眠。

他的英格兰追随者们罗拉德派，遭到了残酷的迫害并在实际上已经完全覆灭。但由于理查二世的皇后是波希米亚人的关系，他的学说得以在波希米亚流传。赫斯便是他此地的门徒；尽管在波希米亚也有迫害，他们却一直延续到宗教改革时期为止。在英格兰这些人虽被迫转入地下但反对教廷的思想却依然深入人心，因此，为新教的成长准备了滋生的土壤。

公元十五世纪中，除了教廷的衰落以外还有其他种种原因引起了政治文化的迅速变化。火药消灭了封建贵族而巩固了中央集权政治。在法兰西和英格兰，路易十一世和爱德华四世各自团结了国内富裕中产阶级，这些人帮助他们平定了贵族政治的无政府状态。意大利在公元十五世纪末叶以前几乎一直未曾受到北方军队的骚扰，在经济和文化方面取得了迅速的发展。新文化在本质上是异教性质的，它仰慕希腊，罗马，和蔑视中世纪。建筑和文学风格效仿着古代的典型。当君士坦丁堡，这个古代最后的残余，被土耳其人攻陷后，逃往意大利的希腊难民曾受到人文学者的欢迎。瓦斯寇·达·伽马，和哥伦布扩大了世界，而哥白尼扩大了天界。**君士坦丁的赐予**被斥为无稽之谈，受尽了学者们的嘲笑。由于拜占庭人的协助人们逐渐直接地通晓了柏拉图，不再仅凭新柏拉图主义者及奥古斯丁的第二手资料了。人间寰宇不再是一个泪之谷，一个在朝圣途中走向彼岸世界的处所，而是一个提供异教快乐，名誉，美丽，和冒险机会的地方了。历经数世纪之久的禁欲主义被人遗忘于艺术，诗歌，和快乐的喧嚣中。当真，就在意大利，中世纪也还是经历了一场斗争才死去的；萨万纳罗拉和列奥纳都两 510
人是于同年出生的。但在大体上来说，旧的恐怖，已吓不得人了，精神的新的自由已显得如醉如狂。这种陶醉未能持久，但在当前它却消除了恐惧。就在这快乐的解放时刻中，诞生了近代的世界。

本书卷一，古代哲学部分是何兆武译；卷二，天主教哲学部分是李约瑟译。翻译过程中参考了刘悉规先生的译稿，谨此志谢。

目　录

卷三　近代哲学

第一篇　从文艺复兴到休谟

第二篇 从卢梭到现代

卷三　近代哲学

第一篇　从文艺复兴到休谟

第一章　总说

通常谓之"近代"的这段历史时期，人的思想见解和中古时期的思想见解有许多不同。其中有两点最重要，即教会的威信衰落下去，科学的威信逐步上升。旁的分歧和这两点全有连带关系。近代的文化宁可说是一种世俗文化而不是僧侣文化。国家越来越代替教会成为支配文化的统治势力。各民族的统治大权最初大都归国王掌领；后来，如同在古希腊一样，国王逐渐被民主国家或僭主所代替。民族国家的力量，以及它所行使的职权，在整个这时期当中稳步发展，不断扩大（一些小波折不算）；但是按大多情况讲，国家对哲学家的见解所起的影响总比不上中世纪时的教会。在阿尔卑斯山以北，一直到十五世纪向来能够和中央政权分庭抗礼的封建贵族，首先丧失了政治上的重要地位，后来又失掉了经济地位。国王联合豪商顶替了他们，这两种人在不同国家按不同的比例分享权力。豪商有并入贵族阶级的趋势。从美国独立和法国大革命的时代以来，近代意义的民主制成了重大的政治力量。和建立在私有财产基础上的民主制相反的社会主义，在1917年初次获得了政权。这一种政治制度倘若蔓延开来，很明显一定会带来一种新的文化；但我们以后要讲到的文化大体上是属于“自由主义的”文化，换句话说，就是和通商贸易极自然地连在一起的那类文化。关于这点，特别在德国有若干重要的例外；举
512 两个实例，费希特和黑格尔的见解跟商业就毫无关系。但是这种例外人物并不代表他们那个时代。

否认教会的威信是近代的消极特色，这比它的积极特色即承认科学的威信，开始得要早。在意大利文艺复兴运动中，科学只占一个极微末的地位；反对教会这件事在人们的心念里是和古代文明分不开的，仰赖的仍旧是过去，然而是比初期教会与中世纪还渺远的过去。科学的第一次大入侵是1543年哥白尼学说的发表；不过这学说直到十七世纪经过开普勒和伽利略着手改进，才开始得势。随后揭开了科学与教义之间的长期战斗的序幕，这场战斗中守旧派在新知识面前打了败仗。

科学的威信是近代大多数哲学家都承认的；由于它不是统治威信，而是理智上的威信，所以是一种和教会威信大不相同的东西。否认它的人并不遭到什么惩罚；承认它的人也绝不为从现实利益出发的任何道理所左右。它在本质上求理性裁断，全凭这点制胜。并且，这是一种片段不全的威信；不像天主教的那套教义，设下一个完备的体系，概括人间道德、人类的希望，以及宇宙的过去和未来的历史。它只对当时似乎已由科学判明的事情表示意见，这在无知的茫茫大海中只不过是个小岛。另外还有一点与教会威信不同：教会威信宣称自己的论断绝对确实，万年更改不了；

科学的论断却是在盖然性的基础上，按尝试的方式提出来的，认为随时难免要修正。这使人产生一种和中世纪教义学者的心理气质截然不同的心理气质。

到此为止，我谈的一直是理论科学，理论科学是企图了解世界的科学。实用科学是企图变革世界的科学，自始以来就是重要的，而且重要性还一直不断地增长，最后几乎把理论科学从一般人的心念里驱逐了出去。科学的实际重要性，首先是从战争方面认识到的；伽利略和雷奥纳都自称会改良大炮和筑城术，因此获得了政府职务。从那个时代以来，科学家在战争中起的作用就愈
来愈大。至于发展机器生产，让居民们先习惯使用蒸汽，后来习 513
惯使用电力，科学家在这些方面起的作用则比较晚，而且这种作用直到十九世纪末叶才开始有重大的政治影响。科学的成功一向主要由于实际功用，所以自来便有人打算把科学的这一面和理论的一面割裂开，从而使科学愈来愈成为技术，愈来愈不成其为关于世界本性的学说。这种观点渗入到哲学家当中，还是新近的事。

从教会的威信中解放出来，结果使个人主义得到了发展，甚至发展到无政府状态的地步。在文艺复兴时期人们的心目中，所谓“修养”，无论是智能上的、道德上的或政治上的，总和经院哲学及教会统治联系在一起。经院哲学家的亚里士多德逻辑固然狭隘，还不失为某种精确性的一个训练。等到这派逻辑一不时兴，最初代之而起的并不是什么比较高明的东西，而无非是各种古代典范的折衷模仿罢了。一直到十七世纪，哲学领域中毫无重要事物可言。十五世纪的意大利在道德上和政治上的混乱无主实在

骇人听闻，因此产生了马基雅弗利的学说。同时，精神上的枷锁一旦摆脱，在艺术和文学中便表现出惊人的才华。但是这样的社会是不稳定的。宗教改革运动和反宗教改革运动，再加上意大利对西班牙屈服，便把意大利文艺复兴运动的功和过一齐结束。当这个运动传播到阿尔卑斯山以北的时候，就不再带有这种混乱的性质。

不过近代哲学大部分却保留下来个人主义的和主观的倾向。这在笛卡尔身上是很显著的，他根据自身存在的确实性建立全部知识，又承认“清晰”和“判然”（两样全是主观的）是真理的判断标准。这种倾向就斯宾诺莎讲不算突出，但是通过莱布尼兹的“无窗单子”，再度露面。洛克的**气质**是彻底的客观气质，他也不由自主陷入这样一个主观论调：认识就在乎观念的相符和不符——这是他很厌恶的一种见解，所以他甘冒严重的自相矛盾躲开它。贝克莱在废弃物质以后，只是仗着使用“神”概念才脱离完全主观主义，这做法后来大多数哲学家一向认为是于理不合的。到休谟，
514 经验主义哲学登峰造极，成了一种谁也无法反驳、谁也无法相信的怀疑主义。康德和费希特论学说是主观的，就论气质也是主观的；黑格尔借斯宾诺莎的影响拯救了自己。卢梭和浪漫主义运动把主观主义从认识论扩张到了伦理学和政治学里面，最后必然的结局就是巴枯宁式的彻底无政府主义。主观主义的这个极端是一种病狂。

在这同时，科学作为技术来说，又使一般专务实际的人渐渐滋长起来一种见解，和理论哲学家当中见得到的任何见解都完全不同。技术给了人一种能力感：感觉人类远不像在从前的时代那

么任凭环境摆布了。但是技术给予的能力是社会性能力，不是个人的能力；一个平常人乘船遇险漂落在荒岛上，假若是在十七世纪，他会比现在能够多有所作为。科学技术需要有在单一的指导下组织起来的大量个人进行协作。所以它的趋向是反无政府主义，甚至是反个人主义的，因为它要求有一个组织坚强的社会结构。科学技术不像宗教，它在道德上是中立的：它保证人类能够做出奇迹，但是并不告诉人该做出什么奇迹。在这点上，它就不够圆满。实际上，科学技术用于什么目的，主要在于偶然的机会。在科学技术必然要造成的各个庞大组织中，居领导地位的那些人在某种限度内能够随心所欲左右科学技术的方向。权力欲于是得到空前未有的发泄出路。在科学技术的激发下产生的各种哲学向来是权能哲学，往往把人类以外的一切事物看成仅仅是有待加工的原材料。目的不再考究，只崇尚方法的巧妙。这又是一种病狂。在今天讲，这是最危险的一种，对付这种病狂，理智健全的哲学应当作一服解毒剂。

古代世界以罗马帝国结束了混乱状态，但是罗马帝国乃是一个冷酷的事实，并不是人的理想。旧教世界从教会谋求结束混乱状态，这倒是一个理想，但是从未在事实中充分体现出来。无论古代的或中古的解决办法都不圆满：前者由于未能灌注理想，后者由于未能化成现实。现代世界就目前看似乎正朝向类似古代的解决办法发展下去：一种通过暴力强加给人的社会秩序，它代 515
表权贵们的意志，不代表平民的愿望。美满而持久的社会秩序这个问题，只有把罗马帝国的巩固和圣奥古斯丁的“神国”的理想精神结合起来，才能得到解决。为做到这点，便需要有一种新的哲学。

516

第二章 意大利文艺复兴

和中古见解相反的近代见解，随着名叫“文艺复兴”的运动发源于意大利。最初，不过少数的人，主要是佩脱拉克，抱有这种见解；但是在十五世纪期间，近代见解普及到意大利教俗两界绝大部分有教养的人士。按某些方面讲，文艺复兴时期的意大利人，除雷奥纳都及其他几个人而外，都不尊重科学——尊重科学那是十七世纪以来大多数重要革新人物的特色；由于这个缺欠，他们从迷信中，特别从占星术这一种迷信中获得的解放很不完全。他们当中不少的人仍旧像中世纪哲学家一样崇敬权威，不过他们用古代人的威信替代教会的威信。这自然是向解放前进了一步，因为古代人彼此见解分歧，要决定信奉哪一家需要有个人判断。但是十五世纪的意大利人中间，恐怕没几个敢持有从古代、从教会教义都找不出根据的意见。

为理解文艺复兴运动，有必要先简单回顾一下意大利的政治情势。从1250年弗里德里希二世死后，直到1494年法兰西王查理八世入侵意大利之前，意大利就大体上讲没有受到外国干涉。在意大利有五个重要城邦：米兰、威尼斯、弗罗棱斯、教皇领和那不勒斯。除这些城邦以外又有许多小公国，各自和大邦中某一个结成同盟，或者隶属某个大邦。1378年以前，热内亚在贸易和海军势力上一直与威尼斯争雄，但自从那年之后，热内亚落归了米兰宗主权支配之下。

米兰当十二、十三世纪的时候领先反抗封建制度，在霍恩施陶芬朝终于败亡后，受维斯孔提家统治——这是一个有能力的家族，它的势力不是封建政治势力，而是财阀政治势力。维斯孔提家从1277年到1447年统治米兰170年。接着共和政体又复兴三年，然后一个新的家族，即和维斯孔提家有亲戚关系的斯弗尔查家获得政权，自号米兰公。从1494年到1535年，米兰是法兰西 517
人与西班牙人交兵的战场；斯弗尔查家有时和这一方联盟，有时和另一方联盟。在这段期间，他们有时候流亡外国，有时候仅只名义上掌政。最后在1535年，米兰被查理五世皇帝兼并。

威尼斯共和国稍有点像处在意大利政治的局外，特别在初期国势鼎盛的数百年间。威尼斯从来没被蛮族征服过，最初它把自己看成是东罗马皇帝的臣属。由于这个传统，加上威尼斯的贸易又是和东方的贸易，它能够独立在罗马控制以外；这状况一直到土伦特宗教会议（1545）时代还继续存在——关于土伦特宗教会议，威尼斯人保罗·萨尔皮写过一部十分反教皇的历史。前面讲过，第四次十字军东征时威尼斯如何坚持略取君士坦丁堡。这件事促进了威尼斯贸易；反过来，1453年土耳其人夺占君士坦丁堡，又使它的贸易受到损害。由于种种原因，和食粮供给问题也多少有关，威尼斯人在十四、十五世纪期间感到有必要在意大利本土上获得大片领地。这惹起了各方的仇恨，终于在1509年促成刚布雷同盟[①]的缔结，该同盟是各强邦的一个联合，威尼斯被它击

---

① 刚布雷（Cambrai）在法国东北部。这个同盟是神圣罗马皇帝马克西密连一世（Maximilian I），法兰西王路易十二世（Louis XII），阿拉贡王斐迪南（Ferdinand），和教皇尤理乌斯二世（Julius II）缔结的，表面上为对土耳其人作战，实际上要攻击威尼斯。——译者

败。从这场厄运中复苏，倒也许还是可能的；但无可挽回的是瓦斯寇·达·伽马发现了经好望角通印度的航路(1497—1498)。这个发现连上土耳其人的势力，毁了威尼斯；不过它总还撑持下去，直到被拿破仑剥夺独立。

威尼斯的政治制度原本民主，逐渐变得不民主，1297 年以后成了一种排他性的寡头政治。政治权力的基础是“大议会”，自那年以后，大议会的成员世袭，而且只限于名门望族。行政权属于“十人议会”，十人由大议会选举。邦中的正式元首“督治”(Doge)选任终生；督治名义上的权柄很有限，但是实际上他的势力通常有决定性。威尼斯外交术公认为狡狯之至，威尼斯大使们的报告书有惊人犀利的见识。从朗克起，历史学家一向利用这类报告书作为有关他们所研究的事件最好的资料。

弗罗棱斯当年是世界上最文明的都市，它是文艺复兴的主要
518 发祥地。文艺复兴期文学里面几乎所有的伟大名字，及文艺复兴期艺术中前期的、以至某些后期的大师的名字，都和弗罗棱斯连在一起；但是目前我们不管文化，且谈政治。十三世纪时，在弗罗棱斯有三个对立争衡的阶级：贵族、豪商和平民。贵族大多是皇帝党，另外两个阶级是教皇党。皇帝党人在 1266 年最后败北，十四世纪当中平民派又占了豪商的上风。然而斗争并没带来稳定的民主政治，却促使一种希腊人所谓的“僭主制”逐渐抬头。梅狄奇族终于成了弗罗棱斯的统治者，他们以民主派方面的政治牵线人起家。这家族中头一个取得明确的优胜地位的人——科济莫·德·梅狄奇(1389—1464)，还没有什么官职；他的势力依靠操纵选举的妙术。他阴险狡诈，可能宽和时宽和待人，于必要的

时候狠毒无情。他死后隔了一个短时期，孙儿伟业公罗伦佐继承他的位置，从 1469 年到 1492 年逝世为止，执掌大权。这两人的地位都是仰赖财力得到的，他们的财富主要来自商业，但是也来自矿业及其他实业。他们不仅知道自己如何致富，还懂得怎样使弗罗棱斯富足，所以在这两人的治理下，弗罗棱斯城繁荣昌盛。

罗伦佐的儿子皮特罗欠缺他父亲的那种长处，1494 年被驱逐。随后是萨万纳罗拉①得势的四年，这时期有一种清教气的信仰复兴，转使人反对欢乐奢华，远离自由思想，趋就已往较淳朴的年代想必一向特有的虔诚。然而结局，主要由于政治原因，萨万纳罗拉的敌派胜利，他被处死刑，烧毁尸体(1498)。这个共和国，目的在推行民主、而实际是财阀政治，传续到 1512 年，梅狄奇族又复辟了。罗伦佐有一个儿子②十四岁上便作了枢机主教，他在 1513 年当选教皇，号列奥十世。梅狄奇家用塔斯卡尼大公的爵衔统治弗罗棱斯直到 1737 年；但是弗罗棱斯在这期间也像意大利的其余部分一样，贫弱了下去。

教皇的俗权起源于丕平和伪造的“君士坦丁赠赐”，在文艺复兴时期大大扩张；但是教皇们为此目的采用的那些方法，却断送了教皇职位的宗教威信。宗教会议运动在巴泽尔宗教会议与教 519
皇尤金尼乌斯四世(1431—1447)的争斗中失败了，它代表着教会里最热诚的分子；或许更重要的是，这运动代表阿尔卑斯山以北

---

① 萨万纳罗拉(Girolamo Savonarola，1452—98)，意大利僧侣，教会改革者。大胆揭露教会腐化及社会败坏，痛斥罗伦佐一世，得到广泛拥护。梅狄奇家再得势后，1497 年被开除教籍，第二年按叛教者和异端的罪名被处死。他的死给了达·芬奇、米凯兰基罗、马基雅弗利很深的刺激。——译者

② 即卓范尼·德·梅狄奇(Giovanni de Medici，1475—1521)。——译者

教会的意见。教皇的胜利也就是意大利的胜利,(较差一层)又是西班牙的胜利。在十五世纪后半期,意大利文明全不像北方各国的文明,那依旧保持着中古风味。意大利人在文化方面正经严肃,但是对于道德和宗教满不认真;甚至在教士的心目中,典雅的拉丁文总会遮掩许多的罪。[①] 第一个崇尚人文主义的教皇尼古拉五世(1447—1455),把教廷的各种职位派给一些学者,只为他敬重这些人的学问,全不管别的考虑;罗伦佐·瓦拉(Lorenzo Valla)——一个伊壁鸠鲁主义者,也正是那个证明"君士坦丁赠赐"是伪件、嘲笑《拉丁语普及本圣经》的笔体、指斥圣奥古斯丁是异端的人,被任命为教皇秘书。这种奖励人文主义胜于奖励虔诚或正统信仰的政策,一直继续到1527年罗马大洗劫。

奖励人文主义固然让热诚的北方人感到愤慨,按我们的观点看,也许还算是件功德;但是某些教皇的黩武政策和道德败坏的生活,除非从赤裸裸的强权政治的观点来看,从什么观点来看也无法给它辩护。亚历山大六世(1492—1503)在个人的教皇生活中,专一扩张自己和自己一家的势力。他有两个儿子:甘地亚公和凯萨·鲍吉亚(Caesar Borgia),他非常偏爱前一个。然而甘地亚公被人杀害了,大概是弟弟把他谋死的。于是这位教皇的王业壮志只得灌注在凯萨身上。他们一同征服了罗马尼阿和昂可纳,这两个地方预计要给凯萨做个公国。但是在教皇死的时候,凯萨正病重,所以不能即时行动。他们的征服地结果重新并入圣彼得

① 拉丁语是中古时代教会中的通行语言。参照《新约》,《彼得前书》,第四章,第8节:"最要紧的是彼此切实相爱。因为爱能遮掩许多的罪。"——译者

的世袭财产。这两人的劣迹很快就成了风传，归罪到他们身上的数不清的谋杀事件，真假难辨。不过，他们推行不讲信义的奸计达到空前地步，这点总无可置疑。继承亚历山大六世的尤理乌斯二世(1503—1513)也不虔诚异常，却比他的前任少留下一些造成丑闻的口实。他继续进行扩张教皇领地；当作军人看，他自有长 520
处，但是按基督教的首脑来论，并不可取。在他的继任者列奥十世(1513—1521)治下开始的宗教改革运动，乃是文艺复兴时期各教皇的非宗教政策的当然后果。

意大利南端归那不勒斯王国据有，在大多时候，西西里和那不勒斯统联一起。那不勒斯和西西里原先是弗里德里希二世皇帝的特别私人王国；他创建了一种回教国式的君主专制，开明但是独裁，不给封建贵族容留半分权力。1250 年弗里德里希死后，那不勒斯和西西里归属他的私生子曼弗里德，不过曼弗里德也继承了教会的不解冤，1266 年被法兰西人驱逐。法兰西人自落个不得人心，结果在“西西里晚祷”①事件(1282)中遭屠杀；这以后王国属于阿拉贡王彼得三世②和他的各代继承人。经过种种错综复杂的纠纷，那不勒斯和西西里一度暂时分裂，然后在 1443 年重新合并在著名的文事奖励者雅量王阿尔封索下面。从 1495 年以降，有三个法兰西王力图征服那不勒斯，但是这王国最后被阿拉贡的斐迪南得到手(1502)。查理八世、路易十二世和弗朗西斯一世，

---

① 1282 年复活节后的星期二，在举行晚祷的时候，西西里人到处起来大杀法兰西人，单在巴勒莫就杀了八千，这次事件叫“西西里晚祷”(Sicilian Vespers)。——译者

② 阿拉贡(Aragon)在西班牙东北部。彼得三世(Peter Ⅲ，1239？—1285；在位 1276—1285)娶曼弗里德的女儿；他在 1282 年战胜查理一世的军队，成为西西里王。——译者

这几个法兰西王全坚持自己有领辖米兰和那不勒斯的权利(在法理上不大有根据);他们全入侵过意大利,收到暂时成功,但是终究全被西班牙人战败。西班牙的胜利和反宗教改革运动,结束了意大利文艺复兴。教皇克莱门特七世是反宗教改革运动的障碍,而且他是个梅狄奇家的人,做法兰西的同党,因此在 1527 年查理五世让一支大部分由新教徒组成的军队洗劫了罗马。从此以后,教皇们转上虔诚的道路,而意大利文艺复兴运动就寿终正寝。

在意大利耍的强权政治复杂得难以相信。小邦主大部分是自力起家的霸主,他们一时和大邦中这一个联盟,一时和那一个联盟;他们假若耍得不高明,就被齐根铲灭。战争连绵不断,但是在 1494 年法兰西人到来以前,打的仗都几乎不流血:兵是雇佣兵,恨不得把他们的职业危险缩到最小限度。这类纯属意大利的战争,对贸易没起很大妨害,也未阻碍意大利添增财富。治国策术层出不穷,英明的政治才略没有分毫;当法兰西人到来的时候,
521 国家简直是毫无防护。法兰西军队在交战中真的杀人,吓坏了意大利人。随后法兰西人与西班牙人的历次战争都是一本正经的战争,带来了苦难和贫困。但是意大利各城邦全不顾惜民族统一,彼此继续阴谋倾轧,在内讧中乞求法兰西或西班牙的援助,到头来同归于尽。由于发现美洲和经好望角通往东方的航路,意大利总逃不了要丧失重要地位,这自不在话下;但是这崩溃也尽可以少有些祸患,对意大利文明素质的破坏性轻一些。

文艺复兴不是在哲学上有伟大成就的时期,但是也做出一些事情,对伟大的十七世纪来讲是必要的准备。首先,文艺复兴运动摧毁了死板的经院哲学体系,这体系已经成了智力上的束缚。

恢复了对柏拉图的研究，因此要求人至少也得有在柏拉图和亚里士多德之间进行选择所必需的独立思考。文艺复兴促进了人们对于这两个人的直接的真正认识，摆脱新柏拉图派和阿拉伯注释家的评注。更重要的是，文艺复兴运动鼓励这种习惯：把知识活动看成是乐趣洋溢的社会性活动，而不是旨在保存某个前定的正统学说的遁世冥想。

和拜占庭学问的接触，使柏拉图提早替代经院派解释的亚里士多德。早在那次把东西方两教会名义上再统一起来的费拉拉宗教会议（1438）上，就有过一场辩论，在辩论中拜占庭人主张柏拉图胜似亚里士多德。纪密斯特·普里索（Gemistus Pletho）是希腊一个正统信仰很成问题的热诚的柏拉图主义者，他对在意大利振兴柏拉图哲学有很大贡献；还有一个当上枢机主教的希腊人贝萨利昂（Bessarion）也是这样。科济莫·德·梅狄奇和罗伦佐·德·梅狄奇都醉心于柏拉图；科济莫创立了广泛从事柏拉图研究的弗罗棱斯学院，罗伦佐继续兴办。科济莫临死还倾听着柏拉图的一篇对话。不过当时的人文主义者们忙于获得古代的知识，因此在哲学上不能出什么独创性的东西。

文艺复兴不是民众性运动；是少数学者和艺术家的运动，受到一些慷慨的文艺奖励者，特别受到梅狄奇家和崇尚人文主义的教皇们的赞助。假若当初没有这些奖励者，它取得的成功说不定会小得多。十四世纪的佩脱拉克和薄伽丘按精神讲属于文艺复兴时代，但是由于当时的政治条件不同，所以他们的直接影响比 522
不上十五世纪的人文主义者。

文艺复兴时期的学者对教会的态度，很难简单刻画。有的人是直言不讳的自由思想家，不过即使这种人通常也受“终傅”①，在感到死亡迫临的时候与教会和解。大多数学者痛感当时教皇的罪恶，然而他们还是乐于受教皇的聘用。历史学家贵查第尼(Guicciardini)在1529年写道：

“再没有谁比我更憎恶祭司的野心、贪婪和放荡了；不仅因为这些恶习每一件本身就可恨，而且因为其中每一件统统和自称与神有特殊关系的人极不相称，同时还因为这些恶习又是那么相互对立的，只在生性十分奇僻古怪的人身上才能共存。尽管如此，我在几任教皇教廷中的位置，迫使我只得为了切身利益希求他们伟大。但是，如果不是为了这个缘故，我早已像爱自己一样爱马丁·路德了；这并不是为我个人摆脱一般所理解和解释的基督教加给人的戒律，倒是为了要眼看这帮无赖被押回自己的本位，好叫他们不得不去过没罪恶或没权柄的生活。”②

这真坦率得痛快，清楚地摆明了人文主义者所以不能发起宗教革新的理由。况且，他们当中大多数人在正统信仰和自由思想之间看不出任何折衷办法；他们已经不再具有对神学微妙处的中古感受性，所以像路德的那种立场，在他们是做不到的。马祖求③讲罢了修士、修女和修道僧的恶端，说：“对他们最好不过的惩罚恐怕就是让神把炼狱取消；这一来他们便不会再受到布施，只得

① 天主教七圣礼之一，在临死者的头、手、足、胸涂圣油的一种仪式。——译者

② 引自布克哈特(Burckhardt)：《意大利的文艺复兴》(*Renaissance in Italy*)，第六编，第二章。

③ 马祖求(Masuccio，1420左右—1476以后)，意大利小说家，一生大部分时期在米兰公下面供职。——译者

重新去过锄锹生活了。”①但是他却没像路德那样，想到去否认炼献，同时又保留大部分天主教义。

罗马的财富不过稍许指靠由教皇领地得到的岁收，主要是通过一个主张教皇握着天国钥匙的神学体系，从全天主教世界敛集的献金。哪个意大利人对这体系表示异议而收到实效，就难保不 523
引起意大利贫困化，使它丧失在西方世界中的地位。因此文艺复兴时期意大利的异端是纯粹精神上的异端，没酿成教会分裂，也未惹出任何要发起脱离教会的民众性运动。唯一的例外，还是个很不完全的例外，就是按精神讲属于中世纪的萨万纳罗拉。

大多数人文主义者把在古代受到维护的那些迷信保留下来。魔法和巫术也许是邪道，但不认为这种事是不会有的。尹诺森八世在 1484 年下了一道反巫术的敕令，结果在德意志及其他地方引起了一场对女巫的触目惊心的大迫害。占星术特别受自由思想家们重视，达到了古代以来未有的风行。从教会里得到解放的最初结果，并不是使人们的思考合乎理智，倒是让人对古代样样荒诞无稽的东西广开心窍。

在道德方面，解放的最初结果同样悲惨。旧道德规律不再受人尊重；城邦邦主一大半都是通过变节背叛获得地位，靠无情的残酷手段维系住统治的。枢机主教受邀请赴教皇加冕礼宴时，他们唯恐放毒，自带酒和酒童。② 除萨万纳罗拉以外，在这时期难得有一个意大利人为公众的利益冒任何牺牲。教皇腐化的祸患有

① 布克哈特：《意大利的文艺复兴》，第六编，第二章。
② 布克哈特：《意大利的文艺复兴》，第六编，第一章。

目共睹，但是毫无对策。意大利统一的好处显而易见，邦主们却不会联合起来。异族统治的危险近在眼前，然而每一个意大利邦主在与其他任何意大利邦主的任何一次争执里，还情愿乞求任何外强的援助，甚至于乞求土耳其人。除开毁坏古代抄本这事情而外，文艺复兴时期的人不经常犯的罪过我想不出一件。

在道德范围以外，文艺复兴有伟大的功绩。在建筑、绘画和诗歌方面，它一向保持着好名声。文艺复兴运动出了雷奥纳都、米凯兰基罗、马基雅弗利等非常伟大的人物。这个运动把有教养的人从褊狭的中古文化里解放出来，它即使仍旧是古代崇拜的奴隶，也总让学者们知道，几乎在一切问题上，有声誉的权威们曾经主张过种种不同的意见。文艺复兴通过复活希腊时代的知识，创造出一种精神气氛：在这种气氛里再度有可能媲美希腊人的成
524 就，而且个人天才也能够在自从亚历山大时代以来就绝迹了的自由状况下蓬勃生长。文艺复兴时期的政治条件利于个人发展，然而不稳定；也像在古希腊一样，不稳定和个性表露是密切相连的。有稳定的社会制度是必要的，但是迄今想出来的一切稳定制度都妨害了艺术上或才智上的特殊价值的发展。为获得文艺复兴时期的那种伟大成就，我们准备忍受多少凶杀和混乱？已往，情愿大量忍受；在现代，要少得多。尽管随着社会组织的扩大，这问题正不断地紧要起来，到今天还没找到一个解决办法。

525

第三章　马基雅弗利

文艺复兴虽然没产生重要的理论哲学家，却在**政治**哲学中

造就了卓越无比的一人——尼科罗·马基雅弗利。一般人惊讶他荒谬绝伦，已成惯例；他有时候也的确是荒谬惊人。但是，旁的人假使同他一样免除欺瞒人的假道学，有不少个会同样如此。马基雅弗利的政治哲学是科学性的经验学问，拿他对事务的亲身经验作基础，力求说明为达到既定目的所需用的手段，而不讲那目的该看成是善是恶这个问题。他偶尔听任自己谈到他希求的目的，那就是我们大家完全能鼓掌称赞的一种目的。惯常加到他名字上的毁谤，一大部分出于恼恨人坦白自供坏事的伪君子的愤慨。固然，真正需要批评的地方还是很多的，但是在这一点上他是当时时代的表现。对于政治中的不诚实这种在思想上的诚实，在其它任何时代或其它任何国度都是不大可能的事，也许在希腊，从智师派学者受了理论教育、由小城邦战争得到实际磨炼的那些人属于例外；小城邦间的战争，在古典的希腊正如同在文艺复兴时期的意大利，是和个人天才自然伴连着的政治背景。

马基雅弗利(1469—1527)①是弗罗棱斯人；他的父亲——一位法律家，不富有也不算穷困。当他二十多岁的时候，萨万纳罗拉主宰弗罗棱斯；这人的悲惨下场显然给了马基雅弗利深刻的印象，因为他说："一切武装的先知胜利了，没有武装的先知失败了"，随即举萨万纳罗拉作为后一类人中的实例。在相反方面他说到摩西、居鲁士、泰修思②和罗缪鲁斯。不提基督，这正是文艺

① 原书把马基雅弗利的生年误作1467年。——译者

② 泰修思，希腊神话中雅典王伊久思之子，统一亚底加各国；又有许多英雄事迹，如杀牛头人身怪米诺陶尔，战胜阿马宗族，参加寻找金羊毛的探险等。——译者

复兴的表征。

萨万纳罗拉刚被处刑后，马基雅弗利在弗罗棱斯政府中得到一个次等职位(1498)。他在政府继续供职，时时担任重要的外交使节，直到 1512 年梅狄奇家复辟；那时，他由于一贯和梅狄奇家作对而被捕，但是得到开释，准他在弗罗棱斯近乡过退隐生活。
526 因为别无工作，于是从事著述。他的最出名的著作《邦主鉴》(*The Prince*)是 1513 年写的，由于他希望讨得梅狄奇家的欢心(事实证明是空希望)，题献给罗伦佐二世。本书的语调也许多少可归之于这个实际意图；他同时在撰写的那部较长的作品《罗马史论》(*Discourses*)，显著地带着更多的共和主义与自由主义色彩。他在《邦主鉴》的开首说，这本书里他不打算谈共和国，因为已在别处讨论过共和国了。不并读《罗马史论》的人，对他的学说往往容易得出一个很偏颇的看法。

马基雅弗利既然没能取得同梅狄奇家的和解，不得已继续著述。他隐居终身，死在查理五世的军队洗劫罗马那一年。这年可以看成也是意大利文艺复兴运动死亡的一年。

《邦主鉴》这本书旨在根据史实及当时的事件，揭明公国是怎样得来的、怎样保住的、怎样失掉的。十五世纪的意大利提供许多个大小实例。邦主没几人是合法的，甚至在不少情况下，连教皇也凭仗贿买手段获得选任。那时候到达成功的常则和时代变得较稳定后的成功常则是不尽一样的，因为像那种凶残和不讲信义的行为假若在十八或十九世纪，会让人丧失成功资格，当时却没哪个为之感到愤慨。或许我们这时代的人又比较会赏识马基雅弗利，因为当代有一些最可注目的成功，都是仗着和文艺复兴时在意大利使用过的任何方法一样卑鄙的方法取得的。想来马基雅弗利这位政略艺术鉴赏家，总要给希特勒的国会纵火案、1934年的纳粹清党及慕尼黑协定后的背信喝彩叫好吧。

亚历山大六世的儿子凯萨·鲍吉亚大受颂扬。凯萨的问题是个难问题：第一，要通过哥哥一死，自己成为父亲的王业壮志唯一的受益人；第二，要假借教皇的名义用武力征服一些领地，这些领地在亚历山大死后必须归他个人所有，不属教皇领；第三，要操纵枢机会①，使下一代教皇是他的同党。凯萨追求这个困难目的，手腕非常老练；马基雅弗利说，从他的实践，新起的邦主应当吸取箴训。不错，凯萨失败了，然而只"由于命运意外不吉"。恰巧在他父亲死的时候，他也病势危笃。待他病好过来，他的敌人已经 527
纠合起自己的兵力，他的冤家对头已经当选为教皇。在这次选举的那天，凯萨告诉马基雅弗利，他对一切全有了准备，"只是万万没想到，在父亲死的时候他自己也几乎要死。"

马基雅弗利深切知道他的种种恶行，却这样下结语："如此，回顾公[凯萨]的全部行为，我找不出丝毫可指责的地方；反而像我在前面所说，我感觉理当把他看成是一切靠命运、藉他人武力掌握到大权的人要效法的榜样。"

书中有一章："论教会公国"，很有味；据《罗马史论》里所讲的话看来，这一章分明隐瞒了马基雅弗利的部分思想。隐瞒的理由当然在于《邦主鉴》特意要讨好梅狄奇家，而且当书脱稿的时候，

---

① 由全体枢机主教所组成的教皇的最高咨询机关，选举教皇。——译者

一个梅狄奇家的人又刚刚做了教皇(列奥十世)。他在《邦主鉴》中说,关于教会公国,唯一困难就在获取,因为既取得后,便受到古来的宗教习惯庇护,有这些宗教习惯,教会公国邦主不管如何作为也能保住大权。这种邦主不必要有军队(马基雅弗利如此说),因为“他们为人心不能企及的崇高大义所支持”。他们“受神的称扬与维护”,“议论他们,那恐怕是狂妄无知的人办的事”。他继续写道,虽说如此,仍旧容人考问,亚历山大六世把教皇俗权如此扩大,凭的是什么手段。

《罗马史论》中关于教皇权力的议论比较详尽,也比较真诚。在这里,他首先把著名人物排成道德上的品级。他说,最上等人是宗教始祖;其次是君主国或共和国的奠定者;然后是文人。这些人是好人,而破坏宗教的、颠覆共和国或王国的,以及与美德或学问为敌的人是恶人。凡建立专制政治的人非善类,包括恺撒在内;从相反方面讲,布鲁图斯①是好人。(这种见解与但丁的见解之间的分歧,显示出古典文学的影响)。他主张宗教在国家中应当占显要地位,这并不以宗教的真实性为理由,而是把它当作社会联结纽带;罗马人做得对:他们假装信占卜,惩治那些轻视占卜的。马基雅弗利对当时的教会有两点指责:第一,教会通过自己的恶行,伤害了宗教信仰;第二,教皇的俗权及俗权引起的政策,
528 妨碍意大利统一。这两点指责表说得很痛切有力:“人同我们的宗教首脑罗马教会越接近,信仰越不虔诚。……它的毁灭和惩罚

① 布鲁图斯(Marcus Junius Brutus,公元前85—前42),罗马政治家,刺杀恺撒的主谋者。——译者

临前了。……我们意大利人亏赖罗马教会和它的祭司，才成了不敬神的败类；但是我们还受它一件更大的恩惠，一件终将成为我们毁灭根苗的恩惠，那就是这教会使我们国家弄成四分五裂，现在仍让它四分五裂。”①

按这样几段文字看来，必须认为马基雅弗利赞赏凯萨·鲍吉亚，无非是赞赏他的手腕，不是赞赏他的目的。在文艺复兴时代，人对高妙手腕和带来名声的行为备极赞叹。这类感情当然向来一直就存在；拿破仑的敌人中有不少热烈叹服他是个将才。但是在马基雅弗利时代的意大利，对于机巧的那种准艺术欣赏式的赞美，大大越过以前和以后各世纪。要是把这种赞美跟马基雅弗利认为重要的大政治目标看成一致，那就错了。爱手腕和求意大利统一的爱国愿望，这两样事在他的心中并存着，毫不融会。所以他能够颂扬凯萨·鲍吉亚的精明，却怪罪他不该让意大利闹得分崩离析。应当设想，依他之见十全的人物就是论手段聪敏而无忌惮如同凯萨·鲍吉亚，但是抱着不同目标的人。《邦主鉴》结尾声声动人地呼吁梅狄奇家将意大利从“蛮人”（即法兰西人和西班牙人）手中解放出来，这些人的统治“发恶臭”。他预料人担当这种事业，不会是出于非自私的动机，而会是出于爱权势心，更重的是好名望心。

关于邦主的行为方面，《邦主鉴》直言不讳地否定一般公认的道德。作邦主的如果总是善良，就要灭亡；他必须狡猾如狐狸，凶

---

①　在1870年以前一直如此。

译者案：1870年意大利军进占罗马，教皇庇护九世屈服，教皇政权告终，意大利完成最后统一。

猛像狮子。书中有一章(第十八章),标题是“邦主必如何守信义”。里面讲,在守信有好处时,邦主应当守信,否则不要守信。邦主有时候必须不讲信义。

“但是必须会把这种品格掩饰好,必须作惯于混充善者、口是心非的伪君子。人们全那么头脑简单、那么容易顺从眼前需要,因此欺骗人的人总会找到愿意受欺骗的人。我只举
529 一个近代的实例。亚历山大六世除骗人外一事不干,他旁的什么事也不想,却还找得到骗人的机会。再没有谁比他更会下保证,或者比他发更大的誓来断言事情,可是再也没有谁比他更不遵守保证和誓言了。然而因为他深懂得事理的这一面,他的欺骗百发百中。所以说,为邦主的并不必要条条具备上述的品质[各种传统美德],但是非常有必要显得好像有这些品质。”

他接下去说,最主要的是邦主应当**显得**虔信宗教。

《罗马史论》在名义上是对李微历史著作的论评;它的语调与《邦主鉴》大不相同。有整章整章,看起来几乎像出自孟德斯鸠的手笔;这书的大部分让十八世纪的自由主义者来读也会赞许。明言阐述了“约制与均衡”说。君主、贵族和平民皆应在宪法中各占一份;“那么这三个势力就会彼此交互约制住。”莱库格斯确立的斯巴达宪法最佳,因为它体现了顶完全的均衡;梭伦的宪法过分民主,结果造成比西斯垂塔斯的僭主政治。罗马的共和政体是好政体,这由于元老院和平民的冲突。

书中通篇使用“自由”这个词指某种宝贵的东西,不过究竟何所指并不十分清楚。这名词当然是从古代接手来的,又传给十

八、十九世纪。塔斯卡尼保持下来自由,因为那里没有城堡和君子。(“君子”(Gentlemen)当然是误译,却是个令人开心的误译。)看来他认为要实现政治自由,公民必须具备某种个人美德。据他说,唯独在德意志,正直和敬神仍旧普遍,所以在德意志有许多共和国。一般讲,民众比君主贤达而且比较有恒性,尽管李微和大多数其他著述家抱相反主张。常言说:“民之声即神之声”①,这话也不乏正当理由。

希腊人和罗马人在共和时代的政治思想,到十五世纪如何又获得在希腊自亚历山大以来、在罗马自奥古斯都以来就不再有的现实意义,说来有趣。新柏拉图主义者、阿拉伯人、经院哲学家们,对柏拉图和亚里士多德的形而上学抱热烈兴趣,但是却根本不注意他们的政治作品,原因是城邦时代的政治制度已经完全绝 530
迹了。在意大利城邦制的成长与文艺复兴同时并起,因此人文主义者便能够从共和时代的希腊人与罗马人的政治理论有所收获。对“自由”的爱好,及“约制与均衡”说,由古代传给文艺复兴时期,又主要从文艺复兴时期传给近代,固然近代也直接承继了古代。马基雅弗利的这一面,和《邦主鉴》里那种比较闻名的“不道德的”主义,至少是同样重要的。

值得注意的是,马基雅弗利绝不拿基督教义上的或圣经上的根据当作政治议论的基础。中古的著述家抱有“合法”权力的想法,所谓合法权力即教皇和皇帝的权力,或者由这些人来的权力。

① 这句话最早见于英国神学家阿鲁昆的《书翰集》,拉丁文原句是“vox populi, vox Dei”。——译者

北方的著述家们甚至后来直到洛克，还论说伊甸乐园里发生的事情，以为他们由此能给某些种权力的“合法”性找到证据。在马基雅弗利却没这样的概念。权力归于自由竞争中有手段抓到权力的人。他对平民政治的爱好并非出自什么“权利”观念，而是由于观察到平民政治不像专制政治那样残酷、专横和动乱不定。

现在试给马基雅弗利的学说中“道德的”部分和“不道德的”部分作一个(他本人原来未作的)综合。下文里我不是在表达我自己的意见，而是表达他本人或明言或隐含的意见。

政治上的好事是有一些，其中这三样特别重要：民族独立，安全，和井然有序的政治组织。最良好的政治组织是在君主、贵族和民众之间，依各自的实际力量为准来分配法权的政治组织，因为在这种政治组织下革命难成功，于是就可能有稳定；但是为稳定着想，多给民众一些权力总是明智的。关于目的便是如此。

但是在政治上还有手段问题。用注定要失败的方法追求某个政治目标，徒劳无益；即便认为目的是好的，也必须选取可以实现它的相当手段。手段问题能够不管目的或善或恶，按纯粹的科学方式处理。“成功”意思指达到你的目的，不管是什么目的。假若世间有
531 一门“成功学”，按恶人的成功去研究，可以和按善人的成功去研究同样研究得好——实际上更好，因为成功的罪人实例比成功的圣贤实例尤其繁多。然而这门学问一旦建立起来，对圣贤和对罪人同样有用，因为圣贤如果涉足政治，必定同罪人一样，希图成功。

问题归根结底是力量的问题。为达到某个政治目的，这类或那类的力量总不可缺少。这件简单明白的事实被“正义必将战胜”或“罪恶的胜利不久长”等诸如此类的口号掩饰住了。即便你

所认为的正义一方真战胜，那也因为该方拥有优势力量之故。是的，力量常常依靠舆论，舆论又靠宣传；而且当然，表面显得比你的敌对者有道德在宣传上是有利点，而显得有道德的一个方法就是真有道德。因为这个理由，胜利说不定往往落在具备公众所认为的道德最充分的一方。马基雅弗利以为这不独是十六世纪时宗教改革运动成功的重要因素，还是十一、十二、十三世纪当中教会权力增长的重要因素，他这意见我们倒也必得认可。但是关于这点有若干重大限制。第一，抓到权力的人，能够操纵宣传使自己一派人显得有道德；例如，在纽约和波士顿的公立学校中，恐怕谁也不能提亚历山大六世的罪恶。① 第二，有些个混乱时期，明白露骨的无赖行径屡屡成功；马基雅弗利的时期正是这样的时期。在这种时代，往往有一种迅速增长的人性为己观，无论什么事情只要它是合算的，一般人就看得下去。照马基雅弗利自己讲，哪怕在这种时代，当着无知大众也宜摆出一副道德面孔。

这问题还能够更进一步来看。马基雅弗利持这个意见：文明人几乎一定是不择手段的利己主义者。他说，假使有人在今天想建立共和国，会发觉在山民中比在大城市的人中容易做，因为后 532
一种人恐怕已经腐化了。② 即便某人是不择手段的利己主义者，这人的最聪明的行动方针仍要随他须驾驭的民众来定。文艺复兴时期的教会引起人人激愤，但是只在阿尔卑斯山以北，才让众

① 在美国的这两个地方，旧教徒势力非常大，谈论教皇的罪恶恐怕会惹起公愤。——译者

② 妙在这点先得卢梭之心。把马基雅弗利解释成失意的浪漫主义者很有趣，也不全然错误。

人激愤得酿成宗教改革。当路德开始叛教之际，教皇的收入想必要超过当初亚历山大六世和尤理乌斯二世倘如品德较好，教皇应有的收入；假若这点是实，便是因为文艺复兴时期意大利的人性为己观而致。可见，政治家如果依靠有道德的民众，他们的行为比在依靠对道德问题漠不关心的民众时要良好；他们在若有罪行就能够广泛传知的社会里，比在有他们掌握下的严厉检查制度的社会里，行为也要良好。当然，凭伪善总能够取得一定程度的成功，但是通过适当制度能使成功的程度大大缩小。

马基雅弗利的政治思想也如同大部分古代人的政治思想，有一个方面不免肤浅。他满脑子是莱库格斯和梭伦一类的大制法者，而想当然这种人不大管以前的社会情况，就创立一个完完整整的社会。把社会看作是有机生长体，政治家对它仅能起有限影响，这种社会概念主要是近代的概念，进化论又大大加强了这个概念。这概念从柏拉图那里找不到，从马基雅弗利那里同样也找不到。

然而，也许不妨这样主张：进化论的社会观纵使在过去合乎实情，今天已不再适用，对现在和未来讲，却必须另换一个远为机械论的看法。在俄国和德国①创造出了新的社会，简直仿佛神话人物莱库格斯据说创造斯巴达国体的情况一般。古代的制法者是仁慈的神话，现代的制法者是令人恐悚的现实。这世界已经比向来更类乎马基雅弗利的世界，现代人谁希望驳他的哲学，必须

① 本书是在第二次世界大战期间写的，这里说的德国指纳粹倒台前的德国。——译者

作一番超过十九世纪时似乎有必要作的深思。

第四章　埃拉斯摩和莫尔 533

在北方各国，文艺复兴运动比在意大利开始得迟，不久又和宗教改革混缠在一起。但是十六世纪初也有个短期间，新学问在法国、英国和德国没卷入神学论争的旋涡，生气勃勃地四处散播着。这个北文艺复兴运动有许多地方和意大利的文艺复兴大不相同。它不混乱无主，也不超脱道德意味；相反，却和虔诚与公德分不开。北文艺复兴很注意将学问标准用到圣经上，得到一个比《拉丁语普及本圣经》更正确的圣经版本。这运动不如它的意大利先驱辉煌灿烂，却比较牢固；比较少关切个人炫耀学识，而更渴望把学问尽可能地广泛传布。

埃拉斯摩（Erasmus）和托马斯·莫尔爵士（Sir Thomas More）这两人，可算是北文艺复兴运动的典型代表。他们是亲密的朋友，有不少共通处。两人都学识渊博，固然莫尔博学不及埃拉斯摩；两人都轻视经院哲学；两人都抱定由内部实行教会革新的志向，可是当新教分裂发生时，又都对它悲叹不满；两人都写一手隽妙、幽默而极度老练的文章。在路德叛教以前，他们是思想上的首领；但是在这之后，新旧两边的世界都变得过于激烈，他们这种类型的人就不合时宜了。莫尔殉教死了，埃拉斯摩落魄潦倒。

无论埃拉斯摩或莫尔，都不是严格意义上的哲学家。我所以论述这两人，理由就在于他们可为实例说明革命前时代的性格，在这种时代普遍有温和改良的要求，而怯懦的人尚未让过激派吓得倒向反动。他们又体现出抗逆经院哲学这件事的特色，即嫌恶神学或哲学中一切体系性的东西。

埃拉斯摩（1466—1536）生在鹿特丹[1]。他是私生子，因此关于自己的出生委细，编造了一套浪漫性的假话。实际，他的父亲
534 是个祭司，一个稍有学问、懂得希腊语的人。埃拉斯摩的生身父母在他尚未成年时死去，他的那些监护人（显然因为侵吞了他的钱）哄诱他当了斯泰因（Steyn）[2]的修道院的修士，这是他毕生悔恨的一步。监护人里有一个是学校教师，可是他所知道的拉丁语比埃拉斯摩身为小学生已经知道的还差。这位老师回复这孩子来的一件拉丁文书札，在信中说："万一你再写这样典雅的信，请给加上注解吧。"

1493年，埃拉斯摩当上刚布雷地方主教的秘书，该主教是金羊毛骑士团的团宗。这给了他离开修道院去游历的好机会，只不过并非如他的夙愿去意大利罢了。他的希腊文知识当时还很粗浅，但他在拉丁语方面具备高度素养；为罗伦佐·瓦拉的那本论拉丁语的种种雅致的书，埃拉斯摩格外景仰瓦拉。他认为用拉丁文和真信仰完全可以并容，还举奥古斯丁和杰罗姆为例——看来他明明忘记了杰罗姆的那个梦：梦中我主痛斥他读西塞罗的作品。

埃拉斯摩一度入巴黎大学，但是在那里找不到对自己有益处的东西。这大学从经院哲学发端直到盖森[3]和宗教会议运动，曾

---

[1] 关于埃拉斯摩的生平，我主要依据海辛哈（Huizinga）写的那本出色的传记。

[2] Steyn，原书误作 Steyr。——译者

[3] 盖森（Jean de Gerson，1362—1428?），法国神学家，巴黎大学校长。——译者

有过它的黄金时代，但是现在老的论争都干枯无味了。托马斯派和司各脱派原先合称古代派，这派人对奥卡姆主义者论斥争辩，后者称作名目论派又称近代派。终于在 1482 年两派和解，携手一致对抗人文主义者；当时大学界以外，人文主义者在巴黎蒸蒸日上。埃拉斯摩憎恶经院哲学家，认为他们老朽过时。他在一封信里提到，他因为想取得博士学位，竭力不谈一点优雅或隽妙的事。任何一派哲学，甚至柏拉图和亚里士多德，他都不真正喜好；只不过这两人既然是古代人，谈到时必须表示尊敬罢了。

1499 年埃拉斯摩初访英国，爱好英国的吻女孩子的风习。他在英国结交寇理特[①]和莫尔，两人劝勉他不要玩弄文墨上的雕虫小技，着手郑重的工作。寇理特开讲圣经课程，却不懂希腊语；埃拉斯摩感觉自己愿在圣经上面下工夫，认为希腊语知识万不可不备。他在 1500 年年初离英国后，尽管穷得聘不起教师，自己开始学习希腊语；到 1502 年秋天，他已学得精娴熟练，而在 1506 年去 535
意大利的时候，他发觉意大利人没什么可让他学的了。他决意编订圣杰罗姆的著作，再出版一部附有新拉丁译文的希腊文新约圣经，这两件事都在 1516 年完成。他发现《拉丁语普及本圣经》里有种种错误，这个发现后来在宗教论争中对新教徒有好处。埃拉斯摩也打算学会希伯来文，但是把它丢下了。

埃拉斯摩写的书唯一还有人读的就是《愚神颂赞》(*The Praise of Folly*)。这本书的构思是 1509 年他从意大利去英国途

---

① 寇理特(John Colet，1467？—1519)，著名英国人文主义者，神学家；曾在牛津大学讲说圣经。——译者

中,正当跨越阿尔卑斯山的时候萌发的。他在伦敦托马斯·莫尔爵士宅中迅速把它写成;书题献给莫尔,还戏谑地影射指出,由于"Moros"作"愚人"解,题献得正合适。书中愚神亲身自白;她自夸自赞,兴致勃勃,她的词句配上霍尔班①的插图,更添生色。愚神的自白涉及人生一切方面,涉及所有的阶级和职业。要不是有她,人类就要绝灭,因为哪个不愚能结婚?为当作智慧的解毒剂,她劝人"娶妻子——这种动物极愚戆无害,然而极便利有用,可以柔化、缓和男人的僵板与阴郁的心情。"离了阿谀或免除自私心,谁会幸福?然而这样的幸福是愚蠢。最幸福的人就是那些顶近乎畜类、委弃理性的人。至高的幸福是建立在幻想上的幸福,因为它的代价最低:想像自己为王比实际成王要容易。埃拉斯摩然后又来取笑民族骄傲和职业上的自负:学艺各科的教授先生们几乎个个自负得不成话,从自负里讨幸福。

书中有些段落里,嘲讽转成谩骂,愚神吐露埃拉斯摩的郑重意见;这些段落谈的是各种教会弊端。祭司用来"计算每个灵魂在炼狱中的居留时间"的赦罪符和免罪券;礼拜圣徒,乃至礼拜圣马利亚,"她的盲目的献身者认为将圣母放在圣子前是礼仪";神学家们关于三位一体②和道成肉身③的争论;化体说④;经院哲学

---

① 指小霍尔班(Hans Holbein,1497? —1543),德国画家;以肖像画著称,为《愚神颂赞》作了有名的插图,又绘有一幅埃垃斯摩画像。——译者

② 按基督教义,神有三个存在形式,即"位"或"位格"(person 或 hypostasis),三位是"圣父"(神),"圣子"(耶稣),和"圣神"(或"圣灵")。三位虽然个体相异,本质上是同一个神。——译者

③ 基督教义,神作为基督现肉身与人性。——译者

④ 按天主教义,圣体用的面包和葡萄酒的全质,经过一种神奇变化,转化成基督的身体和血。参看《新约》,马可福音,第十四章,22—25 节。——译者

各流派；教皇，枢机主教和主教——这一切全受到猛烈的讪笑。特别猛烈的是对修道会僧的攻击，说他们是“精神错乱的蠢物”，他们简直不带一点宗教气，然而“深深地爱恋自己，是个人幸福的痴赏家。”照他们的行动举止看，好像全部信仰都在于琐屑的礼式小节：“缚凉鞋准确要打多少个结；各式衣装分别取什么特异颜 536
色，用什么衣料做成；腰带多么宽，多么长，”等等。“听他们在末日审判席前的声辩想必是妙不可言：一个要夸说他如何只以鱼为食，净灭了他的肉欲；另一个要强调他在世的时光大部分是在咏唱圣歌的礼拜式中度过的；……又一个极力说他六十年当中连碰也没碰过一文钱，除隔着厚厚的手套去摸索不算。”可是基督会抢口说：“你们这些文士和法利赛人有祸了，……我只留给你们彼此相爱这一条教训，这教训我没听哪个声辩说他已经忠实履行了。”然而在尘世上大家都怕这帮人，因为他们从神工阁子中知道许多私密事，遇到酒醉的时候常常顺口泄露。

也没有饶过教皇。教皇应当以谦逊和清贫来效法他们的主。“他们的唯一武器应该是圣神武器；的确，在这种武器的使用上，他们慷慨之至，例如他们的禁止圣事①、停权②、谴责③、重诫④、大绝罚和小绝罚⑤，以及他们的怒声咆哮的敕令，这些敕令打击了他

① 天主教会中加给个人、团体或某个地区的一种不许参加或举行某些教会仪式的处分。——译者

② 教会里对教士的一种处分，全部或部分禁止他行使职权。——译者

③ 教会中的一种处分：用一定书面形式举发出所犯的过错。——译者

④ 天主教会中经过三次训诫后进一步作破门警告的一种处分。——译者

⑤ 教会惩罚形式之一；在天主教，“小绝罚”是禁止领圣体，“大绝罚”即开除教籍。——译者

们所申斥的对象;①但是这些至圣的神父②,除了对待那种受魔鬼唆使、目中对神不抱敬畏、凶毒恶意地图谋减损圣彼得世袭财产的人以外,决不频频发布敕令。"

从这种段落看,会以为埃拉斯摩想必欢迎宗教改革,但是实际不然。

书结尾郑重提出,真信仰乃是一种愚痴。通篇有两类愚痴,一类受到嘲讽的颂扬,另一类受到真心的颂扬;真心颂扬的愚痴即基督徒淳朴性格中显露出来的那类愚痴。这种颂扬和埃拉斯摩对经院哲学的厌恶,以及对使用非古典拉丁语的学者博士们的厌恶是表里相连的。但是它尚有更深刻的一面。据我知道,这是卢梭的《萨瓦牧师》(*Savoyard Vicar*)所发挥的见解在文献中的第一次出现,按这个见解,真的宗教信仰不出于知而发于情,精心锤炼的神学全部是多余的。这种看法已日益流行,目前在新教徒中间差不多普遍都接受了。它在本质上是北方的重情主义对希腊尚知主义的排斥。

埃拉斯摩二度访问英国,逗留五年(1509—1514),一部分时
537 间在伦敦,一部分时间在剑桥。他对于激发英国的人文主义起了不小影响。英国公学的教育直到不久以前,还几乎完全保持他当初所想望的那种样子:彻底打好希腊语和拉丁语的基础,不仅包括翻译,也包括韵文和散文写作。科学尽管从十七世纪以来就在

---

① 根据拉丁文原本此句似应译为:"以及他们的令人一见即使人的灵魂堕入地狱最底层的怒声咆哮的敕令,"请参看 John Wilson 的英译本,Pierre de Nolhac 的法译本,及《西方哲学史》的德、俄译本。——译者

② 指教皇。——译者

知识方面占最优势，倒认为不值得上等人士或神学家注意；柏拉图的东西应该学，但是柏拉图认为值得学的科目另当别论。所有这些都和埃拉斯摩的影响方向一致。

文艺复兴时代的人怀有漫无边际的好奇心；海辛哈说："动人耳目的变故、有趣的细情、珍闻、怪事，从来也不够满足这些人的欲望。"然而最初他们并不在现实世界里，却在故纸堆中寻求这种东西。埃拉斯摩虽然对世界情况有兴趣，但是不会生啖消化，必须先经过拉丁语或希腊语的加工炮制，他才能同化吸收。对旅行人的经历见闻要打几分折扣，而普林尼①书中载的什么奇迹绝物倒深信不疑。不过，人的好奇心逐渐从书本转移到现实世界里；大家不再注意古典作家笔下的野人奇兽，而对实际发现的野人和奇兽发生了兴趣。加利班②来源出于蒙台涅，蒙台涅的食人生番出于旅行人。"食人族和头生在肩膀下面的人"，奥赛罗③曾眼见过，不是从古代流传下来的话。

这样，文艺复兴时代人的好奇心就从向来文学性的渐渐转成科学性的。好一股新事实的洪流排山倒海而来，人们起初只能让这洪流挟持着往前涌进。那些老思想体系显然错了；亚里士多德的物理学、托勒密的天文学以及盖兰的医学，再勉强扩展也不能

① 指老普林尼(Pliny the Elder，23—79)，罗马博物学家；著《博物志》(*Historianaturalis*)37卷。这是一部包罗万象的自然科学百科全书，但其内容错误很多，没有科学价值。——译者

② 加利班(Caliban)，莎士比亚剧本《暴风雨》(*The Tempest*)中登场人物，是一个野性而丑怪的奴隶。——译者

③ 奥赛罗(Othello)是莎士比亚的剧本《奥赛罗》中的主人公。在这个剧的一幕三场里，奥赛罗谈起他在向妻子黛丝德梦娜求婚之前如何对她讲述他的旅途见闻，提到"食人族和头生在肩膀下面的人"。——译者

包括已有的种种发现。蒙台涅和莎士比亚满足于混乱：从事新发现其乐无穷，而体系乃是从事新发现的死敌。一直到十七世纪，人们构造思想体系的能力才赶上关于各种事实的新知识。不过所有这些话扯得离埃拉斯摩远了，对他来讲，哥伦布不如阿戈船航海者①有意思。

埃拉斯摩的文字癖深到无可救药、恬不知耻。他写了一本书叫《基督徒士兵须知》（*Enchiridion militis christiani*），奉告未受过教育的军人，说他们应该读圣经，还要读柏拉图、安布洛斯、杰罗姆和奥古斯丁的著作。他编成一部包罗宏富的
538 拉丁语格言集，在后几版中又增补许多希腊语格言；他的本旨是想让人能够把拉丁语写得合拉丁语用法习惯。他作了一本异常成功的《对话》（*Colloguies*）书，教人如何用拉丁语叙谈木球戏一类的日常事情。这在当时的用途或许比现在显得要大。那时候拉丁语是独一无二的国际用语；巴黎大学的学生来自西欧各地，说不定常常遇上这种事：两个学生能用来进行交谈的语言只有拉丁语。

宗教改革以后，埃拉斯摩起先住在卢凡（Louvain），当时卢凡还守着十足的旧教正统；后来他住在巴泽尔（Basel），那里已经改奉新教。双方各自尽力罗致他，但是笼络很久无功效。如前文所说，他对教会弊端和教皇的罪恶曾经表示过激烈意见；在1518年，也正是路德叛教那年，②他还发表一个叫《吃闭门羹的尤理乌

---

① 按希腊神话，哲森（Jason）率49个勇士，乘“阿戈”船（Argo）到科尔其斯找回了金羊毛。——译者

② 路德叛教实际上是在1517年。——译者

斯》(*Julius Exclusus*)的讽刺作品,单写尤理乌斯二世进天国未成。但是路德的强暴作风惹他生厌,而且他也憎恶斗争;最后他终于投身到旧教一边。1524 年他写了一个维护自由意志的著作,而路德信奉奥古斯丁的见解更夸大渲染,否定自由意志。路德的答辩蛮横凶狠,逼得埃拉斯摩进一步倒向反动。从这时直到他老死,他的声望地位江河日下。他素来总是胆弱心怯,而时代已经不再适合懦夫了。对于正直的人,可抉择的光荣道路只有殉教或胜利。他的朋友托马斯·莫尔爵士被迫选择了殉教,埃拉斯摩说:"要是当初莫尔根本没惹那危险事,神学上的问题留给神学家去管多好。"埃拉斯摩活得太长,进入了一个新善新恶——英雄骨气和不容异己——的时代,这两样哪一样也不是他能够学会的。

托马斯·莫尔爵士(1478—1535)论为人比埃拉斯摩可佩得多,但是从影响看,地位却差得远。莫尔是人文主义者,但也是个虔心深诚的人。他在牛津大学时,着手学习希腊语,这在那时候很不寻常,因此他被人当成对意大利的不信者表好感。校当局和他的父亲大为不满,他于是被牛津大学革除。随后他迷上卡尔图斯教团,亲身实践极端的苦行生活,寻思加入这个教团。正当这时,他初遇埃拉斯摩,分明是因为埃拉斯摩的影响,他踟蹰没有走这一步。莫尔的父亲是个法律家,他决定也从事父亲的这行职业。1504 年他做了下院议员,带头反对亨利七世增课新税的要 539
求。在这事上他成功了,但是国王激怒得发狂;他把莫尔的父亲投进伦敦塔,不过,纳款一百镑后又释放出来。1509 年英王逝世,莫尔再操法律业,并且得到亨利八世的宠信。他在 1514 年受封爵士，被任用参与各种外交使团。亨利八世屡次召请他进宫，但是莫尔总不去；最后，国王不待邀请，自己到他在彻尔西(Chelsea)的家中，和他一同进餐。莫尔对亨利八世并不存幻想；有一次人家祝贺他受国王的爱顾，他回答："假使我莫尔的人头真会让他得到一座法国城池，这颗头准得落地。"

武尔济[①]倒败时，国王任命莫尔为大法官来接替他。和通常惯例相反，莫尔对诉讼当事人的馈赠一概回绝。他不久就失宠，因为亨利八世为了娶安·布琳(Anne Boleyn)，决意离弃阿拉贡的凯萨林(Catherine of Aragon)，莫尔坚定不移地反对这桩离婚案。他于是在1532年辞官。莫尔去职后，每年仅有钱一百镑，由此可见他在任时的刚直清廉。尽管莫尔与国王意见不合，亨利八世仍旧邀请他参加他与安·布琳的婚礼，但是莫尔不接受邀请。1534年，亨利八世设法让国会通过"至权法案"，宣布他(而非教皇)是英国教会的首领。在这项法案之下规定必须作一次"承认至权宣誓"，莫尔拒绝宣誓；这只是近似叛逆，罪不该死。然而又凭着极靠不住的证词，证明他说过国会根本不能让亨利当上教会领袖的话；按这项证据，他被判成大逆犯，斩首处决。他的财产移交给伊丽莎白公主[②]，公主把它一直保存到她逝世的一天。

① 武尔济(Thomas Wolsey，1475左右—1530)，英国政治家，枢机主教。曾在亨利八世下面任首相等要职，权重一时；后来因叛国案嫌疑，解赴伦敦，中途病死。——译者

② 伊丽莎白公主(1533—1603)即后来的伊丽莎白一世；亨利八世和安·布琳的女儿，玛利的继任女王(1558—1603)。——译者

莫尔为人们记忆，几乎全由于他写的《乌托邦》(*Utopia*)(1518)[①]。乌托邦是南半球的一个岛屿，岛上一切事都做得尽善尽美。曾经有个叫拉斐尔·希斯洛德(Raphael Hythloday)的航海人偶然来到这个岛上，度过五年，为让人知道该岛的贤明制度才返回欧洲。

在乌托邦同在柏拉图的理想国一样，所有东西尽归公有，因为凡存在私有财产的地方，公益就不能振兴，离了共产制度绝不会有平等。在对话中，莫尔提出反论说，共产制会使人懒散，会破坏对官长的尊敬；对这点，拉斐尔回答，若是在乌托邦中居住过的 540
人，谁也不会讲这话。

乌托邦中有五十四个城市，除一个是首都外，全部仿同样格局。街道都是二十英尺宽，所有私人住宅一模一式，一个门朝大街，一个门通庭园。门不装锁，人人可以进入任何人家。屋顶是平的。每隔十年大家调换一次房屋——这显然是为了杜绝占有感。乡间有农场，每个农场拥有的人数不下于四十个，包括两名奴隶[②]；各农场由年老贤达的场主夫妻管辖。雏鸡不由母鸡孵，在孵卵器里孵化(在莫尔的时代还没有孵卵器)。所有人穿着一律，只是男子和女子、已婚者与未婚者的服装有所不同。衣服式样一成不变，冬装和夏装也不加区别。工作当中，穿皮革或毛皮制的服装；一套服装经用七年。他们停止工作的时候，在工作服外面

① 《乌托邦》的原著是用拉丁文写的，书名《*De optimo Reipublicae statu, deque nova insula Utopia*》，第一版1516年(非1518年)。——译者

② 在Raphe Robinson译的《乌托邦》标准英译本中，这里是“除两名奴隶以外”。——译者

披上一件毛织斗篷。这种斗篷全一样，而且就是羊毛天然本色的。各户裁制自家的衣裳。

一切人无分男女每日工作六小时，午饭前三小时，午饭后三小时。所有的人都在八点钟上床，睡眠八小时。清晨起有讲演，虽然这种讲演并不带强制性质，大批人还是去听讲。晚饭后娱乐占一小时。因为既无闲汉，也没有无用的工作，六小时工作已足够；据说，在我们这里，妇女、祭司、富人、仆役和乞丐，一般都不干有用的活，并且因为存在着富人，大量劳力耗费在生产非必需的奢侈品上面；这一切在乌托邦里都避免了。有的时候，发觉物资有余，官长便宣布暂时缩减每日工时。

有些人被选举出来当学者，只要他们不孚众望，就豁免其他工作。与政务有关的人，全部由学者中遴选。政体是代议民主政体，采用间接选举制。居最高地位的是一个终身选任的主公，但是他如果专制暴虐，也可以把他废黜。

家族生活是族长制的；已婚的儿子住在父亲家中，只要父亲尚不老迈昏聩，便受他管束。如果哪个家族增殖得过于庞大，多
541 余的子女便迁进别族去。若某个城市发展得太大，便把一部分住民移到另一个城市。假如所有城市都过于大了，就在荒地上建造一座新城市。至于全部荒地用尽以后该怎么办，一字没提。为供食用而宰杀牲畜，全归奴隶做，以防自由民懂得残忍。乌托邦里有为病者设的医院，非常完善，所以生病的人很愿意进医院。在家吃饭也是许可的，不过大多数的人在公会堂中吃饭。在这里，“贱活”由奴隶干，但是烹菜做饭妇女承当，年龄较大的孩子伺候进膳。男的坐一张条案，女的坐另一张条案；奶娘们带领五岁以

下的儿童在另一个房间进餐。所有妇女都给自己的孩子哺乳。五岁以上的儿童，年纪幼小还不能服伺用饭的，在长辈们进餐时，“鸦雀无声地站立一旁”；他们没有单另饭食，必须满足于餐桌上给他们的残羹剩饭。

谈到婚姻，无论男方或女方在结婚时若不是童身，要受严惩；发生奸情的人家，家长难免为疏忽大意招来丑名声。结婚之前，新娘和新郎彼此裸体对看；马不先除下鞍鞯辔头没有人要买，在婚姻事上应当是一样道理。夫妇有一方犯通奸或“无可容忍的乖张任性”，可以离婚，但是犯罪的一方就不能再度婚嫁。有时候完全因为双方希望离婚，也许可离婚。破坏婚姻关系的人罚当奴隶。

乌托邦有对外贸易，这主要是为得到岛上所缺的铁。贸易也用来满足有关战争的种种需要。乌托邦人轻视战功荣耀，不过所有人都学习如何作战，男人学，女人也学。他们为三种目的使用战争手段：本国受到侵犯时保卫国土；把盟邦疆域从侵略者手中拯救出来；或者使某个被压迫的民族从暴政下得到解放。但是只要做得到，乌托邦人总设法让雇佣兵为自己打仗。他们一心使其他民族对他们欠下债，再让那些民族出雇佣兵折偿债务。又为了战争，乌托邦人感到金银贮备有用处，因为能用它来支付外国雇佣兵的报酬。至于他们自己却没有钱币，还用金子做尿壶和锁奴隶的锁链，好叫人贱视黄金。珍珠钻石用作幼儿装饰品，成人绝不用。逢有战争，乌 542
托邦人对能杀死敌国君主者高悬重赏；对活捉君主来献的人，或者对自愿归降的君主本人，赏格更为优厚。他们怜恤敌兵中的平民，“因为知道这些人受君主和首领的疯狂暴怒迫胁驱使，违逆本愿而战。”妇女和男子同样上阵，但是乌托邦人却不强制任何人战斗。“他们设计发明种种兵器，有惊人的巧思匠心。”可见乌托邦人在对待战争的态度上面，明理胜过豪勇；不过于必要时，他们也表现出极大的勇敢。

关于道德方面，据书里讲，乌托邦人太偏于认为快乐即是福。不过这看法也没有不良后果，因为他们认为在死后，善者有报，恶者有罚。他们不是禁欲主义者，把斋戒看成是傻事。乌托邦人中间流行着多种宗教，一切宗教受到宽容对待。几乎人人信仰神和永生；少数没这信仰的人不算公民，不能参加政治生活，除此以外倒也无忧无患。有些信仰虔诚的人戒肉食，屏绝婚姻；大家把这类人视为圣德高洁，却不认为他们聪明。女子若是年老寡居的，也能当祭司。祭司数目寥寥；他们有尊荣，但是无实权。

当奴隶的是那种犯重罪被判刑的人，或是在自己国里被宣告死刑，但是乌托邦人同意收容做奴隶的外国人。

有人患了痛苦的不治之症，便劝告他莫如自杀，但是假若病者不肯自杀，便给他细心周到的照料。

拉斐尔·希斯洛德述说他向乌托邦人宣讲基督教，许多人听说基督反对私有财产，就改奉了基督教。不断地强调共产制度的重要意义；书将近末尾，他说在一切别的国度，“我唯能见到富人们的某种狼狈为奸，假借国家的名义和幌子，获得自己的利益。”

莫尔的《乌托邦》一书在很多点上带着惊人的开明进步精神。

我并不特别指他为共产制度说教，这是许多宗教运动的传统老套；我指的却是关于战争、关于宗教和信教自由、反对滥杀动物（书中有一段极流畅动人的反对狩猎的话），以及赞成刑法宽大等的意见。（这本书开头就是一篇反对盗窃罪处死刑的议论。）可是 543
必须承认，莫尔的乌托邦里的生活也好像大部分其它乌托邦里的生活，会单调枯燥得受不了。参差多样，对幸福来讲是命脉，在乌托邦中几乎丝毫见不到。这点是一切计划性社会制度的缺陷，空想的制度如此，现实的也一样。

第五章　宗教改革运动和反宗教改革运动 544

宗教改革运动和反宗教改革运动，同样都代表文明较低的民族对意大利的精神统治的反抗。就宗教改革运动来说，这反抗也是政治性的、神学上的反抗：教皇的威信被否定，他原来凭“天国钥匙权”获得的那份贡赋不再缴纳。就反宗教改革运动来说，只有对文艺复兴时期意大利的精神自由、道德自由的反抗；教皇的权力未被削弱，倒有所增强，不过同时也明确了他的威信与鲍吉亚家和梅狄奇家的散漫放纵水火难容。粗略讲来，宗教改革是德意志的运动，反宗教改革是西班牙的运动；历次宗教战争同时就是西班牙和它的敌国之间的战争，这在年代上是与西班牙国势达到顶峰的时期相一致的。

北方民族的民情舆论对待文艺复兴时期意大利的态度，在当时的这句英国谚语里有所说明：

一个意大利化的英国人
就是魔鬼化身。

我们会想起，莎士比亚剧本中的棍徒恶汉有多少个是意大利人。亚哥[1]或许是最著名的例子了，但更富于典型性的实例是《辛白林》(*Cymbeline*)里的亚其莫，他把正在意大利游历的那位品德高洁的布利吞人[2]引上迷路，又来到英国对真诚无猜的土著耍弄阴谋诡计。在道德上对意大利人的愤懑，和宗教改革运动有密切关系。不幸，这种愤懑还牵连着在思想认识上否认意大利人对文明所作的贡献。

宗教改革运动和反宗教改革运动的三杰是路德、加尔文和罗耀拉。在思想认识上，所有这三人和紧在他们以前的意大利人比起来，或者和埃拉斯摩与莫尔一类的人比起来，他们的哲学观是中古式的。按哲学讲，宗教改革开始以后的一个世纪是个不毛的世纪。路德和加尔文又返回圣奥古斯丁，不
545 过只保存他的教义中讲灵魂与神的关系那一部分，不保留关于教会的部分。他们的神学是一种削弱教会权力的神学。炼狱中的亡者灵魂能靠弥撒祭拯救出来，他们废弃了炼狱。教皇收入有一大部分仰赖免罪说，他们否定这一说。根据预定说，把死后灵魂的宿命讲得与祭司的举措完全无关。这种种革新虽然在对教皇的斗争上起了助力，却阻碍各新教教会在新教国家做到像旧教教会在旧教国家那样有势力。新教牧师

---

① 亚哥(Iago)是莎士比亚的悲剧《奥赛罗》中的一个阴险恶汉。他是奥赛罗将军的旗官；施诡计勾动奥赛罗怀疑妻子黛丝德梦娜不贞，把她杀死。——译者

② 布利吞人(Briton)是古代英国南部的原住民。——译者

(至少在起初)也和旧教神学家一样偏狂执拗,但是他们的势力较小,所以为害也较少。

几乎从刚一开始,新教徒中间关于国家在宗教事务中的权限问题就有了分歧。不管哪国君主,只要他奉新教,路德就愿意承认他是本国的宗教首脑。在英国,亨利八世和伊丽莎白一世极力坚持自己有这方面的权力;德意志、斯堪的纳维亚以及(叛离西班牙后的)荷兰的新教君主们,也都采取同样态度。这加速了既有的王权扩张趋势。

但是对宗教改革的个人主义各方面认真看待的新教徒们,不愿意屈从教皇,也同样不甘心顺服国王。德意志的再洗礼派①被镇压下去了,但是这派的教义传播到荷兰和英国。克伦威尔与长期国会的争斗有许多方面;在神学方面,这争斗一部分是国家在宗教事务中应有裁决权这个意见的反对者与赞同者之间的争斗。逐渐,由于宗教战争闹得人疲惫倦息,宗教宽容信念滋长起来,这信念是发展成为十八、十九世纪自由主义的那派运动的一个源泉。

新教徒的成功最初一日千里,主要因罗耀拉创立耶稣会才受了挫折。罗耀拉原先当过军人,他的教团是照军队榜样建立的;对总会长必须无条件服从,每一个耶稣会员应当认为自己正从事对异端的战斗。早在土伦特宗教会议时,耶稣会人就开始有声势。他们有纪律、精明强干、彻底献身于事业、善于宣传。他们的

---

① 十六世纪时兴起的新教一派。它认为幼年无意志时所受洗礼无效,到成年必须再受洗礼。在政治上这派主张政教分离。——译者

546 神学正是新教神学的反面;他们否定圣奥古斯丁的教义中为新教徒所强调的那些成分。他们信自由意志,反对豫定说。得救不是仅仗信仰做到的,而靠信仰和功德双方面。耶稣会人凭布道热忱,特别在远东博得了威信。他们做听神工[①]的神父受到欢迎,因为(假使巴斯卡尔[②]的话可信)他们除对异端外,比别种教士宽厚慈悲。他们倾注全力办教育,因而牢牢把握住青年人的心。他们所施的教育在不夹缠着神学的时候,总是无可他求的良好教育。后文要讲,他们传授给笛卡尔的大量数学知识是他在别处学不到的。在政治上,他们是团结而有纪律的单一整体,不避危险,不辞劳苦;他们敦促旧教君主进行残酷迫害,尾随着胜利者西班牙军的战尘,甚至在享有了将近一个世纪思想自由的意大利,再树立起异端审判所的恐怖气氛。

宗教改革和反宗教改革在知识界中的后果,起初纯是不良的,但是终局却是有益的。通过三十年战争,人人深信无论新教徒或旧教徒,哪一方也不能获全胜;统一教义这个中世纪的愿望必须放弃,这于是扩大了甚至在种种根本问题上人的独立思考的自由。不同国家的宗教信条各异,因此便有可能靠侨居外国逃脱迫害。有才能的人由于厌恶神学中的争斗,越来越把注意力转到现世学问,特别转到数学和自然科学上。一部分由于这些原因,

---

① 天主教神父在“神工阁子”中听教徒自述罪叫“办神工”。——译者

② 巴斯卡尔(Blaise Pascal,1623—1662),法国科学家,宗教哲学家。他对物理学和数学多有贡献。在神学上,巴斯卡尔实际是反耶稣会的。1656年冉森派的阿尔诺受到耶稣会攻击,他匿名陆续发表了十八篇《致外乡人书》(1656—1657),严厉批判耶稣会的神学和道德,为阿尔诺辩护。所谓“他们除对异端而外,比别种教士宽厚慈悲”,无非是反讥耶稣会人对待异端残酷无情。——译者

虽然路德兴起后的十六世纪在哲学上是个不毛时期，十七世纪却拥有最伟大人物的名字，标示出希腊时代以来最可注目的进展。这进展由科学开端，下一章就来讨论。

第六章　科学的兴盛

547

近代世界与先前各世纪的区别，几乎每一点都能归源于科学，科学在十七世纪收到了极奇伟壮丽的成功。意大利文艺复兴时期虽然不是中古光景，可是也没有近代气象；倒比较类似希腊的全盛年代。十六世纪沉溺在神学里面，中古风比马基雅弗利的世界还重。按思想见解讲，近代从十七世纪开始。文艺复兴时期的意大利人，没一个会让柏拉图或亚里士多德感觉不可解；路德会吓坏托马斯·阿奎那，但是阿奎那要理解路德总不是难事。论十七世纪，那就不同了：柏拉图和亚里士多德、阿奎那和奥卡姆，对牛顿会根本摸不着头脑。

科学带来的新概念对近代哲学发生了深刻的影响。笛卡尔在某个意义上可说是近代哲学的始祖，他本人就是十七世纪科学的一个创造者。为了能够理解近代哲学发源时期的精神气氛，必须先就天文学和物理学的方法与成果谈一谈。

在创立科学方面，有四个不同凡响的伟人，即哥白尼、开普勒、伽利略和牛顿。其中哥白尼是属于十六世纪的人，不过他在生前并没有什么威望。

哥白尼(1473—1543)是一位波兰教士，抱着真纯无瑕的正统信仰。他在年轻的时候旅居意大利，接受了一些文艺复兴气氛的熏陶。1500 年，他在罗马获得数学讲师或教授的职位，但是 1503 年就回故国，做弗劳恩堡大教堂的僧侣会员。他的时光有一大部分好像花在抗击德意志人和改革币制上面，但是他利用余暇致力于天文学。他很早就已经相信太阳处在宇宙中央，而地球则作双重运动，即每日间的自转和一年一度的绕日回转。尽管他也让大家知道他个人的意见，但由于害怕教会的谴责，他迟迟没有公开
548 发表。他的主要著作《天体回转论》（*De Revolutionibus Orbium Cœlestium*）是在他逝世那年（1543）出版的，附有他的朋友奥羡德写的一篇序，序里讲太阳中心说无非是当作一个假说提出来的。哥白尼对这点声明究竟有几分认可固然不确实知道，但他自己在书的正文中也作了一些类似的声明，[①]所以这问题不大关紧要。这本书题献给教皇，在伽利略时代以前逃过了天主教会的正式断罪。哥白尼生存时代的教会，和土伦特宗教会议、耶稣会人以及复活的异端审判所发挥出作用后的教会相比，算是比较宽大的。

哥白尼的著作的气氛并不是近代气氛，也许倒不如说它是一种毕达哥拉斯哲学的气氛。一切天体运动必是等速圆周运动，这在他认为是公理；而且他也像希腊人一样，听任自己为审美上的动机所左右。在他的体系中仍旧有“周转圆”，只不过其中心是太阳，或说得确切一点，邻近太阳。太阳不恰在中央，这件事破坏了他的学说的单纯性。哥白尼虽然对毕达哥拉斯的理论有耳闻，他似乎并不知道亚里士达克的太阳中心说，但是他的理论当中没有

① 见《哥白尼论著三篇》（*Three Copernican Treatises*），Edward Rosen 英译本芝加哥，1939。

丝毫东西是希腊的天文学家所不可能想到的。他的成就的重要处在于将地球撵下了几何学位置独尊的宝座。从长远说，这一来基督教神学中赋予人类在宇宙间的重要地位便难以归到人身上了。但是他的学说所产生的这种后果，哥白尼是不会承认的；他的正统信仰很真诚，他反对认为他的学说与圣经抵触的看法。

哥白尼理论中有一些真正的困难。最大的困难是见不到恒星视差。假定位于轨道上任意一点的地球，和半年后的地球所在点距离一亿八千六百万英里，这应当使恒星的外观位置产生变动，正比如海面上的船只，从海岸某一点看来在正北的，从另一点看必不会在正北。当时未观测到视差现象，哥白尼下了一个正确推断：恒星一定比太阳遥远得多。直到十九世纪，测量技术才精密到能够观测恒星视差，而且那时候也只有少数最近的星可以观 549
测。

关于落体，又生出另一个困难。假若地球自西往东转动不停，从高处掉落下来的物体不应当落在起始点的正下方一点，而该落在稍偏西一点才对，因为在下落时间内，地球要转过一段距离。这个问题由伽利略的惯性定律找到解答，但是在哥白尼的时代，任何答案还拿不出来。

有一本 E. A. 柏特（Burtt）写的饶有趣味的书，叫《近代物理学的形而上学基础》（*The Metaphysical Foundations of Modern Physical Science*）（1925），这本书论述了创立近代科学的那些人所作的许多难保证的假定，讲得非常有力量。他指出一点十分正确，就是在哥白尼时代，并没有既知的事实足以令人非采纳他的体系不可，倒有若干个对此不利的事实。“当代的经验主义者假使生在十六世纪，会头一个嘲笑这新宇宙哲学不值一谈。”这书总的目的是在表示：近代科学里的发现都是从一些和中世纪的迷信同样无稽的迷信中偶然产生的幸运事件，借此贬低近代科学的声价。我以为这表明对科学态度有误解。显出科学家本色的，并不在他**所信的事**，而在乎他**抱什么态度**信它、**为什么理由**信它。科学家的信念不是武断信念，是尝试性的信念；它不依据权威、不依据直观，而建立在证据的基础上。哥白尼把自己的理论叫作假说是对的；他的敌派认为新的假说要不得，这是一个错误。

创立近代科学的那些人有两种不一定并存的长处：作观察时万分耐心，设假说时有大无畏精神。其中第二种长处最早期的希腊哲学家先前曾有过，第一种长处在古代晚期的天文家身上也有相当程度的表现。但是在古代人中间，也许除亚里士达克外，没有人同时具备这两种长处，而中世纪的时候，更无人具备任何一种。哥白尼像他的一些伟大的后继者，两种兼有。关于各天体在天球上的外观运动，用当时已有的仪器所能知道的一切他全部知道；他并且认识到，地球每日自转一周这种讲法和所有天体旋转
550 这讲法比起来，是个较简便的假说。现代观点把一切运动看成是相对的，按这观点来讲，他的假说产生的唯一好处就是单纯；但这不是哥白尼的看法，也不是他的同时代人的看法。关于地球每年一度的公转，这里也有一种单纯化，不过不像自转的单纯化那么显著。哥白尼仍旧需要周转圆，无非比托勒密体系所需要的少些罢了。新理论要等到开普勒发现行星运动定律以后，才获得充分的单纯性。

新天文学除了对人们关于宇宙的想象产生革命性影响以外，

有两点伟大价值:第一,承认自古以来便相信的东西也可能是错的;第二,承认考查科学真理就是耐心搜集事实,再结合大胆猜度支配这些事实的法则。这两点价值无论哪一点,就哥白尼讲都还不及他的后继者们发挥得充分,但是在他的事业中,这两点都已经有了高度表现。

哥白尼向一些人传达了自己的学说,这里面有的是德意志的路德派信徒;但是当路德获悉这件事,他极为震愤。他说:"大家都要听这么一个突然发迹的星相术士讲话,他处心积虑要证明天空或苍穹、太阳和月亮不转,而是地球转。哪个希望显得伶俐,总要杜撰出什么新体系,它在一切体系当中自然是顶好不过的罗。这蠢材想要把天文这门科学全部弄颠倒;但是圣经里告诉我们,约书亚命令太阳静止下来,没有命令大地。"①同样,加尔文也拿经句"世界就坚定,不得动摇"(《诗篇》第九十三篇第1节),把哥白尼一口骂倒,他叫喊:"有谁胆敢将哥白尼的威信高驾在圣灵的威信之上?"新教牧师至少像旧教教士一样冥顽不灵;尽管如此,在新教国家不久就比旧教国家有了大得多的思想自由,这是因为新教国家中牧师的权力较小的缘故。新教的重要一面不在于树立异端,而在于分裂教派;因为教派分裂造成国家教会,而国家教会的力量够不上控制俗界政权。这点全然是一种好处,因为无论何处,几乎对一切有助于增进人世间幸福和知识的革新,教会只要能反对总要反对。

哥白尼提不出什么支持他的假说的确凿证据,因此长时期内

---

① 参看《旧约》《约书亚记》,第十章,第12、13节。——译者

天文学家否定这假说。其次的一个重要天文家是泰寇·布剌
551 (Tycho Brahe,1546—1601),他采取折衷立场:认为太阳和月亮环绕地球,但是各行星环绕太阳。至于理论方面,泰寇·布剌不大有创见。不过,他给亚里士多德所谓的月球以上万物不变这个意见举出了两点正当的反对理由。一个理由是1572年出现一颗新星,发觉这颗星没有周日视差,因此它一定比月球远。另一个理由是从观测彗星得到的,发觉彗星也很遥远。读者会记起亚里士多德讲的嬗变朽败限于月球下界的学说;这学说正像亚里士多德对科学问题发表的一切别的意见,到底还是对进步的障碍。

泰寇·布剌的重要地位不是按理论家说的,而是按观测家说的;他先在丹麦国王奖助下、后来在卢多勒夫二世皇帝奖助下从事天文观测。他制订了一个恒星表,又把许多年间各行星的位置记下来。在他死前不久,当时还是个青年的开普勒做了他的助手。对开普勒讲,泰寇·布剌的观测结果是无价之宝。

开普勒(1571—1630)是说明人假若没有多大天才,凭毅力能达到什么成就的一个最显著的实例。他是继哥白尼之后采用太阳中心说的头一个重要天文学家,但是泰寇·布剌的观测资料表明,太阳中心说按哥白尼所定的形式,不会十分正确。开普勒受毕达哥拉斯哲学的影响,虽是个虔诚的新教徒,却有点异想天开地倾向太阳崇拜。这些动机当然让他对太阳中心说有了偏爱。他的毕达哥拉斯哲学又引动他追随柏拉图的《蒂迈欧篇》,设想宇宙的意义必定寄托在五种正多面体上。他利用这五种正多面体设想种种假说;最后仗好运,有一个假说正管用。

开普勒的伟大成就是发现他的行星运动三定律。其中有两

条定律是他在1609年发表的,第三条定律发表于1619年。他的第一定律说:行星沿椭圆轨道运动,太阳占据这椭圆的一个焦点。第二定律说:一个行星和太阳之间的连结线,在相等时间内扫出相等面积。第三定律说:一个行星的公转周期平方与这行星和太阳之间的平均距离立方成正比。

下面必须略说几句,解释一下这几条定律的重要意义。 552

在开普勒时代,前两条定律只能够按火星的情况来证明;关于其它几个行星,观测结果和这两条定律也不抵触,但那种观测结果还不算明白确立这两条定律。然而不久以后就找到决定性的证据。

发现第一定律,就是说行星沿椭圆轨道运动,需要有的摆脱传统的努力是现代人不容易充分体会到的。所有天文学家无例外取得意见一致的唯有一件事,就是一切天体运动是圆周运动,或是圆周运动组合成的运动。遇到用圆不够说明行星运动的情况,就利用周转圆。所谓周转圆就是在圆上面滚动的另一个圆的圆周上一点所画出的曲线。举个例子:拿一个大的车轮平放固定在地面上;再取一个小车轮,轮上穿透着一颗钉,让小车轮(也平放在地上)沿大车轮滚动,钉尖接触着地面。这时钉子在地上的痕迹就画成周转圆。月球对太阳而言,它的轨道大致属这类轨道:粗略地说,地球围绕太阳画圆,同时月球围绕地球画圆。然而这不过是近似的讲法。随着观测精密起来,才知道没有一种周转圆组配系统会完全符合事实。开普勒发现,他的假说比托勒密的假说跟火星的记录位置密合得多,甚至比哥白尼的假说也密合得多。

用椭圆代替圆，从毕达哥拉斯以来一直支配着天文学的审美偏见就势必得抛弃。圆是完美的形状，天体是完美的物体——本来都是神，即便依柏拉图或亚里士多德讲，和神也有亲近关系。完美的物体必须做完美形状的运动，这似乎是明显的事。况且，既然天体未被推也未被拉，自由地运动，它们的运动一定是“自然的”。可是容易设想圆有某种“自然的”地方，在椭圆就不好想象。这样，许多根深蒂固的成见先须丢掉，才能够接受开普勒第一定律。古代的人连萨摩岛的亚里士达克在内，谁也不曾预见到这种假说。

第二定律讲行星在轨道的不同点上的速度变化。设 S 表示太阳，P_1，P_2，P_3，P_4，P_5 表示在相等的时间间隔——譬如说每隔一
553 个月——行星的相继位置，开普勒的这条定律说 P_1SP_2，P_2SP_3，P_3SP_4，P_4SP_5 这几块面积全相等。所以行星离太阳最近时运动得最快，离太阳最远时运动得最慢。这又太不像话；行星应该威严堂堂，绝不能一时急促，一时拖懒。

前两条定律单另讲每个行星，而第三定律把不同行星的运动作了比较，所以这条定律很重要。第三定律说：假设一个行星与太阳之间的平均距离是 r，这行星的周期是 T，那么 r^3 被 T^2 除得的商，在不同的行星是一样的。这条定律证明了牛顿的万有引力平方反比律（仅就太阳系说）。但是这点我们以后再讲。

可能除牛顿以外，伽利略（1564—1642）要算是近代科学的最伟大奠基者了。他大约就诞生在米凯兰基罗逝世的同一天，而又在牛顿诞生那年逝世。我把这两件事实推荐给还信生死轮回的人（假使有这种人）。伽利略是重要的天文学家，但他作为动力学

的始祖，或许更重要。

伽利略首先发现加速度在动力学上的重要性。“加速度”的意思即速度变化，不管速度大小的变化还是速度方向的变化；例如沿圆周做等速运动的物体时时有一个倾向圆心的加速度。用伽利略时代以前素来习惯的用语，不妨说无论是地上或天上，他都把直线上的等速运动看成是唯一“自然的”运动。早先一直认为天体做圆周运动、地上的物体沿直线运动，是“自然的”；但又认为地上的运动物体若听其自然，会渐渐停止运动。伽利略一反这种意见，认为一切物体如果听其自然，都要沿直线按均匀速度运动下去；运动快慢或运动方向的任何变化，必须解释成由于某个“力”的作用。这条定律经牛顿宣布为“第一运动定律”，也叫惯性定律。后面我还要再讲到它的旨趣，但是首先关于伽利略的各种发现的详情必须说一说。

伽利略是确立落体定律的第一人。只要有了“加速度”概念，这定律单纯之至。定律说，物体在自由下落当中，若把空气阻力可能产生的影响除外，它的加速度是始终如一的；进一步讲，一切物体不问轻重大小，这个加速度全相同。直到发明了抽气机后， 554
才可能给这条定律作完全证明，抽气机的发明是大约1654年的事。从此以后，便能够观察在几乎等于真空的空间里下落的物体，结果发现羽毛和铅落得一般快。伽利略当时所证明的是，大块和小块的同种物质之间没有测量得到的区别。直到他那个时代，向来以为大铅块总比小铅块落得快得多，但是伽利略用实验证明这不合事实。在伽利略的时代，测量技术并不是像后来那样的精密；尽管如此，他仍然得出了真实的落体定律。假设物体在真空中下落，它的速度按一定比率增大。在第一秒末，物体的速度是每秒32英尺；第二秒末是每秒64英尺；第三秒末，每秒96英尺；依此类推。物体的加速度，即速度的增加率，总是一样；每过一秒钟，速度的增加(大约)是每秒32英尺。

伽利略又研究了子弹飞行问题，这对他的雇主塔斯卡尼公说来是个重要的问题。向来认为水平发射出去的子弹，暂时间沿水平方向运动，然后突然开始垂直下落。伽利略证明，撇开空气阻力不计，水平速度要遵从惯性定律保持不变，不过还要加上一个垂直速度，这速度按照落体定律增大。要想求出子弹飞行一段时间以后某个短时间(譬如说一秒钟)内的运动情况，可采取以下步骤：首先，假令子弹不往下落，它会走一段和飞行的第一秒钟内走过的水平距离相等的水平距离。其次，假令子弹不做水平运动，只往下落，那么它就会按照与飞行开始后的时间成正比的速度垂直降落。事实上，子弹的位置变化正好像子弹先按起始速度水平运动一秒钟，然后再按照与飞行已经历的时间成正比的速度垂直降落一秒钟那时应有的位置一样。由简单计算知道，结果形成的子弹路径是一条抛物线，把空气阻力的干扰部分除外，这点可由观察证实。

以上所讲的是动力学中一条效用极广的原理的一个简单实例，那是这样一条原理：在几个力同时作用的情况下，其效果同假
555 令各力顺次作用相同。它是一个叫作“平行四边形律”的更普遍的原理的一部分。举例说，假设你在一只进行中的船的甲板上，横穿甲板走过。当你走的时候船已往前进了，所以你对于水来说，你既顺着船运动的方向往前动了，也横过船行的方向动了。你假若想知道对于水面说你到达了什么位置，你可以设想起先在

船进行当中你立定不动，然后在一段相等时间内，你横着走过船而船不动。同一个原理对于力也适用。这一来，便能够求出若干个力的总效果，并且若发现运动物体所受的几个力的各自的定律，便也可能分析物理现象了。创始这个极有效的方法者是伽利略。

在以上所说的话里，我尽量使用接近十七世纪的用语。现代用语在一些重要方面与此不同，但是为说明十七世纪的成就，宜暂且采用当时的表达方式。

惯性定律解开一个在伽利略以前哥白尼体系一直无法解释的哑谜。前面谈过，假如你从塔顶上丢落一块石头，石头落在塔脚下，并不落在塔脚略偏西的地方；然而，如果说地球在旋转着，那么在石头下落当中它本应该转过一段距离才是。所以不如此，理由就在于石头保持着在丢落以前和地面上其它一切东西共有的那个旋转速度。实际上，假使塔真够高，那就会出现与哥白尼的敌派所推想的恰相反的结果。塔顶因为比塔脚更远离地心，运动得快些，所以石头应该落在塔脚稍偏东的地方。不过这种效果太小，恐怕测量不到。

伽利略热心采纳太阳中心体系；他与开普勒通信，承认他的各种发现。伽利略听到有个荷兰人最近发明了一种望远镜，他自己也制了一架，很快就发现许多重要事情。他发现银河是千千万万颗单个的星集合成的。他观察到金星的周相①，这种现

① 由于行星、地球和太阳的相互位置的变化，从地上看行星，有周期性的盈亏现象，这叫“周相”。水星和金星有明显的周相。——译者

象哥白尼原先知道是他的学说的必然推论，但是凭肉眼无法辨
556 识。伽利略发现木星的各个卫星，为对他的雇主表示敬意，他给这些卫星取名“sidera medicea”（梅狄奇家之星）。据了解这些卫星遵守开普勒定律。可是有个难处。向来总是说有五大行星、太阳和月球七个天体；“七”乃是个神圣数字。安息日不就是第七天吗？过去不是有七枝灯台和亚细亚七教会[①]吗？那么，还有什么比果然有七个天体会更得当呢？但是假若须添上木星的四个卫星，便凑成十一——一个不带神秘性质的数目。根据这理由，守旧派痛斥望远镜，死不肯通过它看东西，断言望远镜只让人看到幻象。伽利略写信给开普勒，愿他们对这些“群氓”的愚蠢能共同大笑一场；从信的其余部分看来很明白，“群氓”就是用“强词诡辩的道理，仿佛是魔法咒语”，竭力要把木星的卫星咒跑的哲学教授们。

大家知道，伽利略先在1616年受到异端审判所秘密断罪，后来又在1633年被公开断罪；在这第二次断罪时，他声明悔过改念，答应绝不再主张地球自转或公转。异端审判所如愿以偿结束了意大利的科学，科学在意大利经几个世纪未复活。但是异端审判所并没能阻止科学家采纳太阳中心说，还由于自己的愚昧给教会造成不少损害。幸亏存在有新教国家，那里的牧师不管多么急切要危害科学，却不能得到国家的支配权。

牛顿（1642—1727）沿哥白尼、开普勒和伽利略开拓的成功道

① 指《新约》《启示录》第一章，第11节中提到的以弗所、士每拿、别迦摩、推雅推喇、撒狄、非拉铁非、老底嘉等七个教会，全在西小亚细亚。——译者

路，到达最后的完满成功。牛顿从自己的运动三定律（前两条定律该归功于伽利略）出发，证明开普勒的三条定律相当于下述定理：一切行星在每个时刻有一个趋向太阳的加速度，这个加速度随它与太阳之间的距离平方反变。他指明，月球向地球和向太阳的加速度符合同一公式，能说明月球的运动；而地面上落体的加速度又按平方反比律和月球的加速度沟通连贯。牛顿把"力"定义成运动变化的起因，也就是加速度的起因。他于是得以提出他的万有引力定律："一切物体吸引其它一切物体，这引力和两个物体的质量乘积成正比，和其距离平方成反比。"由这公式他能够把 557
行星理论中的全部事情，如行星及其卫星的运动、彗星轨道、潮汐现象等都推断出来。后来又明白，甚至在行星方面，轨道与椭圆形的细微偏差也可以从牛顿定律推求。这成功实在完满，牛顿便不免有危险成为第二个亚里士多德，给进步设下难破的壁障。在英国，直到他死后一个世纪，人们方充分摆脱他的权威，在他研究过的问题上进行重要的创造工作。

十七世纪不仅在天文学和动力学上成绩卓著，在有关科学的其它许多方面也值得注目。

首先谈科学仪器问题。[①] 复式显微镜是十七世纪前不久，1590 年左右发明的。[②] 1608 年有个叫李伯希（Lippershey）的荷兰人发明望远镜，不过在科学上首先正式利用望远镜的是伽利

---

① 关于这个问题，参看武尔夫（A. Wolf）著《十六十七世纪科学工艺哲学史》（*A History of Science, Technology, and Philosophy in the Sixteenth and Seventeenth Centuries*）中"科学仪器"一章。

② 关于显微镜的发明有两个说法，一说是荷兰眼镜匠彦森（Zacharias Janssen）在 1590 年左右发明的；一说是伽利略发明的（1610 年宣布发明）。——译者

略。伽利略又发明温度计，至少说这件事看来极有可能。他的弟子托里拆利(Torricelli)发明气压计。盖里克(Guericke，1602—1886)发明抽气机。时钟虽然不是新东西，在十七世纪时主要靠伽利略的工作也大大改良。因为有这些发明，科学观测比已往任何时代都准确、广泛得不知多少。

其次，除天文学和动力学以外，在其它科学里面也有了重大成果。吉尔伯特(Gilbert，1540—1603)在1600年发表了论磁体的巨著。哈维(Harvey，1578—1657)发现血液循环，1628年公布了他的发现。雷文虎克(Leeuwenhoek，1632—1723)发现精细胞，不过另有一个叫史特芬·哈姆(Stephen Hamm)的人，好像早几个月前已经发现了。雷文虎克又发现原生动物，即单细胞有机体，甚至发现了细菌。罗伯特·波义耳(Robert Boyle，1627—1691)是“化学之父，寇克伯爵之子”，在我年幼的时候，是这样教小孩子的；现在他为人们记忆，主要由于“波义耳定律”，这定律说：处在一定温度下的一定量气体，压力和体积成反比。

558 到此为止，我还没谈到纯数学的进展，但是这方面的进展确实非常大，而且对自然科学中许多工作来讲，是绝对必需的。奈皮耳(Napier)在1614年公布了对数发明。坐标几何是由十七世纪几位数学家的工作产生的成果，这些人当中笛卡尔作出了最大的贡献。微积分是牛顿和莱布尼兹各自独立发明的；它几乎是一切高等数学的工具。这些仅仅是纯数学中最卓著的成就，别的重大成就不计其数。

以上讲的科学事业带来的结果，就是使有学识的人的眼光见解彻底一变。在十七世纪初，托马斯·布劳恩爵士[1]参与了女巫案审判；在世纪末，这种事就不会发生。在莎士比亚时代，彗星还是不祥朕兆；1687 年牛顿的《原理》(*Principia*)出版以后，大家知道他和哈雷(Halley)已经算出某些彗星的轨道，原来彗星和行星同样遵守万有引力定律。法则的支配力量在人们的想象当中牢牢生下了根，这一来魔法巫术之类的玩意儿便信不得了。1700 年的时候，有学识的人思想见解完全近代化了；在 1600 年，除开极少数人以外，思想见解大体上还是中古式的。

在本章的下余篇幅里，我想简单说说那些看来是十七世纪的科学所产生的哲学信念，以及现代科学不同于牛顿科学的若干方面。

第一件该注意的事就是从物理定律中几乎消除了一切物活论的痕迹。希腊人尽管没明白地讲，显然把运动能力看成是生命的标志。按常识来观察，好像动物自己运动，而死物只在受到外力强制的时候才运动。据亚里士多德的意见，动物的灵魂有种种功能，其中有一项是催动动物的身体。在希腊人的思想中，往往认为太阳和行星就是神，或至少是受诸神支配和遣动的。阿那克萨哥拉不这样认为，但他是不敬神之辈。德谟克里特不这样认为，但是除伊壁鸠鲁派的人以外，大家都轻视他而赞成柏拉图和亚里士多德。亚里士多德的四十七个或五十五个不动的推动者是神灵，是天空中一切运动的最终根源。如果听其自然，任何无 559

① 托马斯·布劳恩爵士(Sir Thomas Browne，1605—1682)，英国著名医生，文人。1664 年他曾以医生身份，在法庭提出证词，因而使两名妇女被按女巫治罪。原文说“世纪初”，是不对的。——译者

生命物体很快会静止不动；所以要运动不停止，灵魂对物质的作用须继续不断。

这一切都被第一运动定律改变了。无生物质一旦让它运动起来，倘若不被某种外部原因制止住，会永远运动下去。并且，促成运动变化的外部原因只要能够确实找出来，本身总是物质性的。不管怎样，太阳系是靠本身的动量和本身的定律运行下去的；不必要有外界干涉。也许仍好像需要有神使这个机构运转起来；据牛顿说，行星起初是靠神的手抛出去的。但是当神做罢这事，又宣布了万有引力定律，一切就自己进行，不需要神明再插手。当拉普拉斯（Laplace）提出，或许正是目前在作用着的这种种的力，促成行星从太阳中产生出来，这时候神在自然历程中的地位便再被压低一等。神也许依旧是造物主；但是因为世界有没有时间开端还不清楚，所以连这点也是疑问。尽管当时大多数科学家全是虔诚信仰的楷模，在他们的事业的感召下形成的见解对正统教义却有妨害，所以神学家心感不安是有道理的。

科学引起的另一件事就是关于人类在宇宙间的地位的想法发生了深刻变化。在中古时代，地球是太空中心，万事万物都有关联到人的目的。在牛顿时代，地球是一个并不特别显赫的恒星的一颗小小卫星；天文学距离之大使地球相形下不过是个针尖罢了。看来绝不会，这个庞大的宇宙机构是全为这针尖上的某些小生物的利益有意安排的。何况，“目的”从亚里士多德以来一直构成科学概念的一个内在部分，现在由科学方法中被驱逐出去。任何人都可以仍相信上天为宣示神的荣耀而存在，但是什么人也不能让这信念干预天文计算，宇宙也许具有目的，但是“目的”不能在科学解释中再占有地位了。

哥白尼学说本来应当有伤人类自尊心,但是实际上却产生相反效果,因为科学的辉煌胜利使人的自尊复活了。濒死的古代世界像是罪孽感邪祟缠体,把罪孽感这种苦闷又遗赠给了中世纪。560
在神前谦卑,既正当又聪明,因为神总是要惩罚骄激的①。疫疠、洪水、地震、土耳其人、鞑靼人和彗星,把若干个阴郁的世纪闹得狼狈无措,人感觉只有谦卑再谦卑才会避开这些现实的或将临的灾祸。但是当人们高奏凯歌:

自然和自然律隐没在黑暗中。
神说"要有牛顿",万物俱成光明②。

这时候要保持谦卑也不可能了。

至于永罚,偌大宇宙的造物主一定还有较好的事操心,总不致为了神学上一点轻微过错把人送进地狱。加略人犹大可能要受永罚,但是牛顿哪怕是个阿利乌斯派信徒,也不会入地狱。

自满当然还有许多别的理由。鞑靼人已被拘束在亚洲地界,土耳其人也渐渐不成威胁。彗星让哈雷杀掉了尊严;至于地震,地震虽然仍旧令人恐骇,可是有趣得很,科学家对它简直谈不上遗憾。西欧人急速地富足起来,逐渐成为全世界的主子:他们征服了北美和南美,他们在非洲和印度势力浩大;在中国,受尊敬,在日本,人惧怕。所有这种种再加上科学的辉煌胜利,无怪十七

① 按天主教义说,有七件难赦的重罪("七罪宗")是万恶根源,"骄傲"为首。——译者

② 这是英国诗人波普(Alexander Pope,1688—1744)为牛顿写的两行墓志铭体诗,最早发表在1735年(牛顿在1727年逝世)。原诗句的口吻情调使人自然联想到《旧约》开首《创世记》的最前三节,这里译文的语气也略拟中文本圣经。——译者

世纪的人感觉自己并非在礼拜日还自称的可卑罪人，而是十足的好样人物。

有某些方面，现代理论物理学的概念与牛顿体系的概念是不同的。首先说十七世纪时占显著地位的“力”这个概念吧，这已经知道是多余的了。按牛顿讲，“力”是运动在大小或方向上起变化的原因。把“因”这个概念看得很重要，而“力”则被想象成推什么或拉什么的时候所经验到的那种东西。因为这缘故，引力超距离起作用这件事被当成是万有引力说的一个反对理由，而牛顿本人也承认，必定存在着传递引力的某种媒质。人们逐渐发现，不引入“力”概念，所有的方程也能够写出来。实地观
561 察得到的是加速度与方位配置间的某种关系；说这种关系是通过“力”作媒介造成的，等于没有给人的知识增添半点东西。由观察知道行星时时有趋向太阳的加速度，这加速度随行星和太阳之间的距离平方反变。说这事起因于万有引力的“力”，正好像说鸦片因为有催眠效能，所以能催人入眠，不过是字句问题。所以现代的物理学家只叙述确定加速度的公式，根本避免“力”字；“力”是关于运动原因方面活力论观点的幽魂发显，这个幽魂逐渐被祓除了。

在量子力学诞生以前，一直没出现任何事情来略微变更头两条运动定律的根本旨趣：就是说，动力学的定律要用加速度来表述。按这点讲，哥白尼与开普勒仍应当和古代人划归一类；他们都寻求表述天体轨道形状的定律。牛顿指明，表述成这种形式的定律绝不会超乎近似性定律。行星由于其它行星的吸力所造成

的摄动①，并不做准确的椭圆运动。同样理由，行星轨道也绝不准确地重复。但是关于加速度的万有引力定律非常简洁，牛顿时代以后二百年间一直被当成十分精确。这个定律经过爱因斯坦订正，依旧是关于加速度的定律。

固然，能量守恒定律不是关于加速度而是关于速度的定律；但在应用这条定律的计算中，必须使用的仍旧是加速度。

至于量子力学带来的变革，确实非常深刻，不过多少可说还是争论不定的问题。

有一个加到牛顿哲学上的变革，这里必须提起，就是废弃绝对空间和绝对时间。读者会记得，我们曾结合讲德谟克里特谈到过这个问题。牛顿相信有一个由许多"点"构成的空间，一个由许多"瞬刻"构成的时间，空间和时间不受占据它们的物体及事件影响，独立存在。关于空间，他有一个经验论据支持其个人意见，即物理现象令人能辨认出绝对转动。假如转动桶里的水，水涌上四围桶壁，中央下陷；可是若不让水转动而转动桶，就没有这个效 562
果。在牛顿时代以后，设计出了傅科摆实验②，大家一向认为这实验证明了地球自转。即便按最现代的意见，绝对转动问题仍然造成一些困难。如果一切运动是相对的，地球旋转假说和天空回转假说的差别就纯粹是词句上的差别；大不过像"约翰是詹姆士的父亲"和"詹姆士是约翰的儿子"之间的差别。但是假若天空回

---

① 开普勒定律只对两个天体所成的系统来讲严格正确。行星因受其它行星引力的影响，略偏离椭圆轨道，这种作用在天文学上叫"摄动"。——译者

② 傅科(Jean Bernard Léon Foucault，1819—1868)，法国物理学家。1851 年他在巴黎用长 67 米的绳吊 28 公斤重的锤做成单摆，根据摆的振动面发生顺时针方向的运动，来证明地球自转。——译者

转，星运动得比光还快，这在我们认为是不可能的事。① 不能说这个难题的现代解答是完全令人满意的，但这种解答已让人相当满意，因此几乎所有物理学家都同意运动和空间纯粹是相对的这个看法。这点再加上空间与时间融合成“空时”②，使我们的宇宙观和伽利略与牛顿的事业带来的宇宙观相比，发生大大改变。但是关于这点也如同关于量子论问题，现在我不再多谈。

563

第七章 弗兰西斯·培根

弗兰西斯·培根（Francis Bacon，1561—1626）是近代归纳法的创始人，又是给科学研究程序进行逻辑组织化的先驱，所以尽管他的哲学有许多地方欠圆满，他仍旧占有永久不倒的重要地位。

他是国玺大臣尼可拉斯·培根爵士的儿子，他的姨母就是威廉·西塞尔爵士（Sir William Cecil）（即后来的柏立勋爵）的夫人；因而他是在国事氛围中成长起来的。培根二十三岁做了下院议员，并且当上艾塞克斯（Essex）的顾问。然而等到艾塞克斯一失宠，他就帮助对艾塞克斯进行起诉。为这件事他一向受人严厉非难。例如，里顿·斯揣奇（Lytton Strachey）在他写的《伊

① 恒星距离地球极远，星发出光来传到地上至少须经过几年，而星围绕地球的圆周比这距离更大几倍。假若恒星每日绕地球回转一周，即是说它在二十四小时内走过光在若干年才能走完的路程，运动得比光快得多。但是据相对论，宇宙中一切速度不可能超过光速。——译者

② 相对论把空间和时间统一起来，除空间的三度以外，将时间看成第四度，这样构成的四度连续体叫“空时”。——译者

丽莎白与艾塞克斯》(*Elizabeth and Essex*)里，把培根描绘成一个忘恩背义的大恶怪。这十分不公正。他在艾塞克斯忠君期间与他共事，但是在继续对他忠诚就会构成叛逆的时候抛弃了他；在这点上，并没有丝毫甚至让当时最严峻的道德家可以指责的地方。

尽管他背弃了艾塞克斯，当伊丽莎白女王在世期间他总没有得到十分宠信。不过詹姆士一即位，他的前程便开展了。1617年培根获得父亲曾任的国玺大臣职位，1618年做了大法官。但是他据有这个显职仅仅两年后，就被按接受诉讼人的贿赂起诉。培根承认告发是实，但只声辩说赠礼丝毫不影响他的判决。关于这点，谁都可以有他个人的意见，因为在另一种情况下他本来要作出什么判决，不会有证据。他被判处罚金四万镑；监禁伦敦塔中，期限随国王的旨意；终生逐出朝廷，不能任官职。这判决不过执行了极小一部分。并没有强令他缴付罚款，他在伦敦塔里也只关禁了四天。但是他被迫放弃了官场生活，而以撰写重要的著作度他的余年。

在那年代，法律界的道德有些废弛堕落。几乎每一个法官都接受馈赠，而且通常双方的都收。如今我们认为法官受贿是骇人听闻的事，但是受贿以后再作出对行贿人不利的判决，这更骇人 564
听闻。然而在那个时代，馈赠是当然的惯例，做法官的凭不受赠礼影响这一点表现“美德”。培根遭罪本是一场党派争哄中的风波，并不是因为他格外有罪。他虽不是像他的前辈托马斯·莫尔爵士那样一个德操出众的人，但是他也不特别奸恶。在道德方面，他是一个中常人，和同时代大多数人比起来不优不劣。

培根过了五年退隐生活后，有一次把一只鸡肚里塞满雪做冷冻实验时受了寒，因此死去。

培根的最重要的著作《崇学论》(*The Advancement of Learning*)在许多点上带显著的近代色彩。一般认为他是“知识就是力量”这句格言的创造者；虽然以前讲过同样话的也许还有人在，他却从新的着重点来讲这格言。培根哲学的全部基础是实用性的，就是借助科学发现与发明使人类能制驭自然力量。他主张哲学应当和神学分离，不可像经院哲学那样与神学紧密糅杂在一起。培根信正统宗教；他并非在此种问题上跟政府闹争执的那样人。但是，他虽然以为理性能够证明神存在，他把神学中其他一切都看作仅凭启示认识的。的确，他倒主张如果在没有启示协助的理性看来，某个教理显得极荒谬，这时候信仰胜利最伟大。然而哲学应当只依靠理性。所以他是理性真理与启示真理“二重真理”论的拥护者。这种理论在十三世纪时有一些阿威罗伊派人曾经倡说过，但是受到了教会谴责。“信仰胜利”对正统信徒讲来是一句危险的箴言。十七世纪晚期，贝勒(Bayle)曾以讽刺口吻使用这箴言，他详细缕述了理性对某个正统信仰所能讲的一切反对话，然后作结论说：“尽管如此仍旧信仰，这信仰胜利越发伟大。”至于培根的正统信仰真诚到什么程度，那就无从知道了。

历来有多少哲学家强调演绎的相反一面即归纳的重要性，在这类禀有科学气质的哲学家漫长的世系中，培根是第一人。培根
565 也如同大多数的后继者，力图找出优于所谓“单纯枚举归纳”的某种归纳。单纯枚举归纳可以借一个寓言作实例来说明。昔日有

一位户籍官须记录下威尔士某个村庄里全体户主的姓名。他询问的第一个户主叫威廉·威廉斯；第二个户主、第三个、第四个……也叫这名字；最后他自己说："这可腻了！他们显然都叫威廉·威廉斯。我来把他们照这登上，休个假。"可是他错了；单单有一位名字叫约翰·琼斯的。这表示假如过于无条件地信赖单纯枚举归纳，可能走上岔路。

培根相信他有方法，能够把归纳作成一种比这要高明的东西。例如，他希图发现热的本质，据他设想（这想法正确）热是由物体的各个微小部分的快速不规则运动构成的。他的方法是作出各种热物体的一览表、各种冷物体的表，以及热度不定的物体的表。他希望这些表会显示出某种特性，在热物体总有，在冷物体总无，而在热度不定的物体有不定程度的出现。凭这方法，他指望得到初步先具有最低级普遍性的一般法则。由许多这种法则，他希望求出有二级普遍性的法则，等等依此类推。如此提出的法则必须用到新情况下加以检验；假如在新情况下也管用，在这个范围内便得到证实。某些事例让我们能够判定按以前的观察来讲均可能对的两个理论，所以特别有价值，这种事例称作"特权"事例。

培根不仅瞧不起演绎推理，也轻视数学，大概以为数学的实验性差。他对亚里士多德怀着恶毒的敌意，但是给德谟克里特非常高的评价。他虽然不否认自然万物的历程显示出神的意旨，却反对在实地研究各种现象当中掺杂丝毫目的论解释。他主张一切事情都必须解释成由致效因必然产生的结果。

培根对自己的方法的评价是，它告诉我们如何整理科学必须依据的观察资料。他说，我们既不应该像蜘蛛，从自己肚里抽
566 丝结网，也不可像蚂蚁，单只采集，而必须像蜜蜂一样，又采集又整理。这话对蚂蚁未免欠公平，但是也足以说明培根的意思。

培根哲学中一个最出名的部分就是他列举出他所谓的"幻象"。他用"幻象"来指让人陷于谬误的种种坏心理习惯。他举出四种幻象。"种族幻象"是人性当中固有的幻象；他特别提到指望自然现象中有超乎实际可寻的秩序这种习惯。"洞窟幻象"是个别研究者所特有的私人成见。"市场幻象"是关乎语言虐制人心、心意难摆除话语影响的幻象。"剧场幻象"是与公认的思想体系有关系的幻象；在这些思想体系当中，不待说亚里士多德和经院哲学家的思想体系就成了他的最值得注意的实例。这些都是学者们的错误：就是以为某个现成死套（例如三段论法）在研究当中能代替判断。

尽管培根感兴趣的正是科学，尽管他的一般见解也是科学的，他却忽略了当时科学中大部分正进行的事情。他否定哥白尼学说；只就哥白尼本人讲，这还情有可原，因为哥白尼并没提出多么牢靠的议论。但是开普勒的《新天文学》（*New Astronomy*）发表在 1609 年，开普勒总该让培根信服才对。吉尔伯特对磁性的研究是归纳法的光辉范例，培根对他倒赞赏；然而他似乎根本不知道近代解剖学的先驱维萨留斯（Vesalius）的成绩。出人意料的是，哈维是他的私人医生，而他对哈维的工作好像也茫然不知。固然哈维在培根死后才公布他的血液循环发现，但是人们总以为培根会知道他的研究活动的。哈维不很高看培根，说"他像个大

法官似的写哲学”。假使培根原来对功名利禄不那么关切，他当然会写得好一些。

培根的归纳法由于对假说不够重视，以致带有缺点。培根希望仅只把观察资料加以系统整理，正确假说就会显明毕露，但事实很难如此。一般讲，设假说是科学工作中最难的部分，也正是少不得大本领的部分。迄今为止，还没有找出方法，能够按定规创造假说。通常，有某种的假说是收集事实的必要先决条件，567
因为在对事实的选择上，要求有某种方法确定事实是否与题有关。离了这种东西，单只一大堆事实就让人束手无策。

演绎在科学中起的作用，比培根想的要大。当一个假说必须验证时，从这假说到某个能由观察来验证的结论，往往有一段漫长的演绎程序。这种演绎通常是数理推演，所以在这点上培根低估了数学在科学研究中的重要性。

单纯枚举归纳问题到今天依旧是悬案。涉及科学研究的细节，培根排斥单纯枚举归纳，这完全正确。因为在处理细节的时候，我们可以假定一般法则，只要认为这种法则妥善，就能够以此为基础，建立起来多少还比较有力的方法。约翰·斯图亚特·穆勒设出归纳法四条规范，只要假定因果律成立，四条规范都能用来有效。但是穆勒也得承认，因果律本身又完全在单纯枚举归纳的基础上才信得过。科学的理论组织化所做到的事情就是把一切下级的归纳归拢成少数很概括的归纳——也许只有一个。这样的概括的归纳因为被许多的事例所证实，便认为就它们来讲，合当承认单纯枚举归纳。这种事态真不如意到极点，但是无论培根或他的任何后继者，都没从这局面中找到一条出路。

568
第八章 霍布士的利维坦

霍布士(Hobbes,1588—1679)是一个不好归类的哲学家。他也像洛克、贝克莱、休谟,是经验主义者;但霍布士又和他们不同,他是个赞赏数学方法的人,不仅赞赏纯数学中的数学方法,而且赞赏数学应用中的数学方法。他的一般见解宁可说是在伽利略的默化下、而不是在培根的默化下形成的。从笛卡尔到康德,欧洲大陆哲学关于人类认识的本性,有许多概念得自数学;但是大陆哲学把数学看成是不涉及经验而认识到的。因此大陆哲学也像柏拉图派哲学一样,贬低知觉的地位,过分强调纯思维的作用。在相反方面,英国经验主义很少受数学影响,对科学方法又往往有不正确的理解。这两种缺点霍布士全没有。一直到现代,才出现一些其他哲学家,他们虽是经验主义者,然而也适当着重数学。在这方面,霍布士的长处很伟大。可是他也有严重缺陷,因此便不可能把他真正列入第一流。他不耐烦做微妙细腻的事情,太偏向快刀斩乱麻。他对问题的解决办法合乎逻辑,然而是靠删掉碍手的事实得到的。他有魄力,但是粗率。比较善抡巨斧,不擅长挥舞细剑。尽管如此,他的国家论仍旧值得细心研讨;因为它比以前任何理论,甚至比马基雅弗利的学说还近代化,所以更有仔细考究的价值。

霍布士的父亲是个教区牧师,性子坏又愚鲁无知;他因为在教堂门口跟邻教区的一个牧师争闹,丢了差事。这以后霍布士归伯父抚育。他熟读古典著作，十四岁时把幼利披底的《米底亚》(Medea)翻译成拉丁文抑扬格诗。(晚年，他自夸虽然他绝不引用古典诗人或雄辩家的句子，却并非由于对他们的作品欠熟悉，这是正当话。)他十五岁的时候入牛津大学，牛津教他学经院派逻辑和亚里士多德哲学。这两样东西到晚年成了勾惹他憎恨的怪物，他断言在大学里的年月没让他得到什么益处；确实，一般大学在 569
他的作品中不断受到抨击。1610 年，当他二十二岁的时候，他做了哈德威克勋爵(后来成为第二德芬郡伯爵)的家庭教师，伴随后者作"大周游"①。就在这时候他开始知道伽利略和开普勒的成绩，这对他产生了深刻的影响。他的学生作了他的赞助者，一直到 1628 年逝世为止。霍布士通过他认识了本·琼生(Ben Jonson)、培根、彻伯利的赫伯特勋爵(Lord Herbert of Cherbury)，及其他不少重要人物。德芬郡伯爵死时遗留下一个幼子；伯爵死后，霍布士有一段时间住在巴黎，在巴黎开始研究几何学；随后，他又当了他从前的学生的儿子的家庭教师。霍布士同他到意大利游历，1636 年在意大利访问了伽利略，1637 年回英国。

《利维坦》(*Leviathan*)②中表达的政治见解是极端的王党政见，霍布士抱这种政见已经很久了。当 1628 年的国会起草"权利请愿书"时，他怀着要显示民主政体诸种弊害的露骨意图，发表了一个修昔的底斯的英译本。1640 年长期国会开会，劳德(Laud)

---

① "大周游"(the grand tour)是从前英国富贵家庭的子弟为完成其教育，到法国及欧洲大陆上其他国家所做的一种周游旅行。——译者

② 利维坦(Leviathan)是圣经里记载的一种巨大的水生怪物，在中文本圣经中译为"鳄鱼"。霍布士用它比拟国家。——译者

和斯揣弗(Strafford)被投入伦敦塔,这时候霍布士大为恐怖,逃奔法国。他在1641年写成、不过到1647年才出版的那本书《公民论》(*De Cive*),阐述的理论和《利维坦》中的理论本质上相同。他的这些意见的所由产生,不是实际起来的内战本身,而是逆料到的内战前景;不过,当他的忧虑实现时,自然使他的信念更加坚定。

在巴黎,他受到许多第一流的数学家和科学家的欢迎。在笛卡尔的《沉思录》(*Meditations*)出版之前读过这书的人当中他是一个;他写出对这书的反对意见,笛卡尔把这些意见连自己的答辩一同付印。他不久又结交大批的英国王党流亡者,和他们往还。在1646年到1648年这段时间内,他教过未来的查理二世数学。可是当1651年他发表了《利维坦》,这书谁也不喜欢。书中的理性主义惹恼大多数流亡者,对旧教教会的猛烈攻击触怒了法国政府。霍布士于是悄悄逃回伦敦,归顺克伦威尔,避绝一切政治活动。

不过他在长长的一生中,无论这个时候,或在其他任何时候,总不空自闲过。他就自由意志问题跟布兰霍尔主教进行了论战;他自己是严格的决定论者。他由于对个人在几何学方面的能力
570 估计过高,幻想他已经发现怎样"化圆为方"①;在这问题上他极愚蠢,与牛津大学的几何学教授瓦里斯展开辩论。当然这位教授终于做到让他显得无知可笑。

① 从古希腊时代流传下来的数学"难题"之一,即求作一个正方形,使它的面积与一个已知圆的面积相等。根据近代数学,可以证明这问题用圆规和直尺不可能解决。——译者

在王政复辟时期，霍布士受到国王的同党中较不热诚的人的抬举，及国王本人的好待；国王不仅在自己屋墙上悬挂起霍布士的肖像，还授予他每年一百镑的恩俸——不过这笔钱国王陛下却忘记支付。大法官克雷伦敦对在一个有无神论者嫌疑的人身上加的这种恩宠感到愤懑，国会也觉得岂有此理。经过“瘟灾”和“伦敦大火”，唤起了人民的迷信恐怖，这时下院指派委员会检查无神论著作，特别提到霍布士的作品。从此以后，关于惹争论的问题，他写的什么东西在英国也得不到印刷许可。连他那本取名《狴希莫司》(*Behemoth*)①的长期国会史，尽管讲最正统的主义，也只好在国外印行(1668)。1688年版的霍布士著作集是在阿姆斯特丹出的。他老年在国外的声望远远凌驾在英国的声望以上。为占用余暇，他八十四岁时用拉丁韵文写成一部自传，八十七岁时又出了荷马作品的英译本。我没有能够发现他在八十七岁以后再写什么大书。

现在我们来讨论《利维坦》中的学说，霍布士的声誉主要就在这本书上。

在这书刚一开头，他就宣布自己的彻底唯物论。他说，生命无非是四肢的运动，所以机器人具有人造的生命。国家——他称之为“利维坦”——是人工技巧创造的东西，事实上是一个模造的人。这话不仅是要作为一个比喻，他还作了相当详细的发挥。主权就是人工模拟的灵魂。最初创造利维坦时所凭的协定和盟约

① 狴希莫司是圣经中记载的一种“骨头好像铜管，肢体仿佛铁棍”的神话动物，译作“河马”。——译者

代替了神说“我们要造人”时神的命令。

书的第一编论个体的人，以及霍布士认为必需有的一般哲学。感觉作用是由对象的压力引起的；颜色、声音等等都不在对象中。对象中和我们的感觉相应的性质是运动。他叙述了第一
571 运动定律，然后立即应用于心理学：想象是衰退中的感觉，两者都是运动。睡眠时的想象作用便是做梦；异教徒的各种宗教是由于不分辨梦境和醒觉生活而产生的。（卤莽的读者也许要把同样议论用到基督教上，但是霍布士谨慎得很，自己不这样做。①）相信梦寐预兆未来，是自欺欺人；信仰巫术和鬼，也是无中生有。

我们的一个个思想的前起后续不是任意形成的，受着定律支配——有时候是联想律，有时候是和我们的思考中的目的相关的一些定律。（这是决定论在心理学上的应用，有重要意义。）

会料得到，霍布士是一个十足的唯名论者。他说，除名目而外别无普遍的东西，离了词语，什么一般概念我们也不能设想。没有语言，就没有真也没有假，因为“真”和“假”都是言语的属性。

他认为几何学是迄今创立的唯一真正科学。推理带有计算性质，应当从定义出发。但是定义里必须避免自相矛盾的概念，在哲学中可经常没有做到这点。例如，“无形体的实体”就是胡话。如果你提出神即“无形体的实体”当反对理由，这时霍布士有两个回答：第一，神非哲学的对象；第二，许多哲学家一向认为神有形体。他说，**一般**命题的所有错误出于悖谬（即自相矛盾）；他

① 在另一个地方他说异教的诸神是人类的恐怖创造的，但我们的神是“原始推动者”。

举出自由意志观念，和干酪具有面包的偶性这种想法，作为“悖谬”的实例（大家知道，按天主教义，面包的偶性能固属于非面包的实体。）

在这段文字中，霍布士流露出一种旧式的唯理主义。开普勒得出了一个一般论断：“行星沿椭圆绕日回转”；但是其他意见，类如托勒密之说，在逻辑上也不悖谬。霍布士尽管敬佩开普勒和伽利略，但是对使用归纳法求得普遍定律这件事，一直没有正确领会。

霍布士和柏拉图相反，他主张理性并非天生的，是靠勤奋发展起来的。

他然后开始论各种激情。“意向”可以定义成动念的微小根 572
芽；它如果趋向什么，就是欲望；如果趋避什么，是厌恶。爱和欲望是一回事，憎和厌恶是一回事。一件事物是欲望的对象，大家说它是“好”的；是厌恶的对象，说它是“坏”的。（可以注意到，这两个定义没给“好”和“坏”加上客观性；如果人们的欲望相异，并没有理论方法调和分歧。）又有种种激情的定义，这些定义大部分立脚在人生的竞争观上；例如说发笑就是突如其来的大得意。对无形力量的恐惧，如果被公开认可，叫宗教；不被认可，是迷信。因此，断定何者是宗教何者是迷信，全在立法者。福祉离不开不断进展；它在于步步成功，不在于已经成功；所谓静态幸福这种东西是没有的——当然，天国的极乐不算，这已经超乎我们的理解力了。

意志无非是深思熟虑中最后余留的欲求或厌恶。也就是说，意志并不是和欲望及厌恶不同的东西，不过是发生冲突的情况中最强的欲望或厌恶罢了。这说法跟霍布士否定自由意志明显有连带关系。

霍布士与大多数专制政治的拥护者不同，他认为一切人生来平等。在任何政治也还不存在的自然状态下，人人欲保持个人的自由，但是又欲得到支配旁人的权力。这两种欲望都受自我保全冲动主使。由于它们的冲突，发生了一切人对一切人的战争，把人生弄得"险恶、残酷而短促"。在自然状态下，没有财产、没有正义或不义；有的只是战争，而"武力和欺诈在战争中是两大基本美德"。

第二编讲人类如何结合成若干各自服从一个中央权力的社会，从而免除这些恶弊。这件事被说成是通过社会契约而发生的。据设想，有许多人汇聚起来，同意选择一个主权者或主权团体，对他们行使权力，结束总体混战。我以为这种"盟约"(霍布士通常如此称呼)并未被看成是明确的历史事件；把它这样看待，与当前的议论的确也不切题。这是一种神话性的解释，用它来说明为什么人类甘受、而且应当甘受因服从权力而给个人自由必然要带来的种种限制。霍布士说，人类给自己加上约束，目的在于从
573 我们爱好个人自由和爱好支配旁人因而引起的总体混战里得到自我保全。

霍布士研讨人类为何不能像蚂蚁和蜜蜂那样协作的问题。他说，同蜂房内的蜜蜂不竞争；它们没有求荣欲；而且它们不运用理智批评政府。它们的协和是天然的协和，但是人类的协和只能是凭依盟约的人为协和。这种盟约必须把权力交付一个人或一个议会，因为否则它便无法实施。"盟约离开武力只是空文"(威

尔逊总统不幸忘记这点。)这盟约不是后来洛克和卢梭讲的那种公民与统治权力者之间的盟约,而是为服从过半数人要选择的那个统治权力者、公民们彼此订立的盟约。公民作出选择之后,他们的政治权力即告终止。少数派也和多数派同样受约束,因为这盟约正是说要服从多数人所选择的政府。政府一经选定,除这政府认为宜于许可的那种权利以外,公民丧失掉一切权利。反叛的权利是没有的,因为统治者不受任何契约束缚,然而臣民要受契约束缚。

如此结合起来的群众称作国家。这个"利维坦"是一个凡间的神。

霍布士欢喜君主制,不过他的全部抽象议论同样也适用于一切这样的政体:其中存在着一个无上权力,不受其它团体的法权的限制。单只议会,他倒能够容忍,但是他不能容忍国王和议会分领统治权的制度。这和洛克及孟德斯鸠的意见恰相反。霍布士说,英国内战之所以发生,正是因为权力分配到国王、上院和下院的缘故。

这个最高权力,或是一个人或是一个议会,称作主权者。在霍布士的体制中,主权者的权力没有限度。他对一切意见的表达有检查权。据假想,主权者主要关心的是维持国内和平;所以他不运用检查权压抑真理,因为与和平抵触的论调绝不会正确(好个异常实用主义的见解!)。财产法应当完全随主权者的心意;因为在自然状态下不存在财产,所以财产是政府创造的,政府可以随意左右这种创造。

固然也承认主权者可能专制,但是哪怕最坏的专制政治总强 574

似无政府状态。况且，在许多地方主权者的利害与臣民的利害本相同。臣民越富足，他越富足；臣民若守法，他就比较安全；等等。反叛是不该的，一则因为反叛通常要失败，再则因为倘若反叛成功，便留下恶例，教别人学反叛。他否认亚里士多德说的僭主政治与君主政治的区别；按霍布士的意见，所谓“僭主政治”，无非是讲这话的人恰巧厌恶的一种君主政治罢了。

书中举出君主当政比议会当政可取的种种理由。他承认当君主的私人利益与公众利益冲突的时候，君主通常要顺从他的私利，但是议会也如此。君主可能有宠臣，但是议会的每个议员也难免有嬖人；因此在君主政治下，宠臣嬖人的总数多半还少些。君主能私下听取任何人进言；议会却只能听取议员们的意见，而且还是公开听取。议会中有某些议员偶然缺席，可以让别个党派获得多数，因而造成政策的改变。不仅如此，假若议会内部分裂，其结果可能就是内战。霍布士论断，因为所有这些理由，君主制最完善。

整个一部《利维坦》中，霍布士完全没考虑定期选举对议会为了议员的私人利益而牺牲公众利益的倾向可能起的钳制作用。事实上，好像他所想到的不是民主选举的议会，而是威尼斯大议会或英国上院一类的团体。他把民主政治按古代方式理解为必得一切公民直接参与立法和行政；至少说，这似乎是他的意见。

在霍布士的体制中，主权者起初一选定，人民便最后退了场。主权者的继承，如同罗马帝国在没有叛乱扰攘时的惯例，须由主权者决定。他承认，主权者通常要选择自己的一个子女，或者若没有子女，选择一个近亲，但是他认为任何法律也不该限制他选其他人。

书中有论臣民自由的一章，开头是这样一个精辟可佩的定义：对运动不存在外界障碍，是谓自由。按这个意义讲，自由与必然是一致的；例如，水在对它的运动没有障碍时，因而按定义也就 575
是水在自由时，*必然*流下山岗。人可以自由做他意欲做的事，但是必然得做神意欲做的事。我们的一切意志作用全有原因，从这个意义上讲全是必然的。至于谈到臣民的自由，在法律不干涉的情况下，他们有自由；这绝不是对主权的限制，因为主权者假使决定要法律干涉，法律本可以干涉。除主权者自愿让出的权利外，臣民没有和主权者相对抗的权利。大卫使乌利亚被杀①，因为乌利亚是他的臣子，那时他没有侵害乌利亚；但是大卫侵害了神，因为他是神的臣子而不遵从神的律法。

据霍布士的意见，古代的著述家歌颂自由，结果促使人们赞同暴乱和骚动。他主张，这些著述家的意思正确解释起来，他们所歌颂的自由是主权者的自由，即免于外国统治的自由。国内对主权者的反抗，即便看来好像是极正当的，他也谴责。例如，他认为圣安布洛斯在帖撒罗尼迦屠杀后无权将狄奥多修斯皇帝开除教籍。他还激烈地指斥札卡理教皇不该为扶立丕平，帮他废了墨洛温朝末代国王。

不过他承认服从主权者的义务也有一个限度。自我保全权在他看来是绝对的权利，所以臣民有甚至对抗君主的自卫权。这话合逻辑，因为他把自我保全当成了组织政府的动机。根据这

① 见《旧约》《撒母耳记下》第十一章。——译者

点，他认为（不过有一些限制）人在受政府召唤上战场时，有权拒不战斗。这是任何现代政府不容许的一种权利。他的利己主义的伦理观有一个奇妙结论，就是对主权者的反抗只在自卫的情况才算正当；为保护旁人而进行的反抗却总有罪。

还有另一个十分合乎逻辑的例外：人对于无能力给予他保护的主权者，没有任何义务。这样看来，在查理二世流亡期间霍布士归服克伦威尔，便名正言顺了。

政党或现在我们所谓的工会一类的团体，当然不许存在。所有教师都得做主权者的仆役，只讲授主权者认为有用的东西。财
576 产权仅只臣民对其他臣民讲有效，对主权者讲不成立。主权者握有管制对外贸易的权。他不受民法约束。主权者手中的惩治权并非由什么正义概念来的，而是因为他保留了在自然状态下人人持有的自由：在自然状态下，谁加害旁人也无法怪罪他。

书中开列出国家瓦解的种种有趣的原因（被外国征服除外）。这些原因是：给予主权者的权力太小；容许臣民有私人判断；凡违反良心的事一律是罪之说；信仰灵感；所谓主权者受民法约束这种理论；承认绝对的私有财产；分割主权；模仿希腊人和罗马人，俗权与灵权分离；否认主权者有征税权；有势力的臣民得人心；以及与主权者有争论的自由。关于所有这些原因，在当时近期的英、法历史中都有丰富的例证。

霍布士认为教导人民信服主权者的各种权限，不应当有很大困难，因为人民难道没有被教导信仰了基督教，甚至信仰了违背理性的“化体说”吗？应该特定出一些日子来学习服从的义务。对民众的训导有赖于各大学的正确教学，因此必须

加意监督大学。对神的礼拜必须清一色，宗教就是主权者颁定的宗教。

在第二编结尾，他表示希望某个主权者读到这本书，自立为一个绝对君主。这愿望总还不像柏拉图的愿望：某个国王会变成哲学家那么偏于空想。霍布士向君主们担保，这本书容易读而且十分有趣。

第三编《论基督教国》，说明不存在一统教会，因为教会必须依附俗界政府。在各个国家，国王应该是教会首领；教皇的“大君权”和教皇无过说是不能承认的。可以想见，这一编中主张非基督徒主权者治下的基督徒臣民，在外表上应该服从，因为乃缦在临门庙中难道不无奈屈身吗？①

第四编《论黑暗的王国》主要涉及对罗马教会的批判；罗马教会把灵权放到俗权之上，霍布士因此憎恶它。这编的其余部分是 577
对“空洞哲学”的攻击，他说的“空洞哲学”通常指亚里士多德哲学。

现在试论断我们对《利维坦》一书抱什么看法。这问题不容易谈，因为书里的优点和缺点极密切地错杂在一起。

在政治上，有两个不同的问题，一个是关于国家的最良好形式的问题，一个是关于国家权力的问题。按照霍布士的意见，国家的最良好形式是君主制，但这并非他倡导的主义中的重要部分。重要部分是国家权力应当是绝对的这个论点。这种主义，或跟它类似的主义，是文艺复兴和宗教改革期间在西欧成长起

① 参看《旧约》《列王纪下》第五章。——译者

来的。首先，封建贵族被路易十一、爱德华四世、斐迪南和伊萨白拉以及后继的君主们慑服了。然后，在新教国家，宗教改革又使俗界政府能够占了教会的上风。亨利八世掌中握有以前任何英王不曾享有的大权。但是在法国，宗教改革运动最初却产生正相反的效果；夹在吉兹派和余格诺派[①]中间，历代国王几乎毫无实权。在霍布士写书前不久，亨利四世和黎歇留奠定了君主专制的基础，这在法国一直延续到大革命时代。在西班牙，查理五世挫败了议会，而腓力浦二世除对教会的关系外，也是专制君主。不过在英国，清教徒将亨利八世的事业又一笔勾销；他们的事业活动引起霍布士的这种想法：反抗主权者必定产生无政府状态。

一切社会都面临着无政府状态和专制政治两种危险。清教徒，尤其是独立教会派，深记专制政治的危险；相反，霍布士经历了各种对抗的热狂主义的斗争，因此他让对于无政府状态的恐惧缠住了心。在王政复辟后兴起、而在1688年[②]后得势的自由主义哲学家，这两种危险都领悟到了；他们对斯揣弗和再洗礼派双方都厌恶。于是洛克有了权能分立说及"约制与均衡"说。在英国，当国王还有威势的时期，有过真正的权能分立；嗣后国会成了太上主宰，最终大权转到内阁。在美国，国会和最高法院能够抵制现政府，就这个限度说来目下仍旧存在着约制与均衡。在德国、

① 16,17世纪时法国的新教徒称"余格诺"(the Huguenots)。当时吉兹(Guise)将军是旧教首领，所以旧教徒称"吉兹派"。——译者

② 即英国"光荣革命"的一年。——译者

意大利、俄国和日本，①政府更取得了超过霍布士认为适度的权 578
力。所以总的说，关于国家权力这一点，世界已经顺着霍布士的心愿走下来了；在这以前先有过一段很长的自由主义时期，至少从表面上看，世界是朝相反方向发展的。尽管这次大战的结局如此，看来很明显，国家的职权必定继续扩大，和国家对抗必定变得困难而更困难。

霍布士所提出的支持国家的理由，即国家是替代无政府状态的唯一途径，大体上讲是个妥实的理由。不过国家也可能像1789年的法国和1917年的俄国那样，坏得让人感觉暂时的无政府状态倒比那样的国家继续下去还好。并且，如果政府对反叛不存几分畏惧，一切政府倾向暴政的趋势便没办法遏制。霍布士讲的那种顺从屈服的态度假使庶民真普遍采取了，政府会比现在更糟。在政治范围内是这样：倘若可能，政府要竭力使其个人地位不可动摇；在经济范围内是这样：政府要竭力假公济私，养肥自己和一派同党；在知识范围内是这样：政府要压制每一个对政府的权力似乎有威胁的新发现或新学说。我们所以不仅想到无政府状态的危险，也考虑跟政府的全能化密切连带着的不公平与僵化的危险，理由正在于此。

把霍布士和以前的政治理论家们作个对比，他的高明处显露得清楚极了。他完全摆脱了迷信；他不根据亚当和夏娃堕落人间时的遭遇发议论。他论事清晰而合逻辑；他的伦理学说对也好错也好，总是完全可以理解的东西，里面没使用任何暧昧含混的概

① 注意本书是在第二次世界大战期间写的。——译者

念。除开远比他见识狭隘的马基雅弗利，他是讲政治理论的第一个真正近代的著述家。他若有错处，错也出于过分简单化，并不是因为他的思想基础不现实、偏空想。为这个缘故，他仍旧值得一驳。

撇开霍布士的形而上学或伦理学不去批评，有两点是他的弱点。第一是他总把国民利益作整体看，不言而喻地假定所有公民的大利害是一致的。马克思把不同阶级之间的冲突说成是社会
579 变革的主要原因，霍布士并不领会这种冲突的重要性。与此相关的一个假定是，君主的利益和臣民的利益大致相同。在战时，尤其假若战事激烈，各方的利益化为一致；但是在和平时期，一个阶级的利益与另一阶级的利益之间，冲突可能大得很。在这种势态下，要说避免无政府状态的上策就是提倡君主的绝对权力，这话绝不尽然。在分享权力方面作某种让步，也许是防止内战的唯一途径。根据当时英国的近期历史，霍布士本来早该认清这一点了。

在另外一点上霍布士倡导的主义也过分狭隘，这点涉及不同国家间的关系问题。在《利维坦》中，除谈到国与国的不时带有间歇期的战争和征服以外，只字未表示国家之间有任何关系。按他的原理讲，这种事情是由于不存在国际政府而产生的；因为各国间的关系仍旧处在自然状态即一切人对一切人战争的状态之下。只要国际无政府状态一天还存在，各个国家的效率提高绝不见得就对人类有利益，因为这一来也就提高了战争的凶暴和破坏性。霍布士所举的支持政府的一切理由假如妥当，支持国际政府也是妥当的。只要民族国家

还存在，而且彼此打仗，唯有效率低下能保全人类。缺乏防止战争的任何手段却改进各个国家的战斗素质，是一条通往全球毁灭的道路。

第九章　笛卡尔 580

若内·笛卡尔（René Descartes，1596—1650），通常都把他看成是近代哲学的始祖，我认为这是对的。他是第一个禀有高超哲学能力、在见解方面受新物理学和新天文学深刻影响的人。固然，他也保留了经院哲学中许多东西，但是他并不接受前人奠定的基础，却另起炉灶，努力缔造一个完整的哲学体系。这是从亚里士多德以来未曾有的事，是科学的进展带来的新自信心的标志。他的著作散发着一股从柏拉图到当时的任何哲学名家的作品中全找不到的清新气息。从柏拉图到笛卡尔之间，所有的哲学家都是教师，沾着这行职业素有的职业优越感。笛卡尔不以教师的身份写哲学，而以发现者和探究者的姿态执笔，渴望把自己的所得传达给人。他的文章笔调平易不迂腐，不是供学生们念的，而是给一般生活中明白事理的人看的。并且，这还是一种异常出色的文笔。近代哲学的开拓者有这样可佩的文学感，对近代哲学来讲是很可庆幸的。直到康德以前，在欧洲大陆上和在英国，他的后继者们都保持他的非职业资格，其中有几人还保持几分他的笔风特长。

笛卡尔的父亲是布列塔尼地方议会的议员，握有一份还相当可观的地产。笛卡尔在父亲死时继承了遗产，他把地产卖掉，拿钱来投资，得到一笔每年六千或七千法郎的收入。从1604年到1612年，他在拉夫赖士的耶稣会学校受教育，这学校给他打下的近代数学根底，比当时在大多数大学里能够获得的根底似乎还强得多。1612年他到巴黎去，感觉巴黎的社会生活烦腻，于是退避到郊区圣日耳曼的一个隐僻处所，在那里研究几何学。然而朋友们刺探出他的踪迹，他为了确保更充分的安静，便在荷兰军里入了伍(1617)。由于那时候荷兰正太平无事，他似乎享受了两年不受干扰的沉思。不过三十年战争一起来，他加入了巴伐利亚军(1619)。就在1619年到1620年之间的冬天在巴伐利亚，他有了
581 《方法论》(*Discours de la Méthode*)中他所描述的那种体验。因为天气苦寒，他早晨钻进一个火炉子①，整天待在里面潜思；据他自己述说，当他出来的时候，他的哲学已经半成。不过这话我们也不必太拘泥字义去理解。苏格拉底惯常在雪地里终日沉思，但是笛卡尔的头脑只当他身暖时才起作用。

1621年他结束了战斗生活；访问过意大利之后，1625年定居巴黎。但是朋友们又偏要在他起身以前拜访他(不到中午，他很少下床)，所以在1628年他加入了正围攻余格诺派要塞拉罗歇尔的军队。当这段插曲终了时，他决定在荷兰居住，大概为逃避迫害的危险。笛卡尔是个懦弱胆小的人，一个奉行教会仪式的天主教徒，但是他同样犯了伽利略的那种异端。某些人认为他耳闻到了对伽利略的第一次(秘密)判罪，那是1616年发生的事。不管

---

① 笛卡尔的确说是一个火炉子(poêle)，但是大多数评注家认为这是不可能的。然而知道旧式巴伐利亚住宅情况的人确切告诉我说，这事情完全可以相信。

是否如此，总之他决心不发表他向来致力写的一部巨著《宇宙论》（*Le Monde*），理由是它里面含有两个异端学说：地球自转和宇宙无限。（这本书从来没有完整地出版，只有其中若干片段在他死后刊行过。）

他在荷兰住了二十年（1629—1649），除开有少数几次短时到法国和一次到英国访问不算，那都是为了事务去的。十七世纪时荷兰是唯一有思想自由的国度，它的重要性不可胜述。霍布士只好拿他的书在荷兰刊印；洛克在1688年前英国最险恶的五年反动时期到荷兰避难；贝勒（《辞典》著者）也迫于必要在荷兰居住；斯宾诺莎假若在任何旁的国家，恐怕早不许他从事著述了。

我方才说笛卡尔是懦弱胆小的人，但是说他希望不惹麻烦，好清静无扰地作研究，这或许还比较温和近情些。他一贯阿谀教士，尤其奉承耶稣会员，不仅当他受制于这些人的时候如此，移住荷兰以后也如此。他的心理隐晦莫测，不过我总觉得好像是这样：他是个虔诚的天主教徒，为了他也为教会本身，愿意促使教会不像在伽利略的事例中所表现的那样敌视近代科学。认为他的 582
正统信仰不过是权宜之计的人也是有的；但是，这固然是一种可能对的看法，我以为这并不是顶可靠的意见。

即便在荷兰，他也难免要受到恼人的攻击，不是罗马教会攻击他，而是新教中的顽固人物攻击他。据云他的意见会导致无神论，倘若没有法国大使和奥伦治公出面干涉，恐怕他早受到迫害了。这回攻击既然失败，不几年后来顿大学当局又发起另一次不那么直接的攻击，它不问褒贬一律禁止提笛卡尔。奥伦治公再一次插手干涉，叫来顿大学休要无知。这说明由于教会从属于国家，而且由于非国际性的教会力量比较薄弱，给新教国带来如何的利益。

不幸，笛卡尔通过法国驻斯德哥尔摩大使沙尼雨，和瑞典克丽斯婷娜女王开始了书信往还；克丽斯婷娜是一个热情而博学的贵妇，自以为她既然是君主，有权浪费伟人的时间。他寄赠她一篇关于爱情的论著，这是直到那时候他向来有些忽视的题目。他还送她一个论灵魂的种种炽情的作品，那是他原来为巴拉丁选侯的女儿伊丽莎白公主写的。为这两个作品，女王请求笛卡尔亲临她的宫廷；他最后同意了，于是她派一艘军舰去接他（1649 年 9 月）。结果原来是她想要每天听他讲课，但是除在早晨五点钟以外她又腾不出时间。在斯堪的纳维亚地方冬日的寒气里，这种不习惯的起早，对一个体质孱弱的人就不是顶妙的事。加上，沙尼雨又害了重病，因此笛卡尔去照料他。这位大使健康复原，但是笛卡尔却病倒了，1650 年 2 月长辞人世。

笛卡尔一直未结婚，但是他有一个私生女儿，五岁上死去，他讲这是他平生最大的悲伤。他永远衣冠楚楚，佩挂一柄宝剑。笛卡尔不是勤奋的人，他工作的时间很短，也少读书。他到荷兰去的时候，随身没携带多少书籍，但是在带去的书里面有圣经和托马斯·阿奎那的著作。笛卡尔的工作仿佛是在短期间精神非常集中下做出来的；但是，也许他为了维持绅士派业余哲学家的面
583 貌，假装比实际上工作得少亦未可知，因为否则他的成就似乎让人很难相信。

笛卡尔是哲学家、数学家，也是科学家。在哲学和数学上，他的工作重要无比；在科学方面，成绩虽然也值得称道，总不如同时

代有些人的好。

他对几何学的伟大贡献是发明坐标几何，固然还不完全是最后形式的坐标几何。他使用了解析方法，解析方法是先假定问题已然解决，再审查此假定的种种结论；他并且把代数应用到几何学上。这两件事在他以前都曾经有人做过；关于前者，甚至在古代人中间也找得到做过的人。他的首创在于使用坐标系，就是用平面上一点到两条固定直线的距离来确定这点的位置。笛卡尔本人并没发现这个方法的全部力量，但是他的工作足以为进一步的发展铺平道路。这绝非他对数学的唯一贡献，却是最重大的贡献。

他讲述了自己的大部分科学理论的书是1644年出版的《哲学原理》(*Principia philosophiae*)。不过还有一些其他重要书籍：《哲学文集》(*Essais philosophiques*)(1637)讨论几何学，也讨论光学；在他写的书里有一本叫《论胚胎的形成》(*De la formation du foetus*)。他欢迎哈维关于血液循环的发现，一直总希望自己在医学方面作出什么重大发现(然而没有实现)。笛卡尔把人和动物的肉体看成机器；动物在他看来是完全受物理定律支配、缺乏情感和意识的自动机。人则不同：人有灵魂，它蕴藏在松果腺①内。在这里灵魂与“生命精气”发生接触，通过这种接触，灵魂和肉体之间起相互作用。宇宙中的运动总量有一定，所以灵魂影响不了它，但是灵魂能改变生命精气的运动**方向**，因而间接地能够改变肉体其它各部分的运动方向。

---

① 位于脑中间的圆锥形小腺状体。——译者

笛卡尔的这部分理论被他的学派中的人废弃了——起先他的荷兰门徒格令克斯(Geulincx),后来马勒伯朗士和斯宾诺莎,都把它舍掉。物理学家发现了动量守恒,按动量守恒讲,在任何已知方向,全宇宙的运动总量是有一定的。这表示根本不会有笛卡尔所想象的精神对物质的那种作用。假定一切物理作用都
584 带碰撞性质(笛卡尔学派很普遍地这样假定),动力学定律足够确定物质的运动,精神的什么影响完全没有插足余地。可是这引起一个困难。我决意要手臂动时手臂就动,然而我的意志是精神现象,我的手臂动却是物理现象。那么,假如精神和物质不能相互作用,为何我的肉体俨然像我的精神支配着它在活动?对这问题,格令克斯发明了一个答案,通称"二时钟"说。假定你有两个都十分准确的钟;每当一个钟的针指整点,另一个钟就要鸣响报时,因此倘若你眼看着一个钟,耳听另一个钟的响声,你会以为这个钟促使那个钟打点。精神和肉体也如是。各自由神上紧弦,彼此步调取一致。所以当我起意志作用的时候,尽管我的意志并未实在作用于我的肉体,纯物理的定律促使我的手臂运动。

这理论当然有种种困难。第一,它甚是古怪;第二,既然物理事件系列由自然法则严格决定,那么精神事件系列和它平行,必定同样带决定论性质。这理论假如确实,就该有一种什么可能有的辞典,里面把每个大脑事件翻译成相应的精神事件。一个想象中的计算者可根据动力学定律计算大脑事件,再借助这"辞典"推断伴随的精神事件。即使没有"辞典",这位计算者也可以推断人的所言所行,因为这两项全是肉体的运动。这种见解跟基督教伦

理及罪业降罚说恐怕很难取得调和。

不过这些结果并不是立刻就可以明了的。此一说看来有两点高明处。第一是，既然灵魂绝不受肉体的作用，所以这理论使灵魂在某个意义上完全不依附于肉体。第二是，它承认了“一实体对另一实体不能起作用”这个一般原理。实体有精神和物质两个，它们极不相似，起相互作用似乎是不可想象的事。格令克斯的理论否定相互作用的**实在**，却说明相互作用的**现象**。

在力学方面，笛卡尔承认第一运动定律，照这定律讲，物体若不受外力影响，要沿直线等速地运动。但是不存在后来牛顿的万 585
有引力说里讲的那种超距作用。所谓真空这种东西根本是没有的，也没有什么原子。然而所有相互作用全带碰撞性质。假使我们的知识真够丰富，我们就可以使化学和生物学化为力学；胚种发育成动物或植物的过程是纯粹机械过程。亚里士多德讲的那三样灵魂是不必要的；三样里只有一样即理性灵魂存在，而且仅存在于人类。

笛卡尔小心翼翼地躲避着神学上的谴责，发展起来一个宇宙演化论，跟柏拉图时代以前某些哲学家的宇宙演化论不无相像。他说，我们知道世界是如《创世记》中讲的那样创造出来的，但是且看它本**可能**如何自然生成，也很有意思。笛卡尔作出一个旋涡形成说：在太阳周围的实空①里有巨大的旋涡，带动着行星回转。这理论精妙倒精妙，但是不能说明行星轨道何以不是圆形的，而

① “实空”(plenum)指完全充满着某种物质的空间，与“真空”相反。——译者

是椭圆的。旋涡说在法国得到了一般承认,逐渐地才被牛顿理论夺去它的地位。牛顿的《原理》最早的英文版的编订者寇次(Cotes)畅论旋涡说开启无神论的大门,而牛顿的学说需要有神使行星在不朝太阳的方向上运动起来。他认为根据这点,就该喜欢牛顿。

现在来讲就纯哲学而论,笛卡尔的两本最重要的书。这两本书是《方法论》(1637)和《沉思录》(*Meditations*)(1642)。两书有很多重复,不必要分开谈。

在这两本书中,笛卡尔开始先说明一向被人称作“笛卡尔式怀疑”的方法。笛卡尔为了使他的哲学获得牢固基础,决心让自己怀疑他好歹总能怀疑的一切事物。因为他预料到这个过程可能需要若干时间,所以他决意在这段期间按普通公认的规矩节制自己的行为举止;这样,他的精神就免得受个人关于实践方面的怀疑所引起的可能后果的妨害。

笛卡尔从关于各种感觉的怀疑入手。他说,我能不能怀疑我正穿着晨衣坐在这儿炉火旁边?能,我能怀疑;因为有时候我实际赤身睡在床上(当时睡衣以至睡衫还没有发明),可是我梦见了我在这里。并且,精神病人往往有幻觉,所以我也可能处在同样状况。

586 不过梦这东西好像画家,带给我们实际事物的写照,至少按梦的各个组成要素讲如此。(你可能梦到带翅的马,但是那无非因为你见过翅和马)。所以说,一般有形性质,包括广延性、大小和数目之类的东西,不像关于个别事物的信念容易怀疑。算术和几何学讨论的不是个别事物,因此就比物理学和天文学确实;甚至对梦中对象来讲也适用,梦里的对象在数目和广延性方面与真实对象没有区别。然而，即便对于算术和几何，仍可能怀疑。说不定每当我来数一个正方形的边数或算二加三的时候，神就叫我出错。也许，甚至在想象中把这种不仁归给神，理不该当；但是难保没有一个既神通广大又狡猾欺诈的恶魔，用尽它的巧计聪明来蒙骗我。假使真有这样的恶魔，说不定我所见的一切事物不过是错觉，恶魔就利用这种错觉当作陷阱，来骗取我的轻信。

不过总还有某样事我怀疑不得；假使我当真不存在，任何恶魔，不管多么狡猾，也无法欺骗我。我可能不具有肉体；这是错觉也难说。然而思维那就另是一回事。“当我要把一切事物都想成是虚假的时候，这个进行思维的‘我’必然非是某种东西不可；我认识到‘我思故我在’这条真理十分牢靠、十分确实，怀疑论者的所有最狂妄的假定都无法把它推翻，于是我断定我能够毫不犹疑地承认它是我所探求的哲学中的第一原理。”①

这段文字是笛卡尔的认识论的核心，包含着他的哲学中最重要之点。笛卡尔以后的哲学家大多都注重认识论，其所以如此主要由于笛卡尔。“我思故我在”说得精神比物质确实，而（对我来讲）我的精神又比旁人的精神确实。因此，出自笛卡尔的一切哲学全有主观主义倾向，并且偏向把物质看成是唯有从我们对于精神的所知、通过推理才可以认识（倘若可认识）的东西。欧洲大陆的唯心论与英国的经验论双方都存在这两种倾向；前者以此自鸣得意，后者为这感到遗憾。最近这些年来，称作工具主义的那派 587

---

① 上面的“我思故我在”（cogito ergo sum）这个论点通称笛卡尔的“cogito”（我思），借以得出这论点的方法叫作“笛卡尔式怀疑”。

哲学，一直打算摆脱这种主观主义，但是关于这点目下我且不谈。除工具主义是例外，近代哲学对问题的提法有极多是从笛卡尔接受过来的，只是不接受他的解答罢了。

读者会记起，圣奥古斯丁提出了一个酷似"cogito"的论点。不过他并不特别侧重这论点，打算用它来解决的问题也只占他的思想的一小部分。所以笛卡尔的创见应该得到承认，固然这主要还不在于创造这个论点，而在于认识到它的重要意义。

现在既然获得了坚固的基础，笛卡尔便兴工重建知识大厦。已被证明是存在的那个"我"，是由我思维这件事实推知的，所以当我思维的时候"我"存在，而且只有当我思维时"我"才存在。假若我停止思维，"我"的存在便没有证据了。"我"是一个作思维的东西[①]，即这样一种实体：其全部本性或本质在于思维作用，而且为了它存在并不需要有场所或物质事物。因此，灵魂与肉体全然两样，而且比肉体容易认识；纵然没有肉体，灵魂也会一如现状。

笛卡尔然后自问："cogito"这样明白，是什么缘故呢？他的结论是，那无非因为它清晰而判然。所以他采取以下的原理当作一般准则：凡我们能够设想得很清晰、很判然的一切事物都是真的。不过他也承认，要想知道这种事物究竟是哪些个，往往有困难。

"思维作用"一词，笛卡尔按极广的意义来使用它。他说，所谓作思维的东西，就是这种东西：它怀疑、理解、设想、肯定、否定、意欲、想象和感觉——因为在梦里起的那种感觉也是思维作用的

① 笛卡尔所使用的"东西"（英语 thing；法语 chose；拉丁语 res）一词相当于一般说的"实体"。——译者

一种。由于思维是精神的本质，精神必定永远在思维，即使熟睡时也如此。

笛卡尔现在继续谈我们关于物体的知识这个问题。他以蜂巢里取出来的一块蜂蜡作为实例。各种感官觉得有些事情很明显：这块蜂蜡有蜜的味道、花的香气，有某种感觉得到的颜色、大小、形状，生硬冰冷，敲一敲发响声。可是你如果把它放在火近旁，尽管蜂蜡照旧是蜂蜡，这些性质却发生了变化；可见方才感官所觉得的并不是蜂蜡本身。蜂蜡本身是由广延性、柔软性和可动 588
性构成的，这些非想象力所理解，而精神则理解。蜂蜡这件**东西**本身无法感觉得到，因为它均等地含蕴在蜂蜡对各种感官显示的一切现象之中。对蜂蜡的知觉作用“不是看、触或想象，而是精神的洞观”。我没有**看见**蜂蜡，正如我若看见大街上有帽子和外衣上身，不等于我看见街上有行人。“我纯凭位于我的精神中的判断力，理解我本以为我用眼睛看见的东西。”感官认识是混杂的，动物一样也持有；但是现在我剥下了蜂蜡的衣裳，凭精神感知它赤裸的本相。我通过感官看见蜂蜡，由这件事确实断定我自己存在，但不能断定蜂蜡存在。认识外界事物不可靠感官，必须凭精神。

由此又转而考察各类观念。笛卡尔说，最常见的错误就是以为自己的观念与外界事物相像。（“观念”这个词照笛卡尔的用法包括感官知觉）。观念**似乎**有三类：(1)生得观念，(2)非固有的、从外界得来的观念，(3)自己创造的观念。第二类观念我们当然假定它与外界对象相像。所以要假定这点，一部分因为“自然”教导我们如此想，一部分因为这种观念是不涉及意志（即通过感觉作用)而来的,因此,设想有某个外在事物把它的影像印在我心上,似乎也合理。但这两点是充分理由吗?在这个情况,我说"受自然的教导",意思无非是说我有相信它的某种倾向,并不是说我借自然之光看到这点。借自然之光所看到的无法否定,但是单单是倾向,那也可能倾向于错的事情。至于说感官观念不随意,这根本不成理由,因为梦虽然出于内部,却也不随意。可见,假定感官观念来自外界的理由不能令人信服。

况且,同是一个外界对象,往往有两种不同的观念,例如感官所觉得的太阳和天文学家所相信的太阳。这两种观念不会都像太阳,根据理性知道,直接来自经验的那个观念,在两者当中一定是和太阳比较不像的。

589 但是这种种理由并未解决对外界存在质疑的怀疑论调。唯有首先证明神存在,才能够做到这一步。

笛卡尔对神存在的一些证明并不怎么独出心裁,大体说都是从经院哲学来的。这些证明莱布尼兹叙述得比较好,所以我想先略去不谈,等讲到莱布尼兹的时候再讨论。

神的存在既然证明之后,其余的事情便畅行无阻了。因为神性善,他不会像笛卡尔为当作怀疑的理由而想象的那个好欺诈的恶魔一般作为。那么,既然神给了我如此强烈的心向相信物体存在,假使物体并不存在,他岂不欺哄人;所以物体存在。不仅如此,神必定还给予了我纠正错误的能力。我在应用"清晰、判然的就是真的"这条原理时运用这种能力。因此我便能够懂得数学;我如果记住,我必须单凭精神去认识关于物体的真理,不应当精神、肉体联用,我又能够懂得物理学。

笛卡尔的认识论的建设性部分远不如在前的破坏性部分有味。建设性部分利用了如“结果绝不能比其原因多具备完善性”之类各色各样的经院哲学准则，这种东西不知怎么回事会逃过了起初的批判性考查。尽管这些准则比人自己的存在确实少带自明性，却没举任何理由就承认了，而自身的存在倒大吹大擂地证明了一阵。柏拉图、圣奥古斯丁和圣托马斯的著作含有《沉思录》中大部分肯定性的东西。

“批判的怀疑”方法在哲学上非常重要，尽管笛卡尔本人只是三心二意地应用这方法的。按逻辑讲，显然怀疑要在某处止住，这方法才能够产生积极结果。假若逻辑知识和经验知识双方都得有，就必须有两种怀疑止点：无疑问的事实和无疑问的推理原则。笛卡尔的无疑问的事实是他自己的思维，按最广的意义使用“思维”这个词。“我思”是他的原始前提。这里“我”字其实于理不通；他该把原始前提叙述成“思维是有的”这个形式才对。“我”字在语法上虽然便当，但是它表述的不是已知事项。等他再往下讲“我是一个作思维的东西”，这时他已经在漫无批判地应用经院哲学传下来的范畴工具。他在什么地方也没证明思维需要有思维者，而且除按语法上的意义来讲，并没有理由相信这点。可是，590
不把外界对象而把思维看成是原始的经验确实项，这一决断非常重要，对后来的一切哲学有深刻影响。

笛卡尔的哲学在另外两点上也重要。第一，它完成了，或者说极近乎完成了由柏拉图开端而主要因为宗教上的理由经基督教哲学发展起来的精神、物质二元论。松果腺里的那种奇妙事务被笛卡尔的信徒们抛弃了，且不去管它；笛卡尔体系提出来精神界和物质界两个平行而彼此独立的世界，研究其中之一能够不牵涉另一个。精神不推动肉体，这是个新颖想法；按明白形式说出于格令克斯，但是潜在上出于笛卡尔。有了这想法便能够讲肉体不推动精神，此其一利。关于肉体感到渴的时候为什么精神觉得"难过"，《沉思录》中有不少议论。笛卡尔主义的正确解答是：肉体和精神好似两个钟，每当一个钟指示出"渴"，另一个钟指示出"难过"。然而从宗教观点看，这理论有一个严重的不利；这就转入上面我提及的笛卡尔哲学的第二特征。

笛卡尔哲学在关于物质界的全部理论上，是严格的决定论。活的有机体完全和死物一样受物理定律支配；不再像亚里士多德哲学，需要有"隐德来希"(entelechy)或灵魂来解释有机体的生长和动物的运动。笛卡尔本人只承认了一个小小例外：人的灵魂通过意志作用，虽然不能改变生命精气的运动量，能够改变它的运动方向。不过这一点违反他的体系的精神，也证实和力学定律抵触，因此被人抛弃了。结果是，物质的一切运动由物理定律决定，又由于平行关系，精神事件也必是同样有定的。这一来，笛卡尔派关于自由意志问题就感到棘手。而对笛卡尔的科学比对他的认识论更注意的人，不难把动物是自动机之说加以推广：何不对于人也一样讲法，将这个体系作成首尾一贯的唯物论，简化这体系？在十八世纪，实际走了这一步。

笛卡尔身上有着一种动摇不决的两面性：一面是他从当时代
591 的科学学来的东西，另一面是拉夫赖士学校传授给他的经院哲学。这种两面性让他陷入自相矛盾，但是也使他富于丰硕的思想，非任何完全逻辑的哲学家所能及。自圆其说也许会让他仅仅成为一派新经院哲学的创始者，然而自相矛盾，倒把他造就成两个重要而背驰的哲学流派的源泉。

第十章　斯宾诺莎 592

斯宾诺莎（Spinoza，1632—1677）是伟大哲学家当中人格最高尚、性情最温厚可亲的。按才智讲，有些人超越了他，但是在道德方面，他是至高无上的。因此，他在生前和死后一个世纪以内，被看成是坏得可怕的人，这是当然的后果。他生来是个犹太人，但是犹太人把他驱逐出教。基督教徒对他同样恨之入骨；尽管他的全部哲学贯彻着“神”这个观念，正统信徒仍旧斥责他讲无神论。莱布尼兹受到他很多益处，却对这一点讳莫如深，小心避免说一句称颂斯宾诺莎的话；关于他跟这位异端犹太人私交的深浅，他甚而竟至于扯谎。

斯宾诺莎的生平很单纯。他一家是原先为逃避异端审判所，从西班牙（也许从葡萄牙）到荷兰去的。他本身受了犹太教学问的教育，但是觉得正统信仰再无法守下去。有人愿每年给他一千弗罗林，求他隐匿住自己的怀疑；等他一回绝，又图谋杀害他；谋杀失败了，这时候斯宾诺莎便被人用《申命记》中的样样诅咒咒骂个遍，更用以利沙对小孩们发的诅咒咒骂[1]；那些小孩子结果被母熊撕裂了，可是并没有母熊侵袭斯宾诺莎。他先在阿姆斯特丹、后来在海牙度着平静的日子，靠磨镜片维持生活。他的物质欲望

---

① 见《旧约》《列王记下》第二章，第 23—24 节。——译者

简单而不多，一生当中对金钱表现出一种稀有的淡漠。少数认得他的人，纵或不赞成他的信念，也都爱戴他。荷兰政府素常有自由主义精神，对他关于神学问题的意见抱宽容态度；只不过有一度他因为站在德威特家①方面反对奥伦治公族，在政治上声誉不佳。他在四十四岁②的壮年因为肺痨病死去。

他的主要著作《伦理学》(*Ethics*)是死后出版的。未讨论这书以前，必须先就他的其它两部作品——《神学政治论》(*Tractatus Theologico-Politicus*)和《政治论》(*Tractatus Politicus*)略说几句。前书是圣经批评与政治理论的一个奇妙融会；后一本书只讲政治理论。在圣经批评方面，特别在给《旧约》各卷所定的写定时
593 期比传统说法定的时期远为靠后这一点上，斯宾诺莎开了一部分现代意见的先河。他始终努力想证明圣经能够解释得和有宽宏开明精神的神学相容。

尽管斯宾诺莎与霍布士两人在气质方面有天地般的悬殊，斯宾诺莎的政治学说大致讲和霍布士一脉相承。他认为在自然状态下无"是"也无"非"，因为所谓"非"便是说违反法律。他认为主权者无过；教会应当完全从属于国家，在这点上他跟霍布士意见一致。斯宾诺莎反对一切叛乱，哪怕是反抗坏政府的叛乱也罢；他举出英国的种种苦难为例，当作暴力抗击威权而产生的弊害的证据。但是他把民主制看成是"最自然的"政体，这与霍布士的意

① 严·德威特(Jan de Witt，1625—1672)，荷兰著名政治家，与斯宾诺莎交好。——译者

② 斯宾诺莎的生卒日期为1632，11，24—1677，2，21，死时四十四岁已过，原书误作四十三岁。——译者

见相左。斯宾诺莎还有一个地方与霍布士有分歧:他认为臣民不应当为主权者牺牲所有权利。特别是,他认为意见上的自由很要紧。我不十分懂得,他把这点与宗教问题应由国家裁决这个意见怎样调和起来。依我想,他讲应由国家裁决,意思是说宗教问题不应当由教会决断,该由国家决断;在荷兰,国家比教会宽容得多。

斯宾诺莎的《伦理学》讨论三个不同主题。它先从形而上学讲起,再转论各种炽情和意志的心理学,最后阐述一种以前面的形而上学和心理学作基础的伦理观。形而上学是笛卡尔哲学的变体,心理学也带霍布士遗风,但是伦理观独创一格,是书中最有价值的地方,斯宾诺莎对笛卡尔的关系,和普罗提诺对柏拉图的关系在某些点上颇相似。笛卡尔是一个多方面的人,满怀求知的好奇心,但是没有很大的道德热忱。他虽然创造了一些企图支持正统信仰的"证明",但是正好像卡尔内亚德利用柏拉图,他也未尝不可被怀疑论者利用。斯宾诺莎固然不乏对科学的兴趣,甚至还写过一个关于虹的论著,但是他主要关心宗教和道德问题。他从笛卡尔及其同时代一些人接受了一套唯物主义的和决定论的物理学,在这个框架以内,努力给虔诚心念和献身于"善"的生活找一席之地。这真是件宏伟的壮举,甚至在认为它没有成功的人们中间也引起钦佩。

斯宾诺莎的形而上学体系是巴门尼德所创始的那样类型的 594
体系。实体只有一个,就是"神即自然";任何有限事物不独立自存。笛卡尔承认有神、精神和物质三个实体;固然,甚至依他讲,神在某个意义上也比精神和物质更称得起实体;因为神是创造精神和物质的，要想毁灭它们就能把它们毁灭。但是除开对神的全能的关系之外，精神和物质是两个独立实体，分别由思维和广延性这两种属性限定。斯宾诺莎绝不同意这种看法。在他看来，思维和广延性全是神的属性。神还具有无限个其它属性，因为神必定处处都是无限的；然而这些旁的属性我们不明了。个别灵魂和单块物质在斯宾诺莎看来是形容词性的东西；这些并非实在，不过是“神在”①的一些相。基督教徒信仰的那种个人永生绝无其事，只能够有越来越与神合一这种意义的非个人永生。有限事物由其物理上，或逻辑上的境界限定，换句话说，由它非某某东西限定：“一切确定皆否定。”完全肯定性的“存在者”（神）只能有一个，它必定绝对无限。于是斯宾诺莎便进入了十足不冲淡的泛神论。

按斯宾诺莎的意见，一切事物都受着一种绝对的逻辑必然性支配。在精神领域中既没有所谓自由意志，在物质界也没有什么偶然。凡发生的事俱是神的不可思议的本性的显现，所以各种事件照逻辑讲就不可能异于现实状况。这说法在罪恶问题上惹起一些困难，让批评者们毫不迟疑地指点出来。有一位批评者说，按照斯宾诺莎讲，万事皆由神定，因而全是善的，那么，他愤愤地问，尼罗竟然杀死母亲，这难道也善吗？莫非说亚当吃了苹果也叫善？斯宾诺莎回答，这两件行为里肯定性的地方是善的，只有否定性的地方恶；可是只有从有限创造物的眼光来看，才存在所

① 原文“the divine Being”，照字面译是“神性的存在者”，即神；现参酌中文里的“敬神如在”这句旧话，简译“神在”，一方面保存原文的字面意义，另一方面可以和前面的“实在”对应。英文中“Being”（存在者）一字，开头字母若大写，即指神，故在下面的“存在者”之后，用括号加添一“神”字。——译者

谓否定。唯独神完全实在，在神讲，没有否定；因此我们觉得是罪的事，当作整体的部分去看它，其中的恶并不存在。这个学说固然大多数神秘论者曾经以各种不同形式主张过，很明显和正统教义的罪业降罚说无法取得调和。它和斯宾诺莎完全否认自由意志有密切关联。斯宾诺莎尽管丝毫不爱争论，但是他秉性诚实，595
自己的意见无论当时代的人觉得多么荒谬骇人，他也不隐讳，所以他的学说受人憎恨原是不足怪的。

《伦理学》这本书里的讲法仿照几何学的体例，有定义、有公理、有定理；公理后面的一切都认为由演绎论证作了严格的证明。因此他的这本书也就难读了。现代一个作学问的人，不能设想他声称要确立的那些东西会有严格"证明"，对证明的细节势必感觉不耐烦，事实上这种细节也不值得掌握。读一读各命题的叙述，再研究一下评注就够了，评注中含有《伦理学》的不少精粹。但是假若怪斯宾诺莎用几何方法，那也表明缺乏认识。主张一切事情全可能证明，这是斯宾诺莎哲学体系的精髓命脉，不仅在形而上学上如此，在伦理学上也一样；所以证明万不可不提。我们不能接受他的方法，那是因为我们无法接受他的形而上学。我们不能相信宇宙各部分的相互联系是逻辑的联系，因为我们认为科学法则要靠观察来发现，仅仗推理是不成的。但在斯宾诺莎讲，几何方法非用不可，而且和他的学说中最根本的部分是血肉相连的。

现在来讲斯宾诺莎的情感理论。这一部分放在关于精神的本性与起源的形而上学讨论后面，这个讨论到后来推出"人的精神对神的永恒无限的本质有适当认识"这个可惊的命题。但是《伦理学》第三卷中讲的那种种炽情惑乱了我们的心，蒙蔽住我们对整体的理智识见。据他讲,“各物只要它是自在的,都努力保持自己的存在。”因此起了爱、憎和纷争。第三卷里讲述的心理学完全是利己主义的心理学。“凡设想自己的憎恶对象遭毁坏者,会感觉愉快。”“我们若设想有谁享受某物,而此物仅只一人能够占有,我们会努力使这人不能获有此物。”但是就在这一卷中,也有些时候斯宾诺莎抛掉数学论证化的犬儒态度外貌,道出这样的
596 话:“憎受到憎回报则增强,但反之能够被爱打消。”按斯宾诺莎的意见,“自我保全”是各种炽情的根本动机;但是我们自身当中的实在、肯定性的东西,乃是把我们与整体统合起来的东西,并不是保全外表分离状态的东西,我们一体会到这一点,自我保全就改变性质。

《伦理学》最末两卷分别题为《论人的奴役或情感的力量》和《论理智的力量或人的自由》,最有趣味。我们所遭的事在多大程度上由外界原因决定,我们相应地受到多大程度的奴役;我们有几分自决,便有几分自由。斯宾诺莎和苏格拉底、柏拉图一样,相信一切不正当行为起因于知识上的错误:适当认识个人环境的人,他的行动作风就英明得当,遇到对旁人来说算是不幸的事,他甚至仍会快乐。斯宾诺莎不讲忘我无私;他认为在某个意义上“自利”,特别说“自我保全”,主宰着人的一切行为。“任何一种德性,我们不能设想它先于这种保持自己存在的努力。”但是贤达的人会选择什么当作自利的目标,他的想法与一般利己主义者的想法是不同的:“精神的最高的善是关于神的知识,精神的最高德性是认识神。”情感若是由不适当的观念产生的,叫“炽情”;不同人的炽情可能冲突,但是遵从理性过生活的人们会协和共处。快乐

本身是善的，但是希望和恐惧是恶的，谦卑和懊悔也是恶的："凡追悔某个行为者，双重地悲惨或软弱。"斯宾诺莎把时间看成非实在的东西，所以他认为与已成过去或尚未到来的事件有着本质关联的一切情感都违反理性。"只要精神在理性的指示下理解事物，无论那观念是现在事物、过去事物或未来事物的观念，精神有同等感动。"

这是一句严酷的话，却正是斯宾诺莎哲学体系的本质所在，宜暂且细讲一讲。按照一般人的意见，"结局好的全叫好"；宇宙假如渐渐转佳，我们认为强似逐步恶化，即便这两种情况中的善恶总和相等。我们对现时的灾祸比对成吉思汗时代的灾祸更加关心。依斯宾诺莎说这不合理。凡发生的事情任何一件，正如同 597
神所看到的，是永恒的超时间世界的一部分；对神来讲，年月日期毫无关系。贤达者在人类的有限性容许的限度以内，努力照神的看法，Sub specie œternitatis（在永恒的相下）看世界。你也许要反驳说，我们对未来的不幸比对过去的灾祸多关心，这样做肯定是不错的，因为未来的不幸或许还有可能避免，而过去的灾祸，我们已无能为力。对这套道理，斯宾诺莎的决定论给出回答。我们皆因无知，才以为我们能够改变未来；要发生的事总要发生，未来像过去一样定不可移。"希望"和"恐惧"所以受谴责，正为这个理由：二者都依靠把未来看得不确实，所以都是因为缺乏智慧而产生的。

我们如果尽个人的能力所及，得到与神的世界像类似的世界象，这时我们便把一切事物当成整体的部分、当成对整体的善来讲不可缺少，这样来看。所以说"关于恶的知识是不适当的知识。"神没有关于恶的知识，原因是无恶可知；只由于把宇宙各部分看得好像真独立自存，结果才生出恶的假象。

斯宾诺莎的世界观意在把人从恐惧的压制下解放出来。"自由人最少想到死；所以他的智慧不是关于死的默念而是关于生的沉思。"斯宾诺莎的为人极彻底实践这句箴言。他在生活的最末一天，完全保持镇静，不像《斐多篇》里写的苏格拉底那样情绪激昂，却如同在任何旁的日子，照常叙谈他的对谈者感兴趣的问题。斯宾诺莎和其他一些哲学家不同，他不仅相信自己的学说，也实践他的学说；我没听说他有哪一次，尽管遇上非常惹人生气的事，曾陷入自己的伦理观所谴责的那种激愤和恼怒里。在与人争论当中，他谦和明理，绝不进行非难，但是竭尽全力来说服对方。

我们所遭遇的事只要是由我们自身产生的，就是善的；只有从外界来的事，对我们讲才恶。"因为一切事情凡其致效因是人的，必然是善的，所以除非通过外界原因，否则恶不能降临于人。"所以很明显，宇宙整体遭不到任何恶事，因为它不受外界原因的作用。"我们是万有自然的一部分，所以我们遵从自然的理法。如果我们对这
598 点有清晰、判然的理解，我们的本性中由理智限定的那一部分，换句话说即我们自身当中较良好的部分，必定会默受临头的事，并且努力坚守此种默受。"人只要不由本愿地是大整体的一部分，就受着奴役；但是只要人借理解力把握了整体的唯一实在，人即自由。《伦理学》的最末一卷发挥这个学说的种种内在含义。

斯宾诺莎并不像斯多葛派，反对**所有的**情感；他只反对"炽情"这种情感，也就是让我们自己显得在外界力量之下处于被动状态的那些情感。"某个情感是炽情，我们对它一形成清晰、判然

的观念，就不再是炽情。”理解一切事物都是必然的，这可以帮助精神得到控制情感的力量。“凡清晰、判然地理解自己和自己的情感者，爱神；愈理解自己和自己的情感，愈爱神。”由这个命题，我们初次接触到“对神的理智爱”，所谓智慧便是这种爱。对神的理智爱是思维与情感的合一：我认为不妨说，就是真思维结合把握真理时的欢悦。真思维中的一切欢悦都是对神的理智爱的一部分，因为它丝毫不含否定的东西，所以真正是整体的一部分，不像那种在思维中彼此分离以致显得恶的片段事物，仅在外表上是整体的一部分。

我方才说对神的理智爱包含欢悦，但这也许是个误解，因为斯宾诺莎说神不为快乐或痛苦任何情感所动，而且又说“精神对神的理智爱即神对自己的无限爱的一部分”。可是我仍旧觉得“理智爱”中总有某种东西不纯然是理智；也许其中的欢悦被看成是什么比快乐高超的事情。

据他说，“对神的爱必定占精神的首要地位。”到此为止，我把斯宾诺莎的证明都略去了，但这一来对他的思想我描述得就不够完整。因为上述命题的证明很短，我现在全部照引下来；读者然后可以想象着对其它命题补出证明。上述命题的证明如下：

“因为这种爱（据卷五，命题十四）与身体的一切感触相联系，并且（据卷五，命题十五）受所有这些感触培养；所以（据卷五，命题十一）它必定占精神的首要地位。Q.E.D.[①]”

---

① Q. E. D. 是拉丁文“quod erat demonstrandum”（此即所欲证）三词的缩写，是几何证明中习惯用的符号。——译者

599 在以上的证明中提到的几个命题：卷五，命题十四说："精神能使得身体的一切感触或事物的意象和神的观念相关联"；卷五，命题十五前面征引过了，即"凡清晰、判然地理解自己和自己的情感者，爱神；愈理解自己和自己的情感，愈爱神"；卷五，命题十一说"意象所关联的对象愈多，它就愈频繁出现，或愈经常活现，并且愈多占据精神。"

上面引的"证明"或不妨这样来讲：对我们所遭遇的事每增加一分理解，都在乎把事件和神的观念关联起来，因为实际上一切事物都是神的一部分。把一切事物当作神的一部分这样理解，**就是**对神的爱。等到**所有的**对象和神关联起来，神的观念便充分占据精神。

可见"对神的爱必定占精神的首要地位"这句话，从根本讲并不是一句道德上的劝善话；这话说明随着我们获得理解，不可避免地定要发生的事。

据他讲，谁也不会憎恶神，但在另一方面，"爱神者不会努力让神回爱他。"歌德对斯宾诺莎甚至还谈不上开始了解就崇仰斯宾诺莎，他把这个命题当成是克己自制的一例。这命题绝非什么克己自制，乃是斯宾诺莎的形而上学的逻辑结论。他没说人不**应当**希求神爱他；他说爱神的人**不会**希求神爱他。这从证明来看很明白；证明说："因为假令有人这样努力，那么（据卷五，命题十七，系理）就是说此人欲他所爱的神不是神，因此（据卷三，命题十九）即是说他欲感受痛苦，（据卷三，命题二十八）这不合道理。"卷五命题十七是已经提过的那个命题，它说神没有炽情、快乐或痛苦；上面引的系理推断神对谁也不爱、也不憎。在这里，其中的含义又不是道德教训，而是逻辑必然性：谁爱神又希图神爱他，他就是希图感受痛苦，“这不合道理。”

神不会爱任何人这句话，不可当成与神用无限理智爱爱自己这话有矛盾。神可以爱自己，因为这件事办得到，不涉及错误信念；再说，无论如何，理智爱究竟是极特殊的一种爱。

讲到这里，斯宾诺莎告诉我们，他现在给我们指出了“矫治各 600
种情感的全部方剂。”主方剂是关于情感的本性及情感和外界原因的关系的清晰、判然的观念。对神的爱和对人的爱相比，更有一利：“精神上的不健康与不幸，一般能够追溯到过分地爱某种难免多起变化的东西。”但是清晰、判然的知识“产生对永恒不变的事物的爱”，这种爱不带有对变化无常的对象的爱所具有的这种激荡烦扰的性质。

固然死后人格残存这事情是妄念，但人的精神中仍旧有某种东西永恒不灭。精神只有当肉体存在时才能够想象什么、记忆什么，但是在神内有一个观念将这个或那个人体的本质在永恒的形式下表现出来，这观念便是精神的永恒部分。对神的理智爱被个人体验到时，它就含在精神的这个永恒部分中。

福祉由对神的理智爱而成，它并不是对德性的报偿，而是德性本身；不因为我们克制情欲，所以我们享有福祉，倒因为我们享有福祉，我们才克制住情欲。

《伦理学》用这些话结尾：

“贤达者，只要他被认为是贤达者，其灵魂绝少扰动，他却按照某种永恒的必然性知自身、知神、知物，绝不停止存在，而永远保持灵魂的真正恬然自足。我所指出的达成这种结果的道路，即使看起来万分艰难，然而总是可以发现的道路。既然这条道路很少为人找到，它确实艰难无疑。假若拯救之事近在手边，不费许多劳力可以求得，如何会几乎被所有人等闲忽略？不过一切高贵的事都是既稀有同样也是艰难的。”

给斯宾诺莎这位哲学家的地位作批评的估价，必须把他的伦理学和他的形而上学区分开，研究一下摈弃了后者，前者还有多少东西可以保存下来。

斯宾诺莎的形而上学是所谓“逻辑一元论”的最好实例；“逻辑一元论”即主张宇宙整体是单一实体，它的任何部分按逻辑讲
601 不能独自存在，这样一种理论。此种见解最后依据的信念是，一切命题有一个单独的主语和一个单独的谓语，由这我们得出结论：“关系”和“复多”必定是架空不实在的。斯宾诺莎以为宇宙和人生的本质能够从一些不证自明的公理照逻辑演绎出来；我们对待事情也该像对待二加二等于四这个事实一样，抱承受默认的态度，因为它们同样都是逻辑必然性的结果。这套形而上学全部信不得；它和现代逻辑与科学方法根本抵触。**事实**必须靠观察来发现，凭推理是不行的。如果我们推断未来推断得成功，作这推断时借助的原理并不是逻辑必然的原理，而是经验资料显示出来的原理。而且斯宾诺莎所依据的实体概念是今天无论科学和哲学都不能接受的概念。

但是谈到斯宾诺莎的伦理学，我们觉得，或至少在我觉得，即便摈弃了形而上学基础，有些东西还是可以接受的，固然并非全部可以接受。大致讲，斯宾诺莎企图说明，即使承认了人类能力的限度，怎样还可能过崇高的生活。他本人因为主张必然论，

把这种限度说得比实际上更狭窄；但是在毫无疑问存在人力限度的情况下，斯宾诺莎的处世箴言大概是最好不过的了。譬如拿“死”来说，凡是人办得到的事情没有一件会使人长生不死，所以为我们必不免一死而恐惧、而悲叹，在这上面耗费时间徒劳无益。让死的恐怖缠住心，是一种奴役；斯宾诺莎说得对，“自由人最少想到死”。但是甚至在这事情上，该如此对待的不过是就一般讲的死；由于个别病症而致的死亡，在可能范围内应当进行医疗防止才是。就是在这个情况下，应避免的仍是某种焦虑或恐惧；必须冷静地采取各种必要手段，而我们的心思这时候应当尽可能转到旁的事情上去。其它一切纯粹个人的不幸都适用同样道理。

但是你所爱的人们遭的不幸又当如何对待呢？试想一想欧洲或中国的居民在现时期[①]往往会遇到的一些事。假定你是犹太人，你的家族被屠杀了。假定你是个反纳粹的地下工作者，因为 602
抓不着你，你的妻子被枪毙了。假定你的丈夫为了某种纯属虚构的罪，被解送到北极地方强迫劳动，在残酷虐待和饥饿下死掉了。假定你的女儿被敌兵强奸过后又弄死了。在这种情况下，你也应该保持哲学的平静吗？

如果你信奉基督的教训，你会说：“父啊，赦免他们，因为他们所作的他们不晓得。”[②]我曾经认识一些教友派信徒，他们真可能深切、由衷地讲出这样的话，因为他们讲得出来，我对他们很钦

① 本书是在第二次世界大战期间写的。——译者

② 这是耶稣被钉死在十字架上临前说的话。见《新约》《路加福音》，第二十三章，34 节。——译者

佩。但是,人在表示钦佩之前必须确实知道,这不幸是如理所当然地深深被感受到了。斯多葛派哲学家当中有些人说:“哪怕我一家人受罪,对我有什么关系?我照旧能够道德高尚”,这种人的态度大家无法接受。基督教的道德信条“要爱你们的仇敌”[①]是好的,但是斯多葛派的道德信条“莫关心你的朋友”却是坏的。而且基督教道德信条谆谆教诲的并不是平静,而是甚至对最恶的人有热烈的爱。这信条无可反对,只不过对我们大多数人来讲太难,真心实践不了。

对这种灾殃的原始的反应是复仇。麦可达夫听说他的妻子儿女被马克白杀了,当时他决心要杀死这个暴君。[②] 伤害如果很严重,而且是在利害不相干者当中引起道德憎愤的一种伤害,在这个情况下复仇反应仍然受大多数人的赞美。这种反应我们也无法完全非难,因为它是产生惩罚的一个动力,而惩罚有时候是必要的。况且,从精神健康的角度来看,复仇冲动往往十分强烈,假若不给它发泄出路,一个人的整个人生观可能会变得畸形而多少有些偏狂。这话虽不是放之四海而皆准的,但是在多数情况下是确实的。然而在另一方面,我们也必须说复仇心是很危险的动机。社会只要认可复仇心,就等于允许人在自己的讼案中自当法官,这正是法律打算防止的事情。而且复仇心通常又是一种过火的动机;它追求越出适当分寸施加惩罚。例如,虐伤罪本不该用虐伤来惩罚,但是因复仇欲而发疯的人,会认为让自己所恨的对

① 见《新约》《马太福音》,第六章,44节。——译者

② 暴君马克白和麦可达夫是莎士比亚的著名悲剧《马克白》(*Macbeth*)中的两个主要人物。——译者

象无痛苦地死去，未免太便宜了他。不仅如此，在这点上斯宾诺莎正说得对：受一个单独的炽情主宰的生活是与一切种类的智慧皆难相容的狭隘生活。所以说这种复仇并不是对伤害的最好反应。

斯宾诺莎会说出基督徒所说的话，还会说出超乎这以外的一 603
些话。在他看来，一切罪恶起因于无知；他会“赦免他们，因为他们所作的他们不晓得。”但是他会要你避开他所认为的罪恶本源——眼界狭隘，他会劝你即使遇到顶大的不幸，也要避免把自己关闭在个人悲伤的天地里；他会要你把罪恶和它的原因关联起来、当作整个自然大法的一部分来看，借以理解这罪恶。前面说过，他相信“憎”能够被“爱”克服，他说：“憎受到憎回报则增强，但反之能够被爱打消。为爱所彻底战胜的憎，转化成爱；这种爱于是比先前假使没有憎还大。”我但愿真能够相信这说法，可是我做不到；不过，心怀憎恨的人若完全在不肯以憎恨相还的那人掌握之下，这种例外情况不算。在这种情况下，因未受惩报而感到的惊讶可能还有劝善规过的效力。但是只要恶人有势力，你对他尽情表白不恨他也无大用，因为他会把你的话归到不良动机上。再说凭不抵抗主义，你又不能剥夺他的势力。

问题在斯宾诺莎，就比在对宇宙的终极善性不抱信仰的人容易处理。斯宾诺莎认为，你如果把你的灾难照它的实质来看，作为那上起自时间的开端、下止于时间尽头的因缘环链一部分来看，就知道这灾难不过是对你的灾难，并非对宇宙的灾难，对宇宙讲，仅是加强最后和声的暂时不谐音而已。这说法我不能接受；我以为个别事件是什么就是什么，不因为纳入整体而变得不同。

各个残酷行为永久是宇宙的一部分；后来发生的任何事绝不能使这行为变恶为善，也不能把“完善性”赋予包含着它的那个整体。

话虽如此，假若你合该不得不忍受比人的通常命运坏（或在你看来坏）的什么事，斯宾诺莎讲的想整体，或总之去想比你个人的悲痛更远大的事情，这样一条做人原则仍旧是有用的原则。甚至也有些时候，我们细想人类的生活连同其中含有的全部祸害和苦难，不过是宇宙生活里的沧海一粟，让人感到安慰。这种思想可能还不足构成宗教信仰，但是在这痛苦的世界上，倒是促使人神志清醒的一个助力，是救治完全绝望下的麻木不仁的解毒剂。

604

第十一章　莱布尼兹

莱布尼兹（Leibniz，1646—1716）是一个千古绝伦的大智者，但是按他这个人来讲却不值得敬佩。的确，在一名未来的雇员的推荐书里大家希望提到的优良品质，他样样具备：他勤勉，俭朴，有节制，在财务上诚实。但是他完全欠缺在斯宾诺莎身上表现得很显著的那些崇高的哲学品德。他的最精湛的思想并不是会给他博来声望的一种思想，那么他就把这类思想的记载束之高阁不发表。他所发表的都是蓄意要讨王公后妃们嘉赏的东西。结果，便有了两个可以认为代表莱布尼兹的哲学体系：他公开宣扬的一个体系讲乐观、守正统、玄虚离奇而又浅薄；另一个体系是相当晚近的编订者们从他的手稿中慢慢发掘出来的，这个体系内容深奥，条理一贯，富于斯宾诺莎风格，并且有惊人的逻辑性。杜撰所谓现世界即一切可能有的世界当中最善的世界这一说的，是流俗的莱布尼兹（F. H. 布莱德雷给这说法加上一句讥诮的案语："因此这世界中的一切事情都是注定的恶事"）；伏尔泰勾画成邦格乐思博士①的嘴脸来嘲弄的，也是这个莱布尼兹。忽略这个莱布尼兹，可说不合历史事实，但是另一个莱布尼兹在哲学上重要得多。

莱布尼兹在三十年战争结束前两年生于莱比锡，他的父亲在当地做道德哲学教授。在大学里他学法律，1666 年在阿尔特道夫大学获得博士学位；这大学提出给他一个教授职，他说他另有"很不同的打算"，拒绝了这个位置。1667 年他到迈因次大主教手下工作，这大主教也像旁的西德意志邦主，正为对路易十四的恐惧所苦。莱布尼兹得到大主教的赞同，竭力去游说这位法国国王进军埃及，不攻德意志，但是碰上一句彬彬有礼的话提醒他：自从圣路易②时代以来，对异教徒的圣战已经过时。他的计划公众一直不知晓，等到拿破仑亲自远征埃及失败，过四年后即 1803 年占领汉诺威时，才发现了这计划。1672 年，莱布尼兹为这项计划的关系到巴黎去，在那里度过此后四年的大部分时间。他在巴黎的种 605
种接触，对于他的才智发展非常重要，因为那时候的巴黎在哲学和数学两方面都冠绝世界。正是在巴黎，1675 年到 1676 年之间他发明了无穷小算法③，当时他并不知道牛顿关于同一问题的在

① 邦格乐思博士（Doctor Pangloss）是伏尔泰所作的《老实人》（Candide）中的人物。——译者

② 圣路易（St. Louis）即路易九世（Louis Ⅸ，1215—1270；在位 1226—1270）。他参加过两次十字军，远征埃及时 1250 年兵败被俘。1254 年回国。1270 年再次东征，死于军中。——译者

③ 无穷小算法（infinitesimal calculus）是微积分（differential and integral calculus，或简称 calculus）的老名字。——译者

前但未发表的成绩。莱布尼兹的著作最早发表在 1684 年，牛顿的在 1687 年。结果惹起的一场发明优先权的争执是很不幸的事，对全体有关者都不光彩。

606 莱布尼兹关于金钱方面有些小气。每当汉诺威宫廷有哪个年轻的贵女结婚，他照例送给人家一套他所谓的"结婚礼物"，就是一些有益的格言，末了有一句忠告：劝她既然得到了丈夫，就不要废止洗东西。① 新娘子是不是感激，历史没有记载。

在德国，莱布尼兹所学的是一种新经院主义的亚里士多德哲学，他整个晚年保持着几分这种思想。但是在巴黎，他知道了笛卡尔主义和伽桑地的唯物论，两者都对他起了影响；他说此时他舍弃了"无聊的学派"，意思指经院哲学。在巴黎，他认识了马勒伯朗士和冉森派教徒阿尔诺（Arnauld）。对他的哲学最后的重大影响是斯宾诺莎的影响；他在 1676 年过访斯宾诺莎，和他处了一个月，经常谈论，并且获得《伦理学》的一部分原稿。莱布尼兹到晚年附和对斯宾诺莎的攻讦，还说跟他只见过一面，斯宾诺莎讲了一些有趣的政治逸话，这样来尽量缩小与他的接触。

他和汉诺威王室的关系是从 1673 年开始的，他毕生一直在这王室供职。自 1680 年以后，他作窝尔芬比特的王室图书馆长，又受正式聘任编修布伦斯威克②史。截至他逝世的时候，已经写到 1009 年；这部书到 1843 年才出版。他曾费一些时间推行一项

① 这是一句猥亵的玩笑话。可见莱布尼兹虽然是一个"大智者"，但是他的性格和风度非常庸俗。他本人终生独身。——译者

② 布伦斯威克（Brunswick）是德意志北部的一个公国；汉诺威王室是由它传下来的一支。——译者

基督教各宗派再统合的计划，但是这计划终归流产。他为了得到布伦斯威克公族与埃思特家族①有亲缘的证据，出游了意大利。尽管他有这些个功劳，在乔治一世②当上英王的时候，他却被留在汉诺威，主要原因是他与牛顿的争执已经让英国对他无好感。然而，英王太子妃站在他一边反对牛顿，这是他对所有与他通信的人都说过的。尽管有她的青睐，莱布尼兹还是在没人理睬下冷落地死去。

莱布尼兹的流俗哲学在《单子论》(*Monadology*)和《自然与圣宠的原理》(*Principles of Nature and of Grace*)中见得到，这两本书里有一本(不确知哪一本)是为马尔波罗(Marlborough)的同僚萨瓦亲王倭伊根(Eugene)写的。《辩神论》(*Théodicée*)叙述了他的神学乐观主义的基础思想，是他为普鲁士的夏洛蒂王后写的。我先从这些作品中发挥的哲学讲起，然后再转过来谈他搁置未发表的内容比较充实的东西。

一如笛卡尔和斯宾诺莎，莱布尼兹也让他的哲学立基在"实体"概念上，但是关于精神和物质的关系以及实体的数目，他和这两人的意见根本不同。笛卡尔承认神、精神和物质三个实体；斯宾诺莎单承认神。在笛卡尔看来，广延性是物质的本质；在斯宾诺莎说来，广延性和思维都是神的属性。莱布尼兹主张广延性不会是某一个实体的属性。他的理由是，广延性含有"复多"的意思，所以只能够属于若干个实体并成的集团。各单个实体必定是

---

① 埃思特家族(the Este Family)是意大利最古老的贵族家系之一。——译者

② 乔治一世(George I,1660—1727)本来是汉诺威选侯，在1714年即莱布尼兹逝世前两年当了英国国王。——译者

无广延的。结果，他相信有无限个实体，他称之为“单子”。这些单子可说各具有物理质点的若干性质，不过也只是抽象看来如此；事实上，每个单子是一个灵魂。否认广延性是实体的属性，自然要推出这个结论；剩下的唯一可能有的本质属性似乎就是思维了。这样，遂令莱布尼兹否认物质的实在性，代以一族无限个灵魂。

各实体不能起相互作用，这学说是笛卡尔的弟子们发展起来的，被莱布尼兹保留下来，而且由它推出了种种奇妙的结论。他认为任何两个单子彼此绝不能有因果关系；纵然有时看起来好像有因果关系，那是皮相欺人。照他的说法，单子是“没窗户的”。这引起两点困难：一点属于动力学，按动力学来看，物体特别在碰撞现象里彼此似乎有影响；另一点关于知觉，知觉好像是被知觉的对象对知觉者的一种作用。我们暂不去管动力学上的困难，只论知觉问题。莱布尼兹主张一切单子反映宇宙，这并非因为宇宙对单子发生影响，而是因为神给了它一种性质，自发地产生这样
607 的结果。一个单子中的变化和另一个单子中的变化之间有一种“前定的和谐”，由此生出相互作用的外貌。这显而易见是二时钟说的引申。两台钟因为各走得很准确，在同一时刻报时；莱布尼兹有无限个钟，所有的钟经造物主安排定在同一瞬间报时，这不是由于它们彼此影响，而是因为这些钟各是一套完全准确的机械。有些人以为“前定的和谐”太古怪，莱布尼兹对他们指出，它让神存在有了何等高妙的证据。

诸单子形成一个等级体统，其中有些单子在反映宇宙反映得清晰、判然方面胜过旁的单子。所有单子在知觉上都有某种程度

的模糊，但是模糊的大小随该单子的品级高下而异。人的肉体完全由单子组成，这些单子各是一个灵魂，各自永生不死，但是有一个主宰单子，它构成谁的肉体的一部分，就是那人的所谓**固有**灵魂。这个单子不仅在比其它单子具有较清晰的知觉这个意义上居主宰，在另一个意义上也居主宰。（在普通状况下）人体的种种变化是为了主宰单子而起的：当我的手臂活动时，这活动所完成的目的是主宰单子（即我的心灵）中的目的，不是组成我的手臂的那些单子中的目的。常识以为我的意志支配我的手臂，事情的真相就是如此。

感官所觉得的、物理学中所假定的空间，不是实在空间，但是有一个实在的对偶，即诸单子按照它们反映世界时的立足点依三度秩序的排列。各个单子按本身特有的透视法看世界；就这个意义讲，我们能够把单子粗略地说成具有一个空间位置。

我们承认了这种讲话法，便能说所谓真空这种东西是没有的；每一个可能的立足点由一个现实的单子占着，而且仅由一个单子占着。单子没有两个是恰恰相同的；这是莱布尼兹的“不可识别者的同一性”原理。

莱布尼兹跟斯宾诺莎对比之下，他很着重他的体系中所容许的自由意志。他有一条“充足理由原理”，按这原理讲，什么事情没理由绝不发生；但是若谈到自由动原，它的行动的理由“有倾向力而无必然性”。人的所作所为总有动机，但是人的行为的充足 608
理由却没有逻辑必然性。至少说，莱布尼兹在他写的流俗作品中这样讲。但是，后文要提到，他还有另一套理论，阿尔诺认为它荒谬绝伦，莱布尼兹发觉这点之后就把它秘而不宣了。

神的行为有同样一种自由。神永远怀着最良善的意图而行动，但是神所以如此并没受一点逻辑强制。莱布尼兹和托马斯·阿奎那有同见，认为神不能做违反逻辑定律的行为，但是神能够敕命做从逻辑上讲是可能的任何事情。神因此便有很充裕的选择自由。

莱布尼兹把关于神存在的各种形而上学证明发展成了最后形式。这些证明历史悠久：从亚里士多德开端，甚至可说从柏拉图开端；由经院哲学家作了一番形式化，其中之一，即本体论论证，是圣安瑟勒姆首创的。这个证明虽然被圣托马斯否定了，笛卡尔却又使它复活。莱布尼兹的逻辑技能高强无比，他把神存在的论证叙述得比向来更胜一筹。我所以在讲他的时候要探讨这些论证，理由也就在这里。

在细考究这些论证之前，我们先宜知道现代的神学家已经不再信赖它们了。中世纪神学原是希腊才智的衍生物。《旧约》中的神是一位权能神，《新约》里的神也是个慈悲神；但是上自亚里士多德，下至加尔文，神学家的神却是具有理智力量的神：他的存在解决了某些哑谜，否则在对宇宙的理解方面，这些哑谜会造成种种议论上的困难。在几何命题证明似的一段推理的终了出现的这位神明，没让卢梭满意，他又回到和福音书中的神比较类似的神概念。大体说，近代的神学家，特别那些奉新教的神学家们，在这点上追随了卢梭。哲学家一向比较保守；尽管康德声称他已经把属于形而上学一类的神存在论证一举彻底摧毁了，但在黑格尔、洛策[①]和布莱德雷的学说中，这种论证依旧存留着。

---

① 洛策(Rudolph Hermann Lotze，1817—1881)，德国哲学家，生理学家。——译者

莱布尼兹的神存在论证计有四个，即：(1)本体论论证，(2)宇宙论论证，(3)永恒真理说论证，(4)前定和谐说论证，它可以推广成意匠说论证，也就是康德所谓的物理-神学证明。下面顺次来 609
讲这些论证。

本体论论证依据存在与本质的区别。据主张，任何一个通常的人或事物，一方面它存在，另一方面它又具有某些性质，构成他或它的"本质"。哈姆雷特固然不存在，他也有某种本质：他性情忧郁、优柔寡断、富于机智，等等。我们若描述一个人，不管这描述多么周详细腻，此人究竟是实有的，或是虚构的人物，仍是问题。用经院哲学的话来表达，是这样说法：就任何有限的实体来讲，它的本质不蕴涵它的存在。但是，神定义成最完善的"有"，按神这个情况说，圣安瑟勒姆(还有笛卡尔也承袭他)主张本质蕴涵着存在，理由是：占尽其他一切完善性的"有"，他假若存在，胜似不存在，由此可见这个"有"若不存在，他就不是可能范围内最好的"有"了。

这个论证，莱布尼兹既不全盘承认也不全盘否定；据他说，它需要再补充上一个证明，证明如此定义的神是可能的。他为神观念是可能的写出了一个证明，在海牙会见斯宾诺莎的时候，给斯宾诺莎看过。这个证明把神定义成最完善的"有"，也就是一切完善性的主语，而"完善性"定义成这样一种"单纯性质，它是肯定的、绝对的，它把它所表现的不论什么东西毫无限度地表现出来"。莱布尼兹轻而易举地证明了照以上定义的任何两个完善性不会互不相容。他下结论："所以，一切完善性的主语即最完善的'有'是有的，或者说是能够设想的。由此又可见神存在，因为'存在’就列为‘完善性’之一。”

康德主张“存在”不是谓语，来反驳这个论证。另外有一种反驳出自我的“摹述论”。在现代人看来，这论证似乎不大信得过。但是确信它一定有谬误虽说不难，要准确发现谬误在什么地方却并不那么简单。

宇宙论论证比本体论论证言之动听。它是“初因”论证的一种，而“初因”论证本身又是从亚里士多德对不动的推动者的论证蜕化出来的。“初因”论证很简单；它指出，一切有限事物有原因，
610 这原因又先有原因，等等依此类推。据主张，这一系列前因不会无穷尽，系列的第一项本身必定没有原因，因为否则就不成其为第一项。所以一切事物有一个无因的原因，这分明是神。

在莱布尼兹，这论证取的形式略有不同。他议论，天地间一切个别事物是“偶发的”，换句话说，从逻辑上讲它本来也可能不存在；不仅按各个别事物来说是这样，对整个宇宙也可以这样讲。即使我们假定宇宙一向始终是存在的，在宇宙内部也并没有任何东西说明它为什么存在。但是照莱布尼兹的哲学讲，一切事物总得有个充足的理由；因此宇宙整体必须有个充足理由，它一定在宇宙以外。这个充足理由便是神。

这个论证比简单直截的“初因”论证高明，不那么容易驳倒。“初因”论证依据的是一切序列必有首项这个假定，而这个假定是不对的；例如，真分数序列没有首项。然而莱布尼兹的论证却不依赖宇宙必定曾有一个时间上的开端这种见解。只要承认莱布尼兹的充足理由原理，这论证就妥当牢靠；但是这条原理一被否定，它即垮台。莱布尼兹所谓“充足理由原理”到底确切指什么意

思，是个议论纷纭的问题。古兑拉[①]主张，它的意思是：一切真命题是"分析"命题，即这样的命题：它的矛盾命题是自矛盾的（self-contradictory）。但是这个解释（莱布尼兹未发表的作品里有它的佐证）即使正确，也属于秘不外传的学说。在他发表的著作中，他主张必然命题与偶然命题有差别，只有前者由逻辑规律推得出来，而所有断言"存在"的命题是偶然命题，唯独断言神存在的例外。神虽必然存在，他并没受逻辑的强制去创造世界；相反，这是自由选择，虽是他的善性所激使的，但非由善性必然注定的。

很明白，康德说得对，这个论证依附于本体论论证。假如世界的存在要用一个必然的"有"的存在才能够说明，那么必定有一个"有"，其本质包含着存在，因为所谓必然的"有"指的就是这个 611
意思。但是假使真可能有一个"有"，其本质包含着存在，则不靠经验单凭理性便能规定这样的"有"，于是它的存在可以从本体论论证推出来；因为只关系到本质的一切事情能够不假借经验认识到——这至少是莱布尼兹的见解。所以和本体论论证对比之下宇宙论论证表面上的似乎更有道理，乃是错觉。

永恒真理说论证稍有点难叙述得确切。粗略地讲，这个论证是这样：像"正下着雨"一类的命题，有时真有时假，但是"二加二等于四"永远是真的。不牵涉存在而只关系到本质的一切命题，或者永远真，或者绝不真。永远真的命题叫"永恒真理"。这个论证的要领是：真理是精神的内容的一部分，永恒的真理必是某个永恒的精神

---

① 古兑拉（Louis Alexandre Couturat，1868—1914），法国数学家，哲学家；以利用符号逻辑研究数学的基础及对莱布尼兹的研究著名。——译者

的内容一部分。在柏拉图的学说中已经有过一个和这论证不无相似的论证:他从相的永恒性来演绎永生。但在莱布尼兹,这论证更有发展。他认为偶然真理的终极理由须在必然真理中发现。这里的议论和宇宙论论证情况一样:对整个的偶发世界,总得有一个理由,这理由本身不会是偶发的,必须在诸永恒真理当中寻求。但是存在的东西其理由本身必定存在;所以永恒真理按某个意义说一定是存在的,而且只能在神的精神中作为思维而存在。这论证其实不过是宇宙论论证的改头换面。可是,它却难免更多招来一个反驳:真理很难讲"存在"于理解它的那个精神中。

莱布尼兹所叙述的那种前定和谐说论证,只对于承认他所谓的没窗户的单子全反映宇宙之说的人来讲,才算有正当根据。这个论证是:因为所有的"钟"毫无因果上的相互作用而彼此步调一致,必定曾经有一个单独的外界"原因",把钟都做了校准。不用说,这里的难题正是缠住全部单子论的那个难题:假如诸单子绝不起相互作用,其中任何一个怎样知道还有旁的单子?显得好像是反映宇宙似的那种事,仅只是个梦也难说。事实上,如果莱布尼兹讲得对,这**真的**仅只是个梦,但是他不知怎么竟发现全体单
612 子在同时做同样的梦。这当然是空中楼阁,假使以前没有一段笛卡尔主义的历史,绝不会看来似乎还可信。

不过莱布尼兹的论证能够免于依附他的独特的形而上学,转化成所谓的"意匠说论证"。这个论证主张,我们一考察既知的世界,便发现有些事情解释成盲目的自然力的产物无法说得过去,把它们看成是一个慈悲意旨的证据,这要合理得多。

这个论证没有形式逻辑上的毛病;它的前提是经验性前提,

它的结论据称是按经验推理的普通规范得出来的。所以是否该承认它，这个问题不取决于一般形而上学问题，而取决于比较细节上的考虑。这论证与其他论证有一个重要区别，就是(它假若靠得住)所证明的神不一定具备所有通常的形而上学属性。他未必全知，也未必全能；他也许不过比我们人类英明而有力千百倍罢了。世间的万恶可能由于他的权能有限。有些近代的神学家在作出他们的神观时，利用了以上几点可能性。但是这种空论离开莱布尼兹的哲学太远了，现在必须话归本题，讲他的哲学。

他的哲学有一个最典型的特征，即可能的世界有许多之说。一个世界如果与逻辑规律不矛盾，就叫“可能的”世界。可能的世界有无限个，神在创造这现实世界之前全都仔细思量了。神因为性善，决定创造这些可能的世界当中最好的一个，而神把善超出恶最多的那个世界看成是最好的。他本来可以创造一个不含一点恶的世界，但是这样的世界就不如现实世界好。这是因为有些大善与某种恶必然地密切关联着。举个平凡的实例看，在大热天里当你渴极的时候，喝点凉水可以给你无比的痛快，让你认为以前的口渴固然难受，也值得忍受，因为若不口渴，随后的快活就不会那么大。对神学来说，要紧的不是这种实例，是罪与自由意志的关系。自由意志是一宗大善，但是按逻辑讲来，神不可能赋予人自由意志而同时又敕命不得有罪。所以尽管神预见到亚当要吃掉苹果，尽管罪势不免惹起罚，神决定予人自由。结果产生的 613
这个世界虽然含有恶，但是善超出恶的盈余比其他任何可能的世界都多。因此它是所有可能的世界当中顶好的一个，它含有的恶算不得神性善的反对理由。

这套道理明显中了普鲁士王后的心意。她的农奴继续忍着恶，而她继续享受善，有一个伟大的哲学家保证这件事公道合理，真令人快慰。

莱布尼兹对罪恶问题的解决办法，和他的大部分旁的流俗学说一样，在逻辑上讲得通，但是不大能够服人。摩尼教徒尽可反唇相讥，说这世界是所有可能的世界里最坏的世界，其中存在的善事反而足以加深种种恶。他尽可说世界是邪恶的造物主创造的，这位造物主容许有自由意志，正是为了确保有罪；自由意志是善的，罪却恶，而罪中的恶又超过自由意志的善。他尽可接着说，这位造物主创造了若干好人，为的是让恶人惩治他们；因为惩治好人罪大恶极，于是这一来世界比本来不存在好人的情况还恶。我这里不是在提倡这种意见，我认为它是想入非非；我只是说它并不比莱布尼兹的理论更想入非非。大家都愿意认为宇宙是善的，对证明宇宙善的不健全议论宽容不究，而遇到证明宇宙恶的不健全议论就要仔细考较。不必说，实际上这世界有善有恶，倘若不否认这件明白事实，根本不会产生"罪恶问题"。

现在来讲莱布尼兹的秘传哲学。在秘传哲学中我们见到他的学说的一个解释，这解释假使当初人普遍知道了，他的那些流俗论调就大大更难让人承认；而且，流俗论调中许多显得牵强或玄虚的东西，在秘传哲学中也有它的说明。有件事值得注意，他故意留给后世研究哲学的人一种错误印象，以致整理他的浩繁的原稿为他出选集的编订者们，大都欢喜选那种符合他的体系的公认解释的东西；可是有些文章足以证明他并不是他想让人家认为的那样，而是一个远为深奥的思想家，他们把这些文章倒当成是不重要的，割弃不收。为了解莱布尼兹的秘传学说我们必须依据的原稿，大部分由路易·古兑拉编成了两部文集，最早在 1901 年或 1903 年出版。有一篇文稿，莱布尼兹在它的开头甚至冠以如 614
下的案语："这里我有了极大的进步。"但是尽管如此，在莱布尼兹死后将近两个世纪中间，没一个编订者认为这篇稿子值得付印。他写给阿尔诺的信件里含有他的一部分深奥的哲学；这些信固然在十九世纪发表了，但是最早认识到其重要性的是我。[①] 阿尔诺对待这些信的态度让人丧气。他在信中写着："在这些思想中，我发现极多令我吃惊的东西；如果我料得不错，这种东西几乎所有的人会感觉荒谬之至，所以我真不懂，明明全世界人都要排斥的一个作品，要它能有什么用。"这种敌视性的意见无疑使莱布尼兹从此以后对他个人在哲学问题上的真实思想采取保密方针。

"实体"概念在笛卡尔、斯宾诺莎和莱布尼兹的哲学中是基本的概念，它是从"主语和谓语"这个逻辑范畴蜕化出来的。有些单词能当主语也能当谓语；例如我们能够说"天空呈蓝色"和"蓝色是一种颜色"。另外有些单词——固有名称是其中最明显的实例——绝不能充作谓语，只能充作主语或一个关系的各个项之一。这种单词据认为指**实体**。实体不仅具有这个逻辑特性，此外，它只要不被神的全能所毁灭（依我们推断，绝不会发生这种事），恒常存在。一切真命题或者是一般命题，像"人皆有死"，在这种情况，它陈述一个谓语蕴涵另一个谓语；或者是个别命题，像

---

① 罗素在十九世纪末，早在路易·古兑拉之前，对莱布尼兹的"秘传哲学"作过研究，1900 年出版了《莱布尼兹哲学述评》(*A Critical Exposition of the Philosophy of Leibniz*)一书。——译者

“苏格拉底有死”，在这种情况，谓语包含在主语里面，谓语所表示的性质是主语所表示的实体的概念的一部分。发生在苏格拉底身上的任何一件事，都能用一个以“苏格拉底”作主语、以叙述这事情的词语作谓语的语句来断言。这些谓语总起来，构成苏格拉底这个“概念”。所有这些谓语按下述意义来讲必然地属于苏格拉底：对某一实体，如果这些谓语不能够真地断言，这实体就不是苏格拉底，而是其他某人。

莱布尼兹坚信逻辑不仅在它本门范围内重要，当作形而上学的基础也是重要的。他对数理逻辑有研究，研究成绩他当初假使
615 发表了，会重要之至；那么，他就会成为数理逻辑的始祖，而这门科学也就比实际上提早一个半世纪问世。他所以不发表的原因是，他不断发现证据，表明亚里士多德的三段论之说在某些点上是错误的；他对亚里士多德的尊崇使他难以相信这件事，于是他误认为错处必定在自己。尽管如此，他毕生仍旧怀着希望，想发现一种普遍化的数学，他称之为“Characteristica Universalis”（万能算学），能用来以计算代替思考。他说：“有了这种东西，我们对形而上学和道德问题就能够几乎像在几何学和数学分析中一样进行推论。”“万一发生争执，正好像两个会计员之间无须乎有辩论，两个哲学家也不需要辩论。因为他们只要拿起石笔，在石板前坐下来，彼此说一声（假如愿意，有朋友作证）：我们来算算，也就行了。”

莱布尼兹拿“矛盾律”和“充足理由律”这两个逻辑前提作为他的哲学的基础。二定律都依据“分析”命题这个概念。所谓“分析命题”就是谓语包含在主语中的命题，例如“所有白种人是人”。

矛盾律说一切分析命题皆真。充足理由律(限于秘传体系中的充足理由律)说,所有真命题是分析命题。这话甚至对必须看成是关于事实问题的经验命题也适用。如果我作一次旅行,“我”的概念必定自永久的往昔已经包含这次旅行的概念,后者是“我”的谓语。“我们可以说,一个具有个体性的实体即完全的有,它的本性就是有一个这样完全的概念:它足以包含这概念作为属性而归的那个主语的所有谓语,并且足以使这些谓语由它推得出来。例如,‘国王’这个性质是属于亚历山大大帝的,如果把它从主语抽离开,对表示某个人来讲不够确定,而且不包含同一主语的其它性质,也并不包含这位君王的概念所含有的一切;然而神由于看到亚历山大这个个体概念即个体性,同时就在其中看到能够真正归之于他的一切谓语的根据和理由,例如他是否要征服大流士和鲍卢斯[①],甚至先验地(不是凭经验)知道他的死是老病善终或是被毒杀,这些事我们只能从史书知道。”

关于他的形而上学的基础,在给阿尔诺的一封信里有一段最 616
明确的申述:

“考察我对一切真命题所持的概念,我发现一切谓语,不管是必然的或偶然的,不论是过去、现在或未来的,全包含在主语的概念中,于是我更不多求。……这命题非常重要,值得完全确立,因为由此可知每一个灵魂自成一个世界,与神以外的其他一切事物隔绝独立;它不仅是永生的,还可说是无感觉的,但它在自己的实体中保留下它所遭的所有事情的痕迹。”

---

① 鲍卢斯(Porus 或 Poros,死于公元前 321 年?),印度国王。——译者

他然后说明实体彼此不起作用，但是通过各从自己的立足点反映宇宙而取得一致。所以无从有相互作用，是因为关于各个主语发生的一切事情是它自己的概念的一部分，只要这实体存在便永久决定了。

这个体系显然和斯宾诺莎的体系同样带决定论性质。阿尔诺对（莱布尼兹曾说过的）这句话表示憎恶："关于各人的个体概念，把凡是对此人会发生的一切事情一举包括无遗。"这种见解与基督教的有关罪和自由意志的教义分明不能相容。莱布尼兹发觉它遭到阿尔诺的白眼对待，于是小心避免让它公开。

确实，对于人类来讲，由逻辑认识到的真理和由经验认识到的真理是有区别的。这种区别出在两方面。第一，尽管亚当遭遇的一切事情可以由他的概念推出来，但是*假如亚当存在*，我们凭经验才能够发现他存在。第二，任何个体实体的概念都无限地复杂，为演绎他的谓语而必须作的分析，唯有神办得到。然而这两点区别只不过由于我们人的无知和智力上的限制；对神来讲是不存在的。神就"亚当"这个概念的全部无限复杂性把握住这概念。因此神能明了关于亚当的所有真命题，明了它们是分析命题。神还能够先验地确知亚当是否存在。因为神知道他自己的善性，由此可知他要创造最好的可能的世界；而神又知道亚当构成或不构成这个世界的一部分。所以，并不因为我们人类无知，就可以真正逃脱决定论。

不过，此外还有一点，奇妙得很。莱布尼兹在大多场合下把
617 创世这件事描叙成神需要行使意志的自由行为。按照这一说，要决定现实存在什么，凭观察是决定不成的，必须通过神的善性进

行。神的善性促使他创造最好的可能的世界，除开神的善性之外，为什么某个事物存在而另一个事物不存在，并没有先验的理由。

但是在未披露给任何人的文稿中，关于为什么有些事物存在，而另一些同样可能的事物不存在，往往又有一种完全不同的理论。据这个见解，一切不存在的东西都为存在而奋斗，但并非所有可能的东西能够存在，因为它们不都是“共可能的”（compossible）。或许，A 存在是可能的，B 存在也是可能的，但是 A 和 B 双方存在就不可能；在这种情况，A 和 B 不是“共可能的”。两个或多个事物在它们全都可能存在的情况下才是“共可能的”。看样子莱布尼兹好像悬想了有着许多皆力求存在的本质栖居的“地狱边土”①里的一种斗争；在这场斗争中，结合成一个个共可能者集团，最大的共可能者集团就好像政治斗争中的最大压力集团一样，获得胜利。莱布尼兹甚至利用这个概念当作定义存在的方法。他说：“存在者可以定义成比跟自己不相容的任何东西能够和更多的事物相容的那种东西。”换句话说，假设 A 与 B 不相容，而 A 与 C 及 D 及 E 相容，但是 B 只与 F 和 G 相容，那么按定义 A 存在，而 B 不存在。他说：“存在者就是能够和最多数事物相容的有。”

在这个叙述中完全没有提神，明明也没有创世行为。为了决定什么存在，除纯逻辑以外，不必要有任何东西。A 和 B 是否共

① “地狱边土”位于天国和地狱之间，照经院神学的讲法，它是未受洗礼的婴儿死后灵魂居住的地方。——译者

可能这个问题，在莱布尼兹讲是个逻辑问题，也就是A和B双方存在含不含矛盾？可见，在理论上，逻辑能够解决哪个共可能者集团最大的问题，这集团结果就要存在。

然而，也许莱布尼兹的意思并不是真说上面的话是存在的定义。假使这原来仅是个判断标准，那么借助他所说的“形而上学的完善性”，这标准能够与他的流俗意见取得调和。他所使用的“形而上学的完善性”一词似乎指存在的量。他说，形而上学的完
618 善性“无非是严格理解下的积极实在性的大小”。他一贯主张神创造了尽可能多的东西；这是他否定真空的一个理由。有一个（我一直弄不懂的）普遍信念，以为存在比不存在好；大家根据这点训教儿童应该对父母感恩。莱布尼兹显然抱着这种见解，他认为创造一个尽可能充盈的宇宙乃是神的善性的一部分。由这点岂不就推出现实世界便是最大的共可能者集团所构成的。那么，倘若有一个十分有本领的逻辑家，仅从逻辑就能决定某个可能的实体存在或不存在，这话说来还是不假。

就莱布尼兹的隐秘的思想来说，他是利用逻辑作为解决形而上学的关键的哲学家一个最好的实例。这类哲学从巴门尼德开端，柏拉图应用相论来证明种种逻辑范围外的命题，把它又推进一步。斯宾诺莎属于这一类，黑格尔也在这类之内。但是在根据构句法给实在世界作出推论方面，他们两人谁也不像莱布尼兹做得那么鲜明清楚。这种议论方式由于经验主义的发展，已经落得声名扫地。由语言对非语言的事实是否可能作出什么妥当的推论，这是我不愿武断论定的问题；但是的确在莱布尼兹及其他的先验哲学家的著作中所见到的那种推论是不可靠的，因为那种推

论全基于有缺陷的逻辑。已往的所有这类哲学家都假定主语、谓语式逻辑，这种逻辑或者完全忽视“关系”，或者提出谬误的论证，来证明“关系”是非实在的。莱布尼兹把主语、谓语式逻辑和多元论撮合起来，犯了一个特别的矛盾，因为“有许多单子”这个命题并不属于主语、谓语形式。要想不自相矛盾，相信一切命题属于这种形式的哲学家应当像斯宾诺莎那样，是一元论者。莱布尼兹排斥一元论主要由于他对动力学感兴趣，并且他主张广延性含有“重复”的意思，故不会是单一实体的属性。

莱布尼兹的文笔枯涩，他对德国哲学的影响是把它弄得迂腐而枯燥无味。他的弟子武尔夫在康德的《纯粹理性批判》出版以前一直称霸德国各大学，把莱布尼兹的学说中最有意思的什么东西全抛弃了，做出一种死气沉沉的学究思想方式。在德国以外，莱布尼兹哲学的影响微乎其微；和他同时代的洛克统治着英国哲学，而在法国，笛卡尔继续做他的南面王，一直到伏尔泰使英国的 619
经验主义时兴起来，才把他推翻。

然而莱布尼兹毕竟还是个伟大人物，他的伟大现在看来比已往任何时代都明显。按数学家和无穷小算法的发明者来讲，他卓越非凡，这且不谈；他又是数理逻辑的一个先驱，在谁也没认识到数理逻辑的重要性的时候，他看到了它的重要。而且他的哲学里的种种假说虽然离奇缥缈，但是非常清晰，能够严密地表述出来。甚至他讲的单子，对知觉问题提示出了可能的看法，仍旧能够有用处，只不过单子无法看成是没窗户的罢了。依我个人说，他的单子论里面我认为最精彩的地方是他讲的两类空间：一类是各个单子的知觉中的主观空间，另一类是由种种单子的立足点集合而成的客观空间。我相信这一点在确定知觉与物理学的关系方面还是有用的。

620

第十二章 哲学上的自由主义

在政治和哲学中自由主义的兴起，为研究一个非常重要的很一般性的问题供给了材料，这问题是：政治社会情势向来对有创见的卓越思想家们的思想有什么影响，反过来问，这些人对以后的政治社会发展的影响又是怎样？

有两种正相反的错误都很常见，我们必得警惕。一方面讲，对书本比对实际事务熟悉的先生们，总爱把哲学家的影响估计得过高。他们一见某个政党标榜自己受了某某人的教训的感召，就以为它的行动可以归之于某某人，然而往往是哲学家因为倡议了政党横竖总会要干的事，才得到政党的欢呼喝彩。直到最近，写书的人差不多全都过分地渲染同行前辈的作用。但是反过来说，由于抗逆老的错误，又产生了一种新的错误，这种新错误就是把理论家看成几乎是环境的被动产物，对事态发展可说根本没什么影响。按照这个见解，思想好比是深水流表面上的泡沫，而那水流是由物质的、技术的原因来决定的；河里的水流并非对旁观者显示出水流方向的水泡所造成的，社会变革同样也不是由思想引起的。在我看来，我相信真理在这两极端当中。在思想与实际生活之间也像在一切旁的地方，有交互的相互作用；要问哪个是因哪个是果，跟先有鸡、先有蛋的问题同样无谓。我不打算抽象讨论这个问题来浪费时间，但是我要从历史上来考察这个一般性问题的一个重要事例，即十七世纪末到现在，自由主义及其支派的发展。

初期的自由主义是英国和荷兰的产物，带有一些明确的特征。它维护宗教宽容；它本身属于新教，但不是热狂的新教派而是广教派[①]的新教；它认为宗教战争是蠢事。它崇尚贸易和实业，621
所以比较支持方兴未艾的中产阶级而不支持君主和贵族；它万分尊重财产权，特别若财产是所有者个人凭势力积蓄下来的，尤其如此。世袭主义虽然没有摈弃，可是在范围上比以前多加了限制；特别，否定王权神授说而赞同这样的意见：一切社会至少在起初都有权选择自己的政体。无疑问，初期自由主义的趋向是一种用财产权调剂了的民主主义。当时存在着一种信念（最初未完全明白表示），认为所有人生来平等，人们以后的不平等是环境的产物。因此便十分强调先天特质的相反一面即后天教育的重要。又存在着反政府的某种偏见，因为几乎到处的政府全在国王或贵族掌握中，这些人对商人的需要或者不大了解，或者难得重视；但是由于希望不久就会得到必要的了解与重视，所以制止住了这种偏见。

初期的自由主义充满乐观精神，生气勃勃，又理性冷静，因为它代表着一种增长中的势力，这种势力看起来多半不经很大困难就会取胜，而且一胜利就要给人类带来非同小可的恩惠。初期自由主义反对哲学里和政治里一切中世纪的东西，因为中世纪的学

① 英国教会内部对教会政治、礼拜形式及信条等主张宽容和自由的一派。——译者

说曾用来认可教会和国王的权力，为迫害找根据，阻碍科学的发展；但是它同样反对按当时讲算是近代的加尔文派和再洗礼派的热狂主义。它想使政治上及神学上的斗争有一个了结，好为了像东印度公司和英格兰银行、万有引力说与血液循环的发现等这类激奋人心的企业和科学事业解放出精力。在整个西方世界，顽固不化逐渐让位给开明精神，对西班牙威势的恐惧渐趋终了，所有的阶级一天比一天兴旺，一些最高的希望似乎由无比清明的见识作了保证。一百年间，没发生任何事情在这些希望上面投下暗影。后来，这些希望本身终于惹起了法国大革命，大革命直接产生拿破仑，由拿破仑又演到神圣同盟。经过这种种事件，自由主
622 义必须定一定喘息，缓一口气，然后十九世纪的复苏的乐观精神才可能出现。

我们在开始详细讲论之前，最好把十七世纪到十九世纪自由主义运动的大体形式作个考察。这型式起初很简单，后来逐渐变得复杂而又复杂。全运动的显著特色按某个广的意义来讲是个人主义；但是“个人主义”这个词若不进一步确定其含义，是一个含混的字眼。亚里士多德以前的希腊哲学家连他在内，在我用“个人主义者”一词要指的意义上都不是个人主义者。他们把人根本作为社会的一员看待；例如，柏拉图的《国家篇》不图说明什么是良好的个人，而求清楚描述一个良好的社会。从亚历山大时代以后，随着希腊丧失政治自由，个人主义发展起来了，犬儒派和斯多葛派是其代表。照斯多葛派哲学讲，一个人在不管什么样的社会状况下都可以过善的生活。这也是基督教的见解，特别在它得到国家的控制权以前。但是在中世纪，虽然说神秘论者使基督

教伦理中原有的个人主义风气保持活跃，不过包括多数哲学家在内，大部分人的见解处在教理、法律和风俗的坚强统一体支配之下，因而人们的理论信念和实践道德受到一个社会组织即天主教会的控制：何者真、何者善，不该凭个人的独自思考断定，得由宗教会议的集体智慧来断定。

这个体制中的第一个重大裂口是基督新教打开的，它主张教务总会也可能犯错误。这样，决定真理不再是社会性事业，成了个人的事。由于不同的个人得出不同的结论，结果便是争斗，而神学里的定案不再从主教会议中去找，改在战场上谋求。因为双方哪一方也不能把对方根绝，所以事情终于明显，必须找出方法调和思想上、伦理上的个人主义和有秩序的社会生活。这是初期自由主义力图解决的一个主要问题。

在这同时，个人主义渗入了哲学里面。笛卡尔的基本确实项“我思故我在”使认识的基础因人而异，因为对每个人来讲，出发点是他自己的存在，不是其他个人的存在，也不是社会的存在。 623
他强调清晰、判然的观念可靠，这也异曲同工，因为通过内省我们才以为发现自己的观念是否清晰、判然。笛卡尔以来的哲学，大部分或多或少都有这种思想上的个人主义一面。

不过这个总的立场也有各种式样，在实际上有很不同的结果。典型的科学发现者的思考方式带有的个人主义，分量或许算最少了。他如果得出一个新的理论，那完全因为这理论在他看来是正确的；他不向权威低头，因为假使如此，他会继续承认前人的理论。同时，他依据的是一般公认的真理标准；他希望不仗自己的威望而凭在旁人个人觉得可信的道理，让旁人信服。在科学中，个人与社会之间的任何冲突按本质讲都是暂时的冲突，因为笼统地说，科学家们全承认同样的知识标准，所以讨论和研究到末了通常能达成意见一致。不过这是近代的事态发展；在伽利略时代，亚里士多德与教会的威信依然被认为和感觉提供的证据至少一样有力。这说明科学方法中的个人主义成分尽管不显著，仍旧是固有的。

初期自由主义在有关知识的问题上是个人主义的，在经济上也是个人主义的，但是在情感或伦理方面却不带自我主张的气味。这一种自由主义支配了十八世纪的英国，支配了美国宪法的创制者和法国百科全书派。在法国大革命期间，它的代表者是比较稳健的各党派，包括吉伦特党；但是随这些党派的覆灭，它在法国政治中绝迹了一代之久。在英国，拿破仑战争后，它随边沁派及曼彻斯特学派的兴起再度得势。自由主义在美国一向成功最大，在美国因为没有封建制度和国家教会的阻碍，从 1776 年到现在，或者至少到 1933 年①，这一种自由主义一直占优势。

有一个新的运动逐渐发展成了自由主义的对立面，它由卢梭开端，又从浪漫主义运动和国家主义获得力量。在这个运动中，个人主义从知识的领域扩张到了炽情的领域，个人主义里的无政
624 府主义的各个方面明显化了。卡莱尔和尼采所发扬的英雄崇拜是这流哲学的典型。有各色各样的成分聚结其中。有对初期工业制社会的厌恶，对它所产生的丑象的憎恨和对它的残酷暴行的

① 1933 年罗斯福就任总统后推行“新政”，当时采取的种种紧急措施作者认为可视为违反自由主义精神。——译者

强烈反感。有对中世纪的乡愁式的怀恋，由于憎恶近代，把中世纪理想化了。又有一种成分，就是企图把维护教会与贵族的日渐衰落的特权，和保卫工资收入者反抗工厂主的压榨这两样事结合起来。还有这种成分：在国家主义的名义下，在保卫"自由"的战争之光荣显赫这个旗号下，激烈维护反叛权。拜伦是这个运动的诗人；费希特、卡莱尔、尼采是它的哲学家。

但是，由于我们不能人人过英雄领袖的生涯，我们不能人人让我们的个人意志伸张，所以这种哲学也像其它各种的无政府主义一样，一经采用，不可避免地要造成那最成功的"英雄"的独裁统治。而等他的暴政一确立起来，他对旁人就要压制他赖以取得权力的那种自我主张伦理观。因此，这种人生论全部是自我反驳的，就是说采纳它付诸实践，结果要实现迥然不同的局面：个人受到苛酷镇压的独夫专制国家。

还有另外一派哲学大体上讲是自由主义的一个旁支，那就是马克思的哲学。我在后文里要讨论马克思，目前只需把他记住就是了。

关于自由主义哲学的最早的详彻论述，见于洛克的著作；洛克在近代哲学家当中固然绝不算顶深刻的人，却是影响最大的人。在英国，洛克的见解与大多数智力发达的常人的见解十分谐调，因此除开在理论哲学中，很难追寻它的影响；反之在法国，洛克的见解在实践方面引起了反抗现存政体，在理论方面造成了与风靡的笛卡尔主义的对立，因此它明显地对形成事态过程起了不小的作用。这是下述普遍原理的一个实例：政治、经济先进的国家里发展起来的哲学，在它的出生地无非是流行意见的一个澄清

和系统化，到别的地方可能成为革命热血的源泉，最后会成为现
625 实革命的源泉。调节先进国政策的一些原则传扬到比较落后的国家，主要是通过理论家。在先进的国家，实践启发理论；在落后的国家，理论鼓起实践。移植来的思想所以很少像在旧土一样成功，这点差别也是其中一个理由。

未讲论洛克的哲学以前，我们先来回顾在十七世纪的英国对形成他的见解有影响的一些景况。

内战时期国王与国会的争斗，使英国人从此永远爱好折衷和稳健，害怕把任何理论推到它的逻辑结论，这种根性支配英国人一直到现代。长期国会力争的方针大计，最初得到绝大多数人的拥护。国会方面希图废止国王核准贸易独占的权限，并且让他承认国会的课税专权。国会希求在英国国教会内部，给受到大主教劳德迫害的一些意见和宗教仪式以自由；主张国会应当按一定期间开会，不可只在国王感到它的协助缺少不得的偶尔时机才召开。国会反对肆意逮捕，反对法官一味奉迎国王的意愿。但是有不少的人虽然愿意为这些目标进行鼓动，却不肯对国王兴兵动武，这在他们看来是叛逆和渎神的行为。等到实际上战争一爆发，势力的分划就比较接近相等了。

从内战爆发到克伦威尔立为护国主为止的政治发展，所经历的过程现在已经尽人皆知，但在当时却是史无前例的。国会一党包括长老会派和独立教会派两派；长老会派希求保留国家教会，但是把主教取消；独立教会派在主教问题上和长老会派意见一致，但是主张各圣会应当不受任何中央教会统治机关的干涉，有自由选择各自的神学。长老会派人士大体说比独立教会派人士

属于较上层的社会阶级，他们的政治见解比较温和。他们希望一旦国王因为遭受挫败有了和解心，便与国王谅解和好。不过由于两点情况，他们的政策根本行不通：第一，国王在大主教问题上发挥出一种殉教者的顽强精神；第二，事实证明国王难以击败，还是 626
仗着克伦威尔的"新型军"才做成这件事，而新型军是由独立教会派人组成的。结果，国王的军事抵抗被粉碎时，仍旧不能使他同意缔结条约，可是长老会派在国会军里丧失了兵力优势。保卫民主以致把大权送进了少数人的掌握，而这少数人运用起他们的权力来，可完全不理会什么民主和议会政治。查理一世先前企图逮捕五议员[①]的时候，曾引起全国大哗，他的失败使他落得尴尬出丑。但是克伦威尔没有这种困难。通过"普来德大清洗"，他革掉大约百十个长老会派议员，一时获得唯命是听的多数。最后，等他决定索性把国会取消，那时"狗也没叫一声"——战争已经让人觉得好像只有武力要紧，产生了对宪政形式的藐视。此后在克伦威尔的生前期间，英国的政治是军事独裁，为国民中日益增加的多数人所憎恨，但是在唯独他的党羽才有武装的时期，不可能摆脱开。

查理二世自从在橡树里隐避[②]和在荷兰流亡后，王政复辟时下定决心再也不踏上旅途了。这迫使他接受了某种缓和。他不要求有权征收未经国会认可的赋税。他同意了"人身保护条例"，

---

① 1642年1月3日，查理一世亲自率卫队到国会，企图逮捕皮姆(Pym)等五名议员，但是他们已经躲避开了。——译者

② 1651年查理二世所率领的军队在武斯特(Worcester)被克伦威尔击溃，他在逃跑的路上经过巴斯寇布(Boscobel)时，曾隐藏在橡树里。——译者

这法令剥夺掉国君任意逮捕的权限。偶尔他也能凭仗路易十四的财政援助，鄙薄国会的课税权，不过大体上讲他总是个立宪君主。查理一世的敌派原来所希求的对王权的种种限制，在王政复辟时大部分得到承认，为查理二世所遵守，因为事实已经证明，做国王的会在臣民手里吃苦头。

詹姆士二世和他的哥哥①不同，完全缺乏阴险狡诈的手腕。尽管他打算无视国会，给予非国教会派宽容，以便和他们取得和解，但由于他的顽迷的旧教信仰，倒让自己成了国教会派和非国教会派的共同敌人。外交政策也起了作用。斯图亚特王室的国王为避免在战时必要有的征税（这会使王室依赖国会），先对西班
627 牙、后对法国奉行媚外政策。法兰西日益增强的国力，惹起英国人对大陆上这个主导国家的牢固不变的仇视，而“南特敕令”的撤回②，又使新教徒的感情激烈地反对路易十四。最后，在英国几乎人人想除掉詹姆士。但是几乎人人也同样决心避免再回到内战和克伦威尔专政的年月。既然没有合宪法的方法除掉詹姆士，必须来一次革命，但是这革命必须很快地结束，不让破坏势力有一点机会得逞。国会的权利必须一举而永久确保下来。詹姆士王必须退位，但是君主政体必须保全；不过这种君主制应该不是王权神授说的君主制；而是一种依赖立法裁可、因而依赖国会的君主制。由于贵族阶级和大企业联合一致，所有这些瞬息间都做到了，没有必要发一枪一炮。各样非妥协态度经过人们的尝试而失

① 指查理二世。——译者

② 1685年路易十四撤回亨利四世在1598年所发布的许可信仰自由的“南特敕令”，旧教掌握了实权。——译者

败以后，折中与稳健得到了成功。

新王①是荷兰人，带来了他本国著称的商业上和神学上的英明睿智。英格兰银行创立起来了；国债成了牢固的投资，不再会有君主一时性起拒绝兑付的危险。"信教自由令"虽然让旧教徒和非国教会派仍旧要受种种资格限制，却结束了实际的迫害。外交政策变得坚定地反法兰西，除开一些短暂的中断期之外，一直维持到拿破仑覆败时为止。

第十三章　洛克的认识论 628

约翰·洛克(John Locke，1632—1704)是一切革命当中最温和又最成功的1688年英国革命②的倡导者。这个革命的目的虽然有限，可是目的都完全达到了，以后在英国至今也不感觉有任何革命的必要。洛克忠实地表达出这个革命的精神，他的著作大部分就是在1688年后几年以内问世的。他的理论哲学要著《人类理智论》(*Essay Concerning Human Understanding*)1687年完稿，1690年出版。他的《论宽容的第一书简》(*First Letter on Toleration*)最初是1689年在荷兰用拉丁文发表的，早在1683年洛克就为慎重计退避到那个国家了。《论宽容》的后续二书简发表在1690年和1692年。他的两篇《政治论》(*Treatises on Government*)在1689年获得了印行许可，随后立即出版。他的《论

① 即詹姆士的女婿荷兰执政者威廉(William，1650—1702)，称威廉三世(William Ⅲ，1688—1702)。——译者

② 即通常所谓的英国"光荣革命"。——译者

教育》一书是 1693 年刊行的。洛克虽然长寿，但他的有影响的作品的写成和出版全部限于 1687 年到 1693 年这少数几年。成功的革命对它的信仰者是鼓舞的。

洛克的父亲是个清教徒，参加国会一方作过战。在克伦威尔时代，洛克正上牛津大学，这大学在哲学主张方面仍旧是经院派本色；洛克既憎恶经院哲学，又憎恶独立教会派的狂热。他受到笛卡尔很深的影响。洛克做了医生，他的恩主就是德莱顿笔下的"阿契托弗"①——沙夫次伯利勋爵。1683 年沙夫次伯利倒败时，洛克随同他逃亡荷兰，②在那里居留到光荣革命的时候。革命之后，除有几年他是在商业部供职不算，他献身于著述事业和因为他的书而起的无数场论争。

在 1688 年革命前的年月里，洛克如不冒重大危险，不管在理论方面或在实际事情上都不能参与英国政治，他撰作《人类理智论》度过了那些年头。这是洛克的最重要的一部书，而且就是他的名声稳稳倚靠着的那本书；但是他对政治哲学的影响十分重大、十分长远，所以必须把他看成不但是认识论中经验主义的奠基者，同样也是哲学上的自由主义的始祖。

629 洛克是哲学家里面最幸运的人。他本国的政权落入了和他抱同样政见的人的掌握，恰在这时候他完成了自己的理论哲学著

① 德莱顿（John Dryden，1631—1700），英国王政复辟时代的诗人，批评家。他在 1681 年发表了一篇政治讽刺诗《阿布萨伦与阿契托弗》（*Absalom and Achitophel*），诗中狡黠阴险的阿契托弗影射着沙夫次伯利勋爵。——译者

② 这里的说法恐与事实不符。据一般记载，沙夫次伯利于 1682 年的政治阴谋败露后逃往国外，十二月初到达阿姆斯特丹，翌年一月即去世。洛克在沙夫次伯利逃亡后仍留英国，1683 年离去，1684 年初才到达荷兰。——译者

作。在实践和理论两方面，他主张的意见这以后许多年间是最有魄力威望的政治家和哲学家们所奉从的。他的政治学说，加上孟德斯鸠的发展，深深地留在美国宪法中，每逢总统和国会之间发生争论，就看得见这学说在起作用。英国宪法直到大约五十年前为止，拿他的学说作基础；1871 年法国人所采订的那部宪法也如此。

在十八世纪的法国，洛克的感召力其大无比，从根本上说是伏尔泰带来的；因为伏尔泰青年时代在英国度过一些时候，他在《哲学书简》(*Lettres philosophigues*)中向自己的同胞解说了英国思想。当时 philosophes(哲人们)[①]及稳健派改革家信奉洛克，过激派革命者信奉卢梭。洛克的法国信徒是否正确不谈，总相信洛克的认识论同他的政治学说是有密切关联的。

在英国，这种关连倒不那么明显。他的两个最著名的信徒：贝克莱在政治上不重要，休谟是一个在他的《英国史》(*History of England*)中发表反动见解的托利党员。但是康德时代以后，德国的唯心论开始影响英国思想，哲学和政治之间又有了一种关联：大致讲，追随德国人的哲学家们为保守党，而边沁派是急进派，则属于洛克的传统。不过这种相互关系也不是一成不变的；例如，T.H.格林[②]是自由党人，却是个唯心论者。

不但洛克的正确意见在实际事情上有用，而且连他的种种错

---

① 法语中"philosophe"一字有时特指十八世纪法国的"启蒙思想家"，例如伏尔泰、卢梭、孔多塞、孔狄亚克等人，和英语中的"philosopher"(哲学家)含义不同。——译者

② 格林(Thomas Hill Green，1836—1882)，英国新康德派和新黑格尔派的哲学家。——译者

误在实际事情上也有用处。比如，我们来看他的主性质与次性质之说。主性质照他定义就是和物体不可分离的那些性质，依他列举，有充实性、广延性、形状、运动或静止、及数目。次性质即其他各种性质：颜色、声音、气味等。他主张，主性质实际就在物体里；反之，次性质仅只在知觉者中。假使没眼睛，就无所谓颜色；没有
630 耳朵，就谈不到声音，诸如此类。洛克的次性质看法是有充分理由的——黄疸病①、蓝色眼镜，等等。但是，贝克莱指出，这套道理对主性质也适用。自从贝克莱以来，关于这一点洛克的二元论在哲学上已经过时了。尽管如此，一直到现代有量子论兴起时为止，它支配着实际的物理学。不但物理学家们或明说或默认，总拿它当假定，而且它到底成为许多极重大的发现的一个根源，有了丰硕的结果。主张物理世界仅是由运动着的物质构成的这种理论，是一般承认的声学、热学、光学、电学理论的基础。这个理论不管在理论上错误到何等地步，按实效讲是有用的。这一点正是洛克学说的特点。

《人类理智论》中所表现的洛克哲学，通体上有某种优点，也有某种劣点。优点和劣点同样都有用：那种劣点从*理论上*的观点来看才算劣点。洛克一贯通情达理，一贯宁肯牺牲逻辑也不愿意发奇僻的悖论。他发表了一些一般原理，读者总不会看不出，那都是可能推出来怪结论的；但是每当怪结论好像就要露头的时候，洛克却用婉和的态度回避开。对一个逻辑家来说，这是惹人恼火的；在务实的人看来，这是判断力健全的证据。既然世界实

① 患黄疸病的人看一切东西都是黄的。——译者

际上是什么就是什么，可见从牢靠的原理出发，进行妥当的推论，不会推出错误来；但是一条原理尽可以十分近乎正确，在理论方面值得尊重，然而仍可能产生我们感觉荒谬的实际结论。于是在哲学中运用常识这件事便有了理由，但也只是表明只要我们的理论原则的结论，依据我们感觉无可争辩的常识来断定是不合理的，这些原则便不会十分正确。理论家或许反驳说，平常见识和逻辑一样谈不上绝对无误。不过，尽管贝克莱和休谟作了这种反驳，它和洛克的思想气质总是完全不相合的。

少独断精神为洛克的特质，由他传留给整个自由主义运动。有不多几个确实项：自己存在、神存在、数学是真理，他从前人继承过来。但是他的学说与前辈们的学说只要有所不同，旨趣总是在于说：真理难明，一个明白道理的人是抱着几分怀疑主张己见的。这种精神气质显然和宗教宽容、和议会民主政治的成功、和自由放任主义以及自由主义的整个一套准则都有连带关系。尽 631
管洛克是虔心深厚的人、是一个信启示为知识之源的热诚的基督教信徒，他仍旧给声言的启示加上一重理性保证。有一回他说："仅只有启示的证据，便是最高的确实性"，但是另有一回，他说："启示必须由理性裁断。"因此，终究理性还是高于一切。

书里的《论热忱》一章，在这方面颇有启发性。"热忱"一词在当时的含义和现在不同；它指相信宗教领袖或他的门徒受到个人启示。它是王政复辟时代被击败的各宗派的特征。如果有许许多多这样的个人启示，彼此都不一致，这时候所谓真理，或人认作的真理，便成为纯个人的真理，丧失其社会性。洛克把爱真理这件事看得万分重要；爱真理和爱某个被宣称为真理的个别学说是大不相同的事。他说，爱真理的一个确实的标志是“抱任何主张时不怀有超出这主张依据的证明所能保证的自信。”他说，动辄唐突指教人，这种态度表现缺乏爱真理精神。“热忱抛开理性，要不借理性来树立启示；这一来它实际把理性和启示都取消，换上人自己脑子里的毫无根据的空想。”带有忧郁或自负的人往往容易“确信与神直接交通”。因而千奇百怪的行动和意见都获得了神明的裁可，这怂恿了“人的懒惰、无知和虚荣”。洛克拿上面已经引过的“启示必须由理性裁断”那条大原则结束这一章。

洛克用“理性”所指的意思，必得从他的全书去推量。不错，确有叫“论理性”的一章，但是这一章主要是想证明理性不是由三段论推理作成的，全章大意总括成这句话：“神对人类向来并不那么吝啬：把人仅只造成两足动物，留待亚里士多德使他有理性。”按洛克对“理性”一词的用法，理性包括两部分：其一，关于我们确实知道哪些事物的一种考查；其二，对某些主张的研究：这些主张虽然只有盖然性而没有确实性作为支持，但是在实践上以承认它
632 为聪明。他说：“盖然性的根据有二，即与我们自己的经验一致，或旁人的经验的证据。”他说起，暹罗王当欧洲人对他提到冰的时候，就不再相信他们对他所讲的事了。

在《论同意的程度》一章中他说，对任何主张，我们给予它的同意程度应当取决于支持它的盖然性的根据。他在指出我们常常须根据缺乏确实性的盖然性而行动之后说，这点的正当运用就是“相互间的宽厚和容忍。人们纵非全体，也是绝大部分都不可避免地总要抱有种种意见，而并没有确凿无疑的证据证明这些意见是正确的；而人们如果在旁人刚一提出自己不能当即回答、指

明其缺陷的议论，便弃舍个人先前的主张，这也要招致无知、轻浮或愚昧等严厉的非难；所以既然如此，依愚见一切人似乎咸宜在意见纷纭当中维持平和，守人情与友爱的共同义务，因为我们依理无法指望有某人竟欣然卑屈地放弃个人的见解，盲目顺从人类理智所不承认的威信，这样来采纳我们的见解。因为人的意见不管怎样常常错误，但是除理性之外不会顺从任何向导，也不能盲目屈服在他人的意志和指示之下。假如你愿意某人转信你的意见，而他是一个未表同意之前先要考究的人，你就得容他有暇时把你的话再推敲一遍，让他回想起从记忆中消失的事情，审查各个详情细节，看优点究竟在哪一方；假如他认为我们的议论不够重要，不重新再费那许多苦心，那也无非是在同样情况下我们自己时常采取的态度；假若旁人竟要给我们指定哪些点我们必须研究，我们也会怫然不悦的；假如他是一个不问证据、一味相信旁人意见的人，我们又怎能设想他会舍弃那岁月和习俗在他的心中深深种下的、使他认为不证自明、确凿无疑的信念；或者舍弃他认为就是得自神本身或得自神的使者的印象的那些主张？试想我们又怎能指望如此固定下来的意见竟会在一个生人或论敌的议论或威信之前退避三舍？假若他猜疑你怀有私心或企图，尤其如此；人发觉自己遭受恶待时，总要产生这念头。我们正应该悲悯 633
我们相互间的无知，在一切温和而正派的说服中除去这种无知，不可因为旁人不肯放弃自己的意见，接受我们的意见（或至少说我们强要他接受的意见），就立刻以为旁人顽固不化而恶待旁人；在这种场合，几乎可以肯定，我们不接受旁人的一些意见时，其顽固也不亚于旁人。因为哪里有这样一个人：持有无可争辩的证据证明他所主张的一切全正确、他所非难的一切全错误；或者，哪里有这样一个人：能说他把所有他个人的意见或旁人的意见全彻底研究过了？在我们所处的这个匆促无常的行动和盲目的状态中，没有认识而往往只有极少的根据也必须相信，这点就应当使我们多勤于精心培养自己的知识而少约辖别人。……我们有理由认为，人假使自己多知道一些事理，对他人就少显一分神气”。①

到此我只谈了《人类理智论》的末尾各章，在这几章里，洛克由前面他对人类认识的本性与界限所作的理论考察汲取道德教训。现在该来研究在上述这个比较纯粹的哲学问题上，他要讲的一些话。

一般说，洛克对形而上学是蔑视的。关于莱布尼兹的一些思想，他写信给一个朋友说："你我都玩够了这类无聊的闲耍。""实体"概念在当时的形而上学中占统治地位，洛克却认为它含混无用，但是他并没有大胆把它完全否定。他承认支持神存在的种种形而上学证明是站得住的，可是他并不在这些证明上大做文章，对它们似乎有点不很惬意。每当他表述新的思想，不仅仅在重复传统东西的时候，他总是从具体细节而不从大的抽象概念进行思考。他的哲学好像科学工作，是片段累积成的，不像十七世纪的大陆哲学那些个大系统那么庄严巍峨，浑然一体。

洛克可以看作是经验主义的始祖，所谓经验主义即这样一种学说：我们的全部知识（逻辑和数学或许除外）都是由经验来的。因此，《人类理智论》第一卷就是要一反柏拉图、笛卡尔及经院哲

① 《人类理智论》，第四卷，第十六章，第4节。

学家，论述没有天生的观念或天赋的原则。在第二卷中他开始详细说明经验如何产生不同种类的观念。他在否定了天生的观念 634 之后，说：

“那么我们且设想心灵比如说是白纸，没有一切文字、不带任何观念；它何以装备上了这些东西呢？人的忙碌而广大无际的想象力几乎以无穷的样式在那张白纸上描绘了的庞大蓄积是从何处得来的？它从哪里获有全部的推理材料和知识？对此我用一语回答，从经验：我们的一切知识都在经验里扎着根基，知识归根结蒂由经验而来。”（第二卷，第一章，第2节）

我们的观念出于两个来源：（一）感觉作用，（二）对我们自己的心灵的活动的知觉，这可以称作“内感”。既然我们只能借助观念进行思考，既然所有观念都是从经验来的，所以显然我们的任何知识不能先于经验。

他说，知觉作用是“走向认识的第一步和第一阶段，是认识的全部材料的入口”。在现代人来看，会觉得这几乎是不必说的道理，因为至少在英语国家中，这已经成为有教育者的常识的一部分。但是在洛克时代，心灵据设想先验地认识一切种类的事物，他倡导的认识完全依赖知觉作用，还是一个革命性的新说。在《泰阿泰德篇》中，柏拉图曾着手批驳认识与知觉作用的同一化；从柏拉图时代以来，几乎所有的哲学家，最后直到笛卡尔和莱布尼兹，都论说我们的最可贵的知识有许多不是从经验来的。所以洛克的彻底经验主义是一个大胆的革新。

《人类理智论》第三卷讨论言语，主要是企图说明形而上学家提出的所谓关于宇宙的知识，纯粹是词句上的东西。第三章《论一般名辞》在共相问题上采取了极端的唯名论立场。凡存在的一切事物都是殊相，然而我们却能构成类如“人”这种适用于许多殊相的一般观念，给这些一般观念我们可以加上名称。一般观念的一般性完全在乎它适用于，或可能适用于种种特殊事物；一般观念作为我们心中的观念，就其本身的存在而言，和其它一切存在的事物是同样特殊的东西。

第三卷第六章《论实体的名称》是要驳斥经院哲学的本质说。
635 各种东西*也可能*具有实在的本质，那便是它们的物理构造，但是这种构造大致说来是我们不知晓的，也不是经院哲学家所谈的“本质”。我们所能知道的那种本质纯粹是词句问题；仅在于给一般名辞下定义而已。例如，议论物体的本质只是广延性呢，或者是广延性加上充实性呢，等于议论字眼：我们把“物体”一词照这样定义或照那样定义均无不可，只要我们死守住定义，绝不会出任何弊病。判然不同的各品类并不是自然界中的事实，而是语言上的事实；不同的各品类乃是“连带有不同名称的不同的复合观念”。固然，自然界中有着各种相异的东西，但是这差异是通过连续的渐次推移表现出来的：“人借以区分各品类的品类界限原是人定的。”他继而举出一些怪物实例，就这些怪物说是否算人尚有疑问。这种观点在达尔文令一般人信服而采纳了渐变进化论之前，向来不是普遍承认的。只有自己让经院哲学家折磨苦了的那些人，才会领略到它清除了多少形而上学的破烂废品。

经验主义和唯心主义同样都面临着一个问题，迄今哲学一直没找到满意的解答；那就是说明我们对自身以外的事物和对我们自己的心灵活动如何有认识的问题。洛克探讨了这个问题，但是他发表的意见十分明显让人不能满意。在有一处[1]，据他讲："因为心灵在其一切思维与推理方面，除只有自己默省或能默省的各个观念而外别无直接对象，所以很明白，我们的认识只和这些观念有关。"又说："认识即关于二观念相符或不符的知觉。"由这点似乎可以直接推断，关于其他人的存在或物质界的存在，我们无法知道，因为这两样即使存在，也不仅仅是我的心灵中的观念。这么一来，就认识而论，我们每个人必定被关闭在自身范围以内，与外界割断一切接触。

可是这是悖论，而洛克跟悖论总不愿有半点瓜葛。因此，他在另一章中又叙述了和前一个学说完全矛盾的不同的一说。他
讲，关于实在的存在，我们有三类知识。我们对自身存在的知识 636
是直觉知识，我们对神存在的知识是论证知识，我们对呈现于感官的事物的知识是感觉知识（第四卷，第三章）。

在以下一章里，他多少察觉到这种自相矛盾。他提出，有某人也许说："假若认识在于观念之间的相符，那么热狂者和理智清醒的人就处在同一个等位上了。"他答道：在观念与事物相符方面并不如此。他于是转而议论一切**单纯**观念必定与事物相符，因为"我们已经说明了，心灵绝不能给自己作出"任何单纯观念，这种观念全是"事物按自然方式作用于心灵上的产物"。谈到关于实体的复合观念，"我们关于实体的一切复合观念必定是（而且只能是）由已发现共存于自然界中的那种单纯观念所组成的。"我们除了（1）凭直觉，（2）凭理性，考察两个观念相符或不符，（3）"凭感觉

① 《人类理智论》，第四卷，第一章。

作用,感知个别事物的存在,”之外,不能有任何知识(第四卷,第三章,第2节)。

在所有这些话里,洛克假定以下的事情为已知。他称之为感觉的某种精神现象在本身以外具有原因,而这种原因至少在一定程度上和在某些方面与其结果——感觉是相像的。但是准照经验主义的原则来讲,这点怎么可能知道呢?我们经验到了感觉,但没经验到感觉的原因;即使我们的感觉是自发产生的,我们的经验也会完全一样。相信感觉具有原因,更甚的是相信感觉和它的原因相似,这种信念倘若要主张,就必须在和经验完全不相干的基础上去主张。“认识即关于二观念相符或不符的知觉”这个见解正是洛克有资格主张的见解,而他所以能逃避开这见解必然带来的悖论,凭借的却是那么严重的一种矛盾,只由于他坚决固守常识,才让他看不见这种矛盾。

这个难题到如今一直是经验主义的麻烦。休谟把感觉具有外部原因这个假定抛弃,从而除掉了它;但是每当他一忘记自己的原则,连他也保留这个假定,这原是极常有的事。他的那条基本准则:“没有任何观念不具有前行印象”是从洛克接手过来的,可是这条准则只在我们认为印象具有外部原因的限度内才似乎
637 有道理,因为“印象”一词本身就让人情不自禁地联想到外部原因。而如果休谟达到了某个程度的首尾一贯,这时候他就悖理得荒唐。

至今还没有人创造成功一种既可信赖同时又自圆其说的哲学。洛克追求可信,以牺牲首尾一贯而达到了可信。大部分的伟大哲学家一向做得和洛克正相反。不能自圆其说的哲学绝不会

完全正确，但是自圆其说的哲学满可以全盘错误。最富有结果的各派哲学向来包含着显眼的自相矛盾，但是正为了这个缘故才部分正确。我们没有任何理由设想一个自圆其说的体系就比像洛克的那种显然有些错误的体系含有较多的真理。

洛克的道德原则，一部分就它的本身讲，一部分当作边沁的前驱看，都很有意思。我所说的他的道德原则，并不指他实际为人的道德性向，而是指关于人如何行事和应当如何行事，他的一般理论。洛克如同边沁，是一个满怀亲切感情的人，然而他却认为一切人（包括他自己）在行为上必定总是完全被追求个人幸福或快乐的欲望所驱使。略引几段话可以说明这点。

"事物或善或恶，那是仅就快乐或痛苦而言。凡易于让我们产生快乐或增大快乐、或者减少痛苦的事物，我们称之为'善'。"

"激起欲望的是什么？我答道，是幸福，仅是幸福。"

"充量的幸福就是我们有分领受的最大快乐。"

"追求真幸福的必要〔乃是〕一切自由的基础。"

"舍善从恶〔是〕明显的错误判断。"

"制驭我们的炽情〔即是〕正当地改善自由。"①

这些话里面最末一句看来似乎是依据来世报赏惩罚之说的。神制定下了某些道德规律；恪守这些规律的人进天堂，干犯规律的人保不住要入地狱。因此，有远虑的快乐追寻者便要有道德。随着罪为地狱之门这种信念的衰微，就比较难提出一个支持有德生活的纯利己的理由了。边沁是自由思想家，把人间的制法者换 638

① 以上所引各句都见于第二卷，第二十章。

到神的位置上：调和公众利益和私人利益是法律和社会制度的任务，因而在每个人追求个人幸福的时候，也应当强使他为总体幸福尽一份力。但是这还不如借助天堂地狱做到的公私利益的调和圆满，不仅因为制法者不总是英明或有道德的，而且因为人间政府也不是全知的。

洛克也只好承认一件明显的事：人并非总按照依理来推测多半会确保他有最大快乐的方式行动的。我们对现时的快乐比对将来的快乐更重视，对最近将来的快乐比对邈远将来的快乐更重视。也不妨说（洛克未这样说）利息利率就是未来快乐一般折扣的一个数量标度。假令一年后花用一千镑的预想和现下花用一千镑的念头同样愉快，那么我就不必要因为延搁了我的快乐而让人付我钱。洛克承认，虔诚的信徒也时常犯按自己的信条说来使他们有入地狱危险的罪。大家全知道一些人迟迟不去见牙医，假使他们在从事对快乐的合理追求，本来是不会迟延那么久的。可见，即使求快乐或避免痛苦是我们的动机，那也必须追补一句：依快乐或苦痛在未来的远近为准，快乐削减它的魅力，苦痛丧失它的可怕。

因为按洛克的意见，自我利益和全体利益一致只是就长远而言，所以要紧的是人应该尽可能以自己的长远利益为指南。也就是说，人当有远虑。远虑是仍待倡导的唯一美德，因为一切失德都是失于远虑。强调远虑，是自由主义的特色。它和资本主义的兴盛有连带关系，因为有远虑的人发财致富，而没远虑的人贫困下去，或贫困如故。这又和新教中的某些种虔诚有关系：为进天堂而讲善德和为投资而储蓄，在心理上是极其类似的。

公私利益的调和这种信念，是自由主义的特色，在洛克讲的它所具有的神学基础崩溃后仍然长时存在。

洛克讲，自由依靠追求真幸福的必要以及制驭我们的炽情。这个意见是他从自己的以下学说推出来的：公私利益固然在短时 639
期内未必一致，长远下去是合一的。由这个学说可见，假若有一个社会，由一律是既虔诚又有远虑的公民组成的，那么给他们以自由，他们都会按促进公益的方式行动。那样，就不必要有约束他们的人间法律，因为神律已经够了。一个从来善良而现在动念要做劫路强盗的人，会对自己说："我也许逃得过人间法官，但是我在天曹法官的手下难逃惩罚。"因此他会放弃他的恶孽阴谋，好像确信要被警察捉获般地去过善良的生活。所以，在远虑和虔诚普遍存在的情况下，法的自由才可能完全实现；在其它场合，缺少不了刑法加给人的约束。

洛克一再申述道德是可能论证的，但是他没把这想法充分发挥到可望做到的程度。最重要的一段文字是：

"**道德可能论证**。在权能、善性和智慧方面是无限的，而且我们是它的创造物并依赖着它——这样一个太上存在者[1]的观念，和作为有理解力、有理性的存在者的我们自身这种观念，都是在我们心中明白有的观念，所以我以为，如果加以适当的考察和探索，会做成我们的义务与行动规则的那种基础，使得道德列置在可能论证的诸科学当中。在下述这点上我不怀疑：凡是对这些科

① 指上帝。——译者

学当中之一和另一，同样无偏颇、同样注意去研究的人，我们由自明的命题，借如同数学里的推理一样无争辩余地的必然推理，可以使他明白是非的尺度。和数目及广延性的关系一样，其它样态间的关系也会确实被感察到：那么我就不了解，假若想出考核或探索这些样态间的相符或不符的恰当方法，为什么它们不也是可能论证的。'无占有，则无不义'，这是个和几何中任何证明同样确实的命题：因为占有观念就是对某事物有权利，而加上'不义'这名称的观念即侵犯或破坏那种权利，显而易见，这两个观念如此确立起来，再把这两个名称跟它们连结上之后，我就可以如同
640 确知三角形具有共等于二直角的三个角一样，确知这个命题是真的。又如，'任何政治也不许可绝对自由'：政治这个观念就是根据某些要求人遵奉的规则或法律建立社会，而绝对自由观念乃是任何人为所欲为。我能够像确信数学中任何命题的正确性一样确信这命题的正确性。"①

这段话让人迷惑不解，因为起初似乎把道德律说得依据神命，但是在举的例子里又隐示道德律是分析命题。据我想，实际上洛克认为伦理学中有些部分是分析命题，其它一些部分则依据神命。另外一个让人惶惑不解的地方是，所举的例子似乎根本不是伦理命题。

还有一个难点，我们总能希望考察一下。神学家们一般主张神命不是随心所欲的，而是在神的善性和智慧下感发出来的。这便要求先于神命，必须有某种"善"的概念，促成了神

① 《人类理智论》，第四卷，第三章，第18节。

不发其他神命，独独发出那些神命。这种概念会是什么，从洛克的著作里是不可能发现到的。他所讲的是，有远虑的人如此这般地行动，因为否则神会降罚给他；但是关于为什么某些行动应当受惩罚，而不是相反的行动该受惩罚，洛克让我们完全蒙在鼓里。

洛克的伦理学说当然是无法给它辩护的。把远虑看成是唯一美德的学说体系中就有某种招人厌感的地方，撇开这点不说，对他的理论还有一些比较非感情的反对理由。

首先，说人只希求快乐，这是因果倒置。不管我可巧希求什么，得到它我就要感觉快乐；但是通常，快乐由于欲望，不是欲望由于快乐。像被虐狂者[①]那样，希求痛苦也是可能有的；在这种情况，满足欲望仍旧有快乐，然而快乐里混合着它反面的东西。即使按洛克自己的学说讲，人也不就是希求快乐，因为最近的快乐比渺远的快乐更是人所希求的。假如道德真像洛克和他的门徒努力以求的那样，能由欲望的心理学推演出来，就不会有理由非难把遥远快乐打折扣，或有理由把远虑当一个道德义务来坚持主张了。简括说来，洛克的议论是："我们只希求快乐。但是实际上，有许多人并不就是希求快乐，而是希求最近的快乐。这件事 641
违反我们讲的他们就是希求快乐的学说，所以是不道德的。"几乎所有的哲学家在他们的伦理学体系中都首先立下错误的一说，然后再主张"不道德"便是照足以证明这一说错误的那种做法去行动，可是假使该学说当真正确，这件事根本就办不到。在这种类

① "被虐狂"据说是一种性心理变态，以受异性的痛苦虐待为乐。——译者

型中，洛克便是一个实例。

642 第十四章 洛克的政治哲学

第一节 世袭主义

1688年英国革命刚过后，在1689年和1690年，洛克写了他的两篇《政治论》，其中特别第二篇在政治思想史上非常重要。

这两篇论著中头一篇是对世袭权力说的批评。它是给罗伯特·费尔默爵士[①]的《先祖论即论国王之自然权》(*Patriarcha: or The Natural Power of Kings*)一书作的答辩，那本书出版于1680年，不过是在查理一世治下写成的。罗伯特·费尔默爵士是一位王权神授说的赤诚拥护者，殊不幸活到了1653年，因为处决查理一世和克伦威尔的胜利，他想必感到刻骨伤心。但是，《先祖论》的撰写虽说不比内战早，倒还在这些惨痛事以前，所以书中自然要表现理会到颠覆性学说的存在。那种学说，如费尔默所说，在1640年就不新鲜。事实上，新教的和旧教的神学家们，双方在各别跟旧教徒君主及新教徒君主的争执中，都曾经激烈主张臣民有反抗无道昏君的权利，他们写的东西供给了罗伯特爵士丰富的论战材料。

---

① 罗伯特·费尔默爵士(Sir Robert Filmer，1589—1653)，英国政治思想家。——译者

罗伯特·费尔默爵士的爵士封号是查理一世授予的，他的家宅据说遭国会党人抢掠过十次。他以为挪亚上航地中海，将非洲、亚洲和欧洲各分派给含、闪和雅弗①，未见得不实有其事。他主张，依照英国宪法说，上院无非是向国王进忠言，下院的权限更小；他讲，独有国王制定法律，因为法律全然是由他的意志发出来的。据费尔默说，为王的完全不受一切人间的管制，而且不能以他的先人的法令束缚他，甚至不能以他自己的法令束缚他，因为"人给自身定法律，是万不可能有的事。"

这些见解表明，费尔默属于神授权说派中顶极端的一流人物。

《先祖论》开篇是驳击这样一种"俗见"："人类禀受天赋，生来就有免于一切隶属的自由，得随意选择自己所好的政治形式，任何一个人对他人的支配权，最初都是按照群众的裁夺授予的。"费 643
尔默说，"这一说起初是在讲所②中谋划出来的。"依他说，真相全非如此；那是这样：原来神把王权授给了亚当，王权由亚当下传给他的历代继承人，最后到了近世各个君主手里。他确断地说，现下当国王的"或者就是、或者该看成是，最初为全人类生身父母的那两位元始先祖③的隔代继承人"。看来，我们的元祖④并未充分欣赏他作世间一统王的特权，因为"求自由的欲望乃是亚当堕落的第一个原因"。求自由的欲望是罗伯特·费尔默爵士认为邪恶

① 含、闪、雅弗是挪亚的三个儿子。见《旧约》《创世记》，第五章，第32节。——译者

② 指中世纪时讲授逻辑、形而上学、神学的场所。——译者

③ 指亚当与夏娃。——译者

④ 指亚当。——译者

的一种感情。

查理一世的要求，他那一方的大轴主角们的要求，比以前的时代会容许给国王的还有过之而无不及。费尔默指出，英格兰耶稣会士帕森斯（Parsons）和苏格兰加尔文派信徒布凯南（Buchanan），虽然在旁的事情上几乎意见从不一致，却双双主张君王乱政可以由臣民废黜。不用说，帕森斯心里想着奉新教的伊丽莎白女王，布凯南心里想着苏格兰的旧教徒女王玛利。布凯南的学说由成功认可了①，但是帕森斯的学说由于他的同僚坎平②处死刑而被驳倒。

还在宗教改革以前，神学家们就往往相信限制王权是好事。这是大半个中世纪内，遍欧洲如火如荼的教会与国家的斗争的一部分。在这场斗争中，国家靠武装力量，教会凭仗聪明和神圣。教会在兼有这两美的期间，斗争胜利；等它一闹得只有聪明时，就落了败局。但是虔心深诚的名士们所发的反对国王权力的言论，在记载上还留着，那固然本意是为了教皇的利益，用来支持臣民的自治权也无不可。费尔默说："阴险狡猾的经院学者们，定要把国王猛贬到教皇的下位，认为最稳妥的手段莫过于将臣民抬举到国王之上，好让教皇权代替王权。"他引征神学家贝拉民（Bellarmine）的话，贝拉民讲俗权是由人授给的（即是说，非由神授给的），"只要臣民不把它授给国君，这权力就在臣民中间"；依费尔
644 默说，这一来贝拉民"让神成了一个民主阶层的一手创造者"。这

① 指玛利女王被伊丽莎白处死。——译者

② 坎平（Edmund Campion，1539—1581），英国耶稣会士，因反对英国国教会，被处绞刑。——译者

在他觉得其荒谬绝伦，有如说神是布尔什维主义的一手创造者，让现代的富豪财阀听来的感觉一样。

费尔默讲政治权力的由来本末，不从任何契约讲起，更不从关于公益的什么理由出发，却完全追溯到父亲对儿女的威权。他的见解是：帝王威权的本源在儿女服从父母；《创世记》中的那些先祖们就是君主；做国王的是亚当的后代继承人，最低限度也该把他们以这等人看待；国王的当然权利与父亲的当然权利一样；在本性上，儿子永远脱不开父权，即便儿子长大成人，而父亲已老朽不堪。

整个这套说法，在现代人想来，觉得真荒诞离奇，难相信它还是郑重主张的说法。我们不习惯从亚当与夏娃的故事追政治权利的老根。我们认为，儿子或女儿够二十一岁时，亲权应该完全终止，这之前亲权必须受国家以及儿辈们渐次获得的独立发言权很严格的限制，这都是明白的道理。我们承认，做母亲的和父亲至少有相等的权利。但是，撇开这种种理由不谈，除了在日本外，现代人哪个也不会想起来假定政治权力在什么地方应当和父母对儿女的支配权等量齐观。确实，在日本仍然信奉着和费尔默学说酷似的一说，所有教授及中小学教师必须讲授这说法。天皇的血统可以上溯到太阳女神，他便是这女神的后代继承人；其他日本人也是女神的苗裔，然而属于她的家系里的末支。因此天皇是神，凡违抗天皇就叫渎神。这一说大体上是 1868 年①的杜撰，但现下在日本托称是自从开天辟地口传下来的。

---

① 明治元年。——译者

硬栽给欧洲一个同样的说法，这个打算——费尔默的《先祖论》即其中一部分——失败了。什么缘故？承认这种说法，是绝不违反人性的事；例如，除日本而外，古代的埃及人，被西班牙征服以前的墨西哥人、秘鲁人，都信奉过这说法。在人类演进的某个阶段，这种说法自然而然。斯图亚特朝的英国已经过了这个阶段，但是现代的日本没有过。

在英国神授权学说的失败，由于两大原因。一是教派杂多；二是君主、贵族和上层资产阶级之间的权力争斗。谈到宗教，从
645 亨利八世在位的时代以后，英王为英国教会的首脑，这教会既反对天主教，又反对大部分新教宗派。英国教会自夸是折衷派；钦定英译本圣经的序文开头是："我英伦教会自从最初编纂通用祈祷书以来，一向在两极端之间保守中庸，是为其英明所在。"总的说来，这个折衷投合了大多数人的心意。玛利女王和詹姆士二世国王竭力要把国民拖向罗马一边，内战中的胜利者们竭力要把国民拖到日内瓦[①]去，但是这些个打算都终于失败，到1688年以后，英国教会的势力就不可动摇了。然而，它的反对派也存留下来。尤其是，非国教派信徒们是一些锐气勃勃的人，而且在势力正不断增长的富商与银行家中间为数很多。

国王的神学立场有些独特，因为他不但是英国国教会的首领，也是苏格兰教会的首领。在英格兰，他得信赖主教，排斥加尔文派教义；在苏格兰，他得排斥主教，信仰加尔文派教义。斯图亚

① 日内瓦在宗教改革运动中占领导地位，一般把它看成是新教的大本营。——译者

特朝的国王们有纯正坚定的宗教信仰，因此他们便不可能抱这种阴阳两面的态度，让他们在苏格兰比在英格兰更伤脑筋。但是从1688年以后，为了政治上的便宜，国王们默许同时奉两种宗教。这有碍宗教热忱，也使人难以把他们看成神化的人物了。反正，无论天主教徒或非国教派信徒，都不能默认代表君主政治的任何宗教主张。

国王、贵族和富裕中产阶级三方面，在不同时代结成不同的联盟。在爱德华四世和路易十一世治下，国王与中产阶级联合反对贵族；在路易十四时代，国王联贵族对抗中产阶级；在1688年的英国，贵族跟中产阶级合起来反国王。国王若有另外两派之一和他一气，他势力强大；如果两派联合起来反对他，他就势孤力薄了。

特别因为以上种种缘故，洛克要摧毁费尔默的议论毫无困难。

在说理方面，洛克当然是轻而易举的。他指出，即便要讲的是亲权，那么母亲的权力也应当和父亲的相等。他力言长子继承法的不公道，可是假使要拿世袭作君主制的基础，那是避免不了 646
的。所谓现存的君主们从某种实际意义上讲是亚当的后代继承人，洛克嘲弄这种说法的无知可笑。亚当只能有一个后代继承人，可是谁也不晓得是哪一个。他问道，费尔默是不是要主张，假若能发现那个真继承人，现有的全体君主都该把王冠奉置在他的足前？倘若承认了费尔默讲的君主制基础，所有国王，至多除一个而外，全成了篡位者，完全无资格要求现实治下的臣民服从。他说，何况父权也是一时的权力，而且不及于生命和财产。

照洛克讲，其余的基本根据且不谈，即凭以上这种理由，就不能承认世袭制为合法政治权力的基础。因而在第二篇政治论中，他要寻求比较守得住的基础。

世袭主义在政治里差不多已成泡影。在我一生当中，巴西、中国、俄国、德国和奥地利的皇帝绝踪了，换上一些不志在建立世袭朝代的独裁者。贵族阶级除在英国而外，在欧洲各处都丧失了特权，在英国也无非一种历史性的形式罢了。在大多数国家，这一切还是很近的事，而且和各种独裁制的抬头大有关系，因为传统的权力体制已被一扫而光，为成功地实行民主所必需的习性还未暇成长起来。倒有一个大组织从来不带一点世袭因素，就是天主教会。各种独裁制假若存留下去，可以逆料要逐渐发展一种政治形式，和教会的类似。就美国的大公司说已经发生了这种情况，那些大公司拥有和政府的权力几乎相埒的权力，或者说在珍珠港事变以前一直是拥有的。

奇怪的是，民主国家政治上摒弃世袭主义，这在经济范围内几乎没有起丝毫影响。（在极权主义国家，经济权力已并入政治权力中。）我们仍旧认为理所当然，人应该把财产遗留给儿女；换句话说，虽然关于政治权力我们摒弃世袭主义，在经济权力方面却承认世袭主义。政治朝代消灭了，但是经济朝代活下去。现下我既不是发议论赞成，也不是发议论反对这样地不同对待这两种
647 权力；我仅仅是指出存在着这事情，而且大多数人都没有察觉。读者试想一想，由大宗财富产生的对他人生命的支配权要世袭，这在我们觉得多么自然，你就更能了解，像罗伯特·费尔默爵士那种人在国王权力问题上如何会采取同样的看法，而和洛克抱一

致思想的人们所代表的革新又是如何之重大了。

要想了解费尔默的理论如何会得到人的相信，洛克的反对理论如何会显得有革命性，我们只消细想一下当时对王国的看法和现在对地产的看法是一样的。土地所有主持有种种重要的法权，主要的是选定谁待在该土地上的权力。所有权可以通过继承来传让，我们觉得继承到了地产的人，便对法律因而容许给他的一切特权有了正当要求资格。然而究其实这人的地位同罗伯特·费尔默爵士为其要求而辩护的那些君主们的地位一样。如今在加利福尼亚州有许多庞大地产，其所有权是西班牙王所实际赐予，或伪托是他所赐予。他所以有资格作出那样的赐予，无非是（一）因为西班牙信奉和费尔默的见解类似的见解，（二）因为西班牙人在交战中能够打败印第安人。然而我们还是认为受到他的赐予的那些人的后代继承人有正当的所有权。恐怕到将来，这事情会跟费尔默在今天显得一样荒诞吧。

第二节　自然状态与自然法

在第二篇《政治论》一开始，洛克说他既然说明了从父亲的威权追寻政治威权的由来行不通，现在要提出他所认为的统治权的真根源。

他假定在人间的一切政治之先，有一个他所谓的“自然状态”，由此说起。在这个状态中有一种“自然法”，但是自然法系由一些神命组成，并不是人间的哪个立法者加给人的。至于在洛克看来，自然状态到底有几分只是一个说明性的假说，究竟他有几

分设想它曾经在历史上存在过，不得而知；但是我觉得好像他每
648 每把这状态认成是实际出现过的一个时代。有个社会契约设立了民政政治，人类借助于该契约脱出了自然状态。这事情他也看成或多或少是历史事实。但是目下我们要说的是自然状态。

关于自然状态及自然法，洛克要讲的话大多并不新颖，不过是中世纪经院派学说的旧调重弹。圣托马斯·阿奎那这样讲：

"人制定的每一宗法律，有几成出于自然法，便恰带有几成法律性质。但是它若在哪一点上与自然法抵触，它立即不成其为法律；那纯粹是对法律的歪曲。"①

在整个中世纪，大家认为自然法谴责"高利贷"，即有息放款。当时教会的产业差不多全在于土地，土地所有主向来总是借债的人，不是放债的人。但是等新教一兴起，新教所得的支援——特别是加尔文派得到的支援——主要来自富裕中产阶级，这班人却是放债的，不是借债的。因此，首先加尔文，然后旁的新教宗派，最后天主教会，都认可了"高利贷"。这一来，对自然法也有了另一种理解，但是谁也不怀疑存在这种东西。

自然法的信仰消灭后仍存在的许多学说，是从这个信仰发源的；例如，自由放任主义和人权说。这两个学说彼此有关系，二者都起源于清教徒主义。有陶奈所引证的两段话可以说明这点。1604 年英国下院的一个委员会发表：

"全体自由臣民，关于自己的土地，又关于在自己所专务而赖以为生的职业中自由发挥勤奋一事，天生持有继承权。"

① 陶奈在《宗教与资本主义的兴起》一书中所引的话。

又在1656年约瑟·李写道：

“每人借自然与理性之光的烛照，都要做有利于个人最大利益的事，这是无法否认的金科玉律。……私人的腾达向上就会是公众的利益。”

若不是因为有“借自然与理性之光的烛照”几个字，这满可说是十九世纪时写的呢。

我重说一遍，洛克的政治论中新颖的东西绝无仅有。在这点上，洛克和凭思想而博得了名声的人大都相似。一般讲，最早想出新颖见解的人，远远走在时代前面，以致人人以为他无知，结果他一直湮没无闻，不久就被人忘记了。后来，世间的人逐渐有了 649
接受这个见解的心理准备，在此幸运的时机发表它的那个人便独揽全功。例如，达尔文就是如此；可怜的孟伯窦勋爵[①]成为笑柄。

关于自然状态，洛克还不及霍布士有创见；霍布士把它看成是这样一种状态：里面存在着一切人对一切人的战争，人生是险恶、粗卑而短促的。但是霍布士被人认为是个无神论者。洛克由前人接受下来的自然状态与自然法之说，脱不开它的神学根据；现代的自由主义多除掉神学根据来讲这一说，这样它就欠缺清晰的逻辑基础。

相信太古时候曾有个幸福的“自然状态”这种信念，一部分来自关于先祖时代的圣经故事，一部分来自所谓黄金时代这个古典神话。一般人相信太古坏的信念，是随着进化论才有的。

---

① 孟伯窦勋爵(Lord Monboddo)，本名詹姆士·伯奈特(James Burnett, 1714—1799)，苏格兰法官，人类学家；在达尔文之前主张人类可能是由猿猴演变来的。——译者

以下是洛克著作中见得到的最近乎是自然状态的定义的一段话：

“众人遵循理性一起生活，在人世间无有共同的长上秉威权在他们之间裁决，这真正是自然状态。”

这不是写蛮民的生活，这是写有德行的无政府主义者们组成的空想社会，这帮人是绝不需要警察和法院的，那是因为他们永远遵从“理性”，理性跟“自然法”就是一个东西，而自然法本身又是由那些大家认为发源于神的行为规律组成的。（例如，“不可杀人”①是自然法的一部分，而交通规则却不是。）

再引证一些话，可以使洛克的意思显得更清楚些。

“〔他说〕为正确地理解政治权力，并且追溯到它的本源，我们必须考察人类天然处于何种状态；那状态即是：在自然法的限度内，人有完全自由规定自己的行动，处理自己的财物和人身；不请求许可，也不依从任何旁人的意志。

“那也是平等的状态，其中一切权力和支配权都是相互的，谁也不比谁多持有；有件事最明白不过：同样品类的被造物，无分彼此地生来就沐浴着完全同样的自然恩惠、就运用同样的官能，那
650 么相互之间也应当平等，无隶属服从关系；除非他们全体人的上神主宰明显宣示意志，将其中一人拔举在他人之上，作出明白清楚的任命，授予他对统治与主权的不容置疑的权利。

“但是尽管这〔自然状态〕是自由的状态，却并非狂纵状态：该状态下的人虽持有处理自己的人身或财物的难抑制的自由，然而

① 基督教的“十诫”之一，见《旧约》《出埃及记》，第二十章，第 13 节。——译者

他却没有自由戕害自身，甚至没有自由杀害他所占有的任何被造物，除非有比单纯保存它更高尚的某种用途要求这样做。自然状态有自然法支配它，这自然法强制人人服从；人类总是要向理性求教的，而理性即该自然法，理性教导全人类：因为人人平等独立，任何人不该损害他人的生命、健康、自由或财物”①（因为我们全是神的财产）②。

不过，情况马上显出来好像这样：大多数人处于自然状态时，仍会有若干人是不依照自然法生活的，于是自然法在一定限度内提供抵制这般罪犯的可行手段。据他讲，在自然状态下，每个人可以保卫他自己以及为他所有的东西。“凡流人血的，他的血也必被人所流”③是自然法的一部分。一个贼正动手偷我的财物时，我甚至可以把他杀死，这个权利在设立政治之后还是存在的，固然，若存在政治，假如贼跑掉，我必须舍弃私自报复而诉之于法律。

自然状态有个重大缺陷，当存在这种状态期间，人要保卫他的权利必须依赖自己，所以人人是自己的讼案中的法官。对这个弊害，政治正是救治手段，但它不是*自然的*手段。据洛克说，人脱离自然状态，是靠一个创立政府的契约。并不是任何契约都结束自然状态，唯有组成一个政治统一体的契约如此。各独立国政府现下彼此间正处于自然状态之中。

---

① 比较美国的《独立宣言》。

② “他们是神的财产，他们是神赐造的东西，造出来在神嘉许的期间存续，而非在他人嘉许的期间存续。”

③ 见《旧约》《创世记》，第九章，第6节。——译者

在一段大概针对着霍布士的文字中，洛克讲自然状态和战争
651 状态不是一回事，倒比较近乎它的反面。洛克在以盗贼可视为对人开战为根据，说明了杀贼的权利之后，说道：

"于此就看到一种明白的区别，'自然状态与战争状态的区别，'这两个状态尽管有些人把它们混为一谈，但是相去之远犹如一个和平、亲善、相互扶助和保护的状态，与一个敌对、仇恶、暴力和相互破坏的状态彼此相去之远一样。"

大概自然**法**应该看成比自然**状态**范围要广，因为前者管得着盗贼和凶杀犯，而在后者里面却没有那种罪犯。至少说，这看法指出了一条路子，解决洛克的一个显明的矛盾，那就是他有时候把自然状态描绘成人人有德的状态，又有些时候讨论在自然状态下为抵御恶人侵犯，依正理可采取什么做法。

洛克所说的自然法有些部分真令人惊讶。例如，他说正义战争中的俘虏依自然法为奴隶。他还说，天生来每人有权惩罚对他本身或他的财产的侵袭，甚至为此可以伤人性命。洛克没附加任何限制，所以我如果抓到一个干偷鸡摸狗之事的人，依自然法显然我有理由把他枪毙。

在洛克的政治哲学中，财产占非常显著的地位，而且据他讲，财产是设立民政政治的主要原因：

"人类结合成国家，把自己置于政治之下，其伟大的主要目的是保全他们的财产；在自然状态中，为保全财产，有许多事情阙如。"

这套自然状态与自然法之说，全部是在某个意义上清楚明了，但在另一个意义上甚是莫名其妙。洛克所想的是什么，这倒

明了;但是他如何会有了这种想法,那就不清楚了。由前文知道,洛克的伦理学是功利主义的伦理学,但是当他考察“权利”问题的时候,他却不提出功利主义的意见。类似这样的事情在法学家们所讲授的全部法哲学中俯拾即是。法权可以下定义:笼统说来,一个人若能够求法律保护不受损害,就谓之享有法权。人对自己的财产一般讲有法权,但他假若持有(譬如说)违禁的大量可卡因,他对偷他的可卡因的人没有法律救济权。但是立法者总得决定创立什么法权,于是自然就倚赖“自然”权利的概念,把这种权 652
利作为法律应确保的权利。

现在我打算尽可能地用非神学的语言讲一讲类似洛克的那种理论。如果假定伦理学以及把行为分成“是”与“非”的分类,从逻辑上讲先于现实法律,那么便可能用不包含神话性历史的说法来重新叙述这理论。为把自然法推论出来,我们不妨这样提问题:在不存在法律和政治的情况下,某甲做了哪些类反对某乙的事,某乙便有正当理由对某甲报复?又在各种具体情况下,哪类报复算得正当?一般认为,任何人为对抗旁人的怀有杀心的袭击而自卫,必要时甚至于把袭击者杀死,也无可指责。他可以同样保卫他的妻子儿女,或者简直可以保卫一般大众里的任何一员。在这种事情上,假使尚未召来警察的援助以前,被袭击者会死掉(这也是多半会发生的事),那么,存在着禁杀人的法律与题毫不相干。所以我们就得仰赖“自然”权利。人也有权保卫个人的财产,虽然关于在正当范围内可以加给盗贼如何程度的伤害,意见不一。

在国与国之间的关系上,就像洛克所说的,“自然”法是适用的。在什么情势下战争谓之正当？只要任何国际政府还不存在，这问题的答案就不是法学上的答案，而纯粹是伦理上的答案。回答这个问题，必定要和就无政府状态下的个人说来一样回答法。

法的理论总要以个人的“权利”应受国家保护这种见解作依据。换句话说，人如果蒙受据自然法的原则有正当理由进行报复的那类伤害，成文法应当规定报复该由国家来实行。假如你见某人袭击你的弟兄，要杀害他，如果用其它办法救不了你的弟兄，你有权把这人杀死。在自然状态下，若有人杀害你的弟兄已遂，你有权杀死他——至少洛克认为如此。但是如果有法律在，你丧失这个权利，因为它由国家接过去了。假如你为了自卫或保卫旁人而杀人，你总得向法庭证明这是杀人的理由。

那么，仅就道德律独立在成文法规之外来说，不妨把“自然法”看作就等于道德律。好法律同坏法律假如要有什么区别，非
653 有这种道德律不可。对洛克来说，问题简单，因为道德律已由神制定下了，在《圣经》里找得到。这个神学根据一撤掉，问题就比较棘手。但是只要认为正当行为与不正当行为之间有道德上的区别，我们可以这样讲：在没有政府的社会里，由自然法来决定哪种行为在道德上算正当，哪种行为不正当；成文法在可能范围内应该以自然法为指针，传自然法的精神。

个人有某种不可侵夺的权利之说，按其绝对形式讲，与功利主义是矛盾的，那就是，与所谓正当行为即最有助于促进总体幸福的行为这个学说是矛盾的。但是为了要某个学说成为法的适当依据，它并不是非在一切可能有的情况下都正确不可，只需要在绝大多数的场合是对的。我们都能够设想一些场合，那时杀人

可说是正当的，但这种场合究属罕见，不能成为反对杀人犯法的理由。同样，从功利主义的观点看，给每个人保留一定的个人自由范围，也许是要得的（我并不说一定要得）。假若如此，纵然人权难免有例外情况，人权说也是相应法律的适当根据。功利主义者总得从人权说的实际效果着眼，来研讨看成是法的根据的人权说，不能够自始便非难人权说违反自己的伦理学。

第三节　社会契约

在十七世纪的政治思想中，关于政府的起源，主要有两类理论。一类理论我们已有罗伯特·费尔默爵士为实例：这类理论主张，神把权力赋给了某些人，这些人或他们的后代继承人构成合法政府，所以反抗它不仅是大逆，而且是渎神。这种见解是远古以来人心所认可的：差不多在一切初期的文明各国中，为王的都是神圣人物。国王们自然把它看成是个绝妙的好理论。贵族们有支持它的动机，也有反对它的动机。于这理论有利的是，它强调世袭主义，而且对抵制骤然兴起的商人阶级这件事给予庄严的支持。若中产阶级比起国王来，是贵族所更为惧怕或憎恨的，这种动机便占优势。如果事情适相反，尤其是假若贵族自己 654
有获得大权的希望，他们就往往反对国王，因而排斥各种王权神授说。

另一类主要理论——洛克是其代表者——主张民政政治是契约的结果，并非由神权确立的东西，而是纯粹现世的事情。有的著述家把社会契约看成是历史事实，有的看成法律拟制[1]；对所有这些人来说，重要的问题是为统治权力找出一个现世的起源。事实上，除这个想象的契约外，他们再想不出什么可替代神授权说的东西。除谋反者而外，人人感觉必须为服从政府这件事找出*某种*根据，他们认为只是说对大多数人来说政治的权力有方便是不够的。政治在某个意义上必须有一种强人服从的*权利*，若不说那是神命，似乎只好说是契约授予的权利了。因此，政治是由契约设立的这个学说，几乎在所有反对王权神授说的人当中都得人心。在托马斯·阿奎那的思想中这个理论略露眉目，但是在格老修斯的著作里见得到最早对它的郑重发挥。

契约论可能成为一种为专制政治辩解的理论。例如，霍布士认为公民之间有一个契约，把全部权力移交给选定的主权者，但是该主权者并非契约的一方，因此势必获得无限制的权力。这种理论起初本来就可以成为克伦威尔极权国家的口实；王政复辟之后，它给查理二世找到根据。然而在洛克讲的那种契约论中，政府为契约的一方，如果不履行这契约中的义务，可以有正当理由反对它。洛克学说在本质上或多或少是民主的，但是民主成分受到一个（暗示而未明言的）见解的限制，那就是没有财产的人不应当算公民。

现在我们看关于当前这个问题，洛克是要讲些什么。

首先有一个政治权力的定义：

---

[1] 旧法学名词，指为了事件便于解决，在法律上假定某事物为事实，而不问它是否真实。——译者

“所谓政治权力，我以为即制定法律的权利，为了规定与保护财产而制定法律，附带着死刑、下而至于一切轻缓刑罚，以及为执行这种法律和为防御国家不受外侮而运用社会力量的权利，而这 655
一切无非为了公益。”

据他讲，在自然状态下，每个人是自己的讼案中的法官，由此生出种种不便当，政治是其救治手段。但是若君主是争执的当事者，这就不成其为救治手段，因为君主既是法官又是原告。为了这些理由，所以产生一个意见，认为政府不可是专制的政府，而且司法部门应该独立在行政部门以外。这种议论在英国在美国都有了远大前途，但是目前我们暂且不谈。

洛克说，每人天生就有权惩治对他本身或他的财产的侵袭，甚至致人死命。在人们把这个权利转移给社会或法律的场合，而且只在这种场合，才有政治社会。

君主专制不算是一种民政政治，因为不存在中立威权，裁定君主和臣民之间的争执；实际上，君主在对臣民的关系上依然处于自然状态。希望一个生性粗暴的人因为做国王就会有道德，是没有用的。

“在美洲森林里要骄横为害的人，在王座上大概也不会善良很多；在王座上，恐怕他将找出学问、宗教为他对臣民所做的一切事情辩护，凡有胆敢提出怀疑的人，利剑立刻叫他们噤声。”

君主专制正好像人们对臭猫和狐狸有了防护，“却甘心被狮子吞噬，甚至可以说以此为安全。”

市民社会势必要服从过半数，除非大家同意需要更多的人数（例如，就像在美国，要修改宪法或批准条约时。）这听起来好像民主,但是必须牢记洛克首先认为妇女和穷人是被排斥在公民权利以外的。

“政治社会的发端有赖于各个人同意联合组成单一的社会。”据他(有些不大认真地)主张,这种同意必是在某个时代实际有过的,虽然他承认除了在犹太人中间,各处政治的起源都在有史以前。

656 设立政治的市民契约只约束订立这契约的那些人;父亲所订的契约,儿子必得重新承认。(由洛克的原则如何推出来这点,显而易见,但此话却不太现实。有哪个美国青年到了二十一岁,宣称“我不要受创建这合众国的那个契约的约束”,他就会惹来一身麻烦。)

据他讲,依据契约的政府,其权力绝不越出公益范围以外。方才我引证了一句关于政治权力的话,话尾是“而这一切无非为了公益。”洛克好像没想起来问一问,这公益是要谁来判定的。显然,如果由政府判定,政府就总下有利于自己的决定。大概洛克会说,该让公民中过半数人判定。但是有许多问题得迅速决定,不容先查明选民的意见;其中和战问题或许是最重要的了。在这样的事情上,唯一的救治手段是给予舆论或舆论代表者们某种权限(例如弹劾权),有权事后惩办那些做出不孚人望的行为的行政官吏。但是这常常是个很不够的手段。

我在上文引证了一句话这里必须再引一遍:

“人类结合成国家,把自己置于政治之下,其伟大的主要目的是保全他们的财产。”

和这个原则取一致,洛克宣称:

"最高权力若不经本人同意,不得从任何人取走其财产的任何部分。"

更让人惊诧的是这个讲法:军队长官对部下兵士们尽管操生杀大权,却没有拿走金钱的权。(据此说来,在任何军队里,惩办轻微的违犯军纪,处罚款是不对的,却许可通过鞭挞一类的体伤来惩罚。这说明洛克让他的财产崇拜带到了何等荒谬的地步。)

课税问题依我们想总会给洛克作梗,他却丝毫无睹。他讲,政府的经费须由公民负担,但是要经公民同意,就是说有过半数人的同意。但请问,倒是为什么有过半数人的同意便够了?他说过,必须有个人的同意,政府才有正当理由拿走人的财产的任何 657
部分。据我想,各人默然同意照过半数人的决定课税,这一点被洛克假定为包含在各人的公民身份中,而公民身份又被假定是由己自愿的。不必说,这一切有的时候和事实完全相反。关于自己应属于哪个国家,大部分人都没有有效的选择自由,至于想不属于任何国家,如今谁也没有这个自由。举个例,假使你是和平主义者,不赞成战争。随你住在什么地方,政府总要为军事用项拿走一些你的财产。有什么正当道理能使你不得不接受这点呢?我可以想象许多个答案,但是我认为哪个答案和洛克的原则也不是一致的。他未经适当考虑就横加上服从过半数的准则,而且除神话性的社会契约外,他也没提出从他的个人主义的前提到这准则的任何过渡。

社会契约按这里所要求的意义讲,总是一种架空悬想的东西,即使在从前某个时代实际有过一个契约创建了我们说的那个政府。美国是一个切题的实例。当初制定美国宪法时,人们是有选择自由的。即使在当时，有不少人投了反对票，这些人因此便不是契约的当事者。当然，他们本来可以离开那个国家，由于留下没走，结果被视为就得受他们未曾同意的契约的约束。但是实际上离开自己的国家通常是难事。谈到宪法既制定之后出生的人，所谓他们的同意，更加不着边际了。

与政府相对抗的个人权利这个问题，是个很难讲的问题。民主主义者认为如果政府代表着过半数人，它有权强制少数，这太轻率了。在某个限度以内，这话定然不假，因为强制乃是政治少不得的要素。但是多数派的权神授说如果强调得过分，会成为和王权神授说几乎一样暴虐的东西。洛克在《政治论》里关于这问题没有怎么谈论，但是在他的《论宽容的书简》中考察得相当详尽，他主张凡信仰神的人，绝不该因为他的宗教见解的缘故而被治罪。

契约创立了政治之说，当然是进化论以前的讲法。政治如同麻疹和百日咳，必是逐渐发展起来的，固然它也和这两种病一样，
658 可能突然传入像南洋群岛那样的新地域。人们没研究过人类学以前，完全不知道政治的萌芽里所涉及的那种种心理过程，完全不知道促成人们采纳后来才知有益的那些制度风习的种种离奇古怪的理由。但是社会契约说当作一个法律拟制，给政治找根据，也有几分道理。

第四节 财产

由我们以上就洛克对财产的意见所讲的话看来，可能觉得仿

佛洛克拥护大资本家，既反对比他们社会地位高的人，也反对比他们社会地位低的人，然而这可说只是部分真实。在洛克的著作中，见得到预兆高度资本主义的学说的论调，也见得到隐隐预示较近乎社会主义的见解的论调，不调和地并存着。和在大部分其他问题上一样，在这个问题上单方面引证他的话容易歪曲他的意思。

下面我写出关于财产问题洛克的一些主要论断，以在书中出现的先后为序。

首先，据他讲每个人对他个人劳力的产品持有私人所有权，或者至少说，应当持有这种权。在工业生产前时代，这准则还不像到后来那么不现实。城市生产在当时主要是自己保有工具、自售产品的手艺人干的。至于农业生产，洛克所隶属的那个学派认为"小农自耕制"算是最好的制度。他讲，人能够耕多少田地，他就可以保有多少田地，但不得更多。他好像随随便便地不理会在欧洲的所有国家，若不经一次流血革命，这个方案可说简直就没有实现的可能。到处农田大部分属于贵族们所有，他们从农民那里强征固定一部分(往往一半)农产品，或强征可能随时变动的地租。前一种制度盛行于法国和意大利，后一种制度盛行于英国。比较靠东方，到俄国和普鲁士，劳动者是农奴，他们为地主干活，实际上没有一点权利。这种旧制度在法国因为法国大革命而结束，在北意大利和西德意志，由于法国革命军的侵略宣告终了。在普鲁士废止农奴制度，是被拿破仑战败的结果；在俄国，是克里米亚战争失败的结果。但是在这两个国家，贵族仍保持了地产。

659 在东普鲁士，这种制度虽然受到纳粹的严厉管制，一直存留到现在；①在俄国和现今的立陶宛、拉脱维亚、爱沙尼亚，由于俄国革命，贵族被剥夺了土地。在匈牙利、罗马尼亚和波兰，他们存留下来；在东波兰，贵族们在1940年被苏联政府"清算"。不过苏联政府竭尽了一切能事在俄国全境改行集体耕作制，不改行小农自耕制。

在英国，向来的发展比较复杂。在洛克的时代，农村劳动者的处境因为存在着公有地而有所缓和：农村劳动者对公有地保有重要的权利，因此便能够自产相当大一部分粮食。这种制度乃是中世纪的遗制，近代头脑的人是不以为然的，他们说从生产的观点看，这种制度不经济。于是有了一个圈占公有地运动，从亨利八世年间开始，在克伦威尔统治时代继续下去，但是直到1750年左右才雷厉风行起来。从那时以后，大约九十年之间，一块又一块的公有地被圈起来，移交给当地的地主。每圈一回，就需要国会有个法令，于是操纵国会两院的贵族们无情地运用他们的立法权肥己，而把农业劳动者推到饥馑的边缘。逐渐，由于工业的发达，农业劳动者的境况有了改善，因为否则防止不了他们往城市迁移。现在，由于有势埃德-乔治所创立的税制，结果贵族迫不得已放弃了他们的大半农业财产。但是那些也拥有城市财产或工业财产的贵族们，却一直能够紧握住他们的不动产。迄今没发生急剧的革命，却有一种现今还在进行着的渐次过渡。目前，那些仍旧富有的贵族们，其财富来源都是仰赖城市财产或工业财产。

① 指第二次世界大战后期。——译者

这段漫长的发展过程，除在俄国外，可以看作符合洛克的原则。事情怪的是，他虽然能够提出需要有那么多革命然后才可以付诸实施的学说，然而却没丝毫征象表现出他认为当时存在的制度不公平，或察觉这制度与他倡导的制度不同。

劳动价值说——即生产品的价值取决于耗费在该产品上的 660
劳动之说——的创立，有人归之于马克思，有人归之于李嘉图；不过这种学说在洛克的思想中就有了，而洛克所以产生这种思想又是由于有上溯至阿奎那的一系列前人。陶奈总结经院派的学说时讲：

“这种议论的精髓就是，制造货品的手艺人，或运输货品的商人，于理可以要求报酬，因为他们全在自己的职业中出劳力，满足公共的需要。万难容赦的罪过是投机者和经纪人的罪过，因为这般人是靠榨取公众必需品牟夺私利的。阿奎那教义的真传是劳动价值说，经院派学者中最末一人是卡尔·马克思。”

劳动价值说有两面，一是伦理的一面，另一面是经济的一面。换句话说，它可以是主张生产品的价值**应当**与耗费在这产品上的劳动成正比，也可以是主张**事实上**这劳动规制着价格。后一说不过大致上正确，这是洛克所承认的。他讲，价值的十分之九由于劳动；但是关于其余十分之一，他毫无表示。他说，给一切东西加上价值差异的是劳动。他举印第安人所占据的美洲的土地为实例，这些土地因为印第安人不事开垦，几乎不具有丝毫价值。他好像并不领会，土地这东西只要一有人**愿意**在它上面劳动，尚未实际劳动之前，它就可以获得价值。假如你保有一块荒地，人家在上面发现石油，你没在这土地上干半点活也能卖一个好价钱。

他不想这种情况，却只想到农业，在他那个时代自然如此。他赞成的小农自耕制对于像大规模开矿那样的事情是用不上的，因为这类事情需要高价设备和大批的工人。

人对自己劳动的产品持有权利这条原则，在工业文明里不管用。假定你在造福特汽车的一道工序里工作，那么总产额中哪一部分出于你的劳动，让人该如何估计呢？又假定你受铁道公司聘用管运输货物，有谁能断定你对生产这货物应视为有多大贡献？由于这种种理由，所以想防止剥削劳动的那班人才放弃了各自的
661 产品各自有权的原则，赞同偏社会主义化的组织生产与分配的方法。

向来倡导劳动价值说，通常是出于对某个被看成掠夺性的阶级的敌意。经院学者只要主张它，便是由于反对高利贷者，那种人大多是犹太人。李嘉图主张它以反对地主，马克思反对的是资本家。然而洛克好像是对任何阶级不抱敌意，在一种真空中主张这理论的。他唯一的敌意是对君主的，但是这跟他对于价值问题的意见没关系。

洛克的见解有的真古怪，我不知道怎么能把它说得近乎道理。他说，人不可有自己和家人尚未及吃完就非烂不可的那么多的李子；但是以合法手段能弄到多少黄金、多少块钻石，却是可以的，因为黄金和钻石是不腐烂的。他没想到持有李子的人，在李子未腐烂以前未尝不可把它卖掉。

洛克把贵金属的不腐坏性看得甚了不起，他讲，贵金属是货币的来源，也是财产不均的来源。他好像以一种空想的学究风度悲叹经济上的不平等，但是他当然并不认为还是以采取那种可能

防止经济不平等的措置为明智。想必他和当时的所有人一样，深深感到富人主要作为艺术、文事的奖励者给文明带来的利益。在现代美国也存在着这种态度，因为美国的科学和艺术大大依赖富豪的捐助。在一定程度上，文明是社会不公推进的。这件事实是保守主义中极其体面之处的根据。

第五节　约制与均衡说

政治的立法、行政和司法几种职权应分离之说，是自由主义的特色；这学说是在英国在反对斯图亚特王室的过程中兴起的，至少关于立法部门和行政部门，是由洛克阐明的。他讲，立法部门和行政部门必须分离，以防滥用权力。当然不言而喻，他说到立法部门，指的是国会，他说行政部门，就指国王；不管他在逻辑 662
上想要指什么意思，至少在情绪上他指的是这个。因此，他把立法部门看成是良善的，而行政部门则通常是恶劣的。

他说立法部门应当高于一切，只不过它必须能由社会罢免。言外之意，立法部门得像英国下院那样，不时通过民众投票来选举。立法部门要能够由民众罢免这个条件，认真讲来，对于在洛克时代英国宪法容许给国王和上院的作为立法权一部分的那种职分是个谴责。

洛克说，在一切组织得良好的政府中，立法部门和行政部门是分离的。于是就发生这个问题：在它们起冲突的时候该怎么办？据他说，行政部门如果不按适当时间召集立法官员，它就是与人民开战，可以通过暴力把它撤除。这显然是在查理一世治下发生的事情让人联想起的一种意见。从 1628 年到 1640 年，查理一世竭力要排除国会，独自掌权。洛克感觉这种事情必须制止，必要时诉之于内战。

他说，“暴力只可用来反对不公不法的暴力。”只要不存在一个什么团体，有法权宣判在什么时候暴力“不公不法”，这条原则在实际事情上就毫无用处。查理一世打算不经国会同意征收造舰税[①]，这件事被他的反对者们断言为“不公不法”，而他断言它又公又法。只有内战的军事结局证明了他对宪法的解释是错误解释。美国的南北战争也发生了同样事情。各州有退出联邦的权利吗？那谁也不知道；只有北军的胜利才解决了这个法律问题。我们从洛克及当时大多数写书的人见得到一个信念：任何正直的人都能知道什么事是公正合法的；这种信念完全没把双方的党派偏见的力量估计在内，也没考虑到不论在外界或在人良心当中都难建立一个对议论纷纭的问题能够下权威性裁断的法庭。在实际事情上，这种纠纷问题假如十分重大，并不由正义和法律解决，而完全由实力解决。

洛克也有些承认这一事实，固然他是用隐话承认的。他说，在立法部门和行政部门的争执中有某些案件在苍天底下没有法
663 官。由于苍天不下明白的判决，所以这实际上就是说只能凭打仗取得解决。因为据认为当然苍天要把胜利给予较好的义举。任何划分政治权力的学说总离不了这类的见解。这种学说若体现

① 战时对海港及沿海城市所课的一种国防税；1634 年至 1636 年查理一世在平时对内陆城市也课了这种税。——译者

在宪法中,那么避免不时打内战的唯一办法就是行使妥协和常识。但是妥协和常识乃是人的习性,成文宪法是体现不了的。

出人意料的是,尽管司法组织在洛克时代是个议论得火炽的问题,关于司法组织他却一言未发。一直到光荣革命时为止,法官总是随时能够被国王解职的;因此当法官的都要判国王的敌对者有罪,而把国王的同党无罪开释。革命之后,法官被定为非有国会两院的敕语奉答文不得免职。大家以为这样一来法官的判决就会遵照法律来下了;事实上,在牵涉宗派性的案件里,这无非让法官的偏见代替了国王的偏见。不管怎样,凡约制与均衡原则得势的地方,司法部门就和立法及行政部门并列,成为政府的第三个独立分支。最可注目的实例是美国最高法院。

约制与均衡说的历史很有趣。

在它的发祥国英国,是打算拿它来限制国王权力的,因为国王在革命以前向来完全控制行政部门。可是,逐渐行政部门成了依属国会的部门,因为一个内阁若没有下院中多数的支持,便不可能继续下去。这样,行政部门虽形式上不然,实际上成了国会选定的一个委员会;结果是立法权和行政权渐渐越来越不分。过去五十来年中间,由于首相有解散国会之权以及政党纪律日益严格化,出现又一步发展。现下国会中的多数派决定哪个政党执政,但是既决定这点之后,国会实际上不能再决定别的任何事情。动议的法案只要不是由政府提出的,几乎没有成立过。因而,政府又是立法部门又是行政部门,它的权力不过由于时而必要有大 664
选才受到限制。当然,这种制度跟洛克的原则完全背道而驰。

在法国,因为孟德斯鸠极力鼓吹这个学说,它为法国大革命当中比较温和的各党派所信奉，但是雅各宾党人一胜利，就被扫除得暂时无声无息。拿破仑自然要它无用，不过在王政复辟时它复活了，拿破仑三世一抬头又随之湮灭。1871年这学说再一次复活，而且促成通过一部宪法，其中规定总统几乎无权，政府不能解散议会。结果就是让国民议会无论和政府对比起来或和选民对比起来都有了很大的权限。权力的划分有甚于近代英国，但是还够不上依洛克的原则应有的划分，因为立法部门凌驾于行政部门之上。这次大战之后法国宪法会成什么样子，未可逆料。

洛克的分权主义得到了最充分应用的国家是美国；在美国，总统和国会彼此完全独立，最高法院又独立在总统和国会以外。无意之中，美国宪法把最高法院定为立法部门的一个分支，因为只要最高法院讲不成为法律的就不算法律。最高法院的权限在名义上仅是解释性的权限，这实际上使那种权限更增大，因为这一来便难于指责那些想当然是纯法律性的决定了。这部宪法自来仅有一度惹起了武装冲突，这一点十足说明了美国人在政治上的贤达。

洛克的政治哲学在工业革命以前大体上一直适当合用。从那个时代以来，它越来越无法处理各种重大问题。庞大的公司所体现的资产权力涨大得超乎洛克的任何想象以外。国家的各种必要职权——例如在教育方面的职权——大大增强。国家主义造成了经济权力和政治权力联盟，有时两者融为一体，使战争成为主要的竞争手段。单一的个体公民已经不再有洛克的思想中他所具有的那种权力和独立。我们的时代是个组织化时代，时代的冲突是组织和组织间的冲突，不是各个人之间的冲突。如洛克所说，自然状态还存在于国与国之间。先必须有一个新的国际性“社会契约”，我们才能领受从政治可以指望到的福惠。国际政府 665
一旦创立起来，洛克的政治哲学有不少又适用了，虽然其中关于私有财产的那一部分不会这样。

第十五章　洛克的影响 666

从洛克时代以来到现代，在欧洲一向有两大类哲学，一类的学说与方法都是从洛克得来的，另一类先来自笛卡尔，后来自康德。康德自己以为他把来自笛卡尔的哲学和来自洛克的哲学综合起来了；但是，至少从历史观点看，这是不能承认的，因为康德的继承者们属于笛卡尔派传统，并不属于洛克派传统。继承洛克衣钵的，首先是贝克莱和休谟；其次是法国的 philosophes（哲人）中不属于卢梭派的那些人；第三是边沁和哲学上的急进主义者；第四是马克思及其门徒，他们又取大陆哲学成分，作了一些重要的添补。可是，马克思的体系是杂采各家的折衷体系，关于这体系的任何简单说法，几乎必错无疑；所以，我想把马克思暂搁一边，等到后面再详细论他。

在洛克当时，他的主要哲学对手是笛卡尔主义者和莱布尼兹。说来全不合道理，洛克哲学在英国和法国的胜利大部分要归功于牛顿的威望。就哲学家的身份讲，笛卡尔的威信在当时由于他在数学和自然哲学方面的业绩而有所提高。但是他的旋涡说作为对太阳系的解释，断然比不上牛顿的引力定律。牛顿派宇宙演化论的胜利减低了大家对笛卡尔的尊崇，增高了他们对英国的尊崇。这两个原因都促使人心偏向洛克。在十八世纪的法国，知识分子正在反抗一种老朽、腐败、衰竭无力的君主专制，他们把英国看成是自由的故乡，所以洛克的政治学说就让他们对他的哲学先偏怀好感。在大革命临前的时代，洛克在法国的影响由于休谟的影响而更加增强，因为休谟一度在法国居住过，熟识不少第一流的 savants（学者）。

667　把英国影响传到法国去的主要人物是伏尔泰。

在英国，一直到法国大革命时为止，洛克哲学的信奉者对他的政治学说从来不感兴趣。贝克莱是一个不很关心政治的主教；休谟是把鲍令布卢克[1]奉为表率的托利党员。在他们那个时代，英国的政局平静无波，哲学家可以不操心世界情势，乐得讲理论立学说。法国大革命改变了这种情况，迫使最优秀的人物反对现状。然而，纯哲学中的传统依旧没中断。雪莱为了《无神论的必要》（*Necessity of Atheism*）被逐出牛津的校门，那作品充满了洛克的影响。[2]

到 1781 年康德的《纯粹理性批判》一书发表时为止，可能看起来一直好像笛卡尔、斯宾诺莎和莱布尼兹的老哲学传统渐渐要被新的经验主义方法明确地压倒。不过这种新方法却从未在德国各大学中盛行，而且自 1792 年以后，大家把法国大革命里各种

---

① 鲍令布卢克（Henry St. John Bolingbroke，1678—1751），英国托利党政治家。——译者

② 例如，试看雪莱的论断："某个命题一呈示于心，心就感知构成该命题的那些观念的相符与不符。"

恐怖惨事的责任都归给了它。类如柯勒律治这般中途变卦的革命派，得到了康德做他们反对法国无神论的精神后盾。德国人在抵抗法国人之际，满愿有一种德国哲学支持他们。甚至法国人，在拿破仑败亡后，对反雅各宾主义的任何武器也尽欢迎。这种种因素都于康德有利。

康德有如达尔文，引起了一个当初他会深恶痛绝的运动。康德是个自由主义者、民主主义者、和平主义者，但自称发展他的哲学的那些人满不是这种人。或者说，假使他们还自名为自由主义者，他们就是另一号的自由主义者。在卢梭和康德以后，历来有两派自由主义，这两派不妨区分为"冷头脑派"和"柔心肠派"。"冷头脑派"经由边沁、李嘉图和马克思，按逻辑的阶段发展到斯大林；"柔心肠派"按另外一些逻辑阶段，经过费希特、拜伦、卡莱尔和尼采，发展到希特勒。自然，这个说法过于简括，不够十分正确，但是也可算一种帮助记忆的指掌图。思想演进的阶段向来带有一种简直可以说是黑格尔辩证法的性质：各种学说通过一些似乎都很自然的步骤，发展成了其对立面。但是这种发展从来不是 668
完全出于思想的内在活动；它一向为外界状况及外界状况在人情感中的反映所左右。可以用一个最显著的事实说明实情如此。自由主义思想在美国没经过这个发展的任何一段，到今天还保持洛克所讲的那个样子。

搁下政治不谈，我们来考察考察哲学上的两个学派的不同点，这两派大体可以区分为大陆派和英国派。

首先是方法的不同。英国哲学比起大陆哲学来，明细而带片段性；自己每承认某个一般原理，就着手审查这原理的种种应用，按归纳方式去证明它。所以，休谟在宣布没有任何观念不具有前行的印象以后，随即进而研究以下的异议：假定你眼下看见两种彼此相似而不全同的色调，并且假定你从未见过一种恰恰介乎二者之间的色调，你是不是仍旧能想象这样一种色调？他对这问题不下论断，而且以为即使下一个违反他的一般原理的论断，也不会成为他的致命伤，因为他的原理不是逻辑性的而是经验性的。再举一个对比的反例，莱布尼兹想要确立他的单子论时，他大致是这样议论的：凡复杂的东西都必是由一些简单部分组成的；简单的东西不会有广延；所以说万物全是由不具有广延的各部分组成的。但是不具有广延的东西非物质。所以，事物的终极组成要素不是物质的，而若不是物质的，便是精神的。因此，桌子实际是一堆灵魂。

这里，方法的不同可以这样来刻画其特征：在洛克或休谟，根据对大量事实的广泛观察，得出一个比较有限的结论；相反，莱布尼兹在针尖似的逻辑原则上按倒金字塔式矗立起一个演绎巨厦。在莱布尼兹，假若原则完全正确而步步演绎也彻底牢靠，万事大吉；但是这个建筑不牢稳，哪里微有一点裂罅，就会使它坍倒瓦解。反之，洛克和休谟不然，他们的金字塔基底落在观测事实的大地上，塔尖不是朝下，是朝上的；因此平衡是稳定的，什么地方
669 出个裂口可以修缮而不至于全盘遭殃。康德打算吸取一些经验主义的东西，此后上述方法上的差别照旧存在：一方从笛卡尔到黑格尔，另一方从洛克到约翰·斯图亚特·穆勒，这种差别保持不变。

方法上的差别是和其它种种差别相关连的。先说形而上学。

笛卡尔提出了一些关于神存在的形而上学证明，其中最重要的证明是十一世纪时坎特伯雷大主教圣安瑟勒姆首创的。斯宾诺莎有一个泛神论的神，那在正统教徒看来根本不是神；不管是不是神，反正斯宾诺莎的议论本质上是形而上学的议论，而且能够归源于每个命题必有一个主语和一个谓语之说（固然，他也许没领会到这一点）。莱布尼兹的形而上学也出于同一个根源。

在洛克，他所开创的哲学方向尚未得到充分发展；他承认笛卡尔的关于神存在的证明妥实有据。贝克莱创造了一个全新的证明；但是休谟——到休谟，这种新哲学臻于完成——完全否定了形而上学，他认为在形而上学所处理的那些题目上面下推理工夫，什么也发现不了。这种见解在经验主义学派中持续存在，而相反的见解，略经修改，则持续存在于康德和他的弟子们的学说中。

在伦理学方面，这两派有同样的区分。

由前文知道，洛克认为快乐就是善，这是整个十八、十九世纪在经验主义者中间流行的意见。相反，经验主义者的敌派蔑视快乐，以为快乐卑下，他们有种种显得较崇高的伦理体系。霍布士重视权力，斯宾诺莎在一定程度上跟霍布士意见一致。斯宾诺莎的思想中对伦理学有两个不能调和的意见，一个是霍布士的意见，另一个意见是，善就在于和神有神秘的合一。莱布尼兹对伦理学无重大贡献，但是康德把伦理学摆到首位，由伦理前提得出他的形而上学。康德的伦理学之所以重要，是因为它是反功利主义的、先验的和所谓“高贵的”。

康德讲，你若因为喜欢你的弟兄而待他好，你不算有什么道

德价值：一个行为，由于道德律吩咐做而做它，才有道德价值。虽
670 说快乐并非善，然而善良人受苦还是不公的事——康德这样主张。既然在今世这种事屡见不鲜，所以定有另一个世界，善良人死后得善报，而且定有一位神在死后生活中主持正义。他否定关于神和永生的一切老式形而上学证明，却认为他的新式伦理学证明是没有反驳余地的。

康德对实际事务的见解是慈祥而人道的，他自己是这样一个人，但是否定幸福是善的人大多数却不能这样说。号称"高贵的"那种伦理，和认为我们应尽力让人幸福些这个较世俗的意见比起来，跟改善世界的打算具有较少的关系。这本不足怪。幸福若是别人的，比幸福是自己的，就容易蔑视。一般讲，幸福的代替品是某种英雄品质。这使权力欲有了无意识的发泄出路，给残酷行为造成丰实的借口。再不然，所崇尚的也许是强烈的感情；在浪漫主义者，便是如此。这造成对憎恨和复仇心之类的炽情的宽容；拜伦笔下的英雄算得典型，他们绝不是有模范行为的人物。对促进人类幸福最有贡献的人——或许可以想见——是认为幸福重要的人，不是那些把幸福和什么更"崇高的"东西相比之下鄙视幸福的人。而且，一个人的伦理观通常反映这人的性格，人有慈善心便希望大家全幸福。因此，认为幸福是人生目的的人，往往是比较仁慈的，而提出其他目的的人，不知不觉地常常受残忍和权力欲的支配。

这些伦理学上的差别，通常和政治学上的差别有连带关系，固然也不尽如此。前文讲过，洛克在个人意见上抱试探态度，根本没有权威主义气派，他愿意让每个问题凭自由讨论来解决。结

果是，以他本人和他的信奉者来讲，都信仰改革，然而是一种逐步的改革。由于他们的思想体系是由片段组成的，是对许多不同问题个别考察的结果，他们的政治见解自然也往往带有这种性质。他们规避一整块雕成的大纲领，宁愿就事论事，研究各个问题。他们在政治上如同在哲学上一样，带着试探和尝试的精神。在另 671
一方面，他们的敌派认为自己能“全部识透这可悲的事态格局”，所以更大大愿意“把它猛然打碎，重新塑造得比较贴合心意”①。他们可能作为革命者来干这件事，再不然，可能作为想要当政者权力增强的那种人来干这件事；或此或彼，他们追求宏大目标时，总不避讳暴力，他们责斥爱好和平为卑鄙可耻。

从现代观点看，洛克及其信奉者的重大政治缺点是财产崇拜。但是据这理由批评他们的人，却常常是为了比资本家更有害的阶级，例如君主、贵族和军阀的利益而作这种批评的。贵族地主按照远古传下来的惯例不费劳力坐享收入，他们并不认为自己是敛财鬼，而不从锦绣如画的外表下察看底细的人也不把他们这样看待。反之，实业家从事有意识的猎求财富，所以在他们的活动多少还有些新颖的时代，引起了一种对地主的绅士派勒索所感不到的愤懑不平。这话是说，中产阶级作家和读他们的作品的人情况如此；农民们并不是这样，就像法国大革命和俄国革命中所表现的。不过农民是不会说话的。

洛克学派的反对者大多赞赏战争，以为战争英勇壮烈而意味

① 以上所引的这两句是波斯天文学家兼诗人莪玛·亥亚谟（Omar Khayyám，死于公元 1123 年？）的四行诗中的句子。——译者

着蔑弃舒适和安逸。反之，采取功利主义伦理观的人往往把大多数战争看成是蠢事。至少在十九世纪，这点又使他们和资本家连成一气，因为资本家由于战争妨害贸易，也厌恶战争。资本家的动机当然是纯粹自私自利，但是由此却产生比军阀及其文字帮手们的意见和公众利益较为一致的意见。是的，资本家对战争的态度向来也摇摆不定。十八世纪时英国打的仗除美国独立战争以外，总的讲是赚钱事，得到了实业家的支持；但是从十九世纪初一直到末年，实业家赞成和平。在现代，到处大企业和民族国家发生了密切的关系，以致形势大变。但是即使现在，无论在英国或在美国，大企业一般是厌恶战争的。

开明的自私自利当然不是最崇高的动机，但是那些贬斥它的
672 人常常有意无意地另换上一些比它坏得多的动机，例如憎恨、嫉妒、权力欲等等。总的讲，根源出于洛克的倡导开明自利的学派，同借英雄品质与自我牺牲的名目鄙视开明自利的那些学派比起来，对增加人类的幸福多作了贡献，对增加人类的苦难少起些作用。初期工业社会的那种种惨事我并没忘记，但是那到底在这制度内部减缓下来了。而且我再拿以下的事情同那些惨事来作个对比看：俄国农奴制、战争的祸害及战争的遗患——恐惧和憎恨，以及旧制度已丧失了活力时还企图维持旧制度的人必然有的蒙昧主义。

673

第十六章　贝克莱

乔治・贝克莱(George Berkeley，1685—1753)因为否定物质

存在而在哲学上占重要地位，在这个否定里，他有许多巧妙的议论作为根据。他主张物质对象无非由于被感知才存在。那样说来，譬如一棵树，假若没人瞧着它岂不就不再存在了；对这个异议，他的回答是：神总在感知一切；假使果真没有神，那么我们所当成的物质对象就会过一种不稳定的生活，在我们一瞧它的时候突然存在；但事实上，由于神的知觉作用，树木、岩块、石头正如同常识认为的那样连续存在着。在他认为，这是支持上帝存在的有力理由。有一首罗诺尔·纳克斯（Ronald Knox）写的五行打油诗，附带一首和韵，说明贝克莱的物质对象理论：

曾有个年轻人开言道："上帝
一定要认为太稀奇，
　　假如他发觉这棵树
　　存在如故，
那时候却连谁也没在中庭里。"

答

敬启者：
　　您的惊讶真稀奇：
咱时时总在中庭里。
　　这就是为何那棵树
　　会存在如故，
因为注视着它的是
　　您的忠实的
　　上帝。

贝克莱是个爱尔兰人，在二十二岁作了都柏林大学三一学院的特别研究员。他曾由斯威夫特①引荐，进宫参谒；斯威夫特的瓦妮萨②把她的财产一半遗赠给了他。他制定了一个在百慕大群岛建立学院的计划，抱这个目的去往美国；但是在罗德艾兰度过三
674 年(1728—1731)之后，他就回国，放弃了那个计划。有一行闻名的诗句：

帝国的路线取道向西方，

作者便是他，为这个缘故，加利福尼亚州的贝克莱城是因他命名的。1734 年他当了克罗因③的主教。他晚年丢开了哲学，去弄焦油水，这种东西他认为有种种神奇的药性。关于焦油水，他写道："此乃是开怀解愁但不令人酣醉的杯中物"——这是后来库柏(Cowper)加给茶而为大家比较熟悉的一种情趣。

他的最优秀的著作全部是他还十分年轻时写的：写《视觉新论》(*A New Theory of Vision*)是在 1709 年，《人类认识原理》(*The Principles of Human Knowledge*)在 1710 年，《海拉司和费罗诺斯的对话》(*The Dialogues of Hylas and Philonous*)在 1713 年。他二十八岁以后的作品就不那么重要了。他写得一手极有魅力的文章，笔调秀美动人。

他否定物质的议论发表在《海拉司和费罗诺斯的对话》里面，讲得头头是道，娓娓动听。这些篇对话我打算只考察第一篇连同第二篇的开头部分，因为这以下所讲的一切在我看来是不那么重

① 斯威夫特(Jonathan Swift，1667—1745)，英国讽刺作家，《伽利弗游记》的作者。——译者

② 一个热恋斯威夫特的女子，本名 Esther Vanhomrigh，"瓦妮萨"(Vanessa)是斯威夫特在作品中对她的爱称。——译者

③ 克罗因(Cloyne)是爱尔兰近南海岸的一个小镇。——译者

要的。在这本著作中我将要讨论的那一部分，贝克莱提出了支持某个重要结论的一些正确道理，只不过这些道理并不十分支持他自以为在证明的那个结论。他以为他是在证明一切实在都是属于心的；其实他所证明的是，我们感知的是种种性质，不是东西，而性质是相对于感知者讲的。

下面我开始先把对话中我以为重要之点直叙出来，不加批评；然后再转入评论；末了我想把这里论到的问题就个人所见谈一谈。

对话中的登场人物是两个人：海拉司代表受过科学教育的常识；费罗诺斯，那就是贝克莱。

海拉司讲了几句亲切话以后说，关于费罗诺斯的见解，他耳闻到一些奇怪的传言，意思是讲费罗诺斯不信有物质实体。他高叫："难道还有什么能够比相信物质这种东西不存在更荒诞离奇、更违背常识，或者是比这更明显的一套怀疑论吗？"费罗诺斯回答说，他并不否定可感物的实在性，换句话说不否定由感官直接感知的东西的实在性；但是，我们并没看见颜色的起因，也没听到声 675
音的起因。感官是不作推论的，关于这点两人意见一致。费罗诺斯指出：凭看，我们只感知光、色和形状；凭听，只感知声音；如此等等。所以，除各种可感性质而外没有任何可感的东西，而可感物无非是一些可感性质，或是种种可感性质的组合罢了。

费罗诺斯现在着手证明"可感物的实在性就在于被感知"，这和海拉司的意见："存在是一回事，被感知是另一回事"形成对比。感觉资料是属于心的，这是费罗诺斯通过详细考查各种感觉来证明的一个论点。他由冷热说起。他说，强热是一种苦痛，苦痛必是在某个心中。所以，热是属于心的；冷也是一样的道理。这一点又借关于温水的著名议论加以补证。假若你的手一只热、一只凉，你把两只手一齐放进温水中，一只手感觉水凉，另一只手感觉水热；但是水不可能同时又热又凉。这驳倒了海拉司，于是他承认“冷热不过是存在于我们心中的感觉”。但是他满怀希望地指出，仍旧有其他的可感性质。

费罗诺斯然后讲起滋味。他指出甜味是一种快乐，苦味是一种苦痛，快乐和苦痛是属于心的。同样的道理用到气味上也合适，因为气味不是快感的就是不快的。

海拉司奋力拯救声音，他说声音为空气中的运动，真空中没声音，由这件事实即可明了。海拉司讲，我们必须“把我们所感知的那种声音和声音本身区别开；或者说，把我们直接感知的声音和我们身外存在的声音区别开”。费罗诺斯指出，海拉司所谓的“实在的”声音，既然是一种运动，可能看见、触到也难说，但是一定听不见；所以这不是我们从知觉中所知道的那种声音。听了这番话，海拉司现在承认“声音在心外也没有实在存在”。

他们于是谈到颜色，这回海拉司很自信地开言：“对不起，论颜色那可大不一样。莫非还有什么事会比我们在对象上看见颜色更明白？”他主张，在心外存在的实体具有在其上所见到的颜
676 色。但是费罗诺斯要了结这种意见并无困难。他从夕阳下的云彩说起，这种云是红中透金黄的；他指出，一块云逼近来看就不带这种颜色。他接着谈到使用显微镜因而造成的差异，谈到一切东西在有黄疸病的人看来都是黄的。他说，极渺小的虫子一定比我们能看见更小得多的对象。于是海拉司说颜色不在对象中，在光

里面；他讲，颜色乃是一种稀薄的流动实体。如同声音问题一样，费罗诺斯指出，照海拉司的说法，“实在的”颜色就是和我们看见的红与蓝不同的什么东西，这说不过去。

话到这里，关于一切次性质，海拉司都认输了，但是他继续说各种主性质，特别是形象和运动，却是外界的无思维实体固有的。对这点费罗诺斯回答说，物体离我们近时显得大，离我们远时显得小，而某个运动可能在这人看来觉得快，那人看来觉得慢。

说到这里，海拉司企图改弦更张，换一个新方针。他说他犯了错误，没把对象和感觉区别开；“感知”这件行为他承认是属于心的，但是所感知的东西不然；例如颜色“在心以外某个无思维的实体中有实在存在。”对这点费罗诺斯回答：“所谓感官的什么直接对象——即什么表象或诸表象的组合——存在于无思维的实体内，换句话说存在于一切心的外面，这话本身就是一个明显的矛盾。”可以看出，到这里议论变成为逻辑性的，不再是经验性的了。隔几页之后，费罗诺斯讲：“凡直接感知的东西全是表象；任何表象能够在心外存在吗？”

对实体进行了形而上学的讨论之后，海拉司回过来讨论视觉，论点是他在某个距离外看得见东西。费罗诺斯回答说，这话对于梦里见到的东西同样说得过，可是个个都承认梦中的东西是属于心的；况且，距离不是凭看感知的，而是经验的结果，是判断出来的；一个生来瞎眼，但现在初次能看东西的人，视觉对象对于他就不会显得有距离。

在第二篇对话的开头，海拉司极力主张脑子里的某些痕迹为感觉作用的起因，但是费罗诺斯回驳他说：“脑子既然是可感物，只存在于心中。”

677 这本对话的其余部分不那么有意思，没必要再讲了。

现在我们给贝克莱的主张作一个分析批判。

贝克莱的议论分两部分。一方面，他议论我们没感知到物质实体，只感知到颜色、声音等等；又议论这些都是“属于心的”，或“在心中”。他的说理关于头一点完全有折服人的力量，但是关于第二点，毛病在于“属于心的”这话没有任何定义。事实上他信赖习常的见解，以为一切事物必定或是物质的或是心灵的，而且任何事物不兼是二者。

当他讲我们感知的不是“东西”或“物质实体”，而是性质，而且没有理由认为常识看作是全属于一个“东西”的各种性质固有在某一个与它们各个全有区别的实体内，这时候他的论法是可以接受的。但是等他接下去说可感性质（包括主性质）是“属于心的”，那些议论便属于很不相同的种类，而确实性程度也大有出入了。有些议论是打算证明逻辑必然性的，另外一些议论是比较经验性的议论。先来说前一类议论。

费罗诺斯讲：“凡直接感知的东西全是表象；任何表象能够在心外存在吗？”这恐怕就需要对“表象”一词作个长长的讨论。假使认为思维和知觉作用是由主体与客体间的关系构成的，那么便能够把心看成等于主体，而主张心“中”什么也没有，只在心“前”有客体。贝克莱讨论了这样一种意见，即我们必须把“感知”这件行为和被感知对象区别开，前者属于心而后者则否。他反对这意见的那些道理是含混的，而且也必然如此，因为像贝克莱那种相信有心灵实体的人，并没有驳它的确实手段。他说：“所谓感官的什么直接对象存在于无思维的实体内，换句话说存在于一切心的外面，这话本身就是一个明显的矛盾。”在这里有一个谬误，类似以下的谬误：“没有舅舅，就不可能存在外甥；那么，甲君是外甥；所以甲君按逻辑必然性讲有舅舅。”若已知甲君是外甥，这当然是逻辑必然的，但是从分析甲君而可能知道的任何事情都推不出这种逻辑必然性。所以说，如果某物是感觉的对象，就有某个心和它有着关系；但是由此并不见得此物若不作感觉的对象，本来就 678
存在不了。

关于设想的东西，有一个略为类似的谬误。海拉司断言，他能够设想一座房子，是谁也不感知、不在任何心中的。费罗诺斯回驳说，凡海拉司所设想的东西，总在他自己心中，所以那座假想的房子归根到底还是属于心的。海拉司本该这样回答：“我说的不是我在心中有房子的心像；我讲我能够设想一座谁也不感知的房子，这时我实在说的是我能够理解‘有一座谁也不感知的房子’这个命题，或更好不如说‘有一座谁也不感知、谁也不设想的房子’这个命题。”这个命题完全由可理解的词构成，而且各词是正确地组合在一起的。这命题是真命题或是假命题，我不知道；但是我确实相信绝不能指明它是自相矛盾的。有些极类似的命题能够证明。例如：二整数相乘这种乘法的可能数目是无限的，因此有若干个从来也没想到过。贝克莱的议论假使正确，会证明不可能有这种事。

这里包含的谬误是一个很常见的谬误。我们用由经验得来的概念，能够构成关于一些“类”的命题，类中的分子一部分或全部是未被经验到的。举个什么十分寻常的概念，譬如“小石子”

吧；这是一个来自知觉的经验概念。但是并不见得一切小石子都被感知到，除非我们把被感知这件事实包括在我们的“小石子”的定义中。只要我们不这样做，“未被感知的小石子”这个概念在逻辑上就无可非议，尽管要感知这概念的一个实例照逻辑讲是不可能的。

议论概括说来如下。贝克莱讲：“可感对象必是可感觉的。甲是可感对象。所以甲必是可感觉的。”但是，假如“必”字指逻辑必然性，那么甲如果必是可感对象，这议论才站得住。这议论并不证明，从甲是可感觉的这个性质以外甲的其他性质能推出甲是可感觉的。例如，它并不证明，与我们所见的颜色本质上就区分不开的颜色不可以不被看见而存在。我们根据生理上的理由尽
679 可相信没这种颜色存在，但是这种理由是经验性的；就逻辑而论，没有理由说，不存在眼睛和脑子，就没有颜色。

现在来谈贝克莱的经验论据。首先，把经验论据和逻辑论据撮合一起，就是有弱点的表示，因为后者如果站得住，前者便成了多余的。① 我假如主张正方形不会是圆的，我并不要引据任何既知城市里的方场没一个是圆的这件事实。不过，由于我们已经否定了逻辑论据，就必须按经验论据的是非曲直考察一下经验论据。

第一个经验论据是个奇怪的论据：那是说热不会是在对象中，因为“最强炽的热〔是〕极大的苦痛”，而我们无法设想“任何无

① 例如，“我昨晚没喝醉。我只喝了两杯；再说，我是个绝对戒酒者，这是大家都知道的。”

知觉的东西能够有苦痛或快乐”。“苦痛”一词有双重意义，贝克莱正利用这点。这词可以指某个感觉的苦痛的性质，也可以指具有这种性质的那个感觉。我们说一条折断的腿很痛，并不暗含着这条腿在心中的意思；同样，容或是热引起苦痛，因而我们说热是苦痛时应该指的也无非是这个意思。所以，贝克莱的这种论据是个蹩脚论据。

关于冷、热的手放进温水的议论，严格说来，恐怕只证明在该实验中我们所感知的不是热和冷，而是较热和较冷。丝毫也不证明这些事情是主观的。

关于滋味，又重复快乐和苦痛论证：甜是快乐，苦是苦痛，因此两者都是属于心的。并且他又极力说，人在健康时觉甜的东西，生病时也许觉苦。关于气味，使用了非常类似的论据：因为气味不是快感的就是不快的，“它不能存在于有知觉的实体即心以外的任何实体中。”在这里，在所有的地方，贝克莱都假定，不是物质所固有的东西，必是心灵实体固有的，任何东西也不能既是心灵的又是物质的。

关于声音的论证，是个 ad hominem（对人）论证①。海拉司说声音“实在地”是空气里的运动，而费罗诺斯反驳说，运动能够看见、触到，却不能听见，因此“实在的”声音是听不见的。这不好算公正的议论，因为运动的知觉表象依贝克莱讲也和其它知觉表象一样是主观的东西。海拉司所要求的运动总得是不被感知的和

① 所谓“对人论证”指在议论中避开主题，利用对方个人的性格、感情、言行等来证明自己的见解。例如在这里费罗诺斯避不讨论海拉司的论点，只是贬斥“实在的”声音听不见，就算了事。——译者

680 不能感知的。然而，这论证倒也指明，听见的那种声音跟物理学看作是声音原因的空气运动不能当成一回事，就这点来说，论证还是正确的。

海拉司放弃了次性质之后，还不愿放弃主性质，即广延性、形象、充实性、重量、运动和静止。议论当然集中在广延性和运动上。费罗诺斯说，假如东西有实在的大小，同一个东西绝不会在同时大小不同，然而东西离近时比离远时显得大。假如运动实际在对象里，何至于同一个运动可以在一个人看来快，另一个人看来慢？我以为，应该承认这种议论证明被感知空间的主观性。但这种主观性是物理的主观性：对照相机来讲也同样说得过，因此并不证明形状是“属于心的”。在第二篇对话中，费罗诺斯把以前进行的讨论总结成下面的话：“除各种神灵以外，我们所认识的或设想的一切都是我们自己的表象。”当然，他不该把神灵算作例外，因为认识神灵和认识物质完全一样，是不可能的。事实上，这两种情形的论据几乎相同。

现在试谈一谈由贝克莱开创的那种议论，我们能得出什么肯定的结论。

我们所认识的东西是可感性质的簇：例如，一张桌子是由它的外观形状、软硬、叩时发的响声和气味（假设有气味）组成的。这些性质在经验中有某种邻接，以致常识把它们看成属于同一个“东西”，但是“东西”或“实体”概念在感知到的各种性质之外丝毫未添加什么旁的性质，所以是不必要的。到此为止，我们一直站在坚固的基础上。

然而现在我们必须自问，所谓“感知”指什么意思。费罗诺斯主张，谈到可感物，其实在性就在于它被感知；但是他并没说出他所讲的知觉是什么意义。有一个理论认为知觉是主体与知觉对象间的关系，他是否定的。既然他以为“自我”是实体，他本来满可以采纳这一说；可是，他决定不要它。对否定“实体的自我”观念的人说来，这个理论是讲不通的。那么，把某物叫做“知觉对象”，指什么意思？除说该某物存在以外，还有什么别的意义吗？我们能不能把贝克莱的断语倒过来，不说实在性在于被感知，而 681
说被感知就在于是实在的？不管怎样，总之贝克莱认为存在不被感知的东西这件事照逻辑讲是可能的，因为他认为某些实在的东西，即精神实体，是不被感知的。于是看来很明白，我们讲某事件被感知到，除指它存在以外，还指别的意思。

这别的意思是什么呢？感知到的事件和未感知的事件有一个明显的差别：前者可以记起，但是后者记不起。还有什么其他差别吗？

有一整类的作用，多少可说是我们自然而然称之为“心灵的”那种现象所独具的，追忆即其中之一。这些作用和习惯有关系。被火烧过的孩子怕火；被火烧过的火钩子不怕。不过，生理学家把习惯以及类似的事情作为神经组织的特性处理，他们没有必要背弃物理主义的解释。按物理主义的用语，可以说一个事件如果有某种的作用，就是“被感知到”了；按这个意义，我们就是这样说似乎也无不可：水道“感知到”把它冲深的雨水，河谷是对以前的洪流倾泻的一个“记忆”。习惯和记忆如果用物理主义的说法来讲，就是死物也并不完全没有；在这点上，活物与死物的差别无非是程度上的差别。

照这个看法，说某个事件被“感知到”，也就是说它具有某种的作用，无论在逻辑上或在经验上，都没有理由设想**一切**事件全具有那种的作用。

认识论提出一种不同的观点。在认识论里我们并不从已完成的科学出发，而从我们对科学的信赖所依据的不管什么知识出发。贝克莱的做法正是这样。这时不必要预先给“知觉对象”下定义。方法概略说来如下。把我们觉得是不经推论而知的各个命题搜集一起，于是发现这些命题大部分与某个时日的个别事件关联着。我们将这些事件定义成“知觉对象”。这样，知觉对象就是我们不假推论而知的那些事件；或者把记忆考虑在内，至少说这种事件在过去某时曾是知觉对象。于是我们面临一个问题：我们从自己的知觉对象能推断其他什么事件吗？关于这点，有四种立场可能采取，前三种立场是唯心论的三种形式。

(1)我们可以全盘否定从自己目下的知觉对象和记忆对其他
682 事件的一切推论的妥实性。凡是把推论局限于演绎的人，谁也必定抱这个看法。任何事件，任何一组事件，从逻辑上讲都能够单独自立，因此任何一组事件都不足为其他事件存在的**论证的**证据。所以，如果把推论局限于演绎，既知的世界就只限于我们自己的生命史中我们感知的事件，或者，假如承认记忆，限于曾经感知的事件。

(2)第二种立场是一般所理解的唯我论，这种立场容许从自己的知觉对象作某种推论，但限于对个人生命史中的其他事件作推论。例如，试看这样的意见：在醒觉生活中的任何时刻，总有一些可感对象我们没注意到。我们看见许多东西，却没暗自默念我们看见了这些东西;至少说,好像如此。在一个我们完全觉察不到运动的环境里定睛来看,我们能够陆续注意到各色各样的东西,于是我们觉得应相信这些东西在我们注意到以前,原来就是可见的;但是在我们未注意到之前,它们并非认识论的论据资料。从我们所观察到的东西作这种程度的推论,是人人不假思索地在做的,即使那些极希望避免把我们的认识过分扩张得越出经验以外的人也在做。

(3)第三种立场(例如艾丁顿[①]好像采取这种立场)是:对和我们自己经验中的事件类似的其他事件,能够作推论,因此譬如说我们当然可以相信存在着我们没看见而别人看见的颜色、别人感觉的牙疼、别人享到的乐和受到的苦,等等,但是我们却全然不可推论谁也没经验到的、不构成任何"心"的一部分的事件。这个意见可以据以下理由给它辩护:对自己观察范围以外的事件作一切推论都是靠类推作的,谁也没经验到的事件同自己的论据资料不够类似,不足以保证作类推推论。

(4)第四种立场是常识和传统物理学的立场,按这种立场,除自己的和旁人的经验以外,还有谁也不经验的事件,例如在自己睡着而卧室一片漆黑的时候这间卧室中的家具。G.E.穆尔[②]曾指责唯心论者以火车乘客待在车内时不能看见车轮为理由主张火车在停站当中才具有车轮。根据一般常识,人不相信每当你一 683

① 艾丁顿(Sir Arthur Stanley Eddington,1882—1944),英国天文学家,物理学家。——译者

② 穆尔(George Edward Moore,1873—1958),英国哲学家,新实在论的先驱之一,罗素早年的哲学观点一度和他大体一致。——译者

瞧，车轮突然存在，而谁也不视察它的时候就懒得存在。这种观点如果是科学上的观点，则以因果律作为对未感知事件的推论的基础。

目前我不打算就这四种观点下断论。这断论即使下得了，也只有把非论证性推论及盖然性理论加以细腻研究，才能够下。我真打算做的是指出向来讨论这些问题的人所犯的某种逻辑错误。

由上文知道，贝克莱以为有逻辑上的理由证明唯有心和精神的事件能存在。这个意见也是黑格尔和他的继承者们根据别的理由所抱的意见。我认为这是个根本的错误。像"曾有过一个时代，在这个星球上生命尚未存在"这样的命题，真也好、假也好，犹如"永远没人算过的乘法计算是有的"一样，根据逻辑理由是驳斥不了的。所谓被察觉，即所谓成为知觉对象，无非是说具有某种的作用，从逻辑上讲并没有理由说一切事件都会有这种的作用。

然而还有另一种议论，虽然没把唯心论确立为一种形而上学，如果正确，倒把唯心论当作实践上的方针确立起来。据说无法验证的命题不具有意义；验证要靠知觉对象；所以，关于现实的，或可能有的知觉对象以外任何事情的命题都是无意义的。我以为严格解释起来，这种意见会使我们局限于上述四种理论中第一种理论，不允许谈我们没亲自明白注意到的任何东西。假若如此，它就是一个在实践中谁也无法抱的意见，在一个据实际理由而主张的理论，这是个缺陷。关于验证，以及验证与认识的关系，全部问题困难而复杂；所以我目前姑置不论。

上述各理论中，第四种理论承认有谁也不感知的事件，这理论也能用乏力的议论为它辩护。可以主张因果性是先验知道的，假如不存在未被感知的事件，无从有因果律。与此相反，可以强调因果性不是先验的，凡是能够观察到的不管什么规律性，必定和知觉对象关联着。看来，好像凡是有理由相信的不管什么物理 684
学定律，都可以借知觉对象表述出来。这种表述也许古怪而繁复，也许欠缺直到最近人们仍认为物理定律应有的特征——连续性，然而总不好说做不到。

我的结论是，以上讲的四种理论哪一种也没有先验的缺点。然而，却可能有人说一切真理都是实用主义的，这四种理论并没有实用主义上的差别。假若此话有理，我们就能够采纳个人所好的随便哪个理论，各理论之间的差别不过是语言上的差别。我无法接受这个意见；但这也是后文讨论的问题。

尚待考问一下，是否能给“心”和“物质”二词规定什么意义。人人知道，“心”是唯心论者以为舍此无他的东西，“物质”是唯物论者也以为如此的东西。我想读者还知道唯心论者是善良人，唯物论者是恶人。① 但或许除此以外还有的可说。

我个人给“物质”下的定义也许似乎不圆满。我愿意把“物质”定义成满足物理学方程的那种东西。也可能并没有什么东西满足这种方程；假若那样，不是物理学错了，便是“物质”概念错了。如果我们摈弃掉实体，“物质”就得是逻辑结构了。至于它能不能是由事件（一部分是可以推断的）所组成的什么结构，这是个难问题，然而绝不是无法解决的问题。

① 这里罗素说的是讥诮话；因为在西方一般人心目中有个固定观念：“唯物论者”＝“无神论者”＝“恶人”。——译者

至于“心”，当排除掉实体之后，“心”必定是种种事件所成的某种集团或结构。这种集团的划分必定是由我们愿意称作“心的”那类现象所特有的某种关系完成的。我们不妨拿记忆当作典型的关系。我们或许可以把“心的”事件定义成进行记忆的事件或被记忆的事件——固然这未免有些过于简单化。于是某已知的心的事件所隶属的“心”，就是借记忆锁链向后或向前与这已知事件连接起来的那些事件的集团。

按上述定义可知一个“心”和一块物质各都是事件集团。没有理由说一切事件都会属于这类或那类事件集团，而且也没有理由说某些事件不会同属这两个集团；因此，某些事件可以既不是心的，也不是物质的，而另一些事件可以既是心的，又是物质的。关于这一点，只有详细的经验上的考察能够下决断。

685
第十七章 休谟

大卫·休谟（David Hume，1711—1776）是哲学家当中一个最重要的人物，因为他把洛克和贝克莱的经验主义哲学发展到了它的逻辑终局，由于把这种哲学作得自相一致，使它成了难以相信的东西。从某种意义上讲，他代表着一条死胡同：沿他的方向，不可能再往前进。自从他著书以来，反驳他一向是形而上学家中间的一种时兴消遣。在我来说，我觉得他们的反驳没有一点是足以让人信服的；然而，我还是不得不希望能够发现比休谟的体系怀疑主义气味较差的什么体系才好。

休谟的主要哲学著作《人性论》（*Treatise of Human Nature*）

是1734年到1737年间，他在法国居住的时候写的。前两卷出版于1739年，第三卷出版于1740年。当时他很年轻，还不到三十岁；他没有名气，而且他的各种结论又是几乎一切学派都会不欢迎的那种结论。他期待着猛烈的攻击，打算用堂堂的反驳来迎击。殊不料谁也不注意这本书；如他自己说的，"它从印刷机死产下来。"他接着说："但是，我因为天生就性情快活乐天，不久便从这个打击下恢复过来。"他致力散文的写作，在1741年出版了第一集散文。1744年，他企图在爱丁堡大学得到一个教授职位未成；在这方面既然失败，他先做了某个狂人的家庭教师，后来当上一位将军的秘书。他有这些保证书壮了心气，再度大胆投身于哲学。他略去《人性论》里的精华部分以及他的结论的大多数根据，简缩了这本书，结果便是《人类理智研究》(*Inquiry into Human Understanding*)一书，该书长时期内比《人性论》著名得多。把康德从"独断的睡梦"中唤醒过来的就是这本书；康德好像并不知道《人性论》。

休谟还写了一本《自然宗教对话录》(*Dialogues Concerning Natural Religion*)，他在生前未予发表。按照他的指示，这书在1779年作为遗著出版。他写的《论奇迹》(*Essay on Miracles*)成了名作，里面主张奇迹这类事件绝不会有适当的历史证据。

在1755年和以后若干年间出版的他的《英国史》，热中证明托利党员胜过辉格党员，苏格兰人优于英格兰人；他不认为对历 686
史值得采取哲学式的超然态度。1763年他访问巴黎，很受philosophes(哲人们)器重。不幸，他和卢梭结下友谊，和他发生了著名的口角。休谟倒表现得忍让可佩，但是患有被害妄想狂的卢梭坚持跟他一刀两断。

休谟曾在一篇自拟的讣闻即如他所称的“诔词”里，叙述自己的性格：“我这个人秉质温和，会克制脾气，性情开朗，乐交游而愉快；可以有眷爱，但几乎不能存仇恨；在我的一切情感上都非常有节度。即便我的主情——我的文名欲，也从来没使我的脾气变乖戾，尽管我经常失望。”所有这些话从我们对他所知的一切事情都得到了印证。

休谟的《人性论》分为三卷，各讨论理智、情感和道德。他的学说中新颖重要的东西在第一卷里，所以下面我仅限于谈第一卷。

他开始先讲“印象”和“观念”的区别。它们是两类知觉，其中**印象**是具有较多的力量和猛烈性的知觉。“我所谓的观念，意思指思考和推理中的印象的模糊心像。”观念，至少就单纯观念的情况说，和印象是类似的，但是比印象模糊。“一切单纯观念都有一个单纯印象，和它相似；而一切单纯印象都有一个相应的观念。”“我们的所有单纯观念在首次出现时全是由单纯印象来的，这种单纯印象与该单纯观念相应，而该单纯观念确切代表这种单纯印象。”

在相反方面，复合观念未必和印象相似。我们没见过带翅的马而能想象带翅的马，但是这个复合观念的**构成要素**全是由印象来的。印象居先，这件事的证据出于经验；例如，生来瞎眼的人便没有颜色观念。在种种观念当中，保持原印象的相当大程度生动性的观念属于**记忆**，其他观念属于**想象**。

书中有一节（第一卷，第一编，第七节）《论抽象观念》，开头一

段话和贝克莱的下述学说显著一致:“一切一般观念无非是附加
在某个名词上的个别观念,该名词让这种观念得到比较广泛的意
义,使它在相应的时候回想起和自己类似的其他个体。”休谟主 687
张,当我们持有“人”的观念时,这观念具有“人”的印象所具有的
一切个别性质。“心若不对量或质的程度各形成精确概念,就不
能形成量或质的任何概念。”“抽象观念不管在代表[印象]时如何
变得一般,本身总是个体的。”这理论是一种近代的唯名论,它有
两个缺点,一个是逻辑上的缺点,一个是心理学上的缺点。先说
逻辑上的缺点。休谟讲:“当我们在若干对象中间发现了类似点
时,我们把同一个名称加到所有这些对象上。”一切唯名论者都会
同意。但是实际上,像“猫”之类的通名,和共相猫一样不实在。
唯名论对共相问题的解决,就这样由于应用自己的原则时不够彻
底而归于失败;错在把这种原则只用到“事物”上,而不同时用到
言语上。

心理学上的缺点至少就休谟方面说比较严重。他所讲的整套理论,把观念看成印象的摹本,其弊病就在于忽略**含混性**。例如,我见到过一朵什么颜色的花,后来想起它的心像时,这心像缺乏精密性,意思是说有好几种彼此非常类似的色调,它可能是其心像,用休谟的术语讲即“观念”。“心若不对量或质的程度各形成精确概念,就不能形成量或质的任何概念”,这话是不对的。假如你见到过一个身高六尺一寸的男人。你保留下对他的心像,但是这心像对于再高一寸或更矮一寸的人多半也会合适。含混性和一般性不同,但是具有若干同样的特征。休谟由于没注意到含混性,陷入不必要的难局,例如关于下述这件事的难局:是否有可

能想象一种从未见过的色调，介乎见过的两种极相似的色调中间。如果这两种色调充分相似，你所能形成的任何心像会同样适用于这两种色调以及中间的色调。休谟说观念来自观念所确切代表的印象，这时候他逸出了心理学的真实情况以外。

正如贝克莱从物理学中驱走了实体概念，休谟从心理学中驱走了实体概念。他说，并不存在"自我"这种印象，因此也没有"自
688 我"这种观念（第一卷，第四编，第六节）。"就我而论，当我极密切体察我称之为我自己的时候，我总要碰上一种什么特别知觉，冷或热、明或暗、爱或憎、苦或乐的知觉。在任何时候我从不曾离了知觉而把握住我自己，除知觉而外我从不能观察到任何东西。"他含着讥讽的意味承认，也许有些哲学家能感知他们的自我；"但是撇开若干这类的形而上学家不谈，对人类中其余的人我可以大胆断言，自我无非是一簇或一组不同的知觉，以不可思议的快速彼此接替，而且处于不绝的流变和运动中。"

对自我观念的这种否认非常重要。我们来确切看看它主张什么，有几分站得住脚。首先，自我这种东西即便有，也从未感知到，所以我们不能有自我观念。假如这个议论可以被承认，就必须仔细地叙述一下。谁也感知不到自己的脑子，然而在某种重要的意义上，人却有脑子这个"观念"。这类"观念"是知觉的推论，不属于逻辑意义的基础观念之类；它是复合观念和描述性的——假如休谟讲的一切单纯观念出于印象这个原理正确，事实必当如此；而假如否定了这条原理，我们势不得不回到"生得"观念说。使用现代的用语，可以这样讲：关于未感知事物或事件的观念，永远能够借感知的事物或事件来定义，因此，用定义来代替被定义

的名词，我们永远能够不引入任何未感知事物或事件而叙述我们从经验所知的事情。就我们目前的问题来说，一切心理的知识都能不引入“自我”而叙述出来。并且，如此定义的“自我”，只可能是一簇知觉，不是新的单纯“东西”。我想在这点上彻底的经验主义者谁也必定和休谟有同见。

但是并不见得单纯自我是不存在的；只可说它存在与否我们不能知道，而自我除开看作一簇知觉，不能组成我们的知识的任何部分。这结论剔除掉“实体”的最后残存的使用，在形而上学上很重要。在神学里，它废除了关于“灵魂”的一切假想知识，在这点上很重要。在对认识的分析上也重要，因为它指明主体和客体这范畴并不是基本的东西。在这个自我问题上，休谟比贝克莱有 689
了重大的进展。

整个一本《人性论》中最重要部分是称作《论知识和盖然性》的一节。休谟所谓的“盖然性”不指数理概率论中所包含的那类知识，例如用两只骰子掷出双六的机会等于三十六分之一。这种知识本身在任何专门意义上都不是盖然的；它具有知识所能具有的限度之内的确实性。休谟讨论的是靠非论证性推论从经验的资料所得到的那种不确实的知识。这里面包括有关未来的我们全部知识以及关于过去和现在的未观察部分的全部知识。实际上，一方面除去直接的观察结果，另一方面除去逻辑和数学，它包括其余一切。通过对这种“盖然的”知识进行分析，休谟得出了一些怀疑主义的结论，这些结论既难反驳、同样也难接受。结果成了给哲学家们下的一道战表，依我看来，到现在一直还没有够上对手的应战。

休谟开始先区分出七种哲学关系:类似、同一、时间和地点关系、量或数的比率、任一性质的程度、相反、和因果关系。他说,这些关系可以分为两类,即仅依存于观念的关系,和观念虽毫无变化而能使其改变的那种关系。属第一类的是类似、相反、性质的程度和量或数的比率。但是空间时间关系和因果关系则属于第二类。只有第一类关系给人**确实的**知识;关于其他各种关系我们的知识仅是**盖然的**。唯独代数和算术是我们能进行一长串的推理而不失确实性的科学。几何不如代数和算术那样确实,因为我们不能确信几何公理正确无误。有许多哲学家设想,数学中的观念"必须凭灵魂的高级能力所独有的纯粹而理智的观点去理解",这是错误的。休谟说,只要一记起"我们的一切观念都是照我们的印象摹写出来的",这种意见的错误立现。

不仅仅依存于观念的三种关系,是同一、空间时间关系和因果关系。在前两种关系,心不超越直接呈现于感官的东西以外。
690 (休谟认为,空间时间关系能够感知,而且能形成印象的一部分。)
唯有因果关系使我们能够从某个事物或事件推论其他某个事物或事件:"使我们由一对象的存在或作用确信它随后有、或以前有其他什么存在或作用,产生这种关连的唯**因果关系**而已。"

休谟主张没有所谓因果关系的**印象**,由此主张产生一个困难。单凭观察甲和乙,我们能感知甲在乙上方,或在乙右方,但是不能感知"因为甲,结果乙"。已往,因果关系向来或多或少被比作和逻辑中的根据和论断的关系一样,但是休谟正确认识到这个比法是错误的。

在笛卡尔哲学中,也和经院学者的哲学中一样,原因和结果间的关连被认为正如逻辑关连一样是必然的。对这见解的第一个真正严重的挑战出于休谟，近代的因果关系哲学便是自休谟开始的。他和直到柏格森为止、连柏格森也在内的几乎所有哲学家相同，以为因果律就是说有“因为甲，结果乙”这样形式的命题，其中甲和乙是两类事件；此种定律在任何发达的科学中都见不到，这件事实好像哲学家们并不知晓。但是哲学家向来所讲的话，有很多能够转换说法，使之可以适用于实际出现的那种因果律；所以，我们目下可以不睬这一点。

休谟开始先讲，使得一个对象产生另一对象的力量，不是从这二对象的观念发现得到的，所以我们只能由经验认识原因和结果，不能凭推理或内省来认识。他说，“凡发生的事物必有原因”这句话并不是像逻辑中的命题那样具有直观确实性的话。照他的讲法：“如果我们就对象本身考察各对象，绝不超越关于这些对象我们所形成的观念去看，那么并没有意味着其他对象存在的对象。”据此休谟主张，必定是经验使人有了关于原因和结果的知识，但不会仅是彼此成因果关系的甲乙二事件的经验。必定是经验，因为这关连非逻辑关连；而由于我们单只从甲中发现不了任何东西会促使甲产生乙，所以不会仅是甲和乙二个别事件的经验。他说，必要的经验是甲类事件和乙类事件经常连结这个经 691
验。他指出，在经验中当两个对象经常相连时，我们**事实上**的确从一个去推论另一个。（他说的“推论”，意思指感知一个就使我们预料到另一个；他并不指形式的或明确的推论。）“大概，必然的关连有赖于推论”，倒过来讲则不对。换句话说，见甲使人预料到乙，于是让我们相信甲乙之间有必然的关连。这推论不是由理性决定的，因为假使那样便要求我们假定自然的齐一性，可是自然的齐一性本身并不是必然的，不过是由经验推论出来的。

休谟于是有了这种见解：我们说“因为甲，结果乙”，意思只是甲和乙事实上经常相连，并不是说它们之间有某种必然的关连。“除一向永远相连在一起的某些对象的概念而外，我们别无原因和结果的概念。……我们无法洞察这种连结的理由。”

休谟拿“信念”的一个定义支持他的理论，他认为信念就是“与当前的印象有关系或者相联合的鲜明的观念”。如果甲和乙在过去的经验里一向经常相连，由于联合①，甲的印象就产生乙的这种鲜明观念，构成对乙的信念。这说明为什么我们相信甲和乙有关连：甲的知觉表象和乙的观念就是关连着，因此我们便以为甲和乙关连着，虽然这个意见实在是没有根据的。“各对象间并没有发现得到的一体关连；我们所以能够从一个对象的出现推论另一个对象会被经验到，除根据作用在想象力上的习惯而外，也没根据其他任何原理。”在我们看来的各对象间的必然关连，其实只是那些对象的诸观念之间的关连，休谟多次反复了这个主张；心是由习惯决定的，“予我以必然性观念的，正是这种印象，也即是这种决定。”使我们产生“因为甲，结果乙”这个信念的各事例的反复，并没赋予该对象什么新东西，但是在心中造成观念的联合；因而“必然性不是存在于对象中而是存在于心中的东西”。

现在谈谈我们对休谟的学说应如何来看的问题。这学说有两部分，一个是客观部分，另一个是主观部分。客观部分讲：在我

① association，在心理学上也译“联想”。——译者

们断定“因为甲，结果乙”的场合，就甲和乙而论，实际发生了的事 692
情是，一向屡次观察到二者相连，也就是说甲后面一向立即跟着有乙，或很快地跟着有乙；我们完全没有理由说甲后面一定跟着有乙，或在将来的时候会跟着有乙。而且无论甲后面如何经常地跟着有乙，我们也没有任何理由设想其中包含有超乎“先后顺序”以外的什么关系。事实上，因果关系能用“先后顺序”来定义，它并不是独立的概念。

休谟的学说的主观部分讲：因为屡次观察到甲和乙连结，结果就：因为[有]甲的印象，结果[有]乙的观念。但是，假如我们要按这学说的客观部分的提法来定义“因为……，结果……”，那么必须把以上的话改一个说法。在以上的话里代入“因为……，结果……”的定义，变成为：

“一向屡次观察到：屡次观察到的二对象甲和乙连结的后面一向屡次跟着有这种场合：甲的印象后面跟着有乙的观念。”

我们不妨承认，这段陈述是真实的，但是它很难说具有休谟划归他的学说的主观部分的那个范围。他三番五次地主张，甲和乙屡次连结并不成为预料两者将来也会相连的理由，只不过是这种预料的原因。也就是说，屡次连结这件事的经验屡次和一种联合习惯相连。但是，假若承认休谟学说的客观部分，过去在这种情况下屡次形成了联合这件事实便不成为设想这种联合将会继续，或设想在类似情况下将形成新的联合的理由。实际是，在有关心理方面，休谟径自相信存在有一般讲他所指责的那种意义的因果关系。试举一个实例。我看见一个苹果，预料我如果吃它，我就会经验到某种滋味。按照休谟的意见，没有理由说我总得经验到这种滋味:习惯律能说明我的这种预料的存在,却不足以作它的根据。然而习惯律本身就是一个因果律。所以,我们如果认真对待休谟的意见,必须这样讲:尽管在过去望见苹果一向和预料某种滋味相连,没有理由说要继续这样相连。也许下次我看见苹果我会预料它吃起来像烤牛肉味道。目下,你也许认为未必有
693 这回事;但是这并不成为预料五分钟后你会认为未必有这回事的理由。休谟的客观学说假若正确,我们在心理界的预料也和在物理界一样没有正当理由。休谟的理论无妨戏谑地刻画如下:"'因为甲,结果乙'这个命题意思指'因为[有]甲的印象,结果[有]乙的观念'"。当作定义来说,这不是个妙作。

所以我们必须更仔细地考究一下休谟的客观学说。这学说有两部分:(1)当我们说"因为甲,结果乙"的时候,我们有权说的仅只是,在过去的经验里,甲和乙一向屡次一起出现或很快地相继出现,甲后面不跟着有乙或甲无乙伴随的事例,一回也没观察到过。(2)不管我们观察到过如何多的甲和乙连结的事例,那也不成为预料两者在未来某时候相连的理由,虽然那是这种预料的原因,也就是说,一向屡次观察到它和这种预料相连。学说的这两个部分可以叙述如下:(1)在因果关系中,除"连结"或"继起"而外,没有不可以下定义的关系;(2)单纯枚举归纳不是妥实的论证形式。一般经验主义者向来承认这两个论点中的头一个,否定第二个。我所谓他们向来否定第二个论点,意思是说他们向来相信,若已知某种连结的为数相当庞大的一堆事例,这种连结在下次事例中出现的可能性就会过半;或者,即使他们并没有恰恰这样主张,他们也主张了具有同样结论的某一说。

目前，我不想讨论归纳，那是个困难的大题目；现在我愿意讲，即便承认休谟的学说的前半，否定归纳也要使得关于未来的一切预料，甚至连我们会继续抱预料这个预料，都成为不合理的东西。我的意思并非仅仅说我们的预料也许错误；这一点是无论如何总得承认的。我说的是，哪怕拿明天太阳要出来这类的我们最坚定的预料来讲，也没有分毫理由设想它会被证实比不会被证实的可能性大。附加上这个条件，我回过来再说“因果”的意义。

和休谟意见不同的人主张“因果”是一种特殊的关系，有这种关系，就必然有一定的先后顺序，但是有一定的先后顺序，却未必有这种关系。重提一下笛卡尔派的时钟说：两个完全准确的钟表 694
尽可一成不变地先后报时，然而哪个也不是另一个报时的原因。一般说，抱这种见解的人主张，固然在大多数情况我们不得不根据事件的经常连结，多少带危险性地推断因果关系，我们有时候能够感知因果关系。关于这点，我们看看对休谟的见解有哪些赞同理由，有哪些反对理由。

休谟把他的议论简括成以下的话：

“我认识到，在这本论著内至此我已经持有的，或今后有必要提出的一切奇僻悖论当中，要算目前这个奇论最极端了，全仗牢实的证明与推理，我才能够希望它为人所承认而打破人们的根深蒂固的偏见。在我们对这学说心悦诚服之前，我们必须如何经常地向自己重复这些话：任便两个对象或作用，不论彼此多么有关系，仅只单纯的看见它们，绝不能使我们得到两者之间的力量或关联的观念，此其一；这种观念系由于两者结合的反复而产生的，此其二；这种反复在对象方面既毫无所揭露，也毫无所引起，却靠它所显示的常例转变只对心灵发生影响,此其三;所以这种常例转变与灵魂因而感觉到、但在外界从物体却感知不到的力量和必然性是同一个东西。”

通常人指责休谟抱有一种过分原子论式的知觉观,但是他倒也承认某种关系是能感知的。他说:“我们不可把我们所作关于同一性,关于时间与地点的关系的观察的任何部分理解成推理;因为在这些观察中,心灵都不能超越过直接呈现于感官的东西。”他说,因果关系的不同处在于它使我们超越感觉印象以外,告诉我们未感知的存在。这话作为一个论点来说,似乎欠妥。我们相信有许多我们不能感知的时间和地点的关系:例如我们认为时间向前和向后延展,空间延展到居室的四壁以外。休谟的真正论点是,虽然我们有时感知到时间和地点的关系,我们却从来没感知因果关系,所以即使承认因果关系,它也必是从能感知的各种关系推断出的。于是论争便化成一个关于经验事实的论争:我们是否有时感知到一种能称作因果关系的关系呢?休谟说“否”,他的
695 敌手们说“是”,不容易理解双方任何一方怎样能提出证据来。

我想休谟一方的最有力的论据或许从物理学中因果律的性质可以得到。好像,“因为甲,结果乙”这种形式的单纯定则,在科学中除当作初期阶段的不成熟提法而外,是绝不会容许的。在很发达的科学里,代替了这种单纯定则的因果律十分复杂,谁也无法认为它是在知觉中产生的;这些因果律显然都是从观察到的自然趋势作出的细密推论。我还没算上现代量子论,现代量子论更进一步印证以上结论。就自然科学来讲,休谟完全正确:“因为甲,结果乙”这类的说法是绝不会被认可的,我们所以有认可它的

倾向，可以由习惯律和联想律去解释。这两个定律本身按严密形式来讲，便是关于神经组织——首先关于它的生理、其次关于它的化学、最终关于它的物理——的细腻说法。

不过休谟的反对者，纵然全部承认以上关于自然科学所讲的话，也许仍不承认自己被彻底驳倒。他也许说，在心理学内不乏因果关系能够被感知的事例。整个原因概念多半是从意志作用来的，可以说在某个意志作用和随之而起的行动之间，我们能够感知一种超乎一定的先后顺序以上的关系。突然的疼痛和叫喊之间的关系也不妨说如此。不过，这种意见据生理学看来就成了很难说得过去的意见。在要动胳臂的意志和随之而起的动作之间，有一连长串由神经和肌肉内的种种作用构成的因果中介。我们只感知到这过程的两末端，即意志作用和动作，假若我们以为自己看出这两个末端间的直接因果关连，那就错了。这套道理虽然对当前的一般问题不是能作出最后定论的，但是也说明了：我们若以为感知到因果关系便料想真感知到，那是轻率的。所以，权衡双方，休谟所持的在因果当中除一定的先后继起而外没有别的这种见解占优势。不过证据并不如休谟所想的那么确凿。

休谟不满足于把因果关连的证据还原成对事件的屡次连结的经验；他进而主张这种经验并不能成为预料将来会有类似连结的理由。例如，（重提以前的一个实例）当我看见苹果的时候，过 696
去的经验使我预料它尝起来味道像苹果，不像烤牛肉；但是这个预料并没有理性上的理由。假使真有这种理由，它就得是从以下原理出发的："我们向来没有经验的那些事例跟我们已有经验的那些事例类似。"这个原理从逻辑上讲不是必然的，因为我们至少能设想自然进程会起变化。所以，它应当是一条有盖然性的原理。但是一切盖然的议论都先假定这条原理，因此它本身便不能借任何盖然的议论来证明，任何这种议论甚至不能使它带有盖然真确性。“未来和过去类似这个假定，不以任何种的论据为基础，完全是由习惯来的。”①结论是一个彻底怀疑主义的结论：

“一切盖然的推理无非是感觉作用的一种。不独在诗和音乐中我们必须遵循自己的趣味和感情，在哲学里也一样。我如果确信一个什么原理，那不过是一个观念，比较强力地印在我的心上。我如果认为这套议论比那套议论可取，这只是我由个人对于这套议论的感染力优越所持的感情作出决定而已。诸对象没有可以发现的一体关连；而且我们从一个对象出现对另一个对象存在所以能得出任何推论，根据的也不是旁的什么原理，无非是作用于想象力的习惯罢了。”②

休谟对通常认为的知识进行研究的最后结果，并不是据我们料想他所期求的那种东西。他的著作③的副题是“在精神学科中导入实验推理法之一探”。很明显，他初着手时有一个信念：科学方法出真理、全部真理，而且只出真理；然而到末了却坚信因为我们一无所知，所谓信念绝不是合理的东西。在说明了支持怀疑主义的种种论据之后（第一卷，第四编，第一节），他不接着批驳这些论据，倒进而求助于人天生的盲从轻信。

“自然借一种绝对的、无法控制的必然性，不但决定了我们呼

① 第一卷，第三编，第四节。
② 第一卷，第三编，第八节。
③ 指《人性论》。——译者

吸和感觉，也决定了我们作判断。我们只要醒着，就无法阻止自己思考；在光天化日之下把眼睛转向四周的物体，无法阻止自己 697
看见这些物体；同样，由于某些对象和现在的印象惯常关连着，我们也忍不住对这些对象有一个较鲜明、较完全的观察。凡是曾费苦心反驳这种绝对怀疑论的人，他实际是作了没有敌手的争辩，努力靠议论确立一种能力，而自然在以前已经把这种能力灌注在人心中而且使它成为无可避免的能力了。那么，我所以如此仔细地发挥那个荒诞学派[①]的议论，其用意也不过是让读者理解我的以下这个假说是正确的：关于原因与结果我们的一切推论无非是由习惯来的；信念与其说是我们天性中思考部分的行为，不如说是感觉部分的行为比较恰当。”

他继续写道（第一卷，第四编，第二节）：“怀疑主义者纵使断言他不能用理性为他的理性辩护，他仍旧继续推理、相信；同样，尽管他凭什么哲学的议论也不能冒称主张关于物体存在的原理是真实的，却也必须同意这条关于物体存在的原理。……我们尽可问，什么促使我们相信物体存在？但是问是不是有物体，却徒劳无益。在我们的一切推论中，这一点必须认为是不成问题的。”

以上是《论关于各种感觉的怀疑主义》这一节的开端。经过一段长长的讨论之后，这一节用以下结论收尾：

“关于理性和感觉双方的这种怀疑主义的疑惑，是一种永远不能根治的痼疾，一种不管我们如何驱逐它，而且有时也好像完全摆脱了它，但偏偏每时每刻又来侵犯我们的痼疾。……唯有不

① 指“绝对怀疑论”。——译者

关心和不留意可以作我们的一点救药。因为这个理由，我完全信赖这两点；而且认为不论此刻读者的意见如何，一小时以后他一定会相信外部世界和内部世界双方都是存在的。”

研究哲学对某种气质的人说来是个惬意的消度时间的方法，除此以外没有研究它的理由——休谟这样主张。“在一切生活事件中，我们仍应当保持我们的怀疑主义。我们如果相信火使人温暖，或相信水让人精神振作，那无非因为不这样想我们要吃太大的苦头。不，如果我们是哲学家，那就只应当是依据怀疑主义的原则，出于我们感觉照那样想的一种倾向。”假如他放弃了思索，“我感觉我在快乐方面有损失；这就是我的哲学的来源。”

698 休谟的哲学对也好、错也好，代表着十八世纪重理精神的破产。他如同洛克，初着手时怀有这个意图：明理性、重经验，什么也不轻信，却追求由经验和观察能得到的不拘任何知识。但是因为他具有比洛克的智力优越的智力，作分析时有较大的敏锐性，而容纳心安理得的矛盾的度量比较小，所以他得出了从经验和观察什么也不能知晓这个倒霉的结论。所谓理性的信念这种东西是没有的；“我们如果相信火使人温暖，或相信水让人精神振作，那无非因为不这样想我们要吃太大的苦头。”我们不得不抱有信念，但是任何信念都不会根据理性。而且，一个行为方针也不会比另一个方针更合理，因为一切方针同样都以不理性的信念为基础。不过这个最后结论休谟似乎并没有得出来。甚至在他总结第一卷的各个结论的那一章，怀疑主义最甚的一章中，他说道：“一般讲，宗教里的错误是危险的；哲学里的错误只是荒谬而已。”他完全没资格讲这话。“危险的”是个表示因果的词，一个对因果关系抱怀疑的怀疑论者不可能知道任何事情是“危险的”。

实际上,在《人性论》后面一些部分,休谟把他的根本怀疑全忘到九霄云外,写出的笔调和当时任何其他开明的道德家会写出的笔调几乎一样。他把他推赏的救治方剂即“不关心和不留意”用到了自己的怀疑上。从某种意义上讲,他的怀疑主义是不真诚的,因为他在实践中不能坚持它。可是,它倒有这样的尴尬后果:让企图证明一种行为方针优于另一种行为方针的一切努力化为泡影。

在这样的自我否定理性精神的后面跟随着非理性信念大爆发,是必不可免的事。休谟和卢梭之间的争吵成了象征:卢梭癫狂,但是有影响;休谟神志正常,却没有追随者。后来的英国经验主义者未加反驳就否定了他的怀疑论;卢梭和他的信徒们同意休谟所说的任何信念都不是以理性为基础的,然而却认为情胜于理,让感情引导他们产生一些和休谟在实践上保持的信念迥然不同的信念。德国哲学家们,从康德到黑格尔,都没消化了休谟的议论。我特意这样讲,尽管不少哲学家和康德有同见,相信《纯粹理性批判》对休谟的议论作了解答。其实,这些哲学家们——至少康德和黑格尔——代表着一种休谟前形式的理性主义,用休谟 699
的议论是能够把他们驳倒的。凭休谟的议论驳不倒的哲学家是那种不以合理性自居的哲学家,类如卢梭、叔本华和尼采。整个十九世纪内以及二十世纪到此为止的非理性的发展,是休谟破坏经验主义的当然后果。

所以,重要的是揭示在一种完全属于,或大体属于经验主义的哲学的范围之内,是否存在对休谟的解答。若不存在,那么神志正常和精神错乱之间就没有理智上的差别了。一个相信自己是“水煮荷包蛋”的疯人，也只可能以他属于少数派为理由而指责他，或者更不如说（因为我们不可先假定民主主义），以政府不跟他意见一致为理由而指责他。这是一种无可奈何的观点，人不得不希望有个什么逃避开它的方法才好。

休谟的怀疑论完全以他否定归纳原理为根据。就应用于因果关系而言，归纳原理讲：如果一向发现甲极经常地伴随有乙，或后面跟着有乙，而且不知道甲不伴随有乙或后面不跟着有乙的任何实例，那么大概下次观察到甲的时候，它要伴随有乙或后面跟着有乙。要想使这条原理妥当，那么必须有相当多的实例来使得这个盖然性离确实性不太远。这个原理，或其他推得出这个原理的任何一个原理，如果是对的，那么休谟所排斥的因果推理便妥实有据，这固然并不在于它能得出确实性，而在于它能得出对实际目的说来充分的盖然性。假如这个原理不正确，则一切打算从个别观察结果得出普遍科学规律的事都是谬误的，而休谟的怀疑论对经验主义者说来便是逃避不开的理论。当然，若不犯循环论法，这原理本身从观察到的齐一性是推论不出来的，因为任何这种推论都需要有这个原理才算正当。所以，它必定是一个不基于经验的独立原理，或由这种独立原理推出来的原理。在这个限度内，休谟证明了纯粹经验主义不是科学的充足基础。但是，只要承认这一个原理，其他一切都能按照我们的全部知识基于经验这个理论往下进行。必须承认，这是严重违反纯粹经验主义，非经验主义者的人或许问，如果一种违反是许可的，为什么旁的违反
700 就得禁止。不过这些都是由休谟的议论非直接引起的问题。他

的议论所证明的是——我以为这证明无法辩驳——归纳是一个独立的逻辑原理，是从经验或从其他逻辑原理都推论不出来的，没有这个原理，便不会有科学。

701

第二篇　从卢梭到现代

第十八章　浪漫主义运动

从十八世纪后期到今天，艺术、文学和哲学，甚至于政治，都受到了广义上所谓的浪漫主义运动特有的一种情感方式积极的或消极的影响。连那些对这种情感方式抱反感的人对它也不得不考虑，而且他们受它的影响常常超过自知的程度以上。在这一章里我想主要就一些不确定算是哲学上的事情，简单讲一讲浪漫主义观点；因为这种观点乃是我们眼下要涉及的一段时期中大部分哲学思想的文化背景。

浪漫主义运动在初期跟哲学并不相干，不过很快就和哲学有了关系。通过卢梭，这运动自始便和政治是连在一起的。但是，我们必须先按它的最根本的形式来考察它，即作为对一般公认的伦理标准和审美标准的反抗来考察，然后才能了解它在政治上和哲学上的影响。

这运动中的头一个大人物是卢梭，但是在有些地方他只是表现了已然存在的潮流倾向。在十八世纪的法国，有教养人士极其赞赏他们所谓的 la sensibilité（善感性），这个词的意思指容易触发感情，特别是容易触发同情的一种气质。感情的触发要做到彻底如意，必须又直截又激烈而且完全没有思想的开导。善感的人看见一个困窘的小农家庭会动心落泪，可是对精心擘划的改善小农阶级生活状况的方案倒很冷淡。穷人想当然比有钱人要多具备美德；所谓贤哲，认为就是一个从腐败的朝廷里退出来，在恬淡的田园生活中享受清平乐趣的人。这种态度作为一时的心境来说，几乎在历代诗人的作品中都找得到。《皆大欢喜》(*As You* 702
Like It)里的流亡公爵表达了这种态度，不过他一有办法便回到他的公爵领地；唯独抑郁多愁的杰克斯[①]是真心欢喜那森林生活。甚至浪漫主义运动所反对的一切人当中的十足典型波普也说：

谁把愿望和心计
　囿于几块祖留的田亩，
甘心在自己的地上呼吸乡土气，
　谁便有幸福。

在培养善感性的那些人的想象中，穷人总都有几块祖留的田亩，靠自己的劳动产品过生活，无需乎对外交易。是的，他们总是在凄惨的境况里把这些田亩逐渐失掉，因为上年纪的父亲不能再劳动，娇媚的女儿又在害着痨伤症，奸恶的受抵押人或混账的领主不是正准备攫走田亩，就是准备着夺去女儿的贞操。在浪漫主义者看来，穷人绝不是都市里的，绝不是工业界的；"无产阶级"是个十九世纪的概念，也许是同样浪漫化了的，却完全是另一种东西。

卢梭讲求已经存在的善感性崇拜，使它有了一个要不然就不会具有的幅度和范围。他是个民主主义者，不但按他的学说来讲

① 《皆大欢喜》是莎士比亚的一个喜剧；杰克斯(Jacques)是剧中人物之一。——译者

是，按他的趣味来讲也是。他一生在长时期中是一个四处漂泊的穷汉，接受一些论穷困程度不过稍亚于他的人的好意照顾。他在行动上常常用糟到家的忘恩负义来回报这种关怀，但是在情感上，他的反应却是最热忱的善感性崇拜者所能想望的一切。他因为有流浪人的好尚，觉得巴黎社交界的种种拘束让人厌腻。浪漫主义者们跟他学会了轻蔑习俗束缚——最初是服装和礼貌上的、小步舞曲和五步同韵对句上的习俗束缚，然后是艺术和恋爱上的习俗束缚，最后及于传统道德的全领域。

浪漫主义者并不是没有道德；他们的道德见识反倒锐利而激烈。但是这种道德见识依据的原则却和前人向来以为良好的那些原则完全不同。从1660年到卢梭这一段时期，充满了对法国、英国和德国的宗教战争和内战的追忆。大家深深意识到混乱扰攘的危险，意识到一切激烈热情的无政府倾向，意识到安全的重
703 要性和为达到安全而必须作出的牺牲。谨慎被看成是最高美德；理智被尊为对付破坏性的热狂之辈顶有力的武器；优雅的礼貌被歌颂成抵挡蛮风的一道屏障。牛顿的宇宙井然有序，各行星沿着合乎定则的轨道一成不变地绕日回转，这成了贤良政治的富于想象性的象征。表现热情有克制是教育的主要目的，是上流人最确实的标记。在法国大革命当中，浪漫主义前的贵族们默不作声地死去；罗兰夫人和丹敦是浪漫主义者，死时伴随有华美的词句。

到卢梭时代，许多人对安全已经厌倦，已经开始想望刺激了。法国大革命和拿破仑让他们把刺激足足尝个饱。当1815年政治界回归平静的时候，这又是那么死气沉沉、那么僵硬刻板、与一切蓬勃生活那么敌对的一种平静，只有丧魂落魄的保守派耐得住。

因此，像太阳王①治下的法国与法国大革命时代前的英国特有的那种在思想上默认现状不存在了。十九世纪时对神圣同盟体制的反抗分两种。一方面，有既是资本家的又是无产阶级的工业主义对君主制和贵族政治的反抗；这种反抗几乎完全没沾到浪漫主义，而且在许多方面又返回十八世纪。这种运动以哲学上的急进派、自由贸易运动和马克思派社会主义为代表。与此完全不同的是浪漫主义的反抗，它有的地方是反动的，有的地方是革命的。浪漫主义者不追求和平与安静，但求有朝气而热情的个人生活。他们对工业主义毫无好感，因为它是丑恶的，因为苦心敛财这件事他们觉得与不朽人物是不相称的，因为近代经济组织的发展妨害了个人自由。在革命后的时代，他们通过民族主义逐渐进到政治里：他们感觉每个民族有一个团体魂，只要国家的疆界和民族的界限不一样，团体魂就不可能自由。在十九世纪上半期，民族主义是最有声势的革命原则，大部分浪漫主义者热烈支持它。

浪漫主义运动的特征总的说来是用审美的标准代替功利的标准。蚯蚓有益，可是不美丽；老虎倒美，却不是有益的东西。达尔文（非浪漫主义者）赞美蚯蚓；②布雷克赞美老虎。③ 浪漫主义 704
者的道德都有原本属于审美上的动机。但是为刻画浪漫主义者的本色，必须不但考虑审美动机的重要，而且考虑趣味上的变化，这种变化使得他们的审美感和前人的审美感不同。关于这方面，

① 太阳王（le Roi Soleil）是路易十四的别号。——译者

② 达尔文对蚯蚓的习性及其改良土壤的作用作过详细的考察和报告。——译者

③ 布雷克（William Blake，1757—1827），英国版画家，诗人。他有一首诗题名《虎》（*The Tiger*），歌颂暴力的美。——译者

他们爱好哥特式建筑就是一个顶明显的实例。另外一个实例是他们对景色的趣味。约翰生博士(Dr. Johnson)对江浦街[①]比对任何乡村风光更喜爱,并且断言凡是厌腻伦敦的人一定厌腻生活。卢梭以前的人假使赞赏乡间的什么东西,那也是一派丰饶富庶的景象,有肥美的牧场和哞哞叫着的母牛。卢梭是瑞士人,当然赞美阿尔卑斯山。在他的门徒写的小说及故事里,见得到汹涌的激流、可怕的悬崖、无路的森林、大雷雨、海上风暴和一般讲无益的、破坏性的、凶猛暴烈的东西。这种趣味上的变化多少好像是永久性的:现在差不多人人对尼亚加拉瀑布[②]和大峡谷[③]比对碧草葱茏的牧原和麦浪起伏的农田更爱好。关于人对风景的趣味,游客旅馆本身供给了统计上的证据。

浪漫主义者的性情从小说来研究最好不过了。他们喜欢奇异的东西:幽灵鬼怪、凋零的古堡、昔日盛大的家族最末一批哀愁的后裔、催眠术士和异术法师、没落的暴君和东地中海的海盗。菲尔丁(Fielding)和斯摩莱特(Smollett)写的是满可能实际发生的情境里的普通人物,反抗浪漫主义的那些现实派作家都如此。但是对浪漫主义者来说,这类主题太平凡乏味了;他们只能从宏伟、邈远和恐怖的事物领受灵感。那种多少有点靠不住的科学,如果带来什么惊人的事情,倒也可以利用;但是主要讲,中世纪以及现时的中古味顶重的东西最使他们欢喜。他们经常跟过去的

---

① 江浦街(Fleet Street)是伦敦的一条街道,为新闻业及出版业中心,约翰生博士早年进行事业活动的地方。——译者

② 世界最大的瀑布,在美国纽约州与加拿大的国境线上。——译者

③ 美国阿里佐纳州西北部科罗拉多河的大峡谷,长322公里以上,深610～1830米。——译者

或现在的现实完全断绝了关系。在这点上,《老舟子吟》(*The Ancient Mariner*)是典型,而柯勒律治的《忽必烈汗》(*Kubla Khan*)也很难说是马可波罗写的那位历史君主。浪漫主义者的地理很有趣:从上都[①]到"荒凉的寇剌子米亚海岸"[②],他们注意的尽是遥远的、亚细亚的或古代的地方。

浪漫主义运动尽管起源于卢梭,最初大体是德国人的运动。德国的浪漫主义者们在十八世纪末都还年轻,也正是当年轻的时候他们在自己的看法上表现出最富有特色之处。那些没有幸运 705
夭折的人,到末了让个性泯没在天主教的齐一模式中。(一个浪漫主义者如果原来从出生是个新教徒,他可以成为天主教徒;但若不是这样,就不大能当天主教徒,因为他必须把天主教信仰和反抗结合起来。)德国浪漫主义者对柯勒律治和雪莱起了影响;与德国的影响无关,浪漫主义观点在十九世纪初叶在英国流行开。在法国,自王政复辟以后,直到维克托·雨果,浪漫主义观点大盛,固然那是一种弱化的浪漫主义观点了。在美国,从梅厄韦尔(Melville)、索娄(Thoreau)和布洛克农场[③]可以见到近乎纯粹的浪漫主义观点;稍有缓和的,从爱默生(Emerson)和霍桑(Hawthorne)也见得到。虽然浪漫主义者倾向于旧教,但是在他们的看

---

① 《忽必烈汗》中歌咏的上都(Xanadu),是元朝的一个都市。——译者

② 寇剌子米亚(Chora mia)为古时里海以东一个地区,即原苏联乌兹别克中部及土库曼北部一带,原是古波斯的一个省,十二世纪时大致相当于花剌子模帝国。——译者

③ 布洛克农场(Brook Farm)是1841年美国的超绝论者乔治·瑞普莱(George Ripley)夫妇在波士顿附近创建的一个空想社会主义实验社会,至1847年失败。当时霍桑是参加者之一,爱默生也赞同它。——译者

法上的个人主义方面，总有一种什么牢固不拔的新教成分，而且在塑造风俗、舆论和制度方面，他们取得的永久性成功几乎完全限于新教国家。

英国的浪漫主义的端倪在讽刺作家的作品里见得到。在谢立丹(Sheridan)的《情敌》(*Rivals*)(1775)中，女主人公决意宁为爱情嫁一穷汉，而不嫁给一个有钱男人来讨好她的监护人和他的父母；然而，他们选中的那个富人化个假名，伪充贫穷向她求爱，赢得了她的爱情。贞·奥斯丁(Jane Austen)在《诺桑格府》(*Northanger Abbey*)和《理智与情感》(*Sense and Sensibility*)(1797—1798)中嘲笑了浪漫主义者。《诺桑格府》里有这么一个女主人公：她被1794年出版的瑞德克里弗夫人(Mrs. Radcliffe)写的超浪漫主义的《乌铎尔佛的奥秘》(*Mysteries of Udolpho*)引入了迷途。英国第一个好的浪漫主义作品就是柯勒律治的《老舟子吟》——姑且撇开布雷克不谈，因为他是一个孤独的、瑞典宝利①教派的信徒，难说是任何"运动"的一部分。《老舟子吟》发表在1799年②；柯勒律治不幸由魏志伍德家③供给了钱，翌年进了格廷根大学，沉溺在康德哲学里，这并没使他的诗进一步工练。

在柯勒律治、华兹渥斯(Wordsworth)和骚济(Southey)成了反动者之后，对法国大革命和拿破仑的憎恨暂时遏制住英国的浪漫主义。但是不久拜伦、雪莱和济慈使它又复活了，且多少可说

① 瑞典宝利(Emanuel Swedenborg，1688—1772)，瑞典哲学家，神秘主义者。他的宗教学说的信奉者总称为"新耶路撒冷教会"。——译者

② 应作1798年。——译者

③ 魏志伍德(Josiah Wedgwood，1730—1795)，英国著名的陶器业者。他的儿子托马斯·魏志伍德继承到大笔遗产后资助了一些文人学者。——译者

支配了整个维多利亚时代。

玛丽·雪莱[①]的《弗朗肯士坦》(*Frankenstein*)是在阿尔卑斯山的浪漫情调的景色中与拜伦谈话的灵感启发下写成的，其内容几乎可以看成是一部寓言体的、预言性的浪漫主义发展史。弗朗 706
肯士坦的怪物并不像俗语中把他说的那样，是不折不扣的怪物，他最初也是个温良和善的生灵，渴望人间的柔情；但是，他打算得到一些人的爱，而他的丑陋倒激起那些人的恐怖，于是逼得他凶暴愤恨起来。这怪物隐着身形观察一家善良的贫苦小农，暗中帮助他们劳动。最后他决意让他们知道他：

"我越多见他们，我要求得到他们的庇护和照顾的欲望越强；我的心渴望为这些温良可亲的人所认识，为他们所爱；看见他们把和美的容颜含情对着我，便是我的极度奢望了。我不敢想他们会怀着轻蔑和恐怖躲开我。"

然而，他们真这样躲开了。于是他首先要求创造他的人创造一个类似他自己的女性，等这件事一遭到拒绝，他便致力把弗朗肯士坦爱的所有人一个一个杀害，不过，甚至在这时候，当他完成了全部杀害，眼盯着弗朗肯士坦的尸首，那怪物的情操依然是高贵的：

"这也是我的牺牲者！杀害了他，我罪恶满盈；我此身的这位可怜的守护神受伤到底了！哦，弗朗肯士坦！你这宽宏大量、舍己为人的人啊！我现在求你饶恕我又有什么用？是我，毁灭了你

① 玛丽·雪莱(Mary Shelley, 1791—1851)，本名玛丽·葛德汶(Mary Godwin)，诗人雪莱的第二妻，1816 年同雪莱一起在瑞士认识了拜伦。——译者

所爱的一切人，因而无可挽救地毁灭了你。天哪！他冰凉了，他不能回答我的话……当我把我的可怕的罪孽总账浏览一遍时，我不能相信我还是从前那个在思想中对善德的美和尊严曾充满着崇高超绝的幻想的生灵。但事实正是如此；堕凡的天使成了恶毒的魔鬼。然而连神和人的那个仇敌在凄苦悲凉当中也有朋友伙伴；可是我孤单。”

这种心理如果剥除掉浪漫主义形式，毫无不现实的地方，要想找类似的实例也不必要去搜寻重洋大盗或汪达尔人[①]的国王。旧德国废皇在窦恩[②]对来访的某个英国人慨叹英国人不再喜欢他了。伯特博士在他写的一本讲少年犯的书里[③]，提到有个七岁男孩把另一个男孩弄到瑞珍特运河[④]里淹死。这孩子的理由是无论
707 他一家人或他的同年辈的孩子们，对他全不表示爱。伯特博士以好意对待他，结果他成了一个有身份的公民；可是并没有一个伯特博士来担任改造弗朗肯士坦的怪物。

可怪罪的倒不是浪漫主义者的心理，而是他们的价值标准。他们赞赏强烈的炽情，不管是哪一类的，也不问它的社会后果如何。浪漫爱情，尤其在不如意的时候，其强烈足以博得他们的赞许；但是最强烈的炽情大部分都是破坏性的炽情：如憎恶、怨愤和

---

① 五世纪时掠夺罗马，破坏其文化的一个野蛮民族。——译者

② 窦恩(Doorn)是荷兰中部位于特雷赫(Utrecht)东南的一个村，威廉二世退位后居住在那里。——译者

③ 伯特(Sir Cyril Lodowic Burt，1883—1971)，英国心理学家，伦敦大学教授(1924—1950)；这里提到的书即1925年出版的《少年犯》(*The Young Delinquent*)。——译者

④ 伦敦的一条运河。——译者

嫉妒，悔恨和绝望，羞愤和受到不正当压抑的人的狂怒，黩武热和对奴隶及懦弱者的蔑视。因此，为浪漫主义所鼓舞的，特别是为拜伦式变种的浪漫主义所鼓舞的那类人，都是猛烈而反社会的，不是无政府的叛逆者，便是好征服的暴君。

浪漫主义观点所以打动人心的理由，隐伏在人性和人类环境的极深处。出于自利，人类变成了群居性的，但是在本能上一直依然非常孤独；因此，需要有宗教和道德来补充自利的力量。但是为将来的利益而割弃现在的满足，这个习惯让人烦腻，所以炽情一激发起来，社会行为上的种种谨慎约束便难于忍受了。在这种时刻，推开那些约束的人由于内心的冲突息止而获得新的元气和权能感；虽然他们到末了也许会遭遇大不幸，当时却享受到一种登仙般的飞扬感，这种感受伟大的神秘主义者是知道的，然而仅仅有平凡德性的人却永远不能体验。于是他们天性中的孤独部分再度自现，但是如果理智尚存在，这自现必定披上神话外衣。神秘主义者与神合为一体，在冥想造物主时感觉自己免除了对同侪的义务。无政府的叛逆者做得更妙：他们感觉自己并不是与神合一，而就是神。所谓真理和义务，代表我们对事情和对同类的服从，对于成了神的人来讲不复存在；对于旁人，真理就是他所断定的，义务就是他所命令的。假使我们当真都能孤独地过生活而且不劳动，大家全可以享受这种自主状态的销魂之乐；既然我们不能如此，这种乐处只有疯子和独裁者有份了。

孤独本能对社会束缚的反抗，不仅是了解一般所谓的浪漫主义运动的哲学、政治和情操的关键，也是了解一直到如今这运动的后裔的哲学、政治和情操的关键。在德国唯心主义的影响下，

708 哲学成了一种唯我论的东西，把自我发展宣布为伦理学的根本原理。关于情操，在追求孤独这件事与炽情和经济的必要之间，须作一个可厌的折衷。D.H.劳伦斯(Lawrence)的小说《爱岛的人》(*The Man Who Loved Islands*)里的主人公鄙夷这种折衷越来越甚，最后冻饿而死，但他是享受着完全孤独而死去的；可是如此程度的言行一致那些颂扬孤独的作家们从来也没有达到过。文明生活里的康乐，隐士是无从获得的，想要写书或创作艺术作品的人，他在工作期间要活下去，就必须受人服侍。为了依旧感觉孤独，他必须能防止服侍他的人侵犯他的自我，假如那些人是奴隶，这一点最能够圆满完成。然而热烈的爱情却是个较为困难的问题。一对热情恋人只要被看作是在反抗社会桎梏，便受人的赞美；但是在现实生活中，恋爱关系本身很快地就成为一种社会桎梏，于是恋爱的对手倒被憎恨上了，如果爱情坚强，羁绊难断，就憎恨得更加厉害。因此，恋爱才至于被人理解为一场战斗，双方各在打算破入对方的"自我"保护墙把他或她消灭。这种看法通过斯特林贝利(Stringberg)的作品，尤其还通过劳伦斯的作品，已经众所周知了。

按这种情感方式讲，不仅热烈的爱情，而且连和别人的一切友好关系，只限于在能把别人看成是自己的"自我"的客观化的情况下才可能存在。若别人是血缘亲属，这看法就行得通，关系越近越容易做到。因此，人们强调氏族，结果像托勒密家系①，造成

① 托勒密家系(the Ptolemys)是亚历山大大帝死后统治埃及的一个王朝(公元前323年—公元前30年)；托勒密二世娶了他的亲姊。——译者

族内通婚。这对拜伦起了怎样的影响,我们知道;[1]瓦格纳在济克蒙特和济克琳德的恋爱中[2]也流露出类似的感情。尼采喜欢他的妹妹胜过其他一切女子(固然没有丑事),他写给她的信里说:"从你的一切所言所行,我真深切感觉我们属于一脉同根。你比旁人对我了解得多,因为我们是出于一个门第的。这件事和我的'哲学'非常调和。"

民族原则是同一种"哲学"的推广,拜伦是它的一个主要倡导者。一个民族被假定成一个氏族,是共同祖先的后嗣,共有某种"血缘意识"。马志尼经常责备英国人没给拜伦以正当的评价,他把民族设想成具有一个神秘的个性,而将其他浪漫主义者在英雄 709
人物身上寻求的无政府式的伟大归给了民族。民族的自由不仅被马志尼看成是一种绝对的东西,而且比较稳重的政治家们也这样看了。这一来在实际上便不可能有国际合作了。

对血统和种族的信仰,当然和反犹太主义连在一起。同时,浪漫主义观点一半因为是贵族观点,一半因为重热情、轻算计,所以万分鄙视商业和金融。于是浪漫主义观点宣称反对资本主义,这和代表无产阶级利益的社会主义者反对资本主义完全不同,因为前一种反对的基础是厌恶经济要务,这种反对又由于联想到资本主义世界由犹太人统治着而进一步增强。拜伦很难得偶尔也屈尊去注意像什么经济权力那种庸俗事,那时就表达出上述看

---

① 参照本书第 300 页。——译者

② 瓦格纳(Wilhelm Richard Wagner,1813—1883),德国作曲家,近代歌剧的创始者。济克蒙特(Siegmund)和济克琳德(Sieglinde)是瓦格纳所作歌剧《尼伯龙的戒指》(*Der Ring des Nibelungen*)中的两个神话人物,他们是兄妹,两人结婚,生了著名的英雄济克弗里特(Siegfried)。——译者

法：

谁掌握世界的平衡？谁统治
　不论是保皇党的还是自由党的国会？
谁使西班牙的没有内衣的爱国者惊醒？
　（这使旧欧洲的杂志全都叽叽喳喳起来）。
谁使旧世界和新世界处于痛苦
　或欢乐之中？谁使政治都变得油嘴滑舌？
谁使拿破仑的英雄事业变成幽灵？——
犹太人罗斯柴尔德[1]和他的基督教友培林[2]。

诗句也许不大铿锵悦耳，但是感情十足是现代感情，所有拜伦的信徒向来都发出了回响共鸣。

浪漫主义运动从本质上讲目的在于把人的人格从社会习俗和社会道德的束缚中解放出来。这种束缚一部分纯粹是给相宜的活动加的无益障碍，因为每个古代社会都曾经发展一些行为规矩，除了说它是老传统而外，没有一点可恭维的地方。但是，自我中心的热情一旦放任，就不易再叫它服从社会的需要。基督教多少算是做到了对“自我”的驯制，但是经济上、政治上和思想认识上的种种原因刺激了对教会的反抗，而浪漫主义运动把这种反抗带入了道德领域里。由于这运动鼓励一个新的狂纵不法的自我，
710 以致不可能有社会协作，于是让它的门徒面临无政府状态或独裁

[1] 罗斯柴尔德（Meyer Anselm Rothschild，1743—1812），德籍犹太人，国际金融资本家，在欧洲各国拥有庞大的势力。——译者

[2] 培林（Francis Baring，1740—1810），英国大银行家，当时公认为全欧第一巨商，曾任东印度公司主席。这首诗是拜伦的《唐璜》（*Don Juan*）里的一节。中译引自：《唐璜》，朱维基译，上海文艺出版社 1959 年版，第 747 页。——译者

政治的抉择。自我主义在起初让人们指望从别人得到一种父母般的温情;但是,他们一发现别人有别人的自我,感到愤慨,求温情的欲望落了空,便转成为憎恨和凶恶。人不是孤独不群的动物,只要社会生活一天还存在,自我实现就不能算伦理的最高原则。

第十九章　卢梭 711

让·雅克·卢梭(Jean Jacques Rousseau,1712—1778)虽然是个十八世纪法语意义上的 philosophe(哲人),却不是现在所说的。"哲学家"那种人。然而,他对哲学也如同对文学、趣味、风尚和政治一样起了有力的影响。把他作为思想家来看不管我们对他的功过有什么评价,我们总得承认他作为一个社会力量有极重要的地位。这种重要地位主要来自他的打动感情及打动当时所谓的"善感性"的力量。他是浪漫主义运动之父,是从人的情感来推断人类范围以外的事实这派思想体系的创始者,还是那种与传统君主专制相反的伪民主独裁的政治哲学的发明人。从卢梭时代以来,自认为是改革家的人向来分成两派,即追随他的人和追随洛克的人。有时候两派是合作的,许多人便看不出其中有任何不相容的地方。但是逐渐他们的不相容日益明显起来了。在现时,希特勒是卢梭的一个结果;罗斯福和丘吉尔是洛克的结果。

卢梭的传记他自己在他的《忏悔录》里叙述得十分详细,但是一点也不死心塌地尊重事实。他乐于自表为大罪人,往往在这方面渲染夸大了;不过,倒也有丰富的外在证据说明他欠缺一切平常道德。这件事并不使他苦恼,因为他认为他永远有着一副温情心肠,然而温情心肠却从来没阻碍他对最好的朋友有卑鄙行动。下面我仅就为了理解他的思想和影响而必须知道的事情讲一讲他的生平。

卢梭生于日内瓦,受的是正统加尔文派信徒的教育。他的父亲因为穷困,兼干钟表匠和舞蹈教师两种职业;他在婴儿时代就死了母亲,由一个姑母把他抚养长大。他十二岁时辍了学,在各种行业里当学徒,但是行行他都憎恨,于是在十六岁的时候从日内瓦逃到了萨瓦[①]。因为没有生活手段,他去到一个天主教神父
712 那里,扬言想要改宗。正式改宗式是在都灵的一个公教要理受讲所中举行的,过程历时九天。他把他的动机说成是完全为了报酬:“我不能假装不知道我就要做的神圣行为其实是盗贼行为。”不过这话是他又改奉新教以后写的;有理由认为若干年间他是一个信心真诚的天主教徒。1742 年他公开宣称过他在 1730 年所住的房子曾经仗某主教的祈祷而奇迹似的逃过了一场火灾。

他腰揣着二十法郎被赶出了都灵的公教要理受讲所之后,当上一个叫德·维齐丽夫人的贵妇的男仆,可是那夫人三个月后就死了。她死的时候,人家发现卢梭保有一个原来属于她的饰纽,这其实是他偷来的。他一口咬定是某个他喜欢的女仆送给他的;旁人听信他的话,女仆受了处罚。他的自解很妙:“从来也没有比在这个残酷时刻邪恶更远离我了;当我控告那可怜的姑娘时,说来矛盾,却是实情:我对她的爱情是我所干的事的原因。她浮现

① 萨瓦(Savoy)在法国东南部,邻近瑞士和意大利的国境。——译者

在我的心头，于是我把罪过推给了第一个出现的对象。”这是照卢梭的道德观讲，怎样以“善感性”代替一切平常道德的好实例。

在这次事件之后，他得到了德·瓦朗夫人的接济；她和他一样是由新教改宗的，是一个为了在宗教上的功劳而从萨瓦王领受年金的妩媚贵妇。有九个或十个年头，他在她家里度过大部分时光；甚至她做了他的姘妇后，他也叫她“mama”（妈妈）。有一段时间他和她的杂役共享着她；大家生活得和睦之至，杂役一死，卢梭感觉悲伤，却转念安慰自己：“算了，反正我总会捞到他的衣裳。”

他早年曾是个流浪汉，徒步周游，尽可能地谋一个朝不保夕的生计，如此度过了许多时期。在这种插曲当中，有一回，他的一个共同浪游的朋友的癫痫病在里昂大街上发作了；正当发作时，卢梭趁着人群聚起来，抛下了他的朋友。另一回，有个人自称是前往圣墓途中的希腊正教修道院院长，他当了那人的秘书；又有一回，他混充詹姆士二世的党徒①，自称是名叫达丁的苏格兰人，713
跟一个有钱的贵妇人闹了一次桃色事件。

不过，在1743年，他凭一个显赫贵妇的帮助，当上法国驻威尼斯大使的秘书，那是个叫孟泰居的酒棍，他给卢梭委派了工作，却忽略了付给他薪金。卢梭把工作干得很好，那场势在难免的纷争并不是他的过错。他去巴黎争取得到公断；人人承认他理直，但是长期没作任何处置。尽管最后他领到了他应得的欠薪，这次迁延的苦恼跟卢梭转向憎恶法国的现存政体也有关系。

他和黛蕾丝·勒·瓦色同居大约就在这时候（1745），黛蕾丝

① 指英国“光荣革命”后拥护亡命法国的詹姆士二世复位的一派人。——译者

是他在巴黎的旅馆中的佣人。他此后终生和她一起生活(不排斥其他艳事);他跟她有了五个孩子,他全部送进育婴堂。向来谁也不明白,是什么东西引动他接近她。她又丑又无知;她读写全不通(他教她写字,却不教她阅读);她不晓得十二个月份的名称,不会合计钱数。她的母亲贪得无厌;两人一同把卢梭及他的全体朋友们当收入之源来利用。卢梭声言(不管是真情还是假话)他对黛蕾丝从来没有半点爱情;她晚年贪酒,曾追逐过少年养马夫。大概他喜欢的是这种优越感:感觉在财力上和智力上都毫无疑问比她优越,而且她是彻底依赖着他的。他与大人物为伍总不自在,从心底欢喜贫贱愚直的人;在这点上,他的民主感情完全是真诚的。尽管他至终没和她结婚,他把她几乎当妻子般看待,所有赞助卢梭的名媛贵妇都不得不容忍她。

他在写作方面的首次成功,在人生路上到来得颇迟。狄戎学院悬赏征求关于艺术与科学是否给予了人类恩泽这一问题的最佳作。卢梭持否定主张,获得奖金(1750)。他主张科学、文学和艺术是道德的最恶的敌人,而且由于让人产生种种欲望,还是奴役的根源;因为像美洲蛮人那种素常裸体的人,锁链如何加得上身?可以想见,他赞成斯巴达,反对雅典。他七岁时读过普鲁塔克的《名人传》,受了很大感染;他特别仰慕莱库格斯的生平。卢
714 梭和斯巴达人一样,把战争中的胜利看成是价值的标准;可是他仍旧赞美"高贵的蛮人",虽然老于世故的欧洲人在战争中是打得败他们的。他认为,科学与美德势不两立,而且一切科学的起源都卑鄙。天文学出于占星术迷信;雄辩术出于野心;几何学出于贪婪;物理学出于无聊的好奇;连伦理学也发源于人类的自尊。

教育和印刷术可悲可叹；文明人以别于未化蛮人的一切一切全是祸患。

卢梭既然凭这篇论文获得了奖金，骤而成名，便照论文中的处世法生活起来。他采取了朴素生活，把表卖掉，说他不再需要知道时刻了。

这头一篇论文里的思想，在第二篇论文《论人间不平等的起源和基础》(*Discourse on Inequality*)(1754)中精心作了发挥，不过这篇论文却没有得到奖金。他认为"人天生来是善的，让种种制度才把人弄恶"——这是跟原罪和通过教会得救之说正对立的一说。卢梭同那个时代大部分政治理论家一样，也谈自然状态，只不过带着几分假定口吻，把它说成是"一种不复存在、或许从未存在过、大概将来也绝不会存在的状态，不过为适当判断现今的状态，对它仍需要有正确的观念。"自然法应当从自然状态推出来，但是只要我们对自然人无知，便不可能确定原来给自然人所规定的或最适合自然人的法。我们所能知道的只是服从自然法的那些人的意志必定自觉到他们在服从，而自然法必定直接出于自然之声。卢梭并不反对关于年龄、健康、智力等的自然不平等，只反对由传统惯例所认可的特权造成的不平等。

市民社会及由此而起的社会不平等的根源，从私有制中找得到。"第一个圈出了一块土地，想起说'这是我的'，而且发觉大家愚蠢得信他的话的那人，是市民社会的真正创始者。"他接着说，一次可悲的革命带来了冶金术和农耕；五谷是我们的灾难的象征。欧洲因为有最多的五谷，有最多的铁，是最不幸的大陆。要消除这个祸患，只需抛弃掉文明，因为人性本善，野蛮人在吃过饭 715

以后与自然万物和平相处，跟所有族类友好不争（我自加的重点）。

卢梭把这篇论文送给伏尔泰，伏尔泰回复说(1755年)："我收到了你的反人类的新书，谢谢你。在使我们都变得愚蠢的计划上面运用这般聪明伶巧，还是从未有过的事。读尊著，人一心想望四脚走路。但是，由于我已经把那种习惯丢了六十多年，我很不幸，感到不可能再把它捡回来了。而且我也不能从事探索加拿大的蛮人的工作，因为我遭罹的种种疾患让我必需一位欧洲外科医生；因为在那些地带正打着仗；而且因为我们的行为的榜样已经使蛮人坏得和我们自己不相上下了。"

卢梭与伏尔泰终于失和倒不在意料之外；不可思议的是他们竟没有早些反目。

卢梭既然成了名，在1754年他的故乡城市记起他来，邀请他到那里去。他答应了，可是因为只有加尔文派信徒才能做日内瓦市民，于是他再改宗恢复原信仰。他先已养成了自称日内瓦清教徒与共和主义者的习惯，再改宗后便有心在日内瓦居住。他把他的《论不平等》题献给日内瓦市的长老们，可是长老们却不高兴；他们不希望被人看成仅仅是和普通市民平等的人。他们的反对并不是在日内瓦生活的唯一障碍；还有一层障碍更为严重，那就是伏尔泰已经到日内瓦去住了。伏尔泰是剧作家，又是个戏迷，但是由于清教徒的缘故，日内瓦禁止一切戏剧上演。当伏尔泰一心想使这禁令撤销的时候，卢梭加入了清教徒一方的战团。野蛮人绝不演戏；柏拉图不赞成戏剧；天主教会不肯给戏子行婚配礼或埋葬式;波须埃①把戏剧叫作"淫欲炼成所"。这个攻击伏尔泰的良机不可失,卢梭自扮演了禁欲美德斗士的角色。

这并不是这两位大名士的第一次公开不和。第一次是因为里斯本地震(1755)惹起的;关于那回地震,伏尔泰写了一首对神意统辖世界这件事表示怀疑的诗。卢梭激愤了。他评论道:"伏尔泰外表上似乎一贯信仰神,其实除魔鬼外从来什么人他也不信,因为他的伪神乃是个据他说从恶作剧找寻一切乐趣的害人神 716
祇。一个荣享各种福惠的人,却在个人幸福的顶峰打算借自己未遭受的一场重祸的悲惨可怕的影像使他的同类满怀绝望,就这人来说此种论调的荒谬尤其令人作呕。"

至于卢梭方面,他不明白有任何理由对这回地震如此大惊小怪。不时有一定数目的人丧命,这完全是件好事情。况且,里斯本的人因为住七层高的房子所以遭了难;假使他们照人的本分,散处在森林里,他们本来是会逃脱灾难免受伤害的。

有关地震的神学问题和演戏的道德问题,在伏尔泰和卢梭之间造成了激烈的敌意,所有 philosophes(哲人们)都各袒护一方。伏尔泰把卢梭当成一个拨弄是非的疯子;卢梭把伏尔泰说成是"那种鼓吹不敬神的喇叭手,那种华丽的天才,那种低级的灵魂"。不过,高雅的情操不可不有所表现,于是卢梭写信给伏尔泰说(1760):"实际上,因为你一向那么愿意我恨你,我所以

① 波须埃(Jacques Bénigne Bossuet,1627—1704),法国神学家,演说家。——译者

恨你；但我是作为一个假使当初你愿意人爱你、本来更配爱你的人那样恨你的。在我的心对你充溢着的一切情绪当中，只剩下对你的华丽天才我们不得不抱的景仰，以及对你的作品的爱好了。如果说除你的才能外，你没有一点我可尊敬的地方，那非我之过。”

现在我们来讲卢梭一生中最多产的时期。他的长篇小说《新爱洛绮思》(*La nouvelle Héloïse*)出版于 1760 年；《爱弥儿》(*Emile*)和《社会契约论》(*The Social Contract*)都是在 1762 年问世的。《爱弥儿》是一本根据“自然”原则论教育的著作；假使里面不包含《一个萨瓦牧师的信仰自白》(*The Confession of Faith of a Savoyard Vicar*)，当局本来会认为是无害的书，可是那一段“自白”提出了卢梭所理解的自然宗教的原理，是新旧教双方正统信仰都恼火的。《社会契约论》更带危险性，因为它提倡民主，否定王权神授说。这两本书虽然大大振扬了他的名声，却给他招来一阵风暴般的官方谴责。他只好逃离法国。日内瓦万万容
717 不得他；①伯尔尼拒绝作他的避难所。最后弗里德里希大王可怜他，准许他在纳沙泰尔②附近莫底埃居住，该地是这位“圣王”的领地的一部分。在那里他住了三年；但是在这段时期终了(1765)，莫底埃的乡民在牧师率领下，控告他放毒，并且打算杀害他。他逃到了英国去，因为休谟在 1762 年就提出来愿为他效力。

① 日内瓦市议会命令将这两种书焚毁，并且指示，若卢梭来到日内瓦，应予逮捕。法国政府发出逮捕他的命令；索保恩大学和巴黎的高等法院谴责了《爱弥儿》。

② 纳沙泰尔(Neuchatel)在瑞士西部边境。——译者

在英国最初一切顺利。他在社会上非常得志，乔治三世还给予了他一份年金。他几乎每天和柏克(E. Burke)见面，可是他们的交情不久就冷到让柏克说出这话的程度："除虚荣心而外，他不抱任何原则，来左右他的感情或指导他的理智。"休谟对卢梭的忠诚最长久，说他非常喜爱他，可以彼此抱着友谊和尊重终生相处。但是在这时候，卢梭很自然地患上了被害妄想狂，终究把他逼得精神错乱，于是他猜疑休谟是图害他性命的阴谋的代理人。有时候他会醒悟这种猜疑的荒唐无稽，他会拥抱休谟，高叫："不，不！休谟绝不是卖友的人！"对这话休谟(当然弄得非常窘)回答道："Quoi，mon cher Monsieur！(什么，我亲爱的先生！)"但是最后他的妄想得胜了，于是他逃走了。他的暮年是在巴黎在极度贫困中度过的，他死的时候，大家怀疑到自杀上。

两人绝交以后，休谟说："他在整个一生中只是有所感觉，在这方面他的敏感性达到我从未见过任何先例的高度；然而这种敏感性给予他的，还是一种痛苦甚于快乐的尖锐的感觉。他好像这样一个人，这人不仅被剥掉了衣服，而且被剥掉了皮肤，在这种情况下被赶出去和猛烈的狂风暴雨进行搏斗。"

这话是关于他的性格有几成和真相一致的最善意的概括。

卢梭的业绩中有许多东西不管在别的方面如何重要，但与哲学思想史无涉。他的思想只有两个部分我要稍许详细说一说；那两个部分是：第一，他的神学；第二，他的政治学说。

在神学上他作了一个大多数新教神学家现已承认的革新。在他之前，自柏拉图以来的每一个哲学家，倘若他信仰神，都提出

718 支持其信仰的理智论据。[1] 这些论据在我们看来或许显得不大能够服人，我们可能感觉只要不是已经深信该结论真实的人，谁也不会觉得这些论据有力。但是提出这些论据的哲学家确实相信它们在逻辑上站得住，是应当使任何有充分哲学素质而无偏见的人确信神存在的那种论据。敦促我们信奉神的现代新教徒，大部分都轻视老的“证明”，把自己的信仰基础放在人性的某一面——敬畏情绪或神秘情绪、是非心、渴念之情等等上面。这种为宗教信仰辩护的方式是卢梭首创的；因为已经家喻户晓，所以现代的读者如果不费心思把卢梭和（譬如说）笛卡尔或莱布尼兹加以比较，多半会认识不到他有创见。

卢梭给一个贵族妇人写信说：“啊，夫人！有时候我独处书斋，双手紧扣住眼睛，或是在夜色昏暗当中，我认为并没有神。但是望一望那边：太阳在升起，冲开笼罩大地的薄雾，显露出大自然的绚烂惊人的景色，这一霎时也从我的灵魂中驱散全部疑云。我重新找到我的信念、我的神、和我对他的信仰。我赞美他、崇拜他，我在他面前匍匐低头。”

另有一次他说：“我信仰神和我相信其他任何真理是同样坚定的，因为信与不信断不是由我做主的事情。”这种形式的议论带私人性质，是其缺点；卢梭不由得不相信某件事，这并不成为另一人要相信那件事的理由。

他的有神论态度是十分断然的。有一次在一个宴会上因为圣朗贝尔（Saint Lambert）（客人之一）对神的存在表示了怀疑，他

① 巴斯卡尔必须除外。“心自有理性所不知的理”完全是卢梭的笔调。

威胁要离席。卢梭怒声高叫："Moi，Monsieur，je crois en Dieu!（我吗，先生，我是信神的！）"罗伯斯庇尔在所有事情上都是他的忠实信徒，在这方面也步他的后尘。"Fête de l'Etre Suprême"（太上主宰节）[①]想必会得到当年卢梭的衷心赞许。

《爱弥儿》第四卷里有一段插话《一个萨瓦牧师的信仰自白》，是卢梭的宗教信条最明白而正式的声明。虽然这段自白自称是 719
自然之声向一个为了引诱未婚女子这种完全"自然的"过错[②]而蒙污名的善良牧师所宣明的话，可是读者很诧异，他发觉自然之声一开始讲话，满口是出自亚里士多德、圣奥古斯丁、笛卡尔等人的议论的大杂烩。的确，这些议论都剥除了严密性和逻辑形式；这是以为这一来讲这些议论便有了口实，而且也容许那位可敬的牧师说他丝毫也不把哲学家的智慧放在心上了。

《信仰自白》的后半部分不像前半部分那么促人想起以前的思想家。该牧师在确信神存在以后，接着讨论为人之道。他讲："我并不从高超的哲学中的原理推出为人之道，可是我在内心深处发现为人之道，是'自然'用不可抹除的文字写下的。"由此他接着发挥这种见解：良知在一切境况下总是正当行为的不误向导。他结束这部分议论时说："感谢上天，如此我们便摆脱了整个这套可怕的哲学工具；我们没有学问也能做人；由于免去了在研究道德上面浪费生命，我们在人的各种意见所构成的广大无际的迷宫

① 罗伯斯庇尔为反对天主教教义及法国大革命中艾贝尔派的无神论，根据卢梭的《社会契约论》中的宗教思想，于1794年5月7日提出了"太上主宰信仰法令"；6月8日他主持了一个盛大的新宗教仪式，即所谓"太上主宰节"。——译者

② 他在别处叙述一个萨瓦教士说的话："Un prêtre en bonne règle ne doif faire des enfants qu'aux femmes mariées"（一个规矩端正的教士只应当跟已婚妇女生孩子）。

中便用较低代价得到一个较为可靠的向导。”他主张，我们的自然感情指引我们去满足公共利益，而理性则激励自私心。所以我们要想有道德，只需不遵循理性而顺从感情。

这位牧师把他的教义称作自然宗教，自然宗教是用不着启示的；假使大家倾听了神对内心所说的话，世界上本来就只有一种宗教。即使神特别对某些人作了默示，那也只有凭人的证明才能够知道，而人的证明是可能错误的。自然宗教有直接启示给各个人的优点。

有一段关于地狱的奇文。该牧师不知道恶人是不是要受永罚苦难，他有几分傲然地说，恶人的命运并不引起他的很大关心；但是大体上，他偏于这个看法：地狱的痛苦不是永绵不尽的。不管尽不尽，反正他确信得救不局限于任何一个教会的成员。

使法国政府和日内瓦市议会那样深感震惊的，大概就是否定
720 启示和地狱了。

排斥理性而支持感情，在我认为不是进步。实际上，只要理性似乎还站在宗教信仰的一边，谁也不想到这一招。在卢梭当时的环境里，像伏尔泰所主张的那种理性是和宗教对立的，所以，要轰走理性！何况理性是奥妙难懂的东西；野蛮人甚至吃过了饭都不能理解本体论证明，然而野蛮人却是一切必要智慧的宝库。卢梭的野蛮人——那不是人类学家所知道的野蛮人——乃是个良夫慈父；他没有贪婪，而且抱有一种自然仁慈的宗教信仰。这种野蛮人倒是个方便人儿，但是假如他能理解了那位好牧师信仰神的种种理由，他知道的哲学想必要比我们料想他那样纯朴天真的人所能知道的多一些。

撇开卢梭的“自然人”的虚构性质不谈，把关于客观事实的信念的依据放在内心情感上，这做法有两点缺陷。一点是：没有任何理由设想这种信念会是真实的；另一点是：结果产生的信念就会是私人信念，因为心对不同的人诉说不同的事情。有些野蛮人凭“自然之光”相信吃人是他们的义务，甚至伏尔泰笔下的野蛮人，虽然理性之声使他们认为只应当吃耶稣会士，也不算满惬意的。对于佛教徒，自然之光并不启示上帝存在，但的确宣示吃动物的肉是不对的。但是即使心对所有的人诉说了同样事情，那也不足以成为我们自己的情感以外存在着什么事物的证据。不管我或者全人类如何热烈想望某种事物，不管这种事物对人的幸福多么必要，那也不成其为认定这种事物存在的理由。保证人类要幸福的自然律是没有的。人人能了解，这话是符合我们的现世生活的，但是由于一种奇妙的牵强附会，恰恰就是我们今生的苦痛被说成了来世生活较好的道理。我们切不可把这种道理运用到其他方面。假若你向一个人买了十打鸡蛋，头一打全是臭的，你
总不会推断下余九打一定其好无比；然而，这却是“内心”当作对 721
我们在人世间的苦痛的安慰而鼓励人作的那种推理。

在我来说，我宁愿要本体论证明、宇宙论证明以及老一套货色里的其他东西，也不喜欢发源于卢梭的滥弄感情的不逻辑。老式的议论至少说是正经的，如果确实，便证明了它的论点；如果不确实，也容许任何批评者证明它不确实。但是新派的内心神学免掉议论；这种神学是驳不了的，因为它并不自称证明它的论点。其实，为承认这种神学而提出的唯一理由就是它容许我们沉溺在愉快的梦想中。这是个不足取的理由，假如在托马斯·阿奎那和

卢梭之间我必得选一个，我会毫不犹豫地选择那位圣徒。

卢梭的政治学说发表在1762年出版的他的《社会契约论》里。这本书和他的大部分作品在性质上大不相同；书中没有多少滥弄感情，而有大量周密的理智议论。它里面的学说虽然对民主政治献嘴皮殷勤，倒有为极权主义国家辩护的倾向。但是日内瓦和古代共同促使他喜欢城邦，而不喜欢法国和英国之类的大帝国。在里封上他把自己称为“日内瓦公民”，而且他在引言中说：“我生为自由邦的公民，自主国的一员，所以我感觉，不管我的意见对公众事务起的影响多么微弱，由于我对公众事务有投票权，研究这些事务便成了我的本分。”书中屡次以颂扬口吻提到普鲁塔克的《莱库格斯传》里所写的那样的斯巴达。他说民主制在小国最理想，贵族政治在半大不大的国家最理想，君主制在大国最理想。但是必须知道，依他的意见小国尤为可取，这一部分也是因为小国比较行得通民主政治。他说到民主政治，所指的意思如同希腊人所指的，是每一个公民直接参政；他把代议制政体称作“选举制贵族政治”。因为前者在大国不可能实现，所以他对民主政治的赞扬总暗含着对城邦的赞扬。对城邦的这种爱好，依我看来在大部分关于卢梭政治哲学的介绍文字里都强调得不够。

虽然这书整个地说远远不像卢梭的大多数作品华丽浮夸，但是第一章就是以一段极有力的辞藻起首的：“人生来自由，而处处
722 都在枷锁中。一个人自认为是旁人的主子，但依旧比旁人更是奴隶。”自由是卢梭思想的名义目标，但实际上他所重视的、他甚至牺牲自由以力求的是平等。

他的社会契约概念起初好像和洛克的类似，但不久就显出比

较近乎霍布士的概念。在从自然状态向前发展的过程中，个人不能再自己维持原始独立的时候到来了；这时为了自我保全就有了联合起来结成社会的必要。然而我如何能够不伤我的利益而保证我的自由呢？“问题是找出这样一种结社：它要用全部群力去防御和保护每个结社成员的人身和财物，而且其中每个人虽然与所有人联合起来，却仍旧可以单独服从自己，和以前还是一样自由。这就是以社会契约为其解决办法的那个根本问题。”

该契约即是“每个结社成员连同自己的一切权利完全让渡给全社会；因为首先，由于每个人绝对地献出自己，所有人的境况便都相同了；既然如此，谁也没有兴趣让自己的境况给别人造成负担。”这种让渡应当是无保留的：“假若个人保留下某些权利，由于没有共同的长上在个人和公众之间作出裁决，每个人既然在某一点上是自己的法官，会要求在所有各点上如此；自然状态因而会继续下去，这种结社必然会成为不起作用的或暴虐专横的。”

这话含有完全取消自由和全盘否定人权说的意思。的确，在后面一章中，把这理论作了某种缓和化。那里说，虽然社会契约赋予国家对它的一切成员的绝对权力，然而人仍有他做人的自然权利。“主权者不能给国民强加上任何于社会无益的束缚，它甚至连想要这样做也不可能想。”但是什么于社会有益或无益，主权者是唯一的判定者，可见，这样给集体暴政只加上了极薄弱的对立障碍。

必须注意，在卢梭，“主权者”指的不是君主或政府，而是作为集体和立法者的社会。

社会契约能够用以下的话来叙述：“我们每人把自己的人身

723 及全部力量共同置于总意志的最高指导之下，而我们以法人的资格把每个成员理解为整体的不可分割的一部分。”这种结社行为产生一个道德的、集合的团体，该团体在被动的场合称“国家”，在主动场合称“主权者”，在和其他与己类似的团体的关系上称“列强之一”。

以上对社会契约的表述里出现的“总意志”这个概念，在卢梭的体系中占非常重要的地位。关于这个概念，下面我即将还有话要讲。

据主张，主权者不必向国民作任何保证，因为它既然是由组织它的那些个人构成的，不能有同他们的利害相反的利害。“主权者仅仅凭它实际是什么，就一定应当是什么。”这个论调对不注意卢梭的颇特殊的术语用法的读者来说是容易造成误解的。主权者并不是政府，政府他承认可能是专制的；主权者是个多少有些形而上的实体，是国家的任何有形机关未充分体现的。所以，即使承认它完美无缺，也没有想来会有的实际后果。

主权者的这种永远正确的意志即“总意志”。每个公民作为公民来说分担总意志，但是作为个人来说，他也可以有与总意志背驰的个别意志。社会契约不言而喻谁拒不服从总意志，都要被逼得服从。“这恰恰是说他会被逼得自由。”

这种“被逼得自由”的概念非常玄妙。伽利略时代的总意志无疑是反哥白尼学说的；异端审判所强迫伽利略放弃己见时，他“被逼得自由”了吗？莫非连罪犯被关进监狱时也“被逼得自由”了？想想拜伦写的海盗吧：

在蓝色深海的欢乐的波涛上，

我们的思想也无边无际，我们的心怀
也自由得如大海一样。

这人在土牢里会更“自由”吗？事情怪就怪在拜伦笔下的高贵海盗是卢梭的直接结果，然而在上面这段文字里卢梭却忘掉了他的浪漫主义，讲起话来像个强词夺理的警察。深受卢梭影响的黑格尔，采纳了他对“自由”一词的误用，把自由定义成服从警察的权利，或什么与此没大差别的东西。

卢梭没有洛克及其门徒所特有的对私有财产的那种深切尊 724
重。“国家在对它的成员的关系上，是他们的全部财产的主人。”他也不相信像洛克和孟德斯鸠所鼓吹的那种权能分立。不过在这点上，也和在其他若干点上一样，他后来的详细讨论和前面的一般原则是不尽一致的。在第三卷第一章里他说，主权者的职责限于制定法律，行政部门即政府，是设立在国民和主权者之间来确保二者相互呼应的中间团体。他接着说：“假若主权者欲执掌政务，或行政长官想立法，或者假如国民拒绝服从，混乱就要代替秩序，于是……国家陷入专制政治或无政府状态。”如果考虑到用字上的差别，在这句话里他似乎和孟德斯鸠意见一致。

我现在来讲总意志说，这学说很重要，同时也含糊不清。总意志不等于过半数人的意志，甚至和全体公民的意志也不是一回事。好像把它理解为属于国家这东西本身的意志。如果我们采取霍布士的市民社会即是一个人这种看法，我们必须假定它赋有人格的种种属性，包括意志在内。可是这样一来我们就面临一个困难，即要断定这意志的有形表现是什么，关于这件事卢梭未加以说明。据他讲，总意志永远正当，永远有助于公共利益；但是，并不见得人民的评议同样正确，因为全体人的意志与总意志常常有很大分歧。那么，我们怎么能知道总意志是什么呢？在同一章内，有一段像是解答似的话：

“在供给人民适当资料进行评议时，若公民彼此不通声气，则诸细小分歧的总和永远会产生总意志，所作的决定也永远是好的。”

卢梭心中的想法好像是这样：每个人的政治意见都受自私自利心的支配，但是自私自利心由两部分组成，一部分是个人所特有的，而另一部分是社会的全体成员通有的。如果公民们没有彼
725 此帮衬的机会，他们个人的利益因为你东我西，便会抵消，会剩下一个结果，就代表他们的共同利益；这个结果即总意志。卢梭的概念或许可以借地球引力来说明。地球的每一个质点朝自己吸引宇宙中每一个其他质点；在我们上面的空气吸引我们向上，而在我们下面的大地吸引我们向下。然而所有这些“自私的”引力只要相异就彼此抵消了，剩下的是一个朝向地心的合引力。在幻想上不妨把这理解为当作一个社会看待的地球的作用，理解为地球的总意志的表现。

说总意志永远正当，无非是说因为它代表各色公民的自私自利心当中共通的东西，它必定代表该社会所能做到的对自私自利心的最大集体满足。这样解释卢梭的意思，比我向来能想出的其他任何解释①似乎都更符合他的原话。

---

①　例如，“全体人的意志与总意志之间常常有很大差别：后者只考虑公共利益；前者注意私人利益，无非是诸个别意志的总和；但是从这些个别意志中除去彼此对消的盈余或不足，剩下那些差别的总和即总意志。”

依照卢梭的看法，实际上对总意志的表现有碍的是国家内部存在着下级社团。这些社团要各有自己的总意志，和整体社会的总意志可能抵触。“那样就可以说，不再是有多少人投多少张票，而是有多少社团便只投多少票。”由此得出一个重要结论：“所以，若要总意志得以表现，必要的是在国家内部不可有部分性社会，而且每个公民应只想自己的思想：这真是伟大的莱库格斯所确立的崇高无伦的制度。”在一个脚注中卢梭引了马基雅弗利的话来支持自己的意见。

我们看这样的制度实际上会必然造成什么情况。国家要禁止教会（国家教会除外）、政党、工会以及有相同经济利害的人们所组成的其他一切组织。结果显然就是个体公民毫无权力的一体国家即极权国家。卢梭似乎领会到禁止一切社团也许难办，所 726
以又添上一句补充的话：假如下级社团非有不可，那么愈多愈好，以便彼此中和。

他在书的后一部分中讨论到政府时，认识到行政部门必然是一个有自己的利益和总意志的社团，这利益和总意志多半会和社会的利益和总意志矛盾。他说，大国的政府虽然需要比小国的政府强有力，但是也更需要通过主权者制约政府。政府的一个成员具有三种意志：他的个人意志、政府的意志及总意志。这三者应当合成 crescendo（渐强音），但事实上通常合成 diminuendo（渐弱音）。并且，“事事都协同从获有支配他人之权的人身上夺走正义感和理性。”

因而，尽管“永远坚定、不变和纯洁的”总意志无过无误，所有那些如何躲避暴政的老问题依然存在。关于这类问题卢梭要讲的话，不是偷偷重复孟德斯鸠的说法就是坚持立法部门至上；立法部门若是民主的立法部门，就等于他所说的主权者。他最初所提的、他说得俨然解决了种种政治问题的那些一般大原则，等他一俯就细节问题时便无影无踪，原来那些原则对解决细节问题是毫无贡献的。

由于此书受了当时反动派的谴责，结果现代的读者本指望书中会见到比它实际含有的学说远为彻底的革命学说。可以拿关于民主政治的言论来说明这一点。我们已经讲过，卢梭使用民主政治一词时他所指的意思是古代城邦的直接民主制。他指出，这种民主制绝不能完全实现，因为国民无法总是聚集起来，总是忙于公务。“假使真有由众神而成的国民，他们的政府就会是民主的。这样完美的政府不是人类分内的东西。”

我们所说的民主政治，他称作“选举制贵族政治”；他说，这是一切政体之中最好的，但不是适于一切国家。气候必须既不很热也不很冷；物产不可超出必要量过多，因为若超出过多，奢华恶习
727 势在难免，这种恶习限于君主和他的宫廷比弥漫在全民中要好。由于有这些限制，给专制政体便留下广大的存在范围。然而，他提倡民主政治，尽管有种种限制，当然是让法国政府对此书恨入骨髓的一个原因；另一个原因大概是否定王权神授说，因为把社会契约当作政治起源的学说暗含着否定王极神授的意思。

《社会契约论》成了法国大革命中大多数领袖的圣经，但是当然也和《圣经》的命运一样，它的许多信徒并不仔细读它，更谈不上理解它。这本书在民主政治理论家中间重新造成讲形而上的抽象概念的习气，而且通过总意志说，使领袖和他的民众能够有

一种神秘的等同，这是用不着靠投票箱那样世俗的器具去证实的。它的哲学有许多东西是黑格尔为普鲁士独裁制度辩护时尽可以利用的。[1] 它在实际上的最初收获是罗伯斯庇尔的执政；俄国和德国（尤其后者）的独裁统治一部分也是卢梭学说的结果。至于未来还要把什么进一步的胜利献给他的在天之灵，我就不敢预言了。

第二十章　康德 728

第一节　德国唯心论一般

十八世纪的哲学处于英国经验主义派的支配之下，洛克、贝克莱和休谟可以看成是这派的代表人物。在这些人身上存在着一种他们自己似乎一向不知道的矛盾，即他们的精神气质和他们的理论学说的倾向之间的矛盾。按精神气质来讲，他们是有社会心的公民，绝不一意孤行，不过分渴望权势，赞成在刑法许可的范围内人人可以为所欲为的宽容社会。他们都和蔼可亲，是通达世故的人，温文尔雅、仁慈厚道。

但是，虽然他们的性情是社会化的，他们的理论哲学却走向主观主义。主观主义并不是一个新倾向；在古代晚期就存在过，

① 黑格尔选中了总意志与全体人的意志的区别，特别加以称颂。他说："卢梭当初假使把这点区别总放在心上，他对国家理论本来会有更充实的贡献。"（《大逻辑学》，第 163 节。）

在圣奥古斯丁身上最为坚断；到近代，笛卡尔的 cogito（我思）使它复活了，而在莱布尼兹的无窗单子说里便达到了暂时的顶点。莱布尼兹相信，即使世界的其它部分绝灭了，他自己经验里的一切也会不改变；尽管如此，他还是致力于旧教教会与新教教会的再统一。类似的自相矛盾也出现于洛克、贝克莱和休谟。

在洛克，自相矛盾还是在理论上。由前面的一章我们知道，洛克一方面讲："因为心灵在其一切思维与推理方面，除只有自己默省或能默省的各个观念而外别无直接对象，所以很明白，我们的认识只和这些观念有关。"又说："认识即关于二观念相符或不符的知觉。"然而，他仍主张我们有三类关于实在的存在的知识：关于我们自己的存在，直觉知识；关于神的存在，论证知识；关于呈现于感官的事物，感觉知识。他主张，单纯观念是"事物按自然方式作用于心灵上的产物"。这点他怎样知道的，他不解释；这主张的确超出"二观念相符或不符"以外了。

贝克莱朝着结束这种自相矛盾走了重要的一步。在他说来，
729 只存在心及其表象；外部的物界废除了。但是他仍旧未能理解他由洛克继承下来的认识论原理的全部后果。假使他完全前后一贯，他就会否定关于神的知识和关于他自己的心而外的一切心的知识了。作为一个教士和过社会生活的人，他的感情阻止他作这样的否定。

休谟在追求理论一贯性上毫无所惧，但是他感不到让他的实践符合他的理论的冲动。休谟否定了自我，并且对归纳和因果关系表示怀疑。他认可贝克莱废除物质，但是不认可贝克莱以神的表象为名所提出的代替品。固然，他和洛克一样，不承认

任何不具有前行印象的单纯观念，而且无疑他把“印象”**想象**成因为心外的什么东西，结果直接使心有的一种心的状态。然而他无法承认这是“印象”的**定义**，因为他对“因为……，结果……”这个概念是有异议的。我很怀疑他或他的门徒是不是曾经清楚认识到关于印象的这个问题。很明显，依他的看法，“印象”既然不能据因果关系下定义，恐怕就得借它和“观念”赖以区别的某种内在特性来定义了。因此他便不能主张印象产生关于在我们外面的事物的知识，这是洛克曾主张的，也是贝克莱以一种修正形式主张过的。所以，他本来应当认为自己被关闭在一个唯我主义的世界里，除他自己的心灵状态及各心灵状态的关系以外，一概不知。

休谟通过他的前后一贯性，表明了经验主义若做到它的逻辑终局，就产生很少有人能承认的结果，并且在整个科学领域里废除掉理性相信和盲从轻信的区别。洛克预见到了这种危险。他借一个假想批评者的口，发出以下的议论：“假若认识在于观念之间的相符，那么热狂者和理智清醒的人就处在同一个等位上了。”洛克生当大家对“热忱”已经厌倦的时代，不难使人们相信他对这种批评的答复是妥善的。卢梭在众人又转而对理性渐渐有了厌倦的时候登场，使“热忱”复苏，而且承认了理性破产，允许感情去决断理智存疑不决的问题。从 1750 年到 1794 年，感情的发言越来越响亮；最后，至少就法国而论，“热月”①使感情的凶猛的宣讲 730

① “热月”(Thermidor)是法国革命历的第十一月，相当于阳历七月十九日至八月十七日。1794 年热月九日(七月二十七日)，法国发生了反革命政变，推翻罗伯斯庇尔的专政。——译者

暂时终止。在拿破仑底下,感情和理智同样都弄得哑不则声。

在德国,对休谟的不可知论的反作用所采取的形式比卢梭原先加给它的形式要深刻得多,精妙得多。康德、费希特和黑格尔发展了一种新哲学,想要它在十八世纪末年的破坏性学说当中保卫知识和美德。在康德,更甚的是在费希特,把始于笛卡尔的主观主义倾向带到了一个新的极端;从这方面讲,最初并没有对休谟的反作用。关于主观主义,反作用是从黑格尔开始的,因为黑格尔通过他的逻辑,努力要确立一个脱开个人、进入世界的新方法。

德国的唯心论全部和浪漫主义运动有亲缘关系。这种关系在费希特很明显,在谢林(Schelling)更加明显;在黑格尔最不明显。

德国唯心论的奠基者康德,虽然关于政治问题也写了若干有趣的论文,他本人在政治上是不重要的。反之,费希特和黑格尔都提出了一些对历史进程曾有过深刻影响,而且现在仍有深刻影响的政治学说。若不先研究一下康德,对这两人就都不能了解,所以在本章里讲一讲康德。

德国的唯心论者有某些共同的特征,在开始详细讨论之前可以一提。

对认识的批判,作为达成哲学结论的手段,是康德所强调的、他的继承者所接受的。强调和物质相对立的精神,于是最后得出唯独精神存在的主张。猛烈排斥功利主义的伦理,赞成那些据认为由抽象的哲学议论所证明的体系。存在着一种从以前的法国和英国的哲学家们身上见不到的学究气味;康德、费希特和黑格尔是大学教授，对着学术界的听众说教，他们都不是对业余爱好者讲演的有闲先生。虽然他们起的作用一部分是革命的，他们自己却不是故意要带颠覆性；费希特和黑格尔非常明确地尽心维护国家。所有这些人的生活是典范的学院生活；他们关于道德问题的见解是严格正统的见解。他们在神学上作了革新，然而是为了 731
宗教而革新。

有了这几句引话，我们再回过来研究康德。

第二节　康德哲学大意

伊曼努尔·康德（Immanuel Kant，1724—1804），一般认为是近代哲学家当中最伟大的。我个人不能同意这种评价，但是若不承认他非常重要，也可说是愚蠢无知。

康德整个一生住在东普鲁士的柯尼斯堡，或柯尼斯堡附近。虽然他经历了七年战争（有一段时期俄国人占领东普鲁士）、法国大革命以及拿破仑生涯的初期，他的外在生活却是学院式的、完全平稳无事的。他受的教育是武尔夫派传述的莱布尼兹哲学，但是有两个影响力量，即卢梭和休谟，使他放弃了这种哲学。休谟通过对因果性概念的批判，把他从独断的睡梦中唤醒过来——至少他这样讲；但是唤醒只不过是暂时的，他不久就发明了一种让他能够再入睡的催眠剂。在康德说，休谟是个必须予以驳斥的敌手，然而卢梭对他的影响却比较深。康德是一个生活习惯十分有规律的人，大家惯常根据他做保健散步经过各人门前的时间来对表，但是有一回他的时间表打乱了几天；那是他在读《爱弥儿》的时候。他说读卢梭的书他得读几遍,因为在初读时文笔的美妨害了他去注意内容。虽然康德素来受的教养是虔诚者的教养,但他在政治和神学双方面都是自由主义者;直到恐怖时代为止,他对法国大革命向来是同情的,而且他是一个民主主义的信仰者。由后文可知,他的哲学容许诉之于感情,反抗理论理性的冷酷指令;少许夸张一点说,这不妨看成是"萨瓦牧师"的一个学究式的翻版。他所提的应当把人人看成本身即是目的这条原则,是人权说的一种;从他讲的以下一句(关于成人又关于儿童的)话里流露出他酷爱自由:"再没有任何事情会比人的行为要服从他人的意志更可怕了。"

康德的早期著作比较多涉及科学,少关系到哲学。里斯本地
732 震之后,他执笔讨论了地震理论;他写过一个关于风的论著,还有一篇关于欧洲的西风是否因为横断了大西洋所以多含水汽的问题的短文。自然地理是他大感兴趣的一门学科。

康德的科学著作中最重要的是他的《自然通史与天体理论》(*General Natural History and Theory of the Heavens*)(1755),这本书在拉普拉斯星云假说以前倡导星云假说,论述了太阳系的一个可能起源。这个著作的若干部分带有一种显著的弥尔顿式的庄严。此书有首创一个确有成果的假说的功绩,但是没有像拉普拉斯那样提出支持该假说的郑重道理。他的假说一部分纯粹是空想的东西,例如所有行星都有人居住,最远的行星上有最优秀的居民之说;这种见解为地球谦虚,应当称赞,但是并没有任何科学根据。

康德有一段他一生中最为怀疑主义者的议论所苦的时期,当

时他写了一本奇妙著作叫《一个睹灵者的梦,以形而上学的梦为例证》(*Dreams of a Ghost-seer, Illustrated by the Dreams of Metaphysics*)(1766)。“睹灵者”就是瑞典宝利,他的神秘主义体系曾以一部庞然巨著公之于世,这书共售出了四部,有三部买主不明,一部卖给了康德。康德把瑞典宝利的体系称为“异想天开的”体系;他半严肃半开玩笑地表示,瑞典宝利的体系或许并不比正统的形而上学更异想天开。不过,他也不完全藐视瑞典宝利。他的神秘主义的一面是存在的,虽然在著作中不大表现;他的这一面赞美了瑞典宝利,他说他“非常崇高”。

他像当时所有旁的人一样,写了一个关于崇高与美的论著。夜是崇高的,白昼是美的;海是崇高的,陆地是美的;男人是崇高的,女人是美的;如此等等。

《英国百科全书》上说:“因为他从来没结婚,他把热心向学的青年时代的习气保持到了老年。”我倒真想知道这个条目的笔者是独身汉呢,还是个结了婚的人。

康德的最重要的书是《纯粹理性批判》(*The Critique of Pure Reason*)(第一版,1781 年;第二版,1787 年)。这部著作的目的是要证明,虽然我们的知识中没有丝毫能够超越经验,然而有一部分仍旧是先天的,不是从经验按归纳方式推断出来的。我们的知 733
识中是先天的那一部分,依他讲不仅包含逻辑,而且包含许多不能归入逻辑,或由逻辑推演出来的东西。他把莱布尼兹混为一谈的两种区别划分开。一方面,有“分析”命题和“综合”命题的区别;另一方面,有“先天”命题和“经验”命题的区别。关于这两种区别,各需要讲一讲。

"分析"命题即谓语是主语一部分的命题；例如"高个子的人是人"或"等边三角形是三角形"。这种命题是矛盾律的归结；若主张高个子的人不是人，就会自相矛盾了。"综合"命题即不是分析命题的命题。凡是我们通过经验才知道的命题都是综合命题。例如，仅凭分析概念，我们不能发现像"星期二是下雨天"或"拿破仑是个伟大的将军"之类的真理。但是康德跟莱布尼兹和以前所有的其他哲学家不同，他不承认相反一面，就是说一切综合命题通过经验才知道。这就使我们接触到上述两种区别中的第二种区别。

"经验"命题就是除借助于感官知觉而外我们无法知道的命题，或是我们自己的感官知觉，或是我们承认其证明的另外某人的感官知觉。历史上和地理上的事实属于这一类；凡是在我们对科学定律的真实性的认识要靠观测资料的场合，科学上的定律也属于这一类。反过来说，"先天"命题是这样的命题：由经验虽然可以把它抽引出来，但是一旦认识了它，便看出它具有经验以外的其他基础。小孩学算术时，经验到两块小石子和另外两块小石子，观察到他总共在经验着四块小石子，可以这样帮助他去学。但是等他理解了"二加二等于四"这个一般命题，他就不再需要由实例来对证了；这命题具有一种归纳绝不能赋予一般定律的确实性。纯数学里的所有命题按这个意义说都是先天的命题。

休谟曾证明因果律不是分析的，他推断说我们无法确信其真实性。康德承认因果律是综合的这个意见，但是仍旧主张因果律是先天认识到的。他主张算术和几何学是综合的，然而同样是先天的。于是康德用这样的词句来叙述他的问题：

如何可能有先天的综合判断？ 734

对这个问题的解答及其种种结论，构成《纯粹理性批判》的主题。

康德对此问题的解决办法，是他非常自信的解决办法。他寻求这个解决办法费了十二年工夫，但是在他的理论既然成了形之后，只用几个月就把他的整个一部大书写成了。在第一版序言中他说："我敢断言，至今未解决的，或者至少尚未提出其解决关键的形而上学问题一个也没有了。"在第二版序言里他自比哥白尼，说他在哲学中完成了一个哥白尼式的革命。

据康德的意见，外部世界只造成感觉的素材，但是我们自己的精神装置把这种素材整列在空间和时间中，并且供给我们借以理解经验的种种概念。物自体为我们的感觉的原因，是不可认识的；物自体不在空间或时间中，它不是实体，也不能用康德称之为"范畴"的那些其他的一般概念中任何一个来描述。空间和时间是主观的，是我们知觉的器官的一部分。但是正因为如此，我们可以确信，凡是我们所经验的东西都要表现几何学与时间科学所讲的那些特性。假若你总戴着蓝色眼镜，你可以肯定看到一切东西都是蓝的（这不是康德举的例证）。同样，由于你在精神上老是戴着一副空间眼镜，你一定永远看到一切东西都在空间中。因此，按几何学必定适用于经验到的一切东西这个意义来讲，几何学是先天的；但是我们没有理由设想与几何学类似的什么学适用于我们没经验到的物自体。

康德说，空间和时间不是概念，是"直观"(intuition)的两种形式。("直观"德文原字是"Anschauung"，照字面讲是"观看"或"观察”的意思。英文中“intuition”一字虽然成了定译，却并不完全是一个圆满的译法。）不过，先天的概念也是有的，那就是康德从三段论法的各个形式引申出来的十二个“范畴”。十二个范畴每三个一组分为四组：(1)关于量的：单一性、复多性、全体性；(2)关于质的：实在性、否定性、限制性；(3)关于关系的：实体与偶性、原因与结果、交互作用；(4)关于样式的：可能性、存在性、必然性。空
735 间和时间在某种意义上是主观的，按同样意义讲，这些范畴也是主观的——换句话说，我们的精神构造是这样的：使得这些范畴对于凡是我们所经验到的事物都可以适用，但是没有理由设想它们适用于物自体。不过，关于“原因”，有一处自相矛盾；因为康德把物自体看成是感觉的原因，而自由意志他认为是空间和时间中的事件的原因。这种自相矛盾并不是偶然疏忽，这是他的体系中一个本质部分。

《纯粹理性批判》的一大部分内容是从事说明由于把空间和时间或各范畴应用于未经验到的事物而产生的种种谬见。康德主张，这一来，我们就发现自己困于“二律背反”——也就是说，困于两个相互矛盾的命题，每个都是显然能够证明的。康德举出四种这样的二律背反，各是由正题和反题组成的。

在第一种二律背反里，正题是：“世界在时间上有一个起点，就空间来说，也是有限的。”反题是：“世界在时间上没有起点，在空间上没有界限；就时间和空间双方面来说，它都是无限的。”

第二种二律背反证明每一个复合实体既是由单纯部分做成的，又不是由单纯部分做成的。

第三种二律背反的正题主张因果关系有两类，一类是依照自

然律的因果关系,另一类是依照自由律的因果关系;反题主张只有依照自然律的因果关系。

第四种二律背反证明,既有又没有一个绝对必然的存在者。

《批判》的这一部分对黑格尔有了极大影响,所以黑格尔的辩证法完全是通过二律背反进行的。

在著名的一节里,康德着手把关于神存在的所有纯属理智上的证明一律摧毁。他表明他另有信仰神的一些理由;这些理由他后来要在《实践理性批判》(*The Critique of Practical Reason*)里讲述。但是暂时他的目的纯粹是否定性的。

他说,靠纯粹理性的神存在证明只有三个;三个证明即本体论证明、宇宙论证明和物理神学证明。

按他的叙述,本体论证明把神定义成 ens realissimum(最实在的存在者);也就是绝对属于存在的一切谓语的主语。相信此证明妥实有据的那些人主张,因为"存在"是这样的谓语,所以这 736
个主语必定有"存在"作谓语,换句话说,必定存在。康德提出存在不是谓语作为反对理由。他说,我纯粹想象的一百个塔拉①,和一百个真塔拉可以有全部的同样谓语。

宇宙论证明讲:假如有什么东西存在,那么绝对必然的存在者必定存在;既然我知道我存在;所以绝对必然的存在者是存在的,而且那一定是 ens realissimum(最实在的存在者)。康德主张,这个证明中的最后一步是本体论证明的翻版,所以这个证明也被上面已经讲过的话驳倒了。

① 塔拉(thaler)是一种德国旧银币。——译者

物理神学证明就是大家熟悉的意匠说论证，但是罩上一件形而上学外衣。这证明主张宇宙显示出一种秩序，那是存在着目的的证据。康德怀着敬意讨论这个证明，但是他指出，充其量它只证明有一位“设计者”，不证明有“造物主”，因此不能给人一个适当的神概念。他断定“唯一可能有的理性神学就是以道德律为基础的，或谋求道德律指导的神学”。

他说，神、自由和永生是三个“理性的理念”。但是，纯粹理性虽然使得我们形成这些理念，它本身却不能证明这些理念的实在性。这些理念的重要意义是实践上的，即与道德是关联着的。纯然在理智方面使用理性，要产生谬见；理性的唯一正当行使就是用于道德目的。

理性在实践上的行使在《纯粹理性批判》近尾有简单论述，在《实践理性批判》(1786)中作了比较详尽的发挥。论点是：道德律要求正义，也就是要求与德性成比例的幸福。只有天意能保证此事，可是在今世显然没有保证了这一点。所以存在神和来世；而且自由必定是有的，因为若不然就会没有德性这种东西了。

康德在他的《道德形而上学》(*Metaphysic of Morals*)(1785)中所揭述的伦理体系，有相当大的历史意义。这本书里讲到“定言令式”，这术语至少作为一个短语来讲，在专业哲学家的圈子以外也是大家熟知的。可以料到，康德跟功利主义，或跟任何把道德本身以外的某个目的加到道德上去的学说，不要有丝毫牵涉。
737 他说，他需要“一种不夹杂半点神学、物理学或超物理学的完全孤立的道德形而上学”。他接着说，一切道德概念都完全先天地寓于理性，发源于理性。人出于一种义务感而行动，才存在道德价值;行动像义务本可能指定的那样,是不够的。出于自私自利而诚实的生意人,或出于仁爱冲动而助人的人,都不算有德。道德的真髓应当从规律概念引申出来;因为虽说自然界的一切都按规律而行动,可是只有理性生物才有按规律的理念而行动、即凭意志而行动的能力。客观的原则这一理念,就它对意志有强制性而言,称作理性的命令,而命令的程式叫令式。

有两种令式:说"如果你想要达到如此这般的目的,就必须这样那样地做",是假言令式;说某种行动与任何目的无关,总是客观必然的,是定言令式。定言令式是综合的和先天的。康德从规律概念推出它的性质:

"我一想到一个定言令式,就立刻知道它包含着什么。因为除规律以外,该令式所包含的只有准则要和此规律一致的必要性,但是此规律并不包含限制它自己的条件,所以剩下的仅是规律的一般普遍性,行为准则应符合这普遍性,唯有这种符合才把该令式表现为必然的。因此,定言令式只有一个,实际上即:只按照那样一个准则去行动,凭借这个准则,你同时能够要它成为普遍规律。"或者说:"如此去行动:俨然你的行为准则会通过你的意志成为普遍自然律似的。"

作为说明定言令式的作用的一个实例,康德指出借钱是不对的,因为假使大家都打算借钱,就会剩不下钱可借。依同样方式能够说明盗窃和杀人是定言令式所谴责的。但是也有一些行为,康德必定会认为是不对的,然而用他的原则却不能说明它不对,例如自杀;一个患忧郁病的人完全可能想要人人都自杀。实际上,康德的准则所提的好像是美德的一个必要的标准,而不是充

738 分的标准。要想得到一个**充分的**标准，我们恐怕就得放弃康德的纯形式的观点，对行为的效果作一些考虑。不过康德却断然地讲，美德并不决定于行为的预期结果，而决定于行为本身为其结果的那条原则；假如承认了这点，那么就不可能有比他的准则更具体的准则了。

康德主张，我们应这样行动，即把每一个人当作本身即是目的来对待，固然康德的原则似乎并不必然伴有这个结论。这可以看作人权说的一个抽象形式，所以也难免同样的非议。如果认真对待这条原则，只要两个人的利害一有冲突，便不可能达成决定。这种困难在政治哲学中特别明显，因为政治哲学需要某个原则，例如过半数人优先，据该原则，某些人的利益在必要时可以为了他人的利益而牺牲。假如还要有什么政治伦理，那么政治的目的必须是一个，而和正义一致的唯一目的就是社会的幸福。不过，也可能把康德的原则解释成不指每个人是绝对的目的，而指在决定那种影响到许多人的行动时，所有人都应当同样算数。如此解释起来，这原则可以看作为民主政治提出了伦理基础。按这种解释，它就遭不到上述非议了。

康德在老年时代的精力和清新的头脑表现在他的《永久和平论》(*Perpetual Peace*)(1795)上。在这本著作中，他倡导各自由国家根据禁止战争的盟约结成的一种联邦。他讲，理性是完全谴责战争的，而只有国际政府才能够防止战争。联邦的各成员国的内部政体应当是“共和”政体，但是他把“共和”这个词定义成指行政与立法分离的意思。他并不是说不应当有国王；实际上，他倒讲在君主制下面最容易获得尽善尽美的政府。这书是在恐怖时代的影响之下写的，所以他对民主制抱着怀疑；他说，民主制必然是专制政治，因为它确立了行政权。“执行自己的政策的所谓‘全民’，实在并不是全体人，只是过半数人；于是在这点上普遍意志便自相矛盾，而且与自由原则相矛盾。”这话的措辞用语流露出卢梭的影响，但是世界联邦作为保障和平的手段这种重要思想不是 739
从卢梭来的。

从1933年[1]以来，因为这本著作，康德在本国不受欢迎了。

第三节　康德的空间和时间理论

《纯粹理性批判》的最重要部分是空间和时间的学说。在本节中，我打算把这个学说作一个批判性的考察。

把康德的空间和时间理论解释清楚是不容易的，因为这理论本身就不清楚。《纯粹理性批判》和《绪论》(*Prolegomena*)[2]中都讲了它；后者的解说比较容易懂，但是不如《批判》里的解说完全。我想先来介绍一下这个理论，尽可能讲得似乎言之成理；在解说之后我才试作批判。

康德认为，知觉的直接对象一半由于外界事物，一半由于我们自己的知觉器官。洛克先已使一般人习惯了这个想法：次性质——颜色、声音、气味等等——是主观的，并不属于对象本身。康德如同贝克莱和休谟，更前进一步，把主性质说成也是主观的，

① 希特勒上台的一年。——译者

② 书原名甚长，英译本叫《任何未来的形而上学绪论》(*Prolegomena to Any Future Metaphysic*)。——译者

固然他和他们的方式不尽相同。康德在大多时候并不怀疑我们的感觉具有原因，他把这原因称作“物自体”或称“noumena”（本体）。在知觉中呈现给我们的东西他称之为“现象”，是由两部分组成的：由于对象的部分，他称之为“感觉”；由于我们的主观装置的部分，他说这一部分使杂多者按某种关系整列起来。他把这后一部分叫作现象的**形式**。这部分本身不是感觉，因此不依环境的偶然性为转移；它是我们随身所带有的，所以始终如一，并且从它不依存于经验这个意义上讲是先天的。感性的纯粹形式称作“纯粹直观”（Anschauung）；这种形式有两个，即空间和时间，一个是外部感觉的形式，一个是内部感觉的形式。

为证明空间和时间是先天的形式，康德持有两类论点，一类是形而上学的论点，另一类是认识论的论点，即他所谓的先验的论点。前一类论点是从空间和时间的本性直接得来的，后一类论
740 点是从能够有纯数学这件事实间接得来的。关于空间的论点比关于时间的论点讲得详细，因为他认为关于后者的论点根本上和前者的情况相同。

关于空间，形而上学的论点总共有四个。

（1）空间不是从外在经验抽引出来的经验概念，因为把感觉归于某种**外界**事物时先已假定了空间，而外界经验只有通过空间表象才有可能。

（2）空间是一种先天的必然的表象，此表象是一切外界知觉的基础；因为我们虽然能想象空间里没有东西，却不能想象没有空间。

（3）空间不是关于一般事物关系的推论的概念或一般概念，因为空间只有**一个**，我们所说的“诸空间”是它的各个部分，不是

它的一些实例。

(4)空间被表象为无限而已定的量,其自身中包含着空间的所有各部分;这种关系跟概念同其各实例的关系不同,因此空间不是概念,而是一个 Anschauung(直观)。

关于空间的先验论点是从几何学来的。康德认为欧几里得几何虽然是综合的,也就是说仅由逻辑推演不出来,却是先天认识到的。他以为,几何学上的证明依赖图形;例如,我们能够看出,设有两条彼此成直角的相交直线,通过其交点只能作一条与该二直线都成直角的直线。他认为,这种知识不是由经验来的。但是,我的直观能够预见在对象中会发现什么的唯一方法,就是预见在我的主观中一切现实印象之前,该对象是否只含有我的感性的形式。感觉的对象必须服从几何学,因为几何学讲的是我们感知的方式,所以我们用其他方法是不能感知的。这说明为什么几何学虽然是综合的,却是先天的和必然的。

关于时间的论点根本上一样,只不过主张计数需要时间,而把几何换成算术。

现在来一一考察这些论点。

关于空间的形而上学论点里的第一个论点说:"空间不是从外界经验抽引出来的经验概念。因为,为了把某些感觉归之于处 741
在我之外的某东西〔即归之于和我所在的空间位置处于不同空间位置的某东西〕,而且为了我可以感知这些感觉彼此不相属而并列,从而感知它们不仅是不同的,而且是在不同的地点,为此,空间的表象必定已经作成基础〔zum Grunde liegen〕。"因此,外界经验只有通过空间表象才可能有。

"处在我之外〔即和我所在的地点处于不同的地点〕"这话是句难解的话。我作为一个物自体来说，哪里也不在，什么东西从空间上讲也不是处在我之外的；这话所能够指的只是作为现象而言的我的肉体。因此，真正的含义完全是这句话后半句里所说的，即我感知不同的对象是在不同的地点。一个人心中出现的心像就等于一个把不同外衣挂在不同木钉上的衣帽室服务员的心像；各个木钉必定已经存在，但是服务员的主观性排列外衣。

这里有一个康德似乎从未觉出来的困难，他的空间与时间的主观性理论从头到尾都有这个困难。是什么促使我把知觉对象照现在这样排列而不照其他方式排列呢？例如，为什么我总是看见人的眼睛在嘴上面，不在下面呢？照康德的说法，眼睛和嘴作为物自体存在着，引起我的各别的知觉表象；但是眼睛和嘴没有任何地方相当于我的知觉中存在的空间排列。试把关于颜色的物理学理论和这对比一下。我们并不以为按我们的知觉表象具有颜色的意义来讲物质中是有颜色的，但是我们倒真认为不同的颜色相当于不同的波长。可是因为波动牵涉着空间与时间，所以在康德说来，我们的知觉表象的种种原因当中，不会有波动这一项。另一方面，如果像物理学所假定的那样，我们的知觉表象的空间和时间在物质界中有对应物，那么几何学便可以应用到这些对应物上，而康德的论点便破产了。康德主张精神整列感觉的原材料，可是他从不认为有必要说明，为什么照现在这样整列而不照别的方式整列。

关于时间，由于夹缠上因果关系，这种困难更大。我在知觉雷声之前先知觉闪电；物自体甲引起了我的闪电知觉，另一个物

自体乙引起了我的雷声知觉，但是甲并不比乙早，因为时间是仅 742
存在于知觉表象的关系当中的。那么，为什么两个无时间性的东西甲和乙在不同的时间产生结果呢？如果康德是正确的，这必是完全任意的事，在甲和乙之间必定没有与甲引起的知觉表象早于乙引起的知觉表象这件事实相当的关系。

第二个形而上学论点主张，能想象空间里什么也没有，但是不能想象没有空间。我觉得任何郑重议论都不能拿我们能想象什么、不能想象什么作根据；不过我要断然否认我们能想象其中一无所有的空间。你可以想象在一个阴暗多云的夜晚眺望天空，但这时你本身就在空间里，你想象自己看不见的云。魏亨格①曾指出，康德的空间和牛顿的空间一样，是绝对空间，不仅仅是由诸关系构成的一个体系。可是我不明白，绝对空虚的空间如何能够想象。

第三个形而上学论点说："空间不是关于一般事物关系的推论的概念或所谓的一般概念，而是一个纯粹直观。因为第一，我们只能想象〔sich vorstellen〕单独一个空间，如果我们说到'诸空间'，意思也无非指同一个唯一的空间的各部分。这些部分不能先于全体而做成全体的部分……只能想成**在全体之中**。它〔空间〕本质上是独一无二的，其中的杂多者完全在于限度。"由此得出论断：空间是一个先天的直观。

这个论点的主眼在否定空间本身中的复多性。我们所说的

① 魏亨格（Hans Vaihinger，1852—1933），德国哲学家，"康德协会"的创立者。——译者

“诸空间”既不是一般概念“一个空间”的各实例，也不是某集合体的各部分。我不十分知道，据康德看这些空间的逻辑地位是什么，但是无论如何，它们在逻辑上总是后于空间的。现代人几乎全采取空间的关系观，对采取这种观点的人来说，无论“空间”或“诸空间”都不能作为实体词存在下去，所以这个论点成了无法叙述的东西。

第四个形而上学论点主要想证明空间是一个直观，不是概念。它的前提是“空间被想象为〔或者说被表象为，vorgestellt〕无限而已定的量。”这是住在像柯尼斯堡那样的平原地方的人的见解；我不明白一个阿尔卑斯山峡谷的居民如何能采取这种观点。
743 很难了解，什么无限的东西怎样会是“已定的”。我本来倒认为很明显，空间的已定的部分就是由知觉对象占据的部分，关于其他部分，我们只有一种可能发生运动之感。而且，假如可以插入一个真不登大雅的论点，我们说现代的天文学家们主张空间实际上不是无限的，而是像地球表面一样，周而复始。

先验的论点（或称认识论的论点）在《绪论》里讲得最好，它比形而上学论点明确，也更明确地可以驳倒。我们现下所知道的所谓“几何学”，是一个概括两种不同学问的名称。一方面，有纯粹几何，它由公理演绎结论，而不问这些公理是否“真实”；这种几何不包含任何由逻辑推不出来的东西，不是“综合的”，用不着几何学教科书中所使用的那种图形。另一方面，又有作为物理学一个分支的几何学，例如广义相对论里出现的几何学；这是一种经验科学，其中的公理是由测量值推断出来的，结果和欧几里得的公理不同。因此，这两类几何学中，一类是先天的，然而非综合的；

另一类是综合的，却不是先天的。这就解决了先验的论点。

现在试把康德提出的有关空间的问题作一个比较一般的考察。如果我们采取物理学中认为理所当然的观点，即我们的知觉表象具有（从某个意义上讲是）物质性的外在原因，就得出以下结论：知觉表象的一切现实的性质与知觉表象的未感知到的原因的现实性质不同，但是在知觉表象系统与其原因的系统之间，有某种构造上的类似。例如，在（人所感知到的）颜色和（物理学家所推断的）波长之间有一种相互关系。同样，在作为知觉表象的构成要素的空间和作为知觉表象的未感知原因系统的构成要素的空间之间，也必定有一种相互关系。这一切都依据一条准则："同因，同果"及其换质命题："异果，异因。"因此，例如若视觉表象甲出现在视觉表象乙的左边，我们就要想甲的原因和乙的原因之间有某种相应的关系。

照这个看法，我们有两个空间，一个是主观的，一个是客观的，一个是在经验中知道的，另一个仅仅是推断的。但是在这方面，空间和其他知觉样相如颜色、声音等并没有区别。在主观形 744
式上，同样都是由经验知道的；在客观形式上，同样都是借有关因果关系的一个准则推断出来的。没有任何理由把我们关于空间的知识看得跟我们关于颜色、声音和气味的知识有什么地方不一样。

谈到时间，问题就不同了；因为如果我们坚守知觉表象具有未感知的原因这个信念，客观时间就必须和主观时间同一。假若不然，我们会陷入前面结合闪电和雷声已讨论过的那种难局。或者，试看以下这种事例：你听某人讲话，你回答他，他听见你的话。

他讲话和他听你回答，这两件事就你来说都在未感知的世界中；在那个世界里，前一件事先于后一件事。而且，在客观的物理学世界里，他讲话先于你听讲话；在主观的知觉表象世界里，你听讲话先于你回答；在客观的物理学世界里，你回答又先于他听讲话。很明显，"先于"这个关系在所有这些命题中必定是同样的。所以，虽然讲知觉的空间是主观的，这话有某种重要的意义，但是讲知觉的时间是主观的，却没有任何意义。

就像康德所假定的那样，以上的论点假定知觉表象是由"物自体"引起的，或者也可以说是由物理学世界中的事件引起的。不过，这个假定从逻辑上讲绝不是必要的。如果把它抛弃掉，知觉表象从什么重要意义上讲也不再是"主观的"，因为它没有可对比的东西了。

"物自体"是康德哲学中的累赘成分，他的直接后继者们把它抛弃了，从而陷入一种非常像唯我论的思想。康德的种种矛盾是那样的矛盾：使得受他影响的哲学家们必然要在经验主义方向或在绝对主义方向迅速地发展下去；事实上，直到黑格尔去世后为止，德国哲学走的是后一个方向。

康德的直接后继者费希特(1762—1814)抛弃了"物自体"，把主观主义发展到一个简直像沾上某种精神失常的地步。他认为
745 "自我"是唯一的终极实在，自我所以存在，是因为自我设定自己；具有次级实在性的"非我"，也无非因为自我设定它才存在。费希特作为一个纯粹哲学家来说并不重要，他的重要地位在于他通过《告德意志国民》(*Addresses to the German Nation*)(1807—1808)而成了德国国家主义的理论奠基者；《告德意志国民》是在

耶拿战役之后打算唤起德国人抵抗拿破仑。作为一个形而上学概念的自我，和经验里的费希特轻易地混同起来了；既然自我是德意志人，可见德意志人比其他一切国民优越。费希特说："有品性和是德意志人，无疑指的是一回事。"在这个基础上，他作出了整个一套国家主义极权主义的哲学，在德国起了很大的影响。

他的直接后继者谢林（1775—1854）比较温厚近人，但是主观程度也不稍差。他和德国浪漫主义者有密切关系；在哲学上，他并不重要，固然他在当时也赫赫有名。康德哲学的重要发展是黑格尔的哲学。

第二十一章　十九世纪思潮 746

十九世纪的精神生活比以前任何时代的精神生活都要复杂。这是由于几种原因。第一，有关的地区比已往大了；美国和俄国作出重要贡献，欧洲比以前多注意到了古代和近代的印度哲学。第二，从十七世纪以来一向是新事物主要源泉的科学，取得新的胜利，特别是在地质学、生物学和有机化学方面。第三，机器生产深深地改变了社会结构，使人类对自己在关于自然环境方面的能力，有了一种新概念。第四，针对思想、政治和经济中的传统体系，在哲学上和政治上出现了深沉的反抗，引起了对向来看成是颠扑不破的许多信念和制度的攻击。这种反抗有两个迥然不同的形式，一个是浪漫主义的，一个是理性主义的。（我是按广义使用这两个词的）浪漫主义的反抗从拜伦、叔本华和尼采演变到墨索里尼与希特勒；理性主义的反抗始于大革命时代的法国哲学家，稍有缓和后，传给英国的哲学上的急进派，然后在马克思身上取得更深入的形式，产生苏俄这个结果。

德国在知识上的优势是一个从康德开始的新因素。莱布尼兹虽然是德国人，差不多总是用拉丁文或法文著述，他在自己的哲学上简直没受到德国什么影响。反之，康德以后的德国唯心论也正如后来的德国哲学，深受德国历史的影响；德国哲学思想中的许多仿佛奇特的东西，反映出一个由于历史的偶然事件而被剥夺了它那份当然势力的精悍民族的心境。德意志曾经赖神圣罗马帝国取得了国际地位，但是神圣罗马皇帝逐渐控制不住他的名义上的臣属。最后一个有力的皇帝是查理五世，他的势力有赖于
747 他在西班牙和低地带①的领地。宗教改革运动和三十年战争破坏了德国统一的残局，留下来许多仰承法国鼻息的弱小公国。十八世纪时，只有一个德意志国家普鲁士抵抗法国人获得了成功；弗里德里希号称“大王”，就是为这个缘故。但是普鲁士本身也没能够抵挡住拿破仑，耶拿之战一败涂地。普鲁士在俾斯麦之下的复兴，显得是恢复阿拉利克、查理曼和巴巴罗撒的英雄的过去。（对德国人来说，查理曼是德国人，不是法国人。）俾斯麦说：“我们不要到卡诺萨②去”，这流露出他的历史观念。

不过，普鲁士虽然在政治方面占优势，在文化上却不及西德意志大部分地区先进；这说明为什么有许多德国名人，包括歌德

① “低地带”指莱茵河、马斯河及些耳德河下流的地方，中古时分为许多小国；相当于现在荷兰、比利时和卢森堡一带。——译者

② 卡诺萨（Canossa）在意大利北部，为公元1077年神圣罗马皇帝亨利四世向教皇格雷高里七世要求悔过时受屈辱的地方。（参看本书上册第507页）后来“卡诺萨”就成了俗权屈服于天主教会的代称。——译者

在内，不以拿破仑在耶拿的胜利为恨。十九世纪初，德国在文化上和经济上呈现异常的参差错杂。东普鲁士还残存着农奴制；农村贵族大多浸沉在乡陋愚昧当中，劳动者连最初步的教育也没有。反之，西德意志在古代一部分曾经隶属于罗马；从十七世纪以来，一直处在法国的势力之下；它被法国革命军占领过，获得了和法国的制度同样自由主义的制度。邦主们当中有些人很聪慧，他们在自己的宫廷里模仿文艺复兴时代的邦主，作艺术与科学的奖励者；最著名的例子是魏玛，魏玛大公即歌德的恩主。邦主们当然大部分都反对德意志统一，因为这会破坏他们的独立。所以他们是反爱国的，依附于他们的那些名士有许多人也如此，在他们的心目中，拿破仑是传布比德意志文化高超的文化的使者。

十九世纪当中，新教德意志的文化逐渐日益普鲁士化。弗里德里希大王是个自由思想家和法国哲学的崇拜者，他曾殚精竭虑把柏林建成为一个文化中心；柏林科学院有一个知名的法国人穆伯杜依①做终身院长，可是他不幸成了伏尔泰死命嘲笑的牺牲品。弗里德里希的种种努力和当时其他开明专制君主的努力一样，不包括经济上或政治上的改革；实际的成绩无非是集合了一帮雇来捧场的知识分子。他死之后，文化人大部分又是在西德意志才找 748
得到了。

德国哲学比德国文学及艺术跟普鲁士的关系要深。康德是弗里德里希大王的臣民；费希特和黑格尔是柏林大学的教授。康

① 穆伯杜依(Pierre Louis Moreau de Maupertuis，1698—1759)，法国数学家，天文学家。——译者

德几乎没受到普鲁士什么影响;确实,他为了他的自由主义的神学,和普鲁士政府还起了纠纷。但是费希特和黑格尔都是普鲁士的哲学喉舌,对准备后来德国人的爱国精神与普鲁士崇拜合一作出了很大贡献。在这方面他们所做的事情由德国的大史学家们,特别是蒙森[①]和特莱奇克[②]继续下去。俾斯麦最后促使德意志民族接受在普鲁士之下的统一:从而使德意志文化里国际主义精神较淡的成分获得了胜利。

在黑格尔死后的整个时期,大部分学院哲学依旧是传统派的,所以没多大重要意义。英国经验主义哲学在英国一直盛行到十九世纪近末尾时,在法国,直到略早些时候为止,它也占优势;然后,康德和黑格尔逐渐征服了法国和英国的大学,就各大学里讲专门哲学的教师来说是这样。不过一般有教养的大众几乎没受到这运动什么影响,所以这运动在科学家当中没有多少信徒。那些继续学院传统的著述家们——在经验主义一侧有约翰·斯图亚特·穆勒,在德国唯心主义一侧有洛策、济格瓦特[③]、布莱德雷和鲍赞克特[④]——没有一个在哲学家当中完全数得上一流人物,换句话说,他们大体上采纳某人的体系,而自己并不能与某人匹敌。学院哲学以前一向和当代最有生气的思想常常脱节,例如

① 蒙森(Theodor Mommsen,1817—1903),德国史学家,著《罗马史》(*Römische Geschichte*)(1854—1856)三卷;获得诺贝尔文学奖金(1902)。——译者

② 特莱奇克(Heinrich von Treitschke,1834—1896),德国史学家,著《十九世纪德意志史》(*Deutsche Geschichte im 19. Jahrhundert*)(1897)五卷。——译者

③ 济格瓦特(Christoph Sigwart,1830—1904),德国逻辑学家,新康德主义者。——译者

④ 鲍赞克特(Bernard Bosanquet,1848—1923),英国黑格尔派哲学家。——译者

在十六、十七世纪，那时候学院哲学主要仍是经院派的。每逢遇到这种情况，哲学史家就比较少谈到教授们，而多涉及非职业的异端者了。

法国大革命时代的哲学家们大多数把科学与种种和卢梭关联着的信念结合在一起。爱尔维修和孔多塞在结合理性主义与热狂精神上可看作是典型。

爱尔维修（1715—1771）很荣幸地让他的著作《精神论》（*De L'Esprit*）（1758）遭到了索保恩大学的谴责，由绞刑吏焚毁。边沁在1769年读了他的作品，立即下决心一生献身于立法的原则。749
他说道："爱尔维修之于道德界，正如培根之于自然界。因此，道德界已有了它的培根，但是其牛顿尚待来临。"詹姆士·穆勒在对儿子约翰·斯图亚特的教育中，把爱尔维修当作典范。

爱尔维修信奉洛克的"心是 tabula rasa（白板）"的学说，他认为个人之间的差异完全是由于教育的差异：按每个人来说，他的才能和他的道德都是他所受的教导的结果。爱尔维修主张，天才常常出于偶然：假使当年莎士比亚没有被发觉偷猎，他就会成为一个毛织品商人了。[①] 爱尔维修对立法的兴趣来自这个学说：青年期的主要教导者是政体及由此而生的风俗习惯。人生来是无知的，却不是愚钝的；教育把人弄得愚钝了。

在伦理学上，爱尔维修是功利主义者；他认为快乐就是善。在宗教方面，他是一个自然神论者，是激烈反教权的人。在认识

---

① 莎士比亚结婚后本来已决定从事父亲的行业，作毛织品商。据传说，在1584年或以后，他同一帮坏朋友曾多次潜入托马斯·露西爵士的一个苑林里偷猎鹿，事被发觉，经官查缉，他才不得不离开故乡斯揣特弗，到伦敦开始了戏剧生涯。——译者

论上，他采取洛克哲学的一种简化讲法："由于洛克的教导，我们知道我们的观念，从而我们的精神，是赖感官得来的。"他说，身体的感性是我们的行动、我们的思想、我们的感情和我们的社交性的唯一原因。关于知识的价值，他与卢梭意见极不一致，因为他对知识评价非常高。

他的学说是乐观主义的学说，因为要想使人成为完善的人，只需要有完善的教育。他暗示，假使把教士除掉，完善的教育是容易求得的。

孔多塞(1743—1794)的见解和爱尔维修的见解相仿，但是受卢梭的影响比较多。他说，人权全部是由下述这一条真理推出来的：人是有感觉的生物，是可以作推理和获得道德观念的，可见人不能够再分成治者与被治者，说谎者与受骗者。"这种原则，高洁的悉尼①为它献出了生命，洛克把他的名字的威信寄附在它上面，后来由卢梭发挥得更加精严。"他说，洛克最先指出了人类认识的限度。他的"方法不久就成为所有哲学家的方法，正是由于把这个方法应用到伦理学、政治学和经济学上，他们终于能够在这些学问里走了和自然科学几乎同样可靠的道路。"

750 孔多塞非常赞赏美国独立战争。"简单的常识教导了英国殖民地的居民，在大西洋彼岸出生的英国人和在格林尼治子午线上出生的英国人持有完全相同的权利。"他说，美国宪法以人的天然权利为基础，美国独立战争使涅瓦河到瓜达耳基维尔河的整个欧

① 悉尼(Algernon Sidney，1622—1683)，英国政治家，共和主义者，以叛国案罪名被处斩。——译者

洲都知道了人权。不过，法国大革命的原则“比那些指导了美国人的原则更纯正、精严、深刻”。这些话是当他躲开罗伯斯庇尔的耳目隐匿起来时写的；不久以后他就被捕下狱了。他死在狱里，但是死情不详。

孔多塞是个信仰妇女平权的人。他又是马尔萨斯的人口论的首创者，可是这理论在他讲来却没有马尔萨斯讲的那些黯淡的结论，因为他的人口论和节育的必要是同时并提的。马尔萨斯的父亲是孔多塞的门徒，这样马尔萨斯才知道了人口论。

孔多塞比爱尔维修还要热狂，还要乐观。他相信，由于法国大革命的原则普遍流传，所有的主要弊病不久全会化为乌有。他没活到1794年以后，①也许是他的幸运。

法国的革命哲学家们的学说减低了热狂性并且大大精严化之后，由哲学上的急进派带到了英国，这派人中边沁是公认的首领。最初，边沁几乎专注意法学；随着他年纪大起来，逐渐他的兴趣扩大了，他的见解日益带颠覆性。1808年以后，他是一个共和主义者、妇女平权的信奉者、帝国主义之敌和不妥协的民主主义者。这些意见中有若干他得自詹姆士·穆勒。两人都相信教育万能。边沁采取“最大多数人的最大幸福”原则当然是出于民主感情，但是这一来就势必要反对人权说了，所以他直率地把人权说叫作“瞎说八道”。

哲学上的急进派跟爱尔维修和孔多塞之类的人有许多地方是不同的。从气质上讲，他们是有耐性的人，喜欢详细制定自己

① 自1794年发生“热月”反革命政变后，法国大革命基本上结束。——译者

的理论。他们非常侧重经济学，相信自己把经济学当作一门科学
751 发展起来了。在边沁和约翰·斯图亚特·穆勒，存在着偏于热狂的倾向，但是在马尔萨斯或詹姆士·穆勒则不存在；热狂倾向被这门“科学”严格制止住，特别是被马尔萨斯对人口论的黯淡讲法严格制止住了，因为按照马尔萨斯的讲法，除在瘟疫刚过后以外，大部分雇佣劳动者的所得必定总是可以维持自己及家族生存的最低数目。边沁主义者和他们的法国前辈之间的另一个重大分歧点是，在工业化的英国，雇主和雇佣劳动者有剧烈的冲突，引起了工会主义和社会主义。在这种冲突中，边沁主义者大体上说站在雇主一方反对工人阶级。不过，他们的最后代表人物约翰·斯图亚特·穆勒逐渐不再固执他父亲的严峻教条，随着他年纪的增长，他越来越不敌视社会主义，越来越不坚信古典经济学是永久真理了。根据他的自传，这个缓和化过程是由读浪漫派诗人的作品开始的。

边沁主义者虽然起初带有相当温和的革命性，却逐渐不再如此，一部分是由于他们在使英国政府转向他们的一些看法上有了成功，一部分是由于反对社会主义和工会主义日益增长的势力。我们已经提过，反抗传统的人分理性主义的和浪漫主义的两类，固然在孔多塞之类的人身上，两种成分是兼有的。边沁主义者几乎完全是理性主义的，而既反抗现存经济秩序又反抗他们的社会主义者也一样。这种社会主义运动直到马克思才获得一套完全的哲学，在后面一章里我们要讲他。

浪漫主义形式的反抗和理性主义形式的反抗虽然都出于法国大革命和大革命之前不久的哲学家们，但是两者大不相同。浪

漫主义形式在拜伦作品里可以见到，那是裹在非哲学的外衣下的，但是在叔本华和尼采的作品中，它学会了哲学用语。这种反抗的倾向是牺牲理智而强调意志，耐不住推理的束缚，颂扬某些类的暴力。在实际政治中，它作为民族主义的盟友是很重要的。它在倾向上对普通所说的理性明确地抱着敌意，即使在实际上也不尽然；而且往往是反科学的。它的一些最极端的形式见于俄国的无政府主义者，但是在俄国最后得势的却是理性主义形式的反抗。德国永远比其他任何国家都容易感受浪漫主义，也正是德 752
国，为讲赤裸裸意志的反理性哲学提供了政治出路。

到此为止，我们所考察的各派哲学向来都得到了传统上的、文学上的或政治上的启发。但是，哲学见解另外还有两个根源，即科学和机器生产。第二个根源在学理上的影响是从马克思开始的，从那时起逐渐重要起来。第一个根源从十七世纪以来一向很重要，但是在十九世纪当中有了种种新的形式。

达尔文之于十九世纪，犹如伽利略和牛顿之于十七世纪。达尔文理论分两部分。一方面，有进化说，主张各样的生物全是由共同祖先逐渐发展出来的。这个学说现在大家普遍承认了，在当时也并不是新东西。且不提阿那克西曼德；①拉马克②和达尔文的祖父埃拉司摩斯③都曾经主张过它。达尔文为这学说供给了极

---

① 阿那克西曼德主张生物都是由鱼演化来的；参看本书上册第53页。——译者

② 拉马克(Jean Baptiste Pierre Antoine de Monet de Lamarck，1744—1829)，法国生物学家；著《动物哲学》(1809)二卷，早于达尔文五十年倡导进化说。——译者

③ 埃拉司摩斯·达尔文(Erasmus Darwin，1731—1802)，英国植物学家、医学家和诗人。——译者

大量的证据，而且在他的理论的第二部分，他相信自己发现了进化的原因。这样，他便使这学说空前受人欢迎，并且获得一种以前所没有的科学力量；但绝不是他首创了进化说。

达尔文理论的第二部分是生存竞争和适者生存。一切动植物繁殖得太快，以致自然界无力供养它们；因此每一代都有许多个在达到生殖年龄以前就死掉了。由什么来决定哪个将生存呢？当然，有几分是纯运气，但是还有一个较为重要的原因。动物及植物一般讲与其亲代并不完全相同，在每一种可测量的形质方面，或有余、或不足，稍微有些差别。在一定的环境里，同种的个体为生存下去而竞争，对环境适应得最好的有最大的生存机会。所以在种种偶然变异当中，有利的变异在每个世代的成熟个体中会占优势。因此，一代又一代，鹿越跑越快，猫潜近活食时越来越悄静，长颈鹿的脖子越变越长。达尔文主张，如果时间充分长久，这种机理过程可以说明从原生动物到 homo sapiens（人类）整个漫长的发展。

达尔文理论的这一部分向来很受人反驳，大多数生物学家认为要附加许多重要的限制条件。然而这和写十九世纪
753 思想史的历史家没有多大的关系。从历史观点看来，有趣的是达尔文把哲学上的急进派特有的那一套经济学推广到了生物全体。根据他讲，进化的原动力就是自由竞争世界中的一种生物学的经济。促使达尔文想到了生存竞争和适者生存为进化根源的，正是推广到动植物界的马尔萨斯的人口学说。

达尔文本人是个自由主义者，但是他的理论却具有对传统自

由主义有些不利的结论。一切人生来平等，成人之间的差异完全是由于教育，这种学说和他强调同种个体间的先天差异是不能相容的。假使像拉马克所主张的、达尔文本人在一定限度内也愿意承认的那样，获得形质是遗传的，那么和类如爱尔维修的见解之间的这种对立本来可以略有缓和；可是除某些不大重要的例外不算，自来好像只有先天形质才遗传。因此，人与人的先天差异就有了根本的重要意义。

进化论还有一个结论，跟达尔文所提出的特别机理过程无关。假如说人和动物有共同的祖先，假如说人是经过如此缓慢的阶段发展出来的，曾有过某些生物我们不知道是否该划为人类，那么便发生这个问题：在进化的哪个阶段上，人类（或人类的半人形祖宗）开始一律平等呢？Pithecanthropus erectus（直立猿人）假使受过适当的教育，就会和牛顿做出同样好的成绩吗？假使当初有谁控告皮尔当人①侵界偷猎，皮尔当人就会写出莎士比亚的诗篇吗？一个对这些问题作肯定回答的坚定的平等主义者，会发觉他不得不认为猿猴和人类地位相等。而为什么止于猿猴呢？我不明白他可怎样去反对那种赞成牡蛎有投票权的议论。进化论的信徒应当坚持，不但必须谴责人人平等的学说是反生物学的，而且必须谴责人权说也是反生物学的，因为它把人类和动物区别得太截然了。

不过，自由主义也有另外一面，由于有进化说而大大巩固

① 所谓皮尔当人（Piltdown Man）是1912年在英国的皮尔当发现的一个头盖骨，曾被揣断为更新世最古的人类，但在1953年经证实是伪造的。——译者

754 了，那就是进步的信念。因为这个理由，而且因为进化论提出了反对正统神学的新论据，所以只要世界情势还容许有乐观主义，进化论就受到自由主义者的欢迎。虽然马克思的学说在某些点上是达尔文时代前的旧东西，他本人倒想把他的书题献给达尔文。

生物学的威信促使思想受到科学影响的人们不把机械论的范畴而把生物学的范畴应用到世界上。认为万物都在演化中，一个内在目标是容易想象的。许多人无视达尔文，以为进化证明了宇宙有目的的信念是正确的。有机体概念被认作是探索自然律的科学解释及哲学解释的秘诀，十八世纪的原子论思想被看成过时了。这种观点最后甚至影响了理论物理学。在政治上，当然造成强调和个人相对立的社会。这和国家的权力逐渐增长是谐调的；和民族主义也是谐调的，因为民族主义可以引用达尔文的适者生存说，把它应用于民族而不应用于个人。但是到这里我们就涉及广大群众在理解得不完全的科学学说启发下所产生的科学以外的见解的范围了。

虽然生物学对机械论的世界观向来是不利的，近代经济技术却起了相反的作用。一直到十八世纪将近末尾时为止，和科学学说相对而言的科学技术对人的见解没有重大影响。随着工业主义的兴起，技术才开始影响了人们的思想。甚至在那时候，长期以来这种影响多少总是间接的影响。提出哲学理论的人一般讲和机器简直不发生什么接触。浪漫主义者注意到了工业主义在一向优美的地方正产生的丑恶，注意到了那些在“生意”里发了财的人（在他们认为）的庸俗，憎恨这种丑恶和庸俗。这使他们和中产阶级形成对立，因而有时候他们和无产阶级的斗士结成了一种仿佛什么联盟。恩格斯颂扬卡莱尔，却不了解卡莱尔所希求的并不是雇佣劳动者的解放，而是他们服从中世纪时他们曾有过的那类主东。社会主义者是欢迎工业主义的，但是想要把产业工人从服从雇主势力的情况下解放出来。他们在自己所考察的问题上 755
受了工业主义的影响，但是在解决问题时所运用的思想方面，受的影响不大。

机器生产对人的想象上的世界观最重要的影响就是使人类权能感百倍增长。这无非是自有史以前人类发明武器减轻了对野兽的恐惧、创造农耕减轻了对饥馁的忧虞时便已开始的一个过程的加速。但是这个加速度一向非常之大，因而使那些掌握近代技术所创造的力量的人产生一种簇新的看法。从前，山岳瀑布都是自然现象；而现在，碍事的山可以除掉，便利的瀑布也可以创造。从前，有沙漠有沃乡；而现在，只要人们认为值得做，可以叫沙漠像玫瑰一样开鲜花，而沃乡被科学精神不足的乐观主义者变成了沙漠。从前，农民过他们父母、祖父母曾经过的生活，信他们父母、祖父母曾经信的信仰；以教会的全部力量还无法根绝各种异教仪式，所以只好把这些仪式和本地的圣徒拉上关系，从而给它们加上基督教外衣。而现在当局能够指令农民子弟在学校里应当学什么东西，在一代之间可以使务农者的思想情况变个样；据推测，这点在俄国已经做到了。

因而，在掌管事务的人们中间，或与掌管事务的人有接触的人们中间，滋生一种权能的新信念：首先是在人与自然的斗争中人的权能，其次是统治者们对那些人的权能，他们尽力通过科学的宣传术，特别是通过教育，支配那些人的信念和志向。结果是，固定性减小了；似乎没一样改变办不到。大自然是原材料；人类当中未有力地参与统治的那部分人也是原材料。有某些老的概念表示人相信人力有限度；其中两个主要的就是“神”和“真理”。（我的意思并非说这两样**在逻辑上**有关联）。这种概念有消逝的倾向；即使没遭到明白否定，也失掉了重要意义，只是表面上还保留下来。这套观点整个是新东西，无法断言人类将要
756 怎样去适应它。它已经产生了莫大的变革，将来当然还要产生其他大变革。建立一种哲学，能应付那些陶醉于权能几乎无限度这个前景的人，同时也能应付无权者的心灰意懒，是当代最迫切的任务。

虽然有许多人仍旧真心信仰人类平等和理论上的民主，但是现代人的想象力受到了十九世纪时根本不民主的工业体制所促成的社会组织形式的深刻影响。一方面有实业巨头，另一方面有广大的工人。民主制度的这种内在分裂，民主国家里的一般老百姓尚未认识到，但是这一向是从黑格尔以来大部分哲学家的首要问题，而他们在多数人的利害与少数人的利害之间所发现的尖锐对立，已经通过法西斯主义有了实际表现。在哲学家当中，尼采恬不知耻地站在少数人一边，马克思则衷心诚意地站在多数人一边。或许边沁是唯一打算调和利害矛盾的重要人物；因此他招来了双方的忌恨。

阐述任何一种关于人类关系的圆满的现代伦理时，最重要的是承认人对于人类范围外的环境的权能必有的限度，承认人对人

彼此间的权能宜有的限度。

第二十二章　黑格尔 757

黑格尔(Hegel,1770—1831)是德国哲学中由康德起始的那个运动的顶峰;虽然他对康德时常有所批评,假使原来没有康德的学说体系,绝不会产生他的体系。黑格尔的影响固然现在渐渐衰退了,但已往一向是很大的,而且不仅限于德国,也不是主要在德国。十九世纪末年,在美国和英国,一流的学院哲学家大多都是黑格尔派。在纯哲学范围以外,有许多新教神学家也采纳他的学说,而且他的历史哲学对政治理论发生了深远的影响。大家都知道,马克思在青年时代是个黑格尔的信徒,他在自己的完成了的学说体系中保留下来若干重要的黑格尔派特色。即使(据我个人认为)黑格尔的学说几乎全部是错误的,可是因为他是某种哲学的最好代表人物,这种哲学在旁人就没有那么一贯、那么无所不包,所以他仍然保持着不单是历史意义上的重要地位。

他的一生没有多少重大事件。在青年时代,他非常热中于神秘主义,他后日的见解多少可以看成是最初他以为是神秘洞察的东西的理智化。他起先在耶拿大学当 Privatdozent(无俸讲师)——他曾提到他在耶拿战役开始的前一天在耶拿写成了《精神现象学》(*Phenomenology of Mind*)——然后在纽伦堡大学当 Privatdozent,后来又在海德堡大学做教授(1816—1818),最后从 1818 年至逝世在柏林大学做教授,在以上各大学都讲授哲学。他晚年是一个普鲁士爱国者,是国家的忠仆,安享公认的哲学声望;

但是在青年时代他却藐视普鲁士而景仰拿破仑，甚至为法军在耶拿的胜利而欢欣。

黑格尔的哲学非常艰深，我想在所有大哲学家当中他可说是最难懂的了。在开始详细讨论以前，对他的哲学先作一个一般勾画，或许有些帮助。

由于他早年对神秘主义的兴趣，他保留下来一个信念：分立性是不实在的；依他的见解，世界并不是一些各自完全自立的坚固的单元——不管是原子或灵魂——的集成体。有限事物外观
758 上的自立性，在他看来是幻觉；他主张，除全体而外任何东西都不是根本完全实在的。但是他不把全体想象成单纯的实体，而想象成一个我们应该称之为有机体的那类的复合体系，在这点上他与巴门尼德和斯宾诺莎是不同的。看来好像构成为世界的那些貌似分立的东西，并不单纯是一种幻觉；它们或多或少各有一定程度的实在性，因为真正看起来便知道各是全体的一个方面，而它的实在性也就在于这个方面。随着这种看法，当然就不相信时间与空间本身的实在性，因为时间和空间如果认为是完全实在的，必然要有分立性和多重性。所有这一切，最初想必都是在他心里产生的神秘的“洞察”；他的书中提出来的理智精制品一定是后来才有的。

黑格尔断言现实的就是合理的，合理的就是现实的。但是他讲这话时，他的“现实的”一词并不指经验主义者所要指的意思。他承认，甚至还强调，凡经验主义者所以为的事实，都是不合理的，而且必然都是不合理的；只有把事实作为全体的样相来看，从而改变了它的外表性格，才看出它是合理的。

尽管如此，把现实的和合理的同一看待，不可避免地仍旧要造成一些与“凡存在的事物都是正当的”这个信念分不开的自满情绪。

复杂万状的全体，黑格尔称之为“绝对”。“绝对”是精神的；斯宾诺莎认为全体不仅有思维属性而且有广延属性的见解被摒弃了。

黑格尔同历来其他曾抱有稍类似的形而上学观点的人有两点区别。一点是强调逻辑：黑格尔认为，“实在”的本性从它必须不自相矛盾这个唯一的考虑就能推演出来。另一个（与第一点密切相关的）区别特征是称作“辩证法”的三元运动。他的最重要的著作是两部《逻辑学》（*Logic*）①，要想正确理解他对其他问题的见解的依据，这两部书不可不懂。

逻辑照黑格尔的理解，他明确地说和形而上学是一回事；那是一种跟普通所说的逻辑完全不同的东西。他的看法是：任何平常的谓语，如果把它认作是限定“实在”全体的，结果它就是自相矛盾的。我们不妨举巴门尼德的学说：唯一实在的“太一”是球状的，作为一个粗浅的实例。任何东西如果没有边界便不会是球状 759
的，而除非它外部有什么（至少有虚空间），它才可能有边界。因此，假定整个宇宙是球状的，便自相矛盾。（如果把非欧几里得几何抬出来，对这个议论未尝不可以有异议，但是这议论作为一个说明例子，也算可用了。）或者，我们来举另一个更粗浅的实例——过于粗浅了，远不是黑格尔会使用的。你可以说甲君是一

①　通称《大逻辑》和《小逻辑》。——译者

个舅舅，这没有明显矛盾；但是假使你要讲宇宙是舅舅，你就会陷入难局。所谓舅舅就是一个有外甥的人，而外甥是与舅舅分立的人；因此舅舅不会是“实在”全体。

这个实例或许也可以用来说明辩证法，辩证法是由正题、反题与合题组成的。首先我们说：“实在是舅舅。”这是“正题”。但是存在舅舅就暗含着存在外甥。既然除“绝对”而外任何东西都不真存在，而我们现在又保证存在外甥，所以我们不得不断言“绝对是外甥”。这是“反题”。但是这和“绝对”是舅舅的看法有同样的缺陷；于是我们被迫采取这个看法：“绝对”是舅舅和外甥构成的全体。这是“合题”。但是这个合题仍旧不圆满，因为一个人必须有个姊妹作外甥的母亲，他才能当舅舅。因此，我们被迫扩大我们的宇宙，把姊妹连姊夫或妹夫都包括进去。据主张，照这种方式，仅凭逻辑力量就能不停地驱使我们从有关“绝对”提出的任何谓语达到辩证法的最后结论，那叫作“绝对理念”。在整个这过程当中，有一个基础假定，即任何事物若不是关于整体“实在”的，就不可能实际真确。

这个作为基础的假定有一个传统逻辑上的根据，传统逻辑假定每个命题都有一个主语和一个谓语。按照这种看法，一切事实都是说某物具有某性质。所以可见“关系”不会是实在的，因为关系涉及的不是一件而是**两件**事物。“舅舅”是一个关系，一个人可以当了舅舅而不知道这回事。在这种场合，从经验观点看来，这人没有由于当了舅舅而受到任何影响；如果我们把
760 “质”字理解为撇开他与其他人和物的关系，为描述他本身而必需的某种东西，那么这人毫不具有以前所没有的质。主语、谓语

逻辑能够避免这种困难的唯一方法就是讲，这事实不单只是舅舅的性质，也不单只是外甥的性质，而是舅甥所成的全体的性质。因为除“全体”而外一切东西都和外部事物有种种关系，可见关于个别的事物无法谈任何完全真的事，事实上唯有“全体”才是实在的。这点从下述事实可以比较直接地推出来：“甲和乙是两个”不是主语谓语命题，因此基于传统逻辑来说，不会有这种命题。所以世界上不存在两个事物，因此唯独看作统一体的“全体”是实在的。

以上的议论黑格尔并没有明白叙述，而是隐含在他的体系之中，同样也隐含在其他许多形而上学家的体系中。

举几个黑格尔的辩证方法的实例，也许可以使这方法容易理解一些。他在他的逻辑的议论开头先假定“绝对是纯有”；我们假定它就是纯有，而不加给它任何质。但是不具有任何质的纯有是无；于是我们达到反题：“绝对即是无”。从这种正题和反题转入合题：“有”与“非有”的合一是“变易”，所以说“绝对是变易”。这当然也不行，因为变易必得有什么东西变易。这样，我们对“实在”的见解通过不断改正以前的错误而发展，所有这些错误都是由于把有限的或有界限的某物当成好像可以是全体，从这种不适当的抽象化产生的。“有限物的界限不单是从外界来的；它自身的本性就是它被扬弃的原因，它借本身的作用转变成它的对立面。”

照黑格尔讲，过程对理解结果来说是必不可少的。辩证法的每个在后的阶段仿佛在溶液里似的包含着在前的所有阶段；这些阶段没有一个被完全取代，而是作为全体中的一个因素而赋予它适当的位置。所以不历经辩证法的所有阶段，便不可能到达真理。

认识作为整体看，具有三元运动。认识始于感官知觉，感官知觉中只有对客体的意识。然后，通过对感觉的怀疑批判，认识成为纯主体的。最后，它达到自认识阶段，在此阶段主体和客体不再有区别。所以自意识是认识的最高形态。当然，在黑格尔的
761 体系中必得如此，因为最高一种的认识一定要是“绝对”所具有的认识，既然“绝对”是“全体”，所以在它自身之外再没有任何东西要它认识了。

依黑格尔的意见，在最好的思维中，思想变得通畅无阻，水乳交融。真和假并不像普通所想的那样，是判然分明的对立物；没有任何事物是完全假的，而**我们**能够认识的任何事物也不是完全真的。“我们能够多少有些错误地去认识”；我们将绝对真理归于某一件孤离知识时便发生这种情况。像“恺撒是哪里出生的?”这种问题，有一个直截了当的答案，这答案从某个意义上说是真的，但是在哲学的意义上不真。按哲学讲，“真理就是全体”，任何部分事物都不**十**分真。

黑格尔说：“理性即对全部实在这种有意识的确信。”这并不是说分立的人是全部实在；就他的分立性来说，他不是十分实在的，但是他的实在处在于他参与整体的“实在”。随着我们变得日益理性，这种参与也相应地增大。

《逻辑学》末尾讲的“绝对理念”，是一种像亚里士多德的“神”似的东西。绝对理念是思维着自身的思想。很明显，“绝对”除思维自身而外什么也不能思维，因为除对我们理解“实在”的褊狭错

误的方式而言外,不再有任何旁的东西。据他说,"精神"是唯一的实在,它的思想借自意识向自身中映现。定义"绝对理念"的实际原话非常晦涩。瓦勒斯①译之如下:

"*The Absolute Idea*. The Idea, as unity of the Subjective and Objective Idea, is the notion of the Idea—a notion whose object (*Gegenstand*) is the Idea as such, and for which the objective (*Objekt*) is Idea—an Object which embraces all characteristics in its unity."(就理念之为主观的和客观的理念的统一言,就是理念的概念,这概念以理念的本身作为对象,而且从这一概念看来,客观世界即是一理念——在这客观世界里一切规定均统一起来了。)②

德文原文更难懂。③ 不过,问题的实质并不像黑格尔说的那么复杂似的。绝对理念是思维着纯思想的纯思想。这就是神古往今来所做的一切——真不愧是一位教授眼中的神。他接着说:"因此这种统一乃是绝对和全部的真理,自己思想自己的理念。"④

现在来谈黑格尔哲学的一个奇妙特色,这是他的哲学与柏拉 762
图或普罗提诺或斯宾诺莎的哲学的区别。虽然终极实在是无时间性的,而且时间无非是由于我们没能力看到"全体"而产生的一

① 瓦勒斯(William Wallace, 1843—1897),英国哲学家;他的《小逻辑》英译本"The Logic of Hegel"是标准英译本。——译者

② 中译文引自《十八世纪末—十九世纪初德国哲学》,1962 年版,第 345 页。——译者

③ 德文定义是:"Der Begriff der Idee, dem die Idee als solche der Gegenstand, dem das Objekt sie ist."除黑格尔的用法外,"Gegenstand"和"Objekt"是同义语。

④ 见《十八世纪末—十九世纪初德国哲学》第 345 页或《小逻辑》第 421 页。——译者

种幻觉，可是时间过程却跟纯逻辑的辩证法过程有密切关系。事实上，世界历史一向就是历经从中国的“纯有”（关于中国，黑格尔除知道有它而外毫无所知）到“绝对理念”的各范畴而进展的，绝对理念看来在普鲁士国家即便没有完全实现，也接近实现了。根据黑格尔自己的形而上学，我不能了解世界历史反复辩证法的各个转变这一看法有什么理由，然而这却是他在《历史哲学》（*Philosophy of History*）中所发挥的论点。这是一个有趣的论点，它使人间事务的种种变革获得了统一性和意义。这论点也和其他历史理论一样，如果要想说来似乎有道理，需要对事实作一些歪曲，而且相当无知。黑格尔同他以后的马克思和施朋格勒①一样，这两样资格都具备。奇怪的是，一种被说成是宇宙性的历程竟然全部发生在我们这个星球上，而且大部分是在地中海附近。并且，假若“实在”是无时间性的，也没有任何理由说这历程后来的部分要比在前的部分体现较高的范畴——除非人当真要采取这样一种亵渎不敬的假定：宇宙渐渐在学习黑格尔的哲学。

据黑格尔说，时间历程按伦理和逻辑双方面的意义来讲，都是从较不完善到较完善。确实，这两种意义在他看来并不是真正区别得开的，因为逻辑的完善性就在于是一个密致的全体，不带高低不平的边缘、没有独立的部分，而是像人体一样，或者说更像有理性的精神一样，结成一个各部分互相依存、都一同趋向单一目标的有机体；这也就构成伦理的完善性。引几段原文可以说明

① 施朋格勒（Oswald Spengler，1880—1936），德国的文化哲学家，著有《西方之没落》（*Der Untergang des Abendlandes*）二卷（1918—1922）。——译者

黑格尔的理论：

“理念正如同灵魂向导默久里神[①]，真正是各民族和世界的领袖；而精神，即这位向导的理性的、必然的意志，是世界历史的种种事件的指导者，而且一向就是。按精神的这种指导职能来认识精神，便是我们当前的工作的目的。”

“哲学为观照历史而带来的唯一思想即‘理性’这一单纯概念；即理性是世界的主宰；即世界历史因而显示出一种合理的历 763
程。这种信念和洞察在历史学本身的范围内是一个假说。在哲学领域中，它却不是什么假说。在哲学里由思辨认识证明：理性——这里不考究宇宙对神的关系，仅只这个名词就算够了——既是**无限力量**也是**实体**；它自身是一切自然生命和精神生命的**无限素材**与**无限形式**——即推动该内容的东西。[②] 理性是宇宙的**实体**。”

“这种‘理念’或‘理性’，是**真实**、是**永恒**、是绝对**有力的**存在；它显现在世界中，而且在这世界中除它和它的荣耀而外，再没有别的显现出来——这便是如前面所说，在哲学中已经证明的、在这里看作确证了的论点。”

“知性和自觉意志作用的世界，并没有委给偶然，而是必定表现为自知的理念的样子。”

这是“一个恰巧为**我**所知的结果，因为我已经详细考察了全

① 默久里神（Mercury；拉丁语 Mercurius），罗马神话中的商业之神，它也是众神的信使。——译者

② “它自身是……东西”是照德文原文译的，因书中所引这句的英译文（J. Sibree 译）不严格正确。——译者

领域①”。

所有以上引文都摘自《历史哲学》的绪论。

精神及精神发展的过程，是历史哲学的实在对象。把精神和它的对立物即物质加以比较，便可以理解精神的本性。物质的实质是重量；精神的实质是自由。物质在自己以外，而精神在自身以内具有中心。“精神是自足的存在。”这话如果不清楚，下面的定义或许比较能说明问题：

“可是精神是什么呢？它便是‘一’，是自身均一的无限，是纯粹的同一性，这同一性其次把自己同自己分离开，作为自己的另一个东西，作为和共相对立的‘向自有’及‘内自有’。”②

在精神的历史发展中，曾经有三个主要阶段：东方人、希腊人与罗马人和日耳曼人。“世界历史就是对无约束的天然意志的训练，使它服从于普遍的原则，并且赋予它主观自由。东方过去只知道、到今天也只知道**唯一者**自由；希腊与罗马世界知道**若干者**
764 自由；日耳曼世界知道**所有者**自由。”大家总会以为，在所有者自由的地方民主制恐怕是适当的政体了，但是不然。民主政治和贵族政治同样都属于若干者自由的阶段，专制政治属于唯一者自由的阶段，**君主制**则属于所有者自由的阶段。这和黑格尔所使用的“自由”一词的极其古怪的意义是分不开的。在他看来，没有法律就没有自由（到此为止，我们可以同意）；但是他总爱把这话倒转过来，主张只要有法律便有自由。因而，在他来讲，“自由”所指的

① 照德文原文译出是“因为我已经知道了全体”。——译者

② 这段引文也是照原著译的，因为英译文和原文出入较大。——译者

可说无非是服从法律的权利。

可以想见，在"精神"在地球上的发展中，他把最高的角色指派给日耳曼人。"日耳曼精神是新世界的精神。新世界的目的是实现绝对真理，作为自由的无限自决——以自己的绝对形式本身作为其旨趣的那种自由。"

这是一种无上妙品的自由。这种自由不指你可以不进集中营。这种自由不意味着民主，也不意味着出版自由，[1]或任何通常的自由党口号，这些都是黑格尔所鄙弃的。当精神加给自己法律时，它做这事是自由的。照我们的世俗眼光看来，好像加给人法律的"精神"由君主体现，而被加上法律的"精神"由他的臣民体现。但是从"绝对"的观点看来，君主与臣民的区别也像其他一切区别，本是幻觉，就在君主把有自由思想的臣民投到狱里的时候，这仍旧是精神自由地决定自己。黑格尔称赞卢梭把总意志和全体人的意志区分开。据推测，君主体现总意志，而议会多数不过体现全体人的意志。真是个便当好用的学说。

黑格尔把日耳曼历史分成三个时期：第一期，到查理曼止；第二期，查理曼到宗教改革；第三期，从宗教改革以后。这三个时期又分别叫作圣父王国、圣子王国和圣灵王国。圣灵王国竟然是从镇压农民战争中所犯的令人发指的血腥暴行开始的，似乎有点离 765
奇古怪；但是当然，黑格尔并不提这样的屑细小事，而是正如所料，对马基雅弗利大发一通称赞。

---

① 他说，出版自由并不就是允许写想要写的东西；这种见解是不成熟的浅薄见解。举例说，不应当允许报刊使政府或警察机关显得卑鄙可耻。

黑格尔对罗马帝国灭亡以来的历史的解释,一部分是德国学校里世界史教学的结果,一部分又是它的原因。在意大利和法兰西,虽然像塔西陀和马基雅弗利那样的少数人也曾经有过对日耳曼人的浪漫式的景仰,但是一般说日耳曼人向来被看成是“蛮族”入侵的祸首,被看成是教会的仇敌:先在那些大皇帝之下、后来又作宗教改革的领袖。一直到十九世纪为止,各拉丁民族把日耳曼人看作是在文明上低自己一等的人。德意志的新教徒自然抱另一种看法。他们把晚期罗马人看成精力衰竭的人,认为日耳曼人征服西罗马帝国是走向复苏的重要的一步。关于中古时期神圣罗马帝国与教皇政治的纷争方面,他们采取皇帝党的看法;直到今天,德国小学生们都被教导对查理曼和巴巴罗撒无限崇拜。在宗教改革后的时代,德意志在政治上的软弱和不统一令人慨叹,普鲁士的逐渐兴起受到了欢迎,欢迎这使德意志不在奥地利的稍嫌脆弱的旧教领导下,而在新教领导下强盛起来。黑格尔在对历史作哲学思考时,心里怀想着狄奥都利克、查理曼、巴巴罗撒、路德和弗里德里希大王之类的人物。解释黑格尔,得从这些人的勋功着眼,得从当时德意志刚刚受了拿破仑欺辱这件事着眼。

德意志受到了高度颂扬,所以大家也许料想要讲德意志就是绝对理念的最后体现,超乎它以外恐怕不可能再有任何发展了。但是黑格尔的见解并不是这样。他反而说美洲是未来的国土,“在那里,在将要到来的时代,世界历史的主题要表现出来——或许〔他用典型的口气补充说〕以南北美之间的抗争表现出来。”他好像认为一切重大的事情都采取战争形式。假使真有人提醒他,美洲对世界历史的贡献或许是发展一个没有极端贫困的社会,他也不会感兴趣。相反,他倒说至今在美洲还没有真国家,因为真 766
国家需要划分成贫富两个阶级。

在黑格尔,民族起着马克思讲的阶级所起的作用。他说,历史发展的本原是民族精神。在每一个时代,都有某一个民族受托担负起引导世界通过它已到达的辩证法阶段的使命。当然,在现代这个民族就是德意志。但是除民族以外,我们也必须考虑世界历史性的个人;那就是这种人:他们的目标体现着当代应发生的辩证转变。这种人是英雄,他可能违犯平常的道德律,违犯也不为过。黑格尔举亚历山大、恺撒和拿破仑为实例。我很怀疑,依黑格尔之见,人不作战争征服者是否能够是"英雄"。

黑格尔对民族的强调,连同他的独特的"自由"概念,说明了他对国家的颂扬——这是他的政治哲学的极重要的一面,现在我们必须把注意力转向这一面。他的国家哲学在《历史哲学》和《法哲学》(*Philosophy of Law*)中都有发挥。大体上和他的一般形而上学是一致的,但不是这种形而上学的必然结果;不过在某些点上——例如,关于国与国之间的关系——他对民族国家的赞美达到了和他的重全体、轻部分这个一般精神不相容的程度。

就近代来说,颂扬国家是从宗教改革开始的。在罗马帝国,皇帝被神化了,国家因此也获得了神圣性质;但是中世纪的哲学家除少数而外全是教士,所以把教会摆在国家上面。路德因得到新教邦主们的支持,开始了相反的做法。路德派教会大体上是信奉埃拉司图斯[1]之说的。霍布士在政治上是个新教徒，发扬了国家至上说，斯宾诺莎跟他所见略同。前面讲过，卢梭认为国家不应当容忍其他政治组织。黑格尔是属于路德派的激烈新教徒；普鲁士国家是埃拉司图斯式的专制君主国。这种种理由本来会使人预料国家要受到黑格尔的高度重视；但是即使如此，他也算走到了可惊的极端。

《历史哲学》里说“国家是现实存在的实现了的道德生活”，人
767 具有的全部精神现实性，都是通过国家才具有的。“因为人的精神现实性就在于此：人自己的本质——理性——是客观地呈现给他的，它对人来说有客观的直接的存在。因为‘真的东西’是普遍的意志和主观的意志的统一，而‘普遍的东西’要在国家中，在国家的法律、国家的普遍的与合理的制度中发现。国家是地上存在的神的理念。”又：“国家是理性自由的体现，这自由在客观的形式中实现并认识自己。……国家是人的意志及其自由的外在表现中的精神的理念。”

《法哲学》在论国家的一节里，把这个学说阐述得稍完全一些。“国家是道德理念的现实——即作为显现可见的、自己明白的实体性意志的道德精神；这道德精神思索自身并知道自身，在它所知的限度内完成它所知的。”国家是自在、向自的理性者。假使国家（像自由党人所主张的那样）仅为了个人的利益而存在，那么个人就可以是国家的成员，也可以不是国家的成员了。然而，

---

① 埃拉司图斯（Thomas Erastus；本名：Lieber〔或 Liebler，Lüber〕Erastus，1524—1583），瑞士新教神学家，海德堡大学教授；主张在宗教事务上国家有最高权。——译者

国家和个人却有一种与此完全不同的关系。因为国家是客观的“精神”,而个人仅以他是国家的成员而论才具有客观性、真实性和伦理性,国家的真意和目的便在于这种结合。倒也承认可能有坏的国家,但是这种国家仅只存在而已,没有真的实在性,而理性的国家本身就是无限的。

可见黑格尔为国家要求的位置跟圣奥古斯丁及其旧教后继者们为教会所要求的位置大体是相同的。不过,从两点上看旧教的要求比黑格尔的要求要合理些。第一,教会并不是偶然造成的地域性社团,而是靠其成员们信以为有无比重要性的一种共同信条结合起来的团体;因而教会在本质上就是黑格尔所谓的“理念”的体现。第二,天主教会只有一个,国家却有许多。尽管把每个国家在对国民的关系上做成黑格尔所说的那样专制,要找出什么哲学原则来调节不同国家之间的关系总有困难。实际上,在这一点上黑格尔放弃了他的哲学空谈,而拿自然状态和霍布士讲的一切人对一切人的战争作为后盾。

只要“世界国家”还不存在,那么俨然像只有一个国家似地来 768
谈“国家”,这种习惯是要造成误解的。在黑格尔看来,所谓义务完全是个人对国家的一种关系,所以便没留下任何借以使各国的关系道德化的原则。这点黑格尔是承认的。他说,在对外关系上,国家是一个个体,每个国家对于其他国家是独立的。“由于在这种独立性中,现实精神的‘向自有’有其存在,所以独立性是一个民族最基本的自由和最高的光荣。”他接着论驳会使各个国家的独立性受到限制的任何种类的国际联盟。公民的义务(就他的国家的对外关系来说)完全限于维持本国家的实质的个体性,即独立与主权。由此可见战争不全然是罪恶，不是我们应当尽力废止的事情。国家的目的不单是维持公民的生命财产，而这件事实便构成战争的道德根据，因此不应把战争看作是绝对罪恶或偶然的事情，也不应认为战争的原因在于某种不该有的事。

黑格尔并不只是说在某种事态下一个民族无法恰当地避免进行战争。他的意思远不止于此。他反对创设将会防止这种事态发生的机构——例如世界政府，因为他认为不时发生战争是一件好事情。他说，战争是那样一种状态，即我们认真理解现世财产物品的空虚无益。（这个见解应当和相反的理论，即一切战争都有经济原因，作一个对比。）战争有一种实际的道德价值："战争还有更崇高的意义，通过战争，各国人民的伦理健康就在他们对各种有限规定的固定化的冷淡上保全下来。"和平是僵化；神圣同盟和康德的和平联盟都错了，因为由众国家做成的一个家庭必定创造出一个敌人①。国与国的争端只能由战争来解决；因为国家彼此之间处于自然状态，它们的关系既不是法的关系，也不是道德关系。各国家的权利在它们个别的意志中有其现实性，而每个国家的利益就是它自己的最高法律。道德与政治不成对比，因为国家是不受平常道德律约束的。

这便是黑格尔的国家说——这样一个学说，如果承认了，那
769 么凡是可能想象得到的一切国内暴政和一切对外侵略都有了借口。黑格尔的偏见之强显露在这点上：他的国家理论同他自己的形而上学大有矛盾，而这些矛盾全都是那种偏于给残酷和国际掠

① 原引英译文误作"需要一个敌人"。——译者

劫行为辩护的。一个人如果迫于逻辑不得不遗憾地推论出他所悲叹的结论，还可以原谅；但是为了肆意鼓吹犯罪而违反逻辑，是无法宽恕的。黑格尔的逻辑使他相信，全体中的实在性或优越性（这两样在他看来是同义的）比部分中的要多，而全体越组织化，它的实在性和优越性也随之增大。这证明他喜欢国家而不喜欢无政府的个人集群是有道理的，但是这本来应当同样让他不喜欢无政府式的国家集群而喜欢世界国家才对。在国家内部，他的一般哲学也应当使他对个人感到更高的敬意，因为他的《逻辑学》所论述的全体并不像巴门尼德的“太一”，甚至不像斯宾诺莎的神，因为他的全体是这样的全体：其中的个人并不消失，而是通过他与更大的有机体的和谐关系获得更充分的实在性。个人被忽视的国家不是黑格尔的“绝对”的雏形。

在黑格尔的形而上学中，也没有任何不强调其他社会组织而独强调国家的有力理由。在他不重教会重国家这件事情上，我只能看到新教的偏见。此外，假如像黑格尔所认为的那样，社会尽可能地组织化是好事，那么除国家和教会而外，还必须有许许多多社会组织。由黑格尔的原理来推论，必须说每一项对社会无害而且能够因协作而得到振兴的事业都应当有适当的组织，每一个这种组织都应当有一份有限独立性。也许会有这种反对意见：最后的权力总须归属某个地方，除归属国家而外不可能归属别处。但是即使如此，这个最后的权力在企图苛酷得超出某个限度时如果不是不可抗拒的，这仍旧是好的。

这就使我们接触到评判黑格尔的全部哲学时的一个基本问题。全体比部分是不是有较多的实在性？是不是有较多的价值？

黑格尔对这两个问题都作肯定的回答。实在性的问题是形而上
770 学的问题，价值的问题是伦理学的问题。一般都把这两个问题看得似乎不大区别得开，但是在我认为把二者分离开是很重要的。开始从形而上学问题说起吧。

黑格尔以及其他许多哲学家的见解是这样：宇宙任何部分的性质深受这部分对其他各部分和对全体的关系的影响，所以关于任何部分，除指定它在全体中的地位而外，不可能作任何真的陈述。因为这部分在全体中的地位随所有其他部分而定，所以关于它在全体中的地位的真陈述同时就会指定其他每一个部分在全体中的地位。因此，真陈述只可能有一个；除全体真理而外别无真理。同样，除全体以外，没有完全实在的东西，因为任何部分一孤离开便因孤离而改变性质，于是不再显出十分真的面目。另一方面，如果照应当抱的看法，就部分对全体的关系来看部分，便知道这部分不是自立的，除作为唯一真正实在的该全体的部分而外，不能存在。这是形而上学学说。

如果这形而上学学说是对的，那么主张价值不寓于部分而寓于全体的伦理学说必定是对的；但是如果形而上学学说错了，它却未必也错了。并且，它还可能对某些全体说来正确，而对其他全体说来不正确。这个伦理学说在某种意义上对活体来讲显然是对的。眼睛一跟身体分离开便不中用；一堆 disjecta membra（断裂的肢体）即使在完整时，也没有原属于未取下这些肢体的那个肉体的价值。黑格尔把公民对国家的伦理关系看成类似眼睛对身体的关系：公民在其位，是有价值的全体的一部分，但是孤离开就和孤离的眼睛一样无用。不过这个类比却有问题；某种全体

在伦理上是重要的，并不见得一切全体在伦理上都重要。

以上关于伦理问题的讲法，在一个重要方面是有缺陷的，即没有考虑目的与手段的区别。活体上的眼睛有用，也就是说，有当作手段的价值；但是它并不比和身体分开时有更多的内在价值。一件东西如果不当作其他某东西的手段，为了它本身而受到珍视，它就有内在价值。我们是把眼睛作为看东西的手段来评价它。看东西可以是手段，也可以是目的；让我们看到食物或敌人，这时是手段，让我们看到我们觉得美的东西，这时就是目的。国 771
家作为手段来说显然是有价值的：它保护我们不受盗贼和杀人犯的侵害，它修筑道路、设立学校，等等。不必说，它作为手段也可以是坏的，例如进行一场非正义的战争。关于黑格尔我们要问的真正问题并不是这个，而是问国家作为目的来说是不是本身即是好的：公民为国家而存在呢？还是国家为公民而存在呢？黑格尔抱前一种看法；来源于洛克的自由主义哲学抱后一种看法。很明白，只有认为国家具有属于自己的生命，在某种意义上是一个人格，我们才会把内在价值归于国家。在这点上，黑格尔的形而上学和价值问题有了关联。一个人是具有单一生命的复合全体；会不会有像身体由各器官构成那样，由众人格构成的一个超人格，具有不等于组成它的众人格的生命总和的单一生命？如果像黑格尔的想法，能够有这种超人格，那么国家便可能是一个这样的东西，而国家就可以像整个身体对眼睛的关系一样，高居我们本身之上。但是假若我们认为这种超人格不过是形而上学的怪物，我们就要说社会的内在价值是由各成员的内在价值来的，而且国家是手段，不是目的。这样，又从伦理问题转回到形而上学问题。

由下文可知,形而上学问题本身其实是逻辑的问题。

这里争论中的问题远远比黑格尔哲学的是非问题要广;这是划分哲学分析的敌和友的问题。试举一个实例。假定我说:“约翰是詹姆士的父亲。”黑格尔以及所有信仰斯墨茨①元帅所谓的“全体论”的人要讲:“你必须先知道约翰和詹姆士是谁,然后才能够理解这个陈述。可是所谓知道约翰是谁,就是要知道他的全部特性,因为撇开这些特性不谈,他和其他任何人便无法区别了。但是他的全部特性都牵连着旁的人或事物。他的特征是由他对父母、妻子和儿女的关系,他是良善的或不良的公民,以及他隶属的国家来定的。你必须先知道所有这些事,才谈得上你知道‘约翰’二字指的是谁。在你努力要说明你讲的‘约翰’二字何所指时,一步一步使你去考虑整个宇宙,而你原来的陈述也会显出说
772 的并不是关于约翰和詹姆士这两个各别人的什么事情,而是关于宇宙的什么事情。”

这话讲起来倒蛮好,但是一开始就难免遇上一个反对意见。假若以上的议论当真正确,认识又是怎么会开始有的呢?我知道许许多多“甲是乙的父亲”这种形式的命题,但是我并不知道全宇宙。假使一切知识都是关于整体宇宙的知识,那么就不会有任何知识了。这一点足以使我们怀疑上述议论在什么地方有错误。

事实是,为正确合理地使用“约翰”二字,我用不着知道有关约翰的**一切**事情,只需知道足以让我认识他的事情就行了。当然

---

① 斯墨茨(Jan Christiaan Smuts,1870—1950),南非联邦政治家,将军;著有《全体论与进化》(*Holism and Evolution*)(1926)。——译者

他和宇宙间的一切事物都有或远或近的关系，但是除那种是所讲的事情的直接主题的关系而外，这些关系全不考虑，也能如实来谈他。他或许不仅是詹姆士的父亲，也是吉美玛的父亲，但是为知道他是詹姆士的父亲，我并不需要知道这一点。假使黑格尔的意见正确，我们不提吉美玛就不能把“约翰是詹姆士的父亲”所指的意思说完全，我们应该说：“吉美玛的父亲约翰是詹姆士的父亲。”这样恐怕还是不够；我们总得接着提到他的父母和祖父母，以至于整个一套家谱。但是这就使我们陷入荒唐可笑的境地。黑格尔派的意见不妨叙述如下：“‘约翰’这词的意思指对约翰来说为真的一切事情。”但是作为一个定义而论，这话是循环的，因为“约翰”这词出现在限定短语里。实际上，假使黑格尔的意见正确，任何词都无法开始具有意义，因为根据他的理论，一个词的意义即它所指的事物的一切性质，而为叙述这一切性质，我们便需要已经知道一切其他的词的意义。

问题抽象地讲来是：我们必须把不同类的性质区别开。一件事物可以具有一个不牵涉其他任何事物的性质；这种性质叫作**质**。也可以具有一个牵涉一件其他事物的性质；“已婚”就是这样的性质。也可以具有一个牵涉两件其他事物的性质，例如“是妹夫”。如果某事物有某一组质，而任何旁的事物都不恰恰具有这一组质，那么该事物就能够定义成“具有如此这般的质的事物”。根据它具有这些质，凭纯逻辑推不出来有关其关系性质的任何事
情。黑格尔以为，如果对于一件事物有了充分知识，足以把它跟 773
其他一切事物区分开，那么它的一切性质都能够借逻辑推知。这是一个错误，由这个错误产生了他的整个巍峨堂皇的大体系。这

说明一条重要真理，即你的逻辑越糟糕，由它得出的结论越有趣。

774

第二十三章 拜伦

十九世纪和现在的时代比较起来，显得理性、进步而满足；然而当代的一些和这相反的性质，在自由主义的乐观时期也是许多最出色的人物所具有的。如果我们不把人作为艺术家或发现者来看，不作为投合或不投合自己的口味的人来看，而是当作一种力量，当作社会结构、价值判断或理智见解的变化原因来考察，便觉得由于最近的事态发展，我们的评价不得不重新大大调整一番，有些人不如已往看来重要了，而有些人却比已往看来重要了。在比已往看来重要的人当中，拜伦应有一个崇高的位置。在欧洲大陆上，这种看法不会显得出人意料，但是在英语世界，大家可能认为这种看法很奇怪。拜伦发生影响的地方是在欧洲大陆上，寻找他的精神苗裔也不要在英国去寻找。在我们大多数人认为，他的诗往往是低劣的，他的情调往往是华而不雅的，但是在国外，他的情感方式和他的人生观经过了传播、发扬和变质，广泛流行，以至于成为重大事件的因素。

拜伦在当时是贵族叛逆者的典型代表，贵族叛逆者和农民叛乱或无产阶级叛乱的领袖是十分不同类型的人。饿着肚子的人不需要精心雕琢的哲学来刺激不满或者给不满找解释，任何这类的东西在他们看来只是有闲富人的娱乐。他们想要别人现有的东西，并不想要什么捉摸不着的形而上学的好处。虽然像中古时讲共产主义的叛逆者那样，他们也可能宣扬基督徒的爱，但是他们这样做的真实理由非常简单：有钱有势的人缺乏这种爱造成了穷人的苦难，而在叛乱的同志们之间有这种爱，他们认为对于成功是必不可少的。但是斗争的经验使人对爱的力量感到绝望，剩下赤裸裸的恨当作推进的动力。这种类型的叛逆者假若像马克思那样，创造一种哲学，便创造一种专门打算证明他的党派最后要胜利的哲学，而不创造关于价值的哲学。他的价值仍旧是原始 775
的：有足够吃的就是善，其余的事情是空谈。没有一个挨着饿的人可能会有旁的想法。

贵族叛逆者既然有足够吃的，必定有其他的不满原因。我所说的叛逆者并不包括暂时不当权的派系的首领，只包括那些自己的哲学要求超乎个人成功以上的变革的人。也可能权力欲是他们的不满的潜在根源，但是在他们的有意识的思想中却存在着对现世政治的非难，这种非难如果充分深入，便采取提坦①式无边无际的自我主张的形式，或者，在保留一些迷信的人身上，采取撒旦主义的形式。这两种成分在拜伦身上都找得到。这两种成分主要通过他所影响的人，在不大可以看作贵族阶层的广大社会阶层中流行开。贵族式的叛逆哲学，随着成长、发展，而且在接近成熟时发生转变，曾经是从拿破仑败亡后的烧炭党到1933年希特勒的大得势一连长串革命运动的精神源泉；在每个阶段，这种叛逆哲学都在知识分子和艺术家中间灌注了一种相应的思想情感方式。

① 提坦(Titans)是希腊神话中 Uranus(天公)和 Gaea(地母)所生的一族大力巨人，常用来比喻硕大无朋。——译者

很明显，一个贵族如果他的气质和环境不有点什么特别，便不会成为叛逆者。拜伦的环境是非常特别的。他对最幼小时候的回忆就是他父母的争吵；他的母亲是一个残酷得叫他害怕、庸俗得让他鄙视的女人；他的保姆兼有恶性和严格无比的加尔文主义神学；他的跛脚让他满心羞惭，在学校里阻碍他成为群体的一员。度过了一段穷苦生活后，在十岁时他突然做了勋爵，成为纽斯提德府[①]的业主。他继承的是他的叔祖父，他那位叔祖父“恶勋爵”三十三年前在决斗中杀了一个人，从此以后四邻见弃。拜伦族向来是个放纵不法的家系，他母亲的先辈哥登族甚至更是如此。这孩子在阿伯丁[②]的一个僻巷的污秽中生活过之后，当然为自己的爵号和府第而欢欣，一心愿取得他祖先的性格以感谢他们给予的土地。就算近年来他们的好斗心让他们陷入了困境，他听说在前些世纪好斗心曾给他们带来了名声。有一首他的最早期的诗《离去纽斯提德府的时际》(*On Leaving Newstead Abbey*)，叙述他在当时的感情，那是对曾经在十字军中、在克雷西[③]、在马斯
776 顿荒原[④]作过战的祖先的仰慕之情。他用这样的虔诚决心来作诗的收尾：

他要像你们一样生，或者要像你们一样死：
尸体腐坏后，愿他的骨骸和你们的混在一起。

---

① 纽斯提德府是拜伦男爵的府第。——译者

② 阿伯丁(Aberdeen)在苏格兰东北部，是拜伦幼年时代居住的地方。——译者

③ 克雷西(Crecy；英语 Cressy)是法国北部的一个村，1346 年爱德华三世的英军在此大胜法军。——译者

④ 马斯顿(Marston)荒原在英国约克郡西部，1644 年克伦威尔在此大破王党军。——译者

这不是一个叛逆者的心情，却让人联想起模仿中古采臣的近代贵族“恰尔德”哈洛尔德[1]。当他做大学生时，初次得到了自己的收入，他写道他感觉自己独立自主像“自铸钱币的德意志邦主似的，或者像一个根本不铸钱币、却享有更宝贵的东西即‘自由’的柴罗基人[2]酋长似的。我欢喜欲狂地提到那位女神[3]，因为我的可爱的妈妈真是太暴虐了”。拜伦后来写出了大量歌颂自由的崇高诗篇，但是我们必须知道，他所歌颂的自由是德意志邦主或柴罗基人酋长的自由，并不是普通凡人想来也可以享有的那种劣等自由。

他的贵族亲戚们不管他的家世和他的爵号，对他敬而远之，使他感觉自己在社交上和他们不是同群。他的母亲是人所厌恶已极的，大家也拿猜疑的眼光来看他。他知道她是庸俗的，暗中害怕他自己有同样的缺陷。由此就产生了他所特有的那种势利与叛逆的奇妙混合。假如他做不了近代派的绅士，他就要作一个像他的参加过十字军的祖先那种风格的大胆的采臣，或者也许要做像皇帝党首领那种较为凶猛的，但更加浪漫风格的大胆的采臣——他们在踏步走向光辉的灭亡的途程中一面诅咒着神和人。中世纪的骑士小说和历史成了他的礼仪课本。他像霍恩施陶芬皇族一样作孽犯罪，又像十字军战士一样，在和回教徒战斗时死

---

① 《恰尔德·哈洛尔德游记》(*Childe Harold's Pilgrimage*)是拜伦在1812年至1818年间所发表的一部长诗。“恰尔德”意为贵族青年，用作称号，颇类似中国古时的“公子”。——译者

② 柴罗基人(Cherokee)是北美的土著，现在大部分定住在美国俄克拉荷马州。——译者

③ 指“自由”。——译者

去。

他的羞怯和孤独感促使他从恋爱中寻找安慰，但是由于他不自觉地是在寻求一个母亲而不是在寻求一个情妇，所以除奥古斯塔①外，所有人都使他失望了。1816 年他对雪莱自称是“美以美会教徒、加尔文派教徒、奥古斯丁派教徒”，他一直没摆脱开的加尔文派信仰使他感觉自己的生活方式是邪恶的；但是他对自己说，邪恶是他的血统中的遗传祸害，是全能的神给他注定的厄运。假若事实当真如此，既然他**必须**出色，他会成为一个出色的罪人，敢于做超过那些他想轻视的时髦登徒子们的勇气以外的越轨的
777 事。他真挚地爱着奥古斯塔，因为她是属于他那个血统的——属于拜伦家的伊实玛利族系②的——而且更单纯地也因为她对他的日常幸福有一种做姐姐的亲切照顾。但是这还不是她要献给他的全部东西。由于她的纯朴和她的亲切的温和性情，她成了供给他极愉快的孤芳自赏的悔恨的手段。他可以感觉自己堪和最大的罪人匹敌——是跟曼弗里德③、该隐④、几乎就是跟撒旦同等的人。这位加尔文派教徒、这位贵族、这位叛逆者同样都得到了满足；这位由于失掉人世间唯一还能在心中引起怜爱柔情的人而伤痛的浪漫情人也满足了。

---

① 奥古斯塔·拜伦（Augusta Byron，1783—1851）是拜伦的异母姐姐。——译者

② 伊实玛利是《圣经》中记载的亚伯兰和其使女夏甲所生之子（见《创世记》，第十六章）；“伊实玛利族系”在这里借喻庶系。——译者

③ 拜伦在 1817 年发表的诗剧《曼弗里德》（*Manfred*）中的主人公，是一个犯了许多奇怪罪恶的人物。——译者

④ 该隐是亚当和夏娃的长子，杀其弟亚伯。见《旧约》《创世记》，第四章。——译者

拜伦虽然感觉自己可以和撒旦匹敌，却从来不十分敢把自己放在神的位置上。傲慢的发展过程中以下这一步尼采做到了，他说："假使有众神，咱不是神怎么能忍受！**所以**没有众神。"注意这个推理中没吐露的前提："凡是伤咱的自尊心的事情，都必须断定是错的。"尼采和拜伦一样，也受了宗教的教养，甚至程度更深，但是因为他具备较高明的理智，所以找到了一条比撒旦主义高明的逃避现实的道路。不过尼采对拜伦始终是非常同情的。他讲：

"悲剧就在于，如果我们在情感和理智中有严格的求真方法，我们便无法相信宗教和形而上学里的教条，但是另一方面，通过人性的发展，我们已经变得十分娇弱敏感地痛苦，需要一种最高的拯救和安慰的手段。由此便产生人会因为他所认识的真理而流血至死的危险。拜伦用不朽的诗句表达出这一点：

知识是悲苦：知道得最多的人
必定最深地悲叹一条不祥的真理——
知识的树不是生命的树。"

有时候拜伦也偶尔比较接近尼采的观点。但是一般说拜伦的伦理见解和他的实际行动相反，始终是严格传统式的。

伟大人物在尼采看来像神一样；在拜伦看来，通常是和他自己在战斗的泰坦。不过有时候他也描绘出一个和"查拉图士特拉"不无相似的贤人——"海盗"，他在和部下们的交往上，

更掌握他们的灵魂用那制人的手段 778
领导卑劣的人心，使之寒栗昏乱。

就是这位英雄"过分憎恨人类以至于不感觉痛悔"。这里的一个脚注断然地讲这"海盗"是符合人性实际的，因为汪达尔人的

国王干瑟里克、皇帝党暴君艾济利诺和路易西安纳的某个海盗都表现出同样的特性。

拜伦搜寻英雄，并不是非限于东地中海各国和中世纪不可，因为给拿破仑加上一件浪漫主义的外衣是不难的。拿破仑对十九世纪时欧洲人的想象的影响深极了；克劳泽维茨①、斯当达尔②、海涅、费希特和尼采的思想，意大利爱国者的行动，都受到了他的精神感召。他的阴魂在整个时代昂首阔步，这唯一强大得可以起而反抗工业主义和商业贸易的力量，对和平论与经营商店倾注一阵嘲笑。托尔斯泰的《战争与和平》打算袚除这个幽灵，但是劳而无功，因为这鬼怪从来也没有比现在势力更大了。

在"百日江山"③期间，拜伦公开表示他希望拿破仑胜利的心愿，当他听到滑铁卢的败绩时，他说："我真难过死了。"只有一度他暂时对他的英雄感到了厌恶：那是在1814年，当时自杀（在他认为）要比退位来得体面。那时候，他从华盛顿的美德寻求安慰，但是拿破仑从埃尔巴岛一回来，这种努力就不再需要了。当拜伦死的时候，在法国"许多报纸上讲本世纪的两大伟人拿破仑和拜伦几乎同时弃世了"④。卡莱尔在当时认为拜伦是"欧洲最高尚的人士"，感觉他好像"丧失了一个弟兄"；他后来喜欢上歌德，但是仍旧把拜伦和拿破仑相提并论：

---

① 克劳泽维茨（Karl von Clausewitz，1780—1831），普鲁士将军；他的《战争论》是一部军事学名著。——译者

② 斯当达尔（Stendhal）为马里·昂利·贝勒（Marie Henri Beyle，1783—1842）的笔名，法国小说家。——译者

③ 指拿破仑由埃尔巴岛逃回后图谋重建帝国的一段时期。——译者

④ 莫罗阿（Maurois）：《拜伦传》（*Life of Byron*）。

“对于你的那些高尚人士来说，以这种或那种地方语言发表某个这样的艺术作品，几乎成了必需的事。因为正当地讲，除了说这是你在跟恶魔堂堂正正开始交战以前同它的争论而外还是什么呢？你的拜伦用诗和散文及大量其他东西发表了他的《乔治勋爵的悲伤》[1]：你的波拿巴特以惊人的大气派上演了他的歌剧《拿破仑的悲伤》；配的音乐是大炮齐鸣和满世界的杀人叫喊；他 779
的舞台照明就是漫天大火；他的韵律和宣叙调就是列成战阵的军士的步伐声和陷落中的城市的声响。”[2]

的确，再往后三章，卡莱尔发出断然的号令：“合起你的拜伦，打开你的歌德”。但是拜伦是渗在他的血脉里的，而歌德始终是一个志趣。[3]

在卡莱尔看来，歌德和拜伦是对立人物；在阿尔夫雷·德·缪塞[4]看来，他们是往快活的高卢[5]灵魂中灌注忧郁毒素这场罪恶勾当里的同谋犯。那个时代的大多数法国青年似乎只是通过《维特的悲伤》[6]（*The Sorrows of Werther*）认识歌德的，根本不认识奥林帕斯神式的[7]歌德。缪塞责备拜伦没有从

---

① 这本《乔治勋爵的悲伤》和下面提到的歌剧《拿破仑的悲伤》都是没有的；前者泛指拜伦的作品，后者泛指拿破仑的事业。——译者

② 《衣裳哲学》（*Sartor Resartus*），第二卷，第六章。

③ “志趣”原文是“aspiration”，也作“呼吸”解。——译者

④ 阿尔夫雷·德·缪塞（Louis Charles Alfred de Musset，1810—1857），法国诗人，剧作家，小说家。——译者

⑤ 原文 Gallic，戏指法国人的。——译者

⑥ 中译本名：《少年维特之烦恼》。——译者

⑦ 意思是威严堂堂的。——译者

亚得里亚海和贵丘里伯爵夫人[①]得到安慰——这话不对，因为他在认识她以后就不再写《曼弗里德》了。但是《唐璜》[②]在法国和歌德的比较愉快的诗同样少有人读。尽管有缪塞的恶评，从那时以来大部分法国诗人一向以拜伦式的不幸作为他们吟咏的最好材料。

在缪塞看来，只是在拿破仑以后拜伦和歌德才算世纪的最大天才。缪塞生在1810年，是属于他在一首关于法兰西帝国的盛衰荣辱的叙事抒情诗里形容的"conçus entre deux batailles"（两次战役之间孕育的）那个世代的一人。在德国，对于拿破仑的感情比较分歧。有像海涅那样的人，把他看成自由主义的强有力的传播者，农奴制的破坏者，正统主义的仇敌，让世袭小邦主发抖的人；也有一些人把他看作基督之敌，以高贵的德意志民族的破坏者自命的人，是一个彻底证明了条顿美德只有靠对法国的难消解的憎恨才能得到保全的不义之徒。俾斯麦完成了一个综合：拿破仑总归还是基督之敌，然而不是单单要憎恶的，而是应效法的基督之敌。尼采承认这个折衷，他怀着令人毛骨悚然的喜悦讲古典的战争时代就要到来了，这恩惠不是法国大革命而是拿破仑给予我们的。就这样，拜伦的遗产——民族主义、撒旦主义和英雄崇拜，成了德意志精神复合体的一部分。

拜伦并不温和，却暴烈得像大雷雨一样。他讲卢梭的话，对

① 贵丘里伯爵夫人（Teresa Guiccioli，1802—1873）是拜伦于1819年在威尼斯结识的情妇。威尼斯滨亚得里亚海。——译者

② 《唐璜》（*Don Juan*）是拜伦的最著名的长诗，1819年至1824年写成。——译者

他自己也用得上。他说卢梭是

在炽情上 780
投下魅惑、由苦恼
绞榨出滔滔雄辩者……
然而他知道
怎样给疯狂加上美装，在错误的
行动思想上涂抹一层绝妙的色调。

但是这两人之间有着深刻的区别。卢梭是感伤的，拜伦是热狂的；卢梭的懦怯暴露在外表，拜伦的懦怯隐藏在内里；卢梭赞赏美德，只要是纯朴的美德，而拜伦赞赏罪恶，只要是霹雳雷火般的罪恶。这种区别虽然不过是反社会本能的反抗中两个阶段的区别，还是很重要的，它表现出运动正在发展的方向。

必须承认，拜伦的浪漫主义只有一半真诚。有时候，他会说波普的诗比他自己的诗好，但是这个意见多半也只是他在某种心情下的想法。世人向来一味要把拜伦简单化，删掉他的广大无边的绝望及对人类的明言轻蔑中的故作姿态的因素。拜伦和许多其他著名人物一样，当作神话人物来看的他比真实的他重要。看作一个神话人物，特别在欧洲大陆上他的重要性大极了。

第二十四章　叔本华 781

叔本华(Schopenhauer，1788—1860)在哲学家当中有许多地方与众不同。几乎所有其他的哲学家从某种意义上讲都是乐观主义者，而他却是个悲观主义者。他不像康德和黑格尔那样是十足学院界的人，然而也不完全处在学院传统以外。他厌恶基督教，喜欢印度的宗教，印度教和佛教他都爱好。他是一个有广泛修养的人，对艺术和对伦理学同样有兴趣。他异乎寻常地没有国家主义精神；他熟悉英国法国的作家就如同熟悉本国的作家一样。他的感召力向来总是少在专门哲学家方面，而是在那些寻求一种自己信得过的哲学的艺术家与文人方面。强调"意志"是十九世纪和二十世纪许多哲学的特征，这是由他开始的；但是在他来讲，"意志"虽然在形而上学上是基本的东西，在伦理学上却是罪恶的——这是一种在悲观主义者才可能有的对立。他承认他的哲学有三个来源即康德、柏拉图和优婆尼沙昙(奥义书)[①]；但是我以为他得之于柏拉图的东西并不如他所想的那么多。他的看法跟希腊化时代的看法有某种气质上的亲缘关系；这是一种倦怠病弱的看法，尚和平而轻视胜利、尚清静无为而轻视改良的努力，在他认为各种改良的努力不可避免总是要落空的。

叔本华生于但泽，父母都出自当地的商业望族。他的父亲是个伏尔泰主义者，把英国看成自由和理智的国土。他和但泽大部分名流市民一样，恼恨普鲁士侵犯这个自由城市的独立，1793 年但泽归并普鲁士时，他感到十分愤慨，不惜在金钱上受相当大的损失迁到了汉堡去。叔本华从 1793 年到 1797 年同父亲住在汉堡；然后在巴黎过了两年，两年终了他父亲见这孩子几乎把德语

---

① 优婆尼沙昙(奥义书)(Upanishads)是公元前七、八世纪时的一套印度哲学书，属于吠陀文学后期，非一人所作。书中论述宇宙及人的本性，倡导个人我与宇宙我合一之说。这套书为印度的哲学和宗教思想的根源。——译者

忘掉，感到高兴。1803年他被送进英国一所寄宿学校，他憎恨学校里的装腔作势和伪君子作风。两年后，为讨好父亲，他当了汉堡一家商号的职员，但是他嫌恶商业生涯这种前程，憧憬文人学者的生活。他父亲之死（大概是自杀的）使他有可能如愿以偿；他 782
的母亲是决意叫他弃商进学校和大学的。我们或许以为他因此会比较喜欢母亲，不喜欢父亲；但是事情恰好相反：他厌恶母亲，对他的父亲倒保持着亲挚的回忆。

叔本华的母亲是一个有文学志趣的女子，她在耶拿战役之前两个星期定居魏玛。在魏玛她主办了一个文艺沙龙，自己写书，跟文化人结交友谊。她对儿子没有什么慈爱，对他的毛病倒是眼力锐利。她训诫他不得夸夸其谈和有空洞的伤感；他这方面，则为了她跟旁人耍弄风情而生气。当他达到成年时，他继承了一份相当的资产；此后，他和母亲逐渐觉得彼此越来越不能容忍了。他对妇女的轻视，当然至少有一部分是他和母亲的争吵造成的。

叔本华在汉堡的时候已经受到了浪漫主义者们，特别是提克（Tieck）、诺瓦利斯（Novalis）及霍夫曼（Hoffmann）的影响，他跟这些人学会了赞赏希腊，认为基督教里的希伯来成分不好。另外一个浪漫主义者弗利德里希·施雷格尔（F. Schlegel）使他对印度哲学的景仰更加坚定。他在成丁的那年（1809）入格廷根大学，学会仰慕康德。两年之后他进了柏林大学，在柏林大学他主要学习科学；他听过费希特讲课，可是瞧不起他。在整个激荡人心的解放战争中，他一直漠然无动于衷。1819年他作了柏林大学的Privatdozent（无俸讲师），竟自负到把自己的讲课和黑格尔的放在同一个钟点；他既然没能将黑格尔的听讲生吸引去，不久就停止讲课。最后他在德累斯顿安心过老独身汉生活。他饲养着一只取名 Atma(宇宙精神)的鬈毛狗,每天散步两小时,用长烟斗吸烟,阅读伦敦《泰晤士报》,雇用通讯员搜求他的名声的证据。他是有反民主思想的人,憎恶 1848 年的革命;他信降神术和魔法;在他的书斋里,有一个康德的半身雕像和一尊铜佛。除关于起早这一点而外,他在生活方式上尽力模仿康德。

他的主要著作《世界之为意志与表象》(*The World as Will and Idea*)是 1818 年年终发表的。他认为这部书非常重要,竟至于说其中有些段落是圣灵口授给他的。使他万分屈辱的是,这书
783 完全没引起人的注意。1844 年他促使出版社出了第二版;但是直到若干年后他才开始得到几分他所渴望的赏识。

叔本华的体系是康德体系的一个改制品,然而是这样的改制品:所强调的《批判》中的各点和费希特或黑格尔所强调的完全不同。他们取消了物自体,因而使得认识从形而上学上讲成为基本东西。叔本华保留下来物自体,但是把它和意志看成是一回事。他主张,知觉作用所认为的我的身体其实是我的意志。有理由说明这种见解是康德思想的发展产物,固然大部分康德派的人对这些理由是不愿意全承认的。康德曾经主张,研究道德律能把我们带到现象的背后,给予我们感官知觉所不能给予的知识;他也主张道德律根本是关乎意志的。在康德看来,好人和坏人的差别是物自体世界里的差别,也是关于意欲的差别。可见,在康德看来,意欲必定不属于现象界而属于实在界。和某个意欲对应的现象是身体的某种运动;这就是据叔本华讲身体为现象、意志为其实在的理由。

但是在诸种现象背后的意志，不会是由许多不同的意欲构成的。依康德讲，时间和空间都仅属于现象，在这点上叔本华跟他意见一致；物自体并不在空间或时间当中。因此，按我的意志是实在的这种意义来说，我的意志不会是附有时日的，也不会是一些单独的意志动作构成的，因为"复多"——用叔本华喜欢的经院哲学说法即"个体化原则"——的来源正是空间和时间。所以我的意志是一个，而且是无时间性的。不，不仅如此，还应当把它和全宇宙的意志看成是一回事；我的分立性是由我主观方面的空间时间知觉器官生出的一个错觉。实在者乃是一个庞大的意志，出现在全部自然历程中，有生命的和无生命的自然历程都一样。

到此为止，我们也许料想叔本华要把他的宇宙意志和神说成是一个，倡导一种和斯宾诺莎的泛神论学说不无相像的泛神论学说，在这种学说里所谓德性就在于依从神的意志。但是在这里，他的悲观主义导向另一种发展。宇宙意志是邪恶的；意志统统是邪恶的，无论如何也是我们的全部永无止境的苦难的源泉。苦难
是一切生命必不可少的，而且知识每有增长，苦难也随之加深。784
意志并没有一个假如达到了便会带来满足的固定目的。尽管死亡最后总要战胜，我们仍追求我们的无益的目的，"就像我们把肥皂泡尽量吹得久、吹得大，固然我们完全知道它总归是要破裂的。"所谓幸福这种东西是根本没有的，因为愿望不满足惹人痛苦，达到之后只带来餍足。本能驱逼人繁育后代，繁育后代又生出苦难和死亡的新机缘；这便是性行为和羞耻相连的理由。自杀是无用的；轮回说即使按本义讲不是真的，也借神话形式传出了真理。

这一切都非常悲惨，但是有一条出路，这条出路是在印度发现的。

神话当中最好的莫过于涅槃[①]神话（叔本华把涅槃解释成寂灭）。他承认这神话不合基督教教义，但是"人类古来的智慧并不会被加利利[②]发生的事所代替"。苦难的起因是意志强烈；我们越少运用意志，我们越少受苦。于是所谓知识，只要是某种的知识，到底证明还是有用的。一个人和另一个人的区别是现象界的一部分，按真相来看世界，这区别就消失了。对善人讲，"摩耶"（幻影）的面纱已经成了透明的；善人明白万物都是一个，他自身和旁人的区别不过是表面上的区别。他凭借爱达到了这个洞观，所谓爱永远是同情心，跟旁人的痛苦有着关联。"摩耶"的面纱一除下，人便承担起全世界的苦难。在善人，对全体的认识宁息了一切意欲；他的意志离开生命，否定他自己的本性。"在他内心中，对他自己的现象性的存在是其一个表现的那种本性，即已认识到充满着悲惨的那个世界的核心内在的本性，生起一种嫌憎。"

因此，至少关于实践方面，叔本华同禁欲的神秘主义达到完全一致。艾克哈特[③]和安格鲁司·济雷鸠斯[④]的著作比《新约》好。正统基督教信仰中有一些好东西，值得注意的是圣奥古斯丁

---

① 涅槃（Nirvana），佛家术语，断绝一切烦恼的至福境界。——译者

② 加利利（Galilee）在巴勒斯坦北部，是基督教最早开始传教活动的地方。——译者

③ 艾克哈特（Johannes Eckhart，1260—1327），德意志的多米尼各修道会修士，神秘主义哲学家、宗教家。——译者

④ 安格鲁司·济雷鸠斯（Angelus Silesius；本名 Johann Scheffler，1624—1777），德意志的神秘主义宗教诗人。——译者

和路德为反对“庸俗的裴拉鸠斯的教义”而宣讲的原罪说；但是各福音书里面形而上学缺乏得不成话。他讲，佛教是最高的宗教；佛的伦理说除在“可恶的伊斯兰教义”盛行的地方以外，遍亚洲是 785
传统公认的。

善人会实行完全守贞、自愿清贫、斋戒和苦行。在所有事情上，他会一心克制他的个人意志。但是善人做这事，并不像西方的神秘主义者那样为了达到与神谐和；并不是追求这种积极的善。所追求的善彻头彻尾是消极的：

“我们必须把我们在一切美德与神圣背后所辨认出的美德与神圣的最后标的，即我们畏之如儿童怕黑暗般的那种‘虚无’的阴霾印象驱散；我们甚至不可像印度人那样，借神话和无意义的话，例如再化入梵天或佛教徒的涅槃，来回避它。我们宁可坦率地承认，在完全废除意志之后残留的东西，对于一切仍旧满怀意志的人来说确实是空无所有；但是反之，对于意志已经转化而且已经否定它自己的人们讲，这个如此真实的我们的世界，尽管有一个个太阳与银河——才是虚无的。”

这里淡淡地暗示圣者能看出别人所看不出的某种积极的东西，但是这种东西究竟是什么，在什么地方也没有隐指出来，所以我想这种暗示不过是修辞上的。叔本华讲，世界及其一切现象不过是意志的客观化。随着意志的降服，“所有那些现象也废除了；世界所赖以构成的、在客观性所有各阶段上无终了无休止的那种不断的紧张和努力；在潜移渐变中彼此继起的多种多样的形式；意志的全部表现；而且最后，还有此表现的普遍形式——时间和空间，以及其最后的基本形式——主体与客体；一概废除了。没有意志：没有表象、没有世界。在我们前面的确只有虚无。”

除把这段话的意思解释成圣者的目的是要尽可能接近非存在以外，我们无法作其他解释；而为了某种从未清楚说明的理由，圣者靠自杀是达不到非存在的。为什么圣者比一个永远酣醉的人可取，这不太容易理解；或许叔本华认为清醒的时刻势必频繁得不得了。

叔本华的知命忍从主义不大前后一贯，也不大真诚。他所引
786 据的神秘主义者们是信仰冥想的；在“至福直观”[①]中可以达到最深奥的一种认识，这种认识便是至高的善。自从巴门尼德以来，就把关于现象的虚妄知识和另一类知识作成对照，而不和完全不同类的某种东西作成对照。基督教倡导我们的永生在于**认识**神。但是叔本华根本不讲这个。他同意普通所当作的知识属于“摩耶”的领域，但是当我们戳穿面纱时，我们看到的不是神而是撒旦——这个为了折磨自己的创造物永远忙着织造苦难网的邪恶的全能意志。贤人被“魔鬼直观”吓破胆，大叫一声“去！”，躲避到非存在界里。一定说神秘主义者是信仰这种神话的人，那是对他们的侮辱。至于贤人不达到完全的非存在仍可以过有几分价值的生活，这样的提法也不可能与叔本华的悲观论调和。只要贤人存在，他就是因为保留意志这种恶才存在的。他可以靠削弱意志来减少恶的量，但是绝不能获得什么积极的善。

假若我们可以根据叔本华的生活来判断，可知他的论调也不是真诚的。他素常在上等菜馆里吃得很好；他有过多次色情而不

① 神学中所讲的圣徒在天国直接目睹上帝。——译者

热情的琐屑的恋爱事件;他格外爱争吵,而且异常贪婪。有一回一个上了年纪的女裁缝在他的房间门外边对朋友讲话,惹得他动火,把她扔下楼去,给她造成终身伤残。她赢得了法院判决,判决勒令叔本华在她生存期间必须每季付给她一定的钱数(十五塔拉)。二十年后她终于死了,当时他在账本上记下:"Obit anus, abit onus."①除对动物的仁慈外,在他一生中很难找到任何美德的痕迹,而他对动物的仁慈已经做到反对为科学而做活体解剖的程度。在其他各方面,他完全是自私的。很难相信,一个深信禁欲主义和知命忍从是美德的人,会从来也不曾打算在实践中体现自己的信念。

从历史上讲,关于叔本华有两件事情是重要的,即他的悲观论和他的意志高于知识之说。有了他的悲观论,人们就不必要相信一切恶都可以解释开也能致力于哲学,这样,他的悲观论当作一种解毒剂是有用的。从科学观点看来,乐观论和悲观论同样都是要不得的:乐观论假定,或者打算证明,宇宙存在是为了让我们高兴,悲观论说是为了惹我们不高兴。从科学上讲,认为宇宙跟我们有前一种关系或后一种关系都没有证据。信仰悲观论或信 787
仰乐观论,不是理性的问题而是气质的问题,不过在西方哲学家当中乐观气质一向就普遍得多。所以,有个相反一派的代表人物提出一些本来会被人忽略的问题,可能是有益处的。

比悲观论更为重要的是意志第一的学说。显然这个学说同悲观论并没有必然的逻辑联系,叔本华以后主张此说的人经常从

① 老妇死,重负释。

其中得到乐观论的基础。有许多现代的哲学家,值得注意的是尼采、柏格森、詹姆士和杜威,向来以这种或那种形式主张过意志至上说。而且,这学说在专门哲学家的圈子以外也风行开了。于是,随着意志的地位上升多少等,知识的地位就下降了若干级。我认为,这是在我们这时代哲学气质所起的最显著的变化。这种变化由卢梭和康德作下了准备,不过是叔本华首先以纯粹的形式宣布的。因为这个缘故,他的哲学尽管前后矛盾而且有某种浅薄处,作为历史发展中的一个阶段来看还是相当重要的。

788

第二十五章 尼采

尼采(Nietzsche,1844—1900)自认为是叔本华的后继者,这是对的;然而他在许多地方都胜过了叔本华,特别在他的学说的前后一贯、条理分明上。叔本华的东方式绝念伦理同他的意志全能的形而上学似乎是不调和的;在尼采,意志不但在形而上学上居第一位,在伦理上也居第一位。尼采虽然是个教授,却是文艺性的哲学家,不算学院哲学家。他在本体论或认识论方面没创造任何新的专门理论;他之重要首先是在伦理学方面,其次是因为他是一个敏锐的历史批评家。下面我差不多完全限于谈他的伦理学和他对宗教的批评,因为正是他的著作的这一面使他有了影响。

他生平简单。他父亲是一个新教牧师,他的教养有极浓的宗教色彩。他在大学里以研究古典和语言学才华出众,甚至在1869年他尚未取得学位以前,巴泽尔大学就提出给他一个语言学教授的职位，他接受了这个职位。他的健康状况从来不佳，在休过若干时期的病假之后，他终于在1879年不得不退职。此后，他住在瑞士和意大利；1888年他精神失常了，到死一直如此。他对瓦格纳怀着热烈的景仰，但是又跟他起了争论，名义上争论的是《帕济伐尔》①，因为尼采认为《帕济伐尔》基督教气味太重、太充满绝念精神了。在这次争论之后，他对瓦格纳大肆非难，甚至于竟指责他是犹太人。不过，他的一般看法和瓦格纳在《尼伯龙的戒指》里表露的一般看法依旧非常相像；尼采的超人酷似济格弗里特，只不过他是懂希腊文的。这点或许仿佛很古怪，但是罪不在我。

尼采在自觉上并不是浪漫主义者；确实，他对浪漫主义者常常有严厉的批评。在自觉上，他的看法是希腊式的，但是略去了奥尔弗斯教义成分。他佩服苏格拉底以前的哲学家们，毕达哥拉斯除外。他同赫拉克利特的思想有密切的亲缘关系。亚里士多德讲的"雅量人"非常像尼采所谓的"高贵人"，但是大体上说他认为自苏格拉底以下的希腊哲学家们都比不了他们的前辈。他无 789
法宽恕苏格拉底出身卑贱；他把他称作"roturier(平民)"，并且责斥他以一种民主的道德偏见败坏雅典的贵族青年。尤其是柏拉图，由于他对教化的兴趣而受到尼采的谴责。不过尼采显然不十分高兴谴责他，所以为了原谅他，又暗示或许他并非真心实意，只是把美德当作使下层阶级守秩序的手段来提倡罢了。尼采有一

① 《帕济伐尔》(*Parsifal*)是瓦格纳的最后一个歌剧，1882年首次上演。——译者

回把柏拉图说成是个“了不起的卡留斯特罗[1]”。他喜欢德谟克里特和伊壁鸠鲁，可是他对后者的爱慕如果不解释成其实是对卢克莱修的景仰，似乎有些不合道理。

可能预料得到，他对康德评价很低，他把他叫作“à la Rousseau（卢梭式的）道德热狂者”。

尽管尼采批评浪漫主义者，他的见解有许多倒是从浪漫主义者来的；他的见解和拜伦的见解一样，是一种贵族无政府主义的见解，所以我们看到他赞美拜伦是不感诧异的。他打算一人兼有两组不容易调和的价值：一方面他喜欢无情、战争和贵族的高傲；另一方面他又爱好哲学、文学和艺术，尤其爱好音乐。从历史上看，这些种价值在文艺复兴时期曾经是共存的；尤理乌斯二世教皇既为勃罗纳而战，又任用米凯兰基罗，他或许可以当作尼采希望看到掌握政权的那种人。尼采和马基雅弗利这两人尽管有一些重要差别，拿尼采来跟马基雅弗利相比是很自然的。谈到差别：马基雅弗利是个办理实际事务的人，他的意见是由于和公务密切接触而形成的，同他的时代是协调的；他不迂阔，也不成体系，他的政治哲学简直不构成连贯的整体。反之，尼采是大学教授，根本上是个书斋人物，是一个与当时仿佛占优势的政治、伦理潮流有意识对立的哲学家。然而两人的相似点更深一层。尼采的政治哲学和《邦主鉴》（非《罗马史论》）里的政治哲学是类似的，固然是详细完成了，应用到较广的范围。尼采和马基雅弗利都持

---

① 卡留斯特罗（Alessandro di Cagliostro；本名 Giuseppe Balsamo，1743—1795），意大利的大骗子；自称炼金术士、预言者，降神术师等，又冒充伯爵，在欧洲各地行骗，后来被判处终身监禁，死在狱中。——译者

有一种讲求权力、存心反基督教的伦理观，固然在这方面尼采更为坦率。拿破仑对于尼采说来，就相当于凯萨·鲍吉亚对于马基雅弗利：一个让藐小的敌手击败的伟人。

尼采对各派宗教及哲学的批评，完全受着伦理上的动机的主 790
使。他赞美他认为（这或许正确）在身为贵族的少数者才可能有的某种品质；依他的意见，多数者应当只是极少数人完成优越性的手段，不可认为他们有要求幸福或福利的独立权利。他提起普通人，习惯上称作“粗制滥造的”，假如他们的受苦受难对产生伟人是必需的，他认为这件事就无可反对。因而，从 1789 年到 1815 年这段时期的全部重要性都在拿破仑身上得到总结：“法国大革命使拿破仑得以出现，这就是它的正当理由。假使我们的全部文明混乱崩溃的结果会是这种报偿，我们便应该希求混乱崩溃。拿破仑使民族主义得以实现，这即是后者的理由。”他说，本世纪里差不多一切远大的希望都来自拿破仑。

他爱以逆理悖论的方式发表意见，目的是要让守旧的读者们震惊。他的做法是，按照通常含义来使用“善”、“恶”二字，然后讲他是喜欢“恶”而不喜欢“善”的。他的《善恶之彼岸》（*Beyond Good and Evil*）这本书，实际上旨在改变读者关于善和恶的看法，但是除有些时候而外，它却自称是歌颂“恶”而贬斥“善”的。例如，他说把追求善胜利、恶绝灭这件事当成一种义务，是错误的；这是英国式的看法，是“约翰·斯图亚特·穆勒那个蠢蛋”的典型货色；他对穆勒这人是怀着特别恶毒的轻蔑的。关于穆勒，他说道：

“他讲‘对一个人说来正当的事，对另一个人说来也正当’；

‘你不愿意旁人对你做的事,你也不要对旁人做’①;说这些话使我对此人的庸俗感到憎恶。这种原则乐于把人与人的全部交道建立在相互效劳上,于是每一件行动仿佛都成了对于给我们所做的事情的现钱报酬。其中的假定卑鄙到极点:认为我的行动与你的行动之间在价值上有某种相当是理所当然的。”②

跟传统美德相反的真正美德,不是为人人所有的,而始终应当是贵族少数者的特色。这种美德不是有利可图的东西,也不是叫人谨慎;它把具备它的人同其他人隔离开;它敌视秩序,加害于
791 劣等人。高等人必须对庶民开战,抵制时代的民主倾向,因为四面八方都是些庸碌之辈携起手来,图谋当主人。“一切纵容、软化和把‘民众’或‘妇女’举在前面的事情,都对普选制——也就是‘劣’民统治——起有利的作用。”引人入邪道的是卢梭,因为他把女人说得很有趣;其次是哈丽艾特·比彻·司托③和奴隶们;其次是为工人和穷人而战的社会主义者。所有这些人都应当加以抵制。

尼采的伦理思想不是通常任何意义的自我放纵的伦理思想;他信仰斯巴达式的纪律,为了重大目标既有加给人痛苦的能力也有忍受痛苦的度量。他赞赏意志的力量甚于一切。他说:“我按照一个意志所能作出的抵抗的量和它所能忍受的痛苦与折磨的量来检验它的力量,并且我懂得如何对它因势利导。我不用斥责

① 我仿佛记得有人在穆勒之前就讲过这句格言。

② 所有引尼采的话,重点都是原有的。

③ 哈丽艾特·比彻·司托(Harriet Elizabeth Beecher Stowe,1811—1896),美国女小说家;她的小说《汤姆叔叔的小屋》(1852)对美国奴隶解放运动起了一定的影响。——译者

的手指着生存的罪恶和痛苦，反而怀着希望但愿有一天生活会变得比向来更罪恶、更充满苦痛。”他认为同情心是一种必须抵制的弱点。“目标是要达到那种庞大的伟大性的能力：能通过纪律而且也通过消灭千百万个粗制滥造者来塑造未来的人，然而却能避免由于看见因此而造成的、以前从未见过类似的苦难而趋向崩溃。”他带着某种狂喜预言将要有一个大战时代；我们不知道假使他活到了目睹他的预言实现，他是不是快乐。

不过，他并不是国家崇拜者；绝不是那种人。他是一个热烈的个人主义者，是一个信仰英雄的人。他说，整个一个民族的不幸还不如一个伟大个人的苦难重要：“所有这些小民的灾难，除了在强有力者的感情中以外，并不在一起构成一个总和。”

尼采不是国家主义者，对德国不表现过分赞赏。他希望有一个国际性的统治种族，要他们来作全世界的主人：“一个以最严酷的自我训练为基础的庞大的新贵族社会，在那里面有哲学思想的强权人物和有艺术才能的专制君的意志要给千秋万年打下印记。”

他也不是明确地抱有反犹太主义的人，不过他认为德国容纳着那么多的犹太人，再多便不能同化，所以不可允许犹太人继续 792
内流。他讨厌《新约》，却不讨厌《旧约》，他用最高的赞美词句来谈《旧约》。为尼采说句公道话，我们必须强调，和他的一般伦理观点有某种关联的许多近代发展，同他明白表示的意见是相反的。

他的伦理思想的两点运用值得注意：第一是他对妇女的轻蔑；第二是他对基督教的无情批判。

他永远不厌其烦地痛骂妇女。在他的拟预言体的著作《查拉图士特拉如是说》(*Thus Spake Zarathustra*)里,他说妇女现在还不能谈友谊;她们仍旧是猫、或是鸟、或者大不了是母牛。"男人应当训练来战争,女人应当训练来供战士娱乐。其余一概是愚蠢。"如果我们可以信赖在这个问题上他的最有力的警句:"你去女人那里吗?别忘了你的鞭子",就知道战士的娱乐必是与众不同的一种娱乐。

他对妇女虽然总是同样地轻蔑,却并不总是这么凶猛。在《权力意志》(*Will to Power*)里他说:"我们对女人感到乐趣,像是对一种或许比较优美、比较娇弱、比较灵妙的动物感到乐趣一样。和那些心里只有跳舞、废话、华丽服饰的动物相会是多么大的乐事!它们向来总是每一个紧张而深沉的男性灵魂的快乐。"不过,就连这些美质也只有当女人被有丈夫气概的男人管束得老老实实的时候,在她们身上才找得到;她们只要一得到任何独立地位,就不可容忍了。"女人有那么多可羞耻的理由;女人是那么迂阔、浅薄、村夫子气、琐屑的骄矜、放肆不驯、隐蔽的轻率……迄今实在是因为对男人的恐惧才把这些约束和控制得极好。"他在《善恶之彼岸》中这样讲,在那里他并且又说,我们应当像东方人那样把妇女看成财产。他对妇女的谩骂全部是当作自明的真理提出来的,既没有历史上的证据也没有他个人经验中的证据以为支持;关于妇女方面,他个人的经验几乎只限于他的妹妹。

尼采对基督教的异议是它使人接受了他所说的"奴隶道德"。把他的议论和法国大革命之前法国 philosophes(哲人们)的议论对照起来观察是很妙的。法国的 philosophes 主张基督教教义是不真实的;基督教教导人服从人所认为的神的意志,然而有自尊

心的人却不应当向任何高级的权能低头；基督教会已经成了暴君 793
的同盟者，正在帮助民主政治的仇敌否定自由，不停地绞榨穷人的膏血。[①] 尼采并不关心基督教或其他任何宗教在形而上学上是否真实；他深信没有一种宗教实际是真理，所以他完全从宗教的社会效果来评价一切宗教。他和 philosophes 意见一致，也反对服从假想的神意志，但是他却要拿现世的“有艺术才能的专制君”的意志代替神的意志。除这种超人外，服从是正当的，然而服从基督教的神却不正当。关于基督教会是暴君的同盟者和民主政治的仇敌，他说这恰恰是真相的反面。据他讲，法国大革命及社会主义从精神上讲和基督教根本是同一的，这些他同样都反对，理由也相同：即不管在任何方面他都不想把所有人当作平等的对待。

他说佛教和基督教都否定一个人和另一个人之间有任何根本的价值差别，从这个意义上讲都是“虚无主义的”宗教；但是二者当中佛教可非议的地方要少得多。基督教是堕落的，充满腐朽的粪便一般的成分；它的推动力就在于粗制滥造者的反抗。这种反抗是犹太人开头的，由不讲诚实的圣保罗那样的“神圣的癫痫患者”带进基督教里。“《新约》是十分卑鄙的一类人的福音。”基督教信仰是古今最要命的、最魅惑人的谎话。从来就没有一个知名人物和基督教的理想相像；例如，想一想普鲁塔克的《名人传》里的英雄们吧。基督教所以应该受到谴责，是因为它否定“自豪、

① 这是圣经里的话，中文圣经照字面直译作“搓磨贫穷人的脸”，见《旧约》，《以赛亚书》，第三章，第15节。——译者

有距离的哀愁、伟大的责任、意气昂扬、光辉的兽性、战争和征服的本能、炽情的神化、复仇、愤怒、酒色、冒险、知识”的价值。这一切都是好的，却都被基督教说成坏的——尼采这样主张。

他讲，基督教的目的是要驯化人心，然而这是错误的。野兽自有某种光彩，把它一驯服就失掉了。杜思退也夫斯基所结交的罪犯们比他好，因为他们比较有自尊心。尼采非常厌恶悔改和赎罪，他把这两件事称作 folie circulaire（循环的蠢事）。我们很难
794 摆脱开关于人类行为的这种想法：“我们是两千年来的活剖良心和自钉十字架的继承人。”有一段关于巴斯卡尔的很有动人力量的文字值得引下来，因为这段文字把尼采反对基督教的理由表现得最好不过：

“在基督教中我们反对的是什么东西呢？反对的是它存心要毁掉强者，要挫折他们的锐气，要利用他们的疲惫虚弱的时刻，要把他们的自豪的信心转化成焦虑和良心苦恼；反对的是它懂得怎样毒化最高贵的本能，使它染上病症，一直到它的力量、它的权力意志转而向内反对它自己——一直到强者由于过度的自卑和自我牺牲而死亡：那种让人不寒而栗的死法，巴斯卡尔就是最著名的实例。”

尼采希望看到他所谓的“高贵”人代替基督教圣徒的地位，但是“高贵”人绝不是普遍类型的人，而是一个有统治权的贵族。“高贵”人会干得出残忍的事情，有时也会干得出庸俗眼光认为是犯罪的事；他只对和自己平等的人才会承认义务。他会保护艺术家、诗人以及一切可巧精通某种技艺的人，但他是以自己属于比那种只懂得做点事的人要高的阶级中一员的资格来保护这些人

的。从战士们的榜样，他会学会把死和他正在奋斗维护的主义连在一起；学会牺牲多数人，对待他的事业严肃到不饶人；学会实行严酷的纪律；学会在战争中施展暴虐和狡猾。他会认识到残忍在贵族优越性里所起的作用："几乎我们称作'高等教养'的一切东西，都以残忍性的崇高化和强化为基础。""高贵"人本质上是权力意志的化身。

对尼采的学说我们应该抱什么看法呢？这种学说有多大真实性呢？有几分用处吗？里面有点什么客观东西吗？它仅仅是一个病人的权力幻想吗？

不可否认，尼采向来虽然没在专门哲学家中间，却在有文学和艺术修养的人们中间起了很大影响。也必须承认，他关于未来的种种预言至今证实比自由主义者或社会主义者的预言要接近正确。假如他的思想只是一种疾病的症候，这疾病在现代世界里一定流行得很。

然而他还是有许多东西仅仅是自大狂，一定不要理它。谈起斯宾诺莎，他说："一个多病隐者的这种伪装暴露出多少个人怯懦 795
和脆弱！"完全同样的话也可以用来说他自己，既然他毫不犹豫地这样说了斯宾诺莎，用来说他更不勉强。很明显，他在自己的白日梦里不是教授而是战士；他所景仰的人全都是军人。他对妇女的评价，和每一个男人的评价一样，是他自己对妇女的情感的客观化，这在他显然是一种恐惧情感。"别忘了你的鞭子"——但是十个妇女有九个要除掉他的鞭子，他知道这点，所以他躲开了妇女，而用冷言恶语来抚慰他的受创伤的虚荣心。

尼采谴责基督徒的爱，因为他认为这种爱是恐惧的结果：我害怕他人会伤害我，所以我使他确信我是爱他的。假使我坚强一些、大胆一些，我就会公然表示我对他当然要感到的轻蔑。一个人真诚地抱着普遍的爱，这在尼采看来是不可能的，显然是因为他自己怀有几乎普遍的憎恨和恐惧，他喜欢把这种憎恨和恐惧装扮成老爷式的冷淡态度。他的"高贵"人——即白日梦里的他自己——是一个完全缺乏同情心的人，无情、狡猾、残忍、只关心自己的权力。李尔王在临发疯的时候说：

我定要做那种事——
是什么我还不知道——但是它将成为
全世界的恐怖。①

这是尼采哲学的缩影。

尼采从来没有想到，他赋予他的超人的那种权力欲本身就是恐惧的结果。不怕他人的人不认为有压制他人的必要。征服了恐惧的人们没有尼采所谓的"有艺术才能的专制君"那种尼罗王的疯狂性质，那种尼罗王尽力要享受音乐和大屠杀，而他们的内心却充满着对不可避免的宫廷政变的恐怖。我倒不否认，现实世界已经和尼采的梦魇非常相似了，这一部分也是他的学说的结果；但是这丝毫没有使那梦魇的恐怖性有所减轻。

必须承认，也有某类的基督教伦理，尼采的酷评对它可以用得上而公正合理。巴斯卡尔和杜思退也夫斯基——用尼采自己举的实例——在品德上都有某种卑劣的地方。巴斯卡尔为他的神牺牲了自己堂堂的数学才智，于是归给神一种野蛮残暴，那就

① 见莎士比亚：《李尔王》，第二幕，第四场。——译者

是巴斯卡尔的病态精神痛苦的无限扩张。杜思退也夫斯基和“正 796
当的自豪”是无缘的；他要犯罪，为的是来悔改和享受忏悔的快乐。我不想讨论这样的越轨行为有几分可以公正地归罪于基督教的问题，但是我要承认我和尼采有同感，认为杜思退也夫斯基的意气消沉是可鄙的。我也觉得，某种高洁和自豪，甚至某类的自以为是，都是最优良的品格中的要素；根源在于恐惧的美德没一件是大可赞赏的。

圣贤有两种：生来的圣贤和出于恐惧的圣贤。生来的圣贤对人类有一种自发的爱；他行好事是因为行好事使他幸福。反之，出于恐惧的圣贤像只因为有警察才不干偷窃的人一样，假使没有地狱的火或他人的报复的想法约束着他就会作恶。尼采只能想象第二种圣贤；由于他心中充满恐惧和憎恨，所以对人类自发的爱在他看来是不可能有的。他从来没有设想过有一种人，虽然具有超人的大无畏和倔强的自尊心，还是不加给人痛苦，因为他没有这样做的愿望。有谁会认为林肯采取他那种做法是由于害怕地狱吗？然而在尼采看来林肯是下贱的，拿破仑大大了不起。

还需要考察一下尼采所提出的主要伦理问题，即：我们的伦理应当是贵族式的呢？或者在某种意义上应当把一切人同样看待呢？这个问题照我刚才这样的提法，是一个意义不很明了的问题，所以显然第一步是要把问题弄明确一些。

我们首先务必把贵族式的**伦理**和贵族式的**政治理论**区别开。信奉边沁的最大多数人的最大幸福原则的人抱有民主的伦理思想，但是他也许认为贵族式的政体最能促进一般人的幸福。这不是尼采的见解。他认为平常人的幸福并不是善本身的一部分。

本身就是善的或是恶的事情全都只存在于少数优越者方面;其余人遭遇的事是无足轻重的。

以下的问题是:少数优越者怎样下定义?实际上,这种人向来通常是战胜的氏族或世袭贵族,而贵族至少从理论上讲向来通常是战胜的氏族的后裔。我想尼采是会接受这个定义的。"没有
797 好的出身就不可能有道德",他这样告诉我们。他说贵族阶级最初总是野蛮人,但是人类的每一步向上都起因于贵族社会。

不明白尼采把贵族的优越性看成先天的呢还是教育和环境造成的。如果是后者,那么把其他人排除在照假定说来他们同样有资格具备的有利条件之外,很难有道理可讲。所以我假定他认为战胜的贵族及其后裔比受他们统治的人在生物学上优越,就像人比家畜优越一样,不过程度较差罢了。

"在生物学上优越"要指什么意思呢?在解释尼采时,意思是指属于优越氏族的个人及其后裔在尼采讲的"高贵"的意义上更有可能是"高贵"的:他们会有较多的意志力量、较多的勇气、较多的权力冲动、较少的同情心、较少的恐惧、较少的温柔。

我们现在可以叙述一下尼采的伦理。我想以下的话是对他的伦理的公正的剖析。

战争的胜利者及其后裔通常比败北者在生物学上优越。所以由他们掌握全权、完全为他们自己的利益去处理事务是要得的。

这里还有"要得的"一词需要考虑。在尼采的哲学里什么是"要得的"呢?从旁观者的观点看来,尼采所谓的"要得的"东西就是尼采想要的东西。有了这个解释,尼采的学说不妨更干脆、更

老实地用以下一句话来叙述："我假若是生活在白里克里斯时代的雅典或梅狄奇时代的弗罗棱斯才好。"但是这不叫一种哲学；这是关于某个人的传记事实。"要得的"一词和"我想要的"并不是同义语；这个词要求某种普遍的立法定规，不管这要求多么不明确。有神论者可能说，要得的东西就是神想要的东西，但是尼采不会讲这话。他本来可以说他凭伦理的直观知道什么是善，可是他不要这样讲，因为这话康德气太重。把"要得的"一词加以推广，他所能讲的是这些话："假如大家读我的著作，有一定百分数的人关于社会组织问题就会和我有同样的愿望；这些人在我的哲学会给予他们的精力和决心的激励下，能够保全和复兴贵族社会，由他们自己作贵族或(像我一样)作贵族的阿谀者。这样他们 798
就会得到比作为人民的仆从能够有的生活更充实的生活。"

尼采思想里还有一个成分，和"彻底个人主义者"极力主张的反对工会的理由非常相近。在所有人对所有人的斗争中，胜利者可能具有尼采赞赏的某些品质，例如勇气、多谋和意志的力量。但是，如果不具备这些贵族品质的人们(他们是绝大多数)团结一致，他们尽管各个人是低劣的也可能得胜。在这场 canaille(愚民)集体对贵族的斗争中，就像法国大革命曾经是战斗的前线，基督教是意识形态的前线。因此我们应该反对个体软弱者之间的一切联合，惟恐他们的集合力量会压倒个体强者的集合力量；另一方面，我们应该促进人口当中强韧而雄健的分子之间的联合。创始这种联合的第一个步骤就是宣扬尼采哲学。可见要保留伦理学和政治学的区别不是一件容易事。

假如我们想——我确实想——找到一些反驳尼采的伦理学

和政治学的理由，究竟能找到什么理由呢？

有一些有力的实际理由，说明如果打算达到他讲的目标，实际上会达到完全不同的情况。门阀式的贵族现在已经声名扫地了；唯一行得通的贵族社会形式就是像法西斯党或纳粹党那样的组织。那样的组织激起人们的反对，在战争中可能是要被打败的；但是它假如没有被打败，不久以后必定成为一个十足的警察国家，国家里的统治者们生活在暗杀的恐怖中，英雄人物都进了集中营。在这种社会里，信义廉耻被告密破坏一光，自封的超人贵族阶级蜕化成一个战战兢兢的懦夫的集团。

不过，这些只是现代讲的道理；在贵族政治不成为问题的过去时代，这些道理就不会是适用的。埃及的政府照尼采式的原则管理了几千年。直到美国独立和法国大革命为止，几乎所有的大国的政府都是贵族政府。因此，我们必须问问自己，我们不喜欢一种有这样悠久的成功历史的政体而喜欢民主制，有没有什么充
799 实理由；或者，因为我们谈的不是政治而是哲学，更不如问排斥尼采借以维护贵族政治的那种伦理，有没有客观根据。

和政治问题相对而言的伦理问题，是一个关于同情心的问题。按别人的痛苦使自己不乐这种意义来讲，同情心多少总是人天然固有的；幼小的孩子听见旁的孩子哭自己也苦恼。但是这种感情的发展在不同的人大不相同。有些人以加给别人苦楚为乐；也有些人，就像如来佛，感觉只要还有任何生灵在受苦，他们就不可能完全快乐。大多数人在感情上把人划分成敌和友，对后者抱同情，对前者不抱同情。像基督教或佛教的伦理那样的伦理，其感情基础是在普遍同情上；尼采的伦理，是在完全没有同情上。

(他常常宣扬反对同情的论调,在这方面我们觉得他不难遵守自己的训条。)问题是:假使如来佛和尼采当面对质,任何一方能不能提出来什么该打动公平听者的心的议论呢?我所指的并不是政治议论。我们可以想象他们像在《约伯记》第一章里那样,出现在全能者面前,就神应当创造哪一种世界提出意见。两人各会说些什么呢?

如来佛会开始议论,说到麻风患者被摒弃在社会之外,悲惨可怜;穷人们,凭疼痛的四肢劳苦奔波,靠贫乏的食物仅仅维持活命;交战中的伤员,在缠绵的痛苦中死去;孤儿们,受到残酷的监护人的虐待;甚至最得志的人也常常被失意和死的想法缠住心。他会说,必须找出一条超脱所有这些悲哀负担的道路,而超脱只有通过爱才能够达到。

尼采这个人只有全能的神才能够制止他半途插话,当轮到他讲的时候,他会突然叫道:"我的天哪,老兄!你必须学得性格坚强些。为什么因为琐屑的人受苦而哭哭啼啼呢?或者,因为伟大人物受苦而你这样做呢?琐屑的人受苦也受得琐屑,伟大人物受苦也受得伟大,而伟大的痛苦是不该惋惜的,因为这种痛苦是高贵的。你的理想是个纯粹消极的理想——没有痛苦,那只有靠非存在才能完全达到。相反,我抱着积极的理想:我钦佩阿尔西拜阿底斯[①]、弗里德里希二世皇帝和拿破仑。为了这样的人,遭什么不幸都值得。主啊,我向你呼吁,你这位最伟大的创造艺术家可 800

① 阿尔西拜阿底斯(Alcibiades,公元前450年?——公元前404年),雅典政治家,将军。——译者

不要让你的艺术冲动被这个不幸的精神病人的堕落的、恐怖笼罩下的顺口唠叨抑制住。”

如来佛在极乐世界的宫廷里学习了自他死后的全部历史，并且精通了科学，以有这种知识为乐，可是为人类对这种知识的使用法感觉难过；他用冷静的和蔼态度回答：“尼采教授，您认为我的理想是纯粹消极的理想，这是您弄错了。当然，它包含着一种消极成分，就是没有痛苦；但是它此外也有积极东西，和您的学说中见得到的一样多。虽然我并不特别景仰阿尔西拜阿底斯和拿破仑，我也有我的英雄：我的后继者耶稣，他叫人去爱自己的敌人；还有那些发现怎样控制自然的力量、用比较少的劳力获取食物的人；那些告诉人如何减少疾病的医生；那些瞥见了神的至福的诗人、艺术家和音乐家们。爱和知识和对美的喜悦并不是消极；这些足够充满历来最伟大的人物的一生。”

尼采回答：“尽管如此，你的世界总还是枯燥无味的。你应当研究研究赫拉克利特，他的著作在天国图书馆里完整地保存下来了。你的爱是怜悯心，那是由痛苦所勾动的；假使你老实，你的真理也是不愉快的东西，而且通过痛苦才能认识它；至于说美，有什么比赖凶猛而发出光辉的老虎更美呢？不行，如果我主竟然决断你的世界好，恐怕我们都会厌烦得死掉了。”

如来佛回答：“您也许这样，因为您爱痛苦，您对生活的爱是假爱。但是真正爱生活的人在我的世界里会感到现世界中谁也不能有的那种幸福。”

至于我，我赞同以上我所想象的如来佛。但是我不知道怎样用数学问题或科学问题里可以使用的那种论证来证明他意见正确。我厌恶尼采，是因为他喜欢冥想痛苦，因为他把自负升格为一种义务，因为他最钦佩的人是一些征服者，这些人的光荣就在于有叫人死掉的聪明。但是我认为反对他的哲学的根本理由，也和反对任何不愉快但内在一贯的伦理观的根本理由一样，不在于诉诸事实，而在于诉诸感情。尼采轻视普遍的爱，而我觉得普遍的爱是关于这个世界我所希冀的一切事物的原动力。他的门徒已经有了一段得意时期，但是我们可以希望这个时期即将迅速地趋于终了。

第二十六章　功利主义者[①] 801

在从康德到尼采这段时期内，英国的职业哲学家始终几乎完全没受到同时代的德国人的影响，唯一的例外是威廉·汉密尔顿爵士，不过他是一个没有多大影响的人。柯勒律治和卡莱尔固然受康德、费希特和德国浪漫主义者的影响很深，但是他们并不算专门意义上的哲学家。仿佛某人有一次向詹姆士·穆勒提起了康德，穆勒把康德的著作仓猝地略一过目后说："可怜的康德用心何在，我十分明白。"然而连这种程度的承认也是例外；一般说，关于德国人是闭口不谈的。边沁及其学派的哲学的全部纲领都是从洛克、哈特里和爱尔维修来的；他们的重要地位与其说是哲学上的，不如说是政治上的：在于他们是英国急进主义的领袖，是无

① 关于这个题目以及关于马克思的较详细的论述，见拙著《自由与组织》(*Freedom and Organization*, 1814—1914)第二编。

意之间为社会主义学说铺平道路的人。

杰罗密·边沁是“哲学上的急进主义者”的公认领袖，他却不是大家意料当中居这类运动首位的那种人。他生于1748年，但是直到1808年才成为急进主义者。他为人腼腆到了苦痛的程度，勉强跟生人在一起时总是要万分惶恐。他写的作品非常多，但是他从来不操心去发表；以他的名义发表的东西都是被他的朋友们善意盗走的。他的主要兴趣是法学，在法学方面他承认爱尔维修和贝卡利亚是他的最重要的前驱。通过法的理论，他才对伦理学和政治学有了兴趣。

他的全部哲学以两个原理为基础，即“联想原理”和“最大幸福原理”。联想原理哈特里在1749年已经强调过；在他以前，大家虽然承认观念联合是有的，却把它只看成是细小错误的来源，例如洛克就抱这个看法。边沁追随哈特里，把联想原理当作心理
802 学的基本原理。他承认观念和语言的联合，还承认观念与观念的联合。凭这个原理，他打算给种种精神现象作出决定论的说明。该学说在本质上和以巴甫洛夫的实验为根据的比较新近的“条件反射”论是一样的。唯一的重大区别是，巴甫洛夫讲的条件反射属于生理学，而观念联合则是纯粹心理方面的事。因此，巴甫洛夫的研究工作能加上一个像行为主义者加给它的那种唯物的解释，而观念联合却发展到一种多少有些跟生理学无关的心理学。从科学上讲，毫无疑问条件反射原理比旧原理前进一步。巴甫洛夫的原理是这样：设有一个反射，即由乙刺激产生丙反应，再设某个动物在受到乙刺激的同时屡次受到了一个甲刺激，那么往往到最后即使没有乙刺激，甲刺激也会产生丙反应。决定这种事在什

么情况下发生，是一个实验问题。很明显，如果把甲、乙、丙换成观念，巴甫洛夫的原理就成了观念联合原理。

无疑问，这两个原理在某个范围内都是正确的；唯一引起争论的问题是这个范围的广度问题。就像某些行为主义者讲巴甫洛夫原理时夸大了这个范围的广度，边沁和他的信徒们讲哈特里原理时也夸大了这个范围的广度。

对边沁来说，心理学中的决定论很重要，因为他想要制定一部会自动使人善良有德的法典，更广地说，制定一个这样的社会制度。在这一点上，为了给“德”下定义，他的第二个原理即最大幸福原理就是必要的了。

边沁主张，所谓善便是快乐或幸福(他拿这两个词当同义词使用)，所谓恶便是痛苦。因此，一种事态如果其中包含的快乐超过痛苦的盈余大于另一种事态，或者痛苦超过快乐的盈余小于另一种事态，它就比另一种事态善。在一切可能有的事态当中，包含着快乐超过痛苦的最大盈余的那种事态是最善的。

这个学说结果被人称作“功利主义”，并不是什么新东西。早在 1725 年哈契逊已经提倡过它。边沁把它归功于普利斯特里，不过普利斯特里对此倒没有特别资格。实际上洛克的著作中就包含有这个学说。边沁的功绩不在于该学说本身，而在于他把它 803
积极地应用到种种实际问题上。

边沁不仅主张善即是一般幸福，而且主张每个人总是追求他所认为的自己的幸福。所以，立法者的职责是在公共利益和私人利益之间造成调和。我不偷窃，这是符合公众利益的，但是除非存在着有效的刑法，这并不符合我的利益。因而刑法是使个人的利益和社会的利益一致的一个方法;这便是刑法存在的理由。

用刑法来惩治人是为了防止犯罪,不是因为我们憎恨犯人。刑罚分明比刑罚严厉重要。当时在英国,有许多很轻微的犯罪也不免遭死刑,结果陪审员们因为觉得刑罚过分,常常不肯判罪。边沁提倡除极恶犯外对一切犯罪废止死刑,在他逝世以前,刑法在这一点上有了缓和。

他说民法应当有四项目的:生存、富裕、安全、平等。可以注意到他不提自由。事实上,他是不大爱好自由的。他赞赏法国大革命以前的仁慈的专制君主——凯萨琳大帝和弗朗西斯皇帝。他非常轻蔑人权说。他讲,人权纯粹是胡话;绝对的人权,是浮夸的胡话。当法国的革命者提出他们的"人权宣言"的时候,边沁把它叫作"一个形而上学的作品——形而上学的 ne plus ultra(极点)"。他说它的条文可以分为三类:(1)无法理解的,(2)错误的,(3)既无法理解又错误的。

边沁的理想和伊壁鸠鲁的理想一样,不是自由是安全。"战争和风暴读起来最妙,但是和平与宁静比较好消受。"

他向急进主义的逐渐发展有两个根源:一方面是从关于快乐和痛苦的计算推出来的一种平等信念;另一方面是把一切事情都付诸他所理解的理性去裁定,这样一个百折不挠的决心。他对平等的爱好在早年曾经促使他主张人的财产由儿女均分,反对遗嘱
804 自由。在晚年,这又促使他反对君主制和世袭贵族政治,倡导包括妇女有投票权的彻底民主制。他不肯抱没有理性根据的信念,因而他排斥宗教,包括信仰上帝;因而他对法律中荒唐和破格的地方,不管其历史起源多么古老,都抱着尖锐的批判态度。他不

愿意拿任何事情是传统的为理由来原谅这件事。他从青年时代初期起就反对帝国主义，不论是英国人在美洲推行的帝国主义，或是其他民族的帝国主义；他认为保有殖民地是一件蠢事。

由于詹姆士·穆勒的影响，才使边沁在实际政治上采取一定的立场。詹姆士·穆勒比边沁小二十五岁，他是边沁学说的热诚信徒，然而也是一个积极的急进主义者。边沁赠给穆勒一所房子（这所房子以前曾属于弥尔顿），而且在他编写一部印度史的时候给他经济上的帮助。这部历史完成后，东印度公司给了詹姆士·穆勒一个职位；后来东印度公司也聘任了他的儿子，一直到由于印度暴动[①]的结果而撤销它时为止。詹姆士·穆勒非常钦佩孔多塞和爱尔维修。他和那个时代的所有急进主义者一样，信服教育万能。他在他的儿子约翰·斯图亚特·穆勒身上实践自己的学说，其结果有好有坏。最重大的坏结果是，约翰·斯图亚特甚至在发觉了他父亲的见解一向很狭隘的时候，也绝无法完全摆脱掉他父亲的影响。

詹姆士·穆勒和边沁一样，认为快乐是唯一的善，痛苦是唯一的恶。但是他又像伊壁鸠鲁，最看重适度的快乐。他认为知识上的乐趣是最高的乐趣，节制是首要的美德。他的儿子说："激烈的事物在他说来是轻蔑非难的对象，"又补充说，他反对现代人的重感情。他和整个功利主义派一样，完全反对各样的浪漫主义。他认为政治可以受理性支配，并且指望人们的意见可以由证据来决定。如果论争中的对立双方以同等的技巧各陈己见，那么万无

① 事情发生在1857—1858年。——译者

一失，过半数人会得出正确判断——他这样主张。他的眼界受到了他感情性质贫乏的限制，但是在他的限度以内，他具有勤勉、无私、讲理性的长处。

他的儿子约翰·斯图亚特·穆勒生于1806年，他继续奉行一种略有缓和的边沁派学说直到1873年逝世。

805 边沁派完全缺乏动人感情的力量，若考虑到这一点，在整个十九世纪中期他们对英国的立法和政策的影响可算大得惊人了。

边沁提出了种种议论，支持全体幸福即summum bonum（至善）这个看法。这些议论有的是对其他伦理学说的尖锐批评。在他写的论政治谬论的著作里，用一种似乎讲在马克思前头的言辞说，温情道德和禁欲道德满足统治阶级的利益，是贵族政体的产物。他继续说道，宣扬牺牲之道德的人并不是受谬见之害的人：他们是想要别人为他们而牺牲。他说，道德秩序是由利害平衡产生的结果。统治团体伪称统治者和被统治者之间已经利害一致，但是改革家们指明这种一致还不存在，他们努力要使它实现。他主张只有效用原则能在伦理学和立法中当一个判断标准，奠定一门社会科学的基础。他支持他这条原则的明确理由主要是，这条原则实际是表面上相异的各种伦理学体系暗中含有的。不过，要给他对各种伦理学体系的概观加上严格限制，他这话才似乎有道理。

边沁的学说体系中有一处明显的疏漏。假如人人总是追求自己的快乐，我们怎么能保证立法者要追求一般人的快乐呢？边沁自己的本能的仁慈心（他的心理学理论妨碍他注意到它）使他看不见这个问题。假使他受聘请为某个国家草拟一部法典，他会按照他所认为的公众利益制定他的提议，而不为了促进他个人的利益或（有意识地）促进本阶级的利益。但是，假使他认识到这个事实，他当初就不得不修改他的心理学学说了。他好像是这样想的：通过民主政体，结合适当监督，可以控制立法者，使得他们只有凭自己对一般公众有用处才能促进他们的私人利益。在当时，要给种种民主制度的作用下一个判断，材料是不多的，所以他的乐观主义也许还情有可原，但是在我们这个令人多幻灭感的时代，这种乐观主义就似乎有点天真了。

约翰·斯图亚特·穆勒在他的《功利主义》（*Utilitarianism*）
中提出了一个议论，真谬误得难以理解他怎么会认为它是正确 806
的。他讲：快乐是人想要的唯一东西；因此快乐是唯一要得的东西。他主张，看得见的东西只有人看见的东西，听得见的东西只有人听见的东西，同样，要得的东西只有人想要的东西。他没注意到，一件东西人**能够**看见它就是“看得见的”，但是人**应该**想要它才叫“要得的”。因而“要得的”是一个以某种伦理学说为前提的词；我们从人想要的事物推不出要得的事物来。

而且，假如每个人实际上必然追求自己的快乐，那么讲他**应该**做旁的事是不得要领的。康德极力主张“你应该”暗含着“你**能够**”的意思；反之，如果你不能怎样，说你应该怎样也是白费。**假如**每个人必定总是追求自己的快乐，伦理学便化成聪明的远虑：你正好可以促进别人的利益，希望他们反过来也会促进你的利益。同样，在政治中一切合作都成了彼此帮衬。由功利主义者的前提按正当的推理是推不出其他结论的。

这里涉及两个性质不同的问题。第一，每个人都追求自己的幸福吗？第二，全体幸福是人的行动的正当目标吗？

说每个人都希求自己幸福，这话可以有两个意义，一个意义是明白的至理，另一个意义是不对的。不论我可巧希求什么，我达到我的愿望时就会获得几分快乐；按这个意义讲，无论我希求的是什么，那总是**一种**快乐，于是可以稍欠严格地说我所希求的就是快乐。该学说在这个意义上是一条明白的至理。

但是，假若所指的是，如果我希求什么，我之所以希求它是因为它会给我快乐，这通常是不对的。我饿的时候希求食物，只要我的饥饿还继续存在，食物会给我快乐。然而，饥饿这种欲望是先有的；快乐是这种欲望的后果。我不否认有些场合下人有直接求快乐的欲望。假如你已决定在戏院里度一个空暇的晚上，你要选择你认为会使你得到最大快乐的戏院。但是，这样由直接求快乐的欲望所决定的行为是例外的、不重要的。每人的主要活动都是由先于算计快乐和痛苦的欲望决定的。

807 不论什么事都可能是欲望的对象；受虐淫患者可能希求自己痛苦。当然，受虐淫患者从他所希求的痛苦里取得快乐，但是这种快乐是由于这种欲望，而不是倒过来讲。一个人可能希求某种除了由于他的欲望而外对他个人没有影响的事情——例如，在一场他本国守中立的战争中某一方的胜利。他可能希求增进一般人的幸福，或减轻一般人的苦难。或者他也可能像卡莱尔那样，希求的与此正相反。随着他的欲望不同，他的快乐也不同。

因为人们的欲望彼此冲突，伦理学是必要的。冲突的根本原因是利己心：大多数人对自己的福利比对旁人的福利要关切。但是在毫无利己心成分的场合下同样可能有冲突。这一个人也许希望人人都是天主教徒,另一个人也许希望人人都是加尔文派教徒。社会斗争中常常包含这种非利己的欲望。伦理学有双重目的:第一,找出一条借以区别善欲望和恶欲望的准则;第二,通过赞扬和责备,促进善欲望,阻抑那种恶的欲望。

功利主义的伦理学部分从逻辑上讲和心理学部分是不相关的,伦理学部分说:那种实际上促进全体幸福的欲望和行为是善的。促进全体幸福不一定要是某件行为的**动机**,却只需要是它的**效果**。对这种学说我们在理论上有什么站得住的赞成理由或反对理由吗? 关于尼采,我们曾遇到过同样的问题。他的伦理学与功利主义者的伦理学不同,因为他的伦理学主张人类中只有少数人具有伦理的重要性,其余人的幸福或不幸是应当忽视的。我个人不认为这种意见分歧能够借科学问题中可以应用的那种理论上的议论来处理。显然,那些被排斥在尼采式贵族社会以外的人要有异议,因而问题就变成不是理论性的而是政治性的了。功利主义的伦理学是民主的和反浪漫主义的。民主主义者可能要承认它,但是对那些喜好比较拜伦式的世界观的人,依我看只能从实践上去反驳他们,凭着一些不诉诸欲望、只诉诸事实的理由去反驳是不行的。

哲学上的急进主义者是一个过渡的学派。他们的学说体系产生了两个比它本身更重要的别的学说体系,即达尔文主义和社会主义。达尔文主义是马尔萨斯人口论对全体动植物界的应用, 808
而马尔萨斯人口论则是边沁派的政治学和经济学不可分割的一部分。达尔文主义讲的是一种全体规模的自由竞争,在这种竞争中胜利属于和成功的资本家极其类似的动物。达尔文本人受到了马尔萨斯的影响，他和哲学上的急进主义者有一般共鸣。不过，正统派经济学家所赞赏的竞争和达尔文宣布为进化原动力的生存竞争有一个重大区别。在正统派经济学里，“自由竞争”是一个受法律限制所束缚的非常人为的概念。你可以比你的竞争者贱卖货品，但是你不得杀害他。你不得使用国家的军队帮助你战胜外国厂商。那些没好运气拥有资本的人不得打算靠革命来改善自己的命运。边沁派的人所理解的“自由竞争”绝不是真正自由的。

达尔文学说中的竞争不是这种有限制的竞争；没有什么不许要卑鄙手段的规则。法德体制在动物中间是不存在的，也不排斥把战争当竞争方法。在竞争中利用国家获取胜利违反边沁派的人心目中的规则，却不能排除在达尔文学说讲的那种竞争以外。事实上，虽然达尔文本人是个自由主义者，虽然尼采没有一次提到他不带着轻蔑，达尔文的“适者生存”若被人彻底消化了，会产生一种跟尼采哲学远比跟边沁哲学相像的东西。不过，这种发展结果是属于后来一个时期的事，因为达尔文的《物种起源》是1859年出版的，它的政治含义起初大家还没有看出来。

相反，社会主义是在边沁学说的全盛时代萌芽的，是正统派经济学的一个直接结果。跟边沁、马尔萨斯和詹姆士·穆勒有密切交往的李嘉图，主张商品的交换价值完全出于生产该商品时花费的劳动。他在1817年发表了这个理论，八年以后，一个前海军军官托马斯·霍治司金发表了第一个社会主义的答辩《反对资方的要求而为劳方辩护》(*Labour Defended Against the Claims of Capital*)。他议论，如果像李嘉图所主张的那样，全部价值都是劳动赋予的，全部报酬便应该归给劳动者；现下地主和资本家所得的那一份必定是纯粹榨取物。同时，罗伯特·欧文当工厂主有了丰富的实际体验之后，坚信了那种不久就被人称 809
为社会主义的学说。（最早使用“Socialist”〔社会主义者〕一词是在1827年，当时把它应用于欧文的信徒。）他说，机器正渐渐排挤劳动者，而自由放任政策没有使工人阶级得到和机械力量相抗争的适当手段。他提出的处理这种弊端的方法，是近代社会主义的最早期形式。

虽然欧文是边沁的朋友，边沁在欧文的企业里还投资了颇大的一笔钱，哲学上的急进主义者并不喜欢欧文的新说；事实上，社会主义的来临使他们和以前相比急进主义色彩和哲学色彩都减退了。霍治司金在伦敦有了一些追随者，于是吓坏了詹姆士·穆勒。他写道：

“他们的财产观显得真丑；……他们似乎认为财产不应当存在，存在财产对他们是一种祸害。毫无疑问，有恶棍在他们当中活动。……这些傻瓜们，不明白他们疯狂企求的东西对他们将是那种只有他们自己的双手才会给他们带来的灾难。”

在1831年写的这封信，可以看成是资本主义与社会主义的长期斗争的开端。在后来的一封信里，詹姆士·穆勒把社会主义的根源归于霍治司金的“疯狂的胡说”，他又说：“这种见解假使要传播开，会使文明社会覆灭；比匈奴和鞑靼人排山倒海地泛滥还坏。”

社会主义只是政治上的或经济上的主义，就此来说不在一部哲学史的范围以内。但是到卡尔·马克思手中，社会主义获得了一套哲学。他的哲学要在下一章里讨论。

810 第二十七章 卡尔·马克思

卡尔·马克思通常在人的心目中是这样一个人:他自称把社会主义做成了科学的社会主义;他比任何人都作出更多贡献,创造了一个强大的运动,通过对人的吸引和排斥,支配了欧洲近期的历史。讨论他的经济学,或讨论他的政治学(除某些一般方面外),不在本书的范围之内;我打算只把他当作哲学家和对旁人的哲学起了影响的人来讲一讲他。在这一点上,他很难归类。从一个方面看,他跟霍治司金一样,是哲学上的急进主义者的一个结果,继续他们的理性主义和他们对浪漫主义者的反抗。从另一个方面看,他是一个复兴唯物主义的人,给唯物主义加上新的解释,使它和人类历史有了新的关联。再从另外一个方面看,他是大体系缔造者当中最后一人,是黑格尔的后继者,而且也像黑格尔一样,是相信有一个合理的公式概括了人类进化的人。这几方面,强调任何一方面而忽视其他方面,对他的哲学都要有歪曲失真的看法。

他一生遭遇的事件说明了这种复杂性的部分原因。他是1818年出生的,和圣安布洛斯一样生于特里尔。特里尔在法国大革命和拿破仑时代曾受到法国人很深的影响,在见解方面世界主义色彩比德意志大部分地区浓厚得多。他的祖辈们原是犹太教的律法博士,但是在他幼年时代他的父母成了基督教徒。他娶了一个非犹太系的贵族女子,一生始终对她真挚热爱。在大学时代，他受到了当时还风行的黑格尔哲学的影响，也受到了费尔巴哈反抗黑格尔而倒向唯物主义的影响。他试办过新闻事业，但是他编辑的《莱因报》由于论调过激而被当局查禁。之后，在1843年，他到法国去研究社会主义。在法国他结识了恩格斯，恩格斯是曼彻斯特一家工厂的经理。他通过恩格斯得以了解到英国的劳工状况和英国的经济学。他因而在1848年革命以前得到了一种异常国际性的修养。就西欧而论，他毫不表露民族偏见。对于 811
东欧可不能这么讲，因为他素来是轻视斯拉夫人的。

1848年的法国革命和德国革命他都参加了，但是反动势力迫使他不得不在1849年到英国避难。除几个短暂期间而外，他在伦敦度过了余生，遭受到穷困、疾病、丧子的苦恼，但他仍旧孜孜不倦地著述和累积知识。激励他从事工作的力量一直来自对社会革命所抱的希望，即便不是他生前的社会革命，也是不很遥远的未来的社会革命。

马克思同边沁和詹姆士·穆勒一样，跟浪漫主义丝毫无缘；合乎科学始终是他的目的。他的经济学是英国古典经济学的一个结果，只把原动力改变了。古典经济学家们，无论自觉地或不自觉地，都着眼于谋求既同地主又同雇佣劳动者相对立的资本家的福利；相反，马克思开始代表雇佣劳动者的利益。1848年的《共产党宣言》表现出，他在青年时代怀着新革命运动所特有的炽烈热情，如同自由主义在弥尔顿时代曾有过的一样。然而他总是极希望讲求证据，从不信赖任何超科学的直观。

马克思把自己叫作唯物主义者，但不是十八世纪的那种唯物主义者。他在黑格尔哲学的影响下，把他那种唯物主义称作“辩证”唯物主义，这种唯物主义同传统的唯物主义有很重要的不同，倒比较近乎现在所说的工具主义。他说，旧唯物主义误把感觉作用看成是被动的，因而把活动基本上归之于客体。依马克思的意见，一切感觉作用或知觉作用都是主体与客体的交互作用；赤裸裸的客体，离开了知觉者的活动，只是原材料，这原材料在被认识到的过程中发生转变。被动的观照这种旧意义的认识是一个非现实的抽象概念；实际发生的过程是**处理**事物的过程。“人的思维是否具有客观的真理性，这并不是一个理论的问题，而是一个实践的问题”，他这样讲。“人应该在实践中证明自己思维的真理性，即自己思维的现实性和力量，……。关于离开实践的思维是
812 否具有现实性的争论，是一个纯粹**经院哲学的**问题。……哲学家们只是用不同的方式**解释**世界，而问题在于**改变**世界。”①

我想，我们可以把马克思的主张解释成指这个意思：哲学家们向来称作是追求认识的那种过程，并不像已往认为的那样，是客体恒定不变，而一切适应全在认识者一方面的过程。事实相反，主体与客体、认识者与被认识的事物，都是在不断的相互适应过程中。因为这过程永远不充分完结，他把它叫作“辩证的”过程。

否定英国经验主义者所理解的那种“感觉作用”有现实性，对于这个理论万分重要。实际发生的事情，当最接近于英国经验主义者所说的“感觉作用”的意思时，还是叫作“察知”比较好，因为

① 《关于费尔巴哈的十一条提纲》(*Eleven Theses on Feuerbach*)，1845。——作者注。引文见《路德维希·费尔巴哈和德国古典哲学的终结》单行本，人民出版社1972年版，第50页和第53页。——译者

这意味着能动性。实际上——马克思会如此主张——我们察知事物，只是作为那个关联着事物的行动过程的一部分察知的，任何不考虑行动的理论都是误人的抽象观念。

据我所知，马克思是第一个从这种能动主义观点批评了“真理”概念的哲学家。在他的著作中，并没有十分强调这个批评，所以这里我不准备更多谈，等到后面一章中再来考察这个理论。

马克思的历史哲学是黑格尔哲学和英国经济学的一个掺和体。他和黑格尔一样，认为世界是按照一个辩证法公式发展的，但是关于这种发展的原动力，他和黑格尔的意见完全不同。黑格尔相信有一个叫“精神”的神秘实体，使人类历史按照黑格尔的《逻辑学》中所讲的辩证法各阶段发展下去。为什么“精神”必须历经这些阶段，不得而知。人不禁要想，“精神”正努力去理解黑格尔的著作，在每个阶段把所读到的东西匆促地加以客观化。马克思的辩证法除了带有某种必然性而外完全不带这种性质。在马克思看来，推进力不是精神而是物质。然而，那是一种以上所谈的特别意义的物质，并不是原子论者讲的完全非人化的物质。这就是说，在马克思看来，推进力其实是人对物质的关系，其中最重要的部分是人的生产方式。这样，马克思的唯物论实际上成了经济学。

据马克思的意见，人类历史上任何时代的政治、宗教、哲学和艺术，都是那个时代的生产方式的结果，退一步讲也是分配方式 813
的结果。我想他不会主张，对文化的一切细节全可以这样讲，而是主张只对于文化的大体轮廓可以这样讲。这个学说称作“唯物史观”。这是一个非常重要的论点；特别说，它和哲学史家是有关系的。我个人并不原封不动地承认这个论点，但是我认为它里面包含有极重要的真理成分，而且我意识到这个论点对本书中叙述的我个人关于哲学发展的见解有了影响。首先，我们结合马克思的学说来论一论哲学史。

从主观方面讲，每一个哲学家都自以为在从事追求某种可称作“真理”的东西。哲学家们关于“真理”的定义尽可意见分歧，但是无论如何真理总是客观的东西，是在某种意义上人人应该承认的东西。假使谁认为**全部**哲学**仅仅**是不合理的偏见的表现，他便不会从事哲学的研究。然而一切哲学家会一致认为有不少其他哲学家一向受到了偏见的激使，为他们的许多见解持有一些他们通常不自觉的超乎理性以外的理由。马克思和其余人一样，相信自己的学说是真实的；他不认为它无非是十九世纪中叶一个性喜反抗的德国中产阶级犹太人特有的情绪的表现。关于对一种哲学的主观看法与客观看法的这种矛盾，我们能够说些什么话呢？

就大体上讲，我们可以说直到亚里士多德为止的希腊哲学表现城邦制所特有的思想情况；斯多葛哲学适合世界性的专制政治，经院哲学是教会组织的精神表现；从笛卡尔以来的哲学，或者至少说从洛克以来的哲学，有体现商业中产阶级的偏见的倾向；马克思主义和法西斯主义是近代工业国家所特有的哲学。我觉得，这一点既真实也很重要。不过，我认为马克思有两点是错误的。第一，必须加以考虑的社会情况有经济一面，同样也有政治一面；这些情况同权力有关，而财富只是权力的一个形式。第二，问题只要一成为细节上的和专门性的，社会因果关系大多不再适用。这两点反对意见中头一点，我在我写的《权力》（*Power*）一书

中已经讲过了,所以我不准备再谈。第二点和哲学史有比较密切 814
的关系,我打算就它的范围举一些实例。

先拿共相问题来说。讨论这个问题的最初是柏拉图,然后有亚里士多德、有经院哲学家、有英国经验主义者,还有最近代的逻辑学家。否认偏见对哲学家们关于这个问题的见解有了影响,是说不过去的。柏拉图受了巴门尼德和奥尔弗斯教的影响,他想要有一个永恒世界,无法相信时间流转有终极实在性。亚里士多德比较偏经验主义,毫不厌恶现实的平凡世界。近代的彻底经验主义者抱有一种和柏拉图的偏见正相反的偏见:他们想到超感觉的世界就觉得不愉快,情愿尽一切努力避免必得相信有这样的世界。但是这几种彼此对立的偏见是长久存在的,同社会制度只有比较远的关系。有人说爱好永恒事物是靠旁人的劳动为生的有闲阶级的本色。我看这未必正确。艾比克泰德和斯宾诺莎都不是有闲绅士。反之,也可以极力说,把天堂当成一个无所事事的场所的想法,是那些只求休息的疲累劳工的想法。这样的辩论能够无止境地进行下去,毫无结果。

另一方面,如果注意一下关于共相的争论的细节,便知道双方各能作出一些对方会承认为确实的论据。在这个问题上亚里士多德对柏拉图的某些批评,差不多已经普遍为人认可了。在最近,固然还没有得出决断,可是发展起来一个新的专门技术,解决了许多枝节问题。希望不太久以后,逻辑学家们在这个问题上可以达到明确的意见一致,这也不是不合理的。

再举第二个实例,我们来看本体论论证。如前所述,这个论证是安瑟勒姆首创的,托马斯·阿奎那否定它,笛卡尔承认它,康德驳斥它，黑格尔使它又复旧。我认为可以十分断然地讲，由于对“存在”概念进行分析的结果，现代逻辑已经证明了这个论证是不正确的。这不是个人气质的问题或社会制度的问题；而是一个纯粹专门性问题。驳倒这个论证当然并不构成认定其结论（即神
815 存在）不对的理由；假使构成这种理由，我们就无法设想托马斯·阿奎那当初会否定这个论证了。

或者，拿唯物主义这个问题来说。“唯物主义”是一个可以有许多意义的字眼；我们讲过马克思根本改变了它的含义。关于唯物主义究竟对或不对的激烈论争，从来主要是依靠避免下定义才得以持续不衰。这个名词一下出定义，我们就会知道，按照一些可能下的定义，唯物主义之不对是可以证明的；按照某些别的定义，便可能是对的，固然没有确切理由这样认为；而再按照另外一些定义，存在着若干支持它的理由，只不过这些理由并不确凿有力。这一切又是随专门性考虑而定，跟社会制度没有丝毫关系。

事情的真相其实颇简单。大家习惯上所说的“哲学”，是由两种极不同的要素组成的。一方面，有一些科学性的或逻辑性的问题；这些问题能够用一般人意见一致的方法处理。另一方面，又有一些为很多人热烈感兴趣，而在哪一方面都没有确实证据的问题。后一类问题中有一些是不可能超然对待的实际问题。在起了战争时，我必须支持本国，否则必定和朋友们及官方都发生痛苦的纠纷。向来有许多时期，在支持公认的宗教和反对公认的宗教之间是没有中间路线的。为了某种理由，我们全感到在纯粹理性不过问的许多问题上不可能维持怀疑的超然态度。按哲学一词的极普通的意义讲，一套“哲学”即这种超乎理性以外的诸决断

的一个有机总体。就这个意义的“哲学”来说，马克思的主张才算基本上正确。但是，甚至按这个意义讲，一套哲学也不单是由经济性的原因决定的，而且是由其他社会原因决定的。特别是战争在历史因果关系上参与作用；而战争中的胜利并不总归于经济资源最丰富的一方。

马克思把他的历史哲学纳入了黑格尔辩证法所提出的模子，但事实上只有一个三元组是他关心的：封建主义，以地主为代表；资本主义，以工业雇主为代表；社会主义，以雇佣劳动者为代表。黑格尔把民族看作是传递辩证的运动的媒介；马克思将民族换成了阶级。他一贯否认他选择社会主义或采取雇佣劳动者的立场 816
有任何道德上或人道主义上的理由；他断言，并不是说雇佣劳动者的立场从道德上讲比较好，而是说这个立场是辩证法在其彻底决定论的运动中所采取的立场。他本来满可以讲他并没有倡导社会主义，只是预言了社会主义。不过，这样讲不算完全正确。毫无疑问，他相信一切辩证的运动在某种非个人的意义上都是进步，而且他必定认为社会主义一旦建成，会比以往的封建主义或资本主义给人类带来更多的幸福。这些信念想必支配了他的一生，但是就他的著作来说，这些信念却大部分是隐而不露的。不过，有时候他也抛开冷静的预言，积极地激励反叛，在他写的所有的东西里面都隐含着他的那些貌似科学的预言的感情基础。

把马克思纯粹当一个哲学家来看，他有严重的缺点。他过于尚实际，过分全神贯注在他那个时代的问题上。他的眼界局限于我们的这个星球，在这个星球范围之内，又局限于人类。自从哥白尼以来已经很显然，人类并没有从前人类自许的那种宇宙重要地位。凡是没彻底领会这个事实的人，谁也无资格把自己的哲学称作科学的哲学。

和局限于地上事务这件事相伴随的是乐于信仰进步是一个普遍规律。这种态度是十九世纪的特色，在马克思方面和在他那个时代的其他人方面同样存在。只是由于信仰进步的必然性，所以马克思才认为能够免掉道德上的考虑。假如社会主义将要到来，那必是一种事态改进。他会毫不迟疑地承认，社会主义在地主或资本家看来不像是改进，但是这无非表示他们同时代的辩证运动不谐调罢了。马克思自称是个无神论者，却又保持了一种只能从有神论找到根据的宇宙乐观主义。

概括地说，马克思的哲学里由黑格尔得来的一切成分都是不科学的，意思是说没有任何理由认为这些成分是正确的。

马克思给他的社会主义加上的哲学外衣，也许和他的见解的基础实在没大关系。丝毫不提辩证法而把他的主张的最重要部
817 分改述一遍也很容易。他通过恩格斯和皇家委员会的报告，彻底了解到一百年前存在于英国的那种工业制度骇人听闻的残酷，这给他留下了深刻印象。他看出这种制度很可能要从自由竞争向独占发展，而它的不公平必定引起无产阶级的反抗运动。他认为，在彻底工业化的社会中，不走私人资本主义的道路，就只有走土地和资本国有的道路。这些主张不是哲学要谈的事情，所以我不打算讨论或是或非。问题是这些主张如果正确便足以证实他的学说体系里的实际重要之点。因而那一套黑格尔哲学的装饰满可以丢下倒有好处。

马克思向来的声名史很特殊。在他本国，他的学说产生了社

会民主党的纲领，这个党稳步地发展壮大，最后在 1912 年的普选中获得了投票总数的三分之一。第一次世界大战之后不久，社会民主党一度执政，魏玛共和国的首任总统艾伯特就是该党党员；但是到这时候社会民主党已经不再固守马克思主义正统了。同时，在俄国，狂热的马克思信徒取得了统治权。在西方，大的工人阶级运动历来没有一个是十足马克思主义的运动；已往英国工党有时似乎朝这个方向发展过，但是仍旧一直坚守一种经验主义式的社会主义。不过，在英国和美国，大批知识分子受到了马克思很深的影响。在德国，对他的学说的倡导全部被强行禁止了，但是等推翻纳粹之后[①]预计可以再复活。

现代的欧洲和美洲因而在政治上和意识形态上分成了三个阵营。有自由主义者，他们在可能范围内仍信奉洛克或边沁，但是对工业组织的需要作不同程度的适应。有马克思主义者，他们在俄国掌握着政府，而且在其他一些国家很可能越来越有势力。这两派意见从哲学上讲相差不算太远，两派都是理性主义的，两派在意图上都是科学的和经验主义的。但是从实际政治的观点来看，两派界线分明。在上一章引证的詹姆士·穆勒的那封讲 818
“他们的财产观显得真丑”的信里，这个界线已然表现出来。

可是，也必须承认，在某些点上马克思的理性主义是有限度的。虽然他认为他对发展的趋向的解释是正确的，将要被种种事件证实，他却相信这种议论只会打动那些在阶级利益上跟它一致的人的心（极少数例外不算）。他对说服劝导不抱什么希望，而希

① 作者执笔时是在 1943 年。

望从阶级斗争得到一切。因而，他在实践上陷入了强权政治，陷入了主宰阶级论，尽管不是主宰民族论。固然，由于社会革命的结果，阶级划分预计终究会消失，让位于政治上和经济上的完全谐和。然而这像基督复临一样，是一个渺远的理想；在达到这理想以前的期间，有斗争和独裁，而且强要思想意识正统化。

在政治上以纳粹党和法西斯党为代表的第三派现代见解，从哲学上讲同其他两派的差异比那两派彼此的差异深得多。这派是反理性的、反科学的。它的哲学祖先是卢梭、费希特和尼采。这一派强调意志，特别是强调权力意志；认为权力意志主要集中在某些民族和个人身上，那些民族和个人因此便有统治的权利。

直到卢梭时代为止，哲学界是有某种统一的。这种统一暂时消失了，但也许不会长久消失。从理性主义上重新战胜人心，能够使这种统一恢复，但是用其他任何方法都无济于事，因为对支配权的要求只会酿成纷争。

819

第二十八章 柏格森

I

昂利·柏格森(Henri Bergson)是20世纪最重要的法国哲学家。他影响了威廉·詹姆士和怀特海，而且对法国思想也有相当大的影响。索莱尔是一个工团主义的热烈倡导者，写过一本叫《关于暴力之我见》(*Reflection on Violence*)的书，他利用柏格森哲学的非理性主义为没有明确目标的革命劳工运动找根据。不过，到最后索莱尔离弃了工团主义，成为君主论者。柏格森哲学的主要影响是保守方面的，这种哲学和那个终于发展到维希政府的运动顺利地取得了协调。但是柏格森的非理性主义广泛引起了人们完全与政治无关的兴趣，例如引起了萧伯纳的兴趣，他的《千岁人》(*Back to Methuselah*)就是纯粹柏格森主义。丢开政治不谈，我们必须考察的是它的纯哲学一面。我把柏格森的非理性主义讲得比较详细，因为它是对理性反抗的一个极好的实例，这种反抗始于卢梭，一直在世人的生活和思想里逐渐支配了越来越广大的领域。①

给各派哲学进行分类，通常或者是按方法来分，或者是按结果来分："经验主义的"哲学和"先验的"哲学是按照方法的分类，"实在论的"哲学和"观念论的"哲学是按照结果的分类。可是，如果打算用这两种分类法里任何一种给柏格森的哲学加以分类，看来难得有好结果，因为他的哲学贯通了所有公认的门类界线。

但是另外还有一个给各派哲学分类的方法，不那么精确，然而对于非哲学界的人也许比较有用；这个方法中的划分原则是按照促使哲学家作哲学思考的主要欲望来分。这样就会分出来由爱好幸福而产生的感情哲学、由爱好知识而产生的理论哲学和由爱好行动而产生的实践哲学。

感情哲学中包含一切基本上是乐观主义的或悲观主义的哲

① 本章的下余部分大体上是重印发表在1912年《一元论者》(*The Monist*)上的一篇文章。

820 学，一切提出拯救方案或企图证明不可能有拯救的哲学；宗教哲学大多都属于这一类。理论哲学中包含大多数的大体系；因为虽然知识欲是罕见的，却向来是哲学里大部分精华的源泉。另一方面，实践哲学就是那些哲学：把行动看成最高的善、认为幸福是效果而知识仅仅是完成有效活动的手段。假使哲学家们是一些平常人，这种类型的哲学在西欧人中间本来应该很普遍；事实上，直到最近为止这种哲学一向不多见；实际这种哲学的主要代表人物就是实用主义者和柏格森。从这种类型的哲学的兴起，我们可以像柏格森本人那样，看出现代实行家对希腊的威信的反抗，特别是对柏拉图的威信的反抗；或者，我们可以把这件事同帝国主义及汽车联系起来，席勒博士显然是会这样做的。现代世界需要这样的哲学，因此它所取得的成功不是意料不到的。

柏格森的哲学和已往大多数哲学体系不同，是二元论的：在他看来，世界分成两个根本相异的部分，一方面是生命，另一方面是物质，或者不如说是被理智看成物质的某种无自动力的东西。整个宇宙是两种反向的运动即向上攀登的生命和往下降落的物质的冲突矛盾。生命是自从世界开端便一举而产生的一大力量、一个巨大的活力冲动，它遇到物质的阻碍，奋力在物质中间打开一条道路，逐渐学会通过组织化来利用物质；它像街头拐角处的风一样，被自己遭遇的障碍物分成方向不同的潮流；正是由于作出物质强要它作的适应，它一部分被物质制服了；然而它总是保持着自由活动能力，总是奋力要找到新的出路，总是在一些对立的物质障壁中间寻求更大的运动自由。

进化基本上不是用适应环境可以说明的；适应只能说明进化

的迂回曲折，那就好比是一条经过丘陵地通往城镇的道路的迂
曲。但是这个比喻并不十分适当；在进化所走的道路的尽头没有
城镇，没有明确的目标。机械论和目的论有同样的缺点：都以为 821
世界上没有根本新的事物。机械论把未来看成蕴涵在过去当中，
而目的论既然认为要达到的目的是事先能够知道的，所以否定结
果中包含着任何根本新的事物。

柏格森虽然对目的论比对机械论要同情，他的见解跟这两种见解都相反，他主张进化如同艺术家的作品，是真正**创造性的**。一种行动冲动、一种不明确的要求是预先存在的，但是直到该要求得到满足时为止，不可能知道那个会满足要求的事物的性质。例如，我们不妨假定无视觉的动物有某种想在接触到物体之前能够知晓物体的模糊的欲望。由此产生的种种努力最后的结果是创造了眼睛。视觉满足了该欲望，然而视觉是事先不能想象的。因为这个道理，进化是无法预断的，决定论驳不倒自由意志的提倡者。

柏格森叙述了地球上生物的实际发展来填充这个大纲。生命潮流的初次划分是分成植物和动物；植物的目的是要在储藏库里蓄积能力，动物的目的在于利用能力来做猛然的快速运动。但是在后期阶段，动物中间出现了一种新的两歧化：**本能**与**理智**多少有些分离开了。两者绝不彼此完全独自存在，但是概言之理智是人类的不幸，而本能的最佳状态则见于蚂蚁、蜜蜂和柏格森。理智与本能的划分在他的哲学中至关重要，他的哲学有一大部分像是散弗德与默顿，本能是好孩子，理智是坏孩子。

本能的最佳状态称作**直觉**。他说，“我所说的**直觉**是指那种

已经成为无私的、自意识的、能够静思自己的对象并能将该对象无限制扩大的本能”。他对理智的活动的讲法并不总是容易领会的，但是如果我们想要理解柏格森的哲学，必须尽最大努力把它弄懂。

智力或理智，“当离开自然的双手时，就以无机固体作为它的主要对象”；它只能对不连续而不能运动的东西形成清晰观念；它的诸概念和空间里的物体一样，是彼此外在的，而且有同样的稳定性。理智在空间方面起分离作用，在时间方面起固定作用；它不是来思考进化的，而是把**生成**表现为一连串的状态。“理智的特征是天生来没有能力理解生命”；几何学与逻辑学是理智的典型产物，严格适用于固体，但是在其他场合，推理必须经过常识的
822 核验。而常识，柏格森说得对，是和推理大不相同的事。看来仿佛是，固体是精神特意创造出来、以便把理智应用于其上的东西，正像精神创造了棋盘好在上面下棋一样。据他说，理智的起源和物质物体的起源是彼此相关的；两者都是通过交互适应而发展起来的。“必定是同一过程从一种包含着物质和理智的素材中同时把二者割离了出来”。

这种物质和理智同时成长的想法很巧妙，有了解的价值。我以为，大体上说所指的意思是这样：理智是看出各个物件彼此分离的能力，而物质就是分离成不同物件的那种东西。实际上，并没有分离的固态物件，只有一个不尽的生成之流，在这个生成之流中，无物生成，而且这个无物所生成的物也是无有的。但是生成可能是向上运动也可能是向下运动：如果是向上运动，叫作生命，如果是向下运动，就是被理智误认为的所谓物质。我设想宇

宙呈圆锥形,"绝对"位于顶点处,因为向上运动使事物合在一起,而向下运动则把事物分离开,或者至少说好像把事物分离开。为了使精神的向上运动能够在纷纷落到精神上的降落物体的向下运动当中穿过,精神必须会在各降落物体之间开辟路径;因而,智力形成时便出现了轮廓和路径,原始的流注被切割成分离的物体。理智不妨比作是一个在餐桌上切分肉的人,但是它有一个特性就是想象鸡自来就是用切肉刀把鸡切成的散块。

柏格森说,"理智的活动状况总是好像它被观照无自动力的物质这件事迷惑住似的。理智是生命向外观望、把自身放在自身之外、为了事实上支配无组织的自然的做法,在原则上采取这种做法"。假如在借以说明柏格森哲学的许多比喻说法之外可以容许我们再添上一个比喻说法,不妨说宇宙是一条巨大的登山铁道,生命是向上开行的列车,物质是向下开行的列车。理智就是当下降列车从我们乘坐的上升列车旁经过时我们注视下降列车。把注意力集中在我们自己的列车上的那种显然较高尚的能力是
本能或直觉。从一个列车跳到另一个列车上也是可能的;当我们 823
成为自动习惯的牺牲者时便发生这种事,这是喜剧要素的本质。或者,我们能够把自己分成两部分,一部分上升,一部分下降;那么只有下降的部分是喜剧性的。但理智本身并不是下降运动,仅是上升运动对下降运动的观察。

按照柏格森的意见,使事物分离的理智是一种幻梦;我们的整个生命本应该是能动的,理智却不是**能动的**,而纯粹是观照的。他说,我们做梦时,我们的自我分散开,我们的过去破裂成断片,实际彼此渗透着的事物被看作是一些分离的固体单元:超空间者

退化成空间性，所谓空间性无非是分离性。因之，全部理智既然起分离作用，都有几何学的倾向；而讨论彼此完全外在的概念的逻辑学，实在是按照物质性的指引从几何学产生的结果。在演绎和归纳的背后都需要有空间直觉；“在终点有空间性的那个运动，沿着自己的途程不仅设置了演绎能力，而且设置了归纳能力，实际上，设置了整个理智能力”。这个运动在精神中创造出以上各种能力，又创造出理智在精神中所见到的事物秩序。因而，逻辑学和数学不代表积极的精神努力，仅代表一种意志中止、精神不再有能动性的梦游症。因此，不具备数学能力是美质的标记——所幸这是一种极常见的标记。

正像理智和空间关联在一起，同样本能或直觉和时间关联在一起。柏格森和大多数著述家不同，他把时间和空间看得极为相异，这是柏格森哲学的一个显著特色。物质的特征——空间，是由于分割流注而产生的，这种分割实在是错觉，虽然在某个限度内在实践上有用处，但是在理论上十分误人。反之，时间是生命或精神的根本特征。他说：“凡是有什么东西生存的地方，就存在正把时间记下来的记录器，暴露在某处。”但是这里所说的时间不是数学时间，即不是相互外在的诸瞬间的均匀集合体。据柏格森说，数学时间实在是空间的一个形式；对于生命万分重要的时间是他所谓的绵延。这个绵延概念在他的哲学里是个基本概念；他的最早期著作《时间与自由意志》(*Time and Free Will*)中已经出现了这个概念，我们如果想对他的学说体系有所了解，必须懂得
824 它。不过，这却是一个非常难懂的概念。我个人并不十分理解，所以虽然这个概念毫无疑问有解释清楚的价值，我可无法希望解

释得那么清楚。

据他说，"纯粹绵延是，当我们的自我让自己生存的时候，即当自我制止把它的现在状态和以前各状态分离开的时候，我们的意识状态所采取的形式"。纯粹绵延把过去和现在做成一个有机整体，其中存在着相互渗透，存在着无区分的继起。"在我们的自我之内，有不带相互外在性的继起；在自我之外，即在纯粹空间内，有不带继起的相互外在性"。

"有关主体与客体的问题，有关两者区分与合一的问题，应当不从空间的角度，而从时间的角度来提"。我们在其中看见自己行动的那个绵延里面，有一些不相连的要素；但是在我们在其中行动的那个绵延里面，我们的各个状态彼此融合起来。纯粹绵延是最远离外在性而且与外在性最不渗透的东西，在这个绵延里，过去为完全新的现在所充满。但这时我们的意志紧张到极点；我们必须拾集起正待滑脱的过去，把它不加分割地整个插到现在里面。在这样的瞬间，我们真正占有了自己，但是这样的瞬间是少有的。绵延正是实在的素材本身，实在就是永远的生成，绝不是某种已经做成的东西。

绵延尤其是在记忆中表现出来，因为在记忆中过去残留于现在。因而，记忆论在柏格森的哲学里便非常重要了。《物质与记忆》(*Matter and Memory*)一书想要说明精神和物质的关系；因为记忆"正是精神和物质的交叉"，通过对记忆进行分析，书中断言精神和物质都是实在的。

他说，有两种根本不同的事通常都叫作记忆；这两者的区别是柏格森十分强调的。他说："过去在两种判然有别的形式下残

留下来：第一，以运动机制的形式；第二，以独立回忆的形式”。例
如，一个人如果能背诵一首诗，也就是说，如果他获得了使他能够
重复一个以前的行动的某种习惯或机制，就说他记得这首诗。但
是，至少从理论上讲，他满能够丝毫不回想以前他读这首诗的那
些时机而重复这首诗；因而，这类记忆里不包含既往事件的意识。
825 只有第二种记忆才真称得上记忆，这种记忆表现在他对读那首诗
的各次时机的回忆中，而各次时机每一次都是独特的，并且带有
年月日期。他认为，在这种场合谈不到习惯问题，因为每个事件
只发生过一次，必须直接留下印象。他指出，从某种意义上讲，我
们所遭到的一切事情都被记住，但是通常只有有用的东西进入了
意识。据他主张，表面上的记忆缺陷并不真的是记忆的精神要素
的缺陷，而是化记忆为行动的运动机制的缺陷。他又讨论了脑生
理学和记忆丧失症的事实来证明这种看法，据认为由此得出的结
果是，真记忆不是脑髓的功能。过去必须由物质来行动，由精神
来想象。记忆并不是物质的发散；的确，假如我们说的物质是指
具体知觉中所把握的那种物质，因为具体知觉总是占据一定的绵
延，说物质是记忆的发散倒还比较接近真实。

“从原则上讲，记忆必定是一种绝对不依赖于物质的能力。那么，假如精神是一种实在，正是在这个场合，即在记忆现象中，我们可以从实验上接触到它”。

柏格森把纯粹知觉的位置放在和纯粹记忆相反的另一端，关于纯粹知觉，他采取一种超实在论的立场。他说：“在纯粹知觉中，我们实际上被安置在自身以外，我们在直接的直觉中接触到对象的实在性”。他把知觉和知觉的对象完全看成是同一的，以

致他几乎根本不肯把知觉称作精神的事。他说:“纯粹知觉为精神的最低一级——无记忆的精神,它实在是我们所理解的那种物质的一部分。”纯粹知觉是由正在开始的行动构成的,其现实性就在于共能动性。就是这样脑髓才和知觉有了关系,因为脑髓并不是行动的手段。脑髓的功能是把我们的精神生活限制在实际有用的事情上。据推测,若是没有脑髓,一切事物都会被知觉到,但是实际上我们只知觉引起我们关心的事物。“肉体总是转向行动方面,它具有的根本功能即为了行动而限制精神的生活”。其实,脑髓是进行选择的手段。

现在需要回过来讲同理智相对的本能或直觉这个主题。有必要先说一说绵延和记忆,因为柏格森对直觉的论述是以他的绵延和记忆的理论为前提的。以现下存在的人类来说,直觉是理智的边缘或半影:它是因为在行动中不及理智有用而被强行排出中 826
心的,但是直觉自有更奥妙的用途,因此最好再恢复它的较显要的地位。柏格森想要使理智“向内转向自身,唤醒至今还在它内部酣睡着的直觉的潜力”。他把本能和理智的关系比作是视觉和触觉的关系。据他说,理智不会给人关于远隔的事物的知识;确实,科学的功能据他说是从触觉的观点来解释一切知觉。

他说:“只有本能是远隔的知识。它同智力的关系和视觉同触觉的关系是一样的。”我们可以顺便说到,柏格森在许多段文字里表现出是一个视觉化想象力很强的人,他的思考总是通过视觉心象进行的。

直觉的根本特征是,它不像理智那样把世界分成分离的事物;虽然柏格森并没有使用“综合的”和“分析的”这两个词,我们也不妨把直觉说成不是分析的而是综合的。它领会的是多样性，然而是一种相互渗透的诸过程的多样性，而不是从空间上讲外在的诸物体的多样性。其实，**事物**是不存在的："事物和状态无非是我们的精神对生成所持的看法。没有事物，只有行动"。这种宇宙观虽然在理智看来难懂而不自然，对直觉来说是易解而又自然的。记忆可以当作说明这些话的意义的一个实例，因为在记忆中过去存活到现在里面，并且渗透到现在里面。离开了精神，世界就会不断在死去又复生；过去就会没有实在性，因此就会不存在过去。使得过去和未来实在的、从而创造真绵延和真时间的，是记忆及其相关的欲望。只有直觉能够理解过去与未来的这种融合，在理智看来，过去与未来始终是相互外在的，仿佛是在空间上相互外在的。在直觉指导之下，我们理解到"形式不过是对于变迁的一个瞬时看法"，而哲学家"会看见物质世界重又融合成单一的流转"。

和直觉的优点有密切关联的是柏格森的自由说以及他对行动的颂扬。他说，"实际上，生物就是行动的中心。一个生物代表进入世界的偶然性的某个总和，也就是说，某个数量的可能行动"。否定自由意志的议论一部分要依靠假定精神状态的强度是
827 一个至少在理论上可以测量其数值的**量**；柏格森在《时间与自由意志》第一章中企图反驳这种看法。据他说，从一部分上讲，决定论者依靠真绵延与数学时间的混同；柏格森把数学时间看成实在是空间的一种形式。此外，从另一部分上讲，决定论者把自己的主张放在一个没有保证的假定上，即如果脑髓的状态已定，精神的状态在理论上便确定了。柏格森倒愿意承认相反说法是对的，

那就是说，精神的状态已定时脑髓的状态便确定，但是他把精神看得比脑髓更分化，所以他认为精神的许多不同状态可以相应于脑髓的一个状态。他断定真自由是可能有的："当我们的种种行动发自我们的全人格时，当这些行动表现全人格时，当它们和全人格有那种在艺术家与其作品之间不时见得到的难以名状的类似时，我们是自由的。"

在以上的概述中，我基本上尽力只讲柏格森的各种见解，而不提他为了支持这些见解而举出的理由。对于柏格森比对于大多数哲学家容易做到这一点，因为通常他并不给自己的意见提出理由，而是依赖这些意见固有的魅力和一手极好的文笔的动人力量。他像做广告的人一样，依赖鲜明生动、变化多端的说法，依赖对许多隐晦事实的表面解释。尤其是类推和比喻，在他向读者介绍他的意见时所用的整个方法中占很大一部分。他的著作中见得到的生命比喻的数目，超过我所知的任何诗人的作品中的数目。他说，生命像是一个这样的炮弹：它炸成碎片，各碎片又是一些炮弹。生命像是一个束。最初，它"尤其像草木的绿色部分进行积蓄那样，是一种在贮水池中进行积蓄的倾向"。但是，这个贮水池里要灌满喷发着蒸汽的沸水；"注流必定不断地喷涌出来，每一股注流落回去是一个世界"。他又说，"生命在其整体上显出是一个巨波，由一个中心起始向外铺展，并且几乎在它的全部周边上被阻止住，转化成振荡：只在一点上障碍被克服了，冲击力自由地通过了"。其次，又把生命比作骑兵突击，这是比喻的最高潮。"一切有机物，从最下等的到最高级的，从生命的最初起源到我们 828
所处的时期，而且在一切地点和一切时代，无不证明了一个冲击，那是物质的运动的反面,本身是不可分割的。一切活的东西都结合在一起,一切都被同一个巨大的推进力推动。动物占据植物的上位,人类跨越过动物界,在空间和时间里,人类全体是一支庞大的军队,在我们每个人的前后左右纵马奔驰,这个排山倒海的突击能够打倒一切阻力、扫除许多障碍,甚至也许能够突破死亡”。

但是,对这场使人类位于动物界之上的突击,一个感觉自己仅是旁观者、也许仅是不同情的旁观者的冷静评论家,会觉得沉着细心的思考同这种演习是很难相容的。他一听人对他讲,思考不过是行动的一个手段,不过是避开战场上的障碍物的冲动,他会感觉这样的见解和骑兵军官是相称的,和哲学家却不相称,因为哲学家到底是以思考为本务的:他会感觉在猛烈运动的激情与喧嚣当中,理性奏出的微弱音乐没有容留余地,没有闲暇作公平的沉思,在这种沉思中,不是通过骚乱而是通过反映出来的宇宙之大来追求伟大。那么,他也许不禁要问,到底是否有什么理由承认这样一个动乱不定的宇宙观呢。假若我想得不错,如果他问这个问题,他会发觉,无论在宇宙中或在柏格森先生的著作中,都没有承认这种宇宙观的任何理由。

II

柏格森的哲学并不只是一种富于想象的诗意的宇宙观,就这一点而言,柏格森哲学的两个基础是他的空间论与时间论。他的空间论对于他指责理智来说是必需的,如果他对理智的指责失败了,理智对他的指责就会成功,因为这两者之间是一场无情的苦斗。他的时间论对于他证明自由来说是必要的，对于他逃开威廉·詹姆士所谓的“闭锁宇宙”来说是必要的，对于他所讲的其中不存在任何流动事物的永久流转之说是必要的，对于有关精神与物质的关系他的全部讲法是必要的。所以在评论他的哲学时，宜于把注意力集中在这两个学说上。如果这两个学说是对的，任何哲学家也难免的那种细小错误和矛盾倒没有很大关系；而如果这两个学说不对，剩下的就只有应当不从理智根据而从审美根据来 829
评判的富于想象的叙事诗了。因为二者当中空间论比较简单，我先从它谈起。

柏格森的空间论在他的《时间与自由意志》中有详尽明白的叙述，所以属于他的哲学的最早期部分。在第一章中，他主张**较大**和**较小**暗含着空间的意思，因为他把较大者看成根本是**包含**较小者的东西。他没有提出支持这种看法的任何理由，无论是好的理由或是坏的理由；他仅仅像是在运用明白的 reductio ad absurdum(归谬证法)似地高叫：“仿佛什么在既没有多样性也没有空间的场合下仍旧可以谈大小似的！”一些明显的相反事例，类如快乐与痛苦，给他造成很大困难，然而他从不怀疑也从不再审查一下他由之出发的定论。

在下一章里，关于数他主张相同的论点。他说：“只要我们一想要想象**数**，而不仅是想象数码或数目词，我们便不得不求助于有广延的心象”，而且“关于数的每一个清晰的观念都暗含着空间的视觉心象”。这两句话足以表明柏格森并不懂得数是什么，他自己对于数就没有清晰观念，这一点我打算在下面加以证明。他的以下的定义也表明这一点：“数可以一般地定义成单元集团，或者更确切地说，定义成一与多的综合。”

在讨论这些说法时，我不得不请读者暂时忍耐一下，去注意一些初看也许显得迂腐气，而其实极为重要的区别。有三件完全不同的东西，柏格森在上面的话里弄混了，即：(1)数——适用于种种个别数目的一般概念；(2)种种个别的数；(3)种种个别的数对之适用的种种集团。柏格森讲数是单元集团，他所定义的是最后这一项。十二使徒、以色列的十二支族、十二月份、黄道十二宫，都是单元集团，然而其中哪一个也不是“十二”这个数，更不是按上述定义应当是的一般的数。显然，“十二”这个数是所有这些集团共有的，但不和其他集团如十一人板球队共有的东西。因此，“十二”这个数既不是由十二项事物而成的一个集团，也不是
830 一切集团共有的东西；而一般的数则是“十二”或“十一”或其他任何数的一种性质，却不是有十二项事物或十一项事物的各种集团的性质。

因此，当我们按照柏格森的意见，“求助于有广延的心象”，去想象譬如说掷出对六骰子得到的那种十二个圆点时，我们仍没有得到“十二”这个数的心象。其实，“十二”这个数是比任何心象都要抽象的东西。在我们谈得上对“十二”这个数有所了解之前，我们必须先知道由十二个单元而成的不同集团的共通点，而这一点因为是抽象的，所以是无法在心中描绘的事。柏格森无非是仗着把某个特定集团和它的项数混淆起来，又把这个数和一般的数混淆起来，才得以使他的数的理论显得似乎有道理。

这种混淆和下述情况是一样的。假使我们把某个特定青年和青年期混淆起来，把青年期又和“人生的时期”这个一般概念混

淆起来，然后主张，因为青年有两条腿，青年期必定有两条腿，“人生的时期”这个一般概念必定有两条腿。这种混淆关系重大，因为只要一看出这种混淆，便明白所谓数或个别的数能在空间中描绘其心象的理论是站不住脚的。这不仅否定了柏格森的关于数的理论，而且否定了他的一个更为一般的理论，即一切抽象观念和一切逻辑都是由空间得出的。

但是，撇开数的问题不谈，我们要承认柏格森所讲的分离的诸单元的一切多元性都暗含着空间这个主张吗？他考察了和这个看法似乎矛盾的事例当中若干事例，例如接连继起的声音。他说，我们听见街上某个行人的脚步声时，我们心中悬想他的相继位置，我们听见钟声时，我们或者想象那个钟前后摇荡，或者把相继的声音在理想空间中排列起来。但是，这些话仅仅是一个好作视觉想象的人的自传式述怀，说明了我们前面所讲的话，即柏格森的见解有赖于他的视觉的优势。把时钟的打点声在想象的空间中排列起来的逻辑必然性是没有的，据我想，大多数人完全不用空间辅助手段来数时钟响声。然而柏格森却没有为必要有空间这个见解申述任何理由。他假定这是显然的，然后立即把这个见解用到时间上。他说，在似乎存在着一些彼此外在的不同时间 831
的场合，各时间被想象为在空间中铺散开；在类如由记忆产生的真时间中，不同的时间彼此渗透，因为它们不是分离的，所以无法来数。

现在他就以为一切分离性暗含着空间这个见解算是确定了，并且按演绎方式利用它来证明，只要显然存在有分离性，便暗含着空间；不管作这种猜想的其他理由多么少。例如，抽象观念显然是彼此排斥的:白和黑不同,健康和生病不同,贤和愚不同。因此,一切抽象观念都暗含着空间;所以使用抽象观念的逻辑学是几何学的一个分支,理智全部依赖于把事物想象成并排在空间中这样一个他假想的习惯。这个结论是柏格森对理智的全部指责的依据,就我们发现得到的情况而论,它完全基于误把一种个人特异性癖当成思维的必然性,我说的特异性癖是指在心中把前后继起描绘成扩散在一条线上。关于数的实例表明,假使柏格森的意见是对的,我们就绝不能获得被认为这样饱含着空间的抽象观念了;反过来讲,我们能够理解(与作为抽象观念的实例的个别事物相对的)抽象观念这一事实似乎就足以证明,他把理智看成饱含着空间是错误的。

像柏格森的哲学这样一种反理智哲学的一个恶果是,这种哲学靠着理智的错误和混乱发展壮大。因此,这种哲学便宁可喜欢坏思考而不喜欢好思考,断言一切暂时困难都是不可解决的,而把一切愚蠢的错误都看作显示理智的破产和直觉的胜利。柏格森的著作中有许多提及数学和科学的话,这些话在粗心的读者看来也许觉得大大巩固了他的哲学。关于科学,特别是关于生物学和生理学,我没有充分资格批评他的各种解释。但是关于数学方面,他在解释中故意采取了传统谬见而不采取近八十年来在数学家中间流行的比较新式的见解。在这个问题上,他效法了大多数哲学家的榜样。在十八世纪和十九世纪初期,微积分学作为一种方法虽然已经十分发达,但是关于它的基础,它是靠许多谬误和大量混乱思想来支持的。黑格尔和他的门徒抓住这些谬误和混
832 乱以为根据,企图证明全部数学是自相矛盾的。由此黑格尔对这

些问题的讲法便传入了哲学家的流行思想中，当数学家把哲学家所依赖的一切困难点都排除掉之后很久，黑格尔的讲法在哲学家的流行思想中依然存在。只要哲学家的主要目的是说明靠耐心和详细思考什么知识也得不到，而我们反倒应该以“理性”为名(如果我们是黑格尔主义者)，或以“直觉”为名(如果我们是柏格森主义者)，去崇拜无知者的偏见——那么数学家为了除掉黑格尔从中得到好处的那些谬误而做的工作，哲学家就会故意对之保持无知。

除了我们已经谈的数的问题以外，柏格森接触到数学的主要一点是，他否定他所谓的对世界的“电影式的”描述。在数学中，把变化，甚至把连续变化理解为由一连串的状态构成；反之，柏格森主张任何一连串的状态都不能代表连续的东西，事物在变化当中根本不处于任何状态。他把认为变化是由一连串变化中的状态构成的这种见解称作电影式的见解；他说，这种见解是理智特有的见解，然而根本是有害的。真变化只能由真绵延来解释；真绵延暗含着过去和现在的相互渗透，而不意味着各静止状态所成的一个数学的继起。这就是他所说的非“静的”而是“动的”宇宙观。这个问题很重要，尽管困难我们也不能不管。

柏格森的立场可以拿芝诺关于箭的议论来说明，在对他的批评方面我们要讲的话由此也可以得到恰当说明。芝诺议论，因为箭在每一瞬间无非是在它所在的地方，所以箭在飞行当中总是静止的。初看来，这个议论可能不像是十分有力的议论。当然，人会这样讲：箭在一个瞬间是在它所在的地方，但在另一个瞬间是在另外的地方，这正是所谓的运动。的确，如果我们一定要假定运动也是不连续的，由运动的连续性便产生某些困难之点。如此得出的这些难点，长期以来一直是哲学家的老行当的一部分。但是，如果我们像数学家那样，避开运动也是不连续的这个假定，就不会陷入哲学家的困难。假若一部电影中有无限多张影片，而且
833 因为任何两张影片中间都夹有无限多张影片，所以这部电影中绝不存在相邻的影片，这样一部电影会充分代表连续运动。那么，芝诺的议论的说服力到底在哪里呢？

芝诺属于爱利亚学派，这个学派的目标是要证明所谓变化这种事情是不会有的。对世界应采取的自然看法是：存在着发生变化的物件；例如，存在着一支时而在此，时而在彼的箭。哲学家们把这个看法对分，发展出来两种悖论。爱利亚派的人讲，有物件而没有变化；赫拉克利特和柏格森讲，有变化而没有物件。爱利亚派的人说有箭，但是没有飞行；赫拉克利特和柏格森说有飞行，但是没有箭。双方各反驳对方，来进行辩论。“静”派的人讲，说没有箭是多么可笑！“动”派的人讲，说没有飞行是多么可笑！那位站在中间主张也有箭也有飞行的不幸者，被参与辩论的人认成是否定二者；他于是就像圣西巴斯蒂安一样，一侧被箭刺穿，另一侧被箭的飞行刺穿。但是我们仍然没有发现芝诺的议论的说服力何在。

芝诺暗中假定了柏格森的变化论的要义。那就是说，他假定当物件在连续变化的过程中时，即便那只是位置的变化，在该物件中也必定有某种内在的变化状态。该物件在每一瞬间必定和它在不变化的情况下有本质的不同。他然后指出，箭在每一瞬间无非是在它所在的地方，正像它静止不动的情况一样。因此他断

定，所谓运动状态是不会有的，而他又坚持运动状态是运动所不可少的这种见解，于是他推断不会有运动，箭始终是静止的。

所以，芝诺的议论虽然没有触及变化的数学解释，初看之下倒像驳斥了一个同柏格森的变化观不无相似的变化观。那么，柏格森怎样来对答芝诺的议论呢？他根本否认箭曾在某个地方，这样来对答。在叙述了芝诺的议论之后，他回答道："如果我们假定箭能够在它的路径的某一点上，芝诺就说得对。而且，假如那支运动着的箭同某个不动的位置重合过，他也说得对。但是那支箭从来不在它的路径的任何一点上。"对芝诺的这个答复，或者关于 834
阿基里兹与龟①的一个极类似的答复，在他写的三部书中都讲了。柏格森的见解坦白说是悖论的见解；至于它是不是讲得通，这个问题要求我们讨论一下他的绵延观。他支持绵延观的唯一理由就是讲变化的数学观"暗含着一个荒谬主张，即运动是由不动性做成的"。但是这种看法表面上的荒谬只是由于他叙述时用的词句形式，只要我们一领会到运动意味着"关系"，这种荒谬就没有了。例如，友谊是由做朋友的人们做成的，并不是由若干个友谊做成的；家系是由人做成的，并不是由一些家系做成的。同样，运动是由运动着的东西做成的，并不是由一些运动做成的。运动表示如下事实：物件在不同时间可以在不同地点，无论时间多么接近，所在地点仍可以不同。所以，柏格森反对运动的数学观的议论，说到底化成为无非一种字眼游戏。有了这个结论，我们可以

① 芝诺的另一个悖论，内容是说希腊神话中的善跑者阿基里兹（Achilles）的出发点如果在一只乌龟的出发点后面，他将永远追不上那只乌龟。——译者

进而评论他的绵延说。

柏格森的绵延说和他的记忆理论有密切关联。按照这种理论，记住的事物残留在记忆中，从而和现在的事物渗透在一起：过去和现在并非相互外在的，而是在意识的整体中融混起来。他说，构成为存在的是行动；但是数学时间只是一个被动的受容器，它什么也不做，因此什么也不是。他讲，过去即不再行动者，而现在即正在行动者。但是在这句话中，其实在他对绵延的全部讲法中都一样，柏格森不自觉地假定了普通的数学时间；离了数学时间，他的话是无意义的。说“过去根本是**不再行动者**”（他原加的重点），除了指过去就是其行动已过去者而外还指什么意思呢？“不再”一语是表现过去的话；对一个不具有把过去当作现在以外的某种东西这个普通过去概念的人来说，这话是没有意义的。因此，他的定义前后循环。他所说的实际上等于“过去就是其行动在过去者”。作为一个定义而论，不能认为这是一个得意杰作。
835 同样的道理也适用于现在。据他讲，现在即“**正在行动者**”（他原加的重点）。但是“正在”二字恰恰引入了要下定义的那个现在观念。现在是和**曾在**行动或**将在**行动者相对的**正在**行动者。那就是说，现在即其行动不在过去、不在未来而在现在者。这个定义又是前后循环的。同页上前面的一段话可以进一步说明这种谬误。他说：“构成为我们的纯粹知觉者，就是我们的方开始的行动……我们的知觉的**现实性**因而在于知觉的**能动性**，在于延长知觉的那些运动，而不在于知觉的较大的强度：过去只是观念，现在是观念运动性的。”由这段话看来十分清楚：柏格森谈到过去，他所指的并不是过去，而是我们现在对过去的记忆。过去当它存在的时候和现在在目前同样有能动性；假使柏格森的讲法是正确的，现时刻就应该是全部世界历史上包含着能动性的唯一时刻了。在从前的时候，曾有过一些其他知觉，在当时和我们现在的知觉同样有能动性、同样现实；过去在当时绝不仅仅是观念，按内在性质来讲同现在在目前是一样的东西。可是，这个实在的过去柏格森完全忘了；他所说的是关于过去的现在观念。实在的过去因为不是现在的一部分，所以不和现在融混；然而那却是一种大不相同的东西。

柏格森的关于绵延和时间的全部理论，从头到尾以一个基本混淆为依据，即把“回想”这样一个现在事件同所回想的过去事件混淆起来。若不是因为我们对时间非常熟悉，那么他企图把过去当作不再活动的东西来推出过去，这种做法中包含的恶性循环会立刻一目了然。实际上，柏格森叙述的是知觉与回想——两者都是现在的事实——的差异，而他以为自己所叙述的是现在与过去的差异。只要一认识到这种混淆，便明白他的时间理论简直是一个把时间完全略掉的理论。

现在的记忆行为和所记忆的过去事件的混淆，似乎是柏格森的时间论的底蕴，这是一个更普遍的混淆的一例；假如我所见不差，这个普遍的混淆败坏了他的许多思想，实际上败坏了大部分近代哲学家的许多思想——我指的是认识行为与认识到的事物的混淆。在记忆中，认识行为是在现在，而认识到的事物是在过 836
去；因而，如果把两者混淆起来，过去与现在的区别就模糊了。

在一部《物质与记忆》中，自始至终离不了认识行为与认识到的对象的这种混淆。该书刚一开头解释了“心象”，这种混淆便暗藏在“心象”一词的用法中。在那里他讲，除各种哲学理论而外，我们所认识的一切都是“心象”构成的，心象确实构成了全宇宙。他说：“我把诸心象的集合体叫作物质，而把归之于一个特定心象即我的肉体的偶发行动的同一些心象叫作对物质的知觉”。可以看到，据他的意见，物质和对物质的知觉是由同样一些东西构成的。他讲，脑髓和物质宇宙的其余部分是一样的，因此假如宇宙是一个心象，它也是一个心象。

由于谁也看不见的脑髓按普通意义来讲不是一个心象，所以他说心象不被知觉也能存在，我们是不感觉惊异的；但是，他后来又说明，就心象而言，存在与被有意识地知觉的差别只是程度上的差别。另外一段话也许能说明这一点，在那段话里他说：“未被知觉的物质对象，即未被想象的心象，除了是一种无意识的心的状态而外，还会是什么呢？”最后他说：“一切实在都和意识有一种相近、类似，总而言之有一种关系——这就是通过把事物称作‘心象’这件事实本身我们向观念论让步的地方。”然而他仍旧讲，他是从还没有介绍哲学家的任何假说之前讲起的，打算这样来减轻我们一开始的怀疑。他说：“我们要暂时假定我们对关于物质的各种理论及关于精神的各种理论毫无所知，对关于外部世界的实在性或观念性的议论毫无所知。这里我就在种种心象的面前。”他在为英文版写的新序言中说：“我们所说的‘心象’是指超乎观念论者所谓的表象以上，但是够不上实在论者所谓的事实的某种存在——是一种位于‘事实’和‘表象’中途的存在。”

在上文里，柏格森心念中的区别我以为并不是想象作用这一精神事件与作为对象而想象的事物之间的区别。他所想的是事物的实际与事物的表现之间的区别。至于主体与客体的区别，即以进行思考、记忆和持有心象的心为一方，同以被思考、被记忆或被描绘心象的对象为另一方之间的区别——就我所能理解的来 837
说，这个区别在他的哲学中是完全没有的。不存在这种区别，是他真正假借于观念论的地方；而且这是非常不幸的假借。从刚才所讲的可以知道，就"心象"来说，由于不存在这种区别，他可以先把心象讲成中立于精神和物质之间，然后又断言脑髓尽管从来没有被描绘成心象，仍是一个心象，随后又提出物质和对物质的知觉是同一个东西，但是未被感知的心象（例如脑髓）是一种无意识的心的状态；最后，"心象"一词的用法虽然不牵涉任何形而上学理论，却仍旧暗含着一切实在都和意识有"一种相近、类似，总而言之有一种关系"。

所有这些混淆都是由于一开始把主观与客观混淆起来造成的。主观——思维或心象或记忆——是我里面现存的事实；客观可以是万有引力定律或我的朋友琼斯或威尼斯的古钟塔。主观是精神的，而且在此时此地。所以，如果主观和客观是一个，客观就是精神的，而且在此时此地：我的朋友琼斯虽然自以为是在南美，而且独立存在，其实是在我的头脑里，而且依靠我思考他而存在；圣马可大教堂的钟塔尽管很大，尽管事实上四十年前就不再存在了，仍然是存在的，在我的内部可以见到它完整无损。这些话绝不是故意要把柏格森的空间论和时间论滑稽化，仅仅是打算说明那两个理论实际的具体意义是什么。

主观和客观的混淆并不是柏格森特有的，而是许多唯心论者和许多唯物论者所共有的。许多唯心论者说客观其实是主观，许多唯物论者说主观其实是客观。他们一致认为这两个说法差别很大,然而还是主张主观和客观没有差别。我们可以承认,在这点上柏格森是有优点的,因为他既乐意把客观和主观同一化,同样也乐意把主观和客观同一化。只要一否定这种同一化,他的整个体系便垮台:首先是他的空间论和时间论,其次是偶然性是实在的这个信念,然后是他对理智的谴责,最后是他对精神和物质的关系的解释。

当然,柏格森的哲学中有很大一部分,或许是他的大部分声
838 望所系的那一部分,不依据议论,所以也无法凭议论把它推翻。他对世界的富于想象的描绘,看成是一种诗意作品,基本上既不能证明也不能反驳。莎士比亚说生命不过是一个行走的影子,雪莱说生命像是一个多彩玻璃的圆屋顶,柏格森说生命是一个炮弹,它炸裂成的各部分又是一些炮弹。假若你比较喜欢柏格森的比喻,那也完全正当。

柏格森希望世界上实现的善是为行动而行动。一切纯粹沉思他都称之为"做梦",并且用一连串不客气的形容词来责斥,说这是静态的、柏拉图式的、数学的、逻辑的、理智的。那些对行动要达到的目的想望有些预见的人,他这样告诉人家:目的预见到了也没有什么新鲜,因为愿望和记忆一样,也跟它的对象看成是同一的。因而,在行动上我们注定要做本能的盲目奴隶:生命力从后面不休止、不间断地推我们向前。我们在沉思洞察的瞬间,超脱了动物生命,认识到把人从禽兽生活中挽救出来的较伟大的目标;可是在此种哲学中,这样的瞬间没有容留余地。那些觉得无目的的活动是充分的善的人,在柏格森的书里会找到关于宇宙

的赏心悦目的描绘。但是在有些人看来，假如要行动有什么价值，行动必须出于某种梦想、出于某种富于想象的预示，预示一个不像我们日常生活的世界那么痛苦、那么不公道、那么充满斗争的世界；一句话，有些人的行动是建筑在沉思上的，那些人在此种哲学中会丝毫找不到他们所寻求的东西，不会因为没有理由认为它正确而感觉遗憾。

第二十九章　威廉·詹姆士 839

威廉·詹姆士（William James，1842—1910）基本上是个心理学家，但由于以下两点理由而在哲学上占有重要地位：他创造了他称之为"彻底经验论"的学说；他是名叫"实用主义"或"工具主义"的这种理论的三大倡导者之一。他在晚年为美国哲学的公认领袖，这是他当之无愧的。他因为研究医学，从而又探讨心理学；1890年出版的他在心理学方面的巨著[①]优秀无比。不过，这本书是科学上的贡献而不是哲学上的贡献，所以我不准备讨论。

威廉·詹姆士的哲学兴趣有两个方面，一是科学的一面，另一面是宗教一面。在科学的一面上，他对医学的研究使他的思想带上了唯物主义的倾向，不过这种倾向被他的宗教情绪抑制住了。他的宗教感情非常新教徒气味，非常有民主精神，非常富于人情的温暖。他根本不肯追随他的弟弟亨利，抱吹毛求疵的势利态度。他曾说："据人讲魔王是一位绅士，这倒难保不是，但是天

① 指《心理学原理》（*Principles of Psychology*）二卷。——译者

地之神无论是什么，它绝不可能是绅士。”这是一种很典型的意见。

詹姆士因为温厚热情，有一副给人好感的气质，几乎普遍为人所爱戴。我所知道的唯一对他毫不爱慕的人就是桑塔雅那，威廉·詹姆士曾把他的博士论文说成是“腐败之典型”。这两人之间在气质上存在着一种怎样也无法克服的对立。桑塔雅那也喜好宗教，但是喜好的方式大不相同。他从审美方面和历史方面喜好宗教，不把它当作对道德生活的帮助；很自然，他对天主教教义远比对新教教义要爱好。他在理智上不承认任何基督教理，但是他满愿意旁人信基督教理，而他自己去欣赏他认为的基督教神话。在詹姆士看来，这样的态度只能让他觉得不道德。他由他的清教徒家系保留下来一个根深蒂固的信念，认为最重要的是善良
840 行为，而他的民主感情使他不能默认对哲学家讲一套真理、对俗人讲另一套，这样一种想法。新教徒与旧教徒的气质上的对立，在非正统信徒们中间也还是存在的；桑塔雅那是一个旧教的自由思想家，威廉·詹姆士不管如何偏异端，总是个新教的自由思想家。

詹姆士的彻底经验论之说，是 1904 年在一篇叫作“‘意识’存在吗?”的论文中最初发表的。这篇文章的主要目的是否定主体客体关系是根本性的关系。直到当时为止，哲学家们向来认为当然存在着一种叫“认识作用”的事件，在此事件中，有个实体即认识者或称主体，察知另一个实体，即被认识的事物，或称客体。认识者被看作是一个心或灵魂；被认识的对象也许是物质对象、永恒本质、另一个心，或者——在自意识中——和认识者同一。在

一般公认的哲学中，几乎一切都和主体客体的二元对立有密不可分的关系。假如不承认主体和客体的区别是基本的区别，那么精神与物质的区别、沉思的理想，以及传统的“真理”概念，一切都需要从根本上重新加以考虑。

至于我，我深信在这个问题上詹姆士有一部分是正确的，单为这个理由，他在哲学家当中就可说配占有崇高的地位。我原先不这样认为，后来詹姆士以及与他意见相同的人使我相信了他的学说是对的。不过我们且来谈他的议论。

他说，意识“乃是一种非实体的名称，无资格在第一原理当中占一个席位。那些至今仍旧死抱住它的人，不过是在死抱住一个回声，即渐渐消逝的‘灵魂’给哲学空气留下的微弱余音罢了”。他接下去说，并没有“什么原始的素材或存在的质，与构成物质对象、构成我们关于物质对象的思维材料的素材或存在的质相对立”。他说明他并不是否定我们的思维执行着一种认识功能，这种功能可以称作“意识到”。他所否定的不妨粗略地说是这个见解：意识是一种“事物”。他认为“仅有一种原始的素材或材料”，世界的一切都是由它构成的。这种素材他称之为“纯粹经验”。他说，认识作用就是纯粹经验的两个部分之间的一种特别关系。主体客体关系是导出的关系：“我相信经验并不具有这种内在的两重性。”经验的一个已定的未分割部分，可以在这种关系中是认识者，在那种关系中是被认识的东西。

他把“纯粹经验”定义成“为我们后来的反省供给材料的直接 841
的生命流转”。

可见，如果把精神和物质的区别看成是不同两类的詹姆士所谓的“素材”之间的区别，上述学说就算废除了精神和物质的区别。因此，在这个问题上跟詹姆士意见相同的那些人倡导了一种他们所说的“中性一元论”，根据这个理论，构成世界的材料既不是精神也不是物质，而是比二者在先的某种东西。詹姆士本人并未发挥他的理论中的这个暗在含义；相反，他使用“纯粹经验”一词，这反倒表露出一种或许不自知的贝克莱派的唯心论。“经验”这个词哲学家们是常常使用的，但很少见给它下定义。我们暂且来论一论这个词能够有什么意义。

常识认为，有许多出现了的事物未被“经验到”，例如月球的看不见的那一面上的事件。贝克莱和黑格尔出于不同的理由，全否定这一点，他们主张凡是未经验到的就没有。他们的议论现下大多数哲学家都认为是不正确的，依我看就是如此。假如我们要坚持世界的“素材”是“经验”这样一种意见，我们就不得不苦心孤诣造作一些不像信得过的解释，说明像月球的看不见的一面之类的东西是指什么意思。除非我们能够由经验到的事物推断未经验到的事物，不然便难找出理由相信除我们自身外存在任何事物。固然，詹姆士是否定这一点的，但他所持的理由却不大有力。

我们说的“经验”指什么意思呢？为找到一个答案，最好的办法是考问一下：未被经验到的事件和被经验到的事件有什么不同？看见或者身体觉触到正在下着的雨是被经验到了，但是完全没有生物存在的沙漠中下的雨未被经验到。于是我们得出头一个论点：除在有生命的场合外，不存在经验。但是经验和生命的范围不同。有许多事我遭遇到了，可是未注意；很难讲我经验到了这种事。显然，凡是我记得的事总是我所经验的事，但是有些我不明白记得的事情，可能造成了至今仍存在的习惯。被火烧伤过的小孩怕火，即便他已经完全不记得他被火烧的那一回了。我以为一个事件若造成习惯，就可以说它“被经验到”。（记忆即一种习惯。）大致说来，习惯只在生物身上造成。被火烧的拨火棒无 842
论如何经常弄得灼红，也不怕火。所以，根据常识上的理由，我们说“经验”和世界的“素材”不同范围。在这点上脱离常识，我个人看不出有任何正当的理由。

除了关于这个“经验”问题，此外我觉得詹姆士的彻底经验论我是同意的。

至于他的实用主义和“信仰意志”，那就不同了。特别是后者，我以为它蓄意给某些宗教教义提出表面上似乎正确而实际是诡辩的辩护，而且这种辩护是任何真诚的教徒所不能接受的。

《信仰意志》（*The Will to Believe*）一书出版于1896年；《实用主义——若干老想法的一个新名称》（*Pragmatism, a New Name for Some Old Ways of Thinking*）出版于1907年。后一本书中的学说为前一书里的学说的扩充。

《信仰意志》中主张，我们在实践上，常常在不存在任何适当的理论根据可以下决断的场合下不得不作出决断，因为即便什么事也不做，那仍旧是个决断。詹姆士说，宗教问题就属于此类；他主张，虽然“我们的十分逻辑的理智可能并未受到强制”，我们也有理由采取一种信仰的态度。这基本上就是卢梭的萨瓦牧师的态度，但是詹姆士的发挥是新颖的。

据他讲，求实这种道德义务包括两个同等的训条，即“相信真理”和“避开错误”。怀疑主义者只注意第二个训条，因而不相信一个较不慎重的人会相信的许多真理，这是不对的。假如相信真理和避免错误同等重要，那么面临二者择一时，我最好随意相信各种可能性中的一个，因为这样我便有对半的机会相信真理，可是如果悬置不决，丝毫机会也没有。

倘若认真对待这一说，结果产生的行为准则就会是一种极古怪的行为准则。假设我在火车上遇见一个陌生人，我心里自问："他的姓名是不是叫艾本尼泽·威尔克思·史密斯？"如果我自认我不知道，那么关于这人的姓名我确实没抱真信念。反之，如果我决定相信这就是他的名字，我倒有可能抱的是真信念。詹姆士说，怀疑主义者怕受蒙骗，由于有这种恐惧，会丢失重要的真理；他补充说："因为希望而受蒙骗比因为恐惧而受蒙骗坏得多，这有什么证据呢？"似乎由此可见，假如我几年来一直在希望遇到一个
843 叫艾本尼泽·威尔克思·史密斯的人，那么在我得到确凿的反证以前，与消极求实相对的积极求实就应当促使我相信我所遇到的每一个生人都叫这名字。

你会说："可是这个实例不像话，因为你虽然不知道那个生人的名字，你总知道人当中极小一部分叫艾本尼泽·威尔克思·史密斯。所以你并不是处于在你的选择自由上所预先假定的那种完全无知的状态。"说来奇怪，詹姆士在他的通篇论文中绝不提盖然性，然而关于任何问题，几乎总可发现到某种盖然性上的考虑。姑且承认（尽管正统信徒没一个会承认），世界上的宗教哪一种也没有证据或反证。假设你是个中国人，让你跟儒教、佛教和基督教有了接触。由于逻辑规律，你不能以为这三者各是真理。现在假设佛教和基督教各有对等的可能性是真理，那么设已知两者不

会全是真理,则其中之一必定是真理,因而儒教必定不是真理。假令三者都有均等的可能性,则每一个不是真理的机会要大于是真理的机会。照这种办法,只要一容许我们提出盖然性上的理由,詹姆士的原理随即垮台。

令人难解的是,詹姆士尽管是个心理学大家,在这点上却容纳了一种异常不成熟的想法。他讲起话来,仿佛可选择的路子只有完全相信或完全不相信,把中间各种程度的怀疑置之不顾。譬如说,假设我正在从我的书架上找一本书。我心里想:“*可能*在这个架上”,于是我去瞧;但是在我看见这本书以前我并不想:“书*就在*这个架上”。我们习惯上按照种种假设去行动,但不完全像按照我们认为的确实事物去行动那样;因为按照假设行动时,我们留心注视着新的证据。

依我看来求实的训条并不是詹姆士认为的那种训条。我以为它是:“对任何一个值得你去考虑的假说,恰恰寄予证据所保证的那种程度的信任。”而如果这假说相当重要,更有进一步探寻其它证据的义务。这是明白的常识,和法庭上的程序是一致的,但是和詹姆士所介绍的程序完全不同。

把詹姆士的信仰意志孤立起来考察,对他是不公平的;这是
个过渡性的学说,经过一段自然发展,结果产生了实用主义。詹 844
姆士的著作中所表现的实用主义本来是“真理”的一个新定义。另外还有两位实用主义的主将,即 F. C. S. 席勒和杜威博士。下一章中要讨论杜威博士;席勒和其他两人比起来地位差一些。在詹姆士和杜威博士之间,有一种着重点上的差异。杜威博士的见地是科学的,他的议论大部分出自对科学方法的考察;但是詹姆

士主要关心宗教和道德。粗略地讲,任何有助于使人有道德而幸福的学说,他都乐于提倡;一个学说假若如此,按照他所使用的“真理”一词的意义来说便是“真理”。

据詹姆士说,实用主义的原理最初是C.S.皮尔斯提出的,皮尔斯主张,在我们关于某个对象的思维中要想做到清晰,只需考察一下这对象可能包含什么想得到的实际效果。为说明这一点,詹姆士讲哲学的职能就是弄清假若这个或那个世界定则是真理,对你我有什么关系。这样,理论就成了工具,不再是对疑难事物的解答。

据詹姆士讲,观念只要帮助我们同自己的经验中其他部分发生满意的关系,便成为真的:“一个观念,只要相信它对我们的生活有好处,便是‘真的’。”真原是善的一个别种,并不是单独的范畴。真是发生于观念的事;事件使观念成为真的。依主智主义者的说法,真观念必须符合实际,这是对的;但所谓“符合”并不是“摹写”的意思。“在最广的意义上所谓‘符合’实际,意思只能指一直被引导到实际,或被引导到实际的周围,或者指与实际发生这样一种实行上的接触:处理实际或处理与实际相关联的某种事物,比不符合的情况下要处理得好。”他补充说:“所谓‘真’无非是我们的思考方法中的方便手段,……就终久结局和事物经过的全程来看。”换句话说,“我们的追求真理的义务为我们做合算的事这个一般义务的一部分。”

在关于实用主义与宗教的一章中,他总结收获。“任何一个假说,如果由它生出对生活有用的结果,我们就不能排斥它。”“有神这个假说如果在最广的意义上起满意的作用,这假说便是真的。""根据宗教经验所供给的证据,我们满可以相信神灵是存在的,而且正按照和我们的理想方针相似的理想方针从事拯救世 845
人。"

在这个学说中,我发觉依理智来讲有若干重大的困难之点。这学说假定一个信念的效果若是好的,它就是"真理"。若要这个定义有用(假使它不是有用的,就要被实用主义者的检验所否定),我们必须知道:(甲)什么是好的,(乙)这个或那个信念的效果是什么;我们必须先知道这两件事,才能知道任何事物是"真的",因为只有在我们决定了某个信念的效果是好的之后,我们才有权把这信念叫作"真的"。这一来,结果就复杂化得难以想象。假设你想知道哥伦布是否在 1492 年横渡了大西洋。你不可照旁人的做法,在书里查找。你应当首先探听一下这个信念的效果是什么,这种效果和相信哥伦布在 1491 年或 1493 年作了航行的效果有何不同。这已经够困难了,但是从道德观点权衡这些效果更加困难。你可能说分明 1492 年有最好的效果,因为它让你在考试中可以得到高分数。但是,假若你讲了 1491 年或 1493 年,你的考试竞争者就会胜过你,而他们却可能认为他们不成功而你成功从道德上讲是可叹的。撇开考试不谈,除了就历史学家来说,我想不出这个信念有任何实际效果。

但是麻烦还不止于此。你必须认为你从道德上和事实上对某个信念的后果所作的估计是真的。因为假若是假的,你用来支持你的信念是真的那种议论便错了。但是所谓你的关于种种后果的信念是真的,根据詹姆士的讲法,便等于说这信念有良好的后果,而这点如果是真的,又必须有良好的后果,如此下去无穷无尽。这显然是不行的。

还有一个困难点。假设我说曾有过哥伦布这么一个人，人人会同意我所说的事情是真的。但是为什么是真的？那是由于生活在四百五十年前的某个有血有肉的人——总之，并不是由于我的信念的效果，而是由于它的原因。如果按照詹姆士下的定义，难保不发生这种事：虽然事实上A不存在，而“A存在”却是真的。我一向总感到有圣诞老人这一假说“在最广的意义上起满意的作用”；所以，尽管圣诞老人并不存在，而“圣诞老人存在”却是真的。詹姆士说（我重引一遍）：“有神这个假说如果在最广的意义上起满意的作用，这假说便是真的”。这句话把神是否真在天国的问
846 题当成无关紧要，干脆略掉了；假如神是一个有用的假说，那就够了。神这位宇宙造物主被忘到脑后；记得的只有神的信念，以及这信念对居住在地球这样一颗小小行星上的人类的影响。难怪教皇谴责了对宗教的实用主义的辩护。

于是我们谈到詹姆士的宗教观与已往信宗教的人的宗教观的一个根本区别。詹姆士把宗教当作一种人间现象来关心宗教，对宗教所沉思的对象却不表示什么兴趣。他愿人们幸福，假若信仰神能使他们幸福，让他们信仰神好了。到此为止，这仅是仁爱，不是哲学；一说到这信仰使他们幸福便是“真的”，这时就成了哲学。对于希求一个崇拜对象的人来说，这话不中意。他不愿说：“我如果信仰神，我就幸福；”他愿意说：“我信仰神，所以我幸福。”他如果信神，他之信神就如同信罗斯福或丘吉尔或希特勒存在一样；对他说来，神乃是一个现实的存在者，不仅仅是人的一个具有良好效果的观念。具有良好效果的是这种真诚信仰，而非詹姆士

的削弱无力的代替品。显然，我如果说“希特勒存在”，我并没有“相信希特勒存在的效果是好的”这个意思。在真诚的信徒看来，关于神也可以这么讲。

詹姆士的学说企图在怀疑主义的基础上建造一个信仰的上层建筑，这件事和所有此种企图一样，有赖于谬误。就詹姆士来说，谬误是由于打算忽视一切超人类的事实而生的。贝克莱派的唯心主义配合上怀疑主义，促使他以信仰神来代替神，装作好像这同样也行得通。然而这不过是近代大部分哲学所特有的主观主义病狂的一种罢了。

第三十章　约翰·杜威 847

约翰·杜威(John Dewey)生于1859年，一般公认他是美国现存的[①]首屈一指的哲学家。这个评价我完全同意。他不仅在哲学家中间，而且对研究教育学的人、研究美学的人以及研究政治理论的人，都有了深远的影响。杜威是个品性高洁无比的人，他在见解上是自由主义的，在待人接物方面宽宏而亲切，在工作当中孜孜不倦。他有许多意见我几乎完全赞同。由于我对他的尊敬和景仰，以及对他的恳挚亲切的个人感受，我倒真愿和他意见完全一致，但是很遗憾，我不得不对他的最独特的哲学学说表示异议，这学说就是以“探究”代替“真理”，当作逻辑和认识论的基本概念。

---

① 杜威已于1952年去世。——译者

杜威和威廉·詹姆士一样，是新英格兰①人，继续百年前的伟大新英格兰人的一些后代子孙已经放弃的新英格兰自由主义传统。杜威从来不是那种可称为“纯粹”哲学家的人。特别是教育学，一向是他的一个中心兴趣，而他对美国教育的影响是非常大的。我个人虽然相形见绌，也曾努力要对教育起一种和他的影响很类似的影响。或许他和我一样，对那些自称遵循他的教导的人的实际做法不是总满意的，但是在实践上任何新学说都势必容易有某种逾越分寸和过火的地方。不过这件事并不像有人可能认为的那么关系重大，因为新事物的缺陷和传统事物的缺陷比起来，太容易看到了。

杜威在1894年做了芝加哥大学哲学教授，当时教育学为他讲授的科目之一。他创立了一个革新的学派，关于教育学方面写了很多东西。这时期他所写的东西，在他的《学校与社会》（*The School and Society*）（1899）一书中作了总结，大家认为这本书是他的所有作品中影响最大的。他一生始终不断在教育学方面有所著述，著述量几乎不下于哲学方面的。

其他社会性的、政治性的问题，在他的思想中一向也占很大
848 的地盘。和我一样，他访问俄国和中国受了很大影响，前者是消极的影响，后者是积极的影响。他是第一次世界大战的一个不由衷的支持者。他在关于托洛茨基被断认的罪名的调查上起了重要作用，虽然他确信对托洛茨基的控告是没有根据的，但他并不

① “新英格兰”为美国东北部佛蒙特（Vermont）等六个州的总称；杜威生于佛蒙特州的伯灵顿（Burlington）。——译者

认为假使列宁的后继者不是斯大林而是托洛茨基，苏维埃制度就会是美满的制度。他相信了通过暴力革命造成独裁政治不是达到良好社会的方法。虽然他在一切经济问题上都非常主张改进，但他从来不是马克思主义者。有一次我听他说，他既然好不容易从传统的正统神学中把自己解放出来，就不去用另一套神学作茧自缚。在所有这些地方，他的观点和我个人的几乎完全相同。

从严格的哲学的观点来看，杜威的工作的重要性主要在于他对传统的“真理”概念的批评，这个批评表现在他称之为“工具主义”的理论中。大多数专业哲学家所理解的真理是静止而定局的、完全而永恒的；用宗教术语来说，可以把它与神的思维同一化，与我们作为理性生物和神共有的那种思维同一化。真理的完美典型就是九九乘法表，九九表精确可靠，没有任何暂时的渣滓。自从毕达哥拉斯以来，尤其自从柏拉图以来，数学一向跟神学关联在一起，对大多数专业哲学家的认识论有了深刻影响。杜威的兴趣不是数学的而是生物学的兴趣，他把思维理解为一种进化过程。当然，传统的看法会承认人所知的逐渐多起来，但是每件知识既得到之后，就把它看成最后确定的东西了。的确，黑格尔并不这样来看人类的知识。他把人类的知识理解为一个有机整体，所有部分都逐渐成长，在整体达到完全之前任何部分也不会完全。但是，虽然黑格尔哲学在杜威青年时代对他起过影响，这种哲学仍然有它的“绝对”，有它的比时间过程实在的永恒世界。这些东西在杜威的思想中不会有地位，按杜威的思想，一切实在都是有时间性的，而所谓过程虽然是进化的过程，却不是像黑格尔讲的那种永恒理念的开展。

到此为止，我跟杜威意见一致。而且我和他意见一致的地方
849 还不止于此。在开始讨论我和他意见相左之点以前，关于我个人对“真理”的看法我要略说几句。

头一个问题是：哪种东西是“真的”或“假的”呢？最简单不过的答案就是：句子。“哥伦布在1492年横渡了大洋”是真的；“哥伦布在1776年横渡了大洋”是假的。这个答案是正确的，但是不完全。句子因为“有意义”，依情况不同或真或假，而句子的意义是与所用的语言有关的。假如你把关于哥伦布的一个记述译成阿拉伯文，你就得将“1492年”改换成回历纪元中相当的年份。不同语言的句子可以具有相同的意义，决定句子是“真”是“假”的不是字面，而是意义。你断言一个句子，你就表达了一个“信念”，这信念用别种语言也可以同样表达得好。“信念”无论是什么，总是“真的”或“假的”或“有几分真的”东西。这样就迫使我们不得不去考察“信念”。

可是一个信念只要相当简单，不用话表达出来也可以存在。不使用言语我们便很难相信圆周和直径的比大约是3.14159，或相信恺撒决心渡过卢必康河①时决定了罗马共和政体的命运。但在简单的情况，不表诸言语的信念是常见的。例如，假设当你下楼梯时关于什么时候下到了底这件事你出了错：你按照适合于平地的步态走了一步，扑通一跤跌下去。结果大大吓了一跳。你自然会想，“我还以为到了底呢”，其实你方才并没有想着楼梯，不然

① 卢必康河(the Rubicon)是意大利北部的一条小河，公元前49年恺撒率军渡过这条河，击败当时握罗马共和政府大权的庞培。——译者

你就不会出这个错了。你实际还没有下到底，而你的肌肉却照适合于到底的方式作了调节。闹出这个错误的与其说是你的心，不如说是你的肉体——至少说这总是表达已发生的事情的一个自然讲法。但事实上心和肉体的区别是个不清不楚的区别。最好不如谈"有机体"，而让有机体的种种活动划归心或肉体这件事悬置不决。那么就可以说：你的有机体是按照假使原来到了底层就会适宜，但实际上并不适宜的方式调节了。这种失于调节构成了错误，不妨说你方才抱有一个假信念。

上述实例中错误的**检验**为**惊讶**。我以为能检验的信念普遍
可以这样讲。所谓**假**信念就是在适当情况下会使抱有那信念的 850
人感到惊讶的信念，而**真**信念便没有这种效果。但是，惊讶在适用的场合下虽然是个好的判断标准，却表示不出"真"、"假"二词的**意义**，而且它也并不总适用。假设你在雷雨中走路，心里念叨"我料想我根本不会遭雷击"。紧接着你被雷击了，可是你不感到惊讶，因为你一命呜呼了。假使有朝一日果然如詹姆士·斳斯爵士[①]似乎预料的那样，太阳炸裂了，我们全都要立即死亡，所以不会惊讶，但是如果我们没料到这场巨祸，我们全都出了错误。这种实例说明真和假的客观性：真的（或假的）事物是有机体的一种状态，但是一般说根据有机体外部发生的事件而是真的（或假的）。有时候要确定真和假能够进行实验检验，但有时候不能进行；如果不能进行，仍有旁的手段，而且这种手段还很重要。

---

① 靳斯爵士（Sir James Hopwood Jeans，1877—1946），英国物理学家，天文学家。——译者

我不再多阐述我对真和假的看法，现在要开始研讨杜威的学说。

杜威并不讲求那些将会是绝对“真的”判断，也不把这种判断的矛盾对立面斥之为绝对“假的”。依他的意见，有一个叫“探究”的过程，这是有机体同它的环境之间的相互调节的一种。从我的观点来看，我假令愿竭尽可能跟杜威意见一致，我应当从分析“意义”或“含义”入手。例如，假设你正在动物园里，听见扩音器中传出一声：“有一只狮子刚跑出来了”。在这个场合，你会像果真瞧见了狮子似地那样行动——也就是说，你会尽量快快逃开。“有一只狮子跑出来了”这个句子**意味着**某个事件，意思是说它促成的行为同假使你看见该事件，该事件会促成的行为一样。概括地讲：一个句子 S 若促成事件 E 本来会促成的行为，它就“意味着”E。假如实际上从来没有这样的事件，那个句子就是假的。对未用言语表达的信念，讲法完全相同。可以这样说：信念为有机体的一种状态，促成某个事件呈现于感官时会促成的行为；将会促成该行为的那个事件是此信念的“含义”。这个说法过于简单化，
851 但是可以用来表示我现下主张的理论。到此为止，我认为杜威和我不会有很大分歧。但是关于他的进一步发展，我感觉自己跟他有极明确的不同意见。

杜威把**探究**当作逻辑的要素，不拿真理或知识当作逻辑的要素。他给探究所下的定义如下：“探究即有控制地或有指导地把不确定的事态变换成一个在区别成分及关系成分上十分确定的事态，以致把原事态的各要素转化为一个统一整体。”他补充说：“探究涉及将客观素材加以客观的变换”。这个定义分明是不妥

当的。例如，试看练兵中士跟一群新兵的交道，或泥瓦匠跟一堆砖的交道；这两种交道恰恰满足杜威给“探究”下的定义。由于他显然不想把这两种交道包括在“探究”之内，所以在他的“探究”概念中必定有某个要素他在自己的定义里忘记了提。至于这种要素究竟是什么，我在下文中即将去确定。不过我们先来看一看照这定义的原样，要出现什么结果。

显然杜威所理解的“探究”为企图使世界更有机化的一般过程的一部分。“统一的整体”应该是探究的结果。杜威所以爱好有机的东西，一部分是由于生物学，一部分是由于黑格尔的影响流连不散。如果不以一种无意识的黑格尔派形而上学为基础，我不明白为什么探究预料要产生“统一的整体”。假若有人给我一付顺序混乱的扑克牌，请我探究探究牌的先后顺序，假若我遵照杜威的指示，我先把牌整理好顺序，然后说这就是探究结果所产生的顺序。我在整理牌的时候倒是要“将客观素材加以客观的变换”，但是定义中考虑到这点。假如最后人家告诉我说：“我们本来想要知道把牌交给您的时候牌的先后顺序，不是您重新整理过后的先后顺序。”我如果是杜威的门生，我就要回答：“您的想法根本太静态了。我是个动态的人，我探究任何素材，先把它变动成容易探究的样子。”认为此种手续是可以容许的这个想法，只能从黑格尔对现象与实在的区分找到根据：现象可能是杂乱而支离破碎的，但实在则永远是秩序井然而有机性的。所以我整理牌的时候，我不过是显示牌的真实永恒本性罢了。然而杜威的学说中这一部分从来没有明讲。有机体的形而上学是杜威的理论的基础， 852
可是我不知道他有几分注意到了这件事实。

要想区分探究与其他种类的有机化活动，例如练兵中士和泥瓦匠的活动，杜威的定义需要加以补充，现在试看一看要补充什么。在从前总会这样讲：探究的特征在于探究的目的，即弄清某个真理。但是在杜威说来，"真理"须借"探究"下定义，不是拿"真理"来定义"探究"；他引用了皮尔斯下的定义，并表示赞同，该定义说："真理"即"命中注定为一切进行研究的人终究要同意的意见"。这定义让我们对研究者在做什么事一无所知，因为假若说他是在努力要弄清真理，就不能不犯循环论的毛病。

我以为杜威博士的理论不妨叙述如下。有机体与其环境之间的关系有时候是令有机体满意的，有时候是令它不满意的。在关系不满意的情况下，局面可以通过相互调节得到改善。使得局面有了改善的种种变化若主要在有机体一方（这种变化绝不完全在任何一方），该过程就叫"探究"。例如，在作战当中你主要力求改变环境，即敌军；但是在作战之前的侦察时期，你主要力求使自己一方的兵力适应敌军的部署。这个前一时期是"探究"时期。

依我想，这个理论的困难之点在于把一个信念跟普通可说是"证实"这信念的那件事实或那些事实之间的关系割断了。我们继续来看某将军计划作战这个实例。他的侦察机报告给他敌军的某些准备，结果他就作了一些对抗准备。假如事实上敌军采取了他据以行动的报告中所说的措置，依常识就说该报告是"真的"，那么，即便将军后来打了败仗，这报告仍不失为真。这种见解被杜威博士否定了。他不把信念分成"真的"和"假的"，但是他仍然有两类信念：若将军打了胜仗，我们就说信念是"满意的"，打了败仗，叫"不满意的"。直到战斗发生过后，他才能知道对他的侦察兵打来的报告该有什么意见。

概括地讲，可以说杜威博士和其他所有人一样，把信念分成为两类，一类是好的，另一类是坏的。不过他认为，一个信念可能在此一时是好的，在彼一时是坏的；不完美的理论比以前的理论好，却比后来的理论坏，就是这种情况。一个信念是好是坏，要看此信念使抱有它的那个有机体所产生的活动具有令该有机体满意或不满意的后果而定。因而一个有关已往某事件的信念该划为"好的"或划为"坏的"，并不根据这事件是否真发生了，却根据这信念未来的效果。这一来结果便妙了。假设有人对我说："您今天早晨吃早点的时候喝咖啡了吗？"我如果是个平常人，就要回想一下。但是我如果是杜威博士的徒弟，我要说："等一会儿；我得先做两个实验，才能告诉你。"于是我先让自己相信我喝了咖啡，观察可能有的后果；然后我让自己相信我没有喝咖啡，再观察可能有的后果。我于是比较这两组后果，看哪一组后果我觉得更满意。假如一方的满意程度较高，我就决定作那种回答。如果两方不相上下，我只得自认我无法回答这个问题。 853

但是麻烦还不止于此。我怎么能知道相信自己在吃早点时喝了咖啡的后果呢？假若我说"后果是如此这般"，这又得由它的后果来检验，然后我才能知道我说的这句话是"好"话或是"坏"话。即使把这点困难克服了，我怎么能判断哪一组后果是更满意的呢？关于是否喝了咖啡，一个决断可能给我满足，另一个决断可能让我决意提高战争努力。哪个也可以看成是好的，但是我要等到决定了哪个更好，才能够讲我是否喝了咖啡当早点。当然这不像话。

杜威与迄今所认为的常识背驰，是由于他不肯在他的形而上学中在“事实”定而不移、无法操纵的意义上容纳“事实”。在这点上，也许常识是在变化着，也许他的见解和常识将要变成的情况看来是不矛盾的。

杜威博士和我之间的主要分歧是，他从信念的效果来判断信
854 念，而我则在信念涉及过去的事件时从信念的原因来判断。一个信念如果同它的原因有某种关系(关系往往很复杂)，我就认为这样一个信念是“真的”，或者尽可能近于是“真的”。杜威博士认为，一个信念若具有某种效果，它就有“有保证的可断言性”——他拿这个词代替“真实性”。这种意见分歧和世界观的不同有连带关系。我们所做的事对过去不能起影响，所以，若真实性是由已发生的事情决定的，真实性和现在或未来的意志都不相干；在逻辑形式上，这代表人力的限度。但假若真实性，或者不如说“有保证的可断言性”，依未来而定，那么，就改变未来是在我们的能力范围以内来说，改变应断言的事便在我们的能力范围以内。这增大了人的能力和自由之感。恺撒是不是渡过了卢必康河？我以为根据过去某个事件非作肯定回答不可。杜威博士要靠核定未来事件才决定作肯定的或否定的回答；没有理由认为这些未来事件不能凭人的能力安排一下，让否定的回答令人更满意。假如我觉得恺撒渡过了卢必康河这个信念很讨厌，我不必在沉闷绝望中坐下来；我如果有充分的手腕和能力，能够安排一个社会环境，让恺撒未渡过卢必康河的说法在那个社会环境中会有“有保证的可断言性”。

在这本书中，我始终在可能条件下尽力把各派哲学与有关的各哲学家的社会环境关联起来讲。我一向以为，信服人类的能力

和不愿承认“定而不移的事实”,同机器生产以及我们对自然环境的科学操纵所造成的满怀希望是分不开的。这种见解也是杜威博士的许多支持者所共有的。例如乔治·瑞蒙·盖格尔在一篇颂扬文章中说杜威博士的方法“可说意味着一个思想上的革命,和一个世纪以前的工业上的革命同样属于中产阶级性的、同样不动人耳目,但是同样令人惊叹”。我觉得我写的以下一段话,说的也是这回事:“杜威博士的见解在表现特色的地方,同工业主义与集体企业的时代是谐调的。很自然,他对美国人有最强的动人力量,而且很自然他几乎同样得到中国和墨西哥之类的国家中进步分子们的赏识”。

让我遗憾而惊讶的是,我本来以为完全不伤害人的这段话, 855
却惹恼了杜威博士,他作了个回答:“罗素先生把实用主义的认识论同美国的工业主义可憎恶的各方面总连在一起,他这种牢固难拔的习癖……几乎像是我要把他的哲学跟英国的地主贵族的利益联系起来”。

至于我,我个人的意见被人(特别是被共产党人)解释成由于我和英国贵族的关系,[①]这事情我已习以为常;而我也十分愿意认为我的见解和旁人的见解一样,受社会环境的影响。但是谈到杜威博士,如果关于他所受的社会影响我的看法错了,我为此感到遗憾。不过我发觉犯这个错误的还不单是我一个人。例如,桑塔雅那说:“在杜威的著作中,也正像在时下的科学和伦理学中一

① 本书作者系两度任维多利亚女王的首相的罗素伯爵约翰·罗素之孙,1931年其兄逝世后,依法律规定袭伯爵爵号。——译者

样，渗透着一种准黑格尔主义倾向，不但把一切实在而现实的事物消融到某种相对而暂时的事物里面，而且把个人消融到他的社会功能里面。”

我以为杜威博士的世界是一个人类占据想象力的世界，天文学上的宇宙他当然承认它存在，但是在大多时候被忽视了。他的哲学是一种权能哲学，固然并不是像尼采哲学那样的个人权能的哲学；他感觉宝贵的是社会的权能。我们对自然力量的新支配能力，比这种能力至今仍受的限制给某些人造成更深的印象；我以为正是工具主义哲学中的这种社会权能要素使得工具主义对那些人有了诱力。

人类对待非人的环境所抱的态度，在不同时代曾有很大的差别。希腊人怕傲慢，信仰一位甚至高于宙斯的必然之神或命运之神，所以希腊人小心避免那种他们觉得会是对宇宙不逊的事情。中世纪时把恭顺做得更远甚于以前：对神谦卑是基督徒的首要义务。独创性被这种态度束缚住，伟大的创见几乎是不可能有的。文艺复兴恢复了人类的自尊，但又让自尊达到了造成无政府状态与灾殃的程度。文艺复兴的成绩大部分被宗教改革运动和反宗教改革运动打消。但是，近代技术虽不全然适于文艺复兴时期的倨傲的个人，却使人类社会的集体能力之感复活了。已往过于谦
856 卑的人类，开始把自己当作几乎是个神。意大利的实用主义者帕比尼①就极力主张用“模仿神”代替“模仿基督”②。

---

① 帕比尼（Giovanni Papini，1881—1956），意大利哲学家、历史学家和小说家。——译者

② 德意志神秘思想家托马司·阿·坎皮斯（Thomas a Kempis，1380左右—1471）有一本著作叫《模仿基督》（*De Imitatione Christi*）。——译者

在所有这些事情上，我感到一种严重的危险，一种不妨叫作“宇宙式的不虔诚”的危险。把“真理”看成取决于事实的东西，事实大多在人力控制以外，这个真理概念向来是哲学迄今教导谦卑的必要要素的一个方法。这个对自傲的抑制一撤除，在奔向某种病狂的道路上便更进一步——那种病狂就是随着费希特而侵入哲学领域的权能陶醉，这是近代人不管是否哲学家都容易陷入的一种陶醉。我相信这种陶醉是当代最大的危险，任何一种哲学，不论多么无意地助长这种陶醉，就等于增大社会巨祸的危险。

第三十一章　逻辑分析哲学 857

在哲学中，自从毕达哥拉斯时代以来，一向存在着两派人的一个对立局面：一派人的思想主要是在数学的启发下产生的，另一派人受经验科学的影响比较深。柏拉图、托马斯·阿奎那、斯宾诺莎和康德属于不妨叫作数学派的那一派，德谟克里特、亚里士多德，以及洛克以降的近代经验主义者们属于相反一派。在现代兴起了一个哲学派别，着手消除数学原理中的毕达哥拉斯主义，并且开始把经验主义和注意人类知识中的演绎部分结合起来。这个学派的目标不及过去大多数哲学家的目标堂皇壮观，但是它的一些成就却像科学家的成就一样牢靠。

数学家们着手消除了自己学科里的种种谬误和粗率的推理，上述这派哲学的根源便在于数学家所取得的那些成绩。十七世纪的大数学家们都是很乐观的，急于求得速决的结果；因此，他们听任解析几何与无穷小算法①停留在不稳固的基础上。莱布尼兹相信有实际的无穷小,但是这个信念虽然适合他的形而上学,在数学上是没有确实根据的。十九世纪中叶以后不久,魏尔施特拉斯指明如何不借助无穷小而建立微积分学,因而终于使微积分学从逻辑上讲稳固了。随后又有盖奥尔克·康托,他发展了连续性和无穷数的理论。“连续性”在他下定义以前向来是个含混字眼,对于黑格尔之流想把形而上学的混浊想法弄进数学里去的哲学家们是很方便的。康托赋予这个词一个精确含义,并且说明了他所定义的那种连续性正是数学家和物理学家需要的概念。通过这种手段,使大量的神秘玄想,例如柏格森的神秘玄想,变得陈旧过时了。

康托也克服了关于无穷数的那些长期存在的逻辑难题。拿从 1 起的整数系列来说,这些数有多少个呢?很明显,这个数目不是有穷的。到一千为止,有一千个数;到一百万为止,有一百万
858 个数。无论你提出一个什么有穷的数,显然有比这更多的数,因为从 1 到该数为止,整整有那么多数目的数,然后又有别的更大的数。所以,有穷整数的数目必定是一个无穷数。可是现在出了一个奇妙事实:偶数的数目必定和全体整数的数目一般多。试看以下两排数:

1,2,3,4,5,6,……

2,4,6,8,10,12,……

上排中每有一项,下排中就有相应的一项;所以,两排中的项

① 即微积分学;原文是它的旧名称“infinitesimal calculus”。——译者

数必定一般多，固然下排只是由上排中各项的一半构成的。莱布尼兹注意到了这一点，认为这是一个矛盾，于是他断定，虽然无穷集团是有的，却没有无穷数。反之，盖奥尔克·康托大胆否定了这是矛盾。他做得对；这只是个奇特事罢了。

盖奥尔克·康托把“无穷”集团定义成这样的集团：它具有和整个集团包含着一般多的项的部分集团。他在这个基础上得以建立起一种极有意思的无穷数的数学理论，从而把以前委弃给神秘玄想和混乱状态的整个一个领域纳入了严密逻辑的范围。

下一个重要人物是弗雷格，他在 1879 年发表了他的第一部著作，在 1884 年发表了他的“数”的定义；但是，尽管他的各种发现有划时代的性质，直到 1903 年我引起大家对他的注意时为止，他始终完全没得到人的承认。值得注意的是，在弗雷格以前，大家所提出的一切数的定义都含有基本的逻辑错误。照惯例总是把“数”和“多元”当成一回事。但是，“数”的具体实例是一个特指的数，譬如说 3，而 3 的具体实例则是一个特指的三元组。三元组是一个多元，但是一切三元组所成的类——弗雷格认为那就是 3 这个数本身——是由一些多元组成的一个多元，而以 3 为其一实例的一般的数，则是由一些多元组成的一些多元所组成的一个多元。由于把这个多元与一个已知的三元组的简单多元混淆起来，犯了这种基本的语法错误，结果弗雷格以前的全部数的哲学成了连篇废话，是最严格意义上的“废话”。

由弗雷格的工作可以推断，算术以及一般纯数学无非是演绎逻辑的延长。这证明了康德主张的算术命题是“综合的”、包含着 859
时间关系的理论是错误的。怀特海和我合著的《数学原理》

(*Principia Mathematica*)中详细讲述了如何从逻辑开展纯数学。

有一点已经逐渐明白了:哲学中有一大部分能化成某种可称作"句法"的东西,不过句法这个词得按照比迄今习用的意义稍广的意义来使用。有些人,特别是卡尔纳普,①曾提出一个理论,认为一切哲学问题实际都是句法问题,只要避开句法上的错误,一个哲学问题不是因此便解决了,就是证明是无法解决的。我认为这话言过其实,卡尔纳普现在也同意我的看法,但是毫无疑问哲学句法在传统问题方面的效用是非常大的。

我想简单解释一下所谓摹述理论,来说明哲学句法的效用。我所说的"摹述"是指像"美国的现任总统"一类的短语,不用名字来指明一个人或一件东西,而用某种据假定或已知他或它特有的性质。这样的短语曾造成很多麻烦。假定我说"金山不存在",再假定你问"不存在的是什么"?如果我说"是金山",那么就仿佛我把某种存在归给了金山。很明显,我说这话和说"圆正方形不存在"不是一样的陈述。这似乎意味着金山是一种东西,圆正方形另是一种东西,固然两者都是不存在的。摹述理论就是打算应付这种困难以及其他困难的。

根据这个理论,一个含有"如此这般者"(the so-and-so)形式的短语的陈述,若加以正确分析,短语"如此这般者"便没有了。例如,拿"司各脱是《威弗利》的作者"这个陈述来说。摹述理论把这个陈述解释成是说:

"有一个人,而且只有一个人写了《威弗利》,那个人是司各

① 卡尔纳普(Rudolf Carnap,1891—1970),美国哲学家,逻辑学家。——译者

脱。”或者，说得更完全一些就是：

“有一个实体 c，使得若 x 是 c，‘x 写了《威弗利》’这个陈述便是真的，否则它是假的；而且 c 是司各脱。”

这句话的前一部分，即“而且”二字以前的部分，定义成指“《威弗利》的作者存在（或者曾存在，或者将存在）的意思”。因而，“金山不存在”的意思是：

“没有一个实体 c，使得当 x 是 c 时，‘x 是金的而且是山’是真 860
的，否则它就不是真的。”

有了这个定义，关于说“金山不存在”是指什么意思的难题就没有了。

根据这个理论，“存在”只能用来给摹述下断言。我们能够说“《威弗利》的作者存在”，但是说“司各脱存在”却不合语法，更确切地讲，不合句法。这澄清了从柏拉图的《泰阿泰德篇》开始的、两千年来关于“存在”的思想混乱。

以上所谈的工作的一个结果是，剥夺了自从毕达哥拉斯和柏拉图以来数学一直占据的崇高地位，并且打破了从数学得来的那种反对经验主义的臆断根据。的确，数学知识不是靠由经验进行归纳获得的；我们相信 2 加 2 等于 4，其理由并不在于我们凭观察极经常发现到两件东西跟另外两件东西合在一起是四件东西。在这个意义上，数学知识依然不是经验的知识。但也不是关于世界的先验知识。其实，这种知识仅仅是词句上的知识。“3”的意思是“2＋1”，“4”的意思是“3＋1”。由此可见（固然证明起来很长）“4”和“2＋2”指一个意思。因而数学知识不再神秘。它和一码有三呎这个“天经地义”完全属同样的性质。

不仅纯数学，而且物理学也为逻辑分析哲学供给了材料；尤其是通过相对论和量子力学供给了材料。

相对论里面对哲学家重要的事情是以空时来代替空间和时间。据常识，认为物理世界是由一些在某一段时间内持续，而且在空间中运动的“东西”组成的。哲学和物理学把“东西”概念发展成“物质实体”概念，而把物质实体看成是由一些粒子构成的，每个粒子都非常小，并且都永久存留。爱因斯坦以事素代替了粒子；各事素和其他各事素之间有一种叫“间隔”的关系，可以按不同方式把这种关系分解成一个时间因素和一个空间因素。这些不同方式的选择是任意的，其中哪一种方式在理论上也不比其他任何方式更为可取。设在不同的区域内已知两个事素 A 和 B，那么满可能是这种情况：按照一种约定，两者是同时的，按照另一种
861 约定，A 比 B 早，再按照另外一种约定，B 比 A 早。并没有任何物理事实和这些不同的约定相当。

从这一切似乎可以推断，事素应当是物理学的“素材”，而粒子不是。向来认为的粒子，总得认为是一系列事素。代替粒子的这种事素系列具有某些重要的物理性质，因此要求我们予以注意；但是它并不比我们可能任意选出的其他任何事素系列具有更多的实体性。因而“物质”不是世界的基本材料的一部分，只是把种种事素集合成束的一个便利方式。

量子论也补证了这个结论，但是量子论在哲学上的重要意义主要在于把物理现象看成可能是不连续的。量子论指出，在一个(如上解释的)原子内，某种事态持续一段时间，然后突然换成一种有限不同的事态。已往一贯假定的运动连续性，似乎自来不过

是一种偏见。可是，量子论特有的哲学还没有充分发展起来。我想量子论恐怕比相对论会要求更根本地背离传统的空间时间学说。

物理学一直在使物质的物质性减弱，而心理学则一直在使精神的精神性减弱。在前面一章中，我们曾有机会把观念联合与条件反射作了比较。后者的生理学色彩显然重得多，它已经代替了前者。（这只是一个例证；我不想夸大条件反射的范围。）因此物理学和心理学一直在从两端彼此靠拢，使得威廉·詹姆士对"意识"的批判中所暗示的"中性一元论"之说更有可能成立了。精神与物质的区别是从宗教转到哲学中来的，尽管在过去一段长时间内这种区别似乎还有确实的理由。我以为精神和物质都仅是给事素分组的便当方式。我应当承认，有些单独的事素只属于物质组，但是另外一些事素属于两种组，因此既是精神的，又是物质的。这个学说使我们对于世界构造的描绘有了重大简化。

近代物理学和生理学提出了有助于说明知觉这个古老问题的新事实。假若要有什么可以称作"知觉"的东西，知觉在某种程
度上总要是所知觉的对象的效果，而且知觉假若要可能是关于对 862
象的知识的来源，总要或多或少跟对象相似。只有存在着与世界其余部分多少有些无关的因果连环，头一个必要条件才能得到满足。根据物理学，这种连环是存在的。光波从太阳走到地球上，这件事遵守光波自己的定律。这话只是大体上正确。爱因斯坦已证明光线受重力的影响。当光线到达我们的大气层时要遭受折射，有些光线比其他光线分散得厉害。当光线到达人眼时，发生了在别的地方不会发生的各种各样的事情，结局就是我们所说

的“看见太阳”。但是，我们视觉经验中的太阳虽然和天文学家的太阳大不一样，却仍然是关于后者的一个知识来源，因为“看见太阳”与“看见月亮”的不同点，和天文学家的太阳与天文学家的月亮的不同有因果关联。可是，关于物理对象我们这样所能认识的，不过是某些抽象的结构性质。我们能够知道太阳按某种意义讲是圆的，固然不完全是按我们所看见的情况是圆的这种意义来讲；但是我们没有理由假定太阳是亮的或暖的，因为不假定它如此，物理学也能说明为什么它似乎如此。所以，我们关于物理世界的知识只是抽象的数学性知识。

以上我谈的是现代分析经验主义的梗概；这种经验主义与洛克、贝克莱和休谟的经验主义的不同在于它结合数学，并且发展了一种有力的逻辑技术。从而对某些问题便能得出明确的答案，这种答案与其说有哲学的性质，不如说有科学的性质。现代分析经验主义和体系缔造者们的各派哲学比起来，有利条件是能够一次一个地处理问题，而不必一举就创造关于全宇宙的一整套理论。在这点上，它的方法和科学的方法相似。我毫不怀疑，只要可能有哲学知识，哲学知识非靠这样的方法来探求不可；我也毫不怀疑，借这种方法，许多古来的问题是完全可以解决的。

不过，仍旧有一个传统上包括在哲学内的广阔领域，在那里科学方法是不够的。这个领域包括关于价值的种种根本问题；例
863 如，单凭科学不能证明以对人残忍为乐是坏事。凡是能够知道的事，通过科学都能够知道；但是那些理当算是感情问题的事情却是在科学的范围以外。

哲学在其全部历史中一直是由两个不调和地混杂在一起的

部分构成的：一方面是关于世界本性的理论，另一方面是关于最佳生活方式的伦理学说或政治学说。这两部分未能充分划分清楚，自来是大量混乱想法的一个根源。从柏拉图到威廉·詹姆士，哲学家们都让自己的关于宇宙构成的见解受到了希求道德教化的心思的影响：他们自以为知道哪些信念会使人有道德，于是编造了一些往往非常诡辩性的理由，证明这些信念是真的。至于我，我根据道德上的理由和理智上的理由都斥责这类偏见。从道德上讲，一个哲学家除了大公无私地探求真理而外若利用他的专业能力做其他任何事情，便算是犯了一种变节罪。如果他在进行研究以前先假定某些信念不拘真假总归是那种促进良好行为的信念，他就是限制了哲学思辨的范围，从而使哲学成为琐碎无聊的东西；真正的哲学家准备审查一切先入之见。假如有意识或无意识地给追求真理这件事加上什么限制，哲学便由于恐惧而瘫痪，为政府惩罚吐露"危险思想"的人的检查制度铺平道路——事实上，哲学家已经对自己的研究工作加上了这样的检查制度。

从理智上讲，错误的道德考虑对哲学的影响自来就是大大地妨碍了进步。我个人不相信哲学能够证明宗教教条是真理或不是真理，但是自从柏拉图以来，大多数哲学家都把提出关于永生和神存在的"证明"看成了自己的一部分任务。他们指责了前人的证明——圣托马斯否定圣安瑟勒姆的证明，康德否定笛卡尔的证明——但是他们都提出了自己的新证明。为了使自己的证明显得有根据，他们曾不得不曲解逻辑、使数学神秘化、冒称一些根深蒂固的偏见是天赐的直觉。

这一切都被那些把逻辑分析当作哲学的主要任务的哲学家

否定了。他们坦率地承认,人的理智无法给许多对人类极为重要
864 的问题找出最后的答案,但是他们不肯相信有某种"高级的"认识方法,使我们能够发现科学和理智所见不到的真理。他们因为否认这一点而得到的报偿是,已发现有许多从前被形而上学迷雾所蒙蔽的问题可以精确地解答,而且是靠除求知欲而外丝毫不牵涉哲学家个人气质的客观方法来解答。拿这样一些问题来说:数是什么?空间和时间是什么?精神是什么,物质又是什么?我并不说我们在此时此地能够给所有这些古来的问题提出确定的答案,但是我确实说已经发现了一个像在科学里那样能够逐步逼近真理的方法,其中每一个新阶段都是由改良以前的阶段产生的,而不是由否定以前的阶段产生的。

在混乱纷纭的各种对立的狂热见解当中,少数起协调统一作用的力量中有一个就是科学的实事求是;我所说的科学的实事求是,是指把我们的信念建立在人所可能做到的不带个人色彩、免除地域性及气质性偏见的观察和推论之上的习惯。我隶属的哲学派别一向坚持把这种美德引入哲学,创始了一种能使哲学富于成果的有力方法,这些乃是此派的主要功绩。在实践这种哲学方法当中所养成的细心求实的习惯,可以推广到人的全部活动范围,结果在凡是有这种习惯存在的地方都使狂热减弱,而同情与相互了解的能力则随之增强。哲学放弃了一部分武断的浮夸奢求,却仍继续提示启发一种生活方式。

索　　引

（索引中的数字为原书页码，即本书边码）

A

C

D

E

I

J

K

M

O

S

T

U

V

W

X

Y

Z

图书在版编目(CIP)数据

西方哲学史:及其与从古代到现代的政治、社会情况的联系:上下卷/(英)罗素著;何兆武,李约瑟,马元德译.—北京:商务印书馆,2020(2025.7重印)
ISBN 978-7-100-18639-1

Ⅰ.①西…　Ⅱ.①罗…②何…③李…④马…
Ⅲ.①西方哲学—哲学史　Ⅳ.①B5

中国版本图书馆CIP数据核字(2020)第099742号

权利保留,侵权必究。

西方哲学史
——及其与从古代到现代的政治、
社会情况的联系
(上下卷)
〔英〕罗素　著
何兆武　李约瑟　马元德　译

商 务 印 书 馆 出 版
(北京王府井大街36号　邮政编码100710)
商 务 印 书 馆 发 行
北京通州皇家印刷厂印刷
ISBN 978-7-100-18639-1

2020年7月第1版　　开本880×1230　1/32
2025年7月北京第6次印刷　　印张37⅜
定价:148.00元